Altsächsisches Handwörterbuch

◊

A Concise Old Saxon Dictionary

Heinrich Tiefenbach

Altsächsisches Handwörterbuch
◊
A Concise Old Saxon Dictionary

De Gruyter

ISBN 978-3-11-221609-5

e-ISBN 978-3-11-023234-9

Bibliografische Information der Deutschen Nationalbibliothek

Die Deutsche Nationalbibliothek verzeichnet diese Publikation in der Deutschen Nationalbibliografie; detaillierte bibliografische Daten sind im Internet über http://dnb.d-nb.de abrufbar.

2025 Walter de Gruyter GmbH & Co. KG, Berlin/New York
Dieser Band ist text- und seitenidentisch mit der 2010 erschienenen gebundenen Ausgabe.
Druck: Hubert & Co. GmbH und Co. KG, Göttingen
Gedruckt auf säurefreiem Papier
Printed in Germany
www.degruyter.com

Inhalt ◊ Contents

Einleitung ◊ Introduction.	vii
Abkürzungen und Symbole ◊ Abbreviations and Symbols	xi
Verzeichnis der Texte ◊ List of Texts.	xiii
Handschriftenregister ◊ Index of Manuscripts.	xxxix
Ausgewählte Literatur ◊ Selected Bibliography	xlii
Lexikon ◊ Lexicon	1
Nomina propria	
Personennamen ◊ Personal Names.	485
Ortsnamen ◊ Place-Names	491
Index retrogradus	499
Index latinus	549

Einleitung

Das Wörterbuch enthält den vollständigen appellativischen Wortschatz des Altsächsischen. Es erstreckt sich auch auf Quellen des Althochdeutschen und Altenglischen mit Bezug zum Altsächsischen. Altsächsische Wörter in lateinischen Texten sind gleichfalls aufgeführt. Eigennamen (nur solche aus den volkssprachigen Quellen) sind in einem Anhang verzeichnet (p. 485-497). Das Wörterbuch umfasst die altsächsischen Denkmäler von den Anfängen im 9. Jahrhundert bis zum Ende des 12. Jahrhunderts. Lateinische Urkunden sind bis zum Jahr 1100 berücksichtigt.

Jeder Artikel besteht aus drei Abschnitten. Als LEMMA (in Kapitälchen und Fettdruck) dient ein normalisiertes Stichwort, das nach den Sprachformen angesetzt wird, wie sie in den Heliand-Handschriften *PLVC* bezeugt sind. In der Orthographie folgt diese Ansatzform den Essen-Werdener Quellen, sodass für germanisch $\bar{e}^2$ und $\bar{o}$ monophthongische Schreibungen verwendet werden und V und TH statt $\bar{b}$ und d auftreten. Der Digraph *th* folgt im Alphabet stets dem *t*; *uu*, *vu* etc. in den Handschriften werden in der Ansatzform als W wiedergegeben und entsprechend eingeordnet, *c* (mit Ausnahme einiger Lehnwörter) als K. Verbalpräfixe und einige Nominalpräfixe wie GI- bleiben bei der alphabetischen Einordnung unberücksichtigt. Sie sind in solchen Fällen nicht fett gedruckt. Langvokale werden nur in betonter Stellung bezeichnet und von kurzen Vokalen durch Makron unterschieden. Die Langvokale *e* und *o* werden (nach dem Vorbild von Ferdinand Holthausens *Altsächsischem Wörterbuch*) gemäß ihrer etymologischen Herkunft als Ê (< germanisch /ai/) und Ē (< germanisch /$\bar{e}^2$/) sowie Ô (< germanisch /au/) und Ō (< germanisch /$\bar{o}$/ und in Fällen von Ersatzdehnung) wiedergegeben.

Ohne Fettdruck erscheint das LEMMA, wenn es nicht durch eine altsächsische Form des Corpus gestützt wird, sondern nur aufgrund anderer Bezeugungen (zum Beispiel im Mittelniederdeutschen) zu erschließen ist. In allen übrigen Fällen wird das Stichwort in seiner altenglischen oder althochdeutschen Form wiedergegeben und durch # oder ' gekennzeichnet (weitere Abkürzungen in der Liste auf p. xi-xii). Dem Ansatzlemma folgen eine kurze *grammatische Identifizierung*, die bezeugten *Bedeutungen* in *Deutsch* ◊ *Englisch* (Kursivdruck) und falls nötig idiomatische Wendungen.

Der zweite Abschnitt des Artikels enthält das Corpusmaterial. Verzeichnet sind sämtliche belegten sprachlichen Formen. Die Graphien folgen den Handschriften so eng wie möglich; <ſ> und <ƿ> sind durch ihre Entsprechungen *s* und *w* wiedergegeben. Abkürzungen sind aufgelöst und durch Kursivdruck bezeichnet, Emendationen werden in Rechteckklammern gestellt. Runde Klammern innerhalb eines Wortes bezeichnen zweifelhafte Buchstaben. Majuskeln sind nur zur Kennzeichnung von Eigennamen verwendet worden. Zweifelsfrei altenglische oder althochdeutsche Belege werden mit den Symbolen # oder ' gekennzeichnet. Die Lesungen sind soweit möglich durch Einsicht in die Handschriften oder durch Fotografien überprüft worden.

Durch das Symbol ● zu Beginn des Belegteils wird angezeigt, dass sämtliche Belegstellenangaben für das Wort verzeichnet sind (mit Kapitel, Abschnitt, Seite und Zeile oder Vers, entsprechend der verwendeten Ausgabe). Das Symbol ○ zeigt an, dass (bei einer Reihe von hochfrequenten Wörtern) nur die Denkmälersigle, jedoch gar keine oder nur ausgewählte Stellenangaben gegeben werden. Allerdings ist jede grammatische Form und jede Schreibung verzeichnet. In solchen Fällen ist die Gesamtzahl der belegten Schreibformen mit einer Zahl bei dem Symbol ○ angegeben. Material der altenglischen Quellen GENB und GLWERD ist

Einleitung ◊ Introduction

getrennt in einem Unterabschnitt aufgeführt. Die unterschiedlichen Schreibformen sind durch Querverweise ihrem Stichwort zugeordnet.

Ein dritter Abschnitt erscheint, wenn für das altsächsische Wort eine lateinische Entsprechung bezeugt ist, vor allem in Glossen. Die lateinischen Wörter haben die normalisierte Form der gebräuchlichen Wörterbücher und werden durch die Sigle derjenigen Denkmäler begleitet, in denen sie auftreten. Die lateinischen Entsprechungen sind in einer Liste am Schluss des Wörterbuchs zusammengestellt (p. 549-599). Dort findet sich auch ein rückläufiger Index der Lemmata (p. 499-547), in dem zum Beispiel Suffixe oder Zweitelemente von Komposita aufzufinden sind. Die bibliographischen Hinweise (p. xiii-xxxviii; xlii-xlv) streben keine Vollständigkeit an. Sie enthalten nur Werke, die für die Ausarbeitung des vorliegenden Wörterbuchs besonders wichtig waren und die weitere Auskünfte liefern können.

◊

Introduction

The dictionary brings together the complete corpus of Old Saxon words in texts and glosses, including the vocabulary of Old High German and Old English sources related to Old Saxon. Saxon words in Latin texts are also listed. Proper names (only those of the vernacular texts) have been placed in an appendix (p. 485-497). The dictionary covers Old Saxon sources from the beginnings in the 9th century to the end of the 12th century. Latin charters have been excerpted up to the year 1100.

Each article is divided into three sections. As a **HEADWORD** (in boldface type and small capitals) a normalised lemma is given, following the grammatical principles of the *Heliand* as represented by the manuscript-tradition *PLVC*, but in the orthography of the Essen-Werden sources (so monophthongal spellings for Germanic $\bar{e}^2$ and $\bar{o}$ and **V** and **TH** are used instead of ƀ and đ). The digraph *th* is always alphabetized after *t*; *uu*, *vu* etc. of the manuscripts are rendered as **W** in headwords and arranged accordingly; *c* is written as **K** (with exception of a few loan-words). Verbal prefixes and some nominal prefixes like **GI-** (not printed in boldface) are disregarded in the alphabetization. Long vowels (marked only in stressed syllables) are distinguished from short by macron, long *e* and long *o* are marked with diacritics in accordance with their etymological origin as **Ê** (< Germanic /ai/), **Ē** (< Germanic /$\bar{e}^2$/), **Ô** (< Germanic /au/) and **Ō** (< Germanic /ō/ and in cases of compensatory lengthening), following the example of Ferdinand Holthausen's *Altsächsisches Wörterbuch*.

The HEADWORD appears without boldface type if it is not supported by any Old Saxon form in the corpus and can only be reconstructed on the basis of other evidence (e.g. in Middle Low German). In other cases the headword is given in its Old English or Old High German form and marked with # or + (further abbreviations in the list, p. xi-xii). Headwords are followed by a brief *grammatical identification*, the attested *meanings* in German ◊ *English* (italic type) and, if necessary, idiomatic phrases.

The second section of the article contains the corpus material with evidence of every linguistic form recorded in the written tradition. The spellings of the words are as close to the manuscripts as possible; <ſ> and < ƿ > have been replaced by their equivalents *s* and *w*. Abbreviations are expanded by italics, emendations have been put in square brackets. Parenthesis within a word indicates doubtful letters. Capitals are printed only at the beginning of proper names. Unambiguous Old English or Old High German forms are annotated with the symbols #

or ⁺. As far as possible, the readings of the editions have been controlled by checking the manuscripts or photographs.

The symbol ● at the beginning of the section indicates that all references of the attested word are given completely (with chapter, paragraph, page and line or verse, following the editions). The symbol ○ (in the case of high-frequency words) indicates the absence or only a selected number of quotations, although every grammatical form and spelling is listed. In this case, the total frequency of occurence is refered to by the number of tokens after the symbol ○. Material from the Old English sources GENB and GLWERD is treated seperately in a sub-section. All spellings are linked to their headform by cross-references.

A third section of references is given, if a Latin equivalent for the Old Saxon word occurs, above all in glosses. **Latin words** are given in the normalised entry of the usual Latin dictionaries and are followed by the short form of the source attesting the word. The Latin equivalents are collected in a word-list at the end of the dictionary (p. 549-599). A retrograde index of headwords can be found there (p. 499-547), providing, for example, suffixes or second elements of compounds. The bibliographical references (p. xiii-xxxviii; xlii-xlv) are not intended to be exhaustive, giving only those works that have been most important in preparing this dictionary and can be looked up for further information.

Abkürzungen und Symbole ◊ Abbreviations and Symbols

Verzeichnis der Texte ◊ List of Texts

BEN	Empfänger ◊ grantee
DAT	Datierung und Provenienz ◊ dating and provenance
DON	Aussteller ◊ grantor
ED	Edition(en) ◊ edition(s) — (cit) zitierte Edition ◊ cited edition
FACS	Abbildungen, Faksimiles ◊ reproductions, facsimiles
MS	Bibliotheksort und Signatur der Handschrift(en) ◊ library and signature of the manuscript(s)
PAL	Literatur zu paläographischen Beschreibungen ◊ references to paleographical descriptions
STUD	weitere Studien ◊ further studies

Lexikon ◊ Lexicon

●	Stellennachweise für alle Korpusbelege ◊ references for the complete corpus material
○^{123}	Stellennachweise nur für ausgewählte Korpusbelege mit Anzahl des Gesamtvorkommens ◊ references only for a selected corpus material with the total number of occurrences
→	sieh (auch), man vergleiche ◊ see, confer
°	Schreibfehler, fehlerhafte Form ◊ mistake, error
+	althochdeutsches Wort, Lemma ◊ Old High German (head)word
#	altenglisches Wort, Lemma ◊ Old English (head)word
#*	altenglisches Wort, nur in GENB belegt ◊ Old English word, only attested in GENB
[ ]	Ergänzung, Korrektur des Editors ◊ supplement, correction by the editor
( )	im Beleg: unsicherer Buchstabe; nach dem Beleg: Erläuterung ◊ in the quoted form: uncertain letter; after the quoted form: commentary
	im Lateinteil: zweifelhafte Entsprechung, Erläuterung oder rekonstruiertes lateinisches Lemma (für BEDA, PSGERN) ◊ in the Latin part: doubtful equivalence, explanation or reconstructed Latin lemma (in BEDA, PSGERN)
<	korrigiert aus ◊ corrected from
>	korrigiert zu ◊ corrected to
∴	radierter, verwischter Buchstabe ◊ erased, smudged letter
	in Geheimschrift (Vokale sind [teilweise] durch Punktierung ersetzt, nur GLSMIH GLPRUDBR) ◊ using secret script (vowels are [partly] replaced by punctuations, only GLSMIH GLPRUDBR)
a	Akkusativ ◊ accusative
abbr	in Abbreviatur ◊ abbreviated
abl	Ablativ ◊ ablative
add	zugefügt, nachgetragen ◊ added
adj	Adjektiv, adjektivisch ◊ adjective, adjectivally
an	anomal (Verb) ◊ anomalous (verb)
adv	Adverb ◊ adverb
art	Artikel ◊ article
attr	Attribut, attributiv ◊ attribute, attributive
bfk	in Geheimschrift (Vokal ist durch unmittelbaren Folgekonsonanten ersetzt) ◊ using secret script (vowel is replaced by immediately following consonant)
cf	man vergleiche ◊ confer
comp	Komparativ ◊ comparative
conj	Konjunktion ◊ conjunction
cons	konsonantisch ◊ consonant
corr	korrigiert, Korrektur, getilgt ◊ corrected, correction
d	Dativ ◊ dative
del	getilgt ◊ deleted
dem	Demonstrativ- ◊ demonstrative
du	Dual ◊ dual
etw	etwas ◊ something
f	Femininum ◊ feminine
g	Genitiv ◊ genitive
hd	Hand ◊ hand

Abkürzungen und Symbole ◊ Abbreviations and Symbols

i	Indikativ ◊ indicative
imp	Imperativ ◊ imperative
impers	unpersönlich ◊ impersonal
indecl	indeklinabel ◊ indeclinable
indef	indefinit ◊ indefinite
inf	Infinitiv ◊ infinitive
instr	Instrumentalis Singular ◊ instrumental singular
interj	Interjektion ◊ interjection
intr	intransitiv ◊ intransitive
jmdes, jmdm, jmdn	jemandem, jemanden ◊ somebodies, somebody
lat	lateinisch ◊ Latin
lig	Ligatur ◊ ligature
m	Maskulinum ◊ masculine
marg	am Rand ◊ in the margin
mlat	mittellateinisch ◊ Mediaeval Latin
ms	Handschrift ◊ manuscript
n	Nominativ ◊ nominative
neg	in negierter Verwendung ◊ in negative constructions
neum	neumiert ◊ with neume
nom prop	Eigenname ◊ proper name
nt	Neutrum ◊ neuter
num	Numerale ◊ numeral
o	Optativ (Konjunktiv) ◊ optative (subjunctive)
p	Plural ◊ plural
partcl	Partikel ◊ particle
pass	Passiv ◊ passive
pc	Partizip ◊ participle
pers	personae
poss	possessiv(isch) ◊ possessive
praep	Präposition ◊ preposition
pron	Pronomen ◊ pronoun
ps	Präsens ◊ present
pt	Präteritum ◊ preterit
ptps	Präterito-Präsens (Verb) ◊ preterite-present (verb)
ras	(auf) Rasur ◊ (on) erasure
recipr	reziprok ◊ reciprocal
rel	Relativ-, relativisch ◊ relative
refl	reflexiv ◊ reflexive
s	Singular ◊ singular
saec	Jahrhundert ◊ century
sb, sb's	jemand, jemandes ◊ somebody, somebodies
sth	etwas ◊ something
stil	mit dem Griffel ◊ scratched
subst	Substantiv, substantivisch ◊ noun, as a noun
sup	Superlativ ◊ superlative
superscr	übergeschrieben ◊ written over the word
trans	transitiv ◊ transitive
v	Verb (arabische Zahlen bezeichnen die Stammklasse starker Verben, römische die schwacher Verben) ◊ verb (arabic figures indicate the classes of strong verbs, roman numerals the classes of weak verbs)

Verzeichnis der Texte ◊ List of Texts

ABC = Abecedarium Nordmannicum
Ms: St. Gallen, Stiftsbibliothek 878, p. 321.
ED: E. Wadstein, Kleinere altsächsische sprachdenkmäler mit anmerkungen und glossar, Niederdeutsche Denkmäler 6, Norden, Leipzig 1899, no. VI (cit). — J. H. Gallée, Old-Saxon Texts, Leiden 1894, no. XII.
DAT: Walahfrid Strabo † 849, autograph.
PAL: B. Bischoff, Eine Sammelhandschrift Walahfrid Strabos (Cod. Sangall. 878), in: B. Bischoff, Mittelalterliche Studien, II, Stuttgart 1967, p. 34-51. — B. Bischoff, Paläographische Fragen deutscher Denkmäler der Karolingerzeit, in: B. Bischoff, Mittelalterliche Studien, III, Stuttgart 1981, p. 86.
FACS: http://www.e-codices.unifr.ch/csg/0878 — J. H. Gallée, Altsaechsische sprachdenkmaeler. Facsimile sammlung, Leiden 1895, no. XII.
STUD: G. Baesecke, Kleinere Schriften zur althochdeutschen Sprache und Literatur, 1966, p. 237-248. — St. Sonderegger, in: Die deutsche Literatur des Mittelalters. Verfasserlexikon. Zweite Auflage. Ed. K. Ruh, G. Keil, W. Schröder, B. Wachinger, F. J. Worstbrock, I, Berlin, New York 1978, col. 7f.

ABRK = Abrenuntiatio Coloniensis, Kölner Taufgelöbnis ◊ Cologne baptismal vow
Ms: † Köln, Kanonissenstift St. Cäcilien, Sakramentar ◊ sacramentary; cop. Stefan Broelmann (1551-1622): Köln, Historisches Archiv, Bestand 7030, Chroniken und Darstellungen, vol. 74, fol. 314r-v (A); vol. 75, fol. 312r-v (B). Ed: (extract): M. Freher, Decalogi orationis symboli saxonica versio vetustissima, [Heidelberg] 1610 (F).
ED: G. Frenken, Kölnische Funde und Verluste, Zeitschrift für deutsches Altertum 71 (1934) p. 117-127, p. 125. — W. Foerste, Untersuchungen zur westfälischen Sprache des 9. Jahrhunderts, Münstersche Forschungen 2, Marburg 1950, p. 90f. (cit)
STUD: W. Foerste, Untersuchungen, p. 115-125. — A. Masser, in: Die deutsche Literatur des Mittelalters. Verfasserlexikon V, 1985, col. 61-2.

ABRPAL = Abrenuntiatio Palatinae, Taufgelöbnis aus der Palatina ◊ Baptismal vow from the Palatine collection
Ms: Roma, Biblioteca Apostolica Vaticana, Cod. Pal. lat. 577, fol. 6v-7r.
ED: E. Wadstein, Kleinere altsächsische sprachdenkmäler, no. I (cit). — J. H. Gallée, Old-Saxon Texts, no. XI, p. 245-248.
DAT: Mainregion ◊ Main area, Fulda?, Hersfeld? ca. a. 800.
PAL: Bibliotheca Palatina. Ausstellung der Universität Heidelberg in Zusammenarbeit mit der Bibliotheca Apostolica Vaticana, Textband, ed. E. Mittler, Heidelberg 1986, no. C 6.1. — 799. Kunst und Kultur der Karolingerzeit. Karl der Große und Papst Leo III. in Paderborn. Ed. Ch. Stiegemann, M. Wemhoff, II, Mainz 1999, no. VII.27.
FACS: J. H. Gallée, Altsaechsische sprachdenkmaeler. Facsimile sammlung, no. XI^a.
STUD: A. Masser, in: Die deutsche Literatur des Mittelalters. Verfasserlexikon VIII, 1992, col. 471-2. — Ch. Staiti, 'Indiculus' und 'Gelöbnis'. Altsächsisches im Kontext der Überlieferung. Nebst einer Edition einiger Texte des Cod. Vat. Pal. lat. 577. In: Volkssprachig-lateinische Mischtexte und Textensembles in der althochdeutschen, altsächsischen und altenglischen Überlieferung, ed. R. Bergmann, Heidelberg 2003, p. 331-384.

ADAM = Gesta Hammaburgensis ecclesiae pontificum
Ms: → ED, p. VII-XXXIV.
ED: Adam von Bremen, Hamburgische Kirchengeschichte. Ed. B. Schmeidler, Monumenta Germaniae historica. Scriptores rerum Germanicarum [2], Hannover ³1917. — Adam Bremensis, Gesta Hammaburgensis Ecclesiae Pontificum. Concordantiae et Indices. Conscripserunt L. Cardinali, M. P. Segoloni, I-II, Alpha-Omega. Reihe B. Indizes. Konkordanzen zur lateinischen und griechischen Philologie des Mittelalters und der Neuzeit 21, Hildesheim, Zürich, New York 2009.
DAT: ca. a. 1075-1085.
STUD: E. Schröder, Zur Heimat des Adam von Bremen, Hansische Geschichtsblätter. Jahrgang 1917, p. 351-365. — F.-J. Schmale, in: Die deutsche Literatur des Mittelalters. Verfasserlexikon I, 1978, col. 50-54.

BEDA = Allerheiligenhomilie (Pseudo-)Bedas ◊ Sermon for All Saints of (Pseudo-)Beda
Ms: Düsseldorf, Universitätsbibliothek, B 80, fol. 153r, 152v.
ED: E. Wadstein, Kleinere altsächsische sprachdenkmäler, no. IV (cit). — J. H. Gallée, Old-Saxon Texts, no. III, p. 117-119. — [Lateinische Quelle aus ◊ Latin source from:] J. E. Cross, ‚Legimus in ecclesiasticis historiis': A Sermon for All Saints, and its Use in Old English Prose, Traditio 33 (1977) p. 101-135.
DAT: saec X², Essen. → GLGREG, REGES.

Verzeichnis der Texte ◊ List of Texts

PAL: B. Bischoff, in: Mittelalterliche Studien, III, p. 106. — G. Karpp, Bemerkungen zu den mittelalterlichen Handschriften des adeligen Damenstifts in Essen (9.–19. Jahrhundert). Bibliotheksgeschichte, Handschriftenbestand, Einbände und Stempelverzeichnis, bibliothekarische Einträge, Scriptorium 45 (1991) p. 174. — K. Bodarwé, Sanctimoniales litteratae. Schriftlichkeit und Bildung in den ottonischen Frauenkommunitäten Gandersheim, Essen und Quedlinburg, Quellen und Studien 10, Münster 2004, p. 385-6.
FACS: J. H. Gallée, Altsaechsische sprachdenkmaeler. Facsimile sammlung, no. III^c. — K. Bodarwé, Sanctimoniales litteratae. Schriftlichkeit und Bildung im ottonischen Essen. In: Herrschaft, Bildung und Gebet. Gründung und Anfänge des Frauenstifts Essen. Ed. G. Berghaus, Th. Schilp, M. Schlagheck, Essen 2000, p. 103.
STUD: W. Sanders, in: Die deutsche Literatur des Mittelalters. Verfasserlexikon I, 1978, col. 317-8; XI, 2004, col. 81. — H. Tiefenbach, Frühmittelalterliche Volkssprache im Frauenstift Essen. In: Essen und die sächsischen Frauenstifte im Mittelalter, ed. J. Gerchow, Th. Schilp, Essener Forschungen zum Frauenstift, 2003, p. 118-9.

BENTR = Trierer Segen ◊ Charm of Treves

MS: Trier, Stadtbibliothek 40/1018, fol. 19v.
ED: E. von Steinmeyer, Die kleineren althochdeutschen Sprachdenkmäler, 1916. Reprint Berlin, Zürich 1963, no. LXIX, p. 378.
DAT: saec XI (med.?). → GLTR40.
PAL: Th. Klein, Studien zur Wechselbeziehung zwischen altsächsischem und althochdeutschem Schreibwesen und ihrer Sprach- und kulturgeschichtlichen Bedeutung, Göppinger Arbeiten zur Germanistik 205, Göppingen 1977, p. 208, note 4 (B. Bischoff).
FACS: M. Embach, Trierer Zauber- und Segenssprüche des Mittelalters, Kurtrierisches Jahrbuch 44 (2004) p. 29-76 (p. 33). — http://web.uni-marburg.de/hosting/mr/mrfd/Trier_SB_Hs_40_1018_8%60_Bl_19v.jpg
STUD: H. H. Steinhoff, in: Die deutsche Literatur des Mittelalters. Verfasserlexikon I, 1978, col. 27-8.

BENW = Wiener Segen ◊ Charms of Vienna

MS: Wien, Österreichische Nationalbibliothek 751, fol. 188v.
ED: E. Wadstein, Kleinere altsächsische sprachdenkmäler, no. V (cit). — E. von Steinmeyer, Die kleineren althochdeutschen Sprachdenkmäler, no. LXV, LXVII A (+ p. 370). — J. H. Gallée, Old-Saxon Texts, no. VI.
DAT: saec X, in.-I? Köln? Mainz? ◊ Cologne? Mayence?
PAL: B. Bischoff, in: Mittelalterliche Studien, III, p. 107-8.
FACS: J. H. Gallée, Altsaechsische sprachdenkmaeler. Facsimile sammlung, no. VI.
STUD: H. H. Steinhoff, in: Die deutsche Literatur des Mittelalters. Verfasserlexikon IV, 1983, col 75-6.; VII, col. 853. — Katalog der althochdeutschen und altsächsischen Glossenhandschriften. Bearbeitet von R. Bergmann und St. Stricker unter Mitarbeit von Y. Goldammer und C. Wich-Reif, I-VI, Berlin, New York 2005, no. 922.

CALES = Essener Kalender ◊ Calender of Essen

MS: Düsseldorf, Universitätsbibliothek, Ms. D 1, fol. 217r-222v.
ED: W. Harleß, Die ältesten Necrologien und Namenverzeichnisse des Stifts Essen, Archiv für die Geschichte des Niederrheins 6 (1868) p. 63-84.
DAT: a. 867-872, belgisches oder nordostfranzösisches Zentrum (?) ◊ center in Belgium or north-eastern Francia (?).
PAL: B. Bischoff, Katalog der festländischen Handschriften des neunten Jahrhunderts (mit Ausnahme der wisigotischen), I: Aachen — Lambach, Wiesbaden 1998; II: Laon — Paderborn, aus dem Nachlaß herausgegeben von B. Ebersperger, Wiesbaden 2004, Nr. 1069. — K. Bodarwé, Sanctimoniales litteratae, p. 389-392. → GLSAKR.
FACS: V. Huth, Die Düsseldorfer Sakramentarhandschrift D 1 als Memorialzeugnis. Mit einer Wiedergabe der Namen und Namengruppen, Frühmittelalterliche Studien 20 (1986) p. 213-298, pl. XXI-XXXII.
STUD: D. Hüpper, *Apud Thiudiscos*. Zu frühen Selbstzeugnissen einer Sprachgemeinschaft. Mit zwei Abbildungen. In: Althochdeutsch, ed. R. Bergmann, H. Tiefenbach, L. Voetz, II, Wörter und Namen. Forschungsgeschichte, Heidelberg 1987, p. 1059-1081.

CARTWERD = Cartularium Werthinense

MS: Leiden, Bibliotheek der Rijksuniversiteit Voss. lat. 4°55, fol. 30-59. — Düsseldorf, Landesarchiv Nordrhein-Westfalen, Abteilung Rheinland, Werden Rep. u. Hs. 9 (Liber maior privilegiorum, olim 59½ = LIBPRIVWERD) fol. 2r-11v.
ED: D. P. Blok, Een diplomatisch onderzoek van de oudste particuliere oorkonden van Werden. Met enige uitweidingen over het ontstaan van dit soort oorkonden in het algemeen, Assen 1960 (zitiert nach Urkundennummer ◊ cited by number of charter). — N° XXX: R. Kötzschke, Die Urbare (→URBWERD), p. 3-4. — Index (fol. 30r-31r): H. Tiefenbach, in: Person und Name (→ STUD), p. 299-301.
DAT: Ms. Leiden ca. a. 900 möglich ◊ possibly, Werden. Ms. Düsseldorf ca. a. 1150.
PAL: B. Bischoff, Katalog, Nr. 2220.

Verzeichnis der Texte ◊ List of Texts

FACS: Ms. Leiden: 805: Liudger wird Bischof. Spuren eines Heiligen zwischen York, Rom und Münster. Ed. G. Isenberg und B. Rommé, Mainz 2005, p. 71 (fol. 58v-59r), 103 (fol. 32v-33r).
STUD: H. Tiefenbach, Zu den Personennamen der frühen Werdener Urkunden. In: Person und Name. Methodische Probleme bei der Erstellung eines Personennamenbuches des Frühmittelalters, ed. D. Geuenich, W. Haubrichs, J. Jarnut, Ergänzungsbände zum Reallexikon der Germanischen Altertumskunde 32, Berlin, New York 2002, p. 280-304.

CH = Chartae

CH 843? = Epistula Bernhardi monachi [Werdensis?]. ED: Epistolae Karolini aevi, IV, ed. E. Dümmler, E. Perels, Monumenta Germaniae historica. Epistolarum tomus VI, Berlin 1925, Epistolae variorum no. 2 (p. 131-2). DAT: F. W. Oediger, Vom Leben am Niederrhein. Aufsätze aus dem Bereich des alten Erzbistums Köln, Düsseldorf 1973, p. 201-205.

CH 853-887 = Relatio Brunrici presbyteri et monachi Werdensis. LIBPRIVWERD fol. 12r-v. ED: Die Vitae Sancti Liudgeri. Ed. W. Diekamp, Die Geschichtsquellen des Bisthums Münster 4, Münster, 1881, p. XCII, 232-34.

†CH 860 = DON: Egbert, Bischof von ◊ Bishop of Osnabrück. Spurium. Cop. saec XV. BEN: Herzebrock. DAT: 860 V 18. ED: Osnabrücker Urkundenbuch. Ed. F. Philippi, I. Die Urkunden der Jahre 772-1200, 1892, Reprint Osnabrück 1969, no. 41.

CH 862-87 = DON: (Liudhard, Bischof von ◊ Bishop of von Paderborn) + Sidag. Original. BEN: Paderborn. DAT: (862/3-887). ED: Regesta historiae Westfaliae. Accedit Codex diplomaticus. Ed. H. A. Erhard, I, Münster 1847. Reprint Osnabrück 1972. Codex diplomaticus, no. 20. — Westfälisches Urkunden-Buch. Supplement bearbeitet von W. Dickamp, Lieferung 1, Münster 1885, no. 248. STUD: K. Honselmann, Von der Carta zur Siegelurkunde. Beiträge zum Urkundenwesen im Bistum Paderborn 862-1178, Paderborn 1939, Reprint 1970, no. 1.

CH 889 = DON: Wolfhelm, Bischof von ◊ Bishop of Münster. LIBPRIVWERD fol. 27r-28v. BEN: Werden. DAT: 889 VII 6. ED: Die Kaiserurkunden der Provinz Westfalen 777-1313 kritisch, topographisch und historisch, nebst anderweitigen Documenten und Excursen. Ed. R. Wilmans. I. Die Urkunden des Karolingischen Zeitalters 777-900, Münster 1867, p. 528-531. — R. Schieffer, Zur Frühgeschichte des Domstifts von Münster. Westfälische Forschungen 28 (1976/77) p. 16-29.

CH 918-937 = DON: Unwan, Bischof von ◊ Bishop of Paderborn. Original. BEN: Neuenheerse. DAT: (918-937). ED: Westfälisches Urkunden-Buch, Supplement, no. 361. STUD: K. Honselmann, Von der Carta, no. 5.

CH 968 = Synode von ◊ Synod of Ravenna. Cop. saec XI. DAT: (968). ED: Urkundenbuch des Hochstifts Halberstadt und seiner Bischöfe. Ed. G. Schmidt, I, Publicationen aus den K. Preußischen Staatsarchiven 17, 1883, Reprint Osnabrück 1965, no. 39.

CH 968-96 = DON: Hildiward, Bischof von ◊ Bishop of Halberstadt + Wulfhard. Original. BEN: Halberstadt. DAT: (968-96). ED: Urkundenbuch des Hochstifts Halberstadt, no. 55.

CH 996-1002 = DON: Adalbert. Original (?). BEN: Schildesche. DAT: saec XI in. ED: Regesta historiae Westfaliae. Codex diplomaticus, no. 75. — Supplement, no. 556.

†CH 1003? = DON: Papst ◊ Pope Johannes (XVIII.). Spurium?/Konzept? ◊ draft? Cop. saec XI ex. BEN: Magdeburg. ED: Papsturkunden 896-1046. Ed. H. Zimmermann, II, Österreichische Akademie der Wissenschaften. Philosophisch-historische Klasse. Denkschriften 177, Wien 1985, no. †412.

CH 1004^1 = DON: Bernward, Bischof von ◊ Bishop of Hildesheim + Helmburhc. Original. BEN: Hilwartshausen. DAT: (1004, post VI 17). ED/PAL: H. Goetting, Das Hilwartshäuser Chirograph von 1004, Archiv für Diplomatik 25 (1979) p. 37-58. — Urkundenbuch des Stifts Hilwartshausen (Göttingen-Grubenhagener Urkundenbuch, 4. Abteilung). Bearbeitet von M. von Boetticher, Veröffentlichungen der Historischen Kommission für Niedersachsen und Bremen 208, Hannover 2001, no. 12.

CH 1004^2 = DON: Bernhard I., Herzog von Sachsen ◊ Duke of Saxony. Cop. saec XII^{II} („Abba-Codex", saec XI^I, Staatsarchiv Hannover, Sig. I.38, fol. 121v, Kriegsverlust ◊ war loss). BEN: Lüneburg. DAT: 1004 VII 25. ED: Lüneburger Urkundenbuch. Ed. W. von Hodenberg. Siebente Abtheilung: Archiv des Klosters St. Michaelis zu Lüneburg. Erste Lieferung, Celle 1861, no. 7. — F. Stuttmann, Der Reliquienschatz der Goldenen Tafel des St. Michaelisklosters in Lüneburg, Berlin (1937), p. 52. FAKS: F. Stuttmann, Der Reliquienschatz, pl. 24.

CH 1011 = DON: Bernhard I., Herzog von Sachsen ◊ Duke of Saxony. Cop. saec XIII (Kriegsverlust ◊ war loss). BEN: Lüneburg. DAT: ante 1011 II 9. ED: Lüneburger Urkundenbuch, no. 8.

CH 1015-36/1 = DON: Meinheri + Meinwerk, Bischof von ◊ Bishop of Paderborn. Original. BEN: Paderborn. DAT: (post a. 1025). ED: Regesta historiae Westfaliae. Codex diplomaticus, no. 87,1. — Supplement, no. 652. STUD: K. Honselmann, Von der Carta, no. 30.

CH 1015-36/3 = DON: Nithing + Meinwerk, Bischof von ◊ Bishop of Paderborn. Original. BEN: Paderborn. DAT: (1015-24). ED: Regesta historiae Westfaliae. Codex diplomaticus, no. 87,3. — Supplement, no. 657. STUD: K. Honselmann, Von der Carta, no. 13.

CH 1015-36/5 = DON: Imize, Imuke + Meinwerk, Bischof von ◊ Bishop of Paderborn. Original. BEN: Paderborn. DAT: (1026-36). ED: Regesta historiae Westfaliae. Codex diplomaticus, no. 87,5. — Supplement, no. 668. STUD: K. Honselmann, Von der Carta, no. 33.

Verzeichnis der Texte ◊ List of Texts

CH 1015-36/7 = DON: Alfric + Meinwerk, Bischof von ◊ Bishop of Paderborn. Original. BEN: Paderborn. DAT: (1015-24). ED: Regesta historiae Westfaliae. Codex diplomaticus, no. 87,7. — Supplement, no. 678. STUD: K. Honselmann, Von der Carta, no. 14.

CH 1015-36/8 = DON: Bruno + Meinwerk, Bischof von ◊ Bishop of Paderborn. Original. BEN: Paderborn. DAT: (post a. 1025). ED: Regesta historiae Westfaliae. Codex diplomaticus, no. 87,8. — Supplement, no. 680. STUD: K. Honselmann, Von der Carta, no. 31.

CH 1015-36/10 = DON: Ecilin + Meinwerk, Bischof von ◊ Bishop of Paderborn. Original. BEN: Paderborn. DAT: (1017-24). ED: Regesta historiae Westfaliae. Codex diplomaticus, no. 87,10. — Supplement, no. 683. STUD: K. Honselmann, Von der Carta, no. 23.

CH 1015-36/11 = DON: Richard + Meinwerk, Bischof von ◊ Bishop of Paderborn. Original. BEN: Paderborn. DAT: (1026-36). ED: Regesta historiae Westfaliae. Codex diplomaticus, no. 87,11. — Supplement, no. 686. STUD: K. Honselmann, Von der Carta, no. 35.

CH 1015-36/13 = DON: Bernward + Meinwerk, Bischof von ◊ Bishop of Paderborn. Original. BEN: Paderborn. DAT: (1026-36). ED: Regesta historiae Westfaliae. Codex diplomaticus, no. 87,13. — Supplement, no. 692. STUD: K. Honselmann, Von der Carta, no. 36.

CH 1015-36/17 = DON: Ferthumunt + Meinwerk, Bischof von ◊ Bishop of Paderborn. Original. BEN: Paderborn. DAT: (1026-36). ED: Regesta historiae Westfaliae. Codex diplomaticus, no. 87,17. — Supplement, no. 701. STUD: K. Honselmann, Von der Carta, no. 40.

CH 1015-36/18 = DON: Aethelherd + Meinwerk, Bischof von ◊ Bishop of Paderborn. Original. BEN: Paderborn. DAT: (1026-36). ED: Regesta historiae Westfaliae. Codex diplomaticus, no. 87,18. — Supplement, no. 706. STUD: K. Honselmann, Von der Carta, no. 41.

CH 1015-36/25 = DON: Bosa, Christina, Ebbica + Meinwerk, Bischof von ◊ Bishop of Paderborn. Original. BEN: Paderborn. DAT: (ca. 1020) VII 25/30. ED: Regesta historiae Westfaliae. Codex diplomaticus, no. 87,25. — Supplement, no. 725. STUD: K. Honselmann, Von der Carta, no. 25.

CH 1015-36/29 = DON: Digga + Meinwerk, Bischof von ◊ Bishop of Paderborn. Original. BEN: Paderborn. DAT: (ca. 1075). ED: Regesta historiae Westfaliae. Codex diplomaticus, no. 87,29. — Supplement, no. 731. STUD: K. Honselmann, Von der Carta, no. 67.

CH 1023-51 = DON: Hunfrid, Erzbischof von ◊ Archbishop of Magdeburg. Cop. saec XII. BEN: Magdeburg/Liebfrauen. DAT: (1023-51). ED: Urkundenbuch des Erzstifts Magdeburg. Teil 1 (937-1192). Ed. F. Israël, W. Möllenberg, Geschichtsquellen der Provinz Sachsen und des Freistaates Anhalt. Neue Reihe 18. Magdeburg 1937, no. 146.

CH 1024 = DON: Hoda + Meinwerk, Bischof von ◊ Bishop of Paderborn. Cop. saec XI. BEN: Paderborn. DAT: 1024 III 21. ED: Westfälisches Urkunden-Buch. Additamenta, bearbeitet von R. Wilmans, Münster 1877, no. 5. STUD: K. Honselmann, Von der Carta, no. 26.

CH 1026 = DON: Meinwerk, Bischof von ◊ Bishop of Paderborn. Original. BEN: Hatheburg, Athulf, Hicila. DAT: (1026). ED: Regesta historiae Westfaliae. Codex diplomaticus, no. 113. STUD: K. Honselmann, Von der Carta, no. 32.

CH 1031-50 = DON: Gerold, Abt von ◊ Abbot of Werden. Cop LIBPRIVWERD fol. 30v. BEN: Werden. DAT: (1031-50). ED: W. Crecelius, Traditiones Werdinenses, Zeitschrift des Bergischen Geschichtsvereins 6 (1869) p. 54-5, no. 93.

CH 1036 = DON: Meinwerk, Bischof von ◊ Bishop of Paderborn. Cop a. 1416. BEN: Busdorf. DAT: 1036 V 25. ED: Die Urkunden des Stifts Busdorf in Paderborn. Ed. J. Prinz, I, Veröffentlichungen der Historischen Kommission für Westfalen 37. Westfälische Urkunden (Texte und Regesten) 1, Paderborn 1975, No. 1.

CH 1037-52 = DON: Werinbraht + Albrik, Bischof von ◊ Bishop of Osnabrück. Original. BEN: Osnabrück. DAT: (1037-52). ED: Osnabrücker Urkundenbuch, I, no. 139.

CH 1047 = DON: Gerold, Abt von ◊ Abbot of Werden. Cop LIBPRIVWERD fol. 29v. BEN: Werden. DAT: 1047 V 3. ED: W. Crecelius, Zeitschrift des Bergischen Geschichtsvereins 6 (1869) p. 52-3, no. 90.

CH 1060-71 = DON: Imad, Bischof von ◊ Bishop of Paderborn. Original. BEN: Busdorf. DAT: (1060-71). ED: Westfälisches Urkunden-Buch. Additamenta, no. 18. STUD: K. Honselmann, Von der Carta, no. 64.

CH 1051-54 = DON: Ava + Imad, Bischof von ◊ Bishop of Paderborn. Cop. saec XV. BEN: Böddeken. DAT: (1051-54). ED: Westfälisches Urkunden-Buch. Additamenta, no. 12. STUD: K. Honselmann, Von der Carta, no. 55.

CH 1051-76 = DON: Asculf + Imad, Bischof von ◊ Bishop of Paderborn. Cop. saec. XIV. BEN: Busdorf. DAT: (1051-76). ED: Regesta historiae Westfaliae. Codex diplomaticus, no. 146. STUD: K. Honselmann, Von der Carta, no. 60.

CH 1052 = DON: Franko, Werinhild. Original. BEN: Werden. DAT: a. 1052. ED: Urkundenbuch für die Geschichte des Niederrheins. Ed. Th. J. Lacomblet, I, 1840-58, Reprint Aalen 1960, No. 188. — Th. J. Lacomblet, Urkundenbuch für dieGeschichte des Niederrheins – Nachweis der Überlieferung – bearbeitet von W.-R. Schleidgen, Veröffentlichungen der staatlichen Archive des Landes Nordrhein-Westfalen C 10, Siegburg 1981, p. 25.

CH 1054-67 = DON: Hezilo, Bischof von ◊ Bishop of Hildesheim. Original. BEN: Hildesheim. DAT: (1054-1067). ED: Urkundenbuch des Hochstifts Hildesheim und seiner Bischöfe. Ed. K. Janicke, I, Publicationen aus den K. Preußischen Staatsarchiven 65, 1896, Neudruck Osnabrück 1965, no. 93.

Verzeichnis der Texte ◊ List of Texts

CH 1055 = DON: Rumold. Cop LIBPRIVWERD fol. 33v. BEN: Werden. DAT: 1055 VI 10. ED: W. Crecelius, Traditiones Werdinenses, Zeitschrift des Bergischen Geschichtsvereins 7 (1871) p. 2-3, no. 100.

CH 1059 = DON: Adalbert, Erzbischof von ◊ Archbishop of Bremen + Rikqvvr. Original. BEN: Hamburg/Bremen. DAT: 1059 VII 20. ED: Hamburgisches Urkundenbuch. Ed. J. M. Lappenberg, I, Hamburg 1842, Reprint Hamburg 1907, no. 80. — Regesten der Erzbischöfe von Bremen, I (787-1306). Bearbeitet von O. H. May, Veröffentlichungen der Historischen Kommission für Hannover, Oldenburg, Braunschweig, Schaumburg-Lippe und Bremen 11, Hannover, Bremen 1937, no. 256. FAKS: B. Schmeidler, Hamburg-Bremen und Nordost-Europa vom 9.-11. Jahrhundert, Leipzig 1918, Tafel I.

CH 1064 = DON: Adalward. Cop LIBPRIVWERD fol. 31r. BEN: Werden. DAT: 1064 VI 12. ED: W. Crecelius, Zeitschrift des Bergischen Geschichtsvereins 7 (1871) p. 7-9, no. 105.

CH 1065-80 = DON: Adalwig, Abt von ◊ Abbot of Werden. Cop LIBPRIVWERD fol. 31v. BEN: Werden. DAT: (1065-80). ED: W. Crecelius, Zeitschrift des Bergischen Geschichtsvereins 7 (1871) p. 11-2, no. 110.

CH 1066-81 = DON: Adalwig, Abt von ◊ Abbot of Werden + Edila. LIBPRIVWERD fol. 32v. BEN: Werden. DAT: a. 1066-81. ED: Urkundenbuch für die Geschichte des Niederrheins, IV, 1840-58, Reprint Aalen 1960, no. 608. — W. Crecelius, Zeitschrift des Bergischen Geschichtsvereins 7 (1871) p. 11, no. 109.

CH 1068-88 = DON: Benno II., Bischof von ◊ Bishop of Osnabrück. Cop. saec XIV. BEN: St. Johann/Osnabrück. DAT: (1068-88). ED: Osnabrücker Urkundenbuch, I, no. 156.

CH 1068[1] = DON: Imad, Bischof von ◊ Bishop of Paderborn. Original. BEN: Busdorf. DAT: 1068 VII 21 (?). ED: Westfälisches Urkunden-Buch. Additamenta, no. 18. — Die Urkunden des Stifts Busdorf in Paderborn, No. 4. STUD: K. Honselmann, Von der Carta, no. 64.

CH 1068[2] = DON: Anno II., Erzbischof von Köln ◊ Archbishop of Cologne. Pseudo-Originale ◊ pseudo-originals saec XII, saec XIII in.; LIBPRIVWERD fol. 26v. BEN: Werden. DAT: a. 1068 (?). ED: Urkundenbuch für die Geschichte des Niederrheins, I, No. 211. — Die Regesten der Erzbischöfe von Köln im Mittelalter. Bearbeitet von F. W. Oediger, I, Publikationen der Gesellschaft für rheinische Geschichtskunde 21, Bonn 1954-1961, Reprint Düsseldorf 1978, no. 977.

CH 1071 = DON: Bor + Benno, Bischof von ◊ Bishop of Meißen. Original (2 Exemplare ◊ 2 copies). BEN: Meißen. DAT: 1071. ED: Urkunden der Markgrafen von Meißen und Landgrafen von Thüringen. 948-1099. Ed. O. Posse, Codex diplomaticus Saxoniae regiae, I,1, Leipzig 1882, no. 142.

CH 1072 = DON: Adalbert, Erzbischof von ◊ Archbishop of Bremen. Cop. saec XIV in. BEN: Hamburg/Bremen. DAT: (ca. 1072, ante III 16). ED: Hamburgisches Urkundenbuch, no. 102. — Regesten der Erzbischöfe von Bremen, no. 336.

CH 1074[1] = Epistola H[ezilonis episcopi Hildineshiemensis] ad B[urchardum episcopum Halverstadensem]. Cop. saec XVI. ED: Briefsammlungen der Zeit Heinrichs IV. Ed. C. Erdmann, N. Fickermann, Monumenta Germaniae historica. Briefe der deutschen Kaiserzeit 5, Weimar 1950, Die Hannoversche Briefsammlung. I. Die Hildesheimer Briefe, no. 47 (p. 91-2).

CH 1074[2] = DON: Wal, Helmlach. Cop. saec XVIII. BEN: Osnabrück. DAT: 1074 IX 23. ED: Osnabrücker Urkundenbuch, I, no. 189.

CH 1080-88 = DON: Hildeburg. Cop. saec XIV. BEN: Osnabrück. DAT: (1080-88). ED: Osnabrücker Urkundenbuch, I, no. 139. — Osnabrücker Urkundenbuch V: Urkundenbuch des Klosters Iburg. Bearbeitet von H.-R. Jarek, Osnabrück 1985, no. 6.

CH 1080-1104/1 = DON: Otto I., Abt von ◊ Abbot of Werden. Cop LIBPRIVWERD fol. 34r/v. BEN: Werden. DAT: (1080-1104). ED: W. Crecelius, Zeitschrift des Bergischen Geschichtsvereins 7 (1871) p. 16-7, no. 119.

CH 1080-1104/2 = DON: Hildiburg. LIBPRIVWERD fol. 33r. BEN: Werden. DAT: (1080-1104). ED: Urkundenbuch für die Geschichte des Niederrheins, IV, no. 612.

CH 1088 = DON: Benno II., Bischof von ◊ Bishop of Osnabrück. Original. BEN: Iburg. DAT: (1088). ED: Osnabrücker Urkundenbuch, I, no. 201. — Urkundenbuch des Klosters Iburg, no. 8.

CH 1090/1 = DON: Everhard, Liudolf. Original. BEN: Osnabrück, Iburg. DAT: 1090 VI 17. ED: Osnabrücker Urkundenbuch, I, no. 201. — Osnabrücker Urkundenbuch. Ed. M. Bär, IV. Die Urkunden der Jahre 1281-1300 und Nachträge, Osnabrück 1902, no. 664.

CH 1090/2 = DON: Erpho, Bischof von ◊ Bishop of Münster. Original. BEN: Freckenhorst. DAT: 1090 IX 2. ED: Regesta historiae Westfaliae. Codex diplomaticus, no. 165.

CH 1091 = DON: Everhard. Cop. XIV. BEN: Iburg. DAT: 1091. ED: Osnabrücker Urkundenbuch, I, no. 206. — Urkundenbuch des Klosters Iburg, no. 12.

CH 1092 = DON: Udo, Bischof von ◊ Bishop of Hildesheim. Original (verschollen ◊ missing). BEN: Hildesheim. DAT: 1092 V 16. ED: Urkundenbuch des Hochstifts Hildesheim, no. 150.

CH 1095 = DON: Norbert, Abt von ◊ Abbot of Iburg. BEN: Iburg. DAT: 1095. ED: Osnabrücker Urkundenbuch, I, no. 210. — Urkundenbuch des Klosters Iburg, no. 14.

CH 1096/1 = DON: Meresvid + Odalrik, Bischof von ◊ Bishop of Minden. Original. BEN: Minden. DAT: 1096 II 9. ED: Regesta historiae Westfaliae. Codex diplomaticus, no. 167.

CH 1096/2 = DON: Wido, Bischof von ◊ Bishop of Osnabrück. Original. BEN: Herzebrock. DAT: 1096 II 24. ED: Osnabrücker Urkundenbuch, I, no. 212.

Verzeichnis der Texte ◊ List of Texts

CH 1096/3 = DON: Svaneburg + Wido, Bischof von ◊ Bishop of Osnabrück. Original. BEN: Osnabrück. DAT: 1096 XI 8. ED: Osnabrücker Urkundenbuch, I, no. 212; IV, no. 665 (2. Original).
CH 1097/1 = DON: Hildesvith. Original. BEN: Iburg. DAT: 1097. ED: Osnabrücker Urkundenbuch, I, no. 215. — Urkundenbuch des Klosters Iburg, no. 15.
CH 1096/2 = DON: Ruothward. Original. BEN: Osnabrück. DAT: 1097 VI 13. ED: Osnabrücker Urkundenbuch, I, no. 216.

CONFES = Sächsische Beichte ◊ Saxon confession
MS: Düsseldorf, Universitätsbibliothek, Ms. D 2, fol. 204ar-205ar.
ED: E. Wadstein, Kleinere altsächsische sprachdenkmäler, no. III (cit). — E.von Steinmeyer, Die kleineren althochdeutschen Sprachdenkmäler, no. XLV. — J. H. Gallée, Old-Saxon Texts, no. III, p. 120-126.
DAT: saec X^2-ex., Essen.
PAL: B. Bischoff, in: Mittelalterliche Studien, III, 1981, p. 106. — H. Hoffmann, Das Skriptorium von Essen in ottonischer und frühsalischer Zeit. In: Kunst im Zeitalter der Kaiserin Theophanu. Ed. A. von Euw, P. Schreiner, Köln 1993, p.119-20, 124. — K. Bodarwé, Sanctimoniales litteratae, p. 392-394.
FACS: J. H. Gallée, Altsaechsische sprachdenkmaeler. Facsimile sammlung, no. III^d (fol. 204av).
STUD: A. Masser, in: Die deutsche Literatur des Mittelalters. Verfasserlexikon VIII, 1992, col. 467-8. — H. Tiefenbach, in: Essen und die sächsischen Frauenstifte, p. 115-6.

CONFPAL = Confessio Bibliothecae Palatinae, ‚Niederdeutscher Glaube' ◊ Confession from the Palatine collection
MS: † Codex Palatinus. Ed. Marci Zuerii Boxhornii Historia universalis sacra et profana, a Christo nato ad annum usque MDCL, Lugduni Batavorum 1652, p. 102-3 (Ed.).
ED: E. von Steinmeyer, Die kleineren althochdeutschen Sprachdenkmäler, no. LXI (St.).
DAT: saec XII^1 - ca. a. 1200.
STUD: A. Masser, in: Die deutsche Literatur des Mittelalters. Verfasserlexikon VI, 1987, col. 990-992.

DIPL = Diploma

†DIPL 803 = Diplom 271 Karls des Großen ◊ of Charlemagne. Spurium saec XI^{II}. BEN: Osnabrück. DAT: 803 XII 19. ED: Die Urkunden Pippins, Karlmanns und Karls des Großen. Ed. A. Dopsch, J. Lechner, M. Tangl, E. Mühlbacher, Monumenta Germaniae historica. Diplomatum Karolinorum tomus I, Hannover 1906, Reprint Berlin 1956, p. 399-402, 569. PAL: M. Tangl, Forschungen zu Karolinger Diplomen. In: M. Tangl, Das Mittelalter in Quellenkunde und Diplomatik. Ausgewählte Schriften, I, Graz 1966, p. 356-474.
DIPL 811 = Diplom 213 Karls des Großen ◊ of Charlemagne. Original. BEN: Bennit. DAT: 811 XII 1. ED: Die Urkunden Pippins, Karlmanns und Karls des Großen, p. 284-5, 567.
DIPL 813 = Diplom 218 Karls des Großen ◊ of Charlemagne. Original. BEN: Asig. DAT: 813 V 9. ED: Die Urkunden Pippins, Karlmanns und Karls des Großen, p. 290-2, 567. FAKS: Kaiserurkunden in Abbildungen. Ed. H. von Sybel, Th. von Sickel, Berlin 1891 (http://mdz.bib-bvb.de/digbib/urkunden1/kuia), I/5.
†DIPL 832 = Diplom Ludwigs des Frommen ◊ of Louis the Pious. Spurium saec XII in. BEN: Corvey. DAT: 832 VI 16. ED: Regesta historiae Westfaliae. Codex diplomaticus no. 7, p. 8. — Die Kaiserurkunden der Provinz Westfalen, I, no. 11, p. 30-36.
†DIPL 848 = Diplom 51 Ludwigs des Deutschen ◊ of Louis the German. Spurium saec XI^{II}. BEN: Osnabrück. DAT: 848 XI 10. ED: Die Urkunden Ludwigs des Deutschen, p. 67-69, 275.
†DIPL 853 = Diplom 178 Ludwigs des Deutschen ◊ of Louis the German. Spurium saec XI in. BEN: Corvey/Herford. DAT: 853 V 22. ED: Die Urkunden Ludwigs des Deutschen, Karlmanns und Ludwigs des Jüngeren. Ed. P. Kehr, MGH. Diplomatum regum Germaniae ex stirpe Karolinorum tomus I, Berlin 1932-1934, Reprint München 1980, p. 254-257.
DIPL 881 = Diplom 19 Ludwigs des Jüngeren ◊ of Louis the Younger. Original. BEN: Paderborn. DAT: 881 VI 5. ED: Die Urkunden Ludwigs des Deutschen, p. 359-60.
DIPL 887^1 = Diplom 158 Karls III. ◊ of Charles III (the Fat). Original. BEN: Corvey. DAT: 887 V 7. ED: Die Urkunden Karls III. Ed. P. Kehr, Monumenta Germaniae historica. Diplomatum regum Germaniae ex stirpe Karolinorum tomus II, Berlin 1937, p. 255-257, 422. FAKS: Kaiserurkunden in Abbildungen VII/20.
DIPL 887^2 = Diplom 168 Karls III. ◊ of Charles III (the Fat). Original. BEN: Paderborn. DAT: 887 IX 21. ED: Die Urkunden Karls III., p. 271-273. FAKS: Kaiserurkunden in Abbildungen IV/1.
DIPL 889 = Diplom 60 Arnulfs ◊ of Arnulf (of Carinthia). Original. BEN: Corvey. DAT: 889 VIII 20. ED: Die Urkunden Arnolfs. Ed. P. Kehr, Monumenta Germaniae historica. Diplomatum regum Germaniae ex stirpe Karolinorum tomus III, Berlin 1940, Reprint 1956, p. 87-8, 300.
†DIPL 889 = Diplom 183 Arnulfs ◊ of Arnulf (of Carinthia). Spurium saec XI^{II}. BEN: Osnabrück. DAT: 889 X 13. ED: Die Urkunden Arnolfs, p. 278-280.

Verzeichnis der Texte ◊ List of Texts

†DIPL 895 = Diplom 137 Arnulfs ◊ of Arnulf (of Carinthia). Spurium saec XI^II. BEN: Osnabrück. DAT: 895 VII 16. ED: Die Urkunden Arnolfs, p. 205-208, 301.

DIPL 937[1] = Diplom 11 Ottos I. ◊ of Otto I the Great. Original. BEN: Bremen-Hamburg. DAT: 937 VI 30. ED: Die Urkunden Konrad I., Heinrich I. und Otto I. [Ed. Th. Sickel], Monumenta Germaniae historica. Diplomatum regum et imperatorum Germaniae tomus I, Hannover 1879-1884, Reprint München 1980, p. 98-9. — Die Urkunden Otto des III. [Ed. Th. Sickel], Monumenta Germaniae historica. Diplomatum regum et imperatorum Germaniae tomus II/2, Hannover 1893, Reprint München 1980, p. 98-9. STUD: J. F. Böhmer, Regesta imperii. II. Sächsisches Haus 919-1024. Erste Abteilung: Die Regesten des Kaiserreichs unter Heinrich I. und Otto I. 919-973. Nach J. F. Böhmer neubearbeitet von E. von Ottenthal. Mit Ergänzungen von H. H. Kaminsky, Hildesheim 1967. FAKS: http://www.mgh-bibliothek.de

DIPL 937[2] = Diplom 18 Ottos I. ◊ of Otto I the Great. Original. BEN: Quedlinburg. DAT: 937 XII 20. ED: Die Urkunden Konrad I., Heinrich I. und Otto I., p. 105-6, 737.

DIPL 938 = Diplom 20 Ottos I. ◊ of Otto I the Great. Original. BEN: Osnabrück. DAT: 938 V 18. ED: F. Jostes, Die Kaiser- und Königs-Urkunden des Osnabrücker-Landes in Lichtdruck herausgegeben. Sonderausgabe der Einleitung zu den Lichtdrucken der Urkunden, Münster i. W. [1899], No. 9. — Die Urkunden Konrad I., Heinrich I. und Otto I., p. 107-8, 737 (Cop. saec XVIII). STUD: J. F. Böhmer, Regesta imperii, no. 76, p. 253.

DIPL 940 = Diplom 27 Ottos I. ◊ of Otto I the Great. Cop. saec X med. BEN: Corvey. DAT: 940 IV 19. ED: Die Urkunden Konrad I., Heinrich I. und Otto I., p. 113-4.

DIPL 941 = Diplom 37 Ottos I. ◊ of Otto I the Great. Original. BEN: Magdeburg. DAT: 941 IV 23. ED: Die Urkunden Konrad I., Heinrich I. und Otto I., p. 123, 737. — Die Urkunden Otto des III., p. 889. — Urkundenbuch des Erzstifts Magdeburg, I, no. 5. FAKS: Kaiserurkunden in Abbildungen I/29.

DIPL 946 = Diplom 79 Ottos I. ◊ of Otto I the Great. Original. BEN: Magdeburg. DAT: 946 VII 29. ED: Die Urkunden Konrad I., Heinrich I. und Otto I., p. 158-9, 737. — Die Urkunden Otto des III., p. 889. — Urkundenbuch des Erzstifts Magdeburg, I, no. 13.

†DIPL 948 = Diplom 437 Ottos I. ◊ of Otto I the Great. Spurium saec XII. BEN: Meißen. DAT: 948 I 11. ED: Die Urkunden Konrad I., Heinrich I. und Otto I., p. 589-591, 738.

DIPL 948[1] = Diplom 105 Ottos I. ◊ of Otto I the Great. Original. BEN: Brandenburg. DAT: 948 X 1. ED: Die Urkunden Konrad I., Heinrich I. und Otto I., p. 187-189. — Die Urkunden Otto des III., p. 889-890.

DIPL 948[2] = Diplom 113 Ottos I. ◊ of Otto I the Great. Original. BEN: Hoold. DAT: 948 VIII 8 - XII 24 (J. F. Böhmer, Regesta imperii, no. 170). ED: Die Urkunden Konrad I., Heinrich I. und Otto I., p. 196.

DIPL 956 = Diplom 180 Ottos I. ◊ of Otto I the Great. Original. BEN: Gandersheim. DAT: 956 IV 21. ED: Die Urkunden Konrad I., Heinrich I. und Otto I., p. 262-264.

DIPL 958 = Diplom 196 Ottos I. ◊ of Otto I the Great. Original. BEN: Gesecke. DAT: 958 VI 25. ED: Die Urkunden Konrad I., Heinrich I. und Otto I., p. 276-7.

DIPL 959 = Diplom 205 Ottos I. ◊ of Otto I the Great. Cop. saec XI fin. BEN: Magdeburg. DAT: 959 VII 2. ED: Die Urkunden Konrad I., Heinrich I. und Otto I., p. 284.

†DIPL 960 = Diplom 212 Ottos I. ◊ of Otto I the Great. Spurium saec XI^II. BEN: Osnabrück. DAT: 960 VI 13. ED: Die Urkunden Konrad I., Heinrich I. und Otto I., p. 292-294, 738. — Die Urkunden Otto des III., p. 890. FAKS: Westfälisches Urkundenbuch, Supplement, Tafel II.

DIPL 961[1] = Diplom 227 Ottos I. ◊ of Otto I the Great. Cop. saec XVII. BEN: Minden. DAT: 961 VI 7. ED: Die Urkunden Konrad I., Heinrich I. und Otto I., p. 311-2. — Die Urkunden Otto des III., p. 890.

DIPL 961[2] = Diplom 232a Ottos I. ◊ of Otto I the Great. Original. BEN: Magdeburg. DAT: 961 VII 29. ED: Die Urkunden Konrad I., Heinrich I. und Otto I., p. 317-319. — Die Urkunden Otto des III., p. 890. — Urkundenbuch des Erzstifts Magdeburg, I, no. 27.

DIPL 965 = Diplom 281 Ottos I. ◊ of Otto I the Great. Original (deperditum). BEN: Magdeburg. DAT: 965 IV 12. ED: Die Urkunden Konrad I., Heinrich I. und Otto I., p. 397-8. — Die Urkunden Otto des III., p. 891. — Urkundenbuch des Erzstifts Magdeburg, I, no. 31.

DIPL 970 = Diplom 386 Ottos I. ◊ of Otto I the Great. Cop. saec XI fin. BEN: Magdeburg. DAT: 970 I 24. ED: Die Urkunden Konrad I., Heinrich I. und Otto I., p. 527-8. — Die Urkunden Otto des III., p. 892. — Urkundenbuch des Erzstifts Magdeburg, I, no. 70.

DIPL 971 = Diplom 406 Ottos I. ◊ of Otto I the Great. Original. BEN: Meißen. DAT: 971. ED: Die Urkunden Konrad I., Heinrich I. und Otto I., p. 552-3. — Die Urkunden Otto des III., p. 892.

DIPL 973[1] = Diplom 29 Ottos II. ◊ of Otto II. Original. BEN: Magdeburg. DAT: 973 VI 4. ED: Die Urkunden Otto des II. [Ed. Th. Sickel], Monumenta Germaniae historica. Diplomatum regum et imperatorum Germaniae tomus II/1, Hannover 1888, Reprint München 1980, p. 38-9. — Die Urkunden Otto des III., p. 893. — Urkundenbuch des Erzstifts Magdeburg, I, no. 74. STUD: J. F. Böhmer, Regesta imperii. II. Sächsisches Haus 919-1024. Zweite Abteilung: Die Regesten des Kaiserreiches unter Otto II. 955 (973)-983. Nach J. F. Böhmer neubearbeitet von H. L Mikoletzky, Graz, Köln 1950.

DIPL 973[2] = Diplom 35a + 35b Ottos II. ◊ of Otto II. Original. BEN: Gandersheim. DAT: 973 VI 7. ED: Die Urkunden Otto des II., p. 44-46.

Verzeichnis der Texte ◊ List of Texts

DIPL 973³ = Diplom 61 Ottos II. ◊ of Otto II. Cop. saec XVI, XVII. BEN: Bremen-Hamburg. DAT: 973 IX 27. ED: Die Urkunden Otto des II., p.70-1.
DIPL 979 = Diplom 191 Original. BEN: Memleben. DAT: 979 V 20. ED: Die Urkunden Otto des II., p. 217-219.
DIPL 980 = Diplom 214 Ottos II. ◊ of Otto II. Original. BEN: Gandersheim. DAT: 980 III 12. ED: Die Urkunden Otto des II., p. 241-2.
DIPL 981 = Diplom 194 Ottos II. ◊ of Otto II. Original. BEN: Memleben. DAT: 981 VII 21. ED: Die Urkunden Otto des II., p. 221-2.
DIPL 983 = Diplom 184 Ottos II. ◊ of Otto II. Cop. saec XVIII. BEN: Meißen. DAT: 983 II 27. ED: Die Urkunden Otto des II., p. 208-9.
DIPL 986 = Diplom 24a + 24b Ottos III. ◊ of Otto III. Original. BEN: Bremen-Hamburg. DAT: 986 III 17. ED: Die Urkunden Otto des III., p. 422-424. STUD: J. F. Böhmer, Regesta imperii. II. Sächsisches Haus 919-1024. Dritte Abteilung: Die Regesten des Kaiserreiches unter Otto III. 980 (983)-1002. Nach J. F. Böhmer neubearbeitet von M. Uhlirz, Graz, Köln 1956. FAKS: Kaiserurkunden in Abbildungen X/25.
DIPL 988¹ = Diplom 40 Ottos III. ◊ of Otto III. Original. BEN: Bremen-Hamburg. DAT: 988 III 16. ED: Die Urkunden Otto des III., p. 439-440.
DIPL 988² = Diplom 42 Ottos III. ◊ of Otto III. Original (deperditum). BEN: Reepsholt/Bremen-Hamburg. DAT: 988 III 20. ED: Die Urkunden Otto des III., p. 441-2.
DIPL 992¹ = Diplom 98 Ottos III. ◊ of Otto III. Original. BEN: Magdeburg. DAT: 992 VI 24. ED: Die Urkunden Otto des III., p. 509.
DIPL 992² = Diplom 103 Ottos III. ◊ of Otto III. Original. BEN: Ruodolt. DAT: 992 IX 17. ED: Die Urkunden Otto des III., p. 514-5.
DIPL 992³ = Diplom 104 Ottos III. ◊ of Otto III. Original. BEN: Halberstadt. DAT: 992 IX 18. ED: Die Urkunden Otto des III., p. 515-6.
DIPL 992⁴ = Diplom 106 Ottos III. ◊ of Otto III. Original. BEN: Memleben. DAT: 992 IX 28. ED: Die Urkunden Otto des III., p. 517-8.
DIPL 994¹ = Diplom 146 Ottos III. ◊ of Otto III. Original. BEN: Sophia. DAT: 994 VII 6. ED: Die Urkunden Otto des III., p. 556-7.
DIPL 994² = Diplom 150 Ottos III. ◊ of Otto III. Original. BEN: Sophia. DAT: 994 IX 30. ED: Die Urkunden Otto des III., p. 561.
DIPL 995¹ = Diplom 180 Ottos III. ◊ of Otto III. Original. BEN: Sigibert. DAT: 995 X 26. ED: Die Urkunden Otto des III., p.590.
DIPL 995² = Diplom 186 Ottos III. ◊ of Otto III. Original. BEN: Meißen. DAT: 995 XII 6. ED: Die Urkunden Otto des III., p. 595-6, 895.
DIPL 997¹ = Diplom 244 Ottos III. ◊ of Otto III. Original. BEN: Nienburg. DAT: 997 V 18. ED: Die Urkunden Otto des III., p. 661-2.
DIPL 997² = Diplom 246 Ottos III. ◊ of Otto III. Original. BEN: Magdeburg. DAT: 997 VI 8. ED: Die Urkunden Otto des III., p. 663-4. — Urkundenbuch des Erzstifts Magdeburg, I, no. 112. FAKS: Kaiserurkunden in Abbildungen IX/10.
DIPL 997³ = Diplom 247 Ottos III. ◊ of Otto III. Original. BEN: Magdeburg. DAT: 997 VI 13. ED: Die Urkunden Otto des III., p. 664. — Urkundenbuch des Erzstifts Magdeburg, I, no. 113.
DIPL 998 = Diplom 305 Ottos III. ◊ of Otto III. Original. BEN: Memleben. DAT: 998 XI 30. ED: Die Urkunden Otto des III., p. 732-3.
DIPL 999 = Diplom 321 Ottos III. ◊ of Otto III. Original. BEN: Adelheid. DAT: 999 IV 26. ED: Die Urkunden Otto des III., p. 747-8.
DIPL 1000¹ = Diplom 344 Ottos III. ◊ of Otto III. Cop. saec XI fin. BEN: Magdeburg. DAT: 1000 I 17. ED: Die Urkunden Otto des III., p. 774-5. — Urkundenbuch des Erzstifts Magdeburg, I, no. 116.
DIPL 1000² = Diplom 346 Ottos III. ◊ of Otto III. Original. BEN: Reginher. DAT: 1000 I 31. ED: Die Urkunden Otto des III., p. 775-6.
DIPL 1001 = Diplom 417 Ottos III. ◊ of Otto III. Original. BEN: Meinwerk. DAT: 1001 (?). ED: Die Urkunden Otto des III., p. 851-2.
DIPL 1002¹ = Diplom 8 Heinrichs II. ◊ of Henry II. Original. BEN: Osnabrück. DAT: 1002 VII 28. ED: Die Urkunden Heinrichs II. und Arduins. [Ed. H. Bresslau, H. Bloch, M. Meyer, R. Holtzmann], Monumenta Germaniae historica. Diplomatum regum et imperatorum Germaniae tomus III, Hannover 1900-1903, Reprint München 1980, p. 9-11, 722. — F. Jostes, Die Kaiser- und Königs-Urkunden, No. 16.
DIPL 1002² = Diplom 13 Heinrichs II. ◊ of Henry II. Cop. saec XIII. BEN: Halberstadt. DAT: 1002 VIII 27. ED: Die Urkunden Heinrichs II., p. 15-6. Die Urkunden Konrads II. Mit Nachträgen zu den Urkunden Heinrichs II. Ed. H. Bresslau, H. Wibel, A. Hessel, Monumenta Germaniae historica. Diplomatum regum et imperatorum Germaniae tomus IV, Hannover, Leipzig 1909. Reprint München 1980, p. 429.
DIPL 1003 = Diplom 50 Heinrichs II. ◊ of Henry II. Original (deperditum)/Cop. saec XIV, XVII. BEN: Hamburg. DAT: 1003 V 25. ED: Die Urkunden Heinrichs II., p. 59-60.
DIPL 1004¹ = Diplom 63 Heinrichs II. ◊ of Henry II. Cop. saec XI fin. BEN: Magdeburg. DAT: 1004 II 24/25. ED: Die Urkunden Heinrichs II., p. 76-78, 723. — Urkundenbuch des Erzstifts Magdeburg, I, no. 121.

Verzeichnis der Texte ◊ List of Texts

DIPL 1004[2] = Diplom 64 Heinrichs II. ◊ of Henry II. Original. BEN: Merseburg. DAT: 1004 III 4. ED: Die Urkunden Heinrichs II., p.78-80, 723.
DIPL 1007 = Diplom 126 Heinrichs II. ◊ of Henry II. Cop. saec XIV. BEN: Steterburg. DAT: 1007 I 24. ED: Die Urkunden Heinrichs II., p. 151-153.
DIPL 1009 = Diplom 189 Heinrichs II. ◊ of Henry II. Cop. saec XVIII. BEN: Minden. DAT: 1009 III 12. ED: Die Urkunden Heinrichs II., p. 223-4.
DIPL 1011 = Diplom 237 Heinrichs II. ◊ of Henry II. Original. BEN: Magdeburg. DAT: 1011 VIII 20. ED: Die Urkunden Heinrichs II., p. 274. — Die Urkunden Konrads II., p. 429. — Urkundenbuch des Erzstifts Magdeburg, I, no. 127.
DIPL 1012 = Diplom 250 Heinrichs II. ◊ of Henry II. Original. BEN: Merseburg. DAT: 1012 X 17. ED: Die Urkunden Heinrichs II., p. 287-8, 724.
DIPL 1013 = Diplom 271 Heinrichs II. ◊ of Henry II. Original. BEN: Merseburg. DAT: 1013 IX 22. ED: Die Urkunden Heinrichs II., p. 320-1, 724.
DIPL 1014 = Diplom 325 Heinrichs II. ◊ of Henry II. Original. BEN: Hamburg. DAT: 1014 XI 20. ED: Die Urkunden Heinrichs II., p. 410-1.
DIPL 1015 = Diplom 331 Heinrichs II. ◊ of Henry II. Original. BEN: Hersfeld. DAT: 1015 II 5. ED: Die Urkunden Heinrichs II., p. 418-9.
DIPL 1017 = Diplom 377 Heinrichs II. ◊ of Henry II. Cop. saec XIV. BEN: Nordhausen. DAT: 1017 - -. ED: Die Urkunden Heinrichs II., p. 481-2.
DIPL 1019 = Diplom 420 Heinrichs II. ◊ of Henry II. Original. BEN: Kaufungen. DAT: 1019 XII 31. ED: Die Urkunden Heinrichs II., p. 534, 725.
DIPL 1023 = Diplom 491 Heinrichs II. ◊ of Henry II. Original. BEN: Osnabrück. DAT: 1023 VII 27. ED: Die Urkunden Heinrichs II., p. 625-6.
DIPL 1025[1] = Diplom 10 Konrads II. ◊ of Conrad II. Original. BEN: Herford. DAT: 1025 I 10. ED: Die Urkunden Konrads II., p. 11-2.
DIPL 1025[2] = Diplom 21 Konrads II. ◊ of Conrad II. Original. BEN: Magdeburg. DAT: 1025 III 2. ED: Die Urkunden Konrads II., p. 23-25, 431. — Urkundenbuch des Erzstifts Magdeburg, I, no. 141.
DIPL 1028[1] = Diplom 123 Konrads II. ◊ of Conrad II. Original. BEN: Osnabrück. DAT: 1028 - -. ED: Die Urkunden Konrads II., p. 168-9.
DIPL 1028[2] = Diplom 128 Konrads II. ◊ of Conrad II. Original. BEN: Ibo. DAT: 1028 VIII 20. ED: Die Urkunden Konrads II., p. 173-4.
DIPL 1030 = Diplom 152 Konrads II. ◊ of Conrad II. Original. BEN: Paderborn. DAT: 1030 VI 1 (?). ED: Die Urkunden Konrads II., p. 204.
DIPL 1031[1] = Diplom 165 Konrads II. ◊ of Conrad II. Cop. saecXVI. BEN: Minden. DAT: 1031 IV 20. ED: Die Urkunden Konrads II., p. 217-8.
DIPL 1031[2] = Diplom 174 Konrads II. ◊ of Conrad II. Original. BEN: Szwizla. DAT: 1031 X 24. ED: Die Urkunden Konrads II., p. 232-3.
DIPL 1032 = Diplom 176 Konrads II. ◊ of Conrad II. Cop. saec XII. BEN: Abdinghof. DAT: 1032 I 16. ED: Die Urkunden Konrads II., p. 234-6.
DIPL 1036 = Diplom 234 Konrads II. ◊ of Conrad II. Original. BEN: Kölbigk. DAT: 1036 X 26. ED: Die Urkunden Konrads II., p. 319.
DIPL 1039[1] = Diplom 2 Heinrichs III. ◊ of Henry III. Original. BEN: Minden. DAT: 1039 VI 22. ED: Die Urkunden Heinrichs III. Ed. H. Bresslau, P. Kehr, Monumenta Germaniae historica. Diplomatum regum et imperatorum Germaniae tomus V, 1931, Reprint Berlin 1957, p. 2-3.
DIPL 1039[2] = Diplom 5 Heinrichs III. ◊ of Henry III. Original. BEN: Corvey. DAT: 1039 IX 3. ED: Die Urkunden Heinrichs III., p. 6-7.
DIPL 1040[1] = Diplom 66 Heinrichs III. ◊ of Henry III. Original. BEN: Merseburg. DAT: 1040 XII 5. ED: Die Urkunden Heinrichs III., p. 84-5.
DIPL 1040[2] = Diplom 67 Heinrichs III. ◊ of Henry III. Original. BEN: Herford. DAT: 1040 XII 22 (?). ED: Die Urkunden Heinrichs III., p. 85-87, 693.
DIPL 1041 = Diplom 83 Heinrichs III. ◊ of Henry III. Original. BEN: Markward. DAT: 1041 VI 30. ED: Die Urkunden Heinrichs III., p. 108, 694.
DIPL 1042[1] = Diplom 91 Heinrichs III. ◊ of Henry III. Original. BEN: Moic. DAT: 1042 IV 15. ED: Die Urkunden Heinrichs III., p. 117-8, 694.
DIPL 1042[2] = Diplom 96 Heinrichs III. ◊ of Henry III. Original. BEN: Merseburg. DAT: 1042 VIII 15. ED: Die Urkunden Heinrichs III., p. 122-3, 694.
DIPL 1045 = Diplom 146 Heinrichs III. ◊ of Henry III. Original. BEN: Jarmir. DAT: 1045 IX 22. ED: Die Urkunden Heinrichs III., p. 185.
DIPL 1046 = Diplom 175 Heinrichs III. ◊ of Henry III. Original. BEN: Naumburg. DAT: 1046 IX 10. ED: Die Urkunden Heinrichs III., p. 217-8, 698. FAKS: Kaiserurkunden in Abbildungen II/9.
DIPL 1048 = Diplom 221 Heinrichs III. ◊ of Henry III. Cop. saec XVIII. BEN: Minden. DAT: 1048 VII 20. ED: Die Urkunden Heinrichs III., 294-5.

Verzeichnis der Texte ◊ List of Texts

DIPL 1050[1] = Diplom 254 Heinrichs III. ◊ of Henry III. Cop. saec XV in. BEN: Merseburg. DAT: 1050 VIII 3. ED: Die Urkunden Heinrichs III., p. 337-8, 701.
DIPL 1050[2] = Diplom 257 Heinrichs III. ◊ of Henry III. Original. BEN: Goslar. DAT: 1050 XI 24. ED: Die Urkunden Heinrichs III., p. 342-3, 701.
DIPL 1051 = Diplom 269 Heinrichs III. ◊ of Henry III. Original. BEN: Osnabrück. DAT: 1051 V 25. ED: Die Urkunden Heinrichs III., p. 357-8, 701.
DIPL 1057 = Diplom 20 Heinrichs IV ◊ of Henry IV. Original. BEN: Osnabrück. DAT: 1057 V 26. ED: Die Urkunden Heinrichs IV. Ed. D. von Gladiss, A. Gawlik, Monumenta Germaniae historica. Diplomatum regum et imperatorum Germaniae tomus VI, Berlin, Weimar, Hannover 1941-1978, p. 24-5, 710.
DIPL 1059[1] = Diplom 52 Heinrichs IV ◊ of Henry IV. Original. BEN: Paderborn. DAT: 1059 IV 7. ED: Die Urkunden Heinrichs IV., p. 67-69, 714.
DIPL 1059[2] = Diplom 56 Heinrichs IV ◊ of Henry IV. Original. BEN: Minden. DAT: 1059 VII 27. ED: Die Urkunden Heinrichs IV., p. 72-3, 714.
DIPL 1060 = Diplom 64 Heinrichs IV ◊ of Henry IV. Cop. saec XIV in. BEN: Verden. DAT: 1060 V 8. ED: Die Urkunden Heinrichs IV., p. 84-5, 715.
DIPL 1062 = Diplom 80 Heinrichs IV ◊ of Henry IV. Original. BEN: Meißen. DAT: 1062 II 4. ED: Urkundenbuch des Hochstifts Meißen, I. Ed. E. G. Gersdorf, Codex diplomaticus Saxoniae regiae, II,1, Leipzig 1864, no. 27. — Die Urkunden Heinrichs IV., p. 104-5, 716.
DIPL 1064[1] = Diplom 118 Heinrichs IV ◊ of Henry IV. Original. BEN: Meißen. DAT: 1064 I 13. ED: Die Urkunden Heinrichs IV., p. 157-8.
DIPL 1064[2] = Diplom 131 Heinrichs IV ◊ of Henry IV. Original. BEN: Naumburg. DAT: 1064 VII 11. ED: Die Urkunden Heinrichs IV., p. 171-2.
DIPL 1065[1] = Diplom 140 Heinrichs IV ◊ of Henry IV. Original. BEN: Naumburg. DAT: 1065 III 31. ED: Die Urkunden Heinrichs IV., p. 182-3, 720.
DIPL 1065[2] = Diplom 175 Heinrichs IV ◊ of Henry IV. Cop. saec XIV in. BEN: Bremen-Hamburg. DAT: 1065 XII 8. ED: Die Urkunden Heinrichs IV., p. 228-9, 724.
DIPL 1068 = Diplom 212 Heinrichs IV ◊ of Henry IV. Original. BEN: Meißen. DAT: 1068 X 28. ED: Urkundenbuch des Hochstifts Meißen, I, no. 29. — Die Urkunden Heinrichs IV., p. 270-1.
DIPL 1069[1] = Diplom 218 Heinrichs IV ◊ of Henry IV. Original. BEN: Hildesheim. DAT: 1069 VIII 15. ED: Die Urkunden Heinrichs IV., p. 276-7.
DIPL 1069[2] = Diplom 227 Heinrichs IV ◊ of Henry IV. Original. BEN: Meißen. DAT: 1069 XII 4. ED: Urkundenbuch des Hochstifts Meißen, I, no. 30. — Die Urkunden Heinrichs IV., p. 286-7.
DIPL 1069[3] = Diplom 228 Heinrichs IV ◊ of Henry IV. Original. BEN: Naumburg. DAT: 1069 XII 14. ED: Die Urkunden Heinrichs IV., p. 287-8, 726.
DIPL 1090 = Diplom 410 Heinrichs IV ◊ of Henry IV. Original. BEN: Meißen. DAT: 1090 II 14. ED: Die Urkunden Heinrichs IV., p. 542-3, 742.
DIPL 1097 = Diplom 455 Heinrichs IV ◊ of Henry IV. Original. BEN: Vitic. DAT: 1097 VI 14. ED: Die Urkunden Heinrichs IV., p. 614-5, 746.

GEN = Sächsische Genesis (Altsächsischer Text) ◊ Saxon Genesis (Old Saxon text)
MS: Roma, Biblioteca Apostolica Vaticana, Cod. Pal. lat. 1447, fol. 1r, 2r, 2v, 10v.
ED: Heliand und Genesis. Ed. O. Behaghel, B. Taeger, Altdeutsche Textbibliothek 4, Tübingen [10]1996, p. 241-256. — A. N. Doane, The Saxon Genesis. An Edition of the West Saxon *Genesis B* and the Old Saxon Vatican *Genesis*, Madison, Wisconsin 1991, p. 232-252, 304-356, 398-436 (cit).
DAT: saec IX 3/4, Mainz? ◊ Mayence?
PAL: B. Bischoff, in: Mittelalterliche Studien, III, 1981, p. 105. — A. N. Doane, The Saxon Genesis, p. 9-28.
FACS: A. N. Doane, The Saxon Genesis, p. 232 (fol. 1r), 237 (fol. 2r), 238 (fol. 2v), 242 (fol. 10v). — U. Schwab, Die Bruchstücke der altsächsischen Genesis und ihrer altenglischen Übertragung. Einführung, Textwiedergaben und Übersetzungen, Abbildung der gesamten Überlieferung. Mit Beiträgen von L. Schuba und H. Kugler, Litterae 29, Göppingen 1991.
STUD: K. Zangemeister, W. Braune, Bruchstücke der altsächsischen Bibeldichtung aus der Bibliotheca Palatina, Neue Heidelberger Jahrbücher 4 (1894) p. 201-294. — B. Taeger, in: Die deutsche Literatur des Mittelalters. Verfasserlexikon I, 1978, col. 313-317.

GENB = Sächsische Genesis (Altenglischer Text) ◊ Saxon Genesis (Old English text)
(<w> im Wörterbuch steht für < ƿ > der Handschrift ◊ <w> in the dictionary renders < ƿ > in the manuscript)
MS: Oxford, Bodleian Library, Ms. Junius 11, p. 13-40.
ED: The Junius Manuscript. Ed. G. Ph. Krapp, The Anglo-Saxon Poetic Records 1, New York, London 1931, p. 9-28, 164-171. — The Later Genesis and other Old English and Old Saxon Texts relating to the Fall of Man, ed. F. Klaeber. New Edition, with Supplement, Englische Textbibliothek 15, Heidelberg 1931. — A. N. Doane, The Saxon Genesis, p. 207-231, 255-303, 361-397 (cit). — Heliand und Genesis. Ed. O. Behaghel, B. Taeger, p. 219-243.

Verzeichnis der Texte ◊ List of Texts

DAT: ca. a. 1025, Canterbury?, Malmesbury?
PAL: N. R. Ker, Catalogue, no. 334. — A. N. Doane, The Saxon Genesis, p. 28-42.
FACS: The Cædmon Manuscript of Anglo-Saxon Biblical Poetry Junius XI in the Bodleian Library. With introduction by I. Gollancz, Oxford 1927. — U. Schwab, Die Bruchstücke der altsächsischen Genesis und ihrer altenglischen Übertragung. — A. N. Doane, The Saxon Genesis, p. 206 (p. 13), 40 (p. 16), Frontispiece (p. 60).
STUD: Th. Braasch, Vollständiges Wörterbuch zur sog. Caedmonschen Genesis, Anglistische Forschungen 76, Heidelberg 1933. — A. N. Doane, The Saxon Genesis.

GLABD = Glossen aus Abdinghof ◊ Abdinghof glosses
MS: Kassel, Landesbibliothek und Murhardsche Bibliothek der Stadt Kassel, Handschriftenabteilung, 2° Ms. theol. fol. 60, fol. 3r.
ED: E. Steinmeyer - E. Sievers, Die althochdeutschen Glossen, I, Berlin 1879, Reprint Dublin, Zürich 1968, p. 722.
DAT: saec X^2 + XI in., Umkreis von Corvey ◊ neighbourhood of Corvey. Prov. Abdinghof/Paderborn.
PAL: K. Wiedemann, Manuscripta theologica. Die Handschriften in Folio, Die Handschriften der Gesamthochschul-Bibliothek Kassel, Landesbibliothek und Murhardsche Bibliothek der Stadt Kassel, I, 1, Wiesbaden 1994, p. 85-88.
STUD: H. Tiefenbach, Zur altsächsischen Glossographie. In: Mittelalterliche volkssprachige Glossen. Ed. R. Bergmann, E. Glaser, C. Moulin-Fankhänel, Germanistische Bibliothek 13, Heidelberg 2001, p. 340. — Katalog der althochdeutschen und altsächsischen Glossenhandschriften. Bearbeitet von R. Bergmann und St. Stricker unter Mitarbeit von Y. Goldammer und C. Wich-Reif, I-VI, Berlin, New York 2005, no. 333. — H. Tiefenbach, Altsächsische Überlieferung. In: Die althochdeutsche und altsächsische Glossographie. Ein Handbuch. Ed. R. Bergmann und St. Stricker, II, Berlin, New York, p. 1230-1.

GLADM508 = Alphabetisches Glossar des Codex Admont 508 (teilweise althochdeutsch) ◊ Alphabetical glossary of codex Admont 508 (partly Old High German)
MS: Admont, Stiftsbibliothek 508, fol. 57-112.
ED: E. Steinmeyer - E. Sievers, Die althochdeutschen Glossen, IV, Berlin 1898, Reprint Dublin, Zürich 1969, p. 179 (unvollständig ◊ incomplet).
DAT: saec XII.
STUD: H. Tiefenbach, in: Mittelalterliche volkssprachige Glossen, p. 330. — Katalog der althochdeutschen und altsächsischen Glossenhandschriften, no. 6. — H. Tiefenbach, in: Die althochdeutsche und altsächsische Glossographie, II, p. 1212-3.
FACS: Katalog der althochdeutschen und altsächsischen Glossenhandschriften, p. 2411 (fol. 59r).

GLADM718 = Glossen des Codex Admont 718 (teilweise althochdeutsch) ◊ Glosses of codex Admont 718 (partly Old High German)
MS: Admont, Stiftsbibliothek 718, fol. 34-67.
ED: H. Naumann, Glossen aus Admont, Zeitschrift für deutsches Altertum 64 (1927) p. 77-79.
DAT: ca. a. 1150, Admont.
PAL: H. Bresslau, Die ältere Salzburger Annalistik, Abhandlungen der Preußischen Akademie der Wissenschaften. Philosophisch-historische Klasse 1923 no. 2, Berlin 1923.
STUD: H. Tiefenbach, in: Mittelalterliche volkssprachige Glossen, p. 330. — Katalog der althochdeutschen und altsächsischen Glossenhandschriften, no. 7. — H. Tiefenbach, in: Die althochdeutsche und altsächsische Glossographie, II, p. 1214.
FACS: Katalog der althochdeutschen und altsächsischen Glossenhandschriften, p. 2413 (fol. 51r).

GLBOETH = Boethius-Glossen ◊ Glosses to Boethius
MS: Koblenz, Landeshauptarchiv, Best. 701 Nr. 759 (vermisst ◊ missing).
ED: E. Krotz, Der Schatz der Wörter in Glossen. Rezension über ◊ review of Rudolf Schützeichel [Hg.]: Althochdeutscher und Altsächsischer Glossenwortschatz. Bearbeitet unter Mitwirkung von zahlreichen Wissenschaftlern des Inlandes und des Auslandes. 12 Bände. Tübingen: Max Niemeyer 2005, § 86. In: IASLonline [22.01.2006] URL: http://iasl.uni-muenchen.de/rezensio/liste/Krotz3484109009_1261.html
DAT: saec IX, 3/3, Westdeutschland (?) ◊ Western Germany (?). Glossen ◊ glosses saec X/XI.
PAL: B. Bischoff, Katalog, no. 1865.
STUD: P. W. Tax, Überblick über die Gossierungen der ‚Consolatio Philosophiae' des Boethius, in: Die althochdeutsche und altsächsische Glossographie, I, p. 516-7. — H. Tiefenbach, in: Die althochdeutsche und altsächsische Glossographie, II, p. 1217-8.

GLCAES = Caesarius-Glosse ◊ Gloss to Caesarius
MS: Berlin, Staatsbibliothek, Preussischer Kulturbesitz, Handschriftenabteilung, theol. lat. 2° 355, fol. 81v.

Verzeichnis der Texte ◊ List of Texts

ED: E. Steinmeyer - E. Sievers, Die althochdeutschen Glossen, V, Berlin 1922, Reprint Dublin, Zürich 1969, p. 24.
DAT: Ms. saec IX, ca. 2/3, Frankreich, saec XV Werden.
PAL: B. Bischoff, Katalog, no. 459.
STUD: H. Tiefenbach, in: Mittelalterliche volkssprachige Glossen, p. 331. — Katalog der althochdeutschen und altsächsischen Glossenhandschriften, no. 55. — H. Tiefenbach, in: Die althochdeutsche und altsächsische Glossographie, II, p. 1216-7.

GLDAN = Daniel-Glosse ◊ Gloss to Daniel
MS: Düsseldorf, Universitätsbibliothek, A 6, fol. 50r.
ED: H. Tiefenbach, Nachträge zu altsächsischen Glossen aus dem Damenstift Essen. In: R. Schützeichel, Addenda und Corrigenda (II) zur althochdeutschen Glossensammlung, Studien zum Althochdeutschen 5, Göttingen 1985, p. 116-7.
DAT: Ms. saec IX 1/3, Saint Amand (oder Umkreis ◊ or surroundings), saec IX in Münster/Westfalen?. Glosse ◊ gloss saec X.
PAL: B. Bischof, Katalog, no. 1059. — G. Karpp, Scriptorium 45 (1991) p. 172. — K. Bodarwé, Sanctimoniales litteratae, p. 377-8.
FACS: G. Karpp, Die Anfänge einer Büchersammlung im Frauenstift Essen. Ein Blick auf die importierten Handschriften des neunten Jahrhunderts. In: Herrschaft, Bildung und Gebet, p. 124.
STUD: H. Tiefenbach, in: Mittelalterliche volkssprachige Glossen, p. 338. — Katalog der althochdeutschen und altsächsischen Glossenhandschriften, no. 106a. — H. Tiefenbach, in: Die althochdeutsche und altsächsische Glossographie, II, p. 1216.

GLEPHR = Ephraem-Glosse ◊ Gloss to Ephraem Syrus
MS: Berlin, Staatsbibliothek, Preussischer Kulturbesitz, Handschriftenabteilung, theol. lat. 2° 355, fol. 48v.
ED: E. Steinmeyer - E. Sievers, Die althochdeutschen Glossen, V, p. 25.
DAT/PAL/STUD: → GLCAES.

GLEPIST = Epistelglossen (großenteils althochdeutsch) ◊ Glosses to the epistles (mostly Old High German)
MS: Berlin, Staatsbibliothek, Preussischer Kulturbesitz, Handschriftenabteilung, theol. lat. 2° 481.
ED: E. Steinmeyer - E. Sievers, Die althochdeutschen Glossen, I, p. 756-7, 760-1, 764, 768, 770, 772, 774, 776, 781-2, 787, 789-90, 795-797; IV, 306-308.
DAT: saec X^1, Essen.
PAL: H. Hoffmann, Das Skriptorium von Essen in ottonischer und frühsalischer Zeit. In: Kunst im Zeitalter der Kaiserin Theophanu. Ed. A. von Euw, P. Schreiner, Köln 1993, p. 120-1, 124. — K. Bodarwé, Sanctimoniales litteratae, p. 366-368.
FACS: W. Arndt, M. Tangl, Schrifttafeln zur Erlernung der lateinischen Palaeographie, Berlin [4]1904, Reprint Hildesheim, New York 1976, Tafel 52 (fol. 146v). — P. J. Becker, E. Overgaauw (Ed.), Aderlass und Seelentrost. Die Überlieferung deutscher Texte im Spiegel Berliner Handschriften und Inkunabeln. Staatsbibliothek zu Berlin – Preußischer Kulturbesitz. Ausstellungskataloge. Neue Folge 48, Mainz 2003, p. 35 (fol. 42v). — Katalog der althochdeutschen und altsächsischen Glossenhandschriften, p. 2521 (fol. 14v), 2523 (fol. 133r).
STUD: H. Tiefenbach, in: Mittelalterliche volkssprachige Glossen, p. 333. — H. Tiefenbach, in: Essen und die sächsischen Frauenstifte, p. 123-4. — Katalog der althochdeutschen und altsächsischen Glossenhandschriften, no. 57. — H. Tiefenbach, in: Die althochdeutsche und altsächsische Glossographie, II, p. 1221.

GLEVELT = Glossen des Eltener Evangeliars ◊ Glosses of the Elten Gospel
MS: †? olim Lindau, Freiherr Max Lochner von Hüttenbach.
ED: E. Wadstein, Kleinere altsächsische sprachdenkmäler, no. X (cit). — J. H. Gallée, Old-Saxon Texts, no. II, p. 87-104.
DAT: saec X 3/4, Essen.
PAL: H. Hoffmann, in: Kunst im Zeitalter der Kaiserin Theophanu, p. 120, 124. — K. Bodarwé, Sanctimoniales litteratae, p. 438-9.
FACS: J. H. Gallée, Altsaechsische sprachdenkmaeler. Facsimile sammlung, no. II^f (fol. 31r).
STUD: H. Tiefenbach, in: Mittelalterliche volkssprachige Glossen, p. 337. — Katalog der althochdeutschen und altsächsischen Glossenhandschriften, no. 385. — H. Tiefenbach, in: Die althochdeutsche und altsächsische Glossographie, II, p. 1219.

GLEVES = Glossen des Essener Evangeliars ◊ Glosses of the Essen Gospel
MS: Essen, Münsterschatz, Hs 1.

Verzeichnis der Texte ◊ List of Texts

ED: E. Wadstein, Kleinere altsächsische sprachdenkmäler, no. XI (cit). — J. H. Gallée, Old-Saxon Texts, no. II. p. 17-86. — H. Tiefenbach, in: R. Schützeichel, Addenda und Corrigenda (II), p. 118-121.
DAT: saec X (Gloss.), Essen, in Ms. saec VIII/IX.
PAL: B. Bischoff, Katalog, no. 1202. — H. Hoffmann, in: Kunst im Zeitalter der Kaiserin Theophanu, p. 124. — K. Bodarwé, Sanctimoniales litteratae, p.405-408.
FACS: J. H. Gallée, Altsaechsische sprachdenkmaeler. Facsimile sammlung, no. II^{a-c} (fol. 26r, 29v, 30r, 35r, 133v). — G. Karpp, in: Herrschaft, Bildung und Gebet, p. 120 (fol. 16r). — H. Tiefenbach, in: Essen und die sächsischen Frauenstifte, p. 121 (fol. 100r) — H. Tiefenbach, in: Die althochdeutsche und altsächsische Glossographie, I, p. 388-9 (fol. 34v, 35r).
STUD: W. Sanders, in: Die deutsche Literatur des Mittelalters. Verfasserlexikon II, 1980, col. 633f. — E. Hellgardt, Philologische Fingerübungen. Bemerkungen zum Erscheinungsbild und zur Funktion der lateinischen und altsächsischen Glossen des Essener Evangeliars (Matthäus-Evangelium). In. Lingua Germanica. Studien zur deutschen Philologie. Jochen Splett zum 60. Geburtstag. Ed. E. Schmitsdorf, N. Hartl und B. Meurer, Münster. New York, München, Berlin 1998, p. 32-69. — H. Tiefenbach, in: Mittelalterliche volkssprachige Glossen, p. 337. — H. Tiefenbach, in: Essen und die sächsischen Frauenstifte, p. 120-123. — Katalog der althochdeutschen und altsächsischen Glossenhandschriften, no. 149. — H. Tiefenbach, in: Die althochdeutsche und altsächsische Glossographie, I, p. 387-397; II, p. 1218-9.

GLGAND = Gandersheimer Glossen ◊ Gandersheim glosses
MS: Coburg, Kunstsammlungen der Veste Coburg, MS 1, fol. 167v.
ED: E. Wadstein, Kleinere altsächsische sprachdenkmäler, p. VI (cit). — Mittelalterliche Schatzverzeichnisse. Erster Teil. Von der Zeit Karls des Großen bis zur Mitte des 13. Jahrhunderts, Veröffentlichungen des Zentralinstituts für Kunstgeschichte in München 4, München 1967, no. 26, p. 35-6.
DAT: saec XI/XII in.
PAL: B. Bischoff, Katalog, no. 930. — K. Bodarwé, Sanctimoniales litteratae, p.375-377.
FACS: K. Bodarwé, Bibliotheken in sächsischen Frauenstiften, in: Essen und die sächsischen Frauenstifte, p. 103 (fol. 167v).
STUD: H. Tiefenbach, in: Mittelalterliche volkssprachige Glossen, p. 341. — Katalog der althochdeutschen und altsächsischen Glossenhandschriften, no. 92. — H. Tiefenbach, in: Die althochdeutsche und altsächsische Glossographie, II, p. 1231.

GLGREG = Gregorglossen ◊ Glosses to Gregory
MS: Düsseldorf, Universitätsbibliothek, B 80.
ED: E. Wadstein, Kleinere altsächsische sprachdenkmäler, no. XII (cit). — J. H. Gallée, Old-Saxon Texts, no. III, p. 107-114. — H. Tiefenbach, in: R. Schützeichel, Addenda und Corrigenda (II), p. 117-8.
DAT: saec X 2/4, fol. 122-129 saec XI in., Essen. → BEDA, REGES.
PAL: G. Karpp, Scriptorium 45 (1991) S. 174. — H. Hoffmann, in: Kunst im Zeitalter der Kaiserin Theophanu, p. 121, 124. — K. Bodarwé, Sanctimoniales litteratae, p. 385-6.
FACS: J. H. Gallée, Altsaechsische sprachdenkmaeler. Facsimile sammlung, no. III^a (fol. 127v, 129r).
STUD: H. Tiefenbach, in: Mittelalterliche volkssprachige Glossen, p. 337. — H. Tiefenbach, in: Essen und die sächsischen Frauenstifte, p. 120. — Katalog der althochdeutschen und altsächsischen Glossenhandschriften, no. 104. — H. Tiefenbach, in: Die althochdeutsche und altsächsische Glossographie, II, p. 1222.

GLHARD = Glossen aus Hardehausen ◊ Hardehausen glosses
MS: Leiden, Bibliotheek der Rijksuniversiteit, B.P.L. 191E.
ED: E. Steinmeyer - E. Sievers, Die althochdeutschen Glossen, III, Berlin 1895, Reprint Dublin, Zürich 1969, p. 604-5; IV, 251, 253, 257-260, 262-264, 266-272, 274-285, 294, 304-5, 309, 314, 476.
DAT: a. 1180-1182, Hardehausen.
PAL: K. Honselmann, in: Die deutsche Literatur des Mittelalters. Verfasserlexikon, VII, 1989, col. 1170-1.
FACS: Katalog der althochdeutschen und altsächsischen Glossenhandschriften, p. 2796 (fol. 60v), 2799 (fol. 61v). — C. Wich-Reif, in: Die althochdeutsche und altsächsische Glossographie, I, p. 646 (fol. 61v).
STUD: H. Tiefenbach, in: Mittelalterliche volkssprachige Glossen, p. 342. — Katalog der althochdeutschen und altsächsischen Glossenhandschriften, no. 362. — V. Wich-Reif, Das Bibelglossar Alberts von Siegburg. In: Die althochdeutsche und altsächsische Glossographie, I, p. 635-646. — H. Tiefenbach, in: Die althochdeutsche und altsächsische Glossographie, II, p. 1232.

GLK211 = Bibelglossen des Codex Köln 211 ◊ Glosses to the Bible in codex Cologne 211
MS: Köln, Dombibliothek, Codex 211.
ED: E. Steinmeyer - E. Sievers, Die althochdeutschen Glossen, I, p. 319, 394, 445.
DAT: saec IX ca. 3/4, wohl Ostfrankreich ◊ probably in eastern France. Gloss. saec X.

Verzeichnis der Texte ◊ List of Texts

PAL: B. Bischoff, Katalog, no. 1946.
FACS: http://www.ceec.uni-koeln.de
STUD: Th. Klein, Studien, p. 183-188. — H. Tiefenbach, in: Mittelalterliche volkssprachige Glossen, p. 343. — Katalog der althochdeutschen und altsächsischen Glossenhandschriften, no. 354. — H. Tiefenbach, in: Die althochdeutsche und altsächsische Glossographie, II, p. 1216.

GLKBH = Kopenhagener Glossen ◊ Copenhagen glosses
MS: København, Det Kongelike Bibliotek, Fragm. 19B/XV/III/ 2861.
ED: H. Tiefenbach, Nachträge zu den altsächsischen Glossen, aus Kopenhagen und aus dem Dresden-Wiener Codex discissus, Amsterdamer Beiträge zur älteren Germanistik 52 (1999) p. 227-230.
DAT: saec IX 3/3, nördliches Deutschland ◊ northern part of Germany.
PAL: B. Bischoff, Katalog, no. 1997.
FACS: Katalog der althochdeutschen und altsächsischen Glossenhandschriften, p. 2795.
STUD: H. Tiefenbach, in: Mittelalterliche volkssprachige Glossen, p. 337. — Katalog der althochdeutschen und altsächsischen Glossenhandschriften, no. 356b. — H. Tiefenbach, in: Die althochdeutsche und altsächsische Glossographie, II, p. 1228.

GLLAM = Lamspringer Glossen ◊ Lamspringe glosses
MS: Wolfenbüttel, Herzog-August-Bibliothek, Codex Guelf. 553 Helmstadiensis.
ED: E. Wadstein, Kleinere altsächsische sprachdenkmäler, no. XIV (cit). — J. H. Gallée, Old-Saxon Texts, no. VIII. — D. Ertmer, Studien zur althochdeutschen und altsächsischen Juvencusglossierung, Studien zum Althochdeutschen 26, Göttingen 1994, p. 312-335.
DAT: saec XI, Prov. Lamspringe.
PAL: O. von Heinemann, Die Helmstedter Handschriften, Kataloge der Herzog-August-Bibliothek Wolfenbüttel. Die alte Reihe 2, II, Wolfenbüttel 1886. Reprint Frankfurt am Main 1965, no. 601.
FACS: J. H. Gallée, Altsaechsische sprachdenkmaeler. Facsimile sammlung, no. VIII (fol. 17r). — Katalog der althochdeutschen und altsächsischen Glossenhandschriften, p. 2955 (fol. 17r).
STUD: H. Tiefenbach, Zu den Lamspringer Juvencus-Glossen, Sprachwissenschaft 21 (1996) p. 127-140. — H. Tiefenbach, in: Mittelalterliche volkssprachige Glossen, p. 340-1. — Katalog der althochdeutschen und altsächsischen Glossenhandschriften, no. 966. — H. Tiefenbach, in: Die althochdeutsche und altsächsische Glossographie, II, p. 1230.

GLLECT = Lektionarglossen ◊ Lectionarium glosses
MS: Burgsteinfurt, Fürstlich Bentheim'sche Bibliothek.
ED: —
DAT: saec X 3/4, Essen.
PAL: K. Bodarwé, in: Herrschaft, Bildung und Gebet, p. 114. — K. Bodarwé, Sanctimoniales litteratae, p. 374-5.
STUD: Katalog der althochdeutschen und altsächsischen Glossenhandschriften, no. 1067. — H. Tiefenbach, in: Die althochdeutsche und altsächsische Glossographie, II, p. 1219-21.

GLMAGD = Magdeburger Glossen ◊ Magdeburg glosses
MS: Leipzig, Universitätsbibliothek, Rep. I. 4.
ED: H. Mayer, Althochdeutsche Glossen: Nachträge, p. 46. — K. Siewert, Die althochdeutsche Horazglossierung, Studien zum Althochdeutschen 8, Göttingen 1986, p. 404-408 (cit).
DAT: saec X^2/XI, Prov. Magdeburg, St. Johannes Baptist.
PAL: B. Munk Olsen, L'étude des auteurs classiques latins aux XIe et XIIe siècles, I, Paris 1982, p. 459; II, Paris 1985, p. 43, 327-8.
STUD: H. Tiefenbach, in: Mittelalterliche volkssprachige Glossen, p. 342. — Katalog der althochdeutschen und altsächsischen Glossenhandschriften, no. 378. — H. Tiefenbach, in: Die althochdeutsche und altsächsische Glossographie, II, p. 1231.

GLMARF = Marienfelder Glossar ◊ Marienfeld glossary
MS: Berlin, Staatsbibliothek, Preussischer Kulturbesitz, Handschriftenabteilung, lat. 2° 735 (olim Cheltenham, Bibliotheca Phillippica 7087).
ED: R. Pilkmann, Das Marienfelder Glossar. Eine kommentierte Neuausgabe, Niederdeutsches Wort 16 (1976) p. 75-107. — E. Steinmeyer - E. Sievers, Die althochdeutschen Glossen, III, p. 715-722; IV, p. 177-179; V, p. 57-8 (Korrekturen ◊ corrections) (cit).
DAT: saec XIII 1/3, Marienfeld.
PAL: P. Väth, Die illuminierten lateinischen Handschriften deutscher Provenienz der Staatsbibliothek zu Berlin. Preussischer Kulturbesitz 1200-1350, Staatsbibliothek zu Berlin, Preussischer Kulturbesitz. Kataloge der Handschriftenabteilung. 3. Reihe. Illuminierte Handschriften 3. Wiesbaden 2001, I, no. 81.

Verzeichnis der Texte ◊ List of Texts

FACS: Buchmalerei der Zisterzienser. Kulturelle Schätze aus sechs Jahrhunderten, Stuttgart 1998, no. 43. — Katalog der althochdeutschen und altsächsischen Glossenhandschriften, p. 2503 (fol. 144r), 2505 (fol. 144v). — 805: Liudger wird Bischof, p. 76 (143v).
STUD: H. Tiefenbach, in: Mittelalterliche volkssprachige Glossen, p. 342. — Katalog der althochdeutschen und altsächsischen Glossenhandschriften, no. 49. — H. Tiefenbach, in: Die althochdeutsche und altsächsische Glossographie, II, p. 1232-3.

GLMAT = Matthäusglosse ◊ Gloss to Matthew
MS: Berlin, Staatsbibliothek, Preussischer Kulturbesitz, Handschriftenabteilung, theol. lat. 4° 139, fol. 2r.
ED: H. Mayer, Althochdeutsche Glossen: Nachträge, p. 12. — H. Tiefenbach, in: Essen und die sächsischen Frauenstifte, p. 125 note 56 (cit).
DAT: saec IX 1/3 + saec IX/X, wahrscheinlich Werden ◊ probably Werden.
PAL: B Bischoff, Katalog, no. 473.
STUD: H. Tiefenbach, in: Mittelalterliche volkssprachige Glossen, p. 336. — Katalog der althochdeutschen und altsächsischen Glossenhandschriften, no. 58. — H. Tiefenbach, in: Die althochdeutsche und altsächsische Glossographie, II, p. 1217.

GLMERS = Merseburger Glossen ◊ Merseburg glosses
MS: Merseburg, Bibliothek des Domstifts, Codex 42.
ED: E. Wadstein, Kleinere altsächsische sprachdenkmäler, no. XVI (cit). — J. H. Gallée, Old-Saxon Texts, no. X.
DAT: saec IX 1-2/4 (Niederdeutschland ◊ Low German area), Gloss. saec XI in.
PAL: H. Mordek, Bibliotheca capitularium regum Francorum manuscripta. Überlieferung und Traditionszusammenhang der fränkischen Herrschererlasse, Monumenta Germaniae historica. Hilfsmittel 15, München 1995, p. 1049. — B. Bischoff, Katalog, no. 2747.
FACS: J. H. Gallée, Altsaechsische sprachdenkmaeler. Facsimile sammlung, no. X (fol. 103v, 105v).
STUD: W. Sanders, in: Die deutsche Literatur des Mittelalters. Verfasserlexikon, VI, 1987, col. 410. — H. Tiefenbach, in: Mittelalterliche volkssprachige Glossen, p. 341. — Katalog der althochdeutschen und altsächsischen Glossenhandschriften, no. 437. — H. Tiefenbach, in: Die althochdeutsche und altsächsische Glossographie, II, p. 1228-30.

GLPB1 = Glossar Pb 1 ◊ Glossary Pb 1
MS: Paris, Bibliothèque Nationale, lat. 2685, fol. 47r-58r.
ED: E. Steinmeyer - E. Sievers, Die althochdeutschen Glossen, I, p. 320, 334-5, 340, 358, 366, 375, 382, 408, 414, 429, 449, 481, 496-7, 554, 590, 625, 640, 725; II, Berlin 1882, Reprint Dublin, Zürich 1969, p. 334 (cit). — H. Schreiber, Die Glossen des Codex Parisinus 2685 und ihre Verwandten, Philosophische Dissertation Jena [maschinenschriftlich ◊ typewritten], 1961, p. 145-6.
DAT: saec IX 3/3 (Belgien oder Holland ◊ Belgium or Holland).
PAL: N. R. Ker, Catalogue of manuscripts containing Anglo-Saxon, Oxford ^{2}1990, Appendix no. 23. — B. Bischoff - M. Lapidge, Biblical commentaries from the Canterbury school of Theodore and Hadrian, Cambridge Studies in Anglo-Saxon England 10, Cambridge 1994, p. 176.
FACS: H. Schreiber, Die Glossen, p. 250-253 (fol. 47r, 58r, 70v).
STUD: Th. Klein, Studien, p. 189-207. — H. Tiefenbach, in: Mittelalterliche volkssprachige Glossen, p. 344. — Katalog der althochdeutschen und altsächsischen Glossenhandschriften, no. 741. — H. Tiefenbach, in: Die althochdeutsche und altsächsische Glossographie, II, p. 1211-2.

GLPB2 = Glossar Pb 2 ◊ Glossary Pb 2
MS: Paris, Bibliothèque Nationale, lat. 2685, fol. 58r-62v.
ED: E. Steinmeyer - E. Sievers, Die althochdeutschen Glossen, I, p. 296-298.
DAT/PAL/FACS/STUD: → GLPB1.

GLPB3 = Glossar Pb 3 ◊ Glossary Pb 3
MS: Paris, Bibliothèque Nationale, lat. 2685, fol. 62v-70.
ED: E. Steinmeyer - E. Sievers, Die althochdeutschen Glossen, IV, p. 594.
DAT/PAL/FACS/STUD: → GLPB1.

GLPRISC = Priscianglosse ◊ Gloss to Priscian
MS: London, The British Library, Harley 2674, fol. 8r.
ED: H. Thoma, Altdeutsches aus Londoner Handschriften, Beiträge zur Geschichte der deutschen Sprache und Literatur 73 (1951) p. 254-5.
DAT: saec IX 3/3 (Ostfrankreich? ◊ Eastern France ?), fol. 1-16 ergänzt ◊ completed saec X^2 (Essen ?).

PAL: B. Bischoff, Katalog, no. 2445. — H. Hoffmann, in: Kunst im Zeitalter der Kaiserin Theophanu, p. 121, 141 Abb. 13. — K. Bodarwé, Sanctimoniales litteratae, p. 442-444.
STUD: Katalog der althochdeutschen und altsächsischen Glossenhandschriften, no. 412. — H. Tiefenbach, in: Die althochdeutsche und altsächsische Glossographie, II, p. 1223.

GLPRUDBR = Brüsseler Prudentiusglossen ◊ Glosses to Prudentius from Brussels
MS: Brussel/Bruxelles, Koninklijke Bibliotheek/ Bibliothèque Royale, 9987-91.
ED: E. Steinmeyer - E. Sievers, Die althochdeutschen Glossen, II, p. 572-574 (cit). — J. H. Gallée, Old-Saxon Texts, no. XVI.
DAT: saec IX 3/4, Nordostfrankreich oder Belgien ◊ North East France or Belgium, Gloss. saec IX/X.
PAL: B. Bischoff, Katalog, no. 738. — M. Gysseling, Corpus van middelnederlandse teksten (tot en met het jaar 1300), II, 1, 's-Gravenhage 1980, p. 112-117.
FACS: J. H. Gallée, Altsaechsische sprachdenkmaeler. Facsimile sammlung, no. XV (fol. 28v). — R. Stettiner, Die illustrierten Prudentius-Handschriften. Tafelband, Berlin 1905.
STUD: H. Tiefenbach, in: Mittelalterliche volkssprachige Glossen, p. 336. — S. O'Sullivan, Early medieval glosses on Prudentius' *Psychomachia*. The Weitz tradition, Mittellateinische Studien und Texte 31, Leiden - Boston 2004, p. 60-1. — Katalog der althochdeutschen und altsächsischen Glossenhandschriften, no. 82. — H. Tiefenbach, in: Die althochdeutsche und altsächsische Glossographie, II, p. 1224. — Th. Klein, Altniederfränkische/altniederländische Überlieferung. In: Die althochdeutsche und altsächsische Glossographie, II, p. 1244.

GLPRUDF1/GLPRUDF1$^+$ = Prudentiusglossen Düsseldorf F 1 ($^+$ = althochdeutsch schreibende Hand) ◊ Glosses to Prudentius Düsseldorf F 1 ($^+$ = Old High German writing hand)
MS: Düsseldorf, Universitätsbibliothek, F 1.
ED: E. Wadstein, Kleinere altsächsische sprachdenkmäler, no. XIX (cit). — J. H. Gallée, Old-Saxon Texts, no. III, p. 127-149. — GLPRUDF1$^+$: Th. Stührenberg, Die althochdeutschen Prudentiusglossen der Handschrift Düsseldorf F 1, Rheinisches Archiv 91, Bonn 1974.
DAT: saec IX 3/3, Niederdeutschland ◊ Low German area. saec X, Werden, ergänzt ◊ completed saec XI in., Essen. Gloss. saec X + XI, Werden + Essen.
PAL: B. Bischoff, Katalog, no. 1073. — G. Karpp, Scriptorium 45 (1991) p. 175. — H. Hoffmann, in: Kunst im Zeitalter der Kaiserin Theophanu, p. 125 note 36. — Das Jahrtausend der Mönche. Kloster Welt Werden 799-1809. Ed. J. Gerchow, Essen 1999, no. 109. — K. Bodarwé, Sanctimoniales litteratae, p. 398-400.
FACS: J. H. Gallée, Altsaechsische sprachdenkmaeler. Facsimile sammlung, no. IIIe (fol. 11r). — Das Jahrtausend der Mönche, Abb. 83 (fol. 11r). — K. Bodarwé, in: Herrschaft, Bildung und Gebet, p. 110 (fol. 26r).
STUD: H. Tiefenbach, in: Mittelalterliche volkssprachige Glossen, p. 328-9, 334, 336. — H. Tiefenbach, in: Essen und die sächsischen Frauenstifte, p. 124-128. — Katalog der althochdeutschen und altsächsischen Glossenhandschriften, no. 105. — St. Stricker, Überblick über die Prudentius-Glossierung. In: Die althochdeutsche und altsächsische Glossographie, I, p. 497-510. — H. Tiefenbach, in: Die althochdeutsche und altsächsische Glossographie, II, p. 1223-4.

GLPRUDF44 = Prudentiusglossen Düsseldorf F 44 ◊ Glosses to Prudentius Düsseldorf F 44
MS: Düsseldorf, Universitätsbibliothek, Fragm. K02:F44.
ED: E. Wadstein, Kleinere altsächsische sprachdenkmäler, no. XX (cit). — J. H. Gallée, Old-Saxon Texts, p. 328-9. — H. Tiefenbach, in: R. Schützeichel, Addenda und Corrigenda (II), p. 115-6.
DAT: saec X^2, Essen. → GLPRUDSLUD.
PAL: H. Hoffmann, in: Kunst im Zeitalter der Kaiserin Theophanu, p. 124-5. — Das Jahrtausend der Mönche, no. 86. — K. Bodarwé, Sanctimoniales litteratae, p. 400-1.
FACS: J. H. Gallée, Altsaechsische sprachdenkmaeler. Facsimile sammlung, no. XVIII^a (fol. 2r). — http://www.ub.uni-duesseldorf.de/home/ueber_uns/projekte/abgeschlossene_projekte/fragmente
STUD: H. Tiefenbach, in: Mittelalterliche volkssprachige Glossen, p. 333. — Katalog der althochdeutschen und altsächsischen Glossenhandschriften, no. 106. — H. Tiefenbach, in: Die althochdeutsche und altsächsische Glossographie, II, p. 1224.

GLPRUDP = Pariser Prudentiusglossen ◊ Glosses to Prudentius from Paris
MS: Paris, Bibliothèque Nationale, lat. 18554, p. 140r-168r.
ED: H. Tiefenbach, Die altsächsischen Glossen zur Psychomachie des Prudentius im Pariser Codex lat. 18554, Sprachwissenschaft 28 (2003) p. 57-85 (cit). — J. H. Gallée, Old-Saxon Texts, no.XV.
DAT: saec X, Deutschland ◊ Germany.
PAL: M. Gysseling, Corpus, p. 41-2.
FACS: J. H. Gallée, Altsaechsische sprachdenkmaeler. Facsimile sammlung, no. XIV (fol. 161r). — R. Stettiner, Die illustrierten Prudentius-Handschriften. Tafelband, Tafel 128 (fol. 140v, 142r, 142v, 149r, 159r, 163v).

Verzeichnis der Texte ◊ List of Texts

STUD: H. Tiefenbach, in: Mittelalterliche volkssprachige Glossen, p. 339-40. — S. O'Sullivan, Early medieval glosses, p. 42-44. — Katalog der althochdeutschen und altsächsischen Glossenhandschriften, no. 770. — H. Tiefenbach, in: Die althochdeutsche und altsächsische Glossographie, II, p. 1224 — Th. Klein, in: Die althochdeutsche und altsächsische Glossographie, II, p. 1242 n. 26.

GLPRUDSLUD = Prudentiusglossen der Werdener Propstei ◊ Glosses to Prudentius from the Werden provostry
MS: Essen-Werden, Archiv der Katholischen Propsteigemeinde St. Ludgerus 8a.
ED: E. Steinmeyer - E. Sievers, Die althochdeutschen Glossen, IV, p. 344 (cit). — J. H. Gallée, Old-Saxon Texts, p. 330, 336.
DAT: saec X^2, Essen. → GLPRUDF44.
PAL: H. Hoffmann, in: Kunst im Zeitalter der Kaiserin Theophanu, p. 125. — K. Bodarwé, Sanctimoniales litteratae, p. 412.
FACS: J. H. Gallée, Altsaechsische sprachdenkmaeler. Facsimile sammlung, no. XVIII[b].
STUD: H. Tiefenbach, in: Mittelalterliche volkssprachige Glossen, p. 334. — Katalog der althochdeutschen und altsächsischen Glossenhandschriften, no. 150. — H. Tiefenbach, in: Die althochdeutsche und altsächsische Glossographie, II, p. 1224.

GLPSERIUG = Glosse zu einem dem Johannes Scottus Eriugena zugeschriebenen Gedicht ◊ Gloss to a poem attributed to Johannes Scottus Eriugena
MS: Koblenz, Landeshauptarchiv, Best. 701 Nr. 759 (vermisst ◊ missing) → GLBOETH.

GLSAKR = Sakramentarglosse ◊ Sacramentary gloss
MS: Düsseldorf, Universitätsbibliothek, D 1, fol. 88r.
ED: H. Dausend, Das älteste Sakramentar der Münsterkirche zu Essen literar-historisch untersucht, Liturgische Texte und Studien 1,1, Vlodrop 1920, p. 40, 92. — H. Tiefenbach, Beiträge zur Namenforschung. Neue Folge 17 (1982) p. 72 (cit).
DAT: a. 868-872, Belgien/Nordostfrankreich ◊ Belgium/North East France, saec X Essen.
PAL: G. Karpp, Scriptorium 45 (1991) p. 174. — B. Bischoff, Katalog, Nr. 1069. — H. Hoffmann, in: Kunst im Zeitalter der Kaiserin Theophanu, p. 117, 119-20, 123. — K. Bodarwé, Sanctimoniales litteratae, p. 389-392. → CALES.
FACS: Herrschaft, Bildung und Gebet, p. 32, 33, 111, 130 (fol. 10r, 10v, 1r, 67r). — Katalog der althochdeutschen und altsächsischen Glossenhandschriften, p. 2557 (fol. 88r).
STUD: H. Tiefenbach, in: Mittelalterliche volkssprachige Glossen, p. 337-8. — Katalog der althochdeutschen und altsächsischen Glossenhandschriften, no. 106b. — H. Tiefenbach, in: Die althochdeutsche und altsächsische Glossographie, II, p. 1217.

GLSMIH = Bibelglossen aus Saint-Mihiel (Glossen der altsächsisch schreibenden Hand) ◊ Glosses to the Bible from Saint-Mihiel (glosses of the Old Saxon writing hand)
MS: Saint-Mihiel, Bibliothèque Municipale, Ms. 25.
ED/PAL: E. Meineke, Saint-Mihiel Bibliothèque Municipale Ms. 25. Studien zu den althochdeutschen Glossen, Studien zum Althochdeutschen 2, Göttingen 1983, p. 358.
DAT: saec X/XI in.
STUD: H. Tiefenbach, in: Mittelalterliche volkssprachige Glossen, p. 343. — Katalog der althochdeutschen und altsächsischen Glossenhandschriften, no. 1041. — C. Moulin - F. Klaes, Glossierungen zu Hrabanus Maurus und Walahfrid Strabo. In: Die althochdeutsche und altsächsische Glossographie, I, p. 562-91. — H. Tiefenbach, in: Die althochdeutsche und altsächsische Glossographie, II, p. 1215-6.

GLSOL = Solinusglossen ◊ Glosses to Solinus
MS: Wolfenbüttel, Herzog-August-Bibliothek, Codex Guelf. 133 Gudianus latinus, fol. 48r-87r.
ED: H. Mayer, Althochdeutsche Glossen: Nachträge, p. 146.
DAT: saec X/XI, wohl westdeutsch ◊ probably Western Germany, Liesborn?
PAL: B. Munk Olsen, L'étude des auteurs classiques latins, II, p. 519. — M. E. Milham, A Handlist of the Manuscripts of C. Julius Solinus, Scriptorium 37 (1983) p. 128.
FACS: Katalog der althochdeutschen und altsächsischen Glossenhandschriften, p. 2951 (fol. 80r).
STUD: H. Tiefenbach, in: Mittelalterliche volkssprachige Glossen, p. 339. — Katalog der althochdeutschen und altsächsischen Glossenhandschriften, no. 963. — H. Tiefenbach, in: Die althochdeutsche und altsächsische Glossographie, II, p. 1225.

Verzeichnis der Texte ◊ List of Texts

GLSPET = Glossar der Abtei St. Peter (teilweise althochdeutsch) ◊ Glossary from the abbey of St. Peter (partly Old High German)
‖ nach der Stellenangabe verweist auf parallele Entsprechungen in den Handschriften St. Gallen 292, Vatikan Pal. lat. 288, Amiens 110 ◊ ‖ after the number of page and line indicates parallels in the corresponding manuscripts St. Gallen 292, Vatican Pal. lat. 288, Amiens 110.
Ms: Karlsruhe, Badische Landesbibliothek, St. Peter perg. 87, fol. 62r-100v.
ED: E. Wadstein, Kleinere altsächsische sprachdenkmäler, no. XVII (cit). — J. H. Gallée, Old-Saxon Texts, no. XIV. — U. Thies, Die volkssprachige Glossierung der Vita Martini des Sulpicius Severus, Studien zum Althochdeutschen 27, Göttingen 1994, p. 336-433. — C. Wich-Reif, Studien zur Textglossarüberlieferung. Mit Untersuchungen zu den Handschriften St. Gallen, Stiftsbibliothek 292 und Karlsruhe, Badische Landesbibliothek, St. Peter perg. 87, Germanische Bibliothek 8, Heidelberg 2001, p. 131-181.
DAT: saec XI med-3/4, Lorsch.
PAL: H. Hoffmann, Buchkunst und Königtum im ottonischen und frühsalischen Reich, Schriften der Monumenta Germaniae Historica 30, I, Stuttgart 1986, p. 209
FACS: J. H. Gallée, Altsaechsische sprachdenkmaeler. Facsimile sammlung, no. XIII (fol. 62v). — H. Hoffmann, Buchkunst, II, no. 71 (fol. 65r). — C. Wich-Reif, Studien zur Textglossarüberlieferung, p. 359 (fol. 94r). — Katalog der althochdeutschen und altsächsischen Glossenhandschriften, p. 2761-71 (fol. 62r, 62v, 85v, 86r, 93v, 94r) — C. Wich-Reif, in: Die althochdeutsche und altsächsische Glossographie, I, p. 663 (fol. 85v).
STUD: C. Wich-Reif, Studien zur Textglossarüberlieferung. — H. Tiefenbach, in: Mittelalterliche volkssprachige Glossen, p. 329, 342-3. — Katalog der althochdeutschen und altsächsischen Glossenhandschriften, no. 324. — C. Wich-Reif, Der Glossartyp Textglossar; Textglossare zu antiken, patristischen und spätantiken Autoren In: Die althochdeutsche und altsächsische Glossographie, I, p. 602-18; 649-64. — H. Tiefenbach, in: Die althochdeutsche und altsächsische Glossographie, II, p. 1214-5.

GLSTR = Isidorglossen aus Straßburg ◊ Strassburg glosses to Isidore
Ms: † Strasbourg, olim Bibliothèque du Séminaire protestant, C.IV.15.
ED: E. G. Graff, Altsächsische Glossen zu einigen Abschnitten der Isidorischen Etymologieen aus dem Straßburger Codex C. IV. 15., in: E. G. Graff, Diutiska. Denkmäler deutscher Sprache und Literatur, II, Stuttgart, Tübingen 1827. Reprint Hildesheim, New York 1970, p. 192-194 [Kursivdruck dort in Funktion von *sic!* ◊ italics in this edition serve as *sic!*]. — [F. J.] M[one], Glossæ Argentoratenses, Anzeiger für Kunde der teutschen Vorzeit 4 (1835) col. 490. — E. Wadstein, Kleinere altsächsische sprachdenkmäler, no. XXI (cit). — J. H. Gallée, Old-Saxon Texts, no. XIII.
DAT: saec X/XI in.?, Hildesheim?
STUD: H. Tiefenbach, in: Mittelalterliche volkssprachige Glossen, p. 341, 343. — Katalog der althochdeutschen und altsächsischen Glossenhandschriften, no. 855. — H. Tiefenbach, in: Die althochdeutsche und altsächsische Glossographie, II, p. 1227-8.

GLTER = Terenzglosse ◊ Gloss to Terence
Ms: Leipzig, Universitätsbibliothek, Rep. I. 37, fol. 16v.
ED: H. Tiefenbach, *Cers* und *cunta*. Überlegungen zum sexuellen Tabuwortschatz des Althochdeutschen. In: Neue Perspektiven der Sprachgeschichte. Ed. U. Götz und St. Stricker, Germanistische Bibliothek 26, Heidelberg 2006, p. 1-12.
DAT: saec X^2, Essen.
PAL: K. Bodarwé, Sanctimoniales litteratae, p. 437-8.
STUD: Katalog der althochdeutschen und altsächsischen Glossenhandschriften, no. 382. — H. Tiefenbach, in: Die althochdeutsche und altsächsische Glossographie, II, p. 1222-3.

GLTR40 = Glossare im Codex Trier 40 ◊ Glossaries in codex Treves 40
Ms: Trier, Stadtbibliothek, Cod. 40/1018.
ED: E. Steinmeyer - E. Sievers, Die althochdeutschen Glossen, V, p. 41-43, 46-48
DAT: fol. 53v-132v: saec X; jüngere Glossennachträge auf den Rändern von ◊ later additional glosses in the margins of fol. 4r-9v, 24v-27v, 34r-36v.
PAL: N. R. Ker, Catalogue, Appendix no. 35. — http://www.paderborner-repertorium.de
STUD: Th. Klein, Studien, p. 208-216. — H. Tiefenbach, in: Mittelalterliche volkssprachige Glossen, p. 344. — Katalog der althochdeutschen und altsächsischen Glossenhandschriften, no. 879. — H. Tiefenbach, in: Die althochdeutsche und altsächsische Glossographie, II, p. 1212-3. — F. Klaes, Trierer Glossenhandschriften. In: Die althochdeutsche und altsächsische Glossographie, II, p. 1292-94.

GLTRSEM = Glossar des Trierer Seminarcodex (teilweise althochdeutsch) ◊ Glossary codex in the seminary of Treves (partly Old High German)
Ms: Trier, Bibliothek des Priesterseminars, Hs. 61.

Verzeichnis der Texte ◊ List of Texts

ED: E. Steinmeyer - E. Sievers, Die althochdeutschen Glossen, I, p.314; II, p. 334, 590, 622, 624; III, p. 432, 457-9, 570-2; IV, p. 195-211, 246, 330. — P. Katara, Die Glossen des Codex Seminarii Trevirensis R.III.13. Textausgabe mit Einleitung und Wörterverzeichnissen, Helsingfors 1912 (cit). — O. B. Schlutter, Zu den althochdeutschen Glossen, Zeitschrift für Deutsche Wortforschung 14 (1912/13) p. 173-190.
DAT: saec XI 1/3, Trier, St. Eucharius.
PAL: N. R. Ker, Catalogue, Appendix no. 36. — H. Hoffmann, Buchkunst, I, p. 507.
FACS: P. Katara, Die Glossen (fol. 108v).
STUD: H. Tiefenbach, in: Mittelalterliche volkssprachige Glossen, p. 330. — Katalog der althochdeutschen und altsächsischen Glossenhandschriften, no. 877. — H. Tiefenbach, in: Die althochdeutsche und altsächsische Glossographie, II, p. 1215 — F. Klaes, in: Die althochdeutsche und altsächsische Glossographie, II, p. 1286-8.

GLVEG = Vegetiusglossen ◊ Glosses to Vegetius
MS: Leiden, Bibliotheek der Rijksuniversiteit, Periz. fol. 17, fol. 1-149.
ED: E. Wadstein, Kleinere altsächsische sprachdenkmäler, no. XV.
DAT: ante a. 925/saec X 3/4, St. Gallen/Reichenau, Gloss. saec XI (Werden?).
PAL: H. Hoffmann, Buchkunst, I, p. 382.
FACS: Katalog der althochdeutschen und altsächsischen Glossenhandschriften, p. 2803 (fol. 70v).
STUD: H. Tiefenbach, in: Mittelalterliche volkssprachige Glossen, p. 337. — Th. Klein, Zur Geschichte des Codex Leiden Periz. F. 17 und zur Herkunft der Leidener Vegetiusglossen, Amsterdamer Beiträge zur älteren Germanistik 8 (1975) p. 1-9. — Katalog der althochdeutschen und altsächsischen Glossenhandschriften, no. 365. — H. Tiefenbach, in: Die althochdeutsche und altsächsische Glossographie, II, p. 1217.

GLVERGDRSD = Dresdner Vergilglossen ◊ Dresden glosses to Vergile
MS: Dresden, Sächsische Landesbibliothek, Mscr. Dresd. A 118.
ED: H. Tiefenbach, Amsterdamer Beiträge zur älteren Germanistik 52 (1999) p. 230-234, 238.
DAT: saec IX²/X/XI in. → GLVERGW.
PAL: B. Munk Olsen, L'étude des auteurs classiques latins, II, p. 714, 793-4.
FACS: R. Bergmann, Volkssprachige Glossen für lateinkundige Leser?, Sprachwissenschaft 28 (2003) p. 55 Abb. III. — http://digital.slub-dresden.de/sammlungen/titeldaten/278760880
STUD: H. Tiefenbach, in: Mittelalterliche volkssprachige Glossen, p. 339, 343. — Katalog der althochdeutschen und altsächsischen Glossenhandschriften, no. 98. — H. Tiefenbach, in: Die althochdeutsche und altsächsische Glossographie, II, p. 1226-7.

GLVERGOX = Oxforder Vergilglossen ◊ Oxford glosses to Vergile
MS: Oxford, Bodleian Library, Ms. Auct. F.1.16.
ED: E. Wadstein, Kleinere altsächsische sprachdenkmäler, no. XXII + p. XIV (cit). — J. H. Gallée, Old-Saxon Texts, no. IV. — E. Langbroek, Vergil im altsächsischen Unterricht? Bemerkungen zum Aufbau der Oxforder Handschrift Codex Auct. F.1.16 und eine erneute Untersuchung der altsächsischen Georgicaglossen, Amsterdamer Beiträge zur älteren Germanistik 52 (1999) p. 117-154.
DAT: saec X/XI, Deutschland ◊ Germany.
PAL: B. Munk Olsen, L'étude des auteurs classiques latins, II, p. 748-9.
FACS: J. H. Gallée, Altsaechsische sprachdenkmaeler. Facsimile sammlung, no. IV (p. 126).
STUD: H. Tiefenbach, in: Mittelalterliche volkssprachige Glossen, p. 339, 343. — Katalog der althochdeutschen und altsächsischen Glossenhandschriften, no. 721. — H. Tiefenbach, in: Die althochdeutsche und altsächsische Glossographie, II, p. 1225-7.

GLVERGW = Wiener Vergilglossen ◊ Vienna glosses to Vergile
MS: Wien, Österreichische Nationalbibliothek, Cod. 15306.
ED: H. Tiefenbach, Amsterdamer Beiträge zur Älteren Germanistik 52 (1999) p. 234-238.
DAT/PAL: → GLVERGDRSD.
STUD: Katalog der althochdeutschen und altsächsischen Glossenhandschriften, no. 953. → GLVERGDRSD.

GLWERD = Werdener Glossare (Fragmente, großenteils altenglisch) ◊ Werden Glossaries (fragments, mostly Old English)
MS: Düsseldorf, Universitätsbibliothek, Fragm. K19:Z09/01 (GLWERDC) — Essen-Werden, Archiv der Katholischen Propsteigemeinde St. Ludgerus († ?) (GLWERDA/B) — Köln-Rath, folium C. Füngling († ?) (GLWERDA) — Münster/Westfalen, Universitätsbibliothek, Ms Paulinianus 719 (271) (GLWERDB/C) (Kriegsverlust ◊ war loss) — München, Bayerische Staatsbibliothek, cgm 187 III (e.4) (GLWERDB).

Verzeichnis der Texte ◊ List of Texts

ED: J. H. Gallée, Old-Saxon Texts/Altsaechsische sprachdenkmaeler, p. 330-364 (+ Besprechung von ◊ review by E. Steinmeyer, Anzeiger für deutsches Altertum und deutsche Litteratur 22, 1896, p. 266-280). — GLWERDA: Gallée, p. 336-346. – E. Steinmeyer, Lateinisch und altenglische glossen, Zeitschrift für deutsches Alterthum und deutsche Litteratur 33 (1889) p. 242-251, p. 250-1. – Corpus Glossariorum Latinorum. Ed. G. Goetz, I, Lipsiae 1923, p. 161-164 (cit). — GLWERDB: Gallée, p. 346-356. – (Corpus Glossariorum Latinorum, V, Lipsiae 1894, p. 269,21-333,64;) I, p. 156-158 (cit). — GLWERDC: Gallée, p. 357-364. – E. Steinmeyer, Zeitschrift für deutsches Altertum 33 (1889) p. 243-247. – Corpus Glossariorum Latinorum, II, Lipsiae 1888, p. 563,49-585,15; I, p. 41-2 (cit).
DAT: saec IX 1/3, Rheinland, Nähe von Köln (Werden?) ◊ Rhineland, near Cologne (Werden?).
PAL: B. Bischoff, Katalog, I, no. 1082. — The Épinal, Erfurt, Werden, and Corpus Glossaries. Ed. by B. Bischoff, M. Budny, G. Harlow, M. P. Parkes, J. D. Pheifer, Early English Manuscripts in Facsimile 22, Copenhagen 1988, p. 20-22, 64.
FACS: The Épinal, Erfurt, Werden, and Corpus Glossaries. — J. H. Gallée, Altsaechsische sprachdenkmaeler. Facsimile sammlung, no. XIX[a,b] (GLWERDA), XIX[c] (GLWERDB), XIX[d] (GLWERDC). — 799. Kunst und Kultur der Karolingerzeit. Karl der Große und Papst Leo III. in Paderborn, no. VII. 42 (GLWERDC). — 805: Liudger wird Bischof, p. 77 (GLWERDB). —
GLWERDC: http://www.ub.uni-duesseldorf.de/home/ueber_uns/projekte/abgeschlossene_projekte/fragmente
STUD: Katalog der althochdeutschen und altsächsischen Glossenhandschriften, no. 106c, 150a, 440 (III), 1069. 1070. — H. Tiefenbach, Rückgewinnung eines zerstörten Codex: Die Handschrift der Glossaria Werthinensia. In: Language and Text. Current Perspectives on English and Germanic Historical Linguistics and Philology. Ed. by E. J. Johnston, F. von Mengden, St. Thim, Heidelberg 2006, p. 307-315. — H. Tiefenbach, in: Die althochdeutsche und altsächsische Glossographie, II, p 1211.

H = Heliand

MS: M: München, Bayerische Staatsbibliothek, cgm 25. — P: Berlin, Bibliothek des Deutschen Historischen Museums, R 56/2537. — L: Leipzig, Universitätsbibliothek, MS Thomas 4073. — S: München, Bayerische Staatsbibliothek, cgm 8840. — V: Roma, Biblioteca Apostolica Vaticana, Cod. Pal. lat. 1447, fol. 27r, 32v. — C: London, The British Library, Cotton Caligula A. VII.
ED: Heliand. Ed. E. Sievers. Titelauflage [ed. E. Schröder] vermehrt um das Prager Fragment des Heliand und die vaticanischen Fragmente von Heliand und Genesis , Germanistische Handbibliothek 4, Halle (Saale), Berlin 1935 (cit). — K. Bartsch, Germania. Vierteljahrsschrift für deutsche Alterthumskunde 23 (1878) p. 403-406. – E. Sievers, Germania 24 (1879) p. 76-78. – H. Lambel, Germania 26 (1881) p. 256. – P.Piper, Jahrbuch des Vereins für niederdeutsche Sprachforschung 21 (1895) p. 17-59. — H. Tiefenbach, Beobachtungen zu makrostrukturellen Gliederungssignalen in den „Heliand"-Handschriften, in: Strukturen und Funktionen in Gegenwart und Geschichte. Festschrift für Franz Simmler zum 65. Geburtstag. Ed. C. Wich-Reif, Berlin 2007, p. 353, n. 7: 367. — Heliand und Genesis. Ed. O. Behaghel, B. Taeger, Altdeutsche Textbibliothek 4, Tübingen [10]1996. — *Praefatio*: E. Hellgardt, Die *Praefatio in librum Antiquum lingua Saxonica conscriptum*, die *Versus de poeta & interprete huius codicis* und die altsächsische Bibelepik, in: Entstehung des Deutschen. Festschrift für Heinrich Tiefenbach. Ed. A. Greule, E. Meineke, Ch. Thim-Mabrey, Heidelberg 2004, p. 173-230. — H. U. Schmid, Ein neues ‚Heliand'-Fragment aus der Universitätsbibliothek Leipzig, Zeitschrift für deutsches Altertum und deutsche Literatur 135 (2006) p. 309-323 (= L + FACS, recto/verso) — H. U. Schmid, Nochmals zum Leipziger ‚Heliand'-Fragment, Zeitschrift für deutsches Altertum und deutsche Literatur 136 (2007) p. 376-378.
DAT: M ca. a. 850, Corvey. — L, P,S ca. 850. — V saec IX 3/4, Mainz? ◊ Mayence? — C saec X[2], Südengland ◊ Southern England.
PAL: R. Priebsch, The Heliand Manuscript Cotton Caligula A. VII in the British Museum. A Study, Oxford 1925. — N. R. Ker, Catalogue of Manuscripts containing Anglo-Saxon, Oxford [2]1990, p. 172. — B. Bischoff, in: Mittelalterliche Studien, III, 1981, p. 103-105. — B. Taeger, Ein vergessener handschriftlicher Befund: Die Neumen im Münchener ‚Heliand', Zeitschrift für deutsches Altertum und deutsche Literatur 107 (1978) p. 184-193.
FACS: J. H. Gallée, Altsaechsische sprachdenkmaeler. Facsimile sammlung, no. I[a] (M, fol. 6r), I[b] (C, fol. 5r, 40v), I[c] (P), XVII (V, fol. 27r). — Der Heliand. Ausgewählte Handschriften zur Überlieferung. Ed. B. Taeger. Mit einem Beitrag zur Fundgeschichte des Straubinger Fragments von A. Huber, Litterae 103, Göppingen 1985. — I. Rauch, The Old Saxon Language. Grammar, Epic Narrative, Linguistic Interference, Berkely Models of Grammars 1, New York, San Francisco etc. 1992, p. xvii (C, fol. 5r), xviii (M, fol. 2v), xix (M, fol. 3r), xx (S, fol. 3v), xxi (S, fol. 4r). — P. J. Becker, E. Overgaauw (Ed.), Aderlass und Seelentrost, p. 29 (P, verso). — H. Sahm, Neues Licht auf alte Fragen. Die Stellung des Leipziger Fragments in der Überlieferungsgeschichte des „Heliand" Zeitschrift für deutsche Philologie 126 (2007) p. 81-98 (L, P). —
M: http://daten.digitale-sammlungen.de/~db/0002/bsb00026305/images/
P: http://www.dhm.de/sammlungen/bibliothek/heliand.html
S: http://daten.digitale-sammlungen.de/~db/bsb00003953/images/
STUD: E. H. Sehrt, Vollständiges Wörterbuch zum Heliand und zur altsächsischen Genesis, Hesperia [14], Göttingen [2]1966. — S. Berr, An Etymological Glossary to the Old Saxon *Heliand*, European University Papers. Series I, vol. 33, Berne, Frankfurt 1971. — H. Lambel, Ein neuentdecktes Blatt einer Heliandhandschrift. In:

Verzeichnis der Texte ◊ List of Texts

Sitzungsberichte der Kaiserlichen Akademie der Wissenschaften. Philosophisch-historische Classe 97, Wien 1881, p. 613-624 (= P). — S. Colliander, Der Parallelismus im Heliand. Inaugural-Dissertation Lund, Lund 1912. — H. Steinger, Die Sprache des Heliand, Jahrbuch des Vereins für niederdeutsche Sprachforschung 51 (1926) p. 1-54. — B. Taeger, Das Straubinger ›Heliand‹-Fragment. Philologische Untersuchungen, Beiträge zur Geschichte der deutschen Sprache und Literatur 101 (Tübingen 1979) p. 181-228; 103 (1981) p. 402-424; 104 (1982) p. 10-43; 106 (1984) p. 364-389 (= *S*). — Der Heliand. Ed. J. Eichhoff, I. Rauch, Wege der Forschung 321. Darmstadt 1973. — D. Hofmann, Die Versstrukturen der altsächsischen Stabreimgedichte Heliand und Genesis, I-II, Beiträge zur älteren Literaturgeschichte, Heidelberg 1991. — G. R. Murphy, The Heliand. The Saxon Gospel. A translation and commentary, New York, Oxford 1992. — J. E. Cathey, Hêliand. Text and Commentary, Medieval European Studies 2, Morgantown 2002.

HILD = Hildebrandslied (althochdeutsch und altsächsisch) ◊ Lay of Hildebrand (Old High German and Old Saxon)
(<w, ẃ> im Wörterbuch steht für < ꝛ , ꝛ' > der Handschrift ◊ <w, ẃ> in the dictionary renders < ꝛ , ꝛ' > in the manuscript).
Ms: Kassel, Landesbibliothek und Murhardsche Bibliothek der Stadt Kassel, Handschriftenabteilung, 2° Ms. theol. 54, fol. 1r, 76v.
Ed: E. von Steinmeyer, Die kleineren althochdeutschen Sprachdenkmäler, no. I, p. 1-15.
Dat: saec IX, 1-2/3, Fulda.
Pal: B. Bischoff, Katalog, no. 1814.
Facs: Das Hildebrandlied. Faksimile der Kasseler Handschrift mit einer Einführung von H. Broszinski, Kassel ²1985.
Stud: K. Düwel, in: Die deutsche Literatur des Mittelalters. Verfasserlexikon, III, 1981, col. 1240-1256. — R. Lühr, Studien zur Sprache des Hildebrandliedes, I, Herkunft und Sprache, II, Kommentar, Regensburger Beiträge zur deutschen Sprach- und Studwissenschaft. Reihe B/Untersuchungen, Frankfurt am Main, Bern 1982.

INDIC = Indiculus superstitionum et paganiarum
Ms: Roma, Biblioteca Apostolica Vaticana, Cod. Pal. lat. 577, fol. 7r.
Ed: E. Wadstein, Kleinere altsächsische sprachdenkmäler, no. XIII.
Dat/Pal : → ConfPal.
Facs: J. H. Gallée, Altsaechsische sprachdenkmaeler. Facsimile sammlung, no. XIa.
Stud: H. Homann, E. Meineke, R. Schmidt-Wiegand, in: Reallexikon der Germanischen Altertumskunde. Von Johannes Hoops, XV, ²2000, p. 369-384. — Ch. Staiti, in: Volkssprachig-lateinische Mischtexte und Textensembles in der althochdeutschen, altsächsischen und altenglischen Überlieferung, p. 331-384— N. Wagner, As. *yrias ‚De pagano cursu'*. Zu dessen Etymologie und der von *Iring*. Beiträge zur Namenforschung. Neue Folge 42 (2007) p. 413-417.

LEO = Sentenz Leos von Vercelli ◊ Leo's of Vercelli saying
Ms: Vercelli, Biblioteca Capitolare, Ms. CII, fol. 148v.
Ed: H. Bloch, Beiträge zur Geschichte des Bischofs Leo von Vercelli und seiner Zeit, Neues Archiv der Gesellschaft für ältere deutsche Geschichtskunde 22 (1897) p. 11-136 (p. 22).
Dat: a. 1016, autograph.
Pal: H. Bloch.
Stud: R. Henning, Über den deutschen Spruch in dem dritten Briefe Leo's von Vercelli, Neues Archiv der Gesellschaft für ältere deutsche Geschichtskunde 22 (1897) p. 133-135.

LEXSAX = Lex Saxonum (et Capitularia)
Ms: Sp: London, The British Library, Egerton 269, fol. 3r-8v. — C: Münster, Nordrhein-Westfälisches Staatsarchiv, Mscr. VII Nr. 5201, p. 5-19 (Liber legis Saxonum) + Capitulare Saxonicum (= CS), p. 28-33. — V: CS + Capitulatio de partibus Saxoniae (= PS): Roma, Biblioteca Apostolica Vaticana, Cod. Pal. lat. 289, fol. 59v-64v.
Ed: Lex Saxonum und Lex Thuringorum. Ed. C. Freiherr von Schwerin, Monumenta Germaniae historica. Fontes iuris germanici antiqui in usum scolarum, Hannover, Leipzig 1918.
Dat: V: saec IX 1/3, Maingegend ◊ Main area. — Sp: saec X 1/4. Nordfrankreich ◊ Northern France, Corbie (?). — C: post a. 945, Corvey.
Pal/Stud: G. Theuerkauf, Lex, Speculum, Compendium Iuris. Rechtsaufzeichnung und Rechtsbewußtsein in Norddeutschland vom 8. bis zum 16. Jahrhundert, Forschungen zur deutschen Rechtsgeschichte 6, Köln, Graz 1968, p. 67-97. — H. Mordek, Bibliotheca capitularium regum Francorum manuscripta, p. 226-231; 378-386; 769-771.

LIBPRIVWERD → CARTWERD, CH, URBWERDD, URBWERDD, URBWERDTRAD

Verzeichnis der Texte ◊ List of Texts

MN = Münzinschrift ◊ Coin inscription
ED: J. Menadier, Gittelder Pfennige, Zeitschrift für Numismatik 16 (1888) p. 233-342, p. 239-252. — E. Schröder, Eine altsächsische münzinschrift, Anzeiger für deutsches Altertum 29 (1902) p. 174.
DAT: saec XI 3/4 (?).
FACS: J. Menadier, Deutsche Münzen, II, 1922, p. 42. — B. Kluge, Deutsche Münzgeschichte von der späten Karolingerzeit bis zum Ende der Salier (ca. 900 bis 1112), Römisch-germanisches Zentralmuseum. Monographien 29, Sigmaringen 1991, pl. 433, 434.
PAL/STUD: B. Kluge, Deutsche Münzgeschichte, p. 73.

NITH = Nithardi historiae (nur der altsächsische Wortschatz ◊ Old-Saxon vocabulary only)
MS: Paris, Bibliothèque nationale, lat. 9768.
ED: Nithardi historiarum libri IIII. Editio tertia rec. E. Müller. Accedit Angelberti rhythmus de pugna Fontanetica, Monumenta Germaniae historica. Scriptores rerum Germanicarum [44], Hannover 1907.
DAT: saec X ex, S. Médard/Soissons.
STUD: M. L. Bulst-Thiele, in: Die deutsche Literatur des Mittelalters. Verfasserlexikon, VI, 1987, col. 1164-6. — N. Wagner, Der Name der Stellinga, Beiträge zur Namenforschung. Neue Folge 15 (1980) p. 128-133.

PSGERN = Gernroder Psalter ◊ Psalter of Gernrode
MS: Dessau, Ehemaliges Herzogliches Residenzschloss. Herzogliche Gipskammer (verschollen ◊ missing).
ED: E. Wadstein, Kleinere altsächsische sprachdenkmäler, no. II [A. diplomatisch ◊ diplomatically, B. mit Ergänzungen ◊ with additions] (cit). — J. H. Gallée, Old-Saxon Texts, no. IX.
DAT: saec X ex., Essen.
PAL: B. Bischoff, in: Mittelalterliche Studien, III, p. 107. — H. Hoffmann, in: Kunst im Zeitalter der Kaiserin Theophanu, p. 124. — K. Bodarwé, Sanctimoniales litteratae, p. 370.
FACS: J. H. Gallée, Altsaechsische sprachdenkmaeler. Facsimile sammlung, no. IX^{a-c} (fol. 1r, 2v).
STUD: W. Sanders, in: Die deutsche Literatur des Mittelalters. Verfasserlexikon, II, 1980, col. 1262. — H. Tiefenbach, in: Essen und die sächsischen Frauenstifte, p.116-7.

PSLUB = Interlinearversion des Lubliner Psalters ◊ Interlinear translation of the Lublin psalter
MS: Warszawa, Biblioteka Narodowa, Zakład Rękopisów, akc 6748.
ED: H. Tiefenbach, Die altsächsische Psalmenübersetzung im Lublin/Wittenberger Psalter: In: Volkssprachig-lateinische Mischtexte und Textensembles in der althochdeutschen, altsächsischen und altenglischen Überlieferung, ed. R. Bergmann, Heidelberg 2003, p. 385-465 (cit). — A. Kleczkowski, Neuentdeckte altsächsische Psalmenfragmente aus der Karolingerzeit (Nowoodkryte fragmenty starosaskiego przekładu psalmów z epoki karolingów), Prace Komisji Językowej Polskiej Akademji Umiejętności no. 12, I-II, Kraków 1923-1926. — L. Zalewski, Psalterii versionis interlinearis vetusta fragmenta germanica, Prace Komisji Językowej Polskiej Akademji Umiejętności no. 11, Kraków 1923.
DAT: saec X in.-I.
PAL: B. Bischoff, in: Mittelalterliche Studien, III, p. 106. — U. Winter → PSWIT.
FACS: L. Zalewski, Psalterii versionis interlinearis vetusta fragmenta germanica. — E. Hellgardt, Einige altenglische, althoch- und altniederdeutsche Interlinearversionen des Psalters im Vergleich. In: Mittelalterliche volkssprachige Glossen. Ed. R. Bergmann, E. Glaser, C. Moulin-Fankhänel, Germanistische Bibliothek 13, Heidelberg 2001, p. 261-296.
STUD: A. Lasch, Die altsächsischen Psalmenfragmente. In: A. Lasch, Ausgewählte Schriften zur niederdeutschen Philologie. Ed. R. Peters und T. Sodman, Neumünster 1979, p. 60-103. — K. E. Schöndorf, in: Die deutsche Literatur des Mittelalters. Verfasserlexikon, I, 1978, col. 318f.

PSPAD = Interlinearversion des Paderborner Psalters ◊ Interlinear translation of the Paderborn psalter
MS: Paderborn, Theodorianische Bibliothek, Fragment 6 (verschollen ◊ missing).
ED/FACS: A. Quak, Zum Paderborner Fragment einer altsächsischen interlinearen Psalmenübersetzung, Amsterdamer Beiträge zur älteren Germanistik 26 (1987) p. 1-10. — A. Quak, Nachträge zum Paderborner Fragment einer altsächsischen interlinearen Psalmenübersetzung, Germanistische Schlaglichter 4 (1999) p. 213-220. — http://web.uni-marburg.de/hosting/mr/pr/Paderborn_Fra_6.jpg
DAT: ca. 950.
PAL: Niederdeutsche Handschriften und Drucke, Korrespondenzblatt des Vereins für niederdeutsche Sprachforschung 86, Sondernummer (1979) p *3-*4.

PSWIT = Interlinearversion des Wittenberger Psalters ◊ Interlinear translation of the Wittenberg psalter

Verzeichnis der Texte ◊ List of Texts

Ms: Lutherstadt Wittenberg, Bibliothek des Evangelischen Predigerseminars, 2° H. Th. 677 (Vorsatzblatt ◊ endpaper).
Ed: H. Tiefenbach, Die altsächsische Psalmenübersetzung im Lublin/Wittenberger Psalter: In: Volkssprachig-lateinische Mischtexte und Textensembles in der althochdeutschen, altsächsischen und altenglischen Überlieferung, ed. R. Bergmann, Heidelberg 2003, p. 383-465.
Dat/Pal: → PsLub.
Facs: U. Winter, „Ginagi drohtin ore thin...". - Neues zu den altsächsischen Psalmen-Fragmenten. In: *Fata Libellorum*. Festschrift für Franzjosef Pensel zum 70. Geburtstag, ed. R. Bentzinger, U.-D. Oppitz, Göppinger Arbeiten zur Germanistik 648 Göppingen 1999, p. 337-346.

Radb = Radberti Epitaphium Arsenii
Ms: Paris, Bibliothèque Nationale, lat. 13909, fol. 42v.
Ed: Radbert's Epitaphium Arsenii. Ed. Ernst Dümmler, Abhandlungen der Königl. Preuss. Akademie der Wissenschaften zu Berlin. Philosophisch-historische Classe. Sitzungsberichte 37, Berlin 1900.
Dat: post a. 845, Corbie.
Pal: D. Ganz, Corbie in the Carolingian Renaissance, Beihefte der Francia 20, Sigmaringen 1990, p. 145.
Facs: E. Dümmler (fol. 52r).

RegErk = Registrum Erkenberti
Ms: Münster, Nordrhein-Westfälisches Staatsarchiv, Fürstabtei Corvey 1439, p. 278-284. — Mscr. I 132, p. 132 (§§ 31 + 32).
Ed: H. H. Kaminsky, Studien zur Reichsabtei Corvey in der Salierzeit, Veröffentlichungen der Historischen Kommission Westfalens 10, Abhandlungen zur Corveyer Geschichtsschreibung 4, Köln/Graz 1972, p. 223-239.
Dat: saec XV — saec XIII.
Stud: E. Neuß, Altsächsisch *ēn-(h)lōpi* im *Registrum Erkenberti*, in: Althochdeutsch, II, p. 1085-1098.

RegEs = Essener Heberegister ◊ Essen assessment register
Ms: Düsseldorf, Universitätsbibliothek B 80, fol. 153v, 152r.
Ed: E. Wadstein, Kleinere altsächsische sprachdenkmäler, no. VII (cit). — J. H. Gallée, Old-Saxon Texts, no. III, p. 115-6.
Dat/Pal: → Beda.
Facs: J. H. Gallée, Altsaechsische sprachdenkmaeler. Facsimile sammlung, no. III[b]. — Vergessene Zeiten. Mittelalter im Ruhrgebiet. Ed. F. Seibt, G. Gleba, H. Th. Grütter, H. Lorenz, J. Müller, L. Tewes, I, Essen 1990, p. 77.
Stud: R. Schmidt-Wiegand, in: Die deutsche Literatur des Mittelalters. Verfasserlexikon II, 1980, col. 634f. — H. Tiefenbach, in: Essen und die sächsischen Frauenstifte, p. 117-8.

RegFrek = Freckenhorster Heberegister ◊ Freckenhorst assessment register
Ms: M: Münster, Nordrhein-Westfälisches Staatsarchiv Cod. Msc. VII 1316a. — † K: olim Nikolaus Kindlinger. Ed + Facs: G[otthelf] Fischer's Beschreibung typographischer Seltenheiten und merkwürdiger Handschriften nebst Beyträgen zur Erfindungsgeschichte der Buchdruckerkunst. Fünfte Lieferung, Nürnberg 1804, p. 156-165.
Ed: E. Wadstein, Kleinere altsächsische sprachdenkmäler, no. IX (cit). — J. H. Gallée, Old-Saxon Texts, no. V, 169-191.
Dat: K: saec X. — M: saec XI ex. + saec XII[1].
Pal: M: W.Kohl, Das (freiweltliche) Damenstift Freckenhorst, Germania sacra. Neue Folge 10. Die Bistümer der Kirchenprovinz Köln. Das Bistum Münster 3, Berlin – New York 1975, p. 212-215. — K: Die Heberegister des Klosters Freckenhorst nebst Stiftungsurkunde, Pfründeordnung und Hofrecht. Ed. E. Friedlaender, Codex traditionum Westfalicarum 1, Münster 1872 (Nachdruck 1956), p. 18.
Facs: M: http://www.paderborner-repertorium.de — J. H. Gallée, Altsaechsische sprachdenkmaeler. Facsimile sammlung, no. V[a] (fol. 1v). — J. Hartig, Das Freckenhorster Heberegister, in: Kirche und Stift Freckenhorst. Jubiläumsschrift zur 850. Wiederkehr des Weihetages der Stiftskirche in Freckenhorst am 4. Juni 1979, Freckenhorst 1979, p. 186-192 (p. 188f.: fol. 7v, 9v). — K. Siewert, Mittelalterliches Deutsch in Münster. Handschrifen, Handschriftenfragmente, Frühdrucke, Schriften der Universitätsbibliothek Münster 6, Münster, New York 1991, p. 32-38 (Abb. 7-10, fol. 1v, 2r, 7r, 7v). — 805: Liudger wird Bischof, p. 74 (fol. 2v). — K: J. H. Gallée, Altsaechsische sprachdenkmaeler. Facsimile sammlung, no. Vb (= G. Fischer).
Stud: R. Schmidt-Wiegand, in: Die deutsche Literatur des Mittelalters. Verfasserlexikon, II, col. 885-887. E. Hellgardt, Bemerkungen zum Text des Freckenhorster Heberegisters (Handschrift M), Amsterdamer Beiträge zur älteren Germanistik 52 (1999) p. 63-95. — E. Baßler - E. Hellgardt, Die Freckenhorster Heberolle - eine Fälschung? Vollständige verbesserte Fassung mit Entschuldigungen der Redaktion, Amsterdamer Beiträge zur älteren Germanistik 65 (2009) p. 251-266.

Verzeichnis der Texte ◊ List of Texts

REGHELM = Traditionscodex und Einkünfteverzeichnis von Helmarshausen ◊ Helmarshausen register of gifts and rents
MS: Marburg, Hessisches Staatsarchiv, K 238, fol. 1-9 + 10-14.
ED: H. Hoffman, Bücher und Urkunden aus Helmarshausen und Corvey, Monumenta Germaniae Historica. Studien und Texte 4, Hannover 1992, p. 91-130.
DAT/PAL: ca. 1120-1140 + ca. a. 1150, H. Hoffmann, p. 30-32.
FACS: H. Hoffmann, pl. 4, 5, 17, 36.

REGHERF = Herforder Heberegister ◊ Herford assessment register
MS: Münster, Nordrhein-Westfälisches Staatsarchiv, Mscr. VII 1316c.
ED: Einkünfte- und Lehns-Register der Fürstabtei Herford sowie Heberollen des Stifts auf dem Berge bei Herford. Ed. F. Darpe, Codex traditionem Westfalicarum 4, Münster 1892, Reprint 1960, p. 9-10; 21-51.
DAT: saec XII ex + saec XIII.

REGHERZ = Herzebrocker Heberollen ◊ Herzebrock rent rolls
MS: Rheda, Fürstliches Archiv, Kloster Herzebrock, Urkunden, Ältere Heberolle.
ED: REGHERZr/v: P. Eickhoff, Die älteste Herzebrocker Heberolle, Gymnasium mit höherer Bürgerschule in Wandsbeck. Jahresbericht. Neunter Jahrgang, Wandsbeck 1882, p. I-XIX.
DAT/PAL: REGHERZr: a. 1082-1096; REGHERZV: saec XII in. — E. Klueting, Das Kanonissenstift und Benediktinerinnenkloster Herzebrock, Germania sacra. Neue Folge 21. Die Bistümer der Kirchenprovinz Köln. Das Bistum Osnabrück 1, Berlin – New York 1986, p. 141-144.

REGÜBERW = Redditus ecclesie beate Marie [trans amnem]
MS: Münster, Nordrhein-Westfälisches Staatsarchiv, Studienfonds Münster 74.
ED: Die Heberegister des Klosters Ueberwasser und des Stiftes St. Mauritz. Ed. F. Darpe, Codex traditionum Westfalicarum 3, Münster 1888, Reprint 1964, p. 1-24.
DAT: saec XI ex + saec XII.

ROTCORB = Rotulus Corbeiensis
MS: A: Münster, Nordrhein-Westfälisches Staatsarchiv, Fürstabtei Corvey, Urkunde 42a. — B: Fürstabtei Corvey 1419 (olim Mscr. VII 5209), p. 1-12.
ED: H. H. Kaminsky, Studien, p. 193-222.
DAT: A: saec XI — B: a. 1479, Johannes von Falkenhagen, Corvey.
STUD: H. Tiefenbach, Die Namen der ältesten Corveyer Heberolle. In: Studien zu Literatur, Sprache und Geschichte in Europa. Wolfgang Haubrichs zum 65. Geburtstag gewidmet. Ed. A. Greule, H.-W. Herrmann, K. Ridder, A. Schorr, St. Ingbert 2008, p. 629-640.

THANG = Hildesheimer Denkschrift ◊ Memorandum of Hildesheim
MS: Dresden, Sächsische Landesbibliothek, Mscr. Dresd. J 206.
ED: Vita Bernwardi episcopi Hildesheimensis auctore Thangmaro, in: Monumenta Germaniae historica, ed. G. H. Pertz, Scriptorum tomus IV, Hannoverae 1891, p. 754-782.
DAT: saec XI 1/3.
PAL/STUD: Bernward von Hildesheim und das Zeitalter der Ottonen. Katalog der Ausstellung Hildesheim 1993. Ed. M. Brandt, A. Eggebrecht. Wissenschaftliche Beratung H. J. Schuffels, II, Hildesheim - Mainz 1993, p. 489-491 (nr. VII-28 + FAKS fol. 16r).

THES = Schatzverzeichnisse ◊ Lists of treasuries
ED: Mittelalterliche Schatzverzeichnisse, I. Von der Zeit Karls des Großen bis zur Mitte des 13. Jahrhunderts. Herausgegeben vom Zentralinstitut für Kunstgeschichte in Zusammenarbeit mit B. Bischoff, Veröffentlichungen des Zentralinstituts für Kunstgeschichte 4, München 1967. — no. 21, Enger, saec XII^1. — no. 40 Lamspringe (?), saec X. — no. 51 Merseburg, saec X-XI/XI in. — no. 52 Merseburg, saec XI^1. — no. 61, Paderborn, saec XI 3/3.

TRADCORB = Traditiones Corbeienses
MS: Münster, Nordrhein-Westfälisches Staatsarchiv, Fürstabtei Corvey 1419 (olim Mscr. VII 5209), p. 13-30.
ED: P. Wigand, Traditiones Corbeienses, 1843. — K. Honselmann, L. Schütte, Die alten Mönchslisten und die Traditionen von Corvey, I-II, Veröffentlichungen der historischen Kommission für Westfalen 10, Abhandlungen zur Corveyer Geschichtsschreibung 6, Paderborn 1982, 1992. [Beide Editionen nach Nummer zitiert ◊ both editions quoted by number: Honselmann/Wigand].

Verzeichnis der Texte ◊ List of Texts

DAT: saec XV 4/4, (Johannes von Falkenhagen, Corvey).
FACS: K. Honselmann, I (p. 18 + 30).
STUD: E. Schröder, Urkundenstudien eines Germanisten, Mittheilungen des Instituts für Oesterreichische Geschichtsforschung 18 (1897) p. 1-52. — H. Tiefenbach, Beobachtungen zum Corveyer Namengut des 9. und 10. Jahrhunderts. In: Vulpis Adolatio. Festschrift für Hubertus Menke zum 60. Geburtstag. Ed. R. Peters, H. P. Pütz, U. Weber, Heidelberg 2001, p. 867-878.

THIETM = Thietmars Chronik ◊ Bishop Thietmar's chronicle
MS: Dresden, Sächsische Landesbibliothek, Mscr. Dresd. R 147.
ED: Die Chronik des Bischofs Thietmar von Merseburg und ihre Korveier Überarbeitung. Ed. R. Holtzmann, Monumenta Germaniae historica. Scriptores rerum Germanicarum. Nova Series 9, Berlin 1935. Reprint 1980.
DAT: Handexemplar Thietmars, † 1018 ◊ author's copy.
PAL/FACS: Die Dresdner Handschrift der Chronik des Bischofs Thietmar von Merseburg. Mit Unterstützung der Generaldirektion der Kgl. Sächs. Sammlungen für Kunst und Wissenschaft, der König-Johann-Stiftung und der Zentraldirektion der Monumenta Germaniæ historica in Faksimile herausgegeben, Dresden 1905. — http://141.84.81.24/digilib/thietmar.html

URBWERD = Werdener Urbare ◊ Werden rent rolls
MS: URBWERDA: Düsseldorf, Landesarchiv Nordrhein-Westfalen, Abteilung Rheinland, Werden Akten IXa 1a (olim A 88). — URBWERDB: Düsseldorf, Landesarchiv Nordrhein-Westfalen, Abteilung Rheinland, Werden Akten IXa 1b (olim A 89). — URBWERDC (Liber de curtibus monasterii): Düsseldorf, Landesarchiv Nordrhein-Westfalen, Abteilung Rheinland, Werden Akten IXa 1c (olim A 133). — Düsseldorf, Landesarchiv Nordrhein-Westfalen, Abteilung Rheinland, Werden Rep. u. Hs. 9 (Liber maior privilegiorum, olim 59½ = LIBPRIVWERD), fol. 13v-16v (URBWERDTRAD), fol. 41v-48r (URBWERDD), fol. 49v-66 (URBWERDE) — URBWERDF: (Prepositurę antiquissimum registrum): Düsseldorf, Landesarchiv Nordrhein-Westfalen, Abteilung Rheinland, Werden Akten IIa 1 (olim A 134), fol. 1-32.
ED: R. Kötzschke, Die Urbare der Abtei Werden a. d. Ruhr. A. Die Urbare vom 9.-13. Jahrhundert, Publikationen der Gesellschaft für Rheinisches Geschichtskunde 20. Rheinische Urbare 2, Bonn 1906. Reprint Düsseldorf 1978. — E. Wadstein, Kleinere altsächsische sprachdenkmäler, no. VIII (Werdener Heberegister ◊ Werden assessment register = URBWERDA fol. 34v).
DAT: URBWERDA: saec IX ex.-X[1], Werden. — URBWERDB: saec X/XI, Werden. — URBWERDC: saec XI med., Werden. — URBWERDTRAD+D+E: saec XII med., Werden. — URBWERDF: saec XII 2/3, Werden.
PAL: URBWERDA: B. Bischoff, Katalog, no. 1054. — R. Kötzschke, Die Urbare, p. CVI-CXLVIII.
FACS: URBWERDA: Zeugnisse rheinischer Geschichte. Urkunden, Akten und Bilder aus der Rheinlande. Ed. F.-J. Heyen, W. Janssen, Rheinischer Verein für Denkmalpflege und Landschaftsschutz. Jahrbuch 1982/83, Neuss 1982, p. 173 (fol. 5v). — Vergessene Zeiten, I, p. 73 (fol. 32r). — 805: Liudger wird Bischof, p. 73 (fol. 13r).
STUD: URBWERDA: H. Tiefenbach, Schreibsprachliche und gentile Prägung von Personennamen im Werdener Urbar A. In: Nomen et gens. Zur historischen Aussagekraft frühmittelalterlicher Personennamen. Ed. D. Geuenich, W. Haubrichs, J. Jarnut, Ergänzungsbände zum Reallexikon der Germanischen Altertumskunde 16, Berlin, New York 1997, p. 259-278.

VLIUD = Vita Liudgeri
MS: Vita I: Leiden, Bibliotheek der Rijksuniversiteit, Voss. lat. 4° 55, fol. 1-27 (L). — Vita II: Berlin, Staatsbibliothek zu Berlin, Preussischer Kulturbesitz, Handschriftenabteilung, Ms. theol. lat. 2° 323 (A). — Vita III: Kassel, Landesbibliothek und Murhardsche Bibliothek der Stadt Kassel, Handschriftenabteilung, 4° Ms. theol. 29 (C); Beuron, Bibliothek der Erzabtei, Ms. 29 (F); Berlin, Staatsbibliothek zu Berlin, Preussischer Kulturbesitz, Ms. theol. lat. 4° 162 (R, derzeit ◊ at present Kraków, Biblioteka Jagiellońska).
ED/FACS/STUD: Die Vitae Sancti Liudgeri. Ed. W. Diekamp. Die Geschichtsquellen des Bisthums Münster 4, Münster 1881. — Die Vita Sancti Liudgeri. Vollständige Faksimile-Ausgabe der Handschrift Ms. theol. lat. fol. 323 der Staatsbibliothek zu Berlin - Preußischer Kulturbesitz. Text, Übersetzung und Kommentar, Forschungsbeiträge. Ed. E. Freise. Codices selecti phototypice impressi 95, Graz 1999.
DAT: FR saec X. CL saec. X - XI. A ca. a. 1100.
STUD: H. Tiefenbach, Zur frühen Werdener Sprachgeschichte. Die Namengraphien der Vita Liudgeri. In: Grammatica ianua artium. Festschrift für Rolf Bergmann zum 60. Geburtstag. Ed. E. Glaser, M. Schlaefer, L. Rübekeil, Heidelberg 1997, p. 169-183.

VMEINW = Vita Meinwerki
MS: Kassel, Landesbibliothek und Murhardsche Bibliothek der Stadt Kassel, Handschriftenabteilung, 4° Ms. hist. 12.
ED: Das Leben des Bischofs Meinwerk von Paderborn. Ed. F. Tenckhoff, Scriptores rerum Germanicarum [59], Hannover 1921. Reprint 1983.

Verzeichnis der Texte ◊ List of Texts

DAT: ca. a. 1155-1165.
PAL/FACS: Bernward von Hildesheim und das Zeitalter der Ottonen, II, p. 242-3 (nr. IV-65 + FAKS fol. 56v).
STUD: E. Schröder, Altpaderbörnisches. In: Niederdeutsches Studien. Festschrift für Conrad Borchling, Neumünster 1932, p. 14-23.

VWILLEH = Vita S. Willehadi
MS: → ED, p. 842.
ED: Acta Sanctorum Novembris, tomus III, Bruxellis 1910, p. 842-842 (ed. A. Poncelet).
DAT: a. 838/860.
STUD: H. Löwe, Wattenbach-Levison, Deutschlands Geschichtsquellen im Mittelalter. Vorzeit und Karolinger, VI, Weimar 1990, p. 837-8.

WIDUK = Widukinds von Corvey Sachsengeschichte ◊ Saxon history of Widukind, monk of Corvey
MS: A: Dresden, Sächsische Landesbibliothek, Mscr. Dresd. J 38. — B 1: London, The British Library, Add. 21109. — C 1: Montecassino, Archivio dell'Abbazia Archivio dell'Abbazia 298. — C 2: Berlin, Staatsbibliothek, Preussischer Kulturbesitz, Handschriftenabteilung, lat. 8° 198.
ED: Die Sachsengeschichte des Widukind von Korvei, ed. P. Hirsch, H.-E. Lohmann, Scriptores rerum Germanicarum [60], Hannover 1935. Reprint 1989.
DAT: A ante a. 1220. B1 saec XII med., olim Steinfeld. C 1 S. XI in. C 2 saec XIII², olim St. Pantaleon. Köln ◊ Cologne.

Handschriftenregister ◊ Index of Manuscripts

Admont, Stiftsbibliothek
    508 → GLADM508
    718 → GLADM718
Berlin, Bibliothek des Deutschen Historischen Museums
    R 56/2537 → H *P*
Berlin, Staatsbibliothek zu Berlin, Preussischer Kulturbesitz, Handschriftenabteilung
    Ms. lat. 2° 735 (olim Cheltenham, Bibliotheca Phillippica 7087) → GLMARF
    Ms. lat. 8° 198 → WIDUK *C 2*
    Ms. theol. lat. 2° 323 → VLIUD A
    Ms. theol. lat. 2° 355 → GLCAES, GLEPHR
    Ms. theol. lat. 2° 481 → GLEPIST
    Ms. theol. lat. 4° 139 → GLMAT
    Ms. theol. lat. 4° 162 (derzeit ◊ at present Kraków, Biblioteka Jagiellońska) → VLIUD *R*
Beuron, Klosterbibliothek
    Ms. 29 → VLIUD *F*
Brussel/Bruxelles, Koninklijke Bibliotheek/Bibliothèque Royale
    9987-91 → GLPRUDBR
Burgsteinfurt, Fürstlich Bentheim'sche Bibliothek
    Lektionarfragment → GLLECT
Coburg, Kunstsammlungen der Veste Coburg
    MS 1 → GLGAND
Dessau, Herzogliche Gipskammer
    † Fragmente → PSGERN
Dresden, Sächsische Landesbibliothek
    Mscr. Dresd. A 118 → GLVERGDRSD
    Mscr. Dresd. J 38 → WIDUK *A*
    Mscr. Dresd. J 206 → THANG
    Mscr. Dresd. R 147 → THIETM
Düsseldorf, Landesarchiv Nordrhein-Westfalen, Abteilung Rheinland
    Werden Akten IXa 1a (olim A 88) → URBWERD A
    Werden Akten IXa 1b (olim A 89) → URBWERD B
    Werden Akten IXa 1c (olim A 133) → URBWERD C
    Werden Akten IIa 1 (olim A 134) (Prepositurę antiquissimum registrum) → URBWERDF
    Werden Rep. u. Hs. 9 (Liber maior privilegiorum, olim 59½) → CARTWERD, LIBPRIVWERD, URBWERD D, URBWERDTRAD
Düsseldorf, Universitätsbibliothek
    A 6 → GLDAN
    B 80 → BEDA, GLGREG, REGES
    D 1 → CALES, GLSAKR
    D 2 → CONFES
    F 1 → GLPRUDF1, GLPRUDF1⁺
    Fragm. K02:F 44 → GLPRUDF44
    Fragm. K19:Z09/01 → GLWERDC
Essen, Münsterschatz
    Hs 1 → GLEVES
Essen-Werden, Archiv der Katholischen Propsteigemeinde St. Ludgerus
    († ?) Fragmente → GLWERDA/B
    Fragment 8a → GLPRUDSLUD
Karlsruhe, Badische Landesbibliothek
    St. Peter perg. 87 → GLSPET
Kassel, Landesbibliothek und Murhardsche Bibliothek der Stadt Kassel, Handschriftenabteilung
    2° Ms. theol. 54 → HILD
    2° Ms. theol. 60 → GLABD
    4° Ms. hist. 12 → VMEINW
    4° Ms. theol. 29 → VLIUD *C*
Koblenz, Landeshauptarchiv
    († ?) Best. 701 Nr. 759 → GLBOETH, GLPSERIUG

Handschriftenregister ◊ Index of Manuscripts

København, Det Kongelike Bibliotek
    Fragm. 19B/XV/III/ 2861 → GlKbh
Köln, Dombibliothek
    Codex 211 → GlK211
Köln, Historisches Archiv (Kanonissenstift St. Cäcilien, Sakramentar †)
    Bestand 7030, Chroniken und Darstellungen, vol. 74, vol. 75 → AbrK
Köln-Rath
    († ?) folium C. Füngling → GlWerdA
Leiden, Bibliotheek der Rijksuniversiteit
    B.P.L. 191E → GlHard
    Periz. fol. 17 → GlVeg
    Voss. lat. 4° 55, fol. 1-27 → VLiud L
    Voss. lat. 4°55, fol. 30-59 → CartWerd
Leipzig, Universitätsbibliothek
    MS Thomas 4073 → H L
    Rep. I. 4 → GlMagd
    Rep. I. 37 → GlTer
Lindau, olim Freiherr Max Lochner von Hüttenbach
    († ?) → GlEvElt
London, The British Library
    Add. 21109 → Widuk B 1
    Cotton Caligula A. VII → H C
    Egerton 269 → LexSax
    Harley 2674 → GlPrisc
Marburg, Hessisches Staatsarchiv
    K 238 → RegHelm
Merseburg, Bibliothek des Domstifts
    Codex 42 → GlMers
Montecassino, Archivio dell'Abbazia
    298 → Widuk C 1
München, Bayerische Staatsbibliothek
    cgm 187 III (e.4) → GlWerdB
    cgm 25 → H M
    cgm 8840 → H S
Münster, Nordrhein-Westfälisches Staatsarchiv
    Cod. Msc. VII 1316a → RegFrek M
    Fürstabtei Corvey 1439 → RegErk
    Fürstabtei Corvey 1419 (olim Mscr. VII 5209), p. 1-12 → RotCorb B
    Fürstabtei Corvey 1419 (olim Mscr. VII 5209), p. 13-30 → TradCorb
    Fürstabtei Corvey, Urkunde 42a → RotCorb A
    Mscr. I 132 → RegErk
    Mscr. VII 1007a → RegÜberw
    Mscr. VII 1316c → RegHerf
    Mscr. VII Nr. 5201 → LexSax
Münster, Universitätsbibliothek
    † Ms Paulinianus 719 (271) → GlWerdB/C
Oxford, Bodleian Library
    Ms. Auct. F.1.16 → GlVergOx
    Ms. Junius 11 → GenB
Paderborn, Theodorianische Bibliothek
    († ?) Fragment 6 → PsPad
Paris, Bibliothèque Nationale
    lat. 2685 → GlPb1, GlPb2, GlPb3
    lat. 9768 → Nith
    lat. 13909 → Radb
    lat. 18554 → GlPrudP
Rheda, Fürstliches Archiv
    Kloster Herzebrock, Urkunden, Ältere Heberolle → RegHerz
Roma, Biblioteca Apostolica Vaticana
    † Codex Palatinus ed. M. Z. Boxhorn → ConfPal
    Pal. lat. 289 → LexSax
    Pal. lat. 577 → AbrPal, Indic

Handschriftenregister ◊ Index of Manuscripts

    Pal. lat. 1447 → Gen, H V
Saint-Mihiel, Bibliothèque Municipale
    Ms. 25 → GlSMih
St. Gallen, Stiftsbibliothek
    Cod. 878 → ABC
Strasbourg, olim Bibliothèque du Séminaire protestant
    † C.IV.15 → GlStr
Trier, Bibliothek des Priesterseminars
    Hs. 61 → GlTrSem
Trier, Stadtbibliothek
    40/1018 → BenTr, GlTr40
Vercelli, Biblioteca Capitolare
    Ms. CII → Leo
Warszawa, Biblioteka Narodowa, Zakład Rękopisów
    akc 6748 → PsLub
Wien, Österreichische Nationalbibliothek
    751 → BenW
    15306 → GlVergW
Wittenberg, Bibliothek des Evangelischen Predigerseminars
    2° H. Th. 677 → PsWit
Wolfenbüttel, Herzog-August-Bibliothek
    Codex Guelf. 133 Gudianus latinus → GlSol
    Codex Guelf. 553 Helmstadiensis → GlLam

Ausgewählte Literatur ◊ Selected Bibliography

P. Anreiter, Rückläufiges Wörterbuch des Altsächsischen, Veröffentlichungen der Kommission zur computergestützten Erstellung linguistischer Hilfsmittel 1, Innsbruck 1989
Ásgeir Blöndal Magnússon, Íslensk orðsifjabók, Orðabók Háskólans [Reykjavík], 1989, ³2008
A. Bammesberger, Untersuchungen zur vergleichenden Grammatik der germanischen Sprachen, I, Der Aufbau des germanischen Verbalsystems; II, Die Morphologie des urgermanischen Nomens, Indogermanische Bibliothek. Erste Reihe, Heidelberg 1986, 1990
K. Bauer, Waldeckisches Wörterbuch nebst Dialektproben. Herausgegeben von H. Collitz, 1902, Reprint Wiesbaden 1969
O. Behaghel, Die Syntax des Heliand, 1897, Reprint Wiesbaden 1966
R. Bergmann, Rückläufiges Morphologisches Wörterbuch des Althochdeutschen. Auf der Grundlage des Althochdeutschen Wörterbuchs von R. Schützeichel, Tübingen 1991
H. Bjorvand - F. O. Lindeman, Våre arveord. Etymologisk ordbok, Oslo ²2001
U. Bliesener, Die hochdeutschen Wörter in altsächsischen Glossaren, Philosophische Dissertation Frankfurt am Main (maschinenschriftlich ◊ typ-written), 1955
J. Bosworth - T. N. Toller, An Anglo-Saxon Dictionary, I-II, Oxford 1898, 1921; Enlarged Addenda and Corrigenda by A. Campbell, Oxford 1972
D. Boutkan - S. M. Siebinga, Old Frisian Etymological Dictionary, Leiden Indo-European Etymological Dictionary Series 1, Leiden, Boston 2005
W. Braune - I. Reiffenstein, Althochdeutsche Grammatik I. Laut- und Formenlehre, Sammlung kurzer Grammatiken germanischer Dialekte A 5/1, Tübingen ¹⁵2004
K. Brunner, Altenglische Grammatik. Nach der angelsächsischen Grammatik von E. Sievers, Sammlung kurzer Grammatiken germanischer Dialekte A 3, Tübingen ³1965
Th. Burch - J. Fournier - K. Gärtner, Mittelhochdeutsche Wörterbücher im Verbund, CD-ROM Trier 2002
A. Campbell, Old English Grammar, Oxford 1959
Ch. T. Carr, Nominal Compounds in Germanic, St. Andrews University Publication 41, London 1939
A. Casaretto, Nominale Wortbildung der gotischen Sprache. Die Derivation der Substantive, Indogermanische Bibliothek. Dritte Reihe, Heidelberg 2004
J. E. Cathey, Old Saxon, Languages of the World/Materials 252, Muenchen 2000
R. Cleasby - G. Vigfusson, An Icelandic-English Dictionary. With a Supplement by W. A. Craigie, Oxford ²1957. Reprint 1982
G. Cordes, Altniederdeutsches Elementarbuch. Wort- und Lautlehre, mit einem Kapitel „Syntaktisches" von F. Holthausen, Germanische Bibliothek. Erste Reihe, Heidelberg 1973
G. Cordes - D. Möhn, Handbuch zur niederdeutschen Sprach- und Literaturwissenschaft, Berlin 1983
I. Dal Untersuchungen zur germanischen und deutschen Sprachgeschichte, Oslo, Bergen, Tromsö 1971
G. Darms, Schwäher und Schwager, Hahn und Huhn. Die Vr̥ddhi-Ableitung im Germanischen, Münchener Studien zur Sprachwissenschaft. Beiheft 9. Neue Folge, München 1978
Dictionary of Old English A-F, CD-ROM, Toronto 2003. — http://www.doe.utoronto.ca
L. Diefenbach, Glossarium latino-germanicum mediae et infimae aetatis, Frankfurt/Main 1857. Reprint Darmstadt 1968
L. Diefenbach, Novum Glossarium latino-germanicum mediae et infimae aetatis, Frankfurt/Main 1867. Reprint Aalen 1964
M. R. Digilio, Thesaurus dei saxonica minora. Studio lessicale e glossario, Collana Proteo 38, Roma 2008
Hj. Falk - A. Torp, Wortschatz der germanischen Spracheinheit, Göttingen ⁴1909, Reprint 1979
W. Foerste, Geschichte der niederdeutschen Mundarten. In: Deutsche Philologie im Aufriß. 2. Auflage herausgegeben von W. Stammler, I, Berlin 1957, col. 1729-1898
J. H. Gallée, Altsächsische Grammatik. Register von J. Lochner. 3. Auflage mit Berichtigungen und Literaturnachträgen von H. Tiefenbach, Sammlung kurzer Grammatiken germanischer Dialekte A 6, Tübingen 1993
J. H. Gallée, Vorstudien zu einem altniederdeutschen wörterbuche, Leiden 1903. Reprint Walluf, Nendeln 1977
H. Garke, Prothese und Aphaerese des h im Althochdeutschen, Quellen und Forschungen zur Sprach- und Culturgeschichte der germanischen Völker 69, Straßburg 1891
K. Gärtner - K. Grubmüller - K. Stackmann, Mittelhochdeutsches Wörterbuch, I, Fasc. 1-6, Stuttgart 2006-2009
K. E. Georges, Ausführliches lateinisch-deutsches Handwörterbuch. Nachdruck der achten verbesserten und vermehrten Auflage von H. Georges, I-II, Hannover ¹³1972. CD-ROM Berlin 2002
P. G. W. Glare, Oxford Latin Dictionary, Oxford 1982. Reprint 1985
H. Götz, Lateinisch-althochdeutsch-neuhochdeutsches Wörterbuch. Althochdeutsches Wörterbuch. Beiband, Berlin 1999
J. Goossens, Niederdeutsch. Sprache und Literatur. Eine Einführung, I, Sprache, Neumünster ²1983

Ausgewählte Literatur ◊ Selected Bibliography

J. Goossens, Westfälisches Wörterbuch, I, Fasc. 1-9, Neumünster 1973-1991; II, Fasc. 1-11, Neumünster 1997-2007; Beiband Neumünster 1969
E. G. Graff, Althochdeutscher Sprachschatz oder Wörterbuch der althochdeutschen Sprache, I-VI, Berlin 1834-1842; Vollständiger alphabetischer Index von H. F. Maßmann, Berlin 1846. Reprint Darmstadt 1963
L. de Grauwe, De Wachtendonckse psalmen en glossen. Een lexikologisch-woordgeografische studie met proeve van kritische leestekst en glossaria, I-II, Gent 1979, 1982
C. W. M. Grein, Sprachschatz der angelsächsischen Dichter. Unveränderter Nachdruck der zweiten, unter Mitwirkung von F. Holthausen von J. J. Köhler neu herausgegebenen Auflage, Heidelberg 1974
W. Griepentrog, Die Wurzelnomina des Germanischen und ihre Vorgeschichte, Innsbrucker Beiträge zur Sprachwissenschaft 82, Innsbruck 1995
J. Grimm - W. Grimm, Deutsches Wörterbuch, I-XVI, Leipzig 1854-1954, Quellenverzeichnis 1971. Reprint I-XXXIII, München 1984. CD-ROM 2004
J. Grimm - W. Grimm, Deutsches Wörterbuch. Neubearbeitung, I-III, Leipzig, Stuttgart 1983-2007; VI-IX, Leipzig, Stuttgart 1983-2006
O. Gröger, Die althochdeutsche und altsächsische Kompositionsfuge mit Verzeichnis der althochdeutschen und altsächsischen Composita, Abhandlungen herausgegeben von der Gesellschaft für deutsche Sprache in Zürich 11, Zürich 1911
J. R. C. Hall - H. D. Meritt, A Concise Anglo-Saxon Dictionary, Cambridge ^{4}1960. Reprint 1966
A. diPaolo Healey - R. L. Venezky, A Microfiche Concordance to Old English, Toronto 1980
F. Heidermanns, Etymologisches Wörterbuch der germanischen Primäradjektive, Studia Linguistica Germanica 33, Berlin, New York 1993
D. Hofmann - A. T. Popkema, Altfriesisches Handwörterbuch, Heidelberg 2008
R. M. Hogg, A Grammar of Old English, I, Phonology, Oxford, Cambridge/Massachusetts 1992
F. Holthausen, Altenglisches etymologisches Wörterbuch, Heidelberg ^{2}1963
F. Holthausen, Altsächsisches Elementarbuch, Germanische Bibliothek. Erste Reihe. 5, Heidelberg ^{2}1921
F. Holthausen, Altsächsisches Wörterbuch, Niederdeutsche Studien 1, Köln, Graz ^{2}1967 (= Reprint der Ausgabe ◊ of the edition 1954)
F. Holthausen, Vergleichendes und etymologisches Wörterbuch des Altwestnordischen, Altnorwegisch-isländischen einschließlich der Lehn- und Fremdwörter sowie der Eigennamen, Göttingen 1948
F. Holthausen - D. Hofmann, Altfriesisches Wörterbuch, Germanische Bibliothek. Neue Folge. 2. Reihe, Heidelberg ^{2}1985
M. Hucko, Bildung der Substantiva durch Ableitung und Zusammensetzung im Altsächsischen. Philosophische Dissertation Straßburg i. E., Straßburg 1904
P. Ilkow, Die Nominalkomposita der altsächsischen Bibeldichtung. Ein semantisch-kulturgeschichtliches Glossar. Herausgegeben von W. Wissmann und H.-Fr. Rosenfeld, Ergänzungshefte zur Zeitschrift für vergleichende Sprachforschung auf dem Gebiet der indogermanischen Sprachen 20, Göttingen 1968
G. Ising - J. Wiese, Brandenburg-Berlinisches Wörterbuch. Begründet und angelegt von A. Bretschneider unter Einschluß der Sammlungen von H. Teuchert, I-IV, Berlin, Neumünster 1976-2001
W. Jungandreas - H. Wesche - D. Stellmacher, Niedersächsisches Wörterbuch, I-VI, Neumünster 1965-2003; VII, Fasc. 1-6, 2001-2007; VIII, Fasc. 1-4, 2004-2007
E. Karg-Gasterstädt - Th. Frings, Althochdeutsches Wörterbuch. Auf Grund der von Elias von Steinmeyer hinterlassenen Sammlungen, I, Berlin 1968; II-IV, herausgegeben von R. Große, Berlin 1970-2002; V, herausgegeben von G. Lerchner und H. U. Schmid, Berlin 2002-2009
Kluge, Etymologisches Wörterbuch der deutschen Sprache. Bearbeitet von E. Seebold, Berlin, New York ^{24}2002
F. Kluge, Nominale Stammbildungslehre der altgermanischen Dialekte. 3. Auflage von L. Sütterlin und E. Ochs. Sammlung kurzer Grammatiken germanischer Dialekte. Ergänzungsreihe 1, Halle (Saale) 1926
G. Korlén, Die mittelniederdeutschen Texte des 13. Jahrhunderts. Beiträge zur Quellenkunde und Grammatik des Frühmittelniederdeutschen, Lunder Germanistische Forschungen 19, Lund, Kopenhagen 1945
St. Krogh, Die Stellung des Altsächsischen im Rahmen der germanischen Sprachen, Studien zum Althochdeutschen 29, Göttingen 1996
E. Kück, Lüneburger Wörterbuch, I-III Fasc. 6, Neumünster 1942-1967
R. E. Künzel - D. P. Blok - J. M. Verhoeff, Lexicon van nederlandse toponiemen tot 1200, Publikaties van het P. J. Meertens-Instituut 8, Amsterdam ^{2}1989
A. Lasch, Mittelniederdeutsche Grammatik, Sammlung kurzer Grammatiken germanischer Dialekte A 9, Tübingen ^{2}1974 (= Reprint der Ausgabe ◊ of the edition 1914)
A. Lasch, Ausgewählte Schriften zur niederdeutschen Philologie. Herausgegeben von R. Peters und T. Sodmann, Neumünster 1979
A. Lasch - C. Borchling, Mittelniederdeutsches Handwörterbuch. Fortgeführt von G. Cordes, herausgegeben von D. Möhn, Neumünster I, 1956; II.1-2, 2004; III, Fasc. 12 etc., 1959 etc.
H. Lauffer, Der Lehnwortschatz der althochdeutschen und altsächsischen Prudentiusglossen, Münchner Germanistische Beiträge 8, München 1976

Ausgewählte Literatur ◊ Selected Bibliography

W. P. Lehmann, A Gothic Etymological Dictionary. Based on the third edition of *Vergleichendes Wörterbuch der Gotischen Sprache* by Sigmund Feist, Leiden 1986
G. Lerchner, Studien zum nordwestgermanischen Wortschatz. Ein Beitrag zu den Fragen um Aufbau und Gliederung des Germanischen, Mitteldeutsche Studien 28, Halle (Saale) 1965
Ch. Leydecker, Über Beziehungen zwischen ahd. und ags. Glossen, Bonn 1911
H. G. Liddel - R. Scott - H. St. Jones, A Greek-English Lexicon. With a Supplement 1968, Oxford [9]1940, Reprint 1983
A. Lloyd - O. Springer - R. Lühr, Etymologisches Wörterbuch des Althochdeutschen, I-III, Göttingen, Zürich 1988, 1998, 2007
A. Lübben - Ch. Walther, Mittelniederdeutsches Handwörterbuch, Norden, Leipzig 1888. Reprint Darmstadt 1965
R. Lühr, Expressivität und Lautgesetz im Germanischen, Monographien zur Sprachwissenschaft 15, Heidelberg 1988
J. Macha - E. Neuß - R. Peters, Rheinisch-westfälische Sprachgeschichte, Niederdeutsche Studien 46, Köln, Weimar, Wien 2000
H. Marzell, Wörterbuch der deutschen Pflanzennamen. Unter Mitwirkung von W. Wissmann, I-V, Leipzig 1943-1979
W. Meid, Wortbildungslehre, H. Krahe - W. Meid, Germanische Sprachwissenschaft III, Berlin 1967
E. Meineke, Abstraktbildungen im Althochdeutschen. Wege zu ihrer Erschließung, Studien zum Althochdeutschen 23, Göttingen 1994
O. Mensing, Schleswig-Holsteinisches Wörterbuch, I-V, Neumünster 1927-1935
W. Meyer-Lübke, Romanisches etymologisches Wörterbuch, Heidelberg [5]1972
H. Michiels, Über englische Bestandteile altdeutscher Glossenhandschriften, Bonn 1912
G. Müller - Th. Frings, Germania Romana, II, Dreißig Jahre Forschung. Romanische Wörter, Mitteldeutsche Studien 19/2, Halle (Saale) 1968
J. Müller - H. Dittmaier, Rheinisches Wörterbuch, I-IX, Berlin 1928-1971
H. F. Nielsen, Old English and the Continental Germanic Languages. A Survey of Morphological and Phonological Interrelations, Innsbrucker Beiträge zur Sprachwissenschaft 33, Innsbruck 1981
J. F. Niermeyer - C. van de Kieft - J. W. J Burgers, Mediae Latinitatis Lexicon minus, I-II, Leiden [2]2002
V. Orel, A Handbook of Germanic Etymology, Leiden, Boston 2003
Oxford English Dictionary, Oxford University Press 2008 — http://www.oed.com/
H. Palander, Die althochdeutschen tiernamen. I. Die namen der säugetiere, Darmstadt 1899
W. Pfeifer, Etymologisches Wörterbuch des Deutschen, München [2]1995
J. D. Pheifer, Old English Glosses in the Épinal-Erfurt Gossary, Oxford 1974
M. Philippa - F. Debrabandere - A. Quak - T. Schoonheim - N. van der Sijs, Etymologisch woordenboek van het Nederlands, I, II, III, Amsterdam 2003, 2005, 2007
W. J. J. Pijnenburg - K. H. van Dalen-Oskam - K. A. C. Depuydt - T. H. Schoonheim, Vroegmiddelnederlands woordenboek, I-IV, Leiden 2001
J. Pokorny, Indogermanisches etymologisches Wörterbuch, I-II, Bern, München 1959-1969
E. Prokosch, A Comparative Germanic Grammar, William Dwight Whitney Linguistic Series, Philadelphia 1939. Reprint 1948
P. Ramat, Grammatica dell'antico Sassone, Collana di filologia Germanica 5, Milano 1969
F. Raven, Die schwachen Verben des Althochdeutschen, I-II, Beiträge zur deutschen Philologie 18, 36, Gießen 1963, 1967
Reallexikon der Germanischen Altertumskunde. Von Johannes Hoops. Zweite Auflage, I-XXXV, Berlin, New York 1973-2007; Register I-II, Berlin, New York 2008
H. Reutercrona, Svarabhakti und Erleichterungsvokal im Altdeutschen bis ca. 1250, Philosophische Dissertation Uppsala, Heidelberg 1920
J. Riecke, Die Frühgeschichte der mittelalterlichen medizinischen Fachsprache im Deutschen, I-II, Berlin, New York, 2004
J. Riecke, Die schwachen *jan*-Verben des Althochdeutschen. Ein Gliederungsversuch, Studien zum Althochdeutschen 32, Göttingen 1996
H. Rix, Lexikon der indogermanischen Verben. Die Wurzeln und ihre Primärstammbildungen, Wiesbaden [2]2001
J. Roberts - Ch. Kay - L. Grundy, A Thesaurus of Old English, I-II, Amsterdam, Atlanta/GA 2000
E. C. Roedder, Wortlehre des Adjectivs im Altsaechsischen, Bulletin of the University of Wisconsin 50. Philology an Literature Series vol. 1, no. 4, Madison/Wisconsin 1901, p. 335-415, 425-435
E. Rooth, Saxonica. Beiträge zur niedersächsischen Sprachgeschichte, Skrifter utgivna av Kungl. Humanistiska Vetenskapssamfundet i Lund 44, Lund 1949
W. Sanders, Sachsensprache, Hansesprache, Plattdeutsch. Sprachgeschichtliche Grundzüge des Niederdeutschen, Göttingen 1982
Ch. Sarauw, Niederdeutsche Forschungen, I. Vergleichende Lautlehre der niederdeutschen Mundarten im Stammlande; II. Die Flexionen der mittelniederdeutschen Sprache, Det Kgl. Danske Videnskabernes Selskab. Historisk-filologiske Meddelelser V,1; X,1, København 1921, 1924

Ausgewählte Literatur ◊ Selected Bibliography

St. Schaffner, Das Vernersche Gesetz und der innerparadigmatische grammatische Wechsel des Urgermanischen im Nominalbereich, Innsbrucker Beiträge zu Sprachwissenschaft 103, Innsbruck 2001

K. Scheel - B. Hennig - J. Meier - J. Ruge, Hamburgisches Wörterbuch. Auf Grund von Vorarbeiten von Ch. Walther und A. Lasch, I-V, Neumünster 1985-2006

K. Schiller - A. Lübben, Mittelniederdeutsches Wörterbuch, I- VI, Bremen 1875-1881. Reprint Münster 1931

W. Schlüter, Untersuchungen zur Geschichte der altsächsischen Sprache, I, Die schwache Declination in der Sprache des Heliand und der kleineren as. Denkmäler. Magisterabhandlung Dorpat, Dorpat 1892

W. Schlüter, Vokalismus des Altsächsischen; Konsonantismus des Altsächsischen; Altsächsische konjugation. Altsächsische deklination, in: F. Dieter, Laut- und formenlehre der altgermanischen dialekte, I-II, Leipzig 1898, 1900, p. 95-125, 267-293, 461-482, 694-727, 783-785

H. U. Schmid, -*līh*-Bildungen. Vergleichende Untersuchungen zu Herkunft, Entwicklung und Funktion eines althochdeutschen Suffixes, Studien zum Althochdeutschen 35, Göttingen 1998

G. Schmidt, Studien zum germanischen Adverb, Dissertation der Philosophischen Fakultät der Freien Universität Berlin 1962

R. Schröder - E. Freiherr von Künßberg, Deutsches Rechtswörterbuch (Wörterbuch der älteren deutschen Rechtssprache), I-XI, XII, Fasc. 1/2, Weimar 1914-2009

L. Schütte, Wörter und Sachen aus Westfalen 800 bis 1800, Veröffentlichungen des Landesarchivs Nordrhein-Westfalen 17, Münster 2007

R. Schützeichel (Hg.), Althochdeutscher Glossenwortschatz, I-XII, Tübingen 2004

R. Schützeichel, Althochdeutsches Wörterbuch, Tübingen ^{6}2006

E. Seebold, Chronologisches Wörterbuch des deutschen Wortschatzes. [I], Der Wortschatz des 8. Jahrhunderts (und früherer Quellen), Berlin, New York 2001; II, Der Wortschatz des 9. Jahrhunderts, Berlin, New York 2008

E. Seebold, Vergleichendes und etymologisches Wörterbuch der germanischen starken Verben, Janua linguarum, Series practica 85, The Hague, Paris 1970

J. Splett, Althochdeutsches Wörterbuch. Analyse der Wortfamilienstrukturen des Althochdeutsche, zugleich Grundlegung einer zukünftigen Strukturgeschichte des deutschen Wortschatzes, I,1-2, II, Berlin, New York 1993

O. Springer, Langenscheidts Enzyklopädisches Wörterbuch der englischen und deutschen Sprache „Der Große Muret-Sanders". Langenscheidt's Encyclopaedic Dictionary of the English and German Languages „Der Große Muret-Sanders", Deutsch-Englisch, German-English, I-II; English-German, Englisch-Deutsch, I-II, Berlin, München, Wien, Zürich, New York ^{12}2000

H. Suolahti, Die deutschen Vogelnamen. Eine wortgeschichtliche Untersuchung, Straßburg 1909

J. Verdam - C. H. Ebbinge Wubben, Middelnederlandsch handwoordenboek, 's-Gravenhage 1964, Supplement door J. J. van der Voort van der Kleij, Leiden, Antwerpen 1983

E. Verwijs - J. Verdam, Middelnederlandsch woordenboek, voltooid door F. A. Stoett, I-XI, 's Gravenhage 1885-1952. Reprint Zedelgem 1990-1991

L. Voetz, Komposita auf -*man* im Althochdeutschen, Altsächsischen und Altniederfränkischen, Monographien zur Sprachwissenschaft, Heidelberg 1977

J. de Vries, Altnordisches etymologisches Wörterbuch, Leiden ^{2}1962

J. de Vries - F. de Tollenaere, Nederlands etymologisch woordenboek, Leiden 1971

J. C. Wells, Althochdeutsches Glossenwörterbuch einschließlich des von Prof. Dr. Taylor Starck † begonnenen Glossenindexes, Germanische Bibliothek. Zweite Reihe, Heidelberg 1990

W. Wissmann, Nomina postverbalia in den altgermanischen Sprachen nebst einer Voruntersuchung über deverbative ō-Verba. 1. Teil, Ergänzungshefte zur Zeitschrift für vergleichende Sprachforschung auf dem Gebiete der indogermanischen Sprachen 11, Göttingen 1932

D. S. Wodtko - B. Irslinger - C. Schneider, Nomina im Indogermanischen Lexikon, Heidelberg 2008

Mittellateinisches Wörterbuch bis zum ausgehenden 13. Jahrhundert. Begründet von P. Lehmann und J. Stroux, I-III, München 1967-2007

F. Woeste - E. Nörrenberg, Wörterbuch der westfälischen Mundart, 1930, Reprint Wiesbaden 1966

R. Wossidlo - H. Teuchert - J. Gundlach, Mecklenburgisches Wörterbuch, I-VII, Berlin, Neumünster 1942-1992; Nachtrag und Index von Ch. Rothe, Neumünster 1998

A

7 = and# (abbr) → ENDI²
á# → IO

A-: -BELGAN, -BIDDIAN, -BĪTAN, -BREKAN, -DÊLIAN, -DÔGIAN, -DÔMIAN, -FALLAN, -FÊHIAN, -FIRRIAN, -FÔDIAN, -FORHTIAN, -FREMMIAN, -FULLARI, -FULLIAN, -FŪLON, -FŪRIAN, -FŪSIAN, -GANGAN, -GELDAN, -GÊLIAN, -GEVAN, -GRAVITHA, -HAFTON, -HĀVOD, -HEBBIAN¹, -HLĪDAN, -HLÔPAN, -HLŪDIAN, -HOLON, -HREDDIAN, -HWETTIAN, -KALDON, -KIOSAN, -KIRNIAN, -KUMAN, -LĀRIAN, -LĀTAN, -LÊDIAN, -LÊHNUNGA, -LESAN, -LESKIAN, -LÊTHIAN, -LETTIAN, -LÔSIAN, -MERRIAN, -OPANON, -QUELLIAN, -QUETHAN, -QUIKON, -REKKIAN, -RIHTIAN, -RĪSAN, -ROSTON, -RUSTIAN, -SETTIAN, -SITTIAN, -SLAHAN, -SLĀPAN, -SÔKIAN, -STĀN, -STANDAN, -STANDANNUSSI, -STERVAN, -STRENGIAN, -SWĀMON, -TELLIAN, -THEMPIAN, -THEMPUNGA, -THENGIAN, -THENKIAN, -THINGIAN, -THRIOTAN, -TIOHAN, -TÔMIAN, -WAHSAN, -WALLAN, -WASKUNGA, -WEKKIAN, -WENDIAN, -WERDIAN, -WERPAN, -WERTHAN, -WINNAN, -WĪSIAN, -WÔSTIAN UN-WĀNIANDILĪK, UN-WENDID, ŪT-LÔSIAN, ŪT-SKÊDAN, ŪT-SKÊTHAN, ŪT-WENDIAN
A- → AR-

áárinón → AHARĪN
ab⁺ → AF
ábal → AVAL
abannali° → AVUHNASI
abda → HEBBIAN²

ABDISKA *f-n Äbtissin* ◊ *abbess*
• *ds* abdiscon REGFREK *K* 24,24. *M* 24,13. 29,15. abdisscon *K* 33,22. *M* 33,2. 37,18,21. 40,4

abdrun(n)iger⁺ → AFTRUNNIG

ĀBOLGANHÊD *(f-i) Jähzorn* ◊ *violent temper*
• *as* abolganhed CONFES 17,7

absceller⁺, abscelli⁺ → AFSKELLI
absturniger⁺ → AFSTURNIG

ĀBULHT *f-i Zorn* ◊ *rage*
• *as* obult GLEVES 52,26
furor GLEVES

abunst → AVUNST
að- → ÔTH-
adal- → ATHAL-
adaligeburdeo → ETHILIGIBURD
aðarside → ÔTHARSĪTHU
adas → ÔD
aðelies → ATHALI
aden → ÔDAN

ADIK, ADUK *(m-a) Attich (Zwergholunder)* ◊ *dwarf elder*
• *ns* aduk GLTR40 V,43,13, atːuᶦc (*ras h*) 42,3, aduch⁺ GLTRSEM VII,3, adach⁻ XXI,57 (*add marg*), adich⁺? GLMARF III,720,39 — *as* adic GLHARD III,605,12, aduch⁺? GLVERGOX 110,11
chamaeactis (*ms* meactix, χαμαιάκτη) GLTR40 ebulus, ebulum GLHARD GLMARF GLTR40 GLTRSEM hyblaeus [°? = ebulus?] GLVERGOX

adr- → ÔTHAR

ĀDRO *adv früh* ◊ *early*
• adro H *C* 3418. 3462

adter° → AFTAR

ADUK → ADIK, ADUK

adumzufti⁺ → ĀTHUMTUHT

ÆFDȲNE *m/nt-ja Abhang* ◊ *slope*
• GLWERDA *ns* ęsdyni° (= ęsdyni#) 337,28
declivium, devexum GLWERDA

ÆFRE[#] *adv jemals, irgend, immer* ◊ *ever, always*
- GENB æfre[#] 398. 596, æfre[#] 820

æfter → AFTAR
æfyn[#] → ĀVAN
æghwilc[#] → IOGIHWELĪK
aegypteo → EGYPTI
æleri → ELERI
ælmihtig[#] → ALOMAHTIG
ændi → ENDI²
ænga[#] → ENGI
ænig[#] → ÊNIG
æniga[#] → ÊNAG
ænne[#], ǽnon → ÊN
æntsagon[+] → ANDSAGÊN[+]
æppel[#] → APPUL
ǽr[#] → ÊR¹
aerbi → ERVI
aerbithies → ARVETHI
aerđe → ERTHA
ærend-[#] → ĀRUND-
ærhebbi(e)[n] → AHEBBIAN¹
ærist → ÊRIST
aerm → ARM²

ÆRNÞEGEN[#] *m-a Aufseher des Hauses* ◊ *house-officer*
- GLWERDC *ns* rendegn *fol.* 1r
aedis magister, aedituus templi GLWERDC

æschiađ → ÊSKIAN
æt[#] → AT
ǽt[#] → ETAN
a&sa → AKUS
ætsomne[#] → ATSAMNE
aex[#] → AHSA

AF *praep + d von, aus; conj ob, wenn* ◊ *away from, out of; conj if* → **EF¹**
- *praep* af H *CM* 471. 1066 (of:, o<a, -t ras *C*). 1132. 1214. 1215. 1488. 1530 2991. 3564, *M* 2102. 2776. 2940, *C* 3212. 3956. 5309. 5703, ab[+] HILD 30
- *conj* af H *M* 1523, of 163. 220. 224. 3619. *CM* 1442. *C* 1380, a(f) GLEVES 53,21 GLPRUDF1 92,3, of GLGREG 62,15 GLPRUDF1 93,16, óf 96,15. 102,26. 104,3

- *praep* GENB of 300. 306. 308. 365. 382. 521. 533. 545. 553. 616. 810. 818 si GLEVES GLGREG GLPRUDF1 sive GLPRUDF1

a(f) GLMERS 70,6 → AFŌDIAN

AF-: -BREKAN, -GEVAN, -HEBBIAN¹, -HELDIAN, -HNĪTAN, -SITTIAN, -SKÊDAN/ -SKÊTHAN (Ī?), -SEFFIAN, -SKERRAN, -STĀN, -STANDAN, -STEPPIAN/-STAPPAN, -TĪHAN, -TIOHAN, -UNNAN

affa[+] → APA
affellis° → ARFELLIAN
afful[+] → APPUL

AFGOD *m-a Abgott, Götze, Götzenbild* ◊ *idol, image*
- *ns* afgot GLTRSEM VIII,113, afguod GLPRUDF1 94,26 — *np* afgoda BEDA 5 idolum GLTRSEM sigillum GLPRUDF1 simulacrum dei (BEDA)

AFGODOHŪS *nt-a Götzentempel* ◊ *temple of idols*
- *ds* áfgódohúsa GLPRUDF1 92,24/25 idoleum GLPRUDF1

AFGRUNDI *nt-ja Abgrund* ◊ *abyss*
- *as* afgrundi H *M* 1953 GEN 321

afguod → AFGOD
afheffian → AFHEBBIAN¹

AFLĀT *(nt-a) Vergebung* ◊ *forgiveness*
- *as* oflat CONFPAL 363,25

afluf° → AFHEBBIAN¹
aframeat → AFREMMIAN
afonstig → AVUNSTIG

AFRETA *f(-n) Eberraute* ◊ *southern-wood*
- *ns* afreta GLTR40 V,42,9
abrotanum GLTR40

AFRIKANISK *adj afrikanisch* ◊ *African*
- *dsnt* affricanisgemo GLADM718 78,4/5 punicus GLADM718

afset° → AFSTANDAN

AFSKELLI *adj-ja/jō misstönend, widersinnig* ◊ *discordant, unpleasant, absurd*
- *nsm* absceller⁺ GLTRSEM II,25 — *asnt* abscelli⁺ GLSPET 82,18/19
absonus GLTRSEM absurdus, contrarius GLSPET

AFSTURNIG *adj starrköpfig* ◊ *stubborn*
- *nsm* absturniger⁺ GLSPET 82,15
obstinatus GLSPET

AFTAN *adv at ~ zuletzt* ◊ *last*
- aftan H C 3430

AFTAR *adv danach, darauf, hinterher, achtern, dann, künftig; praep + d/instr (+ a < lat) nach, hinter ... her, durch ... hin, über ... hin, gemäß, wegen, für* ◊ *afterwards, hereafter, aft, later, in future; after, behind, along, across, according to, because of, in favor of, for* — *thar (...) ~ hinterdrein* ◊ *behind* — *~ thiu dann, darauf, deshalb* ◊ *then, thereafter, therefore*
- o³³⁶ aftar BENW 9 H *LPVM* GEN 56. 99. 104. 118, after ABC H C GEN 244. 247. 319. 337 PSWIT 85,8, áfter GLEPIST I,781,23, after (f<t) H C 882, æfter 78[#?], ahtar ABRK 21, ahter BEDA 14 H S 507. 512. 519. 527. 699, adter° CONFPAL 362,15
- GENB æfter[#] 282. 291. 396. 436. 471. 550. 592. 623, æfter[#] 469
per (BEDA) post GLEPIST secundum PSWIT

AFTAR-: -FĀRIAN, -WARON, -FULGIAN

AFTARBIOR *(nt-a) Nachbier, Dünnbier (Kofent)* ◊ *weak beer, small beer*
- *ns* afterbier URBWERDA 18,8
cervisia URBWERDA

AFTRUNNIG *adj abtrünnig* ◊ *apostate*
- *nsm* abdrunniger⁺ GLSPET 79,5/6 ‖, abdruniger⁺ 87,19 ‖
apostaticus, apostata GLSPET

afyrred[#] → AFIRRIAN
agaistra → AGISTRA

AGALEIA *f-n/ō Dornstrauch (Stechginster?)* ◊ *thorny shrub (whin?)*
- *ns* agaleia GLSPET 77,16
rhamnus GLSPET

AGALÊTLĪKO *adv eifrig* ◊ *zealously*
- agaletlico GEN 224

AGALÊTO *adv eifrig* ◊ *zealously*
- agaleto H *M*, agleto C 3008

AGALTHORN *m-a Dornstrauch (Stechginster?)* ◊ *thorny shrub (whin?)*
- *ns* agalthorn GLSPET 77,13
rhamnus GLSPET

ágan[#] → [ÊGAN¹]

AGASTRIA *f-j-n Elster* ◊ *magpie* → AGISTRA
- *np* agastriun GLSTR 107,29
pica GLSTR

AGAT *(m-a) Achat* ◊ *agate*
- *ns* agat GLPRUDF1 94,21, agaht GLPRUDBR II,573,17
lapis nigellus GLPRUDBR GLPRUDF1

ĀGENGIA *f-j-n Spukgestalt* ◊ *hobgoblin*
- *np* agengunt° (= agengun) GLSPET 76,27 ‖
lamia GLSPET

AGISTRA *(f-n) Elster* ◊ *magpie* → AGASTRIA
- *ns* agistra GLTRSEM XII,123, agaistra (= agalstra?) XXI,10
pica GLTRSEM

AH *interj oh! ach!* ◊ *o! alas!*
- áh GLPRUDF1 95,37. 98,9
pro, pro pudor (ah les) GLPRUDF1

AHA *f-wō Fluss, Wasser* ◊ *river, water*
- *ns* aha H *CM* 758 — *ds* ahu H *M*, aho C 1166

AHAR *(nt-a) Garbe* ◊ *sheaf*
• *ns* ár GLADM718 78,13
merges GLADM718

AHARĪN *adj Ähren tragend* ◊ *consisting of ears of corn*
• *asm* áárínón GLPRUDF1 91,28
spiceus GLPRUDF1

AHASPRING *m-a Wasserquelle* ◊ *fountain*
• *ns* ahaspring H *C*, ahospring *M* 3918

AHASTRÔM *m-a Wasserstrom* ◊ *water stream*
• *ds* ahastrome H *CM* 1153

ahauuod → **AHĀVOD**

AHORN *(m-a) Ahorn* ◊ *maple*
• *ns* ahorn GLSPET 78,3 GLVERGDRSD
platanus GLSPET GLVERGDRSD

AHSA *f(-ō) Achse* ◊ *axis*
• *ns* ahsa GLSPET 75,35, asse GLK211 I,445,20 GLMARF III,720,1
• GLWERDC *ns* aex[#] 358
axis GLK211 GLMARF GLSPET GLWERDC

AHSLA *f-ō + f-n Achsel* ◊ *shoulder*
• *ds* ahslu (h *add*) H *M*, ahslon (n *add*) P 988 — *as* ahsla H *C* 988. *CM* 4993 — *ap* ahslun H *CM* 2332

ahtar → **AFTAR**
ahtedeg → **AHTODIG**
ahter → **AFTAR**
ahtetian, ahtet(h)ein → **AHTOTEHAN**

AHTIAN *v-I halten für* ◊ *to think*
• *1pipt* attedun GLMERS 71,3
putare GLMERS

ĀHTIAN *v-I + g nachstellen* ◊ *to persecute* — ~ aldres/ferahes/libes (to) + *g attr/d pers/a pers jmdm nach dem Leben trachten, jmdn umbringen* ◊ *to be after sb's blood, kill sb*
• *inf* ahtean H *C*, ahtien *M* 772. 3089. 3882. 4613. 704 (ahtean *M* ohtian *S*),

ahtian *C* 3949 (ahtien *M*). 4684. 5328 — *3sips* ahtid H *C* 5459 — *3popt* ahtin H *C* 3845 (ehtin *M*). 5494

AHTO *num acht* ◊ *eight*
o[42] ahto H *CM*, ahta *V* 1326, ahto REGFREK *K* 25,24,26. *M* 29,12,21,30, áhte REGFREK *M* 24,9. 41,25, ahte REGFREK *KM* REGES 21,3 (2)

AHTODA *num + g achtzig* ◊ *eighty* → **ANDAHTODA**
• ahtoda H *C* 513

AHTODIG *num achtzig* ◊ *eighty*
• ahtedeg REGES 21,3, ahtodoch 21,19

AHTODO *num der achte* ◊ *the eighth*
• *dsm* ahtodon H *M*, ahtoden *C* 441

AHTON *v-II (+ a) achten auf, Beachtung schenken, erwägen, betrachten, halten für, meinen* ◊ *to attend, pay attention to, consider, regard as, think, reckon*
• *inf* ahton H *C* 2212. *CM* 3235. 5156 — *3sops* ahtoie H *C*, hatogea *M* 1714 — *2simp* áhto GLPRUDF1 101,31 — *1sipt* ahthoda GLPB2 I,298,16 — *pcpt* giáhtód GLPRUDF1 97,16
disputare GLPRUDF1 reri GLPB2

GIAHTON *v-II beurteilen* ◊ *to reckon*
• *inf* giahton (i<a) H *C*, geahton *M* 2164

AHTOTEHAN *num achtzehn* ◊ *eighteen*
• ahtetian REGES 21,5, ahtotein REGFREK *M* 29,9, ahtetein *K* 25,29. 26,35. 32,33, *M* 26,18. 27,19,32,33. 30,25. 32,25, ahtethein 25,12

ĀHTUNGA *f-ō Aufruhr* ◊ *riot*
• *ns* athunga GLPB2 I,298,38
seditio GLPB2

aih → [**ÊGAN**[1]]

AK *conj sondern, aber* ◊ *but*
o[218] ac H *CLM* GEN, ak H *M* 3701. *S* 515. 540. 699, hac GEN 244
o[20] GENB ac, ác

ak → ÔK

AKKAR *m-a Acker, Feld* ◊ *field*
• *ns* akkar H *M*, accar *C* 2584 — *ds* accare H *C* 2567 — *as* accar H *C* 2551, acker 2541 — *gp* accaro H *CM* 2592

ĀKUMO *m-n Spätling* ◊ *late fruit*
• *ns* achomo⁺ GLTRSEM II,4
acinus GLTRSEM

AKUS *f-cons Richtbeil* ◊ *executioner's axe*
• *ds* acus GLPRUDF1 97,19
• *Axt* ◊ *axe* GLWERDA *f-n (?) ns* a&sa 338,55, GLWERDC etsa *fol.* 2v (= aecsa#/adesa#? *Dechsel* ◊ *adze*)
ascia GLWERDA GLWERDC bipennis GLPRUDF1 dolatorium GLWERDA ferramentum GLWERDC

ácwæð# → AQUETHAN

ĀCWEORNA# *m-n Eichhörnchen* ◊ *squirrel*
• GLWERDA *ns* acuaerna# 338,48
asperiolus, sciurus GLWERDA

ĀL *(m-a) Aal* ◊ *eel*
• *ns* al GLSPET 87,12 ‖
anguilla GLSPET

al(a)- → ALO-
alaemnia → ALOEFNI
alætanne# → ALĀTAN

ALAH *m-a (+ cons?) Tempel* ◊ *temple*
• *ns* alah H *CM* 4276 — *ds* ala GEN 160, alahe H *CS*, alaha *M* 107. 181. 464. 493 (*S*). 504 (*S*, alaha *C*). 529 (*S*, alaha *C*). 3765. *M* 795, alahe *CM* 113. 3774. 4246 — *as* alah H *CM* 104. 5162

ALAMŌSNA *f-ō Almosen* ◊ *alms*
• *as* alamosnie (2.a *add*) H *M*, alamuosna *C* 1226, alamosna *M*, elimosina *C* 1556 — *dp* alemonsnon REGFREK *M* 35,3/4, alemoson 43,1, almoson 42,6

ALAND *(m-a) Alant, Helenenkraut* ◊ *inula*
• *ns* alant GLTR40 V,43,11 — *as* alent GLHARD III,604,40
inula GLHARD (henole radix *ms*) GLTR40

ALASA *f-ō/n Alse, Maifisch* ◊ *allice-shad, alose*
• *ns* alasa GLTRSEM II,102
alausa GLTRSEM

alásianne → ALÔSIAN
alat → ŌLAT

ALBERIA *f-jō Pappel* ◊ *poplar*
• *ns* halebirie GLVERGOX 113,5
populus GLVERGOX

ALD *adj alt, betagt, ehrwürdig* ◊ *old, aged, venerable; comp subst* → **ALDIRO**
o⁴⁸ *ns* ald H *CMS*, alt URBWERDA 74,5/23,15 old GLSTR 107,28 — *nsm* aldo H *MS*, alldo *C* 493, alter⁺ HILD 39 — *dsm* aldon H *M*, *C* 1432 (aldan *C*). 1476. 1528. 3268, aldom *M*, aldan *C* 1419 (*add*) — *dsf* aldero *CM* 166, alderu *M*, aldera *C* 124 — *asm* aldan H *CM*, aldon *CM* 307 — *npm* alde H *M*, alda *C* 1142, alte⁺ HILD 16 — *dp* aldun H *M*, aldon *C* 204 — *apnt* aldi^{bfk} GLEPIST I,776,8 — *sup nsm* eldista GLEVES 57,10
annosus GLSTR maior GLEVES anus (~ uuíp) GLEPIST

aldan → HALDAN

ALDANA *f(-n) Urgroßmutter* ◊ *great-grandmother*
• *ns* altana GLTRSEM XII,29
proava GLTRSEM

ALDANO *m-n Urgroßvater* ◊ *great-grandfather*
• *ns* altano GLTRSEM XII,28
proavus GLTRSEM

ALDAR *nt-a Alter, Leben(szeit), Phase (des Mondes)* ◊ *age, life(time), phase (of the moon)* — *an, te aldre jemals, immerdar* ◊ *(for)ever*

aldar

- *gs* aldres H *CMS* 144. 704 (*S*). 2685. 3089. 3845 (aldras *C*). 3949. 4613. *C* 3458. 3495. 5494, aldares *C* 3485 — *ds* aldre H *CM* 142. 5013. *C* 5526 — *as* aldar H *CM* 724. *C* 3474. áldar GLLECT — *instr* aldru H *CM* 1434. 4154 GEN 147
- GENB *ds* aldre 402. 427. 436. 820

ALDARGILAGU *nt-a p (vorherbestimmte) Lebensjahre ◊ (preordained) years of life*
- *a* aldargilagu H *C* 4105

ALDARLAGU *nt-a p (vorherbestimmte) Lebensjahre ◊ (preordained) years of life*
- *g* aldarlago H *M*, aldarlagio *C* 3882 — *a* aldarlagu H *M* 4105

ALDARLANG *adj ewig ◊ eternal*
- *asm* aldarlangan H *C* 2619

ALDFADAR *m-r Stammvater ◊ progenitor*
- *ns* aldfader H *CM* 3375. 3396

ALDIG *adj ältlich ◊ oldish*
- *nsm* altiger[+] GLTRSEM II,59
anilis GLTRSEM

ALDIA *mlat Halbfreie ◊ woman serf in a status of semi-liberty* — *cf* ? **ELDI**[1]
- *ablp* aldiabus DIPL 998

ALDIO, ALDIUS *mlat Halbfreier ◊ serf in a status of semi-liberty* — *cf* ? **ELDI**[1]
- *ablp* aldiis DIPL 998, aldionibus DIPL 1065/1

ALDIRO *m-n Ahnherr, p Eltern ◊ ancestor, p parents*
- *ns* aldiro (l<d) H *M*, aldro *C*, áldiera *S* 571 — *gp* aldrono H *M*, aldruono *C* 5197, aldiron *M* 3859 — *dp* aldron H *CM* 839, eldiron *CM* 2705. 3273 (eldirun *M*)
- Herr ◊ *lord* GENB *ns* aldor[#] 639

ALDRON *v-II alt werden ◊ to grow old*
- *pcpt* gialdrod H *C*, (gi)a(ldrod) *M* 79 — *pcpt np* gialdroda GLEVES 54,33/34
procedere in diebus GLEVES

all

ALDSIDU *m-u Sitte von alters her ◊ ancient custom*
- *ns* aldsidu H *M*, aldsido *C* 4553

aledien → **ALÊTHIAN**
alent → **ALAND**

ALERIA *f-jō(n) Erle ◊ alder*
- *ns* alerię GLTR40 V,46,3, alerie GLADM508 *fol.* 58r
alnus GLADM508 GLTR40

al(et)[enaru] → **ALĀTAN**

ALF *m/nt-a/i Nachtmahr ◊ nightmare*
- *ns* alf GLTRSEM VII,146
follis GLTRSEM

ALL *adj, pron all, ganz, irgendein; adv ganz, genau, vollständig, bereits, gänzlich, alles ◊ adj, pron all, entire, whole, any; adv entirely, exactly, absolutely, already, quite* — alles *adv ganz, insgesamt ◊ completely, totally* — oƀar all *überall(hin) ◊ everywhere* — allaro + *sup weitaus ◊ by far* — allera mest *vor allem ◊ above all* — *cf* **ALSO,** NALLES[#]

o[685] *adj ns* al BEDA 10 H *M*, all *C*, *M* 374 (*S*). 3522. 4195, *S* 581 HILD 13 GEN 172. 316. 326 URBWERDA 73,21/23,5 — *gsm/nt* alles H *CM* PSLUB 115,18 REGFREK *M* 43,3, allas CONFES 17,17,21,22 H *C* 1105. 3828 REGFREK *M* 41,25 — *gsf* aller CONFPAL 362,6 — *dsm/nt* allumu H *M*, allon *C*, allemu PSLUB 115,14, allemo BEDA 16, allum ABRPAL 6. 7 — *dsf* allero BEDA 15, allen PSLUB 33,2 — *asm* allan H *PCM*, allon *C*, allen *M* 3260, allene PSWIT 85,3 — *asnt* al ABC 14 H *M*, *C* 41. 248, all *CL*, *M* 350. 5977, alla *M* 248 — *asf* alla H *CM* GEN 141 GLEVES 51,2, alle H *M*, al (?) *M* 1604, all (?) *C* 2636 — *npm/f* alla, alle H *M*, alla *C*, all *C* 345, 2596, alla BEDA 5 GLGREG 65,15,22 (*stil*) alle REGFREK *K* 24,22. *M* 24,11 (*n/a*), [a]lle PSWIT 85,9 — *npnt* all H *M* (*ras*) *C* 4284 — *gp* allaro, alloro H *CM*, allaro *PV* GEN 255, alloro 5. 269, allero

BEDA CONFES 16,4 GLEVES 61,12 GLGREG 64,6,10 REGFREK *M* H *C*, ellero *C* 271, allera *S* 371 GLMERS 70,17, allcora° GEN 287, aller CONFPAL 362,19. 363,29 — *dp* allum ABRPAL 9 GEN 221, allun H *M*, 1353 *V* PSLUB 110,10. 115,12 PSWIT 85,5, allon CONFES 16,3. 17,23 ABRK 5. 7 H *C*, allĕm ABRPAL 11, allum (*abbr*) 8 — *apm/f* alla H *C*, *M* 4175 GEN 242 GLGREG 64,13 PSGERN 11,5 [15,24], alle CONFPAL 362,13 H *M* PSLUB 32,14 REGFREK *M* 42,11, all H *C* 3038 — *apnt* alla GLGREG 62,16 PSGERN 7,3 [13,16] URBWERDB 133,17, alle PSLUB 32,13,15 —
adv al, all H GEN, al BEDA 12. 17 CONFPAL GLEVES 59,23. 60,27 — alles H *CM* 1083. *C* 3430 — allaro *M* 613 (allero *C*), *CM* 1215. *C* 2141 (alloro *M*)
● GENB *ns* eall[#] 604. 756 — *gsnt* ealles[#]235. 238 — *asm* ealne[#] 684 — *asnt* eall[#] 292 — *asf* ealle[#] 565. 674. 804 — *npm* ealle[#] 432. 759 — *gp* ealra[#] 297. 314. 393. 488. 670 — *dp* eallum[#] 306. 550 — *apm* ealle[#] 308. 583
adv ealra[#] 337, éalra[#] 351
cunctus (PSGERN) omnis (BEDA) GLEVES GLGREG PSLUB PSWIT totus PSWIT universus (BEDA) GLEVES quot GLEVES rite (BEDA) alter (~ suliko) GLEVES summopere (allera mest) GLMERS

all- → ALO-
alldo → ALD
allcora° → ALL

ALLODIUM, ALODUS *mlat* Eigengut ◊ *real property*
● *gs* alodi CH 862-87 — *as* allodium CH 996-1002 — *abls* allodio URBWERDE 242,7. VMEINW 132

ALLOGILĪKO *adv* + *d pers* völlig gleich ◊ *absolutely equally*
● alligiliko REGFREK *K* 26,31. *M* 26,14

ALOEFNI *adj-ja/jō* ganz flach ◊ *quite flat*
● *npnt* alaemnia GLEVES 55,18

plano schemate aequalis GLEVES

ALOHÊL *adj* ganz gesund ◊ *completely sound*
● *asm* alohelan H *M*, alahelan *C* 2332

ALOHWĪT *adj* gänzlich weiß ◊ *completely white*
● *dp* alohuiton H *L*, alahuiton *C* 5842

ALOJUNG *adj* ganz jung ◊ *very young*
● *asm* alaiungan H *CM* 162. *C* 2201

ALOMAHTIG *adj* allmächtig ◊ *almighty*
o[37] *nsm* alomahtig H *CM*, alomahti *C* 2957, alamahtig *M* 1619. *C* 1087, allmahtig *C* 1766. 2168, almahti 245, alomatig GEN 169 — *gs* alomahtiges H *M* 5977, alomahtigon CONFES 17,21 — *dsm* alomahtigon CONFES 16,3. 17,23 H *CM* 1110, *M* 476 (?, almahtigon *C*), 903 (gon<gan?, alomagtigon *C*) — *asm* alomahtigna H *M*, almagtigna *C* 416, alamehtigan (2.a *add*) ABRPAL 14. 15, alomahtigan ABRK 11, almachigen° (= almathigen) CONFPAL 362,1
● GENB *nsm* ælmihtig[#] 844. 849, ællmihtig[#] 311 — *gsm* ælmihtiges[#] 693 — *dsm* ælmihtegan[#] 544

ALOSWART *adj* tiefschwarz ◊ *completely black*
● *ns* alsuart GLVERGOX 109,3
maurus GLVERGOX

ALOTHIODA *f-ō* Menschheit ◊ *mankind*
● *gp* alathiodo H *C*, alothiado *M* 4746

ALOWALDAND *m-nd* Herrscher über alles ◊ *all-ruling*
● *ns* alouualdand H *PM* 998 (alouualdan *C*). *M* 4554

ALOWALDIG *adj* allherrschend ◊ *all-ruling*
● *gs* aleweldigen CONFPAL 363,22

ALOWALDO *m-n* + *adj-n* alles beherrschend, *subst* Herrscher über alles ◊ *omnipotent, all-ruling*

o⁶⁹ *ns* alouualdo H *VCM*, alauualdo *C* 813 — *gs* alouualdon H *M*, *C* 172. 5095. 5797. *L* 5831, alouualden *C*, *M* 5095, alouualdan *C* 1510, alauualdan *M* 1922, aluualdan *C* 251, aluualden *C* 274 — *ds* alouualdon H *PM*, *C* 2155, alouualden *C*, alouualdan *M* 861. 1116. 1973, aluualdon *C* 861, aluualdan 986 — *as* alouualdon H *M*, *C* 3617, allouualdon 1979, alauualdan 5937, aluualdon 690
• GENB *ns* alwalda 246 (*1*.a>ea). 513, allwalda 292 — *gs* alwaldan 328 (*2*.a>ea). 599 — *ds* alwaldan 359 (*2*.a>ea). 665

ALSO *adv, conj ebenso, (ganz) wie, so wie, so, sobald, wenn, als* ◊ *(just) as, like (that), as soon as, if, when* — ~ *mikilo um wieviel* ◊ *how much*
• also BEDA 8. 11(2) GLEVES 50,19. 52,13. 56,13,21,24. 57,20 GLGREG 64,6 GLPRUDF1 93,18. 102,30,31. 104,5 HILD 41 PSGERN 8,2 [14,6] REGFREK *K* 26,34. *M* 26,18. 27.11. 30,6. 40,34. 43,11, alsa 35,15, also^{bfk} GLEPIST I,781,6, als CONFPAL 362,18
etiam GLEVES sicut GLGREG quanto magis (~ mikilo) GLEPIST tot (~ manag PSGERN) quod, ut GLPRUDF1

alt(-) → **ALD**(-)

ALTARHŪS *nt-a Sakristei* ◊ *sacristy*
• *ns* alterhus GLMARF IV,178,55
sanctuarium GLMARF

ALTARI *m-ja Altar* ◊ *altar*
• *ns* áltari GLPRUDF1 99,15 — *ds* altere H *CM* 1471, altáre REGFREK *M* 41,31, altare (*abbr*) GLEVES 57,1 — *as* altari H *CM* 107
altar GLPRUDF1 mensa domini GLEVES

ALTĒN⁺ *v-III alt werden* ◊ *to grow old*
• *pcpt* gialt&⁺ HILD 41

ALUFAT *nt-a Kanne* ◊ *jug*
• *dp* alofatun H *M*, alofaton *C* 2009

ALUND *m Aland (Flussfisch)* ◊ *ide (river fish)*
• *ns* alund GLVERGOX 111,15
capito GLVERGOX

ALUNG *adj vollkommen* ◊ *complete*
• *asm* alungan H *M* 2619

am° → **AN**

ĀMADREGERI *m-ja Träger der Weinfässer* ◊ *porter of wine casks*
• *dp* amedregern (*abbr*) REGHERF 50

AMAR¹, AMUR (*m-a*) *Emmer* ◊ *emmer wheat*
• *ns* amer GLTR40 V,48,16, amur GLTRSEM VII,115
far GLTR40 GLTRSEM

AMAR² *m Ammer* ◊ *bunting*
• *ns* amer GLVERGOX 111,21
scorellus GLVERGOX

AMARKORN *nt-a Dinkel, Spelt* ◊ *spelt*
• *ap* amercorn URBWERDF 276,24

amasla → **AMSLA**

AMBAHT *nt-a Amt, Dienst, Amtspflicht* ◊ *office, service, manorial charge*
• *gs* ambahtas CONFES 16,13 — *ds* ambahte REGFREK *M* 35,35. 38,26, ambehta 41,18,20,21,22,24, ammahte 37,2,4, 6,8, 10,33. 40,29, ammathta 43,19,21,23, ammathte 43,25 — *gp* ambahto REGES 21,10
• GENB *ap* ambyhto^{#} 518

AMBAHTIAN *v-I dienen* ◊ *to serve*
• *1sips* ambathiu GLPB2 I,297,52
perfungi GLPB2

AMBAHTIO *m-j-n Diener* ◊ *servant*
• *ns* ambahteo H *CM* 1193 — *dp* ambahtion H *C* 3424

AMBAHTLAKAN *nt-a Tischtuch, Altardecke* ◊ *table cloth, altar cloth*

ambahtlakan   **an-**

• *ns* a*m*balachan[+] (*abbr*) GLTRSEM VIII, 28 — *n/as* ammahtlakan REGFREK *M* 39,34/35,37
gausape GLTRSEM

AMBAHTMANN *m-cons Diener, Verwalter* ◊ *servant, bailiff*
• *ns* ambahtman H *M* 2112. 2155. 2699 (ambahtmann *C*) — *ds* ammahtmanne (h<?n) REGFREK *M* 43,7 — *np* ambahtman H *CM* 2007, ammathman REGFREK *M* 43,10 — *ap* ambahtman H *CM* 2059. 2032 (ambahtmann *C*)

AMBAHTSEGG *m-ja/i Diener* ◊ *servant*
• GENB *ns* ambyhtsecg[#*] 582

AMBAHTSKEPI *m-i Dienst* ◊ *service*
• *ds* ambahtskepi H *M*, ambahtscipie *C* 284 — *as* ambahtscepi H *CM* 1118, *M* (ambahtscipi *C*) 4211. 4522

amballa → AMPULLA
ambathiu → AMBAHTIAN
ambeginne → ANABIGINNI

AMBO *m-n Fettbauch* ◊ *paunch*
• *ap* ámbón GLPRUDF1 96,26 GLPRUDF44 105,4
abdomen GLPRUDF1 GLPRUDF44

ambusni → ANABUSAN (Ū ?)
ambyhtsecg[#] → AMBAHTSEGG

ĀMÊTA *(f-n) Ameise* ◊ *ant*
• *ns* ameizza[+] GLSPET 79,23 ‖
formica GLSPET

amma(t)ht(-) → AMBAHT(-)

AMPRA *f(-n) Sauerampfer* ◊ *sorrel*
• *ns* amphara[+] GLTR40 V,43,4
acidula GLTR40

AMPULLA *f-n/ō Ölkrug* ◊ *oil-flask, cruse*
• *n(a?)s* amballa GLSPET 76,17
lecythus GLSPET

AMSLA *f-ō/n Amsel* ◊ *blackbird*

• *ns* amsla GLTR40 V,48,41, amasla GLSPET 82,25, amusla GLTRSEM X,105 merula GLSPET GLTR40 GLTRSEM

amustra → HAMUSTRA

amyrred[#] → AMERRIAN

AN *praep + d, + a, + instr, adv in, an, zu, nach, bei, von ... her, darin, herein, bis (zu), gegen, unter, auf, mit, durch, gemäß, um ... (willen), über (... hin), im Hinblick auf* ◊ *on, in, into, for, by, at, to, in it, until, from, against, upon, with, among, according to, by means of, for the sake of, with regard to, throughout* — an thiu *the conj damit, falls* ◊ *so that, if* — an innan *adv im Innern, nach innen* ◊ *within, inside* — ana don *+ refl a + g sich kümmern um* ◊ *to worry about*
[2815]o *praep* an ABRK BEDA BENW CONFES GEN GLEVELT GLEVES GLLAM GLLECT GLMERS GLPRUDF1 GLSPET GLSTR GLTRSEM H *PLVCMS* PSGERN PSLUB PSPAD PSWIT REGES REGFREK *KM* URBWERDA URBWERDB, H *V* 1322 (a<i). *C* 2902 (n<t?), ana 2908, on 292. 372. 500. 701, án GLPRUDF1 92,24. 96,5,18. 101,2, (en) GLMERS 69[8], (an) (*stil*) GLGREG 65,20, anna 62,9 ([hu]anna?), ann CONFPAL 362,18
◊ *adv* an GEN 275 GLEVES 56,12 H *CMV*, 5798 (n *add*), ana *M* 3871. 3941. 3946 HILD 5 GLEVES 53,28 GLPRUDF1[(+)] 90,12, am° (*stil*) GLGREG 63,11
o[139] GENB *praep* on[#], ón[#], an 575
a GLEVES in GLEVES GLGREG GLLAM GLMERS GLPRUDF1 GLSTR GLTRSEM (PSGERN) PSLUB PSPAD PSWIT per GLGREG

án[#] → ÊN

AN-: -GANGAN, -GINIMAN, -BIKKIAN, -BÔKNIAN, -BRENGIAN, -BŪAN, -BŪON, -EVAN, -FANGIAN, -FEHTAN, -GEGIN, -GEGINBRENGIAN, -GEGINSTĀNUNGA, -GIDŌN, -GIFALDAN*, -HRŌPAN, -KLEVON, -KUMAN, an-   and-

-SKAUWON, -SMITHON, -STANDAN, -STÔTAN, -STUNGIAN

    an- → **ANA-**
    an- → **AND-/AND-**
    ana → **ĀNO**
    ana- → **AN-**

ANABELTI *nt-ja Amboss* ◊ *anvil*
  • *ns* anabelzi⁺ GLTRSEM IX,43
incus GLTRSEM

ANABIGINNI *nt-ja Anfang* ◊ *beginning*
  • *ds* ambeginne CONFPAL 362,5/6

ANABOLT *(m-a) Amboss* ◊ *anvil*
  • *ns* anabolz⁺ GLSPET 77,32 — *as* anabolz⁺ GLSPET 80,16(‖)
incus GLSPET

ANABUSAN (-Ū-?) *f-i Gebot* ◊ *commandment*
  • *np* ambusni H *CM* 2451 — *ap* anbusni H *M*, ambusni *C* 901

anadihtich → **ANDOHTIG** (?)

ANAFALT *(m/nt-a) Amboss* ◊ *anvil*
  • *ns* anefalz⁺ GLMARF III,716,24. 718,20
incus GLMARF

ANAFANG *m/nt-a Berühren* ◊ *touch*
  • *gs* anafangas CONFES 17,4

ANAFARD *f-i Vorrücken* ◊ *advance*
  • *ns* anauarht GLPB2 I,296,36
incessus GLPB2

ANAFELTI *nt-ja Amboss* ◊ *anvil*
  • *ns* uʀueliti° (*abbr*, = anueliti) GLPB1 I,497,18
incus GLPB1

ANAGIBORAN *adj angeboren* ◊ *inborn*
  • *ns* anagiboran GLSPET 84,15
ingenitus, naturalis GLSPET

ANAGINN *nt-a Anfang* ◊ *beginning, start*

  • *ns* anagin PSLUB 110,10 — *ds* anginne H *C* 38. 1034. 3593 (anaginne *M*), anaginne PSGERN 6,9 [13,6] PSLUB 110G
  • *Vorhaben* ◊ *undertaking* GENB *as* angin 578
initium, principium PSLUB

ANAGINNI *nt-ja Anfang* ◊ *beginning*
  • *ds* anginnea H *M* 1034

ANAGIRAKIL *m-a Träger eines redenden Namens* ◊ *person having a speaking name*
  • *ns* anacrahil⁺ GLTRSEM XI,107
onomatophoros GLTRSEM

ANAMĀLI *nt-ja/f-ī Wundmal* ◊ *scar*
  • *ns* animali GLSPET 85,16‖
cicatrix, ulcus GLSPET

ANASEHA (?) *f-ō Zusehen* ◊ *watching*
  • *ds* ancie° CONFPAL 362,20

anasmidon⁺ → **ANSMITHON**
anauarht → **ANAFARD**

ANAWĀNI[1] *adj-ja/jō verdächtig* ◊ *suspicious*
  • *ns* anauuani GLPRUDF1⁺ 91,27/28
suspectus GLPRUDF1⁺

ANAWĀNI[2] *(f-ī) Antrieb* ◊ *drive*
  • *ns* ánavváni GLPRUDF1 101,22
indoles GLPRUDF1

anbusni → **ANABUSAN** (Ū ?)
and → **ENDI**[2]

AND *praep* + *a, conj* (?) *bis (zu)* ◊ *until, to*
— *cf* **ANDTHAT**
  • *ant* H *C* 2310 (?). 3358 (?). 3457 (?). 3474. 5631

AND-: -BERMIAN, -BINDAN, -BIODAN, -BĪTAN, -DŌN, -DRĀDAN, -ÊRON, -ÊRUNGA, -ERVIDIO, -FĀHAN, -FALLAN, -FINDAN, -FĪTHAN, -FLĪTAN, -FORHTIAN, -FŌRIAN, -FRĀGON (?), -GEGINIAN, -GELDAN, -GELDIAN, -GETAN, -GINNAN#, -HEBBIAN², -HEFTIAN, -HÊTAN, -HLADAN#, -HLĪDAN, -HRĪNAN, -KENNIAN², -KLEMMIAN, -KNĀAN,

-QUETHAN, -LANG, -LĀTAN, -LÊDIAN, -LÊHNON, -LĪHAN, -LĪVAN, -LŪKAN, -ŌGIAN, -SADULON, -SAGÊN⁺, -SAKAN, -SAKON, -SEFFIAN, -SÊLIAN, -SENDIAN, -SITTIAN, -SŌMIAN, -SPRINGAN, -STADON, -STANDAN, -SWARON, -SWEBBIAN, -THENGIAN, -WALLAN, -WÊKIAN, -WENDIAN, -WENNIAN, -WERDIAN, -WERPAN, -WERRAN, -WINDAN, -WINNAN, -WIRKIAN, -WIRTHIAN, -WITTIAN
→ UND-

ANDA *f-ō Zorn ◊ anger*
- *gs* anda PsPAD 37,4 — *ds* anda PsPAD 37,2
ira PsPAD

ANDAHTODA *num (+ g) achtzig ◊ eighty*
- antahtoda H *M* 513 REGFREK *M* 29,9

andari⁺ → ŌTHARI

ANDBĀRI *nt-ja Aussehen ◊ appearance*
- *np* andbari H *CM* 155

ande → **ENDI**²
ander → **ŌTHAR**

ANDFAHTA *f-ō/n Brustwehr ◊ breastwork*
- *ns* antfahtta GLTRSEM X,48
loricula GLTRSEM

ANDHÊTERI *m-ja Bürge ◊ guarantor*
- *as* atheizeri° (= antheizeri⁺) GLPB2 I,298,31
sponsor GLPB2

ANDHÊTI *adj-ja/jō versprochen, verlobt ◊ engaged, betrothed*
- *nsf* andheti H *C*, antheti *M* 256, antheti *S* 508 (anthehti *M*), antehti *M* 2707 — *asf* andhetia H *C*, ánthettea (*neum*) *M* 297

ANDKUNDI *adj-ja/jō erfahren ◊ experienced*
- *nsm* antchunder⁺ GLTRSEM VII,51
expertus GLTRSEM

ANDLANG *adj antlangan dag den ganzen Tag lang ◊ all the day long*
- *asm* antlangana H 4225 *C* (-a *add*) *M*

ANDLĪKNESSI *f-ī/nt-ja Ebenbild ◊ (God's) image*
- GENB *f-jō ds* ónlicnesse# 396

ANDO *m-n Zorn ◊ anger*
- *ns* ando H *C* 3435 — *ds* andun H *M*, andon *C* 3740
- GENB *as* ándan 399

ANDOHTIG (?) *adj streitsüchtig ◊ quarrelsome*
- *ns* anadihtich GLTRSEM XVII,4
zelotypus GLTRSEM

ANDON *v-II eifersüchtig sein, sich ereifern ◊ to be jealous, get worked up*
- *1sipt* andoda GLSPET 76,18 ‖ — *3sips* ándod GLSTR 106,33
zelare GLSTR zelari GLSPET

ANDOR *m/nt-a Andorn ◊ horehound*
- *ns* andor GLTR40 V,42,22
marrubium GLTR40

ANDPREST *m-a Traumdeuter ◊ interpreter*
- *ns* antprest GLSPET 73,24
coniector, interpres GLSPET

andreden → **ANDDRĀDAN**

ANDSAKO *m-n Widersacher ◊ opponent, adversary*
- *np* andsacon H *M*, antsacon *C* 3940 — *dp* andsacun H *M*, antsacon *C* 4421
- GENB *ns* ándsaca 442 — *dp* andsacum 320

ANDSIVUNTA *num + g, siebzig ◊ seventy*
- antsibunta H *M*, atsibunta *C* 146

ANDSWAR (ANDSWŌR?) *nt-a/f-ō Antwort ◊ answer*
- *as* antsuor H *C* 5281

ANDSWARON *v-II antworten ◊ to answer*
- GENB *3sipt* antswarode 827

ANDSWARU[#] *f-ō Rechenschaftslegung* ◊ *rendering of an account*
- GENB *ds* andsware[#] 557

ANDTHAT *conj bis dass* ◊ *until* — *cf* AND, OÞ[#], THAT[1], UND
o[77] andthat H *C* 2483, antthat (that *add C* 4132), antat *CM*, anttat *M*, anthat *C*, untthat *CM*, GEN 101 PSLUB 111,8, untat H *C* 4857, GEN 138, unttat H *M* 3633, unthat *C* 2240, unt[ha]t *S* 541, huntat GEN 302
donec PSLUB

andum → HAND

ANDWARD *adj gegenwärtig, anwesend, vor Augen stehend* ◊ *present, facing*
- *ns* anduuard H *CM* 121. 3794 — *npm* anuuarda H *C* 5877

anduuirdi → ANDWORDI

ANDWORDI *nt-ja Antwort* ◊ *answer, response*
- *ns* anduurdi H *C* (ur<ir), anduuordi *M* 1759 GEN 176. 206. 239 — *as* anduuordi H *CM* 930 (anduurdi *C*), 2432 (r *add M*). 2994. 4040 (anduuirdi *C*). 4085 (anduurdig *C*). 4294 (anduuurdi *C*), anduuurdi *C* 5967
- GENB *as* andwyrde[#] 573

ANDWORDIAN *v-I antworten* ◊ *to answer*
- *3sipt* anduuordiade H *M* 3305 (anuuordeda *C*). 3375 (anduuordia° *C*), antuuordida *C* 5382, and[ ] GLEVES 57,20,23 — *3pipt* anduuordidun H *CM* 3041
aio, dicere GLEVES

ane → ĀNO
aneban → ANEVAN
anefalz[+] → ANAFALT

ANFLUTI *m-i Zufluss* ◊ *inflow*
- *ds* anfluzi[+] GLSTR 108,5
incrementum GLSTR

ANGAR[1] *(m-a) Engerling, Kornkäfer* ◊ *corn-weevil*
- *ns* anger GLTRSEM II,51
curculio GLTRSEM

ANGAR[2] *(m-a) Marktplatz* ◊ *market place*
- *as* angar GLSPET 85,30
forum, mercatus GLSPET

angasezo[+] → ANGSETO
angebrahte → ANGEGINBRENGIAN
angein → ANGEGIN

ANGO *m-n Stachel, Angel (der Tür)* ◊ *sting, hinge*
- *ns* ango GLSPET 77,26‖,30‖
aculeus, acerbitas mortis, cardo, locus in quo ostium vertitur GLSPET

ANGSETO *m-n Pustel, Geschwür* ◊ *pustule, sore*
- *ns* angseta GLVERGOX 112,18, angasezo[+] (2. a<e) GLTRSEM VII,130, anosedo° (= anc-) XVI,75
furunculus, ulcus GLTRSEM pustula GLVERGOX

ANGUL *m-a Angel (zum Fischfang)* ◊ *(fish)hook*
- *ns* angul GLSPET 77,28‖ — *as* angul GLPRUDF1[+] 89,18 H *CM* 3202. 3211 (angol *C*)
calamus GLPRUDF1[+] hamus, uncus GLSPET

ANGULĀS *(nt-a) Köder* ◊ *bait*
- *ns* angelas GLMARF III,718,58
viscarium GLMARF

anhand° → ANDBINDAN
animali → ANAMĀLI

ANKA *f(-n) Großmutter* ◊ *grandmother*
- *ns* ancha GLMARF III,715,23
avia GLMARF

ancie° → ANASEHA (?)

ANKO *m-n Großvater* ◊ *grandfather*
- *ns* ancho GLMARF III,715,22
avus GLMARF

anmōd

ANMŌD *adj + g, entschlossen zu ◊ bent on*
- *ns* anmod H *M*, anmuod *C* 3897

ann, an(n)a → **AN**

ĀNO *praep + a, adv + g, ohne, ausgenommen ◊ without, except*
- ano H *CM* 1489. 1767. 2871. 3868. 4483 (2). 5032, ana CONFES 17,6 (-a *add*),7 GLGREG 64,1 REGES 21,9, ána GLEPIST I,764,30, ane REGFREK *M* 28,24. 43,4 CONFPAL 362,6
gratis, non vi (~ lón) GLEPIST

anosedo° → **ANGSETO**
anrhiap, anrhopu, anrofandiun⁺ → **ANHRŌPAN**

ANSIUNI *nt-ja Angesicht ◊ face*
- *dp* ansiunion H *C* 5807

ANST *f-i Gunst, Gnade ◊ favour, grace*
- *ns* anst H *CM* 784. *C* 3471 — *gp* enstio H *CM* 261

ANSTANDANDLĪKO *adv beharrlich ◊ insistently*
- onståndanlica GLMERS 70,9
instantissime GLMERS

ANSTŌT (?) *(m-i) Anlass ◊ occasion*
- *as* [an]st(a)t GLMERS 71,17
occasio GLMERS

ant → **AND**
ant- → **AND-**/**AND-**
anti⁺ → **ENDI²**
antkiennien → **ANDKENNIAN²**
antlion → **ANDLĪHAN**
an(t)slagada → **HANDSLAGON**
antsonda → **ANDSÔMIAN**
ant(t)at → **ANDTHAT**
antuuirdist⁺ → **ANDWIRTHIAN**
anthat → **ANDTHAT**
anthia → **ENDI¹**

ANUD (*f-i*) *Ente ◊ duck*
- *ns* anud GLADM508 GLTR40 V,46,21

anas GLADM508 GLTR40

ANUDKUNNI *nt-ja/i Entenart ◊ species of ducks*
- *ns* anudcunni GLTRSEM VIII,6
fulica GLTRSEM

APA *f(-n) Affenweibchen ◊ female monkey*
- *ns* affa⁺ GLTRSEM XV,2
simia GLTRSEM

aodlihho⁺ → **ÔTHLĪKO**

APO *m-n Affe ◊ monkey*
- *ns* affo⁺ GLSPET 79,26 ‖ GLMARF V,58,4 — *as* ápon GLPRUDF1 94,35
simia GLPRUDF1 GLSPET simius GLMARF

APPUL *m-i Apfel, Augapfel ◊ apple, eyeball*
- *ns* afful⁺ GLSPET 81,22 — *np* ephili⁺? GLSPET 81,29
- GENB *m-(u/a) ns* æppel# 637
malum punicum, malum africanum, pupilla GLSPET

APPULDRANK (*m-a/i, nt-a*) *Apfelsaft ◊ apple juice*
- *ns* appeldranc GLMARF IV,178,62
sicera, sucus pomorum GLMARF

APPULGRĀ(U) *adj-wa/wō apfelschimmelgrau ◊ dapple-grey*
- *ns* appulgre GLVERGOX 109,20
scutulatus GLVERGOX

APULDRA *f-ō/n Apfelbaum ◊ apple tree*
- *ns* apeldere GLMARF III,720,11
arbutus, malus GLMARF

AR⁺ *praep + d von ◊ from — cf* UR⁺
- ar⁺ HILD 33

ár → **AHAR**
ar → **JĀR**

AR-: **-BARMUNGA, -BELGIAN, -BORGIAN, -BORGITHA, -BORGON, -FELLIAN, -STEWITHA** → **A-**

arabad, ara*b*it → **ARVED**
arabedi → **ARVEDI**
aram- → **ARM²**

ARANFIMBA *f(-n) Getreidehaufen (Maß-einheit)* ◊ *stack of grain (unit of measure)*
• *ns* aranfimba URBWERDA 18,21
acervus URBWERDA

ARAWEIZ⁺ *f-i Erbse* ◊ *pea* → **ERWIT**
• *np* hartuueishe GLTRSEM XXI,47
pisa GLTRSEM

arbed(i), arbid(i) → **ARVED(I)**
arbeo⁺ → **ERVI**

ARD *m(-u)/f-i Aufenthaltsort* ◊ *dwelling-place*
• *as* ard H *C* (a *ras*) *M* 1125

ARDON *v-II bewohnen* ◊ *to live in*
• *inf* ardon H *CM* 4455

areddie → **AHREDDIAN**

ARG *adj verachtenswert* ◊ *despicable*
• *sup nsm* argosto HILD 58
• *schlimm* ◊ *evil* GENB *gp* eargra# 580

ari (art?) → **ERWIT**
ariz⁺ → **ARUT**
arcuman → **AKUMAN**
arlazenarv⁺ → **ALĀTAN**

ARM¹ *m-a Arm* ◊ *arm*
• *ds* arme HILD 33 — *dp* armun H *M*, armon *C* 478. 739 (araman *C*). 2297
• GENB *dp* earmum# 544

ARM² *adj arm* ◊ *poor*
• *ns* aerm PSWIT 85,1 — *gsm* armon H *CM* 3352 — *dsm* armon H *CM* 1556 — *asm* armon H *CM* 3348 — *asf* arma H *CM* 2992 — *npm* arma H *C*, arme *M* 1302 (arama *V*). 4412 — *gp* armero H *C*, armoro *M* 1223, armaro GLTRSEM V,56 — *dp* armun H *M*, armon *C* 1226. 3287 — *apm* arma CONFES 16,20 arme

H *M* 1540 (arman *C*, asm?), aramun *C* 5414 — *sup apnt* armostun H *CM* 4436
pauper PSWIT

ARMBERG *nt-a langer Ärmel* ◊ *long sleeve*
• *ap* ermberg GLVERGOX 113,5
manica GLVERGOX

ARMBÔG *m-a Armreif* ◊ *bangle*
• *ns* armboug⁺ GLSPET 82,22, armborg° (= armbovg⁺) GLSPET 73,12 — *ap* armbogus° (= armbogas) GLPB1 I,335,32
• GLWERDA *np* armbages# 337
armilla GLSPET dextrale GLPB1 GLWERDA

ARMHERTI *adj-ja/jō barmherzig* ◊ *merciful*
• *npm* armhérce⁺ᵇᶠᵏ GLEPIST I,790,6
misericors GLEPIST

ARMHUGDIG *adj bekümmert* ◊ *troubled*
• *ns* armhugdig H *CM* 823

ARMILO *(m-)n Armreif* ◊ *bangle*
• *ap* armilon GLSPET 78,22 ‖
dextraliolum GLSPET

ARMLĪK *adj elendig* ◊ *miserable*
• *comp nsm* armlicara H *M*, armlicro *C* 736

ARMO *m-n Ärmel, Landspitze* ◊ *sleeve, headland*
• *ns* armo GLTRSEM X,76. XIII,24
manica, promunturium GLTRSEM

armo → **HARMO²**

ARMÔDI *nt-ja Armut* ◊ *poverty*
• *gp* armmodio H *M*, aramuodio *C* 3363

ARMON *v-II verarmen* ◊ *to become poor*
• *pcpt* giarmod H *M*, giaromod *C* 3340

GIARMON (?) *v-II arm machen* ◊ *to despoil*
• *inf* gearmen GLPRUDBR II,572,56
nudare GLPRUDBR

ARMSKAPAN *adj bedürftig, unglücklich* ◊ *needy, miserable*

armskapan   **ashmen**

• *ns* armscapan H *CM* 2186 (r add *C*). 3765 (armscapen *M*) — *npf* armscapana H *C* 5748, armscana° 5742

ARNON *v-II* ernten ◊ *to reap*
• *3sips* arnont⁺ GLPRUDF1⁺ 90,10 metere GLPRUDF1⁺

ARSBELLI *nt-ja (p?)* Hinterbacke(n) ◊ *buttock(s)*
• *ns* GLVERGOX 114,31/32 — *ap* arsbelli GLPRUDF1 96,30/31
clunis, posterior pars omnis animalis GLVERGOX nates GLPRUDF1

arterfulgendi° → AFTAR**FULGIAN**
arthen → **ERTHA**

ARU *adj-wa/wō* bereit ◊ *ready*
• *npm* aroa H *C* 2567

aruaskunga → **AWASKUNGA**

ARVED *f-i* Mühsal ◊ *labour, trouble*
• *as* arƀed H *C*, araƀad *V*, arƀid *M* 1346, araƀit *C*, arƀed *M* 3534

ARVEDI *nt-ja* Mühsal, Bedrängnis, Anstrengung, Aufwand ◊ *trouble, affliction, effort, expense*
• *ns* araƀedi H *C* 3459, aruithi GLSTR 108,12 — *gs* arƀedies H *C* 304 (arbides *M*), arƀedies 1889 (arbidies *M*). *M* 4582 (arƀedes *C*), aerbithies PSWIT 85,7 — *ds* araƀedie (d < *corr*) H *C* 3433 — *as* arƀedi H *M* 3373 (araƀedi *C*). 3601 (?). 4586 (araƀedi *C*), arbidi 1502 (araƀedi *C*), erbithi PSLUB 114,4 — *instr* arƀediu H *CM* 2822 — *np* arƀedi H *CM* 3519
• GENB *ap* earfeðu# 513
dispendium GLSTR tribulatio PSLUB PSWIT

ARVEDLĪKO *adv* mühevoll ◊ *labouriosly*
• arbidlico H *C* 3462

ARVEDLŌN *nt-a* Arbeitslohn ◊ *wages*
• *as* arƀidlón H *C* 3426

ARVEDON *v-II* plagen ◊ *to harass*
• *1sips* aruithon GLTRSEM XV,105 tribulare GLTRSEM

ARVEDSAM *adj* qualvoll ◊ *painful*
• *nsnt* arƀitsam H *C*, araƀadsam *V*, arƀetsam *M* 1356

ARVEDWERK *nt-a* mühvolle Arbeit ◊ *hard work, toil*
• *gp* arabiđuuerco H *C* 3437

ĀRUNDI *nt-ja* Botschaft, Auftrag ◊ *message, errand*
• *ns* arundi H *CM* 553 (erundi *S*). 2456 — *ds* arundie H *CM* 282. 918 (arundi *C*) — *as* arundi H *CM* 121. 289 (arunde *C*). 564 (erundi *S*). 638. 719 (arundi *S*). 1889. 1928. *C* 3966. 5816. 5941. 5958, árundi GEN 157
• GENB *as* ærende# 497. 555. 557

ĀRUNDIAN *v-I* ausführen ◊ *to achieve*
• *pcpt* giarundid H *M*, giarundeod *C* 2157

ĀRUNDON *v-II* + *d pers* Fürsprache einlegen für jmdn ◊ *to recommend sb*
• GENB *inf* ærendian# 665

ĀRUNDSEGG *m-ja/i* Sendbote ◊ *messenger*
• GENB *ns* ærendsecg#* 658

ARUT *m-a* Erzklumpen, Erzgestein, Roherz, Metall ◊ *piece of ore, ore body, crude ore, metal*
• *ns* arvt GLPRUDBR II,572,59, aruz⁺ GLTRSEM XIV,18, arvz⁺ XIV,26, aruzz⁺ GLSPET 84,9‖, ariz⁺ GLPRUDF1⁺ 93,9 — *ds* a(ru)ze⁺ GLPRUDF1⁺ 93,8, arize⁺ GLPRUDBR II,574,7 — *np* árutos GLPRUDF1 100,38
rudus GLPRUDBR GLPRUDF1 GLSPET GLTRSEM mina GLPRUDBR GLPRUDF1⁺ rudus aeris, massa GLPRUDF1⁺ samia [terra] GLTRSEM

asage → ÊUSAGO
ashmen → ASKMANN

ASK *m-i Esche, Eschenspeer* ◊ *ash-tree, spear of ash-wood*
- *ns* asch GLMARF III,720,26 — *dp* asckim HILD 63

aesculus, fraxinus GLMARF

ASKAL *adj aschfarben* ◊ *ash-coloured*
- *ns* ascal GLTRSEM IX,102

leridus (luridus?) GLTRSEM

ASKLÔK *(m-a) Schalotte* ◊ *shallot*
- *ns* ascloch$^{+?}$ GLMARF III,719,9, ascolt° GLTRSEM III,26

ascalonia GLMARF GLTRSEM

ASKMANN *m-cons Seemann, Seeräuber* ◊ *ship-man, pirate*
- *np* ashmen GLLAM 67,15
- *mlat gp* ascomannorum ADAM II,32 — *ap* ascomannos ADAM II,31.77. IV,6

pirata ADAM GLLAM

ASKO *m-n Äsche* ◊ *grayling*
- *ns* asco GLTRSEM XVIII,19 GLVERGOX 111,16

thymallus GLTRSEM GLVERGOX

ascolt° → ASKLÔK

ĀSKORUNGA *f-ō unbearbeitete Wolle* ◊ *coarse wool*
- *ns* ascorunga GLSPET 83,36 ‖

lana in superficie lanae, lanugo GLSPET

aslaan → ASLAHAN

ASNA *f-ō/n Abgabe* ◊ *tax*
- *ns* asna REGFREK *M* 43,16

ASPA *f(-n) Espe* ◊ *aspen*
- *ns* espe GLMARF III,720,37

tremulus GLMARF

asse → AHSA
asspul → HASPUL

AST *(m-i) Ast* ◊ *branch*
- *ds* astę GLSPET 82,26

ramus GLSPET

ast- → ÔST-

ASTALOHTI *adj-ja/jō belaubt* ◊ *leafy*
- *asf/asm* astalathian GLPB2 I,296,1

frondosus GLPB2

astereban → ASTERVAN

AT *praep + d in, an, auf, bei, zu, von, wegen; adv zur Stelle, dabei* ◊ *at, in (front of), near, from, with; adv at hand, with one*
o^{99} at GLEVES 57,25 H *CM. S* 513 HILD 27. 52, hat GEN 258, et CONFPAL 362, 19, eth 362,21
- GENB *praep* æt$^{#}$ 266. 284. 301. 592. 636. 717. 724. 826

ĀT *nt-a Speise, Essen* ◊ *food, eating*
- *gs* ates H *CM* 1223 — *ds* ata GLLECT

esus GLLECT

ĀTEL *adj unpassend* ◊ *inappropriate*
- *asnt* atela GLMERS 71,3

ab re GLMERS

ATRAMENT *(nt-a) Tinte* ◊ *ink*
- *ns* aterment *(abbr)* GLHARD IV,281,17

atramentum GLHARD

ATSAMNE *adv zusammen* ◊ *together*
- atsamne H *CM* 146 (atsamna *M*). 2006 (atsamna *C*). 2871 (atsamna *C*). 3735. 4489 (n<m *C*)
- GENB ætsomne$^{#}$ 838. 847

attedun → AHTIAN
at:uˈc → ADIK, ADUK
atuemeas → ATŌMIAN

ATUSI *nt-ja Ausrüstung* ◊ *equipment*
- *as* azusi^{+} (atusi?) GLPB2 I,297,50

suppellex GLPB2

ATHAL *adj edel* ◊ *noble*
- *comp apm* athilarion GLSTR 106,14

generosus (*lat positiv*) GLSTR

ATHALANDBĀRI *nt-ja edles Aussehen* ◊ *noble appearance*

• *as* adalandbari (*2*.d<t) H *M*, adalantbari *C* 1196

ATHALBORAN *adj aus adliger Abkunft stammend ◊ highborn, of noble birth*
• *nsf* adalboren GEN 331 — *gsnt* adalboranes H *CM* 222 — *asm* adalboranan H *CM* 464 — *asf* adalborana GEN 295 — *npm* adalborana H *C* 4003

ATHALBURDIG *adj aus adliger Abkunft stammend ◊ being of noble birth*
• *nsm* adalburdig GEN 260

ATHALI *nt-ja edles Geschlecht, adlige Familie, Adel ◊ noble lineage, family, nobility*
• *ns* aðali H *C*, adali *M* 4479 — *gs* aðales H *C* 566 (aðelies *S*, adalies *M*). 2541, adales *C* 2553, hadalias GEN 295

ATHALKÊSUR *m-a Kaiser aus edlem Geschlecht ◊ emperor of noble descent*
• *gs* adalkesures H *CM* 3186 — *ds* athalkesure H *C*, adalkesure *M* 3195

ATHALKNŌSAL *nt-a edle Herkunft ◊ noble origin*
• *gs* aðalcnuosles H *C* ádalcnosles 297 (*neum*) *M*, adalknoslas° (*1*. n *ras* > i?, *1*. s *add*) GEN 264

ATHALKUNING *m-a König aus edlem Geschlecht ◊ king of noble descent*
• *gs* adalcuninges H *CM* 2114. *M* 362 (aðalcuninges *C*)

ATHALKUNNI *nt-ja edles Geschlecht, hervorragende Beschaffenheit ◊ noble family, excellent condition*
• *gs* adalcunnies H *CM* 2395. *M* 801 (aðalcunnes *C*)

ATHALORDFRUMO *m-n edler Schöpfer ◊ noble creator*
• *ns* adalordfrumo H *C* 31

atheizeri° → ANDHÊTERI

athilarion → ATHAL

athr- → ŌTHAR

ĀTHUM *m-a Atem, Geist ◊ breath, spirit*
• *ns* athom (*abbr*) H *C* 5771 — *as* athom H *C* 5657

ĀTHUMTUHT *f-i Atemzug ◊ breath*
• *ds* adumzufti⁺ (*abbr*) GLPRUDF1⁺ 90,10 — *np* athumtuhti GLPRUDF1 93,14/15
commercium gutturis GLPRUDF1 flatus GLPRUDF1⁺

athunga → ĀHTUNGA

auaere → AVUR

AVAL *(nt-)a Kraft ◊ strength*
• GENB *ns* ábal 500

ĀVAND *m-a Abend ◊ evening* — thes helegon auandas *an Heiligabend ◊ on Christmas Eve*
• *ns* aband H *C* 2221, aband 3422. 3458. 3494 (aband *M*). 5748 — *gs* auandas REGFREK *M* 40,32 — *ds* abande H *M, C* abande 4554 — *as* aband H *CM* 2819, *C* 3464, haband GEN 270
• GENB (*nt/m-ja*) *as* æfyn# 313

ĀVANDSTERRO *m-n Abendstern ◊ evening star*
• *ns* aventsterro GLPRUDF1 94,33, auensterre GLMARF III,715,6
hesperus GLMARF vesper GLPRUDF1

AVARO *m-n Nachkomme, Kind ◊ descendent, offspring*
• *np* auaron H *C* 69 (r<n) — *dp* abaron H *C*, aboron *M* 3000, abaron *C* 2221, auaron *C* 65. 491 (auarun *M*). 2126 (aboron *M*) — *ap* abaron H *C* 5485
• GENB *np* eaforan# 623 — *dp* eafrum# 399, eaforum# 550

auergulde → OVARGULDI
auortiandi → AFORHTIAN
auuard- → AWERDIAN

AVUH *adj übel, verkehrt ◊ evil, wrong*
• *asnt* auoh H *CM* 4222 (auuh *M*). 4254, auu *M* 3931 — *npnt* auuun GLEVES 54,17
pravus GLEVES

AVUHNASI *adj-ja/jō plattnasig ◊ flat-nosed*
• *ns* abannali° (= abahnasi/abannasi⁺) GLPB2 I,298,27
simius GLPB2

AVUNST *f-i + cons Missgunst ◊ envy*
• *gs* auunstes CONFES 16,11 — *as* auunst CONFES 17,8, abunst H *CM* 3273

AVUNSTIG *adj missgünstig ◊ envious*
• *ns* afonstig GLGREG 64,14
(invidia) GLGREG

AVUR *adv vielmehr ◊ rather*
• auaere GLPB2 I,298,2 (?)
immo, potius GLPB2

auuardean, auuardien → **AWERDIAN**

ĀWERP *nt-a Auswurf ◊ scum*
• *np* auuerf^(bfk+) GLEPIST I,760,30
purgamentum GLEPIST

áwiht^# → **IOWIHT**

ĀWIZZON⁺ *von Sinnen sein ◊ to be out of one's mind*
• *1sips* auuitzon GLSPET 79,10 ‖
delirare GLSPET

awuht^# → **IOWIHT**
azusi⁺ → **ATUSI**

B

bá^# → **BĒGEN**^#
baar^# → **BÊR**
bad^(+?) → **BATH**

GIBADA *f-ō Zuversicht ◊ confidence*
• *ns* gibada H *C*, gibade *M* 3161 — *as* gibada H *LC* 5828

UNDARBADON *v-II erschrecken ◊ to frighten*
• *pcpt np* undarbadoda H *C*, underbadode *M* 4851

BĀEL^# *(nt-a) Scheiterhaufen ◊ funeral pyre*
• GLWERDC *ns* beel^# 358
bustum, ustrina GLWERDC

bærhtero → **BERHT**

BĀG *m-a Prahlerei ◊ boasting*
• *ns* bag H *CM* 5039

bag- → **BÔG-**

BĀGA *f-ō/n Streit ◊ quarrel*
• *ns* baga GLSPET 80,2 ‖
conflictus GLSPET

ba^⸝ cho° → **HAKKO⁺** (Ā ?)
bahueiga⁺ → **BAKWÊGA**
bahuueigon⁺ → **BAKWÊGA**

BAK *nt-a Rücken ◊ back* — undar baka *im rückwärtigen Gelände ◊ at the rear* — undar ~ *zurück, (nach hinten) zu Boden ◊ behind, (backwards) on the ground*
• *ds* baka H *M* 2333 (bake *C*) GEN 28 — *as* bak GEN 304. 334, bac 330, bac H *CM* 4851. *C* 5519

BAKAN/BAKKAN *v-6 backen, rösten ◊ to bake, roast*
• *inf* bachan⁺ GLSPET 83,3 ‖
torrere GLSPET

bachari-, becharios *mlat* → **BICARIUS, BICARIUM**
bacharia → **BIKERI**

BAKKERI, BEKKERI *m-ja Bäcker ◊ baker*
— *cf* **BEKKERSA** (?)
• *ns* beckere GLHARD IV,251,23 — *ds* :bakkera (b- *ras*, *1*.k<a) REGFREK *M* 42,30
pistor GLHARD

-bakki

GIBAKKI (?) nt-ja Backwerk ◊ baker's ware
• gs (?) gibák° REGFREK M 41,15

BAK(K)ĪSARN nt-a eiserne Backform ◊ baking tin
• as/p bakiseren URBWERDB 133,21

BAK(K)WÊGI nt-ja Schale, Teller ◊ dish, platter (BAKKWĀGA f ?)
• dp bacvuaion GLPRUDF1 93,2, baecuuegun GLVERGOX 114,4/5
lanx GLPRUDF1 GLVERGOX vas GLVERGOX

bakn- → BÔKAN

BAKO m-n Speckseite ◊ side of bacon
• mlat as baconem CH 1015-36/5 URBWERDD 183,1 — abls bachone⁺ CH 1072 — n/ap bacones (6) CH 1015-36/7/10/13. 1023-51 VMEINW 44

BAKWÊGA f-n Schale ◊ dish
• ns bahueiga⁺ GLSPET 80,13 ‖ — np bahuueigon⁺ GLSPET 76,5
lanx, scutra GLSPET

bal → HWAL

BALD adj kühn, mutig ◊ bold, brave
• nsm bald H CM 599 — npm balda GLEVES 60,35 H CM 651
fortis GLEVES

BALDLĪKO adv voller Mut ◊ boldly
• baldlico H CM 915. 2929

BALG m-a Schale (eines Samenkorns), Blasebalg ◊ husk, bellows
• ns balg GLSPET 74,13 GLTRSEM VII,150 — dp balgun GLPRUDBR II,572,16, bálgon GLPRUDF1 97,32
flatus GLPRUDBR folliculus GLSPET follis GLPRUDF1 GLTRSEM

BALKO m-n Balken ◊ beam
• ns balco GLTRSEM XV,99 — as balcon H CM 1706
tignum GLTRSEM

banakon

BALL (m-a) Ball ◊ ball
• ns bal GLHARD IV,280,5
pila GLHARD

balstar → PLASTAR

BALU nt-wa Verderbtheit ◊ wickedness
• gs baluuues H C 5288, balouues 5580

BALUDĀD f-i Übeltat, Sünde ◊ evil deed, sin
• dp balodadion GEN 54 — ap baludadi H CM 1364

BALUHUGDIG adj Verderben sinnend ◊ baleful of thought
• ns baluhugdig H M, balohugdig C 5081, balohudig C 4721

BALUSPRĀKA f-ō böse Rede ◊ evil talk
• ns baluspraca H M, balospraca C 1756 — as balospraka H C 3479

BALUSUHT f-i tötliche Krankheit ◊ fatal illness
• gp balusuhteo H CM 2352

BALUWERK n-a Übeltat, Sünde ◊ misdeed, sin
• ns balouuerek GEN 13 — gp baluuuerko H C, baluuuerco M 1496 — dp baluuuercun H M (baluuuercu° C) 1945

BALUWĪSO m-n Verführer zum Bösen ◊ depraver
• ns baluuuiso H C, balouuiso M 1096

BALUWĪTI nt-ja verderbenbringende Strafe ◊ fatal punishment
• as baluuuiti H M, balouuiti C 1501

bamo → BÔM

BANA f-n Tod ◊ death
• as banun HILD 52

BANAKON v-II nachdenken ◊ to think about
• inf d banecone GLADM718 77,9
meditari GLADM718

banano

banano → **BÔNA**

BAND *m-i (Faß-)Reifen* ◊ *(gathering) hoop*
• *ap* bandi REGFREK *M* 43,15

BANETHI *n-ja Totschlag* ◊ *manslaughter*
• *ns* banethi H *C* 4865 — *dp* binithion H *C* 5484

BANK *f(+m?)-i Bank, Sitz* ◊ *bench, seat*
• *ds* benki H *CM* 2746. 5269 (benkia *M*). *C* 3334 — *dp* benkiun H *M*, benkion *C* 2011 (benkeon *M*). 2752. 5175. *M* 3334

BANCALE *mlat Sitzpolster* ◊ *seat cushion*
• *np* bancalia VMEINW 211

BANKLAKAN *nt-a Sitzpolster* ◊ *seat cushion*
• *ns* bantlaken° (= banclaken, k< *corr*) GLMARF III,717,9
scamnale GLMARF

BANN *m(+nt?)-a Befehl, Aufruf, Vorladung, Bann(buße), hohe Gerichtsbarkeit, Banngewalt, Kirchenbann* ◊ *command, summons, fine, ban, higher jurisdiction, excommunication*
• *ns* ban H *CM* 341
o[100] **BANNUS** *mlat gs* banni CH LEXSAX THANG VMEINW — *ds* banno THIETM VII,26 — *as* bannum CH DIPL LEXSAX THANG THIETM VMEINW — *abls* banno CH DIPL LEXSAX THIETM THANG VMEINW — *ap* bannos DIPL 980 (3) LEXSAX CS Prologus (-os > -vm *abbr C*) VMEINW — *ablp* bannis THIETM VMEINW

BANNAN *v-7 vorladen, anordnen* ◊ *to summon(s), order*
• *inf* bannan GLSPET 83,1
• *mlat* **BANNIRE** — *inf* bannire †DIPL 803 — *pcpt asnt* bannitum VMEINW 178 — *pcpt asf* bannitam DIPL 1036
mannire GLSPET

BANO *m-n Mörder* ◊ *murderer, killer*

barg

• *ns* bano GEN 45. 95 — *ds* banon H *M*, banen *C* 644, banon HILD 54 GEN 143 (-n<-m). banan 33 — *np* banon H *CM* 751 — *gp* banono H *CM* 4611 — *dp* banon H *C* 5306

bantlaken° → **BANKLAKAN**

BANUD/BANUTH *(m/nt?) Zunder* ◊ *tinder*
• *as* bánút GLPRUDF1 95,34
fomes GLPRUDF1

BAR *adj nackt, unverhüllt, öffentlich bekannt* ◊ *naked, undisguised, openly known*
• *ns* bar GLEVES 59,24 — *nsf* bara H *M* 1756 — *np* bara GEN 20
• GENB *npnt* baru 811. 838 — *apm* bare 783
in palam GLEVES

BĀRA *f-ō + f-n Bahre, Sänfte* ◊ *bier, sedan chair*
• *ns* bára GLSPET 80,27 ‖ — *ds* baru H *M*, barun *C* 2182. 2191. *C* 2203, baron *C* 2198
equitatus, raeda GLSPET

barafridara → **PARAFRIDARI**
barahtun → **BERHT**
baram → **BARM**

BARDA *f(-n) Hackbeil* ◊ *chopper*
• *ns* b[a]rda (d<u) GLTRSEM VI,121
dolabra GLTRSEM

(b)ar(d)i(n) → **BURTHINN**

BARDON *v-II mit dem Beil behauen* ◊ *to chop into shape*
• *1sipt* bartota[+] GLHARD IV,283,6
dolare GLHARD

BARG *(m-a) (offene) Scheune, zwanzig Fuder (Korn)* ◊ *(Dutch) barn, twenty cartload (of corn)*
o[19] *ns* barg URBWERDB 134,8, barhc URBWERDD 183,10,12 — *as* bárg REGHERF 35, berg REGHERF — *dp (?)* bargen REGERK 6. 8. 10. 13
horreum URBWERDB URBWERDD

GIBĀRI *nt-ja Aussehen, Verhalten ◊ appearance, behaviour*
- *ds* gibarea H *M*, gibarie *C* 212. *M* 4973

GIBĀRIAN *v-I sich verhalten, sich gebärden ◊ to behave, conduct oneself*
- *inf* gebarean H *M* 2258 — *3pips* gebariad GLEVELT 47,12 — *2pimp* gibariad H *M* 2929

GIBĀRION *v-I sich gebärden ◊ to conduct oneself*
- *inf* gibareon H *C* 2258 — *3pips* gibariod GLEVES 49,20,22 — *2pimp* gibariod H *C* 2929

GIBĀRITHA *f-ō Gesichtsausdruck ◊ expression, face*
- *ns* gibaritha GLPRUDF1 98,8
vultus GLPRUDF1

barleosan → FARLIOSAN

BARLĪKO *adv offensichtlich, eindeutig, öffentlich ◊ apparently, clearly, publicly*
- barliko GLEVES 59,17 GLGREG 64,7/8 (*stil*), barlico GLEVES 60,33 H *M*, baralico *C* 1424. 5193
aperte GLEVES foris GLGREG

BARM *m-a Schoß ◊ lap, bosom*
- *ds* barme H *CM* 216 (barma *C*). 1104 (barma *M*). 3362. 4602 — *as* barm H *CM* 3352. 232 (*C* baram) — *dp* barmun H *M*, barmon *C* 751. 2136

ARBARMUNGA *f-ō Erbarmen, Mitleid ◊ compassion, pity*
- *as* erbarmunga[+?] GLEVES 48,22/23. 49,23/24. 50,33
compassio GLEVES

BARN *nt-a Kind, Sohn, Nachkomme, Mensch ◊ child, son, descendant, human being*
o[558] *ns* barn H *PVCM* GEN 265 — *gs* barnes H *CMS*, barnas GEN 89 — *ds* barne H *CM*, barna *PC* 989. *C* 1168 — *as* barn H *CMS* HILD 21 GEN 87, bárn (*neum*) H *M* 298 — *instr* barnu H *CM* 778. *CMS* 706 — *np* barn H *CMS* GEN 127. 154 — *gp* barno H *PCMS* GEN 291, bárno (*neum*) H *M* 370, barno (<-on) *C* 3065 — *dp* barnun H *M* GEN 114, barnon H *C*, barnum GEN 139 — *ap* barn H *CM*
- GENB *ns* béarn[#] 464 — *np* bearn[#] 752 — *dp* bearnum[#] 403 — *ap* bearn[#] 408

BARO *adv offen ◊ openly*
- baro GLEVELT 47,2 GLEVES 48,20 (manifestatio) GLEVELT GLEVES

BARON *v-II entblößen ◊ to bare*
- *inf* báron GLPRUDF1 100,10
nudare GLPRUDF1

GIBARON *v-II offenbaren, offenbar machen, offen zeigen ◊ to reveal, make visible, manifest*
- *inf* gibaron GLEVES 58,11 — *3sipt* gibaroda (o<a) GLEVES 59,19/20 — *3popt* gibarodin GLEVES 49,34 — *pcpt* gibarod GLEVES 53,11
manifestare, manifestum facere, publicare, ostentare GLEVES

BARS (*m-a*) *Barsch ◊ perch*
- *ns* bars GLMARF III,720,45
echinus GLMARF

bartota[+] → BARDON

BARUG (*m-a*) *kastrierter Eber ◊ gelded boar*
- *ns* barug GLVERGOX 111,7
maialis GLVERGOX

BARWIRDIG (-WIRTHIG ?) *adj sehr würdig ◊ most worthy*
- *nsm* baruuirdig H *M* 2932 (baruurdig, bar-<ur- *C*). 4597 (baruuurdig *C*)

BASING *m-a (dunkelroter?) Mantel ◊ (crimson?) cloak*
- *ap* basingas (2) DIPL 986

BAST *m/nt-a Bast ◊ bast*
- *ns* bast GLTRSEM III,81
bastum GLTRSEM

BAT *adv besser, um so eher ◊ better, the more so* — thiu ~ *noch besser, noch mehr ◊ still better, even more* — *cf* **WEL**
• bat GLSMIH 406 H C, bet *M* 2350. 2440. 3114. 3904 (batt C). 5033 (batt C). *C* 5680

BATH *nt-a Bad, Badehaus ◊ bath, bathhouse*
• *ns* bad⁺? GLSPET 80,14 ‖ — *ds* batha REGFREK *M* 43,16 — *gp* baðo H *PM*, bethuo *C* 981
thermae GLSPET

BATHERI *m-ja Bader, Badeknecht ◊ barber-surgeon, bath attendant*
• *ds* bathere REGFREK *M* 37,1 — *dp* batheron REGFREK *M* 37,3,7,9

BATHLAKAN *nt-a Badetuch ◊ bath towel*
• *ns* bathlaken GLMARF III,717,28
sabanum GLMARF

bauga⁺, baucos *mlat (?)* → BÔG

BĀUNGA *f-ō wärmender Umschlag ◊ fomentation*
• *dp* boungan GLSPET 85,8/9 ‖
fotus, nutrimentum GLSPET

bauon → BIOVAN²
be(-) → BI, BI-
beam# → BÔM
bearn# → BARN

GI**BED** *nt-a Gebet ◊ prayer*
• *gs* gibedes PSWIT 85,6 gibedas CONFES 17,25 — *as* gibed CONFES 17,9 H *CM* 1571 PSWIT 85,6
• GENB *ds* gebede 777 — *as* gebed 847
oratio, deprecatio PSWIT

BEDA *f-ō Bitte, Gebet ◊ prayer, request* o²⁹ *gs* bede H *M*, bedu *C* 2752 — *ds* bedu H *CM* GEN 244, beda H *P* 981, bede *M* 1613, bedo *M* 1579

BEDAHŪS *nt-a Bethaus ◊ temple*
• *ds* bedehuse PSLUB 28,9
templum PSLUB

BEDARI *m-ja der Bittende ◊ suppliant*
• *ns* bédari GLPRUDF1 99,19
orator GLPRUDF1

BEDD *nt-ja Bett, Beet ◊ bed (sleeping place, piece of ground in a garden)*
• *ns* bedd GLVERGOX 111,1, bedde GLMARF III,716,28 — *as* bed H *CM* 2713 — *instr* beddiu H *CM* 2308
agellus in horto GLMARF culcit(r)a GLVERGOX

BEDDIBRED *nt-a Bettgestell ◊ bedstead*
• *ns* beddipret GLVERGOX 110,35, bedtebret GLTRSEM XV,20, boctibret° (= bedti-/bettibret) GLSPET 87,28 ‖
lectus GLVERGOX sponda GLSPET GLTRSEM GLVERGOX

BEDDIGISTRAUWI *nt-ja Bettstroh ◊ straw used for bedding*
• *ns* b&digistrouui GLPB2 I,298,24
stratorium GLPB2

BEDDIGIWĀDI *nt-ja Bettzeug ◊ bedding*
• *ns* beddiuuidi GLVERGOX 111,3 (**BEDDIWĀDI** *?*) — *as* bedgiuuadi H *CM* 2333
culcitrum, plumacium GLVERGOX

GI**BEDDIO** *m-j-n Bettgenosse ◊ bed companion*
• *np* H *CM* gibeddeon 147

beddipret → **BEDDIBRED**

BEDDIRISO *m-n der Bettlägrige ◊ bedfast man*
• *ns* biedrieso°? GLTRSEM III,67
imbecillis GLTRSEM

BEDDISTRAU *(nt-wa) Strohsack ◊ straw bed*
• *ns* beddestro GLMARF III,717,21
stramentum GLMARF

BEDDIWĀDI *nt-ja Bettzeug ◊ bedding* → **BEDDIGIWĀDI**
• *ns/p* beddiuuadi GLSPET 75,22, beddewide GLMARF III,717,22, bettiuuedi GLTRSEM XIV,35
lectisternium GLTRSEM stramentum GLMARF stratorium GLSPET GLTRSEM (*p*)

beddiuuidi

beddiuuidi → BEDDIGIWĀDI

BÊDIAN *v-I + g drängen zu ◊ to urge to*
• *inf* bedian H *C* 5699 — *3sips* bedid H *CM* 1496

bedie, beđie → BÊTHIE

BEDON *v-II beten, anbeten ◊ to pray, worship*
• *inf* bedon H *CM* 1109. 1590. 644 (bedan *M*) PsGern 10,3 [14,22], bédon GlPrudF1 95,30. 96,26 — *2sips* bedos H *CM* 1104 — *3sipt* bedode Gen 166
adorare (PsGern) conprecari, supplicare GlPrudF1

TŌBEDON *v-II anbeten ◊ to worship*
• *2pimp* tobedant PsLub 28,2, zobaediad$^{(+)}$ PsWit 85,9
adorare PsLub PsWit

BÊDON *v-II warten ◊ to wait*
• *3sips* beidođ PsLub 32,20
sustinere PsLub

BEDSKEPI *m-i Liebesverhältnis ◊ (sexual) relationship*
• *as* bedskepi H *M*, bedscepi *C* 309

bedyrned$^{\#}$ → BIDERNIAN
beel$^{\#}$ → BĀEL$^{\#}$
befælled$^{\#}$ → BIFELLIAN

BÊGEN$^{\#}$, BŪ$^{\#}$, BĀ$^{\#}$ *num beide ◊ both*
• GenB *npm/f* bú$^{\#}$ 574. 847, bu$^{\#}$ 751. 838, bá$^{\#}$ 765. 840 — *gp* begra$^{\#}$ 725. 803 — *dp* bam$^{\#}$ 562 — *apnt* bú$^{\#}$ 479

begiant, begihit → BIJEHAN
begiv → BIJU
behealdan$^{\#}$ → BIHALDAN
beheizon^{+} → BIHÊTAN
beidero → BÊTHIE
beidođ → BÊDON
beinberga^{+}, beinbirga^{+} → BÊNBERGA
beiskerer^{+} → BÊSKAR

-belgan

bec(c)ari- → BIKERI

BEKI *m/f-i Bach ◊ brook*
• *ns* bike GlMarF III,715,11
rivus GlMarF

beckere → BAKKERI, BEKKERI

BEKKERSA (?) *f-ō/n Bäckersfrau ◊ baker's wife*
• *ns* bekker(se) GlTr40 V,48,30 (-se?)
panifica GlTr40

BEKKĪN *nt-a Becken ◊ basin*
• *ns* béckin (c<*corr*) GlPrudF1 95,16/17 — *as* bekkin GlSpet 74,18
cantharus GlPrudF1 labrum GlSpet

bechleman^{o+} → BIKLENAN

BELDIAN *v-I Mut zusprechen ◊ to encourage*
• *3sipt* beldida H *C*, beldide *M* 4791

GIBELDIAN *v-I wagen, ermutigen ◊ to dare, embolden*
• *3sipt* gibelda GlPrudF1 93,16 — *3pipt* gibeldun GlEvEs 54,22
animare GlPrudF1 se praesumere GlEvEs

GIBELG *(m)-a (strafender) Zorn ◊ (punitive) wrath*
• *ns* gibelg GlEvEs 54,23
animadversio GlEvEs

BELGAN *v-3 (+ d) zornig, ergrimmt sein/werden (über) ◊ to be/become angry, furious (about)*
• *inf* belgan H *CM* 4895 — *3sips* bilgit H *M* 1439 (bilgil° *C*) — *2sops* belges Gen 226 — *3sipt* balg H *CM* 723. 5098. 5120 — *pcpt ns* gibolgan H *CM* 4865. 4869. 5001 Gen 33 — *pcpt instr* gibolganu H *C*, gibolgono *M* 1464 — *pcpt npm* gibolgana H *C*, gibolgane *M* 4856
• GenB *pcpt* gebolgen 299

ABELGAN *v-3 zornig werden ◊ to become angry*
• *pcpt* abolgan H *CM* 5165 Gen 238
• GenB *pcpt* abolgen 430. 552. 558

-belgian | bereht

ARBELGIAN *v-I zum Zorn reizen* ◊ *to move to anger*
• *pcpt* arbelgid GLPRUDF1 90,24
irritare GLPRUDF1

BELIKO *m-n Blässhuhn* ◊ *coot*
• *ns* belico (*del*) GLTRSEM VIII,6
fulica GLTRSEM

bemein-⁺, → BIMÊNIAN
bemidan → BIMĪTHAN

BÊN *nt-a Knochen, Bein* ◊ *bone, leg*
• *ds* bene BENW 19 — *as* ben BENW 18 — *gp* beno GLPRUDF1 102,1 — *dp* benon H *C* 5697, bénon GLPRUDF1 98,7, ben[un] PSPAD 37,4
crus GLPRUDF1 os PSPAD

BÊNBERGA *f-ō Beinschiene* ◊ *greaves*
• *ns* beinberga⁺ GLSPET 87,29‖ GLTRSEM XI,122 (er *abbr*), beinbirga⁺ GLSPET 75,12‖ — *ap* bembirga° (= beinbirga⁺) GLPB2 I,297,26
ocrea GLPB2 GLSPET GLTRSEM

BÊNBRĀDA *f-ō Wadenfleisch* ◊ *meat of the calf (of the leg)*
• *np* benbrade GLMARF III,722,27
sura GLMARF

GIBEND *nt-i Fessel* ◊ *bond*
• *ap* gibend PSLUB 115,16
vinculum PSLUB

BENDI *m-i p Bande, Fesseln* ◊ *bonds, chains*
• *dp* bendion GLPRUDF1 99,3 H *C* 4682. 4791 (bendiun *M*). 4947 (bendiun *M*). 5397. 5580, bendiun *M* 4865 — *ap* bendi H *CM* 5050. 5171. 5216. *C* 5538
nexus GLPRUDF1

BENDIL *m-a schmales Band* ◊ *little band*
• *np* bendele GLMARF III,722,35
fasciola GLMARF

bene# → BÔNA

BENIWUNDA *f-n Todeswunde* ◊ *mortal wound*
• *ds* beniuundun H *M*, benuundun *C* 4879

GIBENKIO *m-j-n Bankgenosse* ◊ *bench companion*
• *np* H *CM* gibenkeon 147

beoð# → WESAN
beodon → BIODAN
beon# → WESAN
beorhte# → BERHT
beost → BIOST

BÊR *m-a Eber* ◊ *boar*
• *ns* ber GLSPET 82,32 GLTRSEM XVI,49 — *gs* béras GLPRUDF1 95,31
• GLWERDC *ns* baar# 358
aper, porcus dimissus GLWERDC verres GLPRUDF1 GLSPET GLTRSEM

ber → BIOR
beraht- → BERHT

BERAN *v-4 tragen, (an sich) haben* ◊ *to bear, carry*
• *inf* beran H *M* 2182 (bérun° *C*) GEN 59 — *3sips* birid H *C* 1099. *M* 4611 — *2pimp* berad H *M*, berend *C* 4661 — *pcps npm* perente⁺ GLEPIST I,797,18 — *3pipt* barun H *CM* 690. 2309 — *3sopt* bari H *CM* 174 (i *add C*). 1748. 3262. 3862 — *3popt* barin H *C* 5953
• GENB *inf* beran 734 — *3sipt* bær# 479. 636. 645
proferre GLEPIST

GIBERAN *v-4 gebären* ◊ *to bear (a child)*
o³⁸ *3sipt* gibar H *C* 2789 — *3sopt* gibari H *M* 2787 — *pcpt* giboran H *CM* GEN 108, giboren H *M* 2666. 5267 (goboran° *C*). *S* 370. 399, giboram° *M* 731, geboran ABRK 14, geboren CONFPAL 362,8 — *pcpt gp* giboranero H *C*, gibaranaro *M*, giboranaro *P* 993, gibaranero *C* 835

bereht(-), bereth(-) → BERHT(-)

berg

BERG *m-a* Berg ◊ *mountain* → OLIVETI-
BERG, TAFALBERG *nom prop*
o⁵⁹ *ns* berg H *CM* 4234 — *gs* berges H
C 2675. 3685 — *ds* berge H *CM*, berga
C 1993 GEN 297, berega 334, berege H
C 3164 (2. e *add*). 4721. 5534, berage
1096 — *as* berg H *CM* — *np* bergos H
C 5528. 5663 — *dp* bergon GLEVES
58,15

• GLWERDC *np* bergas 359
collis GLWERDC mons GLEVES

berg → BARG

GIBERG *(nt-a)* Hülle ◊ *case*
• *ns* giberch GLTRSEM XV,89
theca GLTRSEM

GIBERGAN *v-3* bewahren ◊ *to conceal*
• *3sipt* gibarg H *CM* 831 (gi *ras M*)

bergildi *mlat* → BIERGELDO, BERGIL-
DUS

BERGPUELLA *f mlat* Bergnymphe ◊ *nymph
of the mountains*
• *ap* bergpuel*las* (abbr) GLPRUDF1 94,26
Napaea GLPRUDF1

BERHT *adj* glänzend ◊ *bright*
• *nsm* berht H *M*, bereht *C* 1750, bereth
C 5808, berhto *M*, berehto *C* 2595. 5767
— *nsnt* berhte H *M*, berahta *C* 3134 —
nsf berhte H *M*, berahto *C* 3125 GEN 20
— *dsnt* berhtun H *M*, berhtan *S*, bereh-
ton *C* 545 — *dsf* berhtun H *M*, berhtan *S*
530 (berehtig° *C*) — *asm* berhton H *M*
602 (berehton *C*). 4037 (berahtan *C*) —
asnt berht H *M*, bereht *C* 661. 3362,
berhte *M* 2358 (berehta *C*). 3636
(berahta *C*) — *asf* berhtun H *M*,
berehtun *C* 433, 3707 (berhton *M*) —
npnt berhtun H *M*, berehtun *C* 367 —
gpnt bærhtero H *M*, berehtero *C* 3173
— *dpm* berhtun H *M*, berehton *C* 3676
— *apnt* berhton H *M* 778 (berehtun *C*),
berhtun 3654 (barahtun *C*) — *sup nsnt*
beratost GEN 269
• GENB *nsf* beorhte# 811

betara

BERHTLĪK *adj* glänzend ◊ *bright*
• *asnt* berhtlic H *M*, berehtlic *C* 3122

BERHTLĪKO *adv* herrlich, klar ◊ *magnifi-
cently, clearly*
• berethlico H *C* 8. 1674 (berhtlico *M*)

BERI *nt-ja* Beere ◊ *berry* → KIRSIKBERI
• *ns/p* beri GLVERGOX 111,39
vaccinium (bacinia *ms*) GLVERGOX

AND**BERMIAN** *v-1* von der Hefe reinigen ◊
to remove the leaven
• *3sipt* andbermida GLPRUDF1 90,17
defaecare GLPRUDF1

berobode → BIRÔVON

BÊRSWĪN *nt-a* Eber ◊ *boar*
• *n/as* biersuín REGFREK *M* 35,34

BÊSKAR *adj* hitzig ◊ *hot-headed*
• *nsm* beiskerer⁺ GLTRSEM XVII,7
zelotes GLTRSEM

bescyrede# → BISKERIAN

BESMO *m-n* Besen ◊ *besom*
• *ns* besmo GLTRSEM XVI,47 GLVERGOX
111,35, besma GLHARD IV,280,3
verriculum GLTRSEM GLVERGOX scopa
GLHARD GLTRSEM

best → BETST
besueihh⁺ → BISWĪKAN
bet → BAT
bet⁺ → BIT⁺
betan# → BŌTIAN

BETARA *adj comp* besser ◊ *better* — *cf* GŌD¹
• *nsm* betara GEN 265 H *M*, betera *C*
212. 941. 2361 (bettera *C*). 4153 (betera
M) — *nsnt* betera H *CM* 1496. 4584.
1486 (betara *M*) — *asm* beteran H *C*
723 (betaron *M*). 1462 (betaran *M*) —
asnt betara H *M*, betera *C* 1364 — *npf*
beteran H *C* 3483 — *dp* beteron H *C*
3472
• GENB *nsf* betere 659

betaron   **bi**

BETARON *v-II bessern* ◊ *to mend*
* *pcpt asm* gibetorodan GLEVES 51,25 lucrari GLEVES

BÊTIAN *v-I zur Beizjagd abrichten* ◊ *to train a hawk*
* *pcpt asm* gibeizdan⁺ GLSPET 83,9 *pcpt* commorsus GLSPET

UNDBÊTIAN *v-I absitzen* ◊ *to dismount*
* *3sipt* umbette GLVERGOX 114,16 desilire GLVERGOX

betien → **BŌTIAN**

BETST *adj sup der beste; adv am besten, aufs beste, am meisten* ◊ *best; adv best, in the best manner, most of all* — *cf* **GŌD**¹
o^{111} *nsm* best, besta H *C*, besto 5249, best *M* 3644, bezt, bezto (GEN 134. 163), bezta, be(z)[t] *P* 972 — *nsnt* best, besto, besta H *C*, bezt *M*, betz (t<z?) 1109, bezte 3034. 3510. 4991, b&zista GLPB2 I,297,53 — *gsnt* beston H *C*, bezton *M* 584 — *dsm* besten H *C*, bezton *M* 5045 — *dsnt* beston H *C*, bezton *M*, beztom *P* 981 — *asm* beston H *C*, bezton *PM* — *asnt* best, besta H *C*, betst 338, bezt *M*, bezte, bezta (z<t?) 835 — *asf* bestun H *C*, beztun *M* 758
* GENB *nsnt* betst 795 — *nsf* betste 578
* *adv* best GLEVES 56,3 H *C*, bezt *M* 993 (bezt *P*). 2011
maxime GLEVES praecipuus GLPB2

bettera → **BETARA**

BETTONIA *f-ō/n Betonie* ◊ *betony*
* *ns* bettonia GLTRSEM XVI,38 vetonica GLTRSEM

bettrun → **BITTAR**
betuh# → BETWÊOH# (T-)
betz → **BETST**

BÊTHIE, BÊTHIU, BÊTHIA *pron beide* ◊ *both* — bethiu ... iac *conj sowohl ... als auch* ◊ *both ... and, ... as well as*

o^{91} *gsnt* bethies H *C* 1909 (bedies *M*). 5466 — *npm* bethie H *M* 3549, beđie 1181, bedie 1260. 3585, bedea 1501. 2264. 2960, bede 138, bethia *C* — *npf* bethia H *C*, bedea *M* 4106 — *npnt* bethiu H *CM*, bediu *M* 459. 778, beđiu *M* 367 GEN 100, betho 89, [b]ethiu PSGERN 10,1 [14,22] — *gp* beđero GEN 13, bethero H *C* 359 (beđera *S*, beidero *M*). 5936, bedero⁺ HILD 62 — *dp* bethion H *C*; bethiun GEN 95 H *M* 3499. 3560, bediun 1164 (bithion *C*). 4022, bedium 1177 (bithion *C*). 3580, bethen REGFREK *M* 42,22 — *apm/f* bethia H *C*, bedea *M*, bedie 1257 — *apnt* bethiu H *CM*; beđiu *M* 1656. 2630, bediu 1895. 3077. 4054 (e<i)

bethui → BITHIU
bethuo → **BATH**
beueres → **BIVAR**

BEU *nt-wa Ernte* ◊ *harvest*
* *gp* beuuo H *CM* 2595

bewarigan# → BIWARON

BEUWOD *(m-u) Ernte* ◊ *harvest*
* *ns* beuuod H *C* 2565

bezt → **BETST**
bhuchseilen⁺ → BŪKSÊL

BI *praep + d bei, an, in, auf, (zusammen) mit, durch, wegen, als Zeichen für, gemäß, um ... zu (?); + a von, über, während* ◊ *by (means of), along (with), beside, at, near, in, because of, in token of, in order to (?), in accordance with; of, about* — bi that *conj sobald* ◊ *as soon as* — thar ... ~ *adv wobei* ◊ *on which* — bewaren → BIWARON; bigiv → BIJU; bihui(u) → BIHWĪ; bihuon → BIHWAN; bithiu → BITHIU
o^{194} bi, be H *CM*, bi GEN, be 93, bi H *L* 5846 HILD 35. 48 GLEVELT 47,1 GLEVES 49,4. 51,34. 53,17 REGFREK *K* 33,25,37. *M* 33,6,19. 36,20,25, b[i] PSGERN 6,6 [13,3], be($o^?$ = te?) GLADM718 77,9, be# H *C fol.* 11r (*marg C* 250)
* GENB bí 460, bi 530, be 385. 598 ad (?) GLADM718

BI-: -BIODAN, -BREKAN, -BRENGIAN, -DÊLIAN, -DELVAN, -DERNIAN, -DÔDIAN, -DŌN, -DRIOGAN, -DRIOSAN, -DRĪVAN, -DRÔRAGON, -DUMBLIAN, -DUNKALON, -DWELLIAN, -ÊSKIAN, -FĀHAN, -FALLAN, -FELHAN, -FELHARI, -FELLIAN, -FILLIAN, -FINDAN, -FĪTHAN, -FORAN, -GĀN, -GANGAN, -GANGANDILĪK, -GENGITHA, -GETAN, -GINNAN, -GIOTAN, -GLÊDIAN, -GÔKLON, -GRAVAN, -GRORNON, -HAGON, -HĀHAN, -HALDAN, -HAUWAN, -HEBBIAN[2], -HEFTIAN, -HELAN, -HELLIAN, -HÊTAN, -HINDAN, -HLAHAN (?), -HLAHHIAN, -HLĪDAN, -HRĪNAN, -HULLIAN, -HWAND, -HWELVIAN, -HWERVAN, -HWĪ, -JEHAN, -JEHINGA, -JU, -KÊRIAN, -KLEMMIAN, -KLENAN, -KLĪVAN, -KLIVON, -KNĀAN, -KUMAN, -KUNNAN, -LAMON, -LANG, -LEGGIAN, -LEMMIAN, -LĪVAN, -LÔSIAN, -LŪKAN, -MÊNIAN, -MĪTHAN, -MORNON, -MURNIAN, -NEGLIAN, -NEMNIAN, -NETTIAN, -NIMAN, -NIOTAN, -OVAN[2], -RĀDAN, -RAHNIAN, -RÔPIAN, -RÔVON, -SEFFIAN, -SEGGIAN, -SEHAN, -SENGIAN, -SENKIAN, -SINKAN, -SINKON, -SITTIAN, -SKENDIAN, -SKERAN, -SKERIAN, -SKERMERI, -SKERMIAN, -SKILBEN[+], -SKINDIAN, -SKRĪVAN, -SMĪTAN, -SORGON, -SPERRIAN, -SPOTTON, -SPREKAN, -SPURNAN, -SPURNNISS(IA), -STADON, -STĀN, -STANDAN, -STOPPON, -STÔTAN, -STUMBLON, -SWERIAN, -SWĪKAN, -SWĪKARI, -TÊKNIANDILĪK, -TENGI, -TÔFRON, -THEKKIAN, -THEMPIAN, -THENKIAN, -THERVI[2], -THĪHAN, -THIU, -THURVAN, -THWINDAN (?), -THWINGAN, -THWUNGANUSSI, -WALDAN, -WANDLON, -WĀNIAN, -WARDON, -WARON, -WĀRON[1], -WĀRON[2], -WELLAN, -WENDIAN, -WERIAN[1], -WERPAN, -WILLITHA, -WINDAN, -WŌPIAN UMBI-GEVAN, UMBI-SITTIAN, UN-RADAN, UN-THERVI, ŪT-SLŪTAN
BE[#]-: -TWÊOH[#]

BĪA *f-n Biene* ◊ *bee*
• *gp* bina GLTR40 V,48,36
costrux (bina wiso) GLTR40

biar → **BIOR**
biastr → **BIOSTAR** (?)

BĪBRÔD *nt-a Bienenwabe* ◊ *honeycomb*
• *ns* bibrod GLPRUDF1[+] 90,16 (*ns?*), bibrot GLMARF III,721,10
favus GLMARF GLPRUDF1[+]

biđ[#] → **WESAN**

BĪDAN *v-1 (+ g/a) warten (auf), erwarten, bereit stehen, ausharren* ◊ *to wait, stand to, hold out*
○[40] *inf* bidan H *CM* — *3sipt* bed H *CM* — *3pipt* bidun *CM*
• GENB *inf* bidan 842

GIBĪDAN *v-1 erfahren* ◊ *to experience*
• *inf* gibidan H *C*, gebidan *M*, gebíđan *V* 1307 — *3pips* gibidat H *M* 1348

BIDDIAN *stv 5 (+ g) bitten (um), erbitten, einladen* ◊ *to request, ask, beg for, invite (to come)*
○[84] *inf* biddean H *CM* GEN 226, biddian H *C*, biddien *M*, biddean 481 (*1*.d corr *M*), 1566 (b<h *M*) — *1sips* biddiu CONFES 17,25 H *CM* 2990 — *2sips* bidis H *CM* 2756 — *3sips* bidid H *M*, bidit *C* 1794. 3500, bid(id) PSGERN 6,13 [13,12] — *2pips* biddiad H *M*, biddeat *C* 1579 — *3pops* biddean H *M* 3743 — *pcps nsm* biddiendi H *M*, biddandi *C* 3334 — *2sipt* badi H *CM* 2152 (bedi *M*). 3027 — *3sipt* bad H *CM* GEN 25. 166. 276 — *3pipt* badun H *CM*, (n<m) *C* 690 — *3sopt* bedi BEDA 4 — *3popt* badin H *C* 3743 — *pcpt* gibedan (stil) GLGREG 64,3, gebedan H *CM* 1996
• GENB *3sipt* bæd[#] 816 — *3pipt* bædon[#] 848, bædon[#] 780
invitare GLGREG rogare (PSGERN) (preces) (BEDA)

ABIDDIAN *v-5 erbitten, sich ausbitten* ◊ *to request, ask, beg for*
• *inf* abiddian H *C* 5407 — *3sipt* abad H *CM* 4952 — *3popt* abadin H *C* 5415

GIBIDDIAN *v-5 durch Betteln erlangen* ◊ *to get by begging*
• *inf* gibiddean H *C*, gebiddien *M* 3341

biderbi   **bikeri**

biderbi → BITHERVI²
bidin[#] → BUDIN

BĪDON *v-II warten* ◊ *to wait*
• *inf* bidon H *M* 4947 — *3pipt* bidadun H *S* 523

bied → BIOD
biedrieso°² → BEDDIRISO

BIERGELDO *m-n*, BERGILDUS *mlat Bargilde, dingpflichtiger Mann* ◊ *man who is bound to be present at the judical meeting*
• *np* biergeldon CH 1090/1, bergildi CH 1096/3. 1097/2 — *dp* biergeldon (2) CH 1090/1

biersuín → BÊRSWĪN

BIFANG *(m-a) eingefriedigtes Landstück* ◊ *enclosure*
• *ns* biuanc DIPL 811. 813 (2) — *ds* bifang TRADCORB 73/288 — *as* biuang CARTWERD 55 (*a.* 837)
• *as mlat* biuangum TRADCORB 141/351 — *abls* biuango TRADCORB 266/465
proprisum DIPL

bifang° → BILANG
bifara → BIFORAN
bifelah-, bifeleh- → BIFELHAN
bifolihari° → BIFELHARI

BIFŌT *(m-a) Beifuß* ◊ *mugwort*
• *ns* biuot GLMARF III,719,34, biuoz⁺ GLTR40 V,42,25
artemisia GLMARF GLTR40 valentina GLMARF

bigenince → BIJEHINGA
bigihton → BIJIHTO
bigouggolan⁺ → BIGÔKLON

BIGRAFT *f-i Grabstätte* ◊ *place of burial*
• *as* bigraft GLEVES 52,38
sepultura GLEVES

bígstandað[#] → BISTANDAN

BIGURDIL *m-a Geldbeutel* ◊ *purse*
• *ns* bigordel GLMARF III,722,33
fiscus GLMARF

BIHÊT *nt-a Gelübde, Drohung* ◊ *vow, threat*
• *as* bihet H *CM* 5042 — *ap* [b]ihet PSLUB 115,14,18
votum PSLUB

BIHÊTWORD *nt-a Drohwort* ◊ *threatening word*
• *ap* bihetuuord H *CM* 3529

bihrahanen⁺² → BIRAHNIAN
bihueng° → BIFĀHAN
bihuon → BIHWAND
bihuuereban → BIHWERVAN
bikaerd- → BIKÊRIAN

BIJIHTO *m-n Bekenntnis, Gelöbnis* ◊ *profession, vow*
• *ds* bigihton CONFES 16,8 — *as* bigihton CONFES 17,23

BĪKAR *nt-a Bienenkorb* ◊ *beehive*
• *ap* bikar GLSTR 108,4
alvearium GLSTR

bike → BEKI

BIKERI *m-ja Becher (Hohlmaß), Mischkrug* ◊ *cup (measure of capacity), mixing-bowl*
• *np* becaria URBWERDD 173,8. 174,3,4,24 — *n/ap* bikera REGES 21,6,12,15,19 — *ap* bikerias GLVERGOX 112,24, becarias (? *abbr*) URBWERDC 139,2, beccarias (? *abbr*) 144,14, bacharia URBWERDF 263,5
o⁴³ *mlat* BICARIUS, BICARIUM — *as* becarium CH 1090/2 — *abls* beccario CH 1011 — *np* becarii (3) CH 1090/2, bicaria, bicaria (*abbr*) REGÜBERW — *ap* bicarios REGÜBERW 18 VMEINW 99, picarios THANG 767,52, becarios CH 1055 URBWERDE 211,9, becharios 189,20, bacharios 193,17. 211,12, URBWERDF 249,9,10. 254,20. 263,9, bacharios (*abbr*) URBWERDE 198,3, bacharia REGHELM
crater GlVergOx

bikiert → BIKÊRIAN

ANBIKKIAN v-I anfallen ◊ to attack
• pcpt nsm anegebicader⁺ GLTRSEM IX,2
impetere, increpare GLTRSEM

BĪL (m/n-a) Pflock ◊ peg
• ns bil GLSPET 74,37
parvus palus, paxillus GLSPET

BILARN (m-a) Zahnfleisch ◊ gums
• ns bilarn GLTRSEM VIII,51
gingiva GLTRSEM

BILEWIT# adj beidhändig geschickt ◊ ambidextrous
• GLWERDC ns bilypti° (= bilywit#?) 357
aequimanus GIWerdC

bilgil° → BELGAN
bilidi → BILITHI

BILINA f(-n) Bilsenkraut ◊ henbane
• ns bilina GLTR40 V,43,5,39, bilene GLMARF III,719,36
iusquianum, symphoniaca (συμφωνιακή) GLMARF GLTR40

BILITHARI m-ja Bildhauer ◊ sculptor
• ns bilidari⁺ GLPRUDBR II,573,41
Mentor, qui commentum fecit GLPRUDBR

BILITHBŌK f-cons/nt-a Textvorlage ◊ pattern for copies
• np bilethbuoch⁺ GLHARD IV,251,3
exemplarium GLHARD

BILITHI nt-ja Bild, Zeichen, Gleichnis ◊ picture, parable, sign
• ns bilithi H C, bilidi M, 3589. 3824. M 433 — as bilithi H C, bilidi M 479. 1802 (biliđi M). 3122. 3326. 3510. 4339. 4647. blidi°⁺ GLPB2 I,298,28 — instr bilithu H C, bilidiu M 2577 — np bilithi H C, bilidi M 373 (bíliđi S). 2427, bilithiu GLTRSEM III,79 — gp bilitho H C, bilideo M 2660. 3173. M 2622 — dp bilithon H C, bilidiun M 2371. 2415 (bilithiun M). 2438. C 2539, bilithion C, bilidiun M 3787 — ap bilithi H C, bilidi M 3410. C 2622
balafium GLTRSEM species (specim̄ ms, Sirach 40,22) GLPB2

BILITHON v-II nachahmen, gestalten (?) ◊ to imitate, form (?)
• Isips bilithon GLTRSEM IX,48, blithon° (= bilithon/ bilitho m-n ns?) GLTRSEM VII,142
insimulare, formare (?)GLTRSEM

BILIVAN nt-a Nahrung, Lebensmittel, Speisen, Unterhalt ◊ food, nourishment, victuals, subsistence
• ns biliuan GLTRSEM XIV,97 — ds biliuana GLEVES 50,32 — as biliuan GLDAN GLEVES 57,27 — ap biliuan GLPRUDF1 95,13
annona GLDAN cibus, victus GLEVES obsonium GLPRUDF1 stips, stipendium GLTRSEM

BILL nt-ja Schwert, Streitaxt ◊ sword, battle-axe
• gs billes H CM 4882. 4903 — as bill H C, bil (+ ras li?) M 4872 — instr billiu HILD 54

bilua° → BĪDON
bilypti° → BILEWIT#
bim → WESAN

BĪMŌDAR f-r Bienenkönigin ◊ queen bee
• ns bimoder GLMARF III,721,11, bimuoder⁺ GLTRSEM VI,22
costrux GLMARF GLTRSEM

bin → WESAN
binazter⁺ → BINETTIAN

BIND (nt-a) Gebinde ◊ skein
• ns bint REGHERF 47

BINDAN v-3 binden, fesseln ◊ to bind, tie
• inf bindan H C, binden M 3086. 4822. 4869 — Ipops bindan H C 2572 —

bindan

1pipt bundun H *CM* 4984 — *3pipt* bundun H *CM* 4856 — *pcpt* gibundan H *C* 5431. 5650, gebunden *M* 4930 (gibvndan, v<i *C*). 4991, gebunnen CONFPAL 362,9 — *pcpt asm* gibundanan H *CM* 5122. 5261 (gibundenne *M*) — *pcpt npm* gibundana H *C* 1805 (gebundane *M*). 2603 (gibundana *M*). 5118 (gebundene *M*) — *npf* gebundana H *M* 3526 (gibundan *C*)
• GENB *pcpt* gebunden 734 — *pcpt npm* gebundene 379

AND**BINDAN** *v-3 (+ g rei) losbinden, lösen (von)* ◊ *to unbind, untie (from)*
• *inf* antbindan H *M* 940 (anbindan *C*). *C* 3079 (antbinden *M*) — *3sipt* antband H *M* (an hand° *C*) 2352

GI**BINDAN** *v-3 binden, festschnallen* ◊ *to bind, fasten*
• *inf* gibindan H *C*, gebinden *M* 3077
• GENB *3sipt* gebánd 444

BINISŪGA *f-ō Honigklee, Thymian* ◊ *sweet clover, thyme*
• *ns* binisuga GLTRSEM IV,74 — *ds* binisuga GLPRUDF1⁺ 89,24
caltha GLTRSEM thymum GLPRUDF1⁺

binithion → **BANETHI**

BINIWURT *f-i Bienenkraut, Melisse* ◊ *balm, thyme*
• *ns* biniuurt GLVERGOX 111,27 — *as* biniuurt GLVERGOX 110,18
apiastrum, melisphyllum GLVERGOX

bint → **BIND**

BINUT *(m-a) Binse, Röhricht* ◊ *rush, reeds*
• *ns* binuz⁺ GLSPET 76,16. 77,16. 79,18‖ GLTRSEM XIII,68. XV,74 — *ds* binizze⁺ GLSPET 74,4‖
carectum, iuncus, locus paluster, scirpus GLSPET papyrus, spartum GLTRSEM

BINUTĪN *adj aus Binsen geflochten* ◊ *made from rushes*

-biodan

• *asnt* binizzin⁺ GLSPET 74,3‖ — *apm* binitinun GLPRUDF1⁺ 90,17
scirpeus GLPRUDF1⁺ GLSPET

binithion → **BANETHI**

BIOD *m-a Tisch* ◊ *table*
• *ds* biode H *M*, biede *C* 3021

BIODAN *v-2 bieten* ◊ *to offer* — saca ~ beschuldigen ◊ *to accuse*
• *3pips* biodat H *CM* 1336 — *3pops* beodon H *V* 1336 — *3sipt* bod H *CM* 5151 — *3pipt* budun GLEVES 52,5 H *C* 5880
• überbringen (Nachricht) ◊ *to deliver (a message)* GENB *inf* beodan 558
constituere GLEVES

AND**BIODAN** *v-2 melden, ankündigen* ◊ *to announce, inform*
• *3sipt* anbod H *C* 5452 — *3pipt* anbudun H *C* 5315, anbvdun (v<a) 3972

BI**BIODAN** *v-2 gebieten* ◊ *to command*
• GENB *3sipt* bebéad# 405, bebead# 535. 800

FAR**BIODAN** *v-2 verbieten* ◊ *to forbid*
• *3pipt* uarbudun GLSTR 107,4
• GENB *3sipt* forbead# 637. 646
vetare GLSTR

GI**BIODAN** *v-2 gebieten, befehlen, intr. geboten sein* ◊ *to command, order*
o⁹⁴ *inf* gibiodan H *C* 3209 (gibioden *M*), 1565 (i *add C*, gibeodan, e<i *M*), gibiodon 895 (gibioden *M*). 1517 (gibeodan *M*), gebeodan *M* 1520 — *1sips* gibiudu H *C* 1520. 4652 (gebiudu *M*) — *3sips* gebiudid H *M*, gibiudit *C*; 3268 (2. i *ras C*), gebiudit *M* 1528 — *3pips* gebiodad H *M*, gibiodat *C* 3402 — *3sops* gibiode H *C*, gebiode *M* 5197, gebeode, gibiede *C* 1419 — *3sipt* gibod BEDA 10 H *PCM* GEN 38 PSLUB 32,9, gebód GEN 249, gibuod H *C* 3850, gibud 134, gibád *S* 529, gibood (2. o *add*) GEN 10, giboth GLPB2

I,296,40 — *3pipt* gibudun H *C*, gebudun *M* 1424. 1428 — *3sopt* gibudi H *CMS* 682 — *pcpt* gibodan H *C*, geboden *M* 1983, gibodon *C*, giboden (en *lig*) *M* 1086
indicere GLPB2 mandare PSLUB

BIOGAN → BŪGAN

bion → WESAN

BIOR *(nt)-a Bier* ◊ *beer*
• *ns* biar GLTRSEM V,53, ber GLMARF III,718,5
cervisia GLMARF GLTRSEM

BIOSLÔK *m/nt-a Schnittlauch* ◊ *chives*
• *ns* bisloch$^{+?}$ GLMARF III,719,8
satureia GLMARF

BIOST *(m)-a Biestmilch* ◊ *beestings*
• *ns* bist GLMARF III,717,49
• GLWERDC *ns* beost 361
colostrum GLMARF lactantia GLWERDC

BIOSTAR (?) *m-a Biestmilch* ◊ *beestings*
• *ns* biastr GLTRSEM V,116
colostrum GLTRSEM

GIBIRGI *nt-ja Gebirge* ◊ *mountains*
• *as* gibirgi H *C*, gebirgi *M* 2895. 2901

BIRIL *m-a Korb* ◊ *basket*
• *ap* birilos H *CM* 2868

biristi$^{\#}$ → BURSTA

BIRKA *f(-jō/ō) Rune* ᛒ *(Birke), Hainbuche* ◊ *rune* ᛒ *(birch), hornbeam*
• *ns* birka GLTRSEM XI,2, birke GLMARF III,720,41 — *as* bri(c)a (brita°$^{?}$) ABC 11
myrica GLTRSEM populus GLMARF

BIRUBÔM *m-a Birnbaum* ◊ *pear-tree*
• *ns* birubom GLVERGDRSD
pirus GLVERGDRSD

BIRUL *m-a Kanne, Krug* ◊ *can, jug*

• *ns* biral GLPB3 IV,594,26,27
congius, urna GLPB3

bis → WESAN

BISAMO *m-n Bisam, Moschus, Duftstoff* ◊ *musk, scent*
• *ns* bisamo GLPRUDBR II,574,37, bisemo GLSPET 85,6‖, pisamo$^{+?}$ GLTRSEM XI,105
muscus, pulvis exoticus GLPRUDBR pulvis peregrinus GLPRUDBR GLSPET odor peregrinus GLSPET olfactoriolum GLTRSEM

biscirmiri → BISKERMERI

BISKOP *m-a Bischof, Oberpriester* ◊ *bishop, high priest*
• *ns* biscop H *CM* 4146. 4164. 4470. 4941. 5081. 5098 MN — *np* biscopos GLPRUDF1 101,33 — *ap* biscopos CONFES 17,15
Lupercus GLPRUDF1

bisloch$^{+?}$ → BIOSLÔK

BISMERSPRĀKA *f-ō Schmähung* ◊ *blasphemy*
• *as* bismerspraka H *M*, bismarspraka *C* 3529. 5117 (bismarspraca *C*)

bisne$^{\#}$ → BŸSEN#
bisprade → BISPERRIAN

BISPRĀKARI *m-ja Verleumder* ◊ *slanderer*
• *ap* bisprachara^{bfk+} GLEPIST I,756,17
detractor GLEPIST

BISPRĀKI *(m)-ja (f-ī ?) Verleumdung* ◊ *slandering*
• *gs* bisprakias CONFES 16,11

BISPRĀKITHA *f-ō Herabsetzung, Schmähung* ◊ *disparagement, abuse*
• *ns* bisprachida^{+} GLSPET 81,4. 85,15‖
obtrectatio GLSPET

bisprehhent^{+} → BISPREKAN
bisprunnis → BISPURNNISS(IA)
bist → BIOST, WESAN

bistallo

BISTALLO *m-n Beistand* ◊ *assistant*
• *ns* bitstallo⁺⁷ GLTRSEM XVI,79 (°?, x bit?)
vicarius GLTRSEM

bisuorgon → BISORGON

BIT⁺ *praep + d mit* ◊ *with*
• bit⁺ GLPRUDF1⁺ 90,3, bet⁺ 89,13

BĪTAN *v-1, beißen* ◊ *to bite* — tandon ~ *mit den Zähnen knirschen* ◊ tandon ~ *to gnash one's teeth*
• *3pips* bitad H *M*, bitat *C* 2143, pizit⁺ GLEPIST IV,307,13
• + *g abbeißen von* ◊ *to bite sth off* GENB *2simp* bit 519
persequi GLEPIST

ABĪTAN *v-1* + *g etw zu sich nehmen* ◊ *to partake of*
• *inf* abitan H *C* 126

ANDBĪTAN *v-1 (+ g) etw zu sich nehmen, essen* ◊ *to partake of, eat*
• *inf* anbitan H *M* 126, *C* 4565 (anbiten *M*) 5653 — *3sipt* antbet H *M* 1054 (anbet *C*), anbet 4621 (anbett *C*)
• GENB *1sipt* onbat# 677 — *3sipt* onbát# 470

bitar → BITTAR

BITI *m-i Biß* ◊ *bite*
• *ns* biti H *CM* 4903 — *as* biti H *CM* 4882 — *dp* bizzin⁺ GLPRUDF1⁺ 90,8
rictus GLPRUDF1⁺

BITIHT *f-i Schandzeichen* ◊ *brand of infamy*
• *ap* bizihti⁺ GLSPET 84,1 ‖
nota, noxa GLSPET

BITIHTIG *adj fanatisch* ◊ *fanatic*
• *nsm* bizihtiger⁺ GLSPET 82,16
zelotypus GLSPET

BITO *m-n Bissen* ◊ *mouthful*
• *ns* bizzo⁺ GLSPET 86,2 ‖
offa GLSPET

bivinella

bitre# → BITTRO

BITTAR *adj bitter, schmerzlich* ◊ *bitter, painful*
• *ns* bittar H *M*, bitter *C* 1750 GEN 13.79 — *nsf* bittra H *C* 1756 — *gsnt* bittres H *CM* 1748 (biteres *C*). 4895. 5120. *C* 5644. 5653 — *asm* bittran H *CM* 4611. 5098 (bittren *M*) — *asnt* bitar H *C* 2572 — *asf* bittra H *CM* 2603. 4033 (bittara *C*) GEN 28, bettrun H *C* 3479 — *npf* bittra H *C* 2686 — *dpm* bittrun H *M*, bittron *C* 3499 — *dpf* bittron GEN 54 — *apm* bittra H *C* 5216. 5538
• GENB *gsnt* bitres# 479 — *apm* biteran# 325 — *sup nsm* bitresta# 763

GIBITTRIAN *v-I bittern Geschmack verursachen* ◊ *to give a bitter taste*
• *inf* gipitteren⁺ GLHARD IV,309,4
amaricare GLHARD

BITTRO *adv bitter, feindselig* ◊ *bitterly, hostilely*
• bittro H *CM* 3799 (bittra *M*). 5001. 5216 (bittra *C*)
• GENB bitre# 645. 725. 803

BITTRON *v-II erbittert sein/werden* ◊ *to be/become bitter*
• *1sips* bittron (*1. t add*, n<r) GLTRSEM I,12 (< *adv comp*?)
acedari GLTRSEM

bitunkulat⁺ → BIDUNKALON
bithe (?) → BITHIU
bithion → BÊTHIE
biuand → BIWINDAN

BIVAR (*m-a*) *Biber* ◊ *beaver*
• *ns* biuar GLTRSEM V,34 — *np* beueres GLTR40 V,46,25
castor GLTR40 GLTRSEM fiber, canis ponticus GLTR40

BIVINELLA *f-ō/n Bibernelle* ◊ *pimpernel*
• *ns* biuinella GLMARF III,719,19
pimpinella GLMARF

bium

bium, biun → WESAN

BIVON *v-II beben* ◊ *to quake*
• *inf* bíuon GLPRUDF1 104,16 — *3sips* biuod H *M*, bi*b*ot *C* 4314 — *3sipt* biuoda H *C* 5662
tremefacere (~ gidon) GLPRUDF1

biziht-⁺ → BITIHT-
bizouberata⁺ → BITÔFRON
bizzin⁺ → BITI
bizzo⁺ → BITO

BLAD *nt-a Blatt, Metallplatte* ◊ *leaf, sheet of metal*
• *ns* blád (<bléh) GLPRUDF1 97,29, blat GLSPET 83,25 ‖ — *dp* bládon GLPRUDF1 98,28 — *ap* bladu H *CM* 4340
lamina GLPRUDF1 pampinus GLSPET

BLĀDRA *f-n Blatter, Blase, Brandblase* ◊ *pustule, bladder, blister*
• *ns* bladera GLTRSEM XIII,44 GLHARD IV,253,15 — *as* breptan° (*abbr*, = bledran#?) GLPB1 I,340,1 — *ap* bládárvn GLPRUDF1 95,21
papula GLPRUDF1 pustula GLTRSEM vesica GLHARD vesicula GLPB1

BLĀFŌT *m-cons/i Blaufuß (Falke)* ◊ *lanner falcon*
• *ns* blauot GLMARF III,720,61
glaucus GLMARF

BLAK *nt-a schwarze Tinte* ◊ *black ink*
• *ns* blac GLVERGOX 111,33
atramentum GLVERGOX

BLAKHORN *nt-a Tintenhorn* ◊ *ink-horn*
• *ns* blachorn GLVERGOX 111,32
atramentarium GLVERGOX

BLANDAN *v-7+ g*, + *mid (ver)mischen mit* ◊ *to blend, mingle with, mix in*
• *pcpt* giblandan H *C* 5288. 5916

BLANKO *adv glänzend* ◊ *radiantly*
• planco⁺? GLTRSEM XII,61
nitide GLTRSEM

blêki

BLĀR *adj kahlköpfig* ◊ *baldheaded*
• *ns* blar GLWERDC *fol.* 4r (*marg*)
calvus (calva, calvaria) GLWERDC

BLAS *adj eine Blesse tragend* ◊ *having a blaze*
• *ns* blas GLVERGOX 109,18
candidus GLVERGOX

BLĀSA *f-ō/n Blase* ◊ *bladder, bubble*
• *ns* blasa GLSTR 108,2 GLTRSEM XVI,57
vesica GLTRSEM vesicula GLSTR

GIBLĀSAN *v-7 anfachen* ◊ *to fan*
• *1sips* geblason⁺? GLTRSEM VI,5
conflare GLTRSEM

blat → BLAD

BLĀ(U) *adj-wa/wō blau (Bluterguss), blau/aschgrau verfärbt* ◊ *blue (bruised), livid*
• *ns* bla GLMARF IV,178,36 — *nsm* blauuer⁺ GLTRSEM VIII,34. X,55 — *dsm* blauuemo GLSPET 78,1 — *apnt* blauuon GLPRUDF1 100,35
glaucus GLTRSEM lividus GLMARF GLPRUDF1 GLSPET GLTRSEM

BLEK *nt-a Blech, Goldblättchen, Amulett, Gebetsriemen (Tefillin)* ◊ *sheet of metal/of gold, amulet, phylactery (tefillin)*
• *ns* blech⁺? GLVERGOX 111,13, bléh⁺ (> blád) GLPRUDF1 97¹⁷ — *ap* bleho⁽⁺⁾ GLSPET 78,28
brattea GLVERGOX lamina GLPRUDF1 phylacterium, custodia ... inscripta ... decem verba legis GLSPET

BLÊK *adj bleich, hell, glänzend* ◊ *pale, bright, shining*
• *ns* blec H *C* 5608 — *asnt* blek H *C*, blec *M* 661 — *npm* bleka H *M*, bleca *C* 4865 — *npf* bleca H *C*, blecon *L* 5828

BLÊKI *m/nt-ja Ausschlag* ◊ *rash*
• GLWERDA *ns* blece#? 343/*Schlutter, Neophilologus* 15,273
prurigo GLWERDA

BLEKKOHT *adj metallüberzogen* ◊ *covered with metal*
• *ns* blekkot GLSPET 86,20 ‖ laminis aeneis [statua] GLSPET

blendeslicho⁺ → BLINDSLĪKO

ŪTBLEUWAN *v-2 herausschlagen* ◊ *to hammer out*
• *3sips* vtbliuuuid GLPRUDF1 100,39 excudere GLPRUDF1

WITHARBLEUWAN *v-2 stumpf werden* ◊ *to blunt*
• *pcpt* uuidarbluan⁺ (*abbr*) GLPB2 I,298,9 retundere GLPB2

BLEUWARON *v-II hämmern* ◊ *to hammer*
• *1sips* bleuaron GLTRSEM VI,36 cudere GLTRSEM

BLĪ¹ *adj(-ja/jō) gefärbt* ◊ *dyed*
• *npnt* bli GLSTR 106,12

BLĪ² *nt(-ja) Farbe, Makel* ◊ *colour, blemish*
• *gs* blías GLLECT — *as* bli GLSTR 107,41
color GLSTR macula GLLECT

bli → BLĪ(U)
blid- → BLĪTH-
blid-º⁺ → BILITH-
blidsea → BLĪTHSIA
blidzeanne → BLĪTHSIAN

BLĪKAN *v-1 glänzen* ◊ *to shine*
• *inf* blican H *CM* 602 (blikan *C*). 3685 — *3sips* blikit GEN 20 — *pcps npf* blicandi H *CM* 3125
• GENB *3sips* blicð# 811

BLĪKOLVO *m-n Bleiknüppel* ◊ *leaden club*
• *ns* blicoluo GLTRSEM V,43 caestus GLTRSEM

BLIKSMO *m-n Blitz* ◊ *lightening*
• *gs* blicsniun° [= blicsman?] H *C* 5808

BLIND *adj blind* ◊ *blind*
• *npm* blinda H *C*, blinde *M* 2358. 3549, blindun *CM* 3589 (blindon *M*). 3654. 3661 — *npnt* blinda H *CM* 3605 — *dp* blindun H *M*, blindon *C* 3560. 3580. 3755 — *apm* blinda H *C*, blinde *M* 1213 (blindan *C*). 1841

BLINDI *f-ī Blindheit* ◊ *blindness*
• *ns* blindi H *C* 3636, blíndi GLPRUDF1 98,22
caecitas GLPRUDF1

BLINDIA *f-jō Blindheit* ◊ *blindness*
• *ns* blindia H *M* 3636

BLINDSLĪKO *m-n Blindschleiche* ◊ *slow-worm*
• *ns* blendeslicho⁺ GLTRSEM V,62
caeculus GLTRSEM

BLĪTHHAFTON *swv erfreuen* ◊ *to make happy*
• *2simp* bliðhafta PSWIT 85,4
laetificare PSWIT

BLĪTHI *adj-ja/jō froh, freudig, angenehm, glücklich, herrlich* ◊ *joyful, happy, pleasant, cheerful, glorious*
• *ns* blithi BEDA 13, blidi H *M*, blithi *C* 474. 666. 968 (bliði *P*, bliði *C*). 2738. 3134. 3362 (bliði *C*). *C* 424. 3472. 5808 — *asm* blithian H *C*, blidean *M* 3542 — *asnt* blithi H *C* 301 (blíði *neum M*). 433 — *npnt* blithi H *C*, blidi *M* 1462
• GENB *nsnt* bliðe# 751, blið# 656 (blið on breostum)
(cum gaudio) (BEDA)

BLĪTHLĪK *adj froh* ◊ *joyful*
• *nsm* blidlic H *M* 424

BLĪTHON *v-II* (+ an + d) *sich freuen (über), fröhlich sein/werden* ◊ *to be glad (about), cheer up*
• *1sips* blíthon GLPRUDF1 102,9 — *3pips* bliðot H *C*, blidod *M* 2053 — *3sipt* blithoda H *C*, blidode *M* 2005
laetari GLPRUDF1

BLĪTHSIA *f-jō Fröhlichkeit ◊ merriment*
• *as* blizza H *C* 2011 (blidsea *M*). 3334 (blitzea *M*)

BLĪTHSIAN *v-I fröhlich machen ◊ to cheer up*
• *inf d* blidzeanne H *M*, blizzenna *C* 2752

blitzea → BLĪTHSIA

BLĪ(U) *(nt-wa) Blei ◊ lead*
• *ns* bli GLSPET 81,15
plumbum GLSPET

blizza → BLĪTHSIA
blizzenna → BLĪTHSIAN

BLŌD *nt-a Blut, Körperflüssigkeit ◊ blood, bodily fluid*
• *ns* blod H *C* 5538, bluod *C* 4639 (blod *M*). 4879 (blod *M*). 5484. 5709, bluod (2) BENTR — *gs* bluódas GLPRUDF1 96,34, bluotes⁺ GLEVES 53,14 — *as* blod CONFES 16,25 GLSTR 107,9, (blu)o[d] PSGERN 9,7 [14,16] — *instr* blu[o]d(o) PSGERN 8,4 [14,8] — *gp* bluodo PSGERN 8,3 [14,7]. 9,6 [14,15]
cruor GLPRUDF1 (PSGERN) sanguis GLEVES (PSGERN) umor GLSTR

BLŌDAG *adj blutig ◊ bloody*
• *nsm* bluodig (b<p, u<o) GEN 45 — *asnt* bluodag GEN 87 — *npm* blodage H *M*, bluodaga *C* 5006 — *apm* blodaga H *C* 751 — *apnt* blodag H *M* 751

blodi → BLÔTHI²

BLŌIAN *v-I (auf)blühen ◊ to bloom, blossom*
• *3pips* bloiat H *M*, bloat *C* 4340 — *pcpt* gebloid H *M*, gibloit *C* 1674

BLŌMO *m-n Blume, Blüte ◊ flower, bloom*
• *ds* blomon H *M*, bluomen (u *add*) *C* 1681 — *dp* blomun H *M*, bluomon *C* 3676

BLŌTMĀNUTH *m(-cons) November ◊ November*
• *ns* blotmanoth CALES

BLÔTH, BLÔTHI¹ *adj-a, -ja/jō mutlos, furchtsam ◊ discouraged, timorous*
• *nsm* bloth H *M*, bluothi *C* 4872 — *dpm* glodion° (= blodion⁺) GLPB2 I,296,7 — *comp nsm* blothera H *C*, blothora *M* 5042
formidulosus GLPB2

BLÔTHI² *f-ī Mutlosigkeit ◊ discouragement*
• *ds* blođi H *C*, blodi *M* 4933

BLÔTHIAN *v-I + d pers jmdn entmutigen ◊ to discourage sb*
• *pcpt* giblođit H *C* 5390, giblođit 5466, giblothid 5844 (giblóđid *L*)

bluod(-) → BLŌD(-)
bluom- → BLŌM-
bluotes⁺ → BLŌD
bluothi → BLÔTH, BLÔTHI¹

BIBOD *nt-a Gebot ◊ commandment*
• GENB *ap* bebodu 526

GIBOD *nt-a Befehl, Gebot ◊ order, commandment*
o²¹ *ns* gibod H *CM*, gibôd (*neum*) *M* 348 — *ds* gibode H *CM* 4552 — *as* gibod H *CM*, gebod *M* 1826. 2087, gobod° *C* 3398 — *dp* gibodun PSLUB 111,1
• GENB *as* gebod 571. 698
mandatum PSLUB

BODAL *m-a (Grund)besitz, Haus ◊ house, dwelling, estate*
• *gp* bodlo H *M*, bódla *S*, bodlu *C* 509 — *ap* bodlos H *CM* 2160

BODANBRĀWI¹ *adj-ja/jō triefäugig ◊ watery-eyed*
• *ns* bodanbrauui GLSPET 81,18
lippus GLSPET

BODANBRĀWI² *f-ī Triefäugigkeit ◊ watering of the eyes*
• *ns* boduɴbrauue (*abbr*) GLSPET 82,20
lippitudo GLSPET

bodme → **BOTHOM**

BODO *m-n Bote, der Abgesandte* ◊ *messenger, envoy*
o^{53} *ns* bodo H *CMS* — *gs* bodon H *M* 941 — *ds* bodon H *CM* 159 — *as* bodon H *CM* 1041 — *np* bodon H *CLM* GEN 288. 300, bòdon (*neum*) H *M* 350, bodan *S* 697, bodun *C* 5848 — *dp* bodon H *CM*, bodun *M* 915 — *ap* bodan GEN 283
• GENB *ns* boda 490. 533. 558. 656. 680. 686. 725. 763 — *gs* bodan 711 — *as* bodan 664 — *np* bodan 510

BODSKEPI *(nt)-i Befehl, Botschaft, Nachricht* ◊ *order, command(ment), message, tidings*
• *ns* bodskepi H *M* 341 (bodscepi *C*). 424 — *as* bodskepi H *M* 138. 651 (bodscepi *C*). 895
• GENB *m-i as* bodscipe 552$^{#*}$, bódscipe 783$^{#*}$

GI**BODSKEPI** *nt-i Befehl, Gebot, Botschaft, Nachricht* ◊ *order, command(ment), message, tidings*
• *ns* gibodscepi H *C* 424. 895 — *gs* gibodskepies H *M* 2264 (gibodscipies *C*). 2660 — *as* gibodskepi H *M*, gibodscipi *C* 301. 1909 (gebodskepi *M*). 2666. *C* 2660, gibodscepe (g *ras* [b.?]) 138, gibodscip 8
• GENB *(m-i) as* gebódscipe 430$^{#*}$

BOFO *m-n (lat?) Kröte* ◊ *toad*
• *ns* bofo GLSPET 79,29 ‖
rubeta GLSPET

BÔG *m-i Bug (eines Tieres), Schulterstück* ◊ *fore-quarter, shoulder (of an animal)*
• *ns* bůch$^{+?}$ GLHARD IV,260,21 — *as* buag GLSPET 81,25 — *ap* boi GLSTR 106,24
• *Zweig, Ast* ◊ *bough, branch (of a tree)*
GENB *(m-)a dp* bógum 645
armus GLHARD GLSPET GLSTR

BÔG *m-a Armreif* ◊ *bangle*

• *ap* bauga^{+} HILD 33, *mlat (?)* baucos (2) CH 843?

BÔGA *f(-n) Armreif* ◊ *bangle*
• *ns* bouge$^{+?}$ GLMARF III,722,44
armilla GLMARF

BÔGGEVO *m-n Ringspender* ◊ *ring-giver*
• *as* boggebon H *C*, baggebon *M* 2738

BÔGIAN *v-I winden, krümmen* ◊ *to wind, curve*
• *pcpt asm* gebogdon GLSTR 107,20/21
— *pcpt dp* gibógdón GLPRUDF1 104,21
inflectere (in ~) GLSTR torquere GLPRUDF1

GI**BÔGIANDILĪK** *adj biegsam* ◊ *pliable*
• *ap* gibógiándélícvn GLPRUDF1 91, 16/17
plectilis GLPRUDF1

bŏgno → **BÔKAN**

BÔGWINI *m-i Ringfreund (Gefolgsmann, der Gold erhält)* ◊ *ring-friend (follower receiving gold)*
• *dp* boguuinion H *C*, baguuiniun *M* 2756

boi → **BŌG**

BŌK *f-cons + f-i + nt-a Buch, Schreibtafel* ◊ *book, tablet*
• *ns* bŏc GLPRUDF1 102,36 — *asf* boc H *M*, buok *C* 232 — *np* bok H *M*, bók *S*, buoki *C* 530 — *dp* buokon H *C*, bokun *M* 621, bocun 1086. 1092, bŏkíon GLPRUDF1 102,42 — *apf* buok H *C* 8. 14. 235. 3402 (bok *M*) — *apnt* bok H *M* 235
liber, volumen GLPRUDF1

BŌKA *f-(j)ō/-(j)-n Buche* ◊ *beech*
• *ns* boke GLVERGDRSD GLVERGOX 111,28, boch$^{+?}$ GLMARF III,720,36 (= BŌK?)
aesculus GLVERGOX fagus GLMARF GLVERGDRSD

bôkan

BÔKAN nt-a Zeichen ◊ sign
• ds bocne H C, bocna M 602. 666, bokne C, bogne M, bakne S 545 — as bocan H CM 479. 592 (bocon C). 595. 599 (bocon C). 661 — gp bocno H C 373 (bŏgno neum M, bakna S). 4314 (bokno M), bokno GEN 269

BÔKARI m-ja Schreiber (Schriftgelehrter) ◊ scribe
• ns buokari GLTRSEM XV,71 — np buocheria GLEVES 50,2 — dp bocherion GLEVES 51,32
scriba GLEVES GLTRSEM

BÔKKAMERA f-ō/n Bibliothek ◊ library
• ns bochcamere (abbr) GLMARF IV,178,33, bvchcamera⁺ GLTRSEM II,18
armarium, armamentarium GLTRSEM librarium GLMARF

BÔKKRAFT m(-a/i) Gelehrsamkeit ◊ learning
• gs bokcraftes H M, buokcraftes C 614

BÔKNIAN v-I veranschaulichen, als Zeichen geben ◊ to portend, to give as a token
• inf bocnian H C, boknien M 2577 — pcpt giboknid H M, gibocnit C 3589

ANBÔKNIAN v-I berichten ◊ to report
• pcpt enbouchinit⁺ GLEPIST I,760,8/9
latum dicere, significare GLEPIST

GIBÔKNIAN v-I winken ◊ to beckon
• 3sipt geboknide H M, gibuocnida C 4597

BÔKON v-II besticken ◊ to embroider
• pcpt gibokod GLSPET 74,36 — pcpt np ibocade GLGAND
pcpt plumarius GLGAND GLSPET in modum plumae GLSPET

BÔKSPÄH adj-a schriftkundig ◊ skilled in letters
• npm bŏkspaha (neum) H M, bokspahe S, buokspaha C 352

bômgard

BÔKSTAF m-a Buchstabe ◊ letter
• dp bocstabon M, buokstabon C H 230

boctibret° → BEDDIBRED

BOLLO¹ m-n Bolzen (Geschoss) ◊ bolt (missile)
• as bollen GLABD
sagitta GLABD

BOLLO² m-n Schale ◊ bowl
• ns bollo GLVERGOX 112,8
cratus GLVERGOX

BOLT m-a Brenneisen, glühendes Eisen ◊ cautery, glowing iron
• ns bolz⁺ GLTRSEM VI,69 — as bolz⁺ GLPRUDF1 98,1 — dp bólzón⁺ (z<t) GLPRUDF1 95,22/23
cauter GLPRUDF1 GLTRSEM

bolt → BULD

BOLTO m-n Bolzen ◊ bolt
• ns bolzo⁺ GLMARF III,718,51
bultio, pultio GLMARF

BÔM m-a Baum, Stange, Balken ◊ tree, pole, beam — varende ~ Kletterpflanze (Hopfen, Zaunrübe) ◊ climbing plant (hop, bryony)
• ns bom H CM 1745. 1747 GLHARD III,605,5 (a?) — gs buomes H C 5507 — ds bome H C 5592. 5608. 5650 — as bom H C 5534 — gp bomo H C 1748 (bamo M). M 3676 (buomo C)
• GENB ns béam# 468, beam# 478. 646 — gs beames# 593 — ds beame# 483 — as beam# 235. 492. 528 — np béamas# 460
viticella (varende ~) GLHARD

BÔMFALKO m-n Baumfalke ◊ tree falcon
• ns bomfalco GLTRSEM VI,143
herodius GLTRSEM

BÔMGARD m-a Obstgarten, Zwinger ◊ orchard, outer ward
• ns bomgard^{bfk} GLPRUDBR II,572,39 — gs boungardes⁺? GLPRUDF1⁺ 90,1
nemus GLPRUDF1⁺ pomerium GLPRUDBR

bômgardo

BÔMGARDO *m-n Baumgarten* ◊ *orchard*
- *ds* bomgardon H *M*, bomgarden *C* 4983

BÔMĪN *adj hölzern* ◊ *wooden*
- *asnt* bomin H *C* 5554

BÔNA *f-n Bohne* ◊ *bean* — flugles ~ *Wicke* ◊ *vetch*
- *ns* bona GLTRSEM XXI,46 — *np (?)* bonon URBWERDA 38,10— *gp* banano REGFREK *K* 24,21. *M* 24,10 — *ap* bene# GLPB1 I,590,17

faba GLTRSEM pisa agrestis, vicia (flugles bene) GLPB1

BORD *(nt)-a Schild, Reling* ◊ *shield, railing*
- *as* bord H *CM* 2932. 2960 — *dp* bordon H *C* 5767

BORDA *f-ō/n Borde* ◊ *ornamental border*
- GLWERDC *m-n ns* borda 364

ornatus vestimentorum, pernicula (prinicula *ms*) GLWERDC

borendę# → BORON, BORIAN#

BORG *(m-a) Bürgschaftsleistung* ◊ *suretyship*
- *ns* borg GLVERGOX 111,38

vadimonium GLVERGOX

BORGIAN *v-I*, BORGON *v-II schonen* ◊ *to spare*
- *1sips* borgen+ GLSPET 79,17

parcere GLSPET

ARBORGIAN/ARBORGON *v-I/II Gewähr leisten* ◊ *to guarantee*
- *3sipt* erborgeda+ GLSPET 83,36

vadari GLSPET

ARBORGITHA *f-ō Zusage* ◊ *promise*
- *ns* erborgida+ GLSPET 79,25 ‖

sponsio GLSPET

BORO *m-n Bohrer* ◊ *drill*
- *ds* boron GLSPET 80,2 ‖

bōta

terebrum GLSPET

BORON, BORIAN# *v-II bohren* ◊ *to bore*
- GLWERDA *pcps np* borendę# 343

terebrare GLWERDA

BÔSA *f-ō Böses, Nichtigkeit, leeres Geschwätz* ◊ *evil, idle talk, vanity*
- *as* [b](o)[sa] PSGERN 9,5 [14,14] — *np* bosa GLSPET 85,20 ‖ — *dp* boson GLSPET 86,27 ‖ — *ap* bosa GLSPET 86,18

frivolum GLSPET malum (PSGERN) nugae GLSPET

BÔSERI *m-ja Nichtsnutz* ◊ *good-for-nothing*
- *ns* boseri GLPRUDF1+ 89,21

nugator GLPRUDF1+

GIBÔSI¹ *adj-ja/jō nichtig* ◊ *vain*
- *npnt* gibosi GLPRUDF1+ 89,16, gebosebfk GLPRUDBR II,573,8

frivolus GLPRUDBR GLPRUDF1+

GIBÔSI² *nt-ja unnützes Zeug* ◊ *worthless stuff*
- *ap* gibósi GLPRUDF1 101,24, gibose GLTRSEM XI,64

nugae GLPRUDF1 GLTRSEM

BÔSILING *m-a Nichtsnutz* ◊ *good-for-nothing*
- *ns* bosiling GLSPET 77,9

nugax, vanus fatuus GLSPET

BÔSLĪKO *adv schändlich* ◊ *shamefully*
- boslic(h)o+ GLPRUDF1+ 90,18

nequiter GLPRUDF1+

ŪTBŌSMIAN *v-I verbreitern* ◊ *to widen*
- *3pips* ŭtbósmént GLPRUDF1 102,23

exsinuare GLPRUDF1

BŌSOM *m-a Schoß* ◊ *bosom*
- *ds* bosma H *M*, buosme *C* 292. 324

BŌTA *f-ō Heilung, Hilfe, Unterhalt, Erlösung* ◊ *remedy, help, maintenance, deliverance*

• *ns* bote H *M*, buota 3383 — *gs* buota H *C* 5873 — *as* bota H *M*, buota *C* 2352 — *gp* botono H *M*, buotono *C* 2298. 3549 — *dp* botun GLMERS 70,5,12
sumptus GLMERS

botan → BIŪTAN

BŌTIAN *v-1 (+ d pers) ausbessern, jmdn heilen, zurechtweisen, heimzahlen,* + *g Buße tun für* ◊ *to mend, heal, repent, rebuke, compensate,* + *g to do penance for* — fiur ~ *Feuer entfachen* ◊ *to kindle*
• *inf* buotean H *C* 1139 (botean *M*). 1364 (betien *M*), buotian 5325, buotan 3493 (botien *M*) — *3sips* buotit H *C* 3479 — *3sipt* botta H *M*, buotta *C* 2358 GEN 102 — *3pipt* bottun H *M*, buottun *C* 1177 — *3popt* bottin H *CM* 877 — *pcpt* gibotid H *M*, gibuotid *C* 3636. 3661 (gibuotit *C*). 3755, gibŏt GLEVES 57,14, gebot CONFPAL 363,26
• *wieder gutmachen* ◊ *to put right* GENB *inf* betan[#] 625
accendere (fiur ~) GLEVES

GIBŌTIAN *v-1 (+ a) bessern, wieder gutmachen, Buße tun, befreien von* ◊ *to improve, compensate, do penance, get out of*
• *inf* gibotien H *M*, gibuotian *C* 3497. 5006. *C* 5580, gibuotean 1710 (gebotean *M*) — *inf d* gibotianna CONFES 17,24/25 — *3sipt* gibuotta GLEVES 51,7
• *stillen* ◊ *to satisfy* GENB *inf* gebetan[#] 399
corrigere GLEVES

botme[#] → BOTHOM

BÔTO *m-n Flachsbündel* ◊ *bunch of flax*
• *ns* boto GLTRSEM X,18
linistipulum GLTRSEM

BOTHOM *m-a Boden, Tiefe, Abgrund* ◊ *bottom, depth, abyss*
• *ds* bothme H *C* bodme *M* 2510
• GENB *ds* botme[#] 361, bótme[#] 330

bouge[+?] → BÔGA

boungan → BĀUNGA
boungardes[+?] → BÔMGARD

BRĀDAN *v-7 braten* ◊ *to roast*
• *pcpt* gebradan GLPRUDF1 101,10/11, gibratan[+] GLSPET 87,25 ‖
assare GLPRUDF1 *pcpt* obustus GLSPET

GIBRĀDAN *v-7 schmoren* ◊ *to braise*
• *3sipt* gebred GLPRUDF1 101,3
decoquere GLPRUDF1

brad- → BRÔD(-)
bráde[#] → BRÊD

BRĀDO *m-n Fleischstück, Bratfleisch* ◊ *piece of meat, roast meat*
• *ns* brado GLMARF III,717,48 GLTRSEM VI,39. XXI,51, brata[+] GLHARD IV,268,25 — *dp* braton[+] GLPRUDBR II,573,49
assatura GLHARD GLMARF copadium GLMARF GLTRSEM ofella GLPRUDBR

brahon → BRĀWA

BRAHSMA *f-ō/n Brachse* ◊ *bream*
• *ns* prasma[+?] GLTRSEM III,82
brasina GLTRSEM

BRAHT *m-a lärmende (Menschen-)Menge* ◊ *noisy crowd (of people)*
• *ns* braht H *CM* 4534. 4947

BRAHTUM *m-a große, lärmende (Menschen-)Menge* ◊ *mighty, noisy crowd (of people)*
• *instr* brahtmu H *CM* 2176 (brathmu *M*). 4189. 4809

GIBRAK *nt-a Gewimmel* ◊ *swarm*
• *ns* gibrac H *C*, gebrac *M* 2191

GIBRĀKI *nt-ja Katarrh* ◊ *catarrh*
• *ns* gebreke GLMARF III,722,14, gibraechi[+?] GLTRSEM V,29, gibrexi XIII,107
catarrhus, rheuma GLMARF GLTRSEM pituita GLTRSEM

BRAKKO *m-j-n Bracke, Jagdhund* ◊ *hunting dog*
• *ns* bracco GLSPET *Wich-Reif* 110 ‖
brachus (= βραχύς), molossus (?) GLSPET

BRAKON *v-II krachen* ◊ *to crash*
• *inf* brakon GEN 304 — *3sipt* bracoda GEN 312

GI**BRAKON** *v-II den Brachacker umbrechen* ◊ *to break the ground*
• *inf* gibrakon URBWERDA 17,11 — *3sips* gibrakod URBWERDA 17,12
proscindere URBWERDA

BRĀMA *f-n*, **BRĀMO** *m-n Dornbusch* ◊ *bramble*
• *ns* brame GLMARF III,720,19
vepres GLMARF

BRĀMALBUSK *m-a Brombeerbusch* ◊ *bramble bush*
• *ns* bramalbusc GLSPET 74,6
rubus GLSPET

BRĀMBERI *nt-ja Brombeere* ◊ *blackberry*
• *ns* brambire GLMARF III,720,18
mora silvatica GLMARF

BRĀMLÔF *nt-a Brombeerlaub* ◊ *leaves of the blackberry*
• *ns* branlof GLTR40 V,43,29
rumicedo GLTR40

BRAND *m-a brennendes Scheit, Feuerbrand* ◊ *piece of burning firewood, firebrand*
• *ns* brant[+?] (r<l) GLSPET 76,14 ‖ GLHARD IV,279,57 — *ds* brande GLVERGOX 113,34 — *ap* brándos GLPRUDF1 96,16
• GENB *as* brand 325
titio GLHARD GLSPET torris GLPRUDF1 GLVERGOX

BRANDAR (?) *m-a Getreidebrand* ◊ *uredo*
• *ns* branthar GLTRSEM XVI,77
uredo GLTRSEM

BRANDRÊDA *f-ō/-n Feuerbock, Grillrost, Topfaufsatz* ◊ *andiron, gridiron, trivet*
• *ns* brandereda GLVERGOX 111,25, brandridę GLTR40 V,46,19, brandrada GLTRSEM II,104, prandrade[(+)] GLADM508, brantreide[+] GLMARF III,717,45 GLTR40 V,47,16, branttreide[+] GLMARF IV,177,9
andela GLMARF GLTR40 GLTRSEM GLVERGOX andena GLADM508 GLTR40

branlof → **BRĀMLÔF**
brant(-)[+] → **BRAND**(-)
branthar → **BRANDAR** (?)
brat-[+] → **BRĀD**-

BRAUHŪS *nt-a Brauhaus* ◊ *brewery*
• *ns* brŏhus (v *add*) GLVERGOX 112,1
— *as* brouhus URBWERDB 133,18,19 (2)
bracinarium GLVERGOX

BRĀWA *f-wō Augenlid* ◊ *eyelid*
• *dp* brauuon H *C*, brahon *M* 1704

BRED *(nt-z/a) Tisch* ◊ *table*
• *ns* bred GLTRSEM XV,94
tapetum GLTRSEM

BRÊD *adj breit, ausgedehnt, um sich greifend* ◊ *broad, extended, spreading*
• *ns* bred H *CM* 1774. 1931. 2962. 4235 — *nsnt* breda H *CM* 2585 — *nsf* breda H *C*, brede *M* 4314 — *dsf* bredun H *C*, bredon *M* 1656 — *asm* bredan H *CM* 714 — *asnt* bred H *CM* 1154. 1501 — *asf* breda H *CM* 2461, bredun *C*, bredon *M* 341 — *apm* bregida[+?] (g *del*) GLPB1 I,335,32 — *apnt* bred GEN 316 — *sup ns* bredost H *CM* 2595
• GENB *npm* bráde[#] 510 — *apm* bráde[#] 325, bradan[#] 763
dextrale (armbog ~) GLPB1

bredel → **BRĪDIL**

BRÊDIAN *v-I stärker werden, ausbreiten* ◊ *to increase, spread out*
• *inf* bredian H *C*, bredean *M* 1412 — *3sips* bredid H *M*, bredit *C* 2474

-brêdian | brengian

GIBRÊDIAN *v-1 ausbreiten ◊ to spread*
• *2sipt* gibreidest$^{+?}$ PsLub 29,2
delectare° (dilatare?) PsLub

BRÊDLĪKO *adv ausgiebig ◊ abundantly*
• breidlicho$^+$ GlPb2 I,297,3
largiter GlPb2

BRĒF *m-a Schriftstück, Brief, Verzeichnis ◊ (piece of) writing, letter, register*
• *ns* bref GlHard IV,276,11 — *as* brief H *C* 230 (bref *M*). 352 (brĕf *neum M*, brèf *S*)
carta GlHard

BREGDAN *v-3 verknoten ◊ to knot*
• *3pipt* brugdun H *CM* 1177

bregida$^{+?}$ → BRÊD

BREHSMO *m-n Brachsen ◊ bream*
• *ns* bresme GlMarf III,720,47
brasina GlMarf

breidlicho$^+$ → BRÊDLĪKO

BREKAN *v-4 brechen, zerreißen ◊ to break, tear*
• *inf* brekan GlEvElt 47,4 GlEvEs 48,24 — *3sipt* brak H *M*, brac *C* 2855. 4634. 5100 — *pcpt* gibruocan H *C* 5592
• *übertreten ◊ to transgress* GenB *3sips* brecað$^{\#}$ 430 — *3sipt* bræc$^{\#}$ 599 — *3pipt (3popt?)* bræcon$^{\#}$ 686
solvere GlEvElt GlEvEs

ABREKAN *v-4 übertreten ◊ to break, transgress*
• GenB *pcpt* abrocen 783

AFBREKAN *v-4 abrupfen ◊ to pluck out*
• *inf* afbrekan GlEvEs 49,32
vellere (spicas) GlEvEs

BIBREKAN *v-4 + a pers, d rei jmdm etw zerbrechen ◊ to fracture sth of sb*
• *3pipt* bebracon H *C* 5697

FARBREKAN *v-4 brechen, übertreten ◊ to break, violate*

• *1pipt* frarbrákun° (*1. r corr*) Gen 8 — *3popt* farbrakin GlEvElt 47,9/10 GlEvEs 48,30
• GenB *1pipt* forbræcon$^{\#}$ 798 — *pcpt* forbrocen 698
destruere GlEvElt GlEvEs

TIBREKAN *v-4 zerbrechen, abbrechen ◊ to break, pull down*
• *1sips* tebriku GlEvEs 55,21 — *3sips* tibrikid PsLub 28,5 — *pcps gsm* tibrekandies PsLub 28,5 — *2sipt* [t]ibreki PsLub 115,16 — *pcpt* tibrokan GlStr 107,22
confringere, dirumpere PsLub destruere GlEvEs fragmentum (*pcpt*) GlStr

BREKKINN *f-jō Hündin ◊ bitch*
• *ns* brekkin GlTrSem XVI,88
lycisca, sparta GlTrSem

BREMMIA *f-jō/jōn Pferdebremse, Viehbremse ◊ gadfly, horsefly*
• *ns* bremmia GlStr 107,31
oestrus GlStr

BREMO *m-n Pferdebremse, Viehbremse, Stechfliege ◊ gadfly, horsefly, biting fly*
• *ns* bremo GlTrSem I,26. II,10. XV,56 GlVergOx 110,10 GlTr40 V,48^{28}
asilus GlTrSem GlVergOx tabanus GlTrSem

BRENGIAN *v-1 bringen, führen ◊ to bring, lead, offer*
• *inf* brengean H *M* 338 (bringian *C*). 2059 (brengan *C*). 2298 (brengan *C*). 2303 (brengian *C*), brengian *C*, brengien *M* 3571, bringan *C* 5644 — *2sips* brengist GlEpist I,796,10 — *3sips* brengid H *M* 2636 (brengit *C*), brengit *M*, bringid *C* 4895 — *3pips* brengead H *M*, brengiat *C* 2483 — *2pimp* brengiađ PsLub 28,1 (2), br[en]giant 28,2, [b]ren(g)[ian](t) 28,2 — *3sipt* brahte H *M*, brahta *C* 2782. 5120. *C* 5941, brahte *M* 5972 — *3pipt* brahtun H *CM* 3771. 5269. *C* 5303 — *3sopt* brahti H *CM* 3769. 4173 (brahte *C*). *C* 553, brahte *C* 5945 — *3popt* brahtin H *CM* 5262

brengian

• GENB *3pips* bringað 510 — *1sipt* brohte[#] 615 — *pcpt* brungen[#] 651, broht[#] 680
affere PsLUB digne deducere GLEPIST

AN**BRENGIAN** *v-I anbringen* ◊ *to introduce*
• *3pips* anbre(n)g[ed] PsGERN 8,2 [14,6]
inducere (PsGERN)

ANGEGIN**BRENGIAN** *v-I entgegentreten* ◊ *to advance towards*
• *3sipt* angenbrahte GLVERGOX 114,1
conferre GLVERGOX

BI**BRENGIAN** *v-I überbringen, vollbringen* ◊ *to deliver, accomplish*
• *2pips* bebrengiat H *C* 1928 — *2pops* hebrengen° H *M* 1928 — *3sipt* bibrahta GLEVES 59,21
perficere GLEVES

FORTH**BRENGIAN** *v-I (her)vorbringen* ◊ *to bring forward, emit*
• *pcpt* forthbraht GLPRUDF1 92,8/9 — *pcpt npnt* fórthbráhta GLPRUDF1 91,35
prodere, ructare GLPRUDF1

GI**BRENGIAN** *v-I bringen, führen* ◊ *to bring, lead*
• *inf* gibrengean H *C* gibrengen *M* 1096 — *3pipt* gibrahtun GEN 302 — *3sopt* gibrahti H *M* 553 (gibrohti *S*), gebrahti 1240

BRENNIAN *v-I verbrennen (trans), in Rauch aufgehen lassen, Feuer fangen* ◊ *to burn (trans), let go up in smoke, catch fire*
• *1sips* brennen *(abbr)* GLTRSEM XI,104 — *3sips* brennid GLSTR 107,18 — *pcpt* gebrand GLPRUDF1 101,6
aduri GLSTR concremare GLPRUDF1 olere GLTRSEM

breost(-) → **BRIOST**(-)
brepta*n°* → **BLĀDRA**

briast

bresme → **BREHSMO**

BRESTAN *v-3 (zer)bersten, krachen; impers + g rei, d pers jmdm fehlt es an etw* ◊ *to burst, crack; impers + g rei, d pers sb is lacking of sth*
• *3sops* brésta GLPRUDF1 98,4 — *3sipt* brast H *CM* 2012. 4879 GEN 312
crepare GLPRUDF1

FAR**BRESTAN** *v-3 brechen* ◊ *to fracture*
• *3pipt* uerbrustun BENW 10

TI**BRESTAN** *v-3 zerreißen* ◊ *to tear*
• *3sipt* tebrast H *C* 5664

BRETON[+?] *v-II hinstrecken* ◊ *to smite*
• *inf* breton[+?] HILD 54

GI**BREUWAN** *v-2 brauen* ◊ *to brew*
• *inf* gibreuuan URBWERDA 18,7

BRÊVERI *m-ja Sekretär, Schriftführer* ◊ *secretary, clerk*
• *ns* brievere GLTRSEM XI,70
notarius GLTRSEM

BRÊVIAN *v-I aufschreiben, einschreiben* ◊ *to write down, enroll*
• *pcps npm* bréviánthía GLPRUDF1 104,27 — *pcpt* gibréuid GLPRUDF1 104,28
annotare, conscribere GLPRUDF1

BRÊVITHA *f-ō Verzeichnis* ◊ *register*
• *ns* breuitha GLTRSEM XI,28
matricula GLTRSEM

BREZZITEL *(f) Brezel* ◊ *pretzel*
• *ns* bricitel[+?] GLTRSEM V,104
collyrida GLTRSEM

BRI *(m-wa) Brei* ◊ *mash, pap*
• *ns* bri GLMARF III,717,50 GLTRSEM XIII,2 — *as (lat p)* bri GLHARD IV,257,33
polenta, liquidum ciborum GLTRSEM puls GLHARD GLMARF

briast → **BRIOST**

BRĪDIL *(m-a) Zaumzeug* ◊ *bridle*
• *ns* bredel GLMARF III,716,55
camus GLMARF

brief → **BRĒF**
briest- → **BRIOST**
brievere → **BRĒVERI**
bri(c)a → **BIRKA**
bricitel$^{+?}$ → **BREZZITEL**
bring(i)an → **BRENGIAN**

BRINNAN *v-3 brennen, in Brand stehen* ◊ *to burn, be on fire*
• *inf* brinnan GEN 330 — *1sips* brinnu H *CM* 3369 — *pcps ns* brinnandi H *CM* 3079. 4372 GEN 297. 318 — *pcps asnt* brinnandi H *C*, brinnendi *M* 3383. 3391 — *pcps apf* brinnandea H *M*, brinnandi *C* 4814 — *3sipt* bran GEN 316
• GENB *3pipt* burnon$^{\#}$ 777

BRIOST *nt-a p Brust, Kehle, Herz, Gemüt* ◊ *breast, throat, heart, mind*
o^{67} *n* briast GLPRUDF1 91,30 — *d* breostun, briostun H *M*, brioston *C*; *C* 1756 (*1. o add*), brieston 5001, briostun *L* 5828, bréostun *V* 1313, breostun *C* 1439 GEN 59. 84. 87, brioston H *M* 614 — *a* breost H *M*, briost *C*
• GENB *d* breostum$^{\#}$ 519. 562. 571. 715. 734. 751. 777. 803, breostum$^{\#}$ (*abbr*) 656
iugulum GLPRUDF1

BRIOSTGITHĀHT *f-i innerste Gedanken, Gemüt, Mut* ◊ *(innermost) thoughts, mind, courage*
• *ns* briostgithaht H *C* 5466 — *as* briostgithaht H *CM* 4856, breostgithaht *M* 4661 — *ap* briostgithahti H *C* 4661

BRIOSTHUGI *m-i/ja innerste Gedanken, Herz, Sinn* ◊ *(innermost) thoughts, heart, mind*
• *ns* briosthugi H *C*, breosthugi *M* 5042 — *ds* briosthugie H *C*, breosthugi *M* 2461 — *as* briosthugi H *C* 1750 (breosthugi *M*). 4611. 5325

BRIOSTKARA *f-ō Herzenskummer* ◊ *sorrow of the heart*
• *as* briostcara H *C*, breostkara *M* 4033

BRIOSTKOVO *m-n Inneres* ◊ *heart*
• GENB *ds* breostcofan$^{\#}$ 574

brita$^{\circ?}$ → **BIRKA**
broah^{+} → **BRŌK^{1}**

BRŌD *nt-a Brot* ◊ *bread*
• *gs* brodes H *CM* 1068. 2868. 3015. 3341, REGFREK *M* 33,8 (brades *K* 33,27), bradas 40,33 — *as* brod H *CM* 1066. 4633 — *ap* brod H *CM* 2844 (bruod *C*). 2851 REGES 21,3, brot 21,14
panis REGFREK *M*

BRŌDBAKKARI *m-ja Brotbäcker* ◊ *baker*
• *ns* bradbaccari GLSPET 73,21
pistor GLSPET

BRŌDĪN *adj aus Brotgetreide/Brotteig bestehend* ◊ *consisting of breadgrain/bread dough*
• *apm* bradine GLVERGOX 113,32
adoreus GLVERGOX

BRŌDWURT *f-i Brotgewürz* ◊ *bread spice*
• *ns* bruotuurz$^{+\circ?}$ GLTRSEM VIII,56
git GLTRSEM

BRŌK^{1} *f-cons + f-i Hose(n), Kniehose(n)* ◊ *trousers, thigh-coverings*
• *ns* bruoc GLTRSEM III,77, broah$^?$ GLSPET 87,31‖ — *np* bruochi$^{+?}$ GLTRSEM VII,131— *ap* brog GLSPET 74,9‖
braca GLSPET GLTRSEM feminalia GLSPET femorale GLTRSEM

BRŌK^{2} *(nt-a) Bruch, Sumpfland* ◊ *bog, marsh*
• *ns* bruch$^{+?}$ GLMARF III,715,12
palus GLMARF

TIBROKITHA *f-ō Krümmung* ◊ *bend*
• *dp* zibrochidon^{+} GLSPET 84,28
anfractus GLSPET

BROCC[#] *(m) Dachs* ◊ *badger*
• GlWerdB *ns* broc[#] 276
taxus GlWerdB

brog → BRŌK¹
brŏhus → BRAUHŪS

BROKKO *m-n Backwerk* ◊ *cakes and pastries*
• *ns* brocco GlSPet 78,24 ‖
lapas, olla minor GlSPet

BRŌKLĪK *adj sumpfig* ◊ *marshy*
• *ns* bruochlich[+] GlTrSem XIII,64
palustris GlTrSem

brora° → BRORD

BRORD *(m-)a Haltegriff* ◊ *handle*
• *ns* brord (2.r *add*) GlADM508, b̃ord GlTr40 V,46,23
• *Getreidehalm* ◊ *blade (of corn)* GlWerdC *ns* brora° (= brord) 359
ansa GlADM508 GlTr40 farrago GlWerdC

BRORDON *v-II (be)sticken* ◊ *to embroider*
• *3sipt* brordade GlVergOx 114,7 — *pcpt apf* gibrordade GlVergOx 114,32
nere, pingere acu GlVergOx

BROSMA (BRÔSMA ?) *f-n Brosamen* ◊ *crumb*
• *ns* brosma GlSPet 79,26 ‖ — *gp* brosmono H *CM* 3021
mica GlSPet

brot → BRÔD

BROTH *(nt-)a Brühe* ◊ *broth*
• *ns* broth GlTrSemVIII,110
ius GlTrSem

BRŌTHAR *m-r Bruder* ◊ *brother*
• *ns* broder H *M*, bruother *C* 4033. 4043. *C* 3972 — *gs* broder H *M* 2706 (bruother *C*). 2713 (bruoder *C*). 2746 (bruother, t<d *C*), brođer Gen 265, brothor 79, bruođar 45, bruodar 95 — *ds* broder H *M*, bruother *C* 2710, bruo-đar Gen 28. 54 — *as* b(ro)thar (*stil*) GlGreg 63,9, brodar H *M*, bruother *C* 1704, brođar Gen 33, bruođar 59 — *dp* bruothron H *C* 3391 (brodarun *M*). 5936. 5953 — *ap* brothar ConfEs 16,18
frater GlGreg

GIBRŌTHAR *m-r p Gebrüder* ◊ *brothers*
• *np* gibruother H *C*, gebrođar (đ?) *M* 1439 — *dp* gibruotron H *C*, gibrodrun *M* 1164 — *ap* gibrođer H *C*, gibroder *M* 3110, gibruođer *C*, gebrođar *M* 1154, gibruother *C*, gebrodar *M* 1257

BRŌTHARSKEPI *m-i Brüderschaft* ◊ *brotherhood*
• *as* broderskepi H *M*, bruođerscipi *C* 4652

BRŌTHARSUN *m-i Sohn des Bruders* ◊ *brother's son*
• *ns* brothersun GlMarf III,715,24
fratruelis GlMarf

brouhus → BRAUHŪS

BRŪD *f-i (jungverheiratete) Frau, Ehefrau, Braut* ◊ *(newly-married) woman, wife, bride* — uuintes ~ *Windsbraut* ◊ *gale*
• *ns* brud Gen 332, brut[+] GlSPet 80,8 ‖ — *ds* brudi H *CM* 147. 298 (brúdiu neum *M*). 301 (i<iu *M*). 2706. *C* 5442 — *as* brud H *CM* 1996. 2710. 2713, prut[+] Hild 21 — *np* brudi H *C* 5525 — *dp* brudiun H *M*, brudion *C* 749
• GenB *as* bryd[#] 526
vertigo (uuintes ~) GlSPet

BRŪDBEDD *nt-ja Brautbett* ◊ *nuptial bed*
• *ns* brudbedde GlMarf III,717,10
thalamus GlMarf

BRŪDHLÔFT *(f-)i Hochzeitsfeier* ◊ *wedding celebration*
• *dp* brudlohton (*stil*) GlGreg 64,3
nuptiae GlGreg

BRŪDIGOMO *m-n Ehemann, Bräutigam* ◊ *husband, bridgegroom*

brūdigomo   **brustwer**

● *ds* brudigumon H *M*, brudigumen *C*, 509 (brudiguman *S*). 2050 (brudigomen *C*)

BRUGGIA *f-j-n* Brücke ◊ *bridge*
 ● *gs* brýggivn GLPRUDF1 104,11, brúgkivn 104,14
pons GLPRUDF1

BRŪKAN *v-2 + g etw genießen, sich erfreuen an* ◊ *to enjoy (the use of)*
 ● *inf* brucan H *C* 3011 (brukan *M*). 3030 (brukan *M*). 3585. 5325, brukan GEN 242, H *C* 1104 (brucan *M*)

bruch$^{+?}$ → **BRŌK^2**

BRUKI *m-i Riss* ◊ *tear*
 ● *ns* bruki GLEVES 49,36
scissura GLEVES

BRUKKILĪN *nt-a Kostprobe* ◊ *taste*
 ● *ns* pruchili$^+$ GLEPIST I,757,20
particulum, probatio GLEPIST

bructolehter$^{o(+)}$ → HRUTTALEHT (?)

BRŪNFARU *adj-wa/wō dunkelbraun* ◊ *deep brown*
 ● *ns* farobrun° GLTRSEM XIV,100
stibium GLTRSEM

brungę → **BRUNNIA**

BRŪNLOCCAR$^{\#}$ (?) *adj braunhaarig* ◊ *brown-haired*
 ● GLWERDC *ns* bruun l(o)cęr$^{\#}$ 357
aquilus, furvus GLWERDC

BRUNNIA *f-jō Brünne, Brustpanzer* ◊ *coat of mail, corselet*
 ● *as* brungę GLVERGOX 113,24 — *gp* brunnono$^+$ HILD 62
thorax GLVERGOX

BRUNNO *m-n Brunnen, Quellwasser* ◊ *well, fountain, springwater*
 ● *gs* brunnan H *M* 1967 (brunnen *C*). 3914 (brunnon *C*) — *as* brunnion H *C* 5473 — *np* brunnon H *CM* 3919

BRŪNRŌD *adj rotglänzend* ◊ *red gleaming*
 ● *ns* brunrad GLPRUDP 63,7
fulvus GLPRUDP

bruod → **BRŌD**
bruoder(-) → **BRŌTHAR(-)**
bruoc → **BRŌK^1**
bruochi$^{+?}$ → **BRŌK^1**
bruochlich$^+$ → BRŌKLĪK
bruother → **BRŌTHAR**

BRUST *(f-cons/-i) Brust* ◊ *breast*
 ● *ns* brust GLSPET 84,7 ‖
papilla GLSPET

BRUSTBĒNI *nt-ja Brustknorpel* ◊ *sternal cartilage*
 ● *np* brustbeini$^+$ GLSPET 77,27
cartilago, os molle GLSPET

BRUSTIAN *v-I Knospen treiben* ◊ *to bud*
 ● *3pips* brustiad H *M*, brusteat *C* 4340

BRŪSTIG *adj vor Begierde brennend* ◊ *burning with longing*
 ● *ns* brustich GLTRSEM XVII,2
zelotypus GLTRSEM

BRUSTLAPPO *m-n Brustbein* ◊ *breastbone*
 ● *ns* burstlappo GLMARF III,722,23
cartilago GLMARF

BRUSTLEPIL *(m-a) Brustbein* ◊ *breastbone*
 ● *ns* brustlepil GLTRSEM V,21
cartilago GLTRSEM

BRUSTROKK *(m-a) Brustpanzer* ◊ *cuirass*
 ● *ns* burstroc GLMARF III,716,63, brustroch$^+$ GLSPET 85,12 ‖
thorax GLMARF GLSPET

brustun → **BURSTA**

BRUSTWER *(f-i) Brustwehr* ◊ *breastwork*
 ● *ns* brustuuer GLSPET 78,19 ‖
propugnaculum GLSPET

brut⁺ → BRŪD
bruun l(o)cęr# → BRŪNLOCCAR# (?)
bryd# → BRŪD
brysti# → BURSTA

BŪ *nt-wa Wohnung, Haus, Wohnsitz* ◊ *house, home, dwelling, residence*
- *as* bu H *CM* 2122. 2160 — *ap* bu H *CM* 3654. 3685 (bú *C*)

bú# → BĒGEN#
buag → BŌG

BŪAN *v-7 + v-I*, **BŪON** *v-II wohnen, bleiben* ◊ *to dwell, live, stay*
- *inf* buan H *M* 1945 (buon *C*) GEN 238 — *3sipt* buida H *C*, buide *M* 2706
- *bewohnen* ◊ *to inhabit* GENB *inf* búan 239 — *3pops* bún# 735

ANBŪAN *v-7*, ANBŪON *v-II (be)wohnen* ◊ *to inhabit, dwell*
- *inf* anbuen PSLUB 28,10 — *3sips* anbuđ PSWIT 84,10 — *3pips* anbuođ PSLUB 32,14
habitare PSLUB inhabitare PSLUB PSWIT

BUDDILA *f-n Hagebutte* ◊ *rose hip*
- *np* buttelen GLMARF III,720,20

BUDIL *(m-a) Büttel, Gerichtsdiener, Steuereinnehmer* ◊ *bailiff, court messenger, tax collector*
- *ns* budil GLTRSEM VI,59 — *np* budila GLPB2 I,297,54 — *ap* budila GLPB2 I,297,1
collectarius GLTRSEM lictor, percussor GLPB2

BŪDIL *(m-a) Beutel* ◊ *purse*
- *ns* budil GLGAND
crumina GLGAND

BUDIN *f(-jō/-ō) Bottich, Tonne* ◊ *tub, barrel*
- *ns* budin GLSPET 87,16 ‖
- GLWERDB *ns* bidin# 355
cupa, dolium GLSPET tunna GLWERDB

BUDINGITAU *nt-wa Braugerät* ◊ *brewer's equipment*
- *ap* budingeto URBWERDB 133,18

bufta° → ŪHTA

BŪGAN *v-2 verbiegen, sich verneigen* ◊ *to bend, bow*
- *3sipt* bog GEN 166 — *pcpt* gí(bó)g(an):: (-o *adv?*) GLPRUDF1 104,2
- GENB *inf* bugan 283 (°< BIJEHAN?) (curve, inordinate) GLPRUDF1

BUGGIAN *v-I erwerben, bezahlen* ◊ *to buy, pay*
- *inf* buggean H *CM* 309 — *pcpt* giboht H *C*, gibóht (*neum*) *M* 298

BUHSBÔM *m-a Buchs, Buchsbaum* ◊ *box, box-tree*
- *ns* buhsboum⁺ GLSPET 76,30
buxus GLSPET

bůch⁺? → BŌG
bvchcamera⁺ → BŌKKAMERA

BUKKULA *f-n Schildbuckel* ◊ *umbo*
- *as* buculan GLVERGOX 112,6
clipeus GLVERGOX

BUKKULERI *m-ja Schildbuckel* ◊ *umbo*
- *ns* bukelere GLMARF III,716,60
scutum GLMARF

BŪKSÊL *(nt-a) Leibbinde* ◊ *waistband*
- *dp* bhuchseilen⁺ GLTRSEM XXII,17
alligamen GLTRSEM

BŪLA *f-n Schwellung* ◊ *swelling*
- *ap* bulun (n *add*) GLPRUDF1 100,33
- *Schale* ◊ *bowl* GLWERDA *ns* bula
cupellulus GLWERDA struma GLPRUDF1

BŪLAND *nt-a Ackerland* ◊ *farmland*
- *ns* buland H *C*, (la<b) *M* 2585

BULD *nt-i Buld (friesische Münzeinheit, 1/16 Mark)* ◊ *buld (Frisian monetary unit, 1/16 mark)*

buld   **burg**

• *np* buld URBWERDB 123,15,16(2),17, 20,22,24. 124,1,2,3(2),5,6, bolt URBWERDA 50,21 URBWERDB 124,12 URBWERDE 241,26

BULGA *f-ō Geldbeutel, Mantelsack* ◊ *money-bag, travelling-bag*
• *ns* bulge GLMARF III,717,14 — *ap* bulge GLPRUDP 63,4
fiscus GLPRUDP mantica GLMARF

BULGARI *m-ja Bulgare* ◊ *Bulgarian*
• *ns* bulgari GLSPET 82,12
Bulgar GLSPET

bulis° → **HULIS**

BULIT *m-a Pilz* ◊ *mushroom*
• *ns* bulit GLTRSEM IV,45, buliz$^+$ GLSPET 78,35 — *ap* buliza$^+$ GLSPET 82,27
boletus GLSPET GLTRSEM folliculus, siliqua GLSPET

BULLA *f(-n) Trinkgefäß* ◊ *(drinking-)bowl*
• *ns* bulla GLTR40 V,48,10
cratus GLTR40

BŪMĒDA *f-ō Abgabe bei Eheschließung* ◊ *marriage tax*
• *ns* bumiete$^+$ CH 1092

BUMLA *f-n Quaste, Bommel* ◊ *tassel*
• *ap* bumlu*n* (*abbr*) GLPB1 I,382,11
bulla GLPB1

GIBUND *nt-a Gebinde* ◊ *bundle*
• *gp* gibundo REGFREK M 43,15 — *ap* gibunt REGFREK M 43,14

GIBUNDILA *f-ō*, **GIBUNDIL** *m-a Büschel* ◊ *bunch*
• *ap* kipúntila$^+$ GLHARD IV,267,24
ligatura GLHARD

BUNDILĪN *nt-a Bündelchen* ◊ *small bundle*
• *dp* bundilinon GLEVES 50,21
fasciculus GLEVES

GIBUNDILĪN *nt-a Büschel* ◊ *bunch*
• *as* gebundelen GLHARD IV,253,20

fasciculus GLHARD

buok(-) → **BŌK(-)**
buom- → **BŌM**
buosme → **BŌSOM**
buot- → **BŌT-**

BŪR *(nt-)a Gemach, Wohnsitz* ◊ *chamber, dwelling*
• *ds* bure HILD 21

GIBŪR *m-a Nachbar, Mitbewohner* ◊ *neighbour, occupant*
• *ns* gibur GLTRSEM V,89 REGFREK M 35,27, gebur 36,28,34, chebur 36,1
civicus GLTRSEM

GIBURD *f-i + nt-i Geburt, Geschlecht, Abstammung* ◊ *birth, lineage*
• *ns* giburd H CM 279 GEN 123 — *gs* giburdies H C, giburdeas M 584 — *as* giburd H C 49. CMS 697 — *dp* giburdeon H C 205. 1260 (geburdiun M), giburdion 367 (giburdiun M)
• GENB *ap* gebyrdo$^\#$ 583

BURDIAN *v-I mit einer Borte einfassen* ◊ *to braid*
• *pcpt* giburdid GLVERGOX 112,11
clavare GLVERGOX

BURG *f-cons + f-i + m-i (befestigte) Stadt, Ortschaft* ◊ *(fortified) town, place* → **BETHLEEMBURG, HIERICHOBURG, NAZARETHBURG, REINESBURG, RUMUBURG, SIDONOBURG, SODOMABURG** *nom prop*
○^{92} *ns* burg GLEVES 51,2 H CM 1395 (burh C). 3624. 3712 — *gs* burges H CM, buruges GEN 269 — *ds* burg H CMS, burug C 2176, GEN 260. 302, burc$^{+?}$ HILD 52, burgi H CM 3634. C 911. 919 — *as* burg H CMS, burh C 3707, burg (?) 3183 — *np* burgi H CM 2825 — *gp* burgo H CM 350 (burgeo M). 625. 1203 (burgio C). C 1674, burugeo GEN 312 — *dp* burgun H M 196 (burgeon, r *add* C). 205, burgion C 348 (burgiun M). 5402, burugium (m *abbr*) GEN 238. 304 — *ap* burgi H CM 4367, burugi GEN 330
civitas GLEVES

BURGBANN *m-a Gerichtsgewalt in der Stadt* ◊ *jurisdiction in the town*
• *ns* burgban DIPL 940. 980
bannus urbalis DIPL

BURGGISETU *nt-a p Stadtgebiet* ◊ *town area*
• *ap* burugugisetu GEN 316

BURGIO *m-n Bürge, Geldverleiher* ◊ *guarantor, creditor*
• *ns* burigo GLSPET 78,1 ‖. 83,5, burgo GLTRSEM XVI,22 — *ds* burion GLEVES 55,32
fenerator GLEVES fideiussor GLSPET vas GLTRSEM

BURGLĪK *adj zur Stadt gehörend* ◊ *belonging to the city*
• *nsnt* búrklíca GLPRUDF1 102,7
urbanus GLPRUDF1

BURGLIUDI *m-i p Stadtbewohner* ◊ *townspeople*
• *gp* burgliudeo H *M* 2191 (burugliudeo *C*). *C* 4973 (burgliudio *M*) — *dp* burgliudiun H *M* (burgliudeon *C*) 824. 3727 (burgliudion *C*)

BURGWARD *m-a Burgward, (militärischer) Bezirk um einen befestigten Ort* ◊ *(military) district around a fortified place*
• *ds* burgwart (2) DIPL 1028/2, burcwart DIPL 1097 — *as* burgward CH 968, burcuuart DIPL 1050/2
о⁷² mlat **BURGWARDUS, BURGWARDIUS** *gs* burguuardii DIPL 997/2 — *as* burguuardum DIPL 973/1 THIETM V,40. VI,50, burcvuardum DIPL 1064/2, burgwardum DIPL 961/2, burgvuardium DIPL 1004/2, burguuardium, burgwardium DIPL — *abls* burguuardo DIPL 970. 1025/2. 1062. 1068. 1069/2 THIETM VIII,21, burguuardio DIPL 1001. 1011, burguardio DIPL 997/2, burhuuardio DIPL 997/1, burgwardo, burchwardo, burcwardo, burgwardio DIPL, bvrchvvardo (2) DIPL 1046, burhwardo DIPL 1040/1, burgvardo DIPL 1031/2, burcvardo DIPL 1050/1, burcwardo (w<v) DIPL 1090, burgwardo (g add) DIPL 1012, burwardio VMEINW 5, purcwardo DIPL 1042/2 — *gp* burguuardorum THIETM VIII,20, burgwardorum CH 1003? — *ap* burchwardos DIPL 1065/1 — *ablp* burguuardis THIETM VII,52, burchwardis DIPL 1065/1, burcwardis DIPL 1015, burguuardiis DIPL 981. 992/2/4, burchwardiis DIPL 999

burh(-) → **BURG**(-)

GIBURIAN *v-I geschehen, stattfinden, widerfahren* ◊ *to happen, occur, befall*
• *inf* giburia[n] GLEVES 61,12/12 — *3sops* giburia GLEVES 50,26 — *3sipt* giburida H *C* 2213. 3677 (geburide *M*) esse GLEVES

OVARBURIAN *v-I übersteigen* ◊ *to exceed*
• *3sips* uberburit⁺ GLEPIST I,787,20
superexaltare GLEPIST

burigo → **BURGIO**

GIBURILĪK *adj angemessen* ◊ *appropriate*
• *dsf* hiburilicuru GLMERS 70,20
(opportunitas) GLMERS

burion → **BURGIO**

GIBŪRITHA *f-ō Gebiet* ◊ *area*
• *ds* giburithu GLTRSEM XVI,16
territorium GLTRSEM

burc(-), burch- → **BURG**(-)
búrklíca → **BURGLĪK**
burnon[#] → **BRINNAN**

BURSA *f-ō Beutel* ◊ *bag*
• *ds* burssa GLSPET 78,19 ‖
cassidile, saccellus GLSPET

BURSTA *f-n Borste* ◊ *bristle*
• *ns* bursta GLSPET 83,35 ‖, burste GLMARF III,718,39 — *ap* brustun GLSPET 87,23/24
• GLWERDB *f-i np* brysti[#] 276, GLWERDC biristi[#] 361
saeta GLMARF GLSPET GLWERDB GLWERDC

burstlappo

burstlappo → **BRUSTLAPPO**
burstroc → **BRUSTROKK**

BURTHINN *f-jō Bündel, Last* ◊ *burden*
• *ns* (b)ar(d)i(n) (*Ed.* (t)arz[ ]) PSPAD 37,5 (?) — *dp* burthinnion H *C* 2572
onus PSPAD

burug(-) → **BURG(-)**
burwardio → **BURGWARD(I)US**

BŪSIKO *m-n kleiner Knabe* ◊ *little boy*
• *ns* busicho⁺ GLPRUDF1⁽⁺⁾ 91,26
pusio GLPRUDF1⁽⁺⁾

butan, buten, buton → **BIŪTAN**
buttelen → **BUDDILA**

BUTTICLARI *m-ja Mundschenk* ◊ *cup-bearer*
• *ns* butticlari GLSPET 73,20 ‖
pincerna GLSPET

BUTHILING *m-a Basilienkraut* ◊ *basil*
• *ns* butheling GLMARF III,717,41
ocimum GLMARF

byð# → **WESAN**

BYRDESTRE# *f-n Bestickerin* ◊ *embroideress*
• GLWERDC *ns* byrdistrae# 358
blattiarius (?), praenicularius (?) GLWERDC

BYRGAN# *v-I schmecken, kosten* ◊ *to taste*
• GENB *2simp* byrge# (< byrige#, i *del*) 519

GEBYRGAN# *v-I + g kosten, essen* ◊ *to taste, eat*
• GENB *3sipt* gebyrgde# 483

BȲSEN# *f-i Auftrag, Befehl* ◊ *command, orders* — cf **ANABUSAN**
• GENB *ds* bysene# 680 — *as* bysene# 651, bisne# 571 — *gp* bysna# 533

C

c- → **K-**

CEDERBÔM *m-a Zederbaum* ◊ *cedar*
• *ap* cederboumas PSLUB 28,5, (ce)d(e)rbo(u)mas 28,5
cedrus PSLUB

CIDARPINN *(m-a) Plektron* ◊ *plectrum*
• *ns* zidarpin GLSPET 86,23 ‖
plectrum GLSPET

cins → **TINS**

CIRCIL *(m-a) Zirkel* ◊ *pair of compasses*
• *ns* circil GLSPET 76,31 ‖, cirkel GLHARD IV,280,25
circinus GLHARD GLSPET

D

d → **HÊ, SIU, IT**
đ- → **TH-**

DĀD *f-i Tat, Tun, Handeln, Geschehnis* ◊ *deed, action, event*
o¹¹³ *ns* dad H *CM* — *gs* dadi H *C* 1571 — *ds* dadi H *M*, dade *C* 4860 — *as* dad H *CM* — *np* dadi H *CM* 116. 1399 — *gp* H dadio *CM*, dadeo *M*; dadean *C* 1990, dadeo 1229. GEN 58 — *dp* dadiun H *M* GEN 192, dadion, dadeon H *C*; dádeun *V* 1318, dadon *C* 2966, dadion PSGERN 5,1,4 [12,10,14] — *ap* dadi H *CM* GEN 42. 51. 181, GLGREG 65,5 (*stil*), dádi H *V* 1307. 1310
• GENB *ns* dæd# 594 — *as* dæd# 507. 685, dæd# 295. 309 — *dp* dædum# 440. 602
actus (PSGERN)

GIDĀD *f-i Tat* ◊ *deed*
• *dp* gidadeon H *C* 1318 — *ap* gidadi H *C* 1366 (gedadi *M*). 1887

daden → DÔD
dadsisas → DÔTHSISU
dæd[#] → DĀD
dǽdon[#] → DŌN
dæg[#], daegun → DAG
dænniun → DENNIA²

DAG *m-a Tag* ◊ *day* — dages *adv bei Tag* ◊ *by day* — thes dages *adv an dem Tag* ◊ *(on) the day* — te dage *adv heute, den ganzen Tag über* ◊ *today, all the day long* — filo managan ~ *sehr lange* ◊ *a very long time* — middi ~ *Mittag* ◊ *midday*
o[180] *ns* dag H CM GEN 310 — *gs* dages H CMS BEDA 10 (g<s) GEN 181 CONFPAL 362,14.19 — *ds* dage H C, daga, dage M; daga ABRK 20 GEN 296. 324 H L 5861. C 5957, dage PSWIT 85,7, dage (a<e) H M 4333, degę GLMERS 71,23 — *as* dag H PCMS GEN 163 GLEVES 58,21 PSWIT 85,3 CONFES 17,20 (*ds?*) — *gp* dago H CM — *dp* dagun H M, dagon C 1061. 4600, dagun PSWIT 85,8, daegun PSLUB 114,2 — *ap* dagos H CM 4084. 4131, dagas C 3981, dages CONFPAL 362,17, daga GLEVES 52,38
• GENB *ds* dæge[#] 728 — *as* dæg[#] 684 — *ap* dagas 307
dies GLMERS PSLUB PSWIT deus° PSWIT biduum (zwēna daga) GLEVES ex multo tempore GLEVES

DAGAWŌM *m-a Tagesanbruch, Lärm des Tages* ◊ *daybreak, noise of the day*
• *ds* dagahuoam° (= dagahuoma [< dagahuoma *abbr?*]) GEN 288

DAGHWĪLIK *adj täglich* ◊ *daily*
• *gsnt adv* [da](g)[vuel]ikes PSGERN 9,6/7 [14,15/16] — *dsf* dachuilekon REGFREK M 40,45
cottidie (PSGERN)

GIDAGO *adv täglich* ◊ *daily*
• gidago H CM 3738

DAGSKĪMO *m-n Helligkeit des Tages* ◊ *brightness of the day*

• *np* dagscimon H C, dagskimon M 2084

DAGSTERRO *m-n Morgenstern* ◊ *morning star*
• *ns* dag(:)sterra (:?) GLVERGOX XIV
lucifer GLVERGOX

DAGTHINGI *nt-ja festgesetzter Termin, Frist* ◊ *fixed day, (stipulated) period*
• *as* dagthingi H CM 4185 — *gp* dagéthíngo GLPRUDF1 100,29
indutiae GLPRUDF1

DAGWERK *nt-a Tagewerk* ◊ *day's work*
• *gs* daguuerkes H C 3466

DAGWÊTHA *f(-ō) Tagereise* ◊ *day's journey*
• *ns* dagewethe GLMARF III,716,33
diaeta GLMARF

dachuilekon → DAGHWĪLIK

DAL *nt-a Tal, Grube* ◊ *valley, pit*
• *ds* dala GEN 29, dale H CM 4931. 4940 — *dp* dalun H M, dalon C 2140 — *ap* dalu H CM 3611. 5170
• GENB *ap* dalo 421, dala[#] 305

dana⁺ → THAN, THANNA

DANNA *f(-n) Tanne* ◊ *fir*
• *ns* danne GLVERGDRSD
abies GLVERGDRSD

dar⁺ → THAR, THĀR
dara⁺? → THARA
darau-, → DERVI
darba⁺ → THARVA

DARD *(m-a) Wurfspieß* ◊ *dart, javelin*
• *ns* dard GLTRSEM XIV,93
spiculum GLTRSEM

dar[ma(na)][#] → THARM

DARNHŌD *m-a Scheitelkappe* ◊ *skullcap*
• *ns* darnhod GLTRSEM IV,101
calamaucus (quia celat calvitium) GLTRSEM

DARNO *adv heimlich* ◊ *secretly*
- darno H *CM* 1560. 1576. 4360

DARNUNGO *adv heimlich, heimtückisch* ◊ *secretly, insidiously*
- darnungo H *CM* 1047. 3818. *C* 5720
- GENB déarnunga# 450, dearnenga# 602. 629

DASGA *f-ō Tasche* ◊ *bag*
- *ns* tascha+ GLTRSEM IV,80, tasche+ GLMARF III,717,15 — *np* dasga GLSPET 75,6 ‖
cassidile GLTRSEM mantica GLMARF sitarcia GLSPET

dat+ →**THAT¹**, **THE¹**, **THAT²**, **THIU**
dathe → **DÔTH**
de+ → **THE¹**, **THAT²**, **THIU**, **THE²**
deað#(-) → **DÔTH**(-)
dearnenga#, déarnunga# → **DARNUNGO**
deð# → **DŌN**
dĕde → **DÔTH**

DÊG *m/nt-a Teig* ◊ *dough*
- *ns* deig+ GLTRSEM XII,117, teig+ III,61
pasta GLTRSEM

degan+ → **THEGAN**
degę → **DAG**

DEGMO *m-n Zehnt* ◊ *tithe*
- *as* degmon CONFES 16,27/28

dein° → **DŪN**
dechisto+ → **THEKKI** (?)

DÊL *m-a + nt-a Anteil* ◊ *share* — verthe ~ *ein Viertel (eines Scheffels)* ◊ *a quarter (of a bushel)*
- *as* del (*nt*) GLHARD III,605,17 H *M* (*m*), dell (*nt*) *C* 4514
sextarius (verthe ~) GLHARD

GIDÊL *nt-a Anteil* ◊ *share*
- *as* gidel H *CM* 2487

GIDÊLI *nt-ja Anteil* ◊ *share*
- *as* gideli H *CM* 4520

DÊLIAN *v-I (+ a) (aus)teilen, sich trennen, ein Urteil sprechen über* ◊ *to share, divide, part from, pass sentence on*
- *inf* delian H *C*, delien *M* 2857. 3286. 4563 (*1.* e<i *M*). 4772 (delean *C*) — *inf d* delenne CONFPAL 363,23 — *2pimp* deliad H *M* deleat *C* 1540 — *3pipt* deldun H *C* 5544

ADÊLIAN *v-I (als Urteil) zuerteilen, beschließen, Urteil sprechen, verurteilen* ◊ *to deal out, judge, sentence, condemn*
- o³³ *inf* adelean H *CM*, adelian *C*, adelien *M* — *inf d* adelianne H *C* 4291 — *1sips* erdeile+? GLMARF IV,178,46 — *2pimp* adeliad H *M*, adeliat *C* 5196 — *3pipt* adeldun H *CM* 5111 — *3sopt* adeldi H *CM* 3865. 5255 — *pcpt* adelid H *C* 5419
arbitrari GLMARF

BIDÊLIAN *v-I + a pers, g rei jmdm etw vorenthalten, jmdn ausschließen von* ◊ *to deprive sb of sth, exclude sb from sth*
- *2pipt* bedeldun H *CM* 4439 — *pcpt npm* bedelide H *M* 2140

GIDÊLIAN *v-I austeilen* ◊ *to distribute*
- *2sops* gedeleas H *M*, gidelis *C* 1560
- *zugeteilt bekommen* ◊ *to be assigned* GENB *inf* gedælan# 296

TIDÊLIAN *v-I trennen, zerstückeln* ◊ *to divide, dismember*
- *3sipt* tedelda H *CM*, tidelde *S* 511 — *pcpt* tédélid GLPRUDF1 95,24
dividere GLPRUDF1

DÊLINGA *f-ō Teilung* ◊ *division*
- *ns* delinge GLABD
divisio GLABD

BIDELVAN *v-3 begraben* ◊ *to bury*
- *3pops* bedelƀan (1.e<i) H *C* 5529, bidelben M, bideluuan *C* 4058 — *3pipt* bidulbun H *CM* 4112 — *pcpt* bidoluan H *C*, bidolben *M* 4132, bidolban *C* 5754

dem+, demo+ → **THE¹**, **THAT²**, **THIU**

denne⁺ →THAN, THANNA

DENNI *nt-ja Tenne* ◊ *threshing-floor*
• *ns* denni GLSPET 75,32 ‖
area GLSPET

DENNIA¹ *f-jō Tenne, Lagerplatz* ◊ *threshing-floor, lair*
• *as* dennia GLSMIH 624 (**DENNI** *ds?*)
area GLSMIH

DENNIA² *f-j-n Tanne* ◊ *fir*
• *ds* dænniun GLVERGOX 112,25
abies GLVERGOX

deofl-# → DIUVAL
deop(-) → DIOP(-)
deore# → DIURI
der → THAR, THĀR
der⁺, dere⁺ → THE¹, THAT², THIU
dereb-, dereu- → DERVI

DERIAN *v-I Schaden zufügen* ◊ *to do harm to*
• *inf* derian H *C*, derien *M* 3157, d(e)[rian] GLGREG 64,17 — *1sips* deriu H *CM* 3892
• GENB *3sipt* derede 471
nocere GLGREG

FAR**DERKNIAN** *v-I beseitigen* ◊ *to get rid of*
• *inf* uerderkenen GLMARF IV,178,12
exterminare GLMARF

DERNI *adj-ja/-jō verborgen, hinterhältig* ◊ *hidden, underhanded*
• *gsm* dernien H *C* 5451 — *asm* dernian H *C* 2545. 3005 (dernean *M*) — *npm* dernea H *CM* 1055. 2989 (dernia *C*) — *gpm* dernero H *C* 53
• GENB *nsm* dyrne# 490 — *asnt* dyrne# 532

DERNIAN *v-I verbergen* ◊ *to hide*
• *inf* dernian H *C*, dernean *M* 1405 (i add *C*). *C* 1410 (dernien, *1.*e< u/n *M*) — *2sips* dernis H *C* 5343

BI**DERNIAN** *v-I verbergen, verheimlichen* ◊ *to hide, conceal*

• *inf* bidernian GEN 42 H *C*, bidernien *M* 4618 — *inf d* bidernianne H *C*, bidernienne *M* 2433 — *pcpt* bidernid GEN 58 H *C* 1399 (bidernit *M*). *M* 4296 (bidernit *C*)
• GENB *pcpt* bedyrned# 261

dero⁺ → THE¹, THAT², THIU

DERVI *adj-ja/jō roh, rücksichtslos, böse, schändlich, ruchlos* ◊ *rough, ruthless, evil, infamous, wicked*
• *gsnt* derbies H *M*, derebas *C* 1692, derbeas *C*, (der)bias *M* 83, deruies *C*, (derbies) *M* 5140 — *dsf* deruun H *C*, derebon *M* 4860 — *npm* dereuia H *C* 5544 — *npf* deruia H *C* 5778 — *gp* derebioro GEN 310, derauoro (*1.*o<u) H *C* 5483 — *dp* derebeun H *M*, deruon *C* 4490 — *apnt* dereui H *C* 5513, derbi 27 — *apf* derbea H *M*, dereuia *C* 3498

derweitha⁺? → DIORWÊTHA
desemo⁺, desero⁺ → [THESA], THIT, THIUS
des&mo° → DISAMO
d&° (?) → THE¹, THAT², THIU
dhrasunga⁺? → THRĀSUNGA
dhrutdingi → DRUHTING
dhualon → DWĀLON
diabolae → DIUVAL
diap(-) → DIOP(-)
die → THE²
dietuneht° → THIODWEG
digon°⁺ → THINGON
dih⁺ → THŪ
dihet° → DUHON (?)/DŪHON (?)

DĪK *m-a Teich, Damm* ◊ *pond, dyke*
• *ns* dich⁺? GLMARF III,720,25 — *ds* dica REGFREK *M* 33,6 (dica *K* 33,25), dica 36,25
agger, moles GLMARF

dickon⁺ → THIKKON

DILLI *m-ja Dill* ◊ *dill*
• *ns* dilli GLSPET 82,4, dille GLMARF III,719,17 — *as* dilli GLEVES 51,36, dille GLHARD IV,294,13
anethum GLEVES GLHARD GLMARF GLSPET

dimm

DIMM[#] *adj finster, böse* ◊ *dark, wicked —* cf THIMM
- GENB *nsm* dím[#] 478 — *asf* dimman[#] 685

din⁺ → THĪN
dinc⁺ → THING
diobol(-) → DIUVAL(-)

DIOP *adj tief, tiefgründig* ◊ *deep, profound*
- *dsnt* diapun GEN 29 — *asm* diopun H *M*, diopon *C* 4442 — *asnt* diop H *C*, diap *M* 2937. 2943. 5170 — *apf* diopa H *C* 4604 (diapa *M*). 4704, diufe⁺ GLPB1 I,449,14
- GENB *nsm* deop 832 — *apnt* deopan 305. 421

trulla (panna ~) GLPB1

DIOPGITHĀHT *f-i innerster Gedanke* ◊ *deepest thought*
- *as* diopgithaht H *C* 5343

DIOPO *adv tief, tiefgründig* ◊ *deeply, profoundly*
- diopo H *C* 4058 (diapo *M*). 4112 (diapo *M*). 5529, deopo 3066 (diapo *M*), diopa *C* 5754 — *comp* diopor H *CM* 1436

DIORLĪK *adj wild* ◊ *wild*
- *nsm* thierlicher⁺ GLTRSEM VII,121

ferus GLTRSEM

diorlic(-) → DIURLĪK(-)

DIORWÊTHA *f(-ō) Wildbahn* ◊ *hunting ground*
- *ns* derweitha^{+?} GLTRSEM IX,112

lustrum GLTRSEM

dir⁺ → THŪ

DISAMO *m-n Wohlgeruch, Moschusduft* ◊ *pleasant smell, musky odour*
- *ns* disoma GLSPET 76,13, des&mo° GLPRUDF1⁺ 93,35/36

muscus GLPRUDF1⁺ olfactoriolum GLSPET

diurian

DISK *m-i Tisch, Fladen* ◊ *table, flat cake*
- *ds* diske H *M* 3020 (disce *C*). 3342 (discæ *C*) — *ap* diski GLVERGOX 113,32

libum GLVERGOX

DISKILĪN *nt-a Tischchen* ◊ *little table*
- *ns* diskilin GLTRSEM X,111

mensula GLTRSEM

DĪSNA *f-ō Flachsbündel (Menge zum Abspinnen)* ◊ *bunch of flax (quantity given to be spun)*
- *ns* disna GLTRSEM XII,98 (*p?*), disne GLMARF III,718,30 — *ds* dis(e)ne GLVERGOX XIV

pensum GLMARF GLTRSEM GLVERGOX

distel(-)⁺, distil(-)⁺ → THĪSTIL(-), THISTIL(-)
diu⁺ → THE¹, THAT², THIU
diufe⁺ → DIOP

DIUPI *f-ī Tiefe* ◊ *depth*
- *ds* dívpi GLPRUDF1 103,3

fundus imus GLPRUDF1

DIURI *adj-ja/-jō teuer, kostbar, wertvoll, lieb, geliebt* ◊ *expensive, precious, dear, beloved*
- *ns* diuri PSLUB 115,15 — *npm* diurion H *M*, diuriun *C* 4931 — *dp* diuriun H *M*, diurion *C* 3763. 4563 — *apm* diurie H *M*, diuria *C* 1198 (diurea *C*). 1845. 3286. 4579. *C* 5889
- GENB *nsm* dýre[#] 340, deore[#] 261 — *asm* dýrne[#] 507

pretiosus PSLUB

DIURIAN *v-I preisen, rühmen, ehren* ◊ *to praise, honour*
- *inf* diurian H *C*, diurien *M* 3729, diuran *C* 2228 — *3sops* diurie H *C* 27 — *3pops* diurean H *CM* 1571 — *3pipt* diurdun H *M*, diuridun *C* 2966 (diurđun *C*). 3584. 3722, diuridon *C*, (diuridun) *M* 83 — *pcpt npm* gidiurida H *C*, gidiuride *M* 3319
- GENB *inf* dýran[#] 257

DIUR(I)THA *f-ō Herrlichkeit, Ehre, Hochschätzung* ◊ *splendor, glory, honour, high regard*
• *ns* diuritha H *C*, diurida *M* 418, diurđe PsWit 84,10 — *gs* diurtha H *C*, diurda *M* 4439 — *ds* diurdu H *M* 4765 — *as* diuritha H *C*, diurida *M* 4250. 4414. 4514 (diurda *M*). 4646 — *gp* diurtho H *M* diurthu *C* 2140 — *dp* diurthun H *C* 490 (diurdon *M*). 4765, diurithun *C*, diuridun *M* 4338
gloria PsWit

DIURLĪK *adj teuer, herrlich, ruhmwürdig, gepriesen* ◊ *dear, precious, praiseworthy, glorious*
• *ns* diurlic H *CM* 255. 1592. 3046. 4751. 4909. *C* 961 (diorlic *P*). 1005 (diorlic *P*). 5806, durlic 3994 — *gsf* diurlicara H *CM*, diurlicaro *P* 988 — *asm* diurlican H *CM* 1790. 2797 — *asnt* diurlic H *CM* 3333. *C* 3066

DIURLĪKO *adv glanzvoll, ruhmvoll, liebevoll* ◊ *illustriously, gloriously, affectionately*
• diurlico H *CM* 883 (durlico *C*). 967 (diorlico *P*). 3167. *C* 4507 (diurlica *M*). 4698. 5735. (l<d) 5909 *M* 3066

DIURON *v-II preisen, makellos machen* ◊ *to praise, make unimpeachable*
• *inf* diuran H *C* 2228 GlMers 71[11]

DIUVAL *m-a Teufel* ◊ *devil*
• *ns* diubal H *M*, diuball *C* 2480 — *gs* diuƀales H *C*, diubules *M* 1366, dioboles AbrPal 8. 9 — *ds* diabolae AbrPal 5, diobolae 4 — *gp* diuuilo Beda 9 — *dp* diublon H *C*, diublun *M* 4442 — *ap* diuƀlos H *C*, diublas *M* 2279
• GenB *gs* deofles[#] 490. 492. 632. 720. 823 — *ds* deofle[#] 305. 587 — *dp* deoflum[#] 309
daemon (Beda)

DIUVALGELD *nt-a Teufelsopfer, Götzendienst* ◊ *devil-worship, idolatry*
• *ds* diobolgeldę AbrPal 6, diobolgeldae 7

dixl[#] → THĪHSLA
do⁺ → THŌ
doan → DŌN

DÔD *adj tot, verstorben* ◊ *dead* — dodan gidon *töten* ◊ *to kill*
• *ns* dod H *CM* 4033. 4058. 4132 Hild 44 — *asm* dodan H *C* 5860 (dóđan *L*) Gen 48, dođan Gen 85 — *gpm* dodero H *C* 5671 — *dpm* dodun H *M*, dodon *C* 4291. 4307. *C* 5849 (dódun *L*) — *ap* daden ConfPal 363,23

dod → DÔTH
dĕde → DÔTH

BIDÔDIAN *v-I in den Tod geben* ◊ *to put to death*
• *pcpt* bidóđit Gen 323

DODRO *m-n Dotter* ◊ *yolk*
• *ns* dodaro GlTrSem X,109, dodoro XXI,55 — *gs* dodron GlStr 108,12
centrum GlStr meditullium GlTrSem

doen → DŌN

DÔGALNUSSI *f-ī Heimlichkeit, verborgener Winkel, abgeschiedener Ort* ◊ *secret, hidden corner, recess*
• *ns* dogalnussi GlPrudF1 99,14 — *gp* dagolnussæ (-nussie?) GlGreg 64,10 — *dp* dogalnussion GlPrudF1 99,38 — *ap* dogalnússi GlPrudF1 98,11
recessus GlPrudF1

ADÔGIAN *v-I + a standhalten* ◊ *to withstand*
• *inf* adogian H *C*, adogen (d<dr) *M* 4890

doh⁺ → THOH

DOHTAR *f-r Tochter* ◊ *daughter*
• *ns* dohtar H *M*, dohter *CS* 505 — *ds* dohter H *M*, drohter° *C* 2988 — *as* dohter H *M*, dohtor *C* 255 — *ap* dohter H *CM* 4371, dohtar Gen 296

DÔIAN *v-I (+ d refl) sterben* ◊ *to die*
- *inf* doian H *C*, doan *M* 4864, *C* 4698 — *3sips* doit H *C*, (?) dot *M* 4899 — *3pips* doiat H *CM* 4328 — *3sops* doie H *C* 3998 — *1pops* doian H *C* 4001

DÔK *(m-a) Tupfer* ◊ *swab*
- *ns* duach⁺ GLSPET 80,10 ‖
penicillum GLSPET

doch° → DOP

DOKKA *f(-n) Puppe* ◊ *doll*
- *ns* docca GLTRSEM VIII,89. XIII,31
oscillum, pupeta GLTRSEM

DOL *adj töricht* ◊ *foolish*
- *gpm* doloro H *C* 3466
- GENB *npm* dóle 340

DOLLÍKO *adv töricht, vermessen* ◊ *foolishly, presumptuously*
- GENB dollíce# 295

DOLMÔD *adj töricht, unvernünftig* ◊ *foolish, unwise*
- *npm* dolmode H *M*, dolmuoda *C* 3722. 5237

DÔM *m-a Gericht, Gerichtsverfahren, Urteil(sspruch), Entscheidungsgewalt, Ansehen, Ruhm* ◊ *judgement, court, sentence, power of decision, renown, glory*
— duomes ~ *Tag des (Jüngsten) Gerichts* ◊ *day of (the last) judgement, doomsday*
— selbas ~ *Verfügung(sgewalt)* ◊ *(power of) disposal*
- *ns* duom H *C* 1692 (dom *M*). 4001 — *gs* duomes ABRK 20 H *C* 4049 (domos° *M*). 4333 (domos° *M*). 4353 — *ds* duome H *C* 490 (doma *M*). 3865 (dome *M*). 3998. 5105 (dome *M*). 5343, duoma GEN 172 GLEVES 49,11, dŏma 50,19 — *as* dom H *M*, duom *C* 4488 GEN 277 — *ap* duomos H *C* 3316 (domes *M*). 5255 (domos *M*). 5419
- GENB *as* dóm 632
iudicium GLEVES

DÔMDAG *m-a Tag des (Jüngsten) Gerichts* ◊ *day of (the last) judgement, doomsday*
- *ns* duomdag H *M* 4353

DÔMIAN *v-I richten, ein Urteil sprechen, verurteilen* ◊ *to judge, condemn*
- *inf d* domenne CONFPAL 363,23 — *3pips* dúomeat H *V* 1311 — *1pops* dŏmian (o<u?) GLEVES 50,18 — *pcpt npm* idomde GLMERS 71,12
addicere GLMERS iudicalem sententiam proferre GLEVES

ADÔMIAN *v-I ein Urteil sprechen* ◊ *to judge*
- *inf d* adomienne H *M* 4291 — *3pips* adomiad H *M*, aduomead *C* 1311 — *3pops* adomien H *M*, aduomean *C*, adúomean *V* 1309

FARDÔMIAN *v-I schuldig sprechen* ◊ *to convict*
- *3sops* farduomia GLEVES 59,41
iudicare GLEVES

GIDÔMIAN *v-I verfügen* ◊ *to ordain*
- *2sips* giduomis GEN 192

DÔMIAN *v-I Rauch ausstoßen* ◊ *to give off smoke*
- *3sipt* thómda GLPRUDF1 98,34
vaporare GLPRUDF1

DÔMSEDIL *m/nt-a Richterstuhl* ◊ *judgement-seat*
- *ns* domsedil GLWERDA 345
tribunal GLWERDA

DÔN *anv tun, machen, verrichten, handeln, vorgehen, vorbringen, setzen, stecken, bringen, geben, gewähren* ◊ *to do, make, perform, proceed, place, lodge, put, take, give, bestow, grant* — ~ *tun (Proverb eines voraufgehenden Verbs, häufig mit gleicher Konstruktion)* ◊ *to do (pro-verb for a preceding verb, frequently keeping the same construction)* — ana ~ + *refl a eingreifen* ◊ *to intervene* — te henum ~

dōn

in eins setzen ◊ *to make all as one* — ferr ~ *fernhalten* ◊ *to keep away* — gilovon ~ + *g rei etw glauben* ◊ *to believe sth*
o²³³ *inf* duan H *CM* 972 (*P*). 3258 (duon *C*). 3847. 4618 (duon *C*). 4940 (doen *M*). 5029 (doan *M*), duon H *C* 1048 (don *M*). 3448. 4909 (doan *M*), duoan GEN 233, dúuan GLMERS 71,7 — *inf d* duonne PSGERN 10,18,20 [15,13,15] — *1sips* duon GLEVES 53,27 H *C*, duom *M* 3250 (duon, d<þ *C*). 4094, dom 1972. 4514, don 4644, dŏn CONFES 17,22 — *2sips* duos H *CM* 3564 (dos *M*). 4093. *C* 3439 GEN 213 — *3sips* duot H *C*, duot, duod, dot *M*, doit 5188, d(v)od GLEVES 57,21, doiđ PSLUB 28,10 — *1pips* duot H *C*, duat *M* 3948. 3950 — *2pips* duat H *C* 1455 (dot *M*). 1544. 1569 (duad *M*) — *3pips* duot H *C*, *M* 2508, dod 3629. 3665. 4284, dot 1341 (duat *C*, dúot *V*). 3659, duat 2600, duot *C* 3087. 5542 — *2sops* duoas GEN 196 — *3sops* dua H *CM* 1695, doe *M* 1536 (duo *C*), duæ 2448 (dua *C*) — *1pops* duan H *C* 1609 (doan *M*). 3998, duoian 2569 — *2pops* duan H *C* 2562 — *3pops* duon H *M*, duan *C* 1473, doen *M*, duon *C* 1538 — *2simp* duo GLEVES 52,19 H *C*, do *M* 1555. 1594. 4618. GLWERDA 338 PSWIT 85,2, duo BENTR H *C* 1556 — *2pimp* duot H *C*, dot *M* 1399. 1456, duad 1631, duat 1687, duot *C* 5864, dot *M* 1576, dvád GLPRUDF1 96,13 — *pcps dpm* dondiun PSLUB 110,10 — *2sipt* dadi H *CM* 322, dedos *C* 5637, dedes PSWIT 85,9 — *3sipt* deda GLEVES 60,39 H *CM*, dede *M* — *2pipt* dadun H *CM* 4409. 4439 (dedun *C*) — *3pipt* dadun H *CM* 2649. 3663. *C* 2238. 5560. 5889, dedun *CM* 483. *C* 5498, dedum 5495 — *1sopt* dadi CONFES 17,18 — *3sopt* dadi H *CM* 2925. *C* 5477, dedi *CM* 4883 — *3popt* dedin H *CMS* 721. *CM* 2888 — *pcpt* giduan H *CM* GEN 23, gidván GLPRUDF1 103,24, gidoen H *M* 5108. 5115, gedŏn BEDA 12, gedaen CONFPAL 362,14, gitan⁺ HILD 34 — *pcpt asm* giduanan GEN 48

• GENB *3sips* deð# 297. 826 — *3sipt* dyde# 708 — *3pipt* dǽdon# 722 — *pcpt* gedón# 360. 751
facere PSLUB PSWIT δοῦναι (dos *imp ms*) GLWERDA obicere GLMERS perficere/peragere (BEDA) convertere GLEVES removere (hina ~) GLPRUDF1

ANDŌN *anv anbringen* ◊ *to place on*
• *pcpt n/asf* angiduána GLPRUDF1 100,17/18
indere GLPRUDF1

ANDDŌN *anv öffnen* ◊ *to open*
• *pcpt* antduan H *C*, andon *M* 1798, indan⁺? GLSPET 78,31/32
adaperire, ephphatha (indan uuird) GLSPET

ANGIDŌN *anv zukommen lassen* ◊ *to impart*
• *1sops* anageduoe^{bfk} GLEPIST I,756,10
impertiri GLEPIST

BIDŌN *anv verschließen* ◊ *to lock up*
• *inf* bilua° (= biduan) GLPB2 I,297,32 (BILŪKAN?)
obstruere GLPB2

FARDŌN *anv + d refl sich vergehen, sich versündigen* ◊ *to sin, do evil* — *pcpt* farduan *verworfen, verdammt* ◊ *corrupt, damned*
• *2simp* uerduo GLEVES 53,8 — *3sipt* fordeda (<fordadea *corr*, fordæda ?) GEN 90 — *pcpt* farduan H *C* 5378 — *pcpt dsf* farduanun H *C* 5720 — *pcpt dpm* farduanon H *C*, farduanvn (v<a) *M* 4418 — *pcpt apm* farduanun H *C*, farduanan *M* 4388
• GENB *pcpt* fordón# 629

GIDŌN *anv (+ d refl) tun, machen, erfüllen, verüben, verursachen* ◊ *to do, make, fulfil, commit, determine*
• *inf* giduon H *C* 5576 — *1sips* giduon H *C*, gidon *M* 2325. 2758 — *2sips* giduos H *C*, geduos *M* 1549 — *3sips* giduot H *C*, *M* 3320, giduod 2612, giduot 3320, geduot 1713. 1963 (ge *add C*).

-dōn	dôth

1970, gedod 1699, gidot 1433 — *2pips* gidot H *M* 1544 — *3sops* giduo H *C*, gedoe *M* 1535 — *1pops* giduan H *C* 5486 — *2pops* giduan H *C* 5480 — *2simp* giduo H *CM* 3231. *C* 5587 — *2pimp* giduat H *L* 5864 — *1sipt* gideda CONFES 16,5,7. 17,19 GEN 61 — *2sipt* gidedos GEN 44 — *3sipt* gideda H *CM* 995 (*P*). 1211 (gededa *M*). 2073 (gededa *M*). 2354. *C* 5472, gidéda GLPRUDF1 104,16 — *2pipt* gidadun H *CM* 4414 — *3pipt* gidadun H *M* 3648 (gidedun *C*), gidedun 3886 (gidadun *C*). *CM* 2804 (n<m? *M*) — *3sopt* gidadi H *M*, gidedi *C* 3575 — *3popt* gidadin H *C*, gidádin *L* 5860, gidedin GEN 98
- GENB *inf* gedon 404 — *3pips* gedoð[#] 624

-facere (tremefacere biuon ~) GLPRUDF1

TŌDŌN *anv hinzufügen, zumachen* ◊ *to join, shut*
- *3sipt* todeda GLVERGOX 114,2 — *pcpt* tŏgíduán GLPRUDF1 98,30 — *pcpt dsm* GLVERGOX 113,21

addere GLPRUDF1 adiungere, admovere, convertere (cardinem) GLVERGOX

WOLADŌN *anv Wohltaten erweisen* ◊ *to be bountiful to*
- *3sipt* uuoledede PSLUB 114,7

benefacere PSLUB

DOP *m-a Kreisel* ◊ *(spinning) top* — *cf* DUPPA
- *as* doch° GLVERGOX 111,7

buxus (pyxis), turbo GLVERGOX

DÔPERI *m-ja Täufer* ◊ *baptizer*
- *ns* doperi H *CM* 1592

DÔPFUGAL *m-a Taucher (Seevogel)* ◊ *diver (sea-bird)*
- *as* dopfugul GLPB1 I,340,20

mergulus GLPB1

DÔPI *f-ī Taufe* ◊ *baptism*
- *ds* dopi H *PCM* 971 — *as* dopi H *C*, dope *P* 961

DÔPIAN *v-I taufen* ◊ *to baptize*
- *inf* dopean H *PCM* 1000, *PC* 1005, dopan *C* 889 — *3sipt* dopte H *M*, dopta *PC* 967. 978, dopida *C* 954. 3046

GIDÔPIAN *v-I taufen* ◊ *to baptize*
- *inf* gidopean H *CM* 883. *M* 889

DÔPISLI *nt-ja Taufe* ◊ *baptism*
- *ds* dopislea H *M* 1025 — *as* dopisli H *CM* 927

DOR *nt-a Tür, Tor* ◊ *door, gate, gateway* — *cf* DURU
- *ds* dore H *CM* 2182 GEN 269 — *np* doru H *PM* 985 — *dp* doron H *C* 1798

dorfti →[THURVAN]

DORILĪN *nt-a kleine Tür* ◊ *little door*
- *ns* dorilin GLTRSEM XII,128

postica GLTRSEM

DORWEARD[#] (?) *m-a Türhüter* ◊ *doorkeeper*
- GLWERDA *ns* dor[ ] 345

mansionarius, tut..rus (= θυρουρός ?) GLWERDA

DOSAN *adj myrtenfarbig* ◊ *myrtle-coloured*
- *ns* dosan GLVERGOX 109,23

myrteus GLVERGOX

DÔTH *m(-a) Tod* ◊ *death*
o[80] *ns* dod H *C* 2218. 2989. 5529, dođ 5517, doð 2801. 5688, dot 736, dod *M* GEN 89 — *gs* dodes, dođes H *C*, dodes 5699, đođes 5105, dot|thes PSLUB 114,3, dodes H *M* — *ds* dođe, dode H *C*, dođe 5613. *L* 5834, dĕde *C* 5641, dode (dođe?) PSLUB 32,19, dothe 114,8, dode H *M*, doda 2355, dotha ABRK 21 GLPRUDF1 104,24, dathe CONFPAL 362,15 — *as* dođ, dod H *C*, doð 5743, dot 2185. 5069, duot 1436, dod *M*, dóth GLPRUDF1 103,21
- GENB *ns* deað[#] 485 — *gs* deaðes[#] 478. 492. 528. 593. 646. 720

mors GLPRUDF1 PSLUB obitus GLPRUDF1

dôthbôm   **drembil**

DÔTHBÔM *m-a Baum des Todes* ◊ *tree of death*
- GENB *gs* deaðbeames[#*] 638

DÔTHSÊU *m-wa das Tote Meer* ◊ *the Dead Sea*
- *as* doðseu GEN 324

DÔTHSISU *m-wa Totengesang* ◊ *funeral chant*
- *np* dadsisas INDIC
(sacrilegium super defunctos) INDIC

DOVON *v-II geistig verwirrt sein* ◊ *to be mentally confused*
- *3pips* douod GLSTR 106,8
delirare GLSTR

ANDDRĀDAN *v-7 (+ d refl) (be)fürchten, in Furcht sein* ◊ *to fear, dread*
- *inf* andradan H *C*, andraden *M* 2943, andreden *M* 3495 — *2pimp* andradat H *C* 1903 (andradad *M*). 1907 (antdradad *M*) — *3sipt* andried H *C* 305 (antdred *M*). 2718 (andred *M*) — *3pipt* andriedun H *C*, andredun *M* 2924. 4882 — *3sopt* andriede H *C*, (an)d(re)di *M* 116 — *3popt* andriedin H *C* 396 (antdredin *M*, andre[ ] *S*). 3157 (andredin *M*), andrædin 2252, andredin *CM* 3942. *C* 5818
- GENB *3pipt* ondrédon 767

DRAGABEDD *nt-ja Tragbahre, Feldbett* ◊ *litter, camp-bed*
- *dp* dragab&hin GLPB2 I,296,19
grabatus GLPB2

DRAGAN *v-6 tragen, auftragen, (dar)bringen, in sich tragen; pcps Tragbahre* ◊ *to carry, bring, serve, present, bear; pcps litter*
   o[50] *inf* dragan H *CM*, dragen *M* 4536 — *1sips* dragu H *CM* 264 — *3sips* dregid H *M*, dregit *C* 2446 — *3sops* draga H *CM* 2472 — *pcps dsm/nt (?)* dragande GLPB2 I,296,51 — *3sipt* drog H *M*, druog *C* — *3pipt* drogun H *M*, druogun *C* 673. 2008. 2296. 2858. 3821 — *3popt* drogin H *M*, druogin (u *add*) *C* 2015

pcps gestatorium GLPB2

FARDRAGAN *v-6 ertragen* ◊ *to bear*
- *inf* fardragan GLEVES 51,9
pati GLEVES

GIDRAGAN *v-6 tragen, (mit sich) bringen, hervorbringen, gebären* ◊ *to carry, bring (about), produce, give birth*
- *inf* gidragan H *CM* 3342 — *3sips* gidregit H *C*, gedregid *M* 1749 — *3sipt* gidrog H *M* 2763 (gidruog *C*). 2789 — *3sopt* gidruogi H *C* 588 (gidrogi *M*). 2787 — *3popt* gidrogin H *C*, gedrogin *M* 2309

DRAGARI *m-ja Träger* ◊ *carrier*
- *ns* drágári GLPRUDF1 99,19
portitor GLPRUDF1

draht(t)in → DROHTIN

DRĀN *m/f-i Drohne* ◊ *drone* — *cf* DRĀNO, DRENO
- *ns* dran GLVERGW — *np* drani GLSTR 107,26
fucus GLSTR GLVERGW

DRANK *(m-a/i, nt-a) Getränk* ◊ *drink*
- *gs* drankes H *CM* 1224 — *as* drank CONFES 16,15 (2)

DRĀNO *m-n Drohne* ◊ *drone* — *cf* DRĀN, DRENO
- *ns* drana GLVERGOX 109,16 (DRĀNA *f-ō/n?*), drano GLTRSEM VII,155
fucus GLTRSEM GLVERGOX

DRAVER *nt-z p Treber* ◊ *draff, marc*
- *n* trapen° (= traper[+]) GLTR40 V,48,31
gigarte (γίγαρτον) GLTR40

drauua[+] → THRAWA
dréamas[#] → DRÔM

DREMBIL *m-a Festgewand, Toga* ◊ *festive garb, toga*
- *ds* drémbila GLPRUDF1 101,15 — *ap* thrembilos (*abbr*) GLPRUDF1 93,33
toga GLPRUDF1

dremil

dremil⁺ → THREMIL

URDRENKIAN *v-1 tränken ◊ to cause to drink*
• *1sips* ordrenko GLSPET 81,25
debriare GLSPET

DRENO *m-n Drohne ◊ drone* — cf **DRĀN, DRĀNO**
• *ap* drenon GLVERGOX 110,32, drenan 109,14, drena(n?) GLVERGW
fucus GLVERGOX GLVERGW

dreogerias → **DRIOGERI**
dreosat → **DRIOSAN**

OVARDREPAN *v(-4) übertreffen ◊ to exceed*
• *3sips* ofardripid GLPRUDF1 92,11
eminere GLPRUDF1

DREPSO *m-n Trespe ◊ bromegrass*
• *ns* drepse GLMARF III,719,49
lolium, zizania GLMARF

driagundun → **DRIOGAN**
dríapánthémo → **DRIOPAN**
driegirios → **DRIOGERI**
drihtin# → **DROHTIN**
drihtscipes# → **DRUHTSKEPI**

DRINKAN *v-3 (+ a, + g) (etw, von/aus etw) trinken ◊ to drink (sth, of, from sth)* — *pcpt* druncan *(be)trunken ◊ drunk, intoxicated*
• *inf* drincan H *C*, drinkan *M* 1664. 1965. 3913 (drincan *M*). 4640 (*1*.n<k *M*). *C* 5641 — *1sips* drinku H *M*, drincu *C* 4765 — *1sips* drank CONFES 16,15, dranc H *CM* 2001 — *3sips* drang CONFPAL 362,16 — *3pipt* drunkun H *M*, druncun (*1*. n *add*) *C* 2742 — *pcpt* drunkan GLTRSEM XV,83 — *pcpt npm* druncan H *CM* 2054, druncana *C*, druncane *M* 2061
pcpt temulentus GLTRSEM

GIDRINKAN *v-3 + g (von) etw trinken ◊ to drink (of) sth*
• *3sipt* gidranc H *C*, gedranc *M* 2048 — *3pipt* gidruncun H *C*, gedruncun *M* 2067

DRIOGAN *v-3 trügen ◊ to deceive*
• *pcps gsf* driagundun GLEVES 55,34/35
fallere GLEVES

BIDRIOGAN *v-2 betrügen, täuschen ◊ to deceive, fool*
• *3sips* bidrugit GLSPET 84,2 — *2sipt* pitrúga⁺ GLHARD IV,267,26 — *3sipt* bidrog H *M*, bidroh *C* 1047 — *pcpt* bedrogan H *CM* 1887 (bidrogan *C*). 2989, bidrogan GLSPET 77,29
• GENB *3sipt* bedróg 602#*
frustrari, frustrare GLSPET imponere GLHARD

DRIOGERI *m-ja Betrüger ◊ deceiver*
• *np* driegirios H *C*, dreogerias (i<a) *M* 3818

DRIOPAN *v-2 tropfen, triefen ◊ to drip, be dripping wet*
• *pcps dsnt* dríapánthémo GLPRUDF1 99,9/10 — *3sipt* drop H *CM* 4751
stillare GLPRUDF1

DRIOSAN *v-2 hinfallen ◊ to fall down*
• *3pips* driosat H *M*, dreosat *C* 4328

BIDRIOSAN *v-2 zu Fall bringen, verführen ◊ to make fall, seduce*
• GENB *pcpt* bedroren 528. 823

DRĪVAN *v-1 (an)treiben, vertreiben, forttreiben, betreiben, ausüben, verüben, + d refl, + a sich beschäftigen mit ◊ to drive, drive out, urge, expel, practice, act, carry out, take away, engage in*
• *inf* driban H *C*, driben *M* 2943 — *1sips* driue GLMARF IV,178,38 — *3sips* dribit H *C* 3467 GEN 16 — *3pips* dribat H *C*, dribad *M* 3005 — *3pops* driban H *C*, driban *M* 3746 — *2simp* drif GLPB2 I,297,19 — *3sips* dref H *CM* 2279. 3740, treiph⁺ GLHARD IV,267,28 — *3pipt* dribun GEN 259 H *CS*, dribun *M* 547. *CM* 2289 GEN 153, dríuun GLEVES 51,4, driuun 59,12 — *pcpt np* gidrivana GLEVES 48,30
inducere, rapere GLEVES minare GLPB2 GLHARD GLMARF

BIDRĪVAN v-2 vertreiben ◊ to banish
• GENB 3sipt bedraf# 746

FARDRĪVAN v-1 vertreiben, vorantreiben ◊ to drive away, forward, out
• 3sipt fordref H CM 1107, fårdréf GLPRUDF1 99,23 — 3sopt fardriui GLEVES 49,26 — pcpt nsnt fårdríuána GLPRUDF1 99,12
excludere GLEVES exigere, pellere GLPRUDF1

FARDRĪVUNGA f-ō Verstoßung ◊ dismissal
• ns firdribunga+? GLSPET 78,27
discidium, repudium, separatio GLSPET

GIDROG nt-a + nt-i Vision, Täuschung ◊ vision, illusion
• ds gidroge H M, gidruogi C 2935 — as gidrog H MS, gidruog C 681

drogin+ → TROG
drohscepi → DRUHTSKEPI
drohter° → DOHTAR

DROHTIN m-a Herr (Gott, Christus), Meister (Christus), Herrscher ◊ the Lord, Master, ruler o⁵¹⁵ ns drohtin BENW 22 GEN 107. 192. 198. 213 GLEVES 51,34 H PLVCMS PSGERN PSLUB PSWIT, (n ras) H M 3244, drotin GEN 153. 172, drohten (?) GEN 42, drahtin PSLUB 114,5, drahttin 110R, druhtin BENW 11.12, truhtin+ HILD 35 — gs drohtines BEDA 7 H CMS PSGERN PSLUB, drohtinas CONFES 16,24 GLGREG 65,21 (stil) H PLV GEN 56. 288, drihtnes#? H C 264 — ds drohtine BEDA 18 H MS PSLUB, drohtina GEN 51 H C 1560, drahtine PSLUB 111,7 — as drohtin GEN 243 H PCM PSLUB 32,20, drahtin 111,1, drohtinen 33,2,4,5
o²⁷ GENB ns drihten# — gs drihtnes# — ds drihtne# — as drihten# — gp drihtna# 638
dominus PSGERN PSLUB PSWIT (divinus) GLGREG

drohtingos → DRUHTING

DROKNO adv trocken ◊ dry
• drokno H M, drucno C 2937

DRÔM m-a Getriebe, Getümmel, Fest, Taumel, Verzückung, Traum ◊ bustle, tumult, revelry, frenzy, ecstasy, dream
• ns drom H CM 2009. 2084 — ds drome H C, droma M 316. 710, drome CMS 681 — as drom H CM 578 (dróm S). 763. 946. 1126. 1790. 2797 (dron C). 3349. 3389. 3576
• Freude ◊ joy GENB gs dréamas# 485 — ap dréamas# 257

DRÔMIAN v-I in Rausch geraten ◊ to become intoxicated
• 3pips dromiat H C, dromead M 2054

DRÔMSKÊTHO m-n Traumdeuter ◊ interpreter of dreams
• ns dromscetho GLSMIH 429b
coniector GLSMIH

dron → DRÔM

DROP (m-a) Tropfen ◊ drop
• ns drop GLTRSEM V,118
compluvium GLTRSEM

DRÔR m-a (herausfließendes) Blut ◊ (flowing) blood
• ns dror H CM 4751. C 5483. 5539 GEN 48. 51 — ds drore H M 5153 — instr droru H C 5153

DRÔRAG adj blutüberströmt ◊ all bloody
• nsm drorag H C 4899, droreg M, drorah C 4155 — dpm droregan H M 4899 (?)

BIDRÔRAGON v-II verbluten ◊ to bleed to death
• inf bedroragan H C 5510

DRÔRWÔRAG adj vom Blutverlust entkräftet ◊ weakened from loss of blood
• asm droruuoragana GEN 29

drotin → DROHTIN

DRŌVI adj-ja/jō trübe, betrübt ◊ dull, gloomy, saddened
• nsm drobi H M, druoui C 4570. 4748. 4995 — dsm druoƀen H C 5715 — npm druouia H C 4723 — sup nsm druouost H C 5628

DRŌVIAN *v-I betrübt werden, in Furcht geraten* ◊ *to become sad,* + *prep* for *to be afraid of*
• *3sops* druouie H C 4705 — *3sipt* druouoda H C, drobde M 4757 — gidróbid (*neum*) H M 296

GIDRŌVITHA *f-ō Eintrübung* ◊ *cloudiness*
• *ns* gidruabida⁺ GLSPET 78,21 ‖
turbido venti GLSPET

DRŪD *m-a der Vertraute* ◊ *confidant*
• *ns* drut GLMARF IV,178,60
secretarius, symmysta GLMARF

DRŪFLA *f-ō/n Kelle, Schaufel, Traufel* ◊ *ladle, scoop, trowel*
• *ns* thrufla GLPRUDF1 95,15, drugula⁺ GLSPET 76,3
trulla GLPRUDF1 GLSPET

drufle⁺ → THRŪFLA

DRUGINA *f(-ō) Betrügerei* ◊ *cheating*
• *ns* drugina GLTRSEM IX,4
impostura GLTRSEM

DRUGINARI *m-ja Betrüger* ◊ *defrauder*
• *ns* druginari GLTRSEM IX,3
impostor GLTRSEM

DRUGITHA *f-ō Einbildung* ◊ *illusion*
• *ns* drugida⁺ GLSPET 80,30 ‖
phantasia GLSPET

DRUGITHING *nt-a Betrug* ◊ *fraud*
• *as* drugithing H CM 264

drugula⁺ → DRŪFLA
druhin⁺ → THRŪH

DRUHTFOLK *nt-a Volksmenge* ◊ *a mass of people*
• *as* druhtfolc H PCM 978

druhtin → DROHTIN

DRUHTING *m-a Hochzeitsgast, Brautwerber, Brautführer* ◊ *wedding guest, matchmaker, bridesman*

• *np* druhtingos H M, drohtingos C 2061, dhrutdingi GLTRSEM XVIII,3 (*mlat?*) — *ap* druhttingas GLVERGOX 112,30/31 GLVERGW
appetitor, procus GLVERGOX GLVERGW paranymphus GLTRSEM

DRUHTSĀT(I)O *m(-j)-n Verwalter, Droste, Truchsess* ◊ *bailiff, steward, sewer*
• *ns* druszete GLMARF III,716,17, druhtsazo⁺ GLTRSEM VI,130
dapifer GLMARF GLTRSEM structor GLMARF θεατής (? deatra *ms*) GLTRSEM

DRUHTSKEPI *m-i Herrschaft* ◊ *rulership*
• *as* druhtskepi (h<d) H M, drohscepi C 363
• GENB *gs* drihtscipes# 485

DRUKNIAN *v-I trocknen* ◊ *to make dry*
• *3sipt* drucnida H C, druknide M 4507

drucno → DROKNO
druncan → DRINKAN
druou- → DRŌVI

DRUPIL (*m/nt-a*) *dickflüssige Absonderung (aus Bäumen), Gummi* ◊ *viscid secretion (from trees), gum*
• *ns* drupil GLSTR 108,5 GLTRSEM VIII,67
gummi GLSTR GLTRSEM

DRUPPIA *f-jō Traufe* ◊ *eaves*
• *np* drupia GLTR40 V,48,12
compluvium GLTR40

DRUSNON *v-II hinfällig werden* ◊ *to become frail*
• *pcpt* gidrusinot H C, gitrusnod M 154

druszete → DRUHTSĀT(I)O
drut → DRŪD

DRŪVO *m-n Traube* ◊ *grape*
• *ns* drubo⁺ GLSPET 85,21 — *ap* thrúfōn GLPRUDF1 95,6
botrus, botryon GLSPET corymbus GLPRUDF1

DRŪVON *v-II niedergeschlagen sein* ◊ *to be downcast*

drūvon   dung

• *pcps nsm* druuondi H *C*, drubondi *M* 4931 — *pcps asm* drubundian GEN 58 — *3pipt* druuodun H *C* 5613

du⁺ → THŪ
duach⁺ → DŌK
duan → DŌN
dubpa → DUPPA
dufa → DŪVA

DŪFBERI *nt-ja Kratzbeere* ◊ *brambleberry*
• *ns* dufberi GLTR40 V,43,30
mora GLTR40

DUFSTÊN *m-a Tuffstein* ◊ *tuff*
• *ns* dufstein⁺⁷ GLMARF III,718,41, dubstein⁺ GLTRSEM XV,115
tofus GLMARF GLTRSEM

[DUGAN] *vptps taugen, nützen, ausreichen* ◊ *to avail, to be good, of use, sufficient*
• *3sips* dog H *CM* 1371. 1949. *C* 1380, taoc⁺ HILD 55 — *3pips* dugun H *M* 1380 — *3sops* dugi H *CM* 1780 — *3pops* dugin H *CM* 1740

DUGON *v-II verändern* ◊ *to change*
• *1sips* tugon⁺ GLTRSEM XVI,69
variare GLTRSEM

DŪHON (?)/DUHON (?) *v-II einfärben* ◊ *to dye*
• *pcpt* dihet° (= duhot) GLSPET 79,7
variare GLSPET

DŪKERI, DŪKARI *m-ja Taucher (Seevogel)* ◊ *diver (sea-bird)*
• *ns* ducari GLSPET 74,29‖, dukere GLMARF III,720,55, duchari⁺ GLTRSEM X,113, duchere⁺⁷ GLADM718 78,12 — *ap* dukiras GLVERGOX 112,32
mergulus GLADM718 GLMARF GLSPET GLVERGOX mergus GLADM718 GLSPET GLTRSEM GLVERGOX

DULTHON (?) *v-II feiern* ◊ *to celebrate*
• *1sips* dulton° GLTRSEM XVI,69
feriari (? variare *ms*) GLTRSEM

DŪMARI *m-ja Pantomime* ◊ *mime*

• *ns* tumari⁺ GLTRSEM VIII,83
histrio GLTRSEM

DUMB *adj dumm, töricht, träge* ◊ *stupid, foolish, lazy*
• *ns* dúmb GLPRUDF1 92,26 — *nsm* dumbo (*abbr*, d<*corr*) GLPRUDF1 95,14 — *npm* dumbę GLSPET 81,21
hebes, inutilis GLSPET ineptus, stolidus GLPRUDF1

DUMBHÊD *(f-i) Dummheit* ◊ *stupidity*
• *ap* dumphedi (*abbr*) GLPRUDF1 94,34
ineptia GLPRUDF1

BIDUMBLIAN *v-I zur Torheit machen* ◊ *to turn into foolishness*
• *2simp* bidumbili (*abbr*) GLSPET 75,20‖
infatuare GLSPET

DUMBON *v-II dumm sein* ◊ *to be stupid*
• *1sips* dumbe GLMARF IV,178,9
desipere GLMARF

DUMIG *adj listig* ◊ *cunning*
• *nsf* tumiga⁺ GLPRUDF1⁺ 89,20
callidus GLPRUDF1⁺

DŬMIL *m-a Trommel (drehbare Walze)* ◊ *drum (revolving cylinder)*
• *np* dumeles GLK211 I,445,48
tympanum GLK211

dumphedi → DUMBHÊD

DŪN *adj dunkelbraun, kastanienbraun, purpurfarbig* ◊ *deep-brown, chestnut brown, bay, crimson*
• *ns* dun GLVERGOX 109,16, dein° (?) (= dun) GLSPET 79,6 — *as* dun GLPB1 I,320,1
furvus GLPB1 purpureus GLSPET spadix GLVERGOX

DUNG *(m/f) Webstube* ◊ *weaving-shed*
• *ns* dunc GLSPET 78,17‖ GLTRSEM XV,84, dunch GLPRUDBR II,573,29
textrina GLPRUDBR GLTRSEM textrinum GLSPET

-dunkalon

BIDUNKALON *v-II verdunkeln, verhüllen* ◊ *to darken, obscure*
• *3sips* bitunkulat⁺ GLSPET 86,15 — *pcpt* bitunkulat⁺ GLSPET 86,16
hebetare, hebetes facere, *pcpt* nimbosus GLSPET

DUNKAR *adj dunkel* ◊ *dark*
• *nsm* duncar H *C* 5628

DUNNIAN *v-I erdröhnen* ◊ *to resound*
• *3sipt* dunida H *C* 5799

DŪNUNGA *f-ō wirres Zeug* ◊ *gibberish*
• *ns* dununga GLEVES 58,29 — *ap* dunúnga GLPRUDF1 92,29/30
deliramentum GLEVES GLPRUDF1

duo- → DŌ-

DUPPA *f* (?) *Kreisel* ◊ *(spinning) top* — *cf* DOP
• *ns* dubpa (p<r) GLTRSEM XV,125
turbo GLTRSEM

durht → DURTH
durlic(-) → DIURLĪK(-)

[DURRAN] *vptps wagen* ◊ *to dare*
• *3sipt* dorste GEN 243 — *3pipt* dorstun GLEVES 58,11/12
audere GLEVES

[GIDURRAN] *vptps wagen* ◊ *to dare*
• *1sips* gidar H *M* 219 (godar° *C*). 2121 (gidarr 2.r add? *C*) — *3sips* getar⁺? GLGREG 63,1 — *3sipt* gidorsta H *C* 4598 (gidorste *M*). 5162 (gidorste *M*). 5468 — *3pipt* gidorstun H *CM* 1055. 2724. 4228. 4596. *C* 5813 — *3sopt* gidorsti H *C* 5924, gedorsti *M*, gidorste *C* 3876 — *3popt* gidorstin H *C* 5069. 5390 (iturus) GLGREG

DURTH *m-a Trespe, Unkraut* ◊ *brome, weeds*
• *ns* durht GLTRSEM XVII,8 — *as* durht GLPRUDF1⁺ 91,26 — *instr* durthu H *C* 2545
avena aemula GLPRUDF1⁺ zizania GLTRSEM

-dwing

DURU *f-u + f-i p Tür* ◊ *door* — zesamane uallanda duri *Falttür(en)* ◊ *folding door(s)* — *cf* DOR
• *np* duru H *C* 985, duri GLTRSEM XVI,18 — *dp* durun H *M* 1798. 3336 (duron *C*)
valvae (*p*, zesamane uallanda duri) GLTRSEM

DURUWARDERI *m-ja Türhüter* ◊ *doorkeeper*
• *ns* durvvvárderi GLPRUDF1 104,29
aedituus GLPRUDF1

duthistel → THŪTHĪSTIL

DŪVA *f-n Taube* ◊ *dove*
• *ns* dufa GLTRSEM XXI,16 — *gs* dubun H *M*, dufun *C*, dubon *P* 988 — *dp* dubon H *CM* 1884
columba GLTRSEM

DŪVAN *adj im Wasser versunken/verborgen* ◊ *plunged into the water, hidden in the water*
• *ns* duuan GLVERGOX 112,33
murex GLVERGOX

DWALM *m-a Blendwerk* ◊ *deception*
• *as* dualm H *C* 53

DWĀLON (A ?) *v-II säumen* ◊ *to delay*
• *1sips* dhualon GLTRSEM X,127
morari GLTRSEM

dúuan → DŌN

FARDWELAN *v-4 + g etw versäumen* ◊ *to miss sth*
• *pcpt* forduolon H *C* 3466

BIDWELLIAN *v-I + g weglocken von* ◊ *to seduce from*
• *pcpt npm* biduelida H *C* 2140

GIDWERG (nt-a) *Zwerg* ◊ *dwarf*
• *ns* giduerg GLSPET 83,14 ‖
nanus, pumilio GLSPET

GIDWING *m-a schmaler Zugang* ◊ *small entrance*
• *ap* giduinga GLPB2 I,297,29
ostiolum GLPB2

dyde# → DŌN
dýran# → DIURIAN
dýre# → DIURI
dyrne# → DERNI

E

e → IO
e° → TI
éades# → ÔD
eaforan# → AVARO
eagan# → ÔGA

EAHTERE# *m-ja Taxator ◊ appraiser*
• GLWERDC *ns* echtheri 359
censor, pretiator, rimator GLWERDC

eac# → ÔK
eall# → ALL

EALLUNGA# *adv vollständig ◊ entirely*
• GENB eallenga# 477

earfeðu# → ARVEDI
eargra# → ARG
earmum# → ARM¹
eart# → WESAN
east# → ÔST
eastan# → ÔSTAN
easterne# → ÔSTRONI

EBAHI⁺ *nt-ja Efeu ◊ ivy*
• *ap* ebachi⁺ GLSPET 83,24 ‖
hedera GLSPET

FAREBBIAN *v-I verebben ◊ to subside*
• *3sipt* firebbita⁺? GLSPET 78,11
defervere GLSPET

ebbiat → HEBBIAN²

EBBIUNGA *f-ō Tide, Strömung ◊ tide, current*
• *ds* ebbiungv GLPRUDF1 99,10
aestus GLPRUDF1

eblit → HEVILD

EBREO *m-n Hebräer ◊ Hebrew*
• *gp* ebreo H *CM* 104 (hebreo C). 307
— *dp* ebreon H *CM* 364. 455

ÊCE# *adj-ja ewig ◊ eternal*
• GENB *nsm* éce# 596

ÊCNES# *f-jō Ewigkeit ◊ eternity*
• GENB *ds* écnisse# 469

ÊD *(m)-a Scheiterhaufen ◊ pyre*
• *as* éd GLPRUDF1 96,14
pyra GLPRUDF1

ed(-) → ÊTH(-)

EDAR *m-a Zaunpfahl, Zaunlatte, Gerichtsschranke ◊ pale, picket, bar (of the court)*
• *ns* etar⁺ GLSPET 83,14 — *ap* ederos H *CM* 4943
cambortus GLSPET

eddo⁺ → EFTHA/EFTHO
edhilingui → ETHILING
edil- → ETHIL-
ediun° → ENDI¹
édneowe# → IDNIUWI
Eeinlo̊peliud → ÊNHLÔPILIUD

EF¹ *conj ob, wenn ◊ if* → AF
o¹⁸⁹ˈ ef GEN H *V* 1328. *CM*, geb *M* 1522, ibu⁺ HILD 12. 55. 57
o²⁰ GENB gif#

EF² *conj oder ◊ or*
• gif CONFPAL 363,29

ef → EFT
efanstal → EVANSTALL (?)
efat# → EOFOT#
effen⁺ → EPINN

EFNI *adj-ja/jō flach, gerecht ◊ flat, just*
• *apnt* emnia GLEVES 49,18 — *sup asnt* emnista PSGERN 10,16 [15,11]
aequalis GLEVES

efnissi

EFNISSI *f-ī Grund (der Erde)* ◊ *soil*
• *as* efnissi H *C* 4852

EFNO *adv gleichermaßen* ◊ *equally*
• efno H *CM* 144. *M* 4852

EFT *adv wieder, wiederum, auch, zurück, andererseits, hingegen, jedoch, aber, sodann, (als Antwort) darauf* ◊ *again, anew, as well, back, however, on the other hand, then, thereupon, in reply*
o^{331} eft GEN H *CLMV*, ef *C*, eft (f<t) *M* 1507, eht *S* 562. 693. 699. 719 REGFREK *M* 36,42 (e<t). 40,34. 43,2, éht GLPRUDF1 100,26, eht^{bfk} GLEVES 49,23
• GENB eft 396. 493. 568. 748. 760. 762. 821
autem GLEVES

EFTHA, EFTHO *conj oder; adv abermals* ◊ *or; adv once more* — eftho ... eftho *entweder ... oder* ◊ *either ... or* → **OFTHE**
o^{78} *conj* eftha H *CM*, eftho (27. 28. 45. 223 *C*) ettha, ettho *M*, ohtho 3629, efthó *V* 1329, efthuo *C* 2393, efto GEN 14, 15, 16, eddo$^+$ HILD 11. 54, erdo$^+$ 62
• *adv* etto GLSTR 108,11
• GENB oððe$^\#$ 316. 805. 806. 807
per intervalla GLSTR

EGALA *(f-n) Blutegel* ◊ *leech*
• *ns* egela GLSPET 78,8, echle GLMARF III,721,8
hirudo GLMARF sanguisuga GLMARF GLSPET

ÊGAN^1 *vptps haben, besitzen; + pcpt (Hilfsverb für Vergangenheitstempus) haben* ◊ *to have, own, possess; + pcpt (auxialiary indicating past tense) have*
o^{67} *inf* egan H *CM*, ĕgan (neum) *M* 364 — (?) *3sips* aih GLEVES 57,26 — *3pips* egun H *CM* 1348, égun *V*). *C* 41. 4434 — *1sops* egi H *CM* 2119 — *3sops* egi H *CM* 323. 2607. 4539 — *3pops* egin H *CM* 1955. 2657 — *3sipt* ehta H *CM* 841. 850. 2159 (ehte *M*). *C* 70 — *3pipt* ehtun H *CM* 1185. *M* 4434 — *3sopt* ehti H *CM* 1676

egisgrīmold

• GENB *inf* ágan$^\#$ 422, agan$^\#$ 359. 719, ágon$^\#$ (o>a) 473 — *3pips* agan$^\#$ 427 — *1sopt* ahte$^\#$ 368. 388
habere GLEVES

ÊGAN^2 *adj eigen* ◊ *own*
o^{35} *ns* egan GEN 169 GLEVES 54,8 H *PVCM*, égan *V*, egen *M* 1335, égan GLPRUDF1 104,18 — *dsnt* eganumu H *M*, egenon *C* 491, eganon GLPRUDF1 104,24 — *asnt* egan H *CM* 739, *C* 794, hegan (h corr) *M* 947
proprius GLPRUDF1 suus GLEVES GLPRUDF1

ÊGAN^3 *nt-a Eigentum, Grundbesitz, Erbe* ◊ *property, real estate, heritage*
• *ns* eigan$^+$ GLTRSEM XIII,34 — *ds* eige$^{i\text{-}}$ne$^{+?}$ (2. i *add*) GLEPIST I,790,8 — *as* egan H *CM* 3309 — *dp* egánon GLPRUDF1 100,3 — *ap* egan$^{:\cdot}$ GLPRUDBR II,572,53, eigana$^{+?}$ GLSPET 85,10 ∥
fundus, proprium GLPRUDF1 dos GLSPET hereditas GLEPIST GLPRUDF1 praedium GLPRUDBR GLSPET GLTRSEM

EGGIA *f-jō Schneide, Schwert* ◊ *edge, sword*
• *gs* eggia H *C* 4684 — *dp* eggiun GEN 143. 146 H *M*, eggion *C* 645 (eggeon *C*). 742. 2806. 3089. 3530. 4875. 4898. 5135. 5243, *M* 3087. *C* 5506 — *ap* eggia H *CM* 3697

GIEGGIAN *v-I eggen* ◊ *to harrow*
• *inf* giekkian URBWERDA 17,12,13
complanare URBWERDA

egida → **EGITHA**

EGYPTI *m-i p Ägypter* ◊ *Egyptians*
• *gp* aegypteo H *M*, egypto *C* 704 (aegyptia *S*). 756 (ægypteo *M*) — *ap* egypti H *M*, egypte *C* 768

EGISGRĪMOLD *m-a Dämon, böser Geist* ◊ *demon, evil spirit*
• *ns* egisgrimolt GLMARF IV,178,27
daemon, larva GLMARF

EGISLĪK *adj schrecklich, furchterregend* ◊ *terrible, frightening*
 • *ns* egislic H *CM* 1779. 4323, eislic GLSTR 107,25 — *sup nsm* egislicost H *CM* 2613
feralis GLSTR

EGISO *m-n Furcht, Schrecken, Entsetzen* ◊ *fear, horror, terror*
 • *np* egison H *CM* 113. *C* 5812. 5877 — *dp* egison H *C* 2216. *CL* 5845 — *ap* egison H *M* (ugison° *C*) 4316

egituril → **ÊUGITURIL**

EGITHA *f-ō Egge* ◊ *harrow*
 • *ns* egitha GLTRSEM VII,65, egida GLVERGOX 110,41, egethe GLMARF III,719,57 — *np* egida GLVERGOX 110,38 — *dp* egithon GLVERGOX 113,14 — *ap* egida GLVERGOX 110,31
cratis (arbutea, viminea), rastrum, traha GLVERGOX erpica GLMARF GLTRSEM

EGITHARI, EGITHERI *m-ja Egger* ◊ *harrower*
 • *ns* egithari GLTRSEM VII,70, egethere GLMARF III,719,58
erpicarius GLMARF GLTRSEM

EGITHEHSA *(f-n) Eidechse* ◊ *lizard*
 • *ns* egithassa GLSTR 106,26, egithessa GLTRSEM IX,93, euuidehsa⁺ GLSPET 74,36‖
lacerta GLSPET GLTRSEM lacertus GLSTR

ÊGRÔHTFULL *adj mitfühlend, besorgt* ◊ *compassionate, concerned*
 • *nsm* egrohtful H *M*, egrohtfull (h *add*) *C* 3502

ÊGRÔHTFULLO *adv mitfühlend, sorgsam* ◊ *compassionately, carefully*
 • egrohtfullo H *CM* 2992

ehafto → **ÊUHAFT**

EHIR *(nt-a) Ähre* ◊ *ear*
 • *ns* ehir GLSPET 87,5‖
arista GLSPET

ÊHT *f-i Eigentum* ◊ *property*
 • *ds* ehti H *C* 508. 2707

eht → **EFT**
ehtin → **ĀHTIAN**

EHURIDFOLK *nt-a berittene Kriegerschar* ◊ *mounted troop*
 • *ns* eoridfolc H *M*, ieridfolc *C* 4141

EHUSKALK *m-a Rossknecht* ◊ *groom*
 • *np* ehuscalcos H *CM* 388

EI *nt-z Ei* ◊ *egg*
 • *ds* eia GLSTR 107,18,20 — *gp* eiero REGFREK *K* 24,23. *M* 24,12, eiro 29,15. 32,29 (eiiero *K* 32,37). 37,18. 39,14
ovum GLSTR

eigan⁺ → **ÊGAN³**
eichelon⁺ → **ÊKILA**
ein(-) → **ÊN(-)**
einber⁺ → **ÊMBAR**

EINIZZÊN⁺ *adv nacheinander* ◊ *one after the other*
 • éinizen GLEPIST IV,306,21
particulatim, per partes, vicissim GLEPIST

einkneht → **INKNEHT**
einlope(-) → **ÊNHLÔPI(-)**
einnamiu⁺ → **ÊNNAMI**
einstrid- → **ÊNSTRÎDIG**
eislic → **EGISLIK**
eiso⁺ → **ÊSKO**
eitergeri⁺? → ETTARJERI (ÊTTAR- ?)
eittergiu⁺ → **ETTARAG (Ê ?)**
ek → **IK**

ÊK *f-cons Eiche* ◊ *oak*
 • *ns* ec GLVERGOX 111,28
aesculus GLVERGOX

echle → **EGALA**

ÊKHORN *(m-a) Eichhorn* ◊ *squirrel*
 • *ns* echorn GLMARF III,721,39
spiriolus [asperiolus] GLMARF

echorn   **elilendi**

echorn → **EKKARN**
echtheri → EAHTERE#

EKID *nt-a Essig* ◊ *vinegar*
- *as* ecid H *C* 5645

ÊKILA *f-n Eichel* ◊ *acorn*
- *ns* echila⁺ GLTRSEM VIII,41 — *ap* eichelon⁺ GLSPET 82,27
glans GLTRSEM siliqua GLSPET

ekir → **EKKOR**

EKKARN *(nt-a) Eichel* ◊ *acorn*
- *ns* echorn GLMARF III,720,35
glans GLMARF

EKKOR *adv nur, sonst, ferner* ◊ *only, otherwise, further*
- ekir *(stil)* GLGREG 63,15, heccor GLPRUDF1 92,8
solum GLGREG

ÊKMAGATH *f-i Baumnymphe, Dryade* ◊ *wood-nymph, dryad*
- *ap* ekmagadi GLPRUDF1 94,26
dryas GLPRUDF1

GIÊKNON *v-II beanspruchen* ◊ *to claim*
- *3sipt* gieknoda GLEVES 61,19
se fingere GLEVES

ÊKSO *m-n Eigentümer* ◊ *owner*
- *ds* ecson H *C*, ecsan *M* 2404

ELAH *m-a Elch* ◊ *elk* → ELHO
- *mlat np* elaces ADAM IV,32

elah (= selah) → SELH
elaho⁺? → ELHO
elbiz⁺ → ELVIT

ÊLD *nt-a Feuer, Flamme, Lagerfeuer* ◊ *fire, flame, campfire*
- *ns* eld H *CM* 4943 — *gs* eldes H *CM* 1953 — *as* eld H *C* 2574

ELDI¹ *m-i p Menschen* ◊ *people* — cf ?
ALDIA, ALDIO, ALDIUS *mlat*

- *gp* eldeo H *M* 408. *CM* 762, eldiu *C* 1068 — *dp* eldiun H *M*, eldion *C* 267
- GENB *gp* ylda# 480, ýldo# 464

ELDI² *f-ī (hohes) Alter, Altertum* ◊ *(old) age, antiquity*
- *ns* eldi H *CM* 151 GLTRSEM II,98, éldi GLPRUDF1 96,17 — *ds* eldi H *C* 194
- GENB *f-ō ns* yldo# 471. 484
anities GLTRSEM antiquitas GLPRUDF1

ELDIA *f-jō (hohes) Alter* ◊ *(great) age*
- *ds* eldiu H *M* 194

ELDIBARN *nt-a p Menschenkinder* ◊ *children of men*
- *np* eldibarn H *M* 1068. *CM* 3534. 4057. 4648 — *gp* eldibarno H *CM* 1508. 3076. 4436 — *dp* eldibarnon H *C*, eldibarnun *M* 1387. 1430 (eldibarnum *M*) 1525. 1780 — *ap* eldibarn H *C* 408. *CM* 3235

eldiron, eldirun → **ALDIRO**
eldista → **ALD**

ELERI *m-ja (?) Erle* ◊ *alder*
- *ns* æleri THIETM II,37

elfeftahalf° → **ELLIFTAHALF**

ELHO *m-n Elch* ◊ *elk* → ELAH
- *ns* elaho⁺? GLTRSEM II,29. XV,44
alces, hircocervus, tragelaphus GLTRSEM

ELILANDIG *adj fremdländisch* ◊ *foreign*
- *apm* elilandige H *M*, elilendiga *C* 5139

ELILENDI¹ *nt-ja fremdes Land* ◊ *foreign country*
- *ds* elilendie H *M* 632 — *as* elilendi H *C* 632

ELILENDI² *adj-ja/jō in der Fremde lebend, heimatlos, bedürftig, gefangen* ◊ *living in foreign parts, homeless, needy, captive*
- *asf* elilenda GLSPET 79,20 — *npm* elilendiun H *CM* 345 — *apm* elilendia CONFES 16,21
captivus GLSPET

elilenditha

ELILENDITHA *f-ō Gefangenschaft ◊ captivity*
• *as* elilentida⁺ GLSPET 79,19
captivitas GLSPET

elimosina → **ALAMŌSNA**

ELINA *f(-ō) Elle ◊ cubit*
• *ns* élina GLSPET 73,18
cubitus GLSPET

ELIS *(m-a) Erle ◊ alder*
• *ns* els GLMARF III,720,40
alnus GLMARF

ELITHIODA *f-ō fremdes, ausländisches Volk ◊ foreign nation, strange people*
• *ns* elithioda H *M*, elitheodo (?) *C* 2975 — *np* elithioda H *C*, elitheoda *M* 4384 — *gp* elithiodo H *C* 2131 (elitheoda *M*). 2232 — *dp* elithiodun H *M*, elithiodon *C* 488. 3008, elitheodon *C* 60

ELITHIODIG *adj aus fremden Völkern stammend ◊ coming from foreign nations*
• *apm* elithiodiga H *C*, elitheodige *M* 2819

elithos → **HELITH**

ELKOR *adv sonst, außerdem ◊ else, otherwise, in addition*
• elcor H *CM* 207. 2338. 2432. 2510. 3770. 4306 (elcur *M*). 5077 (helcor *M*). *C* 5577

ELLE(R)N# *nt-a Holunder ◊ elder*
• GLWERDB *ns* elle#°? 352
sambucus GLWERDB

ELLES# *adv wuhte ... ~ irgendetwas sonst ◊ anything else*
• GENB elles# 682

ELLIA *f-j-n Nebenbuhlerin, Beischläferin ◊ concubine, rival*
• *ns* ella GLMARF IV,178,50, elle III,715,50
pelex, rivalis, succuba GLMARF

êmbar

ELLIAN *nt-a Mut, Kraft ◊ courage, power*
• *ns* ellen HILD 55 — *as* ellian GEN 189, ellien H *M*, ellen *C* 3055

ELLIANDĀD *f-i Lebenskraft ◊ vigour*
• *ap* elleandadi H *CM* 151
• GENB *gp* ellendæda# 484

ELLIANRŌF *adj kraftvoll ◊ strong*
• *ns* ellanruof H *C* 5899 — *npm* elleanruoua H *C* 69

ELLIFTAHALF *num zehneinhalb ◊ ten and a half*
• elfeftahalf° REGFREK *M* 27,32/33

ELLIFTO *num der elfte ◊ eleventh*
• *asf* elliftun H *C* 3422

ELLINARI *m-ja Eiferer ◊ zealot*
• *np* ellenara GLEPIST I,761,39
aemulator GLEPIST

ELLIOR *adv anderswohin ◊ elsewhere — ~ skakan dahingehen (sterben) ◊ to pass away (to die)*
• ellior H *CM* 2707
• GENB ellor# 773

ELLIVAN *num elf ◊ eleven*
• elleuan REGFREK *M* 38,30, eleuan 39,1,8, eleuen 38,33

ELM *m-a Ulme ◊ elm-tree*
• *ns* elm GLVERGDRSD (2)
ulmus GLVERGDRSD

ELU *adj-wa/wō rotgelb, flachsfarben (?) ◊ reddish-yellow, flaxen (?)*
• *nsm* eluer⁺ GLTRSEM VII,157 — *nsf* heluu⁺ GLTRSEM X,11
fulvus, lineus (?) GLTRSEM

ELVIT *(m-a/i) Schwan ◊ swan*
• *ns* eluiz⁺ GLTRSEM XI,121. XXI,2, elbiz⁺ GLSPET 86,34
cygnus GLSPET olor GLSPET GLTRSEM

ÊMBAR *m + (?) nt(-a) Eimer ◊ bucket*

êmbar

o⁴⁴ *ns* ember GLMARF III,718,16, einber⁺ (r<n) GLTRSEM II,38 — *as* ember REGES 21,19, *n/as* embar REGFREK *KM* — *n/ap* ember REGES 21,18, embar REGFREK *KM*, emmar REGFREK *M* 27,5

amphora GLTRSEM **cadus, situla, urna** GLMARF

emerkta → **MERKIAN**
emmar → **ÊMBAR**
emni- → **EFNI**
en → **AN, ENDI², IN**

ÊN *adj, art, num, pron* ein (und derselbe), einer, der eine, einzig, einzeln, allein(ig), jenes ◊ one (and the same), alone, only, single, some(one), a(n), that — enes *adv* ein einziges Mal ◊ one time only — te henum duoan *in eins setzen* ◊ to make all as one — ~ endi the seluo *ein und derselbe* ◊ one and the same

o⁴⁸¹ *ns* en CONFPAL 362,18 GEN 129 URBWERDA 74,1,5/23,7,15 GLEVES GLLECT REGES 21,14 GLGREG 65,12 GLTRSEM X,100 H *PCM*; én H *C* 2985. 3992 URBWERDA 43,2, eń H *S* 503. 569, enn *C*, énn 3192. 4576, ein⁺ GLEPIST IV,307,13, eu° CONFPAL 362,4 — *nsm* eno H *CM* 1499. 2323. 3055. 3192. 3264. 4175. 4305. 4370. *M* 3192, éno GLPRUDF1 92,14 REGFREK *M* 43,14 — *gsm/nt* enes H *CM*, enas *M* 4955, énas GLLECT GLPRUDF1 97,26, eines⁺⁾ GLEVES 52,37, eines⁺ GLTRSEM X,120 — *dsm/nt* enon H *C*, enumu *M*; enum *M* 1110 (enen *C*), enun 410. *MS* 545, enem GLLAM 67,22, enam GEN 29, enu*m* (*abbr*) 160. 297, henu*m* (*abbr*) 196 — *dsf* enaru H *M* 2182 (enero *C*). 3505 (enero, e-<i- ?, *C*), enero *CM* 860. *M* 1191 (enaro *C*), enoro 2044 (enaro *C*), enera 407 (enero *C*), enoro REGFREK *M* 31,18 — *asm* enna GEN 92. 161. 327 H *MC*; (2. n *add*) *C* 2096. 2296, enan *M*, *C* 1222, 5752 (a<o *C*), enne *M* 2897. 4154, ena *C* 463. 1249, enn° 3822, enon *M* 2788, eṇan HILD 12, enon REGFREK *M*, énon 32,15. 39,6,

êndago

enon *K* 24,24, enen CONFPAL 363,24 — *asnt* en BEDA 4 H *CM* REGHERF 48, enn H *C*, éna GLPRUDF1 95,35, ene CONFPAL 362,18, *ns/asnt* en REGFREK *KM*, én, eń REGFREK *M*, on°⁾ REGFREK *K* 33,22 — *asf* ena REGFREK *M* 39,10. 41,6 H *CM*, ene *M*, *S* 382, enna *C* 2695, enan *M* 3878 REGFREK *M* 33,6 (ena *K* 33,26), en°⁾ 37,14 — *instr m/nt* enu H *C* 40. 5740 — *npm* enan H *C* 13, ǣnon HILD 2 — *dpf* enum (<enumu) H *M*, enon *C* 1995 — *apm* ena GLEVES 59,15

● *nt ein(e)s (?)* ◊ *one thing (?)* — án (for)lætan *unbeachtet lassen, aufgeben* ◊ to ignore, give up GENB *gsm* anes# 272 — *asm* ænnę# 235. 252, annę# 395 — *asnt* ón# 464 (?) — *asf* áne# 369, ane# 370 — *asm/nt/f* án# 573. 643. 693

ille GLPRUDF1 isdem GLEVES solus GLPRUDF1 unus GLGREG se invicem (ein anderaz) GLEPIST monogamus (eines gehieder) GLTRSEM

ÊNAG *adj* einzig ◊ only

● *ns* enag H *CM* 2975. *C* 2186. 3085 — *dsm* enagun H *M* 2188 — *asnt* enag H *M* 794

● *einsam* ◊ *solitary* GENB *nsm* æniga# (*corr* < ænga) 356

ÊNBORAN *adj* eingeboren (einzig) ◊ only begotten

● *asm* enbornen CONFPAL 362,2

ÊNBÔMIG *adj* aus einem einzigen Baumstamm gemacht ◊ made out of a single tree-trunk

● *ns* einboimih⁺ GLTRSEM X,130 monoxylus (~ scip) GLTRSEM

enbouchinit⁺ → **ANBÔKNIAN**
end → **ENDI²**

ÊNDAGO *m-n* festgesetzter Tag (Todestag) ◊ appointed day (day of death)

● *ns* endago H *CM* 2785. 3348 — *ds* endagon H *CM* 1240 (enndagon *C*). *C* 5662

ENDI¹ *m-ja Ende, Ergebnis, Gesamtheit, Anfang, Beginn, Spitze, Zipfel ◊ end, result, totality, beginning, start, forefront, corner*
• *ns* endi H *CM* 267. 1324 (*V*). 2592. *C* 3495. 4729 — *ds* endie H *CM* 1780. 2685. 4394. 4455, endea *M*, anthia *C* 1928, endi PsGERN 6,10 [13,7], enda GLGREG 63,7, ente⁺ HILD 27 — *as* endi H *CM* 1356 (*V*). 2425. 4246 (enndi *C*). 4582. *C* 3474, ende CONFPAL 362,6 — *dp* ediun° (= endiun) GLPB2 I,297,59
consummatio, finis (PsGERN) (ante) GLGREG initium GLPB2

ENDI² *conj und (auch), jedoch, aber ◊ and (... as well), but, while — ~ ... ~ sowohl ... als auch ◊ both ... and*
o²³⁰⁶ ande REGFREK *K* 24,26. REGFREK *M*, and 31,12. 43,4 (2) ABRPAL 10, endi ABC ABRK BEDA CONFES GEN GLEVELT GLEVES GLGREG GLPRUDF1 GLTRSEM H *PLVCMS* PsGERN PsLUB PsWIT REGES REGFREK *KM* URBWERDA, éndi H *M* 958. *V* 1340. *L* 5854. GLPRUDF1, eńdi 99,16, ændi (a>e ?) H *M* 530, ende 848 ABRK 8 ABRPAL 10. 11 (2) BEDA 7 CONFPAL GLEVES 58,29 PsLUB REGES REGFREK *KM*, endi (*stil*) GLGREG 64,9, [e]nde PsWIT 84, 9, [en]di PsPAD 37,3, 6, [e]ndi 36,34, endi (di *add*) H *C* 465. 5280, (i *add*) 1181, end [= ende *abbr*] GLMERS 70,3, end ABRPAL 6. 7. 8. 9 CONFPAL 362,13 H *C* 1962. 3211. 4633. 4637. 5001, en *M* 990 CONFPAL, inde CONFPAL 362,16, anti⁺ HILD 16, enti⁺ 3 (nti *ras*). 19. 50
o¹¹⁵ GENB and# (*abbr* = 7), ond# 625
atque GLGREG GLMERS et GLEVELT GLEVES GLGREG GLPRUDF1 (PsGERN) PsLUB PsPAD PsWIT -que GLPRUDF1 qui dicitur GLEVES

endi → HAND

ÊNDIHWETHAR *pron einer von beiden ◊ one of the two*
• *asnt* endihueđar H *C* 3628

ENDILÔS *adj nie endend ◊ never ending*

• *asm* endilosan (o<a ?) H *C* 2529 — *asnt* endilos H *CM* 4448

ENDION *v-II enden, zu Ende gehen ◊ to end, come to an end*
• *inf* endon H *C* 46 — *3sips* endiot H *C* 1950 (endiad *M*). 4046 (endiod *M*) — *3pips* endiot H *C*, endiad *M* 4328

GIENDION *v-II vollenden ◊ to finish*
• *inf* giendion CONFES 17,27

ENDOST *adv am Ende, zuletzt ◊ in the end, last*
• end|os ABC 7

ÊNFALD *adj einfach, ungeteilt, rein, lauter, gradlinig, wirklich, bloß ◊ simple, undivided, pure, honest, straight, real, mere*
• *nsm* enfald H *CM* 1057, enuald *M* 1062 (euuald° *C*). 3767 (a<u ? *C*) — *gsnt* enualdes H *M*, enuualdes *C* 1068 — *dsm* enuualden H *C* 4003 — *asm* enfaldan H *M*, enualdan *C* 1885, enuualdan 2878 — *asnt* enuald H *M*, enuuald *C* 3747. 3842. *C* 2551 — *comp asm* enualdaran H *M* 2878

enfan → ANDFĀHAN
enfarlatan → FARLĀTAN
engagen, engagine → ANGEGIN
engerig → ÊNJĀRIG

ENGI *adj-ja/jō schmal ◊ narrow*
• *asm* engean H *CM* 1786 — *dp* engen⁺ GLPRUDF1⁺ 91,33 — *comp nsm* engira H *M*, engera *C* 1781
• GENB *nsm* ænga# (*corr* > æniga#) 356
artus GLPRUDF1⁺

ENGIL *m-a Engel ◊ angel*
o⁷⁸ *ns* engil GEN 145 H *CLMS*, (-e *ras*?) *C* 5797, éngil *M* 427 — *as* engil H *CMS*, engel: (-a/d *ras* ?) *C* 270 — *np* engilos GEN 248. 299. 307 H *CLM* — *gp* engilo GEN 331 H *CM* — *dp* engilun H *M*, engilon *C* 1087 — *ap* engilos H *CL* 5845 GEN 270. 284, engelos 157

engil

- GENB *ns* engel 272. 349. 582. 657, engyl[#] 262. 293 — *gs* engles 328 — *np* englas 308. 320. 669 — *gp* engla 338. 402. 539. 583

ENGILKUNNI *nt-ja Engelsgeschlecht* ◊ *order of angels*
- GENB *gp* engelcynna[#] 246

ENGITHA *f-ō Enge* ◊ *narrowness*
- *ds* engithu GLTRSEM IX,51
angustia GLTRSEM

ÊNHARD *adj ganz verhärtet* ◊ *completely hardened*
- *ns* enhard H *CM* 5060

ÊNHENDI *adj-ja/jō einhändig* ◊ *one-handed*
- *ns* einhende GLMARF III,715,58
mancus GLMARF

ÊNHERDI *adj-ja/jō entschlossen* ◊ *determined*
- *nsm* einherder[+] GLTRSEM XVI,71
unanimus GLTRSEM

ÊNHLÔPI *adj-ja/jō unverheiratet, alleinstehend* ◊ *unmarried, single*
- *np* enlope WERDURBF 255,16. 273,6, einlope 290, 20/21, einlope 263,19 — *ap* enlopi REGERK 47

ÊNHLÔPILIUD *m-i unverheiratete Kleinbauern* ◊ *unmarried small holders*
- *ns* Eeinlopeliud (E *add*) WERDURBF 249,15 — *np* einlopeliude WERDURBF 268,23

ÊNHLÔPITINS *m-i Abgabe der unverheirateten Kleinbauern* ◊ *tax of the unmarried small holders*
- *np* einlopetinse WERDURBF 255,28

ÊNHORN *nt-z Einhorn* ◊ *unicorn*
- *gp* enh(o)rnira PSLUB 28, 6
unicornis PSLUB

enhuisi[+] → INHŪSI

enn

ÊNHURNIO *m-j-n Einhorn* ◊ *unicorn*
- *ns* enhorne GLHARD IV,259,21, einhurnio[+] GLTRSEM XXI,32
rhinoceros GLHARD GLTRSEM

ÊNHWILĪK *pron (irgend) einer* ◊ *(some)one*
- *ns* enhuilic H *CM* 3048, enhuilik *C*, enhuuilic *M* 929

eni → ÊNIG

ÊNJĀRIG *adj einjährig* ◊ *one-year-old*
- *nsm* engerig GLLECT
anniculus GLLECT

ÊNIG *pron (irgend) einer, wer immer; neg (+ gp) keiner, niemand* ◊ *any, (some)one, whosoever; neg (+ gp) no, not any, nobody*
○[181] *ns* enig GEN 52. 322 H *CMS*, éníg GLPRUDF1 91,14 — *dsm* enigumu H *M*, enigon *C*; enagun *M*, enigan (*add*) *C* 2188 — *dsf* enigero H *C* 2411 (enigaro *M*), enigaro 4933 (enigaru *M*), enigaro *C*, enigoro *M* 1854, eṇigeru HILD 52 — *asm* enigan H *PCM*, enigen *M* 2807 — *asnt* enig H *CM*, eni *C* 264, eniga 4514, enic[+?] HILD 57 — *asf* eniga GEN 67. 93 H *CM*, éniga *V* 1317, enige *M* 4426 — *instr* enigo H *M* 1847 — *npf* eniga H *CM* 2828, *C* 3483 — *dp* enigun H *M*, enigon *C* 263.1848. 1897 (enigan *C*). *C* 5700. 5721 — *apf* eniga GEN 46
- GENB *nsm* ænig[#] 427 — *gsm* æniges[#] 503. 836 — *dsm/nt* ænegum[#] 291. 409. 539 — *asnt* ænig[#] 540 — *asf* ænige[#] 391
quisquis GLPRUDF1

ENKIL *m/nt-a Knöchel* ◊ *ankle*
- *ns* enchil[+?] GLHARD IV,282,1
talus GLHARD

ÊNKORO *m-n Einsiedler* ◊ *hermit*
- *ns* enkoro H *C*, encora *M* 861

enlope, enlopi → ÊNHLÔPI
enn → ÊN

ÊNNAMI *adj-ja/jō eindeutig, gleichnamig* ◊ *univocal, having the same name*
• *nsf* einnamiu⁺ GLTRSEM XVI,72
univocus GLTRSEM

ennuuundia° → ÊNWURDI

ÊNŌDI *f-ī* + *nt-ja Einöde* ◊ *desert*
• *gs* enodies H *C*, enodeas *M* 1125 —
ds enodi H *CM* 1027

ÊNON *v-II sich entschließen, übereinkommen* ◊ *to decide, agree*
• *pcpt* gienod GLEVES 55,2/3 — *pcpt npm* gienoda GLEVES 60,15
conspirare, facies esse GLEVES

GIÊNON *v-II beschließen* ◊ *to resolve*
• *3sipt* gienoda GLEVES 55,36/37
faciem firmare GLEVES

ÊNSEDLIO *m-j-n Einsiedler* ◊ *hermit*
• *ds* ensedlion GLEVELT 46,11, ensetlion GLEVES 48,25
habitator solitudinis GLEVELT GLEVES

enspuritha → INSPURITHA
enstigo⁺ → ÊSTIGO

ÊNSTRĪDIG *adj beharrlich, hartnäckig, widerspenstig* ◊ *persistent, stubborn, obstinate*
• *ns* einstridih⁺? GLSPET 81,16, einstridig GLMARF IV,178,40 — *nsm* einstridier⁺ GLTRSEM XI,91 — *dsf* enstridige[ru] GLPRUDF1 94,9
obstinatus GLMARF GLTRSEM pertinax GLSPET pervicax GLPRUDF1

ÊNSTRĪDIGI *f-ī Starrsinnigkeit* ◊ *stubbornness*
• *ns* énstrídii GLPRUDF1 98,18
obstinatio GLPRUDF1

ente⁺ → ENDI¹
enti⁺ → ENDI¹
entlazente⁺ → ANDLĀTAN
entledde → ANDLÊDIAN
enuuald- → ÊNFALD

ÊNWURDI *adj-ja/jō einig, einer Meinung seiend* ◊ *agreed*
• *npm* enuuordie H *M* 3043 (enuurdia *C*). 4169 (ennuuundia° *C*). 5173 (énuuurdia *C*)

ÊNWURDIG *adj einmütig* ◊ *unanimous*
• *ns* einuurdich⁺ GLTRSEM XIII,63
placitum (~ dinc) GLTRSEM

eo → IO
eo(-) → ÊU(-)

EOFOT# *(nt-a) Beschuldigung, Schuldspruch* ◊ *accusation, verdict (of guilty)*
• GLWERDC *ns* efat# 359. 360
causa, contentio, epiphonema, incusatio GLWERDC

eom# → WESAN
eorð-# → ERTH-
eoridfolc → EHURIDFOLK
eouuiht → IOWIHT
eower → THŪ

EPINN *f-jō Affenweibchen* ◊ *she-monkey*
• *ns* effen⁺ GLMARF III,721,47
simia GLMARF

ÊR¹ *adv zuvor, früher, seit längerem, eher; conj ehe, bevor, bis dass; praep + d vor* ◊ *formerly, before, for a long time, earlier, till, until — ~ ... ~ eher ... als/bis dass* ◊ *sooner ... before —* huan ~ *bis dass, wann zuerst, wann endlich* ◊ *till, when first, when at last —* ~ *than bevor, bis dass* ◊ *before (that), until*
o²⁰¹ er BEDA 8 GEN 296 H *S* 372. *L* 5839. *M*, er, err *C*, er (e<t) *M* 641, ér 372 (neum). 375 (neum). 4374. 4801, *V* 1346. 1352. *S* 375. 558. 559 GEN 13, ěr H *M* 296 (neum), er (e<i) *C* 4932, ir GLGREG *Additamenta* II,118
o¹⁰ GENB ǽr#
diu GLGREG

ÊR² *(nt-a) Erz* ◊ *ore*
• *ns* ér GLSTR 108,6 GLMARF IV,177,6, er III,717,31
aenum GLMARF aes GLSTR

ÊR³ *m-i (-u) Bote* ◊ *messenger*
- *np* eri H *CM* 559
- GENB *(m-a) ns* ár# 682

er- → AR-
era → HÊ, SIU, IT

ÊRA *f-ō Ehre, Ehrfurcht, Güte, Gunst, Hilfe, Gabe, Almosen* ◊ *honour, reverence, mercy, favour, help, gift, alms*
- *gs* era H *CM* 2822 — *ds* era BEDA 7 — *as* era H *CM* 3505. 3771. 3747. 4410. *C* 5619, a(e)ra PSLUB 28, 2 — *dp* éron H *C* 2232
honor PSLUB

era(c)h → ERH
erbarmunga⁺ ⁾ → ARBARMUNGA
erbithi → ARVEDI
erborgeda⁺ → ARBORGIAN/ARBORGON
erborgida⁺ → ARBORGITHA
erd- → ERTH-
érda → RADO

ÊRDAGOS *m-a p an erdagun früher, in vergangenen Zeiten* ◊ *formerly, in earlier days*
- *dp* erdagun H *M*, erdagon *C* 362 (êrdagun *neum M*). 920. 1046. 1833. 3327. 4553

erdeile⁺ ⁾ → ADÊLIAN
erdempfu⁺ → ATHEMPIAN
erdo⁺ → EFTHA/EFTHO
ere (?) → HÊ, SIU, IT
erebiuuardos → ERVIWARD
erfulláre → AFULLARI
erfultas → AFULLIAN
erfurit⁺ ⁾ → AFÜRIAN
ergeile⁺ → AGÊLIAN
ergernen → AKIRNIAN

ERH *(nt-a) weißgegerbtes Leder, weiches Bocksleder* ◊ *white leather, chamois-leather*
- *ns* erah GLTRSEM VII,42, erach XII,85
ervum, pellis fracta GLTRSEM

(erh)[aebb]i[u] → AHEBBIAN¹
erhauenerit° → AHEBBIAN¹
erhberi° → ERTHBERI

ÊRHINA *adv früher* ◊ *in former times*
- érhina HILD 16

erholot⁺ → AHOLON
erhtlikon → ERTHLÎK
eribethoon° → HERIBÔKAN

ERIDA *f-ō (f-n?) Pflug* ◊ *plough*
- *ds* eridú (eridun *abbr?*) GLSTR 108,8
aratrum GLSTR

erico° → ERWIT

ÊRÎN *adj ehern, blechern* ◊ *brazen, made of tin*
- *ns* erin GLSTR 108,17 — *apm* erina H *C*, erine *M* 3767
aere GLSTR

ERINGROZ⁺ *(m-a) Seeadler, Geier* ◊ *sea eagle, vulture*
- *ns* eringroz⁺ GLTRSEM II,31
haliaetus GLTRSEM

erislo → IRRISLO

ÊRIST *adj subst der erste; adv zuerst, zum ersten Mal* ◊ *first — at ~ zuerst* ◊ *first — fan ~ anfangs* ◊ *at the beginning — fan eristan von Anfang an* ◊ *right from the beginning*
o³⁸ *nsnt* erist H *CM* 2074 — *dsnt* eristan H *M*, eriston *C* 3897 — *asnt/adv* erist CONFES 16,6 H *CM*, ærist HILD 63

ÊRISTLÎK *adj im Originalzustand befindlich* ◊ *original*
- *apnt* eristlica GLMERS 69,8/9
originalis GLMERS

erit, eriuit → ERWIT

ERL *m-a (adliger, hochgeborener) Mann, Edelmann* ◊ *nobleman, man (of noble birth)* o¹⁶³ *ns* erl H *CM* — *gs* erles H *MS*, erlas *C* 508 GEN 129 — *ds* erle H *CM* 1817 (erla *M*). 2788. 4993 — *as* erl H *CM* 4130 — *np* erlos H *CMS* — *gp* erlo H *CM*; erla *S* 559 — *dp* erlun H *MS*, erlon *C*; erlom *V* 1326 — *ap* erlos H *CM*

erlehnunga⁺ʔ → ALÊHNUNGA

ERLSKEPI *m/nt-i Edelleute, kühne Männer* ◊ *noblemen, valiant men*
• *ns* erlscipi H *C* 3006 (erlskepi *M*). 4225 (erlscepi *M*) — *ds* erlskepie H *M*, erlscipie *C* 2768

ermberg → **ARMBERG**

ERNUST *(m/nt-a, m-i) Ernsthaftes* ◊ *serious matters*
• *ns* ernist GLTRSEM XIV,68 — *as* ernost GLMAGD
serium GLMAGD GLTRSEM

ERNUSTLĪKO *adv wirksam* ◊ *effectually*
• *comp* érnv́stlícor GLPRUDF1 100,30
efficaciter GLPRUDF1

eroffenod⁺ → AOPANON

ÊRON *v-II (+ a pers) (ver)ehren, Ehrerbietung, erweisen, freigebig zu jmdn sein, jmdm schenken* ◊ *to honour, pay respect to, worship, be open-handed, give as a present to sb*
• *inf* eron H *CM* 2755 — *3sips* erot GLPRUDF1 101,18 — *2pimp* erod H *M*, erot *C* 1540 — *1sipt* eroda CONFES 16,17,19,21,24. 17,15 — *3pipt* erodon GLADM718 77,12
adorare GLADM718 venerari GLPRUDF1

ANDÊRON *v-II entehren, in Schande bringen* ◊ *to dishonour, bring shame upon*
• *pcpt* interet⁺ GLSPET 77,35 ‖. 78,4
dehonestare, revereri GLSPET

GIÊRON *v-II auszeichnen* ◊ *to honour*
• *3sipt* gieroda GLEVES 59,6
honore sublimare GLEVES

erracto → **AREKKIAN**
erredde → **AHREDDIAN**
errislo → **IRRISLO**
erro → **HÊRRO**
ersalai° → **ASLAHAN**
ertlhim°, ertlim → **ERTHLĪM**

ERTHA *f-ō + f-n, Erde, Land* ◊ *earth, land* — ~ *gisokian zu Boden stürzen* ◊ *to fall to the ground*
o¹⁰⁷ *ns* erđa GEN 317. 321. 337, ertha H *C*, erda *M* 1099. 1425 (erđe *M*). 2167 (erđe *M*). 2594. 4313 (erde *M*), ertha *C* 5662. 5799, aerđe PSWIT 84, 13 — *gs* erthu H *C*, erđu *M* 1085. 1745. 1824, erthun *C*, erdun *M* 408 (erđun *C*). 586 (erđun, *d* ? *M*). 4064 4349, arthen CONFPAL 362,2 — *ds* erthu PSLUB 111, 2 H *C*, erdu *M*; erđu *C* 420. *M* 2164. *S* 566. 574 GEN 132 PSWIT 84, 10, aerđu 84, 12, erdo H *M* 1605 (erđu *C*). 1657 (erthu *C*), erthun *C* 2464 (erđun *M*). 2849. 3940. 4112 — *as* ertha H *C*, erde *M* 1305 (erđa *V*, erthea *C*). 2886. 3581. 4852 (erde *M*), ertha *C* 41. 2389. 5538, erda *M* 591, erđa GEN 48, aerđe PSLUB 32, 14, erthun GLEVES 60,2 H *C* 2391 (erdon *M*). 2395 (erdun *M*), (er)than GLEVES 53,13 — *gp* erthono H *C*, erdono *M* 758
• *Erde (Stoff), Lehm* ◊ *earth (material), clay* GENB *ns* eorđe# 603 — *ds* eorđan# 311. 365. 522. 682
terra GLEVES PSLUB PSWIT

ERTHAG *adj erdig* ◊ *earthy*
• *nsnt* erthagat GLPRUDF1 100,2
terrulentus GLPRUDF1

ERTHBATH *nt-a von unten beheiztes Bad* ◊ *bath heated from below*
• *ns* erthbath GLTRSEM III,58
thermae GLTRSEM

ERTHBERI *nt-ja Erdbeere* ◊ *strawberry*
• *ns* erthbire GLMARF III,720,21, erhberi° GLTRSEM XVI,21 — *np* ertberi GLTRSEM VII,109
fragum GLMARF GLTRSEM vaccinium GLTRSEM

ERTHBIVUNGA *f-ō Erdbeben* ◊ *earthquake*
- *ns* erthbigunga° (e<b) GLVERGOX 112,25
signum terrae GLVERGOX

ERTHBRUST *f-i Erdspalte* ◊ *chasm*
- *ds* érthbrústi GLPRUDF1 102,8
terraneum GLPRUDF1

ERTHBŪANDI *pcps subst Erdenbewohner* ◊ *denizen of the earth*
- *dp* erdbuandiun H *M*, erthbúændeon *C* 4316

erthempunga → ATHEMPUNGA

ERTHGALLA *f-ō/n Tausendgüldenkraut* ◊ *centaury*
- *ns* erthgalla (r *add*) GLTR40 V,42,21
centauria GLTR40

ERTHGRAF *nt-a Bodengrab* ◊ *grave in the ground*
- *ds* erthgrabe H *C*, erdgrabe *M* 4085

ERTHGRŌVA *f-n Erdloch* ◊ *hole in the ground*
- *ns* erthgroue GLMARF III,715,13
cisterna, lacus GLMARF

ERTHHNOT *f-cons Trüffel* ◊ *truffle*
- *np* erthnuz⁺ GLTR40 V,42,35
tuber GLTR40

ERTHLĪFGISKAPU *nt-a p Geschicke des Erdenlebens* ◊ *fates of the earthly life*
- *ap* erthlibgiscapu H *C*, erđlíbegiscapu V, erdlibigiscapu *M* 1331

ERTHLĪK *adj irdisch, weltlich* ◊ *earthly, secular*
- *dp* erhtlikon PSGERN 5,4 [12,14], [ ]likon 4,11/5,1 [12,9/10]
saecularis, terrenus (PSGERN)

ERTHLĪM *m-a Erdpech, Asphalt* ◊ *mineral pitch, asphalt*
- *ns* ertlim GLTRSEM IV,48, ertlhim° XXIII,24

bitumen GLTRSEM

ERTHRĪKI *nt-ja Erdreich, Erde, Welt* ◊ *earthly realm, earth, world*
- *as* erthriki H *C*, erdriki *M* 376 (erđriki *S*). 2880
- GENB *ds* eorđrice[#] 419. 454. 548

ÊRTHUNGAN *adj mit Ehren ausgezeichnet* ◊ *dignified*
- *ns* erthuungan H *M*, (2.u *add*) *C* 3305

ERVI *nt-ja das Erbe* ◊ *inheritance*
- *as* erƀi H *C*, erbi *M* 3309, aerƀi PSLUB 32,12, erui PSGERN 6,7,9 [13,4,6] — *gp* arbeo⁺ HILD 22
hereditas (PSGERN) PSLUB

AND**ERVIDIO** *m-j-n der Enterbte* ◊ *disinherited person*
- *ns* antervidio GLPRUDF1 100,7/8
exheres GLPRUDF1

ERVILÊHAN *nt-a Erblehen* ◊ *hereditary fief*
- *ns* erbelehen⁺ DIPL 1013
hereditarium beneficium DIPL

ERVIWARD *m-a der Erbe, Stammhalter, Hüter des Erbes* ◊ *(son and) heir, guardian of the inheritance*
- *ns* erƀiuuard H *C*, erbiuuard *M* 79. 194. 764 — *as* erƀiuuard H *C*, erbiuuard *M* 86. 149 — *np* erebiuuardos GEN 99. 103 — *ap* erbiuuardos H *CS*, erbiuuardos *M* 580

erundi → ĀRUNDI

AND**ÊRUNGA** *f-ō Beschämung* ◊ *shame*
- *ns* inderunga⁺ GLSPET 77,17 ‖
reverentia GLSPET

ERVO *m-n Vermächtnisnehmer, Begünstigter* ◊ *legatee, beneficiary*
- *ns* ⁺eruo GLTRSEM XII,95
praes GLTRSEM

ÊRWAKKAR *adj vor Tagesanbruch erscheinend* ◊ *preceding the dawn*

• *nsm* eruuakerer⁺ GLTRSEM II,43
antelucanus GLTRSEM

ERWIT *(f-cons/i) Erbse ◊ pea* → ARA-WEIZ⁺
• *ns* erit GLTRSEM XXI,47, eriuit XII,111, ari (art?) XXI,47 — *gp* erito REGES 21,4,14 REGFREK *K* 25,20. 33,30. *M* 29,10. 34,12, érito 25,1. 29,20. 31,23. 32,25. 33,11, erico° *K* 32,34
pisa GLTRSEM

es → HÊ, SIU, IT

ÊSA *f-ō/n Schmelzofen ◊ melting furnace*
• *ns* ésa GLHARD IV,280,22
sufflatorium GLHARD

ésago → ÊUSAGO
esdrih⁺ → ESTRIK
ęsdyni° → ÆFDÝNE#

ESIL *m-a Esel ◊ ass*
• *ns* esil GLSTR 108,15
onager (uuildi ~) GLSTR

escasa° → SNÊSA

ÊSKIAN *v-I fordern ◊ to claim*
• *3pips* æschiađ GLMERS 71,8
exigere GLMERS

BIÊSKIAN *v-I beeinflussen ◊ to influence*
• *3sipt* bieschda GLPB2 I,298,23
sollicitare GLPB2

ESKĪN *adj eschen (aus Eschenholz bestehend) ◊ ashen (consisting of ashwood)*
• *npf* eschine GLVERGOX 113,25
fraxineus GLVERGOX

escnesas *mlat* → SNÊSA

ÊSKO *m-n der Anspruchererhebende ◊ claimant*
• *ns* eiso⁺ GLTRSEM XIII,33
praes GLTRSEM

ÊSKON *v-II (+ g rei/+ a pers) fragen nach, suchen, ausforschen, + a etw einfordern ◊ to ask sth, search for sb, investigate, demand payment of*
• *inf* escon H *M*, escan *C* 823 — *2sips* escos H *C* 5967 — *3sipt* éscoda GLPRUDF1 99,30 — *3pipt* escodun GLEVES 51,15, éscodun 49,18
accipere, sequi GLEVES exquirere GLPRUDF1

esnesas *mlat* → SNÊSA
espe → ASPA

ÉSTIGO *adv aus Gefälligkeit ◊ out of the kindness of one's heart*
• enstigo⁺ GLEPIST I,764,30
gratis, non vi GLEPIST

ESTRIK *(m-a) Fußboden ◊ floor*
• *ns* estric GLHARD IV,258,20, esdrih⁺ GLSPET 79,19‖
pavimentum GLHARD GLSPET

et → AT
et → HÊ, SIU, IT

ETAN *v-5 essen ◊ to eat*
• *inf* etan H *CM* 1664. 4640 — *3sipt* at CONFPAL 362,16
• GENB *2simp* ǽt# 564 — *3sipt* ǽt# 599 — *2sopt* ǽte# 500

etar⁺ → EDAR
etsa → AKUS

ETTAR (Ê ?) *nt-a Gift ◊ poison*
• *as* éttar GLPRUDF1 100,14
virus GLPRUDF1

ETTARAG (Ê ?) *adj eitrig ◊ festering*
• *nsf* eittergiu⁺ GLSPET 86,33 — *apnt* éttárága GLPRUDF1 100,34/35
purulentus GLPRUDF1 tabens GLSPET

ETTARJERI (ÊTTAR-?) *nt-ja Giftmischerei ◊ mixing of poison*
• *np* eitergeri⁺? GLEPIST I,768,22
veneficium GLEPIST

ettarnetila

ETTARNETILA (ÊTTAR-?) *f-n Brennnessel* ◊ *stinging nettle*
• *ns* heidarneizela⁺ GLTR40 V,41,20 urtica greganica GLTR40

ETTARWURT (Ê ?) *f-i Giftpflanze* ◊ *poisonous plant*
• *ns* ezaruurz⁺ GLTRSEM XV,113 — *gp* hettaruurtia GLSTR 107,2/3
toxica GLTRSEM venenum GLSTR

etto, ettha, ettho → EFTHA/EFTHO
eth → AT

ÊTH *m-a Eid* ◊ *oath*
• *as* eth H C, ed M 4976 — *dp* ethun H M, ethon C 5083 — *ap* ethos H C, edos M 1518

ETHILI *adj-ja/jō adlig, edel* ◊ *noble*
• *ns* eđili H CS, edili M 508 — *dsm* eđileon H C, ediliun M 768 — *dsf* ethilero (th<đ) H C, edilero M 2455 — *gpm* edilero H M 1193 (eđilero C). CM 3048. C 5251 (ediliero M)

ETHILIFOLK *nt-a vornehmer Volksstamm* ◊ *noble tribe*
• *dp* edilifolcun H M, edilifolcon C 3318

ETHILIGIBURD *f-i vornehme Herkunft* ◊ *noble familiy*
• *ds* eđiligiburdi H C 65, eđeligiburdie (<éld-, 1 *ras*) S 557 — *gp* ediligiburdeo H C, adaligeburdeo M 2985 — *dp* ediligiburdiun H M, ediligiburdion C 557

ETHILING *m-a Adliger* ◊ *nobleman*
• *np mlat* edhilingui NITH IV,2 nobilis NITH

ÊTHSTAF *m-a Eidschwur* ◊ *oath*
• *as* ethstaf H C, edstaf M 1508

ÊTHWORD *nt-a Eidwort* ◊ *oath-word*
• *gp* ethuuordo H C, eduuordo M 1515

eu → THŪ

evanweldig

eu° → ÊN

ÊU *m-wa Gesetz* ◊ *law* — *ald* ~ *Altes Testament* ◊ *Old Testament* → ÊWA¹
• *ns* eo H M, eu C 4553 — *ds* euue H C, eo M 1446. 1476. 1528. 5197, euue C, euua M 529 (ea S). 1419. 3268. 3845 (eu M), C 5333 (2.u *add*), euua CM 809. M 795. C 1432 (eo M). 1502 (eo M) — *as* euu H M 1416 (eu C), eu CM 307. 1387. 1421 (euu *l*.u<o? C). 3396 (eo M). C 3455, eo M 3859. C 5320

EVAN (?) *m/nt-a Ebenholzbaum* ◊ *ebony tree*
• *ns* euari°? GLTRSEM VII,58
ebenus GLTRSEM

ANEVAN *praep + a neben, nahe bei* ◊ *alongside, near*
• an eban H C, an eban M 1151. C 2234

ÊVANGELIUM *m(-a) Evangelium* ◊ *gospel*
• *as* euangelium (*abbr*) H C 13

euari°? → EVAN (?)
euge → ÊWIG

EVANHÊR *adj gleich ehrwürdig* ◊ *equally venerable*
• *ns* evenher CONFPAL 363,22

EVANHLÔTERI *m-ja Teilhaber* ◊ *sharer*
• *as* éuanhlótéri GLPRUDF1 92,19
consors GLPRUDF1

EVANSĀTIG *adj an gleicher Stelle ansässig* ◊ *settling at the same place*
• *ns* euansehsih⁺? GLTRSEM XVII,21
parpossessor, parasitus GLTRSEM

EVANSTALL (?) *nt-a gleichrangiger Platz (?), Haferplatz (?)* ◊ *place of equal rank (?), area of oats (?)*
• *np* efanstal REGERK 44

EVANWELDIG *adj gleich machtvoll* ◊ *equally powerful*
• *ns* evenweldig CONFPAL 363,22

ÊUGITURIL *m-a Nebenbuhler* ◊ *rival*
• *ns* egituril GLTRSEM XIV,2
rivalis (qui habet cum alio uxorem) GLTRSEM

ÊUHAFT *adj rechtmäßig* ◊ *legal*
• *nsm* ehafto GLEVES 59,41
legitimus GLEVES

EVINA *f-ō/n Hafer* ◊ *oats*
• *ns* euina GLTRSEM XXI,45, éuine GLHARD IV,314,20
avena GLHARD GLTRSEM

EVINĪN *adj aus Hafer bestehend/zubereitet* ◊ *consisting of/prepared from oats*
• *gsnt* euéninas REGFREK *M* 33,8 (fueninas° *K* 33,27), euéninas 35,24 — *n/apnt* iuenina (e<i/u) REGFREK *M* 28,18, iuenína (e<i/u) 28,19

ÊUSAGO *m-n Gesetzeslehrer, Gesetzgeber, Rechtskundiger* ◊ *teacher of law, lawgiver, legislator, jurisprudent* → **ÊWISAGO**
• *ns* eosago H *M*, eusago *C* 3801. 5058 GLTRSEM IX,109, ésago GLEPIST I,787,45, asage GLMARF III,716,4 — *np* eosagon H *M*, eusagon *C* 4466
iurisperitus GLMARF legislator GLEPIST lelex GLTRSEM

euua → **JŪWA**
euuald° → **ÊNFALD**
euuar → **THŪ**
euuidehsa⁺ → **EGITHEHSA**
euuondage → **ÊWANDAG**
euwegen → **ÊWIG**

EVUR *(m-a) Eber* ◊ *boar*
• *ns* euer GLHARD IV,275,26
singularis GLHARD

EVURSPIOT *nt-a Eberspieß, Jagdspieß* ◊ *boar-spear, hunting-spear*
• *as* euurspioz⁺ GLVERGOX 111,3/4 — *np* euurspiat GLVERGOX 112,20, [eu](ur)spi[at] GLVERGW
hasta, lancea GLVERGOX venabulum GLVERGOX GLVERGW

ÊWA¹ *f-ō Gesetz, Stammesrecht* ◊ *law, tribal code* → **ÊU**
• *as* euua (2.u<n) URBWERDA 10,12, LEXSAX CS 7. 8. 10

ÊWA² *f-n Ewigkeit* ◊ *eternity*
• *as* euun PSLUB 28, 10. 32, 11. 111, 6
aeternum PSLUB

ÊWAN *adj ewig* ◊ *eternal* → **ÊWIN**
• *nsnt* euuana H *C*, éuuana *V* 1302 — *asnt* euuan H *CM* 1474

ÊWANDAG *m-a Ewigkeit* ◊ *eternity*
• *ds* euuondage H *C* 586 (2.u add *C*, euuandaga *M*). 1324 (éuuandaga *V*, euuandage *M*). 1329 (2.u add *C*, euuandaga *VM*). 2527, 4729, heuandage GEN 337

EWI *f-i Mutterschaf(-Lamm)* ◊ *ewe (lamb)*
• *ns* évvi GLPRUDF1 102,32
agna GLPRUDF1

ÊWIG *adj ewig* ◊ *eternal, everlasting*
o³⁹ *ns* euuig H *CM*, PSLUB 110R — *nsnt* euuiga H *M* 1302 PSGERN 6,7 [13,4] — *dsnt* euuigon H *M* 1796, ewigon BEDA 18 — *dsf* euuigaru PSLUB 111, 7, euwegen CONFPAL 362,8 — *asf* euuige PSLUB 110R — *asnt* euuig H *CM*, euuiga *CM* 1785, euge CONFPAL 363,31 — *dp* e(u)uigon PSGERN 10,16/17 [15,11/12]
aeternus (PSGERN) PSLUB, perpetuus PSLUB

ÊWĪN *adj ewig, beständig* ◊ *eternal, continual* → **ÊWAN**
• *dsnt* euuinom H *C* 1796 — *asnt/adv* ewin HILD 41

ÊWISAGO *m-n Rechtsprecher* ◊ *administrator of justice* → **ÊUSAGO**
• *ns* heuuisago GLTRSEM VIII,106
iuridicus GLTRSEM

ezaruurz⁺ → **ETTARWURT (Ê ?)**

F

FADAR *m-r Vater* ◊ *father*
  o⁸⁵ *ns* fadar GEN 169 H *M* 1600. 1619. 1635. 1847, fader *CM* GLABD, vader CONFPAL 362,4, fater⁺ HILD 9. 17 — *gs* fader H *CM*, vader CONFPAL 362,21 — *ds* fadar CONFES 16,3. 17,23 fader H *CM*, fadur PSLUB 110G — *as* fadar CONFES 16,17 H *M* 1795, fadaer ABRPAL 14. 15, fader H *CM* ABRK 11, vader CONFPAL 362,1
pater GLABD H *C* PSLUB

FADARERU (?) *m-wa Vaterland* ◊ *native country*
  • *gs* fatereres⁺ HILD 24

FADARŌTHIL *m/nt-a väterliches Erbe, Land* ◊ *patrimony, paternal land*
  • *as* fadervoðil H *C*, faderodil *M* 4497

fadm- → **FATHUM**
fadmea → **FÊMIA**
faeilich⁺ → **FÊLLĪK**
fæcne# → **FÊKNI**
fǽr → **FĀR**

FÆRBÊNA# *m-n Fahrgast* ◊ *passenger*
  • GLWERDB *ns* faerbenu° (= faerbena#) 349
epibates GLWERDB

fæst-# → **FAST(-)**

FAGAN *adj froh* ◊ *glad* → **FAGIN**
  • *ns* fagan H *M* 899

FAGANON *v-II sich freuen, fröhlich sein* ◊ *to rejoice, be happy*
  • *pcps* faganondi H *M* 5982 — *3sipt* faganoda H *C*, fagonoda *M*, fegnade *S* 526, faginoda (fagi ras) *C*, fagonode *M* 3029 — *3pipt* fagnodun (ras < fragan-, faganodun?) H *C*, fagonadun *M* 4106, faganodun *C* 5294

FAGAR *adj schön, herrlich* ◊ *fair, beautiful, lovely*

  • *ns* fagar H *PCM* 200. 412. 435 (fagor *C*). 983 (*P*). 1392. 1511. 2010. 2260 — *gsm* fagares H *C* 2544 — *asnt* fagar H *CM* 2750 — *gp* fagarero H *C* 1559 (fagaroro *M*). 1724 (fagaro° *M*). 1743 (fagororo *M*), fagararo 1100 (fagororo *M*) — *dp* fagaron H *CM* 380 (fagarun *S*). 3677, fagarun *M* 3331 (fagaron *C*). 4543 (fagoron *C*), fagoron 1738 (fagaron *C*) — *apm* fagara H *CM* 1546 (fagare *M*). 1648. 1854 — *sup nsf* (*m*?) fagarosta H *C*, fagorosta *M* 760
  • GENB *sup asf* fægroste# 457

GIFAGARITHA *f-ō Schmuckstück* ◊ *ornament*
  • *np* gifagiritha GLPRUDF1 93,29/30
redimiculum GLPRUDF1

FAGARO *adv schön, sanft, freundlich, höflich* ◊ *beautifully, gently, kindly, courteously*
  • fagaro H *CM* 438. 552 (fagara *S*). 677 (fagera *S*). 1673 (fagoro *M*). 1680 (fagoro *M*). 3674. *C* 5903

FAGIN *adj froh* ◊ *glad* → **FAGAN**
  • *ns* fagin H *C* 899

GIFAGON *v-II Genüge tun* ◊ *to give satisfaction*
  • *pcps* keuagonie^{obfk} (= keuagonte⁺) GLSPET 87,29
satisfacere GLSPET

FĀHAN *v-7 fangen, gefangen nehmen, ergreifen, fassen, empfangen* ◊ *to seize, catch, receive, take, accept* — ~ te/an (+ *d refl*) *festhalten an, jmdm/einer Sache treu sein/bleiben, (sich) hinwenden zu* ◊ *to hold to, be/remain faithful, turn to*
  • *inf* fahan H *CM* 2722. 2396. 4912, fahan *C*, fahen *M* 2928. 3941. 4136. 4228. 4821 — *3sips* fahit H *CM* 2630. *C* 3472. 3477 — *2pips* fahat H *M* 1160 — *3sipt* fieng H *C*, feng *M* 1201 — *2pipt* fengun H *M* 4906 — *3pipt* fengun H *CL* 5827 — *2popt* fengin H *C* 4906 — *pcpt*

gifangan GEN 209 H *CM* 3900, gefangen *M* 1238, gevangen CONFPAL 362,9
• *(Entschluss) fassen, ans Werk gehen* ◊ *to take (a decision), set to work* GENB *inf* fón[#] 287

ANDFĀHAN *v-7 annehmen, empfangen, erhalten, aufnehmen, vernehmen, ergreifen* ◊ *to accept, receive, get, conceive, take, seize*
o[101] *inf* antfahan H *CM*; *C* 1947 (t *add*), anfahan 1893. 2667, antfahen *M* 3066. 3505. 3514. 3923. 4250. 4441, enfan CONFPAL 363,30, infahan[+] HILD 37 — *inf d* antfahanne H *CM* 1467. 4512 — *1sips* antfou PSLUB 115,13 — *2sips* antfahis H *C*, antfais *M* 1552 — *3sips* antfahid H *C* 5597, antfahit *CM* 1957. 3507. *C* 3482, (an)fahid PSGERN 6,6 [13,3] — *3pips* antfahat H *C* 2522. *M* 4447 (antfahent *C*) — *2pops* antfahan H *C*, antfaan *M* 1541 — *2simp* antfo PSWIT 85,6 — *2pimp* antfahad H *M* 4392 (antfahent *C*). 5195 (antfahat *C*) — *1sipt* antfeng CONFES 16,25/26,28, 17,7 — *3sipt* antfeng H *CM*; *M* 2269 (-g<-gu? *corr*), antfieng *C* 288. 446. 1241. 2269. 4242, anfieng 477 — *3pipt* antfengun H *CM* 677 (atfengun *S*). 953 (antfiengun *C*). 3351. 3674 (antfiengun *C*). *C* 5490 — *2sipt* anfengi PSLUB 29,2 — *pcpt* antfangan H *CM* 1960, infangen CONFPAL 362,7
• GENB *inf* onfon[#] 697 — *3sipt* onfeng[#] 592. 717
accipere (PSGERN) PSLUB suscipere PSLUB percipere PSWIT

BIFĀHAN *stv 7 umfangen, umfassen, erfassen, ergreifen, einhüllen, in Worte fassen* ◊ *to grasp, grip, seize, take in, embrace, encompass, wrap, envelop, surround, put into words*
• *inf* bifahan H *CM* 1437 — *3sips* biuaid GLSTR 108,15 — *3sops* bifahe H *CM* 4357 — *3sipt* bifeng H *CM* 393 (bifieng *C*). 4238. 4368. 4427, bifieng *C* 40, bihueng° GEN 315 — *3sopt* bifengi H *C*, biuengi *M* 739 GEN 298 — *pcpt* bifangan GEN 72 H *CM* 2988 (bifangen *M*). 3855 (biuangan *M*). 3842 (bifangen, f<*corr M*). 4312. 4399. 4403. *C* 43. 1238. 2216. 5903 — *pcpt npm* biuongenę GLPRUDP 62,15
• GENB *pcpt* befangen 374
ambire GLSTR fundere GLPRUDP

FARFĀHAN *v-7 ergreifen, fangen, begreifen, verstehen, einhüllen, sich gefangen geben,* + *instr/d schützen vor* ◊ *to catch, grasp, understand, ensnare, envelop, surrender,* + *instr/d to protect from* — ~ an (+ *d refl*) (*sich*) *hinwenden zu* ◊ *to turn to*
• *inf* farfahen H *M*, forfahan *C* 3819. 3856 — *3sips* farfahid H *M*, farfahit *C* 2503 — *3pops* farfahan H *CM* 1365 — *3sipt* farfeng H *C* 5626 — *3pipt* farfengun H *CM* 4222 — *3popt* farfengin H *CM* 4818. *C* 3839, forfengin *CM* 3796. *C* 3836 (farfengin *M*) — *pcpt* farfangan H *C* 2364 — *pcpt asf* farfangane H *M*, forfangana *C* 3032

GIFĀHAN *v-7 fangen, gefangen nehmen, annehmen, erfassen* ◊ *to catch, arrest, accept, seize* — uurti/uurteo ~ *einwurzeln* ◊ *to take root*
• *inf* gifahan H *CM* 2392. 3203 (gifahen *M*) — *2pips* gifahad H *C* 1160 — *3sops* gefahe GLPRUDF1 101,27 — *3sopt* gifengi H *CM* 4173 — *3popt* gifengin H *CM* 4268
occupare GLPRUDF1

OVARFĀHAN *v-7 überdecken* ◊ *to cover over*
• *pcpt* obarfangan H *C* 2411

UMBIFĀHAN *v-7 umschließen* ◊ *to surround*
• *1sips* umbiuaho GLTRSEM XVI,28
vallare GLTRSEM

WITHFĀHAN *v-7* + *d zurückhalten von, bewahren vor* ◊ *to keep, protect from*
• *3sips* uuitfahit H *CM* 1872

faholan° → FARHELAN

FAHS *nt-a Haupthaar* ◊ *hair of the head*
• *ns* fahs H *CM* 200

fahsfalu

FAHSFALU *adj-wa/wō blond* ◊ *fair-haired*
• *ns* fasfalo GLTRSEM VIII,70
gilvus GLTRSEM

FAHU *adj-wa/wō wenig* ◊ *few*
• *nsnt* faho H *CM* 1783 — *gp* fahora H *C* 2236

faida → FÊHITHA

FAIDOSUS *adj mlat in Fehde verstrickt* ◊ *involved in a feud*
• *npm* faidosi LEXSAX 19

FAKLA *f-ō + f-n Fackel* ◊ *torch*
• *ns* fâcla GLPRUDF1⁺ 91,25, facla (= facula *lat?*) GLMARF *fol.* 167r — *dp* faclon GLPRUDF1 90,15 — *ap* facla GLPRUDP 62,1, faklon H *M*, faclun *C* 4813
fax GLMARF GLPRUDF1 GLPRUDF1⁺ taeda GLPRUDP

ANG[I**FALDAN**] *v-7 + d verwickeln in* ◊ *to embroil in*
• *pcpt* ang[efaldan] PSGERN 5,4 [12,14; ED angehaftet]
implicare (PSGERN)

FALDISTŌL *m-a Faltstuhl, Fürstensitz* ◊ *folding-chair, chair of state*
• *np* faldistolas GLSPET 87,27
curulis GLSPET

FALDO *mlat Überwurf (aus Wolle)* ◊ *(woollen) wrap*
• *ap* faldones ADAM IV,18
indumentum laneum ADAM

FALDON *v-II verschränken* ◊ *to cross over*
• *inf* u(a)ldon (*stil*) GLPRUDF1 104,3/4
impedire GLPRUDF1

FALED *(m-a) Pferch, Stall, Misthaufen* ◊ *fold, stable, dunghill*
• *ns* faled GLTR40 V,47,31 GLVERGOX 112,2, falet GLMARF III,721,56
bovellium GLTR40 GLVERGOX fimarius GLMARF

-fallan

FALKO *m-n Falke* ◊ *falcon, hawk*
• *ns* falco GLTRSEM V,35. VII,63. XXI,56 (*marg add*), falko XXI,24
capus, herodius GLTRSEM

FALL *m/nt-a Fall, Verderben* ◊ *fall, ruin*
• *ds* falle H *CMS* 496 PSLUB 114,8
lapsus PSLUB

FALLA *(f-n) Falle* ◊ *trap*
• *ns* falla GLSPET 77,19‖, ualla GLHARD IV,275,24
captio GLHARD decipula GLSPET

FALLAN *v-7 (nieder)fallen, umkommen, fließen* ◊ *to fall (down), perish, run* — an hugi ~ + *poss pron in jmdes Sinn kommen* ◊ *to enter sb's mind* — uallandia suht *Epilepsie* ◊ *epilepsy* — zesamane uallanda duri *Falttür(en)* ◊ *folding door(s)*
• *inf* fallan H *CM* 1103. 1707 — *3sips* fellit H *C*, fallid *M* 4282, fallit GEN 187 — *3pips* fallad H *M*, fallat *C* 4312 — *2pimp* fallad GLEVES 58,16 — *pcps asf* uallandia GLSTR 107,5 — *pcps npf* uallanda GLTRSEM XVI,18 — *3sipt* fell GEN 244 H *C* 2208. 2391 (fel *M*) — *3pipt* fellun H *CM* 671. 743. 2967. 4750. 4851. *C* 5502. 5952 *M* 5980 — *pcpt* gifallin GEN 314
• GENB *3pipt* feollon# 306 (n<þ?, n *stil add*). 777. 847
cadere GLEVES valvae (zesamane uallanda duri) GLTRSEM *pcps* caducus GLSTR

A**FALLAN** *v-7 runzlig werden* ◊ *to shrivel*
• *pcpt* afallan H *C* 153

AND**FALLAN** *v-7 herabfallen, runzlig werden* ◊ *to fall off, shrivel*
• *3pips* antfallat H *C* 3022 — *3pops* antfallan H *M* 3022 — *3sipt* antfell H *C*, antfel *M* 3343 — *pcpt* antfallan H *M* 153

BI**FALLAN** *v-7 (+ a) fallen, hinstürzen, herfallen über* ◊ *to fall (down, upon), attack*
• *inf* biuallan GEN 185. 233 — *3sipt* biuel H *CM* 2405 (bifell *C*). 2394 — *3pipt*

-fallan

bifellun H *CM* 3154. *C* 5801 — *pcpt* bifallan H *C*, biuallen *M* 1954 (bifallen *M*). 2398. 2406
• GENB *pcpt npm* befeallene# 330

NITHAR**FALLAN** *v-7 niederstürzen* ◊ *to fall*
• *pcpt dsm* nitheriuallenemu GLVERGOX 114,27/28
suffundere GLVERGOX

TI**FALLAN** *v-7 auseinanderfallen* ◊ *to fall apart*
• *3sips* tefellit H *C* 1823 — *pcpt* tefallen H *M* 1823

FALU *adj-wa/wō fahl, falb, gelblich* ◊ *pale, dun-coloured, yellowish*
• *ns* falu GLSTR 106,25 GLVERGOX 109,15, falo GLTRSEM VII,118 — *apnt* ualun GLPRUDF1 93,7
badius, gilvus GLVERGOX flavus GLTRSEM fulvus GLSTR glaucus GLPRUDF1

famen° → **FANO**

FAN *praep + d von, (heraus) aus, her/herauf/herunter/weg von, über, seit, von ...an, durch, wegen, mittels, aus* ◊ *from, out of, away/down/far/up from, by, of, about, since, from ... onwards, due to, because of, by means of, for* — geldan ~ *entrichten für* ◊ *to pay for* — thregian ~ *drohen mit* ◊ *to threaten with*
o[850] fan BENW 19. 20. 21 CONFES 16,5 GLPRUDF1 99,29 GLVERGOX 113,6 PSGERN 7,1 [13,14] (2) GEN H *PLCM* URBWERDA 73,20/23,3 URBWERDB 111,18, fán GLPRUDF1, uan GLSTR 107,12,18, fon H *CMS*, GEN 294 H *P* 986 PSLUB 111,7. PSPAD 37,4 (2), van, uan REGFREK *KM*, fan *M* 35,35. 38,26. 40,29,31. 41,18. 42,32, van REGES, ven CONFPAL, fana BENW 18, uuan REGFREK *M* 25,11, vat° 28,19, fon GLEVES 52,37, (o + *ras*, v?) H *C* 3146
a(b) GLPRUDF1 (PSGERN) PSLUB PSPAD de GLPRUDF1

far-

FANDON *v-II + g jmdn auf die Probe stellen, in Versuchung führen* ◊ *to test, make trial of, tempt sb*
• *inf* fandon H *CM* 1094. 4305 — *3sips* fandot H *CM* 3817 — *3sipt* fandoda H *CM* 1077

FANERI *m-ja Bannerträger* ◊ *standard-bearer*
• *ns* fenere GLMARF III,716,11
signifer GLMARF

OVAR**FANGALON** *v-II Übergriffe begehen* ◊ *to trespass*
• *3sops* vbarfangelohe+ GLEPIST I,774,13
supergredi GLEPIST

AN**FANGIAN** *v-I beschlagnahmen* ◊ *to seize*
• *3sipt* anafangeda GLSPET 83,7/8
intertiare GLSPET

FANO *m-n Tuch, Umhang, Fahne, Feldzeichen, Manipel, Velum* ◊ *cloth, cape, flag, standard, maniple, veil*
• *ns* fano H *C* 5903, vane GLMARF IV,179,5 — *ds* fanon H *M*, famen° *C* 4506 — *as* uonan (< gonuonan, gon *ras*) GLMAGD → **GŪTHFANO** — *np* fanon GLTRSEM X,27
mlat np fanones THES 40. 51 — *ablp* fanonibus THES 44 (2). 51 (2), 52 (2)
aquila GLMAGD linteamen GLTRSEM theristrum GLMARF

far → **FOR(A)**
far[ ] → **FARSELLIAN**

FĀR *m-a Hinterhalt* ◊ *ambush*
• *gs* fares H *CM* 3791
• *Unheil* ◊ *calamity* GENB *ns* fær 334

FAR-: -BIODAN, -BREKAN, -BRESTAN, -DERKNIAN, -DŌMIAN, -DŌN, -DRAGAN, -DRĪVAN, -DRĪVUNGA, -DWELAN, -EBBIAN, -FĀHAN, -FARAN, -FEHON, -FLŌKAN, -FOLGON, -FŌRIAN, -GANG, -GANGAN, -GELDAN, -GETAN, -GEVAN, -GIOTAN, -GŌMALÔSON, -GRĪPAN, -GŪMIAN, -GŪMON, -HARDON, -HAUWAN, -HELAN, -HERION,

far- -HÊTAN, -HUGGIAN, -HWĀTAN, -HWĀT-NISSI, -HWERVIAN, -KERVAN, -KIOSAN, -KÔPIAN, -KÔPLING, -KÔPON, -KOVRON, -KUMAN, -LĀTAN, -LÊDIAN, -LEGARNESSI, -LÊKAN, -LÊRIAN, -LÊVIAN, -LĪHAN, -LIOSA, -LIOSAN, -LĪTHAN, -LÔGNIAN, -LOR, -LUST, -MÊDON, -MERRIAN, -MĪTHAN, -MÔDIAN, -MÔDON, -MULINUSS(IA), -MUNAN, -MUNNIAN, -NIMAN, -NIUWIAN, -NUMFT, -SAGÊN⁺, -SAGON, -SAKAN, -SEHAN, -SELLIAN, -SERIAN, -SETTIAN, -SINNAN, -SKAUWON, -SKEPPIAN¹, -SKULDIAN, -SKUNDIAN, -SKURGIAN, -SLINDAN, -SLĪTAN, -SPANAN, -SPILDIAN, -SPREKAN, -STĀN, -STANDAN, -STELAN, -STÔTAN, -STURIAN, -SWENDIAN, -SWÊPAN, -SWERIAN, -SWINDAN, -TELLIAN, -TERIAN, -THEWIAN, -THINSAN, -ŪTAR, -WARDON, -WERKON, -WERNIAN, -WERPAN, -WERTHAN, -WINNAN, -WIRKIAN, -WĪSIAN, -WITAN, -WĪTAN¹, -WURDI, -WURHT
UN[-BRUNNAN], UN-THIONODLĪKO

FĀRA *f-ō Aufstand* ◊ *rebellion*
 • *ap* fara GLEVES 56,6
seditio GLEVES

faraht(-) → **FORHT**(-)
farahtlico → **FERHTLĪKO**

FARAN *v-6 (+ d refl) gehen, (umher)wandern, sich (umher)bewegen, sich begeben, schreiten, zurückkehren, laufen, reisen, kommen, verscheiden, fahren (zur Hölle, in den Himmel), verfahren* ◊ *to go, wander, travel (about), walk, proceed, return, move, come, depart, descend (into hell), ascend (into heaven)* — ~ *an* + *d jmdn angreifen* ◊ *to attack sb* — forth ~ + *d refl fortfahren* ◊ *to continue* — an thana sith ~ *sich auf den Weg machen* ◊ *to set off* — thanan ~ *weichen* ◊ *to retreat* — varende bom *Kletterpflanze (Hopfen, Zaunrübe)* ◊ *climbing plant (hop, bryony)*
 o¹⁹⁵ *inf* faran GEN 156. 250 H CLM, faren *M* — *inf d* faranne H *CM* — *3sips* ferid H *CM* 4329. *M* 1782 (farit *C*). 2591 (ferit *C*). 4047 (farid *C*). 4359 (farit *C*). 4454 (farid *C*), farid *M*, farit *C* 1951. 1774. 2488 (férit *C*). *C* 3482, ferið GEN 18 — *2pips* farat H *C*, farad *M* 1735. *M* 1927 — *3pips* farad H *M*, farat *C*; farad *C* 4140, farad 5101 — *3sops* fare H *C* 5483 — *1pops* faran H *C* 2567. 4007 — *2pops* faran H *CM* 1627. *C* 1927 — *2simp* far GLEVES 53,5 — *2pimp* farad H *M*, farat *C* 1943 — *pcps* (asnt?) varende GLHARD III,605,5 — *pcps asm* farandian H *C*, farandien *M* 4024 — *3sipt* for GLVERGOX 114,6 H *M*, fuor *C* GEN 308 GLEVES 54,28 GLPB2 I,298,7(⁺), vor CONFPAL 362,13.19 — *3pipt* forun H *MS*, fuorun *C* GEN 159, forun H *C* 201. 350 (fõrun *neum M*) — *3sopt* fori H *M*, fuori *C* 800. 2277. 3559 — *3popt* forin H *M*, fuorin *C* 641. 683. 3742. 4210, forin *CM* 592 — *pcpt asm* gifaranan H *C* 5700 — *pcpt npm* gifarana H *CM* 633. 1228 (geuarana *M*)
 • GENB *inf* faran 499. 543. 556. 832 — *3sips* færeð# 807. 809 — *2sops* fare# 531 — *3sops* fare 514 — *pcpt* gefaren 689
cedere, retrahere (thanan ~) GLVERGOX repedare GLPB2 surgere (forð ~) GLEVES viticella (varende bom) GLHARD

FARFARAN *v-6 das Ende erreichen, + a pers vor jmdm vorausgehen* ◊ *to reach the end, + a pers to go on ahead of sb*
 • *2pips* farfarad GLEVES 49,9/10 — *pcpt apm* farfarana H *L*, furfarana *C* 5865
consummare GLEVES

GIFARAN *v-6 gehen, reisen, + a heimgehen zu* ◊ *to go, travel, + a to pass away to*
 • *inf* gifaran H *CM* 556 (gifaren *S*). 3752. 4497 (gifaren *M*)

NITHARFARAN *v-6 hinabsteigen* ◊ *to go down*
 • *pcps dp* nitheruarandiun PSLUB 29,4
descendere PSLUB

TIFARAN *v-6 aufplatzen, auseinandergehen, durcheinanderlaufen, hinscheiden, vergehen* ◊ *to split, scatter, run about, pass away, fall apart*

-faran fastnon

• *inf* tefaran H *CM* 1424. 4347 — *3sips* tefarid H *M* 2594 (teferit *C*). *C* 4444 — *3pips* tiuarad GLVERGOX 114,21, tefarad GLSTR 108,17 — *3sipt* tefor H *M*, tefuor *C* 2900
discurrere GLVERGOX fatiscere GLSTR

TŌFARAN *v-6 zur Hilfe kommen* ◊ *to go to for help*
• *3sopt* touori GLVERGOX p. 194
ad auxilium adire GLVERGOX

farauui → FARWI

FARD *f-i Gehen, Gang, Weg, Bahn, Reise, Feldzug* ◊ *walking, journey, travel, path, campaign*
• *ns* fard H *CM* 2403. 2507. 3677 — *ds* ferdi H *CM* 2845 (ferde *C*) 3289. 3311. 3586. 3664. 4547. 4989. *C* 3999, ferđi GEN 298 — *as* fard H *CM* 1797. 2458 — *gp* ferdio H *C*, fardio *M* 3645
• GENB *as* fyrd[#] 689, fyrde[#] 408

far┼eron[+?] → FARHERION

FARHĪN (?) *adj subst Schinken, Schweinernes* ◊ *subst gammon, ham, pork — cf* FŌRIN (?)
• *ns(nt?)* forna GLTRSEM XXI,50
perna GLTRSEM

farliesan → FARLIOSAN

FARM *m-a Ansturm* ◊ *onslaught*
• *as* farm H *CM* 2460. 4366

FARN *m/nt-a Farn* ◊ *fern*
• *ns* farn GLVERGOX 110,6 GLTR40 V,43,14 (r *add*), uarn GLMARF III,719,37, far(n) GLKBH — *as* varn GLHARD III,604,41
filix GLHARD (filicis radix *ms*) GLKBH GLMARF GLTR40 GLVERGOX

AFTARFĀRIAN *v-I überwachen* ◊ *to keep a watch on*
• *3pipt* afterfardun H *C* 2322

farobrun° → BRŪNFARU

FĀRON *v-II + g lauern auf, jmdn in Furcht versetzen* ◊ *to lurk for, frighten*
• *inf* faron H *M*, faran *C* 1230 — *3pipt* farodun GLEVES 57,26

farsezon[+] → FARSETTIAN
fartmithon° → FARMĪTHAN

FĀRUNGO *adv jäh, ohne Vorwarnung* ◊ *suddenly, without warning*
• farungo H *CM* 4357. 4374

faruuaraht-, faruuarta → FARWIRKIAN

FARWI *(f-ī) Aussehen* ◊ *appearence*
• *as* farauui GLEVES 50,20
facies GLEVES

faruuirikian → FARWIRKIAN
faruuurohtiun → FARWURHT
fasfalo → FAHSFALU

FAST *adj fest, gefestigt, unerschütterlich, gefesselt* ◊ *fast, firm(ly fixed), steadfast, held by bonds* → FESTI
• *ns* fast H *CM* 2959. 3068. 4350. 5118. *C* 2253 — *gsm* fastes H *CM* 2928 — *dsf* fastoro H *M*, fastaro *C* 1808 (2.a<o/æ *C*). 1823 — *asm* fasten H *M* 3541. 4785 (fastan *C*) — *sup nsm* fastosto GLSPET 73,16
• GENB *dsm* fæstum[#] 408 — *asm* fæstne[#] 543
fervens, violens GLSPET

FASTA *f-n Fasten, Fastenzeit* ◊ *fasting, Lent*
• *ds* fastun H *M* 1053, uaston REGFREK *M* 42,11,12

FASTNON *v-II (be)festigen, stärken, fesseln, in Stellung gehen* ◊ *to fasten, strengthen, fetter, occupy a position*
• *2sipt* fastinodes PSPAD 37,2 — *3sipt* fastnoda H *C*, fastnode *M* 4790 — *1pipt* fastnodun H *CM* 4985 — *3pipt* fastnodun H *CM* 4855 — *pcpt* gifastnod H *CM*

fastnon

3385 (|fastnot *C*). 3527 (gefastnod *M*). 4891 (gifastnost° *M*). 4959. *C* 5578, gifastnot 5635, giuasttanad PSLUB 111,8
confirmare PSLUB, PSPAD

GIFASTNON *v-II bekräftigen* ◊ *to confirm*
• *3popt* gifastnodin GLEVES 50,26/27
comprobare GLEVES

FASTO *adv fest, sicher, unerschütterlich* ◊ *firmly, securely, steadfastly*
• fasto H *CM* 1018. 1049. 1238. 1652. 1662. 1812. 3916. 4268. 4653. 4660. *C* 22. 43. 3997. 4679 GEN 209, faste GLTRSEM II,111
• GENB fæste# 374
allegare (~ gesagon) GLTRSEM

FASTUNN *f-jō Fasten* ◊ *fasting*
• *ds* fastunniu H *CM* 876, fastunnea *C* 1053 — *as* fastunnea H *C*, fastonnea *M* 1630

FAT *nt-a Gefäß* ◊ *vessel*
• *ns* faz⁺ GLTRSEM XVI,23 — *ds* fate GLSMIH 589 — *as* fat H *C* 4537 — *ap* fatu H *CM* 2041
vas GLTRSEM vasculum GLSMIH

fater⁺ → FADAR

FĀTHI *nt-ja* an fathie/fathion *einherschreitend* ◊ *stalking along*
• *ds* fathie H *C*, fađi *S* 556, fadi *M*, fathe *C* 2959 — *instr* fodiu H *M* 556 — *dp* fathion H *C*, fadion *M* 2921
• *Fähigkeit zu laufen* ◊ *power of walking* GENB *as* feđe# 379

GIFATHMON *v-II zum Erben einsetzen* ◊ *to appoint as heir*
• *inf d* gifadimanne⁺? GLSPET 83,34
adfatimire GLSPET

FATHUM *m-a dünner Strang* ◊ *fine thread* — fathmos *p ausgebreitete Arme, beide Hände und Arme, Umarmung* ◊ *outstretched arms, both hands and arms, embrace*

fêh

• *np* fadmos H *M* 3527 (fathmos *C*). 5118 (fadmas *C*) — *dp* fathmon H *C* 3385 (fadmun *M*). 5635. 5733, fađmon *C* 738 (fadmon *M*). 4959 (fadmun *M*), fađmun *M* 2951 (fadmon *C*) — *ap* fađmos H *C*, fadmos *M* 4918, fadema⁺? GLADM718 78,6
filum GLADM718

faz⁺ → FAT
feala# → FILU
fedar- → FETHAR-
feđe# → FĀTHI

FĒDELS# *(m-a) Masttier* ◊ *fattened animal*
• GLWERDC *ns* foedils# 357
altile, saginatum GLWERDC

feder- → FETHAR-

FEDIRO *m-n Vatersbruder* ◊ *father's brother*
• *ns* fediro GLTRSEM XII,30, vedere GLMARF III,715,37
patruus GLMARF GLTRSEM

FEDIRONSUN *m-i Sohn des Vatersbruders* ◊ *father's brother's son*
• *ns* fedirensun GLTRSEM XII,31, ved^erensun GLMARF III,715,38
patruelis GLMARF GLTRSEM

fefra → FÊVAR

FÊGI *adj-ja/jō zum Tod bestimmt, dem Tod verfallen* ◊ *fated to die, doomed to death*
• *npm* fegia GEN 233 — *gpm* fegero GEN 314, fegere 254 — *dpm* fegiun H *M*, fegion *C* 2353

fegni- → FÊKNI

FEGON *v-II scheuern* ◊ *to rub clean*
• *3pipt* uegadun GLVERGOX 113,36
tergere GLVERGOX

FÊH *adj buntgefärbt, verziert* ◊ *variegated, emblazoned*

fêh

• *nsf* feha H *CM* 1878 — *nsnt* feha (fehan° *ms*) *C* 5664 — *npm* uehe GLVERGOX 113,3
pictus GLVERGOX

feh&a → FEHTA

AFÊHIAN *v-I verurteilen* ◊ *to condemn*
• *pcpt* afehid H *C*, afehit *M* 1443

FÊHITHA *f-ō*, FAIDA *mlat Fehde, Fehdegeld* ◊ *feud, composition (to buy off the feud)* — *cf* FAIDOSUS *mlat*
• *as* faidam LEXSAX 18. 27. CS 9 (*V*). Index 26 (*Sp*) — *abl s* faida LEXSAX 57. 59. PS 31

FÊHLAKAN *nt-a bunte Decke, farbiger Vorhang* ◊ *colourful cloth, curtain*
• *ns* felachan⁺ GLTRSEM I,49
cortina GLTRSEM

fehmea → FÊMIA

FEHON *v-II verzehren, zu sich nehmen* ◊ *to consume*
• *1sipt* fehoda CONFES 16,4. 17,6

FARFEHON *v-II verschlingen* ◊ *to consume*
• *3pips* farfehod H *C*, farfioth *M* 3698

FÊHON *v-II auszeichnen* ◊ *to grace*
• *pcpt* gifehod H *CM* 2398

FEHTA *f-ō Streit, Kämpfen* ◊ *fight(ing)*
• *ns* feh&a HILD 27 — *as* fehta H *VCM* 1317

FEHTAN *v(-3?) fechten, kämpfen, den Kampf aufnehmen* ◊ *to fight, come to grips*
• *inf* féhtan GLPRUDF1 99,24 — *1pips* vehtad GLEVES 57,7
congredi (saman ~) GLPRUDF1 percutere in gladio GLEVES

ANFEHTAN *v(-3?) angreifen* ◊ *to attack*
• *pcps apm* anafehtende GLSPET 84,18/19
infligere GLSPET

fêkni

FEHU *nt-u Vieh, Güter, Besitz, Reichtum, Rune* ᚠ ◊ *cattle, goods, possessions, wealth, rune* ᚠ
• *ns* fehu H *C*, feho *M* 1548. 2501, feu ABC 3 — *gs* fehes H *C*, fehas *M* 390. 1185 — *ds* fehe H *C* 1847 — *as* feho H *M*, fihu *C* 1637. 1669 — *instr* feho H *M* 1847

FEHUGIRI *f-ī Habgier* ◊ *greed*
• *as* fehugiri H *C* fehogiri *M* 2503

FEHULIK *adj für das Vieh bestimmt, tierisch* ◊ *provided for the cattle, bestial*
• *ns* felik GLEVES 59,2,fielih⁺ GLEPIST I,787,35
animalis GLEPIST probaticus GLEVES

FEHUSKATT *m-a Geldmünze* ◊ *coin*
• *np* fehoscattos H *CM* 1854 — *ap* fehoscattos H *M*, fehoscattas *C* 1546, 1648 (fehuscattos *C*)

FÊKAN *nt-a Arglist, Tücke* ◊ *guile, malice*
• *gs* feknes H *M*, fecnes *C* 2495, fegnes 5652 — *instr* feknu H *M*, fecnu 3597 — *gp* fehno⁺ GLPRUDF1⁺ 89,10 — *dp* fecnon H *C* 1883
subdolus GLPRUDF1⁺

FÊKANLIKO *adv hinterlistig* ◊ *cunningly*
• fe(ca)n(l)ico GLEVES 60,34/35
(fraudis meditans) GLEVES

fecislun° → FETISLA

FÊKNI *adj-ja/jō hinterlistig, tückisch, betrügerisch, heimlich* ◊ *cunning, malicious, deceitful, fraudulent, stealthy*
• *ns* fekni H *M*, fecni *C* 4954. 1228 (fegni *M*), fe(k)ni PSGERN 9,3,4 [14,12,13] — *asm* fegnian H *C*, fecnan *M* 1738, fegnien 1230 — *asnt* fecni H *C* 2556 — *asf* feknia GLPRUDF1 95,35, uegniun 93,28 — *npm* féknia GEN 187, fegnia H *C*, feknea *M* 2274 — *dpm* fecneon H *M* 1883 — *apnt* feknea H *M*, fecni *C* 5231
• GENB *asm* fǣcne# 443
dolosus (PSGERN) subdolus, subtacitus GLPRUDF1

fela

fela[#] → FILU
felachan⁺ → FÊHLAKAN

FELD *nt-a Feld, Erdboden* ◊ *open country, field, ground*
• *gs* feldes H *C* 2394 — *ds* felde H *CM* 390 (felda *M*). 393 (felda *M*, [ ]de *S*). 435. 1673. 1680. *C* 2566. 5533. 5664 — *as* feld H *CM* 3677, felt GLSMIH 624
area GLSMIH

FELDESIL *(m-a) Wildesel* ◊ *wild ass*
• *ns* ueltisel GLMARF III,721,33
onager GLMARF

FELDGANG *m-a Latrine* ◊ *latrine*
• *n/as* feltgant° (= feltganc) GLPB2 I,297,13
latrina GLPB2

FELDHŌN *nt-z Wachtel, Rebhuhn* ◊ *quail, partridge*
• *ns* ueldhón GLSTR 107,1, uelthon GLMARF III,721,5, felthuon GLTRSEM XXI,31, uelthun VI,23
coturnix GLTRSEM perdix GLMARF ortygometra GLSTR GLTRSEM

FELDHOPPO *m-n Hopfen* ◊ *hop*
• *ns* feldhoppo GLVERGOX 112,3
bradigabo (= bracii galio) GLVERGOX

FELDKUNILA *f-ō/n Thymian* ◊ *thyme*
• *ns* feltconila GLTR40 V,41,22
thymus GLTR40

FELDPERIFRID *(nt-a) Arbeitspferd* ◊ *working horse*
• *ns* ueltpereth GLMARF III,716,52
equa, iumentum GLMARF

FELGA *f-n Felge* ◊ *rim*
• *ns* uelga GLPRUDF1 93,25, velga 93,24, uelge GLMARF III,720,2 — *np* uelgan GLK211 I,445,45, felgun GLPB1 I,429,19 (*ms* felgunt, t = t[heotisce]) GLTRSEM V,18
camis GLPB1 canthus GLK211 GLMARF GLPB1 GLTRSEM flexura, vertigo (rotarum) GLPRUDF1

fell

FELGIAN *v-I + refl d in Besitz nehmen* ◊ *to take possession of* — firinuuord/firinspraka ~ + *d pers Verwünschungen ausstoßen gegen jmdn* ◊ *to hurl curses at sb*
• *inf* felgian H *CM* 4968 — *3pips* felgiad H *M*, felgeat *VC* 1340 — *3pipt* felgidun H *CM* 5116, folgodun°[?] *C* 5299 — *3sipt + pron* ualctimo GLEVELT 46,26 GLEVES 48,11/12
cognoscere (coniugem) GLEVELT GLEVES

BIFELHAN *v-3 befehlen, gewähren, übergeben, anvertrauen, weihen, begraben* ◊ *to command, bestow, entrust, commend, devote, bury*
• *inf* befelhan H *C* 5615, bifelahan 4612 (bifelhen *M*). 5727 — *1sips* befilliu H *C* 5654 — *2sips* bifilhis H *M*, bifilihis *C* 1552 — *2sops* bifelehes H *C*, bifeleas *M* 1555 — *3sipt* bifalah H *C* 1837 (befal *M*). 2205. 3417. 5213 (h add *C*, biualah *M*), bifal GLVERGOX 114,6 — *3pipt* bifulhun H *C* 5353. 5740, befulhun 5794 — *pcpt* bifolhan H *C* 22. 4075 (bifolhen *M*), bifolahan 4059 (biuolhen *M*). 4084 (bifolhen *M*), bifalahan 4131 (bifolhen *M*) — *pcpt npm* bifólana GLEVES 56,12
devovere GLVERGOX

BIFELHARI *m-ja Geldverleiher* ◊ *moneylender*
• *ns* bifolihari° GLSPET 77,23
fenerator GLSPET

felik → FEHULĪK

FELIS *m-a Fels, Felsblock, Klippe* ◊ *rock, boulder, cliff*
• *ns* felis H *CM* 3068. 3700. 4075 — *ds* felise H *C* 5794. 5924, *M* 1812 (filisa, *l.i ras C*), felisa *M* 1808 (felis°[?] *C*) — *as* felis H *CM* 1090. 4080 — *instr* felisu H *C* 5740 — *np* felisos H *CM* 3731. *C* 5664, felisa GLPB2 I,298,19 — *dp* felison H *C* 5463
scopulus GLPB2

FELL *nt-a Haut, Häutchen (vom Ei)* ◊ *skin, membrane (of an egg)*

• *ns* fel H *CM* 153. 200 (fell *C*), uel GLHARD IV,272,18
membranum GLHARD

FELLIAN *v-I zu Fall bringen, herabstürzen, niedertreten, außer Kraft setzen ◊ to make fall, cast, throw, tread down, abolish*
• *inf* fellian H *C*, fellien *M* 2684, fellean *CM* 1422 — *2pips* felliat H *C* 2564 — *3pips* felliad H *M*, felliat *C* 3700 — *3sops* fellie H *C* 28 — *1sopt* feldi H *CM* 1429 — *3popt* feldin H *M*, feldi° *C* 1141
• GENB *3sipt* fylde[#] 747

AR**FELLIAN** *v-I ins Straucheln geraten, zerschmettern ◊ to stumble, dash*
• *2sips* affellis° (= arfellis) GLPB1 I,449,2 — *3pops* arfellian GLEVES 51,22
elidere GLPB1 scandalizare GLEVES

BI**FELLIAN** *v-I niederwerfen, Unheil stiften ◊ to cast down, damage*
• *3pips* bifelliad H *M*, bifalliat *C* 2510 — *pcps np* biue*ll*iendi (*abbr*) GLPB2 I,297,58 — *pcpt* biuellid GEN 148
• *hinabschleudern ◊ to hurl down* GENB *pcpt* befælled[#] (æ<ie, æ>y) 361
pcps pestilens GLPB2

FĒLLĪK *adj verkäuflich ◊ saleable*
• *ns* faeilich[+] GLTRSEM XVI,50
venalis GLTRSEM

FELOFOR[#] *(m?) Rohrdommel, Purpurhuhn ◊ bittern, purple gallinule*
• *ns* philfor[#] GLPB1 I,366,11
porphyrio GLPB1

felt(-) → **FELD**(-)
feltum → FILT

FÊMIA *f-jō(n) Frau ◊ woman, lady*
• *ns* fémea (*neum*) H *M*, fehmea *C* 310, f[eh]mia (fadmia *ms*) 5932

(-)fenere → (-)**FANERI**

FENI[1] *nt-ja + nt-i (?) Sumpf ◊ fen*

• *ns* feni GLEVES 59,32 — *mlat ablp* uennis DIPL 981
palus GLEVES

FENI[2] *m-ja*/FENA *f-jō Marschland, Wiese ◊ meadow, marshland, fen*
• *ns/np* fena URBWERDE 241,32

FENILĪK *adj sumpfig ◊ fenny*
• *dsm* fenilícon GLPRUDF1 99,4
palustris GLPRUDF1

FENUKAL *(m-a) Fenchel ◊ fennel*
• *ns* fenucal GLTR40 V,43,28
foeniculum, maratrum (μάραθρον) GLTR40

FEODUM *mlat Pachtgut ◊ holding*
• *abls* feodo REGHERF 48

feond(-) → FĪOND(-)
feorran[#] → **FERRAN/FERRANA**
fer- → FAR-
fera → **FERH**

FÊRA *f(-ō) Speckseite ◊ flitch of bacon*
• *ns* féra GLTRSEM XII,66
perna GLTRSEM

GEFÊRA[#] *m-j-n Gefährte ◊ comrade*
• GENB *dp* geferum[#] 306

ferah(-) → **FERH**(-)
feraht(-), ferath(-) → **FERHT**(-)
ferehas → **FERH**
fereht(-) → **FERHT**(-)

FERGON *v-II + a pers, g rei etw verlangen, fordern, erflehen von jmdm ◊ to demand sth from sb, beseech sb for sth*
• *inf* fergon H *CM* 3536 — *3pips* fergot H *CM* 1795 — *2sops* fergos H *M*, feragos *C* 2757

FERH *nt-a(<-u) Leben, Seele, Geist ◊ life, soul, spirit* — thes ferahes scolo, ferahes sculdig *des Todes schuldig ◊ guilty of death* — *cf* **FIRIHOS**
o[86] *ns* fera H *C* 4059 (ferah *M*). 4891 (ferh *M*). 5703 — *gs* ferahes HILD 8 H *C*, ferhes

ferh   **ferton**

M; ferahes *M* 1904 (ferhes *C*). 4035. 4476, ferahas 773. 1443. *L* 5851, ferehas GEN 242 — *ds* ferahe, ferhe H *CM* — *as* ferah, fera H *C*, ferah GEN 209 H *M*; ferh *M* 2277. 3351 GEN 236 (<ferha *corr*) — *instr* ferhu H *C* 4165. 5367, ferahu *CM* 310 (ferhu *M*). 2725. 3844. 4329. *C* 5334

ferhaton° → **FERHT**
fercóft → FAR**KÔPIAN**

FERHQUĀLA *f-ō Todesfolter* ◊ *death-torment*
  • *ds* ferahqualu H *CM* 5174 — *as* ferahquala H *C* 5396

FERHT *adj verständig, weise, aufrichtig, fromm(gesinnt)* ◊ *reasonable, wise, honest, devout, pious*
  • *asm* ferhtan H *M*, ferahtan *C* 93. 1238 (ferhten *M*). 3001. 4653. *C* 22, ferhtan *M*, ferehtan *C* 73. 1559. 1957, ferhtan *C* 3541 — *npm* ferhtan H *S*, ferehtun *C*, ferhaton° *M* 677 — *gpm* ferahtera GEN 235. 251, ferathara 207, ferahto° 203 — *apm* ferathun (fer<far) GEN 242 — *apf* ferhton *M*, ferahtun *V*, feruhtun *C* 1310

FERHTLĪKO *adv mit frommem Sinn* ◊ *devoutly, piously*
  • ferhtlico H *M* 109 (ferehtlico *C*). 1637 (ferethlico *C*), 2667 (ferahtlico *C*), ferahtlico *M*, farahtlico *C* 659, ferathlica GEN 281

FERIAN *v-I segeln* ◊ *to sail*
  • *3pipt* feridun H *CM* 2915
  • *reisen* ◊ *travel* GENB *pcpt* geféred 498

GI**FERIAN** *v-I sich auf den Weg machen* ◊ *to set off*
  • GENB *3sipt* geférːde (*ras* e) 453

WITHAR**FERIAN** *v-I zurückbringen* ◊ *to bring back*
  • *1sips* vuithar(feriu) GLLECT
revehere GLLECT

FERIO *m-j-n Fährmann* ◊ *ferryman*
  • *ns* ferio GLSPET 85,25
Charon GLSPET

FERISKATT *m-a Fährgeld* ◊ *fare*
  • *ns* uerescaz⁺ GLTRSEM XI,52, uerscaz⁺ (*abbr*) GLMARF IV,178,39
naulum GLTRSEM [naulum] GLMARF

FERKAL *m/nt(-a) Riegel* ◊ *bolt*
  • *ns* fercal H *C* 5773

ferliesa → FAR**LIOSA**
fermieton⁺ → FAR**MÊDON**

FERN¹ *nt-a Hölle* ◊ *hell*
  • *gs* fernes H *C* 5439 — *ds* ferne H *CM* 1276. 2141. 2510 (ferna *C*) — *as* fern H *CM* 899. 3358. 3368. 3401

FERN² *adj vergangen* ◊ *past*
  • *dsnt* fernun H *CM* 217

FERNDALU *nt-a p Abgründe der Hölle* ◊ *abysses of hell*
  • *ap* ferndalu H *CM* 1115

FERR¹ *adv weit weg* ◊ *far away*
  • ferr H *C* 5638, ferr *C*, fer *M* 1497. 2480

FERR², **FERRI** *adj(-ja/-jō) fern* ◊ *remote*
  • *sup dsnt* ferristan H *M*, ferroston (*I*.r<s) *C* 2141

FERRAN, **FERRANA** *adv von weit her, aus der Ferne* ◊ *from far*
  • ferran H *CM* 556 (*S*).633. 2977. 3752 (ferrene *M*). 4938 (ferrane *M*)
  • GENB feorran# 498

FERRWEG *m-a Weg im Abstand, Weg in die Ferne* ◊ *distant path, way to remote parts*
  • *ap* ferruuegos H *C* 5517, feruuegos 4754

fersingas → **FRISKING**
ferscang- → **FRISKANG**

FERSNA *f-ō Ferse* ◊ *heel*
  • *ns* fersne GLMARF III,722,30 — *np* uersna GLPB2 I,298,51
calx, calcaneus GLMARF talus GLPB2

ferton-, ferthon- *mlat* → **FI(U)WARTHO**

feruhtun → **FERHT**
feruuore → **FARFŌRIAN**
ferzit° → FĒTIT

FESA *(f-n) Schote ◊ pod*
• *ns* fesa GLSPET 83,27 ‖
siliqua GLSPET

FESLIG *adj fruchtbar ◊ fertile*
• *ns* fesilig GLHARD IV,275,51
fetosus GLHARD

FESTI *adj-ja/jō befestigt ◊ fixed* → **FAST**
• *apf* fésta GLPRUDF1 99,38
fixus GLPRUDF1

FESTIAN *v-I befestigen ◊ to fasten*
• *pcpt* gifestid H *C* 4010

GI**FESTIAN** *v-I zufügen ◊ to inflict*
• *3sipt* gifasta HILD 52

FESTITHA *f-ō festes Lager ◊ stronghold*
• *ds* festidu⁺ GLPB2 I,296,28
praesidium GLPB2

fét# → **FŌT**

FETER *m-a Fessel, p Bande ◊ fetters, shackles* — *cf* **FITERI**¹
• *ns* fetor GLTR40 V,46,24 GLADM508 *fol.* 63r — *dp* feteron H *CM* 4399. 4918. 4928. 5266. *C* 5299. 5412 — *ap* feteros H *CM* 3796
balus GLADM508 GLTR40

FETISLA *f-ō Proviantbeutel ◊ field bag*
• *dp* fecislun° (= fetislun) GLPB1 I,408,23
sitarcia GLPB1

FĒTIT *adj feist ◊ fat*
• *ns* ferzit° (= feizit⁺) GLPB2 I,297,44
pascualis GLPB2

FETHARA *f-n Flosse ◊ fin*
• *np* uetherun BENW 10

FETHARBEDD *nt-ja Federbett ◊ feather-bed*

• *ns* vetherbedde GLMARF III,717,23, fedarbette GLTRSEM VI,35
culcitra GLMARF GLTRSEM

FETHARHAMO *m-n Federgewand ◊ feather-covering*
• *dp* feðarhamun H *M*, feðerhamon *C* 1669, fetherhamon 5798 (*ds* ?)
• GENB *ds* feðerhaman# 670, feðerhóman# (eð<æd) 417

FETHARSKELLA *f-ō/n Petersilie ◊ parsley*
• *ns* federscella⁺ GLTRSEM XII,73
petroselinum GLTRSEM

FĒTHO, FENDO *m-n zu Fuß Gehender, Fußsoldat ◊ one who goes on foot, foot-soldier*
• *ns* uendo⁺? GLSPET 79,13, uéndo⁺? 76,19 ‖
pedester, pedisequus GLSPET

FETHRAK *(m-a) Flügel ◊ wing*
• *np* uederaχa⁺ GLTRSEM II,28
ascella GLTRSEM

feu → **FEHU**

FĒVAR *m/nt-a Fieber ◊ fever*
• *ds* fefra (*n/ap?*) GLEVES 55,11
febris GLEVES

fhoriporti⁺? → FORAPORTIK
fianda → **FĪOND**
fiar(-) → **FI(U)WAR(-)**
fielih⁺ → **FEHULĪK**
fiendan → **FĪOND**
fier(-) → **FI(U)WAR(-)**
fiertein → **FI(U)WARTEHAN**
fierthehalf → **FI(U)WARTHOHALF**
fieruuirthon → FAR**WERTHAN**

FĪF *num indecl/-i fünf ◊ five*
• *nm* fiui H *CM* 3393 — *nnt* fif H *CM* 2872, fiui *C* 47 — *ant* fiui H *M*, (-i<-u/-ii) *C* 2845 — *(n)ant/f* fif REGFREK *K* 32,35. *M* 28,29. 29,19. 32,5. 32,26. 35,32. 37,21. 41,10. 41,11, uif *K* 24,27. 25,23. *M* 24,16. 25,5

fīfalde

FĪFALDE# *(f-n) Stechfliege ◊ stable fly*
• GLWERDB ns fifęlde# 276
musca venenosa, spalangus GLWERDB

FĪFALDRA *f-ō + f-n Schmetterling ◊ butterfly*
• ns fiuildra GLTRSEM XII,35 — gs viueltre GLHARD IV,253,52 — np uiuoldaran GLSTR 107,28
papilio GLHARD GLSTR GLTRSEM

FĪFFALD *adj fünffach ◊ fivefold*
• dsm viffóldámo GLPRUDF1 96,6
quinus GLPRUDF1

fifęlde# → FĪFALDE#

FĪFTEHAN *num fünfzehn ◊ fifteen*
o²⁶ fiftein REGFREK M, fistein° 28,4

FĪFTIG *num fünfzig ◊ fifty*
• nm fiftich REGFREK M 31,12 — am fistig° GEN 203. 207 — n/ant uiftech REGES 21,13

FĪFTO *num der fünfte ◊ the fifth*
• asm fifton H M, fiftan C 1190

FĪFTOHALF *num viereinhalb ◊ four and a half*
• apnt fiftehalf REGFREK M 27,34. 41,18

FĪFTOTWÊDI *num vierzweidrittel ◊ four and twothirds*
• apnt fibtatuedi URBWERDA 37,20

FĪGA *f-n Feige ◊ fig*
• np uigen GLMARF III,720,24 — gp figogo° (= figono) GLTRSEM X,100 — ap figun H CM 1743, figon GLSPET 80,24 ‖
carica [ficus] GLSPET GLTRSEM grossus GLMARF

FĪGBÔNA *f-ō + f-n Lupine ◊ lupin*
• ns ficbona GLTR40 V,42,26 — gs ficbane GLVERGOX 110,1 — np figbonun GLSPET 87,2 ‖
lupinus GLSPET GLTR40 GLVERGOX

FĪGKLADTHA *f-n Feigenbündel ◊ bunch of figs*

filu

• ap fithelathon° (= fichclathon) GLTRSEM X,2
ligatura uvae passae [massa caricarum?] GLTRSEM

fihu → FEHU

FĪLA *f(-ō) Feile ◊ file*
• ns fila GLSPET 86,21 ‖
lima GLSPET

GIFILDI *nt-ja ebenes Gelände ◊ plain*
• ds gifildi GLEVES 55,23 — ap giuildi GLSPET 73,22 ‖
campestria GLSPET locus campester GLEVES

FILLIAN *v-I auspeitschen, geißeln ◊ to whip, scourge*
• inf fillian H C 5493 — pcpt gevillet CONFPAL 362,10

BIFILLIAN *v-I abhäuten ◊ to flay*
• 3pipt pivilten⁺ GLHARD IV,285,1
excoriare GLHARD

FILLUL *m-a Patenkind ◊ godchild*
• ap fillulos CONFES 16,22

filisa → FELIS

FĪLON *v-II glatt scheuern ◊ to rub smooth*
• 3sips filot GLSPET 85,19 ‖
limare GLSPET

FILT *(m-a/i) grobes Wolltuch, Wolldecke ◊ coarse woollen cloth, blanket*
• ns filz⁺ GLSPET 82,29 — as mlat feltum CH 853-887
sagum GLSPET

FILTRUS *mlat Satteldecke ◊ saddle blanket*
• abls uiltro URBWERDB 90,30, viltro URBWERDD 183,13,21 — ap uiltros URBWERDC 149,13

FILU *adj/nt-u indecl (+ g), adv viel, sehr, gar, reichlich, in hohem Maße, zu sehr ◊ (very) much, many, enough, to a high degree, too much*

o²¹⁵ filu GLEVES GLPRUDF1 102,2 HILD 19 H *M*, uilu GEN 154. 191. 313 REGFREK *M* 40,34 H *M* 5078. *S* 567, filu 373. *C* 412 GEN 227. 253 PSLUB 111,1, filo GEN 225. 281. 284 GLEVES GLGREG GLPRUDF1 98,31. 101,26 H *V* 1338. 1341. *M* 208. 225. 729. 731. 934, *C*, filo (*stil*) GLGREG 65,1, filo GLPRUDF1 98,32, uilo GLEVES *Addenda* II,121 REGFREK *M* 27,11. 30,6. 35,15. 43,11
• GENB fela# 279. 457. 479. 579. 622. 708. 788, féla# 445, feala# 271. 322
nimis GLPRUDF1 PSLUB multus GLEVES GLGREG quam GLEVES satis GLPRUDF1 valde GLGREG in- (infrequens) GLPRUDF1

FILUWĪS *adj sehr weise ◊ very wise*
• *nsm* filuuuis H *M*, filuuuís *S*, filouuis *C* 570 — *npm* filuuuise H *M*, filouuiso° *C* 624

filz⁺ → FILT

FIMBA *f-ō Kornhaufen ◊ stack of grain*
• *ap mlat* vimbas †CH 860

FĪNA *f(-ō) geschichtetes Holz ◊ wood-pile*
• GLWERDC *ns* fin# *fol.* 4r
cella lignaria GLWERDC

(-)findan → (-)FĪTHAN, (-)FINDAN

FINGAR *m-a Finger ◊ finger*
• *instr* fingru H *CM* 3371 — *dp* fingrun H *M*, fingron *C* 2041. *C* 32

FINKO *m-n Fink ◊ finch*
• *ns* finco GLTRSEM XXI,4, fingo XII,97, vvinco GLTR40 V,48,39
fringillus GLTR40 GLTRSEM

FINSTRI *f-ī + f-jō Finsternis ◊ darkness*
• *ds* finistre H *M*, finistriu *C* 4312 — *as* finistri H *CM* 390

FĪOND *m-nd + -a Feind, Widersacher ◊ foe, enemy*
o¹¹⁵ *ns* fiund GEN 148 H *M*, fiond *C*; fiund *C* 1115, fi[and] PSGERN 11,5 [15,24] — *gs* fiundes H *M*, fiondes *C* 1365. 2274 — *ds* fiunde H *M*, fionde *C* 1460. 4663 — *as* fiund H *M*, fiond *C* 4874. 4968 — *np* fiund H *M*, fiond *C*; fiund *C* 1216 — *gp* fiundo H *M*, fiondo *C*; fiundo *C* 28. 52 GEN 256, fiunda 154 — *dp* fiundun H *M*, feondun 1872, fiondon *C*, fiendan 715, fiundum (*abbr*) GEN 294 — *ap* fiund H *M*, fiond *C*, fiundas PSLUB 29,2, fianda PSGERN 10,13,17 [15,8,12]
• GENB *ns* feond 306. 688 — *gs* feondes 449. 453 — *np* fynd# 322. 334 — *gp* feonda 314 — *dp* feondum 488
inimicus (PSGERN) PSLUB

FĪONDSKEPI *m/nt-i Feindschaft, Feindseligkeit ◊ hostility, enmity*
• *gs* fiundskepies H *M*, fiondscipes *C* 1467 — *ds* fiundscepi GEN 61 — *as* fiondscepi H *C*, fiundskepi *M* 1340 (fiundscepi *MV*). 1437. 1904, fiondscipi *C* 5353
• GENB *as* feondscipe (d *add*) 610

fior(-) → FI(U)WAR(-)
fir-⁺ → FAR-
fira → FIRIHOS

FĪRA *f-ō p Ruhetage ◊ days of rest*
• *np* uire GLPRUDF1⁺ 90,27
feriae, otium GLPRUDF1⁺

fi[r]deuuit⁺ → FARTHEWIAN
firdribunga⁺⁺? → FARDRĪVUNGA
firest → FIRST
firhouuuid⁺ → FARHAUWAN
firi, firio → FRĪ

FIRIHOS *m-ja p Menschen ◊ people, men*
— *cf* FERH
o⁸⁶ *gp* firio H *C*, firiho *MS*; firio *M* 1537, firiho *C* 9 (2.i<o?). 16. 1487. 4213. 4231. 4305. 4386. 5712, firoho *C* 3241, fireo HILD 10 — *dp* firihon H *C*, firihun *M* 1392. 4566 (firion *C*), firihon *CM* 1787. 4525. *C* 5676. 5863 (*L*), firion 5326
• GENB *gp* fira 408

firina   **firiwittig**

FIRINA *f-ō Übeltat, Frevel, Sünde, Verbrechen* ◊ *evil, wicked deed, sin, crime* — *dp adv* firinun *furchtbar, äußerst, sehr* ◊ *awfully, extremely, very*
  • *as/p* firina H *CM* 1493. 2701. *C* 5596 GEN 61 — *dp* firinun H *M*, firinon *C* 2428. 3365. *C* 5700, firinum GEN 72, firinu*m* (*abbr*) 18 — *ap* firina GEN 289
  • GENB *dp adv* firnum 832, fyrnum[#] 316. 809

FIRINARVEDI *nt-ja*/FIRINARVED *f-i schmerzliche Bedrängnis, Sündenlast* ◊ *painful affliction, burden of sin*
  • GENB *gp* fyrenearfeða[#*] 709

FIRINDĀD *f-i Freveltat, Sünde, Verbrechen* ◊ *wicked deed, sin, crime*
  • *ap* firindadi GEN 154. 325 H *CM* 1141

FIRINQUĀLA *f-ō außerordentliches Leiden* ◊ *extraordinary pain*
  • *gs* firinquala H *CM* 4918

FIRINQUIDI *m-i frevlerisches Reden* ◊ *outrageous speech*
  • *ap* firinquidi H *C* 5334

FIRINLUST *f-ō sündige Begierde* ◊ *sinful desire*
  • *gp* firinlustono CONFES 16,12

FIRINSPRĀKA *f-ō Lästerrede* ◊ *blasphemy* — ~ felgian + *d pers Verwünschungen ausstoßen gegen jmdn* ◊ *to hurl curses at sb*
  • *as* firinspraka H *M*, firinspraca *C*, 1340 (firinspráka *V*). 4968. 5235

FIRINSUNDEA *f-jōn Sünde, Todsünde* ◊ *(mortal) sin*
  • *np* firinsundiun H *C*, firinsundeon *M* 3659 GEN 185

FIRINWERK *nt-a Frevelwerk, Übeltat, Sünde, Verbrechen* ◊ *evil, wicked deed, sin, crime*
  • *as* firinuuerk H *M* 5007, firinuuerek GEN 55 — *gp* firinuuerco GEN 254 H

CM 1716. 2495 (firinuuerko *M*). *C* 5007 — *dp* firinuuercon H *C*, firinuuerkun *M* 3597. 4422, 4357 (firinuuercun *M*), firinuuercon *C* 5721 — *ap* firinuuerc H *CM* 743 (furinuuerc° *C*). 876. 1619 (firinuuerk *M*). 1851. 1872. *C* 28, firinuuerk GEN 256

FIRINWORD *nt-a* ~ felgian + *d pers Verwünschungen ausstoßen gegen jmdn* ◊ *to hurl curses at sb*
  • *ap* firinuuord H *CM* 5116. *C* 5299

firio → **FIRIHOS**

FIRION *v-II feiern, ausruhen, Muße haben, untätig sein* ◊ *to celebrate, rest, be at leisure, be idle*
  • *1sips* firon GLSPET 80,4∥, uiron GLTRSEM XI,96 — *1pops* firion GLEVES 52,30 — *1sipt* firioda CONFES 16,24 — *pcpt* gifirat GLSPET 83,33∥
feriari, ferire° GLSPET otiosus torpere GLEVES otiari, vacare GLTRSEM

firion → **FIRIHOS**
firiston → **FURISTO**

FIRIWITT *nt-ja* ~ is + *d pers*, (*g rei*) *jmd ist gespannt, wissbegierig (auf etw)* ◊ *sb is anxious, curious (to know sth)*
  • *ns* firiuuitt H *CM* 2813. 4292 (firiuuitt *C*). 4607. 4938

FIRIWITTGERN *adj argwöhnisch* ◊ *suspicious*
  • *nsm* firiuuizgerner[+] GLSPET 82,17, firiuuiz.geñ° (= firiuuizgerner[+]? firiuuizgerni[+]?) 75,6(∥)
suspiciens, suspiciosus (zelotypia) GLSPET

FIRIWITTGERNI *f-ī Neugier* ◊ *curiosity*
  • *ns* fiuuizkerni[+obfk] GLSPET 87,28
curiositas GLSPET

FIRIWITTIG *adj wissbegierig* ◊ *eager for knowledge*
  • *dp* firiuuizigon[+] GLEVELT 46,14/15
curiosus GLEVELT

FIRIWITTLĪKO *adv umsichtig, eifrig, wissbegierig* ◊ *prudently, studiously, curiously*
• firiuuitlico H *CM* 815 (firouuitlico *M*). 2771. 2839 (firuuitlico, -o<-or? *C*). 3553. *C* 5276

fircof-⁺, fircouf-⁺ → FARKÔP-

FIRON → **FIRION**

FIRRIAN *v-I zurückziehen* ◊ *to withdraw*
• *inf* firrian GEN 294

AFIRRIAN *v-I wegnehmen* ◊ *to take away*
• GENB *pcpt* afyrred# 379

FIRST *m/f-i First* ◊ *roof ridge*
• *ns* firest GLPRUDBR II,572,3 — *dp* firstion GLPRUDF1 94,1
culmen GLPRUDBR GLPRUDF1

FIRSTSKINDILA *f-n Firstschindel* ◊ *ridge shingle*
• *np* firstscindelun GLSPET 78,7‖
asser GLSPET

fisid → **FŪSIAN**

FISK *m-a Fisch* ◊ *fish*
• *ns* visc BENW 9 — *as* fisk H *CM* 3203. 3212, uisc BENW 12 — *ap* fiscos H *CM* 1160. 2845. 2852

FISKARI *m-ja Fischer* ◊ *fisherman*
• *ns* fiscari H *CM* 3209

FISKKAMERA *f-ō Staatskasse* ◊ *public treasury*
• *ns* fisccamera GLSPET 80,34‖
fiscus GLSPET

FISKKÔP *m-a Fischhandel* ◊ *fish trade*
• *ds* uischkapa REGFREK *M* 35,31

FISKLĪK *adj der Staatskasse zustehend* ◊ *entitled to the public treasury*
• *ns* fisclih⁺ GLSPET 79,28‖
fiscalis GLSPET

FISKNETT *nt-ja Fischnetz* ◊ *fishnet*

• *as* fisknett H *C*, fisknet *M* 2630

FISKON *v-II fischen* ◊ *to fish*
• *3pipt* fiscodun H *CM* 1156

FISSIA *f-j-n*/**FISSIO** *m-j-n Iltis* ◊ *polecat*
• *ns* uuiessa GLTRSEM VIII,84
hyaena GLTRSEM

fistig° → **FĪFTIG**

FITERI¹ *m-ja Fessel, p Bande* ◊ *fetters, shackles* — *cf* **FETER**
• *dp* fitereun H *M* 4918. 4928, fiteriun 5266

FITERI² *nt-ja Franse, Quaste (Zizit)* ◊ *fringe (tzitzit)*
• *ap* fiteri GLEVES 51,22
fimbria GLEVES

FITILFÔT *m(-u) Pferd mit weißen Fesseln* ◊ *white-footed horse*
• *ns* fitiluot GLVERGOX 113,9, fitilu(o)t 109,19
equus vestigia alba pedis ostendans, petilus GLVERGOX

FITTIA, FITTEA *mlat (f-jō) Garnstrang, Abschnitt* ◊ *skein, section*
• *np* fizza⁺ GLSPET 87,23‖ — *ap* uitteas H Praef
• *Leseabschnitt* ◊ *section of reading* GLWERDC *ns* fitt# *fol.* 2r
amputatio, una lectio GLWERDC licium GLSPET

FĪTHAN, FINDAN *v-3 finden, erkennen, entdecken, antreffen* ◊ *to find (out), perceive, discover, meet*
• *inf* findan H *C*, finden *M* 3873. 4172. 5067. 5235, findan *CM* 5231. 5318, findan *C*, fithan *M* 1797. 1913, fiđan GEN 214. 220. 235. 241, findan H *C*, fidan *M* 403 (ndan *ras C*). 3807, fiden *M* 2642 — *1sips* findo GEN 207 — *2sips* findis H *CM* 2150, fiđis GEN 203 — *3sips* findid PSGERN 11,6 [15,25], findit GEN 68 — *2pips* fiđat H *L*, findat *C* 5851 — *3pips*

fīthan

findat H *C*, fidad *M* 2826 — *3pops* findin H *C*, fiden *M* 2825 — *1sipt* fand PsLub 114,4 — *3sipt* fand H *CM* 805. 818. 1152. 2160. 3734. 4770. 4797. *C* 5460 — *3pipt* fundun Gen 160 H *CM* 430. 463. 548 (*S*). 807. 1173 (fundon *C*). 3184. 4547. *C* 5700 PsLub 114,3 — *3sopt* fundi H *CM* 2126 — *pcpt* fundan H *C*, funden *M* 667, fundin ConfPal 363,31
• GenB *inf* findan 266 — *3sopt* fúnde$^{\#}$ 455
invenire PsLub

AND**FĪTHAN**, AND**FINDAN** *v-3 bemerken, wahrnehmen* ◊ *to notice, perceive*
• *3sipt* antfand H *CM* 1127 — *3sipt* antfunda H *CM* 2017 — *3pipt* antfundun H *M* 387 — *3popt* anfunden (?) H *C* 387

BI**FĪTHAN**, BI**FINDAN** *v-3 herausfinden, entdecken, erkennen* ◊ *to find out, discover, recognize*
• *inf* befiđan Gen 251 — *pcpt* bifundan Gen 289, beuundan GlStr 107,33 — *pcpt npm* b(e)[fundane] PsGern 4,6 [12,5]
deprehendere GlStr probare (PsGern)

UNDAR**FĪTHAN**, UNDAR**FINDAN** *v-3 erkunden* ◊ *to investigate*
• *inf* undarfindan H *C* 5278 — *3popt* undarfundin H *M*, underfundin *C* 638

fithelathon° → **FĪGKLADTHA**

FIUHTIA *f-jō + f-(j?)-n Fichte, Föhre* ◊ *spruce, pine-tree*
• *np* fiuchtie GlVergOx 113,24, uiuhtan 109,4
picea GlVergOx

fiund(-) → **FĪOND**(-)

FIUR *nt-a Feuer* ◊ *fire* — *~ botian Feuer entfachen* ◊ *to kindle*
o^{46} *ns* fiur H *CM*, Gen 185. 298 GlEvEs 57,14, fuir GlTrSem IX,90 — *gs* fiures H *CM*, Gen 314 PsLub 28,7 — *ds* fiure H *CM* 4966. *M* 3604 Gen 187, fiura GlEvEs 57,16 — *as* fiur H *CM* — *instr* fiuru H *CM* 1954. *C* 3604

fi(u)wartehan

• GenB *ns* fýr$^{\#}$ 374 — *gs* fyres$^{\#}$ 334 — *ds* fýre$^{\#}$ 330. 361, fyre$^{\#}$ 322. 437. 487 — *as* fýr$^{\#}$ 314. 316. 449, fyr$^{\#}$ 747
ignis GlEvEs PsLub lar GlTrSem lumen GlEvEs accendere (~ botian) GlEvEs

FIURGARD *m-a Schürhaken* ◊ *poker*
• *as* fi(u)rg(ar)d (-do?) GlPrudF1 101,13
furca GlPrudF1

FIURPANNA *f-ō/-n Glutbecken* ◊ *brazier*
• *ns* fiurpannę GlVergOx 111,26
arula GlVergOx

FIURPENNING *m-a Abgabe für die Herdstelle* ◊ *fire-tax*
• *np* fūrpenninga UrbWerdF 255,24

FI(U)WAR, FIOR *num indecl/-i vier* ◊ *four*
o^{59} *nm* fiori H *C* 9. 16. 32 — *dm* fiuuarun H *C*, fiuuariun *M* 1190, fier GlPb2 I,297,59 — *a* fiuuar H *C* 513 (fiuuuar *S*, fior *M*). 4131 (fiuuuar *M*), fiuuuar *CM* 4084 — *n/am* fieri RegFrek *M* 37,16 — *n/ant* fieri RegFrek *M* 37,17. 39,14 — *n/a* uiar RegEs 21,4(2),14,20, fier, uier RegFrek *KM*, ueir (i<r) *M* 24,10
quattuor GlPb2

FI(U)WARFALDON *v-II vervierfachen* ◊ *to quadruple*
• *1sips* uierualdon GlTrSem XIII,77
quadruplare GlTrSem

FI(U)WARSKUTIAN (-tt-?) *v-I viereckig machen* ◊ *to make square*
• *1sips* fierscoziu^{+} GlTrSem XIII,80
quadrare GlTrSem

FI(U)WARSKUTIG *adj vierschrötig* ◊ *square-built*
• *ns* fiarscutig GlVergOx 109,22
mannus GlVergOx

FI(U)WARTEHAN *num vierzehn* ◊ *fourteen*
• fiertein RegFrek *K* 25,25. *M* 34,7. 35,11. 36,19 (-tein<-tich). 38,38 (2). 39,32. 41,25, viertein 25,8

FI(U)WARTEHANI *adj-ja/jō vierzehnfädig* ◊ *consisting of fourteen threads*
• *nsnt* uertine REGHERF 47

FI(U)WARTIG *num vierzig* ◊ *forty*
• *d* fiuuartig H *CM* 1061 — *a* fiuuartig H *C* 450 (fiartig *M*), fiortig *CM* 1053 — *n/am* uiarhteg (h<t?) REGES 21,6 — *n/ant* fiertich REGFREK *K* 32,32. 33,29. *M* 29,9. 34,26,33. 36,9, uiertih *K* 25,20. *M* 25,1, fiertihc *M* 34,21, fierthic 28,20. 29,22. 30,13. 32,13,23. 33,10

FI(U)WARTIGISTO *num der vierzigste* ◊ *the fortieth*
• *gsm* vertigsten CONFPAL 362,19

FI(U)WARTHO *num der vierte, subst Viertelpfund* ◊ *the fourth, subst quarter* — ~ del *ein Viertel (eines Scheffels)* ◊ *a quarter (of a bushel)*
• *nsf* fiorđa H *C*, fiorthe *M* 2911 — *asnt* verthe GLHARD III,605,17
• *mlat asm* ferthonem URBWERDE 193,18. 238,16,27. 240,13,23, fertonem URBWERDB 135,21 URBWERDTRAD 164,25 URBWERDF 273,21 — *ap* fertones URBWERDF 277,8
sextarius (~ del) GLHARD

FI(U)WARTHOHALF *num dreieinhalb* ◊ *three and a half*
• fierthehalf REGFREK *M* 43,3

fizza⁺ → FITTIA/FITTEA
fla → FLÔH

FLAHS *(nt-a) Flachs* ◊ *flax*
• *ns* flas GLHARD IV,262,30
linum GLHARD

FLAKA *f-n Fußsohle* ◊ *sole of the foot*
• *ds* flacvn GLPRUDF1 104,20
solum GLPRUDF1

flas → FLAHS

FLASKA *f-n Weinschlauch, Flasche* ◊ *win skin, bottle*

• *ns* flasca GLMARF IV,177,13, flasse III,718,17, flascʰa (ᵏ *add*) GLTRSEM I,48, flasga GLSPET 78,23 ‖ — *np* slascun° (= flascun) GLTRSEM VII,113
ascopa GLMARF GLSPET GLTRSEM flasco GLMARF GLTRSEM uter GLSPET

flatscip → FLÔTSKIP
flathe° → SLÔTHO

FLATHO *m-n Fladen, flacher Kuchen* ◊ *pancake, flat cake*
• *ns* flatho GLTRSEM XII,47, flado⁺⁷ GLHARD IV,281,1, flada (*f?*) GLMARF III,717,61
placenta GLHARD GLMARF GLTRSEM

FLEGIL *(m-a) Dreschflegel* ◊ *flail*
• *ns* flegil GLTRSEM XVI,3 GLVERGOX 110,37
tribula GLVERGOX tribulum GLTRSEM

FLEGILUNGA *f-ō Dreschen* ◊ *threshing*
• *ns* flegilunga GLSPET 76,31 ‖
tritura GLSPET

flegneze⁺ → FLIUGNETT
flehiti° → FLÔTIA
flehˢcli(k)[ero] → FLÊSKLÎK
flehtu° → FLÔTIA
fleitma°⁷ → FLIOTMA

FLEHON *v-II schmeicheln, dringlich bitten, umstimmen* ◊ *to flatter, bombard with requests, change sb's mind*
• *lsips* fleon GLTRSEM II,71. VII,111 — *pcps* fleonthi GLEVES 52,13
adulari, flagitare GLTRSEM blandiri GLEVES

FLEHTAN *v-3 flechten, zusammenflechten; pcpt verwickelt* ◊ *to plait, weave together; pcpt tortuous*
• *2sips* fli,ʰctest GLHARD IV,263,40 — *pcps npm* flehtente GLEVES 53,20 — *pcpt* giflohtan GLSPET 84,27, giflotan GLEVES 59,15
ex funibus coniungere (tesamna ~), plectere GLEVES GLHARD *pcpt* plectilis GLSPET

fleogan

fléogan → FLIOGAN
fleonthi → **FLEHON**

FLÊSK *nt-a Fleisch* ◊ *flesh*
- *ns* flesk H *CM* 153. 4059. 4750. 4782 (flesc *C*) — *gs* fleskes H *CM* 4767, fleskas ABRK 18, flesscas REGFREK *M* 41,33, fleiske^s + GLTRSEM II,32 — *ds* fles(k)[e] PSPAD 37,4, fleska ABRK 19, flesgke BENW 20 — *as* flesk H *CM* 3639, flesg BENW 19

assatura GLTRSEM caro PSPAD

FLÊSKGAVALA *f-ō/n Fleischgabel* ◊ *meat fork*
- *ns* fleschgafala GLMARF III,716,20

furca GLMARF

FLÊSKLÎK *adj fleischlich* ◊ *carnal*
- *gp* fleh^scli(k)[ero] PSGERN 4,8 [12,6]

carnalis (PSGERN)

FLÊSKMANGERI *m-ja Fleischhändler* ◊ *meat dealer*
- *ns* flesmengere GLMARF III,716,19

macellarius GLMARF

FLÊSKSKRANNA *f-ō/n Fleischbank* ◊ *butcher's stall*
- *ns* flescharna GLMARF III,716,18

macellum GLMARF

fletit° → FLÔTIA

FLETT *nt-ja Halle, Festsaal, Diele* ◊ *(banqueting) hall, floor*
- *ds* flettea H *CM* 150. 552 (flettie *MS*). *M* 2010 (flettie *C*). *CM* flettie 2750 — *as* flet H *CM* 2739

FLETHARMÛS *f-i Fledermaus* ◊ *bat*
- *ns* fletharmus GLTRSEM XXI,27, uledermust° (*hd s. XIV*, uledermust*re?*) GLMARF III,720,59

blatta GLMARF GLTRSEM vespertilio GLMARF

fliega → FLIOGA

FLÎH *(nt-a) Grauer Star* ◊ *grey cataract*
- *ns* fli GLTR40 V,46,6

-**flîtan**

albugo GLTR40

GIFLÎHAN *v-1* + *widar sich vertragen mit* ◊ *to become reconciled with*
- *3sips* giflihid H *C*, gefliit *M* 1460

FLIOD (FLIOTH ?) *(nt-a) Harz* ◊ *resin*
- *ns* fliod GLSPET 79,14 ‖

resina GLSPET

FLIOGA *f-n/ō Fliege* ◊ *fly*
- *ns* fliega GLSPET 79,31 ‖

musca, spalangius GLSPET

FLIOGAN *v-2 fliegen* ◊ *to fly*
- GENB *inf* fléogan 417

FLIOHAN *v-2 (+ a) fliehen (vor)* ◊ *to flee (from)*
- *3sipt* floh H *CM* 2895 HILD 18 GEN 309, fló GLPRUDF1 99,26

fugere GLPRUDF1

GIFLIOHAN *v-2* +*a davonlaufen vor* ◊ *to run away from*
- *2sops* gíflíahas GLPRUDF1 92,13

refugere GLPRUDF1

FLIOTAN *v-2 fließen, (im Wasser) treiben* ◊ *to flow, float*
- *inf* fliotan H *C*, flioten *M* 3916 — *3sips* fliutid H *CM* 758 — *3sipt* flot BENW 9 H *CM* 873

ÛTFLIOTAN *v-2 herausfließen* ◊ *to flow out*
- *3sops* vtfliáta GLPRUDF1 96,33/34

defluere GLPRUDF1

FLIOTMA *f-ō/n Aderlassmesser* ◊ *fleam*
- *ns* fleitma°? GLTRSEM II,107

flebotomus (φλεβοτόμον), atamum [< (fleb)otamum?] GLTRSEM

FLÎT *m-a Beharrlichkeit, Eifer* ◊ *perseverance, zeal*
- *ds* flite H *CM* 4792. *C* 5886

ANDFLÎTAN *v-1 streben* ◊ *to strive*
- *3sips* ^hand flitid PSGERN 8,5 [14,9]

niti (PSGERN)

FLĪTLĪKO *adv eifrig* ◊ *eagerly*
• flitlico H *C* 5328

FLIUGNETT *nt-ja Fliegennetz* ◊ *fly net*
• *ns* flugnezi⁺ GLSPET 78,25, flegneze⁺ GLMARF III,717,4
conopeum GLMARF GLSPET rete quo culices excluduntur GLSPET

FLŌD *m-(u/)a + f-i Strom, Flut, Wasser(flut), Wildbach* ◊ *stream, flood, water, torrent*
• *ns* flod GLTR40 V,46,1 GLVERGOX 111,29 — *ns (ntp?)* flod H *M*, fluod *C* 3917. 4362 (*f CM*). 2941 (*f M, m C*). 4374 (*m M, f C*) — *gsm* flodes H *M*, fluodes *C* 4366, fluodas GEN 325 — *dsm* flode H *M*, fluode *C* 983 (flode *C*, fluoda *P*). 1156. 1185. 1823. 2260. 2382. 2972. 3203. 3212 — *asm* flod H *M*, fluod *C* 2630 (fluot *C*). 2911. 2921. *C* 4010 (*f*), flot GLPB2 I,298,48 — *gp* flodo H *CM* 760 — *dsm/apf* flode PSLUB 28,10
• GENB *as* flód 832
aestuarium, bithalassum GLTR40 GLVERGOX diluvium PSLUB torrens GLPB2

FLŌH *(m-a) Floh* ◊ *flea*
• *ns* flo GLTRSEM XIII,57, fla GLHARD IV,267,22
pulex GLHARD GLTRSEM

FLŌC[#] *(nt-a?) Flunder* ◊ *flounder*
• GLWERDA *ns* floc[#] 342
platessa GLWERDA

FLŌKAN *v-7 fluchen* ◊ *to curse*
• *inf d* flokanna CONFES 17,9

FAR**FLŌKAN** *v-7 verfluchen* ◊ *to curse*
• *pcpt npm* forflocane (2.o<a, -ca:ne *ras*) H *M*, farfluocana *C* 4420

FLOTA[#] *m-n Flotte* ◊ *fleet*
• GLWERDC *ns* (fl)[o](t)[a][#] *fol.* 4v
classis [naves collectae] GLWERDC

FLŌTIA *f-j-ō(n) Schlagrahm* ◊ *beaten cream*
• *ns* flehtu° (= flehta[#?]) GLTRSEM XVI,35 (ED flehiti/fletit)

verberatrum GLTRSEM

THURH**FLŌTIAN** *v-I durchspülen* ◊ *to rinse thoroughly*
• *3sips* thuruflotid GLPRUDF1 97,13
perluere GLPRUDF1

ŪT**FLŌTIAN** *v-I herausfiltern* ◊ *to strain out*
• *3pips* utflotiad GLEVES 52,1/2
excolare GLEVES

FLOTON *v-II schweben* ◊ *to float*
• *3sips* vulotad GLVERGOX 112,27
transnare GLVERGOX

FLŌTSKIP *nt-a Kahn* ◊ *small boat*
• *ns* flatscip GLSPET 87,7 ‖
cymba, navis GLSPET

floz°⁺ → SLŌT/SLOT

FLOZZA⁺ *f(-n) Flosse* ◊ *flipper*
• *ns* flozza⁺ GLHARD IV,257,7
pinnula GLHARD

FLUGI *m-i Flug* ◊ *flight*
• *ds* flugía GLPRUDF1 99,25
volatus GLPRUDF1

flugles → FUGAL
flugnezi⁺ → FLIUGNETT

FLUHTHŪS *nt-a Zufluchtsstätte* ◊ *place of refuge*
• *as* fluhthus GLPRUDF1 94,21/22
asylum GLPRUDF1

FLUHTIG *adj flüchtend* ◊ *fleeing*
• *nsm* fluhtik (h *add*) GEN 75 — *apm* flúhtigùn GLPRUDF1 97,11
(defuga) GLPRUDF1

fluod, fluot → FLŌD

FLUTI *m-i Flüssigkeit, Schwimmen, Treiben* ◊ *liquor, floating*
• *ns* fluti GLPRUDF1 102,38 — *dp* fluzzen⁺ GLPRUDF1⁺ 90,32
liquor GLPRUDF1 natatus GLPRUDF1⁺

flutil

FLUTIL *(m-a) Flosse ◊ fin, flipper*
• *ns* fluthel GLMARF III,720,48
pinna GLMARF

fluzzen⁺ → FLUTI

FŌDIAN *v-1 (er)nähren, stillen, füttern, aufziehen, zur Welt bringen ◊ to feed, nourish, nurse, suckle, bring forth, up, bear (a child)*
• *inf* fodean H *M*, fuodean *C* 150 (fuodan|, u *add C*). 265. 1860 — *1sops* fodie H *M*, fuodie *C* 272 — *3sops* fodea H *M*, fuodie *C* 1862, fodie *M*, fuode *C* 3017, fodi PSLUB 32,1*(2simp?)* — *3sipt* fodda H *CM* 438, fuodda GEN 86 — *pcpt* gifodid H *M*, gifuodit *C* 2730, gifodit *M*, gifuodid *C* 598
alere PSLUB

AFŌDIAN *v-1 + a gebären, aufziehen, unterhalten (?) ◊ to give birth to, bring up, support (?)*
• *pcpt* afodid H *M*, afuodid *C* 2292. 4386 (afuodit *C*). 5248, afodit *M*, afuodid *C* 166 (arfuodit, r *ras C*). 456. 605. 1136, a(f)[ ] GLMERS 70,6
sustinere GLMERS *(?)*

fodu° → FOLDA
foedils# → FĒDELS#

FOGAT *(m-a) Vogt ◊ church advocate*
• *ns* fogat GLTRSEM V,1, fogaht II,72, uogat GLSPET 83,18
advocatus, causidicus GLTRSEM vicarius, vicedominus GLSPET

FŌGIAN *v-1 zusammenfügen ◊ to join together*
• *pcpt* gifuogid H *C* 5463

GIFŌGITHA *f-n Gefüge ◊ structure*
• *np* giuogithan GLSPET 74,27/28
compaginatio, incastratura GLSPET

FÔH *adj wenig ◊ few*
• *dp* fohem HILD 9

fol → FULL¹

folk

FOLDA *f-ō + f-n Erde, (Erd)boden, Land ◊ earth, ground, land*
• *ns* folda H *C* 5798 — *ds* foldu H *CM* 2684. 4075 (fuldu *C*). 4131. 4282 (fodu° *M*). 4746. *C* 5727. 5740, foldun 1808. 3700 (foldu *C*)

folgodun°? → FELGIAN

FOLGON *v-II folgen, hinterhergehen, nachfolgen, gehorchen, + a befolgen ◊ to follow, go after, accompany, obey — cf* FYLGAN#
• *inf* folgon H *CM* 1947 (folgan *M*). 3670. 4192. 4537. 4952, folgo° *C* 5721 — *3sips* folgot H *CM* 4195, folgoᵈ PSGERN 11,2 [15,21] — *3pips* folgod H *M*, folgot *C* 1667. 3631, folgoiad *M*, folgoiat *C* 2428 — *1pops* folgon H *C* 3999 — *2simp* folgo H *CM* 3289 — *3sipt* folgoda GEN 225 H *C*, folgode *M* 2190. 2370 (folgoda *M*). 2995 — *1pipt* folgodun H *CM* 3311 — *3pipt* folgodun H *CM* 545 (folgadun *S*). 659. 3586. 3664. 4938. *C* 3906. 5299°. 5517 — *3sopt* folgodi H *CM* 4989 — *3popt* folgodin H *CM* 596. 1158
sequi (PSGERN)

FARFOLGON *v-II folgen ◊ to follow*
• *inf* farfolgan H *M*, forfolgon *C* 1493

GIFŌLIAN *v-1 + g etw wahrnehmen ◊ to notice sth*
• *inf* gifuolian H *C*, gifolien *M* 3645. *C* 5676 — *3sipt* gifuolda H *C* 5652

FOLK *nt-a Volk, Menge, Leute, Menschheit, Heer, (Heer)schar, Trupp ◊ people, crowd, folks, mankind, host, army, troops, band — folkun scharenweise ◊ in droves*
o²⁵³ *ns* folc GEN 126. 148 H *CM*, folk *C* 3884 BEDA 10 PSWIT 84,7 — *gs* folkes H *CM*, folcas *C* 463. 559 (folkies *S*). 2047. 5968, folces 307, folches⁺ HILD 27 — *ds* folke H *CM*, folca GEN 235 *CM* 805, folke *M*, folca *C* 491. 561 (folkie *S*). 1317 (f<b *C*), folce 2197. 2277. 3393. 3791, fólka GLEVES 56,12,

folk

fólca 51,12, folche⁺ HILD 10 — *as* folc HILD 51 GEN 222 H *CM*, folk PSWIT 84,9 — *instr* folcu H *CM* 3559. 3708. 4213. *C* 5349. *V* 1317, folku *C* 4835 (folcu *M*). 5318 — *np?* folc H *CM* 1163. 1365. 1724. 1978 — *gp* folco H *CM* 430. *C* 2208, folko 4821 (folco *M*). 5932 — *dp* folcun H *M*, folcon *C* 2813. 3695 — *ap?* H *CM* 1392
• GENB *gp* folca 670. 747
plebs (BEDA) PSWIT

FOLKGISTALLO *m-n Waffengefährte* ◊ *comrade-in-arms*
• GENB *gp* folcgestælna^#* 271 — *dp* folcgesteallan^#* 287

FOLKKUNING *m-a König des Volkes* ◊ *king of the people*
• *ns* folccuning H *C* 5276

FOLKSKEPI *nt-i Volk, Menge, Leute* ◊ *people, nation, crowd*
• *ns* folcskepi H *M*, folcscepi *C* 1228. 1783. 1860, folcscepi *M*, folcscipi *C* 4347. 4812 — *ds* folcscipe H *C*, folcskepi *M* 3001. 3555. 3731 (folcscipie *C*), folcscepi 4197 (folcsciepe *C*). 4228, folcskepi *M* 4156, folcscipe *C* 4818, folcscipie 5236 — *as* folcscipi H *C*, folcskepi *M* 2979. 3536. 3698. 3943. 4242 (folcscepi *M*). 5195 (folcscepi *M*). *C* 4156

FOLKTOGO *m-n Statthalter, Herzog* ◊ *governor, duke*
• *ns* folctogo H *C* 5408. 5727 — *ds* folctogen H *C* 5886 — *as* folctogon H *C*, folctogun°⁷ *M* 5266

FOLKWEROS *m-a p Landsleute* ◊ *fellow countrymen*
• *np* folcuueros H *CM* 2730

FOLLO *adv vollständig* ◊ *entirely*
• follo GLSPET 79,7

follo° → **PELLOL**

FOLMOS *m-a p (beide) Hände* ◊ *(both) hands*

• *gp* folmo H *CM* 4874 — *dp* folmon H *C*, folmun *M* 2047. 3212. 4506. 4537, folmon *CM* 180. 380 (folmun *S*) — *ap* folmos H *CM* 4985

FOLO *m-n Jungtier (Esel, Vogel), Fohlen* ◊ *young animal (ass, bird), foal*
• *ns* folo GLSMIH 602, fola GLTR40 V,48,33 — *ap* volon GLPRUDF1 94,19
poledrus GLTR40 pullus GLPRUDF1 GLSMIH

fon → **FAN**
fón^# → **FĀHAN**
for- → **FAR-**

FŌR *nt-a Jungschwein, ungemästetes Schwein* ◊ *immature pig, store pig*
• *as* uór REGHERF 21

FOR(A) *praep + d, + a, + instr vor, in Gegenwart, im Angesicht von, für, wegen, um ... willen* ◊ *for, before, in front of, in(to) the presence, sight of, because of, for the sake of, above* — hebbian + *a pers* + ~ + *a jmdn halten für, ansehen, anerkennen als* ◊ *to consider, accept sb as* — ~ *thiu deswegen* ◊ *therefore* → **FUR(I)**, FORÞÆM^#, FORÞON^#
o²⁰⁵ for GEN 10 H *VCM* PSLUB 115,12, far H *C* 561. 5310. *M*, fora GEN 288 H *C* 5410. *M*, fora (o<a) 3758, fore *S* 561. 676 GEN 269 PSWIT 84,14, fori 85,9
• GENB for 341. 359. 598. 602. 800, fore 614
ante, coram PSWIT pro PSLUB

FŌRA *f(-ō) Reise* ◊ *journey*
• *ns* fuara⁺ GLSPET 80,31 ‖
profectio GLSPET

FORA- : **-RUKKIAN, -SPREKAN**

FORABODO *m-n Vorbote* ◊ *forerunner, harbinger*
• *ns* forabodo H *CM* 931 — *gs* furibodan GLPB2 I,297,55
praeco GLPB2

FORABUGI *nt-ja Brustgeschirr (des Pferdes)* ◊ *breastplate (of horses)*

forabugi

• *ns* fŏrbvge (o>v *corr?*) GLADM508, foreburgi° GLTR40 V,46,20
antela GLADM508 GLTR40

FORABURGI *nt-ja Vorstadt, Außenwerk* ◊ *suburb, outwork*
• *ns* uurburge GLMARF III,722,9 — *ds* uoreburgi GLSPET 76,35
antemurale GLMARF intra exteriorem murum, secunda Ierusalem GLSPET

FORADÊLA *f-ō vorausgewährter (Beute)-Anteil* ◊ *share (in spoils) conceded in advance* — *cf* BIFORANDÊLA
• *dp* uoradeilon$^{+?}$ GLADM718 77,14
praedium GLADM718

FORAFERDIO *m-n der an der Spitze Gehende* ◊ *person in front*
• *ns* foraferdio GLEVES 57,11
praecessor GLEVES

FORAHENDI *nt-ja Armreif* ◊ *bracelet*
• *n/ap* forahendi GLTRSEM VI,101
dextralis GLTRSEM

foraht(-) → **FORHT(-)**

FORAMUND *m-a Vormund* ◊ *guardian*
• *ds* foremunde CH 1097/1

FORAN *adv at + d ... ~ vor* ◊ *in front of* — fan ~ *von Beginn an* ◊ *right from the beginning*
• foran H *CM* 1792. 3336 (foren *M*)

BI**FORAN** *adv davor, vorne, gegenwärtig, im Beisein, vorher, (im) voraus, fortan, zuvor; praep + d vor, angesichts* ◊ *before, in front, ahead, present, in the presence, in advance, beforehand, forth; praep + d in the face, the presence of* — ~ latan *ausnehmen* ◊ *to except*
• biuoran GEN 21 PSLUB 115,14, biforan H *CM* 383 (biuoran *S*). 749 (b<p *M*). 1346 (biuoran *V*). 1913 (beforan *M*), biforan *C*, biuoran *M* 2788. 3659 (biforen *M*). 3674 (biuoren *M*). 4308. 4443. 4818. 4860 (bifara *C*). 4934 (biuoren *M*). 5185.

C 47, beforan GLEVES 57,23 H *CM* 1708, béforan GLPRUDF1 98,10
• GENB beforan 812
coram PSLUB retro GLPRUDF1

TI**FORAN** *praep + d vor* ◊ *before*
• teforan H *CM* 1720

FORANA *adv vorher* ◊ *before*
• forana H *CM* 2411

BI**FORANDÊLA** *f-ō vorausgewährter (Beute)-Anteil* ◊ *share (in spoils) conceded in advance* — *cf* FORADÊLA
• *as* biforandela GLEVES 59,31
praedium GLEVES

FORAPORTIK *(m-a) Vorhalle* ◊ *vestibule*
• *ns* fhoriporti$^{+?}$ GLTRSEM XVIII,75
proscaenium, vestibulum GLTRSEM

FORASAGO *m-n Prophet* ◊ *prophet*
• *gp* forasagono H *M*, furisagono *C* 928. 1422. 1429

FORASTELLI *(f-ī) Verstopfung* ◊ *constipation*
• *ns* forastelli GLTRSEM VI,45
constipatio GLTRSEM

FORAWARD *f-i Übereinkunft* ◊ *agreement*
• GENB *as* forweard$^{\#}$ 788 (forþweard$^{\#}$ *adv?*)

FORAWERK *nt-a*, **FORAWERCUM** *mlat Vorwerk, Außenhof, Fronhof* ◊ *outlying farm, manor*
o^{58} *ns* foravuerch$^{+?}$ †DIPL 848, foravverch$^{+?}$ †DIPL 895, for[au]uerch$^{+?}$ DIPL 1059/1, uorouuerc CH 1015-36/3, foreuuerc CH 1051-76, vorwerc VMEINW 37 — *ds* foreuuerca REGFREK *M* 31,13, forewerca 35,38 — *as* vorewerc CH 1096/1, VMEINW, vorwerc CH 1036 (2), forewercum CH 1095, 1080-88 — *np* vorwerc CH 1036 (17), vorewerc VMEINW, forwerch$^{+?}$ CH 1088 (3) — *dp* foreuuercon REGFREK *M* 28,22, foreuuerkon 40,36 — *ap* (*?*) vorwerc CH 1096/1
dominicale DIPL

FORBANNUS *mlat Beschlagnahme* ◊ *distraint*
• *abls* forbanno LEXSAX PS 27

fŏrbvge → **FORABUGI**

FORD *(m-a) Furt* ◊ *ford*
• *ns* ford GLTRSEM XVI,24 — *as* uórd GLSPET 73,28 ‖
vadum GLSPET GLTRSEM

ford(-) → **FORTH**(-)
fore(-) → **FOR(A)**(-)
foreburgi° → **FORABUGI**
forest- *mlat* → **FORST**
f(o)rgefen → **FARGEVAN**
forgymdon# → **FARGUMIAN**

FORHA *f(-n) Kiefer, Föhre* ◊ *pine-tree, fir*
→ **FURHIA**
• *ns* foraha GLTRSEM XII,110
picea GLTRSEM

forhatena# → **FARHĒTAN**
forhe° → **FORHT**

FORHNA *f(-ō) Forelle* ◊ *trout* → **FURHNIA**
• *ns* forchna GLSPET 87,13 ‖, forna GLTR40 V,47,9 GLTRSEM XV,130
squilla GLTR40 tructa GLSPET GLTRSEM

FORHT *adj furchtsam, ängstlich, bange* ◊ *frightened, afraid, anxious*
• *nsm* forht H *M*, forohot *C* 115. 2928, foraht *M*, forhe° (e<t?) *C* 2677 — *asm* forahtan H *C* 4985 (forhtan *M*). 5952 — *npm* forhta H *C* 2253 — *npf* forahta H *C*, forohta *L* 5870

forht → **FORTH**

FORHTA *f-ō Furcht, Ehrfurcht* ◊ *fear, reverence*
• *ns* (fo)[r](h)ta PSLUB 110,10 — *gs* forhtu PSGERN 10,12 [15,5], fvrthu GLMERS 71,23 — *ds* forhtu CONFES 16,25, fo[r](h)to PSGERN 10,3 [14,22] — *as* forhta H *M*, farahte *C* 4318, uorta GLEVES 59,21 — *dp* forhtun H *M*, forohton *C* 393 (forh[t]un *S*). 2923. 3393.

3713. 4596. 4750 (farahtan, *3*.a<u? *C*). 4850. 4959. 5163 (forahton *C*). *C* 2217, forahton 5335. 5449. 5801 (*2.*o<e). 5813, forahtun GEN 55
timor (PSGERN) PSLUB terreri (an ~ werthan) GLEVES (tremendus) GLMERS

FORHTIAN *v-I fürchten, sich scheuen* ◊ *to fear, shy away from*
• *3sips* [forh]tíd GLPRUDF1 92,15 — *2simp* forhti H *M*, forohti *C* 263 — *2pimp* forhtead H *M*, farahtiat *C* 1908, forhteat *M*, fortiat *C* 1904, forohteat *C* 4706 — *pcps ap* [forhti](a)nde PSLUB 32,18 — *3popt* forohtedin *C* 3943
metuere GLPRUDF1 PSLUB

AFORHTIAN *v-I in Furcht versetzen* ◊ *to frighten*
• *pcps* auortiandi GLPRUDP 62,14 (obviam offere) GLPRUDP

ANDFORHTIAN *v-I fürchten, sich ängstigen, beargwöhnen* ◊ *to fear, suspect*
• *3sips* antforhtid PSLUB 111,1, anforhtit 111,7 — *pcps ap* antforhtiandi PSWIT 84,10 — *pcpt* anuortid GLPRUDF1 91,27
timere PSLUB PSWIT suspicere GLPRUDF1

FORHTLĪK *adj furchterregend* ◊ *inspiring fear*
• *sup nsnt* forhtlicost H *M*, forohtlicost *C* 2614

FORHTON *v-II fürchten* ◊ *to fear*
• *3popt* forhtodin H *M* 3943

forhtse → **FORTHSEHAN**
fori → **FOR(A)**

GIFŌRI *nt-ja Nutzen, Wohlergehen* ◊ *use, welfare*
• *gs* gifories H *M*, gifuories *C* 4767 — *ds* giforea H *M*, gifuorie *C* 2501 — *as* gefori H *M*, gifuori *C* 1537

FŌRIAN *v-I (mit sich) führen, abführen, herbeibringen, betreiben* ◊ *to lead, take away, carry, bring, practice* fōrian

- *inf* fuorian H *C* 3761 (forien *M*). 4928. 5509, forien *M* 2181 — *2sipt* fōrtos⁺ (ˇ *add?*) HILD 41 — *3pipt* fordun H *M*, fuordun *C* 2308. 5266. *M* 4928

ANDFŌRIAN *v-I* + *d* in Sicherheit bringen vor ◊ to get to safety from
- *inf* antforian H *M*, antfuorian *C* 715

FARFŌRIAN *v-I* versetzen ◊ to move
- *1sops* feruuore^{bfk} GLEPIST I,761,34
transferre GLEPIST

GIFŌRIAN *v-I* bringen, aufstacheln ◊ to bring, stir up
- *3sips* giuorit GLPB2 I,296,31 — *3sops* geforea (<gifro-) H *M*, gifuore *C* 3368
incitare GLPB2

FŌRĪN *adj subst* Schinken, Schweinernes ◊ *subst* gammon, ham, pork
- *ns(nt?)* forna GLTRSEM XXI,50
perna GLTRSEM

forinizzi° → FORMIZZI⁺
forlædan^# → FARLÊDIAN
forlæran^# → FARLÊRIAN
forlætan^#, forletan → FARLĀTAN
forliesan → FARLIOSAN

FORMĒDA *f-ō* Vorauszahlung, Anerkennungsgeld bei Pachtland ◊ prepayment, relief for rented land
- *ns* formeda URBWERDE 241,18, formida URBWERDB 96,3 — *gs* (*lat?*) formide URBWERDE 241,20, formidę URBWERDB 96,5 — *as mlat* formedam URBWERDE 241,19, formidam URBWERDB 96,5
redemptio URBWERDB URBWERDE

FORMIZZI⁺ *m/nt-ja* Käse ◊ cheese
- *ns* forinizzi° (= formizzi⁺) GLSPET 75,14‖
formella casei GLSPET

FORMO *adj-n* der erste, einzigartig ◊ first, unique

fort

- *ds* formon H *C*, furmon *M* 217, forman ABC 3 — *asm* formon H *CM* 1585 (forman *M*). 4989
- GENB *dsm/nt* forman 319. 495

FORMON *v-II* Beistand leisten ◊ to give assistance
- *inf* formon H *CM* 1276. *C* 5456

GIFORMON *v-II* Beistand leisten ◊ to give assistance
- *inf* giformon H *CM* 738. 2972. 4116

formuodit → FARMŌDIAN
forn → FURN
forna → FARHĪN (?), FORHNA, FŌRĪN (?)

FORNDAGOS *m-a* an forndagun vor langer Zeit ◊ in former days
- *dp* furndagon H *C*, furndagun *M* 1414 (forndagun *M*). 3523. 4362

foroht(-) → FORHT(-)
forsacho → FARSAKAN

GIFŌRSAMON *v-II* sich gefällig erweisen ◊ to be willing to accommodate
- *3sips* giuorsamat PSLUB 111,5
commodare PSLUB

forsekenun → FARSAKAN
forsca → FARSKAUWON

FORST *m-i* Forst ◊ forest
- *np* forsti URBWERDA 20,23
○⁴⁰ FORESTIS, FORESTUS, FORESTUM *mlat ns* forestum REGHERF 49 — *ds* foresti VMEINW 54 — *as* forestim VMEINW, forestum DIPL REGHELM THIETM — *abl* foreste CARTWERD 34 (2) (*a.* 816/817). 35 (3) (*a.* 816/817). *fol.* 30v, foresto DIPL REGHELM THIETM VMEINW — *dp* forestis VMEINW — *ap* foresta DIPL 1069/1
nemus URBWERDA

forst → FROST
forswapen → FARSWÊPAN
fort- → FORHT-

FORTH *adv fort, (weit) weg, vorwärts, nach vorne, voran, herbei, überdies, weiter(hin), fortan, geradeaus ◊ forth, forward(s), onwards, near, (far) away, henceforth, as well, further, forthrightly — hinan ~ hinfort ◊ henceforth — so ~ so weit, so völlig ◊ so far, so completely — ~ faran + d refl fortfahren ◊ to continue; comp →* **FURTHOR**
o¹⁵⁸ forth GLEVES 58,7 GLPRUDF1 101,22 H C, ford M GEN 18. 167. 212, ford GLEVES 53,5 H L 5863. 5865. S 540. M 1390. 1792. 1848. 1898. 2062. 2088. 2449 GEN 61, fort 248, fŏrth GLPRUDF1 91,14, forht GLEVES 60,29
• GENB forð# 320. 348. 437. 543. 567. 625. 851
adeo, ut GLPRUDF1 a modo, ex hoc GLEVES

FORTH-: **-BRENGIAN, -SEHAN**

FORÞǢM#, FORÞON# *conj, adv weil, da, deswegen ◊ because, as, therefore*
o¹⁴ GENB forþon, forþam 776

FORTHRO *m-n Vorfahr ◊ ancestor*
• ns forthro GLTRSEM XII,27 — np furthron H C, fordrun M 483, forthe[ron] GLGREG 63,20
parens GLTRSEM pater GLGREG

FORTHWARD *adv voran, weiter ◊ onward, further →* **FORTHWERD**
• forthuuard H C, forduuard M 4547. 4746

FORTHWARDES *adv vorwärts, weiter, fortan, ferner(hin) ◊ forward, onwards, further, henceforth, v + on, to continue to + v inf →* **FORTHWERDES**
• forthuuardes H C, forduuardes M 1851 (forđuuardes M). 2168. 2911. 3154. 3541. 4106. 4350 (foruuardes C). M 976 (forđuuardas P). C 5781, forduuardas GEN 75

FORTHWEG *m-a Weg des Abschieds ◊ path of departure*
• ap forduuegos H M 4754

FORTHWERD *adv voraus, fortan ◊ ahead, henceforth →* **FORTHWARD**
• forthuuerd H C 4010

FORTHWERDES *adv fortan ◊ henceforth →* **FORTHWARDES**
• forthuuerdes H C 2236, foruuerdes 976

FŌRUNGA *f-ō Triebkraft ◊ driving force*
• np fouronga° GLSPET 85,7∥ vegetamen GLSPET

foruuardes → **FORTHWARDES**
foruuerdes → **FORTHWERDES**
foruuruhti → **FARWURHT**
forweard# → **FORAWARD**
forweorpan# → **FARWERPAN**

FŌSTARMŌDAR *f-r Nährmutter, Hebamme ◊ foster-mother, midwife*
• ns fostarmuoder GLTRSEM XI,65, uostmoder° (= uostermoder *abbr*) GLSPET 73,17
nutrix GLTRSEM obstetrix, pariendi adiutrix GLSPET

FŌSTRON *v-II,* **FŌSTRIAN** *(?) v-I aufziehen, ernähren ◊ to nourish, foster*
• pcpt gfusti° (= gifustrot/gifustrit) GLPB2 I,298,5 (*Hester 15,2*)
[nutrire] (?) GLPB2

FŌT *m-cons + m-i Fuß ◊ foot*
• gp foto H M, fuoti° (*ap?*) C 4517 — dp fotun H M, fuoton C 1090 (foton C). 1103. 1372 (fuotun C). 1947. 2959. 2967. 2995 (fuotun C). C 5952, fuotun 2208 — ap foti PSGERN 10,19 [15,14] H M, fuoti C 3343. 4506. 4509. 4512. C 2564. 5537, uoti GLSTR 107,5, fozi⁺ PSLUB 114,8
• GENB np fét# 379
pes GLSTR (PSGERN) PSLUB

FŌTDŌK *m-a Fußlappen ◊ foot cloth*
• ap fuazduocha⁺ GLSPET 82,14
pedulis GLSPET

fōtskamel

FŌTSKAMEL *m-a Fußschemel* ◊ *footstool*
- *ns* fotscamel H *M*, fuotscamil *C* 1511

FŌTSTRIKK *m-i Fußstrick* ◊ *foot-fetter*
- *ns* uotstric GLMARF III,718,50
pedica GLMARF

FŌTSUHT *f-i Fußgicht* ◊ *gout in the feet*
- *ns* fuotsuh GLPRUDBR II,573,59, fuozsuht[+] GLTRSEM XIII,25
podagra GLPRUDBR GLTRSEM

FŌTTHRŪH *f-i Fußfessel* ◊ *shakle for the feet*
- *ns* foztrog[+] GLTRSEM V,135
compes GLTRSEM

FŌTHAR *nt-a Fuder* ◊ *cartload*
- *n/ap* uother REGES 21,4(u<*corr*),5,13

fouronga° → **FŌRUNGA**
fozi[+] → **FŌT**
foztrog[+] → **FŌTTHRŪH**
fra → **FRAU**
frađ → **FRAUWIAN**
frætwum[#] → **FRATWA**

GI**FRĀGI** *adj-ja/-jō bekannt, berühmt* ◊ *famed, renowned*
- *ns* gifragi H *CM* 2810 — *npnt* gifragi H *C*, gefragi *M* 2977

FRĀGĒN[+] *v-III fragen* ◊ *to ask*
- *inf* fragen[+] HILD 8

FRĀGON *v-II fragen* ◊ *to ask*
o[70] *inf* fragon GEN 201 H *CM*, frágon GEN 174. 244, fragoian H *CM* 2417, fragoinan° (i *add*) *C* 5410 — *3sipt* fragoda GEN 212 H *C*, fragode *M*; fragoda *M* 552 (fregade *S*, fragode *C*). 633. 815. 5205, frágoda GEN 33, fragada H *C* 3883 — *3pipt* fragodun H LCM

AND**FRĀGON** (?) *v-II anfragen* ◊ *to ask*
- *3pips* inturagant (? *lat* interrogant?) GLLAM 67,25/26
percontari GLLAM

fratwa

frah(-) → **FRAU**(-)
frahan°[?] → **FRĪON**
fraho → **FRŌIO**
fráhtun → **FRATWA**

FRĀKNI *adj-ja/jō gewalttätig* ◊ *fierce* — *cf* **FRŌKNI**
- *asm* freknean H *C* 1230

FRAM *adv, praep + d fort, von, aus, aus ... heraus* ◊ *away, of, from, out of*
- fram H *CM* 1487. 3930, from PSLUB 29,4(2). 32,19. PSWIT 84,12 (2). PSLUB 114,8 (3), [f]rom 32,14, [f]ron 32,13
- *von, weg von, aufgrund* ◊ *from, away from, on account of* GENB from 255. 406. 615. 651. 679. 680. 683, fram 304 a(b) PSLUB, de PSLUB PSWIT

FRAM-: -STĀN

GI[FR]AMON *v-II zufügen* ◊ *to inflict*
- *3sips* ge[fr]amod PSGERN 9,5 [14,14]
operari (PSGERN)

FRANCUS *adj mlat (von Person) frei* ◊ *(personally) free*
- *ap* francos DIPL 1009, 1031/1, 1039/1, 1048, 1059/2

franisco → **FRŌNISKO**
fraomuod → **FRAUMŌD**
fraon → **FRŌIO**
frarbrákun° → FAR**BREKAN**
frascurgit → FAR**SKURGIAN**

FRĀT (*m-a*) *Fresser, Vielfraß* ◊ *glutton, gourmandiser*
- *ns* fraz[+] GLSPET 82,12. 85,12 ‖
edax, devorator, glutto GLSPET

FRATWA *f-wō p Verzierungen, Zierrat, Schmuckstücke* ◊ *adornments, ornaments, jewellery*
- *gp* fratoo H *M*, fratoho *C* 1724 — *dp* fratohon H *C*, fratahun *M* 380 (fráhtun *S*). 1738 (fratoon *M*). 3331. 3763. 4543
- *Ausrüstung* ◊ *accoutrements* GENB *dp* frætwum[#] 443

FRATWON *v-II schmücken* ◊ *to adorn*
• *pcpt* gefratoot H *M*, gifratohod *C* 1673

FRAU *adj-wa/wō froh, fröhlich* ◊ *glad, happy, cheerful*
• *ns* fra BEDA 13 GLEVES 58,19 — *npm* fraha H *C* 4725. 5894
(cum gaudio) (BEDA) (gaudere) GLEVES

FRAULĪKO *adv vergnügt, bereitwillig* ◊ *cheerfully, willingly*
• frolico H *CM* 2677. 3041

FRAUMŌD *adj frohgemut, fröhlich* ◊ *cheerful, happy*
• *ns* frahmod H *M*, frahmuod *C* 1011. 3559 (fromod *C*). *M* 5982, fromod *M*, fraomuod *C* 1163, fromuod *C*, fruomod *M* 2062

FRAUNESSI *(f-ī) Fröhlichkeit* ◊ *gladness*
• *ns* froinesse GLABD
gaudium GLABD

FRAUWIAN *v-I sich freuen* ◊ *to be glad, rejoice*
• *3sips* frouuid PSLUB 32,21, frað PSWIT 84,7 — *3pips* frouiað PSLUB 33,3
laetari PSLUB PSWIT

FRAVAL *adj verstockt* ◊ *contumacious*
• *nsm* fráuólo GLPRUDF1 98,1
contumax GLPRUDF1

FRAVALLĪKO *adv hartnäckig* ◊ *persistently*
• frauilico GLPRUDF1 94,11
obstinate GLPRUDF1

fraz⁺ → FRĀT

FRĀZARI⁺ *adj-ja/jō widersetzlich* ◊ *insubordinate*
• *nsm* frazorer⁺ GLSPET 82,10
contumax GLSPET

frea# → FRŌIO

FREDUS, FREDUM → FRITHU

fregade → FRĀGON
fregchiu⁺ → FREK

FREGNAN *v-3 fragen* ◊ *to ask*
• *3sipt* fragn H *CM* 615. 4839 (a<u? *C*) — *3pipt* frugnun H *CM* 917
• GENB *inf* frínan# 495

GIFREGNAN *v-3 pt +a (erzählen) hören, erfahren, entdecken* ◊ *to hear (tell) of, find out, learn (about)*
• *1sipt* gifragn H *CM* 288. 510 (*S*). 630. 1020 (gefragn *M*). 3036. *C* 3964, gifragn *M*, gifran *C* 367. 2621. 3347. 3780. 3883, gefragn *M*, gifran *C* 4065. 4452 — *3sipt* gifrang H *CM* 715 (gif[ragn] *S*). 800 (gifragn *C*). 1992 (gefrang *M*) — *3pipt* gefrugnun H *M*, gifrognun *C* 3752

FREK *adj geizig* ◊ *stingy*
• *nsf* frechiu⁺, fregchiu⁺ GLPRUDF1⁺ 90,29
parcus GLPRUDF1⁺

frechiu⁺ → FREK
frecn-# → FRŌKN-
freknean → FRĀKNI
freme# → FRUMA

FREMITHI *adj-ja/jō fremd, der/die andere* ◊ *belonging to others, another man/woman*
• *ns* fremithi H *C*, fremidi *M* 2501 — *apm* (f)rem(i)tha[n] PSGERN 8,5 [14,9]
alienus (PSGERN)

FREMMERI *m-ja Fürsprecher* ◊ *intercessor*
• *ns* frémméri GLPRUDF1 99,18
efficax orator GLPRUDF1

FREMMIAN *v-I tun, ausüben, vollbringen, vollziehen, begehen (Verbrechen)* ◊ *to do, accomplish, perform, carry out, commit (a crime)*
• *inf* fremmian GEN 256, fremmean (*abbr*) H *C* 93 — *2sips* fremis H *M* 927 — *3pips* fremmiat GEN 183 — *2simp* fremi H *M* 3272 — *3sipt* fremida H *M* 109, fremide 2168 GEN 281 — *3pipt* fremidun H *CM* 743. *M* 881. 4413 GEN

fremmian

154. 289 — *3popt* fremidin H *CM* 2701 — *pcpt* gifremid GEN 55
• *erfüllen ◊ to fulfil* GENB *inf* fremman# 788 — *2sips* fremest 578

AFREMMIAN *v-1 feierlich geloben ◊ to promise solemnly*
• *3sops (mlat)* aframeat LEXSAX PS 32

GIFREMMIAN *v-1 vollbringen, ausführen ◊ to accomplish, perform*
• *3sips* gifremid GLEVES 55,28 — *3sopt* gifremidi H *M* 2744
• GENB *inf* gefremman# 393 — *3pipt* gefremedon 392
perficere GLEVES

THURHFREMMIAN → THURHFREMID

FRÊSO *m-n* (+ FRÊSA *f-ō/-n?*) *Gefahr, Schaden, Verderben ◊ danger, damage, ruin*
• *np* freson PSLUB 114,3 — *dp* freson H *CM* 263. *C* 3979 — *ap* freson GLPRUDF1 90,11
dispendium GLPRUDF1 periculum PSLUB

FRÊSON *v-II + g jmdn in Versuchung führen, etw bedrohen, in Gefahr bringen ◊ to tempt sb, threaten, jeopardize sth*
• *inf* freson H *CM* 773. 4476. 4660. 4663

GIFRÊSON *v-II + g etw in Gefahr bringen ◊ to jeopardize*
• *inf* gifreson H *C* 5321

FRETAN *v-5 fressen ◊ to eat, devour*
• *3sips* fritid GLEVES 60,37, frítid GLPRUDF1 95,20 — *pcpt* uŕetan GLSPET 74,20
comedere GLSPET devorare GLEVES exedere GLPRUDF1

frethu → FRITHU

FRÊTHIG *adj abtrünnig, verbannt ◊ apostate, banished*
• *ns* fređig GEN 75 — *apm* fréthívn GLPRUDF1 97,12

frisking

(defuga) GLPRUDF1

FRĪ *nt-ja (edle) Frau, Ehefrau ◊ (noble) woman, wife, Lady*
• *ns* fri H *CM* 310 (fri *neum M*). 435 (firi, *1.i add C*) — *as* fri GEN 294 — *np* fri H *C* 5794. 5813 — *gp* frio H *CM* 438 (friho *M*). 2017 (firio *C*)
• GENB *as/gp* fréo#* 457

FRĪDHOF *m-a Hof, Vorhof ◊ forecourt, courtyard*
• *ns* frithof GLTRSEM VI,46 — *ds* fridhoɓe H *M*, fridhoɓe *C* 4944, [f]r[it]houe PSLUB 28,2 — *as* fridhof H *M*, fridhof *C* 4954 — *dp* frithouun PSLUB 115,19
atrium PSLUB curtis GLTRSEM

fridlind → FRITLING
fridu(-) → FRITHU(-)
friedeluurz+ → FRIUTHILWURT
friehan → FRION
frihtila → FRITHIL

FRĪLĪK *adj edelgeboren ◊ nobly born*
• *npf* frilica H *C* 3967

FRĪLING *m-a freier Mann ◊ freeman*
• *np mlat* frilingi NITH IV,2 — *dp mlat* frilingis NITH IV,2
ingenuilis NITH

frínan# → FREGNAN

FRĪON *v-II lieben ◊ to love*
• *inf* friehan H *C*, frahon°? [= friihon?] *M* 1451

FRISKANG *m-a Jungtier, Ferkel ◊ young animal, piglet*
• *n/ap* ferscanga REGFREK *K* 33,21. *M* 33,1, uerscange *K* 24,22. *M* 24,11

FRISKING *m-a Jungtier, Ferkel ◊ young animal, piglet*
• *ap* frissingos DIPL 948/1, frisgingas CH 1068-88, friskinga VMEINW 43, fersingas CH 1015-36/29
victima VMEINW

FRISKUNG *m-a Jungtier, Ferkel* ◊ *young animal, piglet*
• *n/ap* uerscunga REGFREK *M* 29,13

frithof → **FRĪDHOF**

FRITLING *m-a Fettgebäck* ◊ *deep fried cake*
• *ns* fridlind (°? = fridlinc?) GLTRSEM VI,75
sorbitiuncula GLTRSEM

FRITHIL *m-a Liebhaber* ◊ *lover* → **FRIUTHIL**
• *np* frihtila GLADM718 78,19
amasio GLADM718

FRITHON *v-II Schutz gewähren* ◊ *to give protection*
• *3sopt* friđodi H *C*, fridodi *M* 3858 — *pcpt* gifrithod H *C*, gefridod *M* 3896

FRITHU *m-u Friede, Schutz, Sicherheit, Friedensgeld* ◊ *peace, protection, security, fine (for restoring of peace)*
• *ns* frithu PsGERN 6,1 [12,18], friđu PsWIT 84,11 H *C*, fridu *M* 420. 1011, fritho *C*, fridu *M* 1943. 4318, f[rithu] PsPAD 37,4 — *ds* friđie PsLUB 28,11, fride H *M* 2810 (friđe *C*). 4210 (frithe *C*), frethu PsGERN 5,2 [12,12] — *as* friđu PsWIT 84,9, fridu H *CM* 1938. 1954 (friđu *C*). 2282 (friđo *C*). 2692 (friđu *C*). 3289 (friđo *C*). *M* 773, fritho *C*, fridu *M* 3695. 4106. 5254, frithu GEN 72
o²¹ **FREDUS, FREDUM** *mlat abls* fredo LEXSAX 34, frido PS 16 — *ap* freda DIPL, VMEINW 214
pax (PsGERN) PsLUB PsPAD PsWIT

FRITHUBARN *nt-a Friedenskind, der schutzbringende Sohn (Christus)* ◊ *child of peace, protecting son (Christ)*
• *ns* friđubarn H *C*, fridubarn *M* 450. 760 (friđubarn *C*) 983 (friđubarn *P*, friđubarn *C*). 2382. 3022 (friđubarn *C*), frithubarn *C*, fridubarn *M* 1077. 1156. 2099 (friđubarn *M*). 3836. 3883. 3943. 4494. 4525. *C* 5349. 5776. 5932 — *as* fridubarn H *M*, friđubarn *C* 667 (friđubarn *C*). 1128, frithubarn *C*, fridubarn *M* 3899. 4024

FRITHUGOMO *m-n Mann des Friedens* ◊ *man of peace*
• *gp* friđugomono (-no *add*) H *C* fridugumono *M* 619

FRITHUSAMO *adv friedlich* ◊ *peacefully*
• fridusamo H *M*, frithusama *C*, friđusamu *V* 1317

FRITHUWĀRA *f-n Friedensbund* ◊ *pact of peace*
• *as* friđuuuaron H *C* friduuuarun *M* 483

FRITHUWĪH *m-a Heiligtum* ◊ *sanctuary*
• *ds* friđuuuihe H *CS*, friduuuiha *M* 513

FRIUND *m-nd + m-a Freund, Verwandter* ◊ *friend, kinsman*
• *ns* friund H *C* 5358 — *ds* friund H *C* 3274, friunde *CM* 1493. 4952 — *as* friund H *CM* 1497 — *np* friund H *CM* 2725. 3041 — *gp* friundo H *C*, friunda *M* 1451 — *dp* friundun H *CM* 1136. *M* 3274, friundon *C*, friundun *M* 800 (*1*.un<a: *M*). 2292 — *ap* friund CONFES 16,19
• GENB *np* frynd# 287

FRIUNDLĪK *adj freundlich* ◊ *friendly*
• *dp* friundlicun GLVERGOX 112,29
amicus GLVERGOX

FRIUNDLÔS *adj* ~ *man der Geächtete* ◊ *outlaw*
• *ns* friuntlaos⁺ HILD 24

FRIUNDSKEPI *m-i Freundschaft* ◊ *friendship*
• *as* friundskepi H *M*, friunscepi *C* 322, friundscipi *C* 5367

FRIUTHIL *m-a Liebhaber* ◊ *lover* → **FRITHIL**
• *gp* fríuthíló GLPRUDF1 94,23, fruthiló^{bfk} GLPRUDBR II,573,25
amasio GLPRUDBR GLPRUDF1 adulter GLPRUDF1 amator GLPRUDBR

friuthilwurt **frônoskatt**

FRIUTHILWURT *f-i Alraune* ◊ *alraun*
- *ns* friedeluurz⁺ GLTRSEM X,73
mandragora GLTRSEM

FRÔ *m indecl Herr* ◊ *Lord* → FRÔIO
o⁴⁰ *ns* fro H *PCM* GEN, fruo H *C* 4292. 4509. 4685. 4861. 5017

fro- → FRAU-

FRÔD *adj alt, weise, erfahren, ehrwürdig* ◊ *old, wise, experienced, venerable*
- *ns* frod H *M*, fruod *C* 115. 177. 180. 570 (fród *S*). 2832. *C* 73, frodo *M*, fruodo *C* 105. 225 — *asm* frodan H *CM* 1173 (fruodon *C*).1185 — *npm* fruoda H *C*, frode *M* 2730. 3631, frote⁺ HILD 16 — *comp nsm* frotoro⁺ HILD 8

froen → FRÔIO

FRÔDON *v-II alt, weise, erfahren sein, werden* ◊ *to be, become old, wise, experienced*
- *pcpt* gifrodod H *M*, gifruodot *C* 150. 208 (gifrodot *M*). 228. 3493 (gefrodot *M*), fruodot *C* 3484 (*adj?*)

frofra → FRÔVRA
froho → FRÔIO

FRÔIA *f-j-n Herrin* ◊ *Lady*
- *gs* fruon BEDA 7
(dei genetrix) (BEDA)

GIFRÔIAN *v-I früh kommen* ◊ *to come early*
- */sips* gefruao⁺? GLTRSEM XI,35
manicare GLTRSEM

FRÔIO *m-j-n Herr* ◊ *Lord* → FRÔ
- *ns* fraho H *CM* 2900. 3903 (froho *C*) — *gs* frahon H *C* 931 (fraon *M*). 1094 (frohan *M*), fráhon *V* 1308, froian *M*, frohen *C* 3022, frohon *C* 109 (fraon *M*). 5367. 5517. 5733 — *ds* frahon H *CM* 177 (fraon *M*). 5007 (fruohen *C*), froian GEN 225 H *M*, frohen *C* 3513, frahon *C*, frohan *M* 1667. 2118. *C* 3997, frahen *C*, froiaen *M* 2941, frohon *C* 4952 (froen *M*). 5463 — *as* frahon GEN 212 H *CM* 2614. 5157 (frohon *C*), frahon *C*, frohan *M* 1077. 1103. 1128
- *Gemahl* ◊ *consort* GENB *ns* frea# 655

froinesse → FRAUNESSI

FRÔKNI *adj-ja/jō verwegen* ◊ *daring* — *cf* FRĀKNI
- *npm* fruokne H *M*, fruoknie *C* 3846
- *gefährlich, subst Gefahr* ◊ *dangerous, subst peril* GENB *asf* frecnan# 689 — *gp* frecna# 488

FRÔKNO *adv furchteinflößend, mutig, furchtlos, beherzt, dreist* ◊ *terrifyingly, boldly, fearlessly, courageously, cheekily*
- frokno H *M*, fruocno *C* 3817. 4660. 4835. 5180 (frocno *C*). 5205. *C* 5459, fruokno *M*, fruocna *C* 2995
- GENB frecne# 688

frolico → FRAULĬKO
from → FRAM
from- → FRUMA
[f]ron → FRAM

FRÔNISK *adj anmutig* ◊ *charming*
- *npm* fróniska GLPRUDF1 100,17
venustus GLPRUDF1

FRÔNISKO *adv herrlich, vortrefflich* ◊ *splendidly, excellently*
- fronisco GLVERGOX 114,34 H *C*, franisco *M* 2398
urbane GLVERGOX

FRÔNO *adj indecl öffentlich, rechtsgültig, staatlich, herrschaftlich* ◊ *public, legally valid, official, manorial*
- frono GLBOETH GLEVES 49,17 GLPRUDBR II,572,57 (*bfk*) GLPRUDF1 97,19, urano REGFREK *K* 24,19. *M* 24,7 — *gsf*(!) fronero (ro *add*) GLADM718 77,7
publicus GLADM718 GLBOETH GLEVES GLPRUDBR GLPRUDF1

FRÔNOSKATT *m-a Staatskasse* ◊ *public purse*
- *ns* fronescat GLMARF III,722,34
dominicus census GLMARF

FROST *m-a* Frost ◊ *frost*
- *instr* frostu H *CM* 4399
- GENB *ns* forst 316. 809

frot-⁺ → **FRŌD**
frouiađ → **FRAUWIAN**
frouu- → **FRAUW-**

FRŌVRA *f-ō* Trost, Hilfe, Beistand ◊ *consolation, comfort, support*
- *ns* frofra H *M*, fruobra (*b* ?) *C* 2197 — *ds* frobru H *M*, fruobro *C*, frobre *S* 496, frobra *C* 2206 — *as* frofra H *C*, frofre *M*, fruobra *V* 1308

FRŌVRIAN *v-I* trösten ◊ *to console*
- *inf* fruobrean H *C*, frůbrean (° *add?*) *M* 4017

GI**FRŌVRIAN** *v-I* trösten ◊ *to console*
- *inf* gifruofrean H *C* 4709

FRUHT *m-i* Frucht ◊ *fruit*
- *ns* fruht (t *ras*) H *C* 2394 — *gs* fruhtes H *C* 2544 — *np* fruhti H *C* 2566 — *gp* fruhtio H *C* 2556, fruhteo *CM* 1743

FRUMA *f-ō* + *f-i/ī* Wohltat, Gutes, Vorteil(haftes), Nützliches, Nutzen ◊ *good, good deed, advantage, profit, benefit, use*
o⁸³ *ns* fruma H *CM*; frume *M* 4192. 4268, frumu *M*, froma *C* 3343 — *gs* fruma H *C* 4395 — *ds* frumu H *CM*; fromu *C* 2411. 2512, frumi 1018 — *as* fruma H *CM*; frume *M* 1537. 2701. 4159 — *np* fruma H *M* 1860 — *gp* frumono H *VCM*; frumana *M* 4802, frumono (*l.* o<u) 1310, frumuno *C* 1100 — *dp* frumun H *M* 1018. *C* 5029, frumon *C* 52, froman 3001
- GENB *as* freme# 610 — *gp* fremena# 437

FRUMMIAN *v-I* unterstützen, tun, handeln, ausüben, vollbringen, vollziehen, erfüllen, begehen (Verbrechen), beeinflussen ◊ *to support, do, act, accomplish, perform, carry out, fulfil, commit (a crime), affect*

o¹⁰¹ *inf* frummian, frummean H *CM* — *2sips* frumis H *C* 927 — *3sips* frumid H *M. C* 1982, frumit 1825. 5194, frumiđ 4844 — *2pips* frummiad H *M* 4653 — *3pips* frummeat H *C* 2118 (frummiad *M*). 2588 — *1sops* frummea H *C*, frummie *M* 3246 — *2pops* frummean H *C* 4653 — *3pops* frummian H *C* 3401, frummien *M*, fru*mm*meam° (*abbr*) *C* 1941. *M* 2588 — *2simp* frumi H *CM* 4617 (i *add C*). *C* 3272 — *2pimp* frummiad H *M*, frummeat *C* 1908 — *3sipt* frumida GEN 51 H *C*, frumide *M* — *2pipt* frumidun H *M* 4396 — *3pipt* frumidun H *CM* — *3sopt* frumidi H *CM* 2712. *C* 2215 — *pcpt* gifrumid GEN 254 H *C*, gefrumid *LM*; gifrumit *C* 3523, gifrimid 43, gifrumid *CM* 105 — *pcpt npnt* giefrumida H *C* 5870

GI**FRUMMIAN** *v-I* vollbringen, ausführen, tun, erfüllen, begehen (Verbrechen) ◊ *to accomplish, perform, do, fulfil, commit (a crime)*
- *inf* gifrummian GEN 162 H *C*, gifrummien *M* 2680. 5113 (gefrummien *M*). *C* 5729. *M* 4197, gifrummean *C*, gifrummien *M* 84 ([gi]f[rumm]ie[n] *M*). 3103, gefrummien *M* 4785 — *inf d* gifrummienne H *M*, gifrummeanne *C* 3014 (gifrummiene *M*). 3903 (gefrummienne *M*). 4525, gifrummianne *C* 5349, gifrummianna GEN 201 — *3sips* gifrumiđ H *C*, gefrumit *M* 5035 — *3pips* gifrummiat H *C*, gefrummiad *M* 1339 (gifrummat *C*, gifrumiat *V*). 1524 — *3pops* gifrummean H *C*, gefrummien *M* 1414. 1922. *M* 3401 — *1si/opt* gefrumede CONFPAL 363,29 — *3sipt* gifrumida H *C*, gefrumide *M* 2165. 3496. 3498. *C* 4. 5596 — *2pipt* gifrumidun H *C* 881. 4396 — *3sopt* gifrumidi H *CM* 3890. 5254 (gefrumidi *M*). *C* 2744

fruobr- → **FRŌVR-**
fruod(-) → **FRŌD(-)**
fruohen → **FRÔIO**
fruokn- → **FRŌKN-**

fruomod

fruomod → FRAUMŌD
fruon → FRÔIA
fruthilo → FRIUTHIL
frynd# → FRIUND
fuara+ → FŌRA
fuazduocha+ → FŌTDŌK
fueninas° → EVINĪN

FUGAL *m-a Vogel* ◊ *bird* — flugles bene# Wicke ◊ *vetch*
  • *gs* fugles H *CM*, fuglas *P* 987, flugles GLPB1 I,590,17 — *np* fuglos H *CM* 2403 — *dp* fuglun H *M*, fuglon *C* 1667
pisa agrestis, vicia (flugles bene) GLPB1

FUGALKLOVO *m-n Vogelfalle* ◊ *fowling-trap*
  • *ns* fugulclouo GLVERGOX 111,24, fu-gelclouo GLTR40 V,47,12
aucipula GLTR40 GLVERGOX

FUGALUNKRŪD *nt-a Wicke* ◊ *vetch*
  • *ns* fuguluncrut GLTRSEM XVII,73 > fuguls (un)crut?
vicia GLTRSEM

FUGLERI *m-ja Vogelsteller* ◊ *fowler*
  • *ns* fugelere GLMARF III,716,26
auceps GLMARF

FUGLŌD *m-u/a Vogelfang* ◊ *bird-catching, fowling*
  • *ds* fugolada GLPB1 I,340,23
aucupium GLPB1

FŪHT *adj feucht* ◊ *moist*
  • *asm* fūhtan GLPRUDF1 101,6
uvidus GLPRUDF1

FŪHTIAN *v-I befeuchten* ◊ *to moisten*
  • *1sips* fuhton GLTRSEM X,88 — *3sops* fuhtia GLPRUDF1 94,39
madere GLTRSEM rigare GLPRUDF1

FŪHTINUNGA *f-ō Befeuchtung* ◊ *moistening*
  • *ns* fuhtinunga GLSPET 77,21
(humicus, umectus) GLSPET

fuir → FIUR
fuldu → FOLDA

fullêstian

AFTAR**FULGIAN** *v-I nachfolgen, begleiten, bedienen* ◊ *to follow, attend*
  • *pcps* arterfulgendi° (= afterfulgen-di/ahterfulgendi) GLPB2 I,297,41
pcps pedisequus GLPB2

FULĪN *nt-a Fohlen* ◊ *foal*
  • *ns* fulin GLMARF III,716,53
mannus, pullus GLMARF

FŪLITHA *f-ō Fäulnis* ◊ *rottenness*
  • *ns* fūlíthá GLPRUDF1 95,30
putredo GLPRUDF1

FULL¹ *adj (+ g) voll, erfüllt (von, mit)* ◊ *full (of), filled with*
  • *ns* full H *C*, ful *M* 783. 2495. 2917. *C* 5966, ful , fol *M* 261 — *asm* fullan H *L*, (a<e) *C* 5851 — *asnt* full H *C* 4537, ful REGFREK *M* 42,14 (*n/a*) — *asf* fulla H *C*, fulle *M* 3513 — *npm* fulla H *C*, fulle *M* 3021 — *apm* fulla H *C*, fulle *M* 2869. 4358
  • GENB *ns* fúll 333

FULL² *nt-a Kelch* ◊ *cup*
  • *as* full H *C*, ful *M* 2047

FULL³# *adv sehr* ◊ *very*
  • GENB full# 634. 688, fúll# (2.1 *add*) 444, ful# 705. 728

FULL-: -GĀN, -GANGAN, -GEVAN

A**FULLARI** *m-ja Vollender* ◊ *completor*
  • *as* erfulláre GLEPIST I,781,47
consummator GLEPIST

FULLÊSTI *m/nt-ja Beistand, Unterstützung* ◊ *help, support* → FULLUST
  • *ds* fullestie H *C* 4679, fullistia GLVERGOX 113,6 — *as* fullisti H *C* 5638
munus GLVERGOX

FULLÊSTIAN *v-I unterstützen, Beistand leisten* ◊ *to give support, back*
  • *1sips* fullestiu H *M*, fullistiu *C* 4663 — *3pops* uulistien (*1.i add*) GLMERS 70,24
fovere GLMERS

GIFULLÊSTIAN *v-I Hilfe leisten, zur Verfügung stellen* ◊ *to support, make available*
• *inf* iuull(i)stian GLMERS 70,20/21 — *3sips* iuul(estit) GLMERS 70,12
adminiculari, suppetere GLMERS

FULLIAN *v-I (+ g) (er)füllen, sättigen (mit), zum Abschluss kommen, vollenden* ◊ *to fill, satisfy (with), fulfill, come to an end, implement*
• *inf* fullian H *C*, fullien *M* 1429 (fullean *C*). 2041. *M* 4537. *C* 4767 — *3pips* fulliad H *M*, fulleat *C* 4329 — *pcpt* gifullid H *C*, gefullid *M* 4035. 4347. *C* 1141. 2162. 4350. 4566. 5712, gifullit GEN 313. 325 H *C*, gifullid *V*, gefullit *M* 1310 — *pcpt npm* gifulda PSGERN 4,11 [12,9]
• *sich füllen* ◊ *to fill up* GENB *3sipt* fylde[#] 319 — *pcpt* gefylled[#] 645
complere (PSGERN)

AFULLIAN *v-I erfüllen* ◊ *to satisfy*
• *2sipt* erfultas GLSMIH 271
explere GLSMIH

GIFULLIAN *v-I erfüllen* ◊ *to fulfill*
• *inf d* gifulleanna H *P*, gifulleanne *M*, gifullanne *C* 976 — *1sipt* gifulda CONFES 17,10

FULLĪKO *adv nachdrücklich* ◊ *insistently*
• *comp* fullicor H *C*, fullicur *M* 1454

fullist(-) → **FULLÊST**(-)

FULLON *v-II erfüllen, vollenden* ◊ *to fulfill, implement*
• *inf* fullon H *M* 4767 — *pcpt* gifullod H *M* 4566, gefullod 4350, gefullot 1141. 2162

GIFULLON *v-II vollständig erfüllen* ◊ *to fulfill completly*
• *1pops* gefullon BEDA 17
solvere (BEDA)

FULLUST *(f-i) Beistand* ◊ *help* → **FULLÊSTI**
• *as (p lat)* uullust GLMERS 70,23
solacium GLMERS

AFŪLON *v-II faulen* ◊ *to fester*
• *3pipt* afuloden PSPAD 37,6
putrescere PSPAD

FUNDON *v-II + te + inf sich anschicken zu (tun)* ◊ *to set about (doing)*
• *2sips* fundos H *C* 3991

FUNNA *f-ō Schnur* ◊ *cord*
• *gs* funna GLSPET 85,32
saeta torta GLSPET

fuod- → **FŌD-**
fuor- → **FŌR-**
fuot(-), fuoz- → **FŌT(-)**
fur- → **FAR-**
furdhur, furdor, furdur → **FURTHOR**
furen[+] → **FŪRIAN**
furfenere → **FURIFANERI**

FURHIA *f-jō/j-n Kiefer, Föhre* ◊ *pine-tree, fir* → **FORHA**
• *ns* uurie GLVERGOX 113,6
picea GLVERGOX

FURHLANG *m-a Vorling (Ackermaß, ein halber Morgen)* ◊ *area of land (unit of square measure, approximately a half acre)*
• *as mlat* furlangum TRADCORB 128/341
— *ap* furlangas CARTWERD 51 (*a.* 834)

FURHNIA *f-jō/j-n Forelle* ◊ *trout* → **FORHNA**
• *ns* furnię GLVERGOX 111,7
tructa GLVERGOX

FUR(1) *praep + d, + a, + instr vor, in Gegenwart, im Angesicht von, um ... willen; adv voraus* ◊ *for, in the presence, in the sight of, before, for the sake of; adv ahead* — hebbian + *a pers* + ~ + *a jmdn ansehen als* ◊ *to consider sb as* — ~ thiu *deshalb* ◊ *therefore* → **FOR(A)**
• *praep* furi *CM* 3547. *C* 261. 676. 741. 4156. 4159. 4160. 4355. 4569. 4685. 4762. 4870. 4871. 5266. 5319. 5474. 5487. 5616. 5641, fur *M* 3861. *C* 2753. 2784. 4183. 5100. 5338. 5476. 5572. 5588. 5613, furu 4351
• *adv* furi H *CM* 596

fūrian -furthrian

FŪRIAN *v-I entmannen ◊ to castrate*
• *inf* furen⁺ GlSPet 82,17
eunuchizare GlSPet

AFŪRIAN *v-I wegschneiden, in Schranken halten ◊ cut off, restrain*
• *pcpt* erfurit⁺⁷ GlSPet 85,6
castrare GlSPet

furibodan → **FORABODO**

FURIFANERI *m-ja Vorkämpfer ◊ protagonist*
• *ns* furfenere GlMarf III,717,1
antesignarius GlMarf

FURIKELLI *nt-ja Vorhalle ◊ lobby*
• *as* furikelli GlSPet 85,14 ‖
proscaenium, vestibulum GlSPet

furiristi⁺ → **FURIWRISTI**
furisagono → **FORASAGO**

FURISTI *f-ī das Höchste ◊ the topmost*
• *ns* furisti GlPrudF1⁺ 91,3
principale, summum GlPrudF1⁺

FURISTO *adj sup der erste, vorderste, vornehmste; subst Vorsteher, Oberhaupt, Fürst ◊ the first, furthest forward, foremost; subst head, chief, prince*
• *nsm* furisto H *CM* 4881. 5082, furista *CM* 3555 GlEvEs 57,7 — *dsm/nt* furistemo GlVergOx 114,9, furiston H *M*, furisten *C* 5029 — *asm* furiston H *M*, firiston *C* 4874 — *npm* furiston H *M*, furistun *C* 3791 — *gpm* furistona PsLub 32,10 — *dp* furiston GlEvEs 59,36
primus GlVergOx princeps GlEvEs PsLub maior GlEvEs

FURIWRISTI *nt-ja Armband ◊ bracelet*
• *ns* furiristi⁺ GlTrSem VI,90
dextrocherium GlTrSem

FURIWURHTIO *m-j-n Stellvertreter ◊ deputy*
• *ns* furiuurdio, furiuurftio (< furiuurdio) GlTrSem XVI,79
vicarius GlTrSem

FURKA *f-ō Forke, Heugabel, Bootsstange, Hebebaum ◊ fork, barge pole, lever*
• *ns* furca GlSPet 80,26‖ GlTrSem VI,24 — *np* furke GlVergOx 110,6 (2) — *ap* furka GlVergOx 111,7
contus GlTrSem furcilla, trudis GlVergOx trochlea GlSPet

furlaet → **FARLĀTAN**
furlang- → **FURHLANG**
furmet° → **FARNIUWIAN**
furmon → **FORMO**

FURN *adv einst, vor langer Zeit ◊ formerly, long ago*
• furn H *CM* 624, furn *C*, forn *M* 570 (furn *S*). 1431. *C* 3988 Hild 18 (n *ras*)
• GenB fyrn# 498

furndag- → **FORNDAGOS**
furnię → **FURHNIA**
fūrpenninga → **FIURPENNING**

FURTHIRO *adj comp vornehmer ◊ superior*
— *eth* *uurtheren han zur rechten Hand, auf der rechten Seite ◊ on the right-hand side*
• *nsm* furthira GlEvEs 57,14 — *dsf* uwirtheren° (= uurtheren) ConfPal 362,21
maior GlEvEs

FURTHOR *adv comp weiter, (weiter) voran, nach vorn, noch mehr, weiterhin, später, bisher, fortan ◊ further (onwards), forwards, any more, furthermore, later (on), up to now, from this time on*
• furthor H *C*, furdur *M* 449 (furđor *M*). 1173 (furđor *M*). 1437. 2512. 2894. 3209. 4566. 5007. *C* 3484. 5578. 5652. 5700. 5813, furdor *M*, forthor *C* 2265, furthur Gen 77, furdhur 285, furđhur 244, uúrdor GlEpist I,760,11
• GenB furðor# 401
ceterum GlEpist

GI**FURTHRIAN** *v-I fördern ◊ to promote, further*
• *Isips* giuurthrin GlTrSem XIII,28
promovere GlTrSem

furthron → **FORTHRO**
fvrthu → **FORHTA**
furu → **FUR(I)**

FURVIAN *v-I polieren, läutern* ◊ *to polish, purify*
• *pcpt* gifvrvid GLPRUDF1 92,26 — *pcpt dsnt* gifuriuidemo GLVERGOX 113,3
levare GLVERGOX *pcpt* castus GLPRUDF1

FŪS *adj (eifrig) bestrebt* ◊ *eager*
• *ns* fus H *CM* 4782. *C* 5656 — *npm* fusa H *CM* 650
• GENB *ns* fús# 443

FŪSIAN *v-I bestrebt sein* ◊ *to be eager*
• *pcpt* fusid H *M* 4754. 2353 (fisid *C*)

AFŪSIAN *v-I eifrig bestrebt sein* ◊ *to be eager*
• *pcpt/adj* afusid H *C* 4754

FŪST *(f-i) Faust, gerundete Hand* ◊ *fist, rounded hand*
• *ns* fust GLPRUDF1+ 93,13 GLTRSEM XIII,70
pugnus GLTRSEM vola GLPRUDF1+

FŪSTILĪN *nt-a kleine Handvoll* ◊ *little handful*
• *gs* fustilines GLPRUDF1+ 91,16
pugillus GLPRUDF1+

FŪSTSLAG *(m-i) Faustschlag* ◊ *punch*
• *ns* fustslach GLTRSEM XIII,71
pugnum GLTRSEM

fylde# → **FELLIAN, FULLIAN**

FYLGAN# *v-I*, FOLGIAN# *v-II folgen* ◊ *to follow* — *cf* **FOLGON**
• GENB *inf* fyligan# 249 (°?< fullgan?), fylgean# 709 — *3sipt* fylgde# 688

fynd# → **FĪOND**
fyr# → **FIUR**
fyrd# → **FARD**
fyrenearfeða# → **FIRINARVED/FIRINARVEDI**
fyrnum# → **FIRINA**

G

g GLMERS 71,24 → **THŪ**

GABULRIND *(altirisch* ◊ *Old Irish) Zirkel* ◊ *compasses*
• *ns* gabilī GLPB1 I,590,47
circinus GLPB1

GIGADO *m-n der Gleichartige* ◊ *equal*
• *as* gigadon H *C* 25

GADULING *m-a (enger) Verwandter, Landsmann* ◊ *(close) relative, fellow countryman*
• *ns* gaduling H *CM* 221. 5212 (gadoling *M*) — *np* gadulingos H *M*, gadolingas *C* 1266. 5214 — *gp* gadulingo H *CM*, gadulinga *S* 577 — *dp* gadulingun H *M*, gadulinguon *C* 1450 — *ap* gadulingos H *M*, gadulingas *C* 3171

GADULINGMĀG *m-a Blutsverwandter* ◊ *blood relative*
• *dp* gadulingmagun H *CM* 838

gǣd# → GÊD
gaelo# → **GELU**
gaerdas# → **GARD**¹
gæstas → **GÊST**

GAFLIA *f-jō Heugabel* ◊ *hay-fork*
• *ns* glaffa° (= gaffla?) GLADM718 78,13 — *np* gaflię GLVERGOX 110,5,6
furcilla GLVERGOX mergae GLADM718

GĀGAL *m/nt(-a) Gaumen* ◊ *palate*
• *as* gágal GLPRUDF1 102,39
palatum GLPRUDF1

GAGANIAN *v-I hilfreich sein* ◊ *to be helpful*
• *inf* gagan° (= gaganen abbr)+?
GLSPET 82,15
cassari (ne ~) GLSPET

gagulhrīs

GAGULHRĪS *nt-a Gagelzweig* ◊ *gale twig*
• *ns* gagelris GLMARF III,720,38
myrtus GLMARF

engagine, ingegen- → ANGEGIN-
gahahom° → GĀHUN

GĀHLĪKO *adv schnell, sogleich* ◊ *quickly, straight*
• gahlico H *LC* 5864, geliko GLGREG 65,12, (ge)lico GLEVES 50,30
bene GLEVES subito GLGREG

GĀHUN *adv schnell, sofort* ◊ *quickly, at once*
• gahun GEN 299 H *M*, gahon *C* 4798, gahahom° *M*, gahon (a<o) *C* 2948

gaihuuethar → IOHWETHAR
gacassura → GÔKESSŪRA
gál[#] → GÊL²

GALGA *f(-n) Galgen* ◊ *gallows*
• *ns* galge GLTR40 V,48,20, galga GLMARF III,716,32
gabulum GLMARF GLTR40 patibulum GLTR40 strangulum GLMARF

GALGO *m-n Galgen, Pfahl (Christi Kreuz)* ◊ *gallows, stake (cross of Christ)*
• *ns* galgo (o *ras*) GLTRSEM VIII,69 — *ds* galgon H *C* 5572. 5685. 5730, galgen 5591. 5726 — *as* galgon H *C* 5532. 5553. 5623
gabalus GLTRSEM

GALILEISK *adj galiläisch* ◊ *Galilean*
• *ns* galileisk H *CM* 4975

GALILEO *m(-n) Galiläer* ◊ *Galilean* → GALILEALAND *nom prop*
• *gp* galileo H *CM* 1135. 1151. 3171. 3716. 4847. *M* 1995. 2072. 5240. *C* 780. 3557. 5250. 5838 (*L*). 5866 (*L*). 5955. *L* 5856, galilæo *M* 2291. 2648 (li<*corr*). 2664

GALLA *f-ō + f-n Galle* ◊ *gall*
• *as* galla H *C* 5645, gallun GLPRUDF1 95,36

gān

bilis, iracundia GLPRUDF1

GALM *m-a Lärm, Schall, Nachhall* ◊ *noise, sound, reverberation*
• *ns* galm H *CM* 4948, gálm GLPRUDF1 96,35 — *ds* galme H *M*, galmę *C* 1072
echo GLPRUDF1

GALPON *v-II prahlen* ◊ *to boast*
• *2simp* galpo H *C*, galbo *M* 1561

gálscipe[#] → GÊLSKEPI

GIGAMALOD *adj (pcpt) betagt* ◊ *aged*
• *ns* gigamalod H *CM* 481 (gigamolod *C*). *C* 72

GAMAN *nt-a Fröhlichkeit, Unterhaltung, Belustigung* ◊ *jollity, entertainment, amusement*
• *ns* gaman H *CM* 2741 — *ds* gamne H *C* 5294 — *as* gaman H *CM* 2749. 2762 (gamen *M*)
• GENB *as* gamen 675

GAMANLĪK *adj lächerlich* ◊ *ridiculous* → GAMLĪK
• *ns* gamanlih[+] GLSPET 85,19‖
ridiculus GLSPET

GAMBRA *f-ō Abgabe* ◊ *tax*
• *as/p* gambra H *CMS* 355

GAMLĪK (GAMANLĪK?) *adj freudvoll* ◊ *joyful*
• *asm* gamlican GEN 111

gan°? → JEHAN

GĀN *anv hineinkommen* ◊ *to come in* — in te gande *beim Antritt* ◊ *on entering* — in sethal ~ *untergehen (Sonne)* ◊ *to set (sun)*
• *inf* gan GLPRUDF1[(+)] 91,25 — *inf/pcps d* gande REGFREK *M* 42,13,15,16,18,19,20 — *3sips* gd [= ged?] GLMERS 70,7
• *gehen* ◊ *to go* GENB *inf* gan 839
ingredi GLMERS obire (in sethal ~) GLPRUDF1[(+)]

BIGĀN *anv begehen, feiern* ◊ *to celebrate*
• *3sips* beged BEDA 15
memoria habere (BEDA)

FULLGĀN *anv befolgen* ◊ *to follow*
• *inf* fulgan H *M* 1473

GANG *m-a Gang, Lauf, Weg, Wegerecht* ◊ *walk, way, course, way-leave*
• *ns* gang H *M* 2477. 4285 — *ds* gange H *C* 555 (ganga *M*, gonge *S*). 2562 — *as* gang GEN 111 PSGERN 10,20 [15,15] — *gp* gango CONFES 17,3 — *ap* gongas PSWIT 84,14
• *mlat as* gangum TRADCORB 7/230. 72/287. 76/291 — *abls* gango TRADCORB 15/236
gressus (PSGERN) PSWIT

FARGANG *m-a Hingang, Tod* ◊ *decease, death*
• *ns* forgang H *CM* 735 — *as* forgang H *CM* 2805

GANGAN *v-7 (+ d refl) gehen, laufen, kommen, eintreten (Mondphase), anstreben* ◊ *to go, walk, come, move, aim at* — te sedle ~ *untergehen (Sonne)* ◊ *to set (sun)*
o³¹⁴ *inf* gangan PSGERN 10,2 [14,21] GEN 248. 271. 293 H *LCM*; gangan (-n<-m) *M* 2939, gangen 2691. 2745. 2780. 2864. 2898. 4769, gongan *S* 503. 516. 542. 579 — *1sips* gangu CONFES 17,21 H *CM* 4819 — *3sips* gangid H *M* 2480, gongid PSWIT 84,14, gengit GEN 178, gen[gid] GLGREG 64,19 — *2pips* gangat H *C* 5965 — *3pips* gangad GLEVELT 47,11 H *M*, gangat *C* 1979. 2598. *C* 2480 — *2sops* gangas H *M*, ganges *C* 2122 — *3sops* ganga GEN 38 H *M* 3869 (gangan° *C*). 3913 (gange *C*) — *2simp* gang BENW 17 H *C* 5570. 5584, gan 3893 (gang *M*) — *2pimp* gangat H *CL* 5864 — *pcps* gangandi H *C* 5962 — *1sipt* geng H *CM* 4425 — *3sipt* geng GEN 80. 165. 273 H *CMS*; geng (<gengun) *M* 5150, géng GLLECT, gieng H *C* 102. 107. 198. 231. 477. 536. 1061. 1075. 1127. 1150.
3734. 4020 — *3pipt* gengun GEN 280. 299. 307 H *VCM*; gengun (-n<-am) *C* 669, (e<o, 2.g<n) 5501, gengon 2960, gængun (e<a?, u *ras*) 4738 — *3popt* gengin H *M*, giengin *C* 1181
• GENB *3sipt* gien 626 (°?) — *1sopt* genge 834
ambulare GLEVELT PSWIT ingredi GLGREG introire (gangan an) PSGERN

AGANGAN *v-7 vergehen, enden* ◊ *to elapse, finish*
• *pcpt* agangan H *CM* 239. *C* 47

ANGANGAN *v-7 eintreten in, sich zuwenden* ◊ *to enter, undertake*
• *3sipt* anageing GLEVES 51,28 — *3pipt* anagengun GLEVES 52,33/34
aggredi, inire GLEVES

BIGANGAN *v-7 begehen, verehren, feiern, sorgen für* ◊ *to celebrate, honour, care for*
• *inf* bigangan H *CM* 4162 — *pcpt* begangan BEDA 8. 9 — *pcpt npm* begangana BEDA 6
(in memoria) habere (BEDA)

FARGANGAN *v-7 vorübergehen, (+ a) überwuchern, vorgehen, sich richten nach* ◊ *to pass, (+ a) to overgrow, proceed, conform to*
• *3popt* fargengin H *M* 3839 — *pcpt* forgangan H *M* 2364. 2411, fargangan *C* 5765

FULLGANGAN *v-7 + d, + instr (?) dienen, sorgen für, (be)folgen* ◊ *to serve, take care of, follow*
• *inf* fulgangan H *CM* 112. 1689. 1726. 3277. 4552. *C* 1473 — *2pips* fulgangad H *M* 4644 — *2pops* fulgangen H *C* 4644 — *2pimp* fulgangad H *M*, fulgangat *C* 3151 — *3sipt* fulgeng H *M*, fullgieng *C* 449 — *2pipt* fulgengun H *CM* 4397 — *3pipt* fulgengun H *CM* 696 (*S*). 1358. *M* 3906 — *3sopt* fulgengi H *C* 5617
• *ertragen* ◊ *to undergo* GENB *inf* fulgangan 782

GIGANGAN *v-7 (vonstatten) gehen, + d jmdm zustehen* ◊ *to go off, + d to be entitled to sb* — up ~ *aufgehen, keimen* ◊ *to come up, sprout*
• *inf* gigangan H *CM* 1481 (gegangan *M*). 4779 (gigangen *M*) — *3sipt* gigeng H *CM* 2408. *M* 2401 — *pcpt* gegangan H *C* 5795

OVARGANGAN *v-7 übersteigen* ◊ *to exceed*
• *pcpt npf* ouerg(ang)[ane] PsPAD 37,5
supergredi PsPAD

TIGANGAN *v-7 zergehen, vergehen* ◊ *to go, pass away*
• *inf* tegangan H *C*, tegangen *M* 4456 — *3sips* tigangid H *M*, tegengit *C* 1646 — *pcpt* tigangan H *C*, tegangen *M* 2687

THURHGANGAN *v-7 (+ d refl) bis ans Ende gehen, beharrlich bleiben* ◊ *to go all the way (on), persist*
• *inf* thurugangan H *C* 1792 — *3sips* thurhgengid H *M*, thurugengit *C* 1788. *C* 3488

THURHGIGANGAN *v-7 bis ans Ende gehen* ◊ *to go all the way (on)*
• *inf* thurh gigangan H *M* 1792

UNDARGANGAN *v-7 dazwischenkommen* ◊ *to interfere*
• *3sops* untergengi[+] GlSmih 496
intercedere GlSmih

ŪTGANGAN *v-7 sich entfalten* ◊ *to unfold*
• *pcps* uzghangendi[+] GlPb2 I,298,12
repandere GlPb2

BIGANGANDILĪK *adj feierlich begangen* ◊ *celebrated*
• *apf* bégángándélícvn GlPrudF1 104,20
celeber GlPrudF1

GANGERN[#] *(nt-a) abgeschlossener Raum* ◊ *locked room*
• GlWerdC *ns* gangren[#] 363
praeclavium (conclavium?) GlWerdC

gár[#] → GÊR
gára → GARU
garao → GARWO
garauua → GARWA
garawinde → GARNWINDA
garba- mlat → GARVA

GARD[1] *m-a Garten, p Haus, Ort, Wohnsitz, Erdkreis, Erde* ◊ *garden, p house, (dwelling) place, dwelling, world*
• *ns* gard H *CM* 3135 — *dp* gardon H *CM* 1696, gardun *M*, gardon *C* 1769. 3332. 3378. 3776 — *ap* gardos H *CM* 577 (*S*). 4020. 4496. 4538 Gen 271
• *Hürde* ◊ *fold* GlWerda *np* gaerdas[#] 336
• GenB *ap* geardas[#] 511. 740
cratis GlWerda

GARD[2] *(m-a) Treibstecken, Gerte* ◊ *goad, switch*
• *ns* gart GlHard IV,266,45 GlVergOx 110,40
virgea (supellex) GlVergOx stimulus GlHard

GARDARI *m-ja Gärtner* ◊ *gardener*
• *ns* gardari H *C* 5927

GARDO *m-n Garten* ◊ *garden*
• *ds* gardon H *C* 5795

GARDSANG *m-a Reigenlied* ◊ *round-dancing with singing*
• *ns* gartsanc GlTrSem II,118
arcuum carmen (quod mulieres circuiendo in modum arcus solent celebrare) GlTrSem

garewe → GARWA

GARNWINDA *f(-ō) Garnwinde* ◊ *reel*
• *ns* garnwinda GlTrSem XVI,4, garawinde GlMarf III,718,31
testadulus GlMarf GlTrSem

garo(o) → GARWO
gart → GARD[2]
gartsanc → GARDSANG

GARU *adj-wa/wō bereit, vorbereitet, verfügbar, vollbracht ◊ ready, prepared, available, achieved* — ~ is + *d pers* + mid *jmd ist bekleidet mit ◊ sb is dressed in*
    o⁵³ *ns* garu, garo H *CM*, gáro *V* 1344, gárv GLPRUDF1 100,23 — *gsnt* garouues H *M*, garoes *C* 2844 — *asnt* garu, garo H *CM* — *npm* garouua H *M*, garoa *C*, garæ *S* 675 — *apf* gára GLPRUDF1 104,21
  • *vollkommen ◊ perfect* GENB *ns* gearo[#] 435 — *asm* geárone[#] 455
paratus, partus (parere) GLPRUDF1

GIGARU (?) *adj-wa/wō bereitstehend ◊ ready*
  • *apf* (gi[gar])úuua GLPRUDF1 99,38
fixus GLPRUDF1

  garutun⁺, garuuuian → **GARWIAN, GERWIAN**

GARVA *f-n Garbe ◊ sheaf*
  • *ns* garua (*1*.a<e) GLTRSEM X,106 — *gp* garuano REGFREK *K* 24,26. *M* 24,15
  • *mlat as* garbam URBWERDA 18,19 — *gp* garbarum REGHERF 51 REGHERZr 18
merges GLTRSEM

GARULĪKO *adv gänzlich ◊ entirely*
  • garolico H *C* 5962

GARWA *f-ō/n Schafgarbe ◊ yarrow*
  • *ns* garauua GLTR40 V,42,13 GLTRSEM XI,7. XVIII,20, garewe GLMARF III,719,23
millefolium GLMARF GLTR40 GLTRSEM

GARWI *nt-ja Kleidung ◊ clothing* — *cf* GEARWE[#]
  • *ds* gareuuea H *M* 1857

GIGARWI, GIGERWI *nt-ja Kleidung, Amtskleidung ◊ clothing, official dress*
  • *ns* gigaruuui GLSPET 86,13 — *ds* gigereuue H *C* 1857 — *as* gigeruui H *C* 1662 (gegaruuui *M*). 1685 (gegariuui *M*)
trabea, vestis GLSPET

GARWIAN, GERWIAN *v-I bereit machen, (vor)bereiten, kleiden ◊ to provide, prepare, make ready, dress* — *cf* GEARWIAN[#]
  • *inf* garuuuian H *M*, geruuean (2.e *add*) *C* 595, gereuuian GEN 293, giriuuan H *C* 3450 — *3sipt* geriuuide H *M*, geruuida *C* 776 — *3pipt* geriuuidun H *C*, gereuuidun *M* 4549, garutun⁺ HILD 5 — *3sopt* gereuuedi GEN 246 — *3popt* gereuuidin H *M*, geridin *C* 4248 — *pcpt* gegariuuit H *M*, gigeruuit *C* 1680, gigareuuid *M*, gigeriuuid *C* 4421. 4451 (2.g<r *M*), gigereuuid *C* 2534. *M* 4393 (gigeruuid *C*) GEN 299, gigerugid PSLUB 111,7
  • GENB *inf* gyrwan[#] 442 — *inf d* gyrwanne[#] 281 — *pcpt* gegired[#] 620
parare PSLUB

GIGARWIAN *v-I vorbereiten ◊ to prepare* — *cf* GEGEARWIAN[#]
  • *inf d* gigaruuuenne H *M*, gigeriuuanne *C* 4541

GARWO *adv gänzlich, völlig, gewiss, genau ◊ fully, completely, thoroughly, exactly*
  • garoo H *C* 620 (garo *M*) GEN 56, garao H *C* 206 (garo *M*), garo *CM* 825. 2968. 3544. 3866. 4177. 4185
  • GENB gearwe[#] 695, geare[#] 583

gasapa → GISOP(P)A
gasluome⁺? → GASTLŌMI

GAST *m-i Gast, Fremdling ◊ guest, stranger*
  • *ns* gást GLPRUDF1 104,30, gast GLPRUDF1⁺ 90,23 — *np* gesti H *CM* 2060 — *gp* gestio H *C*, gesteo *M* 2045 — *dp* gestion H *C* 2021 (gestiun *M*). 2749 (gastiun *M*) — *ap* gasti CONFES 16,28
hospes GLPRUDF1 GLPRUDF1⁺

gast → **GÊST**

GASTALDIO *mlat Gastalde ◊ gastald*
  • *ns* castaldio DIPL 998

GASTHŪS *nt-a Herberge ◊ lodging*
  • *ns* gasthus GLTRSEM VI,132
diversorium GLTRSEM

gastlōmi

GASTLŌMI *adj-ja/jō gastfreundlich* ◊ *hospitable*
• *np* gasluome⁺? GLSPET 79,11
hospitalis GLSPET

GASTSELI *m-i Halle, Festsaal* ◊ *(banqueting) hall, guest-hall*
• *ds* gastselie H *C*, gestseli *M* 711. 3338. *C* 5310, gastseli *CM* 2780, gastseli *M*, gestseli *C* 2002. 2762, gestseli GEN 248. 280 — *as* gastseli H *CM* 679 (gastseli *C*, gestseli *S*). 1899. 2733. 2737

GAT *nt-a Loch (Nadelöhr)* ◊ *hole (eye of a needle)*
• *as* gat H *CM* 3300

GĀVA *f(-ō) Gabe* ◊ *gift*
• *ns* gaue GLHARD IV,278,20
datio GLHARD

gaugeleda⁺ → GÔKLON
gauuaragean → GIWARGIAN
gđ GLMERS 70,7 → GĀN
ge → IO, JĀ, THŪ
ge- → GI-
gean → JEHAN

GÊARA#/GEĀRA# *adv in früherer Zeit* ◊ *in former times* — *cf* JĀR
• GENB géara# 410

geardas# → GARD¹
geare# → GARWO
gearo# → GARU

GEARWE# *f-wō p Kleidung, Insignien* ◊ *clothing, trappings* — *cf* GARWI
• GENB *dp* gearwan# 657

gearwe# → GARWO

GEARWIAN# *v-II bereiten* ◊ *to prepare* — *cf* GARWIAN, GERWIAN
• GENB *pcpt* gegarwod# (a>ea) 431

GEGEARWIAN# *v-II vollbringen* ◊ *to achieve* — *cf* GIGARWIAN

-geginian

• GENB *inf* gegeárwigean# 458

geb → EF¹
geba → GEVA
(-)geban, (-)geben →(-)GEVAN²
gebenke° → GILENKI
gebeodan → GIBIODAN
gebetan# → GIBŌTIAN
gebill[a] → GIVILLIA
gebita⁺ → GEVITA
gebogean → GEVON
gebreke → GIBRĀKI
gebula → GIVUL
gebunnen → BINDAN
gebyrdo# → GIBURD

GÊD *(nt-wa) Mangel* ◊ *lack*
• GENB *ns* gǽd# 236

ged- → JED-
gedǣlan# → GIDÊLIAN
gederun → IODAR

GEDILÔSI *f-ī Zügellosigkeit* ◊ *lack of restraint*
• *ns* getilosi⁺ GLSPET 85,3/4 ‖
luxuria, luxus GLSPET

gefruao⁺? → GIFRŌIAN
gefylled# → FULLIAN
gegariuui, gegaruuui → GIGARWI, GIGERWI
gegarwod# → GEARWIAN#
gegerugid → GARWIAN, GERWIAN

ANGEGIN *praep + d, + a, adv auf/hin ... zu, entgegen, zu, gegenüber, wiederum* ◊ *towards, to, against, again*
○⁸⁴ angegin H *CLM* GEN 69, angegin (*1.n add*) H *C* 2580, angegen H *M* 346 GEN 34, angein GLEVES 50,33, engagine GLSMIH 534c, engagen GLEPIST I,764,21, ingagan^{bfk} I,761,31
• GENB ongéan# 264, ongean# 615
ad GLEPIST contrarius GLEVES ob- (obtendere ~ vuirpan) GLSMIH secundum GLEPIST

ANDGEGINIAN *v-I begegnen* ◊ *to meet*
• *3pipt* angeindun PSWIT 84,11
obviare PSWIT

GEGINWARD *adj von Angesicht zu Angesicht (stehend), gegenüber (befindlich), anwesend, verfügbar* ◊ *(being) faced, face to face, present, available*
• *ns* geginuuard H *CM*, geginuuarđ *V* 1287. *C* 5615, geginuuerd 2534 — *asm* geginuuardan H *CM* 1057 — *asf* geginuuarde H *M* 258 — *npm* geginuuarde H *M*, genginuuarda *C* 4301 — *dpm* geginuuardun H *M*, geginuuardon *C* 3297

GEGINWARDI *f-ī Gegenwart, Gegenwärtigsein, Blickfeld* ◊ *presence, focus*
• *ds* geginuuardi H *C* 258 PsLub 115,18, geinuuardi 115,15 GlEvEs 53,6
conspectus PsLub medium GlEvEs

gegired[#] → **GARWIAN, GERWIAN**

TI**GEGNES** *adv entgegen, gegenüber, (zur Antwort) darauf, bereit* ◊ *towards, opposite, in reply, ready*
o[68] tegegnes H *CM* Gen 176, 206, 239, 273, tegegnas H *L* 5841, tegegnes (te *add*) *C* 5192, tigegnes 914 Gen 165, tigene H *S* 395. 562

TŌ**GEGNES** *adv entgegen, vor* ◊ *towards, before*
• GenB togenes[#] (1.e<a) 238

GEGNUNGO *adv gewiss, offensichtlich, eindeutig, unmittelbar* ◊ *certainly, evidently, plainly, directly*
• gegnungo H *CM* 188. 213. 3937. 4656. 4969. *C* 5332. 5685. 5946
• GenB gegnunga 672. 683

gegrund → **GIKRUND**
gehæft-[#] → **HEFTIAN**
gehǽled[#] → **HÊLIAN**
gehan → **JEHAN**
gehate[#] → **GIHÊT**[3]
gehebida[+] → **GIHEVITHA**
gehieder[+] → **GIHĪWIAN**
gehlǽdene[#] → **HLADAN**
gehuati°, gehwam[#], gehuuane → **GIHWÊ, GIHWAT**
gehuuethar → **IOHWETHAR**

gehwilc[#] → **GIHWILĪK**
gehyge[#] → **GIHUGGIAN**
gehýran → **GIHÔRIAN**
geihuuethar → **IOHWETHAR**
geinuuardi → **GEGINWARDI**
geisla[+] → **GÊSLA**
geiste[+?] → **GÊST**
geizeherd[e+] → **GÊTHIRDI**
gec → **JAK**

GÊL[1] *adj ausgelassen, unbesonnen* ◊ *boisterous, thoughtless*
• *asf* gela H *CM* 2745 — *gpm* gelaro H *M*, gelero *C* 2896

GÊL[2] *(nt-a) Leichtsinn, Überheblichkeit* ◊ *foolishness, arrogance*
• GenB *ns* gál[#] 327

gelæsteð[#] → **GILÊSTIAN**
gelan → **GELU**
gélasúht → **GELUSUHT**
gela(ui) → **GELWI**

GELD *nt-a Bezahlung, Lohn, Opfer, Kult, Geldbuße* ◊ *payment, reward, sacrifice, worship, fine* — godes ~ *Gottesdienst* ◊ *divine service*
o[40] *ns* gelt GlTrSem VI,56, glet[°?] GlSPet 83,21 — *gs* geldes H *CM* 1696 — *ds* gelde H *CM* 1543. 3308 — *as* geld H *CMS* Gen 162. 246 — *dp* geldon AbrK 7. 8
multa GlSPet caerimonia (godes ~) GlTrSem

GELDAN *v-3 zahlen, lohnen, (+ fan) entrichten (für), abliefern* ◊ *to pay for, render*
• *inf* geldan H *C*, gelden *M* 355 (-en> -an *M*, geldan *S*). 3190. 3219. 3811. 5189, geldan RegFrek *M* 28,22. 31,12. 35,37. 37,33. 38,26. 40,29, ieldan 36,1 — *1sips* gildu PsLub 115,14,18 — *3sips* gildid H *CM* 1634 (gildi*d C*). 1926 (gildit *C*). 2644, geldid RegFrek *M* 39,9, geldet RegEs 21,10, giltit[+] GlEvEs 51,16 — *2pips* geldad H *M*, geldat *C* 1937 — *3pips* geldad RegFrek *K* 31,35.

geldan

M 28,23,25. 31,14. 38,29, geldid 40,7 — *3pipt* guldun H *CM* 3604
• *vergelten* ◊ *to repay* GENB *inf* gyldan# 413
reddere PSLUB solvere GLEVES

AGELDAN *v-3 entgelten* ◊ *to repay*
• *inf* ageldan H *C* 5332

ANDGELDAN *v-3 (+ a) entgelten, bezahlen (für), büßen* ◊ *to pay for, repay, expiate* → UNDGELDAN
• *inf* antgelden H *M*, angeldan *C* 1531. 4418. *C* 5527 — *3sips* indgildit+? GLPRUDF1+ 91,12 — *2sops* angeldas GLEVELT 47,11/12 — *1pips* angeld(ad) GLEVES 58,20 — *3pops (inf?)* antgeldan GEN 199 — *pcpt* antgoldan GEN 326
• GENB *inf* ongyldan# 295
luere GLEVELT GLPRUDF1+ recipere GLEVES reddere GLEVELT

FARGELDAN *v-3 (aus)zahlen, bezahlen, kaufen* ◊ *to pay (off), buy*
• *inf* forgeldan H *C*, fargelden *M* 2834. 3205. *C* 3443, fargéldan GLEVES 51,32 — *3pops* fargelden H *M* 3191 — *3sopt* forguldi H *C* 3425. 3429 — *3popt* forguldin H *C* 3191 — *pcpt* fargoldan (*1.*a<o) H *C* 3460
• *heimzahlen* ◊ *to requite* GENB *pcpt* forgolden 756
exsolvere GLEVES

UNDGELDAN *v-3 entgelten* ◊ *to pay for* → ANDGELDAN
• *inf* ungeldan GLVERGOX 114,30
expendere, solvere GLVERGOX

ANDGELDIAN *v-1 bestrafen, entgelten lassen* ◊ *to punish, make pay*
• *3sips* angeldid GLEVES 60,15 — *pcpt* angeldid GLEVES 60,4
punire GLEVES

geleafan# → GILÔVO
geleanian# → GILÔNON
gelenuaro, geleuare → GELUFARU

gelp

GÊLHERT *adj unbesonnen, unverschämt* ◊ *thoughtless, impudent*
• *ns* gelhert H *CM* 221. *C* 5572

geli → GELWI

AGÊLIAN *v-1 übermütig werden* ◊ *to become arrogant*
• *3sops* ergeile+ GLSPET 78,12
insolescere GLSPET

geliko → GÂHLĪKO

GELLAN *v-3 Laut geben* ◊ *to give tongue, bark*
• *3sips* gillit GLPB1 I,334,12
muttire GLPB1

GELLIT *m/nt-a Gefäß für Wein* ◊ *wine-vessel*
• *ns* gellit GLTRSEM VIII,27
galeola GLTRSEM

GELLITA *f-ō/n Gefäß für Wein* ◊ *wine-vessel*
• *ns* gel(z)e+о? GLMARF III,718,10
galeola GLMARF

GELLON *v-II Laut geben* ◊ *to bark*
• *3sips* gellot GLSPET 74,11
muttire GLSPET

GÊLMÔD *adj überheblich* ◊ *arrogant*
• *npm* gelmode H *M*, gelmuoda *C* 3928

GÊLMÔDIG *adj hochmütig* ◊ *haughty*
• *gpm* gelmodigaro H *M*, gelmuodigero (di *add*) *C* 4948

gelo → GELU

GELP *nt-a Hohn, Spott, Anmaßung, Prahlerei, Pomp* ◊ *scorn, derision, presumption, boasting, pomp*
• *gs* gelpes H *C* 3955 — *as* gelp H *CM* 1084 (gilp *C*). 3928. 5052 — *instr* gelpu H *C* 5566. 5591 — *dp* gelpon ABRK 7

gelpquidi   **ger-**

GELPQUIDI *m-i vermessenes Reden* ◊ *presumptuous speech*
- *ap* gelpquidi H *CM* 2896 (gilpquidi *C*). *C* 3468

GELPWORD *nt-a vermessenes Reden* ◊ *presumptuous speech*
- GENB *as* gylpword[#] 264

GÊLSKEPI *m-i Überheblichkeit* ◊ *arrogance*
- GENB *ds* gálscipe[#] 341

gelt → **GELD**

GELU *adj-wa/wō gelb, goldglänzend, safranfarben* ◊ *yellow, shining like gold, saffron*
- *ns* gelo GLPB1 I,625,18 (*subst?*) — *nsm* gelouuo H *C* 1877 — *asm* gelan GLSPET 76,11 ‖
- GLWERDC *ns* gaelo[#] *fol.* 5v

(aurugo) GLPB1 coccinus GLSPET [crocus, brat]tealis GLWERDC

GELUFARU *adj-wa/wō gelbfarben, goldgelb* ◊ *yellow-coloured, golden yellow*
- *ns* gelenuaro GLTRSEM II,34, geleuare GLMARF III,717,36

auricolor GLTRSEM (aurugo) GLMARF

geluhttin → **GILIUHTI**

GELUSUHT *f-i Gelbsucht* ◊ *jaundice*
- *ns* gélasúht GLPRUDF1 100,38

morbus regius GLPRUDF1

geluteron[+] → **GIHLŪTRON**

GELWI *f-ī Gelbheit, Blässe* ◊ *yellowness, pallor*
- *ns* geli GLPB1 I,625,17/18, gela(ui) (-in?) GLPRUDF1[+] 90,34

aurugo GLPB1 luteus, rubicundus, croceus color GLPRUDF1[+]

gelyfe[#] → **GILÔVIAN**
gel(z)e[+o?] → **GELLITA**
gemælde[#] → **GIMAHLIAN**
gemartytod[o?] → **MARTIRON**

gemearcod → **MARKON**
gemíetit[+] → **MÊDIAN**
gemmer → **IOMÊR**
gendra → **JENDRO**
geneatas[#] → **GINÔT**
genesta[°] → **KESTINA**

GENGAN[#] *v-I gewechselt werden (Worte)* ◊ *to pass (words)*
- GENB *3pipt* gengdon[#] 767

TŌGENGAN[#] *v-I auseinandergehen* ◊ *to go seperately*
- GENB *3pipt* togengdon[#*] 841

GIGENGI *nt-ja (wiederkehrende) Dienstpflicht* ◊ *(recurrent) duty*
- *ns* gigengi H *CM* 88. 191
- GENB *ns* gegenge 743

genginuuarda → **GEGINWARD**

BIGENGITHA *f-ō Lehre, Lehrmeinung* ◊ *doctrine, teachings*
- *ns* bígéngítha GLPRUDF1 91,5 — *gs* bígéngithu GLPRUDF1 96,12, bígéngíthú GLPRUDF44 105,6

secta GLPRUDF1 GLPRUDF44

genosscaᴸp:[+] → **GINÔZSKAF**[+]
genouuer → **JENOVAR**
genoz → **GINUZ**
genuftsamidu → **GINUHTSAMITHA**
geoffenon[+] → **GIOPANON**
geofian[#] → **GEVON**
géonger- → **JUNGAR-**
geongor- → **JUNGAR-**
geongra[#] → **JUNGRO**
georn(-)[#] → **GERN(-)**
geotan → **GIOTAN**
gepafethi[+] → **GIPAPITHI**

GÊR *m-a Speer, Wurfspieß* ◊ *spear, javelin*
- *gs* geres H *CM* 3088 — *instr* geru HILD 37
- GENB *as* gár[#] 316 (*stechende Kälte?* ◊ *piercing cold?*)

ger(-) → **JĀR(-)**

gereuuian

gereuuian → GARWIAN, GERWIAN

GERAG *adj begierig, verlangend* ◊ *eager, longing*
- *ns* gerag GLEVES 59,8. 60,26
cupidus (desiderare) GLEVES

GERDARI *m-ja Sichelmesser* ◊ *billhook*
- *ns* gerdari GLTRSEM IV,42
biduvium GLTRSEM

GERDIA *f-n Rute, Strahl* ◊ *switch, ray*
- *np* gerdiun GLVERGOX 114,1, gérdivn GLPRUDF1 96,36
radius GLVERGOX vimen GLPRUDF1

GERDĪN *adj aus Ruten geflochten* ◊ *made of rods*
- *ns* gerdin GLPRUDF1 99,6
sparteus, virgosus GLPRUDF1

GÊRFIUND *m-nd Todfeind* ◊ *deadly enemy*
- *ns* gerfiund H *CM* 1064

GÊRHETI *m-i Todfeindschaft* ◊ *deadly hatred*
- *as* gerheti H *CM* 4897

geridin, geriuuide → GARWIAN, GERWIAN
gerizot[+] → WRITTON

GERN *adj (+ g) begierig nach, eifrig bedacht auf, verlangend* ◊ *greedy, eager, keen for, desirous of*
- *ns* gern H *CM* 92. 550 (*S*). 4560. 4628. 5060. *C* 3987 — *npm* gerna H *C* 1921 (gerne *M*). 5527 — *comp nsf* gernora H *M*, gernera *C* 3902
- *+ d* GENB *ns* georn[#] 581

gernean → GIRNIAN

GERNIHÊD *m/f(-u) Streben* ◊ *efforts*
- *ns* iernihed GLMERS 71,9/10
devotio GLMERS

GERNLĪKO *adv eifrig* ◊ *zealously*
- GENB geornlice[#] 585

gêsla

GERNO *adv gerne, (bereit)willig, freiwillig, freudig, eifrig, sorgfältig, treu* ◊ *readily, gladly, eagerly, willingly, voluntarily, carefully, devoutly*
  o[103] gerno CONFES 17,24 H *VCM* GEN 166. 245; H *M* 3037 (e<o), georno[#] *C* 112
- *genau* ◊ *exactly* GENB georne[#] 238. 287. 397. 489. 517. 575. 606. 679. 782

GERON *v-II (+ g) etw begehren, in Kampfbegierde geraten, bedacht sein auf* ◊ *to desire sth, become eager for fight, be concerned about*
- *2pimp* gerot H *CM* 1687 — *3sipt* geroda GLEVES 48,27/28, gerode GLVERGOX 114,22 — *3pipt* gerodun GLEVES 51,38 — *3sopt* gerodi GLEVELT 46,12 H *C* 2774
ardescere GLVERGOX

GERSTA *f-n Gerste* ◊ *barley*
  o[122] *ns* gersta GLTRSEM VIII,92 — *gs* gerston REGES 21,4,14 REGFREK KM, gerstan *M* 33,10. 34,10, greston 35,22, gerston (e<ee) 35,36
hordeum GLTRSEM

gerstin → GIRSTĪN

GIGERWI → GIGARWI, GIGERWI
GERWIAN → GARWIAN, GERWIAN

gesæled[#] → SÊLIAN
gesælig-[#] → GISĀLIG(-)
geseon[#] → GISEHAN
gesidi → GISĪTHI[2]
gescafene[+] → SKEPPIAN[1]
gesceaft[#] → GISKAFT
gesceapene[+] → SKEPPIAN[1]
gesceapu[#] → GISKAPU
geskon → JESKON
gesscod → JESKŌD

GÊSLA *f-ō/n Geißel* ◊ *scourge*
- *ns* geisla[+] GLMARF III,716,58 GLSPET 87,22 ‖
scutica GLMARF GLSPET

gesnia → GISNID
gespæc[#] → GISPREKAN
gespon → GISPAN
gespong → GISPANG
gesponne → GISPANN

GÊST *m-a Seele, Herz, Lebenskraft, Geist, Dämon ◊ soul, vitality, spirit, demon* — helag(o) ~ *Heiliger Geist ◊ Holy Ghost*
o[67] *ns* gest H *PCM* CONFPAL 362,4 GEN 50. 145 — *gs* gestes H *CM* 325. 2791 (gæstas *C*). *C* 50 — *ds* geste CONFPAL 362,7 H *M* 5969, geiste[+?] PSLUB 110G — *as* gest H *PCM* ABRK 16 CONFPAL 362,3, gast ABRPAL 18. 19 — *np* gestos H *CM* 1039 (gestas *C*). 3075. 3833 — *gp* gesto H *CM* 2422 — *ap* gestos H *CM* 1865
spiritus PSLUB

gestinas° → GIRSTĬN

GÊSTLĪK *adj geisterfüllt ◊ spiritual*
• *ns* gestlic H *CM*, géstlic *V* 1323

GÊSTLĪKO *adv im geistliche Sinn ◊ spiritually*
• gestlico GLEVES 49,28/29

gestseli → GASTSELI
gestýran[#] → GISTIURIAN
gesweorc[#] → GISWERK

GÊT *(f-cons/-i) Geiß ◊ she-goat*
• *ns* get GLVERGOX 112,23
capra GLVERGOX

get → JÊTH
get- → JED-

ANDGETAN *v-5 begreifen ◊ to understand*
• GENB *3pipt* ongéaton[#] 334

BIGETAN *v-5 ergreifen ◊ to seize*
• *inf* bigetan H *C*, bigeten *M* 4847

FARGETAN *stv 5 vergessen ◊ to forget*
• *3pipt* fargatun H *M*, forgaton *C* 3603 — *3sopt* forgati H *CM* 242

• GENB *3sopt* forgeate[#] 849

getar[+?] → [GIDURRAN]

GÊTFUGAL *m-a Amsel ◊ blackbird*
• *n(p?)* getfugla GLTRSEM XXI,28 (× amsla?)
merula GLTRSEM

GÊTHIRDI *m-ja Ziegenhirt ◊ goatherd*
• *ns* geizeherd[e+] GLMARF IV,177,19
caprarius GLMARF

getilosi[+] → GEDILÔSI
getrywð[#] → GITRIUWIAN
geth → JÊTH
geþeaht[#] → GITHÂHT
gethegenh& → GITHIGANHÊD
geþénod[#] → THEGNON
getheono → GITHIONON
gethes- → IOWIHTES-
geþingþo → GITHINGITHA
gethraton → GITRAHTON
gethuehodi → GITWEHON

GEVA *f-ō Gabe, Geschenk, Gnadengabe ◊ gift (of God's grace), present*
• *gs* geba H *C*, geba *M* 628 (geƀa *C*). 1450, gebo (*gp?*) 4397 (geba *C*) — *ds* gebu H *M* 555 (geƀu *C*, geuu *S*). 3082 (gibu *C*) — *as* geba H *C*, geba *M* 2769. 2858 (geƀa *C*). 3769 (*ap?*) (geƀa *C*), geƀa[+] HILD 37 — *np* geƀa H *C*, geba *M* 3776, geƀa *C* 3483 — *gp* gebono H *M*, giðono *C* 1543, g(e)u[ono] PSGERN 4,10 [12,8] — *dp* gebun H *M* 669 (geƀon *C*). 1561 (geƀan *C*). 4434 (b<p? *M*, gebon *C*) — *ap* geƀa H *M*, gifa *C* 654, geba *M* 673 (geƀa *C*). 1197 (giba *C*)
• *Gunst ◊ favour* GENB *as/p* gife[#] 413. 693
charisma (PSGERN)

GEVAL *(m-a) Schädel, Hirnschale ◊ skull, cranium*
• *ns* kebal[+] GLHARD IV,271,1
calvaria GLHARD

GEVAN[1] *m/nt-a Meer ◊ sea*
• *gs* gebanes H *C*, gebenes *M* 2936. 4315

GEVAN² v-5 *geben, abliefern, hingeben, (eine Frau) verheiraten* ◊ to give, deliver, lay down, give (a woman) in marriage
  o¹⁰⁹ *inf* geban H *CM*, geben *M*, geƀan, geƀan *C*; giƀan *C* 1471, giuan REGFREK *M* 41,6, given CONFPAL 363,29 — *inf d* gebanne H *M*; *C* 1794. 2834, geƀanne 3739. 5152 — *1sips* gibu H *M*, gibu, giƀu *C*; gibu *C* 4482 HILD 35⁺ — *2sips* gibis H *C* 3438 — *3sips* gibid H *M*, giƀiđ PSLUB 28,11 PSWIT 84,13, gibit 84,13, giƀit H *C* 1746. 3508. 4711, giƀiđ 1670, gibit 4416, giued REGFREK *M* 43,14 — *2pips* gebad H *M*, gebat *C* 3830 — *1sops* gebe H *C*, gebe *M* 4609 (geƀe *C*). 4761 — *3sops* gebe H *C* 5363 — *2pops* geban H *M* 1553 — *2simp* gef H *M* 1607 (gib *C*) PSLUB 110,10R, geb PSWIT 84,8 — *2pimp* gebad H *M* 2830 (geƀat *C*). giƀat *C* 1553 — *1sipt* gaf CONFES 16,26,28, 17,6 — *3sipt* gaf H *CM*, gap⁺ HILD 34 — *3pipt* gabun H *M*, gebun *C* 1227 — *3sopt* gaƀi H *M*; gaƀi *C* 2775, gaƀi 3415, gaui 4490. 5223 GEN 278, gefi BEDA 4 — *3popt* gauin H *M*, gaƀin *C* 5184 — *pcpt* gigeuaⁿ PSGERN 5,5/7 [12,15/16], gegeben H *L*, gigeban *C* 5856, iegiuan BEDA 6
  • GENB *inf* gifan# 671 — *1sips* gife# 619. 679
dare (PSGERN) PSLUB PSWIT donare (BEDA) PSLUB

AGEVAN *stv* 5 *übergeben, ausliefern, hingeben, zurückgeben, verlassen* ◊ to hand over, deliver, render, give back, lay down, leave
  • *inf* ageƀan H *C* 470 (ageban *M*). 577 (ageuan *S*). 3350 (ageben *M*), ageƀan 740. 4756 (ageben *M*). 4775. 5145 (a-geban *M*), ageban 4496 (ageben *M*). *M* 1471 — *inf d* ageƀanne H *M* 5152 — *3sips* agiƀid H *C*, agiƀit *V*, agiƀid *M* 1330 — *3sops* ageƀe H *C*, ageƀe *M* 2148. *C* 2618 — *3sipt* agaf H *C* 5426 — *3pipt* agabun H *CM* 5133 (agaƀun *C*). 5214. *C* 5305 — *pcpt* ageƀan H *C* 771, ageƀan 5487, ageban 4006

AFGEVAN v-5 *aufgeben, verlassen* ◊ to give up, leave
  • *inf* afgeban H *M* 577. 4775 — *3sops* afgebe H *M* 2618 — *3sipt* afgaf H *CM* 4622 — *pcpt* afgeuen H *M* 771

FARGEVAN v-5 *geben, schenken, übergeben, darbringen, gewähren, verleihen, vergeben* ◊ to give, grant, bestow, present, forgive
  o⁹³ *inf* fargeban GEN 209. 236, forgeban, forgeƀan, fargeban H *C*, forgeben, fargeben, forgeuan *M*; fargeban *M* 1466. 1623. *C* 4521 GEN 211, forgeban *M* 452. 457. *C* 2323 — *inf d* fargiƀanne (far- *ras*) H *C*, fargebanne *M* 2328 — *1sips* fargibu H *CM* 3072 — *2sips* forgiƀis H *C*, fargibis *M* 2111 — *3sips* fargiƀid H *M*; forgiƀit *C* 1846. 3503, forgiƀit 1766, fargiƀit 4038, fargibit 4117, forgiuiđ PSLUB 115,12 — *3sops* forgeƀe H *C*, fargebe *M* 1965 — *1sipt* forgaf H *C*, fargaf *M* 3253 — *3sipt* forgaf, fargaf H *CM*; forgaƀ *C* 1404. 2783, fargab *M* 1404. 1840. 2277. 2280 — *2pipt* fargabun H *C* 4410 (fargábun *M*), forgabun 4413 (fargabun *M*) — *3sopt* fargaƀi H *C* 5408, fargaui 5352 — *pcpt* forgeƀan, forgeƀan, forgeban, fargeƀan H *C*, fargeben, fargeban, forgeben *M*; fargeban *V* 1305. (<fargeuan) 1345, fargeƀen 1323, f(o)rgefen GLMERS 69,11 — *pcpt asnt* fargebana H *C*, forgebana *M* 908
  • GENB *3sips* forgifð# 662 — *3sipt* forgeaf# 250. 526. 642. 749. 844 — *1sopt* forgeafe# 410
concedere GLMERS retribuere PSLUB

FULLGEVAN v-5 *darbringen* ◊ to present
  • *inf* folgeƀan H *C* 452

UMBIBIGEVAN v-5 *umgeben* ◊ to surround
  • *3pipt* [u]mbibigeuun PSLUB 114,3
circumdare PSLUB

GEVITA *f-ō Schüssel* ◊ dish
  • *ns* geuita GLTRSEM V,25, gebita⁺ GLSPET 78,29‖ — *as mlat* geuetham (?)

gevita   **gi-**

URBWERDE 193,19 — *ap* geuete
URBWERDE 190,29
capita GLTRSEM catinus, paropsis GLSPET

GEVON *v-II* + *(d pers)* schenken, Gaben bringen, jmdn beschenken ◊ *to give, make donations, bestow on sb*
 • *inf* gebon H *CM* 1689 (geƀon *C*). 2065. 3762 (geƀon *C*), geƀoian *C*, gebogean *M* 1545 — *1sips* geuon GLTRSEM XI,9
 • GENB *inf* geofian[#] (eo>y) 546
munificare GLTRSEM

  geuuaigi → GIWÊGI
  gewarf → GIHWERVAN
  geweald[#] → GIWALD
  geuued- → GIWĀDI
  gewege → GIWĀGI
  gewelue → GIHWELVI
  geuuerdo- → GIWERTHON
  geuuirikean → GIWIRKIAN
  geuuirthot → GIWERTHON
  geuunodun → GIWONON
  gewonohed → GIWONAHÊD
  gewurðan[#] → GIWERTHAN
  gewyrcean[#] → GIWIRKIAN
  gezieron[+] → GIZIAREN[+]
  gezíukháftún[+] → GITIUGHAFT
  gfusti° → **FŌSTRON/FŌSTRIAN** (?)
  ghoch[+] → GÔK
  ghronspeht → **GRŌNSPEHT**
  gi → **JĀ, IO, THŪ**

GE[#]-: -BYRGAN[#], -CLEOPA[#], -FĒRA[#], -GEARWIAN[#], -SEDLA[#], -STÆLAN[#], -SWÆPE[#], -ÞAFA[#], -TRYMMAN[#]
GI-: **-AHTON, -ARMON** (?)**, -BADA, -BAKKI** (?)**, -BĀRI, -BĀRIAN, -BĀRION, -BĀRITHA, -BARON, -BED, -BEDDIO, -BELDIAN, -BELG, -BEND, -BENKIO, -BERAN, -BERG, -BERGAN, -BĪDAN, -BIDDIAN, -BINDAN, -BIODAN, -BIRGI, -BITTRIAN, -BLĀSAN, -BOD, -BODSKEPI, -BÔGIANDILĪK, -BÔKNIAN, -BÔSI**[1]**, -BÔSI**[2]**, -BŌTIAN, -BRĀDAN, -BRAK, -BRĀKI, -BRĀKON, -BRĒDIAN, -BRENGIAN, -BREUWAN, -BRŌTHAR, -BUND,** -BUNDIL, -BUNDILA, **-BUNDILĪN, -BŪR, -BURD,** -BUR-IAN, **-BURILĪK, -BŪRITHA, -DĀD,** -DAGO, -DÊLI, -DÊLIAN, -DŌMIAN, -DŌN, -DÔPIAN, -DRAGAN, -DRINKAN, -DROG, -DRŌVITHA, -DURRAN, -DWERG, -DWING, **-EGGIAN, -ÊKNON, -ENDION, -ÊNON, -ÊRON, -FAGARITHA,** -FAGON, **-FĀHAN,** -FARAN, **-FASTNON,** -FATHMON, -FERIAN, **-FESTIAN, -FILDI, -FLĪHAN, -FLIOHAN, -FŌGITHA, -FŌLIAN, -FŌRI, -FŌRIAN, -FORMON, -FŌRSAMON, -FRĀGI,** -[FR]AMON, **-FREGNAN, -FREMMIAN, -FRÊSON,** -FRŌIAN, **-FRŌVRIAN, -FRUMMIAN, -FULLÊSTIAN, -FULLIAN, -FULLON, -FURTHRIAN, -GADO, -GAMALOD, -GANGAN, -GARU** (?)**, -GARWI, -GARWIAN, -GENGI, -GERWI, -GIRNIAN, -GÔMIAN, -GÔT (O** ?)**, -GRŌTIAN, -GRUNDIAN, -HALDAN, -HALON, -HĀVID, -HĀVIDLĪKO,** -HAVON, **-HAUWAN, -HEBBIAN**[1]**, -HEFTIAN, -HÊLAGON, -HÊLIAN, -HELPAN,** -HENGITHA, **-HÊROD,** -HÊT[3]**, -HÊTAN,** -HEVITHA, **-HĪWIAN, -HĪWON,** -HLĪTH, **-HLUNN,** -HLŪTRON, **-HNÊGIAN, -HNĪGAN, -HÔNIAN, -HÔRIAN, -HÔRIG, -HÔRITHA, -HRŌRIAN, -HUGD, -HUGDIGON, -HUGGIAN, -HUNGRIAN, -HWĒ, -HWELVI, -HWERVAN, -HWERVIAN, -HWILĪK, -KIOSAN, -KOSTON, -KRUND, -KUNNON,** -KUST, **-KŪTHIAN, -QUETHAN, -LAG, -LANG, -LAVON,** -LÊDIAN, **-LENDI, -LENKI, -LESAN, -LÊSTI, -LÊSTIAN, -LETTIAN, -LIGGIAN, -LĪK, -LĪKNESSI, -LĪKO,** -LINDIZZEN[+]**, -LIUHTI, -LIUHTIAN,** -LIUVIAN, **-LÔFSAM,** -LOKKOD, **-LÔNON, -LÔVIAN, -LÔVO, -LÔVON**[1]**, -LUMPLĪK, -LUST, -LUSTIAN, -MAHLIAN, -MAHLON, -MAHT, -MAKO, -MAKON, -MANG, -MANON, -MĀRITHA,** -MARKITHA, **-MARKON, -MÊD, -MÊDIAN, -MÊDLĪK, -MEHLIDA, -MELTIAN,** -MÊN, **-MÊNI, -MÊNIAN,** -MÊNITHA, **-MÊNTHA, -MÊNTHO, -MERITHA, -MET, -MĪTHAN, -MŌDI, -MUNDI, -MUNDLING, -MŪTHI, -NĀTHA, -NĀTHERI, -NĀTHIG, -NĀTHON, -NERIAN, -NESAN, -NIMAN, -NIODON, -NIST, -NÔDIAN, -NÔDO, -NŌG, -NŌGI, -NÔT,** -NÔZSKAF[+]**, -NUHTSAMITHA, -ÔD, -ÔGIAN, -OPANON, -OTAN, -PAPITHI, -PAPPI, -RĀDAN, -RĀDI, -REHT, -REKON,** -RETHION, **-RĪF, -RIG, -RIHTIAN, -RINNAN, -RĪSAN, -RIUMI, -RÔVI,** -RŪMO, **-RŪNI,** -RUNNITHA, -RUNZON[+], -SAGÊN[+],

-SĀLIG, -SĀLIGLĬK, -SAMNI, -SAMNON, -SAMWORDON, -SEGGIAN, -SEHAN, -SELLIAN, -SELLIO, -SETITHA, -SETTIAN, -SIDLI, -SIDON, -SIHITHA, -SIHT, -SIHTIGLĬKO, -SĪTH, -SĪTHI¹, -SĪTHI², -SĪTHSKEPI, -SITTIAN, -SIUN, -SIUNI, -SKAFT, -SKAPU, -SKÊD, -SKENDIAN, -SKEPPIAN^L, -SKERIAN, -SKERPIAN, -SKÊTH, -SKĬNAN, -SKŌHI, -SKRIFT (?), -SKRĪVAN, -SKUDDIAN, -SKULDIAN, -SLAHAN, -SLĀPO, -SMELTI, -SMĪTHI, -SNID, -SŌKIAN, -SŌNIAN, -SOP-(P)A, -SPAN, -SPANAN, -SPANG, -SPANN, -SPANST, -SPIL, -SPRĀKI, -SPRĀKNI, -SPREKAN, -SPRING, -SPROT, -STĀN, -STANDAN, -STERVAN, -STIFTIAN, -STĪGAN, -STILLIAN, -STILLON, -STIURIAN, -STRĪDI, -STRIUNI, -STRUDIAN, -SUND, -SUNDIGON, -SUNDION, -SUNFADAR (Ū ?), -SUSTRITHI, -SUSTRUHONI, -SWĀS, -SWĀSHÊD, -SWĀSSKARA, -SWEMMIA, -SWERIAN, -SWERK, -SWERKAN, -SWESTAR, -SWĪKAN, -SWILON, -TAL¹, -TAL², -TALA, -TĀMUNGA, -TAUWA, -TELD, -TELLIAN, -TEMAN, -TENGI, -TĬD (?), -TĬDI, -TĪDO, -TIMBRI, -TIOHAN, -TIUG, -TIUGHAFT, -TIUNIAN, -TÔGIAN, -TRAHTON, -TRAUWIAN, -TREUWODI, -TRIUWI, -TRIUWIAN, -TRÔST, -TRÔSTIAN, -TRŪON, -TWEHON, -TWĬFLIAN, -TWINILO, -TWISO, -THĀHT, -THĀHTI, -THANK, -THANKO, -THENKIAN, -THIGANHÊD, -THIGGIAN, -THIGNI, -THĪHAN, -THINGI¹, -THINGI², -THINGIAN, -THINGITHA, -THINGON, -THIONON, -THIOVON, -THIUDO, -THOLON, -THRING, -THRINGAN, -THRÔON, -THULD, -THUNGAN, -THURHNOHTON, -THWING, -THWINGAN, -UNNAN, -UNSTILLIAN, -WĀD, -WĀDI, -WĀGI, -WAHSAN, -WALD, -WALDAN, -WALDIG, -WALDON, -WAND, -WĀPNI, -WĀPNITHI, -WAR, -WARDON, -WĀRFESTIAN, -WARGIAN, -WĀRI, -WARITHA, -WĀRON¹, -WEGAN, -WÊGI, -WELDIG, -WENDIAN, -WENNIAN, -WERDON, -WERK¹, -WERKI, -WERKON, -WERNIAN, -WERON, -WERR, -WERRAN, -WERSON, -WERTHAN, -WERTHON, -WIGGI, -WĪHIAN, -WIHTI, -WĪKAN, -WILLION¹, -WINN, -WINNAN, -WIRKI, -WIRKIAN, -WIRTHIG, -WĪSIAN, -WĪSO, -WĪSON, -WISSO, -WĪTAN², -WĪTNON, -WITO, -WITSKEPI, -WITT, -WITTIG, -WONAHÊD, -WONO¹, -WONO², -WONON, -WRETHIAN, -WRING, -WRĪTAN, -WUND, -WUNST, -WURHT, -ZIAREN[+], -ZUMFT[+] ALDAR-LAGU, ALLO-LĬKO, ANA-BORAN, ANA-RAKIL, AN-DŌN, AN-[FALDAN], AN-NIMAN, BEDDI-STROUWI, BEDDI-WĀDI, BRIOST-THĀHT, BUDIN-TAU, BURG-SETU, DIOP-THĀHT, Ê-TURIL, ERTHLĬF-SKAPU, ETHILI-BURD, FOLK-STALLO, HAND-SKAFT, HAND-WERK, HARM-WRÔHT, HARMWURHT, HELLI-THWING, HELM-TRÔSTIO, HERI-SELLIO, HERI-TIUG, HÔH-SETU, HÔH-TĬD, HÔH-TIMBRI, HOLT-WELDITHI, HRÊUWĀDI, HŪS-NÔT, IDU-LŌNON, IN-BŪRO, IN-SNIDI, IO-HWĚ, IO-HWELĬK, IO-HWETHAR, MÊN-THĀHT, MÊN-WERK, MÊN-WITO, METOD(O)-SKAPU, METODI-SKAFT, MŌD-THĀHT, OVAR-LINDON, REGIN(O)-SKAPU, SPIL-NÔT, TISAMNE-FŌGUNGA, TISAMNERENNIAN, TISAMNE-RINNAN, TWIWĀGI, UN-FŌGITHA, UN-FŌRI, UN-HANDO, UN-HORSAM, UN-LĬK, UN-LĬKO, UN-LÔVIG, UN-LÔVO, UN-MAK¹, UN-MAK², UN-MAKLĬK, UN-MĀLOD, UN-MÊDON, UN-MET, UN-ŌVID, UN-RĀWID, UN-RĪMENDI, UN-SLIHTID, UN-STRĀLID, UN-SWIKAN, UN-TUMFT, UN-WAR, UN-WIDERI, UN-WITTIG, ŪT-HALON, ŪT-LÊDIAN, WÊK-THĀHT, WĪF-GARWIDI, WĪG-GERWI, WINDING-SKŌHI, WĪN-BŪR, WINTAR-TAL, WORD-MERKI, WURD-SKAPU

gia → JĀ
[g]iagi → GIÔGIAN
giac → JAK
giamar(-) → JĀMAR(-)
giaromod → ARMON
(-)giban → (-)GEVAN²
gibeizdan[+] → BÊTIAN
gibeodan → GIBIODAN
gibidig → GIVITHIG
gibilla[+] → GIVILLIA
giboht → BUGGIAN
gibraechi[+?] → GIBRĀKI
gibreidest[+?] → GIBRÊDIAN
gibrexi → GIBRĀKI
gibroder, gibruo*d*er, gibruotron, gibruother → GIBRŌTHAR
gibu → GEVA

gibunt   **-ginnan**

gibunt → GIBUND
gidruabida⁺ → GIDRŌVITHA
gidruog → GIDROG
giduncot⁺ → THUNKON
gie → JĂ
giefrumida → FRUMMIAN
gieftid → HEFTIAN
giekkian → GIEGGIAN
gieman# → GÔMIAN

GIEN# *adv noch ◊ still*
• GENB gien# 413

gierod → GIHÊROD
gesscod → JESKŌD
giet# → JÊTH
gi&un → GIHÊTAN
gif → EF²
gif# → EF¹
gifa, gife# → GEVA
gifadimanne⁺⁷ → GIFATHMON
gifan# → GEVAN²
gifithos° → GISĪTH
gifliahas → GIFLIOHAN
gifran → GIFREGNAN

GĪFRE# *adj-ja/jō gefräßig ◊ greedy*
• GENB *asf* gifre# 793

gifrimid → FRUMMIAN
gifruofrean → GIFRŌVRIAN
gifuolian → GIFŌLIAN
gifuori → GIFŌRI
gifuriuidemo → FURVIAN
gigaruuui, gigereuue → GIGARWI, GIGERWI
gigeriuuanne → GIGARWIAN
gigernean → GIGIRNIAN
gigozena⁺ → GIOTAN
gihafdade → HÔFDON
giharian → GIHÔRIAN
gihelion → GIHÊLAGON
gihielie → GIHÊLIAN
gihrinid → HRÊNIAN
gihuahsan → WAHSAN
gihuddigon → GIHUGDIGON
gihúeit⁽⁺⁾ → GIWĪTAN²
gihuerebian, gihueribida → GIHWERVIAN
gihufti, gihuhti → GIHUGD

gihuie → GIHWÊ, GIHWAT
gihuoroban → HWERVAN
gihuuahsana → WAHSAN
[g]ihuu[ihiu] → GIWĪHIAN
gihuuitscepia → GIWITSKEPI
gikele → JIKILLIA (JIKILLIO ?)
giqueden → GIQUETHAN
gicys[t]# → GIKUST
giledicnodien⁺ → LETHIGNON
gileitos⁺ → GILÊDIAN
gilenti⁺ → GILENDI
gilob- → GILÔV-
gilonot° → LĪNON
gilooht → LOHON
gilp(-) → GELP(-)
giltit⁺ → GELDAN
gimágóda → MAKON
gimarakot → MARKON
gimath → GIMAHT
gimeinun⁺ → GIMÊN
gimenitha → GIMÊNTHA
gimez⁺ → GIMET
gimong → GIMANG
gimuodi → GIMŌDI
gímúsídvn → MUSSIAN
ginaeg-, ginegindun → GIHNÊGIAN
gingran# → JUNGRO
giniedon → GINIODON
ginisson → GINESAN

ANDGINNAN# *v-3 + inf beginnen ◊ to begin*
• GENB *3sips* ongynneð# 298 — *2pimp* onginnað# 408 — *3sipt* angan 442, ongann# 716, ongan# 262. 293. 589. 591. 649. 705, óngán# 259, ongon# 495 — *3sopt* ongunne# 275

BIGINNAN *v-3 + vptps, (+ d refl) (+ a rei/inf/g rei) (etw) beginnen, anfangen (mit) ◊ to begin, commence*
  o¹⁰³ *3sips* biginnit H *C*, biginnid, beginnid *M*; biginnid *C* 3233 — *3pips* beginnad H *M* 3233, biginnat *C* 3485. 5760 — *3sops* biginne H *C* 227 (biginna *M*). 1481 (beginna *M*) — *1sipt* bigonsta CONFES 16,6 — *3sipt* bigan, began H *CM*, bigann *C*, bigunn° *(?)* 2710, bĭgăn *(neum) M* 312, bigonsta *(stil)* GLGREG 65,20 — *3pipt* bigunnun GEN 124 H

-ginnan

CM, bigunnon *C* 687— *3sopt* bigunni H *CM* 2416. 3412. 5240 (begunni *M*)
capere (GLGREG)

ginođe → GINĀTHA

GINON *v-II gähnen, den Rachen aufsperren* ◊ *to yawn, to open one's yaws*
• *inf* ginon GEN 3 — *pcps dsm* gínánthémo GLPRUDF1 95,14/15
pcps divisibilis, hiulcus GLPRUDF1

ginuog(-) → GINŌG(-)
ginuuuar → JENOVAR

GINUZ *(nt-a) Frauengemach, Spinnstube* ◊ *women's apartments, spinning room*
• *ns* ginuz GLTRSEM VIII,59, genoz GLADM718 78,18
gynaeceum GLADM718 GLTRSEM

gio → IO
giongorscipe# → JUNGARSKEPI
giongrum# → JUNGRO
giophonon+? → GIOPANON
giordun → GIHŌRIAN

GIOTAN *v-2 vergießen, pcpt metallen* ◊ *to pour out, pcpt metal*
• *inf* giotan H *C*, geotan *M* 4641 — *pcpt apf* gigozena+ GLTRSEM XV,45
pcpt ductilis GLTRSEM

BI**GIOTAN** *v-2 begießen, (sich) volllaufen lassen* ◊ *to sprinkle, swill (oneself)*
• *3sipt* begót GLPRUDF1 94,19, big(a)t GLVERGOX XIV, bigoz+ GLSPET 86,2‖
proluere GLVERGOX GLPRUDF1 GLSPET
profundere GLSPET

FAR**GIOTAN** *v-2 vergießen* ◊ *to shed*
• *3sips* [fer]g[iutid] PSGERN 9,7 [14,16]
fundere (PSGERN)

NITHAR**GIOTAN** *v-2 verschütten* ◊ *to spill*
• *1sipt* nithargot CONFES 16,15

giouuiht → IOWIHT

gisean

gipitteren+ → GIBITTRIAN

GĪR *(m-a) Geier* ◊ *vulture*
• *ns* gír GLTRSEM XXI,5
vultur GLTRSEM

girauuit → RA(H)IAN
girec → GRĒK

GIRITHA *f-ō Begierde* ◊ *desire*
• *ns* giritha GLSPET 73,11, gir(i)tha·˙ GLSMIH 18
appetitus GLSPET motus GLSMIH

GIRNIAN *v-I + g begehren* ◊ *to desire*
• *inf* girnean H *M*, gernean *C* 1481

GI**GIRNIAN** *v-I + g erlangen* ◊ *to attain*
• *inf* gigernean H *C*, gigirnan *M* 148

girod°? → HRŌRIAN
girophti → GRŌFT
girorid → HRŌRIAN
giroriđ → GIHRŌRIAN

GIRSTĪN *adj gersten, aus Gerste (gebacken/bestehend)* ◊ *(made/consisting) of barley*
o116 *gsnt* gerstinas REGFREK *KM*, gestinas° *K* 25,30, gerstinas (e<ee) *M* 30,19, (ge-<gere-?) 41,25 — *n/asnt* gerstin REGFREK *KM* — *apnt* girstin H *M*, gerstin *C* 2844 — *n/apnt* gerstina REGFREK *KM*, gerstena *K* 24,19,27. *M* 24,8,16

girumi → GIRIUMI
giruuan → GARWIAN, GERWIAN
gisahan°? → GISEHAN

GĪSAL *m-a Geisel, Bürge* ◊ *hostage, guarantor*
• *ns* gisl GLLAM 67,8, gisal GLSPET 84,34‖, gisel GLMARF IV,178,42 — *ds* gisle GLMAGD — *ap* gíslos GLPRUDF1 101,20, gislas GLMAGD
obses GLLAM GLMAGD GLMARF GLPRUDF1 GLSPET vas GLMAGD

gisean → GISEHAN

gisenit° → SÊRIAN
giseon → GISIUN
gisid → GISĪTH
gisidea → GISĪTHI¹
gisidscipie, gisihtscepi → GISĪTHSKEPI
gisioni → GISIUNI
gisceht → GISKÊTH
giscuttiandies⁺ʔ → GISKUDDIAN
gisl → GĪSAL
gislittidero → SLIHTIAN
gismelcit⁺ → SMELTIAN
gisomuuord*on* → GISAMWORDON
gispaltan⁺ → SPALDAN
gíspándan → SPENNIAN
gistertanne° → GISTRUDIAN
gisupop° →GESWǢPE#
gisuttrithi°ʔ → GISUSTRITHI
git → THŪ
gitagde → GITÔGIAN
gitan⁺ → DŌN
gitiuht° → GITIUG
gitoigid → TÔGIAN
gitraugian → GITRAUWIAN
gitroian → GITRŪON
gituedodi° → GITWEHON
gituniohht⁺ → TUNIKON
githa° → GISĪTHI²
githalos → GITHOLON
githate, githatt → GITHĀHT
githíauodi → GITHIOVON
githienon → GITHIONON
githicni → GITHIGNI
githologean, githoloian → GITHOLON
githuungan → GITHUNGAN
giu → JU, THŪ
giua → JŪWA
(-)giuan →(-)GEVAN²
giudeo → JUDEO
given → GEVAN²
giuet → GIWĬTAN²

GIVILLIA *f-jō Schädel, Haupt* ◊ *skull, head*
• *ns* giuillia GLPRUDF1 96,2, gibilla⁺ GLSPET 76,30‖ — *as* gebill[a] GLPRUDF1 104,14
calvaria GLSPET testa, vertex GLPRUDF1

giuisa → GIWĪSO

GIVITHIG *adj gegeben, gewährt, verhängt* ◊ *given, granted, imposed*
• *ns* gibidig H *CM* 3378. *M* 80 (gibithig *C*). 195 (gibidi *C*). 3586 (gibidig *C*). 4268 (gibithig *C*), gibidig *V*, gibiđig *C* 1348

giungarduom → JUNGARDŌM
giungaro, giungerun → JUNGRO
giuua:d → GIWAND
giuuaraht- → WIRKIAN, GIWIRKIAN
giuuarki → GIWERKI
giuuarogian → GIWARGIAN
giuuarta → WIRKIAN
giuuerdan, giuuerden → GIWERTHAN
giuuerekot → WERKON, GIWERKON
giuuerkean → GIWIRKIAN
gívvéruíd → HWERVIAN
giuueshlot → WEHSLON
giuuiht° → GIWITT
giuuihton → GIWITO
giuuicge → GIWIGGI
giuuichiter° → WÊKIAN
giuuilic → GIHWILĪK
giuuirthan → GIWERTHAN
giuuith, giuuizze⁺ → GIWITT

GIVUL *adj wohlhabend* ◊ *prosperous*
• *npm* gebula H *C* 1221

giuuno → GIWONO²
giuuorrid → WURRIAN
giuurihti, giuuuruhte → GIWURHT
gizámun⁺ → GITEMAN
gizamunga⁺ → GITĀMUNGA
gizauua⁺ → GITAUWA
gizelt⁺ → GITELD
gizitor⁺ → GITĪDO
gizuinelo⁺ → GITWINILO

GLADLĪK *adj strahlend* ◊ *bright*
• GENB *ns* glædlic# 615

GLADMŌD *adj frohgestimmt* ◊ *cheerful*
• *nsm* gladmod H *M*, gladmuod *C* 2737
— *npm* gladmuoda H *C* 2007

GLADMŌDI *adj-ja/jō frohgestimmt* ◊ *cheerful*
• *npm* gladmodie H *M* 2007

glædlic   **gnodor**

glædlic[#] → GLADLĪK
glaffa° → GAFLIA

GLĀR, GLAR *(m-a) Gummi* ◊ *gum*
- *ns* gler[#?] GLK211 I,319,21
gummi GLK211

GLAS *nt-a Glas* ◊ *glass*
- *ns* glas GLTRSEM V,86, gles GLSTR 107,22 — *ds* glasa GLPRUDF1 104,10 — *np* glásu GLPRUDF1 104,7
cyaneum GLTRSEM hyalus GLPRUDF1 muscus (gimusida ~) GLPRUDF1 vitrum GLPRUDF1 GLSTR

GLASAG *adj bläulich* ◊ *bluish*
- *ns* glasag GLVERGOX 109,17 ABÄG 125
glaucus GLVERGOX

GLASFARU *adj-wa/wō grünblau* ◊ *greenish-blue*
- *nsm* glasfaruer[+] GLTRSEM V,87
cyaneus GLTRSEM

GLAU *adj-wa/wō weise, klug, umsichtig, vernünftig, einsichtsvoll* ◊ *wise, prudent, clever, reasonable, clear-sighted*
- *ns* glau H *C* 1759. 2465. *C* 5716 — *nsm* glauuo H *M* 1877 — *asm* glauuuon GLSTR 107,2, glauuan H *CM* 1877 — *asnt* glau H *CM* 930 — *npm* glauuua GLEVES 49,4 H *CM* 442. 542 (glauuue *S*). 623. 654 (glauue *M*). 809 (glauuua *M*). 1234 (glauue *M*) — *gpm* glauuaro H *C*, glauuuoro *M* 1587
ingeniosus GLSTR prudens GLEVES

GLAUWI *f-ī Schläue* ◊ *cunning*
- *ds* glauui GLSPET 84,29
versutia GLSPET

BIGLĒDIAN *v-1 herabstürzen lassen* ◊ *to cause to fall down*
- *3sipt* bigledda GLPRUDF1 93,12
labefacere GLPRUDF1

gler[#?] → **GLĀR, GLAR**

gles → **GLAS**

GLESĪN *adj gläsern* ◊ *vitreous*
- *apm* glesinę GLSPET 87,10 ‖
lucidus, vitreus GLSPET

glet°[?] → **GELD**

GLĪDAN *v-1 gleiten* ◊ *to glide*
- *inf* glidan GLPRUDF1 99,9
labi GLPRUDF1

TIGLĪDAN *v-1 auseinanderbrechen* ◊ *to break apart*
- *inf* teglidan H *C*, tegliden *M* 4456 — *3sips* teglidid *M*, teglidit *C* 4285

GLĪMO *m-n Schimmer* ◊ *gleam*
- *ns* glimo H *CM* 3145

GLĪTAN *v-1 gleißen, glänzen* ◊ *to shine*
- *pcps* glitandi H *M*, glitendi *C* 3145 — *pcps dp* glizendien[+] GLPB2 I, 297,25
nitere GLPB2

glodion° → **BLÔTH, BLÔTHI**[1]

GLŌDPANNA *f-ō/n Kohlenbecken* ◊ *coal pan*
- *ns* glŏtpanna GLTRSEM I,43
arula GLTRSEM

GLOGGA *f(-n) Glocke* ◊ *bell*
- *ns* glogga GLSPET 81,10
campana GLSPET

GLŌIAN *v-1 glühen* ◊ *to be red-hot*
- *pcps asm* gloianden GLVERGOX 114,36
candere GLVERGOX

glŏtpanna → **GLŌDPANNA**
glotuuelo°[?] → **GOLDWELO**

UMBIGNAGAN *v-6 abnagen* ◊ *to gnaw*
- *1sips* umbenagu[+] GLTRSEM XII,10
obedere GLTRSEM

gnodor → **GINÔDO**

GNORNON *v-II wehklagen* ◊ *to lament* →
GORNON, GORNON
- *3pipt* gnornodun H *C* 5515
- GENB *pcps np* gnorngende# 841 — *3sipt* gnornode 770

GNORNWORD *nt-a Wehklage* ◊ *lamentation*
— *cf* **GORNWORD**
- GENB *np* gnornword 767#*

GÔ *nt-ja Gau* ◊ *(country) district*
- *ns* gô^{bfk} GLPRUDBR II,573,46

pagus GLPRUDBR

gobod° → GI**BOD**

GOD *m-a Gott, Gottheit* ◊ *god, Lord, divinity* — godes gelt *Gottesdienst* ◊ *divine service*
o^{1041} *ns* god CONFPAL GLEPIST I,789,58 GEN H *VCMS* PSGERN PSLUB PSWIT, got HILD 49 H *C* 4779, guod 994 (got *P*). 2340. 4038 — *gs* godes ABRPAL 16 BEDA 10. 15 CONFES CONFPAL GLEVES 56,17. 59,28 GLTRSEM VI,56 H *CMS* GEN 248 PSGERN 10,5 [14,24] PSLUB 28,1, godes (s<r) H *M* 4496, godas ABRK 13 CONFES GLEVES 61,21 GEN H *PLVC*, gódes GLEVES 50,19, guodes H *C*, gotes$^{+?}$ ABRPAL 17 — *ds* gode CONFPAL 363,28 GEN H *CMS*, goda *VCM* CONFES GEN GLEVELT 47,1 GLEVES 49,4, god[e] PSGERN 7,1 [13,14] — *as* god H *CM* ABRK 11 GEN, got ABRPAL 14. 15 CONFPAL 362,1 — *gp* gódo GLPRUDF1 98,20 — *ap* go[da] GLPRUDF1 97,23
o^{61} GENB *ns* god, gód 270. 283 — *gs* godes — *ds* gode, góde 277

deus GLEPIST GLEVES GLPRUDF1 (PSGERN) PSLUB PSWIT dominus GLEVELT GLEVES caerimonia (godes gelt) GLTRSEM

GŌD^1 *adj gut, gütig, redlich, gnädig, großzügig, ruhmreich, vortrefflich, glänzend, herrlich* ◊ *good, kind, honest, gracious, generous, glorious, excellent, splendid, marvellous* → **BETARA, BETST**

^{303}o *adj-a/ō* — *ns* god H *M* PSLUB 110,10, gŏd (*neum*) H *M* 310, guod GEN 170 H *C*, god 313. 3209 — *gsm/nt* godes H *CM*, guodes *C* — *dsm/nt* godumu H *M*, guodon *C* 2821. 3248, godum *M* 4190, guodan *C* 5930, guoden GLEVES 53,9 — *dsf* godaro H *C* 5927. *M* 4451 (guodera *C*) — *asm* godan, goden H *M*, guodan *C* GEN 110. 145, godene H *M* 4775, goten$^+$ HILD 47 — *asnt* god H *M*, guod *C* GEN 189, gód (*n/a*) REGFREK *M* 40,33. 41,13,15 — *asf* goda H *M*, guoda *C* 1195. 2904 — *instr* godu H *M*, guodu *C* 4211 — *npm* gode H *M* 1266 (guoda *C*). 5979, guoda GEN 116 — *npf* goda H *M*, guoda *C* 2489 — *gp* godaro, godoro, godero H *M*, guodaro, guodoro, guodero *C*, guodara 612. 1149, guodera 4789, godaro 3475, guodaro GEN 208, godere CONFPAL 363,29 — *dpm* godun H *M*, guodon *C* — *apm* gode H *M*, guoda *C* GEN 196 — *ap(?)nt* god H *M*, guod *C* 2285 — *n/apnt* goda REGFREK *M* 41,4,11

adj-n — *nsm* godo H *CM*, guodo GEN 64 H *C*, guoduo 3635, guode (e>o) 5897, goda *S* 357, guoda GEN 174. 217. 227 — *gsm* godon H *M*, guodon *C* 901, gŏdon (*neum*) *M*, guoden *C* 363. *C* 5726, goden *M* 5086 — *gsf* gŏdun (*neum*) H *M*, guodun *C* 361 — *dsm/nt* godun, godan, godon H *M*, guodon, guoden *C*, godun *S* 558 — *dsf* guodun H *C*, godan *S* 493 (godun *M*). 706 (godan *M*) — *asm* godan H *M*, guodan *C* 463 (guodon *C*). 2615. 3359 (a<u *M*, guodon *C*). *C* 4736. 4775, godon *M* 3263 — *asnt* gode H *M*, guoda *C* 4393. *C* 25 — *npm* godun H *M*, guodun *C* 2590 — *npnt* godun H *M* 458 (guoden *C*). 2976 (guodon *C*) — *dpm/nt* godun H *M*, guodon *C* — *apm* godun, godon, godan H *M*, guodun, guodan *C* — *apnt* guodun H *C* 1934 (godun *M*). 3783 (godan *M*). 5893

- GENB *nsm* gód 657, góda 302. 678. 850 — *nsf* gode 612 — *gsnt* gódes 620 — *dsnt* gódan 410 — *asm* godne 779, godan 817

bonus PSLUB iustus GLEVES

GŌD² *nt-a Gutes, Rechtschaffenheit, Gut, Besitz, Vermögen* ◊ *good, righteousness, goods, possession, wealth*
  o⁵⁷ *gs* godes H M, guodes C; gódes M 4410, godas GEN 191, guodas 263. 278. 284 — *ds* guode GLEPIST I,787,24 — *as* god H M, guod C 1348 (gúod V). 3408, g(o)t (*p?*) LEO — *instr* godu H M, guodu C 1937. 3497. C 3460. 3488 — *gp* godo H M, guodo C 1344 (gódo V). 1689 (godu M). 4256 (guoda C)
  • GENB *gs* gódes 458. 465, godes 480 — *ds* góde 291 — *gp* góda 546
iustitia GLEPIST

GODA *f(-n) Taufpatin* ◊ *godmother*
  • *ns* gode GLMARF III,715,30
commater GLMARF

godar° → [GIDURRAN]
godeuuebbi → **GODOWEBB**

GODFORHT *adj gottesfürchtig* ◊ *godfearing*
  • *apm* godforotha GEN 221

GODHÊD *f(-u) göttliches Wesen, göttliche Natur* ◊ *divinity, divine nature*
  • *ns* godthin° (= godhid) CONFPAL 362,4/5 — *ds* godhit CONFPAL 362,11

GŌDI *f-ī Güte, Vortrefflichkeit, Rechtschaffenheit* ◊ *goodness, excellence, honesty*
  • *ns* guodi GLEVES 49,14 — *ds* godi H M, guodi C 786. 3037 (gode M), guodo GEN 229 (°< guode?/**GŌDIA** *f-jō?*) — *as* godi H CM 4521 (guodi C). C 3263
virtus GLEVES

GODKUND *adj von Gott stammend, göttlich* ◊ *divine*
  • *ns* godcund H CM 195 — *gsnt* godcundeas H C, godcundes M 188 — *dsnt* gotrhuncemo° (*abbr,* = gotchundemo⁺) GLPB2 I,296,49
deus (*gs*) GLPB2

GODKUNDI *f-ī Göttlichkeit* ◊ *divinity*
  • *ds* godcundi H CM 2679 — *as* godcundi H CM 3120 (godkundi M). 5275

GODKUNNIGLĪK *adj göttlich* ◊ *divine*
  • *ns* gódcvnniklic GLPRUDF1 102,38
ambrosius, divinus GLPRUDF1

GŌDLĪK *adj verehrungswürdig, vortrefflich, herrlich, prachtvoll* ◊ *praiseworthy, excellent, glorious, magnificent*
  • *ns* godlic H CM 865. 3135. 4283 (guodlic C). M 4295 (guodlico C, *adv?*) — *nsnt* gŏdlika BEDA 12 — *nsf* guodlica PSGERN 5,8 [12,17] — *asm* godlican H M, guodlicon C 336, gv́odlicon GLPRUDF1 104,1 — *asnt* godlic H M, guodlic C 1101. 4541 — *comp nsm* godlicora H M, guodlicoro C 4275 — *sup asnt* guodlicost H C 5741
  • GENB *apm* godlice 740 — *comp asm* godlecran# 281
gloriosus (PSGERN) (missarum solemnitas) (BEDA) superbus GLPRUDF1

GŌDLĪKI *f-ī Lobpreis* ◊ *glory*
  • *ns* godliki PSLUB 110G. 111,3 — *as* PSLUB 28,2,9, godlik(i) [-(e)?] 28,2
gloria PSLUB

GŌDLĪKNISSI *f-ī Herrlichkeit* ◊ *glory*
  • *ns* guodlicnissi H C 2085

GŌDLĪKNISSIA *f-jō Herrlichkeit* ◊ *glory*
  • *ns* godlicnissea H M 2085

GODOBEDD *nt-ja Lagerstatt der Götter* ◊ *couch of gods*
  • *as* gódobéddi GLPRUDF1 97,18
pulvinarium GLPRUDF1

GODOWEBB *nt-ja kostbarer Stoff, Gewand aus kostbarem Stoff* ◊ *fine cloth, garment of fine cloth*
  • *ns* godeuuebbi GLSPET 80,20‖ — *ds* goduuueppi⁺ GLPB1 I,414,19 — *as* godeuuebbi GLSPET 73,18 — *instr* goduuuebbiu M, guoduuebbiu C 3762, goduuuebbiu C, godouuebbiu M 3330
coccinum, colobium GLSPET sericum GLPB1 GLSPET

GODSPELL *nt-a gute Nachricht* ◊ *glad tidings*
  • *as* godspell H C 25

GÔDSPRÄKI *adj trefflich redend* ◊ *good speaking*
• *npm* godsprakea H *M*, godsprekea *C*, gódsprake *S* 567

godthin° → **GODHÊD**
goduuuebbiu, goduuueppi⁺ → **GODOWEBB**

GÔDWILLIG *adj von gutem Willen erfüllt* ◊ *full of good intentions*
• *npm* guoduuillige Gᴇɴ 199 — *dpm* goduuilligun H *M*, guoduuilligon *C* 421

gog⁺izon⁺ → **GOUHIZZEN⁺**

GÔK *(m-a) Kuckuck* ◊ *cuckoo*
• *ns* ghoch⁺ Gʟᴛʀ Sᴇᴍ XXI,7
cuculus Gʟᴛʀ Sᴇᴍ

GÔKESSÛRA *f-ō/n Sauerampfer* ◊ *sorrel* — *cf* **KUKKESSÛRA**
• *ns* gacassura Gʟᴛʀ40 V,47,27
acidula Gʟᴛʀ40

GÔKLARI, KÔKLERI *m-ja Gaukler, Magier, Zauberer* ◊ *juggler, magician, wizard*
• *ns* caclari, gouchlari⁺ Gʟᴛʀ Sᴇᴍ XVIII,44, koxilari⁽⁺⁾ X,91, cáclereri° Gʟ Pʀᴜᴅ F1 103,5/6
magus, praestigiator Gʟᴛʀ Sᴇᴍ Thascius Cyprianus Gʟ Pʀᴜᴅ F1

GÔKLON *v-II Wahrsagerei treiben* ◊ *to tell fortunes*
• *3sipt* gaugeleda⁺ Gʟ Sᴘᴇᴛ 76,33 ‖
hariolari Gʟ Sᴘᴇᴛ

BIGÔKLON *v-II behexen* ◊ *to bewitch*
• *inf* bigouggolan⁺ Gʟ Sᴘᴇᴛ 86,37 ‖
incantare Gʟ Sᴘᴇᴛ

GOLD *nt-a Gold* ◊ *gold*
• *gs* goldes H *CM* 1642. *C* 2490. 5785 — *as* gold H *CM* 554 (*S*). 674. 1197. 1852. *C* 5881 — *instr* goldu H *CM* 3330. 3762

GOLDFARU *adj-wa/wō goldfarben* ◊ *gold-coloured*

• *ns* goltfare Gʟ Mᴀʀꜰ III,717,37 (auricolor) Gʟ Mᴀʀꜰ

GOLDFAT *nt-a Krug aus Gold* ◊ *golden vessel*
• *dp* goldfatun H *CM* 2741

GOLDGRÔVA *f-n Goldgrube* ◊ *goldmine*
• *ns* goltgruoua⁺ Gʟᴛʀ40 V,47,25
aurifodina Gʟᴛʀ40

GOLDMESSING *(nt-a) Messing* ◊ *brass*
• *ns* goltmessinc Gʟᴛʀ Sᴇᴍ II,22
aurichalcum Gʟᴛʀ Sᴇᴍ

GOLDSMITH *m-a Goldschmied* ◊ *goldsmith*
• *ns* go,ˡtsmit Gʟ Hᴀʀᴅ IV,280,29
aurifex Gʟ Hᴀʀᴅ

GOLDWELO *m-n Reichtum des Goldes* ◊ *wealth of gold*
• *ns* golduuelo H *C*, glotuuelo°ˀ *M* 1646

GOLDWIVIL *(m-a) Glühwürmchen* ◊ *firefly*
• *ns* golduuiuil Gʟ Sᴛʀ 107,27
cicindela Gʟ Sᴛʀ

golt(-) → **GOLD**(-)

GOLTHBLÔMO *m-n Goldblume* ◊ *marigold*
• *ns* golthblomo Gʟ Vᴇʀɢ Oх 110,22/23
amellus Gʟ Vᴇʀɢ Oх

GÔMA *f-ō Gastmahl* ◊ *banquet* — ~ *niman* + *g* Acht geben auf, jmdn bewachen ◊ *to take heed to, watch sb*
• *ds* gomu H *M* 2021 — *as* goma Gʟ Eᴠ Eѕ 54,24, guoma 53,23, gouma⁺ Gʟ Eᴘɪѕᴛ I,795,15 — *gp* gomono H *M*, guomono *C* 4562 — *dp* gomun H *M*, gomon *C* 1995. 2002. 2045. 2052. 2060 (o<a *M*). 2088. 2733. 3332. 4505. 4560. 4632. 4644. *C* 2021 — *ap* goma H *CM* 3338 (gome *M*). 4499 (gome *M*). 4529. 4541. 4549
servare (~ niman) Gʟ Eᴠ Eѕ videre (~ niman) Gʟ Eᴘɪѕᴛ Gʟ Eᴠ Eѕ

FAR**GÔMALÔSON** *v-II versäumen* ◊ *to neglect*

-gômalôson grafîsarn

• *1pops* uergomeloson BEDA 16
(per ignorantiam ... minus plene peragere)
(BEDA)

GÔMIAN *v-I (+ g) Acht haben, geben auf, hüten, bewirten, speisen ◊ to take care, heed of, keep watch over, regale, have dinner*
• *inf* gomean H *CM* 389. 2065. 2864 (gomien *M*). 4149 (gomian *C*), gomian *C* 5757 GEN 38 — *1sips* goumo⁺ GLTRSEM V,44 — *3sips* gomid H *M*, gomit *C* 2509
• GENB *inf* gyman# 346, gieman# (ie>y) 349
cenare GLTRSEM

GIGÔMIAN *v-I verhüten ◊ to prevent*
• *inf* gigomean H *C* 2562

gomo → GUMO
gong- → GANG(-)
gonuonan → GÛTHFANO

GOR *(nt-)a Dung ◊ dung*
• *ns* gor GLTRSEM VII,139
fimus GLTRSEM

GORNON *v-II (+ g) trauern, klagen, sich sorgen ◊ to lament, complain, be worried* → GNORNON, GRORNON
• *2pips* gornond H *C* 4724 — *2pimp* gornot H *CM* 1662. *M* 1685 — *pcps* gornondi H *C*, gornundi *M* 4071 — *pcps np* gornondia H *C* 4717. 5965, gornundie *M* 4859, gornunde GEN 97 — *3sipt* gornoda H *CM* 5021 (gornode *M*). *M* 805

GORNWORD *nt-a Wort der Trauer ◊ lamentation* — *cf* GNORNWORD
• *dp* gornuuordun H *M* 4747 — *ap* gornuuord H *CM* 4590. *C* 4747

got → GOD
g(o)t → GÔD²

GIGÔT (O?) *m/nt-a Barren ◊ ingot*
• *dp* gegoton^bfk GLPRUDBR II,572,49
massa GLPRUDBR

GOTA *(f-n) Tränkrinne ◊ channel for watering animals*
• *dp* goton GLTRSEM VI,48
canalis GLTRSEM

goten⁺ → GÔD¹
gotrhu*ncemo*° → GODKUND

GOUHIZZEN⁺ *v-I sich wie ein Tor verhalten ◊ to behave like a fool*
• *1sips* gog⁺izon⁺ GLTRSEM IX,30
infatuari GLTRSEM

gouchlari⁺ → GÔKLARI, KÔKLERI
gouma → GÔMA
goumo⁺ → GÔMIAN
gra[ ] → GRÂU

GRÂBLÂIN *adj dunkelblau ◊ dark blue*
• *nsf* grebl(æ)ne GLLAM 67,13
caerulus GLLAM

grabon⁺ → GRAVO

GRÂDAG *adj fressgierig ◊ greedy*
• *ns* gradag H *CM* 2144. 4283. 4369 — *asnt* gradag H *M*, gradog *C* 3395 — *asf* grádaga GEN 3
• GENB *asf* grædige# 793

GRAF *nt-a Grab ◊ grave*
• *ns* graf H *LC* 5824 — *ds* graƀe H *C* 2192 (graue *M*). 4110 (grabe *M*). 5745. 5791. 5804. 5832 (graua *L*). 5871. 5874. 5895. 5897. 5914, graƀe 4098 (grabe *M*). 5763. 5765, graue 5795. 5814, graƀe 5757. 5783 — *as* graf H *C* 5726. 5780. 5821. 5900. 5906 — *np* graƀu H *C* 5670 — *gp* grabo H *C* 5741

GRAFÎSARN *nt-a Skalpell, Grabstichel ◊ scalpel, chisel*
• *ns* grabisan⁺ GLTRSEM XIV,42, grashisarn° GLSPET 74,32 — *as* gráfîsarn GLPRUDF1 96,22, gráfîsánr° GLPRUDF44 105,3 — *ap* gráfîsárn (*1*.r<a) GLPRUDF1 95,28/29
caelum, genus ferramenti GLSPET scalpellum GLPRUDF1 GLPRUDF44 GLTRSEM

GRAM *adj (+ d) erzürnt über, feindlich gesinnt (gegen) ◊ angry about, hostile (to)* — *subst* gramo *der Böse (Teufel), böser Geist ◊ the Evil One (devil), evil spirit*
• *ns* gram H *CM* 1377. 1441 GEN 152 — *nsm* gramo H *CM* 1084 — *gsm* gramon H *CM* 901 — *asf* grama H *CM* 5222 — *npm* grama H *C*, grame *M* 3719, gramon *CM* 4622. 5165 — *gp* gramono H *CM* 2459. 3359. *C* 3455, gramo°? 5310 — *dp* gramon H *CM* 3603 — *comp nsm* gramara GEN 202
• GENB *ns* grám 302 — *dsm* gramum 582

GRAMHARD *adj feindlich gesinnt ◊ hostile-minded*
• *npm* gramharde H *M*, gramharda *C* 3879. *M* 2321

GRAMHERT *adj feindlich gesinnt ◊ hostile-minded*
• *npm* gramherta H *C* 2321

GRAMHUGDIG *adj feindlich gesinnt, bösartig ◊ hostile, malignant*
• *ns* gramhugdig H *CM* 4811, gramhudig *C* 5355

GRANA *f-ō Barthaar ◊ facial hair*
• *np* grana GLTR40 V,46,27 GLADM508 *fol.* 92v
• *Schnurrbart ◊ moustache* GLWERDA *ns* grona# (grena#?) 342
mustacium (μυστάκιον) GLADM508 GLTR40 polypus crinitus GLWERDA

GRAS *nt-a Gras ◊ grass*
• *ds* grase H *CM* 2850

grashisarn° → **GRAFĪSARN**

GRASHOF *m-a Kräutergarten ◊ herb garden*
• *ns* grashof GLMARF III,716,27
herbarium GLMARF

GRASON *v-II Gemüse anbauen ◊ to grow vegetables*
• *1sips* grason GLTRSEM VIII,90. XII,3 holerare, holerari, hortum ponere GLTRSEM

grat° → **GRIOT**

GRĀTAN *v-7 weinen ◊ to weep*
• *3sipt* griot H *C*, griat *M* 4071

GRĀU *adj-wa/wō grau ◊ grey*
• *nsf* gra[ ] CH 1015-36/7

GRAVA *f-ō/n Grabschaufel ◊ digging shovel*
• *ns* graua GLTRSEM VII,151. XIV,53 fossorium, sarculum GLTRSEM

GRAVAN *v-6 umgraben, gravieren ◊ to dig up, engrave*
• *inf* grauan GLLAM 67,24 — *pcpt* gigrauan GLPB2 I,296,34
polire GLLAM *pcpt* interrasilis GLPB2

BI**GRAVAN** *v-6 begraben, mit einem Grabhügel bedecken ◊ to bury, cover with a burial-mound*
• *3pips* bigrauant GLPRUDBR II,574,6 — *3pipt* bigruobun H *C* 5738, bigruobun 2795 (bigrobun *M*). 3359 (begrobun *M*) — *pcpt* begraven CONFPAL 362,12
tumulare GLPRUDBR

UNDAR**GRAVERI** *m-ja Unterwühler ◊ underminer*
• *ns* undergrauere GLABD
supplantator GLABD

GRĀVIO *m-j-n Graf ◊ count*
• *ns* g(r)eve MN

A**GRAVITHA** *f-ō Schnitzwerk ◊ woodcarving*
• *ns* irgrabida⁺ GLSPET 75,28 ‖
caelatura GLSPET

GRAVO *m-n Graben, Wall ◊ ditch, rampart*
• *ds* gráuon GLPRUDF1 102,2 — *dp* grabon⁺ GLSPET 86,26 ‖
fossa GLSPET vallum GLPRUDF1

grauul → **KRAUWUL, KRAUWIL**

GRĀWON *v-II grau schimmern ◊ to have a tinge of grey*
• *inf (1sips?)* grauuon^{bfk} GLPRUDBR II,572,45
albescere, cānēre GLPRUDBR

greatandi

greatandi → GRIOTAN
greate[#] → GRÔT[1]
grebl(æ)ne → GRĀBLĀIN
greif-[+] → GRÊP-

GRĒK *m-a Grieche* ◊ *Greek*
• GLWERDA *ns* girec 338
doricus GLWERDA

grecu*m*ne° → KRIMMAN
gremer[+] → GRIMM

GREMI *f-ī Zorn* ◊ *wrath*
• *ns* gremi GLEVES 56,17. 59,28 — *ds* gremi[bfk] GLEPIST I,781,8
exacerbatio, offensio GLEPIST ira GLEVES

GREMIZZEN[+] *v-I vor Wut schnauben* ◊ *to snort with rage*
• *pcps* grencendi° (= gremicendi[+]) GLPB2 I,296,15
pcps furibundus GLPB2

GREMIZZI[+] *f-ī Zorn* ◊ *wrath*
• *ns* gremizi[+bfk] GLEPIST I,790,12
ira, vultus GLEPIST

GREMMIAN *v-I herausfordern* ◊ *to provoke*
• *3sipt* gremida GLPB2 I,297,38
provocare GLPB2

gremmit → GRIMMAN
gren-[#] → GRŌNI

GRENDIL *m-a Grindel, Pflugbaum* ◊ *share beam* → GRINDIL
• *ns* grendil GLVERGOX 110,36
robur (aratri) GLVERGOX

grencendi° → GREMIZZEN[+]

GRENNON *v-II knurren* ◊ *to growl*
• *3sips* grennat GLPB1 I,334,12
muttire GLPB1

GRENSING *m-a Gänsefingerkraut* ◊ *goosegrass*
• *ns* grensing GLTR40 V,42,14
potentilla GLTR40

grimm

greot → GRIOT
greotandi → GRIOTAN

GRÊPA *f-ō/n Gabel, Dreizack* ◊ *pitchfork, three-pronged fork*
• *ns* grepe GLHARD IV,266,24, greifa[+] GLSPET 76,4, greife[+] 75,8 ‖
tridens GLHARD GLSPET

GRÊPARI *m-ja Streichler, Masseur (?)* ◊ *stroker, masseur (?)*
• *ns* greifari[+] GLSPET 83,8
palpo GLSPET

GRÊPIL *adj anfassbar* ◊ *touchable*
• *dsm/nt* greifilemo[+] GLEPIST I,782,18
corporalis, tractabilis GLEPIST

greston → GERSTA
gretton[#] → GRŌTIAN
g(r)eve → GRAVIO

GREVING *m-a Dachs* ◊ *badger*
• *ns* greuinc GLMARF III,721,40
meles GLMARF

griata → GRIOT
grieduuard → GRIOTWARD
griete, griez[+] → GRIOT

GRIFIL *m-a Griffel* ◊ *style*
• *ns* grifel GLTRSEM VIII,38
graphium GLTRSEM

grim- → GRIMM-

GRIMM *adj grimmig, feindlich, böse, schlimm, schrecklich* ◊ *grim, hostile, wicked, severe, dire*
• *ns* grimm H *C*, grim *M* 4369, grim *CM* 4826 — *nsm* gremer[+] GLTRSEM VII,119 — *gsnt* grimmes H *CM* 3497 — *gsf* grimmaro H *C* 5429 — *asm* grimman H *CM* 4263. 4629 (grimmen *M*). 4897. *C* 5743, grimmon *M* 2687 — *asf* grimma H *C* 5540, grimmun *M*, grimmon *C* 5150 — *instr* grimmo GEN 80 — *npm* grimma H *C*, grimme *M* 2664, grimmun *C*, grimmon *M* 4939 —

grimm

npf grimma H *CM* 4914, grimmun *C* 5696 — *gpf* grimmaro H *M*, grimmero *(abbr) C* 4128, grimmera 5312 — *apnt* grimmun H *CM* 3229 — *comp nsnt* grimmora H *VM*, grimmera *C* 1348
• GENB *n/apf* grimme 390 — *apm* grimman 407
ferox GLTRSEM

GRIMMAG *adj wütend ◊ raging*
• *ns* grimmag H *C* 2144

GRIMMAN *v-3 wüten ◊ to rage*
• *inf* grimman GEN 3 — *3sips* grimmid H *CM* 4315, gremmit GLTRSEM VII,7
• GENB *inf* grimman 793
efferatus esse GLTRSEM

GRIMMI *adj-ja/jō grimmig ◊ grim*
• *asm* grimmean H *C* 2687

GRIMMLĪKO *adv mit Strenge ◊ severely*
• grimlico GLPRUDF1⁺ 89,23
severum, crudeliter GLPRUDF1⁺

GRIMMNUSSI *f-ī/jō Unbarmherzigkeit, Grausamkeit ◊ ferocity, cruelty*
• *ds* grimnússi GLPRUDF1 97,29 — *as* grimnussi GLEVES 59,42
severitas GLEVES tyrannis GLPRUDF1

GRIMMO *adv furchtbar ◊ horribly*
• grimmo H *C* 5527

GRIMMWERK *nt-a böse Tat ◊ evil deed*
• *as/p* grimuuerc H *CM* 1623. 2323. 2360 (grimuuerk *M*)

GRĪMO *m-n Maske ◊ mask*
• *ns* grimo GLVERGOX 111,9
mascus GLVERGOX

GRIMPO *m-n Gründling ◊ gudgeon*
• *ns* grimpo GLVERGOX 111,12
gobio GLVERGOX

GRINDIL *m-a Riegel, Verschlussbalken ◊ bolt, locking bar* → **GRENDIL**

grīp

• *ns* grindil GLSPET 84,15‖. 86,35‖ GLTRSEM XVII,19, grindel GLMARF III,722,1 — *as* grindil GLSPET 80,18‖ — *np* grindila GLSPET 80,30‖, grindᵉle GLMARF IV,178,41
• *Eisengitter ◊ iron grating* GENB *np* grindlas 384#*
obiex, vectis GLMARF GLSPET pessulus GLSPET GLTRSEM

GRINDWURT *f-i Schöllkraut ◊ swallowwort*
• *ns* grintuurz⁺ GLTRSEM XVIII,21
celidonia GLTRSEM

GRIOLĪKO *adv furchtbar ◊ horribly*
• griolico H *M*, grolico° *C* 5152

GRIOT *(nt)-a Kies, Kiesel, Sand, Ton, Boden, Strand ◊ sand, pebble, gravel, clay, ground, shore*
• *ns* griot H *C*, greot *M* 1821, grat° (= griat) GLVERGOX 110,4, grioz⁺ GLSPET 77,24‖, griez⁺ GLTRSEM V,50. VIII,31 — *ds* greote H *CM* 1373. 2633, griota *L*, griote *C* 5824, griete *C* 5532, griata GEN 31. 97
arena GLVERGOX creta GLTRSEM glarea GLSPET GLTRSEM GLVERGOX lapillus fluminum GLSPET

GRIOTAN *v-2 wehklagen, weinen ◊ to lament, cry*
• *2pips* griotand H *C* 4724 — *pcps* griotandi H *C* 5741. 5914, greatandi *M*, greotandi *C* 2996

GRIOTWARD *m-a Kampfrichter, Mittelsmann ◊ referee, mediator*
• *ns* grieduuard GLLAM 67,5
sequester GLLAM

GRIOVO *m-n Griebe(n) ◊ greaves*
• *np* griuen GLMARF IV,178,8
cremium GLMARF

grioz⁺ → **GRIOT**

GRĪP *m-i Greif ◊ griffin*
• *np* gripi GLTRSEM VIII,62

grīp

gryps GLTRSEM

GRĪPAN *v-1 ergreifen ◊ to grasp*
• *inf* gripan H *C* 5931 — *3pipt* gripun H *CM* 4914

FAR**GRĪPAN** *v-1, pcpt* fargripan *verdammt ◊ damned*
• *pcpt npm* forgriponon H *M*, forgripanun *C* 2590, fargriponon H *M*, forgripanun *C* 4445 — *pcpt apm* forgriponon H *M*, forgriponun *C* 2638

UNDAR**GRĪPAN** *v-1 packen ◊ to seize*
• *pcpt asm* undergripanen H *M*, undargripana *C* 5165

GRĪS *adj weißhaarig ◊ white-haired*
• *npm* grisa GLSTR 106,12
canus GLSTR

GRISTGRIMMO *m-n Zähneknirschen ◊ gnashing of teeth*
• *ns* gristgrimmo H *M* 2144

griuen → GRIOVO

GRIUSNIA *f-j-n Körnchen ◊ grain*
• *as* grivsnivn GLPRUDF1 103,27
mica GLPRUDF1

GRÖFT *f-i Graben ◊ rift valley*
• *ds* girophti DIPL 979 (2)

groen- → GRŌN-
grogu:ni° → KRŪKA
grohta° → GRŌTIAN

GRŌIAN *v-1 blühen ◊ to flourish*
• *1sips* groio GLTRSEM XVI,63
virere GLTRSEM

grolico° → GRIOLĪKO
grona[#] → GRANA

GRŌNI *adj-ja/jō grün, grünlich ◊ green, greenish*
• *ns* groni H *M*, gruoni *C* 3082. 3135. 4236. 4285, grvóni GLPRUDF1 104,8 — *dsnt* gruonimu H *M*, gruonion *C* 2850 — *asm* groneon H *M*, gruonean *C* 757 — *apm* grŏnia GLPRUDF1 102,40
• GLWERDA *ns* groeni 342
• GENB *asm* grenan[#] 841 — *npm* grene[#] 511
cyaneus, viridis GLPRUDF1 prasinus GLWERDA

GRŌNSPEHT *m-a Grünspecht ◊ green woodpecker*
• *ns* gronspeht GLMARF III,721,9, ghronspeht GLTRSEM XXI,6, gruonsphet[+] X,37,108, groenspecht[+?] GLTR40 V,48,40
loaficus, merops GLMARF GLTR40 GLTRSEM

GROPP *nt-a Topf ◊ pot*
• *np* croph[+?] GLSPET 76,29 ‖ (KROPP?)
cabus GLSPET

GRORNON *v-II sich sorgen ◊ to be worried*
→ GNORNON, GORNON
• *2pimp* grornot H *C* 1685 — *3sipt* grornoda H *C* 805

BI**GRORNON** *v-II beklagen ◊ to lament*
• GENB *inf d* begrornianne[#*] 243

grosola → GRUSALA

GRŌT¹ *adj groß, dick, schwer ◊ great, large, big, mighty — dp adv* grotun *überaus ◊ extremely*
• *ns* grot H *CM* 2870. 3299. 3783. 4128. 4329 — *nsm* groto H *CM* 4315. *C* 5804 — *gsnt* grotes H *M*, gruotes *C* 5192 — *dsm* grotun H *M* 5970 — *dsnt* groton H *M*, grotan *C* 4094 — *asm* grotan H *C* 3075. 5791 — *asf* grote H *M* 2882 (grota *C*). 3075 — *dp* grotun H *M*, grotan *C* 4425 — *comp nsnt* grotara H *CM* 1865
• GENB *npm* greate[#] 384

GRŌT² *(m-a) Schrotkleie ◊ groats*
• *ns* groz[+] GLTRSEM VIII,4
furfur GLTRSEM

GRŌTIAN *v-I zum Zorn reizen,* + *a pers jmdn anreden, zu jmdm sprechen, jmdm zusetzen,* + *a pers, g rei jmdn ansprechen auf* ◊ *to speak to, address, harass sb, enrage, ask sb about sth*

o^{57} *inf* gruotian H *C* 4740, grotean *M*, gruottean *C* 1594. 1598. 1057 (gruotean *C*) — *1sips* gruozon$^+$ GLTRSEM VII,54 — *2sips* gruotis H *C* 5591 — *3sips* grotid H *M* 4391 — *3sops* gruote H *C* 4391 — *3sipt* grotte H *M*, gruotta *PC*; grotta *M* 990. 1064. 1157. *C* 3036. 5617 GLEVES 58,23, grohta° *M* 819 — *3pipt* grottun H *M*, gruottun *C* 673. 4529. *C* 5566
- GENB *3pipt* gretton$^{\#}$ 779

exacerbare GLTRSEM

GIGRŌTIAN *v-I* + *a pers jmdn anreden* ◊ *to speak to*
- *3sipt* gigruotta (gi *add*) H *C* 1157

GRÔTTHARM *m-i Mastdarm* ◊ *rectum*
- *ns* groztharm$^+$ GLTR40 V,43,38 GLTRSEM VII,66, grozdarm$^+$ GLSPET 75,3 ‖

extalis GLSPET GLTRSEM stantinus GLTR40

GRŌVA *f-ō* + *f-n Grube, Latrine* ◊ *pit, latrine*
- *as* grouun PSLUB 29,4 — *ap* groua GLPB1 I,449,3

aquaeductus, cloaca, latrina GLPB1 lacus PSLUB

groz$^+$ → GRÔT^2

GRÔZĒN$^+$ *v-III anschwellen* ◊ *to swell*
- *3pips* grozzent$^+$ GLSPET 81,24

crassescere GLSPET

gruanente$^+$ → GRUONĒN$^+$

GRUND *m-u/-i Grund, Boden, Tiefe, Abgrund* ◊ *ground, bottom, depths, abyss*
- *as* grund H *CM* 2633. 2638. *M* 2601. *C* 5429 — *dp* grundiun H *C* 1953
- GENB *m-a gs* grundes 349, grúndes 346 — *ds* grunde 834 — *as* grund 302 — *ap* grundas 407

GRUNDIAN *v-I festen Boden gewinnen* ◊ *to get a footing*
- *inf* grundian GLVERGW

aequare GLVERGW

GIGRUNDIAN *v-I festen Boden gewinnen* ◊ *to get a footing*
- *inf* igrundian GLVERGOX 112,12/13

aequare GLVERGOX

GRUNDLÔS *adj unermesslich* ◊ *unfathomable*
- GENB *n/apf* grundlease$^{\#}$ 390

grunzun$^+$ → GIRUNZON$^+$

GRUONĒN$^+$ *v-III grünen* ◊ *to turn green*
- *pcps ap* gruanente$^+$ GLSPET 85,35 ‖

florere, vernare GLSPET

gruoni → GRŌNI
gruot(t)ean → GRŌTIAN
gruotes → GRÔT^1
gruozon$^+$ → GRŌTIAN

GRURI *m-i Schauder* ◊ *shudder*
- *ds* grurie H *C* 5813 — *np* grurio°$^?$ H *C*, g[rurios] (*ras*) *M* 112

GRUSALA *f-ō/a Sud* ◊ *liquid*
- *ns* grosola GLTR40 V,48,18

garum GLTR40

GRUTTIA *f-j-n Getreideschrot, Grütze* ◊ *coarse meal, groats*
- *gs* grutten (*abbr*) URBWERDB 102,26

gudea → GŪTHIA
guldi° → GULSI (?)

GULDĪN *adj golden* ◊ *golden*
- *apm* guldina H *C*, guldine *M* 3205. 3214

GULSI (?) *adj-ja/jō gefräßig* ◊ *gluttonous*
- *ns* guldi° (= gulsi ? / *lat* gulofi ? / ubarguldi GLSPET 85,31) GLSPET 85,33/34

devoratrix, ganea GLSPET

gumdlunt

gumdlunt° → WINDAN

FARGUMIAN *v-1 unterlassen* ◊ *to neglect* — *cf* FARGUMON
- GENB *3pipt* forgymdon[#] 327

GUMISKI *nt-ja Senat, Ältestenrat* ◊ *senate, council of elders*
- *ns* gúsmiki° GLPRUDF1 104,29 — *gs* gúmískías GLPRUDF1 101,31 — *as* cumiski[+?] GLPRUDF1 98,3

senatus GLPRUDF1

GUMKUNNI *nt-ja edles Geschlecht* ◊ *noble birth*
- *gs* gumcunnies H *C* 5783

GUMKUST *f-i männliche Vortrefflichkeit* ◊ *manly excellence*
- *dp* gumkustium (*abbr*) GEN 266

GUMO *m-n Mensch, Mann, Optimat* ◊ *man, optimate*

o[235] *ns* gumo H *CM*; gomo *C* 73. 195. 2125 — *gs* gumen H *C* 5743 — *as* gumon H *CM* 336. *C* 5738, guman GEN 31, ?kuman 34 — *np* gumon H *CM*; gomon *C* 2590. 2615. 2794, guman H *S* 542. 567, gumun 679. *V* 1282, gum[ ]n *S* 562, guomon *C* 654, gumo° 4275 — *gp* gumono H *VCM*; gomono *C* 2052. 2451. 2644. 2847. 2858. 3263, gumono (*l.*o<i) GEN 208, gumuno H *M* 555. *C* 1010 GEN 149, gumano H *S* 355, gumona 555, cúmóno[+?] GLPRUDF1 95,36 — *dp* gumon H *C*, gumun *VM* GEN 115 (*np?*), gumon H *M* 4670, gomon *C* 2171 — *ap* gumon H *CM* GEN 221, guomon H *C* 3109
- GENB *ns* guma 523 — *gp* gumena 465. 515

senator GLPRUDF1

FARGUMON *v-II missachten* ◊ *to disregard* — *cf* FARGUMIAN
- *inf* fargumon H *M*, forgumon *C* 3219

GUMSKEPI *n-i Schar, Volk* ◊ *crowd, people*

gutoffar

- *ns* gumscepi H *M*, gumscipi *C* 4128 (gumskepi *M*). 4465. 4480. 4487. 5250 — *ds* H gumskepie *M*, gumscipie *C* 1976 (gumskepi *M*). 2748. 2774 (gumskepi *M*). 2856. 3045. *C* 5719, gumscepi *M*, gumscipe *C* 5256. *C* 5338 — *as* gumskepi H *M*, gumscepi *C* 628. 4135 (gumscipi *C*) — *instr* gumscipiu H *C*, gumscepi *M* 4190

GUND (*m/nt-a*) *Eiter* ◊ *pus*
- *n(?)s* gund GLPRUDF1 93,34

pus GLPRUDF1

GUNDRAVA *f-ō/n Gundermann* ◊ *ground ivy*
- *ns* gundraua GLTR40 V,42,15, guntraue GLMARF III,719,35

acer GLMARF acero GLTR40

guntfanon[+] → GŪTHFANO
guod → GOD
guod(-) → GŌD(-)
guoma → GÔMA
guomon → GUMO

GURDIAN *v-I gürten* ◊ *to gird*
- *3pipt* gurtun[+] HILD 5

GURDIL *m-a Gürtel, Lendenschurz* ◊ *belt, loincloth*
- *ns* gurdil GLTRSEM V,99 — *gs* gurdiles GLPB1 I,375,16 — *ap* gurdilos GLADM718 77,2

cingulum GLTRSEM (ligula) GLPB1 perizoma GLADM718

GURDISAL *m/nt-a*, GURDISLI *nt-ja Gürtel* ◊ *belt, girdle*
- *ds* gúrdisla GLPRUDF1 97,6/7

cinctus Gabinus GLPRUDF1

gúsmiki° → GUMISKI
gussel → JUSSAL
gutfanan → GŪTHFANO

GUTOFFAR *m/nt-a Trankopfer* ◊ *drink-offering, libation*
- *ns* guzoffar[+] GLTRSEM X,49

libamen GLTRSEM

GŪTHFANO *m-n Kriegsfahne* ◊ *field banner*
• *ap* gutfanan GLVERGOX 113,1, gonuonan (gon *ras*) GLMAGD, guntfanon⁺ GLSPET 86,20/21 ‖
aquila GLMAGD GLSPET signum GLSPET GLVERGOX

GŪTHHAMO *m-n Kampfgewand* ◊ *battle-garment*
• *ap* guđhamun HILD 5

GŪTHIA *f-jō Kampf* ◊ *battle*
• *gs* gudea HILD 60

gu:uuarfestien → GIWĀRFESTIAN
guzoffar⁺ → GUTOFFAR
gyldan# → GELDAN
gylpword# → GELPWORD
gyman# → GÔMIAN
gyrwan# → GARWIAN, GERWIAN
gyt# → THŪ

H

haat° → HWĒ, HWAT
haban → HAVON
haband → ĀVAND
habaro → HĀF
habde → HÔVID
habban#, habbien → HEBBIAN²
hadalias → ATHALI
haddommiga → HATHDŌMIG
hæban- → HEVAN(-)
hæht# → HAFT
hæleð-# → HELITH(-)
hælego → HÊLAG
haengiclif# → HENGIKLIF
haeslin# → HESILĪN
hæto# → HÊTI

HĀF *adj (an den Händen) gelähmt, verkrüppelt* ◊ *lame (of hand), crippled*
• *ns* haf H *CM* 3754 — *gpm* habaro H *C* 2223 — *apm* haƀun H *C*, habon *M* 2357

HAFT *adj gefesselt, gebunden, gefangen, schwanger* ◊ *fettered, bound, captured, pregnant*
• *ns* haft H *C* 5591 — *dsnt* haftemu H *M*, haftin *C* 5113, hafton *CM* 5234 — *asm* haftan H *C* 5263 (haften *M*). 5314. 5354. 5406, hafton 5215 (haftan *M*). *CM* 5260, hahtan GLEVES 53,6. 61,10,14 — *npm* haft H *C* 5413 — *gp* hahtâno GLEVES 58,2/3 — *apm* haftun H *C* 5690 — *npf* hahta GLEVES 52,24, hata 56,15
• GENB *ns* hæft# 762
praegnans, vinctus GLEVES

HAFTON *v-II haften bleiben* ◊ *to cling*
• *inf* hafton H *CM* 2500

AHAFTON *v-II festhaften* ◊ *to attach*
• *inf* ahafton H *C* 2520

HAGAL *(m-)a Hagel, Rune* ᚻ ◊ *hail, rune* ᚻ
• *ns* hagal ABC 9 — *gs* haglas GEN 17
• GENB *gs* hægles 808

HAGAN *(m-a) Dornenstrauch, Kreuzdorn, Christusdorn* ◊ *thornbush, buckthorn, Christ's thorn*
• *ns* hagan GLVERGOX 110,21
paliurus GLVERGOX

HAGANBŌKA *f-ō/n Hainbuche* ◊ *hornbeam*
• *ns* haganbhuxa⁺ GLTRSEM XVIII,23
carpinus GLTRSEM

HAGANTHORN *(m-a) Weißdorn* ◊ *whitethorn* — *cf* HAGUTHORN
• *ns* hagindorn⁺ GLADM508, hagendorn⁺ GLTRSEM II,622,10
alba spina GLADM508 paliurus GLTRSEM

HAGASTALD *m-a junger Krieger, der Bedienstete, Lohnarbeiter* ◊ *young warrior, servant, hired worker*
• *ns* hagastalt GLSPET 78,16‖ — *gs* hagustaldes H *M*, hagastuodes *C* 5040 — *np* hagastoldos H *C* 2548
exsul, peregrinus, proselytus GLSPET

hagatissa

HAGATISSA *f-ō Fresserin, Hexe ◊ female glutton, witch* → HĀZUS⁺
• *gp* hazisso⁺ (= hazisson *abbr?*) GLSPET 85,33 ‖
devoratrix, ganea, scortum GLSPET

BIHAGON *v-II behagen ◊ to please*
• *3sips* bihagod H *M*, bihagot *C* 2477

HAGUTHORN *(m-a) Weißdorn ◊ whitethorn*
— cf HAGANTHORN
• *ns* haguthorn (2.h *add*) GLTR40 V, 46,10
alba spina GLTR40

HĀHAL *m/nt-a Kesselhaken ◊ pot-hook*
• *ns* hahal GLTRSEM VIII,37
cremacula GLTRSEM

BIHĀHAN *v-7 behängen, zuhängen ◊ to decorate, cover up*
• *pcpt* bihangan H *CM* 4542, behangan *C* 5669

haht- → HAFT
hairra → HĀRA
hac → AK

HAKKA *f(-n) Hacke ◊ hoe*
• *ns* hakka GLMARF III,719,1
rastrum, sarculum GLMARF

HAKKO⁺ (Ā?) *m-n Haken ◊ hook*
• *ns* ba⊦ cho° (⊦ *add*, = hahcho⁺) GLTRSEM II,39
uncinus GLTRSEM

HAKO *m-n Haken ◊ hook*
• *dp* hácon GLPRUDF1 98,15/16
uncus GLPRUDF1

HAKTH *m-a Hecht ◊ pike*
• *ns* hacth GLVERGOX 111,14
lucius GLVERGOX

HAKUL *m-a Umhang, Messgewand ◊ cloak, chasuble*
• *ns* kakul° GLTRSEM V,36
casula GLTRSEM

-haldan

haladi → HÔLODI
halaftra → HALFTRA
halag → HÊLAG

HALD *adv, than ~ nunmehr, neg ebensowenig ◊ henceforth, neg just as little*
• hald H *CM* 1409 (halt *C*). 2642, halt HILD 31

HALDAN *v-7 (ein)halten, abhalten, innehaben, aufbewahren, besitzen, schützen, bewahren, erretten, heilen ◊ to hold, keep (up), fulfill, own, store, protect, save, rescue, heal*
• *inf* haldan GEN 66 GLLECT H *CM* 317. 320. 327. 333 (l<b *C*). 365. 448. 854. 897. 1870. *C* 4202. 5258 (2.a<u), halden *M*, haldan *C* 2505. 4531. 5142, aldan GEN 210 — *3sips* haldid H *M* 1826. 1914 (haldit *C*) — *3pips* haldad H *M*, haldat *C* 1089 — *3pops* haldan H *C*, halden *M* 3745 — *2simp* hald H *M* 322 — *3sipt* held GEN 283 H *CM* 385 — *3pipt* heldun H *CM* 1416 — *3popt* heldin H *M*, hieldin *C* 130 — *pcpt* gihaldan H *C*, gihalden *M* 2809. 3288. 4059 PSLUB 32,16 (2),17, gihaldan H *C* 2570 — *pcpt asm* gihaldenen PSWIT 85,2 — *pcpt apm* gihaldana H *C* 2226
• *bewohnen ◊ to inhabit* GENB *inf* healdan# 245. 348. 526. 530. 537. 732 — *3pipt* heoldon# 320
salvare PSLUB servare GLLECT *pcpt* salvus PSWIT

BIHALDAN *v-7 behalten, (ein)halten, innehaben, (+ d refl) verbergen ◊ to hold, keep, (+ d refl) hide*
• *inf* bihaldan H *C*, bihalden *M* 3267. 3276. *C* 2532 — *3sops* bihalde H *CM* 2087. *C* 1867, bihaldæ (æ<a) 2518 — *3pops* bihaldan H *C*, bihalden *M* 3400 — *2simp* bihald PSPAD 33,34 — *3sipt* biheld H *CM* 435. 664. 830. 5251. *C* 2887 — *pcpt* bihaldan H *C*, bihalden *M* 540 (bihald[an] *S*). *M* 847
• GENB *inf* behealdan# 366
custodire PSPAD

GIHALDAN v-7 + a (ein)halten, innehaben, bewahren, erhalten, Acht haben auf ◊ to hold, save, preserve, observe, take care of
• inf gihaldan H C, gehaldan M 1804 — 3sips gihaldit H C 2536. 2645 (gihaldid M) — 3sops gehalde H M 1867 — 2simp [g]ihald PSWIT 85,2 — pcps [g]ihaldandi PSLUB 114,6 — 1sipt giheld CONFES 16,16. 17,10 — 2sipt gihelti PSLUB 29,4 — 3sipt giheld H M 2887
custodire PSLUB PSWIT salvare PSLUB

halebirie → ALBERIA
halefdra → HALFTRA
halegmanoth → HÊLAGMĀNUTH

HALF adj halb ◊ half
• ns half URBWERDA 74,3/23,11 — asm haluon REGES 21,19 REGFREK M 43, 19/20 (h<s),22 — n/ant half REGFREK M 42,2 (l<i/u),13,16,18 — gpm halðaro H C, halbaro M 2757

half → HALVA

HALFDIORIG adj halbtierisch ◊ half-bestial
• nsm halfdiarigo GLPRUDF1 92,34
semifer GLPRUDF1

HALFFISK m-a Scholle ◊ plaice
• ns halffisch GLMARF III,720,46, half-his GLTRSEM XII,56
platessa GLMARF GLTRSEM

HALFLING m-a Heller ◊ heller → HELFLING
• ap hallingas GLSPET 74,17
obolus GLSPET

HALFTRA f-ō/n Halfter ◊ halter
• ns halaftra GLTRSEM V,12, halefdra GLSPET 82,22, haltere GLMARF III,716,57
capistrum GLMARF GLSPET GLTRSEM

halfthruin° → HALSTHRŪH
halg-[#], halig[#] → HÊLAG

HALLA f-ō Halle, Saal ◊ hall
• ds hallu H CM 1409. 2742. 2775 — as halla H CM 2782

hallingas → HALFLING
hallóc → HOLLÔK
halogan → HÊLAG

HALM m-a Halm, Strohhalm ◊ straw, stalk
• ns halm GLSPET 82,33. 85,21 ‖ — as halm H CM 1705 (l<r M), hálm GLPRUDF1 91,27
culmus GLPRUDF1 festuca, stipula GLSPET

HALON v-II holen, herausholen, bringen, heimführen ◊ to fetch, pull up, bring, take
• inf halon H CM 302. 1161. 2851. 4922. C 2560, haloian 2573 — 1pops halon H C 2568 — 2simp halo H C, hala M 3228 — pcpt asm gehalodan H C, gihaloden M 3793

GIHALON v-II holen, erlangen, aufnehmen, einbeziehen ◊ to fetch, reach, receive, include
• inf gihalon H C, gehalon M 1328 (V, -on<d: C). 1839. 2367, gehalan M 3259 — 3sipt gihaloda GEN 136 H C, gihalode M 4167

ŪTGIHALON v-II heraufbeschwören ◊ to call up
• 3sips utihalad GLVERGOX 112,29
ciere GLVERGOX

HALS (m-)a Hals ◊ neck
• GENB ds healse[#] 385

HALSBERGGOLTH nt-a goldner Halsschmuck ◊ golden necklace
• GLWERDA ns halsberigolth 344
torques GLWERDA

halsdrog → HALSTHRŪH
halsetha → HALSITHA

HALSFANO m-n Halstuch, Brustband ◊ scarf, breast-band
• ns halsphano GLPRUDP 63,3
strophium GLPRUDP

HALSGOLD nt-a goldener Halsschmuck, Halskette ◊ golden necklace, neck-ornament

halsgold

• *ns* halsgolt GLMARF III,722,43 — *ap* halsgold GLPRUDF1 97,21
monile feminarum GLMARF torques aureus GLPRUDF1

HALSHRING *m-a Halsring* ◊ *necklace, collar*
• *ns* halsring GLMARF III,722,42
torques virorum GLMARF

HALSITHA *f-ō Halsausschnitt* ◊ *neckline*
• *ns* halsetha GLPB1 I,335,30
capitium GLPB1

HALSMENI *nt-i Halsgeschmeide* ◊ *necklace*
• *as* halsmeni H *CM* 1722

halsphano → **HALSFANO**

HALSSLAGON *v-II ins Gesicht schlagen* ◊ *to strike in the face*
• *pcpt* gehalslaged CONFPAL 362,10

HALSTHRŪH *(f-)i + (f-)ō Halsfessel* ◊ *collar (for a prisoner)*
• *ns* halsdrog GLTRSEM IV,21 — *dp* hálsthŕvon GLPRUDF1 97,14, halfthruin° GLPRUDF1⁺ 93,10
boia GLPRUDF1 GLPRUDF1⁺ GLTRSEM baca GLPRUDF1⁺

HALT *adj (an den Füßen) gelähmt, gehbehindert* ◊ *paralyzed (in the legs)*
• *ns* halt H *CM* 3754 — *gpm* haltaro H *C* 2223 — *apm* halta H *C* halte *M* 1213. 1841 (helta *C*), haltun *CM* 2357

halt → **HALD**
haltere → **HALFTRA**

HALTON *v-II hinken* ◊ *to limp*
• *3sips* háltod GLPRUDF1 100,19
claudicare GLPRUDF1

HALVA *f-ō + f-n Seite, Gegend* ◊ *side, region* — swithra half *rechte Seite* ◊ *right side*
• *ds* haluun GLPRUDF1⁺ 90,25 — *as* half H *CM* 4390. 4876. 5093. *M* 5976,

halba *C* 5805, halua 5792 — *gp (?)* halba (-a *ras*, <-o/-on?) H *C*, halba *M* 1987 — *ap* halba H *C* 5561
axis caeli GLPRUDF1⁺

HAMMA *f-ō + -n Oberschenkel, Wade* ◊ *thigh, calf*
• *ns* ham# GLWERDC 362, hammę#? GLWERDB 276
poples GLWERDC, sura GLWERDB

HAMUR *m-a Hammer* ◊ *hammer*
• *ns* hámur GLPRUDF1 95,4, hamar GLSPET 75,24, hamer GLHARD IV,263,18 — *dp* hamuron H *C* 5537
malleus GLHARD GLPRUDF1 GLSPET

HAMUSTRA *(f-ō) Kornwurm* ◊ *corn-weevil*
• *ns* hamustra *(abbr)* GLSTR 107,33, amustra GLTRSEM VIII,68, hamestra GLMARF III,721,20
curculio GLMARF GLSTR GLTRSEM

han → **HAND**

HANABERI *nt-ja wilde Rebe* ◊ *wild vine*
• *ns* haneberi GLSPET 86,37
agrestis uva, labrusca uva GLSPET

hanaf⁺ → **HANAP, HANUP**

HANAFŌT *(m-cons/i) Hahnenfuß* ◊ *buttercup*
• *ns* hanefoz⁺ GLTR40 V,41,12
pulpedo GLTR40

HANAKRĀD *f-i Hahnenschrei* ◊ *cockcrow*
• *ns* hanacrad H *C*, hanocrad *M* 4990, hanecrat GLMARF III,715,8 — *ds* hanocradi H *CM* 4999. (o *add*) *C* 4694
aurora, gallicinium GLMARF

HANAP, HANUP *m-a Hanf* ◊ *hemp*
• *ns* hanap GLMARF III,719,20, hanup GLTRSEM V,2 GLTR40 V,42,31, hanuf⁺ 42,1 — *as* hanaf⁺ GLVERGOX 111,30
agra (κάνναβις ἀγρία) GLTR40 cannabis GLMARF GLTR40 GLTRSEM verbena GLVERGOX

hanap → **HNAPP**

HAND *f-u + i Hand, Gewalt, Seite* ◊ *hand, control, side* — an/at handun, at hendi *in Reichweite, nahe* ◊ *at hand, nearby* — swidra ~ *rechte Hand* ◊ *right hand* — eth *furtheren ~ *zur rechten Hand, auf der rechten Seite* ◊ *on the right-hand side* — an thia winistrun ~ *linkerhand, auf die linke Seite* ◊ *to the left hand, side* — in truuuin ~ *zu treuen Händen* ◊ *for safe keeping*
  o[147] *ns* hand H *CM* 1484 — *ds* hand H *CM* 185, endi *M* hendi (h *add*) *C* 2989, han CONFPAL 362,21 — *as* hand H *LCM* PSPAD 37,3 URBWERDB 116,8, (h<b) H *M* 4276 — *np* hendi H *CM* 3526 — *gp* hando H *CM* 4517 — handum GEN 258, andum 300, handun 35. 90, H *P* 980, *M*, handon *C*, handan 1194, hondun *S* 676, hanðon GEN 44, handiun GLVERGW — *ap* hendi H *CM*, handi *M* endi *C* 4917, hand[ ] PSPAD 36,33
  • GENB *ds* handa 678 — *as* hand 518 — *np* hánda 380 — *gp* handa 388, hánda 368 — *dp* handum 251. 279. 463. 545. 636. 748
manus GLVERGW PSPAD

  hand° → **HWAND, HWANDA**
  hand- → **AND-**

HANDBANO *m-n Totschläger* ◊ *manslayer*
  • *dp* handbanon H *CM* 5199

HANDDŌK *nt-a Handtuch* ◊ *towel*
  • *ns* hantdoc GLMARF III,717,7
mappula GLMARF

HANDFANO *m-n Handtuch, Manipel* ◊ *towel, maniple*
  • *ns* hantfano GLTRSEM X,71, hantfane GLTR40 V,48,19 GLMARF III,716,49
mappa GLTRSEM mappula GLMARF GLTR40 (*ms* manula)

HANDFAT *nt-a Handbecken* ◊ *handbasin*
  • *ns* hantuaz[+] GLTRSEM XI,23
malluvium GLTRSEM

HANDFESTI *f-ī Privileg* ◊ *privilege*
  • *ns* hantfeste GLSPET 83,26
immunitas GLSPET

HANDFULL *(f-ō?) Handvoll* ◊ *handful*
  • GLWERDA *ns* handful 343
pugillus GLWERDA

HANDGEVA *f-ō Almosen* ◊ *alms*
  • *ap* handgeba H *C*, handgeba *M* 1652

HANDGISKAFT *f-i Eigenschöpfung* ◊ *handiwork*
  • GENB *as* hándgescéaft[#*] 455

HANDGIWERK *nt-a Werk der Hände, Schöpfung, Geschöpf* ◊ *work done by the hand, creation, creature*
  • *ns* handgiuuerk H *M*, handgiuuerc *C*, hondgiuuerk *S* 531 — *as* handgiuuerc H *CM* 885, handgiuuerek GEN 107
  • GENB *ns* handgeweorc[#] 241. 628 — *as* handgeweorc[#] 494

HANDHAVA *f-ō/n Handgriff* ◊ *handle*
  • *ns* hanthaua GLTRSEM VIII,45
gergenna GLTRSEM

HANDHENGI *(nt-ja) Handgriff* ◊ *handle*
  • *ns* hanthenge GLMARF IV,177,8
ansa GLMARF

HANDKRAFT *f-i Kraft der Hände* ◊ *strength of hands*
  • *ns* handcraf (h-<hu) H *C* 4688 — *ds* handcrafti H *CM* 5043

HANDLON *v-II behandeln, betasten* ◊ *to handle, palpate*
  • *inf* handlon GLPRUDF1 101,19 — *3sipt* hándloda GLPRUDF1 96,21, hándlódá GLPRUDF44 105,9
tractare GLPRUDF1 GLPRUDF44

HANDMAGAN *nt-a Kraft der Hände* ◊ *power of hands*
  • *as* handmagen H *M* 730
  • GENB *as* handmægen[#] 247

handmahal   **hard**

HANDMAHAL *nt-a Stammsitz, heimatliche Gerichtsstätte* ◊ *family seat, place of jurisdiction*
- *ns* handmahal H *CM* 360 (haṅdmal *S*). 4127 (huandmahal° *C*) — *as* handmahal H *CM* 346

HANDMĀLI *nt-ja Brandmal* ◊ *brand*
- *ns* hantmali GLPRUDBR II,573,67
stigma GLPRUDBR

HANDMEGIN *nt-a Kraft der Hände* ◊ *power of hands*
- *as* handmegin H *CM* 1445. 5075. *C* 730 GEN 60. 144

handruhin⁺ → HANDTHRŪH

HANDSKŌH *m-a Handschuh, Handfessel (?)* ◊ *glove, manacle (?)*
- *ns* hantsco GLMARF III,722,18, hantsuo GLTRSEM XVI,30, hodscohc (°? = hondscohe *np?*) GLPRUDP 63,3
chirotheca GLMARF manica GLPRUDP wantus GLTRSEM

HANDSLAGON *v-II die Hände ringen* ◊ *to wring one's hands*
- *3sipt* an(t)slagada GLPRUDF1⁺ 90,21
palpitare GLPRUDF1⁺

handsuo → HANDSKŌH

HANDTAFLA *f-n Schreibtafel* ◊ *writing-tablet*
- *ns* handtafla^{bfk} GLPRUDBR II,572,22
pugillar GLPRUDBR

HANDTAFLĪK *adj auf der Schreibtafel befindlich* ◊ *being on the writing-tablet*
- *ap* handtaflicon GLPRUDBR II,572,19
pugillaris GLPRUDBR

HANDTHRŪH *f-i Handfessel* ◊ *handcuffs*
- *dp* handruhin⁺ GLSPET 86,15 ‖
manica GLSPET

HANDTHWAHILA *f-ō/n Handtuch* ◊ *towel*
- *ns* hantth^vela GLTRSEM X,84
manutergium GLTRSEM

HANDWERK *nt-a Werk der Hände* ◊ *handiwork*
- GENB *n/as* handweorc⁺ 702

hanefoz⁺ → HANAFŌT
hanecrat → HANAKRĀD
hanero → HŌN

HANGILLA *f-jō/j-n Büschel (Weintrauben)* ◊ *bunch (of grapes)*
- *ns* hangilla GLSPET 75,16/17 ‖
alligatura GLSPET

HANGON *v-II hängen (intr)* ◊ *to hang (intr)*
- *inf* hangon H *C* 5373. 5690 — *pcps* hangondi H *C* 5731 — *pcps gsm* hángóthión GLPRUDF1 95,15/16 — *3sipt* hangoda H *C* 5667
pcps pensilis GLPRUDF1

hanigas → HONAG

HANO *m-n Hahn* ◊ *cock*
- *ns* hano GLTRSEM VIII,36
gallus GLTRSEM

hanocrad → HANAKRĀD
hant- → HAND-
hantth^vela → HANDTHWAHILA
hanuf⁺ → HANAP, HANUP

HANUP → HANAP, HANUP

háp → HŌP

HĀR *nt-a Haar* ◊ *hair*
- *ns* har H *M*, harr *C* 1513 — *dp* háron GLSPET 85,1
saeta GLSPET

HĀRA *f-n Sackleinen* ◊ *burlap*
- *ns* hairra GLSPET 78,4 ‖ — *ap* harun GLPRUDF1^{(+)} 90,25
saccus GLSPET saeta GLPRUDF1^{(+)}

haram(-) → HARM(-)

HARD *adj hart, stark, kräftig, kühn, tapfer, streng, heftig* ◊ *hard, strong, bold, brave, severe, violent*

hard

• *ns* hard H *CM* 240. 2145. 4076. 4871. *C* 5314. 5476. 5558 — *nsm* hardo H *CM* 3068, harder⁺ GLTRSEM VI,29 — *gsm* hardes H *C* 5507 — *asm* hardan H *C* 4090 (harden *M*), hardan *M*, herdan *C* 1091. 2390 (herda° *C*), hardon *C*, hardan *M* 2493. 3545, hardon *C* 2362 (hardene *M*). 5771 — *asnt* hard H *CM* 1707. 5169. *C* 5705 — *npm* harda H *C* 3730 (harde *M*). 5663 — *gpm* hardaro H *C* 5499 — *apf* harda H *CM* 2447
• GENB *nsf* heard[#] 432 — *gsnt* heardes[#] 303, héardes[#] 383 — *asnt* heard[#] 317 — *npm* hearde[#] 373
crudus GLTRSEM

HARDBURI *m-ja (-i?)* Obrigkeit ◊ *authorities*
• *ns* hardburi H *CM* 4215

HARDENDHÔI *nt-ja* Johanniskraut ◊ *St. John's wort*
• *ns* hardenhoi GLTR40 V,42,5
hypericum (ὑπερικόν) GLTR40

HARDLÎKO *adv* streng ◊ *sternly*
• hardlico H *CM* 640

HARDMÔD *adj* unnachgiebig ◊ *unbending*
• *npm* hardmuoda GEN 120
• GENB *npm* heardmode[#] 285

HARDMÔDIG *adj* unerschrocken ◊ *courageous*
• *ns* hardmodig H *M*, hardmuodig *C* 3137

HARDO *adv* stark, heftig, fest, völlig, streng, unerbittlich, erbarmungslos, übermäßig ◊ *strongly, heavily, tightly, firmly, severely, pitilessly, ruthlessly, excessively*
• hardo GLEVES 49,1 H *CM* 320 (h *add C*). 727. 1093. 1406. 2154. 2272. 2665. 2956 (hardo *C*). 4297. 4625. 5022. *C* 4680. 5537
• GENB héarde[#] 444, hearde[#] 746
periurare (~ swerian) GLEVES

FARHARDON *v-II* verhärten ◊ *to harden*
• *pcpt* farhardod H *C* 5679

harian → **HÔRIAN**
haribergi → **HERIBERGA**

HÄRING (?) *m-a* Hering ◊ *herring* → **HERING**
• *np* lærencia° (= hærenga ?) GLVERGOX 111,11
allecum GLVERGOX

HARLUF *nt-a* Flachsfaden ◊ *thread of flax*
• *ap* harluf GLVERGOX 110,28
licium GLVERGOX

HARM¹ *m-a* + *nt-a* Leid, Kummer, Schmerz, Vorwurf ◊ *grief, sorrow, pain, reproach*
• *ns* harm H *CM* 607. 3720. 4995. *C* 2987 — *gs* harmes H *CM* 1338 (haramas *V*). 1342 (haramas *V*). 3886. 4069. 5113. 5183. 5215. *C* 5887 — *ds* harma H *CM* 498 (harme *S*), harme *CM* 4580 — *as* harm H *CM* 500 (*S*). 2807. 3890 (*-m abbr C*). 4032, haram GEN 7 — *instr* harmo H *M* 2987 (*adv?*) — *gp* haramo (-o° *ms*) GEN 12
• Beleidigung ◊ *insult* GENB *ns* hearm[#] 754 — *gs* hearmes[#] 579. 661 — *as* hearm[#] 368. 797 — *np* hearmas[#] 759 — *gp* hearma[#] 708. 802 — *ap* hearmas[#] 736

HARM² *adj* schmerzlich ◊ *grievous*
• *ns* harm H *CM* 159 (h *add C*). 1043. 2776. 4868. *C* 5436. 5688

HARMGIWRÔHT *f-i* schmerzliche Schuld ◊ *grievous blame*
• *gs* harmgiuurohti H *C* 5038

HARMGIWURHT *f-i* Übeltat ◊ *evil deed*
• *gs* harmgiuurhti H *M* 5038

HARMQUIDI *m-i* Schmähung ◊ *abuse*
• *as/p* harmquidi H *CM* 1322 (haramquidi *V*). 1896. 3528. *C* 5303
• GENB *as* hearmcwyde[#] (y<i, cwi *ras*) 625

HARMLÎK *adj* schmerzlich ◊ *grievous*
• *apnt* harmlic H *C* 5514

HARMLĪKO *adv erbittert* ◊ *fiercely*
• harmlicco HILD 66

HARMO¹ *adv kummervoll* ◊ *sorrowfully*
• harmo H C 5922

HARMO² *m-n Hermelin* ◊ *ermine*
• *ns* harmo GLVERGOX 111,10, armo GLTRSEM XI,4
mygale GLTRSEM GLVERGOX

HARMSKARA *f-ō Bestrafung, Plage* ◊ *punishment, plague*
• *ns* haramscara H C, harmscare M 240 — *gs* harmscaro GLPRUDF1 101,37
• GENB *ns* hearmscearu# 432 — *ds* hearmsceare# 829 — *as* hearmsceare# (2.e<i) 781
plaga GLPRUDF1

HARMWERK *nt-a Übeltat* ◊ *evil deed*
• *as* haramuuerek GEN 35 — *ap* harmuuerk H C, harmuuerc M 1140

HARPA *f-ō + f-n Harfe, Folterbank, Marterrost* ◊ *harp, rack, gridiron (of torture)*
• *ns* harpa GLTRSEM VI,68, harpha⁺ GLTR40 V,47,10 — *ds* harpho^{bfk+?} GLPRUDBR II,573,54, hárpon (o<*corr*) GLPRUDF1 95,18 — *ap* (?) há[rpon] GLPRUDF1 97,20
catasta GLPRUDBR GLPRUDF1 GLTRSEM rotta GLTR40

hars → **HERS**

HĀRSIVI *(nt-i) Haarsieb* ◊ *hair sieve*
• *ns* harsif GLMARF III,717,65
saetacium GLMARF

HĀRSNŌR *(m-i/nt) Haarband* ◊ *hair ribbon*
• *ns* harsnor GLMARF III,722,38
redimicula GLMARF

HARST *(m-a) Gitter* ◊ *grate*
• *ns* harst GLSPET 74,30
cratis GLSPET

HARSTA *f-ō + f-n Rost* ◊ *gridiron*

• *ds* hárstvn GLPRUDF1 101,4 — *np* harsta GLTRSEM VII,133
catasta GLPRUDF1, frigilarium [frixorium] GLTRSEM

HART *(nt-a) Harz, Erdharz, Teer* ◊ *resin, asphalt, tar*
• *ns* hárt GLPRUDF1 98,25, hartz⁺ GLMARF III,717,12, harz⁺ IV,177,17
bitumen GLMARF GLPRUDF1 resina GLMARF

harth → **HARTH** *nom prop*
hartuueishe → ARAWEIZ⁺

HARZAH⁺ *(m/nt-a) Baumharz* ◊ *tree resin*
• *ns* harza⁺ GLSPET 79,14 ‖
resina GLSPET

HASALWURT *f-i Haselwurz* ◊ *hazelwort*
• *ns* haslauurz⁺ (2.u + z *ras*) GLTR40 V,43,6 — *as* haselwurt GLHARD III,605,16
asara [asaron] baccara GLHARD asara, vulgago GLTR40

HASO *m-n Hase* ◊ *hare*
• *ns* haso GLTRSEM IX,113
lepus GLTRSEM

HASPUL *(m-a/i) Haspel, Hebezeug* ◊ *windlass, lifter*
• *ns* asspul GLTRSEM II,106, haspel GLMARF III,718,27
harpago GLMARF GLTRSEM

hat → AT
hát# → HÊT¹
hata → HAFT
hatan# → HÊTAN
háte# → HÊTO
hatilina → HATULĪN
hatogea → AHTON

HATON *v-II hassen, verfolgen* ◊ *to hate, pursue* → **HETTIAND**
• *inf* haton GLGREG 62,12 H C, hatan M 1451 — *pcps gp* hatandiero H M 4915 — *3sipt* hatoda H C 5423
odisse GLGREG

HATUL *adj hasserfüllt, subst der Böse ◊ full of hate, subst the Evil One*
• *nsm* hatul H *CM* 3272, hatulo *C*, hatola *M* 3596

HATULĪN *adj verhasst ◊ hated*
• *npm* hatilina GLEVES 49,7
(odium) GLEVES

HATHDŌMIG *adj kampfberühmt ◊ famed in battle*
• *nsf* haddommiga (*1.*m *abbr*) GLTRSEM XIV,103
striga (strigia *ms*) GLTRSEM

HATHILĪN *nt-a Lumpen ◊ rag*
• *dp* háthilínon GLPRUDF1 101,2
pannus GLPRUDF1

HATHUWALM *(m-i) Feuersturm ◊ fierce fire*
• GENB *as* heaðowelm[#] 324

HAVAN *(m-a/i) (irdener) Topf ◊ (earthenware) pot*
• *ns* hauan GLTRSEM IV,88, hauun (*1.*u<n) VIII,55
baucalis, caccabus, gillo GLTRSEM

HAVANSKERVA *f-ō/n Tonscherbe ◊ shard*
• *gp* háuánscéruíno GLPRUDF1 98,24, haúanscéruíno 98,11
testa, testula GLPRUDF1

hauar → **HOVAR**

HAVARO *m-n Hafer ◊ oats*
o[58] *ns* hauere GLMARF III,720,4 — *gs* hauoron REGFREK *KM*, haueron *K* 25,20. *M* 25,1
far GLMARF

hauf[+] → **HÔP**
hauid(-) → **HÔVID**(-)

GIHĀVID *adj-pcpt gelähmt, verstümmelt ◊ paralysed, crippled*
• *ns* gihávid GLPRUDF1 100,33 — *dsf* gihauideru GLPRUDF1 93,4
arens, mancus GLPRUDF1

GIHĀVIDLIKO *adv nach Art eines Verkrüppelten ◊ like a maimed man*
• giháuidlico GLPRUDF1 100,18/19
curve, mancus GLPRUDF1

AHĀVOD *adj-pcpt gelähmt ◊ paralysed*
• *ns* ahauuod GLTRSEM X,83
mancus GLTRSEM

HAVON *v-II erhöhen ◊ to lift up*
• *inf* haban H *C* 5420

GIHAVON *v-II bei sich behalten ◊ to retain*
• *pcps dsm* gehauentemo[+] (a<e) GLSMIH 589
tenere GLSMIH

HAVUK *m-a Habicht ◊ hawk*
• *ns* hauuk GLTRSEM XXI,25
accipiter GLTRSEM

HAUWA *f-ō Hacke ◊ hoe*
• *ns* haua GLPB2 I,298,46, houuua[+] GLSPET 82,5, huoua[+?] GLTRSEM XVI,17
— *as* haua GLPB2 I,297,4
ligo, tridens GLPB2 vanga GLSPET GLTRSEM

HAUWAN *v-7 (heraus)hauen, schlagen; pcps Steinmetz ◊ to strike, hew out; pcps stonemason*
• *inf* hauẃan HILD 53 — *pcps gp* hauandiero GLPB2 I,297,8 — *3pipt* hĕwun (v *add*) HILD 66 — *pcpt* gihauuuan H *C* 5737
pcps latomus GLPB2

BIHAUWAN *v-7 abschlagen ◊ to cut off*
• *pcpt* bihauuuan H *M*, bihauuan *C* 2807

FARHAUWAN *v-7 abhacken, durchschneiden ◊ to chop off, cut through*
• *3sips* firhouuuid[+] GLSPET 83,13 — *pcpt* farhauuan H *CM* 4877
capulare GLSPET

GIHAUWAN *v-7 verwunden ◊ to wound*
• *3sipt* giheu H *CM* 4981

hazisso[+] → **HAGATISSA**

hāzus

HĀZUS⁺ *f-i Hexe* ◊ *witch* → HAGATISSA
• *ns* hazus⁺ GLTRSEM XIV,104
striga GLTRSEM

HĒ, SIU, IT *pron er, sie, es (selbst)* ◊ *he (himself), she (herself), it (itself)* — *g poss sein, ihr* ◊ *his, her, their* — *d/a refl sich* ◊ *himself, herself, itself, themselves* — *d recipr einander* ◊ *one another*
o⁷⁹⁸⁶ *nsm* he ABRK BEDA BENTR CONFPAL GEN GLEVELT 47,2 GLEVES GLGREG 64,14 GLPRUDF1 GLSMIH 406 HILD 22 H *CMVS* PSGERN 11,6 [15,25] PSLUB 32,9 REGFREK *M* 41,6, he (*stil*) GLGREG 63,17, hie GLPRUDF1 89,19 GEN H *PLC*, hi *M*, he *P* 993, hé GLEVES GLPRUDF1 H *V* 1296, (*neum*) *M* 298, he (<hie) GEN 164, he (i *add*) 56. 94 H *C* 162. 1966, (e *corr*) GEN 218, her⁺ HILD, het° CONFPAL 362,21 — *n/asnt* it BEDA CONFES GEN GLEVELT 46,27 GLEVES GLLECT GLPRUDF1 GLSMIH 406 HILD 35 H *PLVCMS*, it GLEVES 54,16 GLPRUDF1 92,3. 102,26, hit H *C* 1481#?, et GLLAM 67,22, -d GLPRUDF1 96,13 (thúcdád) — *nsf* siu GEN GLEVES H *CMS*, sea *C* 334, sia 337. 505. 2749. 5444. 5926, sîu (*neum*) *M* 311, siu (<sia?) 516, siv GLPRUDF1 103,23, sív 95,4 — *gsm/nt* is CONFES GEN GLEVES GLPRUDF1 H *PLVCMS* PSLUB PSWIT, is GLPRUDF1 URBWERDA 19,8, is GLGREG 63,11. 65,5 (*stil*), his GEN 265. 277. 295, es H *C* HILD 59 — *gsf* iro GEN 87. 88 GLEVES 54,7 H *CM*, ira *CM*, íra GLPRUDF1 94,32, iru H *CM*, ire *MS* — *dsm/nt* im GEN H *PVCMS*, him *C* 960 GEN 267. 284. 294, imu H *MS* PSLUB PSWIT, imo BEDA GLEPIST I,756,6 GLEVELT 46,26 GLEVES HILD PSGERN REGFREK *K* 26,31. *M* 26,14 H *CM*, ímo GLPRUDF1 93,1, îm (*neum*) H *M* 312, imu (u *add*) 5165, im (<imu) 3155, in (<ina) *C* 2523, im (<imm) 330. 1122, une° (= ime) CONFPAL 362,22 — *dsf* iru GLEVES 48,11 H *CMS*, írv GLPRUDF1 104,11, iro H *CM*, ira (gs?) *M* 385, ere (?) (uueldere) GEN 331, íro GLEVELT 46,26, iró GLEVES 54,3 —

hē

asm ina BENW 11 GEN GLEVES H *PLCM*, hina GEN 294. 297. 300. 301 GLEVES 59,35, ine H *MS* PSLUB PSWIT, inan GLADM718 77,12 HILD 43 (man°) H *M* 755, in 4845, îna *C* 5245, ina (a<n) 754 — *asf* sia GEN 3 GLEVELT 46,27 GLEVES H *C*, sie *M*, sea *C*, *M* 253. 1805, siu *C* 5626, sia (<sie) *M* 301, sía GLPRUDF1 92,16, si GLPB2 I,296,37 CONFPAL 363,26 —
n/ap m/f sea GEN H *LVCM*, sia GEN GLEVELT 47,11 GLEVES GLGREG PSGERN H *PLVC*, *M* 2510, sía *V* 1350 GLPRUDF1 102,40, sia (*stil*) GLGREG 63,6, sie GEN 156. 251. 296 H *MS*, *C* 13. 3772 HILD 6 PSLUB 32,19 REGFREK *M* 37,18, się GEN 254, siæ 303, se 280 HILD 34. 63, ŝe 5, siu H *C* 4840 GLSTR 107,39,40 (*nsf?*), sia H *C* (i *add*) 1937. (i *ras*) 5292, sie (e *ras*) *M* 815, se GLMERS 70,7 — *n/apnt* siu GEN H *CM*, *S* 511, sia GLEVES H *C* 15. 1722. 2546. 2564. 3605. 3607, sía GLPRUDF1, sea H *C* 365 (*m/f ?*, sie, e<u *M*). 1429. *CM* 1394, sie *M* 3642 (*m ?*) — *gp* iro GEN GLEPIST GLEVES PSGERN GLPRUDF1 HILD REGFREK KM H *LVCM*, iro (*stil*) GLGREG 63,8,16, íro GLEVES 54,11, ira H *CMS*, *V* 1349, PSLUB CONFES 16,26 GLSTR 107,40 (*gsf?*), iru H *C* 676. 751, íru GLPRUDF1 91,14, era H *C* 897, hiro GEN 182. 236. 325, hira 185. 309 ABRPAL 12 — *dp* im CONFES GEN GLEVELT 47,2 GLEVES H *LCMVS* HILD 67 PSLUB PSWIT, him GEN 179. 183, in H *M* 681, im (<imo) GLEVES 56,23
o⁴¹⁰ GENB *nsm* hé, he, heo° 476 — *n/asnt* hit#, hít# 259 — *nsf* heo#, hie# 822, hio# 684 — *gsm/nt* his#, his# — *gsf* hire# — *dsm* him#, hím#, him# (i>e, del, eo *add*) 401 — *dsf* hire# — *asm* hine# — *asf* hie# — *np* hie#, heo#, hie# 429, hie# (e<s) 781 — *gp* hyra#, heora#, heora# (o<r) 336 — *dp* him#, hím#, him# (*corr*>heom#) 250 — *ap* hie#, heo#, hie# 252, hi# 433
is, ea, id, *refl* sibi GLEPIST GLEVELT GLEVES GLPB2 GLPRUDF1 (PSGERN)

PsLub PsWit ille GlEvEs ipse (he selua)
PsLub PsWit suus GlEpist GlPrudF1
(PsGern) hic GlPrudF1

HÊA *f(-ō) Hitze ◊ heat*
• *ns* heie⁺ GlTrSem XVII,66
cauma GlTrSem

hea-# → HÔH(-)
heaðowelm# → HATHUWALM
heafod# → HÔVID
heah(-)# → HÔH(-)
healdan# → HALDAN
healse# → HALS
hearan# → HÊRRO
heard(-)# → HARD(-)
hearm(-)# → HARM(-)
hearra# → HÊRRO
heban- → HEVAN(-)

HEBBIAN¹ *v-6 (empor)heben, erheben ◊ to lift (up), exalt*
• *3sipt* hof H *M* 3680. 5973, huof *C* 5623 — huoƀun H *C*, hobun *M* 2312

AHEBBIAN¹ *v-6 anheben, (sich) erheben, aufwühlen, rühmen, vorbringen ◊ to raise, extol, stir up, exalt, utter, arise, begin*
• *inf* ahebbean H *C* 24, ahebbian 5892 — *1sips* (erh)[aebb]i[u] (i *add*) PsLub 29,2 — *3sips* ahaƀid H *C* 5362 — *1pops* ærhebbi(e)[n] PsLub 33,4 — *3sipt* ahuof H *CM* 2762 (ahuoƀ *C*) *C* 3680 — *pcpt* ahaban H *C* 3710. (*1*.a<h) 4990 ahaban 2914. 4320 — *pcpt dsf* erhauenerit° (= erhaueneru⁺?) GlSPet 83,31 ‖
• ofermede ahebban *sich in Selbstüberschätzung aufblasen ◊ to puff oneself up with conceit* GenB *inf* áhebban# 294, ahebban# (a *add*) 259 — *3sipt* áhóf 263
exaltare PsLub perciere GlSPet

AFHEBBIAN¹ *v-6 anheben, wegheben, (sich) erheben, beginnen ◊ to lift off, exalt, arise, rise up, begin, start*
• *inf* afhebbien H *M*, afheffian *C* 4324 — *3pops* afhebbian H *C*, afhebbien *M*

4477 — *3sipt* afhuoƀ H *C* 2893, afluf° Gen 94 — *3pipt* afhobun H *CM* 414 (aƀhuobun *C*). 2011. 4090 (afhuobun *C*) — *3sopt* afhobi H *CM* 2626 (afhuobi *M*). 2749 (afhuoƀi *C*) — *pcpt* afhaben H *M* 2914. 3710. 4320. 4990

GIHEBBIAN¹ *v-6 erheben ◊ to elevate, lift*
• *3sips* gíh(é)vid GlPrudF1 103,26 — *3popt* gihobin H *M*, gihoobin *C* 2883
attollere GlPrudF1

UPPHEBBIAN¹ *v-6 erheben ◊ to lift up*
• *1sipt* ufhof⁺ PsWit 85,4
levare PsWit

HEBBIAN², HABÊN⁺ *v-III + v-I haben, besitzen, halten, beibehalten, bewahren; + pcpt (Hilfsverb für Vergangenheitstempora) haben, sein ◊ to have, possess, own, hold, keep, maintain; + pcpt (auxiliary indicating past tense) have — ~ + a pers + for/furi + a jmdn halten für, ansehen, anerkennen als ◊ to consider, accept sb as — ~* barn undar iru *ein Kind erwarten ◊ to be expecting a child — ~* fiuuartig dago endi nahto, iartalu tueliui *vierzig Tage und Nächte, zwölf Jahre alt sein ◊ to be forty days and nights, twelve years of age — te* hosca ~ *verspotten ◊ to deride —* lib ~ *am Leben sein ◊ to be alive*
o⁶⁷⁸ *inf* hebbian, hebbean H *CM*, habbien *M*; hebbien *M* 1328 (hebbian *V*), hebban *C* 2892, habbien GlVergOx 112,4/5, hebbian Gen 6. 167. 172 GlSMih 583g — *1sips* hebbiu ConfEs 17,17 H *CM*, habbiu *C* 933, habbe ConfPal 363,26(2).27 — *2sips* habas, habes H *M*, habis, habis, haƀis *C*; haues *M* 118 (habes *C*) habes Gen 200, habas 1. 43. 54, hauas 193, habes⁺ Hild 47 — *3sips* hauid GlEvElt 46,30 GlEvEs 48,15/16, habad H *M*, habit, habit, haƀit *C*; habid *C* 3828, haƀid 4806. 4823, habed *M* 127. 1482. 4610, habet 5031, habat 5186, *L* 5862, habat 5865, hab& ABC 9 — *1pips* ebbiat Gen 23, habemes⁺ GlEpist I,796,11 — *2pips* habbiad H *M*, hebbeat *C* 3158 — *3pips* habbiad,

hebbian   **-heftian**

hebbiad H *M*, hebbiat, hebbeat *C*; hebbea*d C* 1315 (hebbiat *V*), hebbead *M* 1738, hebbiat *V* 1338 GEN 179, hebbed PSGERN 11,3,4 [15,22,23] — *2sops* hebbias GEN 47, habes⁺ HILD 57 — *3sops* hebbie H *CM* 1498 (hebbea *M*). 2714, hebba REGFREK *M* 43,15, habbe⁺⁷ (*l*.b *ras*) HILD 29 — *1pops* hebbean H *C* 2570 — *2pops* hebbean *CM* 1856 — *3pops* hebbian GEN 208 H *CM* 3002. 3408 (habbien *M*), hebbean *CM* 1904 — *2simp* haba, habe H *M*, ha*b*i, ha*b*i *C* — *2pimp* hebbead, hebbiad H *M*, habbiad 4653. (i *add*) 4647, hebbeat, hebbiat *C*, hebbeat (*l*.b *add*) 405 — *1sipt* habda H *C*, habde (h *ras*) *M* 4426, hadda CONFES 17,8 — *2sipt* habdes H *M* 2955. 3376 (habdos *C*) — *3sipt* habda GEN H *CM*, ha*b*da *C*, habde *M*; hedde *S* 505. 528. 573, ha*b*da (d *add*, *b ras?*) *C* 1028, ha*b*da *V* 1297. 1325 (ha*bd*a *C*), abda GEN 189, hadda BEDA 6 GLEVES — *3pipt* habdun GEN H *PCM*; (b>*b*) *M* 375, (d<b ?) 3905, ha*b*dun, ha*b*dun *C*, habdon 10. 56, haffdun *M* 5053, haddun *C* 3900, hadun 4263, heddun *S* 375. 533, haddon ABRK 9, hadden CONFPAL 362,14, hadd(un) PSGERN 6,11 [13,8; *?pipt*] — *3sopt* habdi GEN 33. 278 H *PCM*, ha*b*di *C*; ha*b*di *CM* 299, heddi *S* 382, háddi GLEVES 54,18 — *1popt* habdin H *CM* 2833 — *3popt* habdin GEN 253 H *CM*, ha*b*din *C* 692. 5375

o⁶⁷ GENB *inf* habban# — *inf d* habbanne# 279 — *1sips* hæbbe#, hafa# 836 — *2sips* hæfst# — *3sips* hafað#, hæfð#, háfað# 363, *neg* næfð# 360 — *3pips* habbað#, hæbbað# 313 — *3sipt* hæfde# — *3pipt* hæfdon#, háefdon# 846, *neg* næfdon# 784

(*Perfekt, Plusquamperfekt* ◊ *perfect, past perfect*) GLEVES habere GLEVES (PSGERN) possidere (PSGERN)

ANDHEBBIAN² *v-III + v-I stützen, standhalten, zurückhalten, refl sich aufhalten* ◊ *to support, withstand, hold, back, refl to stay*
• *inf* anthebbean H *C*, anthebbien *M* 2823. 3072 — *3sips* anthabad H *M*,

antha*b*it *C* 1813 — *2pimp* inthauent⁺ GLPRUDF1⁺ 91,13 — *3sipt* anthabda H *C*, anthabde *M* 2923. 2941
suspendere GLPRUDF1⁺

BIHEBBIAN² *v-III umfassen, umschließen, beschließen, belagern* ◊ *to contain, enclose, encircle, conclude*
• *3sips* bihabad H *M* 1099, behabet 5978, bihabe[t] ABC 14 — *pcpt* behabd H *M*, biha*d*d *C* 3693

heben- → **HEVAN**(-)
hebrengen° → BI**BRENGIAN**
hebreo → **EBREO**

HÊD *m-a/i (+ m-u?) Amt, Rangstufe* ◊ *office, rank*
• *ds* heda GLEVES 54,32 — *as* hed H *M*, heth *C* 4161
gradus GLEVES

HÊDAR *adj hell, klar* ◊ *bright, clear*
• *nsf* hedra H *C* 5714 — *dsf* hederun PSGERN 10,15 [15,10]
(serenitas) (PSGERN)

hedin → **HÊTHIN**

HÊDRO *adv hell* ◊ *brightly*
• hedro H *CM* 600. 636 (<hedron *M*)

HÊDRON *v-II hell werden* ◊ *to brighten up*
• *inf* hedron H *C* 5633

HEFTIAN *v-I binden, fesseln* ◊ *to bind, fetter*
• *3pipt* heftun H *CM* 4917 — *pcpt* giheftid H *C*, gehetid *M* 1483. 1757. 4426. 5053 (gieftid *M*). 5218 (giheftid *M*). *C* 5401. 5589
• GENB *pcpt* gehæfted# 385 — *pcpt npf* gehæfte# 380

ANDHEFTIAN *v-I von Fesseln befreien, lösen* ◊ *to untie, unlock*
• *inf* antheftean (2.e<i) H *C*, antheftien *M* 3080 — *pcpt* antheftid H *C* 5774

BIHEFTIAN *v-I auferlegen* ◊ *to impose*
• *pcpt* biheftid GLPRUDF1 101,8
infligere GLPRUDF1

GIHEFTIAN *v-I gefangen halten* ◊ *to captivate*
• *3sips* giheftid H *C* 2524

TŌHEFTIAN *v-I anheften* ◊ *to attach*
• *3pipt* tuohehtun GLEVES 53,25
imponere GLEVES

hegan → ÊGAN²
hehðe# → HÔHITHA

HEGER *(m-a) Häher, Saatkrähe* ◊ *jay, rook*
— *cf* HIGURA#
• *ns* hegher (*hd s. XIV*) GLMARF III,721,2
graculus GLMARF

HEGHRING *m-a kreisförmige Einhegung* ◊ *surrounding fence*
• *ns* hehhring GLSTR 108,14
orbis GLSTR

HEGITHRŌS *f-i Hode* ◊ *testicle*
• *np* heidrosi⁺ GLSPET 80,7 ‖
p verenda GLSPET

HÊGRO *m-n Reiher* ◊ *heron*
• *ns* hegero GLTRSEM XXI,35, heiro II,100
ardea GLTRSEM

hehhring → HEGHRING
heidarneizela⁺ → ETTARNETILA (ÊTTAR- ?)
heide → HÊTHA
heidrosi⁺ → HEGITHRŌS
heie⁺ → HÊA
heilegan⁺ → HÊLAG
heilison⁺ → HÊLISON

HEILIZZEN⁺ *v-I sich weihen* ◊ *to dedicate oneself*
• *3pipt* heilizidun⁺ GLSPET 77,21
consecrari, initiari GLSPET

heimuurz⁺ → HÊMWURT
heiro → HÊGRO

heittu⁽⁺⁾ → HÊTAN
heitha⁺ → HÊTHA
heithenisse⁺? → HÊTHINISSI

HEKILON *v-II hecheln (mit der Hechel bearbeiten)* ◊ *to hackle, hatchel*
• *pcpt* ihekilod URBWERDA 40,16
linum purgare URBWERDA

heccor → ELKOR
hel → HELL

HÊL¹ *adj gesund, geheilt, unversehrt* ◊ *hale, healthy, unharmed* — ~ uuis (thu) *Heil dir! Sei gegrüßt!* ◊ *Hail to thee!*
• *ns* hel BENTR GLSTR 107,11 H *CM* 259. 2111 (hél *C*). 2335 (hél *C*). 3893. 4114. *C* 5570. 5667 — *asm* helan H *CM* 2108. 2281 — *asf* hela H *C*, hele *M* 3012 — *dpm* helun H *M*, helon *C* 1491
ave χαῖρε (~ uues) GLSTR

HÊL² *nt-a (glückverheißendes) Vorzeichen* ◊ *(propitious) omen*
• *ns* hel GLMARF IV,178,43 — *ds* hele GLVERGOX 114,20
augurium, auspicium GLMARF omen GLMARF GLVERGOX

HÊLAG *adj heilig, geheiligt;* helago *subst der Heilige* ◊ *holy, sacred;* helago *subst saint* — thes helegon auandas *an Heiligabend* ◊ *on Christmas Eve* — helag(o) gest *Heiliger Geist* ◊ *Holy Ghost*
o³⁸⁶ *ns* helag GEN 107 H *LVCM*; heleg *S* 533. 537. *M* 1059 PSWIT 85,2, halag H *C* 5771 — *nsm* helago H *PCM*, helogo *M*; hélago *V*, helego *M* 1313, hælago *C* 5764, helega *S* 521, helge CONFPAL 362,4 — *nsnt* helaga H *C*, helage *M* 663. 3688. *C* 2520, helaga *M*, helage *C* 1584 — *nsf* helaga H *CM* 2443, [h]eli(ga) PSGERN 6,13 [13,12] helge CONFPAL 362,12 — *gsm/nt* helages H *CM*, helagas *C* 50, helagon *M*, helagen *C* 4337, helegon REGFREK *M* 40,32 — *gsf* helagun H *C*, hélagun (*neum*) *M* 360 — *dsm* helagumu H *M* 5969, helegemu

hêlag

PsLub 28,2. 32,21, helagon H *CM*, helagun *C* 4472, heligon PsGern 10,4,10 [14,23. 15,3], heilegan⁺ PsLub 110G, helgen ConfPal 362,7 — *dsf* helagaro H *C* 24, helagun *C*, helogun *M* 1071, helagun ConfEs 17,15 — *asm* helagna H *CM*, helagne *M*, helagana *M* 1129, helagon *PCM* AbrK 13. 16 ConfEs 16,23, helagan H *C*, helagun *C* 4161 (helagan *M*). 5640, halagon *M* 890, halogan AbrPal 18. 19, helgen ConfPal 362,3, helchen 362,3 — *asnt* helag H *CM*; helic (*?>* himilic) *C* 2437, helaga H *CM*, helage *CM* 708. *M* 518 (helege *S*). 1799 (helago° *C*) — *asf* helaga H *CM*; helaga (ga *add*) *C* 2859, helge ConfPal 363, 25, helagun ConfEs 16,23 H *C*, helagon *M*, helagan *C* 3267, hilagon AbrK 17 — *npm* helaga Gen 306 H *CM* 2599 (helage *M*). 4383, helegan PsLub 29,5 — *npnt* helaga GlEvEs 52,5 — *npf* helagun H *C*, helagan *M* 1762 — *gp* helagero H *C*, helagaro *M*, helegera *S* 531, helagaro AbrK 17, heligero PsGern 10,21 [15,16], heligono Beda 10. 15. 17, heligeno PsGern 10,9 [15,2], helgene ConfPal 363,25 — *dp* helagun H *M*, helagon *C* ConfEs 16,4. 17,24 — *apm* helegan PsWit 84,9 — *apnt* helag H *CM* 2093, helagun *C*, helagon *M* — *apf* helaga H *CM*, helagun *C*, helagon *M* — *sup asnt* helgost H *C* 5739
- GenB *nsm* halig# 240. 247. 251. 642, halga# 270 — *dsm* halgum# 742, halgan# 260 — *apnt* halige# (*abbr*) 245
sanctus (Beda) (PsGern) PsLub PsWit (sanctificare) GlEvEs

HÊLAGDŌM *m/nt-a* Heiligkeit, Heiligtum ◊ *holiness, sanctuary*
- *gs* helegdomes PsLub 29,5
sanctitas PsLub

HÊLAGFERAH *adj* ein frommes Herz besitzend ◊ *devout of mind*
- *npm* helagferaha H *CM* 2801

HÊLAGLĪK *adj* heilig ◊ *holy*
- *ns* helaglic H *CM*, hélaglic *V* 1303

hêleri

HÊLAGLĪKO *adv* heilig, erfurchtsvoll ◊ *in a holy manner, piously*
- helaglico H *CM* 328. 333. *C* 448. 5844 (hélaglico *L*), helaglica Gen 283

HÊLAGMĀNUTH *m-cons* September ◊ *September*
- *ns* halegmanoth CalEs

HÊLAGON *v-II* segnen, heiligen ◊ *to bless, consecrate*
- *3sipt* helgoda H *C*, helagode *M* 4634, helegoda *M* 5973

GIHÊLAGON *v-II* sich der Gottheit weihen ◊ *to dedicate oneself to the deity*
- *1sips* gihelion GlTrSem IX,21
initiari GlTrSem

HELAN *v-4* + *d pers*, + *a pers* (vor) jmdm verbergen, verhehlen ◊ *to conceal from, hide*
- *inf* helan Gen 178 H *C*, helen *M* 636. 4665 — *2sips* hilis H *C* 5342 — *3sipt* hal H *C* 5718

BIHELAN *v-4* verbergen, verheimlichen ◊ *to hide, conceal*
- *inf* bihelan Gen 41 — *pcpt* biholan H *CM* 1394. 1577 (biholen *C*), biholen *M*, biholan *C* 1396. 3199. 4178. 4306 — *pcpt apnt* biholonan *C* 847

FARHELAN *v-4* verhehlen, verbergen, verheimlichen ◊ *to hide, conceal, cover up*
- *inf* farhelan H *M*, forhelan *C* 1411. 1754 — *3sipt* forhal H *CM* 3174 — *pcpt* farholen H *M*, faholan° *C* 4297
- GenB *1sips* forhele# 579

AFHELDIAN *v-I* dem Ende zuneigen ◊ *to decline*
- *pcpt* afheldit H *C* 3485

heleg(-) → **HÊLAG(-)**

HÊLERI *m-ja* Erlöser ◊ *Redeemer*
- *gs* helires PsGern 10,11 [15,4]
salvator (PsGern)

helfia → **HELVI**

HELFLING *m-a halber Pfennig* ◊ *farthing* → **HALFLING**
- *ds* helflinga GLEVES 49,20 as GLEVES

helg- → **HÊLAG**
helgoda → **HÊLAGON**

HÊLI *f-ī Heil, Hilfe, Gesundheit, Segenswunsch* ◊ *safety, salvation, soundness, health, benediction*
- heli *ns* PSWIT 84,10. PSPAD 37,4 — *gs* heli PSLUB 115,13 — *ds* heli PSLUB 32,17 — *as* heli H *CM* 3651. 3656 GLEPIST IV,307,7 PSWIT 84,8
salus PSLUB salutare PSLUB PSWIT salutatio GLEPIST sanitas PSPAD

HÊLIAN *v-I heilen, gesund machen, vergeben, erretten, ermutigen* ◊ *to heal, cure, save, forgive, encourage*
- *inf* helean H *CM* 1006. 1841 (heliean *C*) — *2sips* helis H *CM* 3566 — *2simp* heli H *C* 5586 — *3sipt* helda H *C*, helde *M* 1213. 2272. 2357. *C* 2226 — *pcpt* gihelid H *CM* 2152 (gehelid *M*). 3028. 3160. 3754. 4902. *C* 5892
- GENB *pcpt* gehæled# 758

GIHÊLIAN *v-I (+ d rei) heilen (von), erretten, lindern, stillen (Hunger, Durst)* ◊ *to heal, cure (of), deliver, appease*
- *inf* gihelian H *C* 1711 (gehelean *M*). 2098 (gehelien *M*) — *inf d* gihelianne (gi ras) H *C*, geheleanne *M* 2329 — *3sops* gehelie H *M*, gihielie *C* 1966, gihele BENW 13 — *2simp* giheli H *C*, geheli *M* 1067 — *2sipt* giheldes PSLUB 29,3 — *3sipt* gihelida BENW 11, gihelda 12 — *3sopt* giheldi H *C*, geheldi *M* 2299. 3550
sanare PSLUB

HÊLIAND *m-nd + m-a/pcps-ja Heiland, Retter, Erlöser* ◊ *Saviour, Redeemer, Christ*
- *ns* heleand H *M*, heland *C* 2294. 2354 (heland *M*). 3570. 3643. 4032. 4843, heleando *M*, helandi *C* 2306. 3031 (helendio *C*). 4609, helandeo *M*, helendi *C* 2278, helandi *C* 2180. 2206 — *gs* heliandes H *M*, helandes *C* 3620 — *as* heliand H *M*, heland *C* 266, heleand *M*, heland *C* 443. 990 (heland *P*). *M* 958, helandean *M*, helandan *C* 1049 — *gp* heleandero H *M*, helendero *C* 3061. 3156. 3558. *M* 2180, heleandoro *M*, helandero *C* 2031, helendero *CM* 5218, helandero *C* 50

helid(-) → **HELITH**(-)
helig-, helic (?) → **HÊLAG**

HÊLISON *v-II Vorzeichen deuten* ◊ *to prognosticate from signs*
- *1sips* heilison+ GLTRSEM II,99
augurari GLTRSEM

HELITH *m-a + ?m-i Mann, Mensch, Kämpfer, Krieger* ◊ *man, person, fighter, warrior*
- o[115] *ns* helith H *C*, helid *M* 2354 (helit *C*). 3137 (helid *C*). 3556. *C* 1826 — *gs* heliđas GEN 90, helithes H *C*, helides *M*, [ ]liđes *S* 360 — *ds* helithie H *C* 2200 — *np* heliđos H *V* 1351, elithos *C* 346, helithos *C*, helidos *M* GEN 120 HILD 6, heliđas H *S* 722 — *gp* heliđo H *V* 1313. *M* 1682. 1972, helitho *C*, helido *M* GEN 139, heliđa H *S* 356. 500 — *dp* helithon H *C*, helidun *M*, heliđun *S*, helidon *M*, helitho° *C* 518 — *ap* helithos H *C*, helidos *M*
- GENB *m(-cons)/-a np* hæleþas# (þ<l) 285 — *gp* hæleđa# 721. 752. 757

HELITHHELM *m-a Kriegshelm, Tarnhelm* ◊ *warrior's helmet, magic helmet (helmet which makes invisible)*
- *ds* helithhelme H *C* 5452
- GENB *as* hæleđhelm# 444 (heolođhelm?)

HELITHKUNNI *nt-ja Menschengeschlecht* ◊ *mankind*
- *ds* helidcunnie H *M*, helithcunnie *C* 1411. 2624 (helithcunne *C*)

helchen → HÊLAG
helcor → ELKOR

HELL *f-jō + m-i Hölle* ◊ *hell* → HELLIA
- *gs* helli PsLub 114,3 — *ds* hell H *C* 3605 (*f*). *CM* 3388 (*f*), helli (h *add*) Gen 79 — *as* hell Gen 2 (*f*) H *C*, hel *M* 2511 (*m*). 3357 (*m*). 4446 (*f*), hell *C* (*m*) *M* (*f*) 3400
- o²³ GenB *ns* hell 721, helle 319 (*as?*) — *gs* helle, hélle 362 (*ds?*) — *ds* helle — *as* helle, héll 331

infernus PsLub

HELLAN *v-3 tosen* ◊ *to roar*
- *3pipt* hullun GlVergOx 114,18

sonare GlVergOx

HELLDOR *nt-a Höllentor* ◊ *gate of hell*
- *dp* helldoron H *C* 5774
- GenB *gp* héldora 380 — *ap* helldora 447

helleclommas# → HELLIKLAMM

HELLIA *f-jō + f-jōn Hölle* ◊ *hell* → HELL
- *gs* hellia H *C* 2081 (helleo *M*). 5433. *M* 2601, hellea *C* 945, hellie *M* 1275 (hella *C*). 2639. 3072. 5169, helleo 2145, hella *C* 1500, helliun 5429 — *ds* helliu H *CM* 1778 (hellia *C*). 3364. 3370. 3384. 4922. *M* 3605 PsLub 29,4, helle ConfPal 362,13 — *as* hellea H *CM* 898. 1038, hellia *C*, hellie *M* 4430 — *np* hellia H *C*, hellie *M* 3078

infernus PsLub

HELLIAN *v-1 verhüllen* ◊ *to cover, veil*
- *1sips* helo GlTrSem XVI,52

velare GlTrSem

BIHELLIAN *v-1 verhüllen, einhüllen* ◊ *to cover, wrap up*
- *pcpt* bihelid H *CM* 4101. *C* 5452. 5904

HELLIFIUR *nt-a Höllenfeuer* ◊ *hell-fire*
- *gs* hellifiures H *C* 2639

HELLIGITHWING *nt-a Höllenqual* ◊ *hell-torture*
- *ns* helligithuing H *C* 2145 — *as* helligithuuing H *M* 945, helligithuing *C* 5169, helligethuing *M* 1500
- GenB *as* hellgeþwin: (-g *ras?*) 696

HELLIGOD *nt-a Gottheit der Unterwelt* ◊ *deity of the underworld*
- *np* helligot GlTrSem X,78

manes GlTrSem

HELLIGRUND *m-u/-i Abgrund der Hölle* ◊ *abyss of hell*
- *as* helligrund H *CM* 1491. *C* 2601

HELLIKLAMM *m-a Höllenfessel* ◊ *hell-bond*
- GenB *np* helleclommas#* 373 (helle clommas?)

HELLIPORTA *f-n Höllenpforte* ◊ *gate of hell*
- *np* helliportun H *C* 3072

HELLISKATHO *m-n Höllenfeind* ◊ *hell-foe*
- GenB *ns* hellsceaða# 694

HELLIWĪTI *nt-ja Höllenstrafe* ◊ *hell-pains*
- *as* helliuuiti H *CM* 1483
- GenB *gs* hellewites 303 (helle wites?)

HELLSĪTH *m-a Weg zur Hölle, zum Totenreich* ◊ *path to hell, to the underworld*
- *as* hélsit H *C*, helsid *M* 2354

hellsceaða# → HELLISKATHO

HELM *m-a Helm* ◊ *helmet*
- *ns* helm GlHard IV,266,47 GlMarf III,716,64 GlSpet 85,14‖ GlTrSem IV,71. VIII,43 — *ds* helme GlSpet 85,16‖

cassis GlHard GlMarf GlSpet GlTrSem galea GlMarf GlTrSem

HELMBERAND(I) *m-nd/pcpt-ja behelmter Krieger* ◊ *helmeted warrior*
- *gp* helmberandero H *CM* 765

HELMGITRÔSTIO *m-j-n bewaffneter Gefolgsmann* ◊ *armed liegeman*
• *np* helmgitrosteon H *C* 58

helo → **HELLIAN**
helog- → **HÊLAG**

HELPA *f-ō Hilfe, Beistand, Rettung, Erlösung* ◊ *help, assistance, rescue, salvation*
o¹¹⁸ *ns* helpa H *CMS*, helpe *M* — *gs* helpa H *CM* 3540 — *ds* helpu H *CM* — *as* helpa GEN 274 H *CMS*, helpe *M*; helpu *C* 1608 — *np* helpa H *CM* 4401. *C* 5917 — *gp* helpono H *CM* — *dp* helpun H *CM* 2956. 3750 (helpon *C*). *C* 51. 5600, helpon *C* 3622
• GENB *ds* helpe 702 — *as* helpe 521

HELPAN *v-3 helfen, (+ g) Abhilfe schaffen gegen; pcps Schirmherr* ◊ *to help, (+ g) to remedy sth; pcps patron*
• *inf* helpan H *CM* 1275. 1686. 2031. 2095. *C* 5436. 5455, helpen *M*, helpan *C* 4101. 4117 — *2sips* hilpis H *CM* 3566 — *2simp* hilp GLEVES 59,10 H *C* 1612 (help *M*). 5586 — *pcps dsm* helpandemo BEDA 18 — *pcps apm* hélpánthivn GLPRUDF1 102,15/16 — *3sipt* halp H *CM* 2156. *C* 2226 — *2pipt* hulpun H *CM* 4423 — *pcpt* giholpan H *C*, giholpen *M* 3031. 3504. 3895 (geholpan *C*)
succurrere GLEVES *pcps* auxiliator, patronus GLPRUDF1

GIHELPAN *v-3 helfen, beistehen* ◊ *to help, stand by*
• *inf* gihelpan H *C* 2211 — *1pips* gihelpat H *C* 5887

HELPERI *m-ja Helfer* ◊ *helper*
• *ns* helpheri⁺⁷ PSLUB 32,20
adiutor PSLUB

HÊLSAMO *adv glückverheißend* ◊ *auspiciously*
• helsamo GLPRUDF1 95,1
auspicato GLPRUDF1

HELSIAN *v-1 umarmen* ◊ *to embrace*
• *inf g* helsiannias CONFES 17,4

HELTA *f-ō Ruderpinne, Schwertgriff* ◊ *tiller, sword-handle* → **HILTIA**
• *as* helta GLVERGOX 111,6, helte GLMARF III,716,62, helza⁺ GLSPET 85,13 ‖
capulus GLMARF GLSPET clavus GLVERGOX

heluu⁺ → ELU

HELVI *nt-ja Handgriff* ◊ *handle*
• *ns* helue GLHARD IV,260,41 — *ds* helfia GLEVELT 46,16
manubrium GLEVELT GLHARD

HÊM *nt-a Zuhause, Wohnsitz, Heimat, Stammsitz* ◊ *(ancestral) home, dwelling*
• *ns* hem H *CM* 3142 — *as* hem H *CM* 947. 2798. 3172. 3359 — *dp* hemun H *M*, hemon *C* 4114 — *ap* hem H *CM*, hem *S* 358

HÊMBRUNG *(m-i) Ertrag* ◊ *return*
• *ns* hembrung GLVERGOX 112,15
reditus GLVERGOX

HÊME *adv daheim* ◊ *at home*
• heme HILD 47

HEMERA *f(-n) Weißer Germer* ◊ *white hellebore*
• *ns* hemera GLTR40 V,42,29
gentiana GLTR40

HÊMGOD *m-a Schutzgott des Hauses* ◊ *tutelary god (of the household)*
• *gp* hemgodo (*abbr*) GLPRUDF1 94,20 — *ap* hemgoda (*abbr*) GLPRUDF1 101,19
penates GLPRUDF1

HÊMINA *adv von daheim* ◊ *from home*
• hémena⁺ GLSMIH 264
domo GLSMIH

HEMITHI *nt-ja Hemd* ◊ *shirt*
• *ns* hemithi GLSPET 82,24 GLTRSEM V,85, hemethi V,15
camisia GLSPET GLTRSEM chlamys GLTRSEM linea GLSPET

HEMITHLAKAN *nt-a Hemdenstoff* ◊ *shirting*
• *ns* himethlaken GLMARF III,717,29, hemitlʰachan⁺ GLTRSEM V,17
camisale GLMARF camisile GLTRSEM

HEMITHTIUG (?) *nt-ja Hemdenstoff (?)* ◊ *material for shirts (?)*
• *ns* hemmit|(ti)o| (tio *superscr*) URBWERDB 108,3

HÊMSITTIANDI *m-nd/pcpt-ja regierender Fürst* ◊ *ruling sovereign*
• *dp* hemsittendion H C, hemsitteandiun M 343

HÊMWURT *f-i Bingelkraut* ◊ *mercury*
• *ns* heimuurz⁺ GLTR40 V,42,20
concordia, mercurialis maior GLTR40

HENDILING *m-a Händling (Hohlmaß)* ◊ *a measure of capacity*
• *mlat as* hendilingum CH 1068¹

HENGI *(nt-ja) Henkel* ◊ *handle*
• *ns* henge GLMARF III,717,44
ansa GLMARF

HENGIKLIF *nt-a steiler Felshang* ◊ *steep cliff*
• GLWERDA *ns* haengiclif# 342
praeruptus GLWERDA

HENGINN *f-jō Erhängen, Hinrichtung* ◊ *hanging, execution*
• *ds* henginnia H C 5433, henginna 5589 — *as* henginna H C, hinginna M 5167

HENGIST *m(-a) Wallach* ◊ *gelding*
• *ns* hengist GLMARF III,716,54
spado GLMARF

GIHENGITHA *f-ō Zustimmung* ◊ *approval*
• *ns* gehengida⁺ GLSPET 79,29 ‖
assentio GLSPET

henu*m* → ÊN
heo# → HÊ, SIU, IT
heodæg# → HŌDIGU

heofon(-)# → HEVAN(-)
heom# → HÊ, SIU, IT
heonane# → HINANA
heonon# → HINAN
heora# → HÊ, SIU, IT
heort-# → HERTA
heouandi → HIOVAN
her⁺ → HÊ, SIU, IT

HÊR *adv hier, hierher* ◊ *here, in, towards this place* — ~ *to hierzu* ◊ *to this*
o²⁶⁰ her, hir H CMS, hér S 558, herr C 727, híer V, hier GEN H LVC, hier M 2439, hierr C 2583. 4393, her (e<i, r *add*) 1915, hir CONFPAL 362,17. 363,28 GLEVES 50,29 MN REGFREK K 24,23. M 24,12, ír GLPRUDF1 96,20
o¹² GENB her, hér

HÊR *adj hoch, vornehm, angesehen, alt, bejahrt* ◊ *high, noble, distinguished, foremost, aged, comp senior* — *subst* herost(o) *Herrscher, Regent, Oberhaupt, Vorsteher, Anführer* ◊ *prince, ruler, chief, head, leader* → HÊRRO
• *ns* her GEN 102. 139 H CM 1682. 3240. 3922. 4279. 4449. 5049. C 4703 — *dsm* heremo HILD 56 — *asm* heran H C 691 (heron M). 5375. M 980 — *comp nsm* heroro HILD 7 — *sup nsm* herost H CM 3254, herrost C, herost M 3556. 3558, herosto M, herrosto C 3414. C 3441 — *sup gsm* heroston H M, herrosten C 3793 — *sup dsm* heroston H M, herrosten C 2046 (herosten C). 2883 (herosten M). 3344. 4949, hereston REGFREK M 41,31 — *sup asm* herost H M, herrost C 5030, herrosten C 5887 — *sup npm* herost H CM 3790

herano → HÊRRO
herd → HERTH

HERDA *f-ō* — herdon *im Wechsel* ◊ *in turn*
• *dp* herdon GLEVES 60,12
vicissim GLEVES

herdan → HARD

HERDIAN *v-I stark machen* ◊ *to strengthen*
• *pcpt* giherdid H *CM* 1051

HERDISLI *f-ī* (**HERDISLI** *nt-ja?*) *Stärke* ◊ *strength*
• *ns* (*np?*) herdisli H *C* 4965

HERDISLO *m-n Stärke* ◊ *strength*
• *ns* herdislo H *M* 4965

HÊRDŌM *m-a Obrigkeit, Vorgesetzter, (Dienst-)Herrschaft, Herrscherwürde, hohes Ansehen* ◊ *authorities, superior, master (and mistress), majesty, eminence*
• *gs* herdomas CONFES 16,16 — *ds* herdoma CONFES 16,9 — *as* herdom H *M*, herduom *C* 2892, herduom GLEVES 55,25
culmen GLEVES

herdos → **HIRDI**
hêred → **HÔRIAN**
hereherclil° → HERIBERGLĪK
heren → **HÊRRO**

HERETIKERI *m-ja Häretiker* ◊ *heretic*
• *ns* [h](e)[reti]keri PSGERN 9,6 [14,15] — *gp* heretikero PSGERN 11,1 [15,20] — *ap* heretikere PSGERN 10,17/18 [15,12/13]
haereticus (PSGERN)

HERI *m-ja Schar, Leute, Heer* ◊ *crowd, people, army*
• *ns* heri H *M* 2001 — *gs* heries H *CM* 3693 — *as* heri H *CM* 4320. *M* 2014 — *dp* heriun HILD 3

HÊRI *f-ī* (**HERI** *f-i?*) *Schar (der Vornehmen), (führende) Leute, Erhabenheit* ◊ *crowd (of nobles), (leading) people, grandeur*
• *ns* heri H *CM* 4926. 5057. *C* 2001. 4127. 5413. 5423 — *ds* heri H *CM* 1972 (heriu *M*). 3526. *C* 5470. 5476. 5876, héri GLPRUDF1 102,20 — *as* heri H *CM* 1898 (heri:: *C*). *C* 2014 (héri). 5409, hieri 5368 — *gp* hereo H *M* 4127
maiestas GLPRUDF1

HERIBANNUS *mlat Heersteuer* ◊ *war tax*
o^43 *as* heribannum DIPL URBWERDA, heri*bannum* (*abbr*), héri*bannum* (*abbr*) 38,7, heri*bannum* (*abbr*) 43,20 — *abls* heri*banno* (*abbr*) URBWERDA

HERIBERGA *f-ō Heerlager* ◊ *army camp*
• *np* heriberga GLSPET 86,26 ‖
• *mlat d(?)s* haribergi URBWERDB 131,8
statio GLSPET

HERIBERGLĪK *adj zum Heerlager gehörig* ◊ *belonging to an army camp*
• *ns* hereherclil° (= hereberclih⁺) GLSPET 86,24 ‖
castrensis GLSPET

HERIBÔKAN *nt-a Kampfsignal, Feldzeichen* ◊ *signal for battle, ensign*
• *ns* heribocan GLPRUDF1 93,28 — *ap* eribethoon° (= eribochoon⁺ ?) GLPB1 I,358,7
signum GLPB1 sistrum GLPRUDF1

HERIDŌM *m-a Herrschaftsgebiet, Reich* ◊ *territory, realm*
• *gp* heridomo H *M*, heriduomo *C* 2757 — *ap* heridomos H *M*, heriduomos *C* 1102

HERIFRISKING *m-a Abgabetier* ◊ *war-tax animal*
• *np* herifri*scinga* (*abbr*) URBWERDB 107,20

HERIGISELLIO *m-j-n Mitstreiter* ◊ *fellow combatant*
• *ns* herigesello^{bfk+?} GLEPIST I,772,16
commilito GLEPIST

HERIGITIUG (**HERITIUG** ?) (*nt-a*) *Heeresversorgung* ◊ *supplies for the army*
• *np* heritiuhc GLMAGD
commeatus, stipendium GLMAGD

HERIHORN *nt-a Kriegstrompete* ◊ *wartrumpet*
• *ns* herehorn GLMARF III,717,3
lituus, tuba GLMARF

herihūthia   **heritogo**

HERIHŪTHIA *f-jō Heeresbeute* ◊ *booty*
• GLWERDA *ns* herihyd[#] 345 pretium, tropaeum GLWERDA

HERIMALDAR *(nt-a) Heermalter (Roggenabgabe)* ◊ *war-tax (of rye)*
o^{185} *ds* herimaldre URBWERDA 21,10/11. 38,5, herimal*dre* (*abbr*) — *as/p* herimalder URBWERDA 28,11. 29,2,9. 30,13,17. 31,4,8,20 URBWERDF 256,17. 259,10, herimal*der*, herim*alder* (*abbr*) URBWERDA URBWERDF, heri*malder* (*abbr*) URBWERDA, herimal*der* (*abbr*) 30,6, he*rimalder* (*abbr*) 83,22, heri*malder* (*abbr*) 83,10, heri*malder* (*abbr*), hirimal*der* (*abbr*) 31,18
mlat absp herimaldris URBWERDA 25,12

HERING *m-a Hering* ◊ *herring* → **HĀRING** (?)
• *ns* hering GLVERGOX 111,18 sardina GLVERGOX

herino → **HÊRRO**

HERION *v-II ausplündern* ◊ *to plunder*
• *1sips* herion GLTRSEM VI,84 depeculari GLTRSEM

FARHERION *v-II verwüsten* ◊ *to devastate*
• *1sips* far*h*eron[+?] GLTRSEM II,115 atterere GLTRSEM

HERIRINK *m-a Kriegsmann* ◊ *warrior*
• *ap* heririncos H *CM* 2115

HERISKEPI *nt-i Heerschar, Schar, Menge, Leute, Volksgruppe* ◊ *host, crowd, people, ethnic group*
• *ns* heriskepi H *M*, heriscipi *C* 411 (heriscepi *C*). 2294. 4474 (heriscepi *M*, -i<j ? *C*). *C* 5285. 5481 — *ds* heriscepi H *M*, heriscipie *C* 727 (heriscipi *C*). 3790 (heriskepi *M*). 4930. 5263. *C* 55. 5375. 5413, herescephe DIPL 1065/2, herisce*f*se° (= herisceffe[+]) DIPL 1019 — *as* heriskepi H *M*, heriscipi *C* 1987. 2174

HERISKILLING *m-a Heerschilling (Abgabe)* ◊ *war-shilling (tax)*
o^{827} *ds/as* heriscilling URBWERDA 45,16 URBWERDB 117,12 URBWERDC 140,6. 142,27/28, herescilling 141,25 URBWERDTRAD 160,3, herisciling 160, 14/15, herischillinc URBWERDF 247,28 (n<u), herschillinc URBWERDE 228,26 URBWERDF 247,25, heri*scilling* (*abbr*) URBWERDA URBWERDB URBWERDC, heri*scilling*, her*iscilling* (*abbr*) URBWERDA URBWERDB, heriscil*ling*, heri*scilling*, he-ri*scilling*, heri*scilling*, heri*scilling*, heri*sci*l*ling* (*abbr*) URBWERDA, heris*cilling* 70,13. 81,19, heris*cilling* 81,16/17, he*riscilling* 69,25, her*iscilling* (*abbr*) URBWERDC 150,18, herisch*illinc* (*abbr*) URBWERDF, herischill*inc* 247,29. 256,12, heri*schillinc* 261, 27/261,1, herescill*ing* (*abbr*) URBWERDTRAD heresch*illinc* (*abbr*) URBWERDE 231,8, hesc*illinc*° (*abbr*) 229,25, herscill*inc*, hersc*illinc*, herschill*inc*, her*schillinc* (*abbr*) URBWERDE URBWERDF, herschil*linc* (*abbr*) URBWERDE, hersci*llinc* (*abbr*) URBWERDF 267,26, herscill*inc* (*abbr*, s<c) 267,1 — *np* herscillingæ URBWERDF 255,27

HERISKULD *f-i Heeresabgabe* ◊ *war-tax*
• *as* (?) herescult URBWERDD 173,22,26

HERISTIURA *f-ō Heeressteuer* ◊ *war-tax*
• *ns* heristura GLTRSEM VII,56 expeditio GLTRSEM

HERISTIURIA *f-jō Heeressteuer* ◊ *war-tax*
• *dp* héristívrion GLPRUDF1 100,13 stipendium GLPRUDF1

heritiuhc → **HERIGITIUG (HERITIUG?)**

HERITOGO *m-n Heerführer, Befehlshaber, Statthalter, Herzog, Herrscher* ◊ *commander, superintendent, governor, duke, ruler*
• *ns* heritogo H *CM* 765. 5246. *C* 5314. 5339. 5368. 5409. 5476. 5550. 5558 — *gs* heritogen H *C* 5441 — *ds* heritogen H *C* 5420. 5465 — *as* heritogon H *CM*

2704. 5125. *C* 5461. 5722 — *np* heritogon H *CM* 343 (h<e *? M*). *C* 58 — *gp* heritogono H *M*, heritogo *C* 2735

HÊRITHA *f-ō Wichtigkeit ◊ importance*
• *as* heritha GLEVES 54,1
dignitas GLEVES

HÊRLĪK *adj hochgestellt, der Gottheit gehörig ◊ high-ranking, belonging to the Godhead*
• *ns* herlitc⁺? (r<l) GLTRSEM II,48 — *apf* herlica GLSTR 107,42
aedilis (~ man) GLTRSEM Venerius GLSTR

HERMIAN *v-I verleumden ◊ to slander*
• *1sips* hermio GLTRSEM IV,104
calumniari GLTRSEM

HEROD *adv hierher ◊ (over) here, towards this place*
o⁴³ herod H *LCMS*

GIHÊROD *adj (pcpt) vornehm ◊ noble*
• *nsm* giherod H *C*, gierod *M* 4144, giherodo *M*, gierodo *C* 102 (*cf* **ÊRON**?)

HÊRODI *nt-ja Leute von Stand ◊ persons of rank*
• *as* heróti⁺ GLEPIST I,797,35
personae GLEPIST

HERODWARDES *adv bis hierher ◊ to this place*
• heroduuardes H *CM* 5241

herr → **HÊR**
herreon°? → **HÔRIAN**

HÊRRILĪK *adj dem Hausherrn angehörig ◊ belongig to the master*
• *dsf* hérrilcvn° GLPRUDF1 104,8
erilis GLPRUDF1

HÊRRO *m-n Herr, Gebieter, Beherrscher ◊ master, lord/Lord, ruler* → **HÊR**
o²¹⁷ *ns* herro H *CM*, herra *S* 573, erro GEN 170 — *gs* herron H *M*, herren *C*, herron GEN 77 H *C* 932. 4999. 5265.

herran *M* 1093. 1171 GEN 6. 283, hérron GLPRUDF1 92,36, herren CONFPAL 363,22 — *ds* herron GEN 113 H *CM*, herren *C*; hérron *L*, heren *C* 5830, herran *M* 1199. 1542 GEN 41 — *as* herron HILD 47 H *CM*, 997 *P*, herran *P* 968. 980 (herren *C*). *M* 4580, hérran *V* 1342, herren *C* 3905 CONFPAL 362,2 — *np* herron GLEVES 61,11 — *gp* herrono H *C* 4627, herano REGES 21,18, herino 21,6 — *ap* herron H *M* 4627
• GENB *ns* hearra# 288. 358. 521. 542. 764, herra 678 — *gs* hearran# 625. 658. 664. 757. 796, hierran# 633, hérran 768, herran 567. 819 — *ds* héarran# 339, hearran# 285. 301. 654. 726, hearan# 506, herran 579. 586 — *as* hearran# 279. 294, herran (e>ea) 263
dominus GLPRUDF1 imperans GLEVES

herrost(-) → **HÊR**

HERS *nt-a Ross ◊ horse* → **HROSS**
• *ns* hars PSLUB 32,17 — *as* hers BENW 13
equus PSLUB

HÊRSKEPI *m/nt-i höchster Rang ◊ chief position*
• *gs* herscepias GLEVES 52,10
principatus GLEVES

HERSTIAN *v-I rösten ◊ to roast*
• *inf* hestrien GLPB2 I,298,52 — *1sips* herstin⁺ GLTRSEM VII,137
frigere GLTRSEM torreri GLPB2

hert → **HERTH**

HERTA *nt-n Herz ◊ heart*
• *ns* herta H *CM* 1654. *C* 2532. 4705, herze⁺ PSLUB 32,21. 111,7,8 — *gs* herton PSGERN 7,3. 11,6 [13,16. 15,25], herzan⁺ PSLUB 32,11 — *ds* herten H *C*, herton *M* 500 (hertan *S*). 1804. 2372. 2467. 3160. 3376, herten *C*, hertan *M* 1483. 2505. 2608. 4868. 4965. 4995. *C* 5470. 5679. 5688, herzan⁺ PSWIT 84,9 — *as* herta GEN 96 H *CM* 607. 804.

herta

1315 (V, a<d C). 4589. C 55. 2524. 4255, herta C, herte M 1051. 1754. 1757. 1762. 3179. 3292. 3688. 4625. 4672. 5049 — *gp* [he]rtono PsGern 11,1/2 [15,20/21] — *dp(s?)* herton PsGern 11,5 [15,24] — *ap* hertun H C, herton M 746, hertan C 21. M 4255, herzan⁺ PsLub 32,15
• GenB (f-n) *ns* heorte# 716 — *ds* heortan# 636. 724. 826 — *as* heortan# 530. 759, héortan# 354
cor (PsGern) PsLub PsWit

HERTĀTHRA *f-ō* Arterie, Schlagader ◊ *artery*
• *np* hertathere GlMarf III,722,21
fibra GlMarf

HERTKARA *f-ō* Herzeleid ◊ *heartbreak*
• *as* hertcara H CM 5005

HERTSUHT *f-i* Herzkrankheit ◊ *heart condition*
• *ns* herzsuht⁺ GlTrSem IV,83
cardia GlTrSem

HERTH *(m-a)* Herd ◊ *hearth*
• *ns* herd GlVergOx 111,26, hert GlTrSem IX,47
arula GlVergOx ignitabulum GlTrSem

HERUBENDI *m-i p* starke Fesseln ◊ *strong fetters*
• *dp* herubendion H C, herubendiun M 4917. 5224. C 5488

HERUDRÔRAG *adj* schwertblutig ◊ *swordbloody*
• *ns* herudrorag H CM 4878

HERUGRIMM *adj* mordgrimmig ◊ *very fierce*
• *ns* herugrimm H C, herugrim M 4658

⁺eruo → ERVO

HERUSÊL *nt-a* todbringender Strick ◊ *deadly rope*
• *as* herusel H CM 5167

hêtan

HERUTHRUMM *m-i* todbringende Wucht ◊ *deadly force*
• *dp* heruthrummeon (*abbr*) H C 5705

herz-⁺ → HERTA
herzsuht⁺ → HERTSUHT

HESILĪN *adj* vom Haselstrauch stammend, aus Haselholz bestehend ◊ *consisting of hazel-wood, being from hazel*
• *apf* hesilinas (°? = -a?) GlAdm718 77,10
• GlWerda *ns* haeslin# 344
amygdalinus GlAdm718 storacinus GlWerda

hes*cillinc*° → HERISKILLING

HÊSTIG *adj* ruchlos ◊ *wicked*
• *sup nsm* sastigosto° (= hastigosto) GlPb2 I,296,11
facinorosus GlPb2

hestrien → HERSTIAN
het° → HÊ, SIU, IT

HÊT¹ *adj* heiß ◊ *hot*
• *ns* het H M, hét C 4367 — *dsf* hetun H C 3388 (hetan M). 3605 (heton M) — *asm* hetan H CM 2511 — *asnt* heta H CM 899 — *asf* heta H C 2573, hetun C, hetan M 4446 — *npm* heta H C, hete M 4072. 5005 — *dpm* heton H C 5922
• GenB *ns* hát# 354. 377 — *g(d?)sf* hátan# 362 — *asm* hatne# 324 — *asf* hátan# 331, hatan# 439 — *npm* hate# 754

HÊT² *nt-a* Hitze ◊ *heat* — *cf* HÊTI
• *ns* het H CM 1778. 2145 — *as* het H CM 5169 (hiet C). C 3437

GIHÊT³ *nt-a* Versprechen ◊ *promise*
• GenB *ds* gehate# 706

HÊTAN *v-7* befehlen, gebieten, nennen, heißen ◊ *to command, order, call, name, to be called*
o²⁵² *inf* hetan H CM; heten M 1461. 3068 — *1sips* hetu H C 2117, heittu⁽⁺⁾ Hild 17 — *2sips* hetis H CM 1065. 2057. 2062 — *3sips* hetid H M, hetit C

1899. 3625. 4846 (hetid *C*) — *1sops* hete H *M* 2117 — *2simp* het H *CM* 2936 (hiet *C*). 3286. *C* 5756 — *3sipt* het GlGreg 65,12 H *CMS*, hiet *PLC*; h& *M* 868, hiet 122. 123. 345 Gen 156. 250, hét H *S* 579, het (e<i) *C* 595, hiet (et<t/&) 122 — *3pipt* hetun H *M*, hietun *C* Gen 293 (2). 303, heton Beda 5 H *C* 4236 — *3sopt* heti H *M*, hieti *C* 3724. *M* 3860, hætti Hild 17 — *3popt* hetin H *M*, hietin *C* 134 — *pcpt* hetan Gen 132 H *CM*, heten *MS* — *pcpt npm* hetana H *C* 18 — *pcpt npf* hetana H *C* 5747
• GenB *inf* hatan# 344 — *3sipt* het 499. 500. 516. 525. 527. 537, hét 345 — *3sopt* hete# 831 — *pcpt* haten# 718
dici GlGreg vocari (Beda)

ANDHÊTAN *v-7 anordnen, hingeben* ◊ *to direct, devote*
• *3sops* intheize+ GlPrudF1+ 89,8 — *3sipt* anthiet H *C* 5617
devovere GlPrudF1+

BIHÊTAN *v-7 geloben* ◊ *to vow*
• *1sips* beheizon+ GlTrSem VI,133 — *3sipt* bihet GlEvEs 61,22
devovere GlEvEs GlTrSem

FARHÊTAN *v-7, pcpt der, dem abgeschworen worden ist (Teufel)* ◊ *the forsworn one (devil)*
• GenB *pcpt nsm* forhatena# 609

GIHÊTAN *v-7 verheißen, versprechen* ◊ *to promise*
• *1sipt* gihet H *M*, gihiet *C* 4573 — *3sipt* gihet GlEvEs 56,23 H *CM* 1242. 3413, gihiet *C*, gihet *M* 1388. 2081. 4487. 4832 (gehet *M*) — *3pipt* gihetun H *CMS* 568, gehetun *M*, gihietun *C* 1143, gi&un Gen 296 — *pcpt* gihetan H *CM* 486. *C* 3441
• GenB *3sipt* gehet 653. 714
spondere GlEvEs

hetandero → **HETTIAND**

HĒTESPRǢC# *f-jō feindselige Rede* ◊ *hostile speek*

• GenB *as* hétespræce#* 263

HETI *m-i Hass, Feindseligkeit* ◊ *hate, hatred, hostility*
• *gs* hetias ConfEs 16,11 — *ds* heti Gen 60 — *as* heti H *VCM* 1322
• GenB *ds* hete# 648. 757 — *as* hete# 768. 819, hęte 301

HĒTI *f-ī Hitze* ◊ *heat* — *cf* HĒT²
• GenB *f-ō ns* hæto# 389

HÊTIAN *v-1 anfachen* ◊ *to fan*
• *inf* hetian H *C*, hetean *M* 2460

HETIGRIMM *adj hasserfüllt, grausam* ◊ *filled with hatred, cruel*
• *ns* hetigrim H *CM* 4330 — *asm* hetigrimman H *C*, hetigrimmen *M* 3017. 3545. 4178 (hetigrimmon *M*)

HETILĪK *adj feindselig* ◊ *hostile*
• *ns* hetilic H *CM* 4215 (hetelic *M*). 4320

HÊTO *adv heiß* ◊ *hotly*
• heto H *CM* 3364. 3370 Gen 19
• GenB háte# 810, hate# 383

hettaruurtia → **ETTARWURT** (Ê ?)

HETTIAND *m-nd + m-a/pcps-ja Hasser, Feind, Verfolger* ◊ *hater, enemy, persecutor* → **HATON**
• *ns* hettiand H *C*, hetteand *M* 4658 — *gp* hettendero H *C* 4915, hetteandero *L*, hetandero *C* 5858 — *dp* hettiandeon H *M*, hettendion *C* 2809. *C* 5488, hetteandun *M*, hettindeon *C* 2281, hettendiun *M*, hettendon *C* 5224

heth → **HĒD**

HÊTHA *f-ō Heide, Heidekraut, Thymian* ◊ *heath, heather, thyme*
• *ns* heitha+ GlTrSem XI,2, heide GlMarf III,720,31, heyde (*hd s. XIV*) 30 — *ds* hetha RegFrek *M* 36,21
myrica GlMarf GlTrSem thymus GlMarf

HÊTHĪN *adj heidnisch* ◊ *heathen — subst* hethino *Heide* ◊ *pagan*
• *nsm* hethin H C, hedin M 2335 — *asm* hethinon H C, hethinen M 3238 — *npm* hethina ABRK 8 — *gp* héthínano GLPRUDF1 95,29 — *dp* hethinon ABRK 7 — *apm* hethinun PSGERN 10,18 [15,13] — *apf* hethina H M, hie|theoda° C 4167
paganus (PSGERN) natio GLPRUDF1

HÊTHINISSI *nt-ja Heidentum* ◊ *heathenism, paganism*
• *ds* heithenisse$^{+?}$ GLPRUDBR II,573,45
paganismus GLPRUDBR

HÊTHINNISSIA *f-ō Heidentum* ◊ *heathenism, paganism*
• *ns* hethinissa$^{bfk.:}$ GLPRUDBR II,573,46
pagus GLPRUDBR

HÊTHINNUSSIA *f-jō heidnisches Wesen* ◊ *heathenism*
• *as* hethinnussia CONFES 17,5 — *dp* hethinnussion ABRK 5

HEVAN *m-a Himmel* ◊ *heaven*
• *gs* heƀanes GEN 70 H C, hebenes M 1315 (h<b M, heƀanas V). 1608. 1682. 1686 (-ƀ- C). 2299 (heƀanes C). 3550, heƀanas GEN 136, heƀanas 110. 139, heƀanes 102 — *ds* heuane HILD 30
o^{28} GENB *ns* heofon$^{#}$ — *gs* heofones$^{#}$, heofnes$^{#}$ — *ds* heofne$^{#}$ 282, heofne$^{#}$ (-e>on = *dp*) 339. 350, hefone$^{#}$ 808 — *as* heofon$^{#}$ — *gp* heofona$^{#}$, heofna$^{#}$ 512 — *dp* heofnum$^{#}$, heofonum$^{#}$, heofenum$^{#}$ 240

heuandage → **ÊWANDAG**

HEVANKUNING *m-a Himmelskönig* ◊ *king of heaven*
o^{105} *ns* heƀancuning, heƀancuning, heƀancuning H C, hebencuning, hebenkuning M; hæbancuning C 3116, hebencuning (in<g) M 3922, heuancuning 100 — *gs* heƀankuningas H P 997 GEN 300, heƀancuninges, heƀancuninges, heƀancuninges H C, hebencuninges, hebenkuninges, heƀancuninges M; heƀancuningas C 159, heƀencuninges S 537. M 2087, heuancuninges 91 (*l*.u<b). 130. S 521, heuencuninges M 159, heƀankuningas GEN 9 — *ds* heƀankuninga GEN 274, heƀancuninge, heƀancuninge, heƀancuninge H C, hebencuninge M; heƀancuninge M 278, heƀancuningę 1120, heƀencuninge S 568 — *as* heƀankuning H P 980, heƀancuning, heƀancuning, heƀancuning C, hebencuning, hebenkuning M; heƀancuning M 473. 480, heuencuning 691, heƀencuning S 533
o^{14} GENB *ns* heofoncyning$^{#}$ 463 — *gs* heofoncyninges$^{#}$, hefoncyninges$^{#}$ 659 — *ds* heofoncyninge$^{#}$ 237. 666

HEVANRĪKI^{1} *nt-ja Himmelreich* ◊ *kingdom of heaven*
• *ns* heƀanriki GEN 4, heƀanriki H C, heƀanriki M 869. 878. 956 (hebenriki M). C 5391, heƀanriki C, hebenriki M 4255. 4260 — *gs* heƀanrikeas H C, heƀanrikies M 1043, heƀanrikies C, hebenrikeas M 5014, hebenrikies 4519 (heƀanrikes C). M 5038 — *ds* heƀanrikie H C, heƀanrikea M 1375. 1867. 3643 (hebenrikie M), heƀanrikie C, hebenrikea M 1870. 2605. 4515 (heƀanrike C), heƀanrikie C 4708 — *as* heƀanriki H C, hebenriki M 1051. 1161. 1388. M 2081. 2133. 3925, heƀanriki C, hebenriki M 1022. 1143, heƀanriki C, hebenriki M 2620. 2637. 2645. 3259. 4269
o^{18} GENB *ns* heofonrice$^{#}$ 794 — *gs* heofonrices$^{#}$, heofonríces$^{#}$ 752 (°? *as*?), heofenrices$^{#}$ 694, hefonrices$^{#}$ 633 — *ds* heofonríce$^{#}$, heofonrice$^{#}$ 521 — *as* heofonríce$^{#}$, heofonrice$^{#}$, hefonrice$^{#}$ 642

HEVANRĪKI^{2} *adj-ja/jō den Himmel beherrschend* ◊ *heaven-ruling*
• *ns* heƀanriki H C 5038, heƀanriki GEN 191. 202. 217. 229 — *asm* heƀanrikean GEN 25

HEVANTUNGAL *nt + m-a Himmelsgestirn* ◊ *heavenly body, luminary*

- *np* hebentungal H *M* hebantunglas *C* 4313 — *dp* hebantunglon H *C* 5714

HEVANWANG *m-a Himmels-Aue* ◊ *meadow of heaven*
- *ds* hebanuuange H *C*, hebanuuanga *M* 325. 411. 414. 434, heƀanuuanga *P*, hebanuange *C* 1002, hebanuuange *M*, hebanuuange *C* 275. 1303 (heƀanuuange *V*), hebanuuange *C*, hebenuuange *M* 2791. *M* 5969 — *as* heƀanuuang H *C*, hebenuuang *M* 948, hebanuuang *C* 3925

HEVANWARD *m-a Himmelswächter* ◊ *heaven's guardian*
- *np* hebanuuardos H *C*, hebenuuardos *M* 2599

HEVIG *adj schwer* ◊ *heavy*
- *nsf* [he](uige) PsPAD 37,5 — *asnt* heƀig H *C*, hebig *M* 1707

gravis PsPAD

HEVIGON *v-II aufbürden* ◊ *to load onto*
- *pcpt npf* giheuigade PsPAD 37,5

gravare PsPAD

HEVILA *f-ō/n Hebamme* ◊ *midwife*
- *ns* heuila GLTRSEM XI,85

obstetrix GLTRSEM

HEVILD *(nt-a) Litze, Helfe, Faden* ◊ *heddle, thread*
- *ns* heuild GLVERGOX 109,23, eblit GLPB1 I,382,25

licium GLPB1 GLVERGOX

GIHEVITHA *f-ō Bewährung* ◊ *proof of worth*
- *ns* gehebida⁺ GLEPIST I,756,41

probatio GLEPIST

heuuisago → ÊWISAGO

HEUWĪSARN *nt-a Grabstichel* ◊ *graving tool*
- *ns* heuīisarn GLTRSEM V,57

caelum GLTRSEM

HEUWON *v-II ziselieren* ◊ *to engrave*
- *ns 1sips* heuuon GLTRSEM V,58

caelare GLTRSEM

hgihorig → GIHÔRIG
hi → HĒ, SIU, IT
híabrámion → HIOPBRĀMIO
hiafbrami⁺ → HIOPBRĀMI
hiburilicuru → GIBURILĪK

HIDER# *adv hierher* ◊ *hither, to this place*
- GENB hider# 420. 497. 509. 555

hidis → IDIS
hie → HĒ, SIU, IT
hie|theoda° → HÊTHĪN
hien → HĪWON
hier(r) → HÊR
hieri → HÊRI (HERI?)
hierran# → HÊRRO
hiesche → HĪWISKI
hiet → HÊT²
hige(-)# → HUGI(-)

HIGURA# *m-n Häher* ◊ *jay*
- *ns* higara# GLTR40 V,47,33

berna GLTR40

hic → IK
hilagon → HÊLAG

HILDI *f-ī* (**HILDIA**/**HILD** *f-jō ?*) *Kampfkraft* ◊ *fighting power*
- *ds* hildi H *M* 5043

HILDIA *f-jō Kampf* ◊ *fight*
- *ds* hilt₁u⁺ HILD 6

HILDISKALK *m-a Krieger* ◊ *warrior*
- *np* hildiscalcos H *C* 68

HILTIA *f-jō Schwertgriff* ◊ *hilt (of sword)* → **HELTA**
- *as* hilte GLPRUDF1 93,19

capulus GLPRUDF1

hilt₁u⁺ → HILDIA
him → HĒ, SIU, IT

HĪMAKERINN *f-jō Kupplerin* ◊ *procuress*
- *ns* hímakírin GLPRUDF1 94,27
leno GLPRUDF1

himethlaken → **HEMITHLAKAN**

HIMIL *m-a Himmel, Zimmerdecke* ◊ *heaven, ceiling*
o[120] *ns* himil H *CM* 1425. 2167, hímil GLPRUDF1 95,38 — *gs* himiles H *CM*; himilas *C* 600, [ ]las *P* 985, himeles CONFPAL 362,1 — *ds* himile GEN H *CM* PSLUB 32,13 PSWIT 84,12, himila H *M* 213. 864. *C* 11. 295. *P* 989. *V* 1322, himele CONFPAL 362,19 — *as* himil H *CM* 591. 3581. *C* 41 — *gp* himilo H *CM*; himila *M* 1601 — *dp* himilon GLPB2 I,297,10
caelum GLPRUDF1 PSLUB PSWIT laquear GLPB2

HIMILFADAR *m-r himmlischer Vater* ◊ *heavenly father*
- *ds* himilfader H *CM* 2004 — *as* himilfader H *CM* 4759

himilic[+] → HIMILITTI
himilik- → **HIMILLĪK-**

HIMILISK *adj himmlisch* ◊ *heavenly*
- *ns* himilisc H *CM* 1209 (himiliks° *C*). 1767 — *dsm* himiliscon H *C* 5654. 5934 — *asm* himiliscan H *CM* 1403. 3608 (himilisken *M*). *C* 5287 — *asnt* himilisc H *CM* 246 (himilisk *C*). 440 (s *add C*). 2437 (himilic°[?] <helic *C*, **HIMILLĪK**?). *C* 15

HIMILITTI *nt-ja Zimmerdecke* ◊ *ceiling*
- *ns* himilic[+] GLPRUDBR II,572,47 — *ap* himili(z)zi[+] GLPRUDF1[+] 90,30
lacunar GLPRUDBR laquear GLPRUDF1[+]

HIMILKRAFT *(m-i/u) Himmelsmacht* ◊ *heavenly force*
- *gs* himilcraftes H *CM* 4337

HIMILKUNING *m-a Himmelskönig* ◊ *king of heaven*
- *gs* himilcuninges H *C* 266

HIMILLĪK *adj himmlisch* ◊ *heavenly* — cf **HIMILISK**
- *nsf* himilika PSGERN 10,6 [14,25]
caelestis (PSGERN)

HIMILLĪKO *adv vom Himmel* ◊ *from heaven*
- himiliko GLPRUDF1 95,5
caelitus GLPRUDF1

HIMILPORTA *f-n Himmelspforte* ◊ *gate of heaven*
- *np* himilportun H *M*, himiliportun *C* 1799

HIMILRĪKI *nt-ja Himmelreich* ◊ *kingdom of heaven*
- *ns* himilriki H *CM* 2626. 3078. 3080 — *gs* himilrikies H *CM* 4297, himilriceas *C*, himilrikeas *M* 2487 (himilrikes *C*). *M* (a *add*) 3276. *C* 3072 — *ds* himilrikie H *C*, himilrikea *M* 1635. 1914. 4887. *M* 1606, himilrike *C* 2624 (himilrikie *M*). 5604 — *as* himilriki H *CM* 1041. 1328 (himilríki *V*, himilrice, ce *add C*). 1500. 1651. 1839. 3508. 4922. *M* 3504. 3596. *C* 2081. 3489

HIMILTUNGAL *nt-a Himmelsgestirn* ◊ *heavenly body, luminary*
- *ns* himiltungal H *CM* 590

HIMILWOLKAN *nt-a Himmelswolke* ◊ *cloud of heaven*
- *dp* himiluuolcnun H *M*, himiluuolcnon *C* 5096

HINA *adv hinfort, hinweg* ◊ *henceforth, away*
- hina GLEPIST I,782,19 HILD 19. 22
quo GLEPIST

hina → **HĒ, SIU, IT**

HINAN *adv hin, her, fern, von hier (aus), weg, weiterhin* ◊ *far (away), from, (away) from here, away, hence, further — ~ forth hinfort* ◊ *henceforth*

• hinan GlEvEs 58,7. 60,29 H *CM* 482. 571 (*S*). 1085. 2652 (hinen *M*). 3893 (hinen *M*). 4822. 5211. 5219. *C* 2108. 2564 (h<i *C*). 3404. 3489. 5369. *LC* 5863. 5865 Gen 179, hínan GlPrudF1 96,14
• GenB heonon[#] 415. 476. 666
a modo, ex hoc GlEvEs removere (~ duan) GlPrudF1

HINANA *adv von hier aus* ◊ *from here*
• hinana H *CM* 3384. *M* 2108 Gen 4
• GenB heonane[#] 794. 831

HINDAG *adv heute* ◊ *today*
• hindag H *CM* 2064

BI**HINDAN** *adv hinterdrein* ◊ *after*
• bihindan H *C*, bihinden *M* 3659

HINDARSKRENKIG *adj verschlagen* ◊ *sly*
• *nsf* inderscrenkiga (ga *add*) GlPrudBr II,572,5
versutus GlPrudBr

HINDBERI *nt-ja Himbeere* ◊ *raspberry*
• *ns* hindbiri GlVergOx 111,31, hintbere GlTr40 V,47,28
acinum GlTr40 GlVergOx

HINDHLÔPA *f-ō/n Wegwarte* ◊ *chicory*
• *ns* hindilape GlAdm508 GlTr40 V, 46,13
ambrosia, apius silvaticus GlAdm508 GlTr40

HINDKALF *nt-z Hirschkalb* ◊ *young deer*
• *ns* hintcalf GlMarf III,721,30
hinnulus GlMarf

HINDRO *adj der hintere* ◊ *back*
• *asm* hindirin GlSpet 82,4
posterus GlSpet

Hindrod *adv* ~ keran (*add*) (*zum Schlechten*) *verkehren* ◊ *to pervert*
• hintrot[+] GlEpist IV,306,7
invertere (~ keran) GlEpist

hine[#] → HÊ, SIU, IT

HINFARD *f-i Hingang, Hinscheiden* ◊ *decease, demise, departure (from life)*
• *ns* hinfard H *C* 4731, hinfard Gen 90
— *ds* hinferdi H *CM* 1038 (hin *add C*). 1351 (n<r *M*, hinfardi *C*, hinferđi *V*) — *as* hinfard H *C*, hinenfard *M* 3106 — *gp* hinferdio H *C* 5521

Hinsīth *m-a Hinscheiden* ◊ *demise, departure (from life)*
• GenB *ns* hinnsið 721 — *as* hinnsið 718

hint- → **HIND**-
hintrot[+] → HINDROD
hio[#] → HÊ, SIU, IT

Hiopbrāmi *nt-ja Stachelpflanze, Burzeldorn* ◊ *spiny plant, caltrop*
• *ns* hiafbrami[+] GlTrSem XVI,2
tribulus GlTrSem

HIOPBRĀMIO *m-j-n Dornstrauch* ◊ *thornbush, brier*
• *dp* híabrámion GlPrudF1 102,38/39
vepres GlPrudF1

HIOPO *m-n Dornstrauch* ◊ *thorn-bush, brier*
• *dp* hiopon H *CM* 1744

HIOVAN *v-2 wehklagen* ◊ *to lament*
• *pcps nsf* heouandi H *CM* 4027 — *pcps npnt* hiouuandi H *C* 5514
• GenB *3sipt* hof 771[#*]

hiowbeorht[#] → HĪWBEORHT[#]
hir → **HÊR**
hira → HÊ, SIU, IT

HIRDI *m-ja Hirt, Hüter, Beschützer* ◊ *shepherd, guardian, protector*
• *ns* hirdi H *CM* 625. 1286 (*V*). 2743. *C* 5549 — *ds* hirdie H *CM* 3665 — *np* hirdios H *M*, herdos *C* 422

hire[#] → HÊ, SIU, IT
hirimalder → **HERIMALDAR**
hirmin → **IRMIN**
hiro → HÊ, SIU, IT

hirsi

HIRSI *m-ja Hirse* ◊ *millet*
• *ns* hirsi GlSPet 76,18 ‖ GlTrSem XI,6 — *as* hirse GlHard IV,280,7
milium GlHard GlSPet GlTrSem

HIRSISPRIU *(nt-)wa Hirsespreu* ◊ *chaff of millet*
• *ns/p* hirsipriu GlSPet 81,13
ptisana GlSPet

HIRUT *m-a Hirsch* ◊ *stag*
ap (h)[i](rz)[as]⁺ PsLub 28,9
cervus PsLub

his → HÊ, SIU, IT
hiski → HĪWISKI
hit → HÊ, SIU, IT
hiu → HWÊ, HWAT

HIUDU *adv heute* ◊ *today* — *cf* **HŌDIGU**
• hiudu H *CM* H 3886. *C* 5319. 5604, hiutu⁺ GlEvEs 52,37 Hild 61

hiula° → HWĪLA
hiulicon° → HWILĪK
h¹uppenon° → HNEPPĪN

HIURIG *adj heurig, diesjährig* ◊ *being of this year*
• *ns* huri⁺g GlTrSem II,44
annotinus, hornus GlTrSem

HĪWA *f-n Gattin* ◊ *wife*
• *ds* hiuuon H *CM* 302. 2714 (hiuun *M*)

HĪWBEORHT# *adj herrlich* ◊ *beautiful*
• GenB *ns* hiowbeorht# 266

hiuui° → HWÊ, HWAT

GIHĪWIAN *v-I sich verheiraten* ◊ *to get married*
• *3sipt* gihiuuida H *M* 308 — *pcpt nsm* gehieder⁺ GlTrSem X,120
pcpt monogamus (eines gehieder) GlTrSem

HĪWISKI *nt-ja Familie, Sippe, Haushalt, häusliche Gemeinschaft* ◊ *family, kin, household, domestic community*

hlanka

• *ns* hiuuiski H *CM* 533 (hiski *S*). 781. 3070. *C* 5441, hiesche GlMarf III,716,6 — *gs* hiuuiskies H *C*, hiuuiskes *M* 3254, hiuuiskeas *M*, hiuuiskes *C* 3414. *C* 3441, hiuuisces *C*, hiuuiscas *M* 365 — *ds* hiuuiskie H *C*, hiuuiskea *M* 356 (hiskie *S*, hiuuisca *neum M*). 2095. 4365 — *as* hiuuiski H *CM* 3310. 5030
clientela, familia GlMarf

HĪWON *m/f-n p Gesinde* ◊ *servants, hands*
• *n* hien RegHerf 51

GIHĪWON *v-II sich verheiraten* ◊ *to get married*
• *3sipt* gihiuuada H *C* 308

HLADAN *v-6 einfüllen, aufnehmen, beherzigen* ◊ *to put into, accept, take to heart*
• *inf* hladan H *C* hladen *M* 2043 (*corr C*). 3785. 4255 — *3sips* hledid H *M*, hledit *C* 2469
• *beladen* ◊ *to lade* GenB *pcpt npm* gehlædene# 461

ANDHLADAN# *v-6 entladen* ◊ *to unload*
• GlWerda *2pimp* ondhleth° (= ondhladeth#?) 338
discaricare, solvere carrum GlWerda

HLAHHIAN (HLAHAN?) *v-6 (+ g) lachen (über)* ◊ *to laugh (at)*
• *3pipt* hlogun H *C* 5640
• GenB *3sipt* hloh 724

BIHLAHHIAN (BIHLAHAN?) *v-6 verlachen* ◊ *to deride*
• *pcpt* bihlagan H *C* 5300

HLAHTAR *nt-a Gelächter* ◊ *laughter*
• *ap* lahter GlPrudBr II,572,11
iocus GlPrudBr

HLAMON *v-II rauschen* ◊ *to roar*
• *3pipt* hlamodun H 2914 *CM*

HLANKA *f-ō + f-n Weiche* ◊ *flank*
• *np* lanca GlSPet 76,14 ‖, leiken° (= lanken) GlMarf IV,178,23
ile GlMarf GlSPet lumbus GlMarf

HLEA *f-wō/ō Bedeckung, Verborgenheit* ◊ *cover, concealment*
- *ns* hlea H *CM* 2410 — *as* hlea H *C* 1124. 4077

hlear → **HLIOR**

HLĒDRIA *f-jō Hebegerät, Winde* ◊ *lifting device, windlass*
- GLWERDA *ds* hlędrę 345
funis, trochlea GLWERDA

HLENA *f-ō/n Lehne* ◊ *arm-rest, back-rest*
- *ns* hlena GLTRSEM XIV,16, lene GLMARF III,722,2
reclinatorium GLMARF GLTRSEM

hleor → **HLIOR**
hleot[ad] → **HLIOTAN**

HLEU *nt-wa Verborgenheit* ◊ *concealment*
- *as* hleo H *M* 1124
- GENB *as* hleo 840

HLĒU *m/nt-wa Grabstätte* ◊ *tomb*
- *ds* hleuue H *C* 5805

HLÊWA *f-n Hügel* ◊ *hill*
- *gs* leuu*n* (*abbr*) GLPB2 I,298,49
tumulus GLPB2

HLID *(nt-a) Deckel* ◊ *lid*
- *ns* hlid GLTRSEM VI,8, liht$^{bfk+?}$ GLEPIST I,781,25 — *as* lith GLHARD IV,259,4
coperculum GLTRSEM operculum GLHARD propitiatorium GLEPIST

GEHLID *nt-a Gewölbe* ◊ *vault*
- GENB *ap* gehlidu 584

AHLĪDAN *v-1 weggleiten* ◊ *to glide away*
- *3sipt* ahled H *C* 5803

hlier → **HLIOR**

ANDHLĪDAN *v-1 sich öffnen* ◊ *to open up*
- *3pipt* anthlidun H *CM*, [ ]dun *P* 985 — *pcpt* anthlidan H *CM* 1799

BIHLĪDAN *v-1 umschließen, vereinigen, (be)decken, verbergen* ◊ *to include, unite, cover, hide*
- *3pops* bihlidan H *C* 5528 — *pcpt* bihlidan H *C*, behliden *M* 1425 (bihlidan *M*). 3163. 4076. *C* 41

HLINON *v-II lehnen* ◊ *to lean*
- *3sipt* hlinoda H *C*, hlinode *M* 4603

TŌHLINON *v-II sich festklammern* ◊ *to cling*
- *pcps* tohlinandi GLVERGOX 113,23
affigere GLVERGOX

HLIOR *nt-a Wange* ◊ *cheek*
- *ns* hlear H *M*, hlier *C* 4878 — *as* hleor H *M*, hlier *C* 5115

HLIOTAN *v-2 erlangen, + g rei auf sich nehmen* ◊ *to obtain, + g rei take sth upon oneself*
- *2pimp* hleot|[ad] H *C* 5479 — *3pipt* hlutun H *CM* 2342

GIHLĪTH *n-a Abhang, Abgrund* ◊ *slope, abyss*
- GENB *ap* gehliðo 764

HLIUNING *m-a Sperling* ◊ *sparrow*
- *n/ap* :::hliuningos (hlu *del*) GLEVES 49,19
passer GLEVES

hlod° → **LIODAN**

HLŌINGA *f-ō Brüllen* ◊ *lowing (of cattle)*
- *ns* lŏinga$^+$ GLTRSEM IV,50
mugitus boum GLTRSEM

AHLÔPAN *v-7 hinaufeilen* ◊ *to run up*
- *3pipt* ahliopun H *M*, ahliepun *C* 4855

HLŌT *m-a Los* ◊ *lot*
- *ap* hlotos H *C* 5547

HLŪD *adj laut; adv prahlerisch* ◊ *loud; adv boastfully*

- *ns* hlud H *CM* 990 (*P*). 2742. 3710 — *dsf* hludero H *CM* 3910 (hludera *C*). *C* 5327 — *asnt (adv)* hlud H *CM* 1555 — *sup nsf* hludost H *CM* 746

HLŪDASON *v-II donnern* ◊ *to thunder*
- *3sipt* hludasade PSLUB 28,3
intonare PSLUB

AHLŪDIAN *v-I verkündigen* ◊ *to preach*
- *pcpt* ahludid H *M*, ahludit *C* 1071

HLŪDIHORN *nt-a Signalhorn, Kriegstrompete* ◊ *bugle, war-trumpet*
- *ns* ludihorn GLSPET 85,22(‖). 86,3 ‖ lituus, sistrum GLSPET

HLŪDO *adv laut* ◊ *loudly*
- hludo H *CM* 3500. 3562. 3568. 3570. 3651. 3656. *C* 5654

HLŪDON *v-II Lärm machen, krachen* ◊ *to make a noise, crash*
- *1sips* ludon⁺ GLTRSEM VIII,108 — *pcps dp* ludónthion GLPRUDF1 99,35 iubilare GLTRSEM *pcps* fragosus GLPRUDF1

hluhtra → HLUTTAR, HLŪTAR

GIHLUNN *nt-ja Getöse* ◊ *crash*
- *ns* gilunn GEN 311 — *as* gehlunn GEN 303

hlus → LIUSKI

HLUST *f-i Zuhören, Gehör* ◊ *listening, hearing*
- *ns* hlust H *CM* 3910. 4877 — *as* hlust H *CM* 2497. 5234

hlutr- → HLUTTAR, HLŪTAR

GIHLŪTRON *v-II durchseihen* ◊ *to filter, sieve*
- *1sips* geluteron⁺ GLTRSEM XII,102 percolare GLTRSEM

HLUTTAR, HLŪTAR *adj lauter, klar, rein, aufrichtig, unbefleckt* ◊ *clean, pure, sincere, undefiled*

- *nsm* hluttaro GLSTR 107,38 — *nsnt* hluttar H *C*, hlutter *M* 2958, hluttra *CM* 2583 — *gsnt* hluttres H *CM* 4536, luteres GLADM718 77,6 — *dsm* hlutrom GEN 67 — *asm* hluttran H *CM* 422 (huttran° *C*). 837 (hlutran *M*). 898 (hlutteran *C*). 1457. 1719 (hlutteran *C*). *C* 5473. 5620 (*l.t add*) — *asnt* hluttar H *C* 2542. 2550. *CM* 4504 — *asf* hluttra H *CM* 902. 2473, hluttrun *C*, hluttaron *M* 4449 — *instr* hluttru H *CM* 111 (hlutro *C*). 467 (hluttro *C*). 546 (hlúttru *S*). 1375 (hluttro *M*). 1383 (*l.t*<o ? *C*). 1403 (hluttro *M*). 1580. 1935 (hlutturu *C*). 2270 (hlutru *C*). 3324 — *npm* hluttra H *CM* 885 (hlutra *C*). 5141 (*adv?*), hluhtra GEN 77 — *dpf* H *CM* hluttron 291 (hluttrun *M*) — *apm* hluttron H *CM* 2599 (hluttrun *C*). 2637, luttron GEN 210 — *apf* hluttron H *CM* 2907 — *comp asm* hluttron H *CM* 2129
- GENB *dp* hluttrum 397
probatus GLADM718 subtilis GLSTR

HLUTTARDRANK *(m-a/i, nt-a) geklärter Würzwein* ◊ *clarified spiced wine*
- *ns* lutterdranc GLMARF III,718,3 liquor GLMARF

HLUTTARLĪKO *adv aufrichtig* ◊ *sincerely*
- hluttarliko CONFES 16,20, hluttarlikio 17,22/23

HLUTTRO *adv aufrichtig* ◊ *sincerely*
- hluttro H *PCM* 958. *CM* 3067

HNAFFIZZEN⁺ *v-I schläfrig sein, einnicken* ◊ *to be drowsy, take a nap*
- *1sips* naffizon⁺ GLTRSEM V,111 conivere GLTRSEM

HNAFFIZZUNGA⁺ *f-ō Schläfrigkeit* ◊ *drowsiness*
- *ns* naffizunga⁺ GLTRSEM V,112 coniventia GLTRSEM

HNAKKO *m-n Nacken* ◊ *neck*
- *ns* nakko GLMARF III,722,10
- GLWERDC *ns* hnecca# 359
cervix, posteria colli GLWERDC occiput GLMARF

HNAPP *m-a Napf, Becher, Schale, Schüssel* ◊ *cup, bowl, dish*
• *ns* hnap GLTRSEM XII,59. XVII,51, hanap V,10, nap GLMARF III,718,18, naph[+?] GLTRSEM V,93 — *np* nappas GLSPET 74,22 — *dp* nappon GLPRUDF1 99,37
cantharus, cyathus, patera GLTRSEM scyphus GLMARF GLPRUDF1 GLSPET GLTRSEM

GIHNÊGIAN *v-I (sich) neigen* ◊ *to bend down, incline, decline*
• *2simp* ginaegi PSWIT 85,1 — *pcps dpm* ginegindun GLLAM 67,26/27 — *3sipt* gihnegida H *C* 5657, ginaegde PSLUB 114,2
inclinare PSLUB PSWIT vergere GLLAM

TŌHNEIAN *v-I zuwiehern* ◊ *to neigh to*
• *3sipt* tohnethida° (e<*corr*, = tohneihida/tohnechida) GLPRUDF1 94,1
adhinnire GLPRUDF1

hnecca[#] → **HNAKKO**

HNEPPILĪN *nt-a Näpfchen* ◊ *little bowl*
• *ns* neppelin GLMARF III, 718,19
cyathus GLMARF

HNEPPĪN *nt-a Schale* ◊ *bowl*
• *dp* h[i]uppenon° [= hni-] REGFREK *M* 42,1, neppinon 42,14,17, neppenon 42,5

hniesuurtz[+] → **HNIOSWURT**

HNEUWON *v-II niedergeschlagen sein* ◊ *to be dejected*
• *pcps npm* hniuonda H *C* 5947

HNĪGAN *v-1 (+ d refl, + d pers) neigen, sich verneigen (vor), sich hinwenden, niederknien* ◊ *to bend, bow (to), turn towards, kneel down* — te sedla ~ *untergehen (Sonne)* ◊ *to set (sun)*
• *inf* hnigan H *CM* 546 (*S*) 1102. 1565. 1917. *C* 4739 — *1sips* :nigon (ras h?) GLTRSEM V,140 — *2pips* hnigad H *M*, hnigat *C* 1579. 1613 — *3sipt* hneg GEN 165 H *CM* 2418. 4830. 5167, hnég GEN 268 — *3pipt* hnigun H *C* 5503. 5951
• GENB *inf* hnigan 742 — *3pipt* hnigon[#] 237

conquiniscere, caput inclinare GLTRSEM

GIHNĪGAN *v-1 + d refl sich neigen, niederknien* ◊ *to bend, bow, kneel down*
• *3sipt* gihneg H *PCM* 981. *CM* 3122. 4744

HNIOSWURT *f-i Nieswurz* ◊ *hellebore, sneezewort*
• *ns* hniosuurt GLTR40 V,43,8, hniesuurtz[+] 41,25
helleborus albus, [achillea] ptarmica (πταρμική), sprintilla GLTR40

AFHNĪTAN *v-1 wegreißen* ◊ *to tear away*
• *2simp* ófnít GLPRUDF1 95,33
carpere GLPRUDF1

hniuonda → **HNEUWON**

HNŌA *f-ō Spalte, Ritze* ◊ *chink*
• *np* nuoe GLVERGOX 110,25
rima GLVERGOX

HNŌIL *m-a Nuthobel* ◊ *fluting plane*
• *ns* nouu[+]il GLTRSEM XVIII,9, nuoil[+?] GLHARD IV,280,10
runcina GLHARD sulcatorium GLTRSEM

HNORA *f-ō Niesen* ◊ *sneezing*
• *ns* nere° (= nore) GLPB1 *Schreiber, p.* 145
sternutatio GLPB1

HNUT *(f-cons/i) Nuss* ◊ *nut*
• *ns* hnuz[+] GLTRSEM XI,24
moracia [nux] GLTRSEM

ho(-) → **HÔH**(-)
hob- → **HOF**
hoba *mlat* → **HŌVA**
hobid-, hobit- → **HÔVID-**

HŌD *m-a Mütze, Haube, Mitra, Turban* ◊ *bonnet, cap, mitre, turban*
• *ns* huod[+] GLTRSEM XIV,30, huot[+] XII,113. XV,100, huat[+] GLSPET 77,11. 85,36 || — *ap* hódos GLPRUDF1 92,16
cidaris, mitra, pilleus sacerdotalis GLSPET pilleus, sarabara GLTRSEM tiara GLPRUDF1 GLSPET GLTRSEM

HŌDERI *m-ja Custos, Küster* ◊ *custos, sexton*
• *ds* hudere REGFREK *M* 41,35

HŌDIAN *v-I* + *g etw/jmdn hüten, bewachen, beobachten* ◊ *to guard, watch over, observe sb/sth*
• *inf* huodian GEN 39 H *C* 5764, hvodian (d<l) 5683 — *3sipt* hodda GLEVES 60,32 — *3pipt* huodun H *C* 5876
observare GLEVES

HŌDIGU *adv am heutigen Tag* ◊ *today* — *cf* **HIUDU**
• hōdigŏ BEDA 14. 17
• GENB heodæg#* 661

HŌDLADIKA *f-ō/n Gemeine Pestwurz* ◊ *common butterbur*
• *ns* hodeladike GLMARF III,719,47
personata GLMARF

hodscohc°? → **HANDSKŌH**

HOF *m-a Hof, Vorhof, Innenhof, Gutshof, Herrscherhof* ◊ *(court)yard, forecourt, farm(yard), manor, court*
• *ds* hoƀe H *C*, hobe *M* 538 (hoƀa *C*, houe *S*). 3189. 3194. 5178. 5188 (hoƀe *M*), houa REGFREK *K* 32,31. *M* 29,7. 31,12. 32,22. 37,13. 39,9. 40,31, houe *K* 24,19. *M* 24,8 — *as* hof *CM* 4949 REGFREK *K* 31,35. *M* 28,25. 31,14. 38,38. 40,7, hóf 36,1. 40,25 — *np* houa REGFREK *M* 28,23. 31,13. 35,38. 38,27. 40,30, hóua 37,34 — *ap* hoƀos H *C*, hobos *M* 3310, hobos *CM* 4539

HŌF *m-a Huf* ◊ *hoof*
• *dp* houun GLVERGOX 114,9
calx GLVERGOX

hofdes → **HŌVID**

HŌFDON *v-II enthaupten* ◊ *to decapitate*
• *pcpt npm* gihafdade GLLAM 67,21
decapitare GLLAM

HŌFLADIKA *f-n Huflattich* ◊ *coltsfoot*
• *as* hofladeken GLHARD III,605,13

ungula GLHARD

HŌFNA (O ?) *f-ō* (**HŌVAN** *nt-a*?) *Wehklage, Jammern* ◊ *lamentation, wail*
• *ds* (/*instr*) hofnu H *CM* 3500 (hofno *C*). 4069. *C* 5521. 5917 — *gp* hofno H *CM* 746

HOFSKULD *f-i Hof-Abgabe* ◊ *farm-tax*
• *ns* hofscult URBWERDF 255,25

HŌFSLAGA *f-ō Hufschlag* ◊ *hoofbeat*
• *np* hofslaga H *M* 2400

HŌFSLEGI *m-i Hufschlag* ◊ *hoofbeat*
• *np* huofslegi H *C* 2400

HOFSTEDI, HOFSTAD *f-i Hofstelle, Gehöft* ◊ *homestead* → HOVASTAT⁺
• *ns* hofstad GLMARF III,721,51 — *as* hofstad URBWERDTRAD 161,13 — *np* hofstadi URBWERDA 74,4/23,13, hofstedi URBWERDB 119,11 — *dp* houestede (° = -steden?) CH 1047
area GLMARF

HOFWARD *m-a Gutsverwalter* ◊ *steward* → **HOVAWARD**
• *ns* hofuuard H *C* 5928

hógias → **HŌI**

HŌH *adj hoch, groß, erhaben* ◊ *high, tall, great, elevated*
• *ns* hoh H *CM* 1396 (ho *M*). 2914 (ho *C*). 2945 (ho *M*). 4235 (ho *C*), ho *M*, hó *C* 2266 (hohurnid ?) — *gsm* hohon H *M*, hohem° *C* 266 — *dsm/nt* hohon H *CM* 656. 990 (hohom *P*). 1509. 1601 (hohen *C*). 1606. *C* 1069 — *dsf* hohun H *C*, hohon *M* 2176. 4187 — *asm* hohan H *CM* 948. 3116. 4542. 4759. *C* 3925. 4718, hohon *M* 1096, hóan GLPRUDF1 98,3 — *asnt* hoh H *CM* 1041 (ho *C*). 2601 (hó *C*) 2620. 2907 (hohhurnid ?). 3669. *C* 3489. *M* 3925, ho *CM* 1500, hoha *CM* 2001. *C* 5575. *M* 5975 — *npm* hoha H *C* 5528, hohun 5663 — *apm* hoha H *CM* 1102. 3686.

3699 — *apf* hohun H *C*, hohon *M* 4367
— *sup nsnt* hohost H *M*, hohist *C* 5075
— *sup dsm/nt* hohoston H *CM* 278. 419
— *sup asnt* hohost H *CM* 1083
• GENB *nsm* heah# 463 — *dsm* héan# 545, hean# 300 — *asm* héan# 358, hean# 476. 736 — *apnt* heah 584# — *comp asm* heahran# (<heororan) 274, hearran# 282 — *sup nsm* hehsta# 300. 344 — *sup dsm* hehstan# 512 — *sup asm* hehstne# (s *ras*) 254, hehstan# 260
altus GLPRUDF1

HŌH# *m-a Landspitze* ◊ *point of land*
• GLWERDA *ns* hooh# 343
promontorium GLWERDA

HŌHGISETU *nt-a p Throngestühl* ◊ *throne-chair*
• *ap* hohgisetu H *C*, hŏhgisetu (*neum*) *M* 365

HÔHGITĪD *f-i Hochfest (Weihnachten, Ostern, Pfingsten)* ◊ *high tide (Christmas, Easter, Pentecost)*
• *dp* hogetidon REGES 21,5,9,11,15

HÔHGITIMBRI *nt-ja Wohnsitz im Himmel* ◊ *celestial dwelling*
• GENB *ap* heahgetimbro# 739 (heah getimbro?)

ho(h)hurnid → HÔH, HURNIDSKIP

HÔHI *f-ī Höhe* ◊ *heights*
• *ds* hohi H *C*, hohe *M* 3140

HÔHILĪK *adj lächerlich* ◊ *ridiculous*
• *ns* hoílik GLPRUDF1 92,2
ridiculus GLPRUDF1

HÔHITHA *f-ō Höhe* ◊ *height*
• GENB *as* hehðe# 321

HÔHLĪK *adj überheblich* ◊ *presumtuous*
• GENB *ap* healic# 294

HÔHO *adv hoch (hinauf), weit* ◊ *high (up), wide*

• hoho H *CM* 1406. 1411. 2626. *C* 5362 — *comp* hohor H *C* 4734

HÔHSTŌL *m-a Richterstuhl* ◊ *judge's seat*
• *as* hostol GLPB2 I,298,44
tribunal GLPB2

HÔI *nt-ja Heu* ◊ *hay*
• *gs* hógias GLPRUDF1 96,15
fenum GLPRUDF1

hoílik → HÔHILĪK
hoiuet-[+?], hoiuit-[+?] → HÔVID-

HŌK *m-a Pfahl* ◊ *stake*
• *ap* hocas †DIPL 832
palus †DIPL 832

HŌKWERI *nt-ja Fischwehr, Fischzaum* ◊ *fish weir, fishgarth*
• *ns* hocwar †DIPL 832
piscatio †DIPL 832

HOL[1] *adj hohl* ◊ *hollow*
• *nsf* hóla GLPRUDF1 98,39 — *dp* hólon GLPRUDF1 97,31
cavus, conclavus GLPRUDF1

HOL[2] *nt-a Höhle* ◊ *cave*
• *dp* holon GLSPET 85,5
specus GLSPET

HÔLA *f-ō/n Bruchleiden, Leistenbruch* ◊ *rupture, hernia*
• *ns* hola GLTRSEM VII,40
hernia GLTRSEM

HŌLAHT *adj bruchleidend* ◊ *affected with hernia — cf* HÔLODI
• *nsm* holahter[+] (*abbr*) GLTRSEM VII, 41, holiter[+] GLSPET 81,20
herniosus GLTRSEM ponderosus GLSPET

holander, holanter[+] → HOLONDAR

HOLD *adj ergeben, gehorsam, treu, gnädig, gewogen, günstig gesinnt, freundlich* ◊ *obedient, loyal, devoted, gracious, favourable, kind*

hold

• *ns* hold GEN 170. 267 H *CM* 1292 (*V*). 1449. 3056. 3099. 3274. C 5359 — *asm* holdan GEN 178 H *CM* 482. 486 (a corr ? *C*). 968 (*P*, holden *M*). 2418. 4580 — *asf* holda H *CM* 1457 — *npm* holda H *C*, holde *M* 540 (holde *S*). 676 (holde *S*). 2119. 2423 — *apm* holda H *C*, holde *M* 2115
• GENB *asm* holdne 586. 654. 708 — *npm* holde 288

hold → **HOLT**

HOLDLĪK *adj großzügig* ◊ *handsome*
• *asnt* holdlic H *C* 3414

HOLDLĪKO *adv gehorsam, großzügig, freundlich* ◊ *obediently, generously, friendly*
• holdlico H *CM* 1870. 4573

HOLI *f-ī Höhle* ◊ *cave*
• *as* holi GLPRUDF1⁺ 90,4
cavea GLPRUDF1⁺

holiter⁺ → HÔLAHT
hollander → **HOLONDAR**

HOLLÔK *m/nt-a Zwiebel* ◊ *onion*
• *as* hallóc GLPRUDF1 94,37/38
cepe GLPRUDF1

HOLM *m-a Hügel* ◊ *hill*
• *ds* holme H *CM* 4843. 4855

HOLMKLIF *nt-a Bergkliff, schroffer Fels* ◊ *cliff, steep hill*
• *instr* holmclibu H *C*, holmklibu *M* 1396 — *ap* holmclibu H *C* 4734

holmo → **OLMO**

HÔLODI *adj-ja/jō bruchleidend* ◊ *affected with hernia* — *cf* HÔLAHT
• *ns* haladi GLSPET 75,4
herniosus GLSPET

AHOLON *v-II aushöhlen* ◊ *to hollow out*
• *pcpt* erholot⁺ GLSPET 86,30 ‖
dolare GLSPET

holtpenning

HOLONDAR *(m-a) Holunder* ◊ *elder*
• *ns* holander GLTRSEM XIV,25, hollander GLTR40 V,42,2, holanter⁺ (*abbr*) GLPRUDBR II,573,70
acte (*ms* actix, ἀκτή < ἀκτέα) GLTR40
sambuca GLTRSEM sambucus GLPRUDBR

HOLONDARPĪPA *f-n Holundarpfeife* ◊ *elder-pipe*
• *ap* holondarpipun GLPRUDF1 92,18 (*zwei Wörter?* ◊ *two words?*)
sambuca GLPRUDF1

HOLT *nt-a Holz, Bauholz, Brennholz* ◊ *(fire)wood, timber*
• *ns* hold GLSTR 107,17 — *gs* holtes REGES 21,4,6,14 — *as* holt REGES 21,9
• *Wald* ◊ *forest* GENB *gs* holtes 840
lignum GLSTR

HOLTDIUVAL *m-a Walddämon, Waldgeist* ◊ *wood-demon, sylvan*
• *ns* holtdiuual GLTRSEM XII,105
pilosus GLTRSEM

HOLTDŪVA *f-n Holztaube* ◊ *stockdove*
• *ns* holtduue GLMARF III,720,62
palumbes GLMARF

HOLTGIWELDITHI *nt-ja Recht auf Waldnutzung* ◊ *right of use of the woods*
• *as/p* holtgiuueldithi URBWERDA 20,17

HOLTMARKA *f-ō Anteil an der gemeinen Waldmark* ◊ *share of the common wooded area*
• *as/p* holtmarka URBWERDA 20,18,29, holtm*arka* (*abbr*) 20,21

HOLTMÔIA *f-(j-n) Waldgespenst* ◊ *female demon in the woods*
• *ns* holzmuuua⁺ GLTRSEM X,60
lamia GLTRSEM

HOLTPENNING *m-a Holzpfennig (Abgabe für Holznutzung)* ◊ *tax for wood cropping*
• *n/as* holtpenninc REGÜBERW 24, holtpennin*c* (*abbr*) 24

HOLTSKARA *f-ō Waldanteil* ◊ *share of the wood*
- *ds* holtscara CartWerd/UrbWerd 3,12, oltscara *fol.* 30v

HOLTSKŌH *m-a Holzschuh* ◊ *wooden shoe*
- *ns* holtsco GlMarf III,718,40
calopes, crepida GlMarf

holzmuuua⁺ → HOLTMŌIA

HŌN *nt-z Huhn* ◊ *chicken*
- *ns* hŏon GlTrSem XIII,51 — *np* huaner⁺ GlSpet 80,3 ‖ — *gp* honero RegFrek *K* 32,37. *M* 24,12. 29,13. 32,29. 37,17, hónero 39,14, hanero *K* 24,23
pullus GlSpet GlTrSem

HONAG *(nt-)a Honig* ◊ *honey*
o^{36} *gs* honegas RegEs 21,18,19, hanigas RegFrek *KM*, hánigas *M* 24,14, honigas *K* 27,37

HONAGAPPL *m-a/i Gebäck aus Honigkuchen* ◊ *baker's ware of honey-cake*
- *ns* hunegapl GlVergOx 112,17
pastillus GlVergOx

hond- → HAND(-), HŌNITHA, HŌNITHIA

HŌNERI *m-ja Verhöhner* ◊ *derider*
- *ap* honera^{bfk} GlEpist I,756,18
contumeliosus GlEpist

HŌNIAN *v-I entehren* ◊ *to dishonour*
- *2sipt* hontest⁺ GlHard IV,260,43
humiliare GlHard

Gi**HŌNIAN** *v-I schimpflich scheitern lassen* ◊ *to wreck shamefully*
- *inf* gihonen GlVergOx 112,26
foedare GlVergOx

HŌNITHA, HŌNITHIA *f-ō + -jō Beleidigung, Schmach, Schande* ◊ *affront, ignominy, shame*
- *ns* honitha GlPrudBr II,572,18 GlSpet 78,29/30, honetha GlTrSem VI,94, honithia GlVergOx 114,12 — *as* hónitha GlPrudF1 99,5, honithia GlVergOx 113,33/34 — *dp* hondun *H M*, hondon *C* 722 — *ap* hónida⁺ GlEpist I,797,33
- GenB *gp* hýnða$^{\#}$ 776
confusio GlEpist decus turpe GlSpet dedecus GlPrudBr GlPrudF1 GlTrSem GlVergOx nefas GlVergOx

HŌNLĪK *adj schändlich* ◊ *infamous*
- *ns* honlik GlEpist IV,308,4 — *dp* hónlícon GlPrudF1 100,6
confusibilis, exsecrabilis GlEpist foedus GlPrudF1

HŌNLĪKO *adv schändlich* ◊ *shamefully*
- honlico H *CM* 5026

HŌNPENNING *m-a Ablösegeld für die Geflügelabgabe* ◊ *redemption payment for the poultry-tribute*
- *np* hunpenninga UrbWerdF 280,29, hunpenninge 282,19
denarius UrbWerdF

hooh$^{\#}$ → HŌH$^{\#}$

HŌP *m-a Stapel, Scheiterhaufen, Grabmal, Menge, Haufe* ◊ *pile, heap, tomb, stake, mob* — te hopa *zusammen* ◊ *together*
- *ns* hop *H M*, hóp *C* 4915 GlPrudF1 98,33 — *ds* hopa GlStr 107,23 — *as* hóp GlPrudF1 96,15, háp GlStr 107,13, hauf⁺ GlPb2 I,298,50
rogus GlStr strues GlPrudF1 titulus GlPb2

HOPPO *m-n Hopfen* ◊ *hop*
- *ns* hoppe GlMarf III,719,27
scumaria (°?, humulus?) GlMarf

horadummil → HORUDUMIL

HŌRARI *m-ja Hurer* ◊ *whore-master*
- *ns* huuarari⁺ GlSpet 79,28 ‖
scortator GlSpet

HORD, HORTH *nt-a Hort, Schatz, das Verborgene* ◊ *hoard, treasure, the hidden*

hord

- *ns* hord H *CM* 1654 (horth *C*). 2490 — *gs* hordes H *M*, horđes *C* 1651 — *as* hord H *M*, horth *C* 1647. 3284. 3288. *C* 5669, hort *M*, hord *C* 1762

HORDERN[#] *(nt-a) Vorratsraum ◊ store room*
- GLWERDC *ns* hordren[#] 362

cella, proma, promptuaria GLWERDC

hêred → **HÔRIAN**

HÔRHŪS *nt-a Hurenhaus ◊ brothel*
- *ap* hórhus GLPRUDF1 100,23

scortum GLPRUDF1

HÔRIAN *v-l Hurerei treiben ◊ to go whoring*
- *pcps gp* huorendero[+] GLPB2 I,298,32

scortari GLPB2

HÔRIAN *v-I (+ a/g) (etw, jmdn) (an)hören, (jmdm) zuhören, gehören, + d hören auf etw, jmdm gehorchen ◊ (+ a/g) to hear, listen (sb, sth), belong, + d to obey, follow sb, sth, listen to*
- *inf* horian H *C*, horien *M* 498 (harian *S*). 2714. 2659. 3568. *C* 3955, horean *CM* 1107. 1641. 1725. 2580, horien *M*, horean *C* 1236 (herreon°[?] *C*). 1816. 2129. 2344. 2348. 3005 (horan *C*). 3150. 3620. *M* 2093. 4218 — *3sips* horid H *M*, horit *C* 1982. 2467, hored REGFREK *M* 43,16, hared 43,6 — *3pips* horiat H *C* 2583 (horead *M*). 3404 (horiad *M*), hared REGFREK *K* 33,22,25. *M* 24,12. 33,2,6, harad 29,14, hêred *K* 24,23 — *2pimp* horead H *M*, horeat *C* 881, horiad *M*, horiat *C* 3661 — *3sipt* horda H *C* 5423 — *2pipt* hordun H *CM* 1432 — *3pipt* hordun H *CM* 415. 4279 — *2sopt* hordis GEN 7 — *3popt* hordin H *CM* 1232. 2263 — *pcpt* gihorid H *C*, gehorid *M* 1989 — *pcpt npm* giho(r)[i]d[e] PSGERN 7,1 [13,14]
- GENB *inf* hyran[#] 542. 560 — *3sipt* hyrde[#] 711 — *2sopt* hierde[#] 797

audire (PSGERN)

-hôritha

GIHÔRIAN *v-(an)hören, hinhören, erhören, + d hören auf, gehorchen ◊ to hear, listen, + d to listen to, obey*
- *inf* gihórean GEN 4, gihorean H *CM* 574 (giharian *S*). 995 (gihorian *P*). *C* 2142 (gehorien *M*). 2608 (gihorien *M*), gihorian *C*, gihorien *M* 2425. 3528. 3929. *C* 2093. 4218. 4265. 5514 — *inf d* gihorienne H *M* 2377 (gihoreanne *C*). 4027 (gihorianne *C*), gihorianne *C*, gihóreanna *L* 5830 — *1sips* [g]ihariu PSWIT 84,9 — *2sips* gihoris H *CM* 4092 — *3sips* gihorid H *CM* 2497. 3234. 5102 (gihoriđ *C*) — *3sops* gihorie H *M*, gihore *C* 3228 — *3pops* gihorean H *C*, gehorean *M* 1730, gihorien PSLUB 33,3 — *2simp* gihori PSWIT 85,1 — *1sipt* gihorda CONFES 17,5, gihorta[+] HILD 1 — *2sipt* gihordes PSWIT 85,7 — *3sipt* gihorda H *CM* 437. 831. *C* 3975 (d<đ). 5336. 5368. 5581, gihorda *C*, gihorde *M* 608 (gihorđa *C*). 3022. 5247, (g)[ih](o)rde PSLUB 33,5 — *3pipt* gihordun GEN 254 H *CM* 527 (gihardun *S*). 1386. 1827 (gehordun *M*). 2777. 3179 (gihordon, d<th ? *C*). 3552. 3783. 4258. 4589. *C* 35. 2539. 5640. 5868 (gihórdun *L*), gihordu° 5893, giordun GEN 329 — *3popt* gihordin H *CM* 497 (gihardin *S*). 1829 (gehordin *M*). 5073. 5140. *C* 5337, gehordin GEN 303
- GENB *inf* gehýran[#] 794, gehyran[#] 673. 676 — *3sipt* gehyrde[#] 292. 507. 524

audire, exaudire PSLUB PSWIT

OVARHÔRIAN *v-l mithören, überwachen (Gespräch) ◊ to overhear, supervise*
- *3sopt* obarhordi H *CM* 3795 (<-in ? *C*)

GIHÔRIG *adj gehorsam, untergeben ◊ obedient, subordinate*
- *ns* gihorig H *CM* 837, h gihorig GEN 170 — *npm* gihoriga H *CM* 82 (g[ihori]g[a] *M*). 2115 (gehoriga *M*). 2981 (gehorige *M*). *C* 68

GIHÔRITHA *f-ō Zuhören ◊ listening*
- *gp* gihorithano CONFES 17,1

hork° → STORK

HORN (nt/m-a)/HORNA f-n Landspitze ◊ headland
• ns horn GLTRSEM XIII,24
promunturium GLTRSEM

HORNATA f-ō/n Hornisse ◊ hornet → HORNUT
• ns horneta GLTRSEM XVI,45, ornata VI,55
crabro GLTRSEM

hornez⁺, horniz⁺ → HORNUT

HORNOBERO m-n Hornisse ◊ hornet
• np hornoberon GLSTR 106,20/21
crabro, scarabaeus GLSTR

HORNSELI m-i + m-ja Giebelhaus ◊ gabled house
• ap hornseli H M, hornselios C 3686

HORNUT m-a Hornisse ◊ hornet → HORNATA
• ns hornut GLVERGOX 109,17. 111,23 GLVERGW, hurniz⁺ GLSPET 74,21‖, hornez⁺ GLMARF III,721,14 horniz⁺ (z<corr?) IV,177,18 — np urnite GLPB1 I,334,24
crabro GLMARF GLPB1 GLSPET GLVERGOX GLVERGW

HORNWURM m-i Hornschlange ◊ horned serpent
• ns hornuurm GLSPET 73,28
cerastes GLSPET

HORSK adj flink, klug ◊ swift, clever
• apf horsca H CM 1807

HORSKO adv flink, rasch ◊ quickly, soon
• hórscó GLPRUDF1 99,39 — comp horscor GLEPIST I,782,19
strenue GLPRUDF1 celere (comp) GLEPIST

hort → HORD, HORTH

HORTH → HORD, HORTH

HORU m/nt-wa Dreck, Matsch ◊ dirt, mud
• ns horo GLSPET 80,15‖ — as horu H M, horo C 1722
lentum GLSPET

HORUDUBIL (m-a) Rohrdommel ◊ bittern
• ns horodubil GLSPET 77,8‖
onocrotalus GLSPET

HORUDUMIL (m-a) Rohrdommel ◊ bittern
• ns horodumil GLSPET 74,31‖, horadummil (abbr) GLTRSEM XI,118
onocrotalus GLSPET GLTRSEM

HŌRWILLIO m-j-n unkeusche Begierde ◊ lewd desire
• gp horuuilliono CONFES 16,13

HOSA f-n Gamasche, Strumpf ◊ legging, stocking — cf HOSUS mlat
• dp hosan CH 1015-36/3 — ap hoson GLVERGOX 110,24
cothurnus, periscelis GLVERGOX

HOSK m/nt-a Ulk, Spott, Hohn ◊ lark, mockery, scorn — te hosca hebbian verspotten ◊ to deride
• ns hósc GLPRUDF1 101,21 — gs hoskes H CM 3528 — ds hoske H C, hosca M 1338 (husca V). 3929 (hosce C). 5053. 5115 (hosce M). C 5292. 5495. 5503, hosce C 5640, hosche 5295, hósca GLPRUDF1 101,16 — as hosc H CM 1896. C 5303 — instr hoscu H C 5300
acroama, cavillum GLPRUDF1

HOSKWORD nt-a Hohnwort ◊ scornful words
• dp hoscuuordun H M, hoscuuordon C 1083 — ap hoscuuord H C 5565

HŌSTO m-n Husten ◊ cough
• ns hŏsto⁺ GLTRSEM XVIII,15, huasto⁺ GLSPET 80,8‖
tussis GLSPET GLTRSEM

HOSUS mlat Gamasche, Strumpf ◊ legging, stocking — cf HOSA
• ap hosos CH 853-887

HŌTI *adj-ja/jō (+ d pers) unwillig über jmdn, feindselig (gegen)* ◊ *(+ d pers) indignant about sb, hostile (to)*
• *ns* huoti H *C* 5285— *asm* hotean H *M*, huotian *C* 5246 — *npm* hotie H *M*, huotia *C* 5183

hotino° → **HURWIN** (?)

HŌVA *f-ō Hufe* ◊ *hide (of land)*
• *ns* houa URBWERDA 43,2, huoua⁺ GLTRSEM X,99 — *ds* houa REGFREK *M* 31,19, hóua 33,6, hóva *K* 33,25 — *as* (?) houa URBWERDA 44,20,22 — *np* hoba⁺⁾ DIPL 889 — *dp* hóuan REGFREK *M* 33,5, houan *K* 33,25
o¹⁶⁵ mlat *ns* houa CARTWERD, hova ROTCORB B V,42 — *gs* houe CARTWERD — *as* houam CARTWERD URBWERDA CH 1015-36/18, hovam ROTCORB B, hobam REGHELM — *abls* hoba REGHELM — *np* houe URBWERDA, hove ROTCORB A/B, huue ROTCORB A XXIII,1, hobę REGHELM, huobe ROTCORB A/B, hubae ROTCORB A XIX,1 — *ap* houas CARTWERD URBWERDA TRADCORB 413/100, huobas URBWERDC 149,14, hubas 149,8, hobas REGHELM — *ablp* hobis CH 1004² REGHELM REGHERZr 75
mansus GLTRSEM

HOVAR *(m-a/i) Buckel* ◊ *hump*
• *ns* hauar GLTRSEM VIII,61, houer GLMARF III,715,59
gibbus GLMARF GLTRSEM

HOVARODI *adj-ja/jō bucklig* ◊ *crookbacked*
• *ns* houaradi GLSPET 81,17
gibbus GLSPET

HOVASTAT⁺ *f-i Hofstelle* ◊ *homestead — cf* **HOFSTEDI, HOFSTAD**
• *ns* houastat⁺ GLTRSEM II,101
area GLTRSEM

HOVAWARD *m-a Hofhund* ◊ *watchdog* → **HOFWARD**
• *ds* hóuauuárde GLPRUDF1 92,35
canis GLPRUDF1

houerhilind*on* → OVARGI**LINDON**
houestede → **HOFSTEDI, HOFSTAD**
houetreif⁺ → **HÔVIDRÊP**
houezloc → **HÔVIDLOK, HÔVIDESLOK**

HÔVID *nt-a Haupt, Kopf, Spitze* ◊ *head*
• *ns* hobid H *C* 5904 — *gs* hofdes H *M*, hoƀdes *C* 4517 — *ds* hofde H *M*, hoƀde *C* 1512, hobde *M* 1711 (hoƀdæ *C*). *M* 4603, hoƀda *C* 1445, hõbda (neum) *M*, hobde *C* 356 (habde *S*). *C* 5558, obde 5550 — *as* hobid H *CM* 2775. 2782. 3556 (hoƀit *C*). 4877 (hoƀid *C*). *C* 5657, [h]a(ui)[d] PSPAD 37,5 — *instr* hobdu H *CM* 730. 2807. 4830 (hoƀdu *C*). *C* 4603, hoƀdu *C* 5503, hobdo *M* 1445 — *gp* hobdo H *CM* 4144
• GENB *as* heafod# 444 — *dp* heafdum# 237. 742
caput PSPAD

HÔVIDBAND *m-a Stirnband, Gebetsriemen (Tefillin)* ◊ *headband, phylactery (tefillin)*
• *as* hoƀidband H *C* 5499 — *ap* houidbandos GLEVES 51,18/19
phylacterium GLEVES

HÔVIDKUSSIN *nt-a Kopfkissen* ◊ *pillow*
• *ns* hoiuitcussin⁺⁾ GLTRSEM IX,117
laena GLTRSEM

HÔVIDLOK, HÔVIDESLOK *nt-a Öffnung für den Kopf (im Kleidungsstück), Ausschnitt* ◊ *hole for the head (in the garment), neckline*
• *ns* houidloc GLSPET 74,8‖, houezloc GLHARD IV,253,48 — *ds* hauidloca GLSPET 74,5
capitium GLHARD GLSPET occipitium GLSPET

HÔVIDMĀL *nt-a Kopfbildnis* ◊ *head portrait*
• *ns* hobidmal H *CM* 3825

HÔVIDMANN *m-cons/a Hauptmann* ◊ *captain*
• *ns* hoiuetman⁺⁾ GLTRSEM VI,61
capitaneus GLTRSEM

HÔVIDPULWI *(m/nt-ja/i) Kopfkissen* ◊ *pillow*
• *ns* houitpuli GLTRSEM V,55
cervical GLTRSEM

HÔVIDRÊP *m/nt-a Haupttau* ◊ *principal rope*
• *ns* houetreif⁺ GLMARF III,715,20
rudens GLMARF

HÔVIDSKATT *m-a Kopfsteuer* ◊ *poll tax*
• *gp* hoƀidscatto H *C*, hobidscatto *M* 3189, hobitscatto *C* 3812 — *ap* hobidscattos H *M* 3812

HÔVIDSLOP *(nt-a) Öffnung für den Kopf (im Kleidungsstück), Ausschnitt* ◊ *hole for the head (in the garment), neckline*
• *ns* hoiuitslop GLTRSEM XI,93
occipitium GLTRSEM

HÔVIDSTEDI *m/f-i Hauptstadt* ◊ *main city*
• *ns* hobidstedi H *M*, hobitstedi *C* 4127

HÔVIDSUHT *f-i Kopfschmerz* ◊ *headache*
• *ns* hoivetsuht⁺⁷ GLTRSEM V,63
cephalargia GLTRSEM

HÔVIDWUNDA *f-n Kopfverletzung* ◊ *head injury*
• *as* hoƀiduundun H *C*, hobiduundon *M* 4902

houitpuli → HÔVIDPULWI
houch⁺ → ÔK
houuua⁺ → HAUWA

HRĀH (HREH ?) *adj widerspenstig, verstockt* ◊ *obstinate, unrepentant*
• *asm* hrean H *CM* 2447

HRAKISON (Ā ?) *v-II sich räuspern* ◊ *to clear one's throat*
• *1sips* rachison⁺ GLSPET 87,22
screare GLSPET

HRAMA *(f-ō) Folterbank* ◊ *rack*
• *dp* rámon GLSPET 81,8
catasta GLSPET

HRAMUSIA *f-jō(n) (Bären-)Lauch* ◊ *ramson, wild garlic*
• *ns* ramusia⁺⁷ GLTR40 V,47,27

acidula GLTR40

hraro → HRAU

HRĀTA *f-n Honigwabe* ◊ *honeycomb*
• *ap* razun⁺ GLTRSEM II,622,1
favus GLTRSEM

HRAU *adj-wa/wō roh, ungemälzt* ◊ *row, unmalted*
• *nsm* rauuer⁺ GLSPET 84,8 — *gsf* hraro REGFREK *M* 35,36
crudus GLSPET

hrean → HRĀH (HREH ?)

AHREDDIAN *v-I erretten* ◊ *to deliver*
• *3sops* areddie PSLUB 32,19 — *3sipt* eredde PSLUB 114,8
eripere, eruere PSLUB

HREGIL *(nt-)a Panzerhemd* ◊ *corslet*
• *gp* hregilo (g<l) HILD 61

HREGRESI# *subst Leistengegend* ◊ *groin, crotch*
• GLWERDC *ns* hregresi 360 (?, *cf* RǢGEREOSE# *f-n Rückenmuskel* ◊ *spine-muscle; cf* HEGITHRŌS)
inguen GLWERDC

HRÊGRO *m-n Reiher* ◊ *heron*
• *ns* reiger GLMARF III,720,56
ardea GLMARF

hrec# → HRÔK
hrélíka → HRÊULÍK

HRÊNI *adj-ja/jō rein, unversehrt* ◊ *clean, sound*
• *ns* hreni H *CM* 2111 — *gsnt* hrénion GLPRUDF1 92,24, reinas⁺ GLADM718 77,5 — *npm* hrenia GLEVES 60,16 H *C*, hrenea *M* 878
mundus GLEVES simila (~ melu) GLADM718 GLPRUDF1

HRÊNIAN *v-I reinigen* ◊ *to cleanse*
• *pcpt* gihrénid H *V*, gihrinid *C* 1315

HRÊNKURNI *nt-ja gereinigtes Korn, reiner Weizen* ◊ *sifted corn, pure wheat*
- *ns* hrencorni H *CM* 2583 — *as* hrencurni H *C*, hrencorni *M* 2390. *C* 2568, hrencorni 2542, hrenkurni GLEvEs 57,21
triticum GLEvEs

HRÊNON *v-II reinigen* ◊ *to cleanse*
- *pcpt* gihrenod H *M* 1315

HRÊNUNGA *f-ō Reinigungsopfer* ◊ *expiatory offering*
- *gs* renúnga GLPRUDF1 97,15
piaculum GLPRUDF1

HRÊON *v-II beisetzen* ◊ *to bury*
- *3sipt* reoda GLPRUDF1⁺ 91,5
funerare GLPRUDF1⁺

hreowan[#] → **HREUWAN**
hreowig- → **HRIUWIG**(-)

HRETHAN *v-5 sieben* ◊ *to sift*
- *3sipt* rath GLHARD IV,282,26
cribrare GLHARD

HRÊ(U) *nt-wa Leichnam* ◊ *corpse*
- *gs* hreuues H *C* 5683. 5764. 5876 — *as* hreo H *CM* 2180. 4078 (hreu *C*). *C* 5731. 5792

HRÊUBEDD *nt-ja Leichentuch* ◊ *shroud*
- *dp* hreobeddion H *M*, hreubeddon *C* 4101

HRÊUGIWĀDI *nt-ja Totenhemd* ◊ *winding sheet*
- *as* hreogiuuadi H *C* 5901, hreugiuuadi GEN 88

HRÊULĪK *adj zum Leichenbegräbnis bestimmt* ◊ *funeral*
- *asnt* hrélika GLPRUDF1 98,37, hrélica 99,7
feralis, funalis (funeralis?) GLPRUDF1

HREUWA *f-ō Reue* ◊ *remorse*
- *ds* riua⁺ GLPB2 I,297,49
paenitudo GLPB2

HREUWAN *v-2 (+ d/a pers) (jmdn) reuen, (jmdm) Kummer, Schmerz bereiten, + a rei etw bereuen* ◊ *(+ d/a pers) to regret, cause sb worry, pain, + a rei to repent of sth*
- *inf* hreuuan GEN 25 H *CM* 880. 1140. 5010 (hreuuann *C*). 5147. *C* 3480. 4731, hreuuuan *C*, hreuuen *M* 3234 — *3sipt* hrau H *CM* 5022
- GENB *inf* hreowan[#] 816. 819. 826 — *3sips* hreoweð[#] 426

hreuuag, hreuuuog → **HRIUWIG**

HREUWON *v-II bereuen* ◊ *to repent of*
- *2pimp* hreuod GLEvELT 46,8, hreuuod GLEvEs 48,22
poenitentiam agere GLEvELT GLEvEs

hríadgrasa → **HRIODGRAS**

HRIDO *m-n Fieber* ◊ *fever*
- *ns* rido GLPRUDF1 95,19 — *dp* rídon GLPRUDF1 100,28
febris GLPRUDF1

HRĪDRA *f-ō/n (Grob-)Sieb* ◊ *sieve, riddle*
- *ns* hridra GLTRSEM V,97
cribrum GLTRSEM

HRĪDRON *v-II durchsieben, ausstampfen (Korn)* ◊ *to sift, tread out (corn)*
- *pcps dsm* riderendemo GLSPET 81,30 — *3popt* riderodin GLSPET 79,2 ‖
cribrare, triturare GLSPET

HRĪDRUNGA *f-ō Durchsieben* ◊ *sifting*
- *ds* riterunga⁺ GLSPET 78,6/7 ‖
percussura cribri GLSPET

hrieuer⁺ → **HRIOF**
hríhtúngú → **RIHTUNGA**

HRĪM *(m-a) Raureif* ◊ *rime*
- *ns* hrim GLPB1 I,334,14
pruina GLPB1

HRĪNAN *v-1 + a pers berühren, Hand an jmdn legen* ◊ *to touch, lay one's hand on sb*

hrīnan   **hrittian**

- *inf* hrinan H *CM* 2329. 4472 (hrinen *M*) — *3sipt* hren H *CM* 3579
- + *g etw begreifen* ◊ *to grasp sth* GENB *inf* hrínan 616 — *3sipt* hrán[#] 724

ANDHRĪNAN *v-1* + *a pers berühren, Hand an jmdn legen* ◊ *to touch, lay one's hands on sb*
- *inf* anthrinan H *C* 5391. 5934 — *3sipt* anthren H *C* 2199

BIHRĪNAN *v-1 berühren* ◊ *to touch*
- *3sipt* behren H *CM* 3156

HRING *m-a Panzerring* ◊ *ring-mail*
- *ap* ringa[+?] HILD 6
- *Kettenring* ◊ *link of chain* GENB *gp* hringa 377. 762

HRINGA *f-n Brosche, Schnalle, Spange, Kugel* ◊ *brooch, clasp, buckle, globe*
- *ns* hringa GLVERGOX 114,7, rínga (*ras*) GLPRUDF1 92[5] — *as* ringa*n* (*abbr*) GLPB1 I,375,16 — *ap* hringan GLPB1 I,335,3

fibula GLPB1 GLVERGOX regula (ligula?) GLPB1 sphaera GLPRUDF1

HRINGAN *v-3 ringen, kämpfen* ◊ *to wrestle, fight*
- *1sips* hringon GLTRSEM VI,6, ringo GLSPET 82,6

colluctari (samit ~) GLTRSEM luctari GLSPET

HRINGILDŪVA *f(-ō ?) Ringeltaube* ◊ *ring-dove*
- *ap* (?) ringelduffe (*abbr*) GLLAM 67,4/5

palumbes GLLAM

HRINGILING *m-a Kringel* ◊ *ring-shaped biscuit*
- *ns* ringiling GLSPET 74,14

panis ... tortus GLSPET

HRINGILLA *f-(j?)(-n) Ringelblume* ◊ *marigold, calendula*
- *ns* hringilla GLTR40 V,43,31

anchusa (ἄγχουσα), solsequium GLTR40

HRINGILO *(m-n) Wasserkübel* ◊ *water-tub*
- *ns* ringel URBWERDE 223,5

HRINGODI *adj-ja/jō geringelt* ◊ *curled*
- *ns* hringodi GLSTR 106,23/24

circulatus GLSTR

HRIODGRAS *nt-a Riedgras, Seegras* ◊ *reed-grass, sea-weed*
- *ns* ru(t)gr(a)s GLPRUDF1 93,11, rietgras GLVERGOX 113,35 — *ds* hríadgrasa GLPRUDF1 99,18 — *ap* rietgras (i *add*) GLTRSEM II,622,2

alga GLTRSEM GLVERGOX carex, ulva GLPRUDF1

HRIOF *adj totenblass (?), verschorft (?)* ◊ *ghastly pale (?), covered with scab (?)*
- *ns* hrieuer[+] GLTRSEM X,40

luridus GLTRSEM

HRĪPO *m-n Reif* ◊ *hoar-frost*
- *ns* hripo GLPRUDF1 91,8

pruina GLPRUDF1

(hri)psod → REPSON

HRĪS *nt-a Reis, Zweig* ◊ *twig, branch*
- *ds* rise GLSPET 82,26

ramus GLSPET

hrisid → HRISSIAN

HRĪSIL *m-a Plectron* ◊ *plectrum*
- *ds* risle GLVERGOX *p.* 145

pecten GLVERGOX

HRISSIAN *v-I erzittern* ◊ *to tremble, shake*
- *3sips* hrisid H *CM* 4313 — *3pipt* hrisidun H *C* 5663

HRĪTAN *v-1 einkratzen* ◊ *to scratch* — *cf* WRĪTAN
- *pcps dp* hrítanthíon GLPRUDF1 96,8

scribere GLPRUDF1

HRITTIAN *v-I Furchen ziehen, einritzen, schreiben* ◊ *to plough furrows, carve in, write* — *cf* WRITTON

hrittian   **hrōmian**

• *3sipt* ritta GLEVES 60,2 — *3pipt* ríttun GLPRUDF1 96,10, ríttún GLPRUDF44 105,4 exarare GLPRUDF1 GLPRUDF44 scribere GLEVES

HRĪTH *nt(-z) Rind ◊ ox*
• *gs* hríthas GLPRUDF1 97,3
bubulus GLPRUDF1

HRĪTHASSTALL *(m-a) Rinderstall ◊ cowhouse*
• *ns* rindi^{s}stal$^+$ GLTRSEM IV,26 (rindis stal?)
bostar, statio boum GLTRSEM

HRĪTHERĪN *adj vom Rind stammend ◊ coming from a bovine animal*
• *dp* hríthérinón GLPRUDF1 95,32
bubulus GLPRUDF1

HRĪTHHERDA *f(-ō) Rinderherde ◊ herd of cattle*
• *ns* rintherda$^+$ GLTRSEM IV,31
armentum, bucerna GLTRSEM

HRĪTHHIRDI *m-ja Rinderhirt ◊ cowherd*
• *ns* rinthirde̦$^+$ GLTRSEM IV,39
bubulcus GLTRSEM

HRĪTHĪN *adj vom Rind stammend ◊ coming from a bovine animal*
• *gsnt* rindine$^{s\,+}$ GLTRSEM II,32 (assatura) GLTRSEM

HRIULĪKO *adv kummervoll ◊ sorrowful —* cf **HRIUWIGLĪKO**
• hriuliko GLEVELT 47,13, riuliko GLEVES 49,22

HRIUVI *adj-ja/jō dornig ◊ thorny*
• *ns* hruuis (s = saxonice) GLPB3 IV,594,23
spicarius GLPB3

HRIUWI *adj-ja/jō (-i?) traurig ◊ sad*
• *ns* hriuui H *C* 5612

HRIUWIG *adj traurig, kummervoll, beunruhigt ◊ sad, sorrowful, troubled*
• *ns* hriuuig GEN 44, hriuuig H *CM* 722. 804. 2184. 3179. 3094 (hreuuuog *C*). 4030 (hreuuag *C*). 4589. 4672 — *npm/f* hriuuig GEN 9

• GENB *np* hreowige 799

HRIUWIGLĪKO *adv traurig, kummervoll ◊ sorrowfully, in sadness — cf* **HRIULĪKO**
• hriuuiglico H *CM* 3690. 4748

HRIUWIGMŌD *adj kummervoll ◊ sorrowful*
• *npm* hriuuigmuoda H *C* 4446 (hriuuigmode *M*). 4718
• GENB *nsnt* hreowigmod 771

hrodach → **HROTTAG**

HRŌK *(m-a) Saatkrähe ◊ rook*
• *ns* hrok (k<h) GLTRSEM XXI,36
graculus GLTRSEM

HRÔK *m-a Heuhaufen ◊ hayrick*
• GLWERDC *ns* hrec$^{\#}$ 359
acervus feni, fenicium GLWERDC

HRŌKA *f-ō/n Krähe ◊ crow*
• *ns* rouca GLPB1 I,340,6
garrula GLPB1

HROKK *(m-a) Rock ◊ robe →* **ROKK**
• *as* hroc GLVERGOX 112,23
palla GLVERGOX

HRŌM *nt-a Ruhm, Ruhmbegierde, Prahlerei, Eigenlob ◊ fame, thirst of glory, boasting, self-praise*
• *ns* hrom H *M*, hruom *C* 5040. 5111 — *as* hrom H *CM* 1562 (hruom *C*). 1572. 2459 — *ap* hrom GLVERGOX 114,29
verbum GLVERGOX

HRŌMAG *adj fröhlich, prahlerisch ◊ merry, boastful*
• *ns* hromag H *M*, hruomig *C* 945, hromeg *M*, hruomag *C* 4926

HRŌMIAN *v-I (+ g) prahlen (mit), sich rühmen, sich großtun ◊ to boast (of), show off*
• *inf* hruomian H *C*, hromien *M* 5046, ruaman$^+$ GLSPET 81,7 — *3pips* hromiat GLVERGOX 113,7 — *3sops* hromie H *M*, hruomie *C* 5043
iactare GLVERGOX ostentare GLSPET

HRŌPAN *v-7 rufen, (heraus)schreien* ◊ *to cry (out), call, shout*
• *inf* hropan H M, hruopan C 1924. 3730 (hropen M) — *1sips* rofu⁺ PsWit 85,3 — *3sips* hruopit Gen 51 — *3pips* hropat H CM 1915. 1918 (hropad M), hruopat Gen 180 — *1sipt* riaf⁺ PsWit 85,7, riof⁺ PsLub 29,3 — *3sipt* hriop H M, hriep C 2947. 3364, hriop M, hreop C 4096 (p<b C). C 5481. 5633. 5653 — *3pipt* hreopun H CM 3561. 3570, hriopun M, hreopun C 3645. 3651. 3656. C 4860. 5327, hriapun GlEvEs 58,14 — *3popt* hriopin H M, hreopin C 3568
clamare PsLub PsWit invalescere dicens GlEvEs

ANHRŌPAN *v-7 anrufen* ◊ *to call on*
• *1sips* anrhopu PsLub 114,2. 115,13,17 (o *corr*) — *pcps dp* anrofandiun⁺ PsWit 85,5 — *1sipt* anrhiap PsLub 114,4
invocare PsLub PsWit

HRŌR *adj lebhaft* ◊ *lively*
• *nsf* hror H M, hruor C 2765

HRŌRA *f-ō Bewegung, Tumult, Aufruhr, Herde* ◊ *motion, stirring, stir, uproar, herd*
• *ns* hruora H C 4337, rura GlSPet 82,30 — *ds* hroru H M, hruoru C 3712. 4474. C 2243
sonestis GlSPet

HRŌRI *f-ī Bewegung* ◊ *stirring*
• *ns* hrori H M 4337

HRŌRIAN *v-I rühren, bewegen, zum Wanken bringen* ◊ *to move, stir, make waver*
• *inf* hrorien H M, hruorian C 4099 — *pcpt* gihrorid H M, gihruorid C 4072. 4749, girorid PsLub 111,8, girod°⁷ 111,6
commovere PsLub

GIHRŌRIAN *v-I zum Wanken bringen* ◊ *to make shake*
• *3sips* giroriđ PsLub 28,8
commovere PsLub

HROSS *nt-a Ross* ◊ *horse* → **HERS**
• *ns* hros GlTrSem VI,42 — *gp* hrosso H CM 2400
caballus GlTrSem

HROSSKAMB *(m-a) Pferdestriegel* ◊ *currycomb*
• *ns* roscamp GlMarf III,716,51
strigil[is] GlMarf

HROSSMINTA *f-n Rossminze* ◊ *horsemint*
• *ns* rosminze⁺ GlMarf III, 719,15
colocasia, mentastrum GlMarf

HROSSSKERRA *f(-n) Pferdestriegel* ◊ *currycomb*
• *ns* rosscerra⁺ GlTrSem XIV,98
strigilis GlTrSem

HRŌST *m/n(-a) Sparrenwerk* ◊ *rafters*
• *as* hrost H CM 2316

HROT *(m/nt-a)* (**HROTT** *?*) *Rotz, Schleim* ◊ *mucus*
• *ns* hrot GlTrSem XVIII,58, rot XVI, 67 GlMarf III,722,7
mucus, vomex GlTrSem munga, mucus (*?*) GlMarf

HRŌT *m(-a) Ruß* ◊ *soot*
• *ns* hrót^{bfk} GlPrudBr II,573,35, hrŏt GlPrudF1 98,24, rot GlMarf III,722,7 (*?*), ruaz⁺ GlSPet 80,27‖ — *as* ruot GlVergOx 110,26
fuligo GlMarf (*?*) GlPrudBr GlPrudF1 GlSPet GlVergOx

HROTTAG *adj rotzig* ◊ *snotty*
• *dp* róttagón GlPrudF1 101,4, rottogon^{bfk} GlPrudBr II,572,62, hrodach GlTrSem XVIII,59
muculentus GlPrudF1 GlTrSem GlPrudBr (maculentus)

HRÔTHAMŪS *f-i Fledermaus* ◊ *bat*
• *ns* radamus^{#?} (*abbr*) GlTrSem XXI,26
vespertilio GlTrSem

hruge → **RŪHIA**

HRUGGIBÊN *nt-a Rückgrat* ◊ *backbone*
• *ns* ruggeben GLMARF III,722,22
spina GLMARF

HRUGGILAKAN *nt-a Rückenpolster* ◊ *backrest*
• *ns* ruggelaken GLMARF III,717,10
dorsale GLMARF

HRUMPUSLO *m-n Runzel* ◊ *wrinkle*
• *ns* ru*m*phusla⁺? (*abbr*) GLVERGOX 111,20
ruga GLVERGOX

hruo(-) → **HRŌ** (-)
hrúsli → **RUSLI**

HRUST *f-i Rüstung* ◊ *armour*
• *dp* hrustim HILD 46 — *ap* HILD hrusti 56

HRŪTAN *v-2 schnarchen* ◊ *to snore*
• *inf* hrutan GLPRUDF1 89,15 — *3sips* ruzzet⁺ GLSPET 77,34‖ — *pcps* ruzzenti⁺ GLSPET 86,28‖
stertere GLPRUDF1 GLSPET

HRUTTALEHT (?) *adj verschleimt* ◊ *congested with phlegm*
• *nsm* bructolehter° ⁽⁺⁾ (*abbr*) GLTRSEM IV,24
bronchidus (brongidus *ms*) GLTRSEM

HRŪTUNGA *f-ō Niesen* ◊ *(act of) sneezing*
• *ns* ruzzunga⁺ GLSPET 77,31
sternutatio GLSPET

HRŪTHO *m-n Räude* ◊ *scab*
• *ns* rutho⁺ GLTRSEM XVIII,46 — *ds* ruden⁺ GLSPET 75,19 — *as* rhúthon GLPRUDF1 100,31
scabies GLPRUDF1 GLSPET GLTRSEM (scaƀ = scaber?) pruritus GLSPET

hruuis → **HRIUVI**
hu → **HWŌ**
-hu → **THŪ**
hua- → **HWA-, HWĀ-**
huaf° → **HWERVAN**
huan → **HWAND, HWANDA**
huandmahal° → **HANDMAHAL**

huaner⁺ → **HŌN**
huaraƀe → **HWARF**
huaraƀondi → **HWARVON**
huasto⁺ → **HŌSTO**
huat⁺ → **HŌD**
hubas *mlat* → **HŌVA**
hubben → **HUPBÊN**

HŪD *f(-i) + f-cons Haut, Fell, Schuppenhaut, Außenhaut (Rinde)* ◊ *hide, skin, shed, outer skin (bark)*
• *ns* huht GLTRSEM XV,80 — *ds* hud BENW 21, húd GLPRUDF1 92,21 — *as* hud BENW 20 GLEVES 49,5
cortex GLPRUDF1 squama GLEVES tergum GLTRSEM

HUDDIA *f-jō + j-n Hütte, Verkaufsbude* ◊ *hut, kiosk*
• *ns* huttia GLSPET 76,6‖, hutta⁺ GLTRSEM XVII,72 GLHARD IV,279,27, hutte GLMARF III,719,5 — *as* hutta⁺? GLSPET 80,21‖ — *ap* Ḣuttia GLEVES 50,39, hutten⁺? GLSPET 85,31
tabernaculum GLEVES tugurium GLMARF GLSPET GLTRSEM propola, locus ubi vendenda ponuntur in mercato GLSPET umbraculum GLHARD

hudere → **HŌDERI**
hue- → **HWE-, HWĒ-, HWÊ-**
hueder(-) → **HWETHAR¹, HWETHAR²**
huem(u), huena, huene → **HWÊ, HWAT**
hueo → **HWŌ**
huereƀan → **HWERVAN**
huerigin → **HWERGIN**
hues → **HWÊ, HWAT**
huf⁺ → **HUPI**
huffo⁺, hufon⁺ → **HŪPO**
hufta → **ŪHTA**

GIHUGD *f-i Überlegung, Gedenken, Andenken* ◊ *thought, remembrance, memory*
• *ns* gehugd BEDA 9 — *ds* gihuhti PSLUB 29,5, gihufti111,7 — *as* gehugd BEDA 15 — *dp* gihugdiun H *M*, gihugdion *C* 4647 — *ap* gihugdi GEN 129 H *C*, gehugdi *M* 2608
memoria (BEDA) PSLUB

GIHUGDIGON *v-II sich erinnern* ◊ *to remember*
• *inf* gihuddigon GLPRUDF1 104,32 recolere GLPRUDF1

HUGGIAN *v-III + -I (+ a/g) denken (an), bedenken, erwägen, planen, (er)hoffen* ◊ *to think (of), be mindful of, consider, plan, hope (for)* — *pcpt/adj* gihugid *gesinnt, eingestellt* ◊ *minded, disposed* — uuel huggiandi *wohlwollend* ◊ *benevolent*
• *inf* huggean H *C*, huggien *M* 3620 — *2sips* hugis H *CM* 1468. 1546. 1550 — *3sips* hugid H *M*, hugit *C* 2467. 3304 — *3pips* huggead H *M*, huggiat *C* 1918 — *2pimp* huggead H *M*, huggeat *C* 1542 (huggeat *M*). 1662 — *pcps gsnt* huggiandes H *C*, huggendies *M* 3673 — *3sipt* hogda H *CM* 644. 1278 — *3pipt* hugdun H *M*, hogdun *C* 2683. 3791. *C* 3989 — *pcpt npm* gihugida H *C* 2445 (gihugide *M*). 2493 (gehugda *M*). 2665 (gehugide *M*). 3799 (gihugde *M*)
• *v-I + II* GENB *inf* hycgan# 397 — *2pimp* hycgað# 432 — *3sipt* hogode# 690 — *pcpt/adj* gehugod(#) 725

FARHUGGIAN *v-III verachten, geringschätzen* ◊ *to despise, scorn, disdain*
• *3sips* farhugid H *C* 5364 — *2simp* forhugi H *CM* 320 — *2pipt* farhugdun H *M*, farhogdun *C* 4438 — *3pipt* farhogdun H *M*, forhogdun *C* 2659

GIHUGGIAN *v-III + -I (+ a/g) sich erdenken, denken an, bedenken, erwägen, sich erinnern an* ◊ *to think up, of, consider, remember*
• *inf* gihuggean H *CM* 161. 1705 (gehuggean *M*), gehuggean *M*, gihuggian *C* 3062. *C* 2524. 5854 — *1sips* gihúggív GLPRUDF1 102,27 — *2sips* gihuggies H *C* 5600 — *3sips* gehugid H *M*, gihugit *C* 2505. 3496 — *2simp* gihugi H *C*, gehugi *M* 3376 — *2pimp* gihuggiat H *C* 1845 (gehuggead *M*). 4643 (gihuggeat *M*), gehuggiat L 5854, gehuggiad *M*, gihuggent *C* 4651 —*3sipt* gihogda H *C* 3874 (gehugde *M*). 4997 (gihugde *M*)

— *2popt* gihugdin H *M*, gihogdin *C* 4430 — *3popt* gihugdin H *C*, gehogdin *M* 1584
• GENB *2simp* gehyge# 562 commeminisse GLPRUDF1

UNDARHUGGIAN *v-(III) -I einsehen* ◊ *to realize*
• *inf* undarhuggean H *M* 1744 (underhuggean *C*). 2372 (underhuggian *C*)

HUGI *m-i/ja Gedanke, Denken, Sinn, Absicht, Gemüt, Geist, Herz* ◊ *thought, mind, intention, feeling, spirit, heart* — an ~ fallan + *poss pron in jmdes Sinn kommen* ◊ *to enter sb's mind*
o³⁶⁴ *ns* hugi GEN H *PLVCMS*; hugi (i<e?) *M* 295 — *ds* hugi GEN 32 H *M*, hugie *C*; hugie (i *add*) *C* 2154, hugi 1292 (*V*). 1711. 3605. 4078, huge 235. 2500. 3220. 3720. 3812. 4401. 5285, hugea *M* 2997. 5147. 5183 — *as* hugi GEN H *VCM* — *instr* hugi GEN 80 H *MS*, hugiu *C*; hugiu (*1.* u< ͥu) *C* 1935, hiugiu° 467, hugi 290
o¹⁹ GENB *ns* hyge#, hige#, hige# 274 — *ds* hyge#, hige# — *as* hyge#, hige#

HUGIDERVI *adj-ja/jō tapfer gesinnt* ◊ *brave*
• *apm* hugiderbea H *C*, hugiderbie *M* 2121

HUGISKEFTI *f-i p Gemüt, Herz, Geist, Gedanken, Einsicht* ◊ *mind, heart, spirit, thoughts, sense*
• *np* hugiskefti H *M*, hugiscefti *C* 3067. 4119 — *dp* hugiskeftiun H *M*, hugisceftion *C* 436. 1849. 2029. 2437. 2487. 3150 — *ap* hugiskefti H *M*, hugiscefti *C* 1807. 2275. 2447. 3199. 4559
• GENB *dp* hygesceaftum#* 288

HUGISORGA *f-ō Herzenskummer* ◊ *heartsorrow*
• GENB *np* higesorga# 776

huhp → HUPI
huht → HŪD
hui → HWĒ, HWAT, IK

hui- → **HWI-, HWĪ-**
huie → **HWĒ, HWAT**
huiribit → **HWERVAN**
huiu → **HWĒ, HWAT**

HŪK *(m-a) Uhu* ◊ *eagle owl*
• *ns* huc GLVERGOX *p.* 128, huk GLTRSEM IV,37. XXI,20, huc GLSTR 107,24
bubo GLTRSEM GLSTR GLVERGOX

HULDI *f-ī Huld, Gnade, Gunst, Barmherzigkeit, Treue* ◊ *grace, favour, mercy, loyalty*
• *ns* huldi GLEPIST I,795,6 — *gs* huldi H *CM* 100. 1171 (*as?* huld *C*). 1588. *C* 1187 — *ds* huldi GEN 113 H *CM* 335. 1107. 1112. 1120. 1472. 4651. 4675. 5008. *C* 1686. 5043 HILD 35 — *as* huldi GEN 115 H *CM* 691. 902. 2620. 3223. 3925. 4117. 4519, uldi GEN 167 — *gp* huldeo H *M*, huldio (o *add*) *C* 5014 — *dp* huldion CONFES 17,26
o[18] GENB *f-ō ns* hyldo[#] 659 — *gs* hyldo[#] 664 — *ds* hyldo[#] — *as* hyldo[#], hýldo[#] 321
gratia GLEPIST

HULDISERI *m-ja Schmeichler* ◊ *flatterer*
• *ns* hulzere GLMARF IV,177,3
adulator GLMARF

HULFT *(f-i) Satteldecke* ◊ *saddle-cloth*
• *ns* hulift/hulist GLTRSEM XVI,39, hulitt VIII,95
hulcia, hulcitum GLTRSEM

hulic- → **HWILĪK**

HULIS *(m-a) Stechpalme, Mistel (?), Vogelleim (?)* ◊ *holly, mistletoe (?), bird-lime (?)*
• *ns* hulis GLVERGOX 110,32, bulis° 111,12, huls GLMARF III,720,32. IV, 178,53
lignum foliis spinosum, ruscus GLMARF viscum GLVERGOX

hulist → **HULFT**

BIHULLIAN *v-I verhüllen* ◊ *to veil*
• *inf* bihullean H *C* 1406

HULLIDŌK *(m-a) Umhängetuch* ◊ *wrap*
• *ns* hullidok GLSPET 73,7 ‖
theristrum GLSPET

huls → **HULIS**
hulzere → **HULDISERI**

HUMBAL *(m-a) Hummel* ◊ *bumble-bee*
• *ns* humbal (*abbr*) GLTRSEM II,11
attacus GLTRSEM

HUMBALA *f-n*/**HUMBALO** *m-n Hummel* ◊ *bumble-bee*
• *ns* humbele GLMARF III,721,13
attacus GLMARF

HŪN *m-i Hunne, Bewohner Pannoniens* ◊ *Hun, inhabitant of Pannonia*
• *ns* hun HILD 39 — *np* huni GLSPET 80,6 ‖ — *gp* huneo HILD 35
Pannonius GLSPET

hunahtuđe → **HUNDAHTODA**

HUND[1] *m-a Hund* ◊ *dog*
• *np* hundos H *CM* 3344 — *ap* hundos H *CM* 3017

HUND[2] *num + g hundert* ◊ *hundred*
• hund H *CM* 2836

HUNDAHTODA *num + g achtzig* ◊ *eighty*
• hunahtuđe H *S* 513

HUNDAROD *num + g hundert* ◊ *hundred*
• hunderod REGFREK *K* 24,23. 32,37. *M* 24,12. 29,13. 32,29

HUNDĀT *nt-a Hundefutter* ◊ *dog food*
• *ns* hundaz[+] GLMARF III,717,68, hunthaz[+] GLTRSEM IV,20
brinna GLMARF GLTRSEM

HUNDESFLIOGA *f-n/ō Hundsfliege* ◊ *dog fly*
• *ns* hundesfliega GLTRSEM V,64, hundesflege GLMARF III,721,18
cynomyia GLMARF GLTRSEM musca canina GLTRSEM

HUNDESTUNGA *f-n Hundszunge (Pflanze)* ◊ *hound's-tongue (plant)*
• *ns* hundestunge GlMarf III,719,32
cynoglossum GlMarf

HUNDHÔVIDO *m-n der Hundsköpfige (Pavian)* ◊ *doghead (baboon)*
• *ns* hunthoiuido⁺ GlTrSem XVII,12
cynocephalus GlTrSem

hunegapl → **HONAGAPPL**

HUNGAR *m-(u)/-a Hunger* ◊ *hunger*
• *ns* hungar Gen 12 H *CM* 4330. 4423 (hunger *M*) — *gs* hungres H *M*, ungres *C* 2824 — *ds* hungre H *CM* 1671 — *as* hungar H *CM* 1067. 3017. 3346 — *instr* hungru H *CM* 4398
• GenB *ns* hunger 802

HUNGRAG *adj hungrig* ◊ *hungry*
• *ns* hungraᶜhᶜ GlTrSem VII,110
famelicus (familiaris°) GlTrSem

GI**HUNGRIAN** *v-I Hunger leiden* ◊ *to suffer from hunger*
• *inf* gehungrean H *M*, gihungran *C* 1059

hunk → **IK**
hunpenninga → **HÔNPENNING**

HUNNO *m-n Anführer einer Hundertschaft, Zenturio* ◊ *centurion*
• *ns* hunno H *CM* 2093

huntat → **ANDTHAT**
hunthoiuido⁺ → **HUNDHÔVIDO**
hunthaz⁺ → **HUNDĀT**
huobe *mlat* → **HŌVA**
huod(-) → **HŌD(-)**
huofslegi → **HŌFSLEGI**
huonde → **HWAND, HWANDA**
huorendero⁺ → **HŌRIAN**
huot⁺ → **HŌD**
huoti → **HŌTI**
huoua⁺ → **HŌVA, HAUWA**

HUPBÊN *nt-a Hüftbein, Hinterbacke* ◊ *hipbone, buttock*

• *ns/p* hubben GlHard IV,314,21
clunis GlHard

HUPI *(m/f-i) Hüfte* ◊ *hip*
• *ns* huhp GlTrSem VI,34, huf⁺ GlMarf IV,178,5 — *dp* huffin⁺ GlSpet 75,15‖
clunis GlMarf GlSpet GlTrSem coxa GlMarf GlTrSem

HŪPO *m-n Haufe, Vorratsstapel, Holzstoß, Holzhaufen* ◊ *heap, stock, pile of wood*
• *ns* huffo⁺ GlSpet 74,21‖. 78,32‖. 81,24 — *dp* hufon⁺ GlPrudF1⁺ 90,2
acervus GlPrudF1⁺ GlSpet congeries, strues GlSpet

hurd⁺⁷ → **HURTH**

HŪRIA *f-jō Pacht, Pachtzins* ◊ *rent, quit rent*
• *ns* hure RegHerf 37 (2) UrbWerdA 60,7 — *as* hurie Dipl 948/2, hura UrbWerdB 95,24, *mlat* huram UrbWerdE 241,15

HŪRLAND *nt-a Pachtland* ◊ *rented land*
• *ns/p* hurland UrbWerdE 209,9, hurlan UrbWerdTrad 164,11 — *as* hurlant RegHerf 48 UrbWerdF 275,22
ager accomodatus UrbWerde

HURNIDSKIP *nt-a schnabelverziertes Schiff* ◊ *beak-prowed vessel*
• *ns* hurnidskip H *M*, hurnidscip *C* 2266 — *as* hurnidskip H *M*, hurnidscíp *C* 2907

hurniz⁺ → **HORNUT**

HURTH *(f-i) Flechtwerk, Hürde, Gerüst* ◊ *wicker-work, hurdle, framework*
• *ns* hurth GlVergOx 110,41, hurd⁺⁷ GlSpet 74,29‖ — *as* hurt⁺ GlSpet 84,12‖
cratis GlSpet GlVergOx craticula GlSpet

HURWĪN (?) *adj subst Sumpfvogel* ◊ *subst wader*
• *nsm* hotino° (= horino?) GlTrSem XII,127 porphyrio GlTrSem

hūs

HŪS *nt-a Haus* ◊ *house*
    $\circ^{92}$ *ns* hus PsGern 10,5 [14,24] — *gs* huses H *CM* PsLub 115,19 — *ds* huse H *CM* PsLub 111,3 RegFrek *K* 33,24. *M* 33,5, hus Beda 13 H *CM* 531 (*S*). 2119. 2150. 2704. 3772. *C* 2548 — *as* hus Beda 4 PsGern 10,2 [14,21] H *CM*; us *M* 4541 — *np* hus GlEvEs 55,16 — *gp* huso H *CM* 1083. 5075 — *dp* husun H *M*, huson *C* 1465
domus (PsGern) PsLub templum (Beda) suus (Beda)

HŪSARI *m-ja Haushüter* ◊ *housekeeper*
    • *ns* husari GlTrSem VII,6
aedituus GlTrSem

HŪSBRUKIL *adj einbrecherisch* ◊ *burglarious*
    • GlWerdC *ns* husbrycil[#] 359
effractabilis GlWerdC

HŪSÊGA *f-n Hausherrin* ◊ *lady of the house*
    • *np* huseigon[bfk+] GlEpist I,776,15
materfamilias GlEpist

HŪSGINÔT *m-a Hausgenosse* ◊ *housemate*
    • *ns* husgenoz[+] GlTrSem VI,60
contectalis GlTrSem

husca → HOSK

HŪSLÔK *(nt-a) Hauswurz* ◊ *houseleek*
    • *ns* husloc GlMarf III,719,26
barba Iovis GlMarf

huson → ŪSA

HŪSSÔKA *f-ō Haussuchung* ◊ *house search*
    • *ns* hussuacha[+] GlSpet 83,16
scrutinium GlSpet

HŪSSTEDI *f-i Hausstandort* ◊ *site of the house*
    • *as* husstedi H *CM* 1807

hussuht[+] → ŪTSUHT
hutta[+], hutte, huttia → HUDDIA
huttran$^\circ$ → HLUTTAR, HLŪTAR

hwand

HŪVA *f-n Haube, Mitra, Turban* ◊ *cap, mitre, turban*
    • *ns* huuit$^\circ$ (= huua) GlSpet 84,33 — *as* huuan GlSpet 74,1
cidaris, galea, pileum, tiara GlSpet

HŪWO *m-n Uhu* ◊ *eagle owl*
    • *ns* huuuo GlSpet 74,28 ‖
bubo GlSpet

huua → HWŌ
hwá[#] → HWÊ, HWAT
hwær[#] → HWĀR, HWAR
hwæt[#] → HWAT, HWÊ, HWAT

HWAL *(m-a) Wal* ◊ *whale*
    • *ns* huual GlTr40 V,47,32, bal GlTrSem III,62 ($^\circ$<hual?, x ballaena?)
ballaena GlTr40 GlTrSem

HWAN *adv wann* ◊ *when* — ~ er *bis dass, wann zuerst, wann endlich* ◊ *till, when first, when at last* — so ~ so *wann immer, wenn (einmal)* ◊ *when(ever), as soon as* — ~ thiv *seitdem* ◊ *since*
    $\circ^{39}$ huan H *CM*, huann *C* 105, huuan *M*; hvvan GlPrudF1 103,27
quandoquidem (hvvanthiv) GlPrudF1

huzscricta[+] → ŪTSKRIKKIAN

HWANAN *adv woher* ◊ *where ... from*
    • huanan H *C*, huanen *M* 2649. 2656

HWANANA *adv woher* ◊ *where ... from*
    • huuanana GlPrudF1 92,7
unde GlPrudF1

HWAND, HWANDA *conj weil, da, denn* ◊ *because, since, for* — ~ that *weil* ◊ *because*
    $\circ^{201}$ huuand H *M*, huand *PVCM* Gen 68, huant H *C* 689. 1767. 3607, uuand Gen 10. 94. 153. 197 H *P* 999, huuanda *M* 144. 906, huanda (u<a) 1924, huuande 1319, huande PsLub PsWit, huonde H *S* 572. 573, uuande PsPad, huuanne, huanne PsLub, huand (h < *corr/ras*) H *C* 1439. *M* 1845, huan GlEvEs 49,28.

hwand

53,29 GLGREG 65,8 (*stil*), vuan PSGERN GLGREG 64,17. 65,6 (*stil*), wan BEDA 5, hand° *C* 1812
enim GLGREG quia (BEDA) GLEVES GLGREG (PSGERN) PSLUB PSPAD PSWIT quoniam (PSGERN) PSLUB PSPAD PSWIT

BIHWAND *adv weshalb* ◊ *why*
• bihuon H *S* 565, bihúon 561

HWANNA *adv einst, wann* ◊ *once, when*
• huuanna H *M*, huanne *C* 1142, uuanne GLSPET 77,3 ‖
quando GLSPET

HWĀR, HWAR *adv wo, wohin, an welcher Stelle* ◊ *where, to what place, at what point* — ~ endi ~ *hier und da* ◊ *here and there*
• huar GEN 38 GLEVES 52,18 (2) H *CM* 604. 617. 642. 1001 (*P*, huuar *M*). 1702 (huuar *M*). 2697. 2898. 3884. 4529. 4531. 4816. *C* 45, huuar GEN 33, uar GLEVES 56,10 (2)
• GENB hwær[#] (w *add*) 667
per loca (~ endi ~) GLEVES

huuarari[+] → HŌRARI

HWARASUN *adv wozu* ◊ *to what end*
• uuarasun GLSPET 84,16
quorsum GLSPET

HWARF *m-a Menge, Schar, Masse, Versammlung* ◊ *crowd, drove, mass (of people), assembly*
• *ns* huarf H *CM* 2306. *C* 5371 — *ds* huarabe H *C*, huuarbe *M* 4980. *C* 5461. 5547, huaraue *C*, huarbe *M* 4170 — *as* huarf H *CM* 4467 (huuarf *M*). 5061. 5071. 5132. *C* 4145 — *dp* huaraƀon H *C*, huarbon *M* 5178 — *ap* huarauos H *C*, huuarbos (h<u) *M* 4136

huuargin → HWERGIN
huuari → WESAN

HWAROD *adv wohin, an irgendeine Stelle* ◊ *where, to what place, somewhere*

• huarod H *CM* 121. *C* 5916. 5918. 5923, huuarod GLPRUDF1 96,32, uuarod GEN 168. 175
quo GLPRUDF1

HWARVON *v-II umhergehen, zurückgehen* ◊ *to walk around, move*
• *pcps* huarƀondi H *C*, huarabondi *M* 4965 — *3sips* huarobat GEN 49 — *3sipt* huaraboda H *C* 5465

HWASS *adj rauh, zottig, scharfzackig* ◊ *rough, shaggy, serrated*
• *nsm* vvásso GLPRUDF1 98,30 — *dsf* vuassarv GLPRUDF1 90,15, uuassero GLPRUDF1[+] 90,16
hispidus, serratus GLPRUDF1 (lanugo) GLPRUDF1[+]

HWASSHOLONDAR *(m-a) Stechpalme* ◊ *holly*
• *ns* uuahshollender GLTR40 V,43,36
hulserida (*cf E*. Steinmeyer - *E*. Sievers, *Die althochdeutschen Glossen*, III,505[4]) GLTR40

HWAT *interj in der Tat, wahrhaftig, sieh/hör nur* ◊ *indeed, truly, lo, behold, listen* — ~ than *wie nun?* ◊ *what?* → HWĒ
• huat GEN 172 H *CM* 556 (*S*). 825 (huuat *M*). 1089 (huuat *M*). 1667 (huuat *M*). 2388. 2419. 2654. 2952. 3019. 3100. 3101. 3377. 3801. 4086. 4338. 4406. 4434. 4457. 4572. 4957. *C* 2550. 3442 (h *ras C*). 4689. 5314. 5751, húat GLPRUDF1 100,26, huuat GEN 191
• *weshalb?* ◊ *why?* GENB hwæt[#] 278. 533. 663 (*pron?*). 694. 791
quid (~ than) GLPRUDF1

FARHWĀTAN *v-7 verfluchen* ◊ *to curse*
• *inf* forhuatan GEN 77 — *pcpt* firuuazan[+] GLSPET 86,14 ‖
pcpt alienatio, anathema, perditio GLSPET

FARHWĀTNISSI *f-ī Verfluchung* ◊ *cursing*
• *ns* firuuaznissi[+] GLSPET 79,14(‖)
anathema, perditio GLSPET

HWĒ, HWAT *pron (+ g)* wer, was (für ein); irgend einer, eine, irgend etwas; welcher/welche/welches ◊ who, what (kind of); somebody, anyone, something, anything — so hwe/hwat so jeder der, alles was ◊ everybody who, everything what — mit hwiu wie ◊ how — te hwi warum, weshalb, wozu? ◊ why, for what?

o²⁹⁵ *nm* hue, huue H M, hue, huie C; hue GEN 51, ẃer⁺ (⊧ < p) HILD 9 — *nnt* huat H CM; huuat M 210. 922 GEN 68. 251, huat GLPRUDF1 98,7, húat 100,26, huúat 103,14, uuat GLEVES 52,35 — *gnt* hues H CM 1666 (huues M). 2756. 2772. 4037. C 1650, uues GLEVES 54,14 — *dm* huemu, huuemu H M, huem C; huuem M 957. 1276, huem (u *add*) C 957, hue*m* (*abbr*) 4609 — *am* huena H C, huene M — *ant* huat, huuat H M, huat CONFES H VC PSWIT 84,9, [h]uat PSLUB 115,12, húat H M 2440, huat (h<u?) 2375, huuat C 3623 GEN 213. 233, uuat GLGREG 62,16, uuat⁻ GLSMIH 400, vuat BEDA 16, uuaz⁺ GLEPIST IV,307,8, haat° GLEVES 61,4 — *instr* hui, huui H M, huiu M 5181, hui GEN 24 H LCS, hiu (<thui) C 5636, huíu GLPRUDF1 96,29, hiuui° GLPB2 I,298,5

● GENB *nsm* hwá# 671, hwa# 438. 483 — *asnt* hwæt# 535. 755. 829 — *instr* hwy# 282, hwón# 815

quis, quid GLEVES GLPRUDF1 PSLUB PSWIT quicquid (BEDA, so vuat so) qui, quae, quod GLGREG quam (huíu) GLPRUDF1 aliquid (ne uueiz uuaz) GLEPIST quidpiam (ne uuet uuat) GLSMIH quomodo (mit huiu) GLPB2

GIHWĒ, GIHWAT *pron (+ g)* jeder, jede, jedes, alles ◊ each, every, any one

o⁵⁸ *n(sm)* gihue H CMS, gehue, gihuue M, gihuie C, gihué V 1327 — *nnt* gihuat H C, gehuuat M 1549. 2655 (gehuati° M) — *g* gihues H CM, gehues, gihuues M — *d* gihuuem GEN 287, gihuem H C, gihuuem, gehuuem M; gehuemu M 3251, gihuemu 2858. 2860, gihuen C 5405, gihuuen GEN 255 — *a(sm)* gihuena H C; gihuuena M 891, gehuene 1885, gehuuane 1451

● GENB *ds* gehwam# 641

huue *mlat* → HŌVA

HWELP *m-a* junger Hund ◊ puppy
● *np* huelpos H CM 3020

GIHWELVI *nt-ja* Gewölbe ◊ vault
● *ns* gewelue GLMARF IV,177,12 arcuatum GLMARF

BIHWELVIAN *v-I* verbergen ◊ to cover
● *inf* behuuelbean H M 1406

huuem(u) → HWĒ, HWAT
hweorfan# → HWERVAN

HWEPSIA *f-jō* Wespe ◊ wasp → WAPSA
● *ns* huuepsia GLTRSEM XVI,44, uuepsia V,51, uuespa⁺ GLTR40 V,48²⁸, wispe GLMARF III,721,12 — *np* wespe GLHARD *fol.* 63v
vespa GLHARD GLMARF GLTRSEM crecopulus GLTRSEM

HWERGIN *adv* irgendwo, irgend ◊ somewhere, anywhere, at all
● huergin H CM 591 (huerigin M). 1089 (huuargin, h *ras* M). 1898. 2014. 2064. 2125 (huerigin C). 2792. 3695. 4318. C 25. 2223. 2570. 5400, huuergin M, huerigin C 1854 GEN 39, huuerigin 279

huuerthan → WERTHAN

HWERVA (*f-ō/n*)/**HWIRVIA** (*f-jō/j-n*) Plektron (?), Stimmwirbel (?) ◊ plectrum (?), tuning peg (?)
● *ns* wirue GLMARF IV,178,52
plectrum GLMARF

HWERVAN *v-3 (+ d refl)* sich (hin)wenden, sich begeben, (umher)gehen, zurückkehren, hinlenken ◊ to turn, go, walk around, return, turn about, direct — ~ umbi umringen ◊ to surround

• *inf* huerban H *C*, huerban *M* 482, huerban *M*, huerban *C* 1920, huereban *C*, huerben *M* 3106 — *3sips* huiribit H *C* 1943, huiribit GEN 144, vuiruid PSGERN 4,6 [12,5] — *3pips* hueređat H *C*, huerbad *M* 3020 — *3sops* huerđe H *C*, huuerbe *M* 1491 — *3sipt* huarf H *CM* 4188. 3679 (huarđ *C*). 3907 (huaraf *C*), huaf° *C* 5339 — *3pipt* huurbun H *CM* 2740. 2793 (huurbun *C*), huurbun *M*, huurđun *C* 4915. 5051. 5125, uurubun GEN 306 — *pcpt* gihuorđan H *C*, gihuorben *S*, gihuuorban *M* 717, gihuorban *C*, gihuorben *M* 282. 2760. 4119, gihuoroban (u<r) GEN 148
• GENB *inf* hweorfan[#] 669. 706. 754 — *3sipt* hwearf[#] 447. 762, hwærf[#] 240 — *3pipt* hwurfon[#] 840
redire (PSGERN)

BIHWERVAN *v-3 vollziehen* ◊ *to perform*
• *inf* bihuueruan H *M*, bihuuereban H *C* 91

GIHWERVAN *v-3 zurückkehren* ◊ *to return*
• *3sipt* gewarf (a *add*) BEDA 12
remeare (BEDA, wither ~)

UMBIHWERVAN *v-3 umringen* ◊ *to surround*
• *3sipt* umbihuarf H *CM* 5270. 5490

HWERVIAN *v-1 herumwirbeln* ◊ *to whirl*
• *pcpt* gívvéruíd GLPRUDF1 97,23
• *ändern, ins Gegenteil verkehren* ◊ *to change, reverse* GENB *3sipt* hwyrfde[#] 716 — *pcpt* gehwyrfed[#] 318
rotare GLPRUDF1

FARHWERVIAN *v-1 in die Irre leiten* ◊ *to pervert*
• *pcpt* farhuerbid H *M*, farhueribid *C* 3609

GIHWERVIAN *v-1 fortwälzen, zur Umkehr bringen* ◊ *roll off, make change one's ways*
• *inf* gihuerebian H *C* 5792 — *3sops* gihuerbie H *C*, gihuerbie *M* 2471 — *3sipt* gihueribida H *C* 5805

HWERVO *m-n Wendepunkt* ◊ *turning point*
• *ds* uuéruon GLSTR 107,35/36
cardo GLSTR

HWESSI *f-ī Spitze, Schärfe* ◊ *sharp point, sharpness*
• *ds* vvéssi GLPRUDF1 98,18 — *dp* huúession GLPRUDF1 96,11
mucro, spiculum GLPRUDF1

HWÊTI *m-ja Weizen* ◊ *wheat*
o[44] *ns* huueti GLEVES 50,9 — *gs* huuetias GLEVES 50,4, huetes REGFREK *KM*, hvetes (v<a) *M* 29,4, vuetes PSGERN 4,5 [12,4]
frumentum (PSGERN) herba, triticum GLEVES

AHWETTIAN *v-1 tilgen* ◊ *to wipe off*
• GENB *3sips* áhwet[#] 406 (?)

HWETTISTÊN *m-a Wetzstein* ◊ *whetstone*
• *ns* ʰuuezestein[+] GLTRSEM V,123
cos GLTRSEM

HWETHAR[1] *pron einer/eins, wer/was (von beiden)* ◊ *one, which (of two)* — *so ~ so was immer (von beiden)* ◊ *whichever (of two)*
• *nsm* werdar[+] HILD 61 — *gsnt* huethares H *C*, huederes *M* 3863 — *asm* huederon H *C* 5411 — *asnt* hueđer H *C* 5348, hueder *CM* 3406

HWETHAR[2] *conj ob, ob ... wohl?* ◊ *whether, I wonder if — ~ ... the ob ... oder ob* ◊ *whether ... or*
• hueder H *CM* 554 (huueđer *M*, hueđer *S*). 3848 (huedar *C*). 5207, hueđer *C*, huuedar *M* 1541, hue*d*er (*abbr*) GEN 231

ʰuuezestein[+] → HWETTISTÊN
huui → HWÊ, HWAT, IK

BIHWĪ *adv weshalb, wie* ◊ *why, how*
o[26] bihui, behui H *CM*, bihuui *M*; bihuui (h *add*) *M* 829, behuui 1065, behuiu 3624, bihiu *C* 203

HWĪL, HWĪLA *f-ō Weile, Zeit(raum), Zeitpunkt* ◊ *while, (period of) time, moment* — *adv* langa, managa huila *lange (Zeit), für lange Zeit, seit langem* ◊ *for a long time, long ago* — huilum, uuilon *geraume Zeit, zuweilen, manchmal, einst* ◊ *for some time, from time to time, sometimes, once*

• *ds* huuilu H *M*, huilo *C* 1243 (huilu *M*). 1624 — *as* huila GEN 67. 71. 150. 301 H *CM* 170. 244. 470 (hiula° *C*). 487 (hiula° *C*). 524 (huil *S*, huuila *M*). 1028 (huuila *M*). 1106 (huuile *M*). 1122 (huile *M*). 3552. *C* 3439. 5691. 5717, huil *C* 5802 — *dp* huuilum GEN 15, huilum 19, huilon H *C*, huuilon *M* 603. *C* 3437, uuilon BEDA 5 — *ap* uuilla° (= huila) GLPB2 I,297,15

• GENB *ns* hwil 584 — *ds* hwile 489. 634 — *as* hwile 245 (*marg*). 486 — *dp* hwilum 777. 810

ab antiquis (BEDA) momentum GLPB2

HWILĪK *pron (+ g) irgend einer/eine/eines, jemand, welcher/welche/welches, jedes einzelne* ◊ *who, which, some, any, each* — so ~ so *(+ g) wer/was immer, jeder/jede/jedes der/die/das* ◊ *whoever/whatever, every, any*

o¹⁰¹ *ns* huilic, huilik H *CM*, huuilic *M*; huilic *S* 537. 553, hiulic° *C* 553, huilik GLEVES 57,5 REGFREK *M* 43,15, vuilik (*stil*) GLGREG 64,1, v[uilik] PSGERN 10,21 [15,16] — *gsm/nt* huuilikes H *M* 1073, huilikes *CM* 4972, ẃelihhes⁺ (hes *ras*) HILD 11 — *dsm/nt* huilicumu H *M*, huilicon *C*, huuilicumu *M* 1459, huilicum 1539, huuilicun 1019, huilicun *MS* 555 (hiulicon° *C*), hulicon *C* 2644 — *dsf* huilikaru CONFES 17,20/21, hvvilicarv GLPRUDF1 104,12/13 — *asm* huilican H *CM*; huilikan *C* 1753, hulican 1530 — *asnt* huilic H *MS*, huilik *C*; huúi(lic) GLPRUDF1 96,40 — *asf* huilica H *C*, huilike *M* 5031. *C* 5964 — *instr* huilicu H *CM* 1394 (huuilico *M*). 2822 — *npm* huilica H *VC*, huuilike *M* 1298. *C* 5877 — *npnt* huilic H *CM* 3519. 4308 — *dpnt* huilicun H *M*, huilicon *C* 2415 — *apm/f* huilike PSWIT 85,9 H *M*, huilica *C* 4538

• GENB *nsm* hwilc# 414 — *asnt* hwilc# 555 — *asf* hwilce# 617, hwylce# 570

qui PSWIT quis (PSGERN) GLEVES GLGREG quilibet (so ~ so) GLPRUDF1 cuiusmodi GLPRUDF1

GIHWILĪK *pron (+ g) jeder/jede/jedes (einzelne), jeglicher/jegliche/jegliches* ◊ *everybody/everything, anyone/anything, each*

o¹⁵¹ *ns* gihuilic H *C*, gehuilic *CM*, gehuuilic *M*, gihuilik PSLUB 28,9. 115,11 H *C* 3216. 3874 REGFREK *M* 35,19,34, giuuilic GEN 312, gihuúilik GLEVES 54,14, gewilik BEDA 13 — *gsm/nt* gihuilices, gihuilikes H *C*, gihuilicas 1344 (gehuilicas *V*). 2169, gihuilikies 2284; gehuilikes, gehuuilikes *M*, gehuilicas 1592, gihuilikes 601. *S* 693, gihuuilikes *M* 954, gehuilikes (k<c) 3200 — *dsm/nt* gihuilicon H *C*, gehuilicumu *M*; gihuilikon *C* 1689, gihuuilicumu *M* 1712, gehuuilicomu 1699 (gihulicon *C*), gihuuilicum 908, gehuilicum 1464, gívvilikemo GLPRUDF1 100,14 — *asm* gihuilican H *CM* 353 (gihuilikne *S*). 3188 (gehuiliken *M*), gewiliken CONFPAL 363,24 — *asnt* gihuilik H *C*, gihuuilig *M*, gehuilic *P* 975, gihuilic *C*, gehuilic *M* 5253 — *asf* gihuilica H *C* (a<o) 56. 1987 (gehuilica *M*) — *instr* gihuilicu H *CM*, gehuilicu *M*; gehuuilico 1602, gehuuilicu 1689, gihuiliku *C* 4191 — *npm* gihuilica H *C* 1408 — *dpm* gihuilicon H *C*, gehuuilicun gihuuilicun *M*; gihuilicun *M* 342

• GENB *nsm* gehwilc# 297. 314 (geabbr) — *dsnt* gehwilcum# 546 — *instr* gehwilce# 848

omnis GLEVES PSLUB quisque GLPRUDF1 unusquisque (BEDA)

hwilc# → **HWILĪK**
ʰuuind → **WIND**²

HWĪT *adj weiß, hell leuchtend, glänzend, nicht ausgeschmolzen (Fett)* ◊ *white, bright, brilliant, unmelted (fat)* — uuite uurt *Diptam (Pflanze)* ◊ *dittany (plant)*

• *ns* huit H *C*, huuit *M* 663 — *nsnt* huit H *CM* 590. 3127 (huitt *C*) — *nsf* húuita GEN 268 — *dsf* huitaro H *M*, huitero *C* 2605 — *asnt* huit H *C*, huuit *M* 1512. *C* 5292 — *asf* uuite GLVERGOX 114,14 — *npm* huitun H *C*, huuiton (h<i) *M* 656 — *npnt* huit H *CM* 4313 — *apm* huittę HILD 66 — *n/apnt* huite REGFREK *M* 37,17, huíte 39,13
• GENB *ns* hwit 266. 350 — *asm* hwitne 254 — *asnt* hwit 616 — *comp np* hwitre# 603 — *sup ns* hwitost (> hwittost#) 339
dictamnum (uuite uurt) GLVERGOX

huuit° → HŪVA

HWĪTBÔM *m-a Berg-Ahorn* ◊ *sycamore maple*
• *ns* witboum GLMARF III,720,29
platanus GLMARF

HWĪTON *v-II weiß schimmern* ◊ *to have a tinge of white*
• *inf (1sips?)* huuiton^bfk GLPRUDBR II, 572,45
albescere, cānēre GLPRUDBR

HWĪTWURT *f-i Diptam* ◊ *dittany*
• *ns* uuizuurz+ GLTR40 V,43,10
dictamnus GLTR40

HWŌ *adv wie, weshalb, was für ein* ◊ *how, why, what sort of* — hu san so *so bald wie* ◊ *as soon as*
o^148 huo GLEVES 57,22 H *CM*, huuo *M*, huuo (2. u<o) 1593, hueo 4652, huua 1528, hua *S* 494, huo (o *add*) *C* 1033, hú *V* 1289, hu *L* 5856 GEN 14 (2, 2. hu h *add*). 178. 227 GLEVES 53,19. 59,22
• GENB hú 273. 433, hu 805. 851
qualis GLEVES quia tunc (hu san so) GLEVES

HWOLVO *m-n Hohlziegel* ◊ *hollow tile*
• *dp* uuoluon GLPRUDF1 94,3
imbrex GLPRUDF1

hwón# → HWÊ, HWAT

húuritolónthion → WRITOLON
hwy# → HWÊ, HWAT
hwylce# → HWILĪK
hwyrfde# → HWERVIAN
hyge(-)# → HUGI(-)

HYGELĒAST# *f-ō Unverstand* ◊ *folly*
• GENB *as* hygeleaste# 331

hycgan# → HUGGIAN
hyldo# → HULDI
hýnða# → HÔNITHA, HÔNITHIA
hyra# → HÊ, SIU, IT
hyran# → HÔRIAN

I, J

ia- → IO-

JA *conj und* ◊ *and* — ~ ... ~, ~ ... jak *sowohl ... wie/als auch* ◊ *both ... and, ... as well as*
• ia H *CM* 354 (2, *S*). 1840 (gia *M*). *M* 4539, ia *M*, ge *C* 2420 (2). 2484. 4054 (2). 4098. 4260. *C* 2485. 2547 (2), ia *M*, gie *C* 3623. 3624. 3905. 4373 (2). 4455. *C* 4407. 4744. 5083, ge *CM* 2257, ge *M*, gie *C* 1657. 1658. 1896 (2 *M*, ge, gi *C*). *M* 1838, gie *C* 5467. 5468. 5480 (2). 5837 (io *L*). 5870 (ia *L*). 5895, gi *C* 2256 BENTR
• GENB ge 752

JĀ *interj, adv ja, folglich* ◊ *yes, in consequence*
• ia GLGREG 63,13 (*stil*) H *CM* 1522
itaque GLGREG

JAGON *v-II treiben* ◊ *to drive*
• *3sipt* iacada+/° GLPB2 I,297,18
minare GLPB2

iahuuethar → IOHWETHAR

JAK *conj und (auch)* ◊ *and (also)* — ~ ... ~, bethiu ... ~, (ia) ... ~ *sowohl ... als auch* ◊ *both ... and, ... as well as*

• iac GEN 89. 90. 276 H *CM* 212. 293. 1208. 1843 (giac *M*). 2003 (giac *M*). 4272. 4297. 4311. *M* 2485. 4407. 5083. *C* 2199. 4539, iak *M* 4744, gec 1911

iacada[+/o] → JAGON

JAKIND *(m-a) Amethyst* ◊ *amethyst*
• *dp* iachenton[+] GLSPET 84,34 ‖
hyacinthus GLSPET

JĀMAR *adj traurig, betrübt* ◊ *sad, grieved*
• *ns* iamar H *C* 4755 (giamar *M*). 5914, iamer *C* 5965

JĀMARLĪK *adj bejammernswert* ◊ *pitiable*
• *comp nsm* iamorlicra H *C*, giamarlicara *M* 735

JĀMARMŌD *adj traurig, betrübt, kummervoll* ◊ *sad, distressed, sorrowful*
• *ns* iamermod H *M*, iamormuod *C* 4425, giamarmuod GEN 50 — *npm* iamarmode H *M*, iamormuoda *C* 3612. *C* 5946, iamarmuoda *C*, giamermode *M* 2800

iamund(i)ling- → GIMUNDLING

JĀR *nt-a Jahr, Rune* ᛄ ◊ *year, rune* ᛄ — *cf* GĒARA[#]
• *ns* iar H *C*, ger *M* 449 — *gs* iares H *C*, geres *M* 198 — *ds* iara H *C*, gere *M* 217, gera BEDA 16 REGFREK *M* 40,32 — *as* ger REGFREK *M* 37,16, ar ABC 10 — *gp* iaro H *C*; gero *M* 843. 3811. *C* 732. 5405 — *dp* gerun H *M* 732

JĀRESDAG *m-a Jahrestag* ◊ *anniversary*
• *ds* gerasdaga REGFREK *K* 33,28. *M* 33,8, gersdage 35,3

JĀRIG *adj einjährig* ◊ *one year old*
• *ns* iarich GLMARF IV,177,7
annotinus GLMARF

JĀRMARKAT *(m/nt-a) Jahrmarkt* ◊ *annual fair*
• *as* iarmarkat GLSPET 76,34
mercimonia, nundina GLSPET

JĀRTAL *nt-a (Lebens-)Jahr* ◊ *year (of one's life)*
• *ds* iartale (t<d) H *C*, gertale *M* 2728, iartale *C* 4148 — *gp* gertalo H *M* 786 — *ap* iartalu *(gp?)* H *C* 786

JĀRTALA *f-ō (Amts-)Jahr* ◊ *year (of office)*
• *ds* gertalu H *M* 4148

iauuethar → IOHWETHAR
ibu[+] → EF[1]

IDA *f-n Blutgefäß, Linie des Bluts (Verwandtschaft)* ◊ *blood-vessel, course of blood (relationship)*
• *ns* ida GLPRUDBR II,574,14 — *as* idun GLPRUDBR II,574,15
ordo, vena, vena sanguinis GLPRUDBR

ĪDAL *adj nichtig, leichtfertig* ◊ *vain, frivolous*
• *gsnt* ideles PSGERN 11,6 [15,25] — *asnt* idila H *C*, idale *M* 1562 (-a *ras C*). 1572 (idala *M*)
vanus (PSGERN)

ĪDALNUSSI *f-ī Leichtfertigkeit, Nichtigkeit* ◊ *frivolity, vanity*
• *ns* idal(n)ussi PSGERN 11,1 [15,20]
vanitas (PSGERN)

IDIS *f-cons/-i/-ō (edle) Frau, Ehefrau, Gattin* ◊ *woman, wife, lady*
o[74] *ns* idis H *CMS* GLSPET 80,18 ‖. 85,10, hidis H *C* 823, idis GEN 331 — *ds* idis H *CM*, idisi *C*, idisiu *M* 274, idisiu *S* 493 — *as* idis GEN 295 H *CM* — *np* idisi H *CM*; idisa *M* 4211, idise *L* 5828 — *gp* idiso H *CM* 270 (idiseo *C*). 2032. *C* 5913, idiseo *C*, idisiu *M* 4065 — *dp* idison H *C* 5812, idision 5845 (i[d]ison *L*)
• GENB *f-ō as* idese[#] 589. 700 — *gp* idesa 578. 626. 704. 821
matrona GLSPET

IDNIUWI *adj-ja/jō ständig erneuert* ◊ *permanently renewed*
• GENB *asnt* édneowe[#] 314

IDRUK *(m-i) Schlund* ◊ *gullet*
• *ns* idrig GLMARF III,722,16
rumen GLMARF

IDUGILÔNON *v-II wiedervergelten* ◊ *to retaliate*
• *inf* iduglonon H *C* 5302

JEDA *f-ō Jäthacke, Hobel (?)* ◊ *weeding hoe, plane (?)*
• *ns* ieda GLSPET 76,32‖ — *as* geda GLPB2 I,298,18
runcina (°*?* runco*?*) GLSPET sarculum GLPB2

JEDAN *v-5 jäten* ◊ *to hoe*
• *pcpt dp* gigedenon GLPRUDF1 95,1/2, gegedenen GLPRUDBR II,573,36
sarculare GLPRUDBR GLPRUDF1

ŪTJEDAN *v-5 ausjäten* ◊ *to root out*
• *Ipops* utgedan, vtgedan GLEVES 50,12/13
colligere (zizania) GLEVES

JEDĪSARN *nt-a Jäthacke* ◊ *weeding hoe*
• *ns* getísarn GLSPET 75,7‖, getísan 84,21‖
caelum, sarculum GLSPET

iegiuan → **GEVAN²**

JEHAN *v-5 (+ g) etw sagen, bekennen, zugeben* ◊ *to say, confess sth*
• *inf* gehan H *CMS* 547 (gean *M*, gan°*?* *C*). *CM* 4975. *C* 5338 — *inf d* gehanne H *CM* 4594 — *Isips* giuhu CONFES 16,3,17,20, iuhu 16,6 (h<g),11,15,22, 29. 17,1,14,17, (gih) (*stil,* gihik) GLGREG 62,9 — *2sips* gihis H *C* 3952 — *3sips* gihid H *CM* 1976 (giit *M*). 5104 — *3sops* gehe H *C*, gea *M* 1522

BIJEHAN *v-5 verkünden; + a refl, + g sich erklären zu* ◊ *to confess, praise, proclaim oneself sth*
• *3sips* begihit H *CM* 5192 — *2pimp* bigiant PSLUB 29,5
confiteri PSLUB

BIJEHINGA *f-ō Bekenntnis* ◊ *profession*
• *ns* bigenince GLABD
confessio GLABD

iehuuethar → **IOHWETHAR**
ieldan → **GELDAN**
iemar → **IOMÊR**

JENDRO *adj (adv?) entfernter liegend* ◊ *more distant*
• *nsm/f* gendra GLSPET 80,9‖
citerior GLSPET

JENOVAR *adv dort drüben* ◊ *over there*
• genouuer H *M*, ginuuuar *C* 4958

ieridfolc → **EHURIDFOLK**
ięrnihed → **GERNIHÊD**

JESKŌD *(m-u) Auswurf* ◊ *discharge (from the bowels)*
• *ns* gesscod GLVERGOX 112,3
effusio sordis, proluvies GLVERGOX

JESKON *v-II schnaufen* ◊ *to breathe heavily*
• *Isips* geskon GLSPET 82,6
oscitare GLSPET

JÊTH *adv sogar, ebenfalls* ◊ *even, as well*
• geth H *CM* 3892, get *C* 1911
• *noch, bisher* ◊ *still, yet* GENB giet[#] 618. 784

ieuuethar → **IOHWETHAR**
iewde[#] → **ÔGIAN**

IGIL *(m-a) Igel* ◊ *hedgehog*
• *ns* igil GLTRSEM VII,38. XXI,33, ígil GLSPET 81,10, igel GLMARF III,721,41. IV,178,18
ericius GLMARF GLSPET GLTRSEM erinacius, hystrix GLMARF

igrundian → **GIGRUNDIAN**
ih⁺ → **IK**

IH *m-a Eibe, Rune* ᛇ ◊ *yew, rune* ᛇ
• *ns* yr (*altnordisch* ◊ *Old Norse*) ABC 14 — *np* ichas GLVERGOX 109,5
taxus GLVERGOX

ihekilod → **HEKILON**
ihc⁺² → **IK**

JIKILLIA *f-jō/-j-n* (**JIKILLIO** *m-j-n?*) *Eiszapfen* ◊ *icicle*
• *ns* ihilla⁺⁽ GLVERGOX 110,13, gikele GLMARF IV,179,3
stiria GLMARF GLVERGOX

IK *pron ich,* mi *refl,* wit *wir beide* ◊ *I,* mi *refl,* wit *we two*
o¹²⁰³ *ns* ic, ik GLMARF H *M,* ic CONFPAL, ik CONFES GEN GLEVES GLPRUDF1 H *PLC* HILD 1. 12 PSGERN PSLUB PSWIT, (ik) (*stil*) GLGREG 62,9, ic (*stil*) H *M* 1801, ik (k<c) *C* 288, ic 1690. 4346. 4563, ík GLPRUDF1 102,12, hic GLEVES 58,5 GLSPET 77,3∥, ek H *S* 397. 510. 557. 559, ec ABRPAL, i[k] (?) GLEVES 49,12, ihc⁺⁽ GLTRSEM II,82, ih⁺ HILD GLEPIST I,764,28, ih⁺ (h<t) HILD 35 — *gs* min GLEVES 49,21 H *CM* PSWIT 85,3 HILD 13 (°<mir?) — *ds* mi CONFES GEN GLEVES H *PCM* HILD PSLUB PSPAD PSWIT, mí GLPRUDF1, me GLWERDA 338 H *S* 560, mir⁺ HILD 52, mir^{bfk+} GLSPET 87,31 — *as* mi GEN GLEVES H *PCM,* me *M* 121. 122, mik GLPRUDF1 102,33, H *C* 3087. 4838. 5223. 5350. 5353. 5636. *M* 4783 PSGERN 10,13 [15,8] PSLUB PSPAD PSWIT, mik (k<h) CONFES 17,12, mek PSLUB 114,6, mih⁺ GLEVES 53,27 HILD, mih⁺ (m<h) 40 —
ndu uuit GEN H *CM* — *gdu* unkaro GEN 2, unkero H *C* 5593 — *ddu* unc H *CM* 142. 153. *C* 5593, unk GEN 7. 21. 22. 23, hunk 10. 11 — *adu* unc H *CM* 151 — *np* uui GEN 179 GLEVES GLGREG 62,15 H *CM,* vui BEDA GLPRUDF1 93,18 PSGERN H *M* 563 (vue *S*). 2427, uue 1609. *S* 565 PSLUB 32,21,22, (vui) (*stil*) GLGREG 65,22, wi BEDA 16, hui GLEVES 50,17, huí 50,18, hvui 57,7, huuí GLPRUDF1 92,36, hvví 96,16, uuir⁺ GLEPIST I,796,11 — *gp* user H *C* 5936 — *dp* us CONFPAL 362,16 GLEVES 52,35 H *PCM*; ús *S* 567, us (*stil*) GLGREG 64,6, uns GLEVES 51,22 PSWIT 84,8 — *ap* us H *CM,* us GLMERS 71¹¹ GLGREG 64,7,13, vs (*stil*) 65,22, unsik GLEVES 53,15 PSLUB 32,22. PSWIT 84,7
o¹⁶⁴ GENB *ns* ic, íc — *d/as* me, mé 364 — *ndu* wit — *gp* uncer^# 792 — *ddu* unc — *np* we, wé — *gp* ure^# 411 — *d/ap* us, ús 746
ego, mihi, me GLEVES (PSGERN) PSLUB PSPAD PSWIT μοι (mui *ms*) GLWERDA nos GLEPIST GLEVES GLPRUDF1 PSLUB PSWIT

ichas → **ĪH**
iletene → **LĀTAN**

ĪLIAN *v-I eilen* ◊ *to hurry*
• *2simp* ili H *C* 5935 — *2pimp* iliat H *C,* ileat *L* 5863

WITHARĪLIAN *v-I zurücklaufen, zurückkehren* ◊ *to hurry back, return*
• *pcps* uuithariliandi GLEVELT 46, 16/17
recurrere GLEVELT

im → **HÊ, SIU, IT**
imarida → **GIMĀRITHA**
imbizo⁺ → **INBĪTON**
imelot → **MĀLON**
imo, imu → **HÊ, SIU, IT**
imuthi → **GIMŪTHI**

IN *praep* + *d,* + *a in, an, bei, auf, von, zu* ◊ *in, on, from, by, for, to* — *cf* **INN** *adv*
• in ABRPAL 14. 15. 16. 17. 18. 19 CONFPAL 362,1 (2). 362,2,3,11. 363,27, 31 GLADM718 77,3,8 GLPB2 I,296,25, 33,39,47,51,52. 297,50 GLPRUDF1⁽⁺⁾ 91,25 GLSPET 73,25∥ GLVERGOX 114,9,19 HILD 10. 13. 20. 21. 46. 51. 56. 64 PSPAD 37,2 URBWERDB 116,8, in (*abbr*) GLSPET 81,8, en 73,24∥. 74,4
ad GLPB2 in GLADM718 GLPB2 GLSPET GLVERGOX PSPAD

in, ina → **HÊ, SIU, IT**

INĀTHRI *nt-ja Eingeweide* ◊ *innards*
• *ns* inadri⁺ GLTRSEM IX,28 — *as* inathiri GLPRUDBR II,572,29
intestina GLTRSEM viscus GLPRUDBR

-ināthrian   inna

ŪTINĀTHRIAN *v-II ausweiden* ◊ *to disembowel*
- *pcpt dsnt* vtgeinnathridimo GLPRUDF1 97,20/21
eviscerare GLPRUDF1

INBĪTON *v-II frühstücken* ◊ *to breakfast*
- *1sips* imbizo⁺ GLTRSEM XIII,19
prandere GLTRSEM

INBOD *(nt-a) Aufforderung* ◊ *demand*
- *ns* inbot GLTRSEM V,114
commonitorium GLTRSEM

INBORANO *m-n der Einheimische* ◊ *native*
- *ns* inboreno^{bfk} GLEPIST I,761,43
idiota GLEPIST

INBURDIG *adj einheimisch* ◊ *native*
- *nsm* inburdigo GLPRUDF1 102,16
indigenus GLPRUDF1

ind-⁺ → AND-
inde → ENDI²
inderscrenkiga → HINDARSKRENKIG
ine → HĒ, SIU, IT
infangen → ANDFĀHAN

INFERN *nt-a Hölle* ◊ *hell*
- *ds* inferne H *CM* 1490. 2641 (inferna *C*)

ingagan → ANGEGIN

INGANG *m-a Antritt* ◊ *entering*
- *ds* inganga REGFREK *M* 42,6,9,23,25,26, ingange 42,2

ingegenstanunga → ANGEGINSTĀNUNGA

INGIBŪRO *m-n im Haus des Herrn geborener Sklave/Knecht* ◊ *servant/slave born in the master's household*
- *ns* ingeburo GLTRSEM XXII,28
domigena, vernaculus GLTRSEM

INGISNIDI *nt-ja Hackfleisch* ◊ *mince*
- *ns* ingesnidi GLTRSEM XI,3
minutal GLTRSEM

INHRIF *nt-i Eingeweide* ◊ *innards, guts*
- *ns/p* inrif GLMARF III,722,25
intestinum, hymen GLMARF

INHŪSI *nt-ja der innere Teil des Hauses* ◊ *the inner part of the house*
- *ns* enhuisi⁺ GLTRSEM VII,6
aedes GLTRSEM

INHŪSIG *adj im Haus befindlich* ◊ *being within the house*
- *ns* inhusig GLTRSEM IX,55
incastratura° GLTRSEM

inc → THU

INKA *pron euer (beider)* ◊ *your, of you two/both of you*
- *asm* inkan H *C*, incan *M* 322 — *asf* inca H *CM* 321 — *dpf* incun H *M*, incon *C* 1161 — *as/pf* inca H *CM* 1162

INKER *pron euer (beider)* ◊ *your, of you two/both of you*
- GENB *dsm* incrum$^#$ 577, incrum$^#$ 579 — *dsf* incre$^#$ 557

INKNEHT *m-a Diener, im Haus geborener Sklave/Knecht, Hausgenosse* ◊ *attendant, servant born in the house, housemate*
- *ns* incneht GLTRSEM XXIII,28, einkneht (2.n *add*, h<n) II,52 — *np* inknéhtos GLPRUDF1 94,14, inknehda⁺? GLSPET 77,23
apparitor GLPRUDF1 GLTRSEM inquilinus GLSPET vernaculus GLTRSEM

inleh → ANDLĪHAN

INN *adv hinein, nach innen* ◊ *in, inwards* — ~ bisinkan *zusammensinken* ◊ *to fall down*
- inn GEN 320 H *C*, in *M* 3340. 4622, in *C* 5899 GLSTR 107,20 REGFREK *K* 33,25. *M* 33,5. 42,13,15,16,18,19,20
in- (inflectere) GLSTR

INNA *adv thar ~ (dort) drinnen, darin* ◊ *inside, indoors*

inna

• inna BEDA 6. 8. 9, inne H *CM* 1408 (inna *M*). 2741. 2768. 3337 (inna *C*). 3878
• her ~ *hier drinnen* ◊ *inside here* GENB inne 436
ibi (BEDA)

INNAN *praep + d drinnen in; + a hinein nach* ◊ *+ d inside in, within; + a into* — *adv* an ~ *im Innern, nach innen* ◊ *inside, in one's heart* — ~ an *+ d drinnen in, mitten in; + a hinein* ◊ *+ d inside (in), in the middle of; + a into, among*
o¹¹⁸ innan GEN 84. 260 H *LCMS*; innan (i<a) *C* 2921, innen *M* 2761. 2775. 2954. 3019. 3201. 3210. 3358. 3400. 3687 (innon *C*). 3733. 4179
• GENB innan 589. 677. 715. 723. 839, innan 342. 353

inrif → **INHRIF**
insadolota⁺ → **ANDSADULON**

INSIGLI *(nt-ja) Siegel* ◊ *seal*
• *ns* insigili (*abbr*) GLTRSEM IV,29
bulla GLTRSEM

INSNID *(m-i) Hackfleisch* ◊ *mince*
• *ns* insnid GLTRSEM XXI,52
minutal GLTRSEM

INSPURITHA *f-ō Aufspürung* ◊ *(act of) tracking down*
• *ns* enspuritha GLTRSEM IX,54
indago GLTRSEM

instungeta⁺ → **ANSTUNGIAN**
int-⁺ → **AND-**
inthauent⁺ → **ANDHEBBIAN²**
intheize⁺ → **ANDHÊTAN**
intlibo⁺ → **ANDLĪVAN**
inturagant → **ANDFRĀGON** (?)
intuueniter⁺ → **ANDWENNIAN**
intuuizo⁺ → **ANDWITTIAN**

INWARDES *adv im Innern* ◊ *inwardly*
• invuardes GLEVES 56,8, inuuardas 54,14/15
in se GLEVES

INWIDD *nt-ja Missetat, Übles, Bösartigkeit, Tücke, Betrug* ◊ *misdeed, evil, wickedness, guile, deceit*
• *ns* inuuidd GEN 82 — *gs* inuuiddies H *CM* 4594. 4628 (inuuideas *M*). 5060 (inuuideas *M*) — *as* inuuid H *CM* 1468 (inuuiht *M*). 4222. 5058. *C* 5526, inẃit⁺² HILD 41

INWIDDNĪTH *m-a tückischer Hass* ◊ *spiteful hate*
• *as* inuuidnith H *C*, inuuidnid̄ *M* 4924

INWIDDRĀD *m-a böser Ratschlag, arglistiger Verrat* ◊ *evil counsel, malicious betrayal*
• *np* inuuitrados H *M*, inuuidradas *C* 1755 — *gp* inuuidrado H *CM* 3373. 4586 (inuuiddrado *M*)

INWIDDSPRĀKA *f-ō frevelhaftes Reden* ◊ *sinful speech*
• *as* inuui*d*spraca H *C* 5333

inuuiht → **INWIDD**

IO *adv je, immer(dar), noch, stets, einmal* ◊ *ever, at any time, still, always, some day* — ni ~ *nie(mals)* ◊ *never, by no means* — *cf* **JU, NIO**
o¹¹⁷ eo H *M*; *C* 5244 HILD 27 (2). 51, io GEN 25. 77. 113. 135. 303. 304 H *CM*; ia GLVERGOX 113,23, gio GEN 195 H *CM*; gio (g<i) *M* 4890, gio *M* (*neum*) 310. *V* 1324, iu H *C* 1745. 1968. (*add*) 3096, gi° 4385, iá *S* 535. 538, ge CONFPAL 362,5. 363,29, e 363,31, (io) PSGERN 8,4 [14,8]
• GENB á# 375. 481, ó# 833
dum (~ unt) GLVERGOX

IODAR *(nt)-a Euter, Zitze* ◊ *udder, teat*
• *dp* gederun GLVERGOX 109,9
mamma GLVERGOX

IOGIHWĒ *pron jeder* ◊ *everybody*
• *asm* iogiuuena GLPRUDF1⁺ 94,14

IOGIHWELĪK *pron jeglicher* ◊ *any, each*

iogihwelīk

- (a)snt (i)ogiuuelik PsGern 9,2 [14,11]
- Genb nsm æghwilc# 465, æghwilc# 480

IOGIHWETHAR pron jeder/jede/jedes (von beiden) ◊ each (of the two), either
- dsm iogiuuetharamo GlPrudF1 92,8/9
uterque GlPrudF1

IOHWETHAR pron (+ g) jeder/jede/jedes (von beiden) ◊ each (of the two), either
- ns iahuuethar RegFrek M 37,24, iahuethar K 32,36. 33,33. M 35,21,26. 36,3,20,28,37. 37,11,15, iahuether (a?) K 33,31/32, geihuuethar K 25,26, gaihuuethar M 28,16, iauuethar 32,27. 33,12 (a?),14. 35,15. 37,27,35. 39,1,12 (a?),23. 41,9 (a?). 43,11,12, iehuuethar 29,11, iehuether K 25,22 (a?). M 25,3 (a?). 32,6, gehuuethar (a?) K 25,24, gehuethar (a?) M 25,6/7,9, ieuuethar 29,21. 30,21 — dsf iauuethero RegFrek M 39,15

IOMÊR adv immer(dar), stets ◊ forever, always
- iemar GlEvEs 52,2. 56,2, gemmer ConfPal 362,6
semper GlEvEs

iouba°⁺ → LÔVIA

IOWIHT pron, neg nicht irgend etwas, nichts; adv keinesfalls, überhaupt nicht ◊ neg not anything, nothing; adv not at all
- ns eouuiht H CM 1742. 3157. 4178. C 1577, giouuiht CM 222 — as eouuiht H CM 1754 (giouuiht C). 3219. 3279. 3802. C 636, eouuiht M, iouuiht C 4429. 4909. 4975. C 4686. 5311, giouuiht CM 752. C 698 (iauuiht S)
- Genb as awuht# 496, áwiht# 290 (adv)

IOWIHTESHWÊ pron irgendein, irgendjemand ◊ some, anybody
- gsm gethesuues GlEvEs 57,3 — asnt gethesuuat" GlSmih 400

iro

quispiam GlSmih

ir → ÊR¹, HÊR
ira, ire → HÊ, SIU, IT
iren-# → ISARN(-)
irgrabida⁺ → AGRAVITHA

ĪRI m-ja (kultische) Ekstase ◊ (ritual) ecstasy
- n/ap yrias Indic
paganus cursus Indic

IRMIN (Taxationspräfix) ◊ (prefix of evaluation)
- hirmin Widuk I,12
(ad laudem vel vituperatione) Widuk

IRMINGOD m-a allmächtiger Gott ◊ God Almighty
- as irmingot Hild 30

IRMINMANN m-cons Mensch, jedes menschliche Wesen ◊ man, every human being
- ds irminmanne H M 3502 — gp irminmanno H CM 1298 (iriminmanno V). 4987. C 3502

IRMINSŪL f-i Weltsäule ◊ world-supporting pillar
- as irminsul Thietm II,2 — as irminsul Adam I,7
universalis columna Adam

IRMINTHIOD, IRMINTHIODA f-ō Menschengeschlecht, Menschheit, Gesamtvolk, mächtige Volksmasse ◊ mankind, human race, mighty people
- ns irminthiod H CM 1773, irminthioda CM 2641, irmindeot⁺ Hild 13 — as irminthiod H CM 340. 2636. 4165. 4655 (n<r M), irminthioda M, irmintheoda C 1034. 1097 (gs? irminthiode M) 2849 (r<n M, e<i C) — dp irminthiodun H M, irminthiodon C 1379. 3315 (irmintheodon C), irminthiedon C 2212

*irnandi → RINNAN
iro → HÊ, SIU, IT

IRRARI *m-ja Verfälscher, Verwirrer* ◊ *forger, disturber*
- *ns* írrari GLEVELT 46,5 GLPRUDBR II,573,13

falsarius GLEVELT procella GLPRUDBR

IRRI[1] *adj-ja/jō irregeleitet, zornig* ◊ *misguided, angry*
- *ns* irri H *CM* 5060 HILD 25 (*l.* r<i/u)
- GENB *nsm* yrre[#] 740, ýrre[#] 342

IRRI[2] *nt-ja Zorn* ◊ *anger*
- GENB *as* yrre[#] 695

IRRIAN *v-I auflösen* ◊ *to dissolve*
- *inf* irrean H *C*, irrien *M* 1421

IRRISLO *m-n Ärgernis, Irrlehre* ◊ *offence, heresy*
- *ns* errislo GLEVES 50,29, érislo GLPRUDF1 98,22 — *ap* irrislon GLEVES 50,24, errislon GLPRUDF1 89,7

haeresis, secta GLPRUDF1 scandalum GLEVES

IRRON *v-II umherschweifen* ◊ *to roam about*
- *Isips* irron GLTRSEM XVI,29

vagari GLTRSEM

(ir)thingian → **ATHINGIAN**
iru, is → **HÊ, SIU, IT**
is → **WESAN**

ĪS *nt-a Rune | (Eis)* ◊ *rune | (ice)*
- *as* is ABC 10

ĪSARN *nt-a Eisen* ◊ *iron(s)*
- *ns* isárn GLPRUDF1 97,24 — *as* isarn H *C* 5535
- GENB *gs* irenes[#] 383

chalybs GLPRUDF1

ĪSARNA *f-n/ō Eisenkraut* ◊ *verbena*
- *ns* isyrna GLPRUDF1[+] 92,35

verbena GLPRUDF1[+]

ĪSARNBENDI *m-i p*, **ĪRENBENDA**[#] *f-jō/-i*, **ĪRENBENDAS**[#] *m-i Eisenbande* ◊ *iron bonds*

- GENB *np* irenbenda[#] (:i- ras, -a>-as) 371

ĪSARNHARD *(m/f) Eisenkraut* ◊ *verbena*
- *ns* isrenhart GLMARF III,719,25

verbena GLMARF

ĪSARNĪN *adj eisern* ◊ *iron*
- *ns* isarnin GLSTR 108,17 — *asm* isernin GLPB1 I,382,3

ferro GLSTR (clavus nagal ~) GLPB1

ĪSARNĪNA *f-n/ō Eisenkraut* ◊ *verbena*
- *ns* isenina GLPRUDBR II,574,3

verbena GLPRUDBR

ĪSARNSMITH *m-a Eisenschmied* ◊ *blacksmith*
- *ns* isarnsmith GLTRSEM VII,129

faber ferrarius GLTRSEM

ĪSBÊN *nt-a Hinterteil* ◊ *hind quarters*
- *ns* isben GLVERGOX 114,31

clunis, posterior pars omnis animalis GLVERGOX

ist → **WESAN**
isuese → **GISWĀS**
it → **HÊ, SIU, IT**
ituisan → **GITWISO**
iu → **THŪ**

JU *adv bereits, schon, von jetzt an, einst, noch* ◊ *already, once (before), from now on, formerly, still — cf* **IO**
- iu H *C*, giu *M* 156. 566 (gíu *S*). 570 (gíu *S*). 772. 912. 1085. 1144. 3044. 3046 (iuuu *M*). 3049 (giuuu *M*). 4663, iu *CM* 3197. 3376. 4630. *C* 5446. 5700. 5823 (iú *L*). 5865 (giu *L*) PSLUB 111,8 HILD 29, ív GLPRUDF1 104,6, giu H *CM* 5226. *L* 5852 GEN 12

donec (? iuuntthat) PSLUB iam GLPRUDF1

BIJU *adv schließlich* ◊ *finally*
- begiv GLTER

postremo GLTER

JUDEISK *adj jüdisch* ◊ *Jewish*
- *ns* iudeisk GLEVES 51,26 — *asm* iudeiscan GLEVES 51,24

JUDEO *m-j-n Jude* ◊ *Jew*
o²⁷¹ *ns* iudeo H *C* 5572 — *gs* iudeon H *M*, iuđeon *C* 4955 — *ds* iudeon H *M*, iuđeon *C* 4953 — *np* iudeon H *CM*, iuđeon *C* — *gp* iudeono, iudeo H *CM*, iuđeono, iuđeo *C*; iuđeo *M* 788, iuđeono 2687. 4476, giudeo 5212, giudeono 4459, giudeona *S* 696, iudeono (no *add*) *C* 628. (e<i?) 3183. (-o<-e?) 4094, iuđeno 5719, iudeon(o) GLEVES 58,10/11 — *dp* iudeon H *CM*, iuđeon *C*; iuđeon *M* 2125, iudiun 3719. 5150 — *ap* iudeon H *CM* 4181. 5240 (iuđeon *C*). *C* 5372. 5557

iuenina → **EVINĪN**
íuer → **THŪ**
iug(-) → **JUK**(-)
iugron → **JUNGRO**

JUGUTH *f-i Jugend* ◊ *youth*
• *gs* iuguthi H *C* 3497 — *ds* iuguthi H *C* 148 (iugudi *M*). 3468. 3471 — *gp* iugudeo H *M* 3497

JUGUTHHÊD *f-i Jugend* ◊ *youth*
• *ds* iuguthedi H *C*, iugudhedi *M* 80 ([ ]g[ ] *M*). 859

ĪVISKA *f-ō Eibisch* ◊ *marshmallow*
• *ns* iuisca GLTR40 V,42,11 — *gs/as* iuesche GLHARD III,604,22
althaea GLHARD (altee radix *ms*) GLTR40

JUK *nt-a Joch (Flächenmaß)* ◊ *yoke (measure of land)*
• *ns* iuk URBWERDC 146,26 — *ds (?)* iuk URBWERDC 146,28 — *ap* iug URBWERDF 279,23
iurnalis (diurnalis) URBWERDF

JUKFAK *nt-a Jochumzäunung* ◊ *fence round a yoke of land*
• *n/as* iucfac URBWERDA 18,1
saepes iugalis URBWERDA

JUKKIAN *v-I jucken* ◊ *to itch*
• *3sips* iukid GLPRUDF1 100,29 — *3sops* iukke GLSPET 84,26 ‖
prurire GLPRUDF1 GLSPET

JUKKITHO *m-a Jucken, Ausschlag* ◊ *itching, rash*
• *ns* iukedo⁺ GLTRSEM XXIV,4
prurigo GLTRSEM

JUKKORN *nt-a Abgabe von einem Joch Land* ◊ *contribution of a yoke of land*
• *ns* iuccorn URBWERDF 279,10, iugcorn 280,22,23
iugi frumentum URBWERDF

JUKRŌDA *f-ō Jochrute (Landmaß)* ◊ *rod measuring a yoke*
• *n/gs* iukruoda URBWERDA 18,18
virga iugalis URBWERDA

JUKTÔMA *m-a p Zuggeschirr (der Zugtiere)* ◊ *draw gear (of draught animals)*
• *d* iuctamon REGFREK *M* 42,38

JUNG *adj jung, am Lebensanfang stehend; sup der letzte* ◊ *young, being at the beginning of life; sup last — subst* jungo *Jungtier, Küken* ◊ *young animal, chick* → *comp subst* **JUNGRO**
• *nsm* iung H *CM* 949. 2465. 3257, iungo 3277 GLTRSEM XIII,52 — *asm* iungan H *CM* 2192 — *npm* iunga H *CM* 1175. 3632 — *gpm* iungaro H *M*, iungero *C* 735. *M* 1247° — *dp* iungon H *C* 5294 — *comp gsm* iungres H *M* 987° — *sup dp* iunckgesten CONFPAL 363,31
subst pullicinus GLTRSEM

JUNGARDŌM *nt-a Jüngerschaft, (Vasallen)dienst, Huldigung* ◊ *discipleship, service, vassalage, obeisance*
• *as* iungardom H *M*, iungarduom *C* 1117. 3308, giungarduom GEN 280
• GENB *(m-a) gs* geongordomes#* 283 — *ds* géongerdome#* 267 — *as* geongordóm#* 662. 743

JUNGARSKEPI *m/nt-i (Vasallen)dienst* ◊ *service, vassalage*
• *as* iungarskepi H *M* 92 (iungerscepi *C*). 110 (iungerscipi *C*)
• GENB *(m-i) as* giongorscipe#* 249

iungheren → JUNGRO

JUNGLING *m-a junger Mann* ◊ *young man*
• *ds* ivnglínga GLPRUDF1 104,34
ephebus GLPRUDF1

JUNGRO *m-n Jünger, Schüler, Anhänger, Gefolgsmann, Diener* ◊ *disciple, pupil, follower, liegeman, vassal, servant*
o[179] *ns* iungro H *C*; iungaro *M* 4478, iungoro 1976, giungaro 4958. 4969 — *ds* iungron H *C* 5615 — *as* iungron H *C*, iungoron *M* 1191 — *np* iungron H *C*, iungaron *M*; iugron *C* 3042, iungaron (o *corr?*) *M* 4270, iungoron 2274, giungaron 2800. 2996. 4859. *L* 5838. 5866 — *gp* iungrono H *C*, iungarono *M* 2171 (iungorono *M*). 4505. *C* 5956. *M* 3107, iungereno REGFREK *M* 42,2 (2.e<o?), 6,10 — *dp* iungron H *C*, iungarun, iungorun, iungoron *M*; giungarom *L* 5832. 5864, iugron *C* 1149. 1252, iuugron (iuɴgron ?) 1130 (iungurun *M*), iungrun *M* 547 (giungerun *S*), iungaron 4499, iungeron 2285, iungorun (o<a?) 1594, giungaron *V* 1335, iungeron REGFREK *M* 34,12. 39,16. 42,13 (iungero°),15,16,18,19,20, iungheren CONFPAL 362,16 — *ap* iungron H *C*, iungaron *M*; iugoron *M* 1591, iungron 242. 579 (giungeron *S*). *C* 4722 (*1*.n *add*), giungaron *M* 3769, iungoron 2125, iungeron CONFES 16,22
• GENB *ns* geongra[#] 277. 291 — *as* gingran[#] 515. 546 — *dp* giongrum[#] 407, gíngran[#] 458 — *ap* geongran[#] 450

JŪSIN[+] *(f) Jause, Imbiss* ◊ *snack*
• *ns* iusen[+] GLADM508
antecenium, merenda GLADM508

JUSSAL *(nt-a) Brühe* ◊ *broth*
• *ns* iussal GLTRSEM VIII,110, gussel GLMARF III,717,46
iuscellum GLMARF GLTRSEM

IUWA, JŪWA *pron euer* ◊ *your*
o[262] *nsm* iuuua H *CM*; iuuue *M* 1576. 3192, euua 945 (iuua *C*), iuuuer *C* 4441 — *nsnt* iuuua H *C* 4705 — *gsm/nt* iuuuas H *M*; iuuues H *CM*, iuuuæs (æ<a, *corr* > e?) *M* 4563 (iuuues, i< *ras C*), euues 889 (iuuas *C*), iuuues (*3.u add*) *C* 4409, iuues 3444 — *gsf* iuuuera H *C* 4397 (*3.* u *add*). 4439 (iuuuaro *M*) — *dsm/nt* iuuuomu H *M*, iuuuon *LC*; iuuon *C* 3316. 5183, iuuuan 1663, iuuuen 4654, iuuuomo *M* 1573, iuuuom 1671 — *dsf* iuuuero H *C* 1797 (iuuuoru *M*). 4661 (iuuuaru *M*) — *asm* iuuuan H *VCM*; iuuuan (*3.*u *ras*) *M* 4968, iuuuan (>-uu- *corr*) *C* 1401, iuuan *M* 1540. *C* 1553, iuuuen *M* 1342 (iuuuaron *C*), euuan 879 (iuuuon *C*). 943 (iuuan *C*). 944 (iuuan *C*). 948 (iuuan *C*). 1342, iuuuana *C* 1858. 4439 — *asnt* iuuua H *CM*; iuuue *M* 5195, iuuua (3. u *add*) *C* 1672, euua *M* 774 (iuua *C*) — *asf* iuuua H *VCM*, iuua *C* 1630 — *npf* iuuua H *CM* — *npnt* iuuua H *CM* — *gp* iuuuaro H *CM*; iuuuaro (o<u) *M* 5197 (iuuero *C*), iuuaro *C* 2451, iuuoro 2466, iuuuero 2491. 4440, iuv(u)ar (*stil*) GLGREG 64,2 — *dp* iuuuom H *M*, iuuuon *CM*; iuuuon (-on<-omu) *M* 1849, iuuun 4401, iuuuan *C* 1598 — *apm/f* iuuua H *CM*; euua *M* 883, iuuera *C* 4910, iuua GLEVES 48,23, giua GLEVELT 46,9 — *apnt* iuuua H *CM*; iuua *C* 1409, iuuua (= iuuua[re] *gp?*) LEO

iuu → THŪ
iuuegde → WÊGIAN
iuugron → JUNGRO
iuull(estit), iuull(i)stian → GIFULLÊSTIAN
iuuostid → WŌSTIAN
iuuuar, iuuuer, iuuuoro → THŪ

IZZINĀRI[+] *m-ja Gefäß* ◊ *vessel*
• *ns* izinari[+] GLSPET 84,19 ‖
paropsis GLSPET

K

ka(a) → KĀHA
caelor → KELUR
caest[#] → KISTA
caffenter[+] → KAPON

KAFLOS *m-a p Kiefer ◊ jaws*
• *dp* kaflon H *CM* 3204. 3213 (kaflun *M*)

KĀHA *f(-n) Dohle ◊ jackdaw*
• *ns* kaa GLTRSEM XXI,8, ka GLMARF III,721,3
monedula GLMARF psittacus GLTRSEM

KAHHAZZEN[+] *v-I schallend lachen ◊ to laugh boisterously*
• *1sips* cachizon[+] GLTRSEM IV,103
cachinnare GLTRSEM

KAKELI *m/nt-ja Eiszapfen ◊ icicle*
• *ns* cakeli (k<*corr?*) GLVERGOX XIV
stiria GLVERGOX

caclari, cáclereri° → **GÔKLARI, KÔKLERI**
kakul° → **HAKUL**

KALD *adj kalt ◊ cold*
• *ns* kald GEN 18 — *gsm/nt* caldes H *CM* 1967. 3369 — *asnt* cald H *C* 5535
• GENB *nsm* cald 316, ceald[#] 809

KALDON *v-II erkalten ◊ to cool down*
• *pcps dp* caldondion GLSTR 107,40
gelare GLSTR

ᴀKALDON *v-II erkalten ◊ to cool down*
• *3sipt* ácáldóda GLPRUDF1 101,25
gelare, refrigescere GLPRUDF1

KĀLEND *(m-a) der erste Tag des Monats ◊ first day of the month*
• *ns* kalend BEDA 11
kalendae (BEDA)

KALF *nt-z Kalb ◊ calf*

• *ap* kaluiru PSLUB 28,6
vitulus PSLUB

KALK *m-a Kalk ◊ lime*
• *ns* calc GLTRSEM IV,94. XXIII,25 GLSPET 86,22‖, cálc GLPRUDF1 103,4, 26 — *gs* cálcás GLPRUDF1 103,2 — *ds* cálca GLPRUDF1 103,24, caloa° GLSTR 107,20
calx GLPRUDF1 GLSPET GLTRSEM GLSTR caementum GLTRSEM candor, pulvis GLPRUDF1

KALLON *v-II faseln ◊ to prate*
• *pcps nsm* challonte[+] GLEPIST I,796,23
garrire GLEPIST

caloa° → **KALK**

KALU *adj-wa/wō kahl ◊ bald*
• *ns* calu GLWERDC *fol.* 4r (*marg*)
calvus (calva, calvaria) GLWERDC

KĀM *(m-a) Kandare ◊ curb bit*
• *as* chain° (= cham[+]) GLSPET 76,32
camus GLSPET

KAMB *(m-a) Kamm ◊ crest*
• *as* camb GLSTR 106,33
crista GLSTR

KĀMBRIDDIL *(m-a) Kandare, Gebiss (am Zaumzeug) ◊ curb, bit (of a bridle)*
• *ns* ka*m*briddil (*abbr*) GLTRSEM X,39, kamfrit°[?] GLMARF IV,178,35
[frenum] lupatum GLMARF GLTRSEM

KAMERA *f(-ō) Raum ◊ chamber*
• *ns* kámára GLPRUDF1 98,39
conclave GLPRUDF1

KAMERARI *m-ja Kämmerer ◊ chamberlain*
• *ns* camerari GLSPET 81,2
primiscrinius GLSPET

KAMERWĪF *nt-a Kammerdienerin ◊ waiting woman*
• *ns* camerwif GLMARF III,716,7
pedissequa GLMARF

kamfrit

kamfrit°? → **KĀMBRIDDIL**

KĀMMĪTHIL, KĀMMINDIL *(nt-a) Gebiss (am Zaumzeug) ◊ bit (of a bridle)*
• *ns* kammindil *(abbr)* GLSPET 85,18 ‖
[frenum] lupatum GLSPET

KAMP *(m-a) Kampf, Landstück, Kamp ◊ fight, parcel of cultivated land*
• *ns* kaph° (= kamph⁺?) GLEPIST I,761,18 — *ds* campe URBWERDF 282,26 (pugillari) GLEPIST

KAMPSTAD *f-i Kampfplatz ◊ arena*
• *ns* campstad GLEPHR V,25,3
scamma GLEPHR

kanagit → **KNAGAN**

KANAL *nt-a Wasserröhre ◊ water pipe*
• *ap* canal GLPB2 I,297,7
fistula GLPB2

KANANEO *m-j-n Kanaaniter ◊ Canaanite*
• *gp* cananeo H *M*, chananeo *C* 2986

KANNA *f-ō/n Kanne ◊ can*
• *ns* kanna GLMARF III,718,13
cantharus GLMARF

KANTERI *nt-ja Brenneisen ◊ cauterizing iron*
• *np* canteri GLVERGOX 111,4, cantere GLTR40 V,48,14, kenteri GLTRSEM V,13
cauteriolum GLTR40 GLTRSEM GLVERGOX

kaph° → **KAMP**

KAPON *v-II hochmütig blicken ◊ to look in a haughty manner*
• *pcps nsm* caffenter⁺ *(abbr)* GLPRUDBR II,573,23
pcps supinus GLPRUDBR

UPP**KAPON** *v-II nach oben blicken ◊ to look up*
• *pcps* vpcapénthi GLPRUDF1 104,15/16
eminere GLPRUDF1

KAPPA *f-ō/n Umhang ◊ cape*

karon

• *ns* kappe GLPRUDP 63,2
flammeolum GLPRUDP

KAPPO *m-n Kapaun ◊ capon*
• *ns* kappo GLTRSEM XXI,34, cappo GLMARF III,720,53
gallinaceus GLMARF GLTRSEM

KAPS *(f?) Reliquiar, Altarraum ◊ reliquary, sanctuary*
• *ns* caps GLSPET 80,3 ‖. 80,34 ‖
absis, quod circa altare (est), capsa GLSPET

KAPSILIN *nt-a Kästchen ◊ casket*
• *ns* capsilin GLSPET 75,18 ‖
capsella GLSPET

KARA *f-ō Klage, Kummer ◊ lamentation, sorrow*
• *ns* kara H *C*, cara *M* 745 — *as* kara H *C*, cara *M* 499 (kara *S*). 2195

KARDA *f-ō/-n Karde ◊ teasel*
• *ns* carda GLVERGOX 110,20 (thistilcarda *ms*), karda GLTR40 V,43,2
calcatrippa GLTR40 carduus GLVERGOX

KARKARI *m-ja Kerker, Gefängnis ◊ jail, prison*
• *gs* carcaries H *C* 4680 — *ds* carcarie H *C*, karkerea *M* 2723, carcre *C*, karkare *M* 4400

KARKARLĪK *adj zum Kerker gehörig ◊ belonging to the prison*
• *nsf* cárcárlíca GLPRUDF1 98,21/22
carceralis GLPRUDF1

KARL *(m-a) Ehemann ◊ husband*
• *ns* karl GLMARF III,715,27
coniunx, maritus GLMARF

KARM *m(-i) Schreien, Wimmern ◊ shriek, whimper*
• *ns* karm GEN 314 — *as* karm GEN 254

KARON *v-II beklagen, bejammern ◊ to lament, bewail*

karon

- *inf* karon H *CM* 2197 (caron *M*). 5011 — *3sipt* karoda H *C*, carode *M* 2185 — *3pipt* karodun H *C* 4018 — *3popt* karodin H *M* 4018

KARRO *m-n Karren* ◊ *cart*
- *ns* charro⁺ GLHARD IV,278,40
carrum GLHARD

KARRUK *(m) Karosse* ◊ *state coach*
- *ns* carruh⁺ GLSPET 79,21 ||
carruca GLSPET

KART *(m-a) Docht, Leuchte* ◊ *wick, lamp*
- *ns* carz⁺ GLSPET 87,11 || — *ds* (c)harze⁺ GLPRUDF1⁺ 90,20
linteolum, linimentum GLPRUDF1⁺ lychnus GLSPET

KÄSI *m-ja Käse* ◊ *cheese*
- *n/ap* kaseos REGFREK *M* 33,2, kiesos 29,14. 43,7,13, kiesas *K* 33,22 — *gp* kieso REGFREK *M* 37,16. 39,12

KÄSIFAT *nt-a Käseform* ◊ *cheese vat*
- *ns* kieseuath GLPRUDBR II,572,15
calathus GLPRUDBR

KÄSIKAR *(nt-a) Käsebehälter* ◊ *cheese vessel*
- *ns* casicar GLHARD IV,267,3
formella GLHARD

KÄSIKÖKILĪN *nt-a Käselaib* ◊ *whole cheese*
- *ns* casikokelin GLTRSEM VII,152
formatica, formella GLTRSEM

KÄSIKORF *(m-a/i) Käsekorb* ◊ *cheese basket*
- *ns* casicorf GLTRSEM VII,114, kesecorf GLTR40 V,48,25, kesecorph GLMARF III,718,2
cartallus GLMARF fiscina GLTR40 GLTRSEM

KASSALDER *m/nt-a Alaun* ◊ *alum*
- *ns* cassalder (*2.s<corr*) GLTR40 V,41,9
alumen GLTR40

kelkian

castaldio → **GASTALDIO**

KASTEL *nt-a (befestigter) Ort* ◊ *(fortified) town*
- *as* castel H *C* 5959

KATARO *m-n Kater* ◊ *tom-cat*
- *ns* katere GLMARF III,721,42
cattus GLMARF

KATTA *f-ō/n Katze* ◊ *cat*
- *ns* kaza⁺ GLTRSEM XII,125
pilax (uuildi ~) GLTRSEM

ke-⁺ → GI-
ce⁺ → **TI**
kebal⁺ → GEVAL
kedurhnotante⁺ → GITHURHNOHTON
kefsa⁺ → KEPSIA
keho → **KIO**

KEIMAK (?) *m/nt/f violettfarbenes Leder* ◊ *hyacinth-coloured leather*
- *ns* keimak GLTRSEM XII,83
pellis hyacinthina GLTRSEM

KEKERA *f-ō/n Kichererbse* ◊ *chick pea*
- *ns* kychera⁺⁷ GLTRSEM V,71, kechere⁺⁷ GLMARF III,720,5
cicer GLMARF GLTRSEM cirex GLTRSEM

kélachos⁺⁷ → **KELK**

KELGIRITHI *nt-ja Genusssucht* ◊ *pursuit of pleasure*
- *ds* kielirithi GLMERS 70,24
gula GLMERS

KELIK *m-a Kelch* ◊ *cup*
- *as* kelik H *M*, kelic *C* 4764, [k]elik PSLUB 115,13
calix PSLUB

KELK *m-a Kropf* ◊ *goitre*
- *ap* kélachos⁺⁷ GLPRUDF1 100,33
struma GLPRUDF1

KELKIAN *v-I kälken* ◊ *whitewash*
- *pcpt dpnt* gikelcton GLEVES 52,7
dealbare GLEVES

KELLA *f-ō/n Kelle, Schöpfgefäß, Schaufel* ◊ *small shovel, ladle*
• *ns* chella⁺? GLTRSEM VIII,40, XVI,20
cattia (gaza *ms*), vatillum GLTRSEM

KELLERI *m-ja Vorratskeller* ◊ *cellar storeroom*
• *ns* kellere GLMARF III,716,21
promptuarium GLMARF

KELSUHT *f-i Halsentzündung* ◊ *sore throat*
• *ns* kelesuth GLTR40 V,43,41, kelasuht GLTRSEM I,39, kelisuht XV,12
angina GLTR40 GLTRSEM synanche GLTRSEM

KELTERHŪS *nt-a Kelterei* ◊ *winepress house*
• *ns* kelterh*us* (*abbr*) REGHERF 50

KELUR *m/nt(-a) Schlund* ◊ *gullet*
• *as* caelor GLPB1 I,497,15
gurgustium (gurgulio?) GLPB1

KELURO *m-n Wamme* ◊ *dewlap*
• *np* ziel(a)ra[n] GLVERGOX ABÄG 125
palear GLVERGOX

KEMBIAN *v-I kämmen* ◊ *to comb*
• *pcpt* gikémbid GLPRUDF1 97,4/5, gikemmit (*abbr*) GLSPET 85,3 ‖
pectere GLSPET repectere GLPRUDF1

kemeinida⁺ → GIMÊNITHA
kemeinta⁺ → GIMÊNIAN

KEMIS (*f-ō*) *Überwurf* ◊ *scarf*
• *ns* kemis GLTRSEM XV,31
supparus GLTRSEM

KEMPIO *m-j-n Kämpfer, Faustkämpfer* ◊ *fighter, pugilist*
• *ns* kempio GLPRUDBR II,572,21, kempe GLMARF III,716,13
• GLWERDC *ns* (cempa) *fol.* 3r
auctoratus, monomachus GLWERDC campiductor GLMARF pugil GLPRUDBR

KÊN *m/nt Kienholz, Kienfackel* ◊ *resinous pine-wood, pine-torch*

• *ns* ken GLMARF IV,179,6
taeda GLMARF

KENNIAN¹ *v-I + a zur Welt bringen* ◊ *to give birth to*
• *pcpt/adj* kennid H *C* kennit *M* 5130

AND**KENNIAN²** *v-I + a/g (er)kennen, begreifen, durchschauen, anerkennen* ◊ *to recognize, understand, see through, acknowledge, know*
o⁷⁷ *inf* antkennian H *C*, antkennien *M*; antkiennien *M* 3582. 5087, ankennian *C* 2339 (antkennean *M*). 3621. 3824, antkennean *CM* 1739. *C* 4088, ankennean 813 (antkennian, i *add M*). 857 (ankennian *M*), antkennan 5963 — *3pips* antkennead H *M* 421 (ankenneat *C*), antkenneat *C* 3703 (antkenniad *M*) — *3sipt* antkenda GEN 164 H *CM*; antkende *M* 478. 517 (ankenda *C*, untkiende *S*). 775 (ankenda *C*), ankenda *C* 712. 5651 — *3pipt* antkendun H *CM*; antkiendun *M* 3607, ankendun *C* 688 — *3sopt* antkendi H *CM* 538 (untkiend[i] *S*). 4963 (ankendi *C*)

KENNILIN (?) *nt-a Trinkschale* ◊ *drinking cup*
• *ns* kennih° (= kennili⁺) GLSPET 80,12/13
patera, vas poculare GLSPET

kenteri → **KANTERI**
keosan, keosen → **KIOSAN**

KEPSIA *f-jō Behälter* ◊ *container*
• *ns* kefsa⁺ GLSPET 80,3 ‖
capsa GLSPET

KÊRA *f-ō* (KÊR⁺ *m-a?*) *Wegscheide* ◊ *parting of the ways*
• *np* kera GLPRUDF1⁺ 91,10
divortium GLPRUDF1⁺

keredoton⁺ → GIRETHION

KERIAN *v-I wegkehren* ◊ *to sweep away*
• *3pips* kerrent⁺ GLPRUDF1⁺ 93,6
verrere GLPRUDF1⁺

KÊRIAN *v-I wenden, sich krümmen* ◊ *to turn, curve* — hintrot ~ *(zum Schlechten) verkehren* ◊ *to pervert*
• *inf* keran⁺ (*add*) GLEPIST IV,306,7 — *pcps* kerindi ᵇᶠᵏ GLPRUDBR II,572,25 — *3sipt* kierta⁺ᵎ GLPRUDF1 101,36
detorquere (thana ~) GLPRUDF1 invertere (hintrot ~) GLEPIST *pcps* curtus, inordinate GLPRUDBR

BIKÊRIAN *v-I bekehren, hinwenden, umdrehen* ◊ *to convert, turn round*
• *pcpt* [b]ikaerd PSLUB 114,7, bikiert GLPRUDF1 101,8 — *pcpt npm* bikaerde PSWIT 84,9
convertere PSLUB PSWIT invertere GLPRUDF1

UMBIKÊRIAN *v-I auf den Kopf stellen* ◊ *to turn upside down*
• *1sips* umbikeru GLSPET 79,11 ‖
gyrare GLSPET

kerikŏn → **KIRIKA**

KÊRMŪTHI *adj-ja/jō gekrümmt* ◊ *curved*
• *dp* kerm[uthiun] GLVERGOX ABÄG 125
camur(us) GLVERGOX

KERNO *m-n Kern* ◊ *kernel, seed*
• *ns* kerno GLSPET 87,15 ‖
nucleus GLSPET

KERRAN *v-3 schwafeln* ◊ *to drivel*
• *pcps nsm* cherrente⁺ GLEPIST I,796,23
garrire GLEPIST

cerstenhid → **KRISTINHÊD**

FARKERVAN *v-3 spalten* ◊ *to split*
• GLWERDC *pcpt* forca(r)[ ] (= forcorfen/forcurfen#) *fol.* 6r
pcpt disulcus GLWERDC

KERVILA *f-ō/n Kerbel* ◊ *chervil*
• *ns* kieruila GLTR40 V,42,18, keruila GLTRSEM V,54. X,98, kereuel GLMARF III,719,22

caerefolium GLMARF GLTR40 GLTRSEM macedonium GLTRSEM sarminia GLTR40

KERZIA *f-j-n Kerze, Wachskerze* ◊ *(wax) candle*
• *ns* kerce GLMARF III,716,42 — *ap* kíerzívn⁺ᵎ GLPRUDF1 99,39
cereus GLMARF GLPRUDF1

kese- → **KĀSI-**
cest# → **KISTA**

KESTIGON *v-II Vorwürfe machen* ◊ *to reproach*
• *1sipt* kestigoda (k<c/o) GLPB2 I, 297,31
obiurgare GLPB2

KESTINA *f(-n) Kastanie* ◊ *chestnut*
• *ns* genesta° (= gestena) GLMARF III,720,23
castanea GLMARF

KÊSUR *m-a Kaiser, Cäsar* ◊ *emperor, caesar*
• *ns* kesur H *CM* 3809. 5252. *C* 5363, keser 62, kiásur GLPRUDF1 95,11 — *gs* kesures H *CM* 3824. 5175. 5188. 5193. 5202. 5209. 5230. *C* 66 (u<e?). 5313. 5356. 5358. 5475. 5557. 5723 — *ds* kesure H *CM* 342. 351 (kĕsura *neum*, u>o *M*). 5127 — *as* kesar H *C* 5375, kiesur BEDA 4
caesar (BEDA) imperator GLPRUDF1

KÊSURDŌM *m/nt-a Kaiserreich, kaiserliche Herrschaft* ◊ *empire, imperial reign*
• *gs* kesurdomes H *M*, kesarduomas *C* 2890 — *ds* kesurdoma H *M*, kesurdome *C* 605

KÊSURING *m-a kaiserliches Münzgold* ◊ *imperial coinage*
• *instr* cheisuringu⁺ HILD 34

KÊSURLĪK *adj majestätisch* ◊ *majestic*
• *comp nsm* kíasárlícára GLPRUDF1 98,26/27
augustus GLPRUDF1

ketil   **kīnan**

KETIL *(m-a) (Brau-)Kessel ◊ (brewer's) copper*
  • *ns* ketel GLMARF III,717,43, kezil⁺ GLTRSEM V,7, kezel⁺ GLHARD IV,266, 43 — *ds* ketile URBWERDA 18,7
caccabus GLMARF caldarius GLHARD GLMARF GLTRSEM

KETILARI *m-ja Kesselschmied ◊ boilermaker*
  • *dp* kietelaren REGFREK M 42,35

KETILĪN *nt-a Kesselchen ◊ small kettle*
  • *ns* kezilin⁺ GLTRSEM V,8
caldriolum GLTRSEM

KETILKÔP *m-a Kesselgebühr (?) ◊ kettle fee (?)*
  • *ds* kietelkapa REGFREK M 36,40, kietelcapa (capa *add*) 36,42

KEVERA *f-ō/n Käfer ◊ beetle*
  • *ns* keuera GLSPET 84,31 ‖
bruchus GLSPET

KEVIA *f-j-n Höhlung ◊ hollow*
  • *as* keuion GLSPET 83,29 ‖
cavea GLSPET

KEVIS *f-cons Nebenfrau, Kebse ◊ concubine, mistress*
  • *ds* kieuis GLPRUDF1 94,7 — *as* kévis GLPRUDF1 94,24
pelex GLPRUDF1

KEVISDŌM *m/nt-a Konkubinat ◊ concubinage*
  • *as* keuisdom GLTRSEM XII,69
concubinatus, pelicatus GLTRSEM

KEVISSUN *m-i uneheliches Kind ◊ illegitimate child*
  • *ns* keuessun GLMARF III,715,49
pelignus GLMARF

KEUWAN *v-2*/KEUWON *v-II kauen ◊ to chew*
  • *1sips* kiuun⁺⁽⁾ GLTRSEM X,104
masticare GLTRSEM

   keuzotiu⁺ → ŪTON
   kezel⁺, kezil(-)⁺ → **KETIL**(-)

chain° → KĀM
challonte⁺ → KALLON
chananeo → **KANANEO**
charro⁺ → KARRO
(c)harze⁺ → KART
chebur → **GIBŪR**
cheisuringu⁺ → KÊSURING
chella⁺⁽⁾ → **KELLA**
cherrente⁺ → KERRAN
chiel⁺⁽⁾ → **KIOL**
chind⁺ → **KIND**
chinne → **KINN**
chirigenon → WRĪHAN
chleibe⁺ → KLÊF
chleini⁺ → KLÊNI²
chludun°⁽⁾ → **KLIOVAN**
chneuil⁺ → KNEVIL
chonnem⁺ → KŌNI
khoufscalh⁺ → KÔPSKALK
chronente⁺ → KRÔNIAN
chubon° → KLŪBON⁺
chud⁺ → KŪTH
chumi(n)⁺ → **KUMIN**
chuning⁺, chuninc-⁺ → **KUNING**(-)
ci⁺ → **TI**
kian → **KIO**
kiasan → **KIOSAN**
kiásár-, kiásur → **KÊSUR**(-)
cibolle⁺ → ZIBOLLO⁺
ciegla⁺ → TÊGLA
ciecha⁺ → TÊKA
kiel → **KIOL**
kielirithi → **KELGIRITHI**
cieretha⁺ → ZIARITHA⁺
kierta⁺⁽⁾ → **KÊRIAN**
kieruila → **KERVILA**
kíerzívn⁺⁽⁾ → **KERZIA**
kies- → **KĀSI**
kiesur → **KÊSUR**
kietel- → **KETIL-**
kieuis → **KEVIS**
kige → **KIO**
cilli# → **KIULLA**
címe → **KUMI**
cin⁺ → **TIN**

KĪNAN *v-1 keimen ◊ to shoot*
  • *inf* kinan H *CM* 2393 — *3sipt* ken H *CM* 2409

-kīnan kiosan

TIKĪNAN *v-1 vergehen* ◊ *to pass away*
• *3sops* tekina GLEVES 60,27
mori GLEVES

KIND *nt-a Kind, Säugling, junger Mann* ◊ *child, infant, young man*
• *ns* kind H *CM* 123. 276. 407 PSLUB 28,6, chind⁺ HILD 13. 53 — *gs* kindes GEN 83 H *CM* 215. 639. 2185 — *ds* kinde H *CM* 672 (kinda *C*). 2195 — *as* kind H *CM* 135. 382 (*S*). 774. 2018. 2101 — *np* kind H *CM* 2709 PSLUB 28,1 (d *add*) — *gp* kindo GEN 91 H *C*, kinda *M* 729 — *ap* kind GLEVES 56,16. 58,14 H *CM* 2787. 2871 PSLUB 28,1. 32,13
filius PSLUB

KINDDŌM *m/nt-a Kinderalter* ◊ *childhood*
• *ns* kíndvóm GLPRUDF1 96,22
infantia GLPRUDF1

KINDESTAND, KINDESTAN *(m-i) Milchzahn (?)* ◊ *milk tooth (?)*
• *ns* kindᵉs(t)ane (-zane?) GLMARF III,722,15
dens genuinus GLMARF (genuinus *angeboren* ◊ *inborn* ~ genuinus *Backenzahn* ◊ *back tooth?*)

KINDISK *adj jung* ◊ *young*
• *nsm* kindisc H *CM* 733. 817

KINDISKI *f-ī Kindheit* ◊ *childhood*
• *ns* kindiski H *C* 3470 — *ds* kindiski H *CM* 840. 3280. *C* 3451

KINDJUNG *adj im Kindesalter (stehend), jugendlich, jung; subst Knabe* ◊ *(being) in one's childhood, juvenile, young; subst boy*
• *ns* kindiung H *CM* 167. 2293. *C* 2220 — *gsm* kindiungas H *M*, kindiunges *C* 4018 — *dsm* kindiungumu H *M*, kiniungan *C* 3290 — *asm* kindiungan GEN 34 H *CM* 2161 — *npm* kindiunge H *M*, kiniunga *C* 1182 — *gpm* kindiungaro H *M*, kindiungero *C* 745 — *apm* kindiunga H *C*, kindiunge *M* 750

CĪNE# *f-n Ritze* ◊ *chink*
• GLWERDC *ns* cine *fol*. 5v
[concisura, fiss]ura GLWERDC

KINISLO *m-n Spalt* ◊ *chink*
• *ap* kiníslón GLPRUDF1 98,34
rima GLPRUDF1

kiniung- → KINDJUNG

KINN *f/m-i(-u)* + *nt-ja Kinn, Kinnlade* ◊ *chin, jawbone*
• *ds* chinne GLVERGOX 112,28, chinnę GLVERGW — *as* kín GLPRUDF1 101,5, cinni GLPRUDBR II,573,3, kinne GLHARD IV,267,5 — *np* kinni GLSPET 85,29 — *ap* kinni H *CM* 3204. 3213
mentum GLHARD GLPRUDBR GLPRUDF1 GLSPET GLVERGOX GLVERGW

KINNITAND *m-i Backenzahn* ◊ *molar*
• *np* kinnizeni⁺ GLSPET 84,3 ‖
molaris GLSPET

cins → TINS
kipúntila⁺ → GIBUNDILA

KIO *m-n Kieme* ◊ *gill*
• *ns* kio GLSPET 78,18 ‖, kige GLMARF III,720,49, keho GLTRSEM III,74 — *np* kian GLVERGOX 112,5
branchia GLMARF GLSPET GLTRSEM GLVERGOX

KIOL *(m-)a (leichtes, schnelles) Schiff, großes Schiff, Kriegsschiff* ◊ *(light, fast) boat, (war) ship, vessel*
• *ns* kiol GLSPET 75,16 ‖. 76,24 ‖, kiel GLTRSEM XII,51, chiel⁺? V,41
durco, navis magna, trieris GLSPET celox, phaselus GLTRSEM

KIOSAN *v-2 (aus)wählen, (aus)erwählen* ◊ *to choose, select, elect*
• *inf* keosan H *C*, keosen *M* 3406, kiasan *M*, kiesan *C* 223 — *3sips* kiusid H *M*, kiusit *C* 1807 — *2pimp* kiosat H *C* 1931 — *3sipt* cos H *CM* 1199. 3107 (kos *C*). *M* 1260 — *pcpt* gicoran H *C*

1297 (gikoran *V*, gecoran *M*). 3119 (gicoren *M*). 3736 (gikoran *M*). *C* 62 — *pcpt asm* gicoranan H *CM* 991 (*P*). 4147 (gicoranen *M*). *C* 3451 — *pcpt npm* gicorana H *C*, gikorene *M* 4392. *C* 12, gecorana 17 — *pcpt apm* gicorana H *C*, gicorane *M* 2903. 3037
• GENB *inf* ceosan 464 — *pcpt asm* gecorene 285

AKIOSAN *v-2 (aus)erwählen ◊ to choose*
• *3sipt* erkos PSLUB 32,12 — *pcpt* acoran H *CM* 1835
eligere PSLUB

FARKIOSAN *v-2 verwerfen ◊ to reject*
• *3sips* forkiusid PSLUB 32,10 (2)
reprobare PSLUB

GIKIOSAN *v-2 (aus)wählen, erwählen ◊ to choose, select, elect*
• *inf* gikiosan H *CM* 3139 — *3sips* gekiusid H *M*, gikiusit *C* 2458 — *3sipt* gicos H *CM* 1029. 1190, gecos *M*, gicos *C* 147. 1250. 1280 (gikós *V*). 5168. *C* 1260 — *1pipt* gicurun H *CM* 3310 — *3pipt* gecurun H *M*, gicuran° *C* 1186 — *3popt* gicurin H *CM* 2884

KIPP *(m-a) Block ◊ stocks*
• *as* kip GLPRUDF1 99,20, zhip GLTRSEM XVIII,52
stipes carceralis GLPRUDF1 GLTRSEM

KIRIKA *f-n Kirche ◊ church*
• *ns* kirica URBWERDA 73,20,21/23, 3,5. 74,1/23,6 — *ds* kirikun CONFES 17,14, kerikŏn BEDA 11
ecclesia (BEDA)

KIRIKKEMINĀDA *f(-n) kirchliches Gebäude ◊ building belonging to a church*
• *ns* kirikkiminada GLTRSEM XII,25
pastoforium (pastorium *ms*) GLTRSEM

KIRIKLAND *nt-a Land im Kirchenbesitz ◊ land of the church*
• *ns* kiricland URBWERDA 73,20/23,3. 74,1/23,6 — *ds* ký̄riclande URBWERDA 16,4 — *np?* kyri° (= kyricland?) URBWERDA 16,4

AKIRNIAN *v-I entkernen ◊ to take out the stones (from a fruit)*
• *1sips* ergernen (*abbr*) GLTRSEM VII,27
enucleare GLTRSEM

KIRSEBÔM *m-a Kirschbaum ◊ cherry-tree*
• *ns* kirsebom (*abbr*) GLVERGDRSD, kirsbom GLMARF III,720,15
cerasus GLMARF GLVERGDRSD

KIRSIKBERI *nt-ja Kirschfrucht ◊ cherry*
• *ns* [kirsic]beri (kirsic *vom vorausgehenden Eintrag ◊ from the preceding entry*) GLVERGOX 112,10
cerasium GLVERGOX

KIRSIKBÔM *m-a Kirschbaum ◊ cherry-tree*
• *ns* kirsicbom GLVERGOX 112,9
cerasus GLVERGOX

cislizaniu⁺ → TISLĪTAN

KISTA *f(-n) Kiste ◊ box, chest*
• *ns* kista GLTRSEM V,81
• GLWERDC *f-ō ns* cest[#] 359, caest[#] 358
arcula, capsa GLWERDC cista GLTRSEM GLWERDC

KISTILĪN *nt-a Kistchen ◊ small box*
• *ns* kistilin GLTRSEM V,81
cistella GLTRSEM

citerv^(s+), citirv^(s+) → ZITRUS⁺
citruuoddi⁺ → ZITRŌHTI⁺

KITILON, KITTLON (?) *v-II kitzeln reizen, Kitzel verspüren ◊ to tickle, itch, be titillated*
• *1sips* kizilon⁺ GLTRSEM XV,96 — *3sips* kitilód GLPRUDF1 91,11. 100,29
titillare GLTRSEM prurire GLPRUDF1

KĪTH *m-a Keim ◊ shoot*
• *gp* kitho H *C* 2563 — *dp* kithun H *M*, kithon *C* 2453. 2476

KĪVINO *m-n Turmfalke* ◊ *kestrel*
* *ns* kiuino GLTRSEM XXI,23
herodion GLTRSEM

KIULLA *f-jō Tasche, (lederner) Beutel, Weinschlauch* ◊ *(leather) bag, wineskin*
* *ns* culla GLTRSEM IV,80 — *ds* kiula GLSPET 78,20‖ — *as* cilli# GLPB1 Schreiber, p. 145
* GLWERDC *ns* cyllj# 359
ascopa GLPB1 cassidile GLTRSEM culleum GLWERDC sacciperium GLSPET

kiuun+? → KEUWAN/KEUWON
kizilon+ → **KITILON**

KLĀFRA *f(-n) Klee* ◊ *clover*
* GLWERDA *ns* clafre 344
trifolium GLWERDA

KLĀFTRA *f-ō/n Klafter* ◊ *cubit*
* *ns* clafdra GLSPET 75,10‖
cubitum GLSPET

KLAGA *f-ō Klage* ◊ *complaint*
* *gs* cláge GLMERS 71,6
quaerimonia GLMERS

KLAGON *v-II beklagen, Klage erheben* ◊ *to complain, clamour*
* *inf* clágon GLPRUDF1 99,32 — *3sips* klagot GLSPET 81,12 — *1sipt* klageta+ GLSPET 81,6 — *3popt* clagodin GLEVES 49,25
arguere GLSPET conqueri GLPRUDF1 queri GLEVES GLSPET

KLAGUNGA *f-ō Klage* ◊ *lamentation*
* *ns* clagunga GLPRUDP 63,12
(maestus) GLPRUDP

KLAMM *m-a Fessel, Gefängnis* ◊ *fetter, prison*
* GENB *ds* clomme# 408

KLAPUNGA *f-ō Klappern* ◊ *chattering*
* *ns* clapunga GLEVES 49,25
stridor GLEVES

KLATA *f-n Klette* ◊ *burdock, clote*

* GLWERDA *ns* clata 340 (CLĀTE#?)
personacia GLWERDA

KLATAKROPP *(m-a) Klettenkopf* ◊ *(clot)-bur*
* GLWERDA *ns* clatacrop 340 (CLĀTE-CROP#?)
personacia GLWERDA

claum° → KLÊM

KLÊ *m-wa Klee* ◊ *clover*
* *ns* cle GLVERGOX 110,16, chle+ GLTRSEM IV,74
calta GLTRSEM GLVERGOX

KLEDERSTIKO *m-n Rassel(stab), Vogelscheuche* ◊ *rattle(-stick), scarecrow*
* *ns* clederstico GLTR40 V,46,22
anate (= amites/aneta), sollicitudo° GLTR40

KLEDTHA *f-ō Klette* ◊ *burdock*
* *ns* clette GLTR40 V,48,35 — *np* cledthe GLVERGOX 110,34
glis GLTR40 lappa GLVERGOX

KLEDTHO *m-n Klette* ◊ *burdock*
* *ns* kleddo GLSPET 77,2. 84,9‖, clettʰo GLTRSEM VIII,54, clete (*f?*) GLMARF III,719,44 — *dp* cletton GLPRUDF1+ 91,2
glis [*cf* glus] GLTRSEM lappa GLMARF GLSPET GLPRUDF1+

KLÊF *m-a Kleber* ◊ *glue*
* *ds* chleibe+ GLPRUDF1+ 89,16
gluten GLPRUDF1+

clein-+ → **KLÊN-**

KLÊM *(m-a) Lehmverputz* ◊ *clay daubing*
* *ns* claum° (= claim+) GLPB1 I,640,2
impensa, litura GLPB1

ANDKLEMMIAN *v-I aufhebeln* ◊ *to prize open*
* *2simp* antklemmi H *CM* 3204

BIKLEMMIAN *v-I einschließen* ◊ *to enclose*
* *pcpt* biklemmid H *M*, beclemmid *C* 4400

klemo   **klīwa**

KLEMO → KLENO, KLEMO

BIKLENAN *v-4 bestreichen, besudeln* ◊ *to spread, stain*
   • *pcpt* biklenan GLSPET 84,11, bechleman°⁺ (1 *add*) GLPRUDF1⁺ 89,15
inlinere GLPRUDF1⁺ oblinere GLSPET

KLÊNI¹ *adj-ja/jō scharfsinnig, zierlich* ◊ *perceptive, slender*
   • *dsnt* clenemo GLPRUDF1⁺ 90,3 — *npm* clénia GLPRUDF1 102,21
gracilis GLPRUDF1 sagax GLPRUDF1⁺

KLÊNI² *der tiefere Sinn* ◊ *deeper sense*
   • *ns* chleini⁺ GLEPIST I,781,36
argumentum, coniectura GLEPIST

KLÊNLISTIG *adj geschickt, äußerst kunstfertig* ◊ *clever, very skilful*
   • *ns* clenlistig GLSTR 107,9, clenlistich GLMARF IV,177,11, cleinlistich⁺ GLTRSEM II,90
argumentosus GLMARF GLTRSEM sedulus GLMARF sollertissimus GLSTR

KLENO, KLEMO *m-n Glühwürmchen, Leuchtkäfer* ◊ *firefly, glow-worm*
   • *ns* cleno GLTR40 V,48,37, clemo GLTRSEM V,98 (× **GLIMO** ?)
cicendula GLTR40 GLTRSEM

KLÊNO *adv spitzfindig, in einzelne Teile* ◊ *in an over-subtle way, into pieces*
   • kléno GLPRUDF1 102,36, cleino⁺ GLPRUDF1⁺ 91,20
(dissertare ~ rethinon), perverse GLPRUDF1⁺ minutatim GLPRUDF1

GECLEOPA# *m-n Marktschreier* ◊ *market crier*
   • GLWERDC *ns* gecle[ ]# *fol.* 5r
contionator GLWERDC

ANKLEVON *v-II ankleben* ◊ *to stick up*
   • *1sips* anacleuon GLTRSEM X,7
linire GLTRSEM

KLEUWĪN *nt-a Klumpen* ◊ *lump*
   • *as* cleuuin GLVERGOX 113,29

offa GLVERGOX

   clett- → **KLEDTH-**
   clia → **KLĪWA**

KLIDA *f-ō Flechtwerk, Laufbrücke* ◊ *wickerwork, gangway*
   • *as* clida GLVERGOX 111,24 — *ap* clida GLVERGOX 111,26
cratis, pons, scalae GLVERGOX

KLIF *nt-a Felsen* ◊ *cliff*
   • *ds* cliƀe H *C*, clibe *M* 2674

clifę#? → **KLĪVA**

KLIOVAN *v-2 sich spalten, zerhauen* ◊ *to split, cleave*
   • *3pipt* cluƀun H *C* 5663, chludun°? HILD 65

TIKLIOVAN *v-2 auseinanderreißen* ◊ *to tear open*
   • *3sipt* teklof H *M*, teclof *C* 3213

KLĪVA *f-ō Klette* ◊ *burdock*
   • *ns* cliue GLHARD IV,283,13 — *np* cliue GLVERGOX 109,10
   • GLWERDA *ns* clifę#? 340
lappa GLHARD GLVERGOX personacia GLWERDA

BIKLĪVAN *v-1 einwurzeln* ◊ *to take root*
   • *inf* bicliƀan H *C*, bicliben *M* 2393

KLĪVASTRŬK *(m-a) Klettenstrauch* ◊ *burdock bush*
   • *ns* cliuestruc GLMARF III,719,44
dravoca GLMARF

KLIVON *v-II festhaften, angefügt sein* ◊ *to cling, be attached*
   • *3sips* cliu(o)t ABC 8 — *3sipt* cliuode H *M* 2409

BIKLIVON *v-II festhaften* ◊ *to cling*
   • *3sipt* bicliboda H *C* 2409

KLĪWA *f-wō/w-n Kleie* ◊ *bran*

klīwa

• *ns* clia GLTRSEM V,14. VIII,4
cantabrum, furfur GLTRSEM

clofloc → **KLUFLÔK**
clomme[#] → **KLAMM**

KLOVO *m-n Fußfessel, (Vogel-)Kloben, Bund ◊ fetter for the ankle, gin-trap, bunch, bundle*
• *ns* clouo GLTRSEM X,2 — *dp* clouon GLPRUDBR II,572,12
ligatura GLTRSEM pedica GLPRUDBR

KLŪBON[+] *v-II seufzen ◊ to sigh*
• *1pips* chubon° [bfk] (= chlubon[+]) GLEPIST I,756,45
gemere GLEPIST

KLUFLÔK *m-a Knoblauch ◊ garlic*
• *ns* clofloc GLKBH — *as* clvflóc GLPRUDF1 94,38
alium GLPRUDF1 hermodactilus GLKBH

KLŪSTAR *nt-a p Gitterstäbe ◊ bars (of prison)*
• *dp* clustron H *C* 4680
• GENB *ap* clustro[#] 416

KLŪSTARBENDI *m-i p Fesseln ◊ fetters*
• *dp* klustarbendiun H *M*, clustarbende-on *C* 2723

KLUVI *(f/m)-i Lichtputzschere ◊ candle snuffers*
• *np* cluuui GLSPET 76,10
forceps GLSPET

ANDKNĀAN *v-7 verstehen ◊ to understand*
• GENB *inf* oncnawan[#] 534

BIKNĀAN *v-7 + g etw erlangen ◊ to attain sth*
• *inf* bicnegan H *M*, biknegan *C*, biknégan (k<c) *V* 1310

KNAGAN *v-6 abnagen, verzehren ◊ to gnaw, eat*
• *3sips* cnagit GLSTR 107,12, kanagit 107,27
erodere, petere GLSTR

KNEDAN *v-5 kneten, zerstampfen ◊ to knead, crush*

knōsal

• *1sips* knedon GLTRSEM XII,109 — *pcpt* giknedan GLSPET 74,13 — *pcpt apm* giknedena (*1*.n<d) GLTRSEM XII,46
conspergere GLSPET GLTRSEM pinsere GLTRSEM

KNEHT *m-a kleiner Junge ◊ small boy*
• GLWERDC *ns* onegt° (*add*, = cnegt) 364
parvulus, pupus GLWERDC

KNELLIZ[+] *m-a*/KNELLIZZI[+] *m-ja*/KNELLIZZA[+] *f-ō/jō Stechmücke ◊ gnat*
• *np* knellizzę GLSPET 74,9 ‖
scinifes GLSPET

kneo(-) → **KNIO**(-)

KNEVIL *(m-a) Knebel ◊ toggle*
• *ns* chneuil[+] GLTRSEM V,125
columbar GLTRSEM

KNIO *nt-wa Knie ◊ knee*
• *dp* kneohon H *C* 5951 — *ap* knio H *P* 982 (kneo *C*, cneo *M*). *C* 5502, kneo. GEN 245. 276

KNIOBEDA *f-ō kniefälliges Gebet ◊ prayer on one's knees*
• *as* kniobeda H *CM* 4745, kneobeda *CM* 672

KNIORADO *m-n Kniegelenk ◊ knee joint*
• *ns* kniredo[+?] GLSPET 87,18 ‖
poples GLSPET

cnuosl- → **KNŌSAL**

KNOSA *(f-)n Stechmücke ◊ gnat*
• *np* kn(o)sen (knusen?) GLMARF III, 721,19
scinifes GLMARF

KNŌSAL *nt-a Verwandtschaft, Nachkommenschaft, Abstammung, Geschlecht ◊ kin, descendants, origin, lineage*
• *gs* cnosles H *M*, cnuosles *C* 223. 1265 (knuosles *C*). 2655 (knosles *M*). 5130

knōsal

(knuosles *C*), cnuosles (sles *ras*) HILD 11 — *ds* cnosla H *M*, cnuosle *C* 347 (cnuosla *C*). 366 (u *add C*). 558 (u *add C*, cnosle *M*, knosle *S*), muosle° *C* 66

KNOSTAR *(m-a) (Gelenk-)Knorpel* ◊ *(articular) cartilage*
• *ns* cnoster GLHARD IV,274,4
cartilago GLHARD

KNOTTO *m-n Samenkapsel* ◊ *boll, seed-vessel*
• *ap* cnotton GLTRSEM VIII,13
folliculus GLTRSEM

KNUKIL *(m-a) Knöchel* ◊ *ankle*
• *ns* kunuchel$^{+?}$ GLMARF III,722,19
nodulus GLMARF

KŌ *f-cons + f-i Kuh* ◊ *cow*
• *n/as* kó REGFREK *K* 33,26. *M* 37,14. 39,10. 41,6 — *n/ap* koíí REGFREK *M* 29,10. 32,26, kogíí 24,10, kogu° *K* 24,21, kou° 32,35 — *ap* coi GLPRUDBR II,574,44, cuauui$^+$ GLSPET 85,8
bucula GLPRUDBR GLSPET

KOBBER *(m-a/i) Anbau, Hauserweiterung* ◊ *extension, annexe*
• *ns* cobber GLTRSEM XV,57
taberna GLTRSEM

cohf$^+$ → **KŌP**
coh(c)ma$^+$ → **KOKMA**
cohpscilling$^{+?}$ → **KŌPSKILLING**

KOK *m-a Koch* ◊ *cook*
• *ds* koka REGFREK *M* 42,29, koke 24,5 *(?)*

KŌKALF *nt-z Kuhkalb* ◊ *female calf*
• GLWERDC *ns* cucaelf$^\#$ 358
vaccula, vitula GLWERDC

cochmuosi$^+$ → **KOKMŌSI**
cocho$^{+?}$ → **KŌKO**
koxilari$^{(+)}$ → **GŌKLARI, KŌKLERI**

KŌKILO *m-n Pastille* ◊ *pastille*
• *ns* cuochilo$^+$ GLTR40 V,41,11
pastillus GLTR40

kōlon

KOKITHI *nt-ja Kochrecht (Vergütung bei der Schlachtung)* ◊ *compensation for slaughter*
• *as* kokitti URBWERDTRAD 159,22

KŌKLERI → **GŌKLARI, KŌKLERI**

KOKMA *f-ō/n Kochtopf, Kochgeschirr* ◊ *cooking-pot, kitchen utensils*
• *ns* cohma$^+$ GLSPET 78,35‖, cohcma$^+$ 75,35/36‖
caccabus, cucuma GLSPET

KOKMŌSI *nt-ja gekochte Speise* ◊ *cooked food*
• *ns* cochmuosi$^+$ GLTRSEM XIII,41
pulmentum GLTRSEM

KŌKO *m-n Kuchen* ◊ *cake*
• *ns* cocho$^{+?}$ GLMARF III,717,63
collyrida, libum, paniculus, tortellus GLMARF

coquina° → **KUDINA**

KŌL *(m-a) Kohl(strunk)* ◊ *(stalk of) cabbage*
• *ns* col GLTRSEM IV,90. X,86
caulis, magudaris GLTRSEM

colbo$^+$ → **KOLVO**

KŌLI *(m-)ja Kohl* ◊ *cabbage*
• *ns* koli GLSPET 87,14‖
brassica, caulis GLSPET

KŌLI *f-ī Kühle* ◊ *cool*
• *ds* cuole$^+$ GLADM718 77,2
aura GLADM718

KOLLIRI *nt-ja Koller, Halsberge* ◊ *buffcoat, gorget*
• *np* colliri GLSPET *Wich-Reif* 110‖
collare GLSPET

KŌLON *v-II kalt werden* ◊ *to become cool*
• *1sips* cuolon$^{+?}$ GLTRSEM VIII,46 (**KŌLIAN**?) — *3pipt* colodun H *C* 5702
gelare GLTRSEM

KOLVO *m-n Kolben, Keule, Schlagriemen, Ruderpinne (?)* ◊ *club, cudgel, thong, tiller (?)*
• *ns* coluo GLTRSEM V,84. X,96, colbo⁺ GLSPET 78,2 — *ds* cólvón GLPRUDF1 95,9 — *ap* coluan GLVERGOX XIV
caestus GLVERGOX clava GLPRUDF1 GLTRSEM clavus°? GLSPET machaera GLTRSEM

KÔN *(nt-a) Rune Ϝ (Wunde)* ◊ *rune Ϝ (sore)*
• *ns* chaon ABC 8

KŌNI *adj-ja/jō kühn* ◊ *brave*
• *dp* chonnem⁺ HILD 28

connela, conula → **KUNILA**

KÔP *(m)-a Kauf, Einkauf, Kaufpreis, Handel* ◊ *purchase, buying, purchase price, bargain*
• *ns* cohf⁺ GLTRSEM X,110 — *gs* copes H *CM* 1696, kopas GLEVES 59,18 — *ds* cope H *C*, kope *M* 2826, cópa GLEVES 54,11 GLPRUDF1 103,9 — *as* cop GLEVES 50,35
commutatio, mercatio, negotiatio, retributio GLEVES merces GLPRUDF1 mercimonium, merx GLTRSEM

KŌPA *f-ō/n Braukessel, Kufe* ◊ *brewer's coop*
• *ns* cuopa GLTRSEM XV,122, cuofa⁺ VI,37. XVII,47 — *dp* copon REGFREK *M* 24,17. 29,19
culigna, cupa, tunna GLTRSEM

KOPAR *nt/m-a Kupfer* ◊ *copper*
• *ns* coper GLMARF III,717,32
aes GLMARF

copht → **KÔPIAN**

KÔPIAN *v-I kaufen* ◊ *to purchase*
• *inf* couffan⁺ GLSPET 79,27 ‖ — *pcpt* gícóp GLPRUDF1 103,10, copht GLMARF III,716,8
comparare GLSPET emere GLPRUDF1 empticius (copht scalc) GLMARF

FAR**KÔPIAN** *v-I verkaufen* ◊ *to sell*
• *inf* farcopien H *M* 3285 — *3sops* fircoufe⁺ GLSPET 85,26 — *pcpt* fercóft (f-<u-) GLEVES 60,21, uerkoufit^{b/k+} GLEPIST I,761,24 — *pcpt dp* ferkopton GLPRUDF1 100,3/4
vendere GLPRUDF1 GLSPET vēnire (*pcpt* + werthan) GLEPIST GLEVES

KÔPLĪK *adj käuflich* ◊ *venal*
• *ns* kouflik^{(+)}GLSPET 81,18
venalis GLSPET

FAR**KÔPLING** *m-a verkäufliches Gut* ◊ *goods for sale*
• *dp* fircoflingen⁺ GLSPET 86,19 ‖
venalis GLSPET

KÔPON *v-II + a kaufen, bezahlen* ◊ *to buy, pay for*
• *inf* copon H *M*, copan *C* 1847, copun GEN 124 — *3sops* copo H *C* 5334 — *pcpt* gicopot H *CM* 5153

FAR**KÔPON** *v-II verkaufen* ◊ *to sell*
• *inf* farcopon H *M*, farcopan *C* 3525. 4577. 4606, forcopan *C* 3285 — *2sips* farcopos H *CM* 4837 — *pcpt* farkopot H *M*, farcopot *C* 4462, farcopot *M*, farcopod *C* 4806

KÔPONBAND *m-i Kufenband, Fassreifen* ◊ *hoop of a keeve, barrel hoop*
• *ap* kopanbandi REGFREK *M* 43,14

KOPPODI *adj-ja/jō mit einem Kamm versehen* ◊ *crested*
• *ns* coppodi GLSTR 106,21
cristatus GLSTR

KÔPSKALK *m-a gekaufter Knecht, Sklave* ◊ *purchased servant, slave*
• *ns* coufschal⁺ GLTRSEM XXIII,30, khoufscalh⁺ GLADM718 77,4
empticius GLADM718 GLTRSEM

KÔPSKILLING *m-a Anzahlung* ◊ *deposit*
• *ns* cohpscilling^{+?} GLTRSEM II,54
arrabo, pignus GLTRSEM

KÔPSTEDI *f-i Verkaufsstand, Mautstelle* ◊ *buying place, (toll)booth*
• *ds* copstedi H *CM* 1191 — *as* copstedi H *CM* 3736

KORDUWISĪN *adj aus Korduanleder bestehend* ◊ *cordovan, made of leather of Cordova*
• *ns* cordeinusin° (= cordeuuisin) GLTRSEM V,124
cordovesus GLTRSEM

KORF *(m-a/i) Korb, Leichenkorb, Korbhütte* ◊ *basket, coffin, pannier (for a body), hut of wickerwork*
• *ns* korf GLHARD *fol.* 63r, corf GLTRSEM V,95. VI,10. XIII,75,81. XVII, 72, corph GLMARF III,718,1, corb⁺ GLSPET 79,2
canistrum GLHARD cophinus GLMARF corbis GLMARF GLTRSEM clitella GLTRSEM sarcophagus GLSPET qualus, quasillus, quassus, tugurium GLTRSEM

corifeiz⁺ → KURVIT, KORVIS

KORN *nt-a (+ nt-ja?) Getreide, Korn* ◊ *grain, seed*
• *ns* corn H *C*, korn *M* 2393 (corn *M*). 2453. 2476. *C* 2547 — *gs* cornes H *C* 2563 REGFREK *M* 29,5 — *as* corn H *C* 2550, corn¹ 2522

KORNHŪS *nt-a Kornspeicher* ◊ *granary*
• *as* kornhus GLEVES 50,22
horreum GLEVES

KORNILBERI *nt-ja Kornelkirsche* ◊ *cornelberry*
• *np* cornilberi GLPRUDSLUD
cornum GLPRUDSLUD

KORNSKILLING *m-a Kornschilling (Abgabe)* ◊ *tax of grain*
• *as* kornscill*ing* (abbr) URBWERDA 21,10. 22,9

KORŌNITHI *nt-ja Kopfschmuck* ◊ *head-dress*
• *ns* coronide⁺ GLTRSEM VI,4
corollarium GLTRSEM

KORVILĪN *nt-a Körbchen* ◊ *small basket*
• *as* coruilin GLSPET 74,2 ‖ fiscella GLSPET

KORVIS → KURVIT, KORVIS

KÔSON *v-II plaudern* ◊ *to chat*
• *1sips* coson GLTRSEM XIV,72
sermonicari GLTRSEM

cossu → **KUSS**

KOST *m/nt-a Frauenblatt* ◊ *costmary*
• *ns* cost GLTRSEM VI,3
costum GLTRSEM

KOSTARARI *m-ja Küster* ◊ *sexton*
• *ns* costárári GLPRUDF1 99,26
(claustris sacrorum praeesse) GLPRUDF1

KOSTON *v-II versuchen, auf die Probe stellen; pcps Versucher* ◊ *to tempt, test, make trial of; pcps tempter*
• *inf* coston H *CM* 1030 (costan *M*). 1079 — *pcps gp* costondero H *CM* 4741

GI**KOSTON** *v-II bis zur Neige leeren* ◊ *to drain to the lees*
• *inf* gicoston H *CM* 4764

KOSTUNGA *f-ō Versuchung* ◊ *temptation*
• *ds* costungu GLEVES 57,19

KŌSWĪN *nt-a Mutterschwein* ◊ *sow*
• *n/as* kosuín REGFREK *M* 37,14. 39,11 — *n/ap* cosuin REGFREK *K* 24,22. *M* 24,11, kosuín *K* 32,35. *M* 32,27, kosuín 29,11

KOTERI *m-ja Kötner* ◊ *cottager*
• *np* coteres REGERK 48

KOTLAND *nt-a Land eines Kötners* ◊ *land of a cotter*
• *mlat abls* cotlando URBWERDE 214,7

KOTT *m-a Umhang, Mantel* ◊ *coat, cloak*
• *ns* kot GLMARF IV,178,37, co(t) GLTR40 V,48,21 — *ds* cotte CH 1015-36/3 — *as* cot REGFREK *M* 43,36

kott

- **COTTUS, COTTIS** *mlat as* kottum URBWERDA 38,14,16,17,20. 39,5, cottum REGERK 1 — *abls* cotte VMEINW 37 — *ap* kottos URBWERDA 38,12,13,19,23, cottos 52,5 REGERK 1
mastruca, pellis GLMARF sagellum GLTR40

KOTTO *m-n Kotze (Mantel, Umhang)* ◊ *cloak, coat*
- *ns* kotzo⁺ GLSPET 80,25 ||
birrus, cottus GLSPET

KOVARTRI *nt-ja Decke, Überzug* ◊ *blanket, covering*
- *ns* couartri GLTRSEM XII,1
opitergium (opertorium x epitogium) GLTRSEM

KOVEL *(m-a) Durchschlag* ◊ *colander*
- GLWERDC *ns* couel 359 (CAWL#?)
colum GLWERDC

couffan⁺ → KÔPIAN
kouflik⁽⁺⁾ → KÔPLIK

FAR**KOVRON** *v-II wiedererlangen* ◊ *to recover*
- *1sips* farcouoron GLTRSEM XIII,100
recuperare GLTRSEM

KÔWURT *f-i Bingelkraut* ◊ *mercury*
- *ns* cvouurz⁺ GLTR40 V,42,20
concordia, mercurialis maior GLTR40

koxílari⁽⁺⁾ → GÔKLARI, KÔKLERI

KRĀA *f(-n) Krähe* ◊ *crow* → KRĀIA
- *ns* craa GLSPET 78,9 ||
- GLWERDC *ns* cręc 359
cornix GLSPET cornicula GLWERDC

KRAFT *f-i,-cons + m-i,-a,-cons Kraft, Macht, Stärke, Gewalt, (Heer)schar, Heeresmacht* ◊ *power, might, strength, force, host, troops*
o¹⁷⁴ *ns* craft H *CM*; kraht GLPRUDF1 92,3 — *nsf* craft H *CM* 416. 4622. 4964 — *gsf* krafti PSLUB 32,16,17 — *gsm* craftes H *CM* 3936 — *dsf* krafti PSLUB

kraftig

28,4, craft H *C* 5879 — *dsm* crafte H *CM* 623 (crafta *M*). 1973. 3071 (craftæ *M*). 3938. *C* 34. 3032. 5770, crafta *M* 2596, craft 5970, cráhta GLPRUDF1 99,29 — *as* craft GEN 164 H *LCM*; craht *C* 38. *S* 377. 399, creht *S* 382 — *asf* craft H *CM* 2882. 3751. 4266 (aft<ist *C*). 5031. *C* 5681. 5869, *M* 2286 — *instr* craftu H *PCM*; crafto *M* 4874 — *gp* kraftia PSLUB 28,11 — *ap* krafti PSLUB 32,16
- *Fähigkeit, Gewandtheit, Geschick* ◊ *ability, skill, faculty* GENB *m-i ns* cræft 500 — *ds* cræfte 402, cræfte 449 — *as* cræft 269. 272. 416. 453. 492. 823 — *gp* cræfta 618
virtus PSLUB vis GLPRUDF1

KRAFTAG *adj kraftvoll, stark, mächtig, gelehrt, listenreich* ◊ *powerful, strong, mighty, learned, crafty*
- *ns* craftag GEN 245 H *CM* 4462. *M* 754. 982 (kraftag *P*). 1603. 4657. 4745, crafteg 5011, [cra]ftag 4469 — *asm* craftagna H *M* 3618, craftagne 2674. 3130. 3607 (c<i, t *ras*). 4831, craftagnæ 5252, craftagan 2986 — *npm* kraftaga GEN 119 — *comp asm* craftagoron H *M* 610 – *sup nsm* craftagost H *P* 973

KRAFTIG *adj kraftvoll, stark, mächtig, gelehrt, listenreich* ◊ *powerful, strong, mighty, learned, crafty*
- *nsm* craftig H *CM* 4021. *C* 754. 982. 4657. 4745. 5011, craftigo *CM* 3506 — *nsnt* craftiga H *C* 1603 — *nsf* craftig H *C* 4469 — *asm* craftigna H *CM* 4223. *C* 2674. 2804 (craftigana *M*). 3607. 3618. 4831. 5508. 5963, craftina 2986. 3130 — *asnt* craftiga H *CM* 4392. *C* 5252 — *asf* craftigun H *C*, craftigon *M* 3525 — *gp* craftigero H *C*, craftigaro *M* 4217 — *apm* craftiga H *CM* 1030 — *comp asm* craftigron H *C* 610 — *sup nsm* craftigost H *CM* 371 (crahtigost *S*). 973. 1134. 2315. 2696. 3119. *C* 5634 — *sup asm* craftigoston H *C*, craftigostan *M* 1599

kraftiglīko

KRAFTIGLĪKO *adv kraftvoll* ◊ *powerfully*
• craftiglico H *M* 2652

KRAFTLĪKO *adv kraftvoll* ◊ *powerfully*
• craftlico H *C* 2652

cragent → **KRĀIAN**
craht- → **KRAFT**(-)

KRĀIA *f-j-n Krähe* ◊ *crow* → **KRĀA**
• *ns* craia GLTRSEM XXI,9 — *np* kraiun GLSTR 107,19
cornicula GLTRSEM cornix GLSTR

KRĀIAN *v-I krähen* ◊ *to crow*
• *3pips* cragent GLPRUDBR II,572,1, kraent GLPRUDF1⁺ 89,14
strepere GLPRUDBR GLPRUDF1⁺

KRAKILON *v-II kläffen* ◊ *to yap*
• *1sips* crachilon⁺ GLTRSEM VIII,29
gannire GLTRSEM

KRAMPO *m-n Haken, Folterkralle, Krampf, Gelenkentzündung* ◊ *hook, claw (of torture), cramp, arthritis*
• *ns* krámpo GLPRUDF1 98,5, crampo^{bfk} (*abbr*) GLPRUDBR II,573,61, chrampho⁺ (*abbr*) GLVERGOX 110,29 — *np* crámpon GLPRUDF1 96,29, crámpón (*abbr*) 95,27 — *dp* crámpon GLPRUDF1 96,9, crampon (*abbr*) 94,12 — *ap* cránpon GLPRUDF1 97,13
arthrisis GLPRUDBR GLPRUDF1 articulorum dolor GLPRUDBR membrorum contractio, uncus GLPRUDF1 GLVERGOX ungula GLPRUDF1

KRAN *m-(i ?) Kranich* ◊ *crane*
• *np* kra*r*u° (= krani) GLSTR 107,18
grus GLSTR

KRANO *m-n Kranich* ◊ *crane*
• *ns* crano GLTRSEM XXI,12, krane GLMARF III,721,7
grus GLMARF GLTRSEM

KRAPPO *m-n Haken, Folterkralle* ◊ *clasp, claw (of torture)*

• *ns* crapho⁺ GLHARD IV,253,45 — *ds* crappon GLPRUDBR II,572,36
uncinus GLHARD uncus GLPRUDBR

kra*r*u° → **KRAN**

KRATSON (?) *v-II zerkratzen* ◊ *to scratch*
• *3sipt* cràzóda GLPRUDF1 96,7
charaxare GLPRUDF1

KRAUWUL, KRAUWIL *m-a Gabel, Fleischgabel, (Fleisch-)Haken, Hakenstange, Klaue* ◊ *(carving) fork, (flesh-)hook, grapnel, claw* → **KREUWIL**
• *ns* crauuuil GLSPET 75,1‖, crouuil 76,11, cr°uuil GLTR40 V,47,26, cruowil° 48,17, grauul GLPB2 I,296,17, crouwel GLHARD IV,266,21 — *ap* krouuila GLSPET 86,10‖
creagra (? *ms* crauie) GLTR40 fuscinula GLHARD GLPB2 GLSPET harpago GLTR40 unguis GLSPET

crẹ → **KRĀA**
creht → **KRAFT**

KRESSO¹ *m-n Kresse* ◊ *cress* — uuilde ~ *Brunnenkresse* ◊ *watercress* — *cf* KRISSIO
• *ns* cresso GLTR40 V,43,40
• GLWERDB *ns* cressa 276 (*f-ō? np?*)
raphanus (uuilde ~) GLTR40 sinapio (qui in aqua crescit) GLWERDB

KRESSO² *m-n Gründling* ◊ *gudgeon*
• *ns* cresso GLSPET 87,11‖
gobio GLSPET

KREVIT (*m-a*) *Krebs* ◊ *crayfish*
• *ns* creuit GLTRSEM IX,70. XIV,13
rubellio GLTRSEM

KREUWIL (*m-a*) *Dreizack* ◊ *trident* → **KRAUWIL**
• *ns* creuuil GLTRSEM VIII,3
fuscina GLTRSEM

KREUWILKĪN *nt-a kleiner Dreizack* ◊ *small trident*
• *ns* creuuilikin GLTRSEM VIII,3
fuscinula GLTRSEM

KRIBBIA *f-jōn Krippe* ◊ *manger*
• *ds* cribbiun H *M*, cribbun *C* 407 — *as* cribbiun H *CM*, krebbian *S* 382

KRĪDA *(f-n) Kreide* ◊ *chalk*
• *ns* crida GLSPET 87,6 ‖
creta GLSPET

cridu° → **KRŪDAN**
cri|ci → **KRŪCI**
krilago° → **KRŌGO**

KRIMMAN *v-3 zustopfen* ◊ *to block up*
• *pcpt np* grecumne° (*abbr*, = gecrumne) GLPB1 I,590,2
contrahere, flaccere GLPB1

KRINK[#?] *m/nt/f Kothurn* ◊ *cothurnus*
• GLWERDA *ds* crinçę[#?] 336
cothurnus GLWERDA

KRISSIO *m-j-n Kresse* ◊ *cress* — *cf* **KRESSO**[1]
• *ns* crisso[+?] GLTRSEM XI,48. XXI,39
nasturcium GLTRSEM

KRISTĪN *adj christlich* ◊ *Christian*
• *dsnt* kristinum H *M*, cristinon *C* 3074

KRISTINFOLK *nt-a Christenvolk* ◊ *Christian people*
• *as (?)* cristinfolc H *CM* 2426

KRISTINHÊD *f(-i) Christentum, Christenglaube, Christenheit* ◊ *Christianity, Christian faith, Christendom*
• *ds* cristinhedi CONFES 16, 7 — *as* cerstenhid CONFPAL 363,25

KRODA *(f-n) Kröte* ◊ *toad*
• *ns* krota[+] GLSPET 79,29 ‖
rubeta GLSPET

KRŌG *m/nt-a Krug* ◊ *jug*
• *ns* croc GLPB1 I,382,5. 496,29, croch GLMARF III,718,11
amphora, artaba GLMARF lagoena, laguncula GLPB1

KRŌGO *m-n Safran(farbe)* ◊ *saffron (colour)*
• *ns* kruago[+] GLSPET 76,11 ‖, krilago° (= kruago[+]) 87,22 ‖
coccinus, crocus (coccus°) GLSPET

KROKA *f-n Wulst* ◊ *bulge*
• *ap* crocon GLVERGOX 114,35
coma, torus [comans] GLVERGOX

croc(a) → **KRŪKA**

KROKON *v-II runzlig machen* ◊ *to make wrinkled*
• *Isips* crocon GLTRSEM VI,17
corrugare GLTRSEM

KRÔNIAN *v-I plappern* ◊ *to prattle*
• *pcps nsm* chronente[+] GLEPIST I,796,23
garrire GLEPIST

croph[+?] → **GROPP**

KROPP *(m-)a Kropf* ◊ *crop*
• *ns* crop GLTRSEM XVI,73 — *as* crop GLPB1 I,340,1
vesicula GLPB1 vesicula gutturis GLTRSEM

KROSLA *f-ō/n Knorpel* ◊ *cartilage*
• *ns* crozla GLTRSEM XIX,20
cartilago GLTRSEM

krota[+] → KRODA
crouwel → **KRAUWUL, KRAUWIL**
crozla → **KROSLA**
kruago[+] → KRŌGO

KRŪCI *nt-ja + m-ja Kreuz* ◊ *cross* — *an ~ slahan ans Kreuz schlagen* ◊ *to nail to the cross*
• *ds* crucea H *L* 5859, crucie *C* 5374. 5418. 5438. 5535. 5567. 5630. 5634. 5725, cruce 5584 CONFPAL 362,11 — *as* cruci H *C* 4462 (cruce *M*). 5508. 5562. 5624. 5820. 5859, cruce 5551, cri|ci 5329 — *dp* crucium H *C* 5347

KRŪCIGON *v-II kreuzigen* ◊ *to crucify*
• *pcpt* gecrucighet CONFPAL 362,10

KRŪCIWIKA *f-n Kreuzwoche (die drei Kreuztage vor Himmelfahrt)* ◊ *week of the Cross (the three days preceding Ascension Day)*
• *ds* cruceuuikon REGFREK *M* 42,15

KRŪD *nt-a Unkraut* ◊ *weed*
• *ns* crud H *C* 2522. 2547 — *as* crud H *C* 2556. 2559 — *np* crud H *CM* 2409

KRŪDAN *v-2 hervordrängen* ◊ *to push out*
• *3popt* cridu° (= crudin#?) GLPB2 I, 298,30
scaturire GLPB2

KRUFTA *f-n unterirdisches Gewölbe* ◊ *underground vault*
• *as* cruftun (*abbr*) GLPB2 I,297,48
crypta GLPB2

KRŪKA *f-n Kruke, Krug (Hohlmaß), Gefäß* ◊ *jar, pitcher (measure of capacity), vessel*
• *ns* cruka GLMARF III,718,12, croc(a) GLTR40 V,48,3 (*np?*) — *n/ap* crukon REGES 21,6,12,15,20 — *ap* groguːni° (= grogun) GLPB1 I,449,13
chytropus (χυτρόπους) GLTR40 hydria GLMARF olla GLPB1

KRUKKIA *f-jō Krücke, Krummstab* ◊ *crutch, crook, crozier*
• *ns* krucka+ GLSPET 87,20 || GLTRSEM V,9, cruka GLMARF III,718,12
cambuta GLMARF GLSPET GLTRSEM

KRUMB *adj krumm* ◊ *hooked, stooping*
• *nsnt* crumba GLEVES 55,26 — *dpf* crumbon GLSTR 106,15
aduncus GLSTR inclinatus GLEVES

KRUMBI *f-ī Verkehrtheit* ◊ *wrongness*
• *ns* krumbi GLSPET 82,26
tortitudo GLSPET

GIKRUND *(m-a) Bodentiefe* ◊ *depth of soil*
• *as* gikrund H *M*, gegrund *C* 2476

cruowil° →**KRAUWUL, KRAUWIL**

KRUPIL *(m-a) Krüppel* ◊ *cripple*
• *ns* crupel GLMARF III,715,57
contractus GLMARF

crusina(-) → **KURSINA**(-)
cuauui+ → **KŌ**
cud(-) → **KŪTH**(-)

KUDIL *(m-a) Fischreuse* ◊ *weir basket*
• *ns* kudel GLMARF III,718,60
gurgustium GLMARF

KUDINA *f(-ō) Quitte* ◊ *quince*
• *ns* cudine GLK211 I,319,49, quidene (*abbr*) GLMARF III,720,28, quitina+ (*abbr*) GLTRSEM V,80, coquina° (< quina+) X,81
cydeum GLMARF GLTRSEM coctana [cydonia] GLMARF malum cydonium GLTRSEM malum matianum GLK211

KUDINBÔM *m-a Quittenbaum* ◊ *quince tree*
• *ns* quidenbom (*abbr*) GLMARF III,720,27, quitinboum+ GLTRSEM V,79
cydeus GLMARF GLTRSEM

KUGULA *f(-n) Kapuze* ◊ *cowl, hood*
• *ns* cugula GLTRSEM VI,44
calyptra GLTRSEM

cucaelf# → **KŌKALF**

KUKKESSŪRA *f-ō/n Sauerklee* ◊ *woodsorrel — cf* **GÔKESSŪRA**
• *ns* cuokar° (= cuckas) GLTR40 V,48,8 + sura 48,4
calciculium [accitulium] GLTR40

culla → **KIULLA**

KULLUNDAR *(m/nt-a) Koriander* ◊ *coriander*
• *ns* kullundar GLSPET 74,16||, cullunder GLK211 I,319,23
coriandrum GLK211 GLSPET

culuilin° → **KURVILĪN**
kuman → **GUMO**

KUMAN *v-4 (+ d refl) kommen, entstehen* ◊ *to come*

o⁴⁸⁸ *inf* cuman GEN 77. 164 REGFREK *M* 43,25 H *PCMS*, kuman, cumen, kumen *M*; cumæn (æ<a ?) *M* 2669, kuman PSGERN 6,5 [13,2], kumen REGFREK *M* 35,35 — *inf d* cumanne H *CM* 3298 — *1sips* cumu H *C*, kumu *M* 3313 — *2sips* cumis H *CM* 971 (*P*). 4835 (kumis *M*). *C* 5601 — *3sips* cumid, cumit H *CM*, kumid *M*; cumid *C* 1692. 4729. 5531, kumit GEN H *M* 4380. *V* 1324. 1355, cumid (< cund) *M* 1748. (i<a) 2429 — *2pips* kumad H *M* 555 (cumat *CS*). 4533 — *3pips* cumat H *C*, kumad, cumad *M*; cumad *C* 3933; cumat *M* 1915, kumađ PSWIT 85,9 — *1sops* quome⁺ GLSPET 77,4‖ — *2sops* cumes H *CM* 2105 — *3sops* cume H *C*, cuma, kume *M*; cumæ (æ<a) *M* 707, cume 4669 — *2pops* cuman H *C* 4533 — *3pops* cuman H *C*, kumen *M* 3506. *C* 5954 — *2simp* cum H *CM* 3288 — *2pimp* kumet H *C*, kumad *M* 4392 — *1sipt* quam H *CM* 263. 1428. 3533. *M* 5016 — *3sipt* quam GEN 176. 206 GLGREG 65,3,12 H *CM*, qua*m* (*abbr*) GEN 239 H *P* 964. 985. 989. *C* 2975. 4241. 5961, cam *S* 516. 581, cám 503 — *1pipt* quamun H *CM* 565 (camun *S*). 4846. *C* 3436 — *3pipt* quamun GEN 115. 119. 271 H *CM*; quamum° *C* 2266, camun *S* 542 — *1sopt* quami H *CM* 1420 — *3sopt* quami BEDA 11 H *CM* — *3popt* quamin H *CM*; quámin *L* 5850 — *pcpt* cuman GLEVES 51,1. 56,9. 59,42 H *CM*, cumen, kumen *M*; kuman GEN 124. 310 H *C* 342. 2912. *M* 3642. 4366. 4492. 4527, cumen *S* 371. 522. 700 — *pcpt np* cumana H *CM*, kumana, kumane *M*; cumina *C* 2729, cumene *S* 558. 561

• GENB *inf* cuman 416 — *3sips* cymeð# 438. 808, cymð# 315. 806 — *1sops* cume 553 — *3sipt* cóm# 602. 723, com# 255. 598 — *3sopt* cóme# 627, come# 679. 683

venire GLEVES GLSPET PSWIT convenire (BEDA) aspergi GLGREG

AKUMAN *v-4 wieder zu sich kommen, + d refl erschrecken, außer sich geraten* ◊ *to come round, + d refl to frighten, be beside oneself*

• *pcpt* arcuman GLPB2 I,298,6 — *pcpt np* akumana H *L*, acumana *C* 5869

refocilari GLPB2

ANKUMAN *v-4 überfallen* ◊ *to attack*
• *3popt* anquamin GLEVES 60,35

BIKUMAN *v-4 gelangen, hinkommen, hervorgehen* ◊ *to attain, come (to), arise*
• *inf* bikuman GLEVELT 46,6/7 — *1pops* bekuman BEDA 18 — *3sipt* biquam H *C* 5016, béqúa*m* (*abbr*) GLPRUDF1 104,34, b(e)quam... (bequamun *3pipt*?) GLEVES 48,21

pervenire (BEDA) GLEVELT GLEVES provenire GLPRUDF1

FARKUMAN *v-4 vergehen* ◊ *to pass away*
• *pcpt* farcuman H *C* 3470

WITHARKUMAN *v-4 zurückkehren* ◊ *to return*
• *inf* (vuitharcum)an (*stil*) GLGREG 65,22/23

redire (GLGREG)

KUMBL *nt-a Zeichen* ◊ *sign*
• *as* cumbal H *M* 657 — *np* cumbl H *M*, kumbal *C* 648 — *as/p* cumbal H *CM* 635 — *ap* kumbal H *C* 657

KUMI *m-i Kommen, Ankunft* ◊ *coming, arrival, advent*
• *np* cumi H *CM* 489, cumi *C*, kumi *M* 3621. 4021. 4307. 4337 — *dp* kumiun H *M*, cumion *C* 5227 — *ap* cumi H *CM* 639. 866. 4026. 4259 (kumi *M*). *C* 5837 (kumi *L*)
• GENB *as* címe 618

KŪMIAN *v-1 beklagen* ◊ *to lament*
• *inf* cumian H *C*, kumien *M* 5011. *C* 5522 — *3sips* kumid H *M*, cumit *C* 3500 — *3sipt* kumda H *C*, cumde *M* 2185, cumda *C*, kumde *M* 4069

kumin   **-kunnan**

KUMIN *m/nt-a Kümmel* ◊ *cummin*
- *ns* cumin GLTRSEM V,68, chumi⁺ GLHARD IV,294,15 (**KUMIH**?) — *as* chumin⁺⁺ GLEVES 51,36/37

cuminum GLEVES GLHARD GLTRSEM

cumiski⁺⁺ → **GUMISKI**

KŪMLĪK *adj klagend* ◊ *lamenting*
- *dp* cumlicon (*abbr*) GLSOL

gesticulatus GLSOL

KUMO *m-n Nachkomme, Nachkömmling* ◊ *offspring, (late) arrival*
- *as* kuman GEN 34

cúmóno⁺⁺ → **GUMO**

KUNIBURD *f-i Abstammung, Geschlecht* ◊ *parentage, race*
- *ns* kuniburd H *M* 2655 (cunniburd *C*). 4469 (cuniburd *C*)

KUNILA *f-ō/n Quendel, Bohnenkraut* ◊ *wild thyme, savoury*
- *ns* kunele GLMARF III,719,30, conula GLTRSEM XXI,38, connela GLTR40 V,42,10

satureia GLMARF GLTR40 GLTRSEM serpyllum GLTR40

KUNING *m-a König* ◊ *king*
o¹²⁶ *ns* cuning H *CMS*, (-es *ras*) *C* 617, kuning H *M* 2805. 5191. 5205 PSLUB 28,10 (k *corr*), 32,16, chuning⁺ HILD 34 — *gs* cuninges H *CMS*, kuninges *M* 538. 3184 — *ds* cuninge H *CM* 696 (*S*, cuninga *C*). 2778 (kuninge *M*). 2884, kuninge *C* 62 (-s *ras*). 3809 — *as* cuning H *CM*; kuning *MS* 549 — *gp* cuningo H *CM*; kuningo GEN 134 H *P* 973 (k?). 991. *V* 1334. *C* 1599. *M* 4321. 4380. 4745, kuninga *S* 371
- GENB *ns* cyning# 241. 338

rex PSLUB

KUNINGDŌM *m-a* + *nt-a Königtum, Königswürde* ◊ *kingship, royal dignity*

- *gs* cuningduomes H *C* 5363 — *ds* kuningduoma GLEVES 61,16/17 — *as* cuningduom *C* 5209 (kuningduom *M*) (*m CM*). 5252 (*nt C*, kuningdom *m M*), kunigduom (*m*) GLEVES 61,20/21

KUNINGRĪKI *nt-ja Königreich* ◊ *kingdom*
- *ds* chunincriche⁺ (ch- *ras*) HILD 13 — *gp* cuningrikeo H *M*, cuningriko *C* 2890

KUNINGSTERRO *m-n Königsstern* ◊ *king's star*
- *as* cuningsterron H *CM* 635

KUNINGSTŌL *m-a Königsstuhl* ◊ *king's throne*
- *ds* kuningstole H *M* cuningstole *C* 2736

KUNINGWĪSA *f-ō* + *f-n dem König gebührende Weise* ◊ *manner which is due to the king*
- *ds* cuninguuisu H *C*, cuninguuisa *M* 672. *C* 551 (cuninguuisun *M* cuninguuisan *S*). 5502

[KUNNAN] *vptps wissen, verstehen, kennen, fähig sein* ◊ *know, understand, to be able to*
- *1sips* can H *CM* 724 (kan *C*). *C* 2514 — *2sips* canst H *M* 3101 — *3sips* can H *C* 2530 — *2pips* kunnun H *M*, cunnun *C* 4151 — *3pips* cunnun H *CM* 1669. 4300 (kunnun *M*) — *3sipt* consta H *CM* 208. 225. 1032. 3544 (conste *M*) — *3pipt* constun GLEVES 60,13 — *3sopt* consti H *M*, cunsti *C* 2651
- GENB *1sips* cann 542. 583 — *3sipt* cuđe# 385 — *1pipt* cuđon# 357 — *3pipt* cúđon# 457 — *1sopt* cuđe#828

videre GLEVES

[BIKUNNAN] *vptps kennen, verstehen* ◊ *know, understand*
- *2sips* bicanst H *C* 3101 — *3sips* bican H *CM* 1961 (bikann *C*). *C* 5320 — *3sopt* bicunsti *C* 4961 (bikonsti *M*). 5816

KUNNI *nt-ja + nt-i Abstammung, Nachkommenschaft, Generation, Stamm, Geschlecht, Volk* ◊ *race, line, lineage, progeny, generation, kind, tribe, people, nation*
• *ns* cunni H *C*, kunni *M* 4321, cunni PsLub 111,2 (2), kunni H *M* 3506. *C* 5358 — *gs* kunnias Gen 194, kunneas H *C*, cunnies *M* 167. 223, cunneas *CM* 347. 366 (kunneas *C*), cunneas *C*, cunnies *M* 254. 610. 1227. *C* 1751, cunnies *CM* 402 (cunneas *M*). 558 (*S*). 1299 (kunneas *V*, kunnies *C*). 2652 (kunnies *M*). 2986. 3565 (kunnies *M*). *C* 2515. 5505, cunnes *C* 74 — *ds* cunnea H *C*, cunnie *M* 1138. *C* 1044, cunnie *CM* 1835. 2293 (kunnie *C*). 5096. 5217 (kunnie *M*). 5248 (kunnie *M*). *C* 3660. 3954. 4290. 5711, kunnie *C* 2229. *M* 3809, kunni PsLub 32,11 — *as* kunni PsLub 32,11, cunni H *CM* 774 (kunni *C*). 1682. 4577 (kunni *M*). 4837 (kunni *M*). 5127 — *instr* (?) cunru° (= cunni) GlPb2 I,297,37 (*lat gs*) — *np* kunni H *S* 526 — *gp* cunnio H *C*, cunneo *M* 605. 4217 (kunnio *M*)
• Genb *ds* cynne# 425. 710. 750
generatio, semen PsLub proles GlPb2

cunniburd → **KUNIBURD**

KUNNITALA *f(-ō) Geschlechterfolge* ◊ *generations*
• *ns* kunnizala+ GlTrSem VIII,72
genealogia GlTrSem

GI**KUNNON** *v-II erfahren* ◊ *to experience*
• *inf* gicunnon H *C*, gekunnon *M* 5031

cunru° → **KUNNI**
cunsti → **KŪST**
kunuchel+? → **KNUKIL**
cuofa+ → **KŌPA**
cuofschal+ → **KÔPSKALK**
cuokar° → **KUKKESSŪRA**
cuochilo+ → **KŌKILO**
cuole+ → **KŌLI**
cuolon+? → **KŌLON**
cuopa → **KŌPA**

KUPIRA *f-n/* **KUPIRO** *m-n Lachs* ◊ *salmon*
• *ns* cupira GlTrSem II,103
anctua GlTrSem

kurba+ → **KURVA**
curbiz+ → **KURVIT, KORVIS**

KURNILBÔM *m-a Kornelkirschbaum* ◊ *cornelian cherry*
• *as* (?) curnilbom GlVergOx 112,11, (cu)r[nil](b)om GlVergW
cornus (cornum *ms*) GlVergOx GlVergW

KURSINA *f-ō Pelzwerk, Pelzrock* ◊ *fur, fur coat*
• *ns* crusina CH 1015-36/7 — *np* cursinę GlVergOx XIV
• *mlat as* crusinam CH 1015-36/3. 1024. 1026 — *gp* crusinarum Dipl 983
reno GlVergOx

CURSINATUS *mlat mit Pelz bekleidet* ◊ *clothed with fur*
• *nsm* crusinatus Thietm V,10

KURTIBALD *(m-a) kurzes Obergewand* ◊ *short outer clothing*
• *ns* curzebolt+ GlMarf IV,179,4
supparum GlMarf

KURVA *f-ō/n Winde, Haspel* ◊ *winch*
• *ns* kurba+ GlSpet 80,25 ‖
trochlea GlSpet

KURVILĪN *nt-a Körbchen* ◊ *small basket*
• *ns* curuelin GlMarf III,718,36, culuilin° GlTrSem VII,135
fiscina GlMarf GlTrSem

KURVIT, KORVIS *m/nt/f Kürbis, Gurke* ◊ *cucurbit, gourd, cucumber* — uuildi ~ *Wildkürbis, Koloquinte* ◊ *colocynth*
• *ns* curuuiz+ GlTrSem XXI,40, curueiz+ V,144. VI,38, corifeiz+ V,108, curuez+ (*abbr*) GlMarf III,719,11, curbiz+ GlSpet 76,26 — *np* curbize+ GlHard IV,258,36
colocynthida (uuildi ~) GlTrSem cucumis GlHard cucurbita GlMarf GlSpet GlTrSem

curzebolt⁺ → KURTIBALD

KŪSK *adj wohlgesittet ◊ well-mannered*
• *ns* ku[sk] (?) GLWERDC 358
• *ehrerbietig ◊ reverential* GENB *asm* cuscne 618^(#*)
bene moratus, βλάξ (blanx *ms*) GLWERDC

KŪSKI *f-ī Anmut ◊ grace*
• *ns* kusgi GLSPET 86,9 ‖
venustas GLSPET

KŪSKITHA *f-ō Schamgefühl, Keuschheit ◊ feeling of shame, chastity*
• *ns* cuskítha GLPRUDF1 100,4
pudor GLPRUDF1

KŪSKO *adv ehrfurchtsvoll, demütig ◊ reverently, humbly*
• kusco GEN 276 H *CS*, cusco *M* 551

KUSS *(m/n-u/a) Kuss ◊ kiss*
• *instr* kussu H *M*, cossu *C* 4837

KUSSIAN *v-1 küssen ◊ to kiss*
• *inf g* cussiannias CONFES 17,4 — *1sips* cussiu H *CM* 4820 — *3sipt* kusta GEN 276, custa H *C*, custe *M* 4831 — *3pipt* kustun PSWIT 84,11
osculari PSWIT

KUSSIN *(nt-a) Kissen ◊ pillow*
• *ns* cussin GLHARD IV,281,16 — *as mlat* cussinum URBWERDF 263,3
cervical GLHARD

KUST *f-i Wahl, Entscheidung, + g erlesenes Stück ◊ choice, decision, + g the best of anything*
• *ns* cust H *C* 3996 — *gs* custes H *M* 2696 — *as* cust H *CM* 1677 — *gp* custeo H *C* 2696 — *dp* custeon H *C*, kusteon *M* 3192

GIKUST *f-i Herausnahme ◊ exception*
• GLWERDC *ns* gicys[t]^# *fol.* 5r
condictio GLWERDC

KŪST *f-i Weisheit ◊ wisdom*

• *ap* custi H *M*, cunsti *C* 2339

cut(-) → KŪTH(-)
cutdi → KŪTHIAN

KŪTH *adj bekannt, berühmt ◊ known, acquainted, renowned*
• *ns* cuth H *C*, cud *M* 386. 907. 937. 1202 (cut *C*). 2071. 2655 (kud *M*). 4949. *M* 2689. *C* 5418. 5624. 5886, kuth 2220, chud⁽⁺⁾ HILD 13. 28 — *asnt* cuth H *C*, cud *M* 1631. 2804. 3231. *C* 5864 (kúd *L*). 5890, cúth GLPRUDF1 98,9 — *npm* cutha H *C*, kude *M* 4964
cognitus GLPRUDF1

KŪTHIAN *v-1 bekannt machen, ankündigen, verkünd(ig)en, bezeugen, offenbaren ◊ to make known, announce, preach, attest, reveal*
• *inf* cuthian H *C*, cudean *M* 399 (kuđian *S*). 1123 (cuđien *M*). 1285 (cuđien *M*, kúthean *V*). 2380. 2426. 4657 (cuđien *M*). *C* 5386. 5836 (kuđean *L*). 5869 (kúđean *L*). 5920. 5939. 5954. 5963 — *3sips* cuthid H *C*, cuđid *M* 1757, cuthit *C*, kudid *M* 3194 — *2pips* cuthiat H *C*, cudeat *M* 1394 — *2simp* cutdi H *C* 5935 — *2pimp* kuthiat H *C*, cuđead *M* 1797, cuthiat *C*, cudead *M* 1932 — *3sipt* cuthda H *C*, cudde *M* 518 (cuđde *S*). 2345 (cutda *C*), cutda *C*, cudda *M* 875. — *3pipt* cuthdun H *C*, kuddun *M* 4129, cuddun *M* 432 — *1sopt* cuđdi H *C*, kuddi *M* 5227 — *3popt* cuthdin (c<s ?) H *C* 432 — *pcpt* gicuthid H *C*, gicudid *M* 193. 648, gicuthit *C*, gikudid *M* 3587 (gekudid *M*). 4021, gicuthitd *C* 5403, gikuđit GEN 81

GIKŪTHIAN *v-1 wissen lassen, ankündigen, offenbaren ◊ to let know, announce, reveal*
• *3sipt* gicuthda H *C*, gecudde *M* 2003 — *3sopt* gicutdi H *C*, gicuddi *M* 123 — *3popt* gicuthdin H *C*, gicuddin *M* 642

KŪTHLĪKO *adv öffentlich, in wohlbekannter Weise ◊ openly, familiarly*
• kuthlico H *C*, kudlico *M* 4123, cuthlico *C*, cudlico *M* 857. *C* 5920, cutlico *C* 5951

cvouurz⁺ → KŌWURT

KŪVIN *nt-a Badezuber* ◊ *bathtub*
• *as* cuuin URBWERDB 133,19

QUABBA *f-n*/QUABBO *m-n Aalquappe* ◊ *burbot*
• *ns* quappa⁺⁷ GLTRSEM V,6, quappo⁺⁷ GLMARF III,720,52, quappe⁺⁷ (*abbr*) IV,177,20
capito GLMARF GLTRSEM

QUADERNA *f-ō/n Einheit von vier, Quadrat* ◊ *unit of four, square*
• *ns* quadherna (*abbr*, ED = qedherna) GLTRSEM XIII,82
quaterna GLTRSEM

QUĀGUL *nt-a Lab* ◊ *rennet*
• *ap* quagul GLPRUDF1⁽⁺⁾ 89,20
coagulum GLPRUDF1⁽⁺⁾

QUĀLA *f-ō Todesqual* ◊ *pangs of death*
• *as/p* quala H *C* 5695

QUALM *nt-a Tod, Mord, Ermordung, (Todes-)Schmerz* ◊ *death, murder, killing, pain (of death)*
• *ns* qualm GEN 83 H *M*, quam° *C* 4322 — *ds* qualma GEN 91 — *as* GEN 329 H *CM* 745. 5217 (quam° *C*), quam° *C* 5530. 5562 — *instr* qualmu H *CM* 750. *C* 5329
• GENB *(m-a) ds* cwealme# 758

quam° → QUALM

QUĀN *f-i edle Frau* ◊ *noblewoman*
• *ns* quan H *M* 193

quapp-⁺⁷ → QUABBA, QUABBO

QUATTULA⁺ *f-n Wachtel* ◊ *quail*
• *ns* quattula⁺ GLSPET 78,25, quattele⁺ (*abbr*) GLMARF III,721,4 — *np* quattulon⁺ GLSPET 77,20
coturnix GLMARF GLSPET ortygometra, quiscula GLSPET

TIQUEBBIAN *v-I aufschwellen* ◊ *to swell up*
• *pcpt* ziquebit⁺ GLSPET 87,12/13

pcpt turgidus, tumidus GLSPET

cwealme# → QUALM

QUEDDIAN *v-I anreden, begrüßen* ◊ *to address, greet*
• *Isips* queddiu H *CM* 4820 — *3sipt* quedda H *CM* 258. 4830 (quedde *M*). *C* 5931 — *3pipt* quaddun H *M*, queddun *S*, queddon *C* 551, queddun *C* 5502

queden → QUETHAN
quec(k)- → QUIK-

QUELAN *v-4 sterben* ◊ *to die*
• *inf* quelan H *C* 5374. 5567 — *3sipt* qual H *C* 5630

CWELDERÆDE# *m-n Fledermaus* ◊ *bat*
• GLWERDB *ns* cueldeherede# (*3.e del*) 276
stilio [vespertilio] GLWERDB

QUELLA *f-n Quelle* ◊ *source, spring*
• *ap* quellon GLSPET 84,6 ‖
scatebra GLSPET

QUELLAN *v-3 sprudeln* ◊ *to bubble*
• *inf* quellan GLSPET 87,27 ‖
scaturire GLSPET

QUELLIAN *v-I töten, hinrichten* ◊ *to kill, execute*
• *inf d* quellianne H *C* 5347 — *3pipt* quelidun H *C* 5535. 5820 — *3popt* quelidin H *CM* 3848. *C* 5418. 5438. 5859 (queledin *L*)

AQUELLIAN *v-I zu Tode bringen* ◊ *to put to death*
• *inf* aquellian H *M*, aquellean *C* 754

QUELMIAN *v-I zu Tode martern* ◊ *to torture to death*
• *pcpt* giquelmid (*l.*i<e?) H *C* 5725

QUELMIUNGA *f-ō Marterung* ◊ *torment*
• *gs* quélmíunga GLPRUDF1 98,8
crux GLPRUDF1

QUENA *f-n (+ f-ō?) (Ehe-)Frau, Gattin, alte Frau ◊ (old) woman, wife, consort*
- *ns* quena H *C*, quene *M* 2787. *C* 193, quene GLMARF III,715,25,28 — *ds* quenun H *M*, quenu°⁷ *C* 2709

anus, coniunx, vetula, uxor GLMARF

QUENKLA *(?) f-ō/n Spinnrocken, Kunkel ◊ distaff*
- *ns* quenela° (= quencla?) GLSPET 83,19

cunucula GLSPET

QUERKULA *f-ō/n Schlund ◊ gullet*
- *ns* theragela° (= cheragela⁺) GLTRSEM VIII,68

gurgulio GLTRSEM

QUERNA *f-ō Handmühle ◊ handmill* → **QUIRN**
- *dp* quernon REGFREK *M* 42,31,33

QUERTHAR *nt-a Docht ◊ wick*
- *np (?)* querth(er) GLVERGOX *p.* 111 — *dp* quertharon GLPRUDF1 90,14

funale GLVERGOX lychnus GLPRUDF1

QUEST *m-a Laubbüschel ◊ cluster of leaves*
- *ap* questa GLSPET 73,8. 84,22

amictus, perizoma GLSPET

QUETHAN *v-5 sprechen, sagen ◊ to speak, say* o⁴⁹⁶ *inf* quethan H *C*, queden *M* 3059. 3861. *C* 2753. *M* 3859 — *2sips* quithis H *C*, quidis *M* 3263 (quiđis *C*). 5089. *C* 4694 — *3sips* quiđit PSLUB 28,9, quithit H *C*, quidit *M* 4392 (quidid *M*). 4409. 4419. 4436 (quidid *M*). 5191. *C* 5362 — *2pips* quethat H *C*, quedad *M* 3052 — *3pips* quethat H *C*, quedat *M* 3039. 4403, quedad *M*, quethent *C* 4432 — *3sops* queđe H *CM* 1522 (g- *ras M*). 1523 (quede *M*) — *2pimp* quethat H *C*, quedad *M* 1599. *C* 5883 — *1sipt* quađ PSLUB 115,11 — *3sipt* quad H *M*, quat *C*, quađ GEN H *PVCMS*, quat GEN 191. 277, quad 70. 177. 219 GLEVES 51,34 HILD 30. 49. 58, quat (a *add*) H *C* 878, (t *add*) 3741, qua[t] 2987 (quathat), quath[ie] 4689 — *3pipt* quadun H *MS*, quathun *C*, quađun GEN 98

- GENB *3sips* cwyð# 581 — *3sipt* cwæð# 265 (:cw- *ras*). 274. 276. 278. 344. 355. 500. 503. 529. 549

dicere PSLUB

AQUETHAN *v-5 verkünden, verbannen ◊ to proclaim, banish*
- GENB *3sipt* ácwæð# 304. 639

ANDQUETHAN *v-5 beantworten, verneinen (?) ◊ to answer (in the negative ?)*
- *3sopt* antquadi H *M*, antquathi *C* 3815

GIQUETHAN *v-5 sagen, bekannt geben, verkünden ◊ to say, announce, preach*
- *inf* giquethan H *C*, giqueden *M* 2652, gequeden *M* 2753 — *3sopt* giquadi H *M*, giquathi *C* 3857

WITHQUETHAN *v-5 entsagen ◊ to renounce*
- *pcpt npnt* vvíthquuéthána GLPRUDF1 103,19

abdicare GLPRUDF1

quiden- → **KUDIN(-)**

QUIDI *m-i Rede, Wort, Versprechen ◊ talk, speech, promise*
- *np* quidi H *CM* 1967. 3919. *C* 4964. 5959 — *dp* quidiun GEN 56 — *ap* H *CM* 817. 2778. 4831. *C* 5954

QUIK *adj lebend, lebendig ◊ living, alive*
- *nsm* quik GEN 83 H *C* 3369 (quic *M*), quic 5438, quicc 5445 — *asm* quican H *CM* 2355. 4129 (quica° *C*). *C* 5347. LC 5849, quikana GEN 134 — *asf* quica H *CM* 3848. 3857 (quika *C*) — *npm* quica H *CM* 3919. 4049. *C* 5695 — *dpm* quikun H *M*, quicon *C* 4291. 4307

QUIKBÔM *m-a Eberesche ◊ mountain ash*
- *ns* quecbom GLTR40 V,48,7

cariscus (tamariscus?) GLTR40

QUIKBRĀDO *m-n Armmuskel ◊ brachial muscle*
- *ns* quicbrado (*abbr*) GLMARF III, 722,17, queckbrado GLTRSEM IX,94

lacertus GLMARF GLTRSEM

QUIKHÊD *(f-u/i) Lebhaftigkeit ◊ vitality*
• *ns* quiched GLSTR 106,3
vivacitas GLSTR

QUIKLĬK *adj rasch beweglich ◊ quickly mobile*
• *asnt* quekilik GLSPET 73,10
versatilis, vibrabilis GLSPET

QUIKON *v-II lebendig werden ◊ to come to life*
• *inf* qúikón GLPRUDF1 96,9
vivere GLPRUDF1

A**QUIKON** *v-II lebendig machen ◊ to be restored to life*
• *pcpt* aquicot H *C* 2220

QUIKSILUVAR *nt-a Silberglanz ◊ silver glance*
• *ns* quecsilbar⁺ GLSPET 85,30 ‖ electrum GLSPET

QUĬL *(m-a) Speichel, Schleim ◊ spittle, slime*
• *ns* quil GLMARF III,722,12
mucus GLMARF

QUIRN *f-u Handmühle ◊ handmill →* **QUERNA**
• *ns* quirn GLSPET 84,35
mola GLSPET

QUIRNSTÊN *m-a Mühlstein ◊ quernstone*
• *ns* quirensten GLMARF III,717,57
mola GLMARF

quitin-⁺ → **KUDIN(-)**

QUĪTHIAN *v-I wehklagen ◊ to lament*
• *inf* quithean H *CM* 2142

quome⁺ → **KUMAN**
cwyð# → **QUETHAN**
kychera⁺? → **KEKERA**
cyllj# → **KIULLA**
cyning# → **KUNING**
cynne# → **KUNNI**
kyri° → **KIRIKLAND**

kýriclande → **KIRIKLAND**

L

la → **LÔH**

LĀ# *interj* wa ~ *oh weh! ◊ alas!*
• GENB lá# 368

laba⁺ → LAVA
lábala⁺, label⁺ → LAVAL
lað(-)# → **LÊTH(-)**
ladike → LATTIKA
ladoian → LATHON

LADTHA *f-ō + f-n Latte, Dachlatte ◊ plank, roof batten*
• *ns* latta GLSPET 82,14 GLMARF III,722,4, latza⁺ IV,179,19 — *as* lattan (*1.* t *add*) GLLAM 67,12 — *np* latta GLVERGOX 110,24, latton (*1.*t *add*) GLTR40 V,47,17
asser GLTR40 tegula GLMARF GLSPET tigillum GLMARF tignum GLLAM GLVERGOX

lædde# → LÊDIAN
(l)æmnę# → LÊMĬN
lǽn# → LÊHAN
læran# → LÊRIAN
lærincia° → HĀRING (?)
læs# → LÊS²
læstan# → LÊSTIAN
lætan# → LĀTAN
lætucha⁺ → LATTIKA

GILAG *nt-a Geschick ◊ fate*
• *ap* gilagu H *C* 5344

lagniad → **LÔGNIAN**

LAGU *m-u Rune ᛚ (See) ◊ rune ᛚ (sea)*
• *ns* lagu ABC 13

LAGULĪTHANDI *pcps-ja Seefahrer ◊ seafarer*
• *npm* lagulidandea H *M* 2918 (lagolithanda *C*). 2964 (lagolithandia *C*)

lagustrôm

LAGUSTRÔM *m-a Wasserflut* ◊ *waterflood*
- *ns* lagustrom H *M*, lagustron° *C* 2955 —
dp lagustromun H *M*, lagostromon *C* 4363

LAHAN *v-6 tadeln, rügen, vorwerfen, vorhalten* ◊ *to blame, censure, reproach, reprove*
- *inf* lahan H *CM* 1359. 2710. 3933. *C* 3994 — *3sips* lahid H *M*, lehit *C* 1872 — *2simp* lah H *CM* 3229 — *2pimp* lahad H *M*, lahat *C* 1851 — *3sipt* log H *M*, luog *C* 954

lahhahti[+] → **LOKAHTI**

LAHS *(m-a) Lachs* ◊ *salmon*
- *ns* lahs GLTRSEM VII,85 GLVERGOX 111,13, las GLMARF III,720,43
- **LAHSO** *mlat as* lassonem REGERK 43 — *ap* lassones REGERK 42. 43
esox GLMARF GLTRSEM GLVERGOX

lahs → **LOHS**
lahter → **HLAHTAR**
laiscat° → **LÊSTIAN**

LĀK *(m-a) Grenzzeichen* ◊ *boundary mark*
- *ns* lach[+] GLSPET 83,23
budina GLSPET

LAKAN *nt-a Umhang, Vorhang, Stück Stoff, Tuch, Kleidung* ◊ *cloak, curtain, piece of cloth, fabric, garment*
- *ns* lacan H *C* 5664, lachan[+] GLTRSEM XII,21 GLSPET 82,29, lahchan[+] (*l. h add*) 84,6‖ — *gs* lacanes H *C* 5497 — *ds* lacane H *C* 5668, lakene GLVERGOX 113,30 — *as* lakan REGFREK *M* 39,31 (*n?*). 43,36. 44,1 — *ap* lakan REGFREK *M* 43,35
indumentum, laena GLSPET palla GLTRSEM GLVERGOX pallium, sagum GLSPET

lach[+] → **LĀK**

LĀKNON *v-II heilen (gesund machen)* ◊ *to heal*
- *3sops* lácnó GLPRUDF1 96,20, láknó GLPRUDF44 105,8
mederi GLPRUDF1 GLPRUDF44

land

LAM *adj gelähmt* ◊ *paralysed*
- *ns* lam GLEVES 55,20,21 — *nsm* lamer[+] GLSPET 87,9‖
aridus GLEVES mancus, manu deceptus GLSPET

LAMB *nt-a Lamm* ◊ *lamb*
- *ns* lamb H *CM* 1131 — *as* lamb (*abbr*) GLEVES 56,30 — *ap* H *CM* 1874
agnus GLEVES

LAMO *m-n Gelähmter* ◊ *paralytic*
- *as* lamon H *CM* 2308. 2331. *C* 2096

BILAMON *v-II lähmen* ◊ *to paralyze*
- *pcpt ns* bilamod H *M* belamod *C* 2301

LAMPRIDA *f-ō/n Lamprete, Neunauge* ◊ *lamprey*
- *ns* lampritha (*abbr*) GLTRSEM XI,10, lamprede GLMARF III,720,50
murena GLMARF GLTRSEM

lan → **LÔN**

LAND *nt-a Land, Boden, Länderei, Gebiet, Heimat* ◊ *land, soil, estate, (native) country*
→ **GALILEALAND, SODOMALAND** *nom prop*
o[181] *ns* land H *CM* 2397 GEN 150. 204. 320 REGFREK *M* 36,37 (*a?*) — *gs* landes GLEVES 56,13 H *CM*; landas *V* 1286 GEN 292 — *ds* lande URBWERDA 44,10,11. 45,19 H *CMS*; landa *M* 856. *V* 1337. *L* 5856 GEN 76. 219. 279. 333 GLEVES 53,8 (2). 55,7 REGFREK *M* 31,21, landæ GEN 71. 305 H *C* 2267 (<*a?*), land|de GEN 241, lant URBWERDF 282,28, lante[+] HILD 20. 50 GLEVES 49,2 — *as* land H *PLCMS* GEN 216, land (d *add*) *C* 354 — *np* land URBWERDA 27,6 — *gp* lando H *CM* 2283. *C* 59 GEN 5 — *dp* landun H *M*, landon *C* 1245
- GENB *ds* lande 392. 784. 787 — *as* land 239. 332. 509. 737 — *instr* lande[#] 805 — *gp* landa 487. 795
patria, populus GLEVES

landliudi

LANDLIUDI *m-i pl Provinzbewohner* ◊ *inhabitant of a province*
  • *gp* landliudio GLBOETH
provinciales GLBOETH

LANDMĀG *m-a Landsmann* ◊ *fellow countryman*
  • *dp* landmagon H *C*, landmegun *M* 3814

LANDŌVO *m-n Einwohner* ◊ *inhabitant*
  • *ns* landŏuo GLPRUDF1 102,3/4
incola GLPRUDF1

LANDREHT *nt-a im Land geltendes Recht* ◊ *common law*
  • *as* landreht H *M* 3860. *C* 5321

LANDREHTERI *m-ja Kundiger des Landrechts* ◊ *expert in the common law*
  • *ns* lantrehtere GLMARF IV,178,24
iurisperitus GLMARF

LANDSĀTIO *m-j-n Landsasse, Pachtbauer* ◊ *freeholder, tenant farmer*
  • *dp* landsetion URBWERDA 29,14, lantsetion 31,24

LANDSIDU *m-u Landesbrauch* ◊ *custom of the country*
  • *ns* landsidu H *M*, landsido *C* 454

LANDSKATHO *m-n Schädiger des Landes* ◊ *land-robber*
  • *ds* landscathen H *C* 5415

LANDSKEPI *nt-i Land, Gegend, Landschaft* ◊ *country ,countryside, region*
  • *gs* landscepias GLEVES 49,31 — *ds* landskepi H *M*, landscipe *C* 2128. 3397, landscepi *CM* 709, landscepe *C*, landscepi *M* 870. 875, landskepea *M* 1410 (landscepi *C*). 1929 (landscipie *C*), landskepie 1874 (landscepie *C*). 2117 (landscipie *C*), landscipie *C* 2811 — *as* landskepi H *M*, landscepi *C* 344. 1413. 2441 (landscipi *C*) — *dp* landskepiun H *M* 2811
  • GENB *m-i as* landscipe 376#*

LANDSKULD *f-i Pachtzins* ◊ *rent for land*
  • *ds* landsculdi URBWERDA 38,12

lango

LANDWĪSA *f-ō* + *f-n Landesbrauch* ◊ *custom of the country*
  • *ns* landuuisa H *C*, landuuise *M* 2763. *C* 5404 — *ds* landuuisu H *C* 5739, landuuisun *CM* 796 — *as* landuuisa H *C*, landuuise *M* 4551, landuuisan *M* 5258

LANG *adj, adv lang, unvergänglich* ◊ *long, everlasting* — *than* ~ *the conj solange (wie)* ◊ *as long as*
  • *ns* lang GLSOL — *gsnt* langes H *CM* 3312 — *dsm* langan H *C* 5649 — *dsf* langero H *C* 1243 (langaru *M*), 1624 (languru *M*) — *asm* langan H *CM* 544 (longan *S*). 966 (langana *P*). 2080. 2818. 3753. 4232 — *asf* langa GEN 150 H *CM* 470. 487.1028 (lange *M*). 1122 (lange *M*), lango GEN 71. 301 langan°? H *C* 5875 — *comp gsnt* lengiron H *CM* 3155, lengron *C* 2246 — *comp asf* langron H *C* 170 (lengron *M*). 1106 (lengeron *M*), langerun *C* 5802, lengerun 5691 — *adv, conj* lang GEN 333 H *CM* 243. 315. 959 (*P*). 2016. 2781. 4087. *C* 70. 363. 1055. 2254. 2526. 3497. 4454. 4665. 5425. 5769
  • GENB *ns* lang 584 — *dsf* langre# 489 — *asm* langne 554. 690
annosus GLSOL

BI**LANG** *adj (verwandtschaftlich) verbunden* ◊ *kin, related to*
  • *nsm* bilang H *CM* 1494, bifang° *C* 64

GI**LANG** *adj erlangbar* ◊ *attainable*
  • *ns* gilang H *C*, gelang *M* 1112 — *npf* gilanga H *C* 5917

LANGO *adv lange* ◊ *long, (for) a long time* — *so* ~ *so conj solange (wie)* ◊ *as long as*
  o[71] lango GEN 76. 337 GLPRUDF1 H *CMV*, lango (n *add*) GLPRUDF1 97,4, langa *M* 363 (*ras*). 1055, longa *S* 523, languo *C* 1291. 1467 — *comp* leng GEN 243 H *CM*; lĕng (*neum*) *M* 311
  • *sup allezeit* ◊ *forever* GENB lange# 258. 313. 401. 760 — *comp* leng 291. 731 — *sup* lengest 244
iugiter, ter quaterque et septies (filu ~), vivax (~ waronthi) GLPRUDF1

LANGON *v-II impers + a pers verlangen* ◊ *to demand*
- *3sipt* langoda H *C* 5372
- GENB *3sips* langað 496

LANGSAM *adj beständig, unvergänglich, dauerhaft* ◊ *enduring, everlasting, long-lasting*
- *ns* langsam H *CM* 1458 — *asm* langsamna H *CM* 1850 (*1*.n<g *M*, lansamna *C*). 2700 (langsamane *M*). 4527 (langsamana *C*) — *asnt* langsam H *CM* 1217 (lansam *C*). 1789. 3779. 4208. *C* 5702, langsama *C*, langsame *M* 2646. 4450 — *comp asm* langsamoran H *C*, langsamoron *M* 1202

LANGSAMO *adv lange Zeit* ◊ *for a long time*
- langsamo GLPRUDF1 104,27
longum GLPRUDF1

LANGWINN *(f-jō) Kloake* ◊ *sewer*
- *dp* lánguínon GLPRUDF1 100,24
cloaca GLPRUDF1

lanca → **HLANKA**

LANNA *f(-n) dünnes Metallplättchen* ◊ *thin sheet of metal*
- *ns* lanna GLTRSEM III,75 (= lamina *lat?*)
brattea GLTRSEM

lansam → **LANGSAM**
lant(-) → **LAND**(-)
laosa → **LÔS**

LAPPO *m-n Ohrläppchen, Gewandzipfel* ◊ *earlobe, corner of garment*
- *ns* lappa GLWERDC 361 — *dp* lappon GLEVES 51,21
angulus auris, lanna (= lamina) GLWERDC
angulus pallii GLEVES

láre# → **LÊRA**

LĀRI *adj-ja/jō leer* ◊ *empty*
- *npnt* lari H *M*, laria *C* 1727, larea *CM* 2036 — *npf* lárea H *L*, larea *C* 5823

ALĀRIAN *v-I leeren* ◊ *to empty*
- *pcpt* alarid H *M*, alarit *C* 2016

laro → **LÊRA**
lasso- *mlat* → **LAHS**

LASTAR *nt-a Schande, Schuld, Sünde, Lästerung* ◊ *disgrace, blame, sin, blasphemy*
- *gs* lastares H *C*, lasteres *M* 5229 — *as* lastar H *C* 3806 (laster *M*). 5298. 5571, laster GLEVES 52,27 H *C*, l[ ] *M* 81 — *ap* lastar GLEVES 57,27
blasphemia, (blasphemans) GLEVES

lasto → **LAT**

LASTRON *v-II anklagen, Beschwerde führen* ◊ *to accuse, lodge a complaint*
- *1sips* lasteron+ GLTRSEM V,90 — *3sops* lastro GLVEG
causari GLVEG criminari GLTRSEM

LAT *adj träge, untätig, kraftlos, matt, spät; sup der letzte* ◊ *idle, slow, dull, late; sup last* — that [< thar at?] lezt, at laztan *adv zuletzt* ◊ *last*
- *ns* lat H *CM* 142. 3053 GLSTR 106,27 — *nsm* lazer+ GLTRSEM XV,52 — *np* lat H *CM* 152, lata GEN 279 H *C*, l(a)te *M* 3515 — *comp nsm* latoro H*M*, latera *C* 2365 — *sup nsm* lezto H *C*, lazto *M* 4288 (laso *M*). 4335. 4345. 4361. 4375 (t *add C*), lesta GLEVES 52,13 — *sup ds* lezten H *C*, laztan *M* 5070 — *sup asnt* lezt H *C* 3427
extremus GLEVES tardigradus GLTRSEM tardus (renitens?) GLSTR

LĀT *m-a*, **LATUS, LITUS, LITO** *mlat Lite, Halbfreier, Freigelassener, Höriger* ◊ *lite (man of class between slave and freeman), freedman, thrall* — *cf* **LITA** *mlat*
- *ns* laz+ GLSPET 83,25 GLTRSEM X,19 o[114] *mlat ns* litus CARTWERD DIPL 937/1 LEXSAX URBWERDA, litos (> litus) LEXSAX PS 19. 21, litos 20, lito VMEINW 217, liddo CH 1068-88 — *gs* liti LEXSAX TRADCORB — *ds* lito LEXSAX — *as* latum TRADCORB, litum TRADCORB

VMEINW — *abls* lito LEXSAX— *np* lati URBWERDA 38,22, liti CARTWERD LEXSAX REGERK TRADCORB URBWERDA, lazzi⁺ NITH IV,2, litones REGHELM — *gp* litorum DIPL 887/1 REGERK, lidorum DIPL 973/1, litonum REGHELM REGHERF VMEINW — *dp* litis DIPL 937/1, lazzibus⁺ NITH IV,2 — *ap* latos TRADCORB URBWERDA 44,18, litos DIPL LEXSAX PS 15 REGERK VMEINW, litones, liddones DIPL — *ablp* latis REGERK 1, litis CH 889 DIPL REGERK VMEINW, litonibus REGHELM REGHERF, littonibus REGHERZr 24. 73. 88/89
libertus GLTRSEM litus GLSPET servilis NITH

LĀTAN *v-7 lassen, entlassen, verlassen, zurücklassen, überlassen, hinunterlassen, zulassen, zuwenden, + g ablassen von ◊ to let, leave (up), release, let down, allow, bestow, + g to abandon sth* — *biforan ~ ausnehmen ◊ to except* — *~ te liua + a pers jmdn am Leben lassen ◊ to spare sb's life* — *sorga ~ + d refl, + a Sorge tragen für, besorgt sein um ◊ to take care of, be concerned about*

o¹⁵⁵ *inf* latan GEN 216. 222 H *CM* — *1sips* latu GEN 242 H *CM* 1104 (lato *C*). 2129 — *2sips* latis H *C* 5359 — *3sips* latid H *M*, latit *C*; lati*d C* 4678 — *2pips* látád GLPRUDF1 97,30 — *2sops* latas H *M*, lates *C* 482 — *3sops* lata H *CM* 2609. 3405 (late *M*), late *C* 1523. 2564. *M* 3016 (lati *C*) — *1pops* latan H *C* 3999, laton *C* 2573, látan GLEVES 50,19 — *3pops* latan H *M* 1523 — *2simp* lat H *CM* — *2pimp* latad H *M*, latat *C*; látat *V* 1342 — *3sipt* let H *M*, liet *C*; let *C* 1986. 5393, liet GEN 28 — *2pipt* letun H *CM* 4438 — *3pipt* letun H *M*, lietun *C*, lęttun HILD 63 — *3popt* letin H *M*, lietin *C*; letin (e<i?) *C* 3848 — *pcpt* gilatan H *C* 2188 (gelaten *M*). 2517 — *pcpt npnt* iletene GLMERS 70,10/11

• *anvertrauen ◊ to entrust* — *an ~ unberührt lassen ◊ to leave untouched* GENB *inf* lætan# 592. 644 — *1sips* lǽte#

438 — *3sipt* lét 253, let 239 — *3sopt* lǽte# (æ>e) 258
permittere (per->prae-) GLMERS reservare GLEVES sinere GLPRUDF1

ALĀTAN *v-7 + d/a pers, (g/a rei) jdn befreien, erlösen von, jmdm etw vergeben ◊ to release, absolve sb from sth, forgive sb sth*
• *inf* alatan H *CM* 884. 1008. 1616. 1621, alaten *M* 3245. 3252 (alatan *C*) — *3sips* alatid H *M*, alatit *C* 1618 — *2sops* alatas GEN 65 — *3sops* alate H *CM* 1567. 1615. 5036 — *2simp* alat H *CM* 1608 (at *ras C*) — *3sipt* alet H *M* 4208 — *3sopt* aleti H *M*, alieti *C* 101 — *pcpt dsf* al(et)[enaru] GLEVES 48,14, arlazenarv⁺ GLEVELT 46,28/29
• GENB *inf d* alǽtanne# 622
depellere GLEVELT GLEVES

ANDLĀTAN *v-7 unterlassen ◊ to refrain from* → UNDLĀTAN
• *pcps npm* entlazente⁺ GLEPIST I,770,21
remittere GLEPIST

FARLĀTAN *v-7 (+ d refl) verlassen, zurücklassen, unterlassen, versäumen, aufhören, meiden, aufgeben, aufopfern, losgeben; + a refl + an sich verlassen auf ◊ to leave (behind), avoid, neglect to do, stop, give up, sacrifice, release; + a refl + an to rely on* — *en ~ aufgeben ◊ to give up*
• *inf* farlatan H *C*, farlaten *M* 454 (forlatan *M*). 578 (forlaten *M*, forletan *S*). 4253. 4774. *C* 5323. 5355. 5377, farlatan *M*, forlatan *C* 1353 (farlátan *V*). 1660. 3840 (farlaten *M*). 5091 (forlatan *M*). *C* 5468. 5918, fa(r)latan (*stil*) GLGREG 65,22 — *3sips* farlatid H *C* 3476, farlatit 900 (forlatid *M*). 3453, forlatit 1369 (farlatid *M*). 3322 (farletid *M*). 3455 — *2pips* farlatat H *C*, forlatad *M* 946 — *3pips* farlatad H *M*, forlatat *C* 2116 — *3sops* farlate H *CM* 4156 — *3pops* farlatan H *CM* 2829, forlatan *M*, forlatean *C* 1365 — *2simp* farlat H *CM* 3270. 3273 (forlat *C*) — *1sipt* farlet H *M*, forliet *C* 3279 — *2sipt* farlieti H *C* 5636 — *3sipt* forlet H *M* 514 (farlet *C*,

forlét S) 762 (farliet C), forliet C, forlet M 1124. 1196. 3356 (farlet M), forl& M, farliet C 862, farlet M, farliet C 4626. M 3775, furlaet HILD 20 — *1pipt* farletun H M, forlietun C 3309 — *3pipt* farletun H M 3599 (forlietun C). 4934 (farlietun C), forletun M, farlietan° C 1165. 1184 — *3sopt* farleti H M, forlieti C 315 (forleti M). 2194. 2720 (ie ras C), farlieti C, forleti M 303 — *3popt* farletin H M, forlietin C 2034. 2701, farlietin C 5698 — *pcpt* forlatan H C, farlaten M 3003. 3193 — *pcpt gp* farlatanero CONFES 16,12

• *unberührt lassen, + g etw verwirken ◊ to leave untouched, + g to forfeit sth* GENB *inf* forlǣtan# 753, forlætan# 632 — *3sips* forlǣteð# 573 — *3pops* forlǣten# 404. 429, forleten# 693 — *2pimp* forlætað# 235 — *3pipt* forléton 738, forleton 731 — *pcpt* forlæten# 772
gaudere (~ + *a refl*) GLGREG

NITHARLĀTAN *v-7 hinablassen ◊ to let down*
• *pcpt nsm* nidergilazener^{bfk+} GLEPIST I,764,36
dimittere GLEPIST

TILĀTAN *v-7 sich zerteilen, zerstreuen ◊ to split, disperse*
• *inf* telatan H CM 391 — *3sipt* telet H M, teliet C 2899, tilet M 3144

UNDLĀTAN *v-7 verhängen (Zügel) ◊ to give (a horse) the reins* → ANDLĀTAN
• *pcpt dp* unletenun GLVERGOX *p.* 187
immittere [frena], solvere GLVERGOX

latta → LADTHA

LATTIKA *f-ō/n Lattich, Grind-Ampfer ◊ lettuce, bitter dock*
• *ns* lattike GLMARF III,719,10, ladike 719,48, lætucha^+ GLTR40 V,42,33
lactuca, lodium [ladanum?] GLMARF lapathium GLMARF GLTR40

LATHON *v-II einladen ◊ to invite*
• *inf* ladoian H M, lathian C 2816

latza^+ → LADTHA

LAVA *f-ō gutes Ende ◊ happy ending*
• *as* laba^{bfk+} GLEPIST I,761,19
proventus GLEPIST

LAVAL *m-a Schüssel, Waschschüssel, Becken, Wasserbecken ◊ bowl, washbowl, (water) basin*
• *ns* laual GLTRSEM X,42, lauil GLPRUDF1 95,16, label^+ GLSPET 75,34. 79,23‖. 86,31 — *ap* lábala^{+?} GLPRUDBR II,574,44
buccula, genus vasorum GLPRUDBR concha GLSPET luter GLSPET GLTRSEM pelvis GLPRUDF1 GLSPET

LAVANDARI, LAVANDERI *m-ja Wäscher, Tuchwalker ◊ fuller, launderer*
• *ns* lauandari GLTRSEM VIII,7, lauandri X,20
fullo, lixa GLTRSEM

LAVON *v-II erfrischen ◊ to refresh*
• *pcpt* giláuod GLPRUDF1 99,8
reficere GLPRUDF1

GILAVON *v-II laben, ernähren ◊ to refresh, nourish*
• *3sops* gilaua GLPRUDP 63,15 — *3sopt* gilauodi GLEVELT 46,14/15 GLEVES 48,28
necessitatem humanae carnis explere GLEVELT GLEVES recreare GLPRUDP

LAZ^+ *m/nt(-a) Schuhriemen ◊ shoe-strap*
• *ns* laz^+ GLSPET 80,22‖
amentum GLSPET

laz^+ → LĀT, LATUS, LITUS, LITO
lazer^+ → LAT

LAZO^+ (?) *m-n Wurfriemen ◊ throwing-strap*
• *ns* lazo^+ GLSPET 85,27‖ (°< laze^+ *ds?*)
amentum GLSPET

lazt- → LAT
leafum# → LÔF
lean# → LÔN

leas

leas# → LÔS
leberon+ → LEVRA
lebot → LÊVON
lebu → LÊVA
led → LÊTH¹, LÊTH²

LÊDIAN *v-I führen, mit sich führen, bringen* ◊ *to lead, guide, bring, carry*
• *inf* ledian GEN 294 H *CM* 709. 4816 (ledean *M*). *C* 4927. 5298. 5372, ledien *M*, ledian *C* 3840. 4074. 4823, ledean *C*, ledien *M* 771. 773. 1080 (ledean *M*). 3572 — *2sips* ledis H *CM* 3806. 4836 — *3sips* ledid H *M*, ledit *C* 1777. 4320. 4448. *C* 3473 — *2pips* lediad H *M* 554 (lediat *S*, ledeat *C*). 4910 (lediat *C*) — *3pips* lediad H *M*, lediat *C* 1930. 3696 — *3sops* ledea (2.e<i) H *M*, li°die *C* 1785 — *3sipt* ledda H *C* 4813 (ledde *M*). 4901. *M* 5971 — *3pipt* leddun GEN 301 H *CM* 654. 3351. 4942. 5123. *C* 5512 — *pcpt* giledit H *C* 2224
• *beeinflussen* ◊ *to influence* GENB *3sipt* lædde# 588

ALÊDIAN *v-I wegführen* ◊ *to lead away*
• *inf* aledean H *C* 705 — *3pipt* aleddun H *C* 756

ANDLÊDIAN *v-I wegführen* ◊ *to lead away* — ut ~ *hinausführen* ◊ *to lead out*
• *inf* antledean H *M*, untledian *S* 705 — *3sipt* entledde GEN 327 — *3pipt* antleddun H *CM* 4370. *M* 756

FARLÊDIAN *v-I verleiten, verführen, versuchen* ◊ *to lead astray, seduce, tempt*
• *inf* farledean H *CM* 1610, forledean *C* 1479 (farledean *M*). 1485 (farledien *M*) — *3sips* farledid H *M*, forledit *C* 1506 — *3pips* farledead H *M*, farlediat *C* 2502 — *3sipt* forledda H *CM* 1037 — *pcpt* farledid GEN 258 H *M*, farledit *C* 5187, farled|[it] 5317, uerleidid+ GLEPIST I,761,49
• GENB *inf* forlædan# 452. 692 —*pcpt* forlædd# 598, forlæd# 630 — *pcpt np* forlædde# 728
seducere GLEPIST

-legarnessi

GILÊDIAN *v-I*, dinc ~ *verhandeln* ◊ *to parley*
• *2sipt* gileitos+ HILD 32
• *mit sich führen, ausführen* ◊ *to carry, produce* GENB *3sops* gelæde# 531

ÛTLÊDIAN *v-I herausführen* ◊ *to lead out*
• *2simp* uthledi PSGERN 10,12/13 [15,7/8]
deducere PSGERN

ÛTGILÊDIAN *v-I herausführen* ◊ *to lead out*
• *2sipt* uzgileddes+ PSLUB 29,4
educere PSLUB

led(-) → LÊTH(-)
lef → LIOF¹

LÊF *adj schwach, gebrechlich, elend* ◊ *weak, frail, poor*
• *ns* lef H *CM* 3753 — *asm* lefna H *CM* 2096. 2308, leban *C* 4934 — *npm* lebun H *C* 2224

LÊFHÊD *f-(u/)i + -ī Gebrechen, Gebrechlichkeit* ◊ *affliction, frailty*
• *ns* lefhed H *M* 1492 (lefhedi *C*). *CM* 2110 — *ds* lefhedi H *CM* 1214 — *ap* lefhedi H *CM* 1842

LEGAR *nt-a Lagerstätte, Liegen, Krankheit* ◊ *lair, lying, illness*
• *ns* legar H *C* 3977. *CM* 4427, leger GLMARF IV,178,34 — *ds* legare H *C* 4006 — *gp* legaro CONFES 17,3/4 — *ap* legar GLVERGOX *p.* 123 H *C*, leger *M* 1217, [l]egar GLVERGW
lustrum GLMARF GLVERGOX GLVERGW
latibulum ferarum GLMARF

LEGARBEDD *nt-ja Krankenlager, Ruhestätte* ◊ *sick-bed, resting-place*
• *as* legarbedd GEN 30 — *ap* legarbed H *CM* 1842

LEGARFAST *adj ans Bett gefesselt* ◊ *confined to bed*
• *nsm* legarfast H *C* 3973

FARLEGARNESSI *f-ī + f-jō Ehebruch* ◊ *adultery*

-legarnessi

• *ds* farlegarnessi H *M* 3843 (farlegarnisse *C*). 3852 (forlegarnissi *C*) — *as* farlegarnessi H *M*, forlegarnissia H *C* 3270

LEGGIA *f-jō Einlegearbeit* ◊ *inlay*
• *as/p* legge GLPB1 I,429,4
tornatura GLPB1

LEGGIAN *v-I legen, entwerfen* ◊ *to lay (out), put (down)*
• *inf* leggian H *C*, leggien *M* 3797. *C* 5293. 5726. 5793 — *1sops* leggia GLEVES 55,28 — *3sipt* legda H *CM* 232 (lagda *C*). 381 (legde *S*), legde *M* 3766 (lagda *C*). 4901 — *3pipt* lagdun H *C* 5821 — *pcpt* gilegid H *CM* 3826
• GENB *3sipt* legde 687
mittere GLEVES

BILEGGIAN *v-I versehen (mit)* ◊ *to provide (with)*
• *3sopt* bilaggi [= bilagdi] GLEVES 61,15/16
superponere GLEVES

NITHARLEGGIAN *v-I niederlegen, niedersinken* ◊ *to put, sink down*
• *pcps gsm* niderleg(g)iandes PSLUB 28,7 — *pcpt dsm* nithargilegidemo GLTRSEM XI,32
intercidere PSLUB labi GLTRSEM

UMBILEGGIAN *v-I herumlegen* ◊ *to put around*
• *3sops* umbileggia GLEVES 55,31
mittere GLEVES

LÊHAN *nt-a Gabe, Lehen* ◊ *gift, fief*
• *ns* lehan GLSPET 83,6 GLTRSEM IV,46 — *ds* lehene GEN 173
• GENB (*f-i*) *as* læn[#] 601. 692
beneficium GLSPET GLTRSEM

LÊHANMANN *m-cons/-a Lehnsmann* ◊ *vassal*
• *ns* lenman GLTRSEM IX,118
lidilis GLTRSEM

LÊHNI *adj-ja/jō leihweise überlassen, vergänglich* ◊ *granted on loan, transitory*

lektor

• *ns* lehni H *CM* 1548 — *dsf* lehnun H *C*, lehneon (*1*.e<eo) *M* 1542

LÊHNON *v-II leihen* ◊ *to borrow*
• *inf* léhnon GLEVES 49,12
mutuari GLEVES

ANDLÊHNON *v-II ausleihen* ◊ *to lend*
• *2simp* anlehno GLEVES 55,5
commodare GLEVES

ALÊHNUNGA *f-ō Ertrag* ◊ *profit*
• *ds* erlehnunga[+?] GLSPET 86,17 ‖
faenus, pecunia GLSPET

lehscha → **LESKA** (Ê/Ê ?)
leht → **LÊTH**²

LEHTAR (*m/nt-a*) *Gebärmutter* ◊ *womb*
• *ns* lethar GLTRSEM XI,26
maceria (*Genesis 38,29*), matrix GLTRSEM

lehtlic → **LÊTHLĬK**

LÊIA *f-ō + f-n Fels* ◊ *rock*
• *ds* leian H *M* 2394— *as* leia H *M* 4077

leiđ → **LÊTH**²
leiken° → **HLANKA**
leichin[+] → **LÊK**
leimbilidares[+] → **LÊMBILITHARI**
leist[+] → **LÊST**

LÊK *m-i Melodie* ◊ *melody*
• *dp* leichin[+] GLPRUDF1[+] 90,26
modulus GLPRUDF1[+]

LÊKAN *v-7 sich emporschwingen* ◊ *to soar up*
• GENB *3sipt* leolc[#] 448

FARLÊKAN *v-7 verführen* ◊ *to seduce*
• GENB *3sipt* forléc 647

lecci- → **LEKZIA**
leccodun → **LIKKON**

LEKTOR *m/nt Lesepult* ◊ *pulpit*

lektor   **lêra**

• *ns* lector GLPRUDBR II,572,43 GLSPET 87,4‖
ambo, analogium, pulpitum GLSPET tribunal GLPRUDBR

LEKTORI *m-ja Lesepult* ◊ *pulpit*
• *ns* lecturi GLTRSEM III,3. XIII,45, lectere GLMARF III,716,44
analogium, pulpitum GLMARF GLTRSEM

LEKZIA *f-n Lesung* ◊ *lection*
• *ns* leccia PSGERN 10,21 [15,16] — *ds* lecciun CONFES 17,15
lectio (PSGERN)

LÊMBILITHARI *m-ja Töpfer* ◊ *potter*
• *gs* leimbilidares⁺ GLEVES 52,37
figulus GLEVES

LEMI *f-ī Lahmheit* ◊ *lameness*
• *as* lémi GLPRUDF1 100,16
fragmenta membrorum GLPRUDF1

LÊMĬN *adj irden, aus Ton bestehend* ◊ *earthen, consisting of clay*
• GLWERDA *npf* (l)aemnę# 345
tubulus (*p* theuta laemnę) GLWERDA

BILEMMIAN *v-I lähmen* ◊ *to paralyse*
• *pcpt asm* bilemidan GLEVES 55,19
debilitare GLEVES

LÊMO *m-n Lehm* ◊ *loam*
• *ns* leme GLMARF III,715,15 — *as* lemon GLSTR 108,7
limus GLMARF GLSTR

GILENDI *nt-ja Ackergrund, Gelände, p Felder* ◊ *ploughland, area, p fields*
• *ns* gilendi URBWERDA 73,21/23,5, gelendi GLTRSEM VIII,1 (*p?*) — *ap* gilenti⁺ GLSPET 84,30‖
culta GLSPET fundus GLTRSEM

LENDIBRĀDO *m-n Lende* ◊ *loin*
• *gs* lendibradon GLPB2 I,297,2 — *ap* lendibradon GLPB2 I,296,32, lenbradun° GLPB1 I,340,5
ile, lumbus GLPB2 lumbulus GLPB1

LENDIN *nt-a (?) Lende* ◊ *loin*
• *np* lendil° (= lendin) GLSPET 76,13‖
ren GLSPET

lene → **HLENA**

LENEMENT *(nt-a) Kerzendocht, Licht* ◊ *candlewick, candle*
• *ns* lenement (*abbr*) GLMARF III,716, 40 — *ds* liniminta GLPRUDF1 90,20
linteolum GLPRUDF1 lychnus GLMARF

leng → **LANGO**

GILENKI *nt-ja Unterleib* ◊ *abdomen*
• *ns* gebenke° GLTRSEM IX,29
ilia (*p*) GLTRSEM

lenman → **LÊHANMANN**
leob- → **LIOF**(-)
leod- → **LIUD**
léof → **LIOF¹, LIOF²**

LÊOFWENDE# *adj-ja/jō liebenswert* ◊ *charming*
• GLWERDC *ns* leubuendi# 357
affectuosus, amabilis GLWERDC

leoht → **LIOHT¹, LIOHT²**
leohtan → **LIUHTIAN**
leohte# → **LIOHTO**
leolc# → **LÊKAN**
leop⁺ → **LIOF¹**

LEPIL *(m-a) Löffel* ◊ *spoon*
• *ns* lepil GLTRSEM VI,9
cochlear GLTRSEM

LÊRA *f-ō + f-n Lehre, Unterweisung, Belehrung, Gebot* ◊ *learning, teaching, instruction, commandment*
o¹⁵⁹ *ns* lera H *CM* 2443. 2479. 2484. 2499. *C* 1380. 3486 — *gs* lera H *C* 3814, lerun *C*, leron *M* 1731 — *ds* leru H *C* 3403, laro GEN 140 — *as* léra GLPRUDF1 99,35 — *as/p* lera GEN 122. 332 H *PCM*; léra *V* 1341, lere *M* 4223, lera (l<b) 1989 — *np* lera H *CM* 1147. 1762. 2450. 2509. 3788. 4125.

lêra

M 1380 — gp lerono H CM 2491. 4245. M 3814 — dp lerun H CMS, leron CM; lérun S 499 (leron, o<u M), leran M 2341
o¹⁵ GENB as lare#, láre# — gp lára# 239 — dp larum#, lárum# — ap lára# 619
disciplina GLPRUDF1

leracha⁺ → LÊWERKA

LÊRIAN v-I *lehren, unterweisen* ◊ *to teach, instruct*
• *inf* lerean H CM 854 (lerian M). 897. 1289 (léream V), lerian M, leran C 1532 — *Isips* leriu H CM 1399. 1599, leron GLTRSEM IV,100 — *2sips* leris H CM 3278 — *3sips* lerid H CM 3931 (:lerid ras C) — *2pips* lereat H M, lerat C 1892 — *2sops* leras H C, leres M 1590 — *2pimp* leread H M, lerat C 1850. 2514 — *pcps dsf* leránthérv GLPRUDF1 96,40 — *Isipt* lerda CONFES 16,23 — *3sipt* lerda H C, lerde M 1382. 1831. 2271. 2368. 2647 (lerda M). 2700. 2817. 3223. 3409. 3909. C 3961. M 2170 — *3pipt* lerdun H CM 3050, lérdun GEN 301 — *pcpt* gilerit H C, gelerid M 1985
• GENB *inf* læran# 517 — *3sipt* lærde# 610
cathechizare GLTRSEM docere GLPRUDF1

FARLÊRIAN v-I *falsch belehren, täuschen* ◊ *to misteach, deceive*
• GENB *inf* forlæran# 452, forlæran# 692 — *inf d* forlæranne# 703 — *3sipt* forlærde# 699 — *pcpt* forlæred# 818

LÊRIAND m-nd + m-a/pcps-ja *Lehrer, Prophet* ◊ *teacher, prophet*
• *ds* lereande H M, lerande C 3256 — *as* leriand H CM 1859 (lereand M). 3933 — *np* lerand H C 1736. 1834 — *gp* leriandero H M, lerandero C 4036, lereandero M, leriendero C 2811

LÊRIO m-n *Lehrer, Prophet* ◊ *teacher, prophet*
• *np* lereon H M 1834

LERNUNGA f-ō *Unterricht* ◊ *teaching*
• *ds* lernunga GLSTR 107,12
institutio GLSTR

LÊRO m-n *Lehrer, Prophet* ◊ *teacher, prophet*
• *np* leron H M 1736

LÊS¹ interj *Schande!* ◊ *for shame!*
• lés GLPRUDF1 98,9
pro pudor GLPRUDF1

LÊS² adv *weniger* ◊ *less*
• les H CM 2462
• þy læs *damit nicht* ◊ *lest* GENB læs# 576

LESAN v-5 (+ d refl) *lesen, auflesen, (ein)sammeln* ◊ *to gather, pick up, collect, read*
• *3sips* lisit H CM 2632 (lisid C). 2637 — *Isips* lesed BEDA 3 — *3pips* lesat H CM 1743 (lesad M). 3402. M 2599 — *Ipops* lesan H C 2568 — *pcps npm* lesandia GLEVELT 46,23, lesenda GLEVES 48,8 — *Isipt* las CONFES 17,10 — *3pipt* lasun H M, lesun C 810
legere (BEDA) colligere GLEVELT GLEVES (tesamna ~)

ALESAN v-5 *aufpicken, auswählen* ◊ *to peck up, choose*
• *3pipt* alasun H CM 2403 — *pcpt npm* alesana H C, alesane M 1235

GILESAN v-5 *aufsammeln* ◊ *to gather up*
• *3sipt* gilas H CM 2868

LESKA (Ê/Ê ?) f-ō/n *Schilf* ◊ *reed*
• *ns* lehscha GLTRSEM XXIV,12
papyrus GLTRSEM

LESKAN v(-3) *erlöschen* ◊ *to go out*
• *3sips* lescid GLSTR 107,17
non ardere GLSTR

LESKIAN v-I *tilgen* ◊ *to eliminate*
• *3popt* leskidin H M 4252

ALESKIAN *v-I auslöschen, abkühlen, austilgen* ◊ *to slake, extinguish, eliminate*
• *3sips* aleskid H *M*, aleskit *C* 2504 — *3sops* aleskie H *CM* 3371 (i *add C*) — *3popt* aleskidin H *C* 4252

LESKO *m-n Leiste (Körperteil)* ◊ *groin*
• GLWERDC *ns* lesca 360
inguen GLWERDC

lesta → LAT

LÊST *(m-a) Schuhleisten* ◊ *last (for the foot)* → LÊSTO (?)
• *ns* leist⁺ GLADM508 GLMARF III, 718,37. IV,178,26 GLTRSEM IX,69
calus GLADM508 calopodia GLTRSEM calopodium, formula GLMARF

GILÊSTI *nt-ja Handeln* ◊ *action*
• *gp* gilestio H *C*, gilesto *M* 886. 2681, gilesteo *C*, gilestio *M*, gilésto (g<l) *V* 1355

LÊSTIAN *v-I befolgen, erfüllen, einhalten, ausführen, vollbringen, tun, handeln, leisten, bezahlen* ◊ *to carry out, fulfil, perform, accomplish, keep to, do, act, be useful, pay*
o[104] *inf* lestian GEN 122. 219 (lestían). 332 (-e::t-, *ras* sb) H *C*, lestean *PCM*, lestien *M*; lestean (*1*.e<o) *C* 959, lestiem° *M* 1539 — *3sips* lestid GLEVES 59,30 H *M*, lestit *C* 2470. *C* 3457, laiscat° (= laistat⁺) GLSPET 82,29 — *2pops* lestian H *C* 4712 — *2simp* lesti H *CM* 321 (e<i *C*) — *2pimp* lestead H *M*, lesteat *C* 1646 — *3sipt* lesta GLEVES 52,2 H *C*, leste *M* 2333. 4831 — *3pipt* lestun H *CM* 778. 2258. 2857 (lestidun *C*), léstun GLEVES 56,7 — *3sopt* lesti H *CM* 5254 — *3popt* lestin GLEVES 51,14 H *CM* 187 — *pcpt* gilestid H *LCMS*; gelestid *C* 2153, giléstid (*neum*) *M* 348
• GENB *inf* læstan[#] 509. 538. 650. 663 — *2sips/pt* læstes[#] 572. 614 — *3sips* læst[#] 619 — *2sops* læste[#] 517 — *3sops* læste[#] 576 — *2pops* læstan[#] 554 — *3popt* (*ps?*) læsten[#] 244 — *pcpt* gelæst[#] 727

facere, implere GLEVES persolvere GLSPET

GILÊSTIAN *v-I tun, ausführen, erfüllen, einhalten, vollbringen, erlangen, beständig bleiben* ◊ *to do, carry out, fulfil, accomplish, keep to, achieve, last*
• *inf* gilestian H *C*, gilestien *M* 647 (gilestean *M*). 1243 (2.i *add C*). 1442 (*1*.i<l *C*). 2754. 4484. *C* 2955°, gilestean *CM* 1052 — *3sips* gilestid H *C* 3481. 5888 — *2pips* gilestead H *M*, gilesteat *C* 1626 — *3sops* gilestea H *M*, gilestie *C* 894, gilestia GLEVES 59,39 — *3pops* gelestien H *M* 1934 — *3sopt* gilesti GLEVES 56,24
• GENB *3sips* gelæsteð[#] 435 — *3pipt* gelæston[#] 321
facere GLEVES

LÊSTO (?) *m-n Schuhleisten* ◊ *last (for the foot)* → LÊST
• *np* liestein° (= liesten) GLTRSEM XI,22
mustricula GLTRSEM

letlica → LÊTHLĬK

LETTIAN *v-I + a pers, (g rei) behindern, jmdn hindern an etw; intr aufhören* ◊ *to hinder, prevent sb from sth; intr to stop*
• *3sips* letid H *M*, letit *C* 4783 — *3sipt* latta H *C* 5642 — *3pipt* lettun H *M* 3649 — *3sopt* letti H *CM* 3725 (2.t *add C*)

ALETTIAN *v-I + d pers, a rei jmdm etw vorenthalten* ◊ *to withhold sth from sb*
• *inf* aléttian H *S*, alettean *M* 354

GILETTIAN *v-I + a pers, g rei jmdn hindern an etw* ◊ *to prevent sb from sth*
• *inf* gilettien H *M* 2955

LÊTH[1] *adj böse, hasserfüllt, feindselig, verhasst, widerwärtig, lästig* ◊ *evil, hateful, hostile, hated, loathsome, tiresome*
• *ns* leth H *C*, led *M* 1047. 3726. 4738. *C* 3434, leth (*stil*) GLGREG 65,1 — *nsm* leðo GEN 140 — *gsm/nt* leðas GEN 65

lethes H *C*, ledes *M* 1567. 2361 (lethes *M*). 5036, lethon *C*, ledan *M* 1106 — *gsf* letharo H *C*, ledaro *M* 3374 — *dsf* lethun H *C*, ledan *M* 4836 — *asm* leđan GEN 122 lethan H *C*, ledan *M* 684. 1485. 1506 (lethan *M*). 2341. 3238 (leden *M*). 4267 (leden *M*) — *asf* lethun H *C* 5384 — *npm/f* leđa GEN 128 letha GLEVEs 49,7 H *CM* 1610. 2502 (lethia *C*). 3356, letha *C*, leđa *M* 3788. 4125. 4623 — *gp* leđaro GEN 315, letharo H *C*, ledaro *M* 886. 946 (lethero *C*). 1355 (léđaro *V*, ledoro *M*). 2681. *C* 5564, lethero *C* 1718 — *dp* lethon H *C*, ledun *M* 5079 — *apm* leđa GEN 197, letha H *C*, lethe *M* 4438. *C* 3469 — *comp asf* ledaron H *M* 323 (lethrun *C*). 3599 (letherun *C*) — *sup gsnt* lethosten H *C* 5649
• GENB *nsm* lađ# 647, lađa# 489. 496 — *gsm* lađan# 601. 711 — *dsm* lađan# 592 — *asm* lađan# 572 — *npnt* lađ# 452. 576. 630 — *comp asm* lađran# 376 — *comp npm* lađran# 429
(odium) GLEVEs onerosus GLGREG

LÊTH² *nt-a* Böses, Übles, Unrecht, Sünde, Schmerz, Leid ◊ *evil, harm, wrong, injury, sin, pain, sorrow*
• *ns* leth H *C*, led *M* 5025 — *gs* leđas GEN 320 lethes H *C*, ledes *M* 101 (lethas *C*). 303. 397 (léđes *S*). 881 (ledas *M*). 1341 (léđas *V*). 1615 (leđes *M*). 1892 (leđes *M*). 2720. 3247. 3252. 3380. 3887. 4196 (h *ras C*). 4208. 4905. 4910. 5055. 5184. *C* 5377. 5888 — *ds* lethe H *C*, lede *M* 1458 — *as* leiđ PSLUB 114,3, léđ H *V*, leth H *C*, led *M* 1332. 1337 — *np* leđ PSLUB 114,3 — *ap* leht GLEVEs 60,6
• GENB *gs* lađes# 394. 531. 622. 760 — *as* lađ# 392. 624
dolor PSLUB triste GLEVEs

lethar → **LEHTAR**

LETHARMAKERI *m-ja* Ledermacher, Gerber ◊ *leather worker, tanner*
• *ns* lethermakere GLMARF III,716,15, lethermáchere+? GLHARD IV,305,17

coriarius GLHARD GLMARF

ALÊTHIAN *v-1* verhasst machen, in Verruf bringen ◊ *to make hateful, bring into disrepute*
• *inf* alethian H *C*, aledien *M* 1232 — *pcpt* aleđit GEN 71. 92, alethid H *CM* 1380 (th<d *M*)

LETHIGNON *v-II* in Sabbatruhe versetzen ◊ *to put to sabbatical rest*
• *pcpt dp* giledicnodien+ (ic *add*) GLPB2 I,296,10
feriari GLPB2

ŪTLÊTHITION *v-II* verabscheuen ◊ *to abhor*
• *2sips* vtlethitios GLPRUDF1 98,21
abominari GLPRUDF1

LÊTHLĬK *adj* leidvoll, verderblich ◊ *sorrowful, pernicious*
• *asnt* ledlic H *M* 1624 (lethlic *C*). 2343 (lehtlic *C*) — *as/pf* ledlica H *M*, letlica *C* 2587
• abscheulich ◊ *detestable* GENB *nsm* lađlic# 663

LÊTHLĬKO *adv* jammervoll ◊ *miserably*
• lethlica H *C*, ledlico *M* 1563

LÊTHON *v-II* verhasst werden ◊ *to become hated*
• *inf* lethon H *C* 3486 — *3pops* lethon H *C*, ledon *M* 3231

LÊTHTREU *nt-wa* Unglücksbaum ◊ *tree of harm*
• GENB *ns* lađtreow#* 644 (lađ/lađe treow?)

LÊTHWENDIMŌD *adj* feindlich gesinnt ◊ *hostile-minded*
• GENB *nsm* laþwendemod#* 448

LÊTHWERK *nt-a* Übeltat, Sünde ◊ *evil deed, sin*
• *np* lethuuerc H *C* 3231 — *gp* leduuerco H *M* 1718 — *ap* lethuuerc H *C*, leduuerk *M* 3244

LÊVA *f-ō Rest* ◊ *leftover*
• *ns* leua H *M*, leƀa *C* 2865 — *ds* leƀu H *C*, lebu *M* 2868

leubuendi# → LÊOFWENDE#

LÊVIAN *v-I übergeben* ◊ *to bequeath*
• *3sopt* lefdi GLEVES 54,28. 60,11/12 dare GLEVES

FARLÊVIAN *v-I übrig lassen* ◊ *to leave over*
• *pcpt* forleƀit H *C*, farlebid *M* 2013

LEVINDIG *adj lebendig* ◊ *living*
• *dp* leuindigon PSGERN 10,8 [15,1] vivus (PSGERN)

LEVINDOLA *f-ō/n Gewürzkraut (Lavendel, Majoran)* ◊ *pot-herb (lavender, marjoram)*
• *ns* leuindola GLTR40 V,46,11,31 amaracus, sampsuchus GLTR40

leuintlegun°# → LUNDLAGA#

LÊVON *v-II schwächen* ◊ *to weak*
• *pcpt nsm* gileƀod H *C* gilebod *M* 3335

LÊVON *v-II bleiben, dauern* ◊ *to remain, endure*
• *3sips* leƀot H *C* 4001, lebot GEN 337

LEVRA *f-n Leber* ◊ *liver*
• *gs* leberon+ GLSPET 74,16 ‖ iecur GLSPET

leutcunnea → LIUDKUNNI
leuu*n* → HLÊWA

LÊWERKA *f-ō/n Lerche* ◊ *lark*
• *ns* leuuerca GLTR40 V,48,38, lewerke GLMARF III,720,66, leracha+ GLTRSEM IV,70
alauda GLMARF charadrius GLMARF GLTR40 GLTRSEM

lezt- → LAT

liab- → LIOF[1]
liaƀe → LIOF[2]
liagan → LIOGAN
liaht(-) → LIOHT(-)
liatha → LIOHT[2]
liaua → LIOF[1]
lib+ → LĪF

LIBBIAN *v-III + -I + -II (+ d refl) leben, lebendig, leibhaftig sein* ◊ *to live, be alive, incarnate, exist*
• *inf* libbian GEN 14. 60. 67. 71. 83. 232. 305. 333, libbean 76, libbien H *M*, libbean *C* 311 (lî- neum *M*). 1069 (2.b<b *C*). 3382 (libban#? *C*). 4143, libbian *C*, libbien *M* 4043. 4113. *C* 5445 — *1sips* libbio GEN 173 — *3sips* libod H *M*, lebot *C* 774 — *3pips* libbeat H *C* 1317 (*V*, libbiod *M*). 1353 (libbiad *M*, libbiat *V*) — *3sops* libbea H *M* 1640 (libbe *C*). 1657 (libbie *C*) — *pcps ns* libbiandi H *C*, libbiendi *M* 3917. 4585. *C* 4009. 5862 (libbeandi *L*) — *pcps gsm* libbiandes H *C*, libbiendes *M* 3058, liƀƀiandes *C*, libbiendies *M* 5086 — *pcps asm* libbendian GEN 135 — *pcps npm* libbeanda H *M*, libbeandi *C* 1013, libbiandi *C* 5672 (l<b) — *pcps gp* libbiandero H *C*, libbeandero *M* 4385, libbiendero *M*, libbendero *C* 3149, libbendero GEN 92, libbiandira PSLUB 114,9 — *pcps apm/f* livende CONFPAL 363,23 — *3pipt* libdun H *C*, l[ ] *M* 81 — *3sopt* liƀdi H *C* 5438 — *3popt* lebdin H *M*, libdin *C* 2822 — *pcpt* H *CM* gilibd 466
• GENB *inf* libban# 482. 787. 805. 851, lybban# 469. 623
pcps vivus PSLUB

libes° → LIOF[1]
lid → LITH, LĪTH
lidan → LĪTHAN
liddo *mlat* → LĀT, LATUS, LITUS, LITO
lidi → LĪTHI
lido-, lidu- → LITHU-
lidod → LITHON
lidorum *mlat* → LĀT, LATUS, LITUS, LITO

li͜edie → LÊDIAN
lief(-) → LIOF(-)

LĪEG# m-i + nt-i Lohe, Flamme ◊ fire, flame — cf LŌGNA
• GENB ns lig# 376 — gs líges# 333 — ds lige# 760. 795 — as lig# 753 (nt) — ap ligas# (m) 325. 763

liestein° → LÊSTO (?)
liethmissa → LIOHTMISSA

LĪF nt-a Leben, Leib ◊ life, body — ~ haben am Leben sein ◊ to be alive — latan te liua + a pers jmdn am Leben lassen ◊ to spare sb's life — radan an ~ + g pers nach jemandes Leben trachten ◊ to be after sb's blood — thes libes scolo uuesan das Leben verwirkt haben ◊ to forfeit one's life
o¹²³ ns lif H CM, liƀ C; lif V, lib C, lib M 1323 — gs liƀes H C, libes CM; libas GEN 30, liƀas H C 1442, libes M 1910. C 5321, liuas ABRK 21 — ds liua BEDA 18, líua GEN 216, liba H C 1678 (libe M), libe 126 (liua M). 3657 (libe M), live CONFPAL 363,28 — as lif CONFES 17,26 GLEVES 57,4 PSGERN 10,15 [15,10] H VCM; liƀ M 1661. C 3333. 3924. 4104. 4416, liƀ 1785, lib M 1343, lif (f<l/b) 4056, life CONFPAL 363,32, lib⁺ HILD 29 — instr libu, liƀu H C, libu CM
• GENB gs lífes# 486, lifes# 468 — as lif 473. 508
vita (PSGERN)

LĪFLÔS adj leblos ◊ lifeless
• asm liflosan H CM 2181

LĪFNARA f-ō Lebensunterhalt ◊ living
• as lifnara H C, lifnare M 1859

lig# → LĪEG#
ligen-# → LUGIN-

LIGGIAN v-5 (+ d refl) liegen, sich befinden, daniederliegen, (tot) liegenbleiben ◊ to lie, be (situated), be laid up, remain lying (dead)

• inf liggean H C 2141 (liggen M), liggian 4683. 5902 GEN 28. 232 — 3sips ligid H M, ligit C 406 (ligid C). 1654. 1781. 2326, ligid C 5753, ligit GEN 45. 49 — 2pips liggiad GLPRUDF1 94,20 — 3pips liggead H M, liggeat C 1772, liggiad M, liggient C 4327 — pcps nsm liggiandi H M, liggeandi C 3345 — pcps asm liggeandean H M, liggandan C 2331 — 1sipt lag H CM 4399 — 3sipt lag H CM 3336. 3363. 4075. 4602. C 5397. 5827 (L). 5903 — 3pipt la:gun (n ras) H C 5802
• GENB 2sips ligst# 734 — 3pips licgað# 371. 382 — 3sipt læg# 636. 764 — 3pipt lagon (o<a) 322
iacere GLPRUDF1

GILIGGIAN v-5 zu liegen kommen, sich niederlegen ◊ to happen to lie, lie down
• 2simp geligi GLPRUDF1 101,30 — 3sipt gilag H M 2394
decumbere GLPRUDF1

LĪHAN v-1 gewähren ◊ to grant
• 3sipt leh GEN 109

ANDLĪHAN v-1 entleihen, borgen ◊ to borrow
• 1sips antlion GLTRSEM XI,16 — 1sipt inleh GLPB2 1,297,20
• gewähren, verleihen ◊ to grant, bestow GENB 3sipt onláh# 607, onlag# 358
mutuari GLTRSEM mutuo accipere GLPB2

FARLĪHAN stv 1 + g/a rei etw verleihen, gewähren ◊ to grant, bestow sth
• 3sops farlihe H M, forlihe (h corr) C 3240 — 3sipt ferléch GEN 274 — 3sopt farliuui H CM 3576, forliuui C, farlihi M 3656 — pcpt farliuuan H C 54, forliuuan CM, forlíen S 573, farliuuen GEN 279

lihd- → LĪHT-
liht⁺? → HLID

LĪHT adj einfach ◊ simple

līht

• *dsm/nt* lihtemu GLVERGOX *p.* 290
tonsus GLVERGOX

LĪHTLĪK *adj minderwertig ◊ inferior*
• *comp asnt* lihdlicora H *M*, lithlicora *C* 2055

LĪHTO *adv sanft ◊ gently*
• líhto GLPRUDF1 99,9
leniter GLPRUDF1

LĪK *nt-a Körper, Leichnam ◊ body, corpse*
• *ns* lik H *CM* 154. 199 — *as* lik H *CM* 4077. 4901 — *gp* lico H *C* 5739
• *Gestalt ◊ form* GENB *ns* líc 265 — *as* lic 491

GILĪK *adj gleich, gleichend, ähnlich, der/das/die selbe ◊ like, alike, equal, similiar, the same*
• *ns* gilik PSWIT 85,8 H *C* 211 (gilic *M*). 935 (gilih *M*). 2491 (gelik *M*). 2624 (gelich *M*). 2628 (gelich *M*). 3136 (gelic *M*), gilic 785 (gilih *M*), gelic *C* 5806, gełihc GEN 5 — *dsm* gelicumu H *M* 1221 — *asnt* gilic H *C*, gelic *M* 1550 — *npm* gilica GEN 197 H *C*, gelica *M* 1884 — *npf* gilica H *C*, gelica *M* 3067 — *dpm* gelicun H *M*, gilicon *C* 1532 — *sup nsnt* gilicost H *C* 5810
• GENB *ns* gelíc 795, gelic 256. 466. 538. 587. 681
similis PSWIT

licgað[#] → **LIGGIAN**

LĪKHAMO *m-n Leib, Körper, Leichnam ◊ body, corpse*
• *ns* lichamo H *CM* 2110. 3126. 4638. 4753. 4756. 4783. *C* 5708. 5827 (líchamo *L*). 5902, likhamo *C* 3453 — *gs* lichamon H *M*, lichamen 1661 (h<b *C*). 1910. *C* 5875 — *ds* lichamon H *M*, lichamen *C* 1488 (lichomon *C*). 1530 (lichaman *M*). 2776. 3917. 4045 (likhamen *C*). 4642. 4665. *C* 5853 (lic lichamen *C*, líchamon *L*), lichamon *CM* 3335. *C* 5672, lichamen *CM* 4642, likhamen *C*

lilaken

5658, [l]ikhamon PSGERN 10,11 [15,4], [likha]mon 10,2 [14,19] — *as* lichamon H *CM* 1868. 1905. 2181. 2301. 2796. 3639. 4623. 4762. *C* 5734. 5772. 5787. 5793, likhamon *C*, lichamon *M* 2271. 2351. 4099. *C* 5724, likhamon CONFES 16,24, lichaman GEN 135
• GENB *ns* lichoma[#] 502 — *ap* líchaman 784, lichoman[#] 845
corpus (PSGERN)

WOLALĪKIAN *v-I wohlgefällig sein ◊ to be pleasing*
• *Isips* [u]olelikiu PSLUB 114,9
placere PSLUB

LIKKON *v-II lecken ◊ to lick*
• *3pipt* likkodun H *M*, leccodun *C* 3345

LĪKNARO *m-w-n Narbe ◊ scar*
• *ns* líknáro GLPRUDF1 98,10
cicatrix GLPRUDF1

GILĪKNESSI *nt-ja + f-ī Abbild, Gestalt ◊ image, form*
• *ns f* gilicnissi H *C*, gelicnessi *M* 3826 — *ds nt* gilicnissie H *M*, gilicnesse *C*, gelicnessia *P* 987

GILĪKO *adv(+ d) gleich, in gleicher Weise (wie) ◊ like, in the same way (as)*
• gilico H *CM* 1805, gilico *C*, gelico *M* 1817. 2606. *C* 3434. 3443, gelico *C* 1221. *M* 1408

LĪKON *v-II gefallen, Wohlgefallen bereiten; impers + d pers + an jmd hat Wohlgefallen an ◊ to like, please; impers + d pers + an sb takes pleasure in*
• *inf* licon H *CM* 3193 — *3sips* licod H *CM* 3149 — *3sopt* licodi H *PM*, licode *C* 992

LĪKWUNDA *f-n Wunde des Körpers ◊ body wound*
• *ap* likuundon H *M*, licuundun *C* 3345

lilaken, lilachen[+] → **LĪNLAKAN**

lilli　　　　　　　　　　　　　　　　　　　　　　　　　　　　　　　　　　　　**līnwād**

LILLI *m-ja Lilie* ◊ *lily*
• *ns* lilli H *CM* 1681

LĪM *m-a Leim, Vogelleim, Klebstoff, Bindemittel, Lehm, Lehmverputz* ◊ *glue, birdlime, adhesive, binder, clay, clay daubing*
• *ns* lim GLK211 I,319,27 GLPB1 I,640,2 GLTRSEM V,50. XVI,60 GLSPET 77,9. 80,1‖. 84,16. 85,11‖, lím 73,17 — *ds* lime GLPRUDF1[+] 89,16
creta GLTRSEM gluten GLK211 GLPRUDF1[+] GLSPET glutinum, viscus GLSPET impensa, litura GLPB1 viscum GLTRSEM

LĪN *(nt)-a Leinentuch* ◊ *linen*
• *ds* line H *C* 5734

lind → **LINT**

LINDA *f-ō + f-n Linde, Lindenschild* ◊ *lime-tree, shield of limewood*
• *ns* linda GLVERGOX 110,3 — *ds* linda GLSPET 76,16‖ — *np* lintun[+] HILD 67
tilia GLSPET GLVERGOX

LINDIA *f-j-n Linde* ◊ *lime-tree*
• *np* lindian GLVERGOX 109,13 GLVERGW
tilia GLVERGOX GLVERGW

GILINDIZZEN[+] *v-I beruhigen* ◊ *to soothe*
• *1sips* gilindizu GLSPET 81,30
delenire GLSPET

OVARGILINDON *v-II abflauen* ◊ *to drop*
• *inf* houerhilindon *(abbr)* GLPRUDP 63,17
subsistere GLPRUDP

LINDWURM *m-i Schlange* ◊ *snake*
• *ns* lindwrm GLMARF III,721,44, lintuuorm GLTRSEM IV,40
chelydrus GLMARF iaculus GLTRSEM

LĪN(I)A *f-(j)ō/(j)-n Leine* ◊ *line, rope, leash*
• *ns* line GLMARF III,718,57
funiculus GLMARF

liniminta → **LENEMENT**

LĪNĪN *adj leinen* ◊ *linen*
• *ns* linin GLVERGOX 111,37 — *asnt* linin H *C* 5902, linen REGFREK *M* 39,31 *(n?)* — *apm* linena URBWERDB 133,1
villa (~ hruge) GLVERGOX

LĪNLAKAN *nt-a Leinentuch* ◊ *linen cloth*
• *ns* lilaken GLMARF III,717,26, lilachen[+] GLTRSEM X,28
linteamen GLMARF linteum GLMARF GLTRSEM

LINNA *f(-n) Grenzlinie* ◊ *border*
• *ns* linna GLSPET 84,10
linea GLSPET

LĪNON *v-II (+ d refl) lernen* ◊ *to learn*
• *inf* linon H *CM* 1237. 1731. 2430 — *3sips* linod H *M*, linot *C* 2470 (i ras *C*). *C* 3454 — *3pipt* linodun GEN 105. 117 H *CM* 810. 3786 — *pcpt* gelinod H *M*, gilinot *C* 2751, gilonot° *C* 3469

LĪNPENNING *m-a Ablösegeld für die Leinenabgabe* ◊ *redemption payment for the linen-tribute*
• *np* linpenninge URBWERDF 282,19
denarius URBWERDF

LINSI *(f-ī) Linse* ◊ *lentil*
• *ns* linsi GLTRSEM XXI,49
lens GLTRSEM

LINT *(nt-a) Leinenstreifen, Frauenkleid* ◊ *strip of linen, women's dress*
• *ns* lind GLTRSEM XV,87
theristrum GLTRSEM

lintun[+] → **LINDA**
lintuuorm → **LINDWURM**

LĪNWĀD *f-i Leinenstoff, Leinengewand* ◊ *linen cloth, linen garment*
• *ns* linuuat GLTRSEM X,29
linteamen GLTRSEM

līnward

LĪNWARD *m-a Aufseher über das Leinen* ◊ *keeper of the linen*
• *as* linwart REGERK 20

LĪNWARP *(nt-)a Halbleinen* ◊ *half-linen*
• *ns* linuuarf⁺ (r<f) GLTRSEM X,24 linostema vestis GLTRSEM

liod- → **LIUD**

LIODAN *v-2 wachsen, sprießen* ◊ *to grow, spring up*
• *inf* liodan H *M*, liođan *C* 2507 — *3sipt* lót H *C*, hlod° *M* 2397

lioðobendum# → **LITHUBENDIO**

LIOF¹ *adj lieb, geliebt, freundlich, erfreulich* ◊ *dear, beloved, friendly, pleasant*
• *ns* liof H *CM* 259 (lief *C*). 626. 784. 984 (*P*). 2702 (lef, e<ie *C*). 3759 (lioƀ *C*). 5034 (lief *C*), leop⁺ HILD 27 — *nsm* liobo H *C*, liobo *M* 5016, liebo *C* 3244 (leobo *M*). 4699. 5636, liaua PSLUB 28,6 — *gsm* liobes H *C* 932 (lioƀes *M*). 2209, liobes 2796 (leobes *M*), leobes 4070 (liaƀes *M*), lioƀes 5023 (leobes *M*). 5734. 5787, liobes *M*, liebes *C* 5028, lioƀes *M*, liƀes° *C* 4986 — *dsm* liebon H *C*, leobon *M* 1542 (e<i *M*), lieben *C* 4683 — *asm* lioban H *C*, lioban *M* 4762, lioƀan *C* 1165 (lioban, li<b *M*), lioben *C* 5025 (lioben *M*), lieƀan 4774 (liaƀane *M*), lieban *C*, leoban *M* 3307, lioben *M* 4934 — *asnt* liof H *CM* 740. 3322 (liob *C*) — *npm* lieƀa H *C* 19, lioƀa 1258, liobun *C*, liobon *M* 3053 — *dpf* liobun H *M*, liobon *C* 492 — *apm* lioba GEN 197 — *comp nsm* lioƀera H *C* 5530 — *comp nsnt* lioƀera H *C*, lioboro *M* 1122 — *comp asnt* liobora H *M*, liebera *C*, liau[er]a *S* 397 — *comp npnt* lioƀara H *C*, leoboron *M* 1727 — *comp npf* leobrun H *C*, lioboron *M* 1683 — *sup* lioƀost H *C*, leobost *M* 2283, leoƀost *C*, liobost *PM* 993, liobost *CM* 2697 (leobost *M*). 3149. 4600 — *sup nsm* liobosta H *C*, liobosto *M* 485. 821

lioht

• GENB *nsm* léof 339 — *npnt* leof 244 — *comp asf* leofran# 412
dilectus PSLUB

LIOF² *nt-a Liebes, Gutes, Erfreuliches, Erwünschtes* ◊ *dear, good, pleasant, desired things*
• *gs* lioƀes H *C*, liobes *M* 4665 — *ds* liobe H *C* 497 (leoba *M*, liaƀe *S*). 1550 (i *add C*, leobe *M*), lioƀe 1286 (líoua *V*) — *as* liob H *C*, liof *M*, léof *V* 1332, leob *C*, liob *M* 1458, liof *C*, leof *M* 2170

LIOFLĪK *adj lieblich, herrlich* ◊ *lovely, beautiful*
• *ns* lioblic H *C* 2394 — *gsnt* lioblikes H *C*, leoblikes *M* 1861 — *asnt* lioflic H *C*, lioblic *M* 1558, lioblic *C*, leoblic *M* 3515 — *as/pf* lioblica H *M*, leoblica *C* 1277. 1828, lioblica *C*, leoblica *M* 2830 — *instr* lioƀlicu H *C*, lioblicu *M* 1681

LIOFLĪKO *adv liebevoll* ◊ *lovingly*
• lioflico H *M*, lieflico *C*, lioblica *S* 381

LIOGAN *v-2 (+ g [a?]) lügen, etw ableugnen* ◊ *to lie, deny sth*
• *inf* liogan H *C*, liagan *M* 2778 — *inf g* liagannias CONFES 16,12

LIOHT¹ *adj hell, glänzend, klar* ◊ *bright, clear, dazzling*
• *ns* lioht H *CM* 3144 — *nsm* liohto H *C* 4232, leohto ABC 13 — *nsf* liehte H *M* 4232 — *instr* leohtu H *CM* 290 — *npf* liohte H *M*, leohta *C* 3124 — *dpnt* liohton H *CM* 3409 (-on<-un? *M*). 3909 (liohtun *M*) — *comp nsnt* liohtora H *M*, liohtera *C* 2625
• GENB *nsm* leoht 265 — *npnt* leoht 564 — *dp* leohtum 256 — *comp nsm* leohtra# 502

LIOHT² *nt-a Licht (des Lebens), Lichtglanz, Leuchter, Augenlicht, Welt* ◊ *light (of life), brightness, candle, eyesight, world* — *adv* liohtes *glanzvoll* ◊ *brightly*

lioht

o²¹⁶ *ns* lioht H *CM*; leoht *C* 1708, liaht PsLub 110R. 111,4, [li]aht (naht° *ms*) *C* 5782 — *gs* liohtes H *CM*; leohtes *C* 3551. 3576. 3591 — *ds* liohte H *CMS*; liohta *M* 397. 466 (leohta *C*). 881 (h<b *M*). 1211, liohte (i *add*) *C* 5769, leohte 1626. 3380, liahta Gen 92. 135, liatha 14 — *as* lioht Gen 128 H *VCMS*, leoht *C*; líoht *S* 372, lioht (h < *corr*) *M* 626, liaht Gen 76 GlPrudF1 96,14 — *gp* liohto H *CM* 3081. *C* 5392
  • GenB *ns* leoht 614 — *gs* leohtes 333. 392 (::ohtes *ms*). 394. 401. 619 — *ds* leohte 258. 508. 851 — *as* leoht 310. 772
lumen GlPrudF1 PsLub lux PsLub

liohtean → **LIUHTIAN**

LIOHTFAT *nt-a* Laterne ◊ *lantern*
  • *dp* liohtfatun H *M*, liohtfaton *C* 4813

LIOHTMISSA *f-ō* Lichtmess ◊ *Candlemas*
  • *ds* liethmissa RegFrek *M* 42,9

LIOHTO *adv* hell, klar, aufrichtig ◊ *brightly, clearly, sincerely*
  • liohto H *CM* 662 (liohta *C*). 4036. 4638, lioht° *C*, liahto *M* 2754
  • GenB leohte# 676

LIOMO *m-n* Strahl, Schein ◊ *ray, glare*
  • *np* liomon H *CM* 3126. 3698 (lioman *C*)

FARLIOSA *f(-n)* Verschwenderin ◊ *(female) squanderer*
  • *ns* ferliesa GlSpet 85,23 ‖ perdrix, prodiga GlSpet

FARLIOSAN *v-2* verlieren, vergeuden, vergeblich aufwenden, (vernichten) ◊ *to lose, waste, squander, (annihilate)*
  • *inf* farliosen H *M*, farliesan *C* 4056, farlèsan GlEves 51,11 — *2pips* farliosat H *M*, forliosat *C* 1912, forliesat *C* 1733 — *2pops* farleosan H *M*, forliesan *C* 1572, barleosan *M* 1733 — (*3sipt* far[los] GlGreg 63,13?) — *pcpt* farloran H *C*, farloren *M* 1563. 2393. 4157, forloran *C* 2455 (farloran *M*). 2865 (farloren *M*) — *pcpt npf* farlorana H *M*, forlorana *C* 2450, forlorane *M*, forlorana *C* 3003
  • GenB *pcpt asf* ferlorene 301
expendere GlEves (perdere GlGreg)

lisi° → **WLISP**
lispende⁺ → **WLISPON**

LIST *f/m-i* Einsicht, Klugheit, Vorbedacht, Weisheit, Geschick, Handwerk ◊ *reason, intelligence, consideration, wisdom, skill, trade* — listiun *auf kluge Weise, heimlich* ◊ *wisely, secretly*
  • *ds* listi GlPb2 I,296,27, liste GlSmih 424b — *ap* listi H *C* 3924 — *dp* listiun H *M*, listion *C* 315. 492 (listiun *S*). 1735 (listeon *C*). 2647. 3572. 4901
  • List ◊ *cunning* GenB *gp* lista 239 — *dp* listum 588. 687 — *ap* listas 517
ars GlSmih industria GlPb2

LISTA *f-ō/n* Randsaum, Zugseil (am Fangnetz) (?) ◊ *border, rope (bordering a hunting-net) (?)*
  • *ns* liste GlMarf III,721,46
limbus GlMarf

LITA *mlat* weiblicher Lite ◊ *female lite* — *cf* LĀT
  • *as* litam Dipl 988/2. 992/1 — *np* litę Ch 1051-76

lito *mlat*, litto- *mlat*, litus *mlat* → LĀT, **LATUS, LITUS, LITO**

LITH *m-u + -i* Glied ◊ *limb*
  • *ns* lith GlMarf III,722,20 — *as* lid H *C*, lid *M* 1488 — *np* lithi H *C* 5702 — *gp* liđo H *C*, litho *M* 1485, lithio *C*, lidu *M* 1530 — *dp* lithion H *C*, lidon *M* 323, lithon *C*, lidion *M* 1532, lithun (?) *M* 1550 — *ap* lithi H *C*, lidi *M* 4099. *C* 5293
  • GenB (*nt-a*) *dp* liđum 818
articulus GlMarf

lith → **HLID**

LĪTH *nt-a Wein, Obstwein, (berauschendes) Getränk* ◊ *(fruit) wine, (inebriating) drink*
• *gs* lithes H *C*, lides *M* 126. 2013 (liðes *M*). 2016 — *as* lith H *C*, lið *M* 2025 (lid *M*). 2050. 2055 — *gp* litho H *C*, lido *M* 2063. *C* 5649

lith- → LĪHT-

LĪTHAN *v-1 gehen, reisen, vergehen,* + *a fahren auf/über* ◊ *to go, travel, pass, sail*
• *inf* lithan H *C*, lidan *M* 1162. 1929. 2646. 3266. 3522. *C* 2233, 2537 — *pcpt* gilithan H *C*, giliden *M* 154

FARLĪTHAN *v-1 verlassen* ◊ *to leave*
• *3sops* farlitha H *C*, farlithe *M* 4669

LITHARĪN *adj ledern* ◊ *leathern*
• *npnt* litharina (-a *add*) GLPRUDF1 102,24
loreus GLPRUDF1

LĪTHI *adj-ja/jō* + *d pers gnädig, gütig zu jmdm* ◊ *merciful, gracious to sb*
• *ns* lithi H *CM* 3256, lithe *C*, lidi *M* 3367
• *angenehm* ◊ *graceful* GENB *nsm* líðe 468

LITHON *v-II (hin)schaffen, refl sich begeben* ◊ *to get, refl to go*
• *3sops* lithôt H *C*, lidod *M* 2632 — *3popt* lidodin H *M*, lithuodin *C* 684

LITHUBENDI *m-i p Hand- und Fußschellen* ◊ *shackles*
• *dp* lithobendion H *C* 4927. 5268 (lithubendiun *M*) — *ap* lithobendi H *C*, lidobendi *M* 3797
• GENB *dp* líoðobendum[#] 382

LITHUKOSPOS *m-a p Ketten (des Kerkers)* ◊ *chains*
• *dp* lithokospun H *M*, lithocospon *M* 4427, lidocospun *M*, lothocospon° *C* 2724

LITHUWASTMOS *m-a p Gliedmaßen* ◊ *limbs*
• *dp* lithouuastmon H *C*, liduuuastmon *M* 2301

BILĪVAN *v-1 bleiben; neg ausbleiben, unterbleiben* ◊ *to remain; neg fail, not happen*
• *3sips* biliƀit H *C*, bilibid *M* 1968 — *3sops* biliƀe H *C*, biliba *M* 1426, biliƀe *C*, belibe *M* 3732

ANDLĪVAN *v-1 schonen* ◊ *to spare*
• *1sips* intlibo[bfk+] GLEPIST IV,306,19 parcere GLEPIST

liubi[+?] → LIUVI

LIUD *m-i Volk, Leute, Menschen* ◊ *people, nation* → ROMANOLIUDI, SODOMOLIUDI
o[540] *ns* liud PSLUB 32,12, líud GLPRUDF1 92,33. 102,5, lívd 102, 17,18, livd 102,17 — *gs* liudes PSLUB 115,18 — *ds* liude PSLUB 28,11 (2). 115,14 — *as* liud°[?] H *C* 2888 — *np* liudi BEDA 5 GLSTR 108,2 H *CM* GEN 77. 119. 128, liodi H *V* 1337, liuti[+] HILD 15 — *gp* liudio, liudeo H *CM*, liudo *C*; liudeo (e *add*) *C* 59, leodo 4375, liudia *S* 561 ([l]-). 573 (-d[i]a). 578 PSLUB 32,10(2), liodio H *P* 984 GEN 114. 292. 309. 315, liodo 204 — *dp* liudium (*abbr*) GEN 261, liudiun H *MS*, liudion, liudeon *C*; leodeon *C* 1400, liudeon *M* 2075 (-eo[n]). 2079, liudun *C* 1232. 1277, liudon 2318. 5317. 5769. 5888. 5891, liudin 5034, liodun 492, liodiun GEN 140, líodion H *V* 1286, liodion 1332 — *ap* liudi GEN 255. 258 GLPB2 I,298,29 H *PCMS*; líudi *V* 1289, liude *C* 523, ludi 4836, liodi GEN 241
• GENB *np* leode[#] 753 — *dp* leodum 489 — *ap* leode[#] 690
gens, populus PSLUB Germania (thiudisca liudi) GLSTR Picens, Samnis, Scotus, Vasco (spánio ~) GLPRUDF1 Scythi GLPB2

LIUDFOLK *nt-a Volk* ◊ *people*
• *as/p* liudfolc H *CM* 1367

liudhateri

LIUDHATERI *m-ja Despot* ◊ *despot*
- *ns* (*lat gs*) liuchazeri° (= liuthazeri⁺) GLPB2 I,298,45
tyrannus GLPB2

LIUDIBARN *nt-a p Menschenkinder* ◊ *human beings*
- *gp* liudibarno H *M* 1868. 1971

LIUDIS *mlat Wergeld* ◊ *manbote*
- *abls* liude TRADCORB 28/246

LIUDKUNNI *nt-ja Menschengeschlecht* ◊ *mankind*
- *ds* leutcunnea H *M*, liudcunne *C* 1615

LIUDSKATHO *m-n Verderber der Menschen* ◊ *corrupter of men*
- *as* liudscathon H *C*, liudscadon *M* 1080

LIUDSKEPI *m/nt-i Volk, Volksstamm* ◊ *people, tribe*
- *ns* liudscepi H *C* 44 — *gs* liudskepies H *M*, liudscipes *C* 2361 — *ds* liudscepie H *C*, liudskepea *M* 1834 — *as* liudskepi H *M* 2888

LIUDSTAMN *m-a Volk* ◊ *people*
- *gp* liudstamna H *C* 248

LIUDSTEMNI *adj-ja/jō zum Volk gehörig* ◊ *belonging to the people*
- *asnt* liudstemnia H *M* 248

LIUDWEROD *nt-a Volk(sschar)* ◊ *(crowds of) people*
- *ns* liuduuerod H *CM* 2899. 4157

LIUDWEROS *m-a p Landsleute* ◊ *compatriots*
- *np* liuduueros H *CM* 3053

GILIUHTI *nt-ja Mondphase* ◊ *phase of the moon*
- *dp* geluhttin GLTRSEM IX,34
luna crescens, luna deficiens GLTRSEM

LIUHTIAN *v-I leuchten* ◊ *to shine*

lof

- *inf* liuhtien (li<b) H *M*, leohtan *C* 635, liohtean *M*, luhtian *C* 2606 — *3sops* liuhttie PSLUB 110R — *3sipt* liuhta H *C*, liuhte *M* 3126
lucere PSLUB

GILIUHTIAN *v-I + d pers jmdn erleuchten* ◊ *to enlighten sb*
- *3sipt* geliuhta H *C*, geliuhte *M* 3667

LIVISTOK *(m-a) Liebstöckel* ◊ *lovage* — *cf* LUVISTEKO
- *as* liuestoc GLHARD III,605,4
lubisticum GLHARD

liuchazeri° → LIUDHATERI
liura → LŪR(I)A
lius → LIUSKI

LIUSKI *nt-ja Riedgras, Schilf* ◊ *sedge, reed*
- *ns* lius GLMARF III,719,51, hlus GLTRSEM VI,57
alga GLMARF carectum GLTRSEM

liut°⁺? → LŪT, LUT
liuti⁺ → LIUD

LIUVI *f-ī Liebe, Zuneigung* ◊ *love, affection*
- *ns* liubi⁺? GLEPIST I,789,57 — *as* liubi⁺? GLEVES 50,21
dilectio GLEVES gratia GLEPIST

GILIUVIAN *v-I preisen* ◊ *to praise*
- *3sipt* geliuuita⁺? GLSMIH 267
commendare GLSMIH

LIUVIG *adj redlich* ◊ *honest* → LUVIG
- *gp* liubigaro GEN 204

lobium *mlat* → LÔVIA
(-)lobon → (-)LOVON
loderon⁺ → LŪTHRA
lodo⁺ → LOTHO

LODWURT *f-i Beinwell* ◊ *comfrey*
- *ns* lodwrz⁺ GLMARF III,719,39
consolida, solidago GLMARF

LOF *nt-a Lob, Lobpreis* ◊ *praise, laud*

lof

- *ns* lof H *CM* 1247. *C* 3978 PsLub 33,2. 110,10, lóf GlPrudF1 104,31 — *gs* lobes PsLub 115,17 — *ds* lobe H *C*, lobe *M* 3665, lobe°' *M* 1286 — *as* lof Gen 261 H *CM* 81 (l[o]f *M*). 431. 466. 810. 1289 (lóf *V*, lob *C*). 1985. 2267. 3583. 3725. 3732
- GenB *as* lóf 256

laudatio PsLub laus GlPrudF1 PsLub

LÔF *nt-a Laub* ◊ *foliage*
- *ns (as?)* lób H *M*, lob *C* 4341
- *Blatt* ◊ *leaf* GenB *dp* leafum[#] 845

LÔFDAG *m-a p Laubhüttenfest (Sukkot)* ◊ *Sukkoth, feast of tabernacles*
- *np* louedage GlMarf IV,178,58

scenopegia GlMarf

LÔFFROSK *(m-)a Laubfrosch* ◊ *tree frog*
- *ns* lofforsc GlMarf III,721,43

rubeta GlMarf

lofian[#] → LOVON

LOFSÄLIG *adj verehrungswürdig* ◊ *praiseworthy*
- *ns* lofsalig H *CM* 176

LOFSAM *adj rühmenswert* ◊ *laudable*
- *sup asnt* lofsamost H *CM* 2063
- GenB *nsm* lofsum[#*] 468

GILÔFSAM *adj glaubwürdig* ◊ *credible*
- *apnt* gilófsáma GlPrudF1 96,30/31

fidelis GlPrudF1

LOFSANG *m-a Lobgesang* ◊ *song of praise*
- *as* lofsang H *CM* 3680. 3721

LOFWORD *nt-a Wort des Lobpreises* ◊ *word of praise*
- *as/p* lofuuord H *CM* 413

LÔGA *f-ō/n Lauge* ◊ *lye*
- *ns* louga[+] GlTr40 V,42,4

lixivia GlTr40

LÔGNA/LOGNA *f-ō + f-n Flamme, Lohe* ◊ *flame(s), blaze* — *cf* LĪEG[#]

lokk

- *ns* logna Gen 315 H *CM* 4283. 4368. 4373 — *ds* lognu H *CM* 3367, lognun Gen 5 — *as* logna H *CM* 2461. 2603. 3382. 4813. *C* 2573 PsLub 28,7

flamma PsLub

LÔGNIAN *v-I verleumden* ◊ *to slander* → LÔGNON
- *3pips* logneat H *C*, lagniad *M* 1341

FARLÔGNIAN *v-I + g pers/a pers°' jmdn verleugnen* ◊ *to deny sb*
- *inf* farlognian H *C*, farlognien *M* 5000 — *2sips* farlognis H *C* 4693 — *3sips* farlognid H *M*, forlognit *C* 1971 — *3sipt* farlognida H *C* 4986 (forlognide *M*). 5028 (farlognide *M*) — *3sopt* farlognidi H *C* 4699 — *pcpt* farlognid H *CM* 5023

LÔGNON *v-II verleumden* ◊ *to slander* → LÔGNIAN
- *3pips* lognot H *V* 1341

LÔH *(m-a) Busch, Gehölz* ◊ *bush, grove*
- *ds* la RegFrek *M* 28,3

LOHON *v-II benetzen* ◊ *to moisten*
- *pcpt* gilooht GlPb2 I,296,45

inficere GlPb2

LOHS *m-a Luchs* ◊ *lynx*
- *ns* lohs GlStr 106,17, los GlVergOx 110,30, lahs GlMarf III,721,36 — *gs* losses GlVergOx 112,20

lynx GlMarf GlVergOx pardus GlStr

lŏinga[+] → HLŌINGA
loiua[+] → LÔVIA

LOK *nt-z verschlossener Raum* ◊ *closed room*
- *ap* luhhir[+] GlSpet 81,15

camera, cella GlSpet

LOKAHTI *adj-ja/jō löchrig* ◊ *full of holes*
- *ns* lahhahti[+] GlSpet 86,22 ‖

foratus, scaber GlSpet

LOKK *(m-a) Haarlocke* ◊ *lock of hair, curl*

lokk   **-lôsian**

• *ns* loc GLTRSEM XII,106
pilus GLTRSEM

LOKKON *v-II (an)locken* ◊ *to attract, lure*
• *1sips* loccon GLTRSEM XI,18. I,16 (*1.c add*)
allicere, attrahere, mulcere GLTRSEM

GILOKKOD *adj pcpt lockig, gelockt* ◊ *curly(-headed)*
• *ns* gilocchor° (= gilocchot⁺) GLTRSEM V,120
comatus GLTRSEM

LÔKON *v-II schauen* ◊ *to look*
• *inf* luokoian (u *add*) GEN 275

UMBILÔKON *v-II umherblicken* ◊ *to look around*
• *3p(s?)ips* umbilocod GLSTR 107, 39/40

LÔN *nt-a Lohn, Belohnung, Vergeltung* ◊ *reward, recompense, repayment, requital*
o⁷⁴ *ns* lon GEN 258 H *CM* 1343 (lón *V*). 1355 (lón *V*). 3374 (lón *C*). *C* 3474, lôn GLHARD IV,278,15 — *gs* lones H *CM* 1861 — *ds* lone H *CM* — *as* lon H *CM* GLEVES 56,1, lón H *C* 1558 GLEPIST I,764,30, lan CONFPAL 363,30
• *Gegendienst* ◊ *favour in return* GENB *ns* lean# 435 — *gs* leanes# 258 — *dp* leanum# 412
merces GLEVES redditio GLHARD gratis, non vi (ána lón) GLEPIST

long- → **LANG(-)**

LÔNGELD *nt-a Lohn* ◊ *reward*
• *as* longeld GEN 320 H *CM* 2343

LÔNON *v-II belohnen, zurückzahlen* ◊ *to reward, repay*
• *inf* lonon H *CM* 3083. 4416 — *3sips* lonot H *CM* 1962 — *2pips* lonod H *M*, lonot *C* 1936 — *3sops* lono H *CM* 1543 — *3pops* lonon H *CM* 1553 — *pcpt* gilonot H *C* 3459

GILÔNON *v-II Lohn geben* ◊ *to pay (wages)*
• *inf* gilonon H *CM* 3507
• *heimzahlen* ◊ *to retaliate* GENB *inf* geleanian# 394

FAR**LOR** *(nt)-a* te farlora werthan *ins Verderben geraten* ◊ *to perish*
• *ds* farlora H *CM* 1777
• *Verderben* ◊ *ruin* GENB *ns* forlor 721 — *ds* forlore 757

LORG# *(m-)a Stab, Spindel* ◊ *pole, distaff*
• GLWERDC *ns* lorg# 359 — *as* (?) lorg# 359
colus GLWERDC

los → **LOHS**

LÔS *adj + g frei von, gelöst, ohne etw/jmdn (seiend), einer Sache beraubt, verlustig* ◊ *free of, loosed, (being) without sb/sth, bereft, devoid of*
• *ns* los GLEVES 50,25 H *CM* 734. 1014. 2684. 4424. *C* 5511. 5594 — *asm* losan GEN 30 H *CM* 3798. 4471. *M* 4807. *C* 5467, losan *C*, losen *M* 4113. 5110. 5144. *M* 5148 — *asnt* laosa (sa *ras?*) HILD 22 — *np* los H *CM* 87— *npm* losa H *C*, lose *M* 3591. 3641. 4143
• GENB *ns* leas# 333. 372
solutus GLEVES

LÔSIAN *v-I (heraus)lösen, abtrennen, wegnehmen, erlösen, befreien* ◊ *to remove, take off, pull up, loosen, free, deliver, redeem*
• *inf* losian H *C*, losien *M* 3539. 4642. 4921. *M* 1442. *C* 2559. 5384, losean *CM* 1131 — *3sips* losid H *M*, losit *C* 1530 — *3pips* losiat H *C* 2599 — *3sops* losie H *M*, lose *C* 1488 — *3sipt* losda GLVERGOX 113,25 H *CM* 1214 (losde *M*). 2359
vellere GLVERGOX

ALÔSIAN *v-I (+ g) abtrennen, wegnehmen, freigeben, erlösen (von)* ◊ *to take, cut off, release, deliver, redeem (from)*

-lôsian
-lôvian

• *inf* alosian H *C* 5434. 5724, alosean *C*, alosien *M* 4166 — *inf d* alosienne H *M*, alásianne *S*, alosannea *C* 523 — *1sips* arlosiu GLTRSEM VII,55 — *2sops* aloseas H *CM* 1708 — *3sops* alosie H *CM* 2148 — *2simp* erlosi PSLUB 114,4 — *3sipt* erlosde PSLUB 114,6 — *3sopt* alosdi H *CM* 248 — *pcpt* alosid H *M*, alosit *C* 2776 — *pcpt asm* álós:dan (i *ras*) GLPRUDF1 99,11
eruere GLPRUDF1 extricare GLTRSEM liberare PSLUB

BILÔSIAN *v-I + instr/g einer Sache berauben* ◊ *to bereave, deprive of*
• *inf* bilosian H *C*, bilosien *M* 2676. 2725. 2781 (bilosean *C*). 3090 (belosian *C*). 3947 (belosian *C*). 5070, bilosean *C* 1442 — *3pips* bilosiad H *M*, bilosiat *C* 3531 — *3sops* bilosie H *CM* 1435. 4154 — *3sipt* bilosda H *C*, bilosde *M* 1445 — *pcpt* bilosid GEN 147 H *C*, bilosit *M* 173

TILÔSIAN *v-I loslösen* ◊ *to release*
• *pcpt* télósid GLPRUDF1 103,19
resolvere GLPRUDF1

ŪTALÔSIAN *v-I herausreißen* ◊ *to tear out*
• *pcpt dsf* vt(a)lósdaru GLPRUDF1 96,42
eruere GLPRUDF1

LOSKI *nt-ja Saffianleder, rotes Leder* ◊ *saffian leather, red leather*
• *ns* loschi GLTRSEM XII,84 — *ap* loschi GLPB1 I,334,28
pellis rubricata GLTRSEM GLPB1 pellis Parthica GLPB1

LOSON *v-II verloren gehen* ◊ *to be lost*
• GENB *3sips* losað 434

LÔSON *v-II wegnehmen, + g befreien von* ◊ *to take off, + g to free from*
• *inf* loson H *CM* 1718 (n< m? *C*) — *pcpt/adj* losot H *CM* 2110

LÔSWERK *nt-a Übeltat* ◊ *bad deed*
• *np* losuuerc H *M* 3231

LÔSWORD *nt-a Schmähwort* ◊ *invective*
• *ap* losuuord H *C* 3469

loter° → LOTHO

LÔTHAR *(nt-a) Waschmittel* ◊ *detergent*
• *ns* lothar GLTRSEM X,38, lother GLMARF III,720,60
lomentum GLMARF GLTRSEM

LOTHO *m-n Lodenumhang, Wolldecke, Kleiderzehnt* ◊ *woollen cloak, blanket, tithe of clothing*
• *ns* lodo[+] DIPL 937/2, (?) loter° (?) GLTR40 V,48,24 (= *np* loten?) — *as* lothon GLPRUDF1[(+)] 90,26
decimum vestimentum DIPL 937/2 laena GLPRUDF1[(+)] lodix GLTR40

lothocospon° → LITHUKOSPOS
louga[+] → LÔGA

LÔVIA *f-(j-n) Laube, Vorhalle* ◊ *pergola, entrance hall*
• *ns* loue GLMARF III,721,50, loiua[+] GLTRSEM III,55, lôuba[+] GLHARD IV,279,27, iouba°[+] GLADM718 78,8
• LOBIUM *mlat abls* lobio VMEINW 150 frontispicium, scaena GLMARF umbraculum GLADM718 GLHARD zeta (= diaeta) aestivalis GLTRSEM

GILÔVIAN *v-I (+ g/d/instr?/an/aftar/in/te) glauben (an), Vertrauen haben (in/zu)* ◊ *to believe, have faith in* → GILÔVON
o[78] *inf* gilobian H *C* 5571, gilobean 1018 (gilobean *M*). 1527 (gelobian *M*), giloƀean *C*, gilobean *M* 958. 1733. 1770, gilobian *C*, gilobien *M* 4087. *C* 5598. 5853 (gilobean *L*), gilobien *M* 2715. 4140. 4265. 5229, gilouian CONFES 17,6 — *1sips* giloƀiu H *C*, gelobiu *M* 2107, gilobiu *CM* 4036. 4061, gilobi (lo *add*) GEN 173, gilouiu ABRK, gilouuiu ABRK A 22, kelave CONFPAL — *2sips* gilouis ABRK, gelobis ABRPAL — *3sips* gilobit H *C*, gilobid *M* 3920. *C* 2230, giloƀit *C* 5755, gilobid *M*, gilobit *C* 3915. 4056 — *3pips* giloƀeat H *C*, gilobiad *M*

-lôvian   luginari

5091 — *2pimp* giloƀeat H C, gilobiot M 4638 — *1sipt* gilofda CONFES 17,5, [g]ilobde PSLUB 115,10 — *3sipt* gilobda H C 3961 — *3pipt* giloƀdun H C, gelobdun M 2341, gilobdun C, gelobdun M 2286 — *3sopt* giloƀdi H C, gilobdi M 5034, gelôbdi GLSMIH 406 — *3popt* gilobdin H CM 2351
• + *g rei, d refl sich etw erhoffen* ◊ *to have hope for oneself of sth* GENB *1sips* gelyfe# 401. 679
credere PSLUB

GILÔVO *m-n Glaube, Vertrauen* ◊ *belief, faith, trust* — mid gilouon *absichtlich* ◊ *intentionally*
o^{64} *ns* giloƀo, giloƀo H C, gilobo M, gilobo (ƀ<u) M 2470 — *gs* giloƀen H C, gilobon M 3649 — *ds* giloƀon H C, gilobon M 290 (loƀon° C). 1237 (gelobon M). 2491, giloƀen C 2365 (gelobun M). 3900 (gilobon M), gelobon M 1221, gilouon CONFES 16,8. 17,18 — *as* giloƀon, giloƀon, gilobon H C, gilobon, gelobon M, gilouon CONFES 17,26
• GENB *as* geleafan# 543. 650

LOVON *v-II loben* ◊ *to praise*
• *inf* loƀon H C 6, lobon 2227 — *3sips* louat PSLUB 33,3 — *3pops* lobon H C, lobon M 1404 (loƀon C). 1570. 1634 (louon M) — *3sips* loboda H C, lobode M 955. C 2209, łoƀoda C, loboda M 1021, loboda GEN 114 — *3pipt* lobodun H C, louodun M 417, lobodun CM 2875. 3711
• GENB *inf* lofian# 508
laudari PSLUB

GILÔVON¹ *v-II + d/an/after glauben an* ◊ *to believe in* → GILÔVIAN
• *inf* gilobon H P 958. C 4140. 5229, giloƀan C 2715 — *1sips* gelobo ABRPAL 15. 17. 19

LÔVON² *v-II sich belauben* ◊ *to put forth leaves*
• *1sips* louon GLTRSEM VIII,11
frondescere GLTRSEM

LUBBI *nt-ja Gift* ◊ *poison*
• *ds* lubbe GLPRUDF1⁺ 93,25
sucus anguinus GLPRUDF1⁺

LUBBIAN *v-I vergiften* ◊ *to poison*
• *pcps dsnt* lubbiandemo GLPRUDF1 93,30 — *pcpt dsnt* gilubbiđemo GLPRUDF1⁺ 93,2/3
illinere GLPRUDF1⁺ medicare GLPRUDF1 GLPRUDF1⁺

lubbistechcho⁺, lubesteko⁺ → LUVISTEKO
lubigaro → LUVIG

LUD *m/f(-cons?) Zeugungskraft* ◊ *generative power*
• *ns* lud H CM 154

ludi → LIUD
ludihorn → HLŪDIHORN
ludon(-) → HLŪDON
lufe# → LUVA

LUFT *m-a (-u) + f (-u) Luft* ◊ *air*
• *ns* luft H C *(m)*, M *(f)* 3144 — *ds* lufte H CM 391
• GENB *m/f-i ds* lyfte# 448

LUGGI *adj-ja/jō lügnerisch, falsch* ◊ *lying, false*
• *dsm/nt* luggiomo CONFES 17,8 — *asnt* luggi H CM 3270 — *npm* luggeon H M, luggiun C 1736

LUGINA *f-ō Lüge, Täuschung, Falschheit* ◊ *lie, deceit, falsehood*
• *ns* lugina GLTRSEM X,102 — *as* lugina PSGERN 8,1,2 [14,5,6] — *dp* luginun H M, luginon C 1037. 5079 — *ap* lugina H C 5891, lugína GLPRUDF1 98,19
• GENB *dp* ligenum# 496. 531. 588. 601. 630. 647, lygenum# 598
commentum GLPRUDF1 menda GLTRSEM mendacium (PSGERN)

LUGINARI *m-ja Lügner* ◊ *liar*
• *ns* lúgenari GLEVELT 46,5
falsarius GLEVELT

LUGINLĪK *adj lügnerisch, trügerisch* ◊ *false, lying*
• *ns* luinlik PsLub 115,11, [l]uinlik 32,17
fallax, mendax PsLub

LUGINWORD *nt-a Lügenwort* ◊ *false word*
• GenB *dp* ligenwordum[#*] 699

luhhir[+] → LOK
luhtian → LIUHTIAN

ANDLŪKAN *v-2 öffnen, erschließen, offenbaren, sich entfalten* ◊ *to open (up), disclose, reveal, unfold*
• *inf* antlucan H *CM* 2579. 4077 (andlucan *C*) — *3sips* antlukid H *M*, antlukit *C* 4081. 4341 — *3sipt* antloc H *CM*, antlóc *V* 1293 — *3sopt* antluki H *CM* 3616 — *pcpt* antlocan H *C* 3081 (antloken *M*). 5392. 5708. 5908

BILŪKAN *v-2 verschließen, einschließen* ◊ *to lock, close, shut up* — *cf* BIDŌN
• *inf* bilucan H *C* 2724 — *3pops* bilucan H *C* 4681 — *3pipt* belucun H *C* 5740 — *pcpt* bilocan H *C* 3078 (biloken *M*). 4427 (o<u? *C*, bilokan *M*)

luinlik → LUGINLĪK
luci-[+] → LUTTI(-)

LUMBAL *m-a Lendenstück* ◊ *piece of loin, undercut*
• *np* lumbala GlSpet 74,25 ‖
renunculus GlSpet

GILUMPLĪK *adj passend* ◊ *neat*
• *ns* gilúmplik GlPrudF1 101,17
concinnus GlPrudF1

LUN *m-a + m-i Lünse, Achsnagel* ◊ *linch-pin* → LUNIS
• *np* lunes GlK211 I,445,21, luni GlSpet 75,36
humerulus GlK211 GlSpet

LUNDLAGA[#] *m-n Niere* ◊ *kidney*
• *np* leuintlegun[o#] (*abbr*) GlPb1 I,340,4
renunculus GlPb1

LUNGA *f(-n) Lunge* ◊ *lungs*
• *ns* lunga (a<o) GlTrSem XIII,53
pulmo GlTrSem

LUNGANN *f-jō Lunge* ◊ *lungs*
• *dp* lungandian GlVergOx 113,7
pulmo GlVergOx

LUNGAR *adj flink, schnell, eifrig* ◊ *quick, fast, eager*
• *gsm* lungras H *PC* 987 — *asf* lungra H *LC* 5827 — *gpm* lungro H *C* 1247 — *apm* lungra H *C* 5298

LUNGRO *adv völlig* ◊ *thoroughly*
• GenB lungre[#] 473

LUNIS *m-a Lünse, Achsnagel* ◊ *linch-pin* → LUN
• *np* lunisas GlVergOx 111,19/20, lunisos GlTr40 V,47,24
axedo GlTr40 GlVergOx humerulus GlVergOx

luokoian → LŌKON

LŪR(I)A *f(-n/j-n) Tresterwein, Lauer/Läuer* ◊ *piquette (wine made from marc, the material remaining after grape pressing)*
• *ns* lura GlSpet 75,8 ‖, liura GlTrSem IX,101
acinum GlSpet lora GlTrSem

LUST *f(-u) + -i(/m?) + -ō Lust, Begierde* ◊ *pleasure, desire* — *an lustun voller Freuden, üppig* ◊ *joyful(ly), luxuriantly*
• *dp* lustun H *VM*, luston *C* 1147. 1343 (*V*). 1353 (*V*). 2397. 2743. 2765. 2861. 3361. 3382. 3680. 4484. *C* 4724, luston *CM* 2006. 2151 ConfEs 17,13 — *ap* lusti H *C*, lusta *M* 1661, lusta *C* 3453
• GenB *m-a dp* lustum 473 — *ap* lustas[#] 687

FARLUST *f-i Verlust* ◊ *loss*
• *as* farlust H *CM* 4019. 4070

GILUST (*f-i?*) *Gelüst* ◊ *desire*
• *ns* gelust GlSmih 18
motus GlSmih

lustbrennisal

LUSTBRENNISAL *nt-a Reizmittel* ◊ *incentive*
• *ns* lustbrennesal⁺ GLTRSEM IX,11
incentivum GLTRSEM

LUSTIAN *v-I impers + a pers, g rei jmd hat Verlangen, ist begierig nach etw* ◊ *sb desires sth, is eager for sth*
• *inf* lustean H *CM* 1060 — *3sips* lustit HILD 59

GILUSTIAN *v-I + g etw ersehnen; impers + a pers, g rei jmd ersehnt etw* ◊ *to long for; impers + a pers, g rei sb longs for sth*
• *3sips* gelustid H *M*, gelustiđ *V* 1308 — *3pops* gilustin H *C* 1308

LUSTLĪK *adj sehenswert* ◊ *worth seeing*
• *ns* lustlih⁺ GLTRSEM XVII,25
spectabilis GLTRSEM

LUSTSAM *adj freudevoll* ◊ *joyful*
• *as/pf* lustsama H *C* 4712

LŪT, LUT *adj (indecl?) wenig* ◊ *few*
• *(ns)* lut H *M*, liut°⁷ *C* 1782

luteres → HLUTTAR, HLŪTAR
lutterdranc → HLUTTARDRANK

LUTTIK *adj klein, wenig; adv wenig* ◊ *little, small; adv little*
• *nsnt* luttic H *CM* 2838 — *dsm* lutticon H *CM* 3371 — *dsf* lucikerv⁺ GLEVES 57,17 — *asnt (adv)* lucik⁺ GLPRUDF1 96,30 — *instr* luttiku GLLECT
pusillus GLEVES parum GLPRUDF1 eo amplius luttiku mér GLLECT

LUTTIL *adj klein, wenig, gering* ◊ *little, small*
• *ns* luttil H *CM* 2504, *C* 2254. 4681 — *gsnt* luttiles H *CM* 2625 — *asm* luttilna H *CM*, luttilne *S* 381 — *asnt* luttil H *CM* 740, luttila HILD 20 — *npf* luttilo HILD 67 — *apm* luzile⁺ PSLUB 114,6
• GENB *asf* lytle# 486
parvulus PSLUB

lygenum

LUTTILO *adv ein wenig, jedenfalls* ◊ *a little, anyhow*
• lucilo⁺ GLEVES 58,26
profecto GLEVES

luttron → HLUTTAR, HLŪTAR

LŪTHRA *f-n Windel, Lumpen* ◊ *nappy, rag*
• *ns* luthra GLTRSEM VI,40 — *np* lúthárun GLPRUDF1 96,8 — *dp* loderon⁺ GLSPET 80,32 ‖
cuna GLTRSEM crepundia, ornamenta GLPRUDF1 pannus GLSPET

LUVA *f-ō sorgfältige Auswahl* ◊ *careful selecting*
• *ns* luue GLVERGOX 109,10
• *Liebe* ◊ *love* GENB *as* lufe# 624
delectus < dilectus GLVERGOX

LUVIG *adj bereitwillig, redlich* ◊ *willing, honest* → LIUVIG
• *nsm* luƀigo H *C*, lubigo *M* 2475 — *gp* lubigaro GEN 219

LUVISTEKO *m-n Liebstöckel* ◊ *lovage* — *cf* LIVISTOK
• *ns* lubesteko⁺ GLTRSEM XXI,42, lubbistechcho⁺ GLTR40 V,43,27
levisticum GLTRSEM lubisticum GLTR40

luzile⁺ → LUTTIL
lybban# → LIBBIAN

LYBESN# *f-ō Amulett* ◊ *amulet*
• GLWERDA *ap* lybisnę
dilatura° (dilaturas < filacterias = phylacterias) GLWERDA

lyfte# → LUFT
lygenum# → LUGINA

M

maalman → **MAHALMANN**

MADRA *f-ō/n Mutterkraut* ◊ *feverfew*
• *ns* madre GLMARF III,719,45
matrona GLMARF

mæg# →[MUGAN]
maegin-, mægyn# → **MEGIN**
mæle → **MALHA**
mæran# → **MĀRI**
maerc → **MARK**
mæst# → **MÊST**

MÆÞEL# *nt-a Versammlung(sstätte)* ◊ *meeting(-place)* — *cf* **MAHAL**
• GLWERDC *ns* męd[ ]# *fol.* 5r
conciliabulum GLWERDC

MÆÞLAN# *v-I reden* ◊ *to speak* — *cf* **MAHLIAN**
• GENB *inf* mæðlan# 524

MĀG *m-a Verwandter* ◊ *relative*
• *gs* mages H *CM* 1498 — *gp* mago H *CM* 3172. 3321 — *dp* magun H *M*, magon *C* 1449 — *ap* magos H *C* 2205. *M* 1455 (magas *add C*)

MAGATH *f-cons Jungfrau, junge Frau, Dienerin* ◊ *Virgin, young woman, maid*
• *ns* magad H *M*, magat *C* 269. 437. 2766. 2770. 4957 — *ds* magad H *M*, magat *C* 331. 386. 2760. 2784, mageth CONFPAL 362,8 — *as* magađ H *M* 3861, magad *M*, magat *C* 252. 296. 1997 (magat *M*). 2777 — *np* magađ H *C* 3967

MAGATHHÊD *f-i(<-u) Jungfernstand* ◊ *spinsterhood*
• *ds* magadhedi H *M*, magathedi *CS* 507

mageroge° → **MAGUTOGO**

MAGONHÔVUD *nt-a Mohnkopf* ◊ *poppy head*
• *ns* magonhouut GLTRSEM XII,58
papaver GLTRSEM

MĀGSKEPI *m-i Verwandtschaft* ◊ *relationship*
• *ns* magskepi H *M*, magscepi *C* 1495 — *ds* magskepi H *M* 1441 — *as* magskepi H *M*, magscipi *C* 2653 — *instr* magscepiu H *C* 1441

magti, magtig → **MAHTIG**

MAGU *m-u Sohn* ◊ *son*
• *ns* magu H *CM* 165. 741. 836 — *as* magu GEN 86 H *CM* 215. 265. 272 — *ap* megi H *CM* 737

MAGUJUNG *adj jugendlich* ◊ *youthful*
• *asm* maguiungan H *CM* 2151 (magoiungan *M*). 2183 — *npm* maguiunga H *C*, maguiunge *M* 744

MAGUTOGO *m-n Erzieher* ◊ *educator*
• *ns* mageroge° GLMARF III,716,14
paedagogus GLMARF

MĀGWINI *m-i Verwandter, Stammesgenosse* ◊ *relative, clansman*
• *ns* maguuini H *CM* 4981. 5213

MAHAL *nt-a Gericht, Rede, Urteilsspruch, Versammlungsplatz (der Volksversammlung), Gerichtsgebühren* ◊ *court, speech, judgement, meeting-place (of the folkmoot), court fees* — *cf* MÆÞEL#
• *ns* mahal H *CM* 2891 GLSPET 83,4, mal DIPL 959 — *ds* mahle H *CM* 1312 (e<a *C*, mahla *V*). 3834 — *as* mahal GLVERGOX 113,21 — *gp* mahlo H *C* 4710
census DIPL 959 forum GLVERGOX scogilum° [mallus] GLSPET

MAHALERI *m-ja Marktschreier* ◊ *barker*
• *ns* maleri GLPRUDF1 95,19
circulator GLPRUDF1

MAHALERVO *m-n Erbpächter (?)* ◊ *fee farmer (?)*
• *ap* malherbon+ DIPL 1017

MAHALHŪRIA *f-jō Gerichtsgebühr* ◊ *court fees*
- gs malhurę (*add*) DIPL 958

MAHALMANN *m-cons vollberechtigter Mann (unter kirchlicher Gerichtsbarkeit)* ◊ *fully entitled man (under ecclesiastical jurisdiction)*
- *np* malman DIPL 881. 887/2. 961/1. 1032 VMEINW 214 — *ap* mahelman DIPL 1051, maalman DIPL 1009. 1031/1. 1039/1. 1048. 1059/2, malman †DIPL 803

MAHALSKULD *f-i Gerichtsgebühr* ◊ *court fees*
- *ns* malscult (sc *corr*) REGÜBERW 20
redditus REGÜBERW

MAHLIAN *v-1 sprechen, reden, verhandeln* ◊ *to speak, talk, argue* — *cf* MÆÞLAN[#]
- *inf* mahlian H *M*, mahlean *C* 225, mahlian *C*, mahlien *M* 4433. 5177, mahlean *C*, mahlien *M* 3133. 5233. *M* 2614, mahlian (i *add*) *C* 5722 — *2sips* mahlis H *CM* 3250 — *1sops* mahlea GEN 227 — *3pipt* mahlidun H *CM* 5138 — *3popt* mahlidin H *CM* 3930

GI**MAHLIAN** *v-l sprechen, reden, verabreden, einen Ehevertrag schließen, + a pers sich verloben mit* ◊ *to speak, talk, arrange, engage oneself in marriage, + a pers to become engaged to* — *cf* GIMEHLIDA
- *inf* gimahlean H *C* 818. *M* 1470, gimahlien *M*, gimahlean *C* 165 — *3sipt* gimahalda GEN 189. 211. 224 H *M*, gimalda *C* 139, gimahalde *M*, gimalda *C* 914. 3136. *C* 3993, gimahalta[+] HILD 7. 14. 45, gimalta[+] 36 — *pcpt* gimahlid H *C*, gimahlit *M* 254 — *pcpt apm* gimahlida GLVERGOX 113,32
- GENB *3sipt* gemælde[#] 790
pacisci (thalamos) GLVERGOX

MAHLON *v-II sprechen* ◊ *to speak* — *cf* MAÞELIAN[#]
- *inf* mahlon H *C* 2614

GI**MAHLON** *v-II verabreden* ◊ *to arrange*
- *inf* gimalon H *C* 1470

MĀHO *m-n Mohn* ◊ *poppy*
- *ns* maho GLVERGOX 110,20
papaver GLVERGOX

MAHT *f-i/-cons Macht, Kraft, Gewalt, Schamglied* ◊ *power, strength, might, male member*
o[61] *ns* maht H *CMS* — *ds* maht H *CM* 4160. 4379 — *as* maht H *CM*; maht (*corr* <ƀ?) *C* 3304, :maht (a *ras*?) 4089 — *np* mahti H *M*, mahtig *C* 2657 — *dp* mahtiun H *M*, mahtiom *C* 3349 — *ap* mahti H *CM* 2338 GLPRUDF1 97,24 GLPRUDF44 105,8
- GENB *as* miht[#] 336
genitalis GLPRUDF1 GLPRUDF44

GI**MAHT** *f-i Penis* ◊ *penis*
- *ns* gimath GLSPET 86,1
penis, ramus GLSPET

MAHTIG *adj mächtig, machtvoll, außerordentlich* ◊ *mighty, powerful, extraordinary*
o[176] *ns* mahtig GEN 101. 153 H *VCMS*; magtig *C* 423. 1058. 3349. 3509, magti 812. 1378. 1514, mahti 2193. 2581. 4229. 4766. 5621, matig GEN 177 — *nsm* mahtigo H *C* 2210 — *gsm* mahtiges H *CM* 1827. 1999. 4601. *C* 2233. 5610 — *dsm/nt* mahtigon H *CM* 3646. *C* 5651 — *asm* mahtigna H *PCM*; mathigna GEN 23, mahtigne H *M* 3501. 4028. 4079 (mahtina *C*). 4528 (mahtigan *C*). 4886, mah[ ]gne *S* 394, mahtina *C* 753. 996. 4137, mahtigan 5919 — *npm* mahtige GEN 159 — *npnt* mahtig H *CM* 337. 3934 (mahtiga *C*) — *gp* mahtigoro H *M*, mahtigro *C* 2262
- GENB *ns* mihtig[#] 342. 559. 605. 814 — *nsm* mihtiga[#] 299 — *gsm* mihtiges[#] 403 — *asm* mihtigne[#] 253. 524. 848

MAHTIGLĪK *adj machtvoll* ◊ *powerful*
- *ns* mahtiglic H *CM* 3588 — *as/pnt* mahtiglic H *M*, mahtilic *C* 2349

MAKERINN *f-jō Ehestifterin* ◊ *matchmaker*
- *ns* makerin GLVERGOX 113,33
pronuba GLVERGOX

MĀKI *m-ja Schwert* ◊ *sword*
• *gs* makies H *C*, makeas 2806. 4875 — *ds* gimakie°⁷ H *C* 4981 — *instr* makeo H *M* 4981

GIMAKO *m-n der Ebenbürtige, Gleichwertige, Seinesgleichen* ◊ *match, equal*
• *ns* gimaco H *CM* 941. *C* 5400 — *as* gimacon H *CM* 2127 (gemacon *M*). 2642. 2792 — *as/p* gimacon H *C*, gemacon *M* 1836

MAKON *v-II errichten, formen, (fest)setzen, auferlegen* ◊ *to construct, form, arrange, put, inflict, fix*
• *inf* macon H *CM* 1721 — *3sops* maco H *CM* 1698 — *3sipt* macoda H *C*, macode *M* 241 — *pcpt* gimacod H *CM* 3626. *C* 3432 (-on° *ms*), gemakad GLPRUDF1 101,28/29 — *pcpt apm* gimágóda GLPRUDF1 100,35
• *bereiten* ◊ *to cause* GENB *pcpt* gemacod 755
construere, struere GLPRUDF1

GIMAKON *v-II errichten* ◊ *to construct*
• *3sops* gimaco H *C*, gemaco *M* 3141

mal(-) → **MAHAL(-)**
malaha → **MALHA**

MALAN *v-6 mahlen, schroten, zerkleinern* ◊ *to grind, crush, cut up*
o⁸⁴ *pcpt n/asnt* gimalan REGFREK *KM*, gemalan *K* 25,34, gimalen *M* 41,12/13 — *pcpt gsnt* gimalanas, gimalenas REGFREK *MK*, gemalenas *K* 30,41 — *pcpt dsnt* gemalanamo GLSTR 107,32 — *pcpt asnt* gimalana REGFREK *M* 30,18 — *pcpt n/apnt* gimalana, gimalena REGFREK *KM*
liquescere GLSTR

MALDAR *nt-a + m-a Malter (Getreidemaß), Mandel (Zählmaß, 15 Stück)* ◊ *set of fifteen, a dry measure (for grain)*
o¹⁷⁹ *ns* maldar REGHERZr 14. 15. 17, maldar (*abbr*) 20. 21, malder (*abbr*) REGERK 35 — *as* malder REGHELM REGHERF ROTCORB B VMEINW 82, malder (*abbr*) REGHERF — *n/ap* maldar REGFREK *K* 33,27. *M* 33,8, malder 39,12 CH 1004¹ REGHELM REGHERF VMEINW, maldar (*abbr*) REGHERZr 23, malder (*abbr*) URBWERDB 133,7 REGHERF, maldras REGERK, maltera⁺ CH 1023-51 (*mlat?*)
o²⁴¹ **MALDARIUM, MALDRUM, MALDRUS** (*?*) *mlat as* maldarium URBWERDC 140,11. 148,11, maldarium URBWERDC URBWERDD URBWERDE URBWERDF maldarium (*abbr*) URBWERDC URBWERDE URBWERDF 263,7, maldrum CH 1091 REGERK ROTCORB B, maldrum (*abbr*) REGHELM, moldrum REGHERF 50, moldrum (*abbr*) REGHELM 126 — *np* maldaria CH 1065-80, maldra CH ROTCORB B — *dp* maldariis CH 1080-1104/1 — *ap* maldaria CH 1080-1104/1 URBWERDB 135,22/23 URBWERDC URBWERDD URBWERDE URBWERDF 285,22, maldra CH REGFREK *M* 24,5 REGHELM 121, maldra (*abbr*) REGHELM, moldra (*abbr*) REGHELM REGHERF, maldaria (*abbr*) URBWERDC URBWERDD URBWERDE URBWERDF 263,8, maldros (*mlat?*) REGERK VMEINW — *ablp* maldris VMEINW

MALDIA *f-jō/j-n Melde* ◊ *orache*
• *ns* maldia GLTR40 V,46,7 GLADM 508 *fol.* 58r
atriplex GLADM 508 GLTR40

male → **MALHA**

MALERI *m-ja Müller* ◊ *miller*
• *dp* maleren REGFREK *M* 42,31

maleri → **MAHALERI**

MALHA *f-ō Tasche, Proviantbeutel, Satteltasche* ◊ *bag, haversack, saddlebag*
• *ns* malaha GLSPET 79,24‖ — *np* malaha GLSPET 75,6‖, mæle URBWERDF 285,13 — *ap* male GLPRUDP 63,4 URBWERDB 133,6 (*m?*)
fiscus GLPRUDP sitarcia, zaberna GLSPET

malherbon

malherbon⁺ → MAHALERVO
malcium *mlat* → MALT²
malcse° → MALSK

MĀLON *v-II (kenn)zeichnen, bunt färben* ◊ *to mark, pcpt multicoloured*
• *pcpt* gimalod H *CM* 4876, imelot GLSPET 73,3
pcpt polymitus GLSPET

MALSK *adj übermütig* ◊ *arrogant*
• *np* malsca H *C*, malcse° *M* 4925

MALSCRUNG# *f-ō Behexung, Verblendung* ◊ *bewitching, blindness*
• *ns* malscrung# GLWERDC 363, mascrunc°# GLPB1 I,554,1
fascinatio, laus stulta GLPB1 pressicium (praestigium?) GLWERDC

MALT¹ *nt-a Malz* ◊ *malt*
o⁹⁰ *ns* malt GLVERGOX 111,41, malz⁺ GLADM508 — *gs* maltes CH 1004¹ REGES 21,3,5,11,13,15 REGFREK *KM* ROTCORB A/B, maltas REGFREK *K* 25,29,31. *M* 25,12,14. 29,19,25, maltes (a<u) 31,1 — *ds* malte ROTCORB A XXIII,7 — *as* malt ROTCORB, molt A I,15
bracium GLADM508 GLVERGOX

MALT² *nt-a Malter (Hohlmaß)* ◊ *(a dry measure)*
o³³⁵ *n/as* malt REGÜBERW REGHERF REGHERZv 18 REGFREK *KM*, malt (a<?o) *M* 27,1, molt REGÜBERW, malz⁺ REGHERZr 16. 18. 50. 60 — *n/ap* malt REGHERF REGHERZv 12 REGFREK *KM*, molt REGÜBERW 24 (2) REGHERF 28ᵉ (2), malz⁺ REGHERZr — *gp* malto REGFREK *M* 28,24. 43,3
o¹⁵⁴ **MALCIUM** *mlat n/as* malcium, mal*c*ium, malc*ium* (*abbr*), maltcium, moltium, moltcium, molt*ium*, mol*c*ium (*abbr*) REGÜBERW — *gs* maltcii REGÜBERW 19 (2) — *n/ap* maltia, malcia, malt*ia*, malc*ia* (*abbr*), maltcia, moltia REGÜBERW — *ablp* malciis REGÜBERW

manag

maltera⁺ → MALDAR

MALTERI *m-ja Mälzer* ◊ *maltster*
• *ds* maltere REGFREK *M* 42,33

MALTERON *v-II Malzgetreide anbauen* ◊ *to cultivate grain for malting*
• *3sips* malterot URBWERDA 40,2

maltcium *mlat* → MALT²
malz⁺ → MALT¹, MALZ²
man° → HÊ, SIU, IT
man-# → MÊN-

MANA *f-ō Mähne* ◊ *mane*
• GLWERDC *ns* manu# 361
iuba GLWERDC

manabirga → MANBERGA

MANAG *adj, pron manch (ein), viel, reichlich, zahlreich, vielfältig, lang* ◊ *many (a), much, long, plentiful, manifold* — hwat manages *mancherlei, was alles?* ◊ *various things, what things?* — filo managan dag *sehr lange* ◊ *a very long time*
o²⁸⁷ *ns* manag GEN 317 H *CM*; maneg *M* 4109. 4319, moneg *S* 526 — *gsnt* manages H *CM*; maneges *C* 3624. 3737 — *dsm/nt* managumu H *M*, managon *C* 2702 (managan *C*). 3751. 4118 — *dsf* managaro H *M*, managero *C* 900, managon *M*, managun *C*, manigon *V* 1314 — *asm* managan GLEVES 58,21 PSGERN 8,2 [14,6] H *CM*; monagan *S* 372 — *as/pnt* manag H *VCM*; manah *C* 1205 — *asf* managa H *CM*; monege *S* 524 — *npm/f* managa H *CM*; manega *C* 1, manage *M* 3822. 4089 — *npnt* manag H *CM* 1724. 1978 — *gp* managaro H *CM*, managoro *M*, managero *C*; manegero *C* 3398, monegera *S* 378. 535, ma[ ] GLEVES 58,24 — *dp* managun H *M*, managon *C*; managom *M* 1631, managan *C* 629, managon 3565. 3588. 5403, managon 937, monagun *S* 495 — *apm/f* managa H *PCM*; manage *M* 966.

1214. 3735, managæ 3696 (np?), monege PSLUB 32,16 — apnt managu H M, managa C 1732, menege PSLUB 28,3 — comp dp manigerun (abbr) GLMERS 70,11
• GENB nsm monig 597 — dsm monegum 728 — asf monige 634 — apnt monig 738
copiosus GLMERS multus PSLUB tot (also manag) (PSGERN) ex multo tempore GLEVES

MANAGFALD adj vielfältig ◊ manifold
• ns managfald H VCM 1345 — asf managfalda H C, managfalde M 1970

MANAGFALDON v-II vervielfachen ◊ to multiply
• pcpt npm gi(m)ani[faldoda] PSGERN 4,9 [12,7]
multiplicare (PSGERN)

manah → **MANAG**

MANBERGA f-ō + f-n Schutzgitter, Gitter ◊ protective barrier, lattice
• ap manabirga GLPB2 I,297,9, manebergun GLTRSEM V,38
cancellus GLTRSEM latus GLPB2

MANDA f-ō Korb ◊ basket
• GLWERDC ns mond[#] 359
corbis GLWERDC

MANDALA f(-n) Mandel ◊ almond
• ns mandale GLSPET 73,25
amygdala, nux longa GLSPET

MANDROHTIN m-a Herr ◊ Lord
• ns mandrohtin H M 1200

MANDWĀRI (MANTHWĀRI, MĀTHWĀRI ?) adj-ja/jō gütig ◊ gracious
• ns manuuari H C 1200

mane- → **MAN-**

GIMANG nt-a Schar, Menge, Gemeinschaft ◊ crowd, company, mass — an ~ (mitten) dazwischen ◊ in the (very) midst, in between
• ns gimang GEN 256 H CM 2307 (gemang M). 3908. 4535 — ds gimange H CM 2691 — as gimang GEN 18. 309 H CM 577 (gimong S). 862. 1125 (gemang M). 1858. 2409. 4137. 4812. 5138. C 2243
• GENB as gemang 809

MANGON v-II + d refl Handel treiben ◊ to trade
• 3pipt mangodun H CM 3737

MANKRAFT f-i Menschenmenge ◊ mass of people
• ns mancraft H CM 792

MANKUNNI nt-ja Menschengeschlecht, Menschheit, menschliche Natur ◊ mankind, humanity, human nature
o[63] ns mankunni H M, mancunni C 4221. 4761. C 3506 — gs mankunnies H M, mancunnies CM; mannkunnies M, mankunnies C 3255, mancunneas M 1133. C 1504. 1775. 2132, mancunnes C 1242 — ds mankunnie H M, mancunnie CM; mancunnie (i add) C 2492, mancunnea C 4. M 84 ([ ]c[ ]). CM 244, mankunni M 4290 — as mancunni H CM 3592. 5051 — np mancunni H CM 526
• GENB gs mancynnes[#] 459 — ds moncynne[#] 363

MANKUS m-i Goldstück ◊ gold coin
• ap mancusi GLPRUDF1 100,19
aureus GLPRUDF1

MANLĪK nt-a Statue, Menschengestalt ◊ statue, human form
• ns manlich[+] GLHARD IV,282,11
statua GLHARD

MANN m-cons + m-a Mensch, Mann, Gefolgsmann, Ehemann, Rune ♀; pron man, neg niemand ◊ man, person, liegeman, husband, rune ♀; pron one, neg nobody —

mann

manno so hwilic, allaro manno gihwe/ gihwilic *jeder(mann)* ◊ *everyone, everybody* — enig man *irgendjemand, neg niemand* ◊ *somebody, anyone, neg nobody*

o[1089] *ns* man BEDA 14 GEN 260. 265. 317 GLEVELT 46,30 GLEVES GLKBH GLTRSEM PSGERN H M HILD PSLUB 111,1,5. 115,11, man, mann H *C*; mann GEN 52. 130 H *M* 354 (-n *add*), mânn (*neum*, -n *add*) 312, man: (-n *ras*) *C* 2639, man *S* 682, monn 354. 493. 537. 569. 571 — *gs* mannes H *CM*; mannas *M* 503, monnes *S* 503. 507 — *ds* man H *C*, manne *M*; man HILD 31. 56 H *M* 1755. 3355 (měn *C*), manne *C* 768. 1468. 1536. 1556. 1697. 1806. 2523. 3206, manno° 2325, manne CONFES 16,4, manna 17,24 GLEVES 53,9 — *as* man ABC 12 GEN 178 PSGERN 8,2 [14,6] H *CM*, mann *C*; mann *P* 1003, monn *S* 381 — *np* man ABRK 8 H *CM*, mann GEN 183. 199 H *VC*; manna *C* 2657, měnn GEN 116, men 188. 289, menn H *S* 375. 394. 566. 675. 677. 693. 698. 717. 721 — *gp* manno BEDA 13 GEN 112. 127. 203. 207. 222. 235 (a<oa). 291. 310 GLGREG 65,3 PSGERN 9,7 [14,16] H *PLVCM*; manna *C* 402 GEN 163. 194. 253, monn(a) PSLUB 32,13, manno H *S* 383, monna 372. 526 — *dp* mannun H *M*, mannon *C*; mannom *P* 996, mannum *M* 1295 (mannu*n* *abbr V*). 1374. 1398. 1609 GEN 133. 336 HILD 28, monnun H *S* 539. 550 — *ap* man CONFES 16,21 GEN 210. 242 H *VCM*, mann *C*; mann *M* 437

• GENB *ns* man 286. 318 — *gs* monnes 605 — *ds* men 634 — *as* món 395 — *np* menn 640, men 735, mén 728 — *gp* monna 297. 403. 425. 710. 750 — *dp* monnum 595. 758 (*1.*m *ras*) — *ap* men 691, měnn (-n *add*) 451

aedilis (herlich ~) GLTRSEM homo GLEVES (PSGERN) PSLUB vir GLGREG (PSGERN) PSLUB alius GLEVES

mannea° → MINNIA

MANNIRE *mlat* → MENNIAN

mannisc → **MENNISK**
mano° → **NAMO**

MĀNO *m-n Mond* ◊ *moon*
• *ns* máno GLLECT — *ds* manen H *M*, manon *C* 3626, manen *C*, manon *M* 4310

MANON *v-II (an)treiben, (er)mahnen, auffordern,* + *g erinnern an* ◊ *to float, drive, exhort, order,* + *g to remind of*
• *inf* manon H *C* 2240, mánon 4710 — *2sips* manos H *CM* 2027 — *3sips* manot H *C* 3471 — *3sipt* manoda H *CM* 2330. 4802 (manode *M*) — *3pipt* manodun H *CM* 5164 — *1sopt* manodi H *CM* 4886 — *pcpt* gimanod H *CM* 423

GIMANON *v-II (+ g) (er)mahnen (wegen), erinnern (an)* ◊ *to admonish (for), remind (of)*
• *1sips* gemanen GLTRSEM VI,62 — *3sipt* gimanod H *C* 3487 — *3sipt* gimanoda H *C* 3349 — *3pipt* gimanodun H *CM* 89. 368 (gimánodun *neum M*). 337 (gimanodan *C*). *M* 3349 — *3sopt* gimanodi H *CM* 3188
convenire GLTRSEM

MANSLAGO *m-n Mörder, Totschläger* ◊ *murderer, homicide*
• *ns* [m]anslag(o) PSGERN 9,8 [14,17] homicida (PSGERN)

MANSLAHTA *f-ō Totschlag* ◊ *manslaughter*
• *as* manslahta H *C* 5399 — *gp* manslahtono CONFES 16,13

MANSLEHTIO *m-j-n Henker* ◊ *executioner*
• *ns* manslehtio GLTRSEM X,3
lictor GLTRSEM

MANSTERVO *m-n Sterben der Menschen* ◊ *dying of men*
• *gp* mansterbono H *M*, mansterebono *C* 4326

MANUNGA *f-ō Mahnung* ◊ *exhortation*
- *ds* manungu PSGERN 10,11 [15,4] compunctio (PSGERN)

MĀNUTH *m-a Monat* ◊ *month*
- *ds* mánutha GLPRUDF1 96,6 mensis GLPRUDF1

MĀNUTHHWĪLIG *adj mondsüchtig* ◊ *moonstruck*
- *nsm* manuduuiliger⁺ GLSPET 80,23 ‖ lunaticus GLSPET

MĀNUTHLĪK *adj monatlich* ◊ *monthly*
- *ns* monohtlic GLSTR 106,6 menstruus GLSTR

MĀNUTHWENDIG *adj mondsüchtig* ◊ *moonstruck*
- *ns* manuhtuuendig GLEVES 51,4 lunaticus GLEVES

manuuari → **MANDWĀRI**

MANWERK *nt-a Mannwerk, Fläche eines Tagewerks* ◊ *man's work (unit of land measure)*
- *ns* maneuuerc GLTRSEM II,85 arpentum GLTRSEM

MANWEROD *nt-a Menschenschar* ◊ *crowd of people*
- *as* manuuerot H *M* 1946

MAPULDER *(m-a) Maßholder, Ahorn* ◊ *maple tree*
- *ns* mapulder GLVERGOX 112,28 acernus (= acer) GLVERGOX

MAPULDRIA *f-jō Maßholder, Ahorn* ◊ *maple tree*
- *dp* mapuldreum GLVERGOX 112,27 acernus (= acer) GLVERGOX

MAPULDRĪN *adj aus Ahornholz bestehend* ◊ *made of maple*
- *ns* mapuldrin GLVERGOX 113,4 acernus GLVERGOX

MARA *f(-n) Nachtmahr* ◊ *nightmare*
- *ns* mara GLTRSEM X,50 incuba GLTRSEM

mara# → **MÊRO**
marasc[a]lco *mlat* → **MARHSKALK**

MARG *(nt-a) Mark (im Knochen)* ◊ *marrow*
- *ds* margę BENW 18

MARHA *f-ō/n Wurst* ◊ *sausage*
- *ns* mar⊦(e) GLTR40 V,48,22 lucanica GLTR40

MARHSKALK *m-a Stallmeister* ◊ *equerry*
- *ns* marcsalc GLMARF III,716,12, *mlat* marscalcus TRADCORB 30/248 — *gs mlat* marscalci TRADCORB 30/248 — *ds mlat* marscalco URBWERDF 270,16, marasc[a]lco DIPL 995/1 stabularius, strator GLMARF

MARHSTALL *(nt-a) Pferdestall* ◊ *stable*
- *as* marsal° GLADM718 78,19, *mlat* maristallium URBWERDE 188,10 hippodomus GLADM718

MĀRI *adj-ja/jō glänzend, strahlend, bekannt, angesehen, berühmt, bedeutend, hervorragend* ◊ *brilliant, bright, known, respected, famous, excellent, notable*
o[119] *ns* mari H *CM*; meri *S* 535 — *nsm* mareo H *M*, mario *C* 371 (meria *S*). 1951. 2330. 4047. 4353. *M* 2581 — *nsf* maria H *C*, marie *M* 3624. 4299. 4354 — *gsm* mareon H *M*, marien *C* 361 — *dsm* mareon H *M*, marion, marien *C*; marean *M*, mariun *C* 3314. 5249 — *dsf* mareon H *M*, mariun *C* 2090. 3679 (marean *M*) — *asm* marean H *CM* 1244 (marion *M*). 3200 (mareon *C*). 5094. *C* 2214, mareon *M*, marion *C* 4886, mariam° GLPB2 I,296,35 — *asnt* mari H *CM* 996. 5274, maria *C*, marie *M* 3761, mario *C* 3449 — *asf* mari H *CM* 1126, márean *V*, marion *M*, mariun *C* 1305 — *npnt* mari H *CM* 2190 — *gp* marero H

māri

C 1262 (mariero *M*). 3159 (meriero *M*) — *apm* marean H *M*, mariun *C* 3133 — *apf* mária GLPRUDF1 101,34 — *comp nsf* muriera° (= mariera) GLPB2 I,297,57 — *sup dsf* maristun GLSTR 106,17/18 — *sup asm* mareostan H *M*, mariston *C* 2806
- GENB *asm* mæran# 299

famosus GLSTR illustris GLPRUDF1 industrius, praeclarus GLPB2

MĀRIAN *v-I rühmen, bekannt machen, verkünden, offenbaren ◊ to praise, make known, announce, reveal*
- *inf* marian H *C*, marien *M* 2440. 2444. *C* 5760. 5894, marean *CM* 841. 853. 867 (merean *C*). 1374. 2375 (marian *C*). 3169 (marien *M*) — *2sips* maris H *C* 3951 — *2pops* marean H *C*, marien *M* 3084 — *2simp* mari H *CM* 3232. *C* 5588 — *2pimp* mariad H *M*, marient *C* 4645, maread *M*, mareat *C* 1570 — *3pipt* maridun H *CM* 2268 — *3popt* maridin H *C* 5883 — *pcpt* gimarid GLEVES 55,16 H *P* 996, *CM* 539 (gemarid *C*, gimerid *S*). 1248 (gemarid *M*). 2178 (gemarid *M*). 3216. 3588, kemarit[bfk+] GLEPIST I,774,1

diffamare GLEPIST manifestare GLEVES

MĀRITHA *f-ō Rühmenswertes, Wundertat, Wunder(zeichen) ◊ praiseworthy thing, wonder, miracle, miraculous deed*
- *gs* maritha H *CM* 2165 — *ds* marđu H *C*, mardu *M* 950, marthu *C* 5674, GEN 336 — *as/p* maritha H *C* 4 — *dp* márđum GEN 133

GIMĀRITHA *f-ō Ruhm ◊ fame*
- *ns* imarida GLVERGOX XIV

fama GLVERGOX

MARK *(f-)cons Mark (Einheit für Geld und Gewicht) ◊ mark (unit of currency and weight)*
- *np* marc URBWERDC 148,14 — *ap* marc CH 1051-54, maerc CH 1015-36/1
o[48] **MARCA, MARCUM** *mlat as* marcum URBWERDB 124,2, marcam CH 996-1002

markatmann

REGERK REGHERF REGÜBERW THIETM URBWERDF, marcham CH 1090/2 — *np* marce URBWERDE 242,1, marcae ADAM — *gp* marcarum VMEINW — *ap* marcas ADAM CH 1097/1 REGERK REGHELM REGÜBERW URBWERDB THES 61 URBWERDE VMEINW, marchas CH 1068-88 — *ablp* marcis ADAM REGHELM

MARKA *f-ō Grenze, Grenzmark, Gebiet, Provinz, Gemarkung ◊ border(land), region, province, district* — *cf* **MARCHIA** *mlat*
- *gs* marca H *CM* 763 DIPL 937/2 — *ds* marcu DIPL 881. 887/2. 956 (4). 994/2 LEXSAX CS 10 TRADCORB 141/351. 333/33, marco CH 1064 DIPL 941 (2), marko DIPL 946 CH 1052 (2), marcho DIPL 946, marca URBWERDTRAD 159,11 TRADCORB 266/248 (*cf* **MARCA** *mlat abls*) — *as* marka H *M*, marca *C* 2982 — *dp* marcon CH 1031-50, markon CH 1066-81, mercan CH 1015-36/1, merchan VMEINW 69 — *ap* marka GLEVES 52,25
o[29] **MARCA** *mlat ns (ds?)* marca DIPL 889. 994/1 — *as* marcam THIETM — *abls* marca, marcha ADAM II,56 CH DIPL REGHELM 98 VMEINW — *ap* marcas THANG 774,48

terminus GLEVES

marcalich[+] → MARKATLĪK

MARKAT *(m/nt-a) Markt ◊ market*
- *ns* marcat GLTRSEM XII,40 GLSPET 83,12 — *a(?)s* merkat GLEPIST I,761,22

forum GLSPET macellum GLEPIST pandocium GLTRSEM

MARKATLĪK *adj zum Markt gehörig ◊ belonging to the market*
- *ns* marcalich[+] GLTRSEM VIII,21

forensis GLTRSEM

MARKATMANN *m-cons/a Markthändler ◊ market trader*
- *ns* marcatman GLTRSEM XII,41

pandox GLTRSEM

MARCHIA *mlat Markgrafschaft, Gemarkung* ◊ *margravate, district* — cf **MARKA**
- *abls* marchia DIPL 1046. 1064/2 (-ia *abbr*) — *ablp* marchiis VMEINW 217

MARCHIO *mlat Markgraf* ◊ *margrave*
o[82] *ns* marchio ADAM CH DIPL VMEINW THIETM — *gs* marchionis CH DIPL THIETM VMEINW, marhionis DIPL 1028/2 — *ds* marchioni ADAM THIETM — *as* marchionem ADAM THIETM — *abls* marchione ADAM CH DIPL THIETM VMEINW — *n/ap* marchiones THIETM — *ablp* marchionibus THIETM

GIMARKITHA *f-ō Bestimmung* ◊ *fixing*
- *as* gimarchida[+] GLEPIST I,770,2
dispensatio GLEPIST

MARKON *v-II bestimmen, festlegen, festsetzen, anordnen, bemerken* ◊ *to designate, determine, fix, direct, notice*
- *inf* marcon H *CM* 1671 — *1sips* marcon GLTRSEM VI,81 — *3sipt* marcoda H *CM* 601. *C* 4780 — *pcpt* gimarcod H *CM* 128. 192. 4893 (gimarkot *M*). *C* 5711, gimarcot GEN 23 H *C*, gemarcod *M* 2057, gimarakot GEN 1
- *zufügen* ◊ *to inflict* GENB *3sipt* mearcode[#] 459 — *pcpt* gemearcod[#] 591. 595. 791. 814, geméarcod[#] 363. 395
destinare GLTRSEM

GIMARKON *v-II (vorher)bestimmen, anordnen, feststellen, entscheiden* ◊ *to designate, determine, preordain, establish, decide*
- *inf* gimarcon H *CM* 3063. *C* 5279 — *3sipt* gimarcoda GLEVES 59,18 GLPRUDF1 98,27 H *C*, gemarcode *M* 1514. 4979, gimarcode *M* 2792 (gimarcoda *C*). 4780
decernere GLPRUDF1 destituere GLEVES

MARKSTADA *f-ō Markt* ◊ *market*
- *as* marcstada GLPRUDF1 97,17
macellum GLPRUDF1

MARKSTÊN *m-a Grenzstein* ◊ *boundary stone*
- *ns* marcsten GLSPET 85,17, marcstein[+] GLTRSEM X,23 — *np* marcsteina[+] GLSPET 83,24
limes GLSPET GLTRSEM mutulus GLSPET

MARCUM *mlat* → **MARK**

maristallium *mlat* → **MARHSTALL**

MĀRLĪK *adj herrlich* ◊ *splendid*
- *as/pnt* marlic H *CM* márlic *V* 1295

MĀRLĪKO *adv herrlich* ◊ *splendidly*
- marlico H *CM* 3141

MARRUVIA *f-ō/n Andorn* ◊ *horehound*
- *ns* marrufia GLMARF III,719,24
marrubium GLMARF

marsal° → **MARHSTALL**
marscalcus *mlat* → **MARHSKALK**

MARTIR *m-a Märtyrer* ◊ *martyr*
- *gp* martiro BEDA 8
martyr (BEDA)

MARTIRON *v-II martern* ◊ *to torture*
- *pcpt* gemartytod°[?] ABRK 14

MARTUR *mlat Marder, Marderpelz* ◊ *marten (fur)*
- *gp* marturum ADAM IV,21 — *ap* martures ADAM IV,18.32

MARTH *m(-u) Marder* ◊ *marten*
- GLWERDC *ns* merth[#] 358, merth[#] 359, moherth°[#] *fol. Füngling* r
catta, felis GLWERDC furunculus GLWERDA GLWERDC

MARTHRINUS *adj mlat aus Marderfell bestehend* ◊ *consisting of marten fur*
- *asm/nt* marthrinum CH 1015-36/2/7, martherinum VMEINW 45. 123 — *asf* marthrinam CH 1015-36/3. 1026, mar-

marthrinus

therinam VMEINW 78. 103, marturinam ADAM IV,18 — *apf* martherinas VMEINW 37. 55. 91. 109. 126 — *ablp* martherinis VMEINW 181

marthu → **MĀRITHA**

MASALA *f(-n) Bluterguss, blauer Fleck* ◊ *haematoma, bruise*
• *ns* masala GLTRSEM VII,127
phlegmon GLTRSEM

MASKA *f-ō Masche, Schlinge* ◊ *snare, hole*
• *gs* masga GLSPET 85,32 — *dp* mascon GLPRUDF1⁺ 89,14. 93,27, masgon (s *add*) GLSPET 84,26 ‖
macula GLPRUDF1⁺ plaga GLPRUDF1⁺ GLSPET saeta torta GLSPET

MASKO *m-n Schlinge* ◊ *snare*
• *ns* masgo GLSPET 77,20
macula GLSPET

mascrunc°# → **MALSCRUNG**#

MAST *(m-a) Mast (des Schiffes)* ◊ *(ship's) mast*
• *ns* mast GLHARD IV,314,43 GLMARF III,715,18
malus GLHARD GLMARF

MASTBÔM *m-a Mastbaum* ◊ *mast, pole*
• *ns* mastbao° (o = Ansatz zu g ◊ *beginning of* g) GLHARD IV,476,39
malus GLHARD

MASUR *(m-a) Schwellung* ◊ *swelling*
• *ns* másur GLPRUDF1 94,16/17, masar^bfk GLPRUDBR II,573,14
tuber GLPRUDBR GLPRUDF1

MAT *(nt)-a Speise* ◊ *food* → **METI**
• *gs* mates H *M* 1054. 1224

MATERNA *f-ō/n Mutterkraut* ◊ *feverfew*
• *ns* materna GLTR40 V,42,8
febrifuga GLTR40

matig → **MAHTIG**

MATTA *f(-n) Matte* ◊ *mat*
• *ns* matta GLTRSEM XII,121
psiathium GLTRSEM

MAÐELIAN# *v-II sprechen, sagen* ◊ *to speak, say* — *cf* **MAHLON**
• GENB 3sipt maðelode# 522, máðelode# 347

mathigna → **MAHTIG**

MĀTHMUNDI *adj-ja/jō sanftmütig* ◊ *meek*
• *np* maðmundea H *V*, madmundea *C*, madmundie *M* 1305

MATHO *m-n Made, Holzwurm* ◊ *maggot, woodworm*
• *ns* matho GLSTR 106,29,30 GLTRSEM XV,77. XVIII,18 (atho *del*), mathe GLMARF III,721,25
tarmes GLMARF GLSTR GLTRSEM teredo, vermis GLSTR

MAZULDRA⁺ *f-ō/n Feld-Ahorn* ◊ *mazertree*
• *ns* mazuldra⁺ GLTRSEM II,94
acer GLTRSEM

me → **IK**
med → **MID**
męd[ ] GLWERDC → **MÆÞEL**#

GIMÊD *adj töricht* ◊ *foolish*
• *gpm* gimedaro H *C* 3467

MĒDA *f-ō + f-n Lohn, Belohnung, Zugabe, Bezahlung, Zahlungsmittel* ◊ *reward, wages, bonus, (means of) payment*
• *ns* mieda H *C* 3490, mede GLMARF IV,177,14, meita⁺/metta⁺ GLTRSEM XIII, 5 — *gs* medan H *M*, miedun *C* 2642 — *ds* medu H *M*, miedu *C* 1345 (međo *V*). 1639. 3509. 4482 — *as* meda H *M*, mieda *C* 1547. 1970. 3413 (meda *C*). *C* 3429. 3482, mede *M*, meda *C* 1844. 3512 (mieda *C*), meoda *C* 3425 — *dp*

mēda

medon GLSTR 108,18
brabeum, munus victoriae GLMARF merx GLSTR porisma GLTRSEM

MEDALSKAPON *v-II die Lebensmitte erreichen* ◊ *to live to a middle age*
• *3pops* medelscaffon⁺ GLSPET 77, 11/12
dimidiare GLSPET

MĒDGEVO *m-n Lohnspender* ◊ *giver of reward*
• *as* medgebon H *M* 1200

MĒDIAN *v-I bezahlen, in Sold nehmen, bestechen, mieten* ◊ *to pay (a salary), bribe, hire*
• *inf* medean H *M* 1848 — *pcpt* gemíetit⁺ GLEPIST I,797,16, zemet° (= gemet) GLMARF III,716,9 — *nsm* gemiededer⁺ GLTRSEM V,121 — *pcpt dsnt* gimededomu GLPB2 I,296,25/26 — *pcpt asm* g(ém)eddan GLPRUDF1 96,34
corrumpere, mercede effundere GLEPIST nundinare GLPRUDF1 conducere GLPB2 *pcpt* conducticius GLTRSEM GLMARF ([g]emet scal[c])

GIMĒDIAN *v-I vermieten* ◊ *to let out*
• *1sips* gimiedon GLTRSEM X,45
locare GLTRSEM

GIMÊDLĪK *adj töricht* ◊ *foolish*
• *apnt* gimedlic H *CM* 2658

medmo → **MÊTHOM**

MEDO *m-n (< m-u?) Met* ◊ *mead*
• *ns* medo (*lat?*) CH 1090/2 URBWERDC 146,6 URBWERDE 241,5
o¹⁸ **MEDO, MEDUS** *mlat gs* medonis CH VMEINW 195 — *as* medonem URBWERDD 183,7, medum THANG 767,52 — *abls* medone CH DIPL REGHELM 123 THIETM VII,23, mitone CH 968-96 — *ap* medones DIPL 948/1

MÊDON *v-II bezahlen, pachten* ◊ *to pay, obtain on rent*

meginsundia

• *inf* miedon H *C* 1848 — *pcpt dsf* gimedodera GLVERGOX 114,19/20
conducere GLVERGOX

FARMÊDON *v-II verdingen* ◊ *to hire out*
• *3pipt* fermieton⁺ GLK211 I,394,17
locare GLK211

MEDUS *mlat* → **MEDO**

MEGIN *nt-a Macht, Stärke, Volksmenge, Schar* ◊ *strength, power, force(s), host, troop*
• *ns* megin H *CM* 1244. 2090. 2190. 2375. 2591. 3679. 4890. *C* 5491 — *ds* megine H *CM* 5044 — *as* megin H *CM* 841. 3552. *M* 4179, mein GLEVES IV,296,16
• GENB *as* mægyn# 269
mysterium GLEVES

MEGINFARD *f-i Heereszug* ◊ *campaign*
• *ns* meginfard H *CM* 4322

MEGINFOLK *nt-a gewaltige Volksmenge* ◊ *mighty company*
• *ns* meginfolc H *CM* 1220. 1827

MEGINKRAFT *f-i* + *m-i Kraft, große Stärke, mächtige Schar, Majestät, Herrlichkeit* ◊ *strength, mighty power, powerful troop, majesty*
• *ns* megincraft H *CM* 156. 3216 — *gs* maegi(n)[krafti] (—[krefti] ?) PSLUB 28,3 — *ds* megincrafte H *CM* 5094, megincraft *M* 4277 — *as* megincraft H *CM* 2173. 2268. 2734 — *instr* megincraftu H *C* 4277
maiestas PSLUB

MEGINSTRENGI *f-ī (+ f-jō?) gewaltige Macht* ◊ *mighty power*
• *ns* meginstrengi H *C*, meginstrengiu *M* 4354

MEGINSUNDIA *f-jōn schwere Sünde* ◊ *serious sin*
• *np* meginsundiun H *C*, meginsundeon *M* 2508

MEGINTHIODA *f-ō große Volksmenge, mächtiges Volk, gewaltige Schar* ◊ *large, powerful people, big crowd, mighty troop*
• *ns* meginthioda H *CM* 3040. 4473 — *ds* meginthiodu H *M*, meginthioda *C* 2860. 4461 (meginthieda *C*) — *as* megintheoda H *C*, meginthiode *M* 1126 — *gp* meginthiodo H *CM* 2307 (megintheodo *M*) 2891 (meginthioda *C*). 3908. 4137 (meginthioda *M*). 4535 (meginthiedo *C*) — *dp* meginthiodun H *M*, meginthiodon *C* 2826

MEGINTHIOF *m-a Schwerverbrecher* ◊ *criminal*
• *ns* meginthiof H *C* 5400

GI**MEHLIDA** *pcpt subst/f-n Ehefrau* ◊ *wife* — *cf* GIMAHLIAN
• *as* gimehlidun GLEVELT 46,22/23 GLEVES 48,8
coniunx GLEVELT GLEVES

MEHS *(nt)-a Mist* ◊ *dung*
• *as* mehs GLEVES 55,31
stercus GLEVES

MEIER *m-a Meier, Gutsverwalter* ◊ *bailiff, manorial officer*
• *ns* meier GLMARF III,716,10 — *gs* meiieras REGFREK *K* 33,24, meiras *M* 33,5 — *ds* meira REGFREK *M* 31,15. 36,1. 38,28. 40,7,25
procurator, villicus GLMARF

mein → **MEGIN**
mein-[+] → **MÊNDĀD**
meinda → **MÊNIAN**
meisa[+] → **MÊSA**
meist[+] → **MÊST**
meita[+] → **MÊDA**
mek → **IK**

MELDARI *m-ja Gewährsmann* ◊ *informant*
• *ns* méldári GLPRUDF1 100,32
sponsor GLPRUDF1

melderon → **MILDI**

MELDON *v-II anzeigen, anschwärzen, verraten* ◊ *to report, blacken, betray*
• *inf* meldon H *CM* 305 — *2sips* meldos H *CM* 4838 — *3sips* meldod H *M*, meldot *C* 1753

mele- → **MELU-**

MELKAN *v-3 melken* ◊ *to milk*
• *1sips* milcon GLTRSEM XI,17
mulgere GLTRSEM

MELKKUVILIN *nt-a Melkkübel* ◊ *milking pail*
• *ns* melcubilin[+] GLSPET 83,28 ‖
mulctra GLSPET

MELM *m-a Staub* ◊ *dust*
• *gs* melmes H *CM* 1946

MELSKIAN *v-I mit Honig süßen* ◊ *to make sweet with honey*
• *pcpt* melscet GLMARF III,718,5
pcpt mellitus GLMARF

MELTIAN *v-I mälzen* ◊ *to malt*
• *pcpt* gimelt REGFREK *K* 25,32. *M* 25,17 — *pcpt gsnt* gimeltas REGFREK *M* 43,26 — *pcpt n/apnt* gimelta REGFREK *K* 24,27. 25,23/25/26. *M* 24,16. 25,5,8

GI**MELTIAN** *v-I mälzen* ◊ *to malt*
• *inf* gimeltian URBWERDA 18,6

MELTITHI *nt-ja Malzbereitung* ◊ *malting*
• *ds* meltetha REGFREK *M* 43,5

MELU *nt-wa Mehl* ◊ *meal, flour*
• *gs* melas REGFREK *M* 37,24,25,27, 30,31,36,37. 38,2,4,5,10,12,13,20. 39, 18,20,21,24. 43,8,13, mélas GLPRUDF1 92,24, meles GLADM718 77,5 — *ds* mela GLPRUDF1 94,18
far, similago GLPRUDF1 similia GLADM718

MELUMŌS *nt-a Mehlspeise* ◊ *flummery*
• *ap* melemos GLHARD IV,257,33
puls GLHARD

MÊN *nt-a Frevel, Missetat, Übeltat, Verbrechen, Sünde, Meineid ◊ crime, misdeed, evil deed, sin, perjury*
- *gs* menes H *CM* 741. 2616. 3269. 4358. 4916. *C* 84, ménes GEN 253, menas GLEVES 61,3/4 GLGREG 63,7/8 (*stil*) — *as* men GEN 52. 153. 183. 222. 259 (*ap?*) H *CM* 900. 1133. 1480 (menn *C*). 5020. 5035. *C* 3476. 3951. 5365, mén *C*, men *M* 1359. 2702. 4253 — *instr* menu GEN 127
- GENB *ds* mane# 299

crimen GLEVES malitia GLGREG

menan+? → MENNIAN

MÊNDĀD *f-i Verbrechen, Übeltat, Komplott ◊ crime, bad deed, cabal*
- *ns* meindat+ GLTRSEM VII,99 — *ap* mendadi H *CM* 1007. 1631. *C* 5403
- GENB *dp* mándædum# 451

factio GLTRSEM

MÊNDĀDIG *adj Böses tuend, frevlerisch ◊ wicked, evil-doing*
- *asm* mendadigan H *M*, menndadigan *C* 2472 — *npm* mendadige GEN 188

MENDIAN *v-I (+ g) sich freuen, fröhlich sein (über) ◊ to rejoice, be pleased (with)*
- *inf* mendian H *CM* 526 (*S*, mendean *C*). *C* 4728 — *3sips* mendit H *C* 4725 — *pcps npf* mendendia H *C* 5524 — *3pipt* menndun H *C*, mendiodun *M* 4109

MENDISLO *m-n Freude ◊ joy*
- *ns* mendislo H *CM* 402 — *dp* mendislon PSGERN 10,17 [15,12]

gaudium (PSGERN)

menege → MANAG

MÊNĒTH *m-a Meineid ◊ perjury*
- *as* meneth CONFES 17,7 — *ap* mennethos H *C*, menhedos *M* 1504

MÊNFULL *adj verbrecherisch ◊ criminal*
- *ns* menful H *CM* 1698

MÊNFULLIG *adj verbrecherisch ◊ criminal*
- *nsm* ménfúllígo GLPRUDF1 96,17, ḿenfúllígó GLPRUDF44 105,7

criminosus GLPRUDF1

MENGIAN *v-I (unter)mischen, beimischen ◊ to mix, mingle, add*
- *pcpt* gimengiđ GEN 127 H *C* 5646 — *pcpt dsm* mengidamo GLSTR 107, 19/20

admiscere GLSTR

MÊNGITHĀHT *f-i frevelhaftes Denken, sündhafter Gedanke ◊ evil thinking, sinful though*
- *as* mengithat H *M*, mengithaʾ *C* 4610 — *gp* mengithahtio H *M*, mengithahteo *C* 1354 (méngithahteo *V*). 4595 (menngithahteo *C*), mengithahteo *M*, mengithahto *C* 891 — *ap* mengithahti H *M*, menngithahti *C* 3874

MÊNGIWERK *nt-a Freveltat ◊ evil, sinful deed*
- *as* mengiuuerk H *M* 4419

MÊNGIWITO *adj meineidig, subst falscher Zeuge ◊ perjured, subst false witness*
- *dpm* mengeuuitun H *M* 5064

menhedos → **MÊNĒTH**

MÊNHWAT *adj frevlerisch, verbrecherisch ◊ sacrilegious, criminal*
- *npm* menhuaton H *C* 5646 — *dpm* menhuaton H *C* 5064

GIMÊNI *adj-ja/jō gemeinsam, allgemein, normal, gewöhnlich ◊ joined, common, ordinary* — ~ *wif Dirne ◊ harlot*
- *ns* gemene GLMARF III,715,52 — *gsf* gimeinun+ HILD 60 — *ds(nt?)* gimenion GLEVES 54,8/9 — *dp* gimenon REGFREK *M* 34,12. 43,1

vulgaris GLEVES meretrix, scortum (~ wif) GLMARF

MÊNIAN *v-I (+ d refl) meinen, beabsichtigen, bezeichnen, bedeuten, sagen wollen, kundtun, mitteilen ◊ to mean, intend, indicate, signify, declare, inform*
• *inf* menian H C, menean M 2576 — *2sips* menis H CM 4405 — *3sips* menid H M, menit C 1492. 1750. 3591 — *1sipt* menda H C, mende M 2432. 2440 — *3sipt* menda GLEVES 59,1,28. 60,30 H C, mende M 2375. 3509. 3624. 3634. 3921. 4524. C 3445, ménda GLEVES 55,10, meinda 49,34. 56,25. 59,26, nenda° 49,24 — *3pipt* mendun GLEVES 61,4 H CM 3654. C 3461
dicere, insinuare, significare, id est GLEVES

BIMÊNIAN *v-I gebieten, förmlich übertragen, festsetzen, versprechen, (vorher-) bestimmen ◊ to appoint, formally alienate, pronounce, promise, give over, preordain*
• *1sipt* bemeinta[+] GLEPIST I,764,28 — *3sipt* pemeinta[+] GLEVES 53,1 — *3pipt* bemeindon[+] GLPRUDF1[+] 90,6 — *pcpt* bimenid GLEVES 50,8 — *pcpt nsnt* bemeinda[+] GLPRUDF1[+] 90,19 — *pcpt npm* bemeinte[+] GLEPIST I,797,13
constituere, mancipare GLEVES despondere GLEPIST dicare, dicere GLPRUDF1[+] praescribere GLEPIST

GIMÊNIAN *v-I verkünden, vorherbestimmen ◊ to announce, predestine*
• *inf* gimenean H M 818 — *3sipt* gimenda H CM 830. 4160 (gimende M), kemeinta[+] GLEPIST I,756,49
praedestinare GLEPIST

MENIGI *f-ī Menge, Schar, Volk(smenge) ◊ multitude, crowd, troop, people*
o[107] *ns* menigi BEDA 9 H CM 2833. 5177. 5213. C 4725. 5482. 5750, menegi M, menigi C 3711. 4842 (2.e<i M, menig° C). 5116 — *gs* menigi H C 2214 — *ds* menigi H CM, menegi M; menegi (2.e<i) M 4079, menigi (-i ras?) C 2784 — *as* menigi H CM 3942. C 4179, menegi M,

menigi C 2751. 3237. 4433. 5138
multitudo (BEDA)

MENIGIA *f-jō Menge ◊ people*
• *ds* menigo (ni *add*) H C 10, *ds* miniu PSLUB 32,16
multitudo PSLUB

MENIKILO *m-n Handschelle ◊ manacle*
• *ns* menichilo[+] GLSPET 85,18
manica GLSPET

MENIL *m-a Ochsenstachel, Treibstecken ◊ stick for driving oxen, goad*
• *ns* menel GLHARD IV,266,45
stimulus GLHARD

MENIESDŪVA *f-ō Ringeltaube ◊ ringdove*
• *ap* menistuba[+] GLVERGOX 110,13
columba, palumbes GLVERGOX

GIMÊNITHA *f-ō Absicht ◊ intention*
• *as* kemeinida[+] GLEPIST I,756,47
propositum GLEPIST

menn- → MÊN-

MENNIAN *v-I treiben (Vieh), vorladen ◊ to drive (cattle), summon*
• *inf* menan[+?] GLSPET 83,1 — *3sipt* meneta[+] GLHARD IV,267,28
• **MANNIRE** *mlat pcpt* mannitus LEXSAX CS 5
mannire GLSPET minare GLHARD

MENNISK *adj menschlich ◊ human*
• *ns* mannisc H M 4299 — *nsm* mennisco H C, mennisca M 5032 — *dsnt* [m](e)nnisccemo PSGERN 8,4 [14,8] — *asm* menniscan H CM 3102
• *subst Mensch ◊ human being, man* GENB *gp* menniscra[#] 722
humanus (PSGERN)

MENNISKHÊD *f(-u) menschliche Natur ◊ human nature*
• *ds* mennisgid CONFPAL 362,11

MENNISKI *f-ī menschliche Natur* ◊ *human nature*
- *ds* menniski H *CM* 1060. 4749 — *as* menniski H *CM* 3638

MENNISKO *m-n Mensch* ◊ *man*
- *ns* mennische CONFPAL 362,15, menniscke 362,18, menische 363,27 — *gp* menniscono H *CM* 2635. 2678 (manniscono *C*). 3606. 3630

MÊNSKATHO *m-n Unheilstifter, Übeltäter* ◊ *mischief-maker, malefactor*
- *ns* menscatho H *C*, menscado *M* 1062. 1113 (mennscathuo *C*). 4662. 4743 — *ds* mennscathen H *C*, menscaden *M* 4614 — *np* menscathon H *C*, menscadon *M* 3834 — *gp* menscathono H *C* 5491

MÊNSKEPI *m/nt-i Gemeinschaft* ◊ *communion*
- *as* menschip CONFPAL 363,25

MÊNSKULD *f-i Missetat, Schuld* ◊ *misdeed, trespasses*
- *gp* mensculdio H *M*, mennsculdio *C* 1609, mensculdeo *M*, mennsculdeo *C* 1620

MÊNSPRĀKA *f-ō Frevelrede* ◊ *blasphemy*
- *ns* menspraca H *CM* 5102

mensta → **MÊST**

GIMÊNTHA *f-ō Gemeinschaft* ◊ *community*
- *as* gimentha (*ras*) H *M* 863, gimenitha ABRK 18

GIMÊNTHO *m-n Gemeinschaft, Umgang* ◊ *community, dealings*
- *as* gimenthon H *C* 863, gimendon GLEVES 59,37
(couti) GLEVES

MÊNWERK *nt-a Missetat, Freveltat* ◊ *misdeed, evil, sinful deed*
- *as/p* menuuerk H *M*, menuuerc *C* 753. 1032 (menuuerk *C*). 1703 (menuuerc *M*). 5194. *C* 4419

meoda → **MÊDA**

MÊR *adj comp subst (+ g) mehr (von etw), größer; adv mehr, länger* ◊ *subst (+ g) more, greater; adv more, longer* — *thiu ~ desto mehr, umso mehr, neg überhaupt nicht* ◊ *(all) the more, neg not at all* — *than ~ (the) ebensowenig (wie)* ◊ *just as little (as)* → **MIKIL, MÊRO**
- *nsnt* mer H *CM* 860. 1682 (merr *C*). *C* 15, mér GLPRUDF1 96,33 — *asnt* mer GEN 91. 295 H *CM* 646. 652. 974 (*P*). 1028. 1524. 1547 (merr *C*). 1715. 1855. 2020. 2187. 2843. *M* 3772. *C* 2551. 3438. 3441. 5352
adv mer CONFES 16,16. 17,11 (2),13 CONFPAL 362,6 GLEVES 53,27 GLLECT H *CM* 1395. 1397. 1472. 2070. 2127 (merr *C*, -r *add?*). 2286. 3569 (2). 4058. 4565 (mér *C*). 4758. 5009. *C* 26. 3484. 5293. 5760, mérr 2517
amplius GLLECT plus GLPRUDF1

mere- → **MERI-**
merean → **MĀRIAN**

MERGEH *(m-a) weibliches Pferd* ◊ *female horse*
- *ns* mergeh GLVERGOX 109,4
iumenta GLVERGOX

MERGIL *(m-a) Mergel* ◊ *marl*
- *ns* mirgel GLHARD IV,270,34
templor GLHARD

MERI *f-ī Meer, See* ◊ *sea, lake*
- *ns* meri H *C* 2245 — *as* meri H *C* 2233

meri → **MĀRI**

MERIBELUA (?) *mlat Meerungeheuer* ◊ *sea monster*
- *ap* beluas (mér *add*) GLPRUDF1 95,28
belua GLPRUDF1

MERIDIOR *nt-a Meerestier, Seevogel* ◊ *marine animal, sea-bird*

meridior

• *ns* meridier GLSTR 107,10
fulica GLSTR

MERIGRAS *nt-a* Seetang ◊ *seaweed*
• *dp* merigrason GLPRUDF1 94,33
alga, herba marina GLPRUDF1

MERIGRIOT *nt-a* Kiesel, Perle ◊ *pebble, pearl*
• *ns* merigrioz⁺ GLPRUDF1⁺ 99,33
calculus GLPRUDF1⁺

MERIGRĪTA *f-n* Perle ◊ *pearl*
• *ap* meregriton H *M*, merigriotun *C* 1721

MERIKŌ *f-i* Seekuh ◊ *sea cow*
• *ap* mirikoi GLVERGOX 109,18
phoca GLVERGOX

MERIMINNIA *f-j-n* Meerjungfrau, Sirene ◊ *mermaid, siren*
• *np* meriminnon GLSPET 75,21
sirena GLSPET

MERINĀDRA (A?) *f-ō/n* Seeschlange ◊ *sea serpent*
• *ns* merinadra GLTRSEM XI,119
ophiomachus GLTRSEM

MERIREDIK *(m-a)* Meerrettich ◊ *horseradish*
• *ns* merredich⁺ GLTRSEM XIII,91, meriredich⁺ (ri *add*) GLTR40 V,42,23
raphanus GLTR40 GLTRSEM

MERISTRÔM *m-a* Meeresflut ◊ *flood*
• *as* meristrom H *CM* 2931. *C* 2240
• GENB *as* merstream# 833

MERISWĪN *nt-a* Delphin ◊ *dolphin*
• *ns* mirisuuin GLVERGOX 110,40
delphin GLVERGOX

GIMERITHA *f-ō* Bindung ◊ *tie*
• *ap* gimeritha GLEVES 52,22
retinaculum GLEVES

merkat → **MARKAT**
merchan → **MARKA**

MERKIAN *v-I*, tesamna gimerkta *durch gemeinsame Grenze verbunden* ◊ *connected by common border*
• *pcpt npf* emerkta GLEVELT 46,4, gimerkta GLEVES 48,18
coniungere (tesamna ~) GLEVELT GLEVES

MÊRMAHTIG *adj* großmächtig ◊ *mighty*
• *gp* mermahtigaro GLSTR 108,7
tyrannus GLSTR

MÊRO *adj comp* mehr, größer, stärker, gewaltiger ◊ *more, greater, bigger, stronger, mightier* → **MIKIL, MÊR**
• *nsnt* mera H *CM* 1639. 1711. 2627 (mira *C*) — *nsf* mera GEN 63 — *dsnt* meron GLEVELT 46,30, méron GLEVES 48,15 — *asm* meran H *CM* 1954 (er<a? *C*) — *asnt* mera H *CM* 1647. 3250. 4524. *C* 3432. 3445. 3772 GLTRSEM II,78 (*adv?*) — *asf* meron H *M*, merun *C* 2877. 3770. 4498, merun^bfk GLEPIST I,781,6 — *npf* meron H *M*, merun *C* 2657. 3776 — *apm* meron H *M*, merun *C* 1519 — *apf* meron H *M*, merun *C* 2338
• GENB *nsm* mara# 501 — *asm/nt* máran# 269
amplior GLEPIST GLTRSEM supra (*ms* suppa) GLTRSEM

merr → **MÊR**
merredich⁺ → MERIREDIK

MERRIAN *v-I* stören, in Verwirrung bringen, aufstacheln ◊ *to disturb, confuse, stir up*
• *inf* merrean H *CM* 329 — *3sips* merrid H *M*, merrid *C* 5187 — *1sipt* merda CONFES 17,14 — *pcpt* gimerrid H *C* 5760. 5919

AMERRIAN *v-I* hindern ◊ *to hinder*
• *2pips* amerriad H *M*, amerriat *C* 3728
• GENB *pcpt* amyrred# 379

FARMERRIAN *v-I vergeuden* ◊ *to waste*
• *pcpt* farmerrid H *C* 3465

MERSK *(f-i?) Marsch, Schwemmland* ◊ *marsh, alluvial land*
• *ns* mersc (r *add*) GLTR40 V,48,2
calmetum (= calametum, calamus x carectum?) GLTR40

merth[#] → MARTH

MÊSA *f(-n) Meise* ◊ *titmouse*
• *ns* mesa GLTRSEM XII,55, meisa[+] XXI,3, mese GLMARF III,720,65
parix GLMARF GLTRSEM

MESSING *(m/nt-a) Messing* ◊ *brass*
• *ns* missing GLMARF IV,177,4, missinc III,717,33
aurichalcum GLMARF

mest → MIST[1]

MÊST *adj sup (+ g) der größte, meiste, wichtigste, beste; adv am meisten, vor allem* ◊ *most, greatest, biggest, best; adv most (of all), above all* — allera ~ *vor allem* ◊ *above all* — ~ an minniun *der allerliebste* ◊ *the one most beloved* — ze ~ *höchstens* ◊ *not more than* → MIKIL
• *ns* mest H *CM* 3081. 3709. 4326. 4331. 4601. 5113. *M* 4256. *C* 5392. 5427 — *nsm* mesta H *CM* 603. 4025. *C* 5925 — *nsnt* mesta H *C* 4256 — *nsf* mensta GLTRSEM X,118 — *asm* mestan GEN 12, meston H *CM* 1023. 2488 (mestan *M*) — *asnt* mest H *CM* 614. 848. 1676. 2744. 2834. *C* 5576. 5786, mesta H *CM* 1702. *C* 54
adv mest GEN 114 GLMERS 70,18 H *CM* 202. *C* 2525, meist[bfk+] GLEPIST I, 761,46
• *adj* GENB *ns* mæst[#] 364. 549. 670 — *nsnt* mæste[#] 488 — *asm* mæstne[#] 802 — *asnt* mæst[#] 297, mæste[#] 393. 747
maximus GLTRSEM multum (ze ~) GLEPIST summopere (allera ~) GLMERS

MÊSTAR *m-a Lehrer, Meister, Vorgesetzter* ◊ *teacher, master, superior*
• *ns* mester H *CM* 3192. 3258 (mestar *C*). *C* 30 — *ds* mestra CONFES 16,9

MÊSTIG *adv oftmals* ◊ *often*
• mestig GLPRUDF1 90,34
plerumque GLPRUDF1

met → MID

MET *nt-a Maß* ◊ *manner*
• *ds* me[te] PSLUB 28,6
quemadmodum (ti thamu me[te]) PSLUB

GIMET *nt-a Maß* ◊ *measure, manner*
• *ds* gime[z?]e PSLUB 32,22 — *as* gimet H *C*, gim& *M* 1697 — *ap* gimez[+] GLADM718 77,4
quemadmodum (zi th(amu) gime[z?]e) PSLUB satum GLADM718

METAN *v-5 einschätzen* ◊ *to estimate*
• *2sips* metis GLEVES 60,38
se facere GLEVES

METHERTIGLÎK *adj bescheiden* ◊ *modest*
• *apnt* méthértíklíka GLPRUDF1 103,6
modestus GLPRUDF1

METI *m-i Speise* ◊ *food* → MAT
• *ns* meti H *CM* 2860 — *gs* metes H *C* 1224 — *ds* meti GEN 23 H *CM* 2833 (metie *C*). 2840 — *as* meti H *CM* 1858. 2826. 2854
• GENB *ds* mete[#] 722. 814

METIBANN *m-a Ächtung (gemäßigte Form des Bannes)* ◊ *proscription (moderate kind of banishment)*
• *mlat abls* mezebanno[+] CH 1074[1]

METIBANNATUS *mlat mit Ächtung belegt* ◊ *proscribed*
• *as* mezebannatum[+] CH 1074[1]

m&ibi° → NETTILÎN

METIGÊDA *(f-wō<-nt-wa?)*, **METIGÊDIA** *(f-jō?)* Hungersnot ◊ *famine*
- *gp* metigedono H *C*, metigedeono *M* 4331

METILÔSI *f-ī* Mangel an Nahrung ◊ *lack of food*
- *as* metilosi H *CM* 2829 (-i<-a *C*)

METISAHS *nt-a* Messer ◊ *knife*
- *ns* mezzeres⁺? GLSPET 84,1
culter GLSPET

METISAHSKÔP *m-a* Messereinkauf ◊ *purchase of knives*
- *ds* mezaskapa REGFREK *M* 40,5

METLĪK *adj* schicklich ◊ *seemly*
- *ns* metlic H *C* 4508

metmo → **MÊTHOM**

METOD *m-u* Geschick, Vorsehung ◊ *fate, destiny*
- *ns* metod H *CM* 128 — *gs* metodes H *MS*, metođes *C* 511
- Schöpfer, Gott ◊ *Creator, Lord* GENB *ns* metod 591, métot 459

METODIGISKAFT *f-i* Fügung der Vorsehung ◊ *decree of destiny*
- *ds* metodigisceftie H *C* 2210

METOD(O)GISKAPU *nt-a p* Fügung der Vorsehung ◊ *decree of destiny*
- *np* metodgiscapu H *C*, metodogescapu *M* 2190 — *ap* metudgiscapu H *C*, metodogiscapu *M* 4827

METON *v-II* einrichten ◊ *to regulate*
- *1sips* mezon⁺ GLTRSEM X,125
moderari GLTRSEM

METRŌDA *f-n* Messlatte ◊ *measuring stick*
- *ns* mezruoda⁺ GLTRSEM XII,91
pertica GLTRSEM

metta⁺ → **MÊDA**

MÊTHOM *m-a* Kleinod, Kostbarkeit, Schmuckstück ◊ *jewel, treasure, precious object*
- *gp* međmo GEN 171, methmo H *C*, medmo *M* 1721. 3192. 3292 (metmo *C*). 4407. 4482. 4487. *C* 5784, medmo *C* 5880 — *dp* methmon H *C*, medmun *M* 1848 — *ap* medmos H *CM* 1198. *C* 5889, medmos *M*, methmos *C* 1470 (međmos *C*). 1845. 3286. 3761 (metmos *C*). 4579 (h *add C*)

MÊTHOMGEVO *m-n* Schatzspender ◊ *giver of treasure*
- *as* methomgiƀon H *C* 1200

MÊTHOMHORD *nt-a* Schatz, Hort (von Kostbarkeiten) ◊ *treasure, hoard (of jewels)*
- *gs* methomhorđes H *C*, methomhordas *M* 1676, methomhordes *CM* 1643 — *as/p* medomhord H *M* 3261 (methomhorđ *C*). 3772 (methonhord *C*)

MÊU# *m-wa/wi* Möwe ◊ *seagull*
- *as* meu# GLPB1 I,340,9
larus GLPB1

mezaskapa → **METISAHSKÔP**
mezebann-⁺ → METIBANN-
mezon⁺ → METON
mezruoda⁺ → METRŌDA
mezzeres⁺? → METIRSAHS

MEZZILARI⁺ *m-ja* Schlächter ◊ *butcher*
- *ns* mezelari⁺ GLSPET 87,4‖
lanio GLSPET

MEZZO⁺ *m-j-n* Steinmetz ◊ *stonemason*
- *np* mezzon⁺ GLSPET 75,27‖
latomus GLSPET

MEZZON⁺ *v-II* meißeln, behauen ◊ *to carve, hew*
- *pcpt* gimeztzot⁺ GLSPET 75,29‖ — *pcpt dpm* gimezzoten⁺ GLSPET 75, 25/26‖
dolare, polire GLSPET

mi → IK

MID *praep + d/instr mit, zusammen mit, bei, unter, mittels, durch, von* ◊ *with, together, along with, among, by, by means of, through* — ~ hwiu *wie* ◊ *now* — ~ wihti(u) *neg keineswegs, nicht im mindesten, überhaupt nicht* ◊ *not at all, by no means* — *adv* (thar) ~ *außerdem, dabei* ◊ *into the bargain, there*

o⁹³⁰ mid BENW 17 CONFES GEN GLEVELT GLEVES GLPRUDF1 GLSOL GLSPET 75,19 H LCMS PSGERN PSLUB 33,4 PSWIT 85,6 REGFREK M 31,13, mid GEN H P 963. 969. 1004. V 1288. 1294. 1318. 1327. 1332. 1333. L 5843. 5863, míd GLPRUDF1, med REGFREK M 28,22. 35,38, met H M 1519. C 185 (m&). 2290. 2453. 2461. 2476. 2797. 2944. 3017 (ras). 3035. 3082. 3658. 4379, mîd (neum) M 311, midi H C 111. 143. 747. 757. 1035. 2273. 2313. 3330. 4697. 4806, mid: (i ras) 738 (?). 1288 (?). 3676, mit 3500 CONFPAL 362,11 (2). 16 GLEVELT 46,26 GLEVES 48,11 GLGREG 63,10 GLPB2 I,298,5 GLPRUDF1 101,16 GLPRUDF1⁺ 90,16 GLSMIH 272 HILD 31. 37. 40. 54, miti⁺ 19. 68
• *adv* mid H MS, midi C 675 ABC 12 (**MIDDI** *adj?*), mid GEN158
o⁴⁹ *praep* GENB mid, míd 545
cum GLEVES GLSPET PSLUB in GLGREG GLSMIH quomodo (~ hwiu) GLPB2

midan → **MĪTHAN**

MIDDANGEARD# *m-a mittleres Gebiet* ◊ *middle area* — *cf* **MIDDILGARD**
• GENB *as* middangeard# 395

TOMIDDES# *praep + d mitten in* ◊ *in the midst of*
• GENB tomiddes# 324

MIDDI *adj-ja/jō der innerste, subst Mitte* ◊ *innermost, subst midst* — ~ dag *Mittag* ◊ *midday* — undar middiun *mitten unter* ◊ *in the midst* — te then midden sumera *zu Mittsommer (24. Juni)* ◊ *at midsummer (24th June)*

• *ns* middi H C 5395 — *dsnt* middiumu H M, middion C 2691, midden REGFREK M 42,20 — *asm* middian H C 3419. 5621, middean GEN 163 — *asnt* middi H CM 2693 — *dp* middiun H M, middeon C 812. 887

MIDDIA *f-jōn/nt-jan Mitte* ◊ *middle*
• *ds* middian PSLUB 115,19, middion H C, middien M 3823. 3908. C 5665, middean (n<m) C 2240 (*dp?*), middon 3908
medium PSLUB

MIDDIL¹ *(nt-a) Mitte* ◊ *middle*
• *ds* middila URBWERDA 53,20
• *Leibesmitte* ◊ *middle of trunk* GLWERDA *as* middil
pubes GLWERDA

MIDDIL², **MIDDUL** *(nt-a) Weberbaum* ◊ *warp beam*
• *ns* mithil GLPB2 I,297,5, mittul⁺ GLSPET 75,13 ||
liciatorium GLPB2 GLSPET

MIDDILBÔM *m-a Weberbaum* ◊ *warp beam*
• *ns* middelbom (*abbr*) GLMARF IV, 178,32, middelboum (u<corr) III, 718,34
liciatorium GLMARF

MIDDILGARD *m-a + f-cons (bewohnte) Welt, Erde* ◊ *(inhabited) world, earth* — *cf* MIDDANGEARD#
o⁷⁸ *dsf* middilgard H PCM; middilgerd S 524 — *asm* middilgard H CMS GEN 194. 336, middilgarđ 133 — *dp*°? middilgardun GEN 52

MIDDILGARDA *f-n (bewohnte) Welt, Erde* ◊ *(inhabited) world, earth*
• *ds* middilgardun H VC 1301

MIDFIRHI *adj-ja/jō in der Lebensmitte stehend* ◊ *being in the midlife*
• *ns* midfiri H C 3476

midgerni   **milidau**

MIDGERNI *nt-ja Eingeweidefett, Nierenfett* ◊ *internal fat, suet*
- *ns* midgarni GlVergOx 113,37 — *ds* mittigarne⁺ GlVergOx 111,21
arvina GlVergOx

midi → **MID**
mied- → **MĒD-**

MIGGIA *f-jō Urin* ◊ *urine*
- *ds* migge GlSPet 74,7
urina GlSPet

migc# → **MUGGIA**
mih⁺ → **IK**
miht(-)# → **MAHT(-)**
mik → **IK**
mik° → **MIKIL**

MIKIL *adj groß, viel, reichlich, stark* ◊ *great, big, many, much, plentiful, intense* — mikilu + *comp adv viel, weitaus* ◊ *much, far* — also mikilo *um wieviel* ◊ *how much* — mikilun *adv sehr* ◊ *very* → **MĒR, MĒRO, MĒST**
o²⁴⁶ *ns* mikil Gen H *VLCMS*; micil *C* 1345, mikel 447, mik° 193 — *nsf* mikila H *CM* 511 (mikile *S*). 4115 (mikile *M*). 4354 (mikilo *M*). *C* 5482 — *gsnt* mikilas GlEvEs 51,37 — *gsf* mikileru PsWit 85,5 — *dsm* mikilun H *CM* 4189, mikilon *C* 34. 5813. *CM* 4809 — *dsf* mikilun H *C*, mikilon *M* 1974. 3715 — *asm* mikil H *CM*, mikilana (m<corr, i?) *M*, mikilan *C* 2317 — *asnt* mikil Gen 35. 131. 303 H *PCMS*; micil *C* 1946 — *asf* mikil H *CMS*, mikila Gen 101 GlEvEs 50,36. 55,24 H *C* 5448. 5747, mikilun *C*, mikilon *M* 3153. 3751, mikilun *M* 2286 (miklun *C*), mikulun *C* 3314 (mikilan *M*). 4089 (mikilon *M*) — *instr* mikilu H *CM*; mikilo *C* 1683. *L* 5825, micilo (*2.i add*) *C* 1727, mikilo^bfk GlEpist I,781,6 — *npnt* mikil H *CM* 1393 — *gp* micelere GlAbd — *dp* mikilun H *M* 5039, mikilon *C* 5336 — *as/pnt* mikil H *CM* 743. 1619
- GenB *ns* micel 334. 374. 595. 605. 833 — *gsnt* micles# 253 — *asnt* micel 280. 293. 329, micle# 640. 691. 738 — *instr* micle# 422. 502 — *apnt* miclan# 336
quanto magis (also mikilo) GlEpist magnus GlEvEs multus GlAbd PsWit

MIKILI *f-ī Fülle* ◊ *abundance*
- *as* mikili PsGern 10,4 [14,23]
multitudo (PsGern)

MIKILLIAN *v-I verherrlichen* ◊ *to magnify*
- *2pimp* [m]ikilliađ PsLub 33,4
magnificare PsLub

MIKILLĪK *adj schwerwiegend* ◊ *serious*
- *apf* mikelig ConfPal 363,26

MIKILLĪKI *f-ī Herrlichkeit* ◊ *magnificence*
- *ds* mikillic(k)i PsLub 28,4
magnificentia PsLub

MILDI *adj-ja/jō gnädig, gütig, freundlich, sanftmütig, freigebig* ◊ *merciful, friendly, gentle, meek, generous*
o⁶⁹ *ns* mildi H *VCM*, Gen 63. 112. 171 — *asm* mildean H *C* 30, mildean *M*, mildan *C* 1886. 1958. 3261. 3861 (da corr? *C*, mildiene *M*), mildian *C* 3970 — *instr* mildiu H *M*, mildu *C* 4206 — *npm* mildea H *M* 1849 (milda *C*), mildie *M* 2492 (mildia *C*). 4401 (milda *C*). 4397 (mildi *C*) — *comp nsm* mildera H *C* 3487 — *comp asm* milderan H *CM* 1200 (melderon *C*). 1955 (mildiran *M*)

MILDILĪKO *adv freundlich, gütig* ◊ *kindly, meekly*
- mildlico H *M* 3573

MILDO *adv freundlich* ◊ *kindly*
- mildo H *C* 3573, milda 5618

milen → **MILW(I)A**

MILIDAU *m/nt-wa Mehltau, Rost (Pilzkrankheit)* ◊ *mildew, rust (disease)*
- *ns* milidou GlSPet 77,18
aerugo, vicium ferri GlSPet

MILLI *(nt-ja) Hirse* ◊ *millet*
• *ns* milli GLSPET 76,18
milium GLSPET

MILTIA *(f-jō?)* / MILZI⁺ *(nt-ja) Milz* ◊ *spleen*
• *ns* milzi⁺ GLTRSEM X,21
lien GLTRSEM

MILUK *f-cons Milch, Wolfsmilch (?, Pflanze)* ◊ *milk, wolf's-milk (?, plant)*
• *ns* tuile° (= milc?) GLMARF III, 719,40 — *gs* mílúkas GLPRUDF1 96,34
lac GLPRUDF1 tithymalus GLMARF

MILW(I)A *f-(j)-n Milbe* ◊ *mite*
• *ns* milua⁺ GLTRSEM II,622,3 — *np (?)* milen GLMARF III,721,27
tinea GLMARF GLTRSEM

milzi⁺ → MILTIA/MILZI⁺
min → IK

MĪN *pron mein, subst das Mein(ig)e* ◊ *my, mine* — mines *für meinen Teil* ◊ *for my part*
o³⁴⁹ *ns* min GEN 168 (mçin *ms*). 174. 178. 195. 213. 227. 233 GLPRUDF1 95,11 H *PCM* HILD 17 PSGERN 7,5,6. 10,18 [13,19,20. 15,13] PSLUB 29,3. 33,3. 114,7 PSWIT 85,2 — *gsm/nt* mines H *CM* HILD 24 PSGERN 10,9,10 [15,2,3] PSWIT 85,6,7, minas CONFES 16,16 GEN 171 — *gsf* minara H *M* 3540 (mira° *C*), minera *C*, minaro *M* 5012 — *dsm/nt* minumu H *M*, minon *C*; mi[n]e(m)[u] PSLUB 33,2, (m)inemu PSPAD 37,4, minemo CONFES 16,8,9(2),10 GLSMIH 272 H *C* 5614, minamo CONFES 16,7/8, minun H *M* 1104. 4419, minon *M* 1368, minen *C* 4665. 4780 CONFPAL 363,31 — *dsf* mineru CONFES 16,7 PSLUB 115,11, minero H *CM* 273 (minera *M*). 971 ([ ]naro *P*). 3280. 3289 (minaro *M*) — *asm* minan GEN 59 CONFES PSGERN H *CM*; minan: (n *ras*) *M* 4413, minen 3069. 3206, minon *C* 2569. 2584. 5655 (*add*) — *asnt* min CONFES 17,9,26 GEN 60 H *CM* PSGERN 10,15 [15,10] PSWIT 85,6, min[ ] PSPAD 37,5 — *asf* mina GEN 66 H *CM*; mine *M* 3372. 3538 PSLUB 29,4. 114,4,8 PSWIT 85,2,4 — *instr* minu H *CM* 3539. 4642. *C* 5349 — *npm* mina H *C*, mine *M* PSPAD 37,5, mina H *M* 483. 1389 — *npnt* min H *M* 5092 (mina *C*), minu *M*, mina *C* 4348 — *npf* mina GEN 62 H *CM* 2027. 2450. 3526, mino GLPB2 I,298,51 — *gp* minero CONFES 16,4,12, minero H *C*, minaro *M* 2433. 3573. *C* 5521, miner CONFPAL 363,25 — *dp* minun H *M*, minon *C*; minun GEN 59 PSLUB 114,2, minu(n) PSPAD 37,4, minu*m* (*abbr*) GEN 228 — *apm* mina CONFES PSGERN, mina H *C*, mine *M* 4509 PSLUB 29,2. 114,8 — *apnt* min H *CM* PSLUB 115,14, mina H *C* 1825, mine PSLUB 114,8. 115,16,18 — *apf* mina CONFES H *CM*
• GENB *ns* mín 358. 655. 824, min 542. 758 — *gsm* mínes 819, mines 836 — *dsm/nt* minum 425. 426. 586 — *asm* minne# 366. 385. 618 — *asnt* mín 379. 833 — *asf* mine 413. 614 — *npm* mine 287 — *gp* minra# 368. 388. 414 — *dp* minum 559. 818, mínum 613. 820 (-u*m abbr*) — *apf* mina 619
meus GLPB2 GLSMIH (PSGERN) PSLUB PSPAD PSWIT

miniu → MENIGIA

MINN *adj gering, unbedeutend* ◊ *minor, slight, sup least*
• *nsnt (?)* min (*del*) H *C* 4331 — *comp nsnt* mínnéra GLPRUDF1 104,25 — *comp dsnt* minnaron GLEVELT 46,29, mínneron GLEVES 48,14 — *sup nsnt* minnista H *C*, minniste *M* 4331 — *sup npm* minniston H *M*, minnistun *C* 4411 — *sup apm* minniston H *M*, minnistun *C* 4437
comp minor GLPRUDF1

MINNIA *f-jō Liebe* ◊ *love* — mest an minniun *der allerliebste* ◊ *the one most beloved* — ~ giniman *Liebe gewinnen, empfinden* ◊ *to win, have love*

minnia

• *ds* minniu CONFES 16,25, (m)in(nea) (*stil*) GLGREG 65,22 — *as* minnea H *CM* 331. 439. 836. 1498 (mannea° *C*). 1544. 1964. 1970, 3321 (e<i *M*), minnia *C*, minnea *M* 2716. 4219 (minnie *M*). 4498 (minnie *M*). 4513. 4524. 4650. *C* 5405. 5505. 5610. 5931 — *dp* minniun H *M*, minnion *C* 4601
amor (GLGREG)

MINNION *v-II lieben* ◊ *to love*
• *inf* minnion H *CM* 318 (minneon *C*). 1449 (minnian *M*). 4253, minneon *CM* 1455 — *3sips* minniot H *C* 2535 — *2pimp* minniod H *M*, minniond *C* 4654 — *1sipt* minnioda CONFES 16,18,20,21, 17,15/16 — *3sipt* minnioda H *C* 3970 — *3sopt* minniodi H *C* 5618

MINSON *v-II vermindern, bezwingen* ◊ *to diminish, subdue*
• *inf* minson H *CM* 1631 — *pcpt* giminsod H *C*, geminsod *M* 3834

MINTA *f-n Minze* ◊ *mint* — uuildi ~ *Ackerminze, Wildminze* ◊ *brook/corn/horse mint*
• *ns* minta GLMARF III,719,14, minze⁺ 719,52, minza⁺ GLSPET 82,3 GLTR40 V,42,30 GLTRSEM XVIII,22, mintza⁺ GLHARD IV,294,11 — *as* mintun GLEVES 51,35
• GLWERDA *ns* mintę 341
colocasia (uuildi ~) GLMARF GLTR40 GLTRSEM menta GLEVES GLHARD GLMARF GLSPET nepeta GLMARF puleium GLWERDA

mir⁺ → **IK**
mira° → **MĪN**
mirgel → **MERGIL**
miri- → **MERI-**

MIRKI *adj-ja/jō finster, unheimlich, schlimm* ◊ *murky, eerie, bad*
• *ns* mirki H *CM* 1062 — *asnt* mirki H *CM* 1480 — *apf* mirkiun H *C* 5651

misshliumandig

MIRRA *f-ō + f-n Myrrhe* ◊ *myrrh*
• *as* mirra H *C*, myrra *M*, myrran *S* 675

mis- → **MISS-**

MISPILA *(f-n) Mispel* ◊ *medlar*
• *ns* mispele GLMARF III,720,34
cornum GLMARF

MISPILBÔM *m-a Mispelbaum* ◊ *medlar tree*
• *ns* mispelbom GLMARF III,720,33
cornus GLMARF

MISS-: **-TRIUWIAN**

MISSA *f-ō Messe, (Patronats-)Fest* ◊ *mass, feast (of the patron saint)*
• *ds* misso REGES 21,6,18, missa REGFREK *M* 34,2. 40,34. 41,7. 42,3,12, 19,21,36 (2). 43,1,2 — *as* missa CONFES 16,24 — *dp* misson REGFREK *M* 42,22

MISSBURI *m-i/f-ī Unglück, Missetat* ◊ *misfortune, misdeed*
• *ns* missiburi GLVERGOX 113,13,20, misseburi GLEPIST I,757,12 — *ds* misseburi GLEPIST I,757,10
delictum GLEPIST fortuna GLVERGOX

MISSDĀD *f-i Missetat* ◊ *misdeed*
• *ns* misdad GEN 63 — *as* misdad GEN 222, missedát*ʰᶠᵏ* GLEPIST I,764,44
iniuria GLEPIST

misse-, missi- → **MISS-**

MISSFARU *adj-wa/wō verschiedenfarbig* ◊ *different-coloured*
• *ns* missiuaro GLSPET 85,4 ‖
versicolor GLSPET

MISSHLIUMANDIG *adj übelbeleumdet* ◊ *disreputable*
• *apm* mísliumíandígón GLPRUDF1 97, 22/23
infamis GLPRUDF1

missing → MESSING

MISSLĪK *adj verschieden(artig), unterschiedlich, gegensätzlich ◊ different, various, unlike*
- *asm* mislican H *C* 2515 — *asnt* mislic H *CM* 1891 — *np* mislica H *C*, mislika (a<e) *M* 2492 (*adv?*), missilica GLEVES 60,27/28 — *apm* mislica H *C*, mislike *M* 1876. 3735 — *apnt* mislic H *C* 3467. 5380

diversus GLEVES

MISSLĪKO *adv in unterschiedlicher Weise ◊ in various ways*
- mislico H *CM* 2446. 3512

MISSTUHTIG *adj unbeherrscht ◊ unrestrained*
- *np* missituhtige GLSPET 79,9 ‖

dyscolus, indisciplinatus, indoctus GLSPET

MISSTUMFT *f-i Zwietracht ◊ discord*
- *as* mistumft CONFES 17,8

MIST[1] *(m-u) Mist, Dreck ◊ dung, muck*
- *ns* mist GLPRUDF1 100,38 GLMARF III, 719,4, mest GLTRSEM VII,139

fimus GLMARF GLTRSEM rudus GLPRUDF1

MIST[2] *m-a Schwaden ◊ cloud*
- GENB *ap* mistas 391

MISTIL *m-a Mistel, Leimrute (?) ◊ mistletoe, lime-twig (?)*
- *ns* mistil GLK211 I,319,54 GLTRSEM XVI,60 GLVERGDRSD GLVERGOX 113, 26 — *ds* mistile GLVERGOX 109,12. 110,2

ornus° GLVERGDRSD viscum GLVERGOX viscum/viscus GLK211

mistrue → MISSTRIUWIAN
mit, miti⁺ → MID
mitone *mlat* → MEDO
mittigarne⁺ → MIDGERNI
mittul⁺ → **MIDDIL**[2]

MĪTHAN *v-1 (+ g/a) (jmdn, etw) meiden, vermeiden, verleugnen, sich zurückhalten, + a pers, g rei (vor) jmdm etw verheimlichen ◊ to shun, avoid, deny (sb, sth), restrain oneself, + a pers, g rei to conceal sth from sb*
- *inf* míthan GEN 177, mithan GLMERS 71,11 H *CM* 1975, mithan *C*, midan *M* 4078. 5020. *M* 1514, mitha ina° (in<m) *C* 5931 — *3sips* mithit H *C* 3452 — *3sops* mithe H *CM* 1498. 1504 (mithæ, æ<a *M*) — *2simp* mith H *C*, mid *M* 2716. 3239 — *2pimp* mithat H *C*, midad *M* 1632 — *3sipt* meth H *C* 4963 (med *M*). 5393 — *3pipt* mithun H *C* 4229 (midun *M*). 5880

vitare GLMERS

BIMĪTHAN *v-1 (+ g/a) (etw) vermeiden, ausweichen jmdm/aus, vor, sich zurückhalten ◊ to avoid (sth), escape from, evade sb, restrain oneself*
- *inf* bimithan H *C* 2049 (bemidan *M*). 3627 (bemiden *M*). 4936 (bemithan *M*) — *inf d* bimithanne H *C*, bimidanne *M* 3803. *C* 4687

FARMĪTHAN *v-1 ausweichen ◊ to turn aside*
- *1sips* fartmithon° (*1*.t = *abbr* teutonice?) GLTRSEM VI,80

declinare GLTRSEM

GIMĪTHAN *v-1 + g etw vermeiden ◊ to avoid sth*
- *inf* gimithan H *C* 1514

mithil → **MIDDIL**[2]
mçin° → **MĪN**

MŌD *m-a Sinn, Herz, Gemüt, das Innere, Seele, Geist, Jähzorn, Wut, Mut ◊ heart, mind, spirit, soul, (violent) temper, anger, courage*
- o[118] *ns* mod H *MS*, muod *C*; mod (*stil*) GLGREG 65,21, mód (*neum*) H *M* 296, múod *V* 1354 — *gs* muodes PSGERN 11,3 [15,22] H *C* 550. 2927 (modes *M*)

— *ds* mode H *CMS*, muode *C*; moda *M* 313. 394 (muode, u *add C*), múode *V* 1293, múodi 1301, muoda GEN 67. 112 — *as* mod H *MS*, muod *C*; mod *C* 4743

• GENB *nt-a ns* mód 750. 758. 833 — *ds* móde 342, mode 302. 405. 425. 559. 735. 745 — *as* mód 591, mod 403. 710. 738 — *ap* mod 336

animus (GLGREG) mens (PSGERN)

MŌDAG *adj erzürnt, zornig, wütend, wutentbrannt* ◊ *angry, raging, furious, wrathful*

• *ns* modag H *M*, muodag 763. 1378. 4221 (modeg *M*). 4262 (modeg *M*). 4916. 4925. 5177 (o *add C*). 5233. *C* 2245 (u *add*) — *asm* modagna H *M*, modegne *S*, muodagna *C* 550. *CM* 686 — *np* modaga H *M*, muodiga *C* 3930, modage *M*, muodaga *C* 5164

MŌDAR *f-r Mutter* ◊ *mother*

• *ns* modar H *M*, muodor *C* 215. 265 (modor *C*). 378 (moder *CS*). 383 (moder *S*). 439. 588 (muoder *C*). 798. 818 (ar *corr M*, modor *C*), moder *M*, muoder *C* 1999. 2018. 2183. 2653. *C* 5607, mŏda(r) GLGREG 63,4, muođar GEN 86 — *ds* modar H *M*, muoder *C* 741. 821 (muodor *C*). 836. *C* 5614, moder *M*, muoder *C* 2193. 2784 (muder *C*). 3274. *C* 2205 — *as* moder CONFES 16,17, muoder H *C* 2024 (moder *M*). 2770 (modar *M*). *C* 5618 — *np* modar H *M*, muoder *C* 737. 744. *C* 5524 (ecclesia) GLGREG

MŌDARMĀG *m-a mütterlicher Verwandter* ◊ *maternal kinsman*

• *dp* modarmagun H *M*, muodermagon *C* 785

MŌDFAGA *f-ō Entschädigung, Sicherheitsleistung* ◊ *amends, bail*

• *as* motfaga GLPB2 I,298,39

satis [accipere] GLPB2

MŌDGITHĀHT *f-i Gedanke, Denken, Gemüt, Herz* ◊ *thought, mind, emotion, heart*

• *ns* muodgithaht H *C* 5915 — *as* modgithaht H *M*, muodgithaht *C* 329 — *np* modgethahti H *M*, muodgithahti *C* 1653. *C* 5919 — *dp* modgithahtiun H *M*, muodgithahtion *C* 3063 — *ap* modgithahti H *M*, muodgithahti *C* 1881 (modgethahti *M*). 1925 (modgithahti *M*). 3304. 3866. 4177

• GENB *m-a ds* modgeþohte[#*] 253

GIMŌDI *nt-ja Aussöhnung, Einvernehmen* ◊ *reconciliation, agreement*

• *ds* gimodea H *M*, gimuodie *C* 3206 — *as* gemodi H *M*, gimuodi *C* 1470

FARMŌDIAN *v-I missachten* ◊ *to disdain*

• *3sips* formuodit H *C* 3237

MŌDKARA *f-ō Herzenskummer, Gram, Trauer* ◊ *deep sorrow, grief, mourning*

• *ds* modkaru H *M*, muodcaru *C* 5002 — *as* muodkara H *C* 5747 — *dp* muodkaron H *C* 4014

MŌDKARAG *adj tieftraurig* ◊ *very sad*

• *nsf* modkarag H *M*, muodcarag *C* 4028 (mo:karag, k *ras M*). 4066

MŌDON *v-II besorgt sein* ◊ *to be worried*

• *1sips* muodᵗon GLTRSEM V,102

caperrare GLTRSEM

FARMŌDON *v-II missachten* ◊ *to disdain*

• *3sips* farmodat H *M* 3237

MŌDSEVO *m-n Gedanke, Gemüt, Seele, Geist, Herz* ◊ *thought, mind, spirit, soul, heart*

• *ns* modsebo H *M*, muodseƀo *C* 386. 2766 (muodseƀo *C*). 2924 (muodsebo *C*). *C* 5389 — *ds* modsebon H *M*, muodsebon *C* 241 (modsebon *C*). 539 (mods[e]ban *S*). 1359. 1438 (muodseƀon *C*). 3010, modsebon *M*, muodseƀon *C* 2317. 2610. 3366. 3405. 4437, mōdsevo　　　　　　　　　　　　　　　　　　　　mōrbôm

modsebon *M*, muodseben *C* 4219. 4557
— *as* modsebon H *M*, muodsebon *C*
879. 1032 (muod *ras C*). 1401. 1751
(muodsebon *C*). 1886 (muodsebon *C*).
1932 (muodseƀon *C*). 5242. *C* 5277,
muodseƀon *C* 2515
• GENB *ns* módsefa# 501

MŌDSKANDIG *adj schändliche Sinnesart habend* ◊ *having a shameful mind*
• *dp* motsandium GLPRUDP 63,19
festus GLPRUDP

MŌDSORGA *f-ō Herzenskummer* ◊ *heart-sorrow*
• GENB *ns* módsorg# 755

MŌDSPĀH *adj verständig* ◊ *deliberate*
• *asm* modspahana H *M*, muodspahna *C* 1192

MŌDSTARK *adj halsstarrig* ◊ *stubborn*
• *npm* modstarke H *M*, muodstarca *C* 4122

MŌDTHRAKA *f-ō Herzeleid* ◊ *heartache*
• *np* modthraca H *M*, muodthracu *C* 4773

moherth°# → MARTH

MOL *(m-a) Eidechse, Molch* ◊ *lizard, salamander*
• *ns* mol GLSPET 74,35 ‖ GLVERGOX 109,15 GLVERGW
stel(l)io GLSPET GLVERGOX GLVERGW

MOLDA *f(-n) Mulde, Holztrog* ◊ *trough*
• *ns* m ᵗ olda GLTRSEM VI,28, molde GLMARF III,718,8
capisterium GLMARF GLTRSEM

MOLDBRED *nt-a Streichbrett (am Pflug)* ◊ *mouldboard (of a plough)*
• *ns* molbret GLMARF III,719,56
dentale GLMARF

MOLDIKĪN *nt- kleine Mulde* ◊ *small trough*

• *ns* moldekin GLMARF III,718,9
capisterium GLMARF

moldrum *mlat* → **MALDAR**
molcium *mlat* → **MALT²**
molt → **MALT¹, MALT²**
moltcium *mlat* → **MALT²**

MOLKEN *(nt-a) geronnene Milch, Quark* ◊ *coagulated milk, curds*
• *ns* molken GLTR40 V,48,15
galmum (galbanum) GLTR40

MOLWERP *(m-a) Maulwurf* ◊ *mole*
• *ns* muuuerf⁺ GLSPET 74,37 ‖
talpa GLSPET

MŌMA *f(-n) Mutterschwester* ◊ *mother's sister*
• *ns* moma GLHARD IV,257,29
matertera GLHARD

monag- → **MANAG**
mond# → MANDA
moneg-, monig → **MANAG**
moncynne# → **MANKUNNI**
monn → **MANN**
monohtlic → **MĀNUTHLĪK**

MŌR *nt-a Moor, Pfuhl* ◊ *bog, mudhole*
• *ns* moŕ GLEVES 59,33, muor GLTRSEM XIV,61
palus GLEVES sentina GLTRSEM

MÔR *m-a Mohr* ◊ *blackamoor*
• *ns* mor GLSPET 82,10
maurus GLSPET

moragan(-) → **MORGAN(-)**

MŌRAT *m/nt-a Maulbeerwein* ◊ *mulberry-wine*
• *ns* morat GLMARF III,718,4
moretum GLMARF

MÔRBÔM *m-a Maulbeerbaum* ◊ *mulberry tree*

• ns mourbom GLMARF III,720,17
mora domestica GLMARF

mord(-) → **MORTH**(-)
mordumtotum° *mlat* → MORTHDÔTH

MORGAN *m-a Morgen (Tageszeit + Ackermaß)* ◊ *morning, forenoon, (measure of land* ≈*) acre* — *an ~ morgen, morgens, am nächsten Morgen* ◊ *tomorrow, in the morning, the next morning*
• *ns* morgan GEN 188 GLTRSEM VIII, 107 H *CM* 686. 5056, morgan *M*, moragan *C* 4528 (morgen *M*). 4670, moragan GEN 286 — *as* morgan H *CM* 1663. *C* 5957, morgen *M*, moragan *C* 3413. *C* 3436. 5750 — *np* morgana GLTRSEM VI,128 — *gp* morgno H *M*, morgano *C* 601, morgana *S* 693 (morgan *CM, ds?*)
• GENB *gp* morgena 848
diurnalis, iugum GLTRSEM

MORGANSTUNDA *f-ō Morgenstunde* ◊ *morning hour*
• *ns* morgenstunde GLMARF III,715,9 — *ap* moraganstunda H *C* 3465
mane GLMARF

MORGANTĪD *f-i Morgenzeit* ◊ *morning*
• *as* morgantid H *CM* 5059

MORHA *f(-n) Mohrrübe, Möhre* ◊ *carrot*
• *ns* morha GLTR40 V,42,32
pertinaca (= pastinaca) GLTR40

morniat → **MURNIAN**

MORNON *v-II sich sorgen, beunruhigt sein* ◊ *to worry, be disturbed about* — *cf* MURNAN#, **MURNIAN**
• *2pimp* mornot H *C*, mornont *M* 1663 — *pcps* mornondi H *CM* 721

BIMORNON *v-II versorgen* ◊ *to provide* — *cf* BIMURNIAN
• *3sops* bimorna H *M* 1869

MORSARI *m-ja Mörser* ◊ *mortar*
• *ns* morsari GLSPET 76,12 (*p?*), morsare GLHARD IV,258,17
mortariolum GLHARD GLSPET

MORTH *nt-a Mord, Totschlag, Tod, Hinrichtung* ◊ *murder, homicide, death, execution*
• *ns* mord GEN 291 — *gs* morđes H *M*, mórđes *S* 550, morthes *C*, mordes *M* 5181. 5242. *C* 5399, morthies *C* 5308 — *as* morth H *C*, mord *M* 1495. 4324 (t *add*, h *ras C*) — *instr* morđhu GEN 259
• *tödliche Sünde* ◊ *mortal sin* GENB *ns* morð 722 — *gs* morðes 758 — *as* morð 640. 691

MORTHDÔTH *m-a Tötung durch Mord* ◊ *manslaughter by murder*
• *as mlat* morđdotum LEXSAX 19 *C*, mordumtotum° *Sp. Index* 18

MORTHHUGI *m-i Mordgedanke* ◊ *murderous thought*
• *as* morthhugi H *C*, mordhugi *M* 4221

MORTHQUĂLA *f-ō tödlicher Schmerz* ◊ *deadly pain*
• *as* morðquala GEN 101

MORTHMETISAHS *nt-a Dolch* ◊ *dagger*
• *ns* morthmez GLMARF III,716,66
sica GLMARF

MORÞOR# *n-a tödlicher Schmerz* ◊ *deadly pain*
• GENB *gs* morðres# 755 — *as* mórðer# 342 — *gp* morðra# 297

MORTHWERK *nt-a Mordtat* ◊ *murderous deed*
• *as/p* morthuuerc H *C*, morduuerk *M* 2702

MŌS *nt-a Speise* ◊ *food*
• *ns* mos GLMARF III,717,60 — *gs* moses H *M*, muoses *C* 1060 (móses *M*). 2867. 4565. 4610. *C* 1054, moses *CM* 4614 — *as* mos H *M*, muos *C* 4621, mos CONFES 16,14,15 — *instr* mosu H *M*, muosu *C* 1863. 1869
polenta (welse ~) GLMARF

mot(-) → MŌD(-)

MŌTA *f(-ō) Muße ◊ time for leisure*
• *ns* mýota GLPRUDF1 96,16
otium GLPRUDF1

[MŌTAN] *vptps dürfen, Erlaubnis haben, können, in der Lage sein, vermögen, müssen, wollen ◊ to be allowed (I may), be able, be permitted, have opportunity to, have to (I should), want*
o[259] *1sips* mot H *CM* 4564, mot *M*, muot *C* 220. *C* 3443. 5345, muot GEN 174. 201 — *2sips* most H *M*, muost *C* 1557. 3073. 3275, most *C* 5604 — *3sips* mot H *CM* 4346, mot *M*, muot *C* 892. 1014. *C* 2524, muot GEN 113. 137. 204 — *1pips* motun H *CM* 5188, motun *M*, muotun *C* 4197 — *2pips* motun H *M*, muotun *C*; motun *C* 1460. 1769 — *3pips* motun H *M*, muotun *VC*; motun *C* 1318 (múotun *V*). 3105, múotun *V* 1305. 1307. 1309. 1310. 1319 — *1sops* moti H *M*, muoti *C*; moti CONFES 17,27, muotig H *C* 939 — *2sops* motis H *M*, muotis *C* 709. 3266. 3283 — *3sops* moti H *M*, muoti *C*; moti *C* 224, motti HILD 60, muotti 61, muoti GEN 232 — *1pops* motin H *CM* 2426, motin *M*, muotin *C* 2430 — *2pops* motin H *M*, muotin *C* 1791 — *3pops* motin H *M* 1162 (muotin *C*). 3728, muotin GEN 216. 237 — *1sipt* mosta H *M*, moste *S*, muosta *C* 559 — *3sipt* mosta, moste H *M*, muosta *PC*; mõsta *neum M* 364, muosta (u *add*) *C* 15, muosta (a<i) 5807, moste *S* 507. 509, muosta GEN 83. 275. 333 GLEVES 54,3 — *1pipt* muostun GEN 6 — *3pipt* mostun H *CM* 3585, mostun *M*, muostun *C* 86 (*1*.u *add C*). 3662. *M* 4266 (u *corr*). *C* 426. 3652. 4927. 5667, mosten CONFPAL 362,20 — *3sopt* mosti H *M*, muosti *C*; mõsti *neum M* 311, mosti *C* 2979. 4077. 5933, muosti (u *add*) 93. 311, muosti GEN 167 GLEVES 57,20 — *1popt* mostin H *M* 604. 4864 (muostin *C*) — *3popt* mostin H *M*, muostin *C* GEN 99

• GENB *1pips* moton[#] 404. 407 — *3pips* móton[#] 422 — *3sipt* moste 464. 469. 472 — *1pipt* moston[#] 359. 796 — *3pipt* moston[#] 843 — *1sopt* moste[#] 369 — *3popt* mosten[#] 781
posse *(?)* GLEVES

MŌTIAN *v-1 + d pers begegnen, zusammentreffen, widerfahren, entgegnen ◊ to meet, befall, reply*
• *inf* motean H *M*, muotian *C* 1698 — *3sipt* muotta GEN 177 H *C* 5950 — *3popt* muotin HILD 2

motsandium → MŌDSKANDIG

MŌTHI *adj-ja/jō müde ◊ tired*
• *ns* mothi H *C* 5883

mourbom → MŌRBÔM
mudboro → MUNDBORO

MUDDI *nt-ja Mütt, Scheffel (Hohlmaß) ◊ bushel (dry measure)*
o[400] *n/as* muddi REGFREK K 25,21 (2), 24. 33,31 (2). *M* 25,2 (2),6. 29,18. 33, 11,12. 43,13 — *n/ap* muddi REGFREK *KM* URBWERDA 37,21. 38,9, mudde REGES 21,3,4,5,11,13,14,15 REGFREK *M* 24,12, REGHELM 127, mudde (*abbr*), mudde (*abbr*) 125, mudi REGFREK *K* 33,29. *M* 26,17, muddi (*1*.d<n/u) *M* 25, 13. 27,13,27,31. 28,12. 29,1,26. 37,23 (?, 2), mudd:i (o *ras?*) 41,27

mude → MŪTH
muder → MŌDAR
mudi → MUDDI

MŪDSPELLI (U *?*) *m/nt-ja Weltende, der Jüngste Tag ◊ end of the world, the Day of Judgement*
• *ns* mutspelli H *CM* 4358 — *gs* mutspelles H *C*, mudspelles *M* 2591

[MUGAN] *vptps können, vermögen, dürfen, sollen ◊ to be able (I can), capable of, be allowed (I may), be obliged (I ought to)*

mugan

o⁴⁵⁰ *1sips* mag CONFES 17,18 GEN 58. 67. 240 H *CM*; mah *C* 4082. 4691, mahg GEN 219 — *2sips* maht GEN 2. 3. 73. 214. 234 H *CM*; maht (h *add*) *C* 1470 HILD 55 — *3sips* mag GEN 25. 43. 52 GLEVES 48,10 PSGERN 5,5 [12,5] H *CM*, mág GLEVELT 46,28 GLEVES 48,13, mah H *C* 1008. 1718. 1811. 2529. 3806, meg GLLAM 67,22 — *1pips* mugun GEN 9 H *CMS* — *2pips* mugun H *LCM* — *3pips* mugun H *CMS*, m[ugun] (*stil*) GLGREG 63,11 — *1sops* mugi H *CM* 883 — *2sops* mugis H *M*, mugi° *C* 3202 — *3sops* mugi H *CM* — *3pops* mugin H *CM* — *2sipt* mahtes H *M*, mahtas *C* 3062 — *3sipt* mahta, mohta H *C*, mahte *MS*; mahta *M* 161. 646. 849. 1243. 1674. GEN 106, mahtá H *C* 5625, mohta *M* 184. 747, mohte 1678, mohtta *C* 2552, muohta 574 — *3pipt* mahtun H *LM*, mahtun, mohtun *C*; mohtun *M* 148 — *2sopt* mahtis H *CM* 2952 (mahtes *M*) 4957. *C* 5574, mohtis *C* 5351. 5923 — *3sopt* mahti GEN 41. 57 GLEVES 61,12 H *CMS*, mohti *C*; magti *C* 2554, mahtig 4493. 4743. 4892. 5074, mohtig 817 — *1popt* mahtin H *CM* 2834 — *3popt* mahtin H *CM*; mohtin *C* 3929

o⁴⁸ GENB *1/3sips* mæg#, mǽg# 381. 837 — *2sips* meaht# — *1/3pips* magon# — *3sops* mæge# 427 — *1pops* mægen# — *1/3sips* meahte# — *3pipt* meahton# — *3sopt* mihte# 261 (*3si?*). 270. 415, meahte# 412. 417

posse GLEVES GLGREG (PSGERN)

MUGGIA *f-j-n Mücke* ◊ *midge*
• *ns* muggia GLSTR 107,30, mugga⁺? GLSPET 82,2, mugge GLMARF III,721, 21, mucca⁺? GLHARD IV,294,35, mucka⁺ GLTRSEM VI,30 — *as* muggiun GLEVES 52,2 — *np* mukon⁺ GLTRSEM XV,6
• (?) GLWERDA *m-ja/f-jō ns* migc# 345

culex GLEVES GLHARD GLMARF GLSPET GLSTR GLTRSEM scinifes (*p*) GLTRSEM triphinas (? τρίχινος?) GLWERDA

-munan

muhful° → **MŪTHFULL**
muhtbita → **MŪTHBITI**
muiwet° → **NIOWIHT**

MŪKHÊMO *m-n Heimchen* ◊ *house cricket*
• *ns* mukhemo GLTRSEM VIII,60
gryllus GLTRSEM

MŪKINARI *m-ja Einbrecher* ◊ *burglar*
• *ns* muchinari⁺? GLTRSEM VII,60
effractor GLTRSEM

mucca⁺? → **MUGGIA**
mukon⁺ → **MUGGIA**

MŪLBÔM *m-a Maulbeerbaum* ◊ *mulberry tree*
• *ds* mulbuoma GLEVES 56,15
arbor (morus) GLEVES

MULINERI *m-ja Müller* ◊ *miller*
• *dp* muleniron REGFREK *M* 37,12

MULINSTÊN *m-a Mühlstein* ◊ *millstone*
• *ns* mulinsten GLSPET 81,13/14
mola asinaria GLSPET

FARMULINUSS(IA) *f-jō/nt-ja Dreschen* ◊ *threshing*
• *ds* (?) farmulimus° (= farmulinuss) GLPB2 1,296,39
tritura GLPB2

MULSTRA (*f-ō?*) *Mahllohn* ◊ *miller's fee*
• *ns* mulstere GLMARF III,717,58
emolumentum GLMARF

munalica → **MUNILĪK**

[**MUNAN**] *vptps beurteilen* ◊ *to judge*
• *2pops* munin GLEVES 59,35. 60,9 (*1.*n<?g)
iudicare GLEVES

[**FARMUNAN**] *vptps verachten, missachten, verleugnen* ◊ *to scorn, despise, disregard, renounce*

• *2sips* farmanst H *C* 4695 — *3sips* farman H *C* 5365 — *3sops* farmuni H *M*, formuni *C* 3220 — *3sipt* farmunste H *M*, formonsta *C* 2658 — *3pipt* farmuonstun (*l*.n<s) H *C* 5286

munburd → **MUNDBURD**

MUND *(f-ō/-i) Hand, Handbreit* ◊ *hand, hand's width*
• *ns* munt GLSPET 75,11‖ — *dp* [mun]don (uuordon° *ms*) H *C* 5931
palmus GLSPET

mund → **MŪTH**

MUNDBORO *m-n Schutzherr, Beschützer, Sachwalter* ◊ *patron, protector, guardian*
• *ns* mundboro H *CM* 378 (*S*). 1274. 1544. 1981. 2300. 2938 (mudboro *C*). 4766. *C* 2229, múndbóro GLPRUDF1 102,9/10 — *as* mundboron H *CM* 535 (mundboran *S*). *C* 1955
municeps GLPRUDF1

MUNDBURD *f-i Schutzherrschaft, Schutz* ◊ *protectorate, protection*
• *ds* mundburd H *CM* 1916. *C* 2233 — *as* mundburd CONFES 17,22 H *CM* 1242. 2070. 2693. 3696 (munburd *C*). *M* 1955. *C* 4695
• GLWERDC *ns* mundbyrd# (*1*.d *add*) 364
o³³ **MUNDEBURDUM, MUNDIBURDIUM** *mlat gs* mundiburdii DIPL — *ds* mundiburdio CH 1003? (2) THIETM — *as* mundeburdum DIPL, mundiburdium DIPL VMEINW — *abls* mundeburdo DIPL, mundiburdio DIPL REGHELM VMEINW
privilegium GLWERDC

GI**MUNDI** *nt-ja Mündung* ◊ *mouth (of a river)* → GI**MŪTHI**
• *ap* gimundi GLPRUDF1 102,23, gemundi GLPRUDSLUD
ostium GLPRUDF1 GLPRUDSLUD (Ostia ubi Tibris mare influit)

MUNDIBULUS *adj mlat minderjährig* ◊ *minor*
• *abls* mundibulo CH 1096/1

MUNDIBURDUS *mlat Vormund* ◊ *guardian*
• *ns* mundiburdus CH 1096/3 — *gs* mundiburdi CH 1066-81. 1080-88. 1080-1104/2. 1096/3 — *ap* mundiburdos THANG 764,27

MUNDILA *f-ō/n Mündel* ◊ *ward*
• *ns* mundila CH 1074²

GI**MUNDLING** *m-a Freier/Halbfreier (in kirchlicher Schutzgewalt)* ◊ *free/half-free man (under the patronage of the church)*
• *ns* iamundling DIPL 937/1 — *ap mlat* iamundilingos DIPL 937/1 — *ablp mlat* iamundlingis DIPL 986 (2). 1014, iamundilingis DIPL 973/3. 988/1. 1003

MUNDMANN *m-cons Abhängiger (in der Schutzgewalt eines Herrn)* ◊ *dependant (under the protection of a lord)*
• *ap* mundman †DIPL 803

MUNDON *v-II beistehen, Schutz gewähren* ◊ *to aid, protect*
• *inf* mundon H *CM* 2931 — *3sipt* mundoda H *C* 2210

MUNDSKATT *m-a Schutzgeld* ◊ *protection money*
• *ns* mundscat DIPL 1002/1, muntscat DIPL 938. †960. 1028/1. 1057, múntskat DIPL 1023 — *as* muntscat DIPL †889

MUNILĪK *adj anmutig, lieblich* ◊ *graceful, lovely*
• *asf* munilica H *CM* 252, munalica *M*, munelica (ne *add*) *C* 1997 — *npf* munilica H *C* 5784

MUNITA *f-ō + f-n Münze, Münzbild* ◊ *coin, effigy*
• *ns* muniza⁺ GLSPET 86,11‖. 87,17‖ — *n/as* múnita GLPRUDF1 100,17 — *gs* muniza⁺ GLPB2 I,297,24, munizon⁺

munita

GLADM718 77,7 — *ds* muníta GLPRUDF1 99,31, muniton^*bfk* GLPRUDBR II,572,51
moneta GLADM718 GLPRUDBR GLPRUDF1 GLSPET nomisma GLPB2 GLPRUDF1 GLSPET

MUNITERI *m-ja Geldwechsler* ◊ *money-changer*
• *ns* munizzari⁺ GLSPET 79,5, munizari⁺ 80,19 ‖ — *np* muniterios H *C*, muniterias *M* 3737
nummularius, trapezita GLSPET

MUNITON *v-II prägen* ◊ *to mint*
• *pcpt* gimunitod H *C*, gemunitod *M* 3823

FARMUNNIAN *v-I verwerfen* ◊ *to condemn*
• *2sopt* farmunidis GLPRUDF1 104,4
damnare GLPRUDF1

   muntscat → **MUNDSKATT**
   muod(-) → **MŌD**(-)
   muođar, muoder(-), muodor → **MŌDAR**(-)
   muor → **MŌR**
   muos → **MŌS**
   muosle° → **KNŌSAL**
   muot(-) → **MŌT**(-)
   mv́ota → **MŌTA**

MŪRA *f(-ō/-n)* / **MŪR** *m-a Mauer* ◊ *wall*
• *dp* murun H *M*, muron *C* 3626

MŪRBRĀKA *f-ō Sturmbock* ◊ *battering ram*
• *ds* murbraca GLVERGOX 112,33
aries GLVERGOX

   muriera° → **MĀRI**

MURNAN^# *v-3 trauern* ◊ *to mourn* — *cf* **MURNIAN, MORNON**
• GENB *inf* murnan^# 735

MURNIAN *v-I bekümmert, beunruhigt sein* ◊ *to be sad, disturbed about* — *cf* **MORNON**
• *3pips* morniat H *C* 4728 — *pcps* murnandi H *S* 721

mūthfull

BIMURNIAN *v-I versorgen* ◊ *to provide* — *cf* BIMORNON
• *3sops* bimurnie H *C* 1869

MŪS *f-i Maus* ◊ *mouse*
• *ns* mus (*lat?*) GLSPET *Schulte* 497 — *dp* musin GLPRUDBR II,574,12
mus GLPRUDBR sorex GLSPET

MŪSARI *m-ja Mäusebussard* ◊ *buzzard*
• *ns* musari GLTRSEM IX,89
larus GLTRSEM

MŪSFALLA *f(-n) Mausefalle* ◊ *mousetrap*
• *ns* musfalla GLSPET 78,23 ‖
muscipulum GLSPET

MUSKULA *f-ō/n Muschel* ◊ *sea-shell*
• *ns* muschela GLMARF III,721,15 — *dp* musculon GLSPET 85,1/2 ‖
concha GLSPET conchylium GLMARF

MUSSIAN *v-I pcpt moosbedeckt* ◊ *pcpt mossy*
• *pcpt npnt* gimúsídvn GLPRUDF1 104,7
pcpt muscus GLPRUDF1

   mutspelli → **MŪDSPELLI** (U ?)

MŪTH *m-a Mund* ◊ *mouth*
• *gs* (mut)[hes] PSGERN 6,14/7,1 [13,13/14] — *ds* muthe PSGERN 10,22. 11,4 [15,19.23] H *C*, mude *M* 1903 (munde *M*). 2485 (muđe *M*). 3934. 5102. *C* 5651, munde PSLUB 33, 2 — *as* muđ H *C*, mund *VM* 1293 — *instr* muthu H *C*, muđu *M* 1753. 1761, muthu *C*, mudu *M* 165 (muđu *C*). 818 (muđu *C*). 830. 3250. 4621
os (PSGERN) PSLUB

MŪTHBITI *m-i Bissen* ◊ *mouthful*
• *ap* muhtbita GLPRUDP 62,16
offa GLPRUDP

MŪTHFULL *(m-a) Bissen* ◊ *mouthful*
• *as* muhful° GLVERGOX 113,28
offa GLVERGOX

GIMŪTHI *nt-ja (Fluss)mündung* ◊ *mouth (of a river)* → GIMUNDI
• *np* gimuthi GLVERGOX *p.* 146 — *ap* imuthi GLVERGOX 112,14
introitus, ostium GLVERGOX

muuuerf⁺ → MOLWERP
myrra → MIRRA

N

n- → NI
na → NĀH²
na[#] → NIO
na- → NĀH-
naba⁺ → NAVA
nabur → NĀHBŪR

NĀDARWINDA (NADAR-?) *f-ō/n Wendehals* ◊ *wryneck*
• *ns* nadaruuinda GLTRSEM XI,119
ophiomachus GLTRSEM

nadlan, nadlun → NĀTHLA

NĀDRA (A?) *f-ō/-n Natter, Schlange* ◊ *snake, serpent*
• *ns* nadra H *CM* 1878, nádrá GLPRUDF1 94,36, nádára 96,18
aspis, Lerna GLPRUDF1

nae → NĀH¹
næfð[#], næfdon[#] → HEBBIAN²
nære[#] → WESAN
næs[#] → WESAN
naffiz-⁺ → HNAFFIZZ-⁺

NAGAL, NAGUL *m-a Nagel, Ruderpinne, Pflock, Haken (?)* ◊ *nail, tiller, peg, hook (?)*
• *ns* nagul GLPB2 I,297,51, nagal GLSPET 81,4. 82,7 GLTRSEM V,83 — *as* nagal GLPB1 I,382,3 GLSPET 78,3 — *np* naglos H *CM* 200 — *dp* naglon GLPRUDF1 100,21 H *C* 5732 — *ap* naglos H *C* 5536

clavus GLPB1 GLSPET GLTRSEM paxillus GLPB2 ungula, uncus GLSPET unguis GLPRUDF1

NĀH¹ *adj nah; sup subst der nächste Angehörige, der Nächste* ◊ *near, close; sup subst the next of kin, neighbour*
• *ns* nah H *CM* 3596 — *nsf (adv?)* nae PSWIT 84,10 — *asm* naan GLPRUDF1 99,17 — *sup nsm* naisto GLPRUDF1 99,21 — *sup asm* nahiston H *M*, naiston *C* 1448, [na]isto[n] PSGERN 10,1 [14,18] — *sup npm* náistun GLPRUDF1 99,24 — *sup npnt* naist GLPRUDF1 96,21 — *sup dpm* nahistun H *M*, nahiston (o<u) *C* 3275 — *apm* nahiston CONFES 16,19, naiston GLGREG 62,11
prope PSWIT propinquus (nahisto) GLGREG proximus (nahisto PSGERN) GLPRUDF1

NĀH² *adv nahe, in der Nähe; praep + d, instr nach* ◊ *near, close, nearby; praep + d, instr according to*
o⁴³ *adv* nah H *CM* 2825 — *comp* nahor H *LVCM*; nahur *S* 579 — *sup* naist GLEVES 60,24
• *praep* na CONFPAL 363,24 (2), 30
• *adv* — nehst *zuletzt* ◊ *last* GENB néah[#] 688 — *comp* near[#] 760 — *sup* nehst[#] 536
in proximo GLEVES

NĀHBŪR *m-a Nachbar* ◊ *neighbour*
• *ns* nabur REGFREK *M* 29,4

NĀHIAN *v-I nahen, nahe kommen* ◊ *to approach, draw near*
• *3sips* nahid H *CM* 3494 (nahit *C*). 4335. 4345 — *3sipt* nahida GEN 286 H *C*, nahide *M* 3671 (<nerienda? *C*). *C* 5394 — *pcpt* ginahid H *CM* 520 (*S*, d<h *M*). 870. 879. 1144. 2179. 4261. 4342. 4620 (a<ài| *C*), ginahit *C* 3981

NĀHKUMILING *m-a Nachfahre* ◊ *descendent*
• *ns* nacumilig CH 1004²

nāhkumstig

NĀHKUMSTIG *adj in Zukunft kommend* ◊ *coming in the future*
- *ns* nacumstich CONFPAL 363,23

nahrauan → NAHTHRAVAN
naht° → LIOHT²

NAHT *f-cons + m-a Nacht* ◊ *night* — nahtes *adv nachts* ◊ *at night* — te naht *heute nacht* ◊ *tonight*
- *ns* naht GEN 286 H *CM* 2910. 4238. 4630. 4668. *C* 5749 — *(gs)* nahtes GEN 181 H *CM* 425. 515 *(S)*. 755. 1178. 2480. 2482. 2912 (na<mi *C*). *C* 4715 — *ds* naht H *CM* 400. 680 *(S)*. 701 *(S)*. 4841. 4998. *C* 4693, nahta CONFES 17,20 — *as* naht H *CM* 4359. 4911. *C* 5416. 5875 — *gp* nahto H *CM* 451. 1053 — *dp* nahtun H *M*, nahton *C* 4199. *C* 5766 — *ap* naht H *CM* 1994. 4084. 4131. 4458. *C* 3981, nochte CONFPAL 362,18
- GENB *ap* niht# 307

NAHTAGALA, NAHTIGALA *f-ō/-n Nachtigall* ◊ *nightingale*
- *ns* nathagala GLVERGOX 110,12, nahtigala GLSTR 107,22,23 GLTRSEM VII,136, nahtgala X,41. XXI,19, nahtegale GLMARF III,721,1
acalanthis GLVERGOX acredula GLSTR luscinia GLMARF GLSTR GLTRSEM philomela GLTRSEM philomena GLMARF

NAHTHRAVAN *m-a Nachtrabe, Nachtvogel, Käuzchen* ◊ *night-raven, nocturnal bird, screech owl*
- *ns* nactrafan GLPB1 I,366,20 nahtraun GLTRSEM XXI,22, nahrauan XI,59, nahtrauen GLMARF III,720,57, nahtram GLSPET 74,27 — *as* nectr&° (= nectrefn#) GLPB1 I,340,7
noctua GLPB1 GLTRSEM nycticorax GLPB1 GLMARF GLSPET pellicanus GLMARF

NAHTSELITHA *f-ō Nachtquartier* ◊ *night lodgings*
- *as* náhtsélitha GLEVES 51,6
manere (~ niman) GLEVES

narrizzen

NAHTSKADU *m-wa Nachtschatten* ◊ *nightshade*
- *ns* natscade GLMARF III,719,46 — *as* nachtscade GLHARD III,605,14
solatrum GLHARD strychnos, uva lupina GLMARF

naist(-) → NĀH
nakko → HNAKKO

NAKO *m-n Boot* ◊ *boat*
- *ns* naco H *CM* 2265 — *as* nacon H *C* 2237

nactrafan → NAHTHRAVAN

NALLES# *adv durchaus nicht, keineswegs* ◊ *not at all, by no means*
- GENB nalles# 346. 610, nales# 582

NAMO *m-n Name* ◊ *name*
- *ns* namo GLEVES 52,2 H *CM* 210. 1602. 2177 (mano° *C*) — *ds* namon H *M* 889 (*as*?). 1456. 1891. 2079. 4409. 5084 (*as*?). namen *C*, namon *M* 257. 443. 4237. *C* 5929, naman GEN 108 H *CM* 1255, naman *C*, namon *M* 133. 266, noman PSLUB 32,21. 115,17 — *as* namon H *CM* 224. 231. 236. 2893 *C* 5363, noman PSLUB 28,2. 33,4. 114,4. 115,13 — *np* námun GLEVES 54,4 — *gp* namono H *CM*, nomana *S* 353
- GENB *as* naman 343, noman 719
nomen GLEVES PSLUB

NAMON *v-II nennen* ◊ *to name*
- *pcpt* ginamod H *C* 3626

nana → NIGÊN
nap° → NAVA
naph+? → HNAPP
nap(p) → HNAPP
narauo → NARWO

NARRIZZEN+ *v-I zum Narren machen* ◊ *to fool*
- *inf* narrizan+ GLSPET 82,11
apostatare GLSPET

NARU *adj-wa/wō eng, bedrückend* ◊ *narrow, depressing*
• *ns* naru H *M*, naro *C* 3300, nárv GLPRUDF1 102,25 — *nsf* narouua GEN 286 — *comp asnt* naruara H *C*, narouuaro *M*, narouuora *V* 1350
• GENB *asm* nearwan# 697
artus GLPRUDF1

NARWO *adv eng einschließend* ◊ *tightly*
• narauo H *C* 5489

NASADRUPPO *m-n Schnupfen* ◊ *cold (in the head)*
• *ns* nasedruppo GLMARF III,722,13
pituita GLMARF

nát# → **WITAN**
natscade → **NAHTSKADU**

NĀTHA *f-ō Gnade* ◊ *mercy*
• *ns* natha H *CM* 4261

GINĀTHA *f-ō + f-n Gnade, Barmherzigkeit, Güte* ◊ *mercy, pity, clemency*
• *ns* ginátha GLPRUDF1 99,32, ginođe PSLUB 32,22, [g]inathe PSWIT 84,11 — *gs* ginathe PSWIT 85,5 — *ds* ginađu PSLUB 32,18 — *as* ginatha CONFES 17,22, ginathe PSWIT 84,8, gi(n)a(th)on (*stil*) GLGREG 65,21 — *gp* ginathono PSGERN 10,5 [14,24] — *dp* genathen CONFPAL 363,24
clementia GLPRUDF1 misericordia GLGREG (PSGERN) PSLUB PSWIT

nathagala → **NAHTAGALA, NAHTIGALA**

GINĀTHERI *m-ja Erbarmer* ◊ *pitier*
• *ns* ginatheri PSLUB 111,4
miserator PSLUB

NĀTHIAN *v-I sich wagen, erstreben* ◊ *to venture on, strive for*
• *3sops* nendi GLPB2 I,298,28 (*Sirach 40,22*) — *3pipt* nathidun H *CM* 2910 [desiderare] GLPB2

GINĀTHIG *adj gnädig, barmherzig* ◊ *gracious, merciful*
• *ns* gináthig GLPRUDF1 103,23/24, ginathig H *CM* 3275. *C* 1319 (genadig *M*, ginádig *V*). 2248. 5602 PSLUB 114,5, ginathihc 111,4 — *apnt* ginadic⁺ GLPB2 I,296,8
faustus GLPB2 misericors PSLUB propitiare (~ gidvan) GLPRUDF1

NĀTHLA *f-n Nadel* ◊ *needle*
• *gs* nadlun H *C*, nadlan *M* 3300 — *dp* náthlón GLPRUDF1 97,28
acus GLPRUDF1

GINĀTHON *v-II gnädig sein, sich erbarmen* ◊ *to have mercy, pity on*
• *3sips* gináthód GLPRUDF1 99,33, ginathađ PSLUB 114,5, ginathat 111,5 — *2simp* [g]inatha PSWIT 85,3
ignoscere GLPRUDF1 misereri PSLUB PSWIT

NAVA *f-n Nabe* ◊ *hub, nave*
• *ns* naba⁺ GLSPET 85,28 ‖ — *np* nauan GLK211 I,445,48, nauun GLTRSEM X,128, nabun⁺ GLSPET 76,4, nap° (= nap̄⁺?) GLPB1 I,429,22 (x HNAPP?)
axis GLSPET modiolus GLK211 GLPB1 GLSPET GLTRSEM

nau(t) → **NÔD**

NAVUGÊR *m-a Bohrer* ◊ *auger*
• *ns* nauuger GLVERGOX 111,22, nauiger GLTRSEM XVI,1, nefger GLMARF III,718,46
terebra, teretrum GLVERGOX terebellum GLTRSEM terebrum GLMARF

ne → **NI**
ne- → **NIO-**
néah# → **NĀH²**
nearwan# → **NARU**
neatan → **NIOTAN**
nebu → **NEVA**
nefger → **NAVUGÊR**
neflu → **NEVAL**
negen → **NIGÊN**

NEGLIAN *v-I (an)nageln* ◊ *to nail*
• *pcpt/adj* neglid H *C* 5552, negilid 5704

BINEGLIAN *v-1 annageln* ◊ *to nail*
• *pcpt npm* beneglida H *C* 5693

NEGLIDSKIP *nt-a mit Nägeln gebautes Schiff* ◊ *nail-fastened vessel*
• *ap* neglidscipu H *C*, neglitskipu *M* 1186

NEK *conj und (auch) nicht, noch* ◊ *and not, nor*
• nec H *CM* 1511. 1743. 1746. 2793. *M* 1852. *C* 1495. 1561. 1816

nectr&° → NAHTHRAVAN
nele[#] → WILLIAN
neman, nemen → NIMAN

NEMNIAN *v-1 (be)nennen* ◊ *to name, call*
• *3sipt* nemnida H *CM* 1255 — *pcpt* ginemnid H *M* 3626 — *pcpt npm* ginemnida H *VC*, genemnide *M* 1318, genenneden CONFPAL 362,4
• *anrufen* ◊ *to invoce* GENB *3pipt* nemdon[#] 779

BINEMNIAN *v-1 nennen, aufzählen* ◊ *to name, list*
• *inf* binemnian CONFES 17,17 — *3sipt* binemda GLEVES 52,7 — *pcpt* binemnid CONFES 17,17
nominare GLEVES

NÊN *interj nein!* ◊ *no!*
• nen H *CM* 1523

nenda° → MÊNIAN
nendi → NĀTHIAN

NÊNIG *pron kein einziger* ◊ *not a single person*
• *ns* nenig H *M* 4369

neo(-) → NIO(-)
neotan → NIOTAN
neoðan(-)[#] → NITHAN(-)
neppelin → HNEPPILĪN
neppenon → HNEPPĪN
neppinon → HNEPPĪN
nere° → HNORA

nergend[#] → NERIAND

NERIAN *v-1 (er)retten, erlösen, ernähren* ◊ *to rescue, redeem, save, nourish* → NERIAND
• *inf* nerian H *C* 2102 (nerean *M*). 5309, nerien *M* 2957 — *2simp* neri H *CM* 3564. *C* 5569 — *3sipt* nerida H *C*, neride *M* 4364 — *3sopt* neridi GLEVES 55,9 — *pcpt* ginerid H *CM* 2265. 4761 (generid *M*) — *pcpt asm* gineridan H *M*, ginerid *C* 755
nutrire GLEVES

GINERIAN *v-1 erretten* ◊ *to rescue*
• *3sopt* gineridi H *C* 2949

NERIAND *m-nd + m-a + pcps-ja,-n Retter, Erlöser; pcps heilbringend, rettend* ◊ *saviour, redeemer, pcps redeeming, saving*
• *ns* neriand H *CM* 3717. *C* 4261 (neriendi *M*), neriendi *C* 2237. 2248. 2912. 4803 — *nsm* neriendeo H *C*, neriondio *M* 782, neriendo *CM* 1267. 2177. 2179. 3671. 4238 (neriendeo *M*). *M* 2912. *C* 4715. 4848 (neriendio, i *add M*). 5602, neriando *M* 4803 — *gsm* neriandes H *S*, neriendes *C*, neriandas *M* 520, neriendien *C*, neriandan *M* 1144 (*1.en add C*). 3889 (nerienden *C*) — *asm* neriandan H *C* 1186 (neriandan *M*). 1279 (neriandon *V*, neriendon *M*), neriondon *C*, neriendion *M* 4857. *C* 5422. 5819, nerion(do)n PSGERN 6,8 [13,5] — *gpm* neriendero H *CM* 4031. *C* 5929
• GENB *ns* nergend[#] 536
salvator (PSGERN)

GINESAN *v-5 gerettet werden, genesen* ◊ *to be saved, convalesce*
• *1sips* ginisson GLTRSEM XV,64 — *3sips* ginesid GLEVES 60,5 — *3sipt* ginas H *M*, ginass *C* 4369, ge'nas GEN 323 (?)
salvus esse GLEVES spassare GLTRSEM

nescesmere[+?] → NETTISMERU
neslu° → NEVAL

NESSINGLĪN *nt-a Würmchen ◊ smale worm, vermicule*
* *dp* nessiklinon BENW 17

NESSO *m-n Wurm ◊ worm*
* *ns* nesso BENW 17
vermis BENW

NESTILA *f-ō/-n Binde ◊ ribbon*
* *ns* nestila GLTRSEM IX,12, GLVERGOX 113,2 — *dp* nestilun GLVERGOX 114,35
instita GLTRSEM taenia GLVERGOX

NESTILON *v-II pcpt eine Kopfbinde tragend ◊ pcpt wearing a headband*
* *pcpt* ginéstilód GLPRUDF1 101,37/38
pcpt vittatus GLPRUDF1

NÊTHWANNA *adv von irgendwoher ◊ from somewhere*
* nethuanan H *C*, nethuonan *S*, netuuanan *M* 556

NETILA *f-n Nessel ◊ nettle*
* *ns* nitila GLHARD IV,283,7 — *np* nezzilon⁺ GLSPET 76,25 ||
urtica GLHARD GLSPET

NETT *nt-ja Netz ◊ net* → NŌT
* *ns* neze⁺ GLMARF III,718,59 — *as* netti GLSPET 74,15 || — *ap* netti H *CM* 1155. 1178. 1186 (nettiu *M*)
reticulum GLSPET sagena GLMARF

BINETTIAN *v-I verstricken ◊ to involve*
* *pcpt nsm* binazter⁺ GLSPET 86,30/31 ||
irretire, tenere GLSPET

NETTILĪN *nt-a Netz ◊ net*
* *as* m&ibi° (= netili) GLPB1 I,340,3
reticulum GLPB1

NETTISMERU *(nt-)wa Fettgewebe (der Leber) ◊ fatty tissue (of the liver)*
* *as* nescesmere⁺? GLHARD IV,257,4
reticulum iecoris GLHARD

NEVA *conj neg sondern, (außer) dass, wenn nicht ◊ neg but, (except) that, unless*
* neƀa H *C* 4794 (nebu *M*). 5301, neƀa *C*, neuo *M* 3804. *M* 3732, neba *C* 4000, neƀo *C*, nebu *M* 2905. *M* 4043, neua *C* 299, neuo GLPB2 I,298,2
quin GLPB2

NEVAL *m-a Nebel ◊ mist, fog*
* *ns* neƀal H *C* 5631 — neflu H *C*, nebulo *M* 2910 (neslu° *C*). *C* 5749

NEVAN *conj, adv sondern, außer, ausgenommen (dass), als (nur), jedoch ◊ but, except, than, however — ~ that sondern, jedoch ◊ but, however*
* neuan GLEVES 55,17. 59,15 GLPRUDF1 102,15 GLVERGOX 113,22 PSGERN 5,5. 7,4,9 [12,15. 13,17. 14,4] H *C* 16. 66. 185. 536 (neƀon *S*). 653. 1519. 2188. 2774. 2790 (u<uu). 3344. 4364. 5375, neƀan 3192, neuuan 861. 1513. 1856. 2323, nouan 2844. 5932, néuan GLEVES 50,18, nevan (*stil*) GLGREG 65,7, neuen (*stil*) 63,16
quin GLVERGOX sed GLEVES GLGREG GLPRUDF1 (PSGERN)

NEVO *m-n Enkel, Neffe ◊ grandson, nephew*
* *ns* neuo GLSPET 83,5
nepos GLSPET

neuo → NEVA
neuuan → NEVAN
neuuethar → NIHWETHAR
neze⁺ → NETT
nezzilon⁺ → NETILA

NI *partcl, conj, nicht, kein, und (auch) nicht, dass ... nicht, damit ... nicht, neg (ohne) dass ◊ not, no, nor, that ... not, neg that, without — ~ ... ~ weder ... noch ◊ neither ... nor — ~ si, uuari es sei denn dass, außer dass/wenn ◊ unless, except that/when — ~ ... uit [= wiht] überhaupt nicht ◊ not at all*
o¹⁴³⁶ ni GEN GLEVELT GLEVES GLGREG (*stil*) GLLAM GLMERS 71,3 GLPB2 I,297,23 GLPRUDBR II,573,48 GLSPET H *PLVCMS* HILD PSLUB PSPAD PSWIT, ne

ConfEs GlEpist GlEvElt GlEvEs GlGreg (*stil*) GlSmih 400 GlSpet 82,15 GlStr H *LVCM* PsGern RegEs, né GlPrudF1 92,12. 95,13, n- (nis) Gen PsGern 10,22 [15,19] H *CM*, n- (nist) H C, n- (naih) GlEvEs 57,26, -n (sin) ConfPal 363,26, ui° GlVergOx 109,6

o[71] GenB ne, né, n- (nis/nys[#], næfð[#]/næfdon[#], næs[#]/nære[#], nele[#]/nolde[#]/ noldon[#], nyste[#]/nyston[#])

ne GlEvEs GlStr (PsGern) nec GlEvElt GlEvEs GlPrudF1 (PsGern) PsLub non GlEvElt GlEvEs GlGreg GlMers GlPb2 GlSpet (PsGern) PsLub PsPad PsWit nondum ([n]i uhta) GlVergOx ni (~ wari) GlPrudF1 ignoscere (~ uuitan) GlPrudBr quidpiam (ne uuet uuat) GlSmih forte (ne uueiz uuaz) GlEpist

nia(-) → **NIO**(-)
nian → **NIGÊN**
niatan → **NIOTAN**
nid(-) → **NĪTH**(-)
nidara → **NITHARA**
nider(-) → **NITHAR**(-), NITHAR-
nidergilazener[+] → NITHARLĀTAN
nidrę[#] → **NITHARA**
nie- → **NIO**-
niede[#] → **NIUD**
nieht → **NIOWIHT**
nienumu → **NIGÊN**
niet → **NIOWIHT**
nietan → **NIOTAN**
nigean → **NIUWIAN**
nigemo → **NIUWI**
nigen(-) → **NIGUN**(-)

NIGÊN *pron kein ◊ no, none*
• *ns* nigen H *CM* 4245, nigen C, negen *M* 454. 1094 (en *del M*). 1886. *C* 2245, nigen *C*, nigiean *M* 2904. 3097. 3700 (negen *C*). 3872, negen *C* 4239, nian GlEvEs 53,32 — *dsm/nt* nigenon H *C* 226 (negenun *M*). 3014 (nigenum *M*). 3191 (nigienumu *M*). 3803 (nienumu *M*). *C* 5282, nigenumu *M*, nigenan *C* 5198, nian GlGreg 64,12 (*stil*),16 — *asm* nianan GlEvEs 59,36

— *asf* nana/n[i]ana PsGern 5,3 [12,13]
nemo, nullus GlGreg

nigiean → **NIGÊN**
nigon → **HNĪGAN**

NIGUN *num indecl/-i neun ◊ nine*
• *n/ant* nigon RegFrek *M* 30,5. 34,19,20. 40,16. 41,2 (:: nigon, g[o] ras), nigen 27,14 RegEs 21,11,13,15 — *dp* nigun BenW17 — *am* niguni H *CM* 1267

NIGUNDO, NIGŪTHO *num der neunte ◊ ninth*
• *nsf* niguđa H *C* 3420 — *asf* nigunda H *CM* 3491

NIGUNTA *num neunzig ◊ ninety*
• nichonte RegFrek *K* 33,21

NIGUNTEHAN *num neunzig ◊ ninety*
• nigentein RegFrek *M* 28,2. 41,22/23, nichentein 33,1

niht[#] → **NAHT**
niht(-) → **NĪTH**(-)

NIHUL/NIWUL *adj vornübergebeugt, hingestreckt ◊ prone, prostrate*
• *ns* nul GlPrudP 63,10
oppositus (?) GlPrudP

NIHWETHAR *pron (+ g) weder der eine, noch der andere, keiner (von mehreren) ◊ not one nor the other, neither (of)*
• *nsnt* neuuethar RegEs 21,10 — *asnt* neuuethar GlEvEs 61,19/20
neuter GlEvEs

nichonte → **NIGUNTA**

NIKKUS *(m/nt-a) Wasserungeheuer, Krokodil ◊ water monster, crocodile*
• *ns* nichhus[+] GlSpet 74,33 ‖
crocodilus (mygale°) GlSpet

niling → **NIUWILING**

NIMAN *v-4* + *a/g (an)nehmen, abnehmen, wegnehmen, bekommen, erhalten, empfangen* ◊ *to take (off), get, receive, accept* — a[n] ~ + *g etw annehmen* ◊ *to accept sth* — goma ~ + *g Acht geben auf, jmdn bewachen* ◊ *to take heed to, watch sb* — uuara ~ *Obacht geben auf* ◊ *to pay attention to*

• *inf* niman H *CM* 1557. 1563 (nemen *M*). 1623. 1788. 2332 (neman *C*). 3204 (nimen *M*). 3307 (nimen *M*). 3322. 3778 (neman *C*). 4254. 4578. *C* 2957, neman *CM* 1550, nimen *M*, neman *C* 3284 — *1sips* nimu H *CM* 4764 —*3sips* nimid H *CM* 4080. 4282 (nimit *C*). 4585, nimit *C* 3488 — *3pips* nimat H *CM* 2288. 2606 (nimad *M*) — *1pops* niman H *C* 2571, nemen GLEVES 53,14 — *2simp* nim H *CM* 3225 — *2pimp* nimad H *M*, nemat *C* 1786, nemad GLEVES 54,24, nemet GLEPIST I,795,15 — *pcps npm* nemente⁺ GLEVES 53,17 — *3sipt* nam CONFPAL 362,13 GLEVES 60,21 H *CM* 235. 378 (naṁ *S*). 2957. 3213. 3512. 4603. 4613. 5148. *C* 5648. 5732. *M* 5970, nám GLEVES 51,5 — *3pipt* namun GLEVES 53,22 H *CM* 695 (*S*). 5121. *C* 5744. 5888, námun GLEVES 49,18, namon (*stil*) GLGREG 63,11 — *3sopt* nami H *CM* 2713 — *3popt* namin H *CM* 1844. 5260 — *pcpt* ginuman GEN 94

• geleafan ~ *Glauben schenken* ◊ *to give credence to* GENB *2simp* nim — *3sipt* nóm# 650
accipere, sectari, suscipere GLEVES neglegere (*neg*) GLGREG videre (gouma ~) GLEPIST

ANGINIMAN *v-4 annehmen* ◊ *to take on*
• *inf* an(ag)e(ni)man GLGREG 65,23/24 suscipere GLGREG

BINIMAN *v-4 (weg)nehmen, rauben*, + *d pers, a rei/a pers, instr rei jmdn einer Sache berauben* ◊ *to take (away), seize*, + *d pers, a rei/a pers, instr rei to rob, deprive sb of sth*
• *inf* biniman H *C* 5447, beniman *CM* 1648. 3887 (bineman *C*). *C* 5367, binimen *M* 3860 — *3sipt* binam H *C*, benam *M* 2189, bena*m* (*abbr*) GLPRUDF1⁺ 91,17 — *3pipt* binamun H *C* 5496 — *3popt* binamin H *CM* 306. 730. 3844. *C* 5437 — *pcpt* binoman H *CM* 151 — *pcpt asf* binomana H *C*, benumane *M* 2990

• + *a pers, g rei/+ d pers, a rei* GENB *inf* beniman 484 — *pcpt* benúmen 362
adimere, assumere GLPRUDF1⁺

FARNIMAN *v-4 hinweggraffen, zerstören, verstehen, vernehmen, erkennen* ◊ *to take, carry off, destroy, hear, perceive, understand, realize*
• *inf* f[e]rneman PSGERN 9,1 [14,10] — *3sips* farnimid H *M*, fornimid *C* 3633, [fernim](i)d PSGERN 7,3 [13,16], farnemat GLEVES 49,27 [= farnema (i)t? *3sops*] — *3sipt* farnam H *CM* 761 (fornam *M*). 2402 (farnan° *C*), fornam *C*, farnam *M* 2507. 4111. *C* 2218, furnam HILD 43 — *pcpt* farnoman GLEVES 50,30, (f)ernoma[n] PSGERN 7,2 [13,15] — *pcpt np* farnomana GLEVELT 47,6, farnomana (na *add*) GLEVES 48,26
intellegere (PSGERN) GLEVELT GLEVES audire, sentire GLEVES

GINIMAN *v-4 nehmen, aufnehmen, wegnehmen, fortnehmen*, + *g etw abbekommen* ◊ *to take (away), accept, remove*, + *g to get sth* — minnia ~ *Liebe gewinnen, empfinden* ◊ *to win, have love*
• *3sips* genimid H *M*, ginimit *C* 1529 — *3sipt* ginam H *CM* 330 (genam *M*). 2708. 4498. *C* 3963 — *2sopt* ginamis (na<m) H *C* 5924 — *3sopt* ginami H *CM* 2837
• GENB *3sipt* genam 493. 710

UNDARNIMAN *v-4 unterbrechen* ◊ *to interrupt*
• *pcpt np* undarnumana GLVERGOX 112,17/18, (un)darnum(ana) GLVERGW
intermittere GLVERGOX interrumpere GLVERGOX GLVERGW

NIMID (*m-a*) *heiliger Hain* ◊ *sacred grove*
• *n/ap* nimidas INDIC
sacrum silvarum INDIC

NIO *adv neg nie(mals)* ◊ *never*
- nio GLEVES 50,27 H *CM* 514 (nia *M*, nía *S*). 558 (*S*). 2272. 2462. 3894. 3936. 4055. *M* 738. *C* 2530, nio *C*, neo *M* 925. 1518. 1695 (ras *M*). 1858. *M* 267, neo *CM* 2285 HILD 31
- GENB na# 412, nó# 830

NĪOBEDD# *nt-ja Leichenlager* ◊ *corpsebed*
- GENB *as* níobedd 343

niod → NIUD

GINIODON *v-II a refl, + g sich erfreuen an* ◊ *to enjoy sth*
- *inf* giniedon H *C*, giniodo[n] *M* 3275 — *3pips* giniodot H *C*, giniodat *V*, geniudot *M* 1350

NIOMAN *pron neg niemand* ◊ *nobody*
- *ns* nioman H *CM* 3889, nioman *C*, neoman *M* 1405. 1507

NIOMÊR *adv niemals* ◊ *never*
- niemer GLEPIST I,761,5
non in aeternum GLEPIST

NIOTAN *v-2 (+ g) etw genießen, Gefallen finden an, nutzen, sich ernähren* ◊ *to enjoy, delight in sth, make use of, live on* — unrechto ~ *missbrauchen* ◊ *to assault*
- *inf* niotan H *CM*, néatan *V* 1319, niotan *C*, neotan *M* 2356. 4395, niotan *C*, neoten *M* 3497. 4562, neotan *M*, nietan *C* 1144, niatan GLSMIH 325 — *inf d* niátanna GLEVES 50,11/12 — *3pips* nietat GLSTR 107,11, nietath GLMERS 70,14 — *3sops* niate H *M*, n[i]ote° (n<m) *C* 224
- + *g* (+ *d refl*) GENB *inf* niotan (i>e) 401, niotan 486 — *2pimp* niotað 235
uti GLEVES GLMERS vivere GLSTR abuti (unrechto ~) GLSMIH

BINIOTAN *v-2 + a pers, instr rei jmnd einer Sache berauben* ◊ *to deprive sb of sth*
- *inf* biniotan H *C*, beneotan *M* 1905 — *3sops* biniote H *C*, bineote *M* 1434

NIOWIHT *neg pron nichts; adv (durchaus) nicht* ◊ *pron nothing; adv not (at all)*
- *ns* neouuiht H *M* 1577 — *as* niouuiht H *M* 698, nio[uuiht] H *C* 5382
- *adv* neouuiht H *CM* 1649 (neuuiht *M*). 5120 (niouuiht *C*). *M* 3892, nieuuiht *C* 5471, niauuiht PSGERN 4,9 [12,7], nieht GLEVES 53,27, niet (*stil*) GLGREG 63,15, muiwet° (= niuwet) CONFPAL 362,11, nuet 363,26
non GLGREG (PSGERN)

GINIST *f-i Errettung* ◊ *salvation*
- *ns* ginist H *CMS* 520

nitila → NETILA

NĪTH *m-a Kampfeslust, Angriff, Feindseligkeit, Feindschaft, Hass, Neid* ◊ *pugnacity, attack, hostilitiy, enmity, hatred, envy* — nithon *adv überaus* ◊ *extremely*
- *ns* (ni)d GLGREG 64,14 — *gs* nithes H *C* 5569, nithas CONFES 16,11 — *ds* nithæ H *C*, nide *M* 755 — *as* nið GEN 94, nith H *C*, nid *M* 1903. 4116 (niht *C*). 4210. 4896. *C* 28. 52. 4684. 5596 HILD 18+? — *instr* nithu H *CM* 4857 — *dp* nithon H *C* 5536
- *Bedrängnis* ◊ *affliction* GENB *as* nið 697. 768. 775
invidia (afonstig ~) GLGREG

NITHAN *adv unten* ◊ *beneath*
- GENB neoðan# 311

NITHANA *adv von unten her* ◊ *from below*
- niđana H *M*, nithana *C* 1813
- GENB neoðone# 375

NITHAR *adv herab, nach unten, unten* ◊ *down(wards), below*
- nithar H *C*, nider *M* 2683. 3021. 3164, nither *C* 3342 (nider *M*). 5584 GLPRUDBR II,572,44
- GENB niðer 343, 762
subter GLPRUDBR

NITHAR-: -FALLAN, -FARAN, -GIOTAN, -LĀTAN, -LEGGIAN, -SETTIAN, -WAGON, -WERPAN

NITHARA *adv unten* ◊ *below*
• nithare H *C*, nidara *M* 2421
• *nach unten* ◊ *downwards* GLWERDC nidrę 364
deorsum in terra GLWERDC

NITHARFALL *m/nt-a Erträge* ◊ *esplees*
• *ns* niderual (*abbr*) REGHERF 51

NITHARFELLIG *adj herabfallend* ◊ *falling*
• *dsm* nideruell(egemo)⁺ GLPRUDF1⁺ 90,2
deciduus GLPRUDF1⁺

NITHARI *adj-ja/jō der untere* ◊ *lower*
• *dsnt* nithiromo GLSTR 106,14
subterior GLSTR

NITHARRO *adj comp der untere* ◊ *lower*
• *dsnt* niđarrun URBWERDA 20,9

NĪTHFOLK *nt-a feindliche Schar* ◊ *hostile troop*
• *ns* nithfolc H *C* 5749

NĪTHHUGDIG *adj feindselig, hasserfüllt* ◊ *hostile, hatred*
• *ns* niđhugdig H *M*, niđhugdig *C* 616 (nidhugdig *M*). 1056

NĪTHHUGI *m-i hasserfüllte Gesinnung* ◊ *mind full of hate*
• *as* nithhugi H *C* 5704

NĪTHHWAT *adj feindselig, streitsüchtig* ◊ *hostile, pugnacious*
• *npm* nithhuata H *C*, nidhuata (h<u) *M* 4971. *C* 5309. 5489

NĪTHĪN *adj gehässig* ◊ *spiteful*
• *ns* nithin H *C*, nidin *M* 3272

nithiromo → **NITHARI**

NĪTHSKEPI *m/nt-i Hass, Feindschaft* ◊ *hatred, hostility*
• *gs* niđskepies H *M*, nihtscipies *C* 1878 — *as* nithscipi H *C* 5422. 5553 — *instr* nithscipiu H *C* 5693

NĪTHSWILLIG *adj hasserfüllt* ◊ *full of hate*
• *nsm* nithsuuilliger⁺ GLTRSEM XVII,2
zelotypus GLTRSEM

NIUD *(f-i) (+ g) Verlangen (nach)* ◊ *desire (for)*
• *ns* niud H *CM* 182. 425. 2672. *C* 5825 (niod *L*), niud *C*, niut *M* 1283 (níud *V*). 1385. 1582
• *niede unabwendbar* ◊ *needs, inevitably* GENB *ns* niod 835 — *ds/instr* niede# 697

NIUDLĪKO *adv eifrig, bereitwillig, sorgfältig* ◊ *eagerly, zealously, carefully*
• niudlico GEN 94 H *CM* 353 (niudlica *S*). 616 (u<o? *C*). 1178. 2468. 4971. 5204, niudlico *C*, niutlico *M* 210 (ni<m *C*). 1155. 1448. 4803. 4841, niudli[co] GLGREG 62,13 — *comp* niútlikor GLEVELT 46,20/21, niutlikor GLEVES 48,6/7, niutlicor 59,23
comp curiosius GLEVELT GLEVES sollicite GLEVES

geniudot → GINIODON

NIUDSAM *adj hübsch* ◊ *nice*
• *asm* niudsamna H *M* niudsamana *C* 224

niut(-) → **NIUD**(-)

NIUSIAN *v-I herausfinden,* + *umbi etw in Versuchung führen* ◊ *to discover,* + *umbi to lead sth in temptation*
• *inf* niusian H *C*, niusien *M* 4658 — *3sops* niuse HILD 60

NIUSON *v-II einen Versuch machen* ◊ *to make an attempt*
• *inf* niuson H *CM* 1075

NIUWI *adj-ja/jō neu* ◊ *new*
• *dsnt* nigemo REGFREK *M* 40,32 — *dsf* niuuun H *C* 5732 — *asm* niuuon H *C* 5553 — *apm* niuua H *C* 5536

NIUWIAN *v-I neu machen* ◊ *to make new*
• *inf* niuuian H *C*, nigean *M* 1430

FARNIUWIAN *v-I erneut begehen* ◊ *to perform again*
• *pcpt* furmet° (= furniet) CONFPAL 363,26

NIUWILENDI *nt-ja Neupflanzung* ◊ *newly cultivated area*
• *ns* nuuilendi GLSPET 77,25
novella GLSPET

NIUWILING *m-a Neuling* ◊ *newcomer*
• *ns* niling GLTRSEM XVIII,33
tiro GLTRSEM

no[#] → NIO

NÔD *f-i Not, Elend, Bedrängnis, Rune* ⸸ ◊ *need, hardship, distress, rune* ⸸
• *ds* nodi H *CM* 2102. 2265. 2957. 3564. *C* 2949. 5309. 5569 — *as* H *CM* nod 4841, nau(t) ABC 9 — *dp* nodiun H *M* 2949

NÔDAGO *adv zwangsweise* ◊ *compulsorily*
• nodago GLEVES 51,24,26

NÔDFIUR *nt-a Notfeuer (durch Reiben von trockenem Holz erzeugtes Feuer; Heilmittel bei Viehkrankheiten)* ◊ *needfire (fire made from dry wood by rubbing; means of curing disease among cattle)*
• *ns* nodfyr INDIC
ignis fricatus de ligno INDIC

NÔDIAN *v-I nötigen, zwingen, einzwängen, gerichtlich belangen* ◊ *to urge, force, wedge, prosecute*
• *inf* noten⁺ GLEVES 51,13 — *3sipt* nódda GLPRUDF1 101,23. 104,13 — *pcpt* ginodid H *C* 5489
cogere GLPRUDF1 convenire GLEVES

GINÔDIAN *v-I Gewalt anwenden* ◊ *to force*
• *3sips* (g)[inodiađ] PSLUB 28,6
comminuere PSLUB

NÔDRÔF *m-a gewaltsamer Raub* ◊ *violent robbery*
• *as* nodrof H *CM* 3272

GINÔDO *adv sorgfältig* ◊ *carefully*
• *comp* gnodor GLEVES 56,31
diligentius GLEVES

NÔDTHURFT *f-i notwendiger Bedarf, Bedürftigkeit* ◊ *urgent need, neediness*
• *as* nodthur GLEVES 50,4 — *ap* nodthurti CONFES 16,26, notthurti GLEVES 55,1, notthrutthe CONFPAL 362,9

nog → NOH²

GINÔG *adj genug, reichlich (vorhanden), viel* ◊ *enough, sufficient, abundant, many*
• *ns* ginuog H *C* 3991 — *gsnt* genoges H *M*, ginúogas *V* 1350 — *asnt* ginuog GEN 262 H *C*, genog *M* 1523. 2112. 2120. 2830 (ginog *M*). 3328 (genoh *C*) — *apm* ginoge H *M* 3564
• GENB *asnt* genog 619

GINÔGI *adj-ja/jō genug, reichlich vorhanden, viel* ◊ *enough, abundant, many*
• *gsnt* ginuogies H *C* 1350 — *apm* ginuogia H *C* 3564 — *apf* ginuogia H *C* 5746

NOH¹ *adv noch, bis jetzt, bis dahin, hinfort, weiterhin, künftig* ◊ *still, yet, even, up to now, furthermore*
o⁷² noh H *LCMS* GEN 70. 91. 215. 241. 324 HILD 48

NOH² *conj neg noch, (und) auch nicht* ◊ *nor, neither*
• noh H *C*, nog *M* 734, noh *M* 1561

NOHHWAN *adv hinfort noch, einst, künftig einmal* ◊ *still further, one day, in future*
• nóhhúuan GLPRUDF1 95,37, nóhhvván 104,9, nóhvván 97,6, nohu(a):/ nohu(o): GLEVES 57,28
adhuc GLEVES olim, quandoque GLPRUDF1

NOHHWANNA *adv von nun an, einstmals* ◊ *from now on, some day*
• nohuuanna GLEVES 52,25, nouuanne GLPRUDF1 101,21
a modo GLEVES quandoque GLPRUDF1

nôk **-numft**

NÔK *m-i Wasserrinne ◊ channel*
• *dp* nohin⁺ GLSPET 73,24 ‖
canalis GLSPET

nochte → **NAHT**
nold-# → **WILLIAN**
noman → **NAMO**

NÔN(A) *f-ō + fcons? None, die neunte Stunde (drei Uhr nachmittags) ◊ nones, the ninth hour (three o'clock in the afternoon)*
• *ds* nonu H *CM* 3420. 3491 (nŏon *C*)
— *as* nuon H *C* 5631

NONOUGA *mlat Neunauge ◊ lamprey*
• *gp* nonougarum REGERK 43

NORTH *adv nordwärts ◊ northwards*
• north H *C*, nord *M* 759
• *im Norden ◊ in the north* GENB norð 275

NORTHAN *adv von Norden her ◊ from the north*
• nordan (d<đ) GEN 16
• GENB norðan 807

NORTHHALVA *f-n Nordhälfte ◊ northern hemisphere*
• *ns* northalua GLTRSEM XV,69
septentrio GLTRSEM

NÔT *(f-cons>f-i) (?) Geflecht ◊ lattice-work* → **NETT**
• *np* nuzzi⁺ GLSPET 75,30 (nezzi⁺°?)
retiaculum, retinaculum GLSPET

GINÔT *m-a Gefährte ◊ companion*
• *np* genotas ABRPAL 12
• GENB *np* geneatas# 284

NOTA *f-n (Schrift)zeichen ◊ sign, character*
• *dp* nóton GLPRUDF1 104,31 — *ap* notun GLVERGOX XIV
nota GLVERGOX punctum GLPRUDF1

noten⁺ → **NÔDIAN**

NÔTIL *nt-a (Haus-, Nutz-)Tier ◊ (farm, domestic) animal*

• *ap* nótilv GLPRUDF1 95,27
pecus GLPRUDF1

notthrutthe, notthurti → **NÔDTHURFT**
nouan → **NEVAN**

NOVEMBER *m November ◊ November*
• *n* nouember BEDA 11
november (BEDA)

nouuŀil → **HNÔIL**
nouuanne → **NOHHWANNA**

GINÔZSKAF⁺ *f-i Gemeinschaft ◊ comradeship*
• *ns* genosscaŀ p: (h? ras)⁺ GLTRSEM V,137
contubernium GLTRSEM

NŪ¹ *adv nun (aber), jetzt, bereits ◊ now, well now, at present, already*
o²⁵⁶ nu ABRK BEDA CONFES CONFPAL GEN GLEVES H *PLCMS* HILD PSLUB 110G, nu H *CM* 3374 (u<d? *M*, nu:: *C*), nú *L* 5851. 5862. 5863
o²⁶ GENB nú, nu
a modo GLEVES nunc PSLUB

NŪ² *conj nun da, weil, jetzt wo ◊ now that, because, since*
• nu GEN 15. 61. 66 (*adv?*). 201 H *CM* 481. 484. 774. 2881. 3253. 3372. 5020. 5101. *C* 4723
• GENB nú 504 730, nu 404. 818 (*adv?*). 836

NUHTSAMITHI *nt-ja Fülle ◊ abundance*
• *ds* nutsomiđi PSLUB 32,17
abundantia PSLUB

GINUHTSAMITHA *f-ō Reichhaltigkeit ◊ richness*
• *ds* genuftsamidu PSGERN 4,10 [12,8]
ubertas (PSGERN)

nul → **NIHUL/NIWUL**

FARNUMFT *f-i Einsicht ◊ understanding*
• *ns* fornumft (fornumst?) PSLUB 110,10
intellectus PSLUB

nuoe → HNŎA
nuoil⁺ʔ → HNŎIL
nuon → NŌN(A)

NŪSE *interj* in Ordnung! ◊ *all right!*
• nuse GLTRSEM VII,75
esto GLTRSEM

NUSKA *f-ō/n Spange, Brosche* ◊ *clasp, brooch*
• *ns* nusca GLSPET 86,6‖, nuske GLPRUDP 63,1, nuscha GLTRSEM VII,138
fibula GLPRUDP GLSPET GLTRSEM

NUSKIA *f-jō/j-n Spange* ◊ *clasp*
• *ns* nusgia GLSPET 74,25‖
fibula GLSPET

NUSKIL *m-a Spange* ◊ *clasp*
• *ns* nuschil GLTRSEM XV,11
spinter GLTRSEM

NUSKILA *f-ō Spange, Besatz* ◊ *clasp, edging*
• *ns* nuschila GLTRSEM X,52 — *np mlat (?)* nusculę THES 21
lacinia GLTRSEM

NUSKILĪN *nt-a kleine Brosche* ◊ *little brooch*
• *ns* nuschelin GLMARF III,722,41
lunula GLMARF

NUSTIL (*m-a*)/NUSTILA (*f-ō/n*) *Spange* ◊ *clasp*
• *ns* nustel GLMARF III,722,39
fibula GLMARF

nutsomiđi → NUHTSAMITHI

NUTTI *adj-ja/jō nutzbringend* ◊ *useful*
• *dsm* nuttimo GLPRUDF1 89,5
serius GLPRUDF1

NUTTIAN *v-1 vollenden* ◊ *to bring to an end*
• *pcpt dpm* ginuzziden⁺ GLSPET 86,5‖
fungi, defungi GLSPET

nuuilendi → NIUWILENDI

nuzzi⁺ → NŌT (?)
nyst-# → WITAN

O

O *interj* oh! ◊ *oh!*
• ó GLPRUDF1 98,28. 104,30

ó# → IO
oban- → OVAN-
obana, obane, obena → OVANA
obar° → ŌTHAR
obar(-) → OVAR(-)
obarzala⁺ → OVARTALA
obde → HÔVID
obean → ŌVIAN
oblei⁺ʔ → OVELEI
obor(-) → OVAR(-)
obuhlt → ĀBULHT
od- → ÔTH-

ÔD *m-a Reichtum, Besitz* ◊ *wealth, property*
• *gs* odes H *CM* 1099 (odas *C*). 2112. *C* 1801, odas *M*, odes *C* 3142 — *np* adas PSLUB 111,3
• *Glückseligkeit* ◊ *bliss* GENB *gs* éades# 402
divitiae PSLUB

GIÔD *adj ausgestattet* ◊ *provided*
• *nsm* gioder⁺ GLSPET 79,7‖
praeditus GLSPET

ÔDAG *adj reich, wohlhabend* ◊ *rich, prosperous*
• *nsm* odag H *CM* 1640 (odoc *M*). 1657 (odog *M*). 3327, odago *CM* 3363 — *gsm* odages H *C*, odagan *M* 3302 — *dsm* odagumu H *M*, odigan *C* 3298, odagan *M*, odagen *C* 3355 — *asm* odagan H *CM* 3337 — *npm* odaga H *CM* 3771

ÔDAN *adj geschenkt, beschert* ◊ *given, bestowed*
• *ns* H *CM* 124. 204. 276. 304. 369 (aden *S*). *C* 455. 5526 — *npm* odana GEN 103 — *npnt* odana H *C*, odan *M* 2709

odar(-) → ŌTHAR(-)
oððe# → EFTHA/EFTHO
oðiewde# → ANDÔGIAN

ODOBERO, ODOBORO m-n *Storch* ◊ *stork*
- *ns* odobero GLTRSEM V,92, odoboro XXI,14
ciconia GLTRSEM

odrer°? → ŌTHAR

ÔDWELO m-n *Besitz, Reichtum* ◊ *possession, riches*
- *gs* oduuelon H *CM* 1105 — *as* oduuelon H *CM* 1540. 3260. 3285. *C* 1553

of → AF
ofæt# → OVAT

ŌFALDRO m-n *Vertäfler* ◊ *joiner of panels*
- *ns* oualdra GLTRSEM X,36
laquearius GLTRSEM

ofar(-) → OVAR(-), OVAR-
ófarságia → OVARSĀIAN
ofelene → OVELEI
ofer(-)# → OVAR(-)
ofermetto# → OVARMŌDITHA
ofet# → OVAT
offan+ → OPAN

OFFAR m/nt-a *Opfer(gabe)* ◊ *offering*
- *ds* offara ABRK 8

OFFARMANN m-cons *Kirchendiener* ◊ *sexton*
- *ns* offerman URBWERDF 251,3

OFFARMELU nt-wa *Hostienmehl* ◊ *flour for consacreted wafers*
- *ns* offermelo GLTRSEM II,95
ador GLTRSEM

ofgiscidan → AFSKÊDAN
ófgíscórran → AFSKERRAN
oflat → AFLĀT

OFLIGIS nt-a *Dankesgabe (Oblei), Obliegenheit* ◊ *gratuity, obligation* — *cf* OVELEI

- *np* ofligeso REGFREK *M* 40,31,36

ŌFLĪK adj *kultiviert* ◊ *refined*
- *comp nsf* ŏflikara GLPRUDF1 103,8
cultus GLPRUDF1

ófnít → AFHNĪTAN
ofsittean, ofsittien → AFSITTIAN
ofstlico → OVASTLĪKO
ofstuop → AFSTEPPIAN/AFSTAPPAN

OFT adv *oft, häufig* ◊ *often, frequently*
- oft GEN 97. 259. 261 H *CM* 88. 466. 1211. 1432. 1894. 2625. 3019. 3243. 4396. 4400. 4898. 5047. *C* 4721. 5416. 5854 (*L*)
- GENB oft 766

OFTO adv *oft, häufig* ◊ *often, frequently*
- ofto H *CM* 1515, ohto GLPRUDF1 104,33
nonnumquam GLPRUDF1

OFTUM (m-a) *Ochtem, Schmalzehnt* ◊ *minor tithe*
- *mlat abls* oftomo CH 1059

OFTHE conj *wenn, ob ... wohl?* ◊ *if, I wonder if* → EFTHA, EFTHO
- ofthé GLPRUDF1 91,6, ófthé 92,14
-ne, si GLPRUDF1

ÔGA nt-n *Auge* ◊ *eye*
- *ds* ogon H *CM* 1705 — *np* ogun H *CM* 1709. 3581 (ogon *M*) — *dp* ógum GEN 275, ogun H *M*, ogon *C* 476 (ogan *C*). 1564. 1969. 1977. 3281. 4091. 4130 — *ap* ogun H *CM* 2297, ogun *C*, ogon *M* 1529. 3575. *C* 5494, ogon *C* 5807, ougan PSLUB 114,8
- GENB *np* eagan# 564 — *dp* eagum# 820
oculus PSLUB

ÔGHLID nt-a *Augenlid* ◊ *eyelid*
- *ns* o(ch)litht GLMARF III,722,11
intercilium GLMARF

ÔGIAN v-I *zeigen* ◊ *to show* — giogid werđan *erscheinen* ◊ *to appear*

- *inf* ogian H C, ogean M 1977. 2661. 3121. 4924 — *3sips* ogid H C, ogit M 1752 — *3sipt* octa GLSMIH 393 — *pcpt* giogid H CM 1105 (giogit M). 3129 — *pcpt npm* giogida H C 5673
- GENB *3sipt* íewde# 653, iewde# 774

refl apparere GLSMIH

ANDÔGIAN *v-1 zeigen* ◊ *to show*
- GENB *2sipt* oðiewdest# 540 — *3sipt* oðiewde# 714

GIÔGIAN *v-1 zeigen* ◊ *to show*
- *2simp* [g]iagi PSWIT 84,8

ostendere PSWIT

ÔHASA *f-ō + f-n Achsel, Achselhöhle* ◊ *shoulder, armpit*
- *ds* ochasan GLSPET 77,35 ‖ — *ap* ohhase GLSPET 74,22 ‖

ascella GLSPET

OHSINERI *m-ja Ochsenhirt* ◊ *oxherd*
- *ns* osenere (*1.e add*) GLTR40 V,48,1

bucularius GLTR40

OHSINHIRDI *m-ja Ochsenhirt* ◊ *oxherd*
- *ns* osseherd^e GLMARF III,716,34

bubulcus GLMARF

ohtian → **ĀHTIAN**
ohto → **OFTO**
ohtho → **EFTHA/EFTHO**

ÔK *adv, conj auch, gleichwohl, gleichfalls, eben nur, und, ferner, weiterhin* ◊ *also, nevertheless, too, even, and, further(more)*
  o^187 ók GLPRUDF1 92,5. 101,9,10 H V 1304. 1306. 1308. 1312. 1314. 1316. 1320, ok BENTR CONFES 16,6,14,15,18, 29 GEN 86. 140. 292 GLPRUDF1 93,15 H P 979. V 1322. 1336. L 5835, oc M 479-2328, ok 2628-5255, óc (*neum*) 356, ôc (*neum*) 360, oc (*stil*) 1801, oc C, ok 3354. 4300. 4302. 5571. 5956, oc (o<a?) 3464, ok (*stil*) GLGREG 63,16, óc GLPRUDF1 92,14 ak H S 356. 516, houch^{bfk+} GLEPIST I,761,40
- GENB *conj* éac# 325, eac# 386. 754

ceterum (denne ~) GLEPIST et, tamen GLPRUDF1 quoque GLGREG

ÔKALU *adj-wa/wō glatzköpfig* ◊ *baldheaded*
- *ns* v̂cale^{+?} GLHARD IV,257,11

recalvaster GLHARD

ÔKAN¹ *v-7 schwanger machen* ◊ *to make pregnant*
- *pcpt asf* giocana H CM 294

ÔKAN² *adj/pcpt schwanger* ◊ *pregnant*
- *nsf* ocan H CM 193

o(ch)litht → **ÔGHLID**

ÔKIAN *v-1 vermehren* ◊ *to increase*
- *inf* okian H C, okion M 1430 — *3sips* okid H M, okit C 3494

ÔLAT *m/nt-a Dank* ◊ *thanks*
- *as* olat H M, alat C 4091 (álat C). 4636. 5013 (olat C)

olbundeon → **OLVUNDIO**
old → **ALD**

ÔLECCAN# *v-1 abschmeicheln* ◊ *to get by flattery*
- GENB *inf* oleccan 290

OLMO *m-n Ulmenholz* ◊ *elm wood*
- *ns* holmo GLTRSEM VIII,53

glis (lignum quod in tenebris uiui carbonis speciem tenet) GLTRSEM

oltscara → **HOLTSKARA**
on → **AN**
ón#, on°? → **ÊN**
on-# → **AND-**
ond# → **ENDI²**
ondhleth° → **ANDHLADAN**#
onegt° → **KNEHT**
onfon# → **ANDFĀHAN**
ongean# → **ANGEGIN**
ongynneð# → **ANDGINNAN**#
oncnawan# → **ANDKNĀAN**

onláh# → ANDLĪHAN
onsæton# → ANDSITTIAN
onståndanlica → **ANSTANDANDLĪKO**
onwæcen# → ANDWÊKIAN

OLVUNDIO *m-n Kamel ◊ camel*
• *as* olbundeon H *M*, oluuendeon *C* 3299

OPAN *adj offen, offenbar; subst Kapuze ◊ open, obvious; subst cowl*
• *ns* opan H *C*, open *M* 4323, offan+bfk GLSPET 87,30 — *nsf* offena+ GLSPET 82,13 — *asnt* opan H *C*, open *M* 3325. 3653 — *npf* opana H *C*, open *M* 3078 — *dp* oponun H *M*, oponon *C* 2373. 4052 (opanon *C*) — *apnt* opana H *CM* 3575
subst cuculla GLSPET liquere (~ wesan) GLSPET

OPANLĪKO *adv offen, deutlich, öffentlich ◊ openly, clearly, publicly*
• opanlico H *C*, openlico *M* 3175. 4180. *C* 5386. 5443. 5948

OPANON *v-II (er)öffnen ◊ to open (up)*
• *3sopt* opanodi H *C*, oponodi *M* 3617 — *pcpt* giopanod H *C* 1709 (geoponot *M*). 3581 (gioponod *M*). 5670. 5772

AOPANON *v-II offenbaren ◊ to reveal*
• *3sips* eroffenod+ PSLUB 28,9
revelare PSLUB

GIOPANON *v-II ans Licht bringen, aufklären ◊ to throw light on, make clear*
• *1sips* giophonon+? GLTRSEM IX,25, geoffenon+ VIII,119
illustrare GLTRSEM

OPPAR *nt-a Opfer ◊ sacrifice*
• *ns* opfer+ GLEPIST IV,306,20 — *as* opper PSLUB 115,17
hostia PSLUB immolatitium GLEPIST

OPPARFANO *m-n Stola ◊ stole*
• *np* opperuanan GLGAND
oriolum (= orale, orarium) GLGAND

OPPRAIAN *v-I opfern ◊ to sacrifice*
• *1sips* oppraiu PSLUB 115,17
sacrificare PSLUB

or- → **UR-**

ŌRA *nt-n Ohr ◊ ear*
• *ns* ora H *C*, ore *M* 4878 — *as* ore PSWIT 85,1, o(re) PSLUB 114,2 — *dp* orun H *M*, oron *C* 2467. 2609, orun PSWIT 85,6, oron PSGERN 7,4 [13,17]
auris (PSGERN) PSLUB PSWIT

ŌRAL *(nt-a) Obergewand, Schleier ◊ upper garment, veil*
• *ns* oral GLSPET 86,4 ‖ GLTRSEM IV,6
brandeum GLTRSEM peplum GLSPET

ORD *m-a Spitze, Speerspitze, Speer ◊ (spear-)point, spear*
• *ns* ort HILD 38 — *ds* orde H *C* 5346, orte+ HILD 38 — *as* ord H *C* 5706 — *dp* ordun H *M*, ordon *C* 3088. *M* 4862, órdon GLPRUDF1 98,12 — *ap* ordos H *CM* 3697
angulus GLPRUDF1

ŌRGOLD *nt-a goldner Ohrschmuck ◊ golden ear-drop*
• *ns* orgolt GLMARF III,722,40
inauris, murena GLMARF

ŌRHRING *m-a Ohrring ◊ ear-ring*
• *np* oringa GLSPET 75,25
inauris GLSPET

ORK *(m-a) Krug ◊ jug*
• *dp* orcun H *M*, orcon *C* 2009

orlag- → **URLAG-**
orlobu, orlof → **URLÔF**
ornata → **HORNATA**

ŌRSLÊK *(m-a) Ohrfeige ◊ smack*
• *dp* orslecon GLPRUDF1 92,10
alapa GLPRUDF1

órsorge# → **URSORG**
ort → **ORD**

ortole⁺ → URDÊLI

ŌS *(m-a) Rune* ᚠ *(Gottheit)* ◊ *rune* ᚠ *(divinity)*
• *ns* os ABC 6

ose-, osse- → OHSIN-

ÔST *adv im/nach Osten* ◊ *in/towards the east*
• GENB east# 667

ÔSTAN *adv von Osten her* ◊ *from the east*
• ostan GEN 15. 157 H *CM* 541 (ástan *S*). 566 (astan *S*). *C* 2131
• GENB eastan# 555. 806

ÔSTANA *adv von Osten her, im Osten* ◊ *in/from the east*
• ostana GLEVES 60,5/6 H *CM* 589. 594. 4241 (ostene *M*), ostane *M* 2131
oriente GLEVES

ÔSTAR *adv nach Osten, ostwärts* ◊ *to the east, eastwards*
• ostar HILD 18. 22 H *CM*, aster *S* 571. 718, óstar GLPRUDF1 103,10
in ortum GLPRUDF1

ÔSTARLING *m-a Orientale* ◊ *dweller in the East, oriental*
• *ns* ostarlinc GLTRSEM VII,26
eous GLTRSEM

ÔSTARLIUD *m-i Ostvolk* ◊ *eastern people*
• *gp* ostarliuto⁺ HILD 58

ÔSTARWEG *m-a Straße im Osten* ◊ *road in the east*
• *dp* ostaruuegun H *M*, osteruuegon *C* 634

ostonth → ASTANDAN

ÔSTRONI *adj-ja/jō von Osten kommend* ◊ *coming from the east*
• *npm* ostronia H *C*, ostronie *M*, astrunie *S* 694. 697, ostronea *CM*, ástrunie *S* 562, ostronea *M*, ostronia *C* 669
• GENB *nsm* easterne# 315

ÔSTSŪTHRONI *adj-ja/jō von Südost kommend* ◊ *coming from the southeast*
• *ns* ostsuđroni GLVERGOX *p*. 122
eurous, susurrus GLVERGOX

OTTAR *(m-)a (Fisch-)Otter* ◊ *otter*
• *ns* otter GLMARF III,721,45, otar GLTRSEM X,43
luter GLMARF GLTRSEM

OÐ# *praep + a bis (zu); conj bis dass* ◊ *(up) to; conj until* — ~ þæt *bis dass* ◊ *until* — cf ANDTHAT
• GLWERDA *praep* oð# 343 GENB *conj* 340. 350. 705, oððæt# 454, oð þæt# (*abbr*) 589. 715
tenus GLWERDA

ŌTHAR *pron, num, adj (+ g) der andere/ ein anderer, der zweite, weitere* ◊ *the other, another, something/anything else, second, further* — ~ ... ~ *der eine ... der andere* ◊ *the one ... the other*
o¹⁹³ *ns* ođer, ođer H *C*, odar *M*; odar *C* 3162, ođar 1633, ođar *M*, oder *C* 1781, othar REGFREK *M* 36,37 H *M* 103. 1444 ([o]thar *M*, ander *C*), ođor *C* 2464, oder *M* 3162, oƀar° *C* 926, ander CONFPAL 362,18 — *gsm* ođres, ođres H *C*, odres *M*; athres *C* 1477 — *dsm/nt* odrumu, ođrumu H *M*, ođron, ođron *C*; odrom *M*, adron *C* 1536, ođrum *M* 1695, adrum 1271, odrun 801, ođremo *C* 4587, otheremo GLGREG 64,16/17, (othere) (*stil*) GLGREG 64,12 (= othere[mo]?), othe-(ri)[mu] PSGERN 9,5 [14,14] — *asm* ođran, ođran H *C*, odran *M*; odran *C* 2698, ođran *M* 683, odren 4819, ođerna *C*, ođrana *M* 223. 1438. 1446 (ođarna *M*). 2471 (odarna *C*), ođerne *S* 695. 718, ođerna *C*, athrana *M* 1434, andran *C* 1263 — *asnt* óthar GLLECT, ođer, ođar H *C*, odar *M*; óđar *V* 1331, ođar *C* 578 (óđer *S*). *M* 1918, ođer *C* 4839. 4893, oder *M* 3141. *C* 3959. 5297, odrer°⁷ *C* 4321, ođar (d/đ?<b) 591, oƀar° 4372, anderaz⁺ GLEPIST IV,307,14 — *asf* ođra H *C*, odra *M* 713. 1945, odre *M*, odra *C* 3034 — *instr* odru H *M* 1076. 3497

(ođru *C*), odaru *CM* 3208 — *npm* ođra H *C*, odra *M*; ođra *C* 2657, odre *M* 5208, othera (*stil*) GLGREG 63,7 — *dp* odron, odron H *C*, odrun *M*; óđrum *V* 1347, ođrum *C* 785, ođrun *S* 557. 559. *M* 1621, odrum *M* 1609. 1625, adrom *M* 2985, ođran *C* 3231 — *apm* ođra H *C*, odra *M* 2601 (ođra *M*). 2633. 4125 (ođra *C*), odara *M* 3228, othra CONFES 16,19,21. 17,14, odre HILD 12
* GENB *nsm* oðer 467. 477 — *gsm* oðres 235 — *dsm* oðrum 357 — *asnt* oþer 332 — *npm* oðre 322

alius GLGREG se invicem (ein anderaz) GLEPIST

ŌTHARHALF *num anderthalb* ◊ *one and a half*
* *n/a* otherhalf REGFREK *K* 24,23. 32, 37. *M* 24,12. 29,13. 32,29

ŌTHARHWETHAR *pron einer von beiden* ◊ *one of the two*
* *asnt* ođerhueder H *C*, odarhuuedar *M* 1660, oderuueder *M* 3628

ŌTHARI *f-ī uneigentlicher Gebrauch* ◊ *figurative sense*
* *ns* andari[+] GLSPET 83,2 ‖

catachresis GLSPET

ŌTHARLĪKOR *adj comp verändert* ◊ *changed*
* *nsnt* odarlicora H *CM* 3123 — *npnt* odarlicaron H *M* 155, odarlicron *C* 155

ŌTHARSĪTHU *adv zum zweiten Mal, ein weiteres Mal* ◊ *a second time, another time*
* otharsithu H *C* 1076, othiersithu *C*, odersidu *M* 3519, ođersithu *C*, odersiđu *M* 4786, ođersithu *C* 5913. 5948, ađarsiđe GEN 211

ÔTHI *adj-ja/jō leicht* ◊ *easy*
* *ns* ođi H *M*, othi *C* 1786. 1779 (óthi *C*), othi *CM* 4594

ŌTHIL *m/nt-a Heimat* ◊ *home*
* *as* odil H *M*, vođil *C* 345. 718 (ođil *S*)

ÔTHLĪKO *adv leicht* ◊ *easily*

* aodlihho[+] HILD 55

ÔTHMŌDI[1], ÔDMŌDI *nt-ja Demut* ◊ *humility*
* *ds* odmodea H *M*, ođmuodie *C* 1636 — *as* odmodi H *CM* 1534, odmodi *M*, odmuodi *C* 376 (u *add C*, ódmódi *neum M*, ađmodi *S*). 839 (*ras C*). 1302 (ođmuodig *C*, ódmúođi *V*). 4254. 4412. *C* 5290. 5301, ođmuodi *C* 5382

ÔTHMŌDI[2], ÔDMŌDI *adj-ja/jō demütig* ◊ *humble*
* *asm* odmodian H *C*, odmodien *M* 1556

ÔTHMŌDIGON *v-II demütigen* ◊ *to humble*
* *pcpt* giađmodigod PSLUB 114,6, giađmodigad 115,10

humiliare PSLUB

ÔTHO *adv leicht, vielleicht* ◊ *easily, maybe*
* otho H *C*, odo *M* 564 ([a]đa *S*). 3233 — *comp* othor H *C*, odur *M* 3299

OVAN[1] *(m-a) Backofen* ◊ *oven*
* *ns* ouan GLTRSEM VIII,14

furnus GLTRSEM

OVAN[2] *adv oben* ◊ *above*
* GENB ufon[#] 306, úfan[#] 375. 513

BIOVAN[2] *praep + g beginnend mit; adv obenauf* ◊ *praep + g from ... on; adv on the top*
* bioban H *C*, biouan *M* 4075, bauon REGFREK *M* 40,32

OVANA *adv von oben her, oben* ◊ *(from) above*
* obana H *P*, obona *C*, obane *M* 986, obana *C*, obana *M* 1116, obana *C*, obana *M* 2313. 2596 (obane *C*) 4888. *C* 5797, ouana GLEVES 55,18, obena 53,25, obana[+] HILD 30

super caput GLEVES

OVANWARD *adj der oberste* ◊ *topmost*
* *asm* obanuuardan H *C*, obanuuardan *M* 1082. *M* 2391

OVAR *praep + d, + a über, auf, über ... hin, über ... hinaus, jenseits, bei, unter, gegen, innerhalb von* ◊ *over, (up)on, onto, in, across, through(out), beyond, at, under, against, within*
    o^{212} obar GEN 133. 159. 336 H *CM*, obar, o*b*ar *C*; o*b*ar GEN 194 H *M* 349. 350, obor *P* 989, ober *C* 61. 340. 341. 349. 387. *S* 495 PSLUB 28,3. PSWIT 84,9, ouar H *M* 663, ouer *S* 544 GLEVES 53,15 PSLUB 28,3. 29,2. 32,14 (o<u),18,22 PSPAD 37,3,5, ofar H *C* 5240, ofer (*add*) 5376, ufar GLEVES 52,38, ubar$^+$ HILD 6. 43
    • GENB ofer$^\#$ 377. 554. 565. 593. 609. 675. 690
super GLEVES PSLUB PSPAD PSWIT post GLEVES

OVAR-: -BURIAN, -DREPAN, -FĀHAN, -FANGALON, -GANGAN, -GILINDON, -HÔRIAN, -RINNAN, -SĀIAN, -SEHAN

OVARALD *adj altersschwach* ◊ *old and infirm*
    • *ns* oueralt (*abbr*) GLMARF III,715,26
decrepitus GLMARF

OVARANIKO *m-n Urahn, Urgroßvater* ◊ *forefather, great-grandfather*
    • *ns* ouerancha GLMARF III,715,21
atavus, proavus GLMARF

OVARĀT *m/nt-a Übermaß im Essen, Völlerei* ◊ *excessive eating, gluttony*
    • *gs* ouaratas CONFES 16,14

OVARĀTI *f-ī Völlerei* ◊ *gluttony*
    • *ns* ubarazzi$^+$ GLSPET 86,1 ‖
crapula [luxuriae] GLSPET

OVARDRANK *m/nt-a Übermaß im Trinken* ◊ *excessive drinking*
    • *gs* ouerdrankas CONFES 16,14

OVARDURU *f-u p obere Türflügel, Oberschwelle, Türsturz* ◊ *upper leafs of a door, door lintel*
    • *n* ouerdure (*abbr*) GLMARF III, 721,54, ṽuerdvre GLHARD IV,253,17

fores, valvae GLMARF superliminare GLHARD

OVARFARO *m-n Übertreter* ◊ *transgressor*
    • *ns* ofarfaro GLTRSEM XII,96
praevaricator GLTRSEM

OVARGULDI *f-ī Goldüberzug* ◊ *gold coating*
    • *ns* auergulde GLADM718 78,17, ubarguldi$^+$ GLSPET 85,31 ‖
lahmalice (? °< lamna obriza?) GLADM718 obryzum GLSPET

OVARHALDARI *m-ja übereifriger Verehrer* ◊ *overzealous venerator*
    • *np* obarhaldara$^+$ GLPB2 I,298,40
superstitus (= superstitiosus) GLPB2

OVARHLID *(nt-a) Deckel* ◊ *lid*
    • *ns* ouarlid GLTRSEM XI,109
operculum GLTRSEM

OVARHÔHI *adj-ja/jō verächtlich* ◊ *scornful*
    • *ns* ouerhoi GLEVES 51,29
contemptor GLEVES

OVARHÔR *(m/nt-a) Ehebruch* ◊ *adultery*
    • *ns* ouerhor GLMARF III,715,51
adulterium GLMARF

OVARHÔVDIO *m-j-n Oberhaupt* ◊ *sovereign*
    • *as* o*b*arhobdæon (h *add*) H *C* 609 — *np* obarhobdion H *C* 4141

OVARHÔVDO *m-n Oberhaupt* ◊ *sovereign*
    • *as* obarhobdon H *M* 609 — *np* obarhobdun H *M* 4141

OVARHUGD *f-i Überheblichkeit* ◊ *arrogance*
    • *apf* obarhugdi H *C*, obarhugdi *M* 4254
    • GENB (*nt-i*) *ns* oferhýgd$^\#$ 328

OVARKÔPUNGA *f-ō Ankauf* ◊ *purchase*
    • *ns* ouarcapunga DIPL †948. 995/2, uberchoufunga$^+$ DIPL 971 — *as* uvarcophunga$^{+?}$ DIPL 983

OVARLENDI *nt-ja den zugemessenen Anteil überschreitendes Land* ◊ *land exceeding the alloted portion*
• *ds* overlende URBWERDF 283,2 — *as* overlende (*abbr*) URBWERDF 274,24

ouarlid → **OVARHLID**

OVARLIVO *m-n der Überlebende* ◊ *survivor*
• *ns* ouarliuo GLTRSEM XV,36 superstes GLTRSEM

OVARMŌD¹ *m-a Hochmut* ◊ *pride*
• GENB *(nt-a) gs* ofermodes[#] 272

OVARMŌD² *adj überheblich* ◊ *arrogant*
• *npm* obarmuoda H *C* 5296, oḃarmuoda 3992
• GENB *nsm* ófermod[#] 262, ofermóda[#] 338

OVARMŌDI¹ *adj-ja/jō überheblich* ◊ *arrogant*
• *ns* obarmuodi H *C* 775 — *npm* obarmodie H *M* 4169

OVARMŌDI² *(m)-ja/(f-ī?) Hochmut* ◊ *arrogance*
• *gs* ouarmodias CONFES 16,12/13
• *Selbstüberschätzung* ◊ *conceit* GENB *as* ofermede[#] 293

OVARMŌDIG *adj überheblich* ◊ *arrogant*
• *ns* obarmuodig H *C*, obarmodig *M* 2705. *M* 775 — *npm* obarmuodiga H *C* 4169

OVARMŌDIGO *adv hochmütig* ◊ *arrogantly*
• ovármódigo GLPRUDF1 100,8/9 (insolescere) GLPRUDF1

OVARMŌDITHA *f-ō Hochmut, Überheblichkeit* ◊ *arrogance, pride*
• GENB *ns* oferméttο[#] 351, ofermetto[#] 332, 337

OVARMORGANE *adv übermorgen* ◊ *the day after tomorrow*
• vbermórgene[+] GLHARD IV,272,8 secundo cras GLHARD

OVARO *adj oberhalb stehend* ◊ *standing above*
• *ns* oboro ABC 6

OVARRO *adj comp der obere* ◊ *upper*
• *dsnt* obarrun URBWERDA 20,8(2),9

OVARSKÔTI/OVARSKÔDI *(nt-ja) Übergewand* ◊ *overgarment*
• *ns* ouarscothi GLTRSEM VI,148 ependytes GLTRSEM

OVARTALA *f-ō Ächtung* ◊ *outlawing*
• *ns* obarzala[+] †DIPL 848

OVARTĪDIG *adj über die rechte Zeit hinausgekommen* ◊ *coming beyond a marriageable age*
• *nsf* vbarzítigiu[+] GLEPIST I,761,1 superadultus GLEPIST

OVARTIMBRI *nt-ja Gebälk* ◊ *timberwork*
• *ns* ubartimbri[(+?)] GLSPET 78,13 ‖ contignatio GLSPET

OVARWARD *m-a Vorsteher* ◊ *chairman*
• *ns* oboruuard H *M* 4145

OVARWERD *adj der oberste* ◊ *topmost*
• *asm* obaruuerdan H *C* 2391

OVASTLĪKO *adv schnell* ◊ *speedily*
• obastlico H *C* 5896, ofstlico 5935

OVAT *nt-a Frucht* ◊ *fruit*
• GENB *ns* ofet[#] 638. 655 — *gs* ofætes[#] 493. 599. 677, ófætes[#] 461. 500, ofetes[#] 564. 719 — *as* ofæt[#] 518, ofet[#] 723

OVELEI *(nt-a) (Dankes-)Gabe* ◊ *gift (of thanks)* → **OFLIGIS**
• *ns* oblei[+?] GLHARD IV,270,17 — *ds* ofelene GLSPET 80,32 (°?/ x LÊHAN?) — *as* oueleie (*abbr*) REGHERF 48 benedictio GLHARD GLSPET eulogium GLSPET

ŌVER *(m/nt-a) Ufer* ◊ *bank, shore*
• *ns* ouer GLMARF IV,177,24 crepido GLMARF

ouer(-) → OVAR(-)
ougan → ÔGA

ŌVIAN v-I feiern ◊ to celebrate
• inf obean H M, voƀian C 2732

P

paffur⁺ → PAPUR
pˡacantiū° → PANKŌKO

PĀL m-i Pfahl, Pflock, Stift ◊ peg, pin, post
• ns pal GLSPET 74,37 — ap phali⁺⁷
GLVERGOX 110,5
parvus palus, paxillus GLSPET vallus
GLVERGOX

palafrith → PERIFRID

PALANCGRĀVIO m-j-n Vertreter der Obrigkeit ◊ officer of the state
• np palazgrauiun GLPB2 I,297,16
magistratus GLPB2

PALENCEA f-ō Pfalz, Palast ◊ palace
• as palencea H C 5304

PALINZ (f) Verwaltungsgebäude ◊ administration building
• ns palinz (z ras) GLTRSEM XII,77
aula, praetorium GLTRSEM

PALMA f-ō/-n Palme(nzweig) ◊ palm (branch)
• dp palmun H M, palmon C 3677

PAND (nt-a) Pfand ◊ pledge
• ns pant GLSPET 73,10 ‖
arrabo GLSPET

PANER (m/nt)-a Korb ◊ basket
• ns paner GLPB3 IV,594,31
cartallum GLPB3

PANKŌKO m-n Pfannkuchen ◊ pancake
• ap pˡacantiū° (= panᴄahhun⁺ abbr)
GLPB2 fol. 61va
sorbitiuncula GLPB2

PANNA f-n Pfanne, Kasserolle ◊ (sauce)-pan, casserole
• ns panna GLTRSEM XII,32. XIV,38
GLSPET 87,32‖, panne 74,24 — ap
pannun GLPB1 I,449,14, pannun (abbr)
GLPB2 I,298,33
patella GLSPET GLTRSEM sartago GLPB2
GLSPET GLTRSEM trulla GLPB1

PANNAKŌKLĪN nt-a kleiner Pfannkuchen ◊ small pancake
• ns pannokokilin GLTRSEM VI,75
sorbitiuncula GLTRSEM

PANNSTELLIA f-jō (?) Platz für eine Salzpfanne ◊ place of a salt pan
• ap panstel DIPL 1007

PANNUNSTIL m(-a?) Pfannenstiel ◊ pan-handle
• ns pannunstil (abbr) GLTRSEM XVIII,6
caulicus GLTRSEM

GIPAPITHI nt-ja Geistlichkeit, Priesterschaft ◊ clergy, priesthood
• ns gepafethi⁺ GLTRSEM V,61
clerus GLTRSEM

GIPAPPI nt-ja Geistlichkeit, Priesterschaft ◊ clergy, priesthood
• ns gipáphi⁺⁷ GLPRUDF1 104,15
clerus GLPRUDF1

PAPPILLA, PAPPULA f-ō Malve, Rosspappel ◊ common mallow, checkerbloom
• ns poppele GLMARF III,719,12, papula GLTRSEM XXI,37, papilla X,77 — as
popele GLHARD III,605,1 — dp pappillan GLSTR 107,29
malva GLHARD GLMARF GLSTR GLTRSEM

PAPUR (m/nt) Papyrus ◊ papyrus
• ns paffur⁺ GLSPET 86,36
biblos GLSPET

paradīs

PARADĪS *nt-a Paradies* ◊ *paradise*
• *ds* paradise H *CM* 3136, paradyse *C* 5606

parafhreht, parafrid- → **PERIFRID**

PARAFRIDARI *m-ja berittener Eilbote* ◊ *mounted express messenger* — *cf* **PERIFRID**
• *np* barafridara GLSPET 78,13
veredarius GLSPET

PARTIKA *f-ō/n Blut-Weiderich* ◊ *spiked purple loosestrife*
• *ns* partic GLMARF III,719,13
parta (portulaca?) GLMARF

PĀSCHA *nt-n Passah(mahl), Passahfest; p Ostern* ◊ *Passover (meal); p Easter*
• *ns* pascha H *CM* 4459 — *as* pascha H *CM* 4203. 4562. 5142. 5259 (pasca *M*) — *dp* paschon REGFREK *M* 42,13

PĀSCHADAG *m-a Passahtag* ◊ *Passover Day*
• *ds* paschadage H *CM* 5179

PASSERI *m-ja Zirkel* ◊ *pair of compasses*
• *ns* passeri GLTRSEM V,70
circinus GLTRSEM

PAVOS *m(-a) Papst* ◊ *pope*
• *ns* pauos BEDA 3

PÊDA *f-ō Gewand* ◊ *coat*
• *as* peda H *C* 5548

PEDALA *f-ō Metallplättchen* ◊ *lame*
• *np* pedala GLTRSEM XII,75
petulum GLTRSEM

peden-$^{+?}$ → **PETHUMA**

PÊDITHI *nt-ja Hemd* ◊ *shirt*
• *ds* petithi$^{+?}$ GLTRSEM X,30
linostimum [vestimentum], sarcilis GLTRSEM

PELLIZ *(m) Pelz* ◊ *fur*
• *as* pelliz CH 1015-36/25

PELLOL *m-a Purpurgewand, Seidengewand, kostbarer Stoff* ◊ *purple garment, silk robe, costly stuff*

persikbôm

• *ns* pellel GLMARF III,716,39, follo° (= fellol$^+$) GLSPET 79,7 — *np* pelleles GLGAND
ostrum, pallium GLMARF purpura GLSPET sericum GLGAND

pemein-$^+$ → **BIMÊNIAN**

PENIK *(nt)-a (Welscher) Fennich (Hirseart)* ◊ *panic (a kind of millet)*
• *gs* penikas REGFREK *K* 24,24. *M* 24,13. 29,13

PENNING *m-a Pfennig* ◊ *penny*
o^{68} *ns* pening MN — *as* penning REGFREK *M* 43,13 — *n/ap* penning REGFREK *M* 43,8 — *gp* penningo REGFREK *KM*, peninggo *K* 24,25, penniggo *K* 25,25. *M* 24,14. 25,3/4. 36,36, pinniggo 25,7,9, penninga (*n/ap?*) *M*

perellę → **PERULA**
perente$^+$ → **BERAN**

PERGAMIN *(nt-a) Pergament* ◊ *parchment*
• *ns* pergimin (*abbr*) GLTRSEM X,114
membrana GLTRSEM

PERGAMINARI *m-ja Schabmesser* ◊ *fleshing knife*
• *ns* pargiminari GLTRSEM XV,40
scaber GLTRSEM

PERIFRID *(nt-a) (Kurier-)Pferd* ◊ *(courier) horse* — *cf* **PARAFRIDARI**
• *ns* perefrid GLPRISC, parafhreht GLTRSEM XVI,36, palafrith GLMARF III,721,32
• *mlat ds* parafrido URBWERDF 273,18 — *dp* parafridis URBWERDF 273,25 — *ap* parafridos URBWERDF 273,17
equus GLPRISC veredus GLMARF GLPRISC GLTRSEM

PERSIKBÔM *m-a Pfirsichbaum* ◊ *peach tree*
• *ns* persicbom (*abbr*) GLMARF III,720, 14, persihcbom$^+$ (*abbr*) GLTRSEM XII,72
persicus GLMARF GLTRSEM

perula

PERULA *f-ō/n* Perle ◊ *pearl*
• *ns* perula GLPRUDF1 93,33/34 — *np mlat* (?) perellę THES 21 (3) — *ablp mlat* perulis CH 843?
calculus GLPRUDF1

PÊSAL *(m-a)* (Back-)Ofen, heizbarer Raum ◊ *oven, room with heating facilities*
• *ns* pesel GLMARF IV,178,15, piasal GLTRSEM III,54
furnus GLMARF zeta (diaeta) hiemalis GLTRSEM

PETERARI *m-ja* Mauerbrecher, Kriegsmaschine ◊ *battering ram, engine of war*
• *ns* peterari GLSPET 85,23 ‖ petherari 83,7 ‖
aries GLSPET

PETERCILIA *f-ō* Petersilie ◊ *parsley*
• *as* petercilie GLHARD III,605,3
petrosilinum (petroselinon) GLHARD

PETERIN *(m-a)* Taufpate ◊ *godfather*
• *ns* peteren GLMARF III,715,29
compater GLMARF

petithi$^{+?}$ → PÊDITHI

PETHUMA *f-ō* Pfebe, Melone ◊ *melon*
• *ns* pethuma GLK211 I,319,51, pedena$^{+?}$ GLSPET 75,12 ‖ — *np* petheme GLHARD IV,259,1 — *gp* pedenon$^{+?}$ GLSPET 76,9/10 ‖
cucumis, melo GLSPET malum cydonium GLK211 pepo GLHARD GLSPET

PFISTUR^{+} *(m-a)* Bäcker ◊ *baker*
• *ns* phister^{+} GLHARD IV,251,23
pistor GLHARD

phali$^{+?}$ → PĀL
philfor$^{\#}$ → FELOFOR$^{\#}$
piasal → PÊSAL

PIK *(nt)-a* Pech ◊ *pitch*
• *gs* pikas REGFREK *M* 43,9

picarios *mlat* → BICARIUS, BICARIUM

plastar

PĪL *(m-a)* Wurfspieß ◊ *javelin*
• *ns* pil GLTRSEM XII,106
pilum GLTRSEM

PĪLERI *m-ja* Gitterstab ◊ *bar*
• *ns* piliri GLSPET 77,33 ‖
cancellus GLSPET

PILLA *f(-n)* Patentochter ◊ *goddaughter*
• *ns* pille GLMARF III,715,36
filiastra GLMARF

PILLO *m-n* Patensohn ◊ *godsun*
• *ns* pillo GLMARF III,715,35
filiaster GLMARF

PĪNA *f-ō* Qual ◊ *pain*
• *ds* pinu H *C* 5606 — *as* pina H *C*, pine *M* 2933

PINKOSTON *(f-n) p* Pfingsten ◊ *Pentecost, Whitsun*
• *d* pincoston REGES 21,19, pinkieston REGFREK *M* 42,16

PINN *(m)* Stift, Pflock ◊ *pin, peg*
• *ns* pin GLSPET 74,37
parvus palus, paxillus GLSPET

PĪPA *f-n* Pfeife ◊ *pipe*
• *gp* pipano GLPRUDF1 94,31
fistula GLPRUDF1

PIPERA *f-ō* Rettich, Radieschen ◊ *radish*
• *as* pipere GLHARD III,605,2
raphanus GLHARD

pisamo$^{+?}$ → BISAMO
pist^{+} → WESAN
pizit^{+} → BĪTAN
planco$^{+?}$ → BLANKO

PLASTAR *(nt-a)* Wundpflaster, Mörtel, Mauerstein ◊ *plaster, mortar, building stone*
• *ns* plastar GLCAES V,24,11 GLSPET 76,29, balstar 80,11 ‖, plaster GLTRSEM VI,47
caementum GLSPET GLTRSEM cataplasma GLSPET malagma GLCAES

PLATLŪS *(f-cons/i) Filzlaus* ◊ *crab louse*
• *ns* platlus GLMARF III,721,33
impetigo GLMARF

PLEGAN *v-5 + g rei Verantwortung übernehmen für etw* ◊ *to accept responsibility for sth*
• *inf* plegan H C 5478. 5482. 5485

PLEGHAFT *adj zinspflichtig* ◊ *tributary*
• *nsm* pleghafter⁺ GLTRSEM VII,128
flagitiosus GLTRSEM

PLEGON *v-II frohlocken* ◊ *to exult*
• GENB *3sipt* plegode 724

PLEHTA *f-ō (Raum auf dem) Vorderdeck, Plicht* ◊ *(cabin on the) foredeck, cuddy*
• *ds* pletta GLPB2 I,297,36
prora GLPB2

plescilin → **PLETSILĪN** (?)

PLETS (?) *(m-a?) Flicken* ◊ *patch*
• *ns* plez⁺? GLTRSEM XII,64
plagula GLTRSEM

PLETSILĪN (?) *nt-a Flicken* ◊ *patch*
• *as* plescilin GLEVES 49,35
commissura GLEVES

pletta → **PLEHTA**
plez⁺? → PLETS (?)

PLŌG *(f-i/m-a/i) (Wende-)Pflug* ◊ *(mouldboard) plough*
• *ns* ploch GLMARF III,719,53, pluog⁺ GLTRSEM VI,102
aratrum GLMARF dentale GLTRSEM

PLŌGISHÔVUD *nt-a Pflugbaum* ◊ *plough beam*
• *ns* plugiˢhouuud GLTRSEM IV,38
buris GLTRSEM

PLŌGSTERT *(m-)a Pflugsterz* ◊ *ploughtail*
• *ns* plochsterz⁺ GLMARF III,719,55, pluogsterz⁺ GLTRSEM XV,41
buris GLMARF stiva GLMARF GLTRSEM

PLUKK *(m-i) Haarbüschel* ◊ *tuft of hair*
• *np* plǒki GLTRSEM III,42
crines GLTRSEM

PLŪMA *f-n Pflaume* ◊ *plum*
• GLWERDA *f-ō? ns* plun (plum?) 343
prunum GLWERDA

PLŪMON *v-II mit Flaumfedern versehen, mit Streifen durchweben* ◊ *to stripe, cover with feathers*
• *pcpt* giplumet GLSPET 85,5‖, giplumor° (= giplumot) 78,11‖
pcpt plumeus, stragula, vestis discolor GLSPET

POLLA *f-ō/n,* **POLLO** *m-n Feinmehl* ◊ *superfine flour*
• *ns* pola GLTRSEM XIII,27
farina GLTRSEM

PONTEO *m-n (?) Einwohner von Pontus* ◊ *inhabitant of Pontus*
• *gp* ponteo H *CM* 5129

pop(p)ele → **PAPPILA, PAPPULA**

PORRO *m-n Porree* ◊ *leek*
• *ns* porro GLSPET 83,9
porrum GLSPET

PORTA *f-n Pforte, Tür* ◊ *portal, door*
• *gs* portun H *CM* 4951— *np* portun H *M* 3072

POST *(m-a/i) Pfosten* ◊ *post*
• *ns* post GLMARF III,721,53, (p)ost IV, 179,1 (postsul?)
postis, stipes GLMARF

prandrade⁽⁺⁾ → **BRANDRÊDA**

PRANGA *f-ō/n Knüppel, Stock* ◊ *stick, pole*
• *ns* prange GLMARF IV,178,14
contus GLMARF

prasma⁺? → BRAHSMA

PRAVENDI *f-ī Pfründe* ◊ *prebend* — *cf* **PREVENDA,** PRŌVENDA.

• *ap* prauendi REGFREK *M* 43,4

PREKUNGA *f-ō eingepägtes Zeichen* ◊ *impressed mark*
• *ap* precúnga GLPRUDF1 97,27
sphragitis GLPRUDF1

PRESSIRI *m-ja Presse (für Wein, Öl)* ◊ *press (for wine, oil)*
• *ns* pressiri GLSPET 77,32
prelum GLSPET

PRÊSTAR *m-a Priester* ◊ *priest*
• *np* prestera GLPRUDF1 101,32 — *ap* prestros CONFES 17,15
Lupercus GLPRUDF1

PREVENDA *f-ō Lebensunterhalt, Lebensmittelration, Spende* ◊ *livelihood, allowance of food, donation* — *cf* PRAVENDI, PRŌVENDA
• *ds* preuenda REGFREK *M* 40,35

PRŌVENDA *f-ō Lebensunterhalt, Lebensmittelration, Spende* ◊ *livelihood, allowance of food, donation*
• *ns* pruanta⁺ GLSPET 79,1 ‖
stips GLSPET

PRŌVENDON *v-II mit einer Pfründe versehen* ◊ *to confer a benefice*
• *pcpt* geprouuendot (*abbr*) GLTRSEM III,17
annonare GLTRSEM

pruchili⁺ → BRUKKILĪN

PRŪMBÔM *m-a Pflaumenbaum* ◊ *plumtree*
• *ns* prumbom GLMARF III,720,13
prunus GLMARF

prut⁺ → BRŪD

PRŪZ *(m-i?) Maultier* ◊ *mule*
• *ns* pruz GLSTR 106,15
burdo GLSTR

PULWI *(nt-ja)*, PULWIO *(m-j-n) Pfühl, Federkissen* ◊ *(feather) pillow*

• *ns* pulim° (= puliui) GLTRSEM XIII, 55, pule GLMARF III,717,24
plumacium GLTRSEM pulvillus, pulvinar GLMARF

PUND *nt-a Pfund (Gewichts- und Geldeinheit)* ◊ *pound (in weight and in money)*
• *n/as* pund CH 918-935, punt REGFREK *M* 41,24 — *np* punt REGFREK *M* 41,25 — *n/ap* pund URBWERDA 60,6 REGFREK *M* 35,36, punt 41,18,22 — *dp* púndan GLPRUDF1 100,28 — *ap* pund GLEVES 56,26
mina GLEVES GLPRUDF1

PUNDUR *(nt-a) Senkblei* ◊ *plumb-line*
• *ns* pundur#? GLPB1 I,590,22
perpendiculum GLPB1

PUNGO *m-n Faust* ◊ *fist*
• *ds* rung° (= pungen) GLPB1 I,725,1
pugillus GLPB1

purcwardo → BURGWARD(I)US

PŪSILĪN *nt-a Säugling* ◊ *baby*
• *ns* pusilin GLSPET 84,5
infans nondum nominatus, pusio GLSPET

PUTTIA *f-j-n Bilge* ◊ *bilge*
• *as* puzian⁺? GLMAGD
sentina GLMAGD

Qu → Kw

R

raa# → RÊHO
rabon⁺? → RĀVO

RĀD *m-a Rat(schluss), Ratschlag, Lehre, Unterstützung, Nutzen, Vorteil, Gewinn* ◊ *teaching, (bit of) advice, counsel, support, advantage, gain, profit*

- *ns* rad H *CM* 1458. 4138. 4153. 4166, [r]ed PsLub 32,11 — *ds* rada H *C*, rade *M* 226 — *as* rad H *CM* 723. 1202. 1462. 1607. 1850. 2700. 3226 (rada° *C*). 4480. 4527, red PsLub 32,10 — *ap* (re)das PsLub 32,10
- GenB *ns* ræd[#] 424 — *as* ræd[#] 286. 561 consilium PsLub

radam*us*[#?] → HRÔTHAMŪS

RĀDAN *v-7 sich beraten, erraten, + g sorgen für, etw verüben, + d pers jmdn überreden, + for + d pers jmdn beraten, + d pers/an + a pers, (+ a rei) etw gegen jmdn planen ◊ to consult, guess, + g to take care of, commit sth, + d pers to persuade sb, + for + d pers to counsel sb, + d pers/an + a pers, (+ a rei) to plot (sth) against sb — ~ an lif + g pers nach jemandes Leben trachten ◊ to be after sb's blood*
- *inf* radan H *C* 1685. 2668. 2721 (raden *M*). 5062 — *3sips* radid GlEvEs 57,4 — *1pips* radad GlEvEs 53,31 — *2simp* rad GlEvEs 52,28 H *CM* 3813 — *3pipt* redun GlEvEs 60,10, riedun H *CM* 4138. 4470 (redun *M*) — *pcpt* giradan H *C* 5399
- *befehlen ◊ to give orders* GenB *inf* rædan[#] 289

dicere, prophetizare, suadere GlEvEs insidias conditas habere (an lif ~) GlEvEs

BIRĀDAN *v-7 beraten ◊ to advice*
- *pcpt* berad[e]n GlMarf IV,177,27 consulere GlMarf

GIRĀDAN *v-7 verschaffen, zunehmen ◊ to provide, increase*
- *3sipt* giried Gen 7 — *3pipt* giriedun GlPb2 I,296,29 — *3sopt* giredi H *C*, geredi *M* 2987. 3562, giriedi *C*, geriedi *M* 2022
- *anraten ◊ to recommend* GenB *3sipt* geræd 774. 797

increscere GlPb2

RĀDAND *m-nd + pcps-ja Ratgeber, Herrscher ◊ counsellor, ruler*

- *ns* radand H *CM* 1273 — *gp* radendero H *C* 5601

RĀDBURD *f-i Herrschaft ◊ dominion*
- *dp* radburdeon H *C* 71

RĀDERI *m-ja Ausleger ◊ interpreter*
- *as* ratiri[+] GlSpet 75,34 ‖

coniector GlSpet

RĀDFRĀGON *v-II + a, +g etw über etw zu Rate ziehen ◊ to consult sth on sth*
- *1pops* rádfrágon GlPrudF1 96,20

consulere GlPrudF1

RĀDGEVO *m-n Ratgeber, Herrscher, Befehlshaber ◊ counsellor, ruler, commander*
- *ns* radgebo H *C*, radgebo *M* 627. 5128 (radgiƀo *C*) — *as* radgebon H *CM* 1961

GIRĀDI *nt-ja Gewinn ◊ benefit*
- *ns* giradi H *CM* 4193

RADIK *(m-a) uuilde ~ Hederich ◊ wild radish*
- *ns* radich[+] (a<e) GlTr40 V,43,40 raphanus (uuilde ~) GlTr40

RĀDISKON *v-II überlegen ◊ to consider*
- *1sips* ratiscon[+] GlTrSem V,128 commentari GlTrSem

RĀDISLI *nt-ja Rätsel, Vermutung ◊ riddle, assumption*
- *ns* radisli GlSpet 75,26 ‖, redisle GlMarf IV,178,4

aestimatio, coniectura GlMarf problema GlSpet

RĀDISLO *m-n Geheimnis ◊ mystery*
- *ap* radíslon GlPrudF1 92,20

aenigma GlPrudF1

RĀDISSON *v-II schlussfolgern, Rückschlüsse ziehen, erraten ◊ to infer, draw a conclusion, guess*
- *inf* radisson GlSpet 80,14 ‖. 82,1. 84,23 ‖

conicere, coniectare GlSpet

RĀDMANN *m-cons Ratgeber, Ratsherr* ◊ *adviser, councillor*
• *ns* ratman GlMarf IV,177,26
adiutor, consul, consiliator GlMarf

RADO *m-n Kornrade, Unkraut (Eppich, Melisse, Hahnenfuß)* ◊ *corncockle, weed (pilewort, balm, buttercup)*
• *ns* rado GlTrSem X,34, rada GlMarf III,719,38 (f?), érda GlStr 108,10 — *as* radan GlSPet 84,31 — *np* radan GlEvEs 50,11
apiastrum GlStr lolium GlMarf GlSPet GlTrSem zizania GlEvEs

RADUR *m-a Himmelsgewölbe, Firmament* ◊ *vault of heaven, firmament*
• *ds* radura Gen 313 H *PM*, radore *C* 990, radure *C* 5797

RADURSTŌL *m-a Himmelsthron* ◊ *celestial seat*
• GenB *ap* rodorstolas#* 749

ræd(-)# → **RĀD(-)**
raeste → **RASTA**

RAHA *f-ō Weberschiffchen* ◊ *(weaver's) shuttle*
• *np* rauua GlVergOx 111,25
radius GlVergOx

RA(H)IAN *v-I anzetteln (am Webstuhl)* ◊ *to warp*
• *pcpt* girauuit GlSPet 77,29 ‖
ordiri GlSPet

BIRAHNIAN *v-I davontragen, erringen* ◊ *to carry off*
• *inf* bihrahanen+? Hild 57

raht → **RATH**

RAKA *f-ō Sache, Angelegenheit* ◊ *thing, concern*
• *ap* raka ConfEs 16,16

rachison+ → **HRAKISON** (Ā ?)

RAKINTIA *f-jō/j-n Kette* ◊ *chain*

• *dp* rakinzun(+?) GlPrudBr II,574,47
• *Fessel* ◊ *fetter* GenB *f-n gs* racentan 372 — *dp* racentum 434
baca GlPrudBr

erracto → **AREKKIAN**

RAKUD *m-a Gebäude, Gerichtsgebäude, Tempel* ◊ *building, (judgement) hall, temple*
• *ns* rakud H *M*, racod *C* 4278 — *ds* rakude H *M*, racode *C* 3741. 5103 (racođe *C*). 5211. 5219. *C* 4714 — *as* rakud H *M*, racod *C* 2314

rámon → **HRAMA**
ramusia+? → **HRAMUSIA**

RAND *(m-a) Schild* ◊ *shield*
• *ns* rand GlSPet 85,22(‖)
umbo GlSPet

RANDBÔG *m-a Schildbuckel* ◊ *boss of a shield*
• *ap* rantboga GlPrudBr II,574,45
• GlWerdC *ns* randbaeg# 358
buccula GlPrudBr GlWerdC umbo GlWerdC

ranis+? → **WRÊNISK**

RASKITON *v-II Funken sprühen* ◊ *to send out sparks*
• *3sipt* raskitóda GlPrudF1 98,36
scintillare GlPrudF1

RASTA *f-ō + f-n Ruhe, Ruhesitz (letzte) Ruhestätte, Totenbett, Meile* ◊ *rest, place of rest, (final) resting place, deathbed, mile*
• *ns* rasta GlPrudF1 103,15 PsGern 5,8 [12,17] — *ds* rastu H *C*, restu *M* 3168. 4051. *C* 5905, rastun (*dp?*) *C* 5779, raston 5759, restun 2202 — *as* raeste PsLub 114,7, raste 110R, rástun GlPrudF1 98,20
• *mlat ablp* rastis Adam I,23 — *ap* rastas Dipl †853. 1025/1. 1039/2. 1040/2
pausatio (PsGern) pulvinar (godo ~), quies GlPrudF1 requies PsLub

rat → RÊDA
ratiri⁺ → RĀDERI
ratiscon⁺ → RĀDISKON
ratman → RĀDMANN

RATTA *f(-n) Ratte* ◊ *rat*
• *ns* ratta GLTR40 V,48,34, GLTRSEM VIII,52
glis GLTR40 GLTRSEM

RATH *nt-a Rad* ◊ *wheel*
• *as* rath GLPRUDF1 93,20 (2), raht 93,26
axis GLPRUDF1

rath → HRETHAN
rauba⁺ → RÔVA

RĀVO *m-n Dachbalken* ◊ *roof beam*
• *np* rabon⁺⁷ GLHARD IV,278,36
asser GLHARD

rauua → RAHA
rauuer⁺ → HRAU
razun⁺ → HRĀTA
reboc → RÊHBOKK
red → RĀD

RÊDA *f-ō Rune* ʀ *(Fahrt)* ◊ *rune* ʀ *(ride)*
• *ns* rat ABC 7 (RĀD *m-a?*)

redinonte⁺ → RETHINON
redisle → RĀDISLI

RÊDIWAGAN *m-a Wagen* ◊ *chariot*
• *ns* redewagen GLMARF III,719,59
currus GLMARF

REFTER *m-a Dachsparren, Querholz, Tragstange* ◊ *rafter, crossbeam, bearing pole*
• *np* rethores GLADM 508 *fol.* 58v, rethueres° (u<*corr.*) GLTR40 V,47,15 (= rethtteres?), rethiteros° 46,12 (= rethtteros?) — *ap* reftras (restras?) GLPB1 I,449,11
ames GLTR40 tignum GLPB1

REGAN *(m)-a Regen* ◊ *rain*
• *ns* regan H *C*, regin *M* 2478

REGINBLIND *adj vollständig blind* ◊ *totally blind*
• *npm* reginblindun H *M*, reginiblindon *C* 3554

REGIN(O)GISKAPU *nt-a p Geschick, Bestimmung* ◊ *destiny*
• *np* reginugiscapu H *C*, reganogiscapu *M* 3347 — *ap* reginogiscapu H *C*, regangiscapu *M* 2593

REGINSKATHO *m-n großer Übeltäter* ◊ *great wrongdoer*
• *ns* reginscatho H *C* 5398 — *np* reginscathon H *C* 5497

REGINTHIOF *m-a ruchloser Dieb* ◊ *wicked thief*
• *np* reginthiebos H *C*, regintheobos *M* 1644

RÊHBOKK *(m-a) Rehbock* ◊ *roebuck*
• *ns* reboc GLMARF III,721,34
caper GLMARF

RÊHKALF *nt-z Rehkitz* ◊ *fawn*
• *ns* recalf GLMARF III,721,35
capreus GLMARF

RÊHO *m-n Reh* ◊ *roe deer*
• *ns* reho GLTRSEM V,5 GLVERGOX 112,22
• GLWERDC *ns* raa# 358
caprea GLVERGOX capreolus GLTRSEM GLWERDC

REHT¹ *adj gerecht, gerechtfertigt, rechtmäßig, richtig, wahrhaftig* ◊ *right, just, legal, true* — ~ *so adv gerade als, sobald* ◊ *just as, as soon as*
• *ns* reht H *CM* 3013. 3813 PSLUB 111,4. 114,5 — *nsm* rehta PSLUB 111,7 — *gp* rehtaro H *C*, rehtoro *M* 1688, rehtero GLGREG 63,5, rehttena PSLUB 111,2 — *dp* rehtun PSLUB 111,4 — *apnt* rehtun H *CM* 1894 — *apf* retton REGFREK *M* 43,4 — *comp nsnt* rehtera GLEVES 58,26/27 — *comp nsf* rehtera H *C*, rehtaro *M* 3741
• GENB *nsnt* riht# 360

reht

• *adv* reht GEN 188 H *CM* 409. 2048. 2315. 2945. 3143. *C* 967 (*P*). 2221. 3975. 5840 (*L*)
iustus GLEVES GLGREG PSLUB rectus PSLUB

REHT² *nt-a Recht, Anrecht, Gerechtigkeit, Gerichtsbarkeit, das Rechte, angemessene Bedingung, Rechenschaft, Pflicht* ◊ *justice, law, righteousness, right, entitlement, appropriate condition, account, duty*
• *ns* reht PSWIT 84,11,12,14. PSLUB 111,3 — *gs* r[e]htæs GEN 198 — *ds* rehta CONFES 16,10, rehte PSGERN 10,13 [15,8] — *as* reht H *CM* 1961. 1980. 2478. 3804. 3808. 4193 HILD 57, r(e)ht PSGERN 10,16 [15,11] — *gp* rehto H *CM* 975 (*P*). 5253, rehta *M*, rehte *C* 3904 (?) — *dp* rehton H *CM* 826 — *ap* rithe CONFPAL 363,28
• GENB *ds* rihte# 424 — *as* riht# 360
iustitia (PSGERN) PSLUB PSWIT

GI**REHT** *nt-a (?)* — bi gerehton *adv zu Recht* ◊ *rightly*
• *dp* [g]ere(ht)on PSGERN 6,6 [13,3]
recte (PSGERN)

REHTO *adv gerecht, vorschriftsmäßig* ◊ *fairly, duly* — ~ so *sobald* ◊ *as soon as*
• rehto CONFES 16,28 H *VCM* 1309. 1311. 1321. *M* 967

reif⁺ → RÊP
reiger → HRÊGRO
reinas⁺ → HRÊNI
reineuane → RÊNIFANO
reiz⁺ → WRĪTAN

REIZEN⁺ *v-I zum Zorn reizen* ◊ *to provoke*
• *1sips* reizon⁺ GLTRSEM IX,39
irritare GLTRSEM

reizen⁺ → WRÊT
recalf → RÊHKALF
récas# → RÔK
reccheo⁺ → WREKKIO

REKKIAN *v-I berichten, erklären, darlegen, auslegen* ◊ *to tell, explain, set out, interpret*

rênifano

• *inf* rekkien H *M*, rekkean *C* 572 (rekkian *S*). 3168, reckean *C* 3 — *3sips* rékid GLPRUDF1 103,9 — *3pipt* rekidun H *C* 5751
disserere GLPRUDF1

A**REKKIAN** *v-I deutlich ausdrücken* ◊ *to define clearly*
• *pcpt adv* erracto GLSPET 83,21
exprimere (*adv* expresse) GLSPET

ŪT**REKKIAN** *v-I ausführen* ◊ *to carry out*
• *pcpt* usrecket⁺ GLTRSEM VII,74
expedire GLTRSEM

REKO *m-n Rechen* ◊ *rake*
• *ns* recho⁺? GLVERGOX 110,30
rastrum GLVERGOX

REKON *v-II vorbereiten* ◊ *to prepare*
• *inf* recon H *CM* 932 — *3sipt* recoda H *C*, rekode *M* 3749

GI**REKON** *v-II leiten, lenken* ◊ *to direct, guide*
• *2sops* gir[eko]s PSGERN 10,20 [15,15] — *2simp* gereko PSGERN 10,14,15 [15,9,10]
corrigere, dirigere (PSGERN)

REMIL *nt-a Flachsbündel (20 Pfund)* ◊ *bundle of flax (20 pound)*
o¹⁵ *as* remel REGHELM REGHERF — *ap* remel REGHELM REGHERF, remel (*abbr*) REGHERF

rendegn → ÆRNÞEGEN#

RENGON *v-II den Mund aufsperren* ◊ *to gape*
• *1sips* réngon GLTRSEM XIII,108
os aperire, oscitare, ringi GLTRSEM

RÊNIFANO *m-n Rainfarn* ◊ *tansy*
• *ns* renifano GLTRSEM XV,131, reniuano GLVERGOX 114,16 GLTR40 V,42,7, reineuane GLMARF III,719,21
panacea°? (tanacetum?) GLVERGOX tanacetum GLMARF GLTR40 GLTRSEM

RENNIAN *v-I kleben (trans)* ◊ *to glue*
• *inf* rennian GLSTR 107,22
glutinare GLSTR

TISAMNEGIRENNIAN *v-I gerinnen* ◊ *to coagulate*
• *1sips* zisamenegi[renno]⁺ GLSPET 79,9‖
congelare GLSPET

ŪTRENNIAN *v-I herausfließen* ◊ *to pour forth*
• *1sips* usrennen⁺ *(abbr)* GLTRSEM VII,19
emanare GLTRSEM

renúnga → **HRÊNUNGA**
reoda → **HRÊON**

REOF[#] *m/nt-a Anklage, Beschuldigung* ◊ *accusation, charge*
• GLWERDC *ns* reub[#] 359, reof[#] 360
epiphonema, causa, contentio, incusatio GLWERDC

reomon → **RIOMO**

RÊP *m/nt-a Seil* ◊ *rope*
• *ns* rep GLMARF III,718,56, reif⁺ 715,19
restis GLMARF

REPHŌN *nt-z Rebhuhn* ◊ *partridge*
• *ns* rephuon⁺ GLTRSEM XII,78, rephuan⁺ GLSPET 78,33‖
perdix GLSPET GLTRSEM

REPSIAN *v-II tadeln* ◊ *to rebuke*
• *2sops* repsies PSPAD 37,2
corripere PSPAD

REPSINGA *f-ō Tadel* ◊ *rebuke*
• *gs* rispsinga GLGREG 64,5
increpatio GLGREG

REPSON *v-II tadeln* ◊ *to reprove*
• *3sips* (hri)psod GLGREG 64,7
increpare GLGREG

RESKON *v-II sich räuspern* ◊ *to clear one's throat*
• *1sips* rescon GLTRSEM XIV,59
screare GLTRSEM

rest- → **RASTA**

RESTIAN *v-I ruhen* ◊ *to rest*
• *inf* restian H *C* 2136. 4602, restia(n) PSGERN 5,2 [12,12] — *2pimp* restiad H *C*, restiat *M* 4805
• GENB *inf* restan[#] 434
requiescere (PSGERN)

RESTISTALL *(m-a) Ruhestätte* ◊ *resting-place*
• *ns* restistal GLTRSEM X,30
[limen portus *Aeneis 7,598?*] GLTRSEM

retton → **REHT**[1]

RETHI *f-ī Rede* ◊ *speech*
• *ns* réthi GLPRUDF1 96,36
oratio GLPRUDF1

RETHIA *f-jō*, an rethiu standan *Rechenschaft ablegen* ◊ *to render account*
• *ds* rethiu H *CM* 2611

RETHINON *v-II reden, eine Rede halten, Rechenschaft ablegen, sich auseinandersetzen* ◊ *to speak, give a speech, render account, dispute*
• *inf* rethinon H *CM* 1980 — *1sips* rethin*on (abbr)* GLTRSEM XIII,105 — *3sips* réthínod GLPRUDF1 95,38 — *pcps* redinonte⁺ GLEPIST I,797,15 — *pcps dsm* réthinánthémo GLPRUDF1 95,33 — *pcps dp* rethinonden GLPRUDF1⁺ 91,20/21
disputare GLEPIST disserere, perorare GLPRUDF1 dissertare GLPRUDF1⁺ eloqui GLTRSEM loqui GLPRUDF1 GLPRUDF1⁺ rhetoricare GLTRSEM

RETHION *v-II reden* ◊ *to speak*
• *3sipt* rethioda H *C*, rethiode *M* 5211

GIRETHION *v-II darlegen* ◊ *to expound*
• *1pipt* keredoton[bfk+] GLEPIST I,756,30
causari GLEPIST

rethiteros°, rethores, rethueres → **REFTER**

REVA *f-ō/n* uuilde ~ *Wildrebe* ◊ *wild tendril*
• *ns* reua GLTRSEM XVI,6
taminia [uva] (uuilde ~) GLTRSEM

reub# → REOF#

REVOLARI *m-ja Ausbesserer* ◊ *patcher*
• *ns* reuolari GLTRSEM XIV,40
sartor GLTRSEM

REVOLON *v-II ausbessern, flicken* ◊ *to repair, patch*
• *1sips* reuolon GLTRSEM XIV,39
sarcire GLTRSEM

rhúthon → HRŪTHO
riaf⁺ → HRŌPAN

RIBB *(nt-ja) Rippe* ◊ *rib*
• *dp* ribbun GLVERGOX 113,26
costa GLVERGOX

RĪDAN *v-I reiten* ◊ *to ride*
• *3sipt* ra&⁺⁺ʔ HILD 33 — *3pipt* ritun⁺ HILD 6
• *lasten* ◊ *to lie heavily* GENB *3sips* rideð 372

UMBIRĪDAN *v-I umreiten* ◊ *to ride around*
• *3pipt* umbiridun GLVERGOX 113,10/11
lustrare in equis GLVERGOX

rider- → HRĪDRON

RĪDIMANN *m-cons/a Reiter, der Berittene* ◊ *horseman, mounted man*
• *ns* rideman GLTRSEM VII,30
eques GLTRSEM

rido → HRIDO
riestra → RIOSTRA
rietgras → HRIODGRAS
rietsegesna → RIODSEGISNA

GIRĪF *(nt-a) Gebrauch* ◊ *use*
• *dp* geri(u)on GLEVES 54,28
usus GLEVES

rig → RIKK

GIRIG *nt-ja Kette* ◊ *chain*
• *ns* gerig GLTRSEM XI,10
murena GLTRSEM

UNDARRIGGIAN *v-I einfassen, säumen* ◊ *to border, hem*
• *pcpt ap* vnderrigte REGHERF 48, vnderrigte (*abbr*) 48 (2), vnderrigte (*abbr*) 48 (2). 49

RIGILSTAF *m-a/i Maßstab* ◊ *standard*
• *ns* rigilstap⁺ GLSPET 87,5 ‖
norma GLSPET

RIGON *v-II ineinander schlingen* ◊ *to entwine*
• *pcpt dp* girigeton⁺ (*abbr*) GLSPET 84,34/35 ‖
pcpt sutilis GLSPET

rihch-⁺ → RĪK-
riht# → REHT¹, REHT²

RIHTI *f-ī Regel* ◊ *rule*
• *ns* ríhti GLPRUDF1 95,21
regula GLPRUDF1

RIHTIAN *v-I aufrichten, herrichten, regieren, leiten* ◊ *to set up, order, rule, guide*
• *inf* rihtian H *C*, rihtien *M* 627 — *inf d* rihtianne H *C*, rihtiene *M* 5128 — *3pipt* rihtun H *C* 5532 HILD 4 — *pcpt* girihtid GLEVES 59,39/40
regere GLEVES

ARIHTIAN *v-I errichten* ◊ *to erect*
• *inf* arihtean H *C*, arihtien *M* 5076 — *pcpt* arihtid H *CM* 4278

GIRIHTIAN *v-I lehren* ◊ *to teach*
• *2simp* girihti H *C*, gerihti *M* 1595

RIHTUNGA *f-ō Regel, Richtschnur* ◊ *standard, rule*
• *ds* hríhtúngú GLPRUDF1 92,31 — *as* rihtúnga GLPRUDF1 103,8
norma, regula GLPRUDF1

rich-⁺ → RĪK-

RĪKI¹ *adj-ja/jō mächtig, herrschend, reich* ◊ *powerful, ruling, rich*
• *nsm* riki GEN 198 H *CM* 627. 3095. 3554. 3749. 3808. 4452. *C* 63. 5759, rikeo *CM* 1595. 1688. 2314. 4051 (riki *C*). 4278 (rikio *M*). 5253 (riko *C*). *C* 4714, riceo (ri *ras*) *C* 3 — *gsm* rikeas H *C*, rikes *M* 339, rikies *C* 5905, riken 5545 — *dsm* rikiumu H *M*, rikeo° *C* 940, rikiun *M*, rikeon *C* 108, rikeon *CM* 3347 — *asm* rikean H *M* 548 (rikkian *C*, rikiene *S*). 1961. 5103, rikeon *CM* 1980. 2611. 2668 (rikion *C*) — *npm* rikeon H *M*, rikun *C* 3904 — *gp* rikioro H *M*, rikeoro *C*, ríkero *V* 1321 — *sup ns* rikiost H *M*, rikeost *C* 1249, rikeost *CM* 4606. 4745, rikeost *M*, rikiost *C* 2089. 2577, rikeost *M*, rikost *C* 1138. 1334 (rikiost *M*, ríkeost *V*). 1993 (rikeast *M*). 2901. 4380. *C* 5630 — *sup asnt* rikiost H *M*, rikost *C* 404

RĪKI² *m-ja (?) Herrscher* ◊ *ruler*
• *ds* rikea H *M*, rikie *C* 1894

RĪKI³ *nt-ja Herrschaft, Regierungsgewalt, Macht, Reich, Königreich, Volk, Land* ◊ *rule, reign, power, realm, kingdom, nation, land* → **SODOMARĪKI** *nom prop*
o[140] *ns* riki H *CM*; ríki *V* 1302 GLEVES 54,14 — *gs* rikeas, rikies H *CM*; rikies *S* 560, ríkeas *V* 1320, rikes *CM* 3828. *C* 4142 — *ds* rikea GEN 149 H *PM*, rikie, rikea *C*, ríkea *V*; rikia *M* 1308. 1309 (*V*). 1344, rikie *S* 716, *M* 4248. 4641 (rike *C*) PSLUB 114,9, rike H *C* 5398, rikea (e<i) *M* 716, rikie (lande *ras*) *C* 2593, riche[+] HILD 48 — *as* riki H *CM*; ríki *V* 1306 — *gp* rikeo H *C* 54
• GENB *ns* rice[#] 434 — *gs* ríces[#] 372, rices 360 — *ds* rice[#] 254. 410. 512. 545 — *as* ríce[#] 424, 749, rice[#] 289. 397
regio PSLUB regnum GLEVES

RĪKIDŌM *m/nt-a Macht, Habgier* ◊ *power, greed (for wealth)*
• *ds* rikidóma GLPRUDF1 100,27/28 — *as* rikidom H *M*, rikiduo° *C* 3804
ambitus GLPRUDF1

RIKK *m/nt-ja Querstange (zum Aufreihen von Ware)* ◊ *bar (used to string goods)*
• *ns* rig (r<*corr*) GLTRSEM X,100 (x GIRIG?)
massa GLTRSEM

RĪKLĪK *adj königlich, ertragreich* ◊ *royal, productive*
• *asnt* richlicha[+] GLEPIST I,787,18 — *dp* rihchlichen[+] GLPRUDF1[+] 93,4
dis GLPRUDF1[+] regalis GLEPIST

RĪKLĪKO *adv mit großem Aufwand* ◊ *sumptuously*
• richilicho[+] GLTRSEM XI,114
opipare GLTRSEM

RINDA *f-ō Rinde* ◊ *rind*
• *ds* rinda GLVERGOX 113,27 — *as* rinda GLSPET 77,22 ‖
liber GLSPET robur sectum GLVERGOX

rind-[+] → HRĪTH-
ring- → **HRING-**

RINK *m-a Mann, Krieger* ◊ *man, warrior*
• *ns* rink H *CM* 3095, rinc *C* 2202 — *as* rink H *M*, rinc *C* 3226 — *np* rincos H *CM*, rinkos *V* 1309. 1311. 1321 (rinkos *C*), rincos *CM* 1273. 2668. *C* 5545. 5779, rinkos *M*, rincos *C* 4142. 5062 — *gp* rinco H *CM* 226. *C* 5759, rinko *M*, rinco *C* 2758. 5103 — *dp* rinkun H *M*, rincon *C* 4452 — *ap* rinkos H *M*, rincos *C* 728. 2721
• GENB *np* rincas 286

RINNA *f(-n) Wassertränke* ◊ *drinking trough*
• *ns* rinna URBWERDF 263,12

RINNAN *v-3 rinnen, fließen, laufen, eilen* ◊ *to run, flow, rush, curd*
• *3sips* [rin]níd GLPRUDF1 92,14 — *pcps* [*irnandi>] rinnandi H *M*, rinandi *C* 3918 — *3sipt* ran H *C* 5538 — *3pipt* runnu° H *C* 5896 — *pcpt* girúnnán GLPRUDF1 101,27 — *pcpt apnt* girvnnunon GLPRUDF1[+] 89,21
currere, transcurrere GLPRUDF1 *pcpt* coagulum GLPRUDF1[+]

GIRINNAN *v-3 gerinnen* ◊ *to curdle*
• *3sips* gerinn& GLPRUDBR II,572,13
coire GLPRUDBR

OVARRINNAN *v-3 entrinnen* ◊ *to escape*
• *pcpt* ouerrunnen GLVERGOX 112,4
evadere GLVERGOX

TISAMNEGIRINNAN *v-1 zusammenkleben, eng verbinden* ◊ *to stick together*
• *3sipt* zisamenegiran$^+$ GLSPET 81,28/29
conglutinare GLSPET

UPPRINNAN *v-3, hervorwachsen, aufgehen* ◊ *to spring, appear*
• *3sipt* ufran$^+$ PSWIT 84,12 — *pcpt* uprannen (a<d) PSLUB 111,4
exoriri PSLUB oriri PSWIT

rint-$^+$ → HRĪTH-

RIODSEGISNA *f(-ō) Rodesense* ◊ *cultivating scythe*
• *ns* rietsegesna GLTRSEM VII,98
falcastrum GLTRSEM

riof$^+$ → HRŌPAN

RIOMO *m-n Riemen* ◊ *strap*
• *ap* reomon H *M*, riemon *C* 940

RIOSTRA *f-ō Streichbrett (am Pflug)* ◊ *moldboard (of a plough)*
• *ap* riestra GLVERGOX 110,1
auris GLVERGOX

RĪPI *adj-ja/jō reif* ◊ *ripe*
• *npm* ripia H *C* 2566

RĪPON *v-II reifen* ◊ *to ripen*
• *pcpt* geripod H *CM* 2593

rise → HRĪS

RĪSAN *v-1 aufstehen* ◊ *to get up*
• *3sipt* res H *CM* 4504

ARĪSAN *v-1 aufstehen, auferstehen* ◊ *to get up, arise (from death)*

• *inf* arisan H *C* 2202 — *3pips* arisad H *M*, arisat *C* 4051 — *1sops* arise H *CM* 3168 — *3sipt* ares H *CM* 5080 (aras *C*). 5175. *C* 4714. 5779, aræs (æ<a) *C* 2250. 4103 (*corr.?*, ares *M*)

GIRĪSAN *v-1 gehören, + d sich gehören für* ◊ *to belong, + d to be proper for*
• *1sips* girisu H *CM* 826 — *3sips* girisid H *M*, gerisid *P*, girisit *C* 975

RĪSIL *nt-a Schleier* ◊ *veil*
• *ns* risil GLPRUDF1 93,31 — *ap* risil GLPRUDF1 94,2
flammeum, flammeolum GLPRUDF1

risle → HRĪSIL
rispsinga → REPSINGA
ristila → WRISTILA
riterunga$^+$ → HRĪDRUNGA
ritun$^+$ → RĪDAN
rithe → REHT^2
riua$^+$ → HREUWA
riuliko → HRIULĪKO

GIRIUMI *nt-ja Sandale* ◊ *sandal*
• *np* girumi GLSPET 80,21 ‖
sandalium GLSPET

rizon$^+$ → WRITTON

RÔD *adj rot* ◊ *red*
• *gsnt* rodes H *C* 5497 — *as(nt)* rot GLPB1 I,320,1 — *apnt* roth GLPB1 I,334,28
furvus, pellis [rubricata] (~ loschi) GLPB1

RŌDA *f-n Messlatte, Kreuzesstamm, Rute (Maß von 120 Einheiten)* ◊ *measuring-rod, rood, a measure of 120 units*
• *ns* ruoda *C*, ruodu *Sp* LEXSAX 14, rouda°$^?$ GLSPET 86,29 ‖ — *ds* ruodun H *C* 5732
arundo, pertica GLSPET

RODAL *(nt-a) Schriftrolle* ◊ *scroll*
• *ns* rothal GLMARF III,716,45
tomus GLMARF

rodhelande → ROTHLAND

RÔDLĀKA (?) *f-ō/n Kreuzkraut (?), Floh-Knöterich (?)* ◊ *groundsel (?), redshank (?)*
• *ns* rotlacha⁺ GLTR40 V,42,12
senecio GLTR40

rodo *mlat* → **ROTH**
rodorstolas# → **RADURSTŌL**

RŌF *adj stark* ◊ *strong*
• *nsm* ruob H *C* 5398
• GENB *np* rofe# 286

rofu⁺ → **HRŌPAN**

ROGGO *m-n Roggen* ◊ *rye*
o¹⁸⁹ *ns* roggo CH 1090/2, rogko GLTRSEM XXI,43, rocke GLTR40 V,48,17 — *gs* roggon URBWERDA 37,21 REGFREK *K* 24,20. *M* 24,9, rockon *M*, rokkon *KM*, rock*on* (*abbr*) *M* 26,17. 27,35. 29,3. 30,5
secale GLTR40 GLTRSEM siligo (roggo subtilis) CH 1090/2

RŌIAPENNING *m-a Ruderpfennig* ◊ *money for the crew*
• *np* rogepennincge (*abbr*) REGHERF 50

RÔK *m-i Rauch* ◊ *smoke*
• *gs* rokos GEN 313
• GENB *ap* récas# 325

RÔKAG *adj rauchig* ◊ *smoky*
• *npm* rókagún (k<g) GLPRUDF1 94,39
fuliginosus GLPRUDF1

RÔKFAT *nt-a Weihrauchgefäß, Räuchergefäß* ◊ *censer, box for incense*
• *ns* rocfat GLVERGOX 113,20 — *dp* rocfatun H *M* rokfaton *C* 108
acerra, arca turis, arcula turaria, turibulum, vas turis GLVERGOX

RÔKHŪS *nt-a Rauchabzug* ◊ *smoke outlet*
• *ns* rochus GLMARF III,722,7, rouhhus⁺ GLSPET 87,3 ‖
impluvium GLMARF tholus GLSPET

RÔKIAN *v-I* (+ umbi + g) *sich kümmern um, Rücksicht nehmen auf* ◊ *to look after, to show consideration for*
• *2sips* ruokis H *C* 5366 — *2pimp* rokead (e *add*) H *M*, ruokeat *C* 1541

ROKK *m-a Rock* ◊ *robe* → **HROKK**
• *as* roc CH 1015-36/7/25 — *ap mlat* (?) rokkos CH 853-887, *mlat* roccones (14) REGHERF 48. 49

rokk- → **ROGGO**

ROKKO *m-n Spinnrocken* ◊ *distaff*
• *ns* rocco GLMARF III,718,28
colus GLMARF

RŌMANISK *adj römisch* ◊ *Roman*
• *dsm* romaníscon GLPRUDF1 101,14
Quirinalis GLPRUDF1

RŌMANOLIUDI *m-i p Römer* ◊ *Romans*
• *dp* romanoliudeon H *C* 54

RŌMIAN *v-I* + te *streben nach* ◊ *to strive for*
• *2pimp* rumeat H *M* 1554

RŌMON *v-II* + *g/+* te *streben nach* ◊ *to strive for*
• *2sips* rᵘomes GEN 198 — *3sips* ruomuod H *C* 3904 — *2pimp* romod H *M*, ruomot *C* 1688. *C* 1554 — *3pipt* romodun H *M* 3904
• GENB *inf* rómigan 360#*

BIRÔPIAN *v-I zerraufen* ◊ *to ruffle*
• *pcpt npm* beropta GLEVELT 47,11/12
pcpt sparsus capillis GLEVELT

RÔRDUMBIL *(m-a) Rohrdommel* ◊ *bittern*
• *ns* roridumbil (*abbr*) GLTRSEM VI,2
o? crocodillus GLTRSEM

ros- → **HROSS-**

ROSOLI (ROSALĪN ?) *adj-ja/jō rosenfarbig* ◊ *rose-coloured*
• *ns* (? *lat asf*) rósoli GLPRUDF1 102,42
russeolus, roseus GLPRUDF1

rost

ROST *m-a Rost (Eisenoxid)* ◊ *rust*
• *ns* rost GLSPET 86,23 ‖ GLMARF III,721,29 — *ds* roste H *CM* 1644
erugo GLSPET rubigo GLMARF GLTRSEM

RÔST *(m-a) Rost (Bratengitter)* ◊ *gridiron*
• *ns* rost GLSPET 82,19 GLTRSEM XIV,11
craticula GLSPET

RÔSTĪSARN *nt-a Bratrost* ◊ *grill*
• *np* rostisarn GLTRSEM VII,133
frigilarium [frixorium] GLTRSEM

AROSTON/ARUSTIAN *v-II rosten* ◊ *to rust*
• *3sips* errostet⁺⁽ GLSPET 78,34 ‖
eruginare GLSPET

RÔSTUNGA *f-ō Röstung* ◊ *grilling, roasting*
• *ns* rostunga GLSPET 81,3
frixura GLSPET

rot → HROT, HRŌT, RÔD
rotlacha⁺ → RÔDLĀKA (?)

ROTON *v-II zerfressen werden* ◊ *to rot*
• *3sips* rotot H *C*, rotat *M* 1644

róttagón, rottogon → HROTTAG

ROTH *nt-a Rodung* ◊ *clearing*
• *ns* roth GLSPET 83,22 — *a(?)s* roth URBWERDF 283,1
• *mlat as* rothum (3) CARTWERD 14 (*a.* 799). 15 (2, *a.* 799) — *abls* rodo CARTWERD 23 (*a.* 801), rotho TRADCORB 240/439
[s]arta GLSPET

roth → RÔD
rothal → RODAL

ROTHIRSTEDI *f-i gerodetes Waldgebiet* ◊ *grubbed woodland*
• *ds* rotherstidiu GLLAM 67,15
saltus GLLAM

ROTHLAND *nt-a Rodeland, Neubruch* ◊ *cleared land, land brough under cultivation for the first time*

ruggīn

• *ds* rothelande URBWERDF 282,26, rodhelande 282,27 — *dp* rothelanden URBWERDF 279,13
novale URBWERDF

RÔVA *f-ō Kriegsbeute* ◊ *spoils*
• *as* rauba⁺ HILD 57

rouda°⁽ → RÔDA

RÔVERI *m-ja Räuber* ◊ *robber*
• *ns* rouere GLMARF III,716,31
praedo GLMARF

rouhhus⁺ → RÔKHŪS

GIRÔVI *nt-ja Kleidung* ◊ *clothing*
• *as* giroƀi H *C* 5545

rouca → HRŌKA

RÔVON *v-II (+ a pers, g rei) (jmdm etw) rauben* ◊ *to rob (sb of sth)*
• *1sips* rouuon GLTRSEM VI,100 — *3pipt* rouodun H *C* 5497
despoliare GLTRSEM

BIRÔVON *v-II + a pers, g rei jmdn einer Sache berauben* ◊ *to deprive sb of sth*
• *pcpt npm* berobode H *M*, berouuoda *C* 2139

ruaman⁺ → HRŌMIAN
ruaz⁺ → HRŌT
ruden⁺ → HRŪTHO

RUDTHIO *m-j-n Jagdhund, Hetzhund* ◊ *hunting dog, hound*
• *ns* ruthio GLTRSEM XVI,87, rutho GLMARF III,721,38, ruthe 718,53
molossus GLMARF GLTRSEM

ruge → RŪHIA
rugge- → HRUGGI-

RUGGĪN *adj aus Roggen gemacht* ◊ *made of rye*
• *gsnt* rukkinas REGFREK *M* 40,33. 43,8,13

RŪHI *f-ī Struppigkeit* ◊ *shagginess*
• *ds* ruuui GLPRUDF1⁺ 90,16 lanugo GLPRUDF1⁺

RŪHIA *f-jō/j-n Decke, grobes Tuch* ◊ *blanket, frieze*
• *ns* ruge GLVERGOX 111,36, hruge 111,37 villa, villosa GLVERGOX

RŪHILING *m-a Filzpantoffel* ◊ *felt slipper*
• *ap* ruhilingos RADB *(mlat?)* calceamentum RADB

FORARUKKIAN *v-I sich auszeichnen* ◊ *to stand out*
• *1sips* forarukun GLTRSEM VII,61 excellere GLTRSEM

rukkinas → RUGGĪN

RŪM¹ *adj weit* ◊ *spacious*
• GENB *ns* rúm 519

RŪM² *m-a Abstand* ◊ *distance*
• *as* rúm H *C*, rum *M* 4881

rumeat → RŌMIAN

RŪMIAN *v-I frei machen, reinigen, weichen, Platz machen* ◊ *to clear, cleanse, retire, give way*
• *inf* rumien H *M* 896 (ruman *C*). 916 (rumean *C*) — *3sipt* rumda H *C*, rumde *M* 3749 — *3pipt* rumdun GLVERGOX 113,28. 114,23/24 cedere, spatium dare GLVERGOX

RŪMO *adv* (+ *d*/fan) *fort (von)* ◊ *away (from)*
• rumo H *CM* 3741 — *comp* rumor H *C*, rumur *M* 2384
• *ohne Einschränkungen, leichten Herzens* ◊ *without restrictions, lightheartedly* GENB rúme# 561. 673

GIRŪMO *adv (?) erleichtert* ◊ *in relief*
• GENB gerúme 759 *(adj?)*

rumphusla⁺? → HRUMPUSLO

RŪNA *f-ō (vertrauliche) Beratung, (geheime) Besprechung* ◊ *(confidential) meeting, (secret) council*
• *ds* runu H *CM* 1273. *C* 1311. 4138 — *as/p* runa H *CM* 3226. 5062 — *dp* runun H *CM* 2721 (-n<-m *C*, runon *M*). 3095. *M* 1311 (rúnon *V*). 4138, runon *C* 5751

runḡ° → PUNGO

GIRŪNI *nt-ja Geheimnis* ◊ *secret*
• *as* giruni H *C*, geruni *M* 1595. 2437. 4603. *C* 3

RŪNIZARI⁺ *m-ja Flüsterer* ◊ *whisperer*
• *ns* runizari⁺ GLSPET 78,31 detractor, susurro GLSPET

RŪNIZZUNGA⁺ *f-ō Flüstern* ◊ *whispering*
• *ns* runizunga⁺ GLSPET 77,2 ‖ oris parvissimus sonus, susurratio GLSPET

GIRUNNITHA *f-ō geronnene Flüssigkeit* ◊ *coagulated liquid*
• *np* girunnida⁺ GLSPET 85,35 concretum, coagulum GLSPET

RŪNON *v-II flüstern* ◊ *to whisper*
• *3pipt* ruonodun GLEVES 55,11/12 in aurem loqui GLEVES

TŌRŪNON *v-II zuflüstern* ◊ *to whisper to*
• *pcpt nsnt* tuohrunoda GLEVES 49,15

RUNZA⁺ *f(-n) Runzel* ◊ *wrinkle*
• *ns* runza⁺ GLTRSEM II,34. V,130 °corrugo, ruga GLTRSEM

RUNZILO⁺ *m-n Runzel* ◊ *wrinkle*
• *ns* runcilo⁺ GLSPET 82,21 rimula GLSPET

RUNZON⁺ *v-II runzeln* ◊ *to wrinkle*
• *1sips* runzon⁺ GLTRSEM V,130 corrugare GLTRSEM

GIRUNZON⁺ *v-II runzeln* ◊ *to wrinkle*
• *1sips* grunzun⁺ GLTR40 V,48,11 caperare GLTR40

ruob → RŌF
ruoda → RŌDA
ruochta⁺ʔ → WRŌGIAN
ruokis → RŌKIAN
ruom- → RŌMON
ruonodun → RŪNON
ruot → HRŌT

RŪPA *(f-n) Raupe ◊ caterpillar*
• *ns* rupe GLMARF III,721,26
eruca GLMARF

rura → HRŌRA

RUSLI *m-ja (Portion) Schweineschmalz, Speckbauch ◊ (a portion of) lard, potbelly*
• *as* hrúsli GLPRUDF1 95,32 — *n/ap* ruslos REGFREK *M* 41,33
arvina GLPRUDF1

RŪST *(m-a) Rost ◊ rust*
• *ds* (*ns ?*) rust GLPRUDP 62,3
sordes (rubigo ?) GLPRUDP

ru(t)gr(a)s → HRIODGRAS
ruthe, ruthio, rutho → RUDTHIO
rutho⁺ → HRŪTHO
ruuui → RŪHI
ruzz-⁺ → HRŪT-

S

sa → SŌ
sab⁺ʔ → SAP

SABAN⁺ *m-a Leinentuch, Umhang aus Musselin ◊ linen cloth, muslin cape*
• *ns* saban⁺ GLSPET 75, 27‖. 82,16. 87,14
anaboladium, linteolum, sabanum, sindon GLSPET

SAD *adj satt, gesättigt ◊ satiated, full*
• *np* sada H *C*, sade *M* 2060. 2862. 2866

SĀD *nt-a Saat ◊ seed*
• *ns* sád H *C*, sad *M* 2442

SADULBOGO *m-n Sattelbogen ◊ saddle-bow*
• *ns* sadelboge GLTR40 V,48,9
carpella GLTR40

SADULERI *m-ja Sattler ◊ saddler*
• *ds* sadulerie GLLAM 67,23
Canaparius (Iohannes) GLLAM (× conopeum? × cannabula?)

SADULHROSS *nt-a satteltragendes Pferd, Sattelpferd (linkes Pferd im Gespann) ◊ saddled horse, leader (left horse in a team)*
• *ns* sadalros⁺ʔ GLTRSEM XVIII,13
sellarius GLTRSEM

ANDSADULON *v-II absatteln ◊ to unsaddle*
• *3sipt* insadolota⁺ (2.o<a) GLADM718 77,8 — *pcpt* antsadulot GLTRSEM VI,87
desternere GLADM718 GLTRSEM

sǽ# → SÊ(U)
sælða(#) → SELITHA

SÆPPE# *(?) f-n Fichte ◊ spruce fir*
• *ns* sepis (= sepi s[axonice]?) GLPB1 I,429,2 (*lat* saepes? sepes?)
abies GLPB1

SĀFTO *adv leicht ◊ easily*
• *comp* saftor H *C*, saftur *M* 3301

SAGA¹ *f-ō/n Säge ◊ saw — cf* SEGA
• *ns* saga GLHARD IV,279,62
serra GLHARD

SAGA² *f-ō Erzählung, Behauptung ◊ story, statement*
• GENB *gp* sagona 535

sag(a)[d] → SEGON

ANDSAGEN⁺ *v-III sich lossagen* ◊ *to renounce*
• *1sips* æntsagon⁺ GLTRSEM II,112
ablegare GLTRSEM

FARSAGEN⁺ *v-III für ungültig erklären* ◊ *to annul*
• *1sips* farsagon⁺ (o<a) GLTRSEM II,65
abrogare GLTRSEM

GISAGEN⁺ *v-III faste ~ bestätigen* ◊ *to confirm*
• *1sips* gesagon⁺ GLTRSEM II,111
allegare (faste ~) GLTRSEM

sages⁺, sagetun⁺ → SEGGIAN

FARSAGON *v-II verweigern* ◊ *to deny*
• *1sipt* uarsaguda GLPB2 I,297,23
abnuere GLPB2

SAHAR *m/nt-a Riedgras, Schilf, Röhricht* ◊ *reed-grass, reed bank, bed of sedge*
• *ns* sahar GLTRSEM VIII,39. XIII,68, segcar V,20 (x SEHI?)
carectum, carex, papyrio GLTRSEM

SAHARAHI *nt-ja Riedgras* ◊ *reed-grass*
• *ns* saherai GLSPET 77,17
carex GLSPET

SAHS *nt-a Messer, Steinmeißel (?)* ◊ *knife, stone chisel (?)*
• *ns* sahs GLSPET 74,19‖, sax GLTR40 V,48,27 — *ds* sahse GLSPET 80,9‖ — *np* sahs WIDUK I,7
cultellus WIDUK culter GLSPET semispata GLTR40

SĀIAN *v-I säen* ◊ *to sow*
• *inf* saian H *C*, sehan *M* 2389 — *1sips* saiu H *CM* 2582 — *3sips* said H *M*, sait *C* 2586 — *2sipt* saidos (*ms* siados°) H *C* 2550 — *3sipt* saida H *C* 2555 — *3sopt* saidi H *C* 2541

OVARSĀIAN *v-7 übersäen* ◊ *to sow over*
• *3sops* ófarságia GLEVES 50,7 — *3sipt* oƀarseu H *C* 2545
spargere GLEVES

saigdę° → WÊGIAN

SAKA *f-ō Gerichtsverfahren, Fall, Schuld, Straftat, Sache, Ding* ◊ *court case, case, guilt, crime, matter, thing* — ~ biodan *beschuldigen* ◊ *to accuse* — ~ sokian + *d einen Prozess führen gegen* ◊ *to litigate against*
• *gs* saca H *CM* 3317 — *as* saca H *CM*, saka *V* 1318. 1336. *CM* 1521. *C* 5421. 5964 — *gp* sacono H *CM* 1568 (socono *C*). 1617. 2617. 5037, sachon⁺ GLEPIST I,796,9 — *dp* sacun H *M*, sacon *C* 1045 — *ap* saca H *CM* 85. 1009. 1494. 1627. 1715
hoc GLEPIST

SAKAN *v-6 tadeln* ◊ *to rebuke*
• *2simp* sak H *M*, sac *C* 3230

ANDSAKAN *v-6 abstreiten* ◊ *to deny*
• *3sipt* antsuok H *M*, antsuoc *C* 4595

FARSAKAN *v-6 aufgeben, entsagen, abschwören* ◊ *to forsake, renounce, forswear*
• *1sips* farsaku ABRK 2.4.6.10, forsacho ABRPAL 5.7.9 — *2sips* farsakis ABRK 1.3.5.7, forsaⁱchis ABRPAL 4 — *pcpt asm* farsakanan GEN 81 — *pcpt dp* forsekenun GLMERS 70,3
renuntiare GLMERS

SAKK *m-i Sack* ◊ *sack*
• *ap* sekki GLSPET 86,9‖
fiscus GLSPET

SAKKERI *m-ja Scheiterhaufen* ◊ *stake, pyre*
• *as* sáchéri GLPRUDF1 101,29
rogus GLPRUDF1

ANDSAKON *v-II freisprechen* ◊ *to prove not guilty*
• *3sopt* antsakodi GLEVES 53,3
crimen diluens dimitti GLEVES

SAKWALDAND *m-nd (Prozess-)Gegner* ◊ *opponent*
• *as* sacuualdand H *CM* 1469

sal[#] → SÊL
salba[+] → SALVA
salda → SÄLTHA

SALICUS *adj mlat zum Herrenhof gehörig ◊ belonging to the domain*
   o[33] *gsf* salice ROTCORB A/B, salicae XIX,1 — *asf* salicam URBWERDE 210,21 — *ablsf* salica URBWERDE 198,18,19. 212,7

SĀLIG *adj fromm, gesegnet, selig, glücklich ◊ pious, devout, blessed, fortunate*
   o[89] *ns* salig H *CM*; sali *C* 2296, selihc PSLUB 111,1, [s]elig 32,12 — *nsm* saligo GLPRUDF1 102,3 — *asm* saligna H *CM* 587, saligan *C* 468 — *asnt* salig H *CM* 1024. 2172. *C* 5509 — *npm* saliga H *VC*, sáliga *V*, salige *M*; saliga *M* 1940. 2582, saligæ (æ<a/a>e?) 1308 — *dp* saligun H *M*, saligon *C* 3174 — *apm* saligun H *C*, saligon *M* 4390. *C* 3958 — *apnt (as?)* salig H *C* 3477 — *comp asm* saligoron H *M*, saligro° *C* 611
beatus GLPRUDF1 PSLUB

GISĀLIG *adj glückselig ◊ happy*
   • GENB *npm* gesælige[#] 411

SĀLIGLĪK *adj fromm ◊ pious*
   • *asm* saliglican H *M* 468

GISĀLIGLĪK *adj gesegnet ◊ blessed*
   • GENB *apm* gesæliglice[#] 252 (*adv?*)

SĀLIGLĪKO *adv glücklich, herrlich ◊ happily, blissfully*
   • saliglico H *CM* 1169. 2158. *C* 48

SALMO *m-n Salm ◊ salmon*
   • *ns* salmo GLSPET 80,31 ‖ GLTR40 V,47,8 — *as* salmon REGFREK *K* 24,24. *M* 24,13
   o[21] *mlat as* salmonem CH 1090/2 URBWERDC URBWERDE — *gp* salmonum URBWERDE 194,4. 197,14 — *ap* salmones URBWERDD 180,7
esox GLSPET GLTR40

SALMSANG *m-a Psalmengesang ◊ psalmody*
   • *np* s(al)m[s](a)[n]ga[s] PSGERN 6,14 [13,13]
psalmodia (PSGERN)

SALT *nt-a Salz ◊ salt*
   • *ns* salt H *CM* 1363 — *gs* saltes REGFREK *K* 33,21. *M* 33,1. 36,29 — *ds* salte H *CM* 1370 — *ap* salt GLSTR 108,9
sal GLSTR

SALTFAT *nt-a Salzgefäß ◊ salt-cellar*
   • *ns* salzfaz[+] GLTRSEM V,24
catinum GLTRSEM

SĀLTHA *f-ō Glückseligkeit, Segensspruch, Seligpreisung ◊ bliss, benediction, beatitude*
   • *dp* salđon H *C*, saldun *M* 872 — *ap* salđa H *C*, salda *MV* 1327

SALVA *f-ō/-n Salbe ◊ ointment*
   • *ns* salua GLTRSEM XV,7 — *ds* salba[+] GLPRUDBR II,574,1 — *dp* saluum H *C* 5785
smegma GLTRSEM sucus, unguen GLPRUDBR

SALVON *v-II salben ◊ to anoint*
   • *inf* salƀon H *C* 5788

SAMA *adv als ob ◊ as if — ~ so wie wenn ◊ as if — so ~ (so) gleichfalls, ebenso wie, ebenso ◊ likewise, as, just as, as well*
   o[43] samo H *CM*, sama, same *M*; sama *C* 3490 GLEVES 59,9, sáma GLPRUDF1 102,37, samo GEN 292 GLEVES 55,30, some PSLUB 110G
   • GENB sóme 399
quasi GLEVES sicut (sosome) PSLUB ut, sicut (sáma so) GLPRUDF1

SAMAD *adv zusammen ◊ together*
   o[43] samad H *CM*; samod *C* 1165. 1196. 1272. 2681. *CM* 4381, samat *C* 5605, samađ GEN 316, samah° 98, samit GLTRSEM VI,6
   • *ebenfalls ◊ as well* GENB somed[#] 778. 789, sómed[#] 456, somod 242
col- (colluctari) GLTRSEM

samah° → SAMAD

SAMAN *adv zusammen* ◊ *together*
- saman GLPRUDF1 99,24 H *M* 1165. 1196. *C* 510 (somen *S*). 2797. 5481, samen *M* 2964
con- (congredi) GLPRUDF1

samat → SAMAD

SAMBŌK, SAMBŪK *(m-a) Sänfte, Kutsche, Reisewagen, Streitwagen* ◊ *sedan chair, carriage, travelling coach, chariot*
- *ns* samboc GLPRUDBR II,573,19, sambuk GLTRSEM XII,116, s⊦ambuch⁺ XVI,19, sambuoch⁺ VII,64, sambuch⁺⁺ GLMARF III,717,18

basterna GLMARF GLTRSEM clitella GLMARF essedum GLPRUDBR GLTRSEM essedo GLTRSEM pilentum GLMARF GLTRSEM vehiculum gallicum GLPRUDBR

samit → SAMAD

SĀMQUIK *adj halbtot* ◊ *half-dead*
- *npm* samquica H *C* 5803

SAMNANGA *f-ō Konvent* ◊ *convent* — *cf* **SAMNUNGA**
- *ds* samnanga REGFREK *M* 34,1 (s<sm). 35,30. 39,35,38

TISAMNE *adv zusammen, gemeinsam* ◊ *together, in common* — zesamane uallanda duri *Falttür(en)* ◊ *folding door(s)*
- tesamne GLEVELT 46,4 H *CM* 202. 1246. 2132. 2596. 2600. 2636. 2670. 4384. 4901. 4917. *C* 2569. 5912, tesamna GLEVELT 46,22/23 GLEVES 48,7/8 (m *abbr*),18. 59,14, tosamane⁽⁺⁾ HILD 65, zesamane⁺ GLTRSEM XVI,18
con- (coniungere), col- (colligere) GLEVELT GLEVES

TISAMNE-: -GIRENNIAN, -GIRINNAN

TISAMNEBRÄHTI *f-ī Zusammenstellung* ◊ *putting together*
- *ds* tesamnabrahti GLEVELT 46,13

collatio GLEVELT

TISAMNEGIFŌGUNGA *f-ō Zusammenfügung* ◊ *action/fact of binding together*
- *ns* zesamnegefuenga⁺ GLTRSEM VI,52
compago GLTRSEM

SAMNI *f-ī Versammlung* ◊ *circle*
- *as* sámni GLPRUDF1 96,37
corona GLPRUDF1

GISAMNI *nt-ja Versammlung* ◊ *meeting*
- *ns* gesamini GLTRSEM V,122
contio GLTRSEM

SAMNON *v-II sammeln, einsammeln, (sich) versammeln* ◊ *to gather, collect, assemble*
- *inf* samnon H *CM* 611. 1148. 2866. 3017. 3412, samnoian *M*, samnion *C* 4136 — *2pimp* samnod H *C*, samnod *M* 1642. 1647 — *3sipt* samnoda H *CM* 349 (samnode *C*). 950. 5056, samnoda *C*, samnode *M* 1204. 2090. 2812 — *3pipt* samnodun H *CM* 2903. *C* 3416 — *pcpt* gisamnod H *CM* 96. 791. 2862. 3329 (gisamnot *C*). 4464. 5059. 5131. *C* 2222. 5370. 5750, gisamnod *C*, gesamnod *M* 1219. 1245. 1655. 2734, gisamnot *C* 4015

GISAMNON *v-II zusammenbringen* ◊ *to gather together*
- *2pips* gisamnod H *C*, gesamnod *M* 1651

SAMNUNGA *f-ō Zusammenkunft, Gemeinde, Kirche* ◊ *congregation, communion, church* — *cf* **SAMNANGA**
- *ns* samnunga H *CM* 4199, (samn)unga PSGERN 6,7,13 [13,4,12] — *as* samunga ABRK 17
ecclesia (PSGERN)

samo → SAMA

SĀMO *m-n Samen(korn)* ◊ *seed, grain*
- *ap* samon GLSTR 107,2
semen GLSTR

samod

samod → SAMAD

GISAMWORDON *v-II übereinstimmen* ◊ *to agree*
 • *inf* gisomuuord*on* (*abbr*) GLPRUDP 62,12
conspirare GLPRUDP

SAMWURDI *nt-ja Übereinkunft* ◊ *agreement*
 • *as/p* samuuurdi (*3. u add*) H *C* 5546

SAMWURDIG *adj einmütig* ◊ *unanimous*
 • *ns* samuurdîg GLEVES 51,3
(consentire) GLEVES

SĀN *adv alsbald, sogleich, sofort, bereits, überhaupt, (also) nun* ◊ *immediately, soon, at once, already, at all, (well) now* — hu ~ so *so bald wie* ◊ *as soon as*
 o[110] san GEN 125. 272 GLEVES 53,20 H *PCM*; sán *L* 5867 GLEVES 51,32, sań 50,17, soń H *S* 676, son 517. 552. 699 GLMERS 71,11
cito, mox GLEVES denuo GLMERS quia tunc (hu ~ so) GLEVES

SĀNA *adv sogleich, gleichzeitig* ◊ *immediately, at once*
 • sana H *M*, sane *C* 1256. 2951, sano *M* 2939 (sane *C*). *CM* 4804
 • GENB sóna 429

SAND *(nt-)a Sand, Ufer* ◊ *sand, bank, shore*
 • *ns* sand H *CM* 1821, sant GLHARD IV,253,13 — *ds* sande H *CM* 1176. 1723. 1819. 2795
 • GENB *ds* sande 242
sabulum GLHARD

SANG *m-a Gesang* ◊ *song*
 • *as* sang H *CM* 414 — *gp* sango H *CM* 3709

SANCTE *adj + nom prop Sankt(a)* ◊ *Saint*
 • *asm* sancte (*abbr*) H *CM* 3069 — *asf* sancta[#] (*abbr*) H *C fol.* 11r (*marg C* 250)

SAP *(nt-a) Pflanzensaft* ◊ *sap*

-sedla

 • *ns* sab[+?] GLTRSEM XV,43
suber GLTRSEM

sar[#] → SÊR[1]
saragmuod → SÊRAGMŌD

SARK *m(-i) Sarg* ◊ *coffin*
 • *ns* sárc GLPRUDF1 102,11, sarc GLMARF III,716,47
aedicula GLPRUDF1 sarcophagus, tumba GLMARF

saron° → SWĀRO

SARROKK *(m-a) Militärmantel, Amtsgewand* ◊ *military cloak, robe*
 • *ns* sarroch[+?] GLMARF III,722,32
paludamentum, sarrochium GLMARF

SARU *nt-wa Rüstung, Waffenausrüstung* ◊ *armour, war-gear*
 • *ap* saro HILD 4
 • *Geschick, Ränkespiel* ◊ *skill, trick* GENB *as* searo[#] 632

sastigosto° → HÊSTIG

SAU *(nt-wa) Saft* ◊ *sap*
 • *ds* sóá GLPRUDF1 92,5
sucus GLPRUDF1

saum- *mlat* → SÔM-
sawle[#] → SÊOLA
sax → SAHS
se → HÊ, SIU, IT, SŌ
se[#] → THE[1], THAT[2], THIU
sea → HÊ, SIU, IT
sean → SEHAN
searo[#] → SARU
seban° → SWEVAN
sebo → SEVO
sebo° → SELF
sebun → SIVUN

SEDAL → SETHAL, SEDAL

GESEDLA[#] *m-n Beisitzer* ◊ *assessor*
 • GLWERDC *ns* gised[la][#] 359
consessor GLWERDC

AFSEFFIAN *v-6 feststellen, bemerken, erkennen* ◊ *to notice, realize, recognize*
 • *3sipt* afsõf (*neum*) H *M*, afsuof *C* 298
 — *3pipt* afsobun H *M*, afsuoḃun *C* 3642. *C* 5777, afsuobun *M* 206

ANDSEFFIAN *v-6 erkennen* ◊ *to recognize*
 • *3pipt* ansuobun H *C* 206

BISEFFIAN *v-6 vorsehen* ◊ *to designate*
 • *3sops* biseffe GLMERS 72,4
constituere GLMERS

SÊFTI *adj-ja/jō besänftigt* ◊ *soothed*
 • GENB *nsm* sefte[#] 433 (SÊFT[#] *adv comp?*)

SEGA *f-ō/n Säge* ◊ *saw* — *cf* SAGA
 • *ns* sega GLTRSEM XIV,62
serra GLTRSEM

SEGAL *(nt)-a + m-a Segel, Segeltuch* ◊ *sail, canvas*
 • *ns* segal GLTR40 V,47,30 — *as/p* segel H *C* 2238 — *np* segela GLSPET 86,27 ‖
artemo GLTR40 carbasus, velum GLSPET

SEGALAHTI *adj-ja/jō aus Segeltuch bestehend* ◊ *made of canvas*
 • *ns* segelahti GLSPET 85,17 ‖
carbaseus GLSPET

SEGALGARD *m-a Rah* ◊ *(sail) yard*
 • *ns* segelgerd GLVERGOX 112,7
antemna GLVERGOX

SEGALLAKAN *nt-a Segeltuch* ◊ *canvas*
 • *ds* selgallákana° GLPRUDF1 99,2
carbasus GLPRUDF1

SEGALRŌDA *f-n Rah* ◊ *(sail) yard*
 • *np* sechilrodun GLMAGD
antemna GLMAGD

SEGALSÊL *nt-a Segeltau* ◊ *rope*
 • *ds* segalsela GLPRUDF1 99,1
rudens GLPRUDF1

segelot → SÊGILÔD

SEGG *m-i Mann, Gefährte, Reisegefährte* ◊ *man, companion*
 • *ns* segg H *C* 5460 — *np* seggi H *CMS* 678 — *gp* seggeo H *CM* 1029. 2097 (seggio *C*), seggio GEN 129 — *dp* seggiun H *M*, seggean *C* 909

SEGGIAN *v-III + -I sagen, erzählen, sprechen, (be)nennen, bekannt machen, verkündigen* ◊ *to say, tell, speak, name, make known, preach*
 o[319] *inf* seggian, seggean H *CM*, seggian LS; seggean (*stil*) *M* 1801, seggean (2.e<i?) *C* 1389, seggen HILD 1 — *inf d* seggennea H *M* 1838 — *1sips* seggiu H *C*, seggiu, seggio, seggeo *M*; seggio *C* 4346 — *2sips* sagis H *CM* 3019. 5090 (segis *M*). *C* 3951 — *3sips* sagad H *M*, sagit H *C* 1861. 3043. 3045. 4418. *C* 5331, ságíd GLPRUDF1 102,28, sagat GEN 51 — *2pips* seggiad H *M*, seggient *C* 4540 — *3pips* seggiat GEN 182 — *2sops* sages[+] (s-<g-) HILD 12 — *3sops* seggie H *C* 1521 — *2simp* saga H *M*, sagi *C* 605 (saga: d/h *ras M*). 922. 3226. 3812. 3855 — *2pimp* seggead H *M*, seggeat *C* 1938 — *1sipt* sagda H *CM* 2442. 2452 — *2sipt* sagdas H *C* 5574 — *3sipt* sagda H *PLVC*, sagda, sagde *M*; sagda (g *add*) *C* 4230, sagdæ (æ<a?) *M* 4849, sagde *S* 494. 701, segde 581 — *2pipt* sagdun GLEVES 58,29 — *3pipt* sagdun GEN 281. 290 H *CM*, sagetun[+] HILD 12. 42 — *3sopt* sagdi H *CM* 129. *C* 5556 — *3popt* sagdin H *CM* 3166. *C* 5882 — *pcpt apf* gisagda H *VC*, gesagda (g<l) *M* 1327
 • GENB *inf* secgan[#] 438. 611 — *1sips* secge[#] 553 — *2sips* sægst[#] 570 — *3sips* sægeð[#] 682 — *2simp* sæge[#] 617 — *3sipt* sægde[#] 652. 680. 707. 725 — *3pipt* sædon[#] 238
vocare GLPRUDF1

BISEGGIAN *v(-III)-I aussagen* ◊ *to give evidence*
 • *3sops* biseggea H *M* 1521

GISEGGIAN *v-III* + *-I sagen, erzählen, mitteilen, bekennen,* + *a rei,* + *an* + *a pers jmdn einer Sache beschuldigen* ◊ *to say, tell, inform, admit,* + *a rei,* + *an* + *a pers to accuse sb for sth*
• *inf* giseggian H C, giseggean M 565 (giseggian S). 2077 (geseggean M), giseggian CM 4108. 4988. M 4302 (*2.i add*), giseggean CM 185. 189 — *inf d* giseggianne H CM 5065, giseggeanne C 1838 — *3sops* giseggie H C, geseggea M 3390 — *3sipt* gisadda (*1.*d>g) GEN 218 — *3pipt* gisagdun (*abbr*) GEN 285 — *3sopt* gisagdi H CM 5085 — *3popt* gesagdin H M, gisahdin C 2305

WITHARSEGGIAN *v-III widersprechen* ◊ *to contradict*
• *3sopt* uuidersagdi H M 3859

SÊGIAN *v-I zum Versinken bringen (Sonne)* ◊ *to cause to sink (sun)*
• *pcpt* gisegid H C 5713

SÊGILÔD *(nt-a) Senkblei* ◊ *plumb-line*
• *ns* segelot GLMARF III,718,45
perpendiculum GLMARF

SEGIN *m/nt-a Schleppnetz* ◊ *dragnet*
• *ds* segina GLEVES 50,25
sagena GLEVES

SEGINA *f-ō Schleppnetz* ◊ *dragnet*
• *as* segina H CM 2629

SEGISNA *f(-ō) Sense* ◊ *scythe*
• *ns* segisna GLSTR 107,36, segesna GLSPET 87,20 ‖ GLTRSEM VII,116, sesne GLMARF V,58,8
falx GLMARF GLSPET GLSTR GLTRSEM

segcar → SAHAR

SÊGNO *adv langgezogen* ◊ *in a long-drawn-out manner*
• ségno GLPRUDF1 95,17
tractim, longatim GLPRUDF1

SEGNON *v-II segnen* ◊ *to bless*

• *3sipt* segnoda H C, segnade M 2042

SEGON *v-II zersägen, abschneiden* ◊ *to saw to pieces, cut off*
• *3sipt* segoda GLPB2 I,298,21 — *pcpt* sag(a)[d] GLMERS 71,15
resecare GLMERS serrare GLPB2

SEH⁺ *nt-a Pflugmesser* ◊ *colter*
• *np* seh⁺ GLSPET 77,4
ligo GLSPET

SEHA *f-ō* + *f-n Pupille* ◊ *pupil (of the eye)*
• *ns* seha GLSPET 85,2,11 ‖ — *as* seha GLSPET 85,34 — *ap* seon GLTRSEM IV,56, siehon IV,56
pupilla GLSPET GLTRSEM pupula, speculum [oculorum] GLSPET

sehan → SĀIAN

SEHAN *v-5* (+ *d refl*) *sehen (auf), (an)schauen,* + *g achten auf, (sich) kümmern um* ◊ *to see, look (at), behold,* + *g to pay attention to, take care of*
• *inf* sehan H CM 1316 (*V*). 1475. 1801. 2195. 2346. 2359 (sean *M*). 2648. 2750. 3280. 3854. 4077. 4133. 4535. 4588. 4968. *C* 2218. 4008. 5605. 5669. 5825 (*L*). 5907, sean GEN 2 — *inf d* sehanne H CM 3128. C 5847 (sehanna *L*) — *1sips* s(ihu) GLGREG 65,24 — *2sips* sihis GLEVES 50,31 — *3pips* sehat H CM 3107 — *2simp* sih H C, seh M 4609. 4766 — *pcps* sende GLABD — *2sipt* sauui H C, sahi M 5158 — *3sipt* sah H CM 1291 (*V*). 3295. 4090. 4990. *C* 2063, (sah) GLGREG 65,7, sae PSLUB 32,13 — *3pipt* sauuun H *C* 5566. 5678. 5792, sahun M 655 (saon *C*). 741 (saun *C*), sauun C, sahun M 2180 (2.u *add C*). C 5810, sahun CM 3822. 4110. 4916 — *3sopt* sauui H C, sahi M 4982 — *3popt* sauuin H C, sahin M 4129, sauuen GEN 304 — *pcpt* giseuuan H C 5457, gisehan C, giseen M 3158
considerare GLEVES videre GLABD GLGREG PSLUB

BISEHAN *v-5 sehen, blicken, + a Dienst tun bei ◊ to look, + a to serve in*
• *inf* bisehan H CM 96 — *3sipt* bisach GEN 330. 334, besah H C 5519

FARSEHAN *v-5 (+ d refl) (an)sehen, erblicken, bedenken ◊ to see, watch, consider*
• *1sips* firsio GLSPET 78,27 — *3sips* farsihit H M 4581 — *3pipt* forsauun H C 5742 — *pcpt* forseuuan H C, forsehen M 189 — *pcpt apf* farseuuana H C 5746
respicere GLSPET

FORTHSEHAN *v-5 heraussehen ◊ to look forth*
• *3sipt* forhtse PSWIT 84,12
prospicere PSWIT

GISEHAN *v-5 (an)sehen, schauen, erblicken, zusehen, erkennen ◊ to see, gaze, look (at), realize*
• *inf* gisehan H CM 426. 472. 888. 995 (P, gisahan$^{o?}$ C). 5093. 5272. M 604. 4973. C 5796. LC 5839. 5867, gisehen C, gesehan M 1357 (gisehan V). 1407. 1701, gisehan C, gisehen M 3577. 3652, gisehan C, gesehen M 3360. 3662 — *1sips* gisiu H MS, gisiho C 557, gisihu HILD 46 — *3sips* gisihid H C 4581, gisihit 2551, gesihit M 5977, gisigiđ PSLUB 32,13 — *2pips* gisehat H C 1739 (gesead M). M 4538 — *1sops* gísíahá GLPRUDF1 102,12 — *2sops* gisehes H C, gesehas M 1704 — *3sops* gisehe GLVERGOX 114,4 — *2pops* gisehan H C, gisean M 4333. C 4538 — *1sipt* gisah GLEVES 53,12 H CM 485, gesah M 2063 — *3sipt* gisah H CM 113. 474. 476. 967 (P). 1130 (gesah M). 1245 (gisa M). 2315. 2943. 3683 (gesah M). 3760. 4405. 4497. 5145. C 5608. 5900. 5919, gisach GEN 164, gisha 270 — *1pipt* gisahun H CM 599. 601 — *2pipt* gisahun H CM 1014 — *3pipt* gisauuun H C 4120 (gisahun M), gisauun 5708, :gisaun M 2597 (s- ras M, gisahun C), gisahun CM 390. 394 (giséun S). 660 (gisahon C). 737. 749. 2738. 2919. 3161. 4192. 4808. C 35.

643. 2217. 5295 — *1sopt* gisauui H C, gisauue P, gisahi M 1001, gisahi C 5926 — *3sopt* gisauui H CM 2311. 5009 (gisahi M). C 5943 — *1popt* gisauuin H C 604 — *3popt* gisauuin H CM 594 (au ras C). 3637 (gisahin M). C 5373, gisahin M 634
• GENB *inf* geseon$^{\#}$ 566. 600. 611. 666. 674 — *1sips* geseo$^{\#}$ 657. 669 — *2sips* gesyhst$^{\#}$ 792 — *1sipt* geseah$^{\#}$ 375. 536. 539. 820 — *3sipt* geseah$^{\#}$ 547. 772 — *3pipt* gesawon 783 — *2sopt* gesawe$^{\#}$ 830
respicere PSLUB videre GLPRUDF1 GLVERGOX

OVARSEHAN *v-5 blicken über ◊ to see over*
• *inf* obarsehan H C, obarsehan M 1097

UPPSEHAN *v-5 in die Höhe sehen ◊ to look up*
• *3sipt* upsah GLPRUDF1 101,13
suspicere GLPRUDF1

SEHI *m/nt-ja (?) Segge, Seetang (?) ◊ sedge, seaweed (?)*
• *dp* seón GLPRUDF1 94,33
alga, herba marina GLPRUDF1

SEHO *m-n Pupille ◊ pupil (of the eye)*
• *ns* séo GLPRUDF1 95,9, sio^{bfk} GLPRUDBR II,573,52
pupa, pupula GLPRUDBR pupilla GLPRUDBR GLPRUDF1

SEHS *num indecl/-i sechs ◊ six*
o^{55} *n/a* sehs REGFREK K, ses M — *nnt* sehsi H CM 2037, sesse (*n/a*) REGFREK M 33,1 — *df* sehs H C 4199

SEHSTEHAN *num sechzehn ◊ sixteen*
o^{20} sehstein REGFREK K 33,23, sestein K 24,25. M

SEHSTIG *num sechzig ◊ sixty*
• sehstic HILD 50

SEHSTO *num der sechste ◊ sixth*
• *nnt* sehsta H C 48

SEHSTOHALF *num fünfeinhalb* ◊ *five and a half*
• sehstahalf REGFREK *K* 33,28, sestahalf *M* 29,19. 33,9

SEIDA⁺⁷ *f(-n) Sehne* ◊ *sinew*
• *ns* sid⁺a⁺⁷ GLTRSEM XI,54
nervus GLTRSEM

seipha⁺ → SÊPA
secan# → SŌKIAN
secgan# → SEGGIAN
sechilrodun → SEGALRŌDA

SEKKIL *m-a Säckchen, Geldbeutel* ◊ *pouch, purse*
• *ns* [s]ekkil GLSPET 86,16‖, sechil⁺⁷ GLTRSEM VII,141 — *ds* sékíla GLPRUDF1 100,21 — *as* seckil GLSPET 81,19 — *dp* sekilon GLSPET 86,8‖
crumina, loculus GLSPET marsupium GLPRUDF1 GLTRSEM sacculus GLSPET

SÊL *(nt-a) Seil, Schlinge* ◊ *rope, loop*
• *dp* selun H *CM* 2313
• GENB *ns* sal# 372. 378

[s]elah → SELH
selb → SELF
selƀo° → SEVO
selbom° → SELFBÔM
seld- → SELITHA

SELDAN *adj beispiellos* ◊ *unprecedented*
• *dsf* seltaneru⁺ GLEVES 54,5
inauditus GLEVES

SELDLÎK *adj wundersam, ungewöhnlich* ◊ *wondrous, strange*
• *ns* seldlic H *CM* 3128 — *gsnt* seldlikes H *CM* 3158. *C* 5457 — *ns/pnt* seldlic H *C* 5878 — *as/pnt* 5678. 5872 (*l.* 1 *add*). 5907

sele → SÊOLA
selecho⁺ → SILIKO

SELF *pron, adj selbst, der/die/das selbe, eben dieser/diese/dieses, gleich* ◊ *himself/herself/itself, self, same* — *g pron* + selƀes/selƀoro *eigen* ◊ *own* — *so self adv ebenso* ◊ *as well* — en endi the seluo *ein und derselbe* ◊ *one and the same*
o⁵⁹⁶ *ns* self GLEVES 58,1 H *VCMS*; selb *M* 1248. 1285 — *nsm* selƀo GEN 31, selƀo 10. 69. 80. 158. 182, selƀó 249, selƀo H *PLVC*, selƀo, selbo *C*, selƀo *LM*; seluo BENW 12 H *M* 639, selbo (bo<lo/u) 4598, selua *S* 522, s[elua] PSLUB 32,9, seƀo° H *C* 214, sulve CONFPAL 362,5,7. 363,32 — *nsf* selƀo, selƀo H *C*, selbo *M* — *gsm* selƀas GEN 277, selƀes, selƀes, selbes H *C*, selƀes *M*; selues *S* 377. *M* 3615, selƀes *M* 4970, selues PSWIT 84,10, [s](e)l[ues] PSGERN 7,9 [14,4], selvas (*stil*) GLGREG 65,5 — *gsf* selƀaru H *M*, selƀaro *C* 2988 — *dsm/nt* selbumu, selƀon H *M*, selƀon, selƀon, selbon *C*; seluomo, seluon REGFREK *KM*, seluamo *M*, selƀun GEN 165, selƀun 51 H *M* 418, selƀem°⁷ *C* 2843, sulven CONFPAL 363,27 — *dsf* selƀun H *C*, selƀun *M* 400, selƀon *M* 5979 — *asm* selƀan, selƀon, selƀan, selƀon H *C*, selƀon *M*; selƀan *P* 990, selƀan *M* 139 (selƀa° *C*). 472. 1048. 2290. *C* 3390. 5930, seluon CONFES 17,12 REGFREK *K* 31,35. *M* 31,14 H *M* 754. 1717, selƀun 888. 2920 — *asnt* selƀa H *C*, selua *V*, selbe *M* 1306, selua GLEVES 51,33 PSLUB 33,4 — *asf* selƀun H *C*, selƀun *M*, seluan *S* 517 — *npm/f* self LEO, selƀon H *VC*, selƀon *C*, selƀon *M*; seluon *M* 652 (selƀan *C*). 688, selƀun 428, selƀon *C* 2917. 4540, selƀo° 3648, seluon GLGREG 64,17/18 — *gp* selƀoro H *M*, selƀaro *C* 877 (seƀaro° *C*). 880 (selƀan°⁷ *C*). 884 (selƀaro *M*). 1139 (selƀoro *C*), 1940, selƀoro *M*, selƀaro *C* 1318 (l *add C*, selƀaro *V*). 1944, selƀero *C* 5593, selƀaro (l *add*) GEN 2 — *dp* selƀon H *C*, selƀon *M* 1045. 1568 (*np?*), selƀon *C* 3830, seluon GLEVES 52,10 — *apm* selƀon H *C*, selƀon *M* 1617. 3406, seluun GLEVES 59,16 — *apnt* selƀun H *C*, selƀon *M* 4800

• *adv* self H *CM* 117. 1589. 1594 1911. 1972. 2134. 2257. 2357, selu *C* 78
• *pron, adj* GENB *nsm* self 535. 800, sélf 458, sylf# 556. 667, selfa# 459

(ap?). 553, sylfa# 341. 390. 514 — nsf self 611, selfa# 570 — gsm selfes# 566, 842 — dsm selfum# 587, sylfum# 258 — asm sylfne# 438. 499 — np selfe# 769 — gp sylfra# 792
ipse GLEVES PSLUB PSWIT isdem GLEVES -met GLEVES

SELFBÔM *m-a Baumstamm* ◊ *tree-trunk*
• *ns* selbom° GLTRSEM XIV,96
stipes GLTRSEM

SELFFŪHTITHA *f-ō natürliche Feuchtigkeit* ◊ *natural humidity*
• *ns* selffuhtitha GLPRUDF1 97,5
uligo GLPRUDF1

SELFHÊD *(f)-i Person* ◊ *person*
• *gp* selfedia GLMERS 71,15
persona GLMERS

SELFKURI *m-i die eigene Wahl* ◊ *the own choice*
• *as* selfku(r)i PSGERN 11,2 [15,21]
arbitrium (PSGERN)

SELFSKAFT *f-i Schöpfung durch Gott selbst* ◊ *creation by God himself*
• GENB *f-ō gs* selfsceafte#* 523

SELFSKOT *(nt-a) Wurfmaschine* ◊ *catapult*
→ **SÊLSKOT**
• *dp* selfscotun, selfsotvn GLMAGD
tormentum GLMAGD

SELFWĀGI *f-ī Eigenbewegung* ◊ *self-motion*
• *d(?)s* selfuuagi GLEVES 59,5/6 — *as* selfuuagi GLEVES 59,4
motio, motus GLEVES

selgallákana° → **SEGALLAKAN**

SELH *m-a Seehund* ◊ *seal*
• *ns* [s]elah GLVERGOX 110,16
phoca, animal marinum GLVERGOX

SELI *m-i Haus, Halle, Saal, Gutshof* ◊ *house, hall, room, manor*

• *ds* seli H *CM* 549 (séli *S*). 2326. 3019 — *as* seli H *CM* 1407. 2305. 2313. 3069. 4555. *C* 2569. 5315

SÊLIAN *v-I binden* ◊ *to bind*
• GENB *pcpt* gesæled# 765

ANDSÊLIAN *v-I losbinden* ◊ *to untie*
• *3sips* antselid GLEVES 55,32
solvere GLEVES

selih⁺ → SÊULIK
selihc → **SĀLIG**

SELIHŌVA *f-ō Salhufe* ◊ *hide belonging to the domain*
• *ns* selihoua CARTWERD 16 (*a*. 799, *mlat?*) URBWERDA 40,1 CH 889 — *np* selehoua, selehŏua CH 1068²
• *mlat gs* seliohouę° CH 889 — *as* selihouam (seli *add*) URBWERDA 20,18
dominicatus mansus CH 1068

SELIHŪS *nt-a Gebäude* ◊ *building*
• *as* selihus H *CM* 1819

SELILAND *nt-a Salland* ◊ *land belonging to the domain*
• *ns* seliland URBWERDA 16,1,2, selilant URBWERDF 279,1 — *gs* selilandis URBWERDF 273,10 — *ds* selilande URBWERDA 18,24 URBWERDF 277,3, selilant 275,6 — *as* seliland DIPL 973/2
dominicatus mansus URBWERDF

SELITHA *f-wō Haus, Wohnung, Wohnstätte, Unterkunft* ◊ *house, home, dwelling, lodging*
• *ds* selithu PSLUB 32,14, seldo H *M* 643 — *as/p* seliđa GEN 277 — *gp* seliđa GEN 255. 287 — *dp* selithon H *C* 1988 (seldon *M*). 4233 (selidun *M*), séliđun *S*, selđon *C*, seldon *M* 678. 720, selđon *C*, seldun *M* 909. *C* 643, seldon *C* 2097 (selđon *M*). 2150 (seldun *M*), selidon GEN 27 — *ap* selitha H *C*, selida *M* 2825, selida *M*, selda *C* 2106. 2123
• GENB *ap* sælđa⁽#⁾ 785
habitaculum PSLUB

SELLIAN *v-I geben, bezahlen, verkaufen, preisgeben* ◊ *to give, pay, sell, betray*
• *inf* sellian H C, sellien M 4481 — *2pips* selliad H M, selliat C 3832 — *3pipt* saldun H C 5882 — *pcpt* gisald H CM 4807. 5148. C 5785. 5857 (L)

FAR**SELLIAN** *v-I verkaufen, ausliefern, übertragen* ◊ *to sell, hand over, assign*
• *1sips* uersele GLMARF IV,178,11 — *3sips* far[selid] GLEVES 57,4 (?) — *3popt* fer[saldin] GLGREG 63,9 (?) — *pcpt dp* forsaldun GLMERS 70,2
delegare GLMARF distrahere GLMERS tradere GLEVES venditor esse GLGREG

GI**SELLIAN** *v-I bezahlen, verkaufen, preisgeben, ausliefern* ◊ *to pay, sell, betray, hand over*
• *inf* gisellian H C, gisellien M 4578 — *3pipt* gisaldun H C 5354 — *1popt* gisaldin H CM 2835

GISELLIO *m-j-n Gefährte* ◊ *companion*
• *np* gisellon$^{+?}$ GLTRSEM XV,17
sodalis GLTRSEM

SELMO *m-n Bett* ◊ *bed*
• *ds* selmon H C 4007

SELSKEPI *m/nt-i Gemeinschaft* ◊ *fraternity*
• *ns* sélscípi GLPRUDF1 97,17
sodalitas GLPRUDF1

SÊLSKOT *(nt-a) Wurfmaschine* ◊ *catapult*
→ **SELFSKOT**
• *ns* silscot GLMARF III,716,68
ballista GLMARF

seltaneru^{+} → SELDAN
selu → SELF

SELVIA *f-jō/j-n Salbei* ◊ *sage*
• *ns* seluia GLTR40 V,43,42
lilifagus GLTR40

SÊM *(m-a) Honigseim* ◊ *honey*
• *ds* seme GLPRUDF1^{+} 89,22
nectar GLPRUDF1^{+}

SEMITH *(nt-a) Binse* ◊ *rush*
• *ns* sémih° GLPRUDBR II,573,31
alga, herba marina GLPRUDBR

SEMITHAHI *nt-ja Röhricht* ◊ *reed bank*
• *ap* semithai GLVERGOX 110,19
carectum GLVERGOX

semmathei° → SKEMITHA
sena → SINUWA

SENĀDRA *f(-ō) Arterie* ◊ *artery*
• *ns* senadra GLSPET 80,17 ‖
arteria GLSPET

SENAP *(m-a) Senf* ◊ *mustard*
• *ns* sinaf^{+} GLSPET 83,13
sinapi GLSPET

sende → SEHAN

SENDIAN *v-I senden* ◊ *to send*
• *inf* sendian H C 4707, sendean CM 122. 247. 1873, sendien M, sundean° C 3615 — *2simp* sendi H CM 3367 — *1sipt* sende H M, sanda C 4540 — *2sipt* sendes H M, sandos C 4095 — *3sipt* senda H CM 1042 (sanda C). C 5296, sendt(e)/sendt(i) (*stil*) GLGREG 63,18 — *3pipt* sendun H C 5315 — *3sopt* sendi H CM 214. 242 (sandi C), sandi M, sendi C 3390. 4888, sandi C 2214, sendi°$^{?}$ GEN 138 — *3popt* sendin H C 3966 — *pcpt* gisendid C 3187. 5127. C 5701
• GENB *3sips* sendeð$^{\#}$ 556, sent$^{\#}$ 515 — *3sops* sende 546 — *3sipt* sende 520
mittere GLGREG

AND**SENDIAN** *v-I aussenden, schicken* ◊ *to send, dispatch*
• GENB *3sipt* onsende$^{\#}$ 541. 672

seneuuon → SINUWA

BI**SENGIAN** *v-I anbrennen* ◊ *to burn*
• *pcpt nsm* bisancter^{+} (*abbr*) GLSPET 80,28 ‖

SENKIAN *v-I zum Sinken bringen* ◊ *to cause to sink*

senkian

• *3sipt* sencta GLEVES 50,36 in profundum trahere GLEVES

BISENKIAN *v-I versenken* ◊ *to sink* → BISINKON
• *inf* bisenkian GEN 186 — *3pipt* bisenkidun H *C* 3357

senkiphatu → SKENKIFAT
séo → SEHO
seo[#] → THE[1], THAT[2], THIU, WESAN
seo- → SÊU-
seoc → SIOK

SÊOLA *f-ō + f-n Seele, Leben(skraft)* ◊ *soul, life, vigour*
• *ns* seola GEN 49. 144 H *C* 2808 (seole *M*). 3301 (siole *M*). 4060 (siola *M*). *C* 5428. 5692. 5701, siale PSLUB 114,7, sele 33,3, [s]ele 32,20, siele CONFPAL 362,12 — *gs* seolun H *CM* 1906. 1911 (seolon *M*) — *ds* sialun PSGERN 10,1 [14,18] — *as* seola H *C*, seole *M* 3538. *C* 2536, seola *C*, siole *M* 3353. 3357, siale PSWIT 85,2,4 (2). PSLUB 114,4,8, sele 29,4, [s]ia(l)[un] PSGERN 8,1 [14,5] — *np* seolun H *C*, seolon *M* 3832 — *gp* seolono H *CM* 2083. 4659 (seoluno *C*) — *ap* seola H *CM* 1864. 1866 (seolun *M*), sele PSLUB 32,19, selon (*stil*) GLGREG 63,16
• GENB *as* sawle[#] 607 — *dp* saulum[#] 397
anima GLGREG (PSGERN) PSLUB PSWIT

seon → SEHA
seón → SEHI

SÊPA *f(-n) Seife, Harz* ◊ *soap, resin*
• *ns* sepe GLMARF III,717,13, seipha[+] GLTRSEM XIV,27, sciffa° (= seiffa[+]) GLSPET 79,14 ‖
resina GLSPET sapo, sapona GLTRSEM smegma GLMARF

sepis → SÆPPE[#] (?)

SÊR[1] *adj schmerzlich, kummervoll, traurig, leidend* ◊ *painful, grievous, sad, afflicted*

sesteri

• *ns* ser H *CM* 1357 (sér *V*). 3178. 3291. 4588. 4671. 4771. *C* 4727. 5435 — *apm* sera CONFES 16,27 — *comp nsf* serora H *C*, serara *M* 747
• GENB *ns* sar[#] 425

SÊR[2] *nt-a Schmerz, Kummer* ◊ *pain, sorrow*
• *ns* ser GEN 96 H *CM* 4994 — *as* ser H *C* 5593

SÊRAG *adj traurig, betrübt* ◊ *sad, sorrowful*
• *ns* serag GEN 88 H *C*, sereg *M* 3690. *C* 5612 — *npf* seraga GLEVES 58,26 H *C* 4015
mente consternatus GLEVES

SÊRAGMÔD *adj kummervoll, trauernd, besorgt* ◊ *sorrowful, mournful, worried*
• *ns* seragmod H *M*, seragmuod *C* 822. 1114 (saragmuod *C*). 4068. *C* 5912

SÊRAGO *adv traurig* ◊ *sadly*
• serago H *C* 4716

FARSERIAN *v-I verschließen, absperren* ◊ *to close, lock up*
• *pcpt* fors(e)rit GLMARF III,721,57
pcpt repagulum GLMARF

SÊRIAN *v-I versehren, verwunden* ◊ *to wound*
• *pcpt* giserit H *C*, gisenit° *M* 2273. *C* 5579

SÊRO *adv schmerzlich, bitterlich, sehr* ◊ *grievously, bitterly, sorely*
• sero GEN 326 H *CM* 4624. *C* 5916. 5921 — *comp* seror H *C*, serur *M* 5010

serscufla° → SKERMSKÛFLA
sesne → SEGISNA
sesse → SEHS
ses(s)pilon → SISUSPELO
sestahalf → SEHSTOHALF
sestein → SEHSTEHAN

SESTERI *m(-ja) Sechter, Sester (Hohlmaß)* ◊ *(a dry measure)*
• *ns* suster REGES 21,14 — *n/ap* sostra REGES 21,4

GISETITHA *f-ō Vorschrift, Verordnung* ◊ *regulation, decree*
• *ns* gisétitha GLPRUDF1 97,30 — *as* gisetitha GLEVES 50,1
scitum GLPRUDF1 traditio GLEVES

setla[#] → SETHAL, SEDAL

SETTIAN *v-I (ein)setzen, aufsetzen, sich setzen* ◊ *to put, set, sit down, place, compose*
• *inf* settian H *C* 33. 1407 (settean *M*). 2848 (settien *M*), settean *C* 5501 GEN 72 (*1.t add*) — *3sips* sezid⁺ PSWIT 84,14 — *1sops* sette PSGERN 10,19 [15,14] — *3sipt* satta H *C*, sette *M* 4500. *C* 64
• *bilden* ◊ *to form* GENB *3sipt* sette 312 — *pcpt* gesétt[#] 252
ponere (PSGERN) PSWIT

ASETTIAN *v-I (auf)setzen* ◊ *to set*
• GENB *3sipt* asette 444

FARSETTIAN *v-I zum Pfand setzen* ◊ *to give as a pledge*
• *1sips* farsezon GLTRSEM XI,111
oppignerare GLTRSEM

GISETTIAN *v-I (ein)setzen* ◊ *to set, place, establish*
• *3sipt* gisetta GEN 137 H *CM* 1082 — *3pipt* gisettun H *CM* 3353
• *besiedeln* ◊ *to settle, plant* GENB *inf* gesettan[#] 396 — *inf d* gesettanne[#] 364 — *3sipt* gesette 463

NITHARSETTIAN *v-I niedersetzen* ◊ *to set down*
• *pcpt dsnt* nithergisettemo GLVERGOX 114,14
reponere GLVERGOX

TISETTIAN *v-I preisgeben* ◊ *to abandon*
• *3sipt* zisazza⁺ GLSPET 84,17 ‖
destituere GLSPET

SETHAL, SEDAL *m/nt-a Ruheplatz, Sitzen* ◊ *resting-place, sitting* — te sedle gangan, hnigan, sigan, skridan, giwitan, an sedle werđan, in ~ gan *untergehen (Sonne)* ◊ *to set (sun)*
• *ds* sedle H *CM* 2820. 2909. 4233. 4502. *C* 3423, sedle *C* 5713, sedla GEN 268 — *as* sethal GLPRUDF1⁽⁺⁾ 91,25 — *gp* sethlo CONFES 17,3
• *Sitz, Wohnsitz* ◊ *seat, abode* GENB *(nt-a) gp* setla[#] 411
obire (in ~ gan) GLPRUDF1⁽⁺⁾

SÊ(U) *m-wa See, Meer, Fluten* ◊ *sea, lake, waters*
• *ns* seo H *M*, seu *C* 4315. *C* 2243 — *gs* seuues H *C*, sees *M* 1157. 1370. *M* 1821 — *ds* seuua H *CM* 2257, seuua *M*, seuue *C* 759. 1174. 1179. *C* 2250, seuue *C*, see *M* 2920. 2930. 2954. 2974 — *as* seo H *CM* 1152 (se *M*). 2629. 2922. 3201. 3210, seo *M*, seu *C* 2897. 2906, seuuu GLPRUDP 63,16 (*lat p*)
• GENB *(m/f-i) as* sǽ[#] 830
fretum GLPRUDP

SEVINBÔM *m-a Sadebaum* ◊ *savine*
• *ns* siuebom GLMARF III,719,16 — *a(?)s* siuenbom GLHARD III,605,6
sabina [herba] GLHARD GLMARF

SÊULIK *adj am Meer gelegen* ◊ *situated near the sea*
• *ns* selih⁺ GLSPET 79,16 ‖
maritimus GLSPET

SÊULĪTHANDIO *m(pcps)-j-n subst Seefahrer* ◊ *sailor, mariner*
• *np* sęolidante HILD 42 — *ap* seolithandiun H *C*, seolidandean *M* 2909

SEVO *m-n Herz, Geist, Gemüt, Gemütszustand, Inneres* ◊ *heart, mind, spirit, soul, mood*
• *ns* sebo H *C*, sebo *M* 608. 2917 (seƀo *C*), selƀo° *C* 5916, sebo *CM* 4571. *C* 5966 — *ds* sebon H *C*, sebon *M* 293, sebon *CM* 3295. *C* 5790 — *as* sebon H *C*, sebon *M* 468. 4041 (suebon° *M*), seƀon *C*, sebon *M* 2447. 2687. 4264, sebon *CM* 1897

SÊUSTRÔM *m-a Meeresflut* ◊ *sea-stream*
• *as* seostrom H *CM* 2947

SÊUŪTHIA *f-jōn Meereswoge* ◊ *sea-wave*
• *np* seouthion H *C* 1821

sezid⁺ → SETTIAN
shnoren → SNŌR
sholach → SOLAG
shom → SÔM²
si → HÊ, SIU, IT, WESAN
sia → HÊ, SIU, IT

SIBBI *adj-ja/jō blutsverwandt* ◊ *related by blood*
• *dsm* sippan⁺ HILD 31

SIBBIA *f-jō Verwandtschaft, Familie* ◊ *relationship, family*
• *as* sibbia GLEVEs 50,3 — *dp* sibbiun H *M*, sibbean *C* 1494, sibbeon *C* 64. CM 1440
familiaritas GLEVEs

SIBBIO *m-j-n der (Bluts-)Verwandte* ◊ *(blood) relative*
• *ds* síbbíon GLPRUDF1 92,22
consanguineus GLPRUDF1

SĪD *adj weitläufig ausgedehnt* ◊ *spacious*
• GENB *asf* sidan 675

SĪDA *f-ō Seite, Lende* ◊ *side, loins*
• *ds* sidu H *CM* 4873. *C* 5707 (si:du ras) — *dp* sidun H *M*, sidon *C* 152

SIDIG *adj maßvoll* ◊ *moderate*
• *dp* sidigen⁺⁾ GLEPIST I,789,53
modestus GLEPIST

siæ → HÊ, SIU, IT
siak → SIOK
siale → SÊOLA
sibun(-) → SIVUN(-)
sid → SĪTH¹, SĪTH²
siđan → SĪTHON
sid^ʰa⁺⁾ → SEIDA⁺⁾
sidelichen⁺ → SIDULĪK
siđhon → SĪTHON

GISIDLI *nt-ja Zuhause* ◊ *home*
• *as* gisidli H *C*, gesidli *M* 3321

sidogean, sidon → SĪTHON

GISIDON *v-II verursachen* ◊ *to cause*
• *inf* gisidon (g<so) H *M*, gisiđon *C* 822

SIDONI *m-ja Einwohner von Sidon* ◊ *inhabitand of Sidon*
• *gp* sidunio GLEVEs 53,8

sidor → SĪTHOR

SIDU *m-u + -i + -n Sitte, Weise* ◊ *custom, manner*
• *ns* sido H *C* 5689 — *ds* sída GLPRUDF1 102,40 — *as* sidu H *M*, sidon *C* 3102 — *np* sidi H *M* 4964
• *Verhalten* ◊ *behaviour* GENB *as* siodo# 618
sic (te themo sída) GLPRUDF1

SIDULĪK *adj moraltheologisch* ◊ *moral theological*
• *dp* sidelichen⁺ GLSPET 81,1
moralis GLSPET

SIDULÔS *adj sittenlos* ◊ *immoral*
• *nsf* sitelosa⁺ GLSPET 80,28 ‖
sine ritu, ritudulus° (nitidulus) GLSPET

siduuorige → SĪTHWŌRIG
sie → HÊ, SIU, IT
sie# → WESAN
siehon → SEHA
siecon → SIOK
siele → SÊOLA
siene# → SIUN

SIF *(nt-i) Sieb* ◊ *sieve*
• *ns* siph GLTRSEM V,94, sip⁺ GLHARD IV,284,7 — *n/as* sif URBWERDF 285,21
cribellum GLTRSEM cribrum GLHARD

sife → SIVI

SĪGAN *v-1 gehen, ziehen* ◊ *to go, march* — *te sedle ~ untergehen (Sonne)* ◊ *to set (sun)*
• *3sipt* seg H *CM* 2819 (g<i *M*). 3709 (segg *C*) — *3pipt* sigun H *CM* 4811

sigende → **SĪHAN**

SIGIDROHTIN *m-a siegreicher Herr, Gott ◊ victorious Lord*
- *ns* sigidrohtin GEN 175 H *CM* 1575. 4093. *C* 3744.
- GENB *as* sigedrihten 523. 778

SIGILÔS *adj besiegt ◊ defeated*
- GENB *ap* sigelease# 312

SIGIMINTA (?), **SIMINTA** *f-n Katzenminze ◊ catmint*
- *ns* siminta GLTR40 V,43,7
nepeta GLTR40

SIGINDRI *m-ja Küster ◊ verger*
- *as* sigindri GLSPET 80,17(‖)
secretarius GLSPET

SIGIRISTO *m-n Sigrist, Sakristan (Aufseher über den Kirchenschatz), Küster, Mesner ◊ sexton (custodian of the church treasury), verger*
- *ns* sigiristo GLPRUDF1 99,26, sigaresto GLTRSEM X,80
(claustris sacrorum praeesse) GLPRUDF1 mansionarius GLTRSEM

SIGITARI *m/nt-ja Sakristei ◊ sacristy*
- *ns* sigitari+ GLSPET 87,9
sacrarium GLSPET

SIGLIAN *v-I siegeln ◊ to seal*
- *inf* siglian GLEVES 56,5
signare GLEVES

sih+ → **SIK**

SĪHA *f-ō/n Seihe(r), Durchschlag ◊ strainer, sieve*
- *ns* siha GLTRSEM V,115
colum GLTRSEM

SĪHAN *v-1 durchseihen, herausfiltern ◊ to strain, filter out*
- *Isips* sihon GLTRSEM X,16 — *pcps np* sigende GLHARD IV,294,33
excolare GLHARD liquare GLTRSEM

GISIHITHA *f-ō Sehkraft ◊ power of sight*
- GENB *as* gesihðe# 617

GISIHT *f-i Anblick, Schauen, Angesicht ◊ sight, looking, visage*
- *ds* gesihti PSGERN 10,14,16 [15,9,11]
— *gp* gisihtio CONFES 17,1
aspectus, conspectus (PSGERN)

GISIHTIGLĪKO *adv sichtbar ◊ visibly*
- gisihtiglico GLEVES 60,30
visibiliter GLEVES

siith → **SĪTH²**

SIK *pron sich ◊ himself, each other*
- *a* sic GLSMIH 393, sih+ GLEVES 53, 16 HILD 2. 5. 61

SĪKFARH *m/nt Suhlschwein ◊ wallow pig*
- *n/as* sicuarh REGERK 19

SIKILA *f-ō/n Sichel ◊ sickle*
- *ns* sikele GLMARF V,58,8, sichila+ GLSPET 79,30‖. 87,21‖ GLTRSEM VII,117
falcicula GLMARF GLSPET GLTRSEM falx GLSPET

SIKOR *adj (+ g) ungefährdet (durch), frei von ◊ safe (from), free from*
- *ns* sicor H *C*, sikur *M* 3875, sicur *C* 5595 — *asm* sicoran H *CM* 1720. *C* 5477 — *npnt* sicura H *C* 5440 — *apf* sicora H *C*, sikora *M* 4209

SIKORON *v-II + g befreien von ◊ to free from*
- *inf* sicoron H *CM* 892

SILIKO *m-n Seidengewand ◊ garment of silk*
- *ns* selecho+ GLSPET 80,19‖
toga GLSPET

silobar → **SILUVAR**
silofrina → **SILUVRĪN**
silscot → **SÊLSKOT**
silubrinna → **SILUVRĪN**

SILUVAR *nt-a Silber* ◊ *silver*
• *gs* silubres H *C*, silobres *M* 1642, silubres *C* 5785, silueres GLADM718 77,6 — *ds* silubre H *CM* 4578 — *as* silubar H *M*, silufar *C* 1197, silubar *M* 5148 (silubar *C*). 5151 (siluƀar *C*). 5161 (silobar *C*). *C* 5881, siluƀar *C*, silobar *M* 1852
argentum GLADM718

SILUVARSKATT *m-a Silbermünze* ◊ *silver coin*
• *gp* siluƀerscatto H *C*, siluberscatto *M* 2835, siloberscatto *C*, silubarscatto *M* 4488

SILUVARSMITH *m-a Silberschmied* ◊ *silversmith*
• *ns* siluersmith GLMARF III,716,16
argentarius GLMARF

SILUVRĪN *adj silbern* ◊ *silvern*
• *asm* silubrinna H *CM* 3822, silofrina *C* 3416

SIMBLA →SIMLA, SIMBLA

SIMBLON → SIMLUN, SIMBLON, SINNON

SIMINTA → SIGIMINTA (?), SIMINTA

SIMIZ⁺ *(m/nt-a) Sims, Architrav* ◊ *ledge, architrave*
• *ns* simez⁺ GLMARF III,718,48
epistylium GLMARF

SIMIZSTEIN⁺ *m-a Kapitell* ◊ *capital*
• *ns* simizstein⁺ GLMARF III,718,42
capitellum GLMARF

SIMLA, SIMBLA *adv immer, stets, auf jeden Fall, dennoch* ◊ *always, ever, at any rate, nevertheless*
o⁵¹ simla H *CM*, simbla *M*; simle *C* 3353, simlo *V* 1327, simbla *C* 1327
• GENB symle# 472, symble# 316

SIMLUN, SIMBLON, SINNON *adv immer(dar), stets, dennoch)* ◊ *always, (for) ever, nevertheless*

o³⁸ simlun H *MS* PSLUB 33,2. 110G, simblon H *CM* 1254. *C* 77. 740, simlon GEN 137 H *V* 1342. *C* 3958, simnon 4757. 4791, simnen 5754. 5885, sinnon *C*
semper PSLUB

SĪMO *m-n Strick, Fessel* ◊ *rope, fetter(s)*
• *as* simon H *CM* 5166 — *d(s/)p* simon H *C* 5354. 5585. 5659
• GENB *ds/p* símon 765#*

SĪN *pron sein, ihr* ◊ *his, her*
• *ns* sin H *CM* 3832 HILD 9 REGFREK *M* 29,4. 36,1,28,34 — *gsm/nt* sinas H *C*, sines *M* 109. 1320 (sinas *V*), sines *CM* 956. 1022. 2706. 3503. 3901. 5026. *C* 5731. 5901. 5928 CONFPAL 362,21 GLEVES 53,14 PSGERN 7,9 [14,4] — *dsm/nt* sinemu GLPB2 I,296,25, PSLUB 28,11 (2), sinum GEN 41, sinon H *C* 992 (sinum *P*, sinun *M*). 1316 (sínum *V*, sinum *M*). 3197 (sinumu *M*), sinan *C* 177 (sinun *M*) — *dsf* sineru PSLUB 32,14,16,17, sinera H *M*, sinero *C* 786, siner CONFPAL 362,16 — *asm* sinan GEN 212. 243 H *CM* 1128. 1684. 3242, sinen *M* 3303 (sinon *C*) CONFPAL 362,2,13 PSWIT 84,13 — *asnt* sin H *CM* 3830 PSWIT 84,9 PSLUB 114,2 — *asf* sina CONFES 17,22, sine CONFPAL 362,17,20 — *instr* sinu HILD 54 — *npm/f* sina BENW 10 H *C*, sine *M* 3042. *C* 3987 — *gp* sinero (r *ras*) HILD 19 — *dp* sinun H *M*, sinon *C* 839 (sinan *C*). 980 (sinum *P*). 1335 (sínun *V*). 1838 (sinom *M*). 2042. 3120. 3165. *C* 2542. 5401. 5933, sinon CONFES 16, 3, sinan 17,23, sinen CONFPAL 362,16. 363,24 — *apm* sina H *C* 4722, sine PSWIT 84,9,14 — *apnt* sinu PSLUB 111,5 — *apf* sina H *C*, sine *M* 1382
• GENB *gsm* sínes 400 — *dsm* sinum 726 — *asm* sinne 295 — *dp* sinum 545
suus, sua, suum GLPB2 (PSGERN) PSLUB PSWIT eius GLEVES

sin → **WESAN**
sinaf⁺ → SENAP

sind, sindon, sindun → WESAN

SINDAR m/nt-a Sinter, Schlacke ◊ cinder, slag
• ns sinder GLSPET 76,12 ‖
scoria GLSPET

sineuua → SINUWA

SINGAN v-3 singen ◊ to sing
• inf singan H C 33 — 2pimp [s]ingađ PSLUB 29,5 — 1sipt sang CONFES 17,10
psallere PSLUB

SINGRŌNA f-ō/n Immergrün ◊ evergreen
• ns singrone GLMARF III,719,31
bugilon GLMARF

SINHĪWUN nt-n p Ehegatten ◊ married couple
• np sinhiun GEN 98 — dp sinhiun GEN 96 — ap sinhiuuun H C, sinihun M 3594, sinhiun C, siniun M 1035
• GENB np sinhiwan 789, sínhiwan 778

SINK nt-a Schatz, Reichtümer ◊ treasure, riches
• ns sinc H C, :sinc (g ras?) M 1655 — gs sinkes H C, sinkas M 3329 — as sinc H CM 1642. 1675. 4578. C 5882

SINKAN stv 3 sinken, niedersinken ◊ to sink (down)
• inf sinkan H C, sincan M 2922 — 3sips sinkit (k<g) GEN 48 — 3sipt sank H M, sanc C 2947 — 3pipt sunkun GEN 318

BISINKAN v-3 zugrunde gehen ◊ to perish — inn ~ zusammensinken ◊ to fall down
• 3sipt bisank GEN 320 — 3sopt besunki H C 5692

BISINKON v-II versenken ◊ to sink → BISENKIAN
• 3pipt besinkodun H M 3357

SINLĪF nt-a ewiges Leben ◊ eternal life
• ns sinlib H C, sinlif V, sinlib M 1304 — as sinlif H CM 1024. M 1801, sinlib C, sinlib M 1475. 2083 (sinlif M). M 3652

SINLĪVI nt-ja ewiges Leben ◊ eternal life
• as sinlibi H C 3652

SINNAHTI nt-ja ewige Nacht ◊ eternal night
• ns sinnahti H CM 2146

FARSINNAN v-3 + a refl wieder zur Besinnung kommen, sich besinnen ◊ to recover consciousness, recall to one's mind
• 2simp farsinne GLTRSEM XIV,14
recipere GLTRSEM

SINNON → SIMLUN, SIMBLON, SINNON

SINSKÔNI f-ī Glanz (der Ewigkeit) ◊ splendour (of eternity)
• as sinsconi H CM 2359. 2600. 3598. 3637

sint → WESAN

SĪNU interj sieh doch ◊ behold
• sinu H C 5578

SINUWA f-ō + f-n Sehne, Bogensehne, Riemen ◊ sinew, (bow)string, strap
• ns sena GLTRSEM XV,91 — as sineuua GLSPET 85,26 ‖ — ap seneuuon GLSPET 84,25 ‖
nervus GLSPET tenon (thenesa ms) GLTRSEM

SINWELDI nt-ja unermessliche Wildnis ◊ vast wilderness
• ds sinuueldie H C, sinuueldi M 1121

SINWELL adj rund geformt ◊ circular formed
• dpf sinuuuellun GLVERGOX 114,26
lunatus, in modum lunae factus GLVERGOX

sio → SEHO
siodo# → SIDU

SIOK *adj krank, geschwächt, kraftlos* ◊ *sick, ill, weak, feeble*
• *ns* siok H *C* 5753, seoc *C*, siak *M* 2326 — *gsm* siokes H *M*, seokes *C* 4428 — *dsm* siecon H *C* 3976 — *asm* siocan H *C* 2097 (seocan *M*), seocan *CM* 2296, seokan *CM* 2328, seocan *C*, siakon *M* 2319 — *npm* seoka H *M*, seoca *C* 4327 — *gp* seokora H *C* 2222, siakoro CONFES 16,26

siole → SÊOLA
sip⁺, siph → SIF
sipizbrado⁺ → SPITBRĀDO
sippan⁺ → SIBBI
sis → WESAN

SISUGOMO *m-n Pelikan* ◊ *pelican*
• *ns* sisegomo GLSPET 77,19
avis aegyptia, pellicanus GLSPET

SISUMBRA *f Balsamkraut, Minze* ◊ *costmary, mint*
• *ns* sisumbra (*abbr*) GLTR40 V,42,16
balsamita GLTR40

SISUSPELO *m-n Totengesang, Totenklage* ◊ *funeral chant, dirge*
• *np* sespilon GLTRSEM XI,68 — *ap* sesspilon GLPRUDF1⁽⁺⁾ 91,19, sespilon CONFES 17,5
nenia GLPRUDF1⁽⁺⁾ GLTRSEM

sit → SĪTH¹
sitelosa⁺ → SIDULÔS

SITERWURZ⁺ *f-i Schwarzer Nieswurz* ◊ *Christmas rose*
• *ns* siteruurz⁺ (*abbr*, 2.r<*corr*) GLTR40 V,43,9
helleborus niger GLTR40

SITTIAN *v-5 (+ d refl) sitzen, sich befinden, sich setzen, (be)wohnen* ◊ *to sit, be situated, sit down, live, dwell, inhabit*
• *inf* sittian GEN 223. 237 H *C* 5093 (sittien *M*). 5460. 5810, sittean *CM* 807. 819. 1152. 1174. 4381 (sittian *C*), sittean *C*, sittien *M* 549 (sittian *S*). 3313. 3317. 3339. 4555. 4561, sitten HILD 20 — *3sips* sitit H *CM* 228 (ti *corr* < a? *C*). *M* 5976, seteth CONFPAL 362,21, sizid⁺ PSLUB 28,10 — *3pips* sittiad H *M*, sitteat *V* 1312 — *2pops* sittian GLEVES 57,16 — *3pops* sittean H *C* 1312 — *3sipt* sat GEN 260. 282 H *M* 383 (sát *S*). *CM* 716 (*S*). 722. 812. 988 (*P*). 1273. 1286 (sát *V*). 1291 (*V*). 2746. 2853. 3332. 3361 (satt *C*). 4273. 4479 (satt *C*). 5269. *C* 5474, set (?) 3625 — *3pipt* satun H *CM* 1176. 2413. 3548 (*ras M*). 3590. 3611. 3641. 3737. *C* 4015. 5741. 5765. 5779. 5874. 5946, saton *C* 58, satvn GLEVES 57,15 — *pcpt* gisetan H *C*, giseten *M* 3036 — *pcpt npm/f* gisetana GLEVES 51,9. 60,24, gisetana (e<æ) H *C*, gesetana *M* 2825
• GENB *inf* sittan# 438 — *3sips* siteð# 511. 667, síteð# 260 — *1sipt* sæt# 499 — *1pipt* sæton# 411 — *3pipt* sæton# 842 — *pcpt apf* gesetena 785
sedere GLEVES PSLUB locatus esse GLEVES

ASITTIAN *v-5 sich aufsetzen* ◊ *to sit up*
• *3sipt* asat H *C* 2202

AFSITTIAN *v-5 besitzen* ◊ *to possess*
• *inf* afsittean H *V*, ofsittean *C*, ofsittien *M* 1306

ANDSITTIAN *v-5 + d refl fürchten* ◊ *to fear*
• GENB *3pipt* onsæton# 769

BISITTIAN *v-5 belagern, umzingeln* ◊ *to besiege, surround*
• *3pipt* bisittiad H *M*, bisitteat *C* 3694 — *pcpt asm* bisetenne GLLAM 67,6
circumsedere GLLAM

GISITTIAN *v-5 (+ d refl) sich setzen* ◊ *to sit down*
• *inf* gisittian H *C*, gesittien *M* 1250 (gisittean *C*). 4526. *C* 5370 — *3sipt* gisat H *C*, gesat *M* 2961. *C* 5805

UMBIBISITTIAN *v-5 belagern* ◊ *to besiege*
• *pcpt* umbibisetan GLEVES 56,19/20
circumdare GLEVES

UPPSITTIAN *v-5 sich aufsetzen ◊ to sit up*
• *inf* upsitti(an) GLEvEs 55,31
sedere GLEvEs

SĪTH¹ *m-a + -ja Weg, Straße, Lebensweg, Mal ◊ road, path (through life), time* — sithon *adv -mal ◊ times* — an thana ~ faran, an sithie werthan *sich auf den Weg machen ◊ to set off* → ŌTHARSĪTHU
• *gs* sithes H *C*, sides *M* 2954 — *ds* siđa GEN 10, sithe H *C* 369 (siđe *S*, síđa *neum*, đ>ð *M*). 1911 (siđe *M*), siđe *M*, siđe *C* 1880, sithie *C* 5460 — *as* sið GEN 2, sith H *C*, sid *M* 122 (sið *C*). 565 (síð *S*, sit *C*). 637. 712. 1095. 1180. 1585. 1627. 1864 (sið *M*). 1888. 1927. 1944. 2158. 4989. *C* 4007 — *instr* sithu H *C*, sidu *M* 4799. *M* 1076 — *dp* sithon H *C*, sidun *M* 3245. 3251. 3323
• *Reise, Fortbewegung, Vorhaben ◊ journey, moving, undertaking* GENB *gs* siđes 378. 535 — *ds* siđe (e *add*) 319 — *as* sið 499, sið 514. 556. 733. 792 — *instr* síđe 553, siđe 800

SĪTH² *adv seither, künftig, anschließend, damals ◊ since, in future, afterwards, at that time* → SĪTHOR, *cf* SIÞÞAN#
• sid HILD 23(⁺) H *M* 734 (siđ *C*). 3894 (sith *C*), siith *C* 5354

GISĪTH *m-a Gefährte, Gefolgsmann, Anhänger ◊ companion, liegeman, follower*
o¹⁰³ *ns* gisith H *C*, gisid *M* 129. 135. 4970 (gesid *M*) — *ds* gisithe H *C* 534 (gisida *M*, gesiđe *S*). 834 — *np* gisithos H *C*, gesidos, gisidos *M*; gisiđos *L* 5839 (gifithos° *C*), gisídos 5867, gesídos *V* 1280 — *gp* gisitho H *C*, gesido *M* 2815. 4526 — *dp* gisithon H *C*, gesidun, gisidun *M*; gisiđun *M* 2172, gesidon 2290, gisiđon *L* 5833 — *ap* gisithos H *C*, gesidos *M*; gesido *M* 2983

GISĪTHI¹ *m-ja Gefährte ◊ companion*
• *ds* gisidea H *M* 834

GISĪTHI² *nt-ja Gefolge, Menge, Schar, Gesellschaft, Gemeinschaft ◊ retinue, host, crowd, company, companionship*

• *ns* gisithi H *C*, gesidi *M* 2092. 2795. 2853, gisiđi GEN 149, gesidi 126 — *gs* gisithes H *C*, gesides *M* 652 (gisideas *M*). 4977. 4988 (gisithies *C*). *C* 5556 — *ds* gisidea H *M*, gisithie *C* 185 (gisithea *C*). 334 (githa° *C*). 611. 793 (gisithe *C*). 845 (gisithea *C*). 1148. 1169. 1219 (gisidie *M*). 2296 (geside *M*). 2843 (gisidie *M*). *M* 819. 2334. *C* 5616. 5964, gisidia *M*, gisithe *C* 802. *C* 5855 (gesídea *L*) — *as* gisithi H *C*, gesidi *M* 2670. 3724. 3805. *C* 64 — *instr* gisithu H *C* 3709 (gesiđu *M*). 4840 (gesidiu *M*)

SĪTHON *v-II (+ d refl) gehen, (einher)ziehen, wandern, entkommen ◊ to go, roam, wander, escape*
• *inf* sithon H *C*, sidon *M* 425. 1988. 2150 (sithon *M*). 2825. 2897. 2906. 2974. 4111. *C* 5360, sidogean *M*, sithion *C* 594, siđon GEN 175, siđhon 158, siđan 179, sith(o)n (o<u) GLEvEs 54,24 — *3sipt* siđoda GEN 27, sithoda H *C* 3546 (sidodæ *M*). 4824 (sithode, h<o *M*) — *3pipt* sithodun H *C* 5511. 5782, sidhodu*n*n (*abbr*) GEN 249, siđođun 308
fugere GLEvEs

SĪTHOR *adv, conj seither, später, sobald (wie), seitdem, nachdem ◊ afterwards, later, as soon as, once, since (then)*
o⁶⁶ sithor GLEvEs 49,12 (?) H *C*, sidor, sidur *M*; siđor GEN 150 H *S* 507. 559. 581. *M* 1470, síđor *V* 1330, sithor *C* 5426, siđur *S* 571
si GLEvEs (?)

GISĪTHSKEPI *m/nt-i Gefolgschaft, Gemeinschaft ◊ (body of) followers, company*
• *ns* gisihtscepi GLEvEs 51,31 — *ds* gisidscipie H *C*, gesidskepea *M* 1254
coniugium GLEvEs

SIÞÞAN# *adv, conj seitdem, von da an, darauf, obendrein, seit, nachdem ◊ afterwards, from then on, thereupon, in addition, since, after*
• GENB siđðan# *adv* 343. 345. 431. 433. 482. 550. 566, *conj* 613. 698, siþðan# 677

SĪTHWŌRIG *adj müde von der Reise* ◊ *weary from travel*
- *ns* sithuuorig H C 2238 — *npm* sithuuoriga H C, siđuuorige M 660. 670. 678 (sithuuoraga C, siđuuorige S). 698 (siđu[u]orige S)

siu → HĒ, SIU, IT
siue(n)bom → SEVINBÔM
siucandian° → SWĪKAN
siula → SIUWILA

SIUN *f-i Sehvermögen, Auge* ◊ *sight, eye*
- *ns* siun H M 1484 — *ds* siuni H CM 152. 1706 — *np* siuni H CM 1479
- GENB *as* siene[#] 607

GISIUN *f-i Sehvermögen* ◊ *sight* — *cf* GISIUNI
- *as* gesiun H M, giseon C 1710

GISIUNI *nt-ja Anblick, Sehvermögen, Erscheinung* ◊ *look, sight, vision* — *cf* GISIUN
- *gs* gisiunies H CM 3641 — *ds* [gi](siune), [gi]s[iune] PSPAD 37,4 (2) — *np* gisiuni H C 5450. 5878 — *dp* gisiunion H C 5454 — *ap* gisiuni H C, gisioni M 3166. C 5872

facies PSPAD

SIUNWLITI *m-i Sehvermögen* ◊ *sight*
- *ns* siunuuliti H C 1484

SIURIA *f-n Krätzmilbe* ◊ *itch-mite*
- *ns* siura GLTRSEM VIII,71 — *np* surin GLMARF III,721,24

gargara GLMARF GLTRSEM

SIUSIO *m-j-n Spürhund* ◊ *tracker dog*
- *gp* siusiana GLVERGOX *p.* 125

canis GLVERGOX

SIUSO *m-n* (**SIUSA** *f?*) *Jagdhund* ◊ *hunting dog*
- *ns* suisa GLADM718 78,10

molossus GLADM718

SIUWIAN *v-I nähen, durchbohren (?)* ◊ *to sew, pierce (?)*
- *3popt* siuuidin GLSPET 81,3

suere GLSPET

WITHARSIUWIAN *v-I flicken* ◊ *to darn*
- *1sips* uidarsiuui[+] GLSPET 81,27

resarcire GLSPET

SIUWILA *f-ō Ahle* ◊ *awl*
- *ns* siula GLSPET 74,17‖ — *ds* sula GLHARD IV,253,40

subula GLHARD GLSPET

SIUWINGA *f-ō Flickarbeit, Flicken* ◊ *mending, patch*
- *ns* suiuinga GLTRSEM II,23, swinge GLMARF III,718,26

assumentum GLMARF GLTRSEM

SIVI *(nt-i) Sieb* ◊ *sieve*
- *ns* sife GLMARF III,717,64

cribellum, cribrum GLMARF

SIVŌTHOHALF *num sechseinhalb* ◊ *six and a half* — *cf* **SIVUNDO**
- siuothohalf REGFREK M 41,20

SIVUN *num indecl/-i sieben* ◊ *seven*
o[23] *n* siuun URBWERDA 74,4 (2)/23,13, 14 — *n/a* siuon REGFREK KM, siuen M 27,3 — *d* sibun H M 3245 (sebun C). 3251 (siƀun C), sibuniun M, siƀunin C 3249 — *a* siƀun H CS, sibun M 510

SIVUNDO *num der siebte* ◊ *the seventh* — ~ halvo *sechseinhalb* ◊ *six and a half* — *cf* **SIVŌTHOHALF**
- *asm* siuondon REGES 21,19

SIVUNTEHAN *num siebzehn* ◊ *seventeen*
- siuontein REGFREK K 33,36. M 33,19. 35,19,22. 39,33,34

SIVUNTIG *num siebzig* ◊ *seventy*
- *a* siƀontig H C, sibuntig M 3251

siziđ[+] → SITTIAN
scadon → SKATHO

SKADU *m-wa Schatten* ◊ *shadow*
- *ns* scado H C 5626

skaduwian

SKADUWIAN *v-1 überschatten* ◊ *to overshadow*
- *inf* scadoian H C, scadouuan M 279

scaeft# → SKAVATHO
scaer# → SKARA¹
scaf⁺ → SKĀP

SKAFĪSARN *nt-a Schabeisen* ◊ *scraper*
- *ns* scafiseren GLMARF III,718,38
scalprum GLMARF

SKAFT *m-a Schaft, Stange, Spieß* ◊ *shaft, pole, spear*
- *ds* scafte H C 5649, scapht (*ds?*) GLPRUDP 62,5
cuspis GLPRUDP

GISKAFT *f-i Erschaffung, p Bestimmung* ◊ *creation, p decree*
- *ns* giscaft GLEVES 59,3 — *ap* giskefti H M 3692
- *Schöpfung* GENB *as* gesceaft# 675
procreatio GLEVES

scahti → SKEFTI

SKAKAN *v-6 eilen* ◊ *to hasten*
- *3sipt* skoc H M, scuoc C 2707

SKĀLA *f-ō + f-n (Trink-)Schale, Muschelschale* ◊ *(drinking) vessel, shell*
- *ns* scala GLTRSEM V,143 — *ds* scalon H M, scalun C 2044 — *np* scale GLHARD fol. 64r, scalun GLSTR 107,6 — *dp* scalun H M, scalon C 2008. 2740
concha GLSTR cratera GLTRSEM phiala GLHARD

SKALDAN *v-7 staken* ◊ *to punt*
- *inf* scaldan H C, scalden M 2383

SKALDFURKA *f-ō Gabelstange (der Flößer)* ◊ *punting pole (of raftsmen)*
- *ns* scaltfurca GLTRSEM VIII,16
ferrea manus GLTRSEM

SKALK *m-a Knecht, Sklave* ◊ *servant, slave*

skaparêda

- *ns* scalc GEN 169 H CM 939 GLMARF III,716,8,9 (-t°), scolk PSLUB 115,16 — *gs* scalkes PSWIT 85,4 — *as* scalc H CM 482, scalk PSWIT 85,2
servus PSLUB PSWIT conducticius (gemet ~), empticius (copht ~) GLMARF

SKALKIAN *v-1 versklaven* ◊ *to enslave*
- *pcpt as(m)* kiscalcten GLPRUDF1$^{(+)}$ 91,20
pcpt captivus, mancipatus, subditus GLPRUDF1$^{(+)}$

SKALVAR *(m-a?) Scharbe, Kormoran* ◊ *cormorant, coal goose*
- *dp* scaluaron GLMARF III,720,54
mergus GLMARF

SKAMA *f-ō Beschämung* ◊ *shame*
- *ds* scamu H CM 1948 — *as* scama^{bfk} GLEPIST I,761,50
reverentia GLEPIST

SKAMAL *m-a Drehschemel, Drehgestell* ◊ *pivoted bogie*
- *np* scamala GLPB2 I,296,22
umerulus GLPB2

SKAMALÔS *adj schamlos* ◊ *shameless*
- *nsm* scammaloser⁺ (*abbr*) GLTRSEM IX,5
impudens GLTRSEM

scaniosta → SKÔNI¹

SKAP *nt-a Gefäß* ◊ *vessel*
- *np* scapu H CM 2015

SKĀP *nt-a Schaf* ◊ *sheep*
- *ns* scaf⁺ GLTRSEM XVI,54 — *n/as* scap REGFREK K 24,25. 33,23. M 24,15, scáp 29,16. 33,3. 37,19 — *np* sciep GLSTR 106,13
ovis GLSTR vervex GLTRSEM

SKAPARÊDA *f(-ō) Geschirrschrank, Kannenstock, Gestell* ◊ *cupboard, shelf, rack*
- *ns* scaperede GLVERGOX 111,5, scaparaida GLTRSEM IX,46
incitega GLTRSEM toreuma GLVERGOX

scapht → SKAFT
scapilos → SKEPIL

SKAPO *m-n Pfanne* ◊ *pan*
- *ns* scápo GLPRUDF1 96,1 — *np* scápon GLPRUDF1 95,17
sartago GLPRUDF1

G**ISKAPU** *nt-a p Bestimmung, Fügung (der göttlichen Vorsehung), Schöpfung* ◊ *decree, dispensation (of Providence), creature*
- *np* giscapu H *CM* 336. 367. 512 (*S*). 3354. 4284 — *ap* giscapu H *CM* 197 (giscapo *C*). 547 (*S*). 778. 4064
- *Gestalt* ◊ *form, shape* GENB *np* gesceapu# 503 — *ap (np?)* gesceapu# 842

SKAPWARD *m-a Kellermeister* ◊ *cellarman*
- *ap* scapuuardos H *CM* 2033

SKARA¹ *f-ō Pflugschar* ◊ *ploughshare*
- *ns* scare GLMARF III,719,54 — *ap* scára GLHARD IV,283,10
- *Scharbaum* ◊ *share-beam* GLWERDC *m/nt-a ns* sceṛ#, scaer# 358
buris GLWERDC ligo GLHARD vomer GLMARF GLWERDC

SKARA² *f-ō Kriegerschar* ◊ *army*
- *ns* scare GLMARF III,717,2 — *ap* scara GLHARD IV,267,1
legio GLMARF phalanx GLHARD

SKARA³ *f-ō Anteil (am allgemeinen Nutzungsrecht)* ◊ *share (in a right of common)*
- *as/p* scara CARTWERD 8 (*a.* 796), scare URBWERDA 52,6
- *mlat gs* scare (*mlat?*) URBWERDA 53,21 — *np* scarae URBWERDB 109,5,10 — *ap* scaras URBWERDA 12,7,8. 27,16,18(2),20, 22,24. 49,22(2). 53,20 URBWERDB 97,15. 115,21. 116,3 (*del*) URBWERDTRAD 159, 11, scaras URBWERDB 97,15,16 (3), 17, 18 (3), 19 (3), 20. 98,1,2,3

SKĀRA *f(-ō) Schere, Zange* ◊ *shears, scissors, tongs*
- *ns* scara GLSPET 87,17 ‖ GLTRSEM VII,147

forpex GLSPET forfex GLTRSEM

scarapun → SKARP

SKARASAHS *nt-a Schermesser, Rasiermesser* ◊ *razor, shearing knife*
- *ns* scarascah° GLSPET 77,10
novacula GLSPET

SKARD *adj verwundet* ◊ *wounded*
- *ns* scard H *CM* 4880

SKARLEIA *f-ō/n Scharlei, Muskat-Salbei* ◊ *clary sage*
- *ns* sclarega GLTRSEM XXI,41
sclarea (scarabeia *ms* = scaraleia) GLTRSEM

SKARP *adj scharf, scharfgezackt, stotternd (?)* ◊ *sharp, sharply pointed, stuttering (?)*
- *ns* scherf⁺ GLMARF III,715,55 (*?→* **SKERF**) — *dsnt* scarpon H *CM* 4982 — *asm* scarpa*m*° GLSTR 106,32 — *asnt* skarp H *M*, scarp *C* 4884 — *npm* scarpún GLPRUDF1 99,37 — *dp* scarpun H *M*, scarpon *C* 3089. 5136 (c *add C*), scarapun GEN 143, scarpen⁺ HILD 64 — *apm* scarpa H *C* 5536
scaber GLPRUDF1 serratus GLSTR scaurus (*?*)GLMARF

SKATT *m-a Besitz, Geld, Münze, Vieh (?)* ◊ *property, money, coin, cattle (?)*
- *ns* scatt H *C*, scat *M* 2501, scat GLEVES 52,36, scatt (*? del*) REGFREK *M* 39¹ — *gs* scattes (sc<fe?) H *C* 3438, scattas GEN 22 — *as* scat H *C* 3416 — *gp* scatto H *CM* 5149 — *ap* scattos H *CM* 3205. 3214. 3218. 3767. 3820. 4592
- GENB *gs* sceattes# 813

SKATTFRĪTHA *f-ō Freilassung (durch Schatzwurf)* ◊ *manumission (by penny-throw)*
- *ns* scazfrigitha⁺ GLTRSEM XI,31
manumissio GLTRSEM

SKATTGIRITHA *f-ō Gewinnsucht* ◊ *profit-seeking*
- *gs* scazgirithu⁺ GLPRUDF1⁺ 93,1
ambitio GLPRUDF1⁺

skatton

SKATTON *v-II Gewinn machen* ◊ *to make a profit*
• *1pips* scazz(emes)[+] GLPRUDF1[+] 89,7
lucrari GLPRUDF1[+]

SKATHA *f(-ō) Schaden* ◊ *detriment*
• *ns* scátha GLEVES 53,32
• GENB *gp* sceaðena[#] 549
securus (nian ~) GLEVES

SKATHO *m-n Übeltäter* ◊ *evil-doer*
• *ns* scatho H *C* 5647 — *ds* scathen H *C* 4592 — *as* scadon H *M* 4592 — *np* scathon H *C* 5693
• GENB *ns* sceaða[#] 606

SKATHON *v-II schaden* ◊ *to damage*
• *3pips* scathod GLEVES 49,14
calumniari GLEVES

SKAVAN *v-6 kratzen, abschaben* ◊ *to scratch, scrape off*
• *3sips* scáuid GLPRUDF1 100,30, sceb& GLKBH
scalpere GLPRUDF1 scobis (that man sceb&) GLKBH

SKAVATHO *m-n Juckreiz* ◊ *itching*
• *as* scáuathon GLPRUDF1 100,32
• *Schnipsel* ◊ *scrap* GLWERDC *ns* scaeft[#] (= scaefthe[#]) 359
farrago GLWERDC scabies GLPRUDF1

SKAVO *m-n Hobel* ◊ *plane*
• *ns* scauo GLTR40 V,48,29
plana GLTR40

SKAVOHT *adj aussätzig* ◊ *leprous*
• *ns* schaboht[+] GLPB2 I,296[17] (*Leviticus* 21,20)
[habens iugem scab]iem GLPB2

scauos → SKÔF

SKAUWON *v-II (an)schauen, erblicken* ◊ *to look (at), see, examine*
• *inf* scauuon H *CM* 2347. 3359. 4587. *C* 5668. 5807. 5846 (*add L*), scauuoian *C*, scauuoien *M* 4078, scuen CONFPAL

skêdan

362,20 — *inf d* scauuonne H *CM* 3820 — *3sips* scauuod H *C*, scauuot *M* 4582 — *3sipt* scauuade PSLUB 32,14
• GENB *3sipt* sceawode[#] 606
respicere PSLUB

ANSKAUWON *v-II anschauen* ◊ *to attend to*
• *2simp* anscauua PSWIT 85,6
intendere PSWIT

FARSKAUWON *v-II herabsehen* ◊ *to look down on*
• *3sops* forsca (°?) PSLUB 111,8
despicere PSLUB

scaz-[+] → SKATT-
sceaða[#] → SKATHO
sceaðena[#] → SKATHA
sceal[#] → [SKULAN]
sceates[#] → SKÔT (?)
sceattes[#] → SKATT
sceawode[#] → SKAUWON
scebisa[+] → SKEVISSIA

SKÊD, SKÊTH *m/nt-a Unterscheidung* ◊ *distinction*
• *ds* scetha GLSTR 107,31
discrimen GLSTR

GISKÊD, GISKÊTH *m/nt-a Unterscheidung* ◊ *distinction*
• *ns* gisceht GLEVES 60,29 — *as* gisked H *M* 653 (gisce*d* *C*). 2466 (gisced *C*). 4151 (gisceth *C*), gesked *M*, gisceth *C* 1723. 1726
discretio GLEVES

SKÊDAN, SKÊTHAN *v-7 scheiden, trennen, zerteilen, aufteilen, ausschmelzen, auslassen (von Fett), auseinandergehen* ◊ *to separate, divide, cleave, melt, render down, disperse*
• *inf* skedan H *M*, scedan *C* 2908, sce-ðan *C*, skeden *M* 2848 — *3sips* skedid H *M*, scedit *C* 4388, skedit *M* 4444 — *pcpt* giscethan REGFREK *M* 39,13, gi-scéthan 37,17 — *pcpt gsnt* giscethanas REGFREK *M* 32,28

AFSKÊDAN, AFSKÊTHAN (I?) *v-7 ausschließen* ◊ *to expel*
• *pcpt* ofgiscidan GLEVES 60,18/19
foras mittere GLEVES

ŪTASKÊDAN, ŪTASKÊTHAN *v-7 ausnehmen* ◊ *to except*
• *3sipt* vtascéht GLPRUDF1 96,39
excipere GLPRUDF1

SKÊDIA, SKÊTHIA *f-jō Scheide* ◊ *sheath*
• *as* skedia H *M*, scethia *C* 4884

SKÊDUNGA, SKÊTHUNGA *f-ō Spaltung* ◊ *schism*
• *ap* skiethúnga GLPRUDF1 102,21
schisma GLPRUDF1

scefebred → SKEVEBRED

SKÊFFŌT *m-cons/i Klumpfuß* ◊ *club-foot*
• *ns* sceffuoz⁽⁺⁾ GLTRSEM XIII,58
pansa GLTRSEM

SKEFTI *nt-ja Pfeil* ◊ *arrow*
• *np* scahti PSPAD 37,3
sagitta PSPAD

SKEHAN *v-5 geschehen* ◊ *to occur*
• *3sips* skihit HILD 49

sceinkiuaz⁺ → SKENKIFAT

SKELDAN *v-3 bestreiten* ◊ *to deny*
• *1sips* scildon GLTRSEM VI,91
derogare GLTRSEM

SKELDARI *m-ja Schmäher, Nörgler* ◊ *slanderer, grouser*
• *np* sceltara⁺ GLEPIST I,797,34 — *gp* scéldario GLEVELT 46,7
maledicus GLEVELT querulosus GLEPIST

scelduuara → SKILDWARA

SKELLI *adj-ja/jō schuppig* ◊ *scaly*
• *apnt* scella GLVERGOX *p*. 114
squameus, squamosus GLVERGOX

SKELLIA *f-j-n Tiegel, Schale* ◊ *pan, bowl*

• *ns* sc⁺il⁺? GLTRSEM XVI,20
vatillum GLTRSEM

SKELLIKĪN *nt-a Glöckchen* ◊ *little bell*
• *ns* scellikin GLMARF III,716,38
cymbalum GLMARF

SKELLIWURT *f-i Schellkraut/Schöllkraut* ◊ *common celandine*
• *ns* schelliuurz⁺ GLTRSEM XVIII,21, sceluurz⁺ GLTR40 V,42,24
chelidonium GLTR40 GLTRSEM

SKELU *adj-wa/wō schielend* ◊ *squint-eyed*
• *ns* scele GLMARF III,715,54
strabo, strabus GLMARF

sceltara⁺ → SKELDARI

SKEMIL *adj einfältig* ◊ *simple*
• *ns* scemel GLMARF IV,178,19
infrunitus GLMARF

SKEMITHA *f-ō Schamhaftigkeit* ◊ *modesty*
• *ns* semmathei° (= semmatha) GLTRSEM XIV,70
verecundia GLTRSEM

BISKENDIAN *v-1 pcpt minderwertig* ◊ *pcpt trashy*
• *pcpt asm* bescenten⁺ GLPRUDF1⁺ 90,31
pcpt tabidus GLPRUDF1⁺

GISKENDIAN *v-1 beschämen* ◊ *to shame*
• *3sops* kescente⁺ GLEPIST I,760,14
confundere GLEPIST

scene# → SKÔNI¹

SKENKIAN *v-1 einschenken, darbieten* ◊ *to pour, offer*
• *1sips* scenkio GLSPET 76,19, stenko° (= scenko) 82,5 — *2simp* schenke GLHARD IV,282,25
potum administrare/dare, propinare GLSPET [vinum] miscere GLHARD

SKENKIFAT *nt-a Schankgefäß* ◊ *pitcher*
• *ap* senkiphatu GLPRUDP 62,6, scein-kiuaz⁺ GLPRUDF1⁺ 91,11
calathus GLPRUDP cyathus GLPRUDF1⁺

SKENKILBÊN *nt-a Schienbein* ◊ *shin*
• *ns* scenkelben GLMARF III,722,28
gamba, tibia GLMARF

SKENKIO *m-j-n Mundschenk* ◊ *cupbearer*
• *np* scenkion H C, skenkeon M 2008. 2015. 2740 (scenkon C) — *dp* scenkion H C, skenkeon M 2044 — *ap* skenkion H C, skenkeon M 2033. 2040

SKENKO *m-n Schankwirt, Mundschenk* ◊ *taverner, cupbearer*
• *ns* scenko GLSPET 80,10 ‖ GLTRSEM XII,107. XIII,10
pincerna GLSPET GLTRSEM promocundus GLTRSEM

-scent-⁺ → -SKENDIAN
scᵉofe → SKÔF
sceon → SKION
sceone# → SKÔNI¹
-sceop# → -SKEPPIAN¹
sceotantero⁽⁺⁾ → SKIOTAN

SKEPIL *m + nt-a Scheffel* ◊ *bushel*
• *as* skepel URBWERDF 283,2 — *ap (mlat?)* scapilos LEXSAX CS 11 (2), scepel URBWERDF 276,4,6,8,10,11,12,14,15,17 19,20,21,23. 277,1(2). 281,2(2),3, schepel REGÜBERW 23. 24, schepel *(abbr)* 23 o⁴³ *mlat np* scipuli REGERK — *ap* scipulos REGERK

SKEPINO *m-n Schöffe, Urteilsfinder* ◊ *échevin (minor law-court official), alderman*
• *ns* scepene GLMARF III,716,3
legisperitus GLMARF

SKEPPARI *m-ja Schöpfer* ◊ *Creator*
• *as* sceppare CONFPAL 362,1

SKEPPIAN¹ *v-6 erschaffen, abmessen* ◊ *to create, measure* — te namon ~ + *d pers jmdm einen Namen geben* ◊ *to give a name to sb*

• *1sips* scheppon GLTRSEM X,126 — *3pipt* scuopun (sc-<scp-) GEN 108 — *pcpt npnt* gescafene⁺ PSLUB 32,9
• naman ~ + *d pers jmdm einen Namen geben* ◊ *to give a name to sb* GENB *3sipt* sceop# 343 — *pcpt asf* gesceapene# 549
creare PSLUB modulari GLTRSEM

FARSKEPPIAN¹ *v-6 umwandeln* ◊ *to transform*
• GENB *3sipt* forsceop# 308

GISKEPPIAN¹ *v-6 erschaffen, fügen* ◊ *to create, ordain*
• *3sipt* giscop H CM 811. 3058, giscop M, giscuop C 3608. 4092. 4636, gescop M, giscuop C 1746. 3264. 5086, giscuop C 39 GEN 128
• GENB *3sipt* gesceop# 251. 668

SKEPPIAN² *v-1 (?) schöpfen* ◊ *to scoop*
• *inf* sceppian (c *add*) H C, skeppien M 2044

SKEPPIBRÊDA *f-ō/n Fläche zum Abmessen* ◊ *measuring desk* → **SKEVEBRED**
• *ns* sceppbreda GLTRSEM X,122
modulatorium GLTRSEM

scęr# → **SKARA¹**

BISKERAN *v-4 scheren* ◊ *to shear, cut hair*
• *1sips* bisceron GLTRSEM VI,86
detondere GLTRSEM

SKERDIFETHARA *f(-ō) Schildkröte* ◊ *turtle*
• *ns* scerdifedera⁺ GLSPET 83,4 ‖
testudo GLSPET

SKERF *(?) (m-a) Klumpfuß* ◊ *club-foot*
• *ns* scherf GLMARF III,715,55 → **SKARP**
scaurus GLMARF

SKERIAN *v-1 einteilen, zuordnen, austeilen, zuteilen, bestimmen, (an)ordnen, festsetzen* ◊ *to distribute, assign, destine, allot, allocate, order, assess*

- *inf* scerian H *C*, skerien *M* 2848 —
3sips skerid H *M*, scerit *C* 2643 — *3sipt*
skerida H *M*, scerida *C* 164, scerita⁺
Hild 51 — *pcpt* giscerid H *C* 5446.
5647, giscérid: (a *ras*) GlEvEs 51,12 —
pcpt npm giscerida H *C*, giskeride *M*
3218. *C* 5761
- GenB *pcpt* scyred# 485, gescyred# 424

BISKERIAN *v-I betrügen* ◊ *to deceive*
- *Isips* bisceriu GlTrSem VIII,8
- *berauben* ◊ *to deprive* GenB *3sipt*
bescyrede# 392, bescýrede# 394
frustrari GlTrSem

GISKERIAN *v-I bestimmen* ◊ *to allot*
- *3sipt* giscerida H *C*, geskeride *M* 2352
- GenB *3sipt* gescerede 258

SKERM *m-a Schutz* ◊ *protection*
- *ds* sk[erma] Gen 22

BISKERMERI *m-ja Beschirmer, Beschützer*
◊ *shielder, protector*
- *ns* bíscérmíri GlPrudF1 103,14, bi-
scirmiri PsLub 32,20
protector GlPrudF1 PsLub

SKERMIAN *v-I schirmen* ◊ *to protect*
- *pcps nsm* scirmento⁺ (*abbr*) GlSPet
83,20
tueri GlSPet

BISKERMIAN *v-I bewahren* ◊ *to keep*
- *inf* bescermían GlPrudF1 103,23
tueri GlPrudF1

SKERMSKŮFLA *f-ō Schöpfgefäß* ◊ *scoop*
- *ap* serscufla° GlPb1 I,358,10
vatillum GlPb1

SKERNING *m-a Schierling* ◊ *hemlock*
- *ns* scerning GlSPet 84,32‖, scierlinc
GlTr40 V,42,34, scipelink° (= scire-
link) GlMarf III,719,18 — *as* scher-
ning GlVergOx 110,15 — *ap* scernin-
gos GlPrudF1 93,32
cicuta GlMarf GlPrudF1 GlSPet GlTr40
GlVergOx, canna, conyza GlTr40

SKERNIO *m-j-n Possenreißer* ◊ *buffoon* —
cf SKIRNO
- *ns* scernio GlTrSem XI,5
mimus, mirmillo GlTrSem

SKERNLĪK *adj possenhaft* ◊ *buffoonish*
- *dsm* scérnlíkemo GlPrudF1 101, 15/16
mimicus GlPrudF1

SKERNUNGA *f-ō Possenspiel* ◊ *harlequinade*
- *ap* scernunga GlSPet 86,28‖
sollemne mimicum GlSPet

SKERPA *f-ō/n Umhängetasche* ◊ *shoulder bag*
- *ns* skerpe GlHard IV,267,7
pera GlHard

SKERPI *f-ī Spitze, Schärfe* ◊ *point, sharpness*
- *dp* scerpion GlPrudF1 99,30,
scérpíon 96,10
spiculum GlPrudF1

SKERPIAN *v-I scharfkantig machen* ◊ *to
make sharp-edged*
- *pcpt ap(nt)* giscerptvn (gi *add*)
GlPrudF1 98,14
acuminare GlPrudF1

GISKERPIAN *v-I schärfen, scharfkantig
machen* ◊ *to sharpen, to make sharp-edged*
- *Isips* giscerpiu GlPrudF1 93,35 —
3sipt gíscerpta GlPrudF1 98,32
exasperare, procudere GlPrudF1

AFSKERRAN *v-3 abschaben* ◊ *to scrape off*
- *pcpt* ófgíscórran GlPrudF1 95,31
abradere GlPrudF1

SKERSAHS *nt-a Schermesser* ◊ *razor*
- *dp* scérsáhssón (*4.s<corr*) GlPrudF1
97,26
novacula GlPrudF1

(-)SKÊTH(-) → (-)SKÊD(-)

SKEVEBRED (*nt-a*) *Glättbrett* ◊ *smoothing
board* → SKEPPIBRĒDA
- *ns* scefebred GlMarf III,718,22
modulatorium GlMarf

SKEVISSIA *f-jō Abfall* ◊ *rubbish*
• *ns* scebisa⁺ GLTRSEM XII,86
peripsema GLTRSEM

sch- → SK-
schaboht⁺ → SKAVOHT
scherf⁺ → SKARP
sc╞il⁺⁷ → SKELLIA
sciann → SKION
sciene# → SKÔNI¹
sc*i*ep → SKĂP
scierlinc → SKERNING
skietan → SKIOTAN
skíethúnga → SKÊDUNGA
scifattin → SKÎVAHT
sciffa° → SÊPA

BISKILBEN⁺ *v-I auf ein Gestell legen* ◊ *to put on a framework*
• *3sips/pcpt* biscilbit⁺ GLSPET 83,32
in cleta (levare) GLSPET

SKILD *m-u/i Schild* ◊ *shield*
• *ns* scilt GLMARF III,716,61 — *dp* scildion H *C* 5781, sciltim⁺ HILD 64 — *ap* scilti⁺ HILD 66
clipeus, parma GLMARF

scildon → SKELDAN

SKILDSTÊN *m-a Alaun* ◊ *alum*
• *ns* sciltstein⁺ GLTR40 V,41,9
alumen GLTR40

SKILDWARA *f(-ō) Schilddach* ◊ *roof of shields*
• *ns* scelduuara GLVERGOX 113,11/12
testudo GLVERGOX

SKILDWERI *f-ī Schilddach* ◊ *roof of shields*
• *ds* schildhueri GLVERGOX 112,32
densitas armorum, testudo GLVERGOX

SKILLING *m-a Schilling (Rechnungseinheit, vermutlich ein Wert von zwölf [Pfennigen])* ◊ *shilling (unit of account, presumably of the value of twelve [pence])*
• o³⁰ *as* scilling REGFREK *M*, schilling 32,6, sclilling 31,18. 32,10 — *ap* scil-ling REGFREK *M* 35,30,32, scillinga 34,1,9. 36,27,33,40. 39,4. 43,24

scilt(-) → SKILD(-)

SKIMBAL *(m-a) Schimmel(belag)* ◊ *mould (fungus)*
• *ns* schimbal GLTRSEM VII,35, scimel GLMARF III,721,28
aerugo GLMARF GLTRSEM

SKIMO *m-n Schattenbild, Spiegelbild* ◊ *shadow, reflection*
• *ns* scimo GLSTR 106,10 — *ds* skimon H *M*, scimon *C* 279
umbra GLSTR

SKĪMO *m-n Schein, Glanz* ◊ *splendour, brightness*
• *ns* scimo GLPRUDF1 101,35, scímo 98,35 — *gs* scímón GLPRUDF1 103,5
fulgor, habitus, nitor GLPRUDF1

SKIMRINGA *f-ō (Morgen-, Abend-)Dämmerung* ◊ *twilight, dawn, dusk*
• *ns* scimeringe GLMARF III,715,7. IV, 178,6
crepusculum, principium aurorae vel initium noctis GLMARF

SKĪN¹ *m-a Schein, Glanz* ◊ *shine, splendour*
• *ns* skin H *M*, scin *C* 4908 — *as* scin H *C* 3577

SKĪN² *adj sichtbar, offenbar* ◊ *visible, apparent*
• *ns* skin H *M*, scin *C* 647. 3823. 4310. 5044, scin *CM* 1207. *C* 5319 — *asnt* scin H *CM* 1211, skin *M*, scin *C* 2325. *C* 5587 — *npf* skina H *L*, scina *C* 5826

SKINA *f-ō/n schmaler Streifen* ◊ *narrow stripe*
• *ns* scine GLMARF IV,178,29
lamina GLMARF

SKINAFAT *nt-a Spankorb* ◊ *chip basket*
• *ns* scineuaz⁺ GLMARF III,718,35. IV, 177,21
calathus, canistrum GLMARF

SKINAKAR *nt-a Spankorb* ◊ *chip basket*
• *ns* scinakar GLTRSEM V,11
cartallum GLTRSEM

SKĪNAN *v-1 scheinen, leuchten, strahlen, glänzen, erscheinen, sichtbar werden* ◊ *to shine, gleam, radiate, become apparent*
• *inf* skinan H *M*, scinan *C* 589. 599. 1400 — *1sips* scine CONFPAL 363,28, scin*en* (*abbr*) GLTRSEM XI,63 — *3sips* skinid H *M*, scini*đ C* 1708, scinid GLEVES 60,19, skinit GEN 19 — *3sops* skine H *M*, scine *C* 4288 — *pcps asf* scinandia H *M* 3438 — *3sipt* sken H *M*, scen *C* 662. 3125. 3134. 3144 (scan *C*)
• GENB *3sips* scineð[#] 614. 810
nitere GLTRSEM

GISKĪNAN *v-1 leuchten* ◊ *to shine*
• *inf* giscinan H *C* 5626

SKINDALA, SKINDULA *f-n Schindel* ◊ *shingle*
• *ns* scindala GLTRSEM II,55. IX,8, scindela GLSPET 82,13 GLMARF IV,178,28, scindele III,722,5 — *ap* scindulan GLVERGOX 113,13
assella, latercula GLMARF asser GLMARF GLTRSEM imbrex GLTRSEM laterculus GLSPET tabula GLVERGOX

BISKINDIAN *v-I abhäuten* ◊ *to skin*
• *3sips* biscindit GLSPET 83,33 — *pcpt* biscindit GLSPET 83,31
decorticare, excorticare GLSPET

scine(-) → SKINA(-)

SKINKA *f-n Schenkel* ◊ *leg, shank*
• *ns* scinka GLSPET 79,24‖ — *np* schinchun[+] GLHARD IV,282,13
basis GLSPET tibia GLHARD

SKION *m-a* (SKIO *m-j-n?*) *Wolke, Wolkendecke, (Wolken)himmel* ◊ *cloud, cloud cover, (cloud-covered) sky*
• *ns* skion GEN 17 (*np?*) — *as* skion GEN 286 H *M*, sceon *C* 655, sciann *C* 5798

SKIOTAN *v-2 schleudern (Speer); pcps subst Lanzenkämpfer* ◊ *to hurl (a spear); pcps subst lancer*
• *inf* skietan GLVERGOX 114,26 — *pcps gp* sceotantero[(+)] HILD 51
telo sequi GLVERGOX

SKIP *nt-a Schiff* ◊ *ship* — einboimih ~ *Einbaum* ◊ *dug-out*
• *ns* scip GLPRUDF1 99,13 GLTRSEM X,130 (c<i) — *gs* skipes H *M*, scipes *C* 2932. 2960 — *ds* scípa GLPRUDF1 99,5 — *as* skip H *M*, scip *C* 2383
carina, lembulus GLPRUDF1 monoxyla [navis] GLTRSEM

scipelink° → SKERNING

SKIPIKĪN *nt-a Schiffchen* ◊ *small boat*
• *ds (lat ns)* scipikina GLPRUDF1 94,18
Argo GLPRUDF1

SKIPILĪN *nt-a Schifflein* ◊ *small boat*
• *ds* scipílína GLPRUDF1 99,11
phaselus GLPRUDF1

SKIPSANG *m/nt-a Rudertaktlied* ◊ *time-setting song for rowers*
• *ns* schifsang[+] GLTRSEM XVII,30
celeuma GLTRSEM

SKIPSANGON *v-II ein Rudertaktlied singen* ◊ *to sing a time-setting song for rowers*
• *pcps* schifsangondi[+] GLTRSEM XVII,29
celeumare GLTRSEM

scipuli → SKEPIL

SKĪR *adj glänzend* ◊ *bright*
• *ns* skir (*add*) H *L* 5847 — *asnt* skir H *M*, scir *C* 2908

SKĪRI *adj-ja/jō lauter* ◊ *pure*
• *gsnt* skireas H *M*, sciries *C* 2040 — *asm* skirianne H *M*, sciriana *C* 2008 — *asnt* skiri H *M*, sciri *C* 2740 — *apnt* scirion GLSTR 108,9
agrigentinus (sal) GLSTR

biscirmiri → BISKERMERI

SKIRNO *m-n Schauspieler ◊ actor* — *cf* **SKERNIO**
- *ns* skirno GLSPET 81,8
histrio (serio° < strio) GLSPET

SKĪVA *f-n Scheibe, Knauf, (Himmels-)Sphäre, Tierkreis ◊ disc, knob, sphere, zodiac*
- *ns* scíva GLPRUDF1 92,32 — *as* scívvun GLPRUDF1 96,1, sciuan GLSPET 74,23
sphaera GLPRUDF1 sphaerula GLSPET

SKĪVAHT *adj mit Scheibenmuster versehen, paillettenverziert ◊ chequered, pailletted*
- *dp* scifattin^{bfk} GLPRUDBR II,574,32
scutulatus GLPRUDBR

scl- → SL-
sclarega → SKARLEIA
scliandi$^+$ → SLIKAN
sclilling → SKILLING

SKŌBB(I)A *f(j-n/-n) Schuppe ◊ scale*
- *ns* scuobba GLSPET 79,3 ||
squama GLSPET

SKŌDA (O ?) *nt/f-n Schote ◊ pod*
- *ns* scoda GLTRSEM XIV,84
siliqua GLTRSEM

scof$^+$ → SKOP

SKŌF *m-a + -i Bündel, Garbe, Gebinde ◊ sheaf, bundle, bunch*
- *ns* scauos GLTR40 V,47,23 — *ap* scŏ-fe URBWERDF 288,15
areola aromatum GLTR40

SKŌFFISK *m-a Schuppenfisch ◊ scaly fish*
- *ap* scoffischas URBWERDB 132,24

scoful$^\#$ → SKUFLA

SKŌH *m-a Schuh ◊ shoe*
- *ns* scuoh$^+$ GLTRSEM IV,85 — *dp* scohun H *M*, scuohon *C* 1948, scoon GLSPET 80,15, sc̆oon GLPRUDF1 94,22 — *ap* scua GLVERGW, scuohe$^+$ GLHARD IV,305,19

calceus GLPRUDF1 GLSPET GLTRSEM
caliga GLHARD talaria *p* GLVERGW

GI**SKŌHI** *nt-ja Schuhwerk ◊ footwear*
- *ns* giscohi GLTRSEM V,22 — *ds* giscuohe H *C*, giscuoha *M* 939
caligae GLTRSEM

SKŌHRIOMO *m-n Schuhriemen ◊ shoelace*
- *ns* scuorieme$^+$ GLHARD IV,251,6
corrigia caligae GLHARD

scoinosta° → SKÔNI^1

SKOKK *nt-a Schock (sechzig Stück) ◊ shock (group of sixty units)*
- *n/ap* scok REGFREK *K* 24,26. *M* 24,15, scoc REGHERZr 18

SKOKKA *f-ō Schaukel, Mobile ◊ swing, mobile (suspended figures)*
- *ap* scocga GLVERGOX 110,9
oscillum GLVERGOX

SKOLA *f-ō Schar ◊ crowd*
- *ns* scola H *C*, scole *M* 5136. *C* 5781 — *ds* scolu H *C* 5319. 5761, scola *C*, scolu *M* 2033 — *as* scola H *CM* 752 (scole *M*). 2848. 4884. 5232. *C* 5311

scolk → SKALK

SKOLO *m-n — (thes) ferahes, liƀes ~ uuesan das Leben verwirkt haben ◊ to forfeit one's life* — thes ferahes ~ *des Todes schuldig ◊ guilty of death*
- *ns* scolo H *CM* 1443. 3843. 4986. 5107. 5134. 5195. 5236

scoltheize$^+$ → SKULDHÊTO

SKÔNI^1 *adj-ja/jō schön, lieblich, strahlend, glänzend ◊ beautiful, lovely, brilliant, shining*
- *ns* sconi H *M* 199. 4236. 4343. *C* 5626 — *comp nsf* sconiera H *M*, sconera *C* 279 — *sup nsnt* scóniust GEN 5, sconiost H *MS*, scoinosta° *C* 379 — *sup nsf* sconiost H *CM* 270. 2032, sconiosta *CM* 438 (scaniosta *M*). 2017

skôni   skrīfhorn

- GENB *ns* scene[#] 265. 467, sce:ne[#] 467 (*marg, ras* o?), sciene[#] 656 — *asf* sceone[#] 549, sciene[#] 700 — *comp npnt* scenran[#] (*l*.n *ras*?) 503 — *sup ns* scenost[#] 626, sceonost[#] 704, scienost[#] 821, scynost[#] 338

SKÔNI[2] *f-ī Schönheit, Glanz* ◊ *beauty, radiance*
- *ns* scone (*add*) H L 5846 — *gs* sconi GLSPET 85,15 ‖
decor GLSPET

SKOP (*m-*)*a Schuppen* ◊ *shed*
- *ns* scof[+] GLTRSEM XI,71
nubilarium GLTRSEM

SKOPLĪKO *adv dichterisch* ◊ *poetically*
- scoplico GLSTR 107,30
poetice GLSTR

SKORFWURT *f-i Gemeines Kreuzkraut* ◊ *common groundsel*
- *ns* scurfwurz[+] GLMARF III,719,29
senecio GLMARF

SKORSO *m-n Erdscholle* ◊ *clod of earth*
- *ns* scorso GLPRUDBR II,574,13
gleba GLPRUDBR

SKORSTÊN *m-a Feuerstelle* ◊ *fire-place*
- *ns* scorsten GLMARF III,721,52. IV, 178,15
ignitabulum, pyropus GLMARF

SKÔT (?) *m-a Kleidung, Bedeckung* ◊ *clothing, covering*
- GENB *gs* sceates[#] 503 (°sceattes? → SKATT)

SKOTON *v-II aufschießen* ◊ *to spring up*
- *inf d* scotonnia GLEVES 50,10
crescere GLEVES

SKRADO *m-n Trugbild, Kobold* ◊ *phantom, goblin*
- *ns* scrato[+] GLTRSEM XV,30, scroto[+] IX,78
larva, subtela GLTRSEM

SKRANK *m/nt-a Schranke* ◊ *barrier*
- *ns* strans° (= scranc) GLSTR (*Mone*)
claustrum GLSTR

SKRANKON *v-II ausspreizen* ◊ *to stretch apart*
- *pcpt dp* giscráncodon (gi *add*) GLPRUDF1 98,7
divaricare GLPRUDF1

SKRANKTŪN (*m-a*) *Einfriedung* ◊ *enclosure*
- *gp* scranctuno GLTRSEM IX,51
maceria GLTRSEM

scrato[+] → SKRADO
screona → SKRIONA

SKRĪAN *v-1 schreien* ◊ *to cry out*
- *3pipt* scriun GLEVES 50,34
clamare GLEVES

SKRĪDAN, SKRĪTHAN *v-1* (+ *a refl*) *gleiten, dahingehen, vorübergehen* ◊ *to pass, glide (away)* — ~ forth, forthwardes, furthor *voranschreiten, vorankommen* ◊ *to wear on, glide onward* — te sedle ~ *untergehen (Sonne)* ◊ *to set (sun)*
- *inf* scritan[+] HILD 63 — *2simp* scrid H C, scrid *M* 1085 — *3sipt* skred GEN 285 H *M*, scred *C* 197. 449 (scre*d C*). 2265 (skreid *M*). 2908. 4501. *C* 5781 — *3sopt* scriđi H *C* 5691
- GENB *inf* scriðan 773

TISKRĪDAN *v-1 sich auflösen* ◊ *to dispers*
- *3sipt* tiscred H *C* 5631

SKRIDSKŌH *m-a Gleitschuh* ◊ *gliding shoe*
- *np* scridscos GLVERGOX 112,26
p talaria GLVERGOX

SKRĪFFETHARA *f-n Schreibfeder* ◊ *pen*
- *ns* scriffethere GLMARF III,718,25
scripula GLMARF

SKRĪFHORN *nt-a Tintenhorn* ◊ *ink-horn*
- *ns* scrifhorn GLMARF III,718,21
fucarium GLMARF

SKRĪFMETISAHS *nt-a Radiermesser* ◊ *erasing knife*
• *ns* scrifmez GLMARF III,718,23/24
rasorium GLMARF

GI**SKRIFT** (?) *f-i (heilige) Schrift* ◊ *(Holy) Scripture*
• *gp* ge[scrifto] PSGERN 10,21/22 [15,16/17]
scriptura (PSGERN)

ŪTSKRIKKIAN *v-I herausspringen* ◊ *to spring forth*
• *3sipt* huzscricta⁺ GLPRUDF1⁺ 91,6
prosilire GLPRUDF1⁺

SKRIKON *v-II schreien* ◊ *to shriek*
• *pcps* scricondi GLSTR 107,8
pcps garrulus GLSTR

SKRIONA *f-ō*, **SCREONA** *mlat Keller, unterirdischer Raum* ◊ *cellar, subterranean room*
• *as* screonam LEXSAX *Sp* 33 — *abls* screona LEXSAX *C* 33. *Sp* Index 32

scritan⁺ → **SKRĪDAN, SKRĪTHAN**

SKRĪTHAN → **SKRĪDAN, SKRĪTHAN**

SKRĪVAN *v-1 schreiben* ◊ *to write*
• *inf* scriban H *C* 7. 14. 5551, scriƀan 32 — *3pipt* scriƀun H *CM*, scriuun *S* 352 — *pcpt* giscriban H *C*, gescriban *M* 621 (giscriƀan *M*). 1085. 1431. *C* 5333, giscriƀan *C*, gescriban *M* 1092. 1442. 1502, giscriban *C*, gescriben *M* 3845. *C* 5558

BI**SKRĪVAN** *v-1* + *g/praep* umbi *etw erfassen, erkennen, bereuen* ◊ *to grasp, assess sth, repent of sth*
• *3pipt* bescriƀun H *C*, biscribun *M* H 752. *C* 5311

GI**SKRĪVAN** *v-1 aufschreiben* ◊ *to write down*
• *inf* giscriban H *C*, giscriban *M* 231

SKRĪVO *m-n Schreiber* ◊ *scribe*

• *ns* scríuo GLPRUDF1 92,25, schri[ ] GLTRSEM XV,54 (schriuari?)
scriba GLPRUDF1 taxator GLTRSEM

SKRÔD *(nt-a) abgeschnittenes Stück* ◊ *shred*
• *ns* scroc° (= scrot) GLTRSEM XV,10
sarmentum GLTRSEM

SKRÔDAN *v-7 schneiden* ◊ *to cut*
• *1sips* scroton⁺ GLTRSEM XIV,45
scalpere GLTRSEM

SKRÔDĪSARN *nt-a scharfes Messer, Skalpell, Gerät zum Schroten* ◊ *sharp knive, scalpel, tool for grinding*
• *ns* scrodiˢarn GLTRSEM IV,41, scrotisan XIV,46, scrohisar [= scrothisar] GLPRUDBR II,573,63
bursa GLTRSEM scalpellum GLPRUDBR scalprum GLPRUDBR GLTRSEM

scroc° → **SKRÔD**
scrot- → **SKRÔD-**
scroto⁺ → **SKRADO**

SKRUDILON *v-II genau untersuchen* ◊ *to scrutinize*
• *1sips* scrudilon GLTRSEM XIV,1
rimari GLTRSEM

scua → **SKÔH**
scubila → **SKUVIL**

SKUDDIAN *v-1 schütteln, erschüttern* ◊ *to shake, shatter*
• *2pimp* scuddiat H *M*, scuddeat *C* 1948 — *3pipt* scuddun GLVERGOX 113,10
movere GLVERGOX

GI**SKUDDIAN** *v-1 erschüttern* ◊ *to shake*
pcps gsm giscuttiandies⁺? PSLUB 28,8
concutere PSLUB

SKUDDINGA *f-ō Schüttung* ◊ *filling*
• *ns* scúddinga GLPRUDF1 98,37
excussus GLPRUDF1

scuen → **SKAUWON**

skufla	**-skuldian**

SKUFLA *f-ō Schaufel* ◊ *shovel*
• GLWERDA *ns* scoful[#] 340
pala GLWERDA

SKŪFLA *f-ō Schaufel, Pressform (?)* ◊ *shovel, pressing die (?)*
• *ns* scuf(la) GLTR40 V,48,28 — *ap* scufla GLPB1 I,414,3
pala GLPB1 GLTR40

[SKULAN] *vptps sollen, müssen, können, werden, verpflichtet, bestimmt sein, möchte* ◊ *shall, must, can, ought to, to be obliged, destined to, would like to*
o[801] *1sips* scal GEN 37. 60. 226 GLEVES 51,9 H *CMS* PSGERN, scal (*stil*) *M* 1801 (2), scel CONFPAL 363,28 (2),29,30 — *2sips* scalt ABRK *A* 20 (schalt *BF*) GEN 70. 75 GLEVELT 47,1 GLEVES 49,2,4 H *CMS*; scealt[#] *C* 261, salt GEN 77 — *3sips* scal GEN 142. 184. 195. 335 GLEVELT 46,19 GLEVES 48,5. 52,12, 35 GLPRUDF1 99,34 HILD 37. 53 (a[cc]<lc) REGFREK *M* 36,1. 41,6. 43,25 H *PVCM*; scal (c *ras?*) *C* 1492, scál GLPRUDF1 104,32, scel CONFPAL 362,6 — *1pips* sculun PSGERN 9,1 [14,10] GEN 14 (2). 24. 179 H *CM*; sc(ulun) (*stil*) GLGREG 65,21/22 — *2pips* sculun GLLECT H *LCMS*; sculon *C* 560. 1160. 1454, sculu° 1880, scul*un* (*abbr*) GLMERS 71, 24/72[11] — *3pips* sculun GLEVES 59,10 REGFREK *M* 35,35 GEN 77. 185. 232 (sculu°) H *LVCM*; sculon *C* 2140, scułun (ł<b?) 3916, sculun (s *ras*) 4324, sculon REGFREK *M* — *3sops* sculi H *CM* 1968. 4293. 4303 — *1pops* sculin H *M* 3811 — *2pops* sculin H *CM* 1663. *M* 1900 — *3pops* sculin H *CM* 3394. 4418. *M* 897 — *1sipt* scolda CONFES H *PC*, scolde *M* 972, scolda (a<i) CONFES 16,26 — *3sipt* scolda GEN 161. 162. 292 H *CM*, scolde *MS* — *3pipt* scoldun GEN 251 GLEVES 52,24 H *CM* — *1sopt* scoldi CONFES 16,17. 17,11,13 — *2sopt* scoldis H *CM* 2064. *C* 5573 — *3sopt* scoldi H *PLCM*; scoldi (scol *ras*) *C* 5791, scóldi

GLEVES 51,33 — *1popt* scoldin GEN 11 H *CM* 604 — *3popt* scoldin H *VCM*; scoldi° *C* 46. 854
o[40] GENB *1sips* sceal[#] 278. 282 — *2sips* scealt[#] 509 — *3sips* sceal[#] 365. 556, scal 663 — *1/3pips* sculon — *1/3sipt* sceolde[#] — *1/3pipt* sceoldon[#], sceoldon[#] (2.o>e/e<o) 631 — *3sopt* sceolde[#] 344 — *1popt* sceolden[#] 801. 851
Futur ◊ *future* GLEVELT GLEVES GLPRUDF1 (PSGERN) *Konjunktiv* ◊ *subjunctive* GLEVELT GLEVES *Gerundiv* ◊ *gerundive* GLEVES cogi GLEVES posse (PSGERN)

SKULD *f-i Abgabe, Verbindlichkeit, Dienstbarkeit, Schuld, Verbrechen* ◊ *tax, liability, easement, blame, crime*
• *ns* sculd GLEVES 53,14, scv́ld GLPRUDF1 97,15, scult REGFREK *M* 39,9 — *ds* sculd URBWERDB 111,19 — *np* sculdi REGFREK *K* 24,18. 31,35. 32,30. *M* 28,25. 29,7. 31,14. 32,22. 37,13. 38,28. 40,7, sculde 24,7 — *ap* sculdi H *CM* 3218
crimen GLPRUDF1

SKULDHÊTIO *m-j-n Anführer* ◊ *leader*
• *ns* sculthetio GLEVES 58,22
centurio GLEVES

SKULDHÊTO *m-n Schulze, Ortsvorsteher, Aufseher, Steuereinnehmer* ◊ *village mayor, supervisor, tax collector*
• *ns* sculthe*t*o URBWERDB 90,27, scultheizo[+] (u<o) GLTRSEM II,69, scoltheize[+] GLMARF III,716,2
centurio GLMARF exactor GLTRSEM villicus abbatis URBWERDB

SKULDIAN *v-I + g sich einer Sache schuldig machen* ◊ *to make oneself guilty of*
• *pcpt* gisculdid H *C*, gisculdit *M* 5181. *C* 5331

FARSKULDIAN *v-I verwirken* ◊ *to forfeit*
• *3sipt* farscúlda GLEVES 60,24
perdere GLEVES

GISKULDIAN *v-1 (+ g) sich einer Sache schuldig machen, schuldig sein* ◊ *to make oneself guilty of, be guilty*
• *inf* gisculdian H *C*, gesculdien *M* 5244 — *3sips* gisculdid GLEVES 55,29 debere GLEVES

SKULDIG *adj schuldig, verpflichtet, unterworfen, verantwortlich, niederträchtig, verbrecherisch* ◊ *guilty, responsible, subject, obligated, wicked, criminal* — ferahes ~ *des Todes schuldig* ◊ *guilty of death*
• *ns* sculdig GLEVES 56,13/14 H *CM* 5232 (sculdi *C*). *C* 5319. 5647, scúldig GLPRUDF1 95,4 GLEVES 53,29/30 — *nsm* sculdigo GLESEV 52,8 — *asm* sculdigna H *CM* 4592 — *npm* sculdiga GLEVES 61,4 H *C*, sculdige *M* 3820. *C* 5693 GLGREG 63,8 (*stil*) — *apnt* scvldiga GLPRUDF1 98,12 — *comp npm* sculdigerun GLEVES 54,7. 55,4
conscius, damnabilis, implicatus (transgressor) GLEVES obnoxius GLPRUDF1 debere (~ wesan) GLEVES GLPRUDF1

SKULDITHI *nt-ja*, **SCULDIDUM** *mlat Amtsbezirk eines Schulzen* ◊ *district of a village mayor*
• *as* sculdidum DIPL 1069/1
sculdacia DIPL 1069/1

SKULDLAKAN *nt-a geschuldetes Tuch* ◊ *tributary cloth*
• *n/as* scultlakan REGFREK *M* 40,13 — *n/ap* sculdlakan REGFREK *K* 24,24. 32,35. *M* 24,13. 29,14. 32,26. 37,21. 39,15/16

SKULDPENNING *m-a Pachtzins* ◊ *rent*
• *np* scultpenninga URBWERDF 255, 23/24

SKULDRA *f-ō Schulter* ◊ *shoulder*
• *ns* scultira[+] GLSPET 87,8 ‖ — *ds* sculdre GLPB1 I,481,14
pala GLPB1 scapula GLSPET

scult(-) → **SKULD(-)**
scultira[+] → **SKULDRA**

SKUNDIAN *v-1 anspornen, aufnötigen, erregen* ◊ *to encourage, excite, force*
• *1sips* scundio GLTRSEM IX,20 — *3sips* scundet GLMARF V,58,9 — *3sopt* scunde GLLAM 67,11 — *pcpt* giscund GLVERGOX 113,16
hortari, suadere GLMARF incendere GLVERGOX instigare GLMARF GLTRSEM suggerere GLLAM

FARSKUNDIAN *v-1 verlocken* ◊ *to entice*
• *pcpt* farscundid (n<l) H *C* 5311

scuobba → **SKŌBB(I)A**
(-)scuoh- → (-)**SKÔH**
scuorieme[+] → **SKÖHRIOMO**

SKŪR[1] *(m-)a Schutz(dach)* ◊ *shelter*
• *ds* scura GEN 22

SKŪR[2] *m-a + -i (?)/***SKŪRA** *f-ō Hagel von Schlägen* ◊ *shower of blows*
• *dp* scurun H *M*, scuron *C* 5136, scurim (°-un?) HILD 64
• *Schauer* ◊ *shower, storm* GENB *(m-a)*
ns scúr 808

scurfwurz[+] → **SKORFWURT**

SKURGIAN *v-1 stoßen, (ein Schiff) auflaufen lassen* ◊ *to push, run (a ship) aground*
• *3pipt* scyrgidun GLPB2 I,296,37, scurgitdunt I,296,23 (t = theodisce?)
impingere GLPB2

FARSKURGIAN *v-1, pcpt ungestüm* ◊ *impetuous*
• *pcpt* frascurgit (frasscurgit *ms*, 2.*s del*) GLPB2 I,297,47
pcpt praeceps GLPB2

SKURPIAN *v-1 ausnehmen, ausweiden* ◊ *to disembowel, break up*
• *1sips* scurpon (o<*corr*) GLTRSEM VII,53
exenterare GLTRSEM

UTSKURPIAN *v-1 ausnehmen* ◊ *to disembowel*
• *pcpt (dsnt)* vtgíscu[ ] GLPRUDF1 97,21
eviscerare GLPRUDF1

skūrskado

SKŪRSKADO *f-wō Wetterschutz* ◊ *protection against storms*
- GENB *ds* scúrsceade#* 813

SKUTALA *f-n Schüssel* ◊ *dish*
- *n/as* scutella (*lat?*) VWILLEH 7 — *ds* scutalan GLLAM 67,18 — *ap* scuzilon⁺ (o<u) GLPRUDF1⁺ 93,3
o⁶¹ *lat/mlat as* scutellam URBWERDD 172,22 URBWERDE 193,19 — *np* scutelle CH 1051-54 REGERK 49, scutelle, scu*telle* (*abbr*) REGÜBERW — *ap* scutellas REGERK 19 REGHERF URBWERDC URBWERDE URBWERDF 285,15, schutellas 263,5 scut*ellas* (*abbr*) URBWERDC URBWERDE, scut*ellas* (*abbr*) URBWERDC 144,14. 147,7, scut*ellas* (*abbr*) URBWERDE 233,9, scuttellas THANG 767,53 — *ablp* scutellis URBWERDF 285,15

ferculum GLPRUDF1⁺ lanx GLLAM patena lignea VWILLEH

SKUVIL *m-a Stopfen* ◊ *plug, cork*
- *np* scubila GLSPET 80,30 ‖
pessulus GLSPET

scynost# → SKÔNI¹
scyred# → SKERIAN
scyrgidun → SKURGIAN
slaf(-)⁺ → SLAP(-)

SLAHAN *v-6 schlagen, erschlagen, hinmorden, ausschlagen, angreifen, in Treibarbeit ausführen* ◊ *to strike, beat, slay, massacre, sprout, attack, emboss* — an cruci ~ ans Kreuz schlagen ◊ *to nail to the cross*
- *inf* slahan H *C* 5329 — *3sips* slahit H *C*, slehit *M* 3498 — *2simp* slah H *CM* 3269 — *pcps dsm* sclaandemo (l *add*) GLPB2 I,296,43 — *1sipt* sluog GEN 59 — *3sipt* slog GLVERGOX 114,8 H *M*, sluog *C* 2184. *C* 4873 — *3pipt* slogun H *CM* 2409 (sluggun° *M*). 5114. *C* 5495. 5535. 5686. 5820. 5859 — *3popt* sluogin H *C* 5467, slúogin *L* 5859 — *pcpt* gislagan H *C* 4462, geslagan GLTRSEM VI,54
- *schmieden* ◊ *to forge* GENB *pcpt npm* geslægene# 383

slango

iugulare GLPB2 occupare GLVERGOX *pcpt* ductilis GLTRSEM

ASLAHAN *v-6 erschlagen, töten, vernichten* ◊ *to slay, kill, exterminate*
- *inf* aslahan H *C*, aslaan *M* 1906 — *3sips* aslehit GEN 69, ersalai° (= ersclait) GLTRSEM III,66 — *3sops* áslaha GLPRUDF1 91,29 — *3popt* aslogin H *C*, asluogin *M* 4471 — *pcpt* aslagan GEN 47 H *M* 4462
interimere GLTRSEM internecare GLPRUDF1

GISLAHAN *v-6 erschlagen, töten* ◊ *to slay, kill*
- *3sips* [gi](s)clahid PSGERN 7,9 [14,4], gi[sc]la[hid] 10,1 [14,18] — *3pips* gisclahed PSGERN 8,1/2 [14,5/6]
occidere (PSGERN)

TISLAHAN *v-6 zerschlagen* ◊ *to batter*
- *3pips* teslahat H *C*, teslaad *M* 1821

UPPSLAHAN *v-6 oben befestigen* ◊ *to fix aloft*
- *pcpt npm/nt* ufgeslegeno(n)⁺ GLPRUDF1⁺ 90,28/29
suffigere GLPRUDF1⁺

ŪTSLAHAN *v-6 herausschlagen* ◊ *to knock out*
- *3sops* utslaha: (-n *ras?*) GLEVES 49,6 — *2simp* utsla GLEVELT 47,5
excutere GLEVELT

SLAHT *f-i Art, Volksgruppe* ◊ *kind, ethnic group*
- *gs* slach CONFPAL 362,6 — *gp* slata GLEVES 59,35
genus GLEVES

SLAK *adj kraftlos* ◊ *limp*
- *ns* slac H *M* 4960

slach → SLAHT

SLANGO *m-n Schlange* ◊ *snake*
- *ns* slango (g<d) GLSPET 73,27
coluber GLSPET

352

slap

SLAP *adj schlaff* ◊ *floppy*
- *ns* slaf⁺ GLMARF IV,179,21
laxus (stupor, torpor) GLMARF

SLĀP *m-a Schlaf* ◊ *sleep*
- *instr* slapu H *C* 5884

SLĀPAN *v-7 schlafen* ◊ *to sleep*
- *inf* slapan H *C*, slapen *M* 4771. 4777. *C* 2238, scla(p)a(n) PSGERN 5,2 [12,12] — *2pimp* slapad H *M*, slapat *C* 4805 — *pcps* slapandi CONFES 17,20 — *pcps dsm* slapandium H *M*, slapandiun *S*, slapandion *C* 701 — *pcps dpm* slapandiun H *MS*, slapandion *C* 680 — *pcps apm* slapandia H *C*, slapandie *M* 4356. 4797
dormire (PSGERN)

ASLĀPAN *v-7 entschlafen* ◊ *to pass away*
- *pcpt* aslapan H *C* 4005

SLAPITHA *f-ō Trägheit* ◊ *lethargy*
- *ns* slafitha⁺ GLTRSEM XV,16
somnolentia GLTRSEM

GISLĀPO *m-n Beischläfer* ◊ *bedfellow*
- *ns* gislapo GLTRSEM IV,81 — *as* gislapon GLPRUDF1 94,6
Catamitus GLPRUDF1 GLTRSEM

slascun° → FLASKA
slata → SLAHT
slefer⁺ → SLIPUR, SLIPAR

SLEGERI *m-ja Büttel* ◊ *bailiff*
- *ns* slegere GLMARF IV,178,61
apparitor, lictor, speculator GLMARF

SLEGI *m-i Tötung* ◊ *killing*
- *as* slegi H *C* 5486

SLEGIBRĀWA *f-wō Augenlid* ◊ *eyelid*
- *ns* slegibraua GLSPET 81,23 — *dp* sleibrauuon GLSPET 85,37
palpebra, palpebralis GLSPET

SLÊHTHORN *m-a/u/i Schlehdorn* ◊ *blackthorn*
- *ns* slehthorn GLTRSEM XIII,90

sliht

rhamnus GLTRSEM

sleipha⁺ → SLÊPA

SLÊK *(m-a) Tötung* ◊ *killing*
- *ds* sleka GLEVES 50,32
occisio GLEVES

SLEKKIAN *v-I schwächen* ◊ *to weaken*
- *pcpt* gislekit H *CM* 152

SLENGIRA *f-(j?)ō + f-n Schleuder, Wurfmaschine, Armbrust* ◊ *sling, catapult, crossbow*
- *ns* slengira GLSPET 77,12‖. 83,27, slengere GLMARF III,716,67 — *ds* slengira GLSPET 76,23/24, slíngera GLHARD IV,267,9, slingirun GLVERGOX 114,23/24 — *as* slengiran GLVERGOX 114,19 — *ap* solingaralia° (= sclingara vel [sclingar]ia?) GLPB2 I,296,4
ballista GLSPET funda GLHARD GLMARF GLSPET GLVERGOX fundibulum GLPB2 tormentum GLVERGOX

SLÊPA *f(-n) Enthaarungsmittel* ◊ *depilatory*
- *ns* sleipha⁺ GLTR40 V,41,21
psilothrum GLTR40

SLETTO *m-(w?)-n Waldgeist* ◊ *sylvan*
- *ap* slétton GLPRUDF1 94,30
faunus GLPRUDF1

SLÊ(U) *adj-wa/wō kraftlos* ◊ *limp*
- *ns* sleu H *C* 4960

slid- → SLĪTH-

SLIDO *m-n (Dresch-)Schlitten* ◊ *slide (tool for threshing)*
- *ns* slido GLTRSEM XV,60
traha GLTRSEM

slifendemo⁺ → SLĪPAN
slige → SLĪO, SLĪWO

SLIHT *adj verziert* ◊ *decorated*
- *ns* sliht GLSPET 73,4‖
decoratus GLSPET

slihtian

SLIHTIAN *v-1 glätten ◊ to smooth*
- *pcpt* g^eslihtid GLTRSEM X,51 — *pcpt gp* gislittidero GLPB2 I,297,46
levigare GLTRSEM polire GLPB2

SLĪKAN *v-1 kriechen ◊ to creep*
- *1sips* slichu⁺ GLSPET 81,17 — *pcps* scliandi⁺ GLPB2 I,298,8
repere GLSPET reptare GLPB2

UNDARSLĪKAN *v-1 sich einschleichen ◊ to creep in*
- *3pipt* undarslichun⁺ GLEPIST I,797,12
subintroire GLEPIST

FARSLINDAN *v-3 verschlingen ◊ to devour*
- *3sipt* farsland GLEVELT 46,4
imbibere GLEVELT

SLINDERI *m-ja Prasser ◊ glutton*
- *ns* slinderi GLPRUDP 62,9
ganea GLPRUDP

SLINDO *m-n Prasser ◊ glutton*
- *ns* slinto⁺ GLSPET 85,12 ||
ganeo GLSPET

sling- → **SLENG-**

SLĪO, SLĪWO *m-(w)-n Schleie ◊ tench*
- *ns* slige GLMARF III,720,44
gongrus [conger] GLMARF

SLIOTAN (?) → **SLŪTAN**

SLĪPAN *v-1 herabsinken ◊ to glide down*
- *pcps dsm* slifendemo⁺ GLTRSEM XI,32
labi GLTRSEM

SLIPUR, SLIPAR *adj schlüpfrig ◊ slippery*
- *nsm* slefer⁺ GLTRSEM XIII,7
profluus GLTRSEM

SLĪTAN *v-1 aufschlitzen, aufreißen, beißen ◊ to slit, rip open, bite*
- *3sipt* slet H *CM* 5099 — *3pipt* slitun H *CM* 2313 — *pcpt* gislita(n) GLEVES 59,25
- *quälen ◊ to torment* GENB *3sips* slit[#] 802
scindere GLEVES

slôpian

FARSLĪTAN *v-1 verschleißen, zerreißen, aufbrauchen, vergehen ◊ to wear out, tear, consume, pass away*
- *3sips* farslitid H *M*, forslitit (*ras*) *C* 3495 — *3pips* farslitat H *V*, forslitat *CM* 1349 — *2sipt* farsliti H *M*, forsliti *C* 3377 — *pcpt* forslitan H *C* 1179 (forsliten *M*). 1645 (farslitan *M*)

TISLĪTAN *v-1, pcpt schadhaft, geflickt ◊ defective, repaired*
- *pcpt apnt* cislizaniu⁺ GLPB2 I,298,26
pcpt sartus GLPB2

SLĪTHHARD *adj grausam ◊ cruel*
- GENB *nsm* sliðhearda[#] 378

SLĪTHI *adj-ja/jō grausam, schlimm ◊ cruel, evil*
- *ns* slithi H *C* 5678 — *gp* sliđero H *C*, slidero *M* 2617, slidearo *M* 3869 — *apf* slithia H *C* 3869

SLĪTHMŌD *adj tückisch, gewalttätig, grausam ◊ malicious, violent, cruel*
- *ns* sliđmuod H *C*, slidmod *M* 630. 703 (sliđmod *MS*). 4464 (slithmod *C*) — *asm* slidmuodean H *C*, slidmoden *M* 4264 — *npm* slidmode H *M*, slidmuoddia *C* 3694, slidmuoda *C* 5692

SLĪTHMŌDIG *adj unbarmherzig ◊ cruel*
- *ns* sliđmuodig H *C*, slidmodig *M* 5247

SLĪTHWURDI *adj-ja/jō Übles redend ◊ evil speaking*
- *asm* sliđuurdiene H *S*, sliduurdean *M*, sliđuuardan *C* 549

SLIUMO → **SNIUMO, SLIUMO**

SLÔPBRĀDO *m-n Wurstfleisch ◊ sausage meat*
- *ns* slophbrado⁺⁷ GLTRSEM IX,27
inductilis GLTRSEM

SLÔPIAN *v-1 entwinden ◊ to loosen*
- *2simp* slopi H *C* 5585

THURHSLÔPIAN *v-1 hindurchschieben* ◊ *to push through*
• *inf* thuruslopian H *C*, thurhslopien *M* 3301

SLÔT/SLOT *nt-a Riegel* ◊ *bolt*
• *ap* floz°⁺ GLPRUDBR II,574,16
obstaculum, repagulum GLPRUDBR

SLÔTHO *m-n Schreckgespenst* ◊ *nightmare*
• *ns* flathe° (= slathe) GLMARF IV, 178,27
larva GLMARF

SLŪK *m-(w?)a Natternhemd (Schlangenhaut)* ◊ *slough*
• *as* sluk GLEVES 49,5
squama GLEVES

SLUND *m-a + -i Schlund, Rachen* ◊ *gullet, jaws*
• *dp* sluntin⁺ GLPRUDF1⁺ 90,7 — *ap* slúndos (-s<-n) GLPRUDF1 96,38
haustus GLPRUDF1 GLPRUDF1⁺ sorbitio GLPRUDF1⁺

ŪTBISLŪTAN *v-2 ausschließen* ◊ *to exclude*
• *pcpt dp* utbislotenun GLMERS 71,18
secludere GLMERS

SLUTIL *m-a Schlüssel* ◊ *key*
• *ns* sluzzil⁺ GLSPET 82,8, sluzil⁺ GLTRSEM V,82 — *dp* slútilon GLPRUDF1 99,27 — *ap* slutilas H *M*, slutila *C* 3072
clavis GLPRUDF1 GLSPET GLTRSEM

SMĀH *adj wertlos* ◊ *worthless*
• *sup nsnt* smaista GLEPIST IV,306,5
abiectus, humilis, peripsema GLEPIST

SMAL *adj klein* ◊ *little*
• *nsf* smala H *C*, smale *M* 3901. 4226

SMALSĀD *nt-a Kräuter, Gemüse* ◊ *herbs, vegetables*
• *ns* smalsad GLSPET 76,21 GLTRSEM XXI,48
edulium, obsonium GLTRSEM infirmiora semina (gith, cyminum) GLSPET

SMALT *nt-a Schmalz, Salbe* ◊ *fat, lard, ointment*
• *ns* smalz⁺ GLTRSEM X,26, smarz° (= smalz⁺) GLSPET 87,10 ‖ — *ds* smalzze⁺ GLSPET 86,6 ‖
liquamen GLSPET GLTRSEM unguentum GLSPET

SMALTHERMI *nt-ja Unterleib, Eingeweide* ◊ *lower abdomen, guts*
• *ns* smaletherme GLMARF III,722,26, smalztherme°⁷ GLTRSEM XIX,30
ilia GLMARF GLTRSEM inguinae GLMARF

smarz° → SMALT

SMELTAN *v-3 schmelzen (intr)* ◊ *to melt (intr)*
• *3sipt* smált GLPRUDF1 98,2
liqui GLPRUDF1

SMELTGOLTH *nt-a Feingold* ◊ *fine gold*
• *ns* smelzgolt⁺ GLADM718 78,4
obryzum GLADM718

GISMELTI *nt-ja Schmelzglas, Glasur, Legierung* ◊ *glass, enamel, alloy*
• *ns* gismelze⁺ (*s add*) GLADM718 78,17, gesmelze⁺ GLMARF III,717,34
electrum GLMARF lahmalice (? °< lamna obriza?) GLADM718

SMELTIAN *v-1 schmelzen (trans)* ◊ *to melt (trans)*
• *pcpt* gismelcit⁺ GLSPET 77,25
pcpt obryzum [aurum] GLSPET

SMERU *(nt)-wa Schmer, (Schweine-)Fett* ◊ *(pork) fat*
• *ns* smero GLSPET 77,18 ‖, smere GLMARF III,717,54 — *gs* smeras REGFREK *K* 24,22. *M* 24,11. 29,12. 32,28. 37,17. 39,13
adeps, pinguedo GLSPET arvina GLMARF GLSPET axungia GLMARF

SMERUHLÊF *(m-a) Fettklumpen* ◊ *lump of fat*
• *ns* smereleif⁺ GLTRSEM VII,86
axungia GLTRSEM

SMERUKRÔSIL *(m-a) Kasserolle, Tranlampe* ◊ *saucepan, train-oil lamp*
• *ns* smerecrosel GLMARF III,717,47
crucibulum GLMARF

smidos → SMITH

SMIDTHIA *f-jō/j-n*, **SMITHA** *f-ō/n Schmiede* ◊ *smithy*
• *ns* smitha GLTRSEM VI,41, snitha° VIII,12 — *dp* smithon GLPRUDBR II, 573,43
caminus GLPRUDBR cudina, frabrateria GLTRSEM

BISMĪTAN *v-1 verunreinigen* ◊ *to pollute*
• *pcpt* besmitin GEN 37

SMITH *m-a Schmied* ◊ *blacksmith*
• *ap* smidos GLVEG
ferrarius GLVEG

SMITHA → SMIDTHIA, SMITHA

GISMĪTHI *nt-ja Metall* ◊ *metal*
• *ns* gesmithe GLMARF III,717,35
metallum GLMARF

SMITHON *v-II kunstvoll ausstatten* ◊ *to fit out skilfully*
• *3sipt* smíthoda GLPRUDF1 104,9
ludere, ornare GLPRUDF1

ANSMITHON *v-II bewirken, anschmieden (?)* ◊ *to cause, forge onto (?)*
• *1sips* anasmidon[+] GLSPET 79,27 ‖
incutere (incudere?) GLSPET

SMŌTHI *adj-ja/jō sanftmütig* ◊ *humble, kind*
• *ns* smođi PSWIT 85,5 — *npm* smođie PSLUB 33,3
mansuetus, mitis PSLUB PSWIT

SMULTO *adv ruhig* ◊ *calmly*
• *comp* smultro H *CM* 2257

SNADA *f-ō/n Einschlagfaden* ◊ *weft*
• *ns* snada GLTRSEM XV,61

trama (filum est quod intra stamen currit) GLTRSEM

SNARH *f-i Schnur, Saite* ◊ *cord, string*
• *dp* snarin GLPRUDBR II,572,17, snárion GLPRUDF1 92,30 — *ap* snári GLPRUDF1 96,2
fides GLPRUDBR GLPRUDF1 fidicula GLPRUDF1

SNEFLIZZON[+] *v-II schluchzen* ◊ *to sob*
• *3sipt* sneflizoda[+] GLPRUDF1[+] 91,35
singultare GLPRUDF1[+]

snegigun → SNÊWIG

SNEGIL, SNEGAL *(m-a) Schnecke* ◊ *snail*
• *ns* snegil GLVERGOX 111,8, snegal GLTRSEM X,31, snegel GLMARF III, 721,17
limax GLMARF GLTRSEM testudo GLMARF murica [murex] GLVERGOX

SNEGILHŪS *nt-a Schneckenhaus* ◊ *snail-shell*
• *ns* snegelhus GLMARF III,721,16
cochlea GLMARF

SNELL *adj streitbar, tapfer, beherzt* ◊ *bold, valiant, brave*
• *ns* snell H *C*, snel *M* 4866 — *npm* snella H *C*, snelle *M* 202. 543 (snelle *S*) — *sup ns* snellost H *CM* 5027

SNEPPA *(f-n) Schnepfe* ◊ *snipe*
• *ns* sneppa GLTRSEM VIII,20, sneppe GLHARD IV,253[10] GLMARF III,721,6
coturnix GLHARD ficedula GLMARF GLTRSEM

SNÊSA *f-ō + f-n Räucherstecken (Mengeneinheit)* ◊ *spitful (unit of quantity)*
• *ap* snesan URBWERDD 180,8, escasa° (-æ?) REGERK 42, *mlat* esnasas, escnasas REGERK 43

SNÊ(U) *m-wa Schnee* ◊ *snow*
• *ns* sneu H *M*, sneo *C* 3128 — *ds* sneuue H *C* 5810

SNÊWIG *adj schneebedeckt* ◊ *snow-covered*
• *apm* snegigun GLPRUDF1 102,6
ninguidus GLPRUDF1

GISNID *(m-)a Hackfleisch* ◊ *mince meat*
• *ap* gesnia URBWERDTRAD 159,21

SNIDILING *m-a abgeschnittenes Reis* ◊ *cut twig*
• *ns* snideling GLTRSEM XIV,29
sarmentum GLTRSEM

sníht → SNĪTHAN
snimo, sniomo → SNIUMO, SLIUMO

SNĪTE# *f-n Schnepfe* ◊ *snipe*
• *ns* snite GLTR40 V,47,11
acceia (acogia *ms*) GLTR40

snitha° → SMIDTHIA, SMITHA

SNĪTHAN *v-1 schneiden* ◊ *to cut*
• *inf* snithan H *C* 5706 — *1sips* snithon GLTRSEM VI,121 — *2simp* sníht GLPRUDF1 95,33 — *3sopt* snidī H *C*, snidi *M* 747
concidere GLPRUDF1 dolare GLTRSEM

SNIUMI *adj-ja/jō rasch, unermüdlich* ◊ *quick, untiring*
• *ns* sníumi GLPRUDF1 99,19 — *gsm* sniumon GLPRUDF1 101,24 — *apm* sniumia GLSTR 107,17
citus, efficax GLPRUDF1 praepes GLSTR

SNIUMO, SLIUMO *adv sogleich, rasch, wie der Blitz* ◊ *at once, quickly, like lightning*
• sniumo H *C*, sliumo *M* 137. 1014, sniumo *CM* 776. 2334 (u *add M*). 4616 (snimo *C*). 4666. 4805 (sniomo, *l. o add C*). *C* 4727. 5929 GEN 218. 307, sliumo GLEVES 55,4
• GENB *comp* sniomor 830
sicut fulgor GLEVES

SNŌD# *f-ō Haarband* ◊ *hairband*
• GLWERDA *ns* sonð°# 345
vitta GLWERDA

SNOFLITIA *f-j-n Schluchzen* ◊ *sobbing*
• *as* snoslition° (= snoflition) GLPB2 I, 296,30
singultus GLPB2

SNŌR *(m-a/i, nt-a) Schnur, Band, Binde* ◊ *cord, ribbon, bandage*
• *ns* snor GLMARF III,722,37 — *dp* shnoren GLTRSEM XXII,17
instita GLMARF GLTRSEM ligatura GLMARF

SNORA *f-ō/n Schwiegertochter* ◊ *daughter-in-law*
• *ns* snore GLMARF III,715,41
nurus GLMARF

SNŌRLING *m-a Schnürstiefel* ◊ *laced boot*
• *ns* scnorling (stn-° *ms*) GLVERGOX 113,2
pero GLVERGOX

snoslition° → SNOFLITIA

SNŌVA *f-ō/n Halskette, Collier* ◊ *necklace, string of jewels*
• *ns* snoua GLTRSEM XI,10
murena GLTRSEM

SNŪTIA *f-jō Lichtputzschere* ◊ *candle snuffers*
• *np* snucia+ GLTRSEM VII,73
emunctorium GLTRSEM

SNŪTIAN *v-I den Nasenschleim abwischen, (eine Kerze) putzen* ◊ *to wipe the mucus away, to snuff (a candle)*
• *1sips* snuzon+ GLTRSEM VII,57
emungere GLTRSEM

ŪTSNŪTIAN *v-I sich schneuzen* ◊ *to blow one's nose*
• *1sips* uzsnuzo+ GLSPET 78,9‖
emungi GLSPET

SNŪTUNGA *f-ō Lichtputzschere* ◊ *candle snuffers*
• *ns* snuzunga+ GLSPET 78,10‖
emunctorium GLSPET

SŌ *adv, conj, partcl so, in solcher Weise, von der Art wie, ebenso, wie, so sehr, so wie, (als) ob, (auch) wenn, obgleich, wo doch, so dass, dann, sobald, als, solange, weil, rel (+ pers pron) der/welcher/was ◊ so, (just) as, thus, in such a way, such (as), (as) if, even if, although, whereas, so that, then, (just) when, so long as, because, rel (+ pers pron) who/what — ~ ... ~ sowohl ... als auch, (eben)so ... wie, entweder ... oder, sei es ... sei es, immer wenn ◊ both ... and, such ... as, as ... as, whether ... or, either ... or, every time that — ~ ... (~) indef ... (auch) immer ◊ indef ... (so)ever — ~ hwe ~, ~ hwat ~ indef jeder der, alles was ◊ everybody who, everything that — al ~ so wie, ganz wie ◊ just as — ~ samo, ~ self ebenso ◊ likewise — ~ samo ~ ebenso, in gleicher Weise wie, wie wenn ◊ just as, the same as, as if*

○[1838] so BEDA BENTR BENW CONFES GEN GLEPIST GLEVELT GLEVES GLGREG GLPRUDF1 GLSTR H *PLVCMS* HILD PSGERN 8,2. 10,5 [14,6,24] PSPAD 37,5 PSLUB 110G PSWIT 85,9, só GLPRUDF1 GEN 36 (?).198 H *S* 357. *L* 5862. 5869, só (*neum*) *M* 374. 375, sa *C* 3194, so (o<a?) 4896, suo 2508, se 14, so (*stil*) GLGREG 63,16. 64,1,2

○[53] GENB swá 253, swa cum, quod GLEVES sic GLEVES GLPRUDF1 cumque, et GLGREG tam GLEPIST GLEVES ut GLPRUDF1 sicut PSPAD (sosome) PSLUB -cumque (~ ... ~) GLEVES PSWIT -libet (~ ... ~) GLPRUDF1 si (~ ... ~) GLGREG quot (PSGERN) quicquid (~ wat ~) (BEDA) quasi (samo ~) GLEVES sicut (samo ~) GLPRUDF1 adeo (~ forth) GLPRUDF1

sóá → SAU

SODOMALIUDI *m-i p Bewohner von Sodom ◊ inhabitants of Sodom*
• *np* sodomoliudi GEN 151

SODOMATHIOD *f-ō Bevölkerung von Sodom ◊ people of Sodom*
• *ns* sodomothiod GEN 326

SÔGIAN *v-1 säugen ◊ to suckle*

• *pcps npf* suoginda GLEVES 56,16 nutrire GLEVES

SŌHA *f(-n) Rinne ◊ drain*
• *ns* soha GLTRSEM IX,45 incile GLTRSEM

SŌKIAN *v-1 (+ a) (+ d refl) (auf)suchen, besuchen, gehen zu, fragen nach, ausfindig machen, (ein)fordern, trachten, streben nach ◊ (+ a) to seek, search for/out, visit, go to, ask for, require, demand, strive for, aspire to* — saca ~ + d *einen Prozess führen gegen ◊ to litigate against*

• *inf* sokian H *C*, sokean *M* 4840. *C* 5916, suokean *C*, sokean *M* 377 (sokian *S*). 604. 643. 652. 703 (sokian *S*). 807. 909. 2083. 2799. 2802 (suocan *C*). 4846, *C* 961 (suokean *P*). 3986. 4707. 4797 (suokian *C*). 5938, suokean *C*, sokien *M* 578 (sokian *S*). 4496. 4532, suocan *C* 5959, suokian *C* 5158 (soken *M*). 5850 (suókian *L*) — *inf d* socinna GLGREG 62,3/4 — *3sips* sokid H *M*, suokit *C* 3207. 3810, sokit *CM*, suókit *V* 1331, suachit[+] GLSPET 77,14 — *2pips* sókiad GLPRUDF1 95,13, suokat H *C* 5818 — *2pimp* sokead H *M*, suokeat *C* 946. 1795, sokiad *M*, suokeat *C* 1945. *M* 1931 — *2sops* sokeas H *M*, suokies *C* 2106. 2123 — *3sops* sokea H *M*, suokie *C* 1521 — *3pops* sokean H *M*, suokean *C* 1366 — *3sipt* sohta H *M*, suohta *C* 358 (sôhta *neum M*, sohte *S*) 713. *M* 5975, sohte *M*, suohta *C* 1125. 2270 (sohta *C*). 2703. 2983. 3034. 3171. 3183. *C* 3959 — *3pipt* sohtun H *M*, suohtun *C* 460 (suohtum *C*). 545 (sohtun *CS*, tun *add C*). 1038. 1222. 4125. *C* 5698 — *3popt* sohtin H *M*, suohtin *C* 345. 685, suotin GEN 277 — *pcpt asf* gisûhta GEN 47

• + *a greifen zu ◊ to resort to* GENB *inf* secan[#] 406. 487. 764, sé:can[#] (*ras*) 761 — *3sipt* sohte 263 — *3pipt* sohton[#] 332 exigere (exactor) GLSPET rimari GLPRUDF1 quaerere GLGREG

ASŌKIAN *v-1 suchen ◊ to seek*
• *1sipt* [e]rsohte PSLUB 33,5 exquirere PSLUB

-sōkian   sômfilt

GISŌKIAN *v-I* + *a gehen zu* ◊ + *a go to* — ertha ~ *zu Boden stürzen* ◊ *to fall to the ground*
- *3pops* gisokean H *M*, gisuokean *C* 1501 — *3pipt* gisohtun H *M*, gisuohtun *C* 4852
- grund ~ *in den Abgrund stürzen* ◊ *to fall to the abyss* GENB *inf* gesecean[#] 302

UNDARSŌKIAN *v-I untersuchen* ◊ *to examine*
- *inf* undarsokian GLEVES 57,19/20

cribrare GLEVES

SOKK *m-a Socke, leichter Schuh* ◊ *sock, light shoe*
- *ns* soc GLSPET 82,21 — *np* socka GLSPET 87,30‖ — *ap* sokkos URBWERDB 133,1

caligula, pedile, udo GLSPET

SOKKSKŌH *m-a Überschuh* ◊ *overshoe*
- *np* socscuaha[+] (*1*.a<o) GLTRSEM VIII,19

fico GLTRSEM

SŌKNERI *m-ja Erforscher, Ankläger, Eintreiber* ◊ *researcher, prosecutor, collector*
- *ns* sócneri GLPRUDF1 102,41, sócneri 99,28, suochinari[+] GLTRSEM II,68

actor GLTRSEM exactor, exquisitor, exsecutor GLPRUDF1

SŌKNUNGA *f-ō Untersuchung, Versuch* ◊ *trial, test*
- *as* sócnunga GLPRUDF1 96,39, sócnúnga 101,7

periculum GLPRUDF1

socono → SAKA

SŌL (*nt-a/f-ō*) *Rune* ᚴ (*Sonne*) ◊ *rune* ᚴ (*sun*)
- *as* sol ABC 10

SOLA *f-n Sohle* ◊ *sole*
- *ns* sola GLTRSEM XII,60 — *np* solun GLPB2 I,297,33 — *ap* sólvn GLPRUDF1 92,34

planta GLPB2 GLTRSEM solea GLPRUDF1

SOLAG (*m-a*) *Suhle* ◊ *wallow*
- *ns* sholach GLTRSEM XVIII,72

volutabrum GLTRSEM

SOLAGTUHT *f-i Anrecht auf Schweinemast* ◊ *right to pig fattening*
- *as* sólagtúht URBWERDA 19,8

SOLERI *m-ja Obergeschoss, Dachgeschoss* ◊ *upper floor, attic*
- *ns* solari GLSPET 79,17‖ — *as* soleri H *M*, solari *C* 4542, sólare GLHARD IV, 262,3

solarium GLHARD tristigium GLSPET

solicon → SULĪK
solingaralia° → SLENGIRA

SÔM[1] (*m-a*) *Saum* ◊ *seam, hem*
- *ns* sôm GLHARD IV,253,50

ora GLHARD

SÔM[2] (*m-a*) *Packsattel, Pferdelast (Gewichtseinheit)* ◊ *pack-saddle, load (unit of weight)*
- *ns* som GLMARF III,717,16, shom GLTRSEM XIV,24 — *ap* (*mlat?*) saumos REGERK 49 (2), somas REGHERF 43, som̄as 43, som̄ (= som*as abbr*) 28[e] (2), 43 (6)
- SOMA *f mlat* — *as* somam REGHERF 43 (som̄)

sagma GLMARF GLTRSEM

SÔMARI *m-ja Lasttier* ◊ *beast of burden*
- *ns* somari GLTRSEM XVIII,12 GLVEG, somere GLMARF III,717,17
- *mlat as* somarium URBWERDC 149,12/13 URBWERDD 183,20 — *ap* saumarios REGERK 49

sagmarius GLMARF GLTRSEM GLVEG

some → SAMA
sómed[#] → SAMAD
somen → SAMAN

SÔMFILT (*m-a/i*) *Satteldecke* ◊ *saddle-cloth*
- *as* somuilt URBWERDB 133,2

SŌMI *adj-ja/jō passend* ◊ *proper*
• *ns* somi H *M* 4508

ANDSÔMIAN *v-I den Packsattel abnehmen* ◊ *to take off the pack-saddle*
• *3sipt* antsonda GLADM718 77,9
desternere GLADM718

somod# → SAMAD
son → SĀN
sóna → SĀNA

SŌNA *f-ō Richterspruch* ◊ *judgement*
• *as* suona GLEVES 51,38
iudicium GLEVES

sonð°# → SNŌD#

SŌNIAN *v-I beilegen* ◊ *to reconcile*
• *2pips* suoniat H *C* 1627

GISŌNIAN *v-I aussöhnen, beilegen* ◊ *to reconcile*
• *inf* gisuonean (u *add*) H *C*, gesonien *M* 1469, gisōnan CONFES 16,30 — *2pips* gisonead H *M* 1627 — *1sipt* gisŏnda CONFES 16,30 — *3sopt* gisuondi GLEVES 49,36
pacificare GLEVES

GISOP(P)A *f-ō/n Abfall* ◊ *rubbish*
• *ns (np?)* gasapa GLTRSEM XIII,56
purgamentum GLTRSEM

SORGA *f-ō (+ jō?) Sorge, Kummer, Gram* ◊ *sorrow, worry, grief* — ~ latan + *d refl*, + *a* Sorge tragen für, besorgt sein um ◊ *to take care of, be concerned about to* — te sorgu gistandan + *d pers jmdm* Gram bereiten ◊ *to cause grief to sb*
• *ns* sorga H *CM* 510 (*S*). 2988 (soroga *M*). 3496 (soraga *C*), soroga GEN 81 — *ds* sorgu H *CM* 4666, soragu *C* 4068 — *as* sorga H *CM* 2610. 3893. 4377, soraga *C*, sorgo°? *M* 822 — *gp* sorgono H *M*, sorogono *C* 2917, soragono (go<n) *C* 5966 — *dp* sorgun H *M*, sorgon *C* 608. 720 (sorgun *S*). 803. 1897. 5003. *M* 4068, sorgun *M*, sorogon *C* 85. 2717. 2802.

3093. 3178. 3291. 4996. 5144 *C* 5450. 5689. 5916, sorgun *M*, soragon *C* 4673, sorgun *M*, soragan *C* 4782. 5161. *C* 5360. 5518, sorgon *CM* 1693. 5421, sorogun GEN 85. 89 — *ap* sorogia H *C* 5746
• GENB *gs* sorge 785 — *as* sorge 733 — *gp* sorga 242. 364 — dp sorgum 482

SORGON *v-II sich Sorgen machen, sich grämen, kummervoll, angstvoll, sein, Sorge tragen für, besorgt sein um,* + *g sich kümmern um* ◊ *to sorrow, worry, be sorrowful, anxious, take care of, be concerned about,* + *g look after*
• *inf* sorgon H *CM* 1684. 1880. 1927. 2617 (sorogon *C*), sorogon GEN 10, sorogun 37 — *3sips* sorogot H *C* 2517 — *2pimp* sorgot H *M*, sorogot *C* 1858 — *pcps ns* sorgondi H *CM* 4588 — *pcps np* sorgondi H *CM*, sorogonde *V* 1357 (r *add M*), sorogondi *C* 5872 — *pcps ap* sorgondia H *C*, sorgandie *M* 4771 — *3pipt* sorgodun H *CM* 4590, sorogodun *C* 2244, soragodun 5789
• GENB *inf* sorgian# 800 — *pcps* sorgiende# 347 — *3pipt* sorgedon# 765

BISORGON *v-II* + *a versorgen, sich kümmern um, behüten, achtungsvoll behandeln* ◊ *to take care of, care for, watch over, treat respectfully*
• *inf* bisorgon H *CM* 1866, bisorgan *M*, bisuorgon *C* 1864 — *2simp* bisorgo GLEVES 50,2 — *3sipt* bisorgoda H *M*, bisorogoda *C* 334
honorare GLEVES

SORGSPELL *nt-a traurige Nachricht* ◊ *sad news*
• *as* sorgspell H *M*, sorogspell *C* 3174

SORGWORD *nt-a Klage* ◊ *lamentation*
• GENB *gp* sorhworda 789#*

SŌSŌ *adv (ebenso) wie, auf welche Weise* ◊ *like, how*
• soso GLMERS 70,7 PSLUB 28,6, sósó GLPRUDF1 100,2
quo GLMERS tamquam PSLUB ut GLPRUDF1

sostra → SESTERI

SOTH *nt-a Fleischbrühe* ◊ *broth*
• *ns* soth GLMARF IV,178,25 — *as* soth GLHARD IV,263,20
ius GLHARD GLMARF

SŌTH¹ *adj wahr, recht* ◊ *true, right*
• *gs* suothas H *C*, sodes *M* 906, suođas GEN 285 — *asm* suothan H *C* 5701 — *dp* suođon H *L*, suothon *C* 5833

SŌTH² *nt-a* (SŌTHA *subst, nt-n?*) — te sode/sođan *wahrheitsgemäß, verläßlich* ◊ *truthfully, reliably*
• *ds* sode H *M* 1300. 4108 — *dp (ds?)* suothen H *C* 1300 (suođan *V*). 4108, suothen *C*, sodan *M* 2077 (sođan *M*). 4849. 4988, suothan *C*, sodon *M* 925
• GENB *ds* sóđe 570

SŌTHFAST *adj wahrhaftig* ◊ *true*
• *asm* suothfastan H *C* 5938

SŌTHLĪK *adj wahr* ◊ *true*
• *gsnt* sodlikes H *M*, suodlicas *C* 183 — *as/pnt* sodlic H *M* 2416 (suothlic *C*). 4908 (suohtlic *C*)

SŌTHLĪKO *adv wahrheitsgemäß* ◊ *truthfully*
• sodlico H *M*, suothlico *C* 494 (sođlica *S*). 565 (sóđlica *S*). 3019. 5090, sodlico *M*, suotlico *C* 581 (sóđlica *S*). 637. 1361. 2651 (suodlico *C*)

SOTHMŌSA *f-ō/n Suppenfleisch* ◊ *boiled beef*
• *ns* sothmosa GLMARF III,717,55
pulpa (inde pulpamentum) GLMARF

SŌTHSPELL *nt-a ehrliche Auskunft* ◊ *sincere information*
• *as* sodspel H *M*, suotspell *C* 3838

SŌTHWORD *nt-a offenes Wort* ◊ *sincere word*
• *dp* soduuordun H *M*, suothuuordon *C* 3230

SPĀDI *adj-ja/jō spät* ◊ *late*
• *npm* spátta[+] GLEPIST I,797,18
autumnalis GLEPIST

SPADO *m-n Spaten* ◊ *spade*
• *ns* spado GLSPET 76,15, spada GLMARF III,719,2 (*f?*) — *ds* spadon GLPRUDF1 93,21 — *dp* spadon GLPRUDF1[(+)] 93,22
ligo, fossorium GLMARF sarculum GLPRUDF1 GLSPET rastrum GLPRUDF1[(+)]

SPĀH, SPĀHI *adj-a + -ja/jō klug, weise, erfahren, schlau* ◊ *intelligent, wise, experienced, crafty*
• *ns* spahi H *CM* 125. 572 (spé *S*). 2466. 4244 — *nsm* spaher[+] HILD 39 — *asm* spahan H *CM* 173. 849 — *asf* spaha GEN 106 — *npm* spaha H *C*, spáha (neum) *M*, spehe *S* 375 — *gp* spaharo H *CM* 2673 — *dp* spahun H *M*, spahon *C* 1296 (spáhun *V*). 2719 (spahion *C*) — *comp npm* spahiron H *M*, spahirun *C* 1992 — *sup npm* spahoston H *CM* 613

SPĀHHÊD *f-u Klugheit* ◊ *wisdom*
• *ns* spahed H *C* 1901

SPĀHITHA *f-ō Klugheit* ◊ *wisdom*
• *as* spahitha H *C* 3454

SPĀHLĪK *adj klug* ◊ *wise*
• *gp* spahlicoro H *M* 1901

SPĀHLĪKO *adv weise, klug, wohlüberlegt* ◊ *wisely, prudently*
• spahlico H *CM* 238. 1381. 2650. *C* 1901

SPĀHWORD *nt-a kluges Wort* ◊ *wise word*
• *ap* spahuuord H *CM*, spáhuuorđ *V* 1288

SPAK *(nt-a) dünner Zweig* ◊ *small branch*
• *ns* spah[+] GLSPET 79,4 ‖
sarmentum GLSPET

spa[k] → SPREKAN

SPAKA *(f-n) Radspeiche* ◊ *spoke*
• *ns* spake GLMARF III,720,3
radius GLMARF

spacan, spaccun → SPÊKA

SPALDAN *v-7 spalten* ◊ *to chop*
- *pcpt* gispaltan⁺ GLSPET 83,30
findere GLSPET

spalte → **SPELTA**

GISPAN *nt-a Verlockung* ◊ *allurement*
- GENB *ns* gespon 720

SPANAN *v-6 drängen, treiben, anspornen, verlocken* ◊ *to urge, drive, spur, entice*
- *inf* spanan H *C*, spanen *M* 1376. 1480. 1864 — *2sips* spenis HILD 40 — *3sips* spanit H *C*, spenit *M* 1031. 1354 (spenit *V*). 1493 (spanit *M*). 1495 (spenit *C*). 1775 — *pcpt apm* gispanana (-na<-m) H *C* 5414
- GENB *2simp* span 575 — *3sipt* spéon# 588, speon# 684. 687 — *3sopt* speonne# (*1*.n *del*) 274

FARSPANAN *v-6 verlocken, verführen* ◊ *to entice, seduce*
- *inf* forspanan H *C* 3454 — *1sips* farspanen (*abbr*) GLTRSEM XII,101 — *pcpt* farspanan H *C* 5648
- GENB *3sipt* forspéon# 350
pelicare GLTRSEM

GISPANAN *v-6 treiben, anstacheln, überreden* ◊ *to drive, spur on*
- *3sipt* gespon H *C* 1, gispuon⁺ GLPB2 I,296,48 — *3sopt* gispuoni (u *add*) H *C*, gesponi *M* 2719
instigare GLPB2

SPANANDILĪK *adj anziehend* ◊ *attractive*
- *asf* spanandelica GLPRUDF1 89,4
invitatorius GLPRUDF1

GISPANG *nt-a Kettenwerk, Gespänge* ◊ *clasps, chains*
- GENB *np* gespong 377#*

SPANGA *f-ō/n Spange* ◊ *clasp*
- GENB *dp* spángum 445#*

SPĀNIO *m-j-n Spanier* ◊ *Spaniard*
- *ns* spánio GLPRUDF1 102,5 — *dp* spáníon GLPRUDF1 103,12/13

Hiberus, Vasco GLPRUDF1

GISPANN *nt-a Spange* ◊ *clasp*
- *ns* gespan GLPB1 II,334,8 GLTRSEM XXII,22
- *Fesseln* ◊ *bonds* GENB *ds* gesponne 762
murica GLPB1 GLTRSEM

SPANNAN *v-7 festmachen* ◊ *to fasten*
- GENB *3sipt* spenn (e>eo) 445

SPANNRÊP *nt-a Spannseil* ◊ *clamping rope*
- *ap* spanrep (*abbr*) REGHERF 51

GISPANST *f-i Verlockung* ◊ *enticement*
- *ds* gispensti GLEVES 60,11
maligna suggestio GLEVES

SPARA *f-n*, SPARO *m-n Sparren* ◊ *rafter*
- *ns* spare GLMARF IV,179,7
tignum GLMARF

spark → **SPREKAN**

SPARON *v-II hinauszögern, aufschieben* ◊ *to delay, leave unsettled*
- *1sips* spáron GLPRUDF1 101,25 — *pcpt* gisparod GLTRSEM XVII,27
differe GLPRUDF1 suspendere GLTRSEM

SPARRA *f(-n) Sparren* ◊ *rafter*
- *ns* sparra GLMARF III,722,3
tignum GLMARF

SPARRO *m-n Sparren* ◊ *rafter*
- *ns* sparro GLSPET 81,26
tignus GLSPET

SPARTLON *v-II zappeln* ◊ *to wriggle*
- *3pipt* spartalodon GLTRSEM VI,49
collidere GLTRSEM

SPARWARI *m-ja Sperber* ◊ *sparrowhawk*
- *ns* sparauuari GLTRSEM VII,62, sparuuere GLTR40 V,48²⁸
herodio GLTRSEM

SPASAL *m/nt-a* (SPASLA *f-ō?*) *Spange* ◊ *brooch*

spasal

• *as* spasa° (= spasal/spasla) GLPB2 I,296,9
fibula GLPB2

spátta⁺ → SPĀDI
spé → SPĀH, SPĀHI
spéd# → SPŌD

SPÊGAL *m/nt-a Spiegel* ◊ *mirror*
• *ns* spêgal⸱⸱ GLPRUDBR II,572,41, spiágal GLPRUDF1 102,12
speculum GLPRUDBR GLPRUDF1

SPEHT *(m)-a Specht* ◊ *woodpecker*
• *ns* speth GLVERGOX 111,14
picus GLVERGOX

SPÊKA *f-n Speiche* ◊ *spoke*
• *ns* (?) speca GLPRUDP 62,8 — *np* spacan GLK211 I,445,23, spaccu*n* (*abbr.*, °? = spaecun?) GLPB1 I,429,8, speicon GLPB2 I,298,13, speichun⁺ GLSPET 76,3 — *gp* specuno GLPRUDF1 93,21, specono 93,21/22, speicheno⁺ GLSPET 85,29 ‖
radius GLK211 GLPB1 GLPB2 GLPRUDF1 GLPRUDP GLSPET

SPÊKALDRA *f-ō/n Speichel* ◊ *saliva*
• *dp* specáldron GLPRUDF1 101,5/6
saliva GLPRUDF1

SPEK(K) *(nt)-a Speck* ◊ *bacon*
• *ns* spek GLSPET 87,7 ‖
lardum GLSPET

SPEKSWĪN *nt-a Mastschwein* ◊ *fattened hog*
• *n/as* speksuin REGFREK *K* 25,26, specsuin *M* 25,9 — *n/ap* speksuin REGFREK *K* 25,22,24, specsuin *K* 24,22. 32,35. 33,31. *M* 24,10. 25,3,6. 29,21. 32,27, specsuín 29,11. 33,12. 37,15, specsvin URBWERDF 273,12/13, specswin REGHERF 48
saginatus porcus URBWERDF

SPELL *nt-a Rede, Reden, Wort, Botschaft* ◊ *speech, speaking, word, message*

• *as* spel H *CM* 572 (spell *S*). 1376. 1381. 2650 — *gp* spello H *CM* 2466. 2673 (splello° *3. 1 add C*) — *ap* spell H *C*, spel *M* 1732. 1992 (spel *C*). 2416
• GENB *dp* spellum 516

SPELLUNGA *f-ō Schilderung* ◊ *narrative*
• *gs* spellunga GLPRUDF1 97,1
fabulatio, tragoedia GLPRUDF1

SPELTA *f-ō Spelt* ◊ *spelt*
• *ns* spelta GLMARF *Pilkmann n°* 466, splelta° GLTRSEM XXI,44 — *gs* (*lat?*) spelte REGHELM 125, spalte REGHERF 27. 46
ador, far GLMARF siligo GLTRSEM

SPENDON *v-II ausgeben* ◊ *to expend*
• *1sips* spendon GLTRSEM VII,36
erogare GLTRSEM

SPENDUNGA *f-ō Unterstützung* ◊ *support*
• *ds* spendunga GLSPET 78,2
impensa GLSPET

SPENNIAN *v-I entwöhnen* ◊ *to wean*
• *pcpt asm* gíspándan GLPRUDF1 96,23
depellere GLPRUDF1

spenule → SPINULA, SPINALA

SPER *nt-a Speer* ◊ *spear, lance*
• *ns* sper GLTR40 V,48,26 — *gs* speres H *M* 4862. *C* 5346 — *as* sper H *C* 5704 — *instr* speru HILD 40
catapulta GLTR40

sperdela° → SWERDILA, SWERDALA, SWERDULA

BISPERRIAN *v-I zusperren* ◊ *to lock up*
• *pcpt np* bisprade GLPB1 *Schreiber, p.* 146
oppilare GLPB1

SPERRIL *m-a Sperrstange* ◊ *locking bar*
• *ns* sperril GLTRSEM XIII,96
repagulum GLTRSEM

speth → SPEHT
spiágal → SPĒGAL

SPĪKARI, SPĪKERI *m-ja (Korn-)Speicher* ◊ *store, corn loft, granary*
• *ns* spikere GLMARF IV,179,23 — *as* spikeri REGFREK *M* 37,14, spikare 28,23. 31,13. 35,37. 37,33. 39,10. 40,3,30, spicare 35,36. 38,27, spikera (°= spikare?) 34,11 — *np* spiker GLMARF IV,178,16
granarium, horreum, ptisanarium GLMARF

SPĪKERMĀTA *f-ō Speichermaß* ◊ *measure of the granary*
• *as* spikirmat REGÜBERW 24

SPIL *nt-a Getümmel, Tanz, Spiel, Kurzweil* ◊ *tumult, dancing, play, amusement*
• *as* spil GLEVES 56,8 H *C* 4686 — *as/p* spil GLPRUDBR II,572,30 — *ap* spil GLPRUDBR II,572,9
chorus GLEVES ludicrum, scholarum feriae GLPRUDBR

GISPIL *nt-a gemeinsames Spiel* ◊ *playing together*
• *ns* gespil GLTRSEM V,113
colludium GLTRSEM

SPILDI *adj-ja/jō verschwenderisch* ◊ *wasteful*
• *ns* spíldi GLPRUDF1 99,22 — *nsf* spildiu[+] GLTRSEM XVII,20
prodigus GLPRUDF1 GLTRSEM

SPILDIAN *v-I umbringen* ◊ *to slay*
• *inf* spildian H *M*, spildean *C* 737, spildien *M* 4862 — *inf d* spildianne H *C* 5346

FARSPILDIAN *v-I zerstören* ◊ *to destroy*
• *pcpt* farspildit GEN 321

SPILGINÔT *m-a Mitspieler* ◊ *fellow gambler*
• *ns* spilegenoz[+] GLMARF IV,178,3
collusor GLMARF

SPILHŪS *nt-a Theater* ◊ *theatre*
• *ns* spilehus GLSPET 79,20‖ GLMARF III,721,48

theatrum GLMARF GLSPET

spille → SPINNILA

SPILON *v-II tanzen, Kurzweil treiben* ◊ *to dance, have fun*
• *pcps nsm* spilenter[+] GLPRUDF1 101,12 — *3sipt* spiloda H *C*, spilode *M* 2764
pcps ludens, ludibundus GLPRUDF1

SPINALA → SPINULA, SPINALA

SPIND *(m-a) Fett* ◊ *fat*
• *ns* spind GLPRUDF1 90,8
arvina GLPRUDF1

spinela → SPINULA, SPINALA

SPINILA *(f-ō/n?) Kriechenpflaume, Spilling* ◊ *bullace, white plum*
• *ns* spinel GLMARF III,720,16
prunella GLMARF

SPINN *nt-a Spinnen* ◊ *spinning*
• *ns* spin GLVERGOX XIV
tela GLVERGOX

SPINNILA *f-n Spindel* ◊ *spindle*
• *ap* spínnílvn GLPRUDF1 94,28, spille GLMARF III,718,29
fusus GLMARF GLPRUDF1 pensum GLMARF

SPINULA, SPINALA *f(-n) Spange, Haarnadel* ◊ *buckle, hairpin*
• *ns* spinala GLTRSEM V,23, spinela GLSPET 86,5‖, spenule GLVERGOX 112,21, spnele (*abbr?*) GLMARF IV,179,2
acus crinalis GLSPET cnasona (crasona *ms*) GLTRSEM fibula GLVERGOX sphinx GLMARF

SPĪR *(m-a?) Spierschwalbe, Mauersegler* ◊ *swift*
• *ns* spír GLTR40 V,48[28]

SPIRLING *m-a Stint* ◊ *sparling*
• *ns* spirlinc GLMARF III,720,51
silurus GLMARF

SPĪSA *f-ō* Auslagen, Speise ◊ *expenses, food*
• *ns(p?)* spisa GLHARD IV,253,27 — *as* sp(i)[sa] GLMERS 71⁸
pulmentum GLMERS sumptus GLHARD

SPIT *(m/nt)* Spieß (textkritisches Zeichen), Bratspieß, Spitze ◊ *spit (critical mark), broach, spike*
• *ns* spiz⁺ GLSPET 78,14‖ GLHARD IV,251,1 GLMARF III,718,55
cuspis GLMARF obelus, veru GLHARD GLSPET

SPITBRĀDO *m-n* Spießbraten ◊ *joint roasted on the spit*
• *ns* sipizbrado⁺ (*1.i del*) GLTRSEM II,32
assatura GLTRSEM

SPĪWAN *v-1* speien ◊ *to spit*
• *3pipt* spiuuun (*3. u add*) H *C* 5494

splello° → SPELL
spelta° → SPELTA
spnele°⁺ⁿ → SPINULA, SPINALA

SPŌD *f-i* Erfolg ◊ *success*
• *as* spot H *M* 1901
• Vorteil ◊ *advantage* GENB *as* spéd# 575

SPŌDIAN *v-1* fördern ◊ *to further*
• *3sipt* spuodda GEN 106

SPŌLO *m-n* Spule ◊ *spool*
• *ns* spolo GLMARF IV,178,47 GLTRSEM XII,19, spuolo⁺ XII,33
panula GLTRSEM panus GLMARF GLTRSEM

SPŌLWORM⁺ⁿ *m-a* Spulwurm ◊ *roundworm*
• *ns* spuoluuorm⁺ GLTRSEM XIV,54
spalangium/phalangium° GLTRSEM

SPORO *m-n* Sporn ◊ *spur*
• *ns* sporo GLTRSEM IV,98
• GLWERDC *ns* spora 358
calcar GLTRSEM GLWERDC sporonus GLWERDC

SPOTT *(m-a)* Spott, Scherz ◊ *mockery, joke*
• *ns* spot^{bfk} GLPRUDBR II,573,5 — *as* spót GLPRUDF1 89,24
acroma GLPRUDBR ludicrum GLPRUDF1

BISPOTTON *v-II* verspotten ◊ *to deride*
• *pcpt* bespottet CONFPAL 362,9

SPOTTWORD *nt-a* Spottwort ◊ *mocking word*
• *dp* spótvvórdon GLPRUDF1 101,20
ludicrum GLPRUDF1

spræc-# → SPRĀKA
spræcan → SPREKAN
spragman⁺ⁿ → SPRĀKMANN
(-)sprah-⁺ → (-)SPRĀK-
spraka → SPREKAN

SPRĀKA *f-ō* + *f-n* Sprachfähigkeit, Sprachgewalt, (Gewandheit der) Rede, Reden, Gespräch, Unterredung, Beschluss ◊ *(faculty, power of) speech, eloquence, speaking, conversation, talk, decision*
• *ns* spraka H *CM* 3131 — *gs* spraka H *C*, spraca *M* 173. 238. 3374 (spraka *M*), spraca *C*, spraka *M* 2455 — *ds* spracu H *CM* 1296 (spráku *V*, spraco *C*). 1376, sprako GEN 77, spracun H *CM* 700 (spraku *S*). 849 (sprakun *C*). *C* 5927 — *as* spraka GEN 106 H *CM* 1732 (spraca *M*). 2891. 3038 (spraca *C*) — *as/p* spraca GLPRUDBR II,572,10 — *gp* spracono H *CM* 572 (sprakono *M*, sprekana *S*). 613 (ra<ac *M*). 1992 (spraconon° *C*). 2466 (sprakono *M*). 2719 — *dp* sprákun H *V*, spracun *M*, spracon *C* 1288. *C* 5648
• GENB *f-jō ds* spræce# 516 — *gp* spræca# 445
verbum GLPRUDBR

SPRĀKHŪS *nt-a* Beratungsgebäude, Kurie ◊ *meeting-hall, curia*
• *ns* sprekhus GLSPET 87,26, sprahhus⁺ 86,14 — *as* sprakhus GLEVES 53,18, sprachus GLPRUDF1 101,17
curia GLPRUDF1 GLSPET curulis, curialis a curia GLSPET praetorium GLEVES

GISPRĀKI *nt-ja Äußerung* ◊ *comment*
• *gs* gespraches⁺ GLEPIST IV,307,8/12
tale GLEPIST

SPRĀKMANN *m-a der Gerichtsvorsitzende, Ratsmitglied* ◊ *presiding judge, member of a curia*
• *ns* spragman⁺? GLSPET 82,28 — *gs* sprákmánnas GLPRUDF1 99,4
curialis GLSPET praetor GLPRUDF1

GISPRĀKNI *f-ī Prophezeiung* ◊ *prophecy*
• *as* gisprahni⁺ GLPB2 I,297,28
oraculum GLPB2

SPRANG *(m-)a Riss* ◊ *fissure*
• GLWERDC *ns* sprang *fol.* 5v
[concisura, fiss]ura GLWERDC

SPRĀWA *f-wō/w-n Star, Sprehe* ◊ *starling*
• *ns* sprea GLTRSEM XV,37
sturnus GLTRSEM

sprea → SPRĀWA
sprek- → SPRĀK-

SPREKAN *v-4 (+ d refl) sprechen, sagen, reden, kundtun* ◊ *to speak, say, talk, declare* — angegin, tegegnes ~ *(+ d pers) jmdn ansprechen, sprechen zu jmdm, jmdm Antwort geben, entgegnen* ◊ *to address sb, speak, answer, reply to sb*
o³⁶⁵ *inf* sprekan, sprecan H *CM*; sprekan *L* 5868, spræcan *C* 2777, spreken *M* 2307 (sprekean *C*). 2807, sprekean *C* 1432 — *2sips* sprikis H *CM* — *3sips* sprikid H *M*, sprikit *C* — *3pips* sprekad PSGERN 8,1 [14,5] H *M*, sprecat *C* 3047, sprekat *V*, sprecat *C* 1337, sprecad *M*, sprekat *C* 1740 — *3sops* spreke H *C*, spreca *M* 3732 (spraka *M*). 5042, spreke PSWIT 84,9(2) — *1pops* sprekan H *M*, sprecan *C* 4193 — *3pops* sprecan H *M* 1337 — *2simp* sprik GLPRUDF1 92,11 — *1sipt* sprak CONFES 17,11, spa[k] PSLUB 115,10 — *3sipt* sprak, sprac H *CM*; sprak *S* 395, sprak (a<g?) *C* 969 (sprak *P*), sprac (c<cun) *M* 4073, sprac (r<p/a) *C* 4604, sprak GEN 31

(s<r, p *add*). 34. 42 (< spark). 69. 190. 272 GLEVES 58,12 — *3pipt* sprakun, spracun H *CM*; sprakun *S* 562. *L* 5843, sprákun 5847, spracon *C* 2967, spra|[kun] GLEVES 57,26 — *3sopt* spraki H *PCM* 974. *C* 3446. 5555 — *3popt* sprakin H *C* 5964 — *pcpt* gisprokan H *CM* 2650 (gisprocan *C*). *C* 5377, gisproken *S*, gisprôcan (*neum*) *M*, gisprokean *C* 375, gisprecan *C* 5568
o¹⁴ GENB *inf* sprecan 508 — *3pips* sprecað 575 — *3sipt* spræc# — *3pipt* spræcon# 788
fari GLPRUDF1 loqui (PSGERN) PSLUB PSWIT dicere, interrogare GLEVES

BISPREKAN *v-4 erörtern, tadeln, bezichtigen, verweigern, einschränken* ◊ *to discuss, reproach, accuse, refuse, reduce*
• *inf* besprekan H *M*, besprekean *C* 1703 — *3pips* bisprehhent⁺ GLSPET 81,5 — *3sipt* bisprak H *M*, bisprac *C* 4923 — *3pipt* bisprakun H *CM* 4190 — *pcpt* bisprohhan⁺ GLSPET 79,1 ‖
derogare, diffamare GLSPET

FARSPREKAN *v-4 zurückweisen* ◊ *to reject*
• *1sips* farspricu GLTRSEM I,11
abligurrire [ablegare?] GLTRSEM

FORASPREKAN *v-4 im Reden zuvorkommen* ◊ *to anticipate in speaking*
• *3sipt* foresprak GLEVES 51,17
praevenire GLEVES

GISPREKAN *v-4 (+ d refl) sprechen, sagen, reden, kundtun, verabreden, + g sprechen von* ◊ *speak, say, talk, declare, arrange, + g to speak of* — tegegnes ~ *+ d pers erwidern* ◊ *to reply*
o⁸⁵ *inf* gisprekan H *C* 229, gisprecan 184. 1901 (gesprecan *M*), gisprekean 164, gispracan (*1.*a < *corr?*) *C* 5546 — *1sips* gispricu H *C*, gespriku *M* 4351 — *2sips* gisprikis H *C* 2109 (gesprikis *M*). *M* 143. 158 — *3sips* gesprikid *M*, gisprikit *C* 1694. 1760 — *1sipt* gisprak CONFES 16,5 — *2sipt* gispraki H *CM* 3065 — *3sipt* gisprac GEN 225, gisprak

-sprekan

H *LCM*, gisprac *CM*, gesprak, gesprac *M* — *3pipt* gisprakun H *C* 1415 (gespracun *M*). 3524 (gesprakun *M*), gispracun *C*, gisprakun *M* 2878. 4170, gispracun *CM* 440. 624. *C* 2658. 5682 — *3sopt* gispraki H *C*, gespraki *M* 3864
- G<small>E</small>NB *3sipt* gespræc[#] 580, gespæc[#] 271 — *2sopt* gespręce[#] 661

TŌSPREKAN *v-4* + *d sprechen zu/mit* ◊ *to speak to*
- *3sipt* tosprak G<small>L</small>E<small>V</small>E<small>LT</small> 47,2, tuosprak G<small>L</small>E<small>V</small>E<small>S</small> 48,20

TISPRENGIAN *v-1 zersprengen* ◊ *to shatter*
- *3sips* zisprengid⁽⁺⁾ (g<k?) P<small>S</small>L<small>UB</small> 32,10
dissipare P<small>S</small>L<small>UB</small>

GISPRING *m/nt-a Quelle* ◊ *source*
- *ns* gispring G<small>L</small>P<small>RU</small>DF1 104,33 — *ds* gispringa G<small>L</small>P<small>RU</small>DF1 97,10
fons G<small>L</small>P<small>RU</small>DF1

SPRINGAN *v-3 herausfließen* ◊ *to spring*
- *3sipt* sprang H *CM* 4879 — *3pipt* sprungun H *C* 5709

ANDSPRINGAN *v-3 aufspringen* ◊ *to jump up*
- *3sipt* antsprang H *C*, ansprang *M* 710

SPRINGWURT *f-i Spring-Wolfsmilch* ◊ *caper spurge*
- *ns* sprincuurz⁺ G<small>L</small>T<small>R</small>40 V,42,27
lathyris (lacteridia *ms*) G<small>L</small>T<small>R</small>40

SPRIU *(nt-)wa Spreu* ◊ *chaff*
- *ns/p* spriu G<small>L</small>SP<small>ET</small> 75,21 ||, sp^{r}iu: (-r *ras*) G<small>L</small>T<small>R</small>S<small>EM</small> II,66 — *as/p* spriu G<small>L</small>SP<small>ET</small> 84,30||, spríu G<small>L</small>P<small>RU</small>DF1⁺ 91,32
acus G<small>L</small>T<small>R</small>S<small>EM</small> ptisana G<small>L</small>SP<small>ET</small> recrementum G<small>L</small>P<small>RU</small>DF1⁺ G<small>L</small>SP<small>ET</small>

SPROKKO *m-n Reisig* ◊ *twigs*
- *ns* sprocco G<small>L</small>M<small>ARF</small> IV,177,23
sarmentum G<small>L</small>M<small>ARF</small>

GISPROT *m/nt-a Sprössling* ◊ *scion*

spurnan

- *ns* gísprót G<small>L</small>P<small>RU</small>DF1 92,22
surculus G<small>L</small>P<small>RU</small>DF1

ŪTSPRŪTAN *v-2 hervorsprießen* ◊ *to sprout*
- *3sips* vtsprutit G<small>L</small>E<small>V</small>E<small>S</small> 52,27
tener esse G<small>L</small>E<small>V</small>E<small>S</small>

SPRŪTODI *adj-ja/jō gesprenkelt* ◊ *speckled*
- *ns* sprutodi G<small>L</small>V<small>ERG</small>O<small>X</small> 109,21
guttatus G<small>L</small>V<small>ERG</small>O<small>X</small>

SPUNNIBRŌTHAR *m-r Milchbruder* ◊ *foster-brother*
- *ns* spunnebroth*er (abbr)* G<small>L</small>M<small>ARF</small> III, 715,47, spunebruoder⁺ G<small>L</small>T<small>R</small>S<small>EM</small> VI,12
collactaneus G<small>L</small>M<small>ARF</small> G<small>L</small>T<small>R</small>S<small>EM</small>

SPUNSIA *f-jō Schwamm* ◊ *sponge*
- *as* spunsia H *C* 5648

spuodda → SPŌDIAN
spuol-⁺ → SPŌL-

SPURIGRAS *nt-a Vogel-Knöterich* ◊ *knotgrass*
- *ns* spurigras G<small>L</small>T<small>R</small>40 V,41,24
sanguinaria G<small>L</small>T<small>R</small>40

SPURIHALT *adj subst Lähme, Rähe (Pferdekrankheit)* ◊ *lameness, founderness (of horses)*
- *ns* spvrihaiz⁺, B<small>EN</small>W 4, spvrihaz°⁺ 7

SPURIHELTI *f-ī Lähme, Rähe (Pferdekrankheit)* ◊ *lameness, founderness (of horses)*
- *ds* spurihelti B<small>EN</small>W 13

SPURINGA *f-ō Aufspüren* ◊ *(act of) tracking down*
- *ds* sp(urin)gu G<small>L</small>L<small>AM</small> 67,7
indago G<small>L</small>L<small>AM</small>

SPURNAN *v-3 niedertreten, festtreten, ausschlagen (Pferd), bocken* ◊ *to tread, trample down, kick out (horse), buck*
- *3pips* spurnat H *CM* 1372. 1722 — *pcps gsm* spurnandies G<small>L</small>V<small>ERG</small>O<small>X</small> 114,12
pcps sternax, sternens G<small>L</small>V<small>ERG</small>O<small>X</small>

BISPURNAN *v-3 anstoßen* ◊ *to stub*
• *inf* bispurnan H *C*, bespurnan *M* 1090

BISPURNNISS(IA) *f-jō/nt-ja Ärgernis* ◊ *offence*
• *ds* (?) bisprunnis GLPB2 I,298,42
offendiculum GLPB2

SPURUL *adj (nach hinten) ausschlagend* ◊ *kicking out (behind)*
• GLWERDA *ns* spurul 358
calcitrosus GLWERDC

stabu → STAF
stad → STATH

STADA *f-ō Besitz* ◊ *property*
• *as/p* stada⁺ GLEPIST I,796,11
dives [esse] (~ haben) GLEPIST

STĀDIAN (?) → STATHIAN

stadlo → STATHAL

ANDSTADON *v-II widerstehen* ◊ *to resist*
• *lsips* antstadon GLTRSEM XIII,106
resistere GLTRSEM

BISTADON *v-II verpachten* ◊ *to lease*
• *3sips* bistadod (-d<n/t) GLEVES 51,15 (*lat* locabit < -uit) — *3sipt* bistadoda GLEVES 51,13
locare GLEVES

GESTÆ LAN[#] *v-I zur Last legen* ◊ *+ d pers, + a rei to accuse sb of sth*
• GENB *inf* gestælan[#] 391

staer[#] → STARA

STAF *m-a Stab, Buchstabe, Rune(n-zeichen), Jagdspieß* ◊ *staff, letter, rune, runic character, hunting-spear*
• *ns* staph GLTRSEM III,67 GLVERGOX 111,2 — *ds* stáue GLSMIH 272 — *instr* stabu ABC 5
baculus GLTRSEM baculum GLSMIH venabulum GLVERGOX

STAFSLENGIRA *(f-n) Speerschleuder* ◊ *catapult for spears*
• *ns* stafslengrie GLVERGOX 112,4, stephstrengiere° 113,18/19
ballista, falarica, genus gladii GLVERGOX

STAFSWERD *nt-a Stockdegen* ◊ *sword cane*
• *ns* stafsuert GLMARF III,716,65
framea GLMARF

STAFWURT *f-i Stabwurz* ◊ *southernwood*
• *as* stafuúrt GLSTR 106,23
dictamnum GLSTR

STAHAL *m/nt-a Stahl* ◊ *steel* → STEHLI
• *ns* stal GLMARF III,717,30. IV,177,5
chalybs GLMARF

staimbort⁺ → STÊMBORD

STAKO *m-n Stock* ◊ *stake*
• *ns* stake GLMARF III,719,3
fustis GLMARF

STAL *nt-a Vogelfalle* ◊ *decoy*
• *n/ap* stalo[#?] GLTRSEM XVI,33
umbrella GLTRSEM

stal → STAHAL

STALINGUN *adv heimlich* ◊ *secretly*
• stalingu*n* (*abbr*) GLPB2 I,296,13
furtim GLPB2

STALLMANN *m-cons Stallaufseher* ◊ *stable-keeper*
• *ds* stelman URBWERDF 270,1

STAM *adj stammelnd* ◊ *stammering*
• GLWERDC *ns* stam 358
battulus GLWERDC

STAMAR *adj stotternd* ◊ *stuttering*
• *ns* stamor GLMARF III,715,60
balbus GLMARF

STAMARON *v-II stammeln* ◊ *to stammer*
• *3sips* stámárod GLPRUDF1 94,5
balbutire GLPRUDF1

stamn

STAMN *m(-a) (Vorder-)Steven, Achtersteven* ◊ *stem, prow, stern*
 • *ds* stamne H *CM* 2940. 2961. *C* 2915

STAMP *(m-a/i) Stampfer, Stößel, Presse* ◊ *pounder, pestle, press*
 • *ns* stamp GLTRSEM XII,106 GLSPET 74,15 ‖, stampf⁺ 82,23
pilum, prelum GLSPET pilus GLTRSEM

STAMPERI *m-ja Stampfer* ◊ *pounder*
 • *ns* stamfiri⁺ GLSPET 81,12
pilum (pilus°) GLSPET

STAMUL *adj stammelnd* ◊ *stammering*
 • *ns* stamul GLTRSEM III,71
balbulus GLTRSEM

STĀN *anv (+ d refl) stehen, sich hinstellen, sich aufstellen, sich befinden* ◊ *to stand, place oneself, fall into line, exist*
 • *inf* stann H *C* 4870 — *2sips* stes H *C* 5578. 5591 (st<o) — *3sips* stéd GEN 150. 172. 192, sted H *CM* 887. 2468. *C* 5594. 5615, sted *M*, stet *C* 3756. 4349 (steid *M*). 4958, sted *C*, stad *M* 1745. 2166. 2889, stet GEN 78, stet H *C*, stad *M* 1395. 1680, steď *C*, stad *M* 2496. *C* 2534. 5343, stad *M*, stat *C* 1673. *M* 3625, steid MN — *3pips* stad H *M*, stat *C* 1673 — *pcps npm* stand(a/æ) GLVERGOX *p*. 184
pcps compositus, ordinatus GLVERGOX

ASTĀN *anv auferstehen* ◊ *to rise (from the dead)*
 • *3sips* astet H *C*, astad *M* 3404

AFSTĀN *anv stehen bleiben* ◊ *to stand upright*
 • *3sips* afstad H *M*, afset° *C* 3700

BISTĀN *anv vorhanden sein* ◊ *to exist*
 • *3sips* bisted H *M*, bistet *C* 2464

FARSTĀN *anv verstehen* ◊ *to understand*
 • *3sips* forstaid PSLUB 32,15
intellegere PSLUB

FRAMSTĀN *anv sich unterscheiden* ◊ *to be different*

-standan

 • *inf* uromst*an* (*abbr*) GLMERS 70,1
distare GLMERS

GISTĀN *anv zuteil werden* ◊ *to be granted to*
 • *inf* gistan H *C* 2196

STANDA *f(-n) Kübel* ◊ *bucket*
 • *ns* standa GLTRSEM V,16
cupella GLTRSEM

STANDAN *v-6 (+ d refl) stehen (bleiben), stecken bleiben, sich befinden, vorhanden sein, bleiben, Beistand leisten, sich hinstellen, aufgestellt sein, geschehen* ◊ *to stand (upright), stick, exist, remain, render assistance, place oneself, be set up, happen* — ~ *fan ausgehen von* ◊ *to come from* — ~ *up aufstehen* ◊ *to stand up* — *an rethiu ~ Rechenschaft ablegen* ◊ *to render account*
 o¹⁴⁰ *inf* standan GEN 160. 205. 335 H *CM* 1811, standen *M*, standan *C*; standan (dan *add*) *C* 4097 — *1sips* standu H *CM* 120. 283 — *3sips* stendit GEN 324 H *VCM* 1343. *C* 1649 (standid *M*). 4393 (stendid *M*), standid *M* 4411 (?) — *1pips* standat GEN 20 — *3pips* standat H *M* 1425 (standad *C*). *C* 4411, standad *M* 3104 — *1sops* stande H *C* 5638 (*1sips*?) — *3pops* standan H *C* 3104 — *pcps np* standente⁺ GLSPET 83,29 — *3sipt* stod H *M*, stuod *C*; stud *C* 4976, stuod *P* 977, stuond GEN 269 — *3pipt* stodun H *CM* 1580, *S* 675, stuodun *LC*, stodun *M*; stúodun *V* 1281, stont⁺ʼ HILD 64 — *3sopt* stodi H *M*, stuodi *C* 4890 — *pcpt* gistandan H *C*, gistanden *M* 2987
 • GENB *inf* stondan 525. 548 — *3pips* standað 811, stondað 418 — *3sipt* stod 241. 522. 686 — *3pipt* stódon# 460
locari GLSPET

ASTANDAN *v-6 aufstehen, auferstehen* ◊ *to stand up, get up, rise (from the dead)*
 • *inf* astandan H *CM* 2331, astandan *C*, astanden *M* 3091. 3532. 4044. 4048. *C* 2201. 5754. 5758. 5862 (astandan *L*). 5909 — *inf d* astandanne H *M*, astandenne *C* 4055 — *1sops* astande H *M*,

astandæ (æ<an|, *ras* n, e *add*) *C* 3167 — *3sipt* astuod H *C* 5775. 5778. 5949, ostonth CONFPAL 362,15 — *3pipt* astuodun (n<m) H *C* 5672 — *pcpt* astandan H *LC* 5823. 5834. 5852

AFSTANDAN *v-6 stehen bleiben, zurückbleiben* ◊ *to be left, remain (behind)*
  • *inf* afstandan H *C*, afstanden *M* 4281 — *3sipt* afstod H*M*, afstuod *C* 797

ANSTANDAN *v-6 anstehen* ◊ *to appear*
  • *3sips* anstendit BEDA 11
(in capite) (BEDA)

ANDSTANDAN *v-6 + a einer Sache standhalten* ◊ *to stand up to sth*
  • *inf* antstandan H *C*, antstanden *M* 3153. 4854

BISTANDAN *v-6 beistehen* ◊ *to stand by*
  • GENB *3pips* bígstandað[#] 284

FARSTANDAN *v-6 (+ d refl) verteidigen, abwehren, verstehen, erkennen, zuerkennen, zum Stehen kommen* ◊ *to defend, repulse, understand, recognize, award, stop*
  • *inf* farstandan H *C*, farstanden *M* 4334. 4475. 5228, forstandan *CM* 934, farstandan *M*, forstandan *C* 2363. 2371 — *1sips* farstando GLTRSEM III,13 — *2pops* farstandan H *M*, forstandan *C* 2441 — *3pops* farstandan H *M*, forstandan *C* 1401. 1413 (farstanden *M*), farstandan *C*, farstanden *M* 4655 — *3sipt* farstod H *M*, farstuod *C* 2316. 2872 (forstuod *C*). *C* 2210, forstod *M*, forstuod *C* 292 (|stuod° *C*). 502 (forstod *S*), forstuond BENTR — *3pipt* farstodun H *M*, forstuodun *C* 1830, forstodun *M*, farstuodun *C* 187. 828, forstodun *M*, forstuodun *C* 422. 666 — *3sopt* farstodi H*M*, farstuodi *C* 4741
  • GENB *3pipt* forstodon[#] 769
addicere GLTRSEM

GISTANDAN *v-6 (+ d refl) stehen (bleiben), eintreten, anfangen, geschehen, widerfahren, zuteil werden, auferstehen* ◊ *to stand, come, begin, happen, occur, be granted to,*

rise again — te sorgu ~ + *d pers jmdm* Gram bereiten ◊ *to cause grief to sb*
  • *inf* gistandan ABRK 20 H *C*, gistanden *M* 662. 4666, gestanden *M* 2196 — *1sops* gistande H *C* 4679 — *3sops* gistande H *C* 3997 — *3sipt* gistod H *M*, gistuod *C* 88. 484. 510 (gistód *S*). 969 (gistuod *P*). 1012 (gestuod, ge *add C*). 3570 (gestod *M*). 4068. *C* 2207. 5897, gistuod GEN 334, gistuont[+?] HILD 8 — *3pipt* gistuodun GEN 97, gistuontum°[+] HILD 23 — *3sopt* gistodi H *M*, gistuodi *C* 471. 4664. 5025

UPPSTANDAN *v-6 auferstehen* ◊ *to rise*
  • *inf* ubstanden CONFPAL 363,28

WITHARSTANDAN *v-6 + a jmdm/einer Sache widerstehen* ◊ *to withstand sb/sth*
  • *inf* uuiderstandan H *C*, uuiderstanden *M* 1452 — *3sops* uuiderstande H *C* 29

ASTANDANNUSSI *f-ī/nt-ja Auferstehung* ◊ *resurrection*
  • *as* astandanussi ABRK *A* 18, arstandannussi ABRK *B* 18 (arstandenußi *F*)

STANDWEBB *nt-ja Kettfaden* ◊ *warp thread*
  • *ns* stantwebbe GLMARF III,718,32
stamen GLMARF

STANGA *f-ō Stange, Knüppel* ◊ *pole, cudgel*
  • *dp* stangŭn GLEVES 52,18, stangun 52,21 — *ap* st(an)ge GLVERGOX XIV
contus GLVERGOX fustis GLEVES

STANK *m-a Wohlgeruch, Gestank* ◊ *stench*
  • *ns* stank GLGREG 65,13 H *M*, stanc *C* 4081
fragrantia miri odoris GLGREG

ANGEGINSTĀNUNGA *f-ō Hindernis* ◊ *obstacle*
  • *ap* ingegenstanunga GLSPET 84,14 ||
obstaculum GLSPET

STAPAL *m-a Wachsstock, Kerze* ◊ *wax taper, candle*
  • *as* stapal URBWERDB 91,1, stapel URBWERDD 180,11

staph

staph → STAF

(-)STAPPAN → (-)STEPPIAN/(-)STAPPAN

STARA *f-ō/n Star* ◊ *starling*
- *ns* stara GLTRSEM XV,127
- GLWERDA *m-a ns* staer# 345

turdus GLTRSEM GLWERDA

STARK *adj stark, kräftig, mächtig, fest, verhärtet, unnachgiebig, starrsinnig* ◊ *strong, powerful, mighty, hard, hardened, stiff, obstinate*
- *ns* starc H *CM* 1620. 3271 (stark *M*) — *dsf* starkaru H *M*, starkero *C* 4097 — *asm* starkan H *M*, starcan *C* 2363. 3946. 4976, starkan *C* 29 — *asf* starca H *CM* 2399 — *instr* starcu H *CM* 1452 — *npm* starka H *M*, starca *C* 3731 — *dp* starkun H *M*, starcon *C* 3854, starcan *C* 3990 — *apm* starca GLSTR 107,3

praevalidus GLSTR

STARKMŌD *adj mutig* ◊ *brave*
- *npm* starkmode H *M*, starcmuoda *C* 5221

STARRON *v-II starren* ◊ *to stare*
- *Isips* starron GLTRSEM VI,19

conspicari GLTRSEM

st(a)t GL MERS 71,17 → ANSTÔT (?)

STATH *m-a Ufer, Gestade* ◊ *bank, shore, beach*
- *ns* stath GLMARF III,715,16, stad IV,177,25 — *ds* staðe H *M*, staðe *C* 1818, staðe *C*, stade *M* 1157. 1370, staðe *C*, stade *M* 1127. 1150. 1172. 1183. 2902, stade *CM* 2378. 2631. 2963 (stada *C*) — *ap* staðos GEN 266

litus, ripa GLMARF

STATHAL *m-a Stehen* ◊ *standing*
- *gp* stadlo CONFES 17,3

STATHALHŪS *nt-a Versammlungsraum, Rathaus* ◊ *assembly room, guildhall*
- *ns* stathalhus GLTRSEM III,52

consistorium GLTRSEM

STATHIAN (STĀDIAN ?) *v-I stehende Gewässer bilden* ◊ *to form expanses of stagnant water*
- *pcps dsm* stathientèmo GLLAM 67,9

stagnare GLLAM

STAVIKLĪN *nt-a Stäbchen* ◊ *small stick*
- *ns* stauiklin GLTRSEM III,67

bacillus GLTRSEM

STAUPA *f mlat Kelch* ◊ *goblet* — *cf* STÔP
- *ns* staupa GLVERGOX 111,22

scyphus GLVERGOX

stebilen° → STEKAL

STÊDA# *m-j-n Zuchthengst* ◊ *stallion* — *cf* STŌD¹, STŌD²
- GLWERDC *ns* stoeda# 357

admissarius GLWERDC

STEDI *f-i + f-jō Stätte, Stelle* ◊ *place, spot*
- *ns* stedi H *CM* 1813 — *ds* stedi GLEVES 50,17 H *CM* 2682. 3117. 3941 (stedi:, a ras? *M*). *M* 5979, stida REGFREK *M* 39,15 — *as* stedi H *CM* 3599. 4815 — *np* stedi H *CM* 3701. LC 5823. 5826 — *ap* stedi H *C* 5736
- GENB *m-i ns* styde# (y>e) 356

illic (te ~) GLEVES

STEDIHAFT *adj standfest* ◊ *steady*
- *ns* stedihaft H *CM* 2454

stef-+ → STIOP-

STÊGALI *f-ī abschüssiges Ufer* ◊ *sloping embankment*
- *np* stegili GLPRUDF1+ 91,7/8

crepido GLPRUDF1+

STEHLI *(nt-)ja Stahl(gerät)* ◊ *(tool of) steel* → STAHAL
- *as* stehli GLPRUDF1 93,36

chalybs GLPRUDF1

steid → STĀN
stein-+ → STÊN(-)

STEINMEIZO⁺ *m-n Steinmetz* ◊ *stonemason*
- *ns* steinmeizo⁺ GLTRSEM XXII,25
caementarius GLTRSEM

STEKAL *adj steil* ◊ *steep* — *cf* **STIKUL**
- *nsm* stebilen° (= stehiler⁺) GLTRSEM II,24
abruptus GLTRSEM

STEKAN *v-5 (hinein)stechen, hineinstoßen, zustoßen* ◊ *to prick, stick, thrust in, butt*
- *3sips* stichit GLVERGOX 113,16, stihiht⁺ GLPRUDF1⁺ 91,1 — *3sipt* stac H *C* 5705 — *3sopt* stachi GLVERGOX 113,35 — *pcpt* (g)[ist](e)k[an] PSPAD 37,3
exigere, impellere GLVERGOX infigere PSPAD petere GLVERGOX vibrare GLPRUDF1⁺

THURHSTEKAN *v-5 durchstechen, durchbohren* ◊ *to stab, stick through*
- *pcpt* thurustecan^(bfk) GLPRUDBR II,572,27, thurstechan⁺⁽⁾ GLPRUDF1 101,29/30
perfodere GLPRUDF1 secare GLPRUDBR

ŪTSTEKAN *v-5 herausstechen* ◊ *to gouge out*
- *3sops* utsteca: (-n *ras?*) GLEVES 49,5 — *2simp* utstik GLEVELT 47,4
eicere GLEVELT

STEKATHO *m-n Seitenstechen* ◊ *stitch in the side*
- *ns* stechetho^(bfk +?) GLPRUDBR II,573,57
laterum dolor, pleuritis GLPRUDBR

STEKKO *m-n Stock, Pfahl, Stachel* ◊ *stake, stick, spike*
- *ns* stekko GLSPET 87,18‖ — *np* stekkon GLSPET 84,10‖, stekcon 75,22‖
stipes, sudis GLSPET

stecul- → **STIKUL**

STELAN *v-4 stehlen* ◊ *to steal*
- *1sips* stilo GLTRSEM VIII,2 — *1sipt* stal CONFES 17,6
furari GLTRSEM

FARSTELAN *v-4 (weg)stehlen* ◊ *to steal*
- *3pips* farstelad H *M*, forstelat *C* 1644 — *3pops* farstelan H *C* 5758 — *3popt* farstalin H *C* 5885 — *pcpt* farstolan CONFES 17,6

STELLIAN *v-1 hinstellen* ◊ *to set down*
- *pcpt* gistellit H *CM* 1813

STELLING *m-a Gefährte, Genosse* ◊ *companion, comrade*
- *np* stellinga NITH IV,6, stellingua (u *del*) IV,2 — *ap* stellinga NITH IV,2. 4

stelman → **STALLMANN**

STELTERI *m-ja Stelzfuß* ◊ *peg leg*
- *ns* steltzere⁺ GLMARF III,715,56
loripes GLMARF

STÊMBORD *nt-a Kampfschild* ◊ *battle-shield*
- *ap* staimbort⁺ HILD 65

STEMNA *f-ō* + *-n Stimme* ◊ *voice*
- *ns* stemna H *CM* 865. *C* 3710, stemna *C*, stemne *M* 1000 (stemna *P*). 3147, stemne PSLUB 28,4 (stemne *abbr*),4,5,6,7,8,9, [s](t)emme 28,3 — *gs* stemna H *CM* 169 — *ds* stemnu H *C* 5327, stemnun *CM* 3910. *C* 24. 4097 — *as* stemna H *CM* 934. *C* 4854, stemne PSWIT 85,6
- GENB *ds* stemne 525
vox PSLUB PSWIT

STEMNIA *f-jō Stimme* ◊ *voice*
- *ns* stemnie H *M* 3710 — *ds* stemniu H *M* 4097 — *as* stemnie H *M* 4854

STÊN *m-a Stein, Fels* ◊ *stone, rock* — ~ an uuerpan + *a/d pers jmdn mit einem Stein/mit Steinen bewerfen* ◊ *to throw a stone/stones at sb*
- *ns* sten GEN 317 GLVERGOX 112,33 H *CM* 3701. 4076. 4281. *C* 5804 — *ds* stene GEN 335 H *CM* 1813. 2454. 3067 (stena *C*). 3069. *C* 5736. 5758. 5811. 5826. 5885, stena°⁽⁾ GLPRUDF1 95,11 —

stên

as sten H *CM* 1091. 2390. 3117. 3871. 3877. 3941. 3946. 4081. 4090. *C* 5771. 5791, stén *L* 5826 — *np* stenos H *CM* 3730. *C* 5663 — *dp* stenun H *M*, stenon *C* 1066. 3854. *C* 3990, stenon PSGERN 10,8 [15,1], steinon⁺ GLSPET 75,26 ‖ lapis GLPRUDF1 GLSPET (PSGERN) murex GLVERGOX

STÊNBIKKERI *m-ja Steinmetz* ◊ *stonemason*
• *ns* steinbikere⁺ GLTRSEM IX,97
latomus, lapicida GLTRSEM

STÊNBIKKIL *m-a Steinmetz* ◊ *stonemason*
• *ns* stenbikkel GLMARF III,716,25 — *as* stenbikil URBWERDB 133,13
caementarius, latomus GLMARF

STÊNBRUKIL *Steinmetz* ◊ *stonemason*
• *as* steinbrukel (i *add*) URBWERDF 254,18
operarius URBWERDF

STÊNBUKK *(m-i) Steinbock* ◊ *rock goat*
• *ns* stenbuhc^{bfk} (c<d) GLPRUDBR II,573,33, stenboc GLMARF III,721,37, steinbuc⁺ GLTRSEM IX,26, steinbuk⁺ XXI,29
ibex GLMARF GLPRUDBR GLTRSEM

STÊNFARN *m/nt-a Engelsüß* ◊ *polypody*
• *ns* stenfarn GLTR40 V,43,15
polypodion GLTR40

STÊNFAT *nt-a Steingefäß* ◊ *stone vessel*
• *np* stenfatu H *C*, stenuatu *M* 2037

STENGIL *m-a Stab* ◊ *staff*
• *ds* sténgila GLPRUDF1 95,8
thyrsus GLPRUDF1

STÊNGRAF *nt-a Felsengrab* ◊ *stone grave*
• *ds* stengrabe H *C*, stengraua *L* 5852

STÊNHOLM *m-a Felsklippe* ◊ *rocky cliff*
• *as* stenholm H *CM* 2682

stenko° → SKENKIAN

stervan

STÊNSUHT *f-i Steinleiden* ◊ *calculosis*
• *ns* steinsuht⁺ GLTRSEM VI,58
calculus GLTRSEM

STÊNWEG *m-a steinerner Weg* ◊ *stone path*
• *ds* stenuuege H *C* 5462

STÊNWERK *nt-a Steinbauwerk* ◊ *stone construction*
• *gp* stenuuerco H *C* 5576

steorra^# → STERRO
stephstrengiere° → STAFSLENGIRA

STEPPIAN/STAPPAN *v-6 schreiten, treten* ◊ *to step, go*
• *3sipt* stop H *M*, stuop *C* 2940. *M* 4873 — *3pipt* stopun H *M*, stuopun *C* 2961

AFSTEPPIAN/AFSTAPPAN *v-6 + a treten auf* ◊ *to step onto*
• *3sipt* afstop H *M*, afstuop *P*, ofstuop *C* 984

STEPPON *v-II markieren* ◊ *to mark*
• *3pipt* steppodun GLVERGOX 114,3
notare GLVERGOX

sterabe, sterben, sterebat → STERVAN

STERKIAN *v-I stärken* ◊ *to strengthen*
• *3sips* stercid H *C*, sterkit *M* 5049 — *pcpt* gisterkid H *C* 55

STERRO *m-n Stern* ◊ *star*
• *ns* sterro H *M*, steorra^# *C* 662 — *as* sterrron H *CM* 602 — *np* sterron H *CM* 656. 4312 (steorron^# *C*)
• GENB *dp* steorrum^# 256

gistertanne → GISTRUDIAN

STERVAN *v-3 sterben* ◊ *to die*
• *inf* stérvan GLPRUDF1 102,35, sterben H *M* 4055, sterven CONFPAL 363,28 — *3pips* sterbad H *M*, sterebat *C* 3631 — *3sops* sterbe H *M*, sterabe *C* 4155
obire GLPRUDF1

-stervan   -stillian

ASTERVAN *v-3 sterben* ◊ *to die*
• *inf* astereban H *C* 4055

GISTERVAN *v-3 sterben* ◊ *to die*
• *3sipt* gestarf CONFPAL 362,11

STEVELING *m-a Holzstoß* ◊ *pile of wood*
• *ns* steuelinc GLMARF IV,177,22
cremium GLMARF

steupsunu[#] → STIOPSUNU

ARSTEWITHA *f-ō Rüge* ◊ *rebuke*
• *ns* ersteuuitha GLTRSEM IX,24
increpatio, invectio GLTRSEM

stida → STEDI
stief-[+] → STIOP-
stieruuith → STIORWITHI (?)
stiffader[+] → STIOPFADAR

GISTIFTIAN *v-1 begründen* ◊ *to found*
• *inf d* (ge)st......ne GLVERGOX *p.* 105
condere GLVERGOX

STĪGA¹ *f(-ō) Schweinestall* ◊ *pigsty*
• *ns* stiga GLTR40 V,47,14
hara, stabulum porcorum GLTR40

STĪGA² *f(-ō) Stiege (20 Eier)* ◊ *score (of eggs)*
○[26] *ap mlat* stigas REGHERF

STĪGAN *v-1 (+ d refl) steigen, ansteigen, auffahren (Himmel)* ◊ *to climb, rise, ascend*
• *inf* stigan H *C* 2242. 4734 — *1sipt* steg H *C* 5934 — *3sipt* steg H *CM* 2682 — *3pipt* stigun H *CM* 2312. 3117. 4815

GISTĪGAN *v-1 (+ d refl) (empor)steigen* ◊ *to climb, mount*
• *inf* gistigan H *C*, gestigan *M* 1499 — *3sipt* gisteg H *CM* 4272

STIGILLA *f(-ō) Zauntritt, Übersteig* ◊ *stile*
• *ns* stigilla GLSPET 83,15
traucus GLSPET

STIGRÊP *(m/nt-a) Steigbügel* ◊ *stirrup*
• *ns* stigereb GLMARF III,716,59
stribarium GLMARF

stihiht[+] → STEKAN

STIKI *m-i Stich, Einstich* ◊ *prick, puncture*
• *ds* stike[bfk] GLPRUDBR II,573,10 — *dp* stikion GLPRUDF1 98,38. 104,24
ictus GLPRUDBR punctum GLPRUDF1

STIKKO *m-n Stock (Maßeinheit für aufgereihte Aale)* ◊ *stick (measure of quantity in lined up eels)*
• *ap* sticken URBWERDB 90,32 (2), stikken URBWERDD 180,7

STIKUL *adj höckerig, holprig* ◊ *ragged, rough* — *cf* STEKAL
• *apnt* stécula GLPRUDF1 102,35, steculun 90,13
asper, confragosus, fragosus GLPRUDF1

STIKULI *f-ī Abgrund* ◊ *precipice*
• *ap* stéculi GLPRUDF1 95,24
praeruptum GLPRUDF1

STIL *m(-a?) Stiel, Stengel* ◊ *stalk, stem*
• *ns* stil GLVERGOX 111,18 — *as* stil GLVERGOX 111,33
caulis, stipes cum foliis, thyrsus GLVERGOX

STILLI *adj-ja/jō still* ◊ *quiet*
• *comp npm* stilrun H *C* 2255

STILLIAN *v-1 beruhigen, zum Schweigen bringen, machtlos machen* ◊ *to calm, silence, deprive of power*
• *pcpt* gistillid H *C*, gestillid *M* 2963, gistíld GLEVES 54,18 — *pcpt nsf* gistillide GLPRUDP 63,14
fatiscere (gistillid [werthan]) GLPRUDP
silentium imponere GLEVES

GISTILLIAN *v-1 aufhalten, zurückhalten, bändigen* ◊ *to stop, restrain, master*
• *inf* gistillian GLPRUDP 63,20 — *3sipt* gistildun (d<t) GLPB2 I,298,36
sedare GLPB2 GLPRUDP

STILLO *adv still, insgeheim, schrittweise* ◊ *still, secretly, little by little*
• stillo GLVERGOX 113,31 H *CM* 662. 2037. 2852. 4286. 4475
gradatim GLVERGOX

STILLON *v-II sich beruhigen* ◊ *to die down*
• *3pipt* stillodun H *CM* 2259

GISTILLON *v-II stillstehen* ◊ *to stand still*
• *1sips* gistillon GLTRSEM XIII,106
resistere GLTRSEM

STINKA *f-ō/n Zichorie* ◊ *chicory*
• *ns* stinca GLTRSEM IX,13
intibum GLTRSEM

STIOPDOHTAR *f-r Stieftochter* ◊ *stepdaughter*
• *ns* stefdohter⁺ GLMARF III,715,46, stiefdohter⁺ (*abbr*) GLTRSEM XII,120
privigna GLMARF GLTRSEM

STIOPFADAR *m-r Stiefvater* ◊ *stepfather*
• *ns* stiffader⁺ GLSPET 86,7, steffader⁺ (*abbr*) GLMARF III,715,43
vitricus GLMARF GLSPET

STIOPMŌDAR *f-r Stiefmutter* ◊ *stepmother*
• *ns* stefmoder⁺ (*abbr*) GLMARF III, 715,44, stiefmoder⁺ GLTRSEM XI,58
noverca GLMARF GLTRSEM

STIOPSUNU *m-u/i Stiefsohn* ◊ *stepson*
• *ns* stefsun⁺ GLMARF III,715,45, stiefsun⁺ GLSPET 86,8 ‖ GLTRSEM XII,119
• GLWERDC *ns* steupsunu# 363. 364 (*add*)
privignus GLMARF GLSPET GLTRSEM GLWERDC pronepos GLWERDC

STIOR *m-a Stier* ◊ *bull*
• *ns* stír GLTR40 V,48,23
ludaris GLTR40

STIORSTAF *m-a Heck, Achterdeck* ◊ *stern, quarterdeck*
• *ns* (*lat abl*) stiorstas° (= stiorstaf) GLPB2 I,297,35
puppis GLPB2

STIORWITHI (?) *(f-i?) Schot (Steuertau)* ◊ *sheet (rope for steering a ship)*
• *ns* stieruuith GLVERGOX 112,9/10
rudens, circulus gubernaculi GLVERGOX

STIPP *m/nt-(j)a Tüpfel, Punkt* ◊ *dot, point*
• *ns* stip GLTRSEM IV,56
punctus, pupilla GLTRSEM

stír → **STIOR**

STĪTHFERHT *adj strenggesinnt* ◊ *strongminded*
• GENB *nsm* stiðferhð# 241

GISTIURIAN *v-I den Weg weisen* ◊ *to show the way*
• GENB *inf* gestýran# 568

STIURRŌTHAR *(nt-a) Steuerruder* ◊ *rudder*
• *ns* sturrother GLMARF III,715,17
gubernaculum GLMARF

stnorling° → **SNŌRLING**

STŌD¹ *nt-a (Pferde-)Herde* ◊ *herd (of horses)* — *cf* STĒDA#
• *ap* stuot GLPRUDF1⁺ 93,7
grex (equarum) GLPRUDF1⁺

STŌD² *f-i (Pferde-)Herde, Gestüt* ◊ *herd (of horses), stud* — *cf* STĒDA#
• *ns* (*nt-a?*) stod GLMARF III,721,31, stuod⁺ GLTRSEM VII,71, stuat⁺ GLSPET 82,30 — *ap* stoti^{bfk+} GLPRUDBR II,574,40
equaricia GLMAR GLTRSEMF grex (equarum) GLPRUDBR sonestis GLSPET

STŌDARI *m-ja Pferdebursche* ◊ *groom*
• *ns* studari GLTRSEM XI,14, stuodere⁺ GLTR40 V,48,32
mulio GLTR40 GLTRSEM

stoeda# → STĒDA#
stoiuon⁺ → **STÔVIAN**

STOKK *m-a Stock, Wurzelstock, Block (der Häftlinge), Pfahl, Stiel, Mörser* (?) ◊ *stick, rootstock, stocks (of prisoners), post, stem, mortar* (?)

stokk

• *ns* stoc GLSPET 80,28‖, stok 81,11 GLTRSEM XIV,95 — *gs* stokkes GLPRUDF1 98,23 — *ds* stoche⁺⁾ GLPRUDBR II,573,72 — *as* stok GLVERGOX 114,15
caulis GLVERGOX cippus GLPRUDBR pila (°? pilum?) GLSPET stipes GLPRUDF1 GLSPET stirps GLTRSEM

STŌL *m-a Stuhl, Sitz, Thron, Dreifuß ◊ chair, throne, tripod*
• *ns* stol GLMARF III,717,8 H *M*, stuol *C* 361 (stŏl *neum M*). 1509, stual⁺ GLSPET 82,32 — *as* stol H *M* 5975
• GENB *ds* stole 260. 300 — *as* stol 273. 281. 366. 566
tripes (tristiket ~) GLMARF tripedica GLSPET

STŌLLAKAN *nt-a Stuhldecke ◊ chair covering*
• *np* stuollachan⁺ GLTRSEM XV,46
tapete GLTRSEM

STOLLO *m-n Fuß ◊ base*
• *ns* stollo GLSPET 79,24‖
basis GLSPET

stondan → **STANDAN**

STŌP *m/nt-a Becher, Pokal ◊ cup, goblet —*
cf **STAUPA** *mlat*
• *ns* stop GLMARF IV,178,30, stouf⁺ III,718,14 GLSPET 85,37‖, stoup⁽⁺⁾ GLTRSEM IV,54
botholicula GLTRSEM cyathus GLSPET lecythus, staupus GLMARF

STŌPIAN *v-1 anstürmen ◊ to attack*
• *3pipt* stoptun (*abbr*) HILD 65

STŌPILĪN *nt-a kleiner Becher ◊ little cup*
• *ns* stoufelin⁺ GLMARF IV,178,49
patera, phiala GLMARF

STŌPO *m-n Fußstapfe ◊ footprint*
• *np* stopon H *M*, stuopon *C* 2399

STOPPO *m-n Eimer ◊ bucket*
• *ns* stoppo GLVERGOX 111,40
botholicula GLVERGOX

BISTOPPON *v-II verstopfen ◊ to stop up*
• *pcpt* bistoppet GLMARF IV,178,2
constipare, constringere GLMARF

STŌRI *adj-ja/jō ruhmreich ◊ renowned*
• *ns* stóri GLPRUDF1 96,4 — *nsm* stório GLPRUDF1 98,28
inclutus GLPRUDF1

TISTŌRIAN *v-I zerstören ◊ to destroy*
• *pcpt* testórid GLEVES 54,16
desolare GLEVES

STORK *(m-)a Storch ◊ stork*
• *ns* hork° GLTRSEM XXI,14
ciconia GLTRSEM

STORKESSNAVIL *(m-a/i) Akelei ◊ aquilegia*
• *ns* storkesneuel GLMARF III,719,33
aquileia GLMARF

STORM *m-a Sturm ◊ storm*
• *ns* storm H *M* 2915 (= strom?) GLTRSEM XV,124
turbo GLTRSEM

STŌT *(m-i) Stoß ◊ push, stroke*
• *ns* stoz⁺ GLSPET *Wich-Reif* 110‖
trochus GLSPET

STŌTAN *v-7 stoßen ◊ to batter*
• *3sipt* stiet GLVERGOX 114,34
arietare GLVERGOX

ANSTŌTAN *v-7 anstoßen, hineinstoßen, schlagen gegen ◊ to bump into, prick, strike against*
• *inf* anastotan GLPRUDBR II,572,31 — *pcpt nsm* anagistozaner⁺ GLSPET 77,24‖ — *pcpt npnt* anagestotena^{bfk} GLPRUDBR II,572,24
impellere GLSPET impingere, pangere > pingere, pungere GLPRUDBR

BISTŌTAN *v-7 durchlöchern ◊ to perforate*
• *pcpt* bistozzan⁺ GLSPET 81,20
pertundere GLSPET

FARSTŌTAN *v-7 stoßen auf ◊ to come across*

• *1sipt* farstez⁺ GLPB2 I,296,41 impingere GLPB2

TISTÔTAN *v-7 zum Aufplatzen bringen* ◊ *to let burst*
• *pcpt* testotan GLSTR 108,3 displodere GLSTR

TÖSTÔTAN *v-7 durchstoßen* ◊ *to perforate*
• *3pipt* tostiatun GLTRSEM XIII,72 pertundere GLTRSEM

STÔTIL *(m-a) Stößel* ◊ *pestle*
• *ns* stuzel⁺ GLMARF IV,178,51 pila GLMARF

stouf(-)⁺ → STÔP(-)

STÔVIAN *v-1 antreiben, auseinanderjagen* ◊ *to drive, scatter*
• *1sips* stoiuon⁺ GLTRSEM VI,83 — *3pipt* sto´ftun^{bfk} GLPRUDBR II,572,38 deturbare GLTRSEM instigare GLPRUDBR

stoup^{(+)} → STÔP
(-)stoz(-)⁺ → (-)STÔT(-)
strada° → TRADA

STRÄLA *f-ō Pfeil, Lanzette, Strahl (Teil des Pferdehufs); p Federbusch, Kamm* ◊ *arrow, lancet, frog (part of a horse's hoof); p crest, comb*
• *ns* strale GLMARF III,718,52 — *as* strala BENW 21 — *dp* stralun GLPB2 I,297,12, stralon GLSTR 107,7 catapulta GLMARF crista GLSTR lanceola GLPB2

STRANG *adj stark, mächtig, gewalttätig* ◊ *strong, powerful, violent*
• *ns* strang H *CM* 599. 936. *LC* 5846 — *asm* strangan GEN 120 — *asf* stranga H *CM* 934 — *sup ns* strangost H *CM*, strongost *S* 370
• GENB *dsf* strangre^{#} 525 — *asm* strangne 447 — *npm* strange 284

STRANGLĪK *adj machtvoll* ◊ *powerful*

• GENB *asm* stronglican 366 — *comp asm* strenglicran^{#*} 273

strans° → SKRANK

STRĀTA *f-n Straße* ◊ *street*
• *ns* strata H *CM* 1774. 1931. *C* 5462 — *ds* stratun H *CM* 3611 — *as* stratun H *CM* 2399

streidun → STREUWIAN

ASTRENGIAN *v-1 hämmern, in Treibarbeit herstellen* ◊ *to emboss*
• *pcpt apm* astrengdæ GLPB1 I,335,1 pcpt productilis GLPB1

STREUWIAN *v-1 bestreuen* ◊ *to strew* → STRŌIAN
• *3pipt* streidun H *M* 3674

ŪTSTREUWIAN *v-1 ausstreuen* ◊ *to scatter*
• *3popt* vtstréidín GLPRUDF1 98,15/16 sternere GLPRUDF1

STREUWUNGA *f-ō Unterlage* ◊ *bedding*
• *ap* stréunga GLPRUDF1 99,1 stramentum GLPRUDF1

STRĪD, STRĪTH (?) *m-i Streit, Kampf, Zwietracht, Widerstreit, Widerstand, Heftigkeit, Angriff, Auseinandersetzung, Streitgespräch, Aufruhr* ◊ *quarrel, fight, battle, strife, aggression, vehemence, opposition, conflict, dispute, riot* — stridiun *unter großer Anstrengung, Belastung* ◊ *with great effort, strain*
• *ns* strid GLHARD IV,263,38 strid GLEVES 54,21 — *ds* stride H *C* 5885 — *as* strid H *CM* 2341. 2363. 2493 (strið *C*). 3271. 3545. 4267. *C* 29. 2893 GLPB2 I,298,37, strid GEN 122 — *instr* stridu H *CM* 1452. 4475. 4815 (striðu *C*) — *dp* stridiun H *M*, stridion *C* 2915. 2940
• GENB *m-a ns* strið^{#?} 663 — *ds* stríðe^{#?} 284 — *as* strið^{#?} 572
controversia GLEVES disceptatio GLHARD seditio GLPB2

STRĪDAN v-1 (sich) streiten ◊ to quarrel, argue
- *1sips* stridon GLTRSEM X,22 — *3sipt* strid H *M* 2893 (strid *subst?*)
litigare GLTRSEM

STRĪDHUGI m-i Kampfbegier ◊ eagerness to fight
- *as* stridhugi H *M*, striđhugi *C* 5221

GISTRĪDI nt-ja Streitsucht ◊ quarrelsomeness
- *as* gistridi CONFES 17,7

STRĪDIAN v-I abstreiten ◊ to deny
- *3sipt* stridda H *M*, striđda *C* 4976

STRĪDIG adj kriegerisch, streitsüchtig ◊ contentious, warlike
- *asf* stridigun H *C* 3990 — *npm* stridige H *M*, striđiga *C* 4854

STRĪDĪN adj kriegerisch ◊ warlike
- *ns* stridin GEN 317

STRIGIL (m-a) Striegel ◊ currycomb
- *ns* strigil GLMARF III,716,51
strigil[is] GLMARF

STRIK (m-)i Streifen ◊ segment
- *dp* stri::chen (ch *del*)⁺ GLTRSEM II, 624,6
segmentum GLTRSEM

STRIKK m-i Strick, Schlinge, Band ◊ rope, snare
- *ns* stric GLMARF III,718,49 — *dp* stricchin⁺ˀ GLPRUDF1⁺ 89,13
laqueus GLMARF pedica GLPRUDF1⁺

STRIKKIAN v-I umstricken ◊ to ensnare
- *1sips* strickin (c<k) GLTRSEM IX,85
laqueare GLTRSEM

STRIKKO m-n Strich ◊ stroke
- *ns* strikko GLEVELT 47,7 GLEVES 48,27,28
apex GLEVELT GLEVES

STRĪTH (?) → STRĪD, STRĪTH (?)

GISTRIUNI nt-ja Kostbarkeit ◊ treasure
- *as/p* gistriuni H *C*, gestriuni *M* 1721

STRIUNIAN v-I schmücken, verfertigen ◊ to adorn, manufacture
- *pcpt* gistriunid H *C* 5666

STRÔIAN v-I bestreuen ◊ to strew → STREUWIAN
- *3pipt* stroidun H *C* 3674

STRÔM m-a Strom, Strömung, Flut ◊ stream, current, flood → NILSTROM *nom prop*
- *ns* strom H *CM* 1810. 1820. 2945. 4315. *C* 2915 (storm *M* → STORM). 2953 — *ds* strome H *CM* 965 (stroma *P*). 1159. 2961. *M* 2915 — *as* strom H *CM* 2906. 2936. *C* 2235. 3957 — *np* stromos H *CM* 2963. *C* 2255

stronglican → STRANGLĪK
strongost → STRANG

STROTA f-n Gurgel ◊ throat
- *as* strótun GLPRUDF1 97,33
guttur, tuba GLPRUDF1

STROTON v-II schwatzen ◊ to chatter
- *pcps gsm* stróthońdion GLPRUDF1 97,32
pcps garrulus GLPRUDF1

strud → STRŪT/ STRŪTH

GISTRUDIAN v-I pfänden ◊ to distrain
- *inf d* gistertanne° (= gistortanne⁺) GLSPET 83,3
inf destructio, strudis GLSPET

STRŪF adj schuppig, struppig ◊ scaly, shaggy
- *nsf* strúua GLSTR 107,1 — *npnt* struua GLSTR 106,31/32
pilis in contrarium versis, tortuosus GLSTR

STRŪT/STRŪTH (m-a) Strauß (Vogel) ◊ ostrich
- *ns* strud GLTRSEM XXI,18, struz⁺ GLHARD IV,257,9
strutio GLHARD GLTRSEM

STRŪVA *f-ō/n Straube (ein Fettgebäck)* ◊ *deep fried cake*
• *ns* struua CH 1090/2

STRŪVIAN *v-I (sich) sträuben* ◊ *to bristle, become bristly*
• *1sips* struuuio GLTRSEM VIII,87 — *3sipt* struuide GLVERGOX 113,36
erigere, inhorrescere GLVERGOX horripilare GLTRSEM

   struz⁺ → STRŪT/STRŪTH
   stual⁺ → STŌL
   stuat⁺ → STŌD²
   studari → STŌDARI

STUKKI *nt-ja Stück* ◊ *piece*
• *n/ap* stukkie REGFREK M 41,33 — *ap* stúkki GLPRUDF1 102,37
frustum GLPRUDF1

STUKKIAN *v-I zerstückeln* ◊ *to cut up*
• *3pips* stuckent⁺ GLPRUDF1⁺ 91,12
lacessere GLPRUDF1⁺

STUKKILĪN *nt-a Stückchen* ◊ *morsel*
• *ns* stukkilin GLSPET 87,1
frustillum GLSPET

STULINA *f-ō Diebstahl* ◊ *theft*
• *as* stulina H CM 3271

BISTUMBLON *v-II abschneiden, verstümmeln* ◊ *to cut off, mutilate*
• *1sips* bestumblon (*abbr*) GLTRSEM XI,20
mutilare GLTRSEM

STUMM *adj stumm* ◊ *dumb*
• *ns* stum H CM 169

STUNDA *f-ō + f-n⁺ Weile, Stunde, Zeitpunkt* ◊ *while, hour, time*
• *ds* stundu GLEVES 57,18 H M, stundŏ C 900, stunton⁺ GLADM718 77,3
articulus GLADM718

ANSTUNGIAN *v-I hineinbrocken* ◊ *to crumble into*
• *3sipt* instungeta⁺ GLSPET 76,37 ‖

interere GLSPET

STUNK *(m-i) Gestank* ◊ *stink*
• *ds* stunka GLSTR 106,22
olfactus GLSTR

   stuod(-)⁺ → STŌD(-)
   stuollachan⁺ → STŌLLAKAN
   stuopon → STŌPO
   stuot → STŌD¹

FARSTURIAN *v-I zum Umsturz anstacheln* ◊ *to subvert*
• *pcps asm* farstur[iandian] GLEVES 58,9
subvertere GLEVES

STURIO *m-j-n Stör, Steinbutt* ◊ *sturgeon, turbot*
• *ns* sturio GLADM508 *fol.* 58v. 97v GLTR40 V,46,9,29. 47,7 GLTRSEM XIV,7, sture GLMARF III,720,42
• *mlat as* sturionem VLIUD *I*: I,29/*II*: I,26/*III*: I,32 URBWERDC 146,3 URBWERDE 241,1/2
allobros (alabros *ms*), porro GLADM508 GLTR40 mullus GLTR40 rhombus GLMARF GLTRSEM sturio GLMARF

STURMIAN *v-I einen Tumult erregen* ◊ *to make an uproar*
• *1sips* sturmon⁺ GLTRSEM XV,126
tumultari GLTRSEM

   sturrother → STIURRŌTHAR

STŪTHAHI *nt-ja Buschwerk* ◊ *shrubbery*
• *ns* stutheithe° (= stutheiche) GLMARF III,720,12
arbusta GLMARF

   stuzel⁺ → STŌTIL
   styde# → STEDI

SŪ *f(-cons/-i) Mutterschwein* ◊ *sow*
• *ns* su GLSPET 82,32, shu GLTRSEM XVIII,11
scrofa GLSPET GLTRSEM

   suachit⁺ → SŌKIAN
   suanus° → SWANUR

suar, suarht → **SWART**[1]
subr- → **SŪVAR, SŪVR-**
sudar(-) → **SŪTHAR(-)**
suebal → **SWEVAL**
suebon° → **SEVO**
suebont[+] → **SWEVON**
sueiga[+] → **SWÊGA**
sueigeri[+] → **SWÊGERI**
sueiz-[+] → **SWÊT-**
suertu[+] → **SWERD**
sueslic → **SWĀSLĪK**
suéuid° → **SWEKKIAN**
suffo[+] → **SŪPAN**
sufrod → **SŪVRON**

SŪFTUNGA *f-ō Seufzer* ◊ *sigh*
• *ap* suftunga GLSPET 86,25
suspirium GLSPET

SUGA *f-ō Sau* ◊ *sow*
• *ds* súgv GLPRUDF1 97,1
porca GLPRUDF1

SŪGAN *v-2 saugen* ◊ *to suck*
• *1sips* sugo GLSPET 83,16
sugillare° (sugere) GLSPET

SUHT *f-i Krankheit* ◊ *sickness* — uallandia ~ *Epilepsie* ◊ *epilepsy*
• *ns* H *CM* suht 4111. *C* 3349 — *as* suht GLSTR 107,6 — *np* suhti H *CM* 4428 — *dp* suhtiun H *M*, suhteon *C* 1215. 2273 (suhtion *C*). 2988. 2991 — *ap* suhti H *CM* 1843. 4327
• GENB *f-ō ns* súht 472[#*]
morbus GLSTR

SUHTBEDD *nt-ja Krankenlager* ◊ *sick-bed*
• *dp* suhtbeddeon H *C* 2219

suid(-) → **SWĪTH(-)**
suikle → **SWIGLI**
suiliuuat → **SULWIAN**
suinarm° → **SWIMMARINN**
suisa → **SIUSO**
suiuinga → **SIUWINGA**
succa → **SULĪK**

SŪL *(f-i) Pfeiler* ◊ *pillar*

• *ns* sul GLMARF IV,179,1 (postsul?)
stipes GLMARF

sula → **SIUWILA**

SŪLAKUS *f-cons Doppelaxt* ◊ *double axe*
• *ns* sulacvs GLTR40 V,47,29
ascia GLTR40

SŪLFŌT *m-cons/i Säulenfuß* ◊ *column base*
• *ns* sulfoz[+] GLMARF III,718,43
basis GLMARF

SULĪK *pron solch (einer/ein/eine), so einer/ein/eine, dieser/dieses/dieses, so viel/groß* ◊ *such (a), this/that, so much/many, as much/many* — sulicu *sogar* ◊ *even*
• *ns* sulic GLSTR 106,10 H *CM* 925 (sulig *M*). 1749. 1756. 2649. 2656 (sulik *C*). 4023 (sulik *M*). 4120. 4191. 4890 (sulik *C*). *C* 2207, sulik GLGREG 63,16 (*stil*). 65,12, sulig GLEVES 50,27 — *gsnt* sulikes H *CM* 1444 (sulicas *C*). 4594, sulicas GEN 278, sulithes° GLEVES 56,17 — *gsf* sulicaro H *M* 4918 (sulic° *C*), sulicoro *CM* 2140, sulikero *C* 5873 — *dsm/nt* sulicumu H *M*, sulicon *C* 284 (sulicun *M*). 1636 (sulicum *M*). 2429. 2491. 3777, sulicun GEN 91 — *dsf* sulikaru CONFES 16,25(2), sulicaru H *M*, sulicoro *C* 3082. 3936 (suri|kero°[?] *C*). *C* 5606, sulicaro GEN 5. 113 — *asm* sulican GEN 94 H *CM* 3779. *C* 2215. 2446. 5939, suliken *M*, succan *C* 3202, sulikan GLEVES 59,23 — *asnt* sulic GEN 11. 73. 183. 303 H *CM* 590 (sulik *C*). 592 (2, sulik *C*). 841. 850. 1099. 1679. 1699. 1761. 2416. 2606. 2815. 2881. 2979. 3096. 3950 (sulik *M*). 4032. 4324 (sulik *M*). 4520. 4920. 5020. *C* 3951. 5361. 5365. 5530. 5590. 5868 (*L*). 5945 — *asf* sulica H *CM* 118. 355 (*S*). 822 (succa *C*). 1404. 2716. 3237. 3253. 4513. 5156. 5235. *C* 5388 — *instr* sulicu H *CM* 1417 — *npm* sulica H *CM* 558 (sulike *S*). 1280 (*V*, sulike *M*). *C* 5812 — *npnt* sulic H *CM* 1724. 5101 (sulica *C*) — *gp* sulikero H *C*, sulicoro *M* 1310

(sulicara *V*). 4314 (sulicaro *M*) — *dp* sulicun H *M*, sulicon *C* 872 (solicon *C*). 1215. 1737 (sulicom *M*). 1829. 2156. 2991. 4404. 4406. 5106. 5244 — *apm* sulica H *CM* 817. *C* 5334 — *apf* sulica H *CM* 851. 3849. *C* 5891
• GenB *gsm* swilces[#] 283 — *asnt* swelc[#] 671 — *dp* swilcum[#] 286. 287 — *apm* swilce[#] 325, swelce[#] 713
alter, hic GlEvEs sicut, tantus GlGreg talis GlStr

sulithes° → SULĪK

SULTIA *f-jō/j-n Salzlake, Sülze* ◊ *brine, brawn*
• *ns* sulcia[+] GlTrSem XIV,23, sulza[+] GlSpet 77,22(||) GlTrSem VII,134, sultze[+] GlMarf III,717,52
frigidarium GlMarf GlTrSem salsamentum, salsugo GlMarf humor salsus, salsilago, sulsago GlSpet salina GlMarf GlTrSem

SULTKAR *nt-a Salzgefäß* ◊ *salt-cellar*
• *ns* sulzkar[+] GlSpet 86,12 ||
parapsis GlSpet

sultze[+] → SULTIA
sulv- → SELF

SULWIAN *v-I besudeln* ◊ *to sully*
• *3pips* suliad H *M*, suiliuuat *C* 1723

sulza[+] → SULTIA

SUM *pron, adj, (+ pers pron) manch (einer/ein), jemand, einer, einiges, jener, p einige* ◊ *(some) one/something, many (a), that one, p certain, several, a few — ~ ... ~ der eine ... der andere* ◊ *one ... the other*
o[59] *ns* sum H *CM*, súm GlPrudF1 92,1. 100,27 — *asm* súman GlPrudF1 100,22. 102,26 — *asnt* sum H *CM* 5273 — *npm* suma H *CM* 1233. 2261, suma *C*, sume *M* 1222. 1227. 3515. *C* 5682 — *npf* suma H *C* 5790 — *dp* sumun H *MS*, sumon *C* 496 (2). *CM* 3788

• GenB *ns* sum 636[b], súm 432 — *asm* sum 636[a] — *asnt* sum 317
ille, iste GlPrudF1

SUMAR *m-a Sommer* ◊ *summer* — te then midden sumera *zu Mittsommer (24. Juni)* ◊ *at midsummer (24th June)*
• *ns* sumer H *CM* 4342 — *ds* sumera RegFrek *M* 42,20 — *gp* sumaro H *CM* 465 Hild 50

SUMARĪN *adj sommerlich* ◊ *summery*
• *nsm* sumarimar° (= sumarinar[+]) GlTrSem II,46
apricus GlTrSem

SUMARLANG *adj lang wie im Sommer* ◊ *long as in summer*
• *gsm* sumarlanges H *C* 3421

SUMARLODA *f-n Sommerschössling* ◊ *summer-shoot*
• *ns* sumerlode GlSpet 73,7, sumerlode (*abbr*) GlMarf III,720,7 — *ap* sumerladan GlVergOx 114,36
palmes GlMarf virgultum GlSpet GlVergOx

SUMBAL *(nt-)a Festmahl* ◊ *banquet*
• *ds* sumble H *CM* 3339

sumeas° → SUNU

GISUND *adj gesund, blühend, sicher, heil, ganz, unversehrt* ◊ *healthy, prosperous, safe, sound, whole, unscathed*
• *ns* gisund BenTr Gen 150. 204. 231 H *CM* 2334 (gesund *M*). 4060. *C* 2219 — *dsm* gisundon H *C* 5940 — *asm* gisundan H *C*, gesunden *M* 2150 (gesund *M*). 4111. *C* 5943, gisundon *C* 5360 — *asnt* gisund Gen 223 H *C*, gesund *M* 2160

sunda → SUNDIA

SUNDAR *adv gesondert, allein, abgesondert, an besonderer Stelle* ◊ *separately, alone, apart* → SUNDRON

- sundar GEN 49 H *CM* 1250. 2600 (sundor *M*). 3111 (sunder *M*). 3225. *C* 5903

SUNDARA *f-ō/n ausgesondertes Landstück, freier Grundbesitz* ◊ *separate estate, demesne*
- *gs (mlat?)* sunderę VMEINW 217, sůndere CH 1036

SUNDARFRAM *adv mit Vorrang* ◊ *with priority*
- sundarfram GLTRSEM XVII,24
praerogativa auctoritate GLTRSEM

SUNDARGIFT *f-i Sonderrecht, Sonderzulage* ◊ *privilege, special bonus*
- *ns* sundargift GLTRSEM XVII,23
privilegium GLTRSEM

SUNDARSKAFT *f-i Vorrecht* ◊ *prerogative*
- *ns* sundarschaft GLTRSEM XVII,23
privilegium GLTRSEM

sundean° → **SENDIAN**

SUNDIA *f-jō + f-j-n Sünde, Schuld, Vergehen, Übertretung* ◊ *sin, guilt, offence, transgression*
o[141] *ns* sundea H *C*, sundie *M* 1505 — *gs* sundea H *CM*, sundia *C*; sundia (u<o) *C* 4471 — *ds* su(n)da GLLECT — *as* sundia CONFES 16,6 (*p?*), sundea GEN 27. 47 (*p?*) H *CM*, sundia *C*; sundia *M* 877, sundia (i *add*) *C* 5156 — *np* sundea H *M*, sundia *C* 3230 GEN 62. 98, sundeon *M*, sundiun *C* 3648. *M* 3496. *C* 5457 — *gp* sundeono GEN 252 H *CM*, sundiono *C*; sundiono *M* 734 CONFES 16,4/5, sundene CONFPAL 363,25 — *dp* sundiun H *M*, sundeon *C*; sundiun *C* 4251. 5381 GEN 37, sundeun 69 — *ap* sundia GLEVELT 46,9 GLEVES 48,23. 58,21, sundea H *CM* 1888, sundeon *M*, sundiun *C*; sundeun *C* 1952, sundeo° *M* 1852. 5041 (sundion *C*), sundeon GEN 182
- GENB *as* synne[#] 391
peccatum GLLECT poenentiam agere (~ hriuwon) GLEVELT GLEVES

SUNDIG *adj sündig, frevelhaft, gottlos, subst Sünder* ◊ *sinful, depraved, godless, subst sinner*
- *ns* sundig H *CM* 2106. 2123. 3894. 5019 — *nsm* sundige CONFPAL 363,27 — *gp* sundigero H *M*, sundigaro *C* 1363. *LC* 5857, sundigara GLSTR 106,19, sundig[ero] PSPAD 37,4 — *apm* sundiga GEN 255 — *sup nsm* sundigosto GLPB2 I,298,34
peccator PSPAD sceleratus GLSTR scelestus GLPB2

GISUNDIGON *v-II sündigen* ◊ *to sin*
- *3sipt* gesundigede CONFPAL 362,18

SUNDILÔS *adj sündlos, schuldlos* ◊ *sinless, guiltless*
- *asm* sundilosan H *C* 4807. 5148

SUNDILÔSI *adj-ja/jō sündlos, schuldlos* ◊ *sinless, guiltless*
- *asm* sundilosian H *C* 5307. 5822

SUNDION *v-II sündigen, + d refl sich versündigen* ◊ *to sin*
- *2simp* sundeo H *CM* 2717 — *1pipt* sundioda CONFES 17,8

GISUNDION *v-II Unrecht, Sünde begehen* ◊ *to commit a wrong, sin*
- *inf* gisundion H *C*, gesundion *M* 5033

sundon → **WESAN**
sundor → **SUNDAR**

SUNDRIGI *f-ī Vorrecht* ◊ *prerogative*
- *ns* suntrigi[+] GLHARD IV,264,19
privilegium GLHARD

SUNDRON *adv an ~ besonders* ◊ *especially*
- sundron H *LC* 5835
- *getrennt, für sich* ◊ *apart* GENB sundran 842

GISUNFADAR (-Û-?) *m-r p Sohn und Vater* ◊ *sun and father*
- *np* gisunfader H *C*, gesunfader *M* 1176

suncan → SWANK (?)

SUNNA *f-ō + f-n Sonne* ◊ *sun*
* *ns* sunna GEN 20 H *C*, sunne *M* 2478. 2820. 4502. *M* 2909. 3125. 4233. *C* 3423. 5625. 5714, súnna GEN 268 — *gs* [s]unno GLGREG 62,14, sunnun H *CM* 3577. 3662. 4908 (sunnon *M*). *C* 5632. 5782 — *ds* sunnun H *C*, sunnon *M* 2605. 4311 — *as* sunna H *C* 3438
* GENB *ns* sunne 811
sol GLGREG

SUNNIA *f-jō Notlage* ◊ *plight*
* *as* sunnia H *C*, sunnea *M* 2305

SUNNO *m-n Sonne* ◊ *sun*
* *ns* sunno H *C* 2909. 3125, sunna 4233

SUNNUNDAG *m-a Sonntag* ◊ *sunday*
* *as* sunnundag CONFES 16,23 — *ap* sunnondage REGFREK *M* 42,11

SUNNUNFELD *nt-a Sonnengefilde* ◊ *sun fields*
* *as/p* sunnanueld GLVERGOX 113,18
Elysium GLVERGOX

suntrigi⁺ → SUNDRIGI

SUNU *m-u + -(j)a + -i Sohn* ◊ *son*
o²⁴⁸ *ns* sunu GLEVES 61,22 H *VMS* GEN 108 HILD 7. 14. 36 PSLUB 115,16, suno HILD 44. 45 H *PLC*; sunu *C* 961. 3563, sune CONFPAL 362,4,5,7, sun GLEVES 54,8 — *gs* suno H *C* 5788 (*as*?), sunies *CM* 137, sumeas° *C*, s[ ]s *M* 75 — *ds* suno H *C* 5946, sunu *M* 2815 (sunie *C*), suni *M*, sunie *C* 1998, sunie *CM* 2188. 2338. 2948 (sune *C*). *C* 2269 PSLUB 110G — *as* sunu ABRK 13 GEN 85 H *VMS*, suno *C*; sunu *C* 534, suno ABRPAL 16. 17, sune CONFPAL 362,2 — *np* suni H *CM* 1259. 1318 (*V*). 1461. 2139 — *ap* suni H *CM* 1174
filius GLEVES PSLUB

SUNUFADARUNGA *f-ō Sohn und Vater betreffende Sache* ◊ *case concerning son and father*

* *ds* sunufatarungo⁺ (2. u *ras*, -o" *ms*) HILD 4

suo → SŌ
suod- → SŌTH-
suoginda → SŌGIAN
(-)suok- → (-)SŌK-
(-)suon- → (-)SŌN-
suot- → SŌTH-, SWŌTI
suoth- → SŌTH-
suozi⁺ → SWŌTI

SŪPAN *v-2 nippen* ◊ *to sip*
* *1sips* suffo⁺ GLSPET 83,15
sorbilare GLSPET

SŪRA *(f-n) Sauerampfer* ◊ *sorrel*
* *ns* sure GLMARF III,719,7
cepe, surella GLMARF

IRSŪRĒN⁺ *v-III sauer werden* ◊ *to turn sour*
* *3pips* irsurent⁺ GLHARD IV,276,13
coacescere GLHARD

surikero°? → SULIK
surin → SIURIA

SURIO *m-n Porree, Weinbergslauch* ◊ *leek, crow garlic*
* *ns* surio GLSPET 83,11
cepe GLSPET

SŪRMILSCᴴ *adj süßsauer* ◊ *sweet-and-sour*
* GLWERDC *ns* suurmilc°? 359
dulcacidum (ducadetum *ms*) GLWERDC

SŪRÔGI *adj-ja/jō triefäugig* ◊ *bleary-eyed*
* *ns* surogi GLTRSEM X,12
lippus GLTRSEM

SUS *adv so, auf diese Weise* ◊ *so, thus, in this way*
* sus GEN 71. 227 H *CM* 150. 481. *C* 555 HILD 31. 56

suster → SESTERI
sustersun → SWESTARSUN

GI**SUSTRITHI** *nt-ja Geschwister* ◊ *brother and sister*
* *ap* gisuttrithi°? GLEVES 60,1

GISUSTRUHONI *nt-ja p Schwestern* ◊ *sisters*
• *dp* gisustruonion (us *add*) H *C* 1264

SŪTH *adv nach Süden* ◊ *in/towards the south*
• GENB suð 667

SŪTHAN *adv von Süden her* ◊ *from the south*
• suðan GEN 16
• GENB suðan 807

SŪTHAR *adv nach Süden hin* ◊ *southward*
• suðar GEN 308, sudar 179

SŪTHARLIUDI *m-i p Volk im Süden* ◊ *people of the south*
• *gp* sutherliudeo H *C* 4464 — *dp* sutharliudion H *C*, sudarliudiun *M* 3036 — *ap* sudarliudi H *M* 4464

SUVAL *(nt-a) warme Mahlzeit, Gemüsesuppe* ◊ *hot meal, pottage*
• *ns* suual GLSPET 73,26
cibus rufus lentis, pulmentum GLSPET

SŪVAR *adj rein* ◊ *clean*
• *gsnt* subres H *C* 1723

SŪVRI *adj-ja/jō rein* ◊ *clean*
• *gsnt* subreas H *M* 1723

SŪVRO *adv sauber, unbefleckt* ◊ *cleanly, immaculately*
• subro H *CM* 334. *C* 2569

SŪVRON *v-II säubern* ◊ *to purify*
• *3sips* sufrod GLEVES 57,22

swa → sō

GESWǢPE[#] *nt-ja Kehricht* ◊ *sweepings*
• GLWERDA *ns* (?) gisupop° (= gisuepo[#] *np?*) 340
peripsema, purgamenta GLWERDA

swager → SWEGRA (?)

SWALA *f-n Schwalbe* ◊ *swallow*

• *as* sualan GLVERGOX 109,21
hirundo GLVERGOX

SWALWA *f-w-n Schwalbe* ◊ *swallow*
• *ns* sualuuua GLTRSEM XXI,15
hirundo GLTRSEM

SWAMM *(m-a) Schwamm (Pilz), Schnuppe* ◊ *mushroom, snuff*
• *ns* suam GLTR40 V,43,1 GLTRSEM VII,154 GLMARF III,717,51. V,58,8
fungus GLMARF GLTR40 GLTRSEM summitas combustae candelae GLMARF

ASWĀMON *v-II verlöschen* ◊ *to go out*
• GENB *3sips* aswamað[#*] 376

SWAN *m-a Schwan* ◊ *swan*
• *ns* suan GLTRSEM V,91. XXI,11 — *as* suan GLPRUDF1 94,9
cycnus GLPRUDF1 GLTRSEM

SWANK (?) *adj unbeständig* ◊ *unsteady*
• *asm* suncan H *M* 2446 (= sulican?)

SWANUR *(m/nt/f) Schweineherde* ◊ *herd of swine*
• *ns* suanus° GLSPET 82,30/31
sonestis GLSPET

SWĀR *adj schwer, schlimm, teuer* ◊ *heavy, serious, precious*
• *gsm* suáras GLPRUDF1 103,17 — *asm* suaran H *M*, saron° *C* 1706 — *npf* suara GEN 186 (*adv?*) H *CM* 4428, suarun *CM* 3648 — *apf* suara H *CM* 1843. 1852. 1873. *C* 3477, suuara 1873, suarun 5472 — *sup apf* suarostun H *C*, suuaroston *M* 1215
• GENB *nsf* swáre 472
pulcher GLPRUDF1

SWARM *m-a Schwarm* ◊ *swarm*
• *ns* suarm GLPB1 I,382,17 — *ap* suarma GLSPET 84,24 ‖
examen GLPB1 GLSPET

SWĀRO *adv schwer* ◊ *heavily*
• suaro H *CM* 3295

SWART¹ *adj schwarz, dunkelfarbig, finster* ◊ *black, dark-coloured, dark*
• *ns* suart H *CM* 2146 (suarht *M*). 4368, suar GLSOL — *dsf* suartan H *M*, suartun (tu < *corr*) *C* 4998 — *asm* suarton H *CM* 3357 — *asnt* suart H *C*, suuart *M* 1512 — *asf* suarton GEN 2
• GENB *nsm* sweart# 477 — *gsf* swéartan# 345 — *dsf* sweartan# 761 — *asm* sweartan# 733 — *asf* sweartan# 312. 529. 792 — *apm* sweartan# 391 — *sup asnt* sweartost# 487
caerulus GLSOL

SWART² *nt-a Finsternis* ◊ *darkness*
• *ns* suart GEN 285 H *CM* 1778

SWĀS *adj vertraut, nahestehend, eigen* ◊ *close, intimate, own* — suasosto *subst der nächste Angehörige* ◊ *the next of kin*
• *ns* suas H *CM* 1494 — *nsnt* suasat⁽⁺⁾ HILD 53 — *gsm* suases H *CM* 1710 — *sup npm* suasostun H *CM* 202

GISWĀS *adj verbündet* ◊ *allied*
• *np* isuese GLVERGOX 112,1
socius GLVERGOX

SWĀSDŌM *m/nt-a Latrine, Abtritt* ◊ *latrine, privy*
• *ns* suasdom (*abbr*) GLTRSEM IX,81
latrina GLTRSEM

GISWĀSHÊD *f-i Beratungsraum, Audienzzimmer* ◊ *consultation room, audience chamber*
• *ds* gisuasheidi⁺ GLPB2 I,296,52
consistorium GLPB2

SWĀSLĪK *adj unter Verwandten vorkommend* ◊ *existing between kinsmen*
• *ns* sueslic GLPRUDP 63,9
civilis GLPRUDP

SWĀSLĪKO *adv in vertrauter Weise* ◊ *familiarly*
• suaslico H *CM* 4500

GISWĀSSKARA *f(-ō) Vorrecht* ◊ *privilege*

• *dp* gisuasscaron GLPRUDSLUD IV, 344,18/19
privilegium, scriptum peculiare GLPRUDSLUD

swate# → SWÊT
sweart# → SWART¹

ANDSWEBBIAN *v-I einschlummern lassen, pcpt entschlafen* ◊ *to lull, pcpt passed away*
• *3sopt* ansuebidi H *C* 5884 — *pcpt* ansuebit H *C* 4007

swefn# → SWEVAN

SWEFRESTA *f-ō Ruhelager* ◊ *resting place*
• *ds* suefrastu H *C*, suefrestu *M* 4356

SWÊGA *f-ō (Rinder-)Herde* ◊ *herd (of cattle)*
• *ns* sueiga⁺ GLTRSEM II,19 (i *add*). XVIII,10 — *as* sueiga⁺ GLPRUDF1⁺ 93,8
armentarium, vaccaria GLTRSEM bucula GLPRUDF1⁺

SWEGAL *nt-a Sphärenmusik (?)* ◊ *celestial harmony (?)*
• GENB *gs* swegles 675

SWÊGERI *m-ja Rinderhirt* ◊ *cowherd*
• *ns* sueigeri⁺ GLSPET 82,11 — *dp* sue:geron (g *ras*) REGFREK *M* 42,34
armentarius, custos boum GLSPET

SWÊGKĀSI *m-ja Kuhmilchkäse* ◊ *cheese of cow's milk*
• *np* suegkese URBWERDF 277,7
caseus URBWERDF

SWEGLA *f-ō/n Flöte* ◊ *flute*
• *ns* suegla GLTRSEM III,63
barbita GLTRSEM

SWEGRA (?) *f-ō Schwiegermutter* ◊ *mother-in-law*
• *ns* swager GLMARF III,715,42
socrus GLMARF

SWEK *(m-i) Geruch* ◊ *smell*
• *ns* suek H *M*, suec *C* 4082

SWEKKIAN *v-1 stinken* ◊ *to stink*
• *3sips* suéuid° [= suéccid] GLPRUDF1 101,7
olere GLPRUDF1

swelc-# → SULĪK

SWELLAN *v-3 aufschwellen* ◊ *to swell up*
• *3pips* suellad GLSTR 106,25
obturgescere GLSTR

SWELTAN *v-3 (+ d refl) umkommen, (dahin)sterben* ◊ *to die (away), perish*
• *inf* sueltan H *CM* 750. 3105 (suelten *M*). *C* 734. 2250. 4697. 5322. 5511 — *3sips* suiltit H *M*, suelti*d C* 4898 — *3sipt* sualt H *C* 2219. 5659. 5685 — *3pipt* suultun GEN 318 — *3sopt* suulti H *CM* 4327

GISWEMMIA *f-jō Schwimmbecken* ◊ *swimming pool*
• *ds* gisuémmia GLPRUDF1 104,6
colymbus, natatus GLPRUDF1

SWÊN *m-a Schweinehirt* ◊ *swineherd*
• *np* suenas GLLAM 67,17
subulcus GLLAM

FAR**SWENDIAN** *v-1 zum Untergang verurteilen* ◊ *to doom to ruin*
• *1sips* firsuendon (corr e<I/e>I) GLTRSEM VI,135
devotare GLTRSEM

FAR**SWÊPAN** *v-7 hinwegfegen, fortjagen* ◊ *to sweep away, banish*
• *3sipt* forsuuep H *M*, forsuep *C* 1108
• GENB *pcpt* forswapen 391

SWERD *nt-a Schwert* ◊ *sword*
• *ns* suert GLTRSEM XIV,31 — *gs* suerdes H *CM* 4898 — *as* suerd H *CM* 4873. 4883 — *instr* suerdu H *CM* 747. 1906. 4876. 4982, suertu+ HILD 53 — *ap* suert HILD 5
spata GLTRSEM

SWERDDRAGO *m-n Schwertträger* ◊ *swordbearer*
• *ns* suerdrago GLSPET 82,30/31

armiger, spatharius GLSPET

SWERDILA, SWERDALA, SWERDULA *f-n Schwertlilie, Gladiole, Palmwedel* ◊ *iris, gladiolus, palm leaf*
• *ns* suerdala GLTRSEM XIV,32, suerdila VIII,77, sperdela° XXIV,18, suuerdula GLTR40 V,43,32 — *as* suerdelen GLHARD III,604,21 — *np* suerdulon GLSPET 74,38, suuerdollon GLVERGOX 110,39
acorus GLTR40 gladiola (gladione [= gladiole] radix *ms*) GLHARD gladiolus / gladiolum GLTRSEM iuncus, papyrus, ulva GLVERGOX spatula GLSPET spatula palmarum GLTRSEM

SWERDTHEGAN *m-a Krieger* ◊ *warrior*
• *ns* suerdthegan H *CM* 4866

SWERIAN *v-6 (+a/g) etw schwören* ◊ *to swear sth*
• *inf* suerian GLEVELT 47,2 GLEVES 49,1/2,4 — *inf g* sueriannias CONFES 16,11 — *3sops* suerie H *C*, suerea *M* 1507. 1512 (suuerea *M*) — *2pops* suerien H *M*, sueran *C* 1518 — *2simp* sueri H *CM* 3269 — *1sipt* suor CONFES 17,7 — *3sipt* suor GLEVES 51,34
iuramenta reddere GLEVELT GLEVES iurare, periurare (hardo ~) GLEVES

BI**SWERIAN** *v-6 beschwören* ◊ *to adjure*
• *3sipt* bisuor H *M*, besuor *C* 5083

FAR**SWERIAN** *v-6 (+ a refl) falsch schwören, meineidig werden; pcpt untauglich zur Zeugenaussage* ◊ *to swear falsely, commit perjury; pcpt disqualified from testifying*
• *3sops* forsuerie H *CM* 1505 — *pcpt* fersuoran GLTRSEM IX,18 — *pcpt gsf* forsuorenero GLVERGOX 113,22
pcpt intestabilis GLTRSEM periurus GLVERGOX

GI**SWERIAN** *v-6 schwören* ◊ *to swear*
• *3sipt* gisuor H *C*, gesuor 4977

GI**SWERK** *nt-a schwarzes Gewölk* ◊ *black clouds*

- *ns* gisuerc H *C* 2243. 5632, gisuuerek GEN 16
- GENB *ns* gesweorc[#] 807

SWERKAN *v-3 finster werden, sich verdüstern* ◊ *to grow dark, darken*
- *inf* suerkan H *M*, suercan *C* 4041 — *pcpt* gisuorcan H *C*, gisuorken *M* 4571 (r<s/f *C*). 4631. 4671, gisuorkan *C* 5625, gesuorkan GLSTR 107,42
turbulentius *comp adv* GLSTR (*pcpt*)

GISWERKAN *v-3 finster werden* ◊ *to become occulted*
- *3pips* gisuerkad H *M*, gisuercat H *C* 4311

SWERVAN *v-3 abwischen* ◊ *to wipe*
- *3sipt* suarf H *M*, suaraf *C* 4506

SWESTAR *f-r Schwester* ◊ *sister*
- *dp* suuestron H *M* 1264 — *ap* suestar CONFES 16,19

GISWESTAR *f-r p, Schwestern* ◊ *sisters*
- *np* gisuester H *C* 3969. 4013, *CM* 4108 (gesuester *abbr M*)

SWESTARSUN *m-u/i Schwestersohn* ◊ *sister's sun*
- *ns* sustersun GLTRSEM VI,11
consobrinus GLTRSEM

SWÊT *m-a Schweiß, Blut* ◊ *sweat, blood*
- *ns* suet H *CM* 4751 GEN 49
- GENB *ds* swate[#] 482

swéte[#] → SWÔTI

SWÊTFANO *m-n Schweißtuch* ◊ *sweat-cloth*
- *ns* (*lat ap*) sueizfano⁺ GLPB2 I,298,41 (°sueizfanon *abbr?*)
sudarium GLPB2

SWÊTIAN *v-1 schweißen* ◊ *to weld*
- *pcpt* gisu&it GLWERDC 359
ferruminare GLWERDC

SWÊTLAKAN *nt-a Schweißtuch* ◊ *sweat-cloth, sudary*

- *ns* sueizlaken⁽⁺⁾GLMARF III,716,46
sudarium GLMARF

SWEVAL *m-a Schwefel* ◊ *sulphur, brimstone*
- *ns* suebal GEN 186. 318

SWEVAN *m-a Traum* ◊ *dream*
- *ds* suefna H *C*, suuefne *M*, sueƀne *S* 701 — *as* sueƀn H *S*, suueban *M*, seƀan° *C* 680 — *ap* suefnos H *C*, suebanos *M* 688
- GENB *ns* swefn[#] 720

SWEVON *v-II schweben* ◊ *to float*
- *3pips* suebont⁺ GLSPET 86,12
natare, pendere GLSPET

SWIBOGO *m-n Schwibbogen, Torbogen, Wölbung* ◊ *flying buttress, curvature, arch*
- *ns* suibogo GLTRSEM III,21 GLSPET 84,3. 85,27, suiboga 75,9‖ — *gs* súibogon GLPRUDF1 98,4 — *ds* súibógón GLPRUDF1 102,6
arcus triumphalis GLSPET fornix GLPRUDF1 GLSPET pyrgus, turris GLTRSEM

SWIGLI *adj-ja/jō strahlend* ◊ *beaming*
- *ns* suigli H *C* 5625. 5782, suikle (s corr) *L* 5847 — *asnt* suigli H *C*, suikle *M* 3577

SWÎGON *v-II schweigen* ◊ *to be/remain silent*
- *inf* suigon H *CM* 3724 — *pcps* suigondi H *C* 5381 — *1sipt* suigoda CONFES 17,11 — *3sipt* suigoda H *C*, suígoda *V*, suuigoda *M* 1291 — *3pipt* suigodun H *M*, suiguodun *C* 2413

SWÎKAN *v-1 abtrünnig werden,* + *d/* + *umbi jmdn im Stich lassen, zum Verräter werden an* ◊ *to desert,* + *d/* umbi *to forsake sb, turn traitor to* — treuuana ~ *die Treue brechen* ◊ *to be unfaithful*
- *inf* suikan H *M* 4576 — *3sips* suikid H *M*, suikit *C* 5047 — *pcps asm* suicandean H *M*, siucandian° *C* 1897 — *3sipt* suek H *CM* 5170 — *pcpt npm* gisuicana H *C*, gesuikane *M* 4932

-swīkan

BISWĪKAN *v-1* betrügen, überlisten, verführen, täuschen ◊ *to deceive, trick, seduce, cheat*
 • *inf* bisuikan H *C*, besuican *M* 1736. 1880, besuíkan *V*, besuuican *M*, bisuikean *C* 1311 — *3sips* besuikid (d<n) PsGern 11,5 [15,24] — *3sops* bisuuica H *M*, bisuike *C* 1477 — *1sipt* besueihh⁺ (-bh?, *corr?*) GlEpist I,764,47 — *3sipt* bisuek H *C*, bisuec *M* 1035. 1048 (bisuuec *M*). 3598 (bisuek *M*) — *pcpt* bisuican H *C*, besuican *M* 1888
 • GenB *inf* beswícan 451 — *2pops* beswicen 433 — *3sipt* beswác# 327, beswac# 601 — *pcpt* beswicen 529
circumvenire GlEpist decipere (PsGern)

GISWĪKAN *v-1 (+ d) (jmdn)* im Stich lassen, verlassen, abtrünnig werden (von jmdm), + *d pers*, + *g rei* an jmdm zum Verräter einer Sache werden ◊ *(+ d) to forsake, leave, desert (sb), + d pers, + g rei to turn traitor of sth to sb* — treuuon ~ *die Treue brechen* ◊ *to be unfaithful*
 • *inf* gisuican H *C* 4576, gisuikan GlEvEs 52,23 H *C*, gesuikan *M* 4667 — *3sips* gisuikidʰ H *C*, gesuikid *M* 5041 — *2pips* gisuikad GlEvEs 52,11 — *3pips* gisuikad GlEvEs 52,19 — *2pops* gisuikan GlEvEs 52,16 — *3pops* gisuican H *C* 4676 — *3sipt* gisuek H *CM* 5045
 • GenB *inf* geswican 284
scandalum pati, scandalizari GlEvEs

BISWĪKARI *m-ja* Betrüger ◊ *defrauder*
 • *ns* bisuuichari⁺ GlTrSem VIII,120
illex GlTrSem

SWĪKON *v-II* Betrug verüben ◊ *to practice deceit*
 • GenB *3sipt* swicode 607

SWIL *(nt-a?)* Schwiele ◊ *callus*
 • *ns* suil GlTrSem V,26 — *as* suuil GlVergOx 111,39, svíl GlPrudF1 98,17
callum/callus GlPrudF1 GlTrSem GlVergOx caro et cutis indurata GlVergOx

swilc-# → SULĪK

swinga

SWILLIAN *v-I* schwielig sein ◊ *to be calloused*
 • *1sips* suillon⁺? GlTrSem V,27
callere GlTrSem

GISWILON *v-II* Schwielen bekommen ◊ *to get calluses*
 • *3sipt* gisuílóda GlPrudF1 96,12
occallescere GlPrudF1

ŪTSWIMMAN *v-3* auftauchen ◊ *to surface*
 • *3sipt* uzswmmen⁺ GlHard IV,251,26
emergere GlHard

SWIMMARINN *f-jō* Schwimmerin ◊ *(female) swimmer*
 • *ns* suinarm° (= suimarin) GlTrSem XI,46
natrix GlTrSem

SWĪMO *m-n* Schwindel ◊ *dizziness*
 • *ns* suimo GlTrSem XVI,34 GlMarf IV,177,10
aporia GlMarf vertigo GlMarf GlTrSem

SWIN *nt-a* Schwein ◊ *pig, hog*
 o³³ *n/as* suin RegFrek *KM*, suín *M* — *gs* suínas GlPrudF1 103,1 — *n/ap* suin RegFrek *KM*, suín *M* — *dp* suinum H *M*, suinon *C* 1720
sus GlPrudF1

FARSWINDAN *v-3* verschwinden ◊ *to vanish*
 • *1sips* uarsuindu GlSpet 82,2/3 — *2simp* uersuint GlPrudF1⁽⁺⁾ 90,5/6
disparere GlSpet evanescere GlSpet GlPrudF1⁽⁺⁾ liquescere GlPrudF1⁽⁺⁾

SWINDLŌD *(m-u)* Schwindel, Wirbel ◊ *dizziness, whirl*
 • *ns* suindilud GlSpet 80,7 ‖
vertigo GlSpet

SWINDLUNGA *f-ō* Schwindel ◊ *dizziness*
 • *ns* uuvndelunga° (v *add*, = suuindelunga) GlTrSem I,41
aporia, vertigo GlTrSem

SWINGA *f-ō* Knüppel ◊ *club*
 • *ap* suinga GlVeg
clava GlVeg

SWINGAN *v-3 sich ausbreiten* ◊ *to spread out*
• *3sipt* suang H *C* 2243
• *zurücktreiben* ◊ *to drive back* GENB *3sipt* swáng 449

TISWINGAN *v-3 auflösen* ◊ *to disperse*
• *pcpt* tesuungan H *C* 5632

swinge → **SIUWINGA**

SWĪNHIRDI *m-ja Schweinehirt* ◊ *swineherd*
• *ns* svinherde GLMARF III,716,35
porcarius, subulcus GLMARF

SWIRI *m-ja Vetter (Sohn der Mutterschwester)* ◊ *cousin (son of mother's sister)*
• *as* suuiri H *M*, suiri *C* 1264

SWĪTH *adj stark, schwer* ◊ *strong, grave* — swidra hand *rechte Hand* ◊ *right hand* — swithra half *rechte Seite* ◊ *right side*
• *ns* suith H *C*, suid *M* 3349 — *dp* suithon H *CM* 5083 — *comp nsf* suidare H *M*, siuđra° *C* 1484 — *comp dsf* suidron H *CM* 185 — *comp asf* suitheron H *M*, suiđrun *C* 4390, suithrun *C*, suidaron *M* 4876. 5093, suidron *M* 5976 — *comp npf* suiđaron GEN 62 — *comp apm* suithron H *C*, suuidoron *M* 1518
• *groß* ◊ *great* GENB *asm* swíðne 252 — *sup asf* swiðost 337. 351

SWĪTHI *adj-ja/jō stark, machtvoll* ◊ *strong, powerful*
• *ns* suithi H *C* 5847 — *dsm* suitheon H *C*, suideun *M* 3071 — *asm* suithean H *C*, suidean *M* 2906

SWĪTHLĪKO *adv mit Heftigkeit* ◊ *vehemently*
• suithlico H *C*, suidlico *M* 4977

SWĪTHO *adv sehr, stark, heftig, ungemein, außerordentlich, äußerst, in hohem Maße/Grade* ◊ *very (much), realy, strongly, intensely, extremely, to a high degree/great extent*
o[149] suiđo, suuiđo, suido, suuido H *M*, suitho, suithuo *C*; suiđo GEN 36. 40. 81. 85 H *V* 1282, suiđo 1303, suiđo (*neum*) *M* 353, suiđo (*neum*) 313, suiđo 2363, suithe *C* 99, súuido GEN 151 — *comp* suiđor GEN 52, suithor H *C*, suuidor *M* 1417
• GENB swiðe[#] 356. 529. 769

SWIZZEN[+] *v-1 ausschwitzen* ◊ *to exude*
• *3sipt* suizta GLSPET 84,7
resudare GLSPET

SWŌGAN *v-7 herbeibrausen* ◊ *to rush*
• *inf* suogan H *C* 5796

SWOLG *m-a (?) Wasserwirbel* ◊ *whirlpool*
• *dp* svólgón GLPRUDF1 104,22
vortex GLPRUDF1

SWŌTI *adj-ja/jō süß, angenehm, lieblich* ◊ *sweet, pleasant*
• *ns* suozi[+] PSWIT 85,5 — *gsm* suoties H *M* 3914 — *asm* suotian H *C* 3914 — *npf* suotea H *CM* 1148 — *apnt* suotia H *C*, suotea *M* 3784, suotiun *CM* 2092 (suotean *M*). 4226 — *comp nsnt* suotera H *C* 3406 (suotiera *M*). 5348
• GENB *nsm* swéte[#] 655
suavis PSWIT

symble[#], symle[#] → **SIMLA, SIMBLA**
synd[#], syndon[#] → **WESAN**
synne[#] → **SUNDIA**
synt[#] → **WESAN**

T

t → **TI**

TAFLA *f-n Würfelbrett* ◊ *dice board*
• *ns* tafle GLADM508, taflę GLTR40 V,46,4
• GLWERDC *ns* tefil[#] 357 (2, *fol.* 1v)
alea GLADM508 GLTR40 GLWERDA

TAFLERI *m-ja (Würfel)spieler* ◊ *gambler*
• *ns* tafleri GLADM508 GLTR40 V,46,5
• GLWERDC *ns* tefleri[#], tebleri[#] 357
aleator GLADM508 GLTR40 GLWERDC
alacer° GLWERDC

TĀH *adj fest angezogen* ◊ *tight*
- *apm* zahe⁺ GLPRUDF1⁺ 91,18
tenax GLPRUDF1⁺

tacen[#] → TÊKAN

GITAL¹ *nt-a Zahl, Verlauf* ◊ *number, course*
- *ns* gital H *CM* 198 — *ap* gitalu H *C* 725

GITAL² *adj schnell* ◊ *speedy*
- *gsm* gitalas H *P* 987

TALA *f-ō Rechnung, Rechenergebnis, Liste* ◊ *calculation, amount, list*
- *ns* tala GLPRUDF1 100,31, zála⁺ GLHARD IV,266,19 — *ds* zalu⁺ GLPB2 I,296,47
census GLPB2 summula GLPRUDF1 supputatio GLHARD

GITALA *f-ō Zählung* ◊ *count*
- *ds* gitalu GLEVES 55,20
actus computationis GLEVES

TALHÊD *(f-u/i) Schnelligkeit* ◊ *quickness*
- *ns* tálhéd GLSTR 106,30
pernicitas GLSTR

TALON *v-II + d refl berechnen, überlegen* ◊ *to calculate, consider*
- *3sips* talod H *M*, talot *C* 2471 — *3sipt* taloda H *C*, talode *M* 4492

TALUNGA *f-ō Bezahlung* ◊ *payment*
- *ns* talunga DIPL †948. 983. 995/2

TAM *adj zahm* ◊ *tame*
- *apnt* táma GLPRUDF1 95,27
subiugalis GLPRUDF1

GITĀMUNGA *f-ō Übereinkunft* ◊ *agreement*
- *ap* gizamunga⁺ GLSPET 78,22 ‖
conventio GLSPET

TANARI *m-ja Antreiber* ◊ *inciter*
- *ns* zanari⁺ GLTRSEM IX,76
lanista GLTRSEM

TAND *m(-cons)* tandon bitan *mit den Zähnen knirschen* ◊ *to gnash one's teeth*

- *dp* tandon H *CM* 2143

TANDSTUTHLI *nt-ja Zahnreihe* ◊ *row of teeth*
- *ds* tánstúthlía GLPRUDF1 96,28
pecten dentium GLPRUDF1

TANDSWERO *m-n Zahnschmerz* ◊ *toothache*
- *ns* zantsuero⁺ GLTRSEM VII,67
hemicranium GLTRSEM

TANGA *f-ō Zange, Lichtputzschere* ◊ *tongs, candle snuffers*
- *ns* tanga GLHARD IV,279,31 GLPRUDF1 95,3 GLPRUDBR II,573,38 (^{bfk}), zanga⁺ GLTRSEM VII,148 — *ap* tonge GLHARD *fol.* 64r
emunctorium GLHARD forceps GLHARD GLPRUDBR GLPRUDF1 GLTRSEM

TAPPO *m-n Zapfen, Zapfhahn* ◊ *spigot, tap*
- *ns* zappo⁺ GLMARF III,718,7 GLTRSEM VI,127
ducicolus GLMARF GLTRSEM

tar → THAR, THĀR
tarpa → THORP
tascha⁺ → DASGA
tat → THAT¹

TAU *(nt)-wa Werg, Schnur* ◊ *tow, cord*
- *ns* tou GLPRUDF1 90,22
stuppa GLPRUDF1

TAVERNA *f Schenke* ◊ *tavern*
- *ns* tauerna (u<b) GLSPET 87,8 ‖
taberna GLSPET

GITAUWA *f(-ō) Ausstattung* ◊ *equipment*
- *ns* gizauua⁺ GLSPET 84,29 ‖
supellex GLSPET

te → TI, THE¹, THAT², THIU
te- → TI-
tebleri[#] → TAFLERI
tefil[#] → TAFLA
tefleri[#] → TAFLERI

TĒGLA *f-n Ziegel, Ziegelstein, irdene Schüssel* ◊ *tile, brick, earthen vessel*

• *ns* ciegla⁺ GLTRSEM IX,82, zeile⁺ GLMARF IV,178,31 — *as* ziegelon⁺ GLSPET 81,2 — *dp* ziegelon⁺ GLSPET 85,20 — *ap* tieglan GLSPET 74,7/8
alveolus GLMARF later GLSPET GLTRSEM limus et paleae, sartago GLSPET

TEGĀTHO *m-n Zehnt* ◊ *tithe*
• *dp* tegothon REGFREK *K* 32,33, *M* 32,24, tegathon *K* 33,30, *M* 33,10/11

tegnidda → TÊKNIAN
tegno → TÊKAN

TEHAN *num indecl/-i zehn* ◊ *ten*
o^{58} tehan H *CM* 3323, tian REGES 21,18, tein REGFREK *KM*, thein *M* 25,13 (2) — *am* tehani GEN 234. 240
• GENB *ant* téne (e>y) 248

TEHANDO *num zehnte* ◊ *tenth*
• *asm* tehandon H *CM* 1268

TEHANFALD *adj zehnfältig* ◊ *tenfold*
• *ns* zeanfalt⁺ GLSPET 79,31 ‖ — *asnt* tehanfald H *C*, tehinfald *M* 3323
decuplus GLSPET

tehn° → THE¹, THAT², THIU

TEHON *v-II färben* ◊ *to colour*
• *3sipt* zeheta⁺ GLSPET 84,21 ‖
tingere GLSPET

teig⁺ → DÊG
tein → TEHAN

TĒKA *f-ō/n Überzug* ◊ *covering*
• *ns* ciecha⁺ GLTRSEM XVII,3
tometum GLTRSEM

TÊKAN *nt-a Zeichen, Mal* ◊ *sign, mark*
• *ns* tecan H *CM* 2869. *C* 5621. 5680 — *ds* tecna H *M*, thegne° *C* 405, tekne *CM* 4817 — *as* té[can] GLEVES *Additamenta* II,120 — *as/p* tekan H *CM* 5273, tecan *CM* 776. 844 (tekean *C*). 1206. 1212 (tekean *C*). 2069. 2163 (c ras *C*). 2350. 3372 (tekan *M*), tekean GEN 73 — *np* tecan H *CM* 4308 — *gp* tecno H *M*, tegno *C* 852. 2076, tecno *CM* 2662. 3114. *C* 5944 — *dp* tecnun H *M*, teknon *C* 428. 674. 4344 (teknun *M*)
• *Beweis* ◊ *proof* GENB *as* tacen# 540. 653. 714. 774
signum GLEVES

TÊKNIAN *v-I kennzeichnen* ◊ *to indicate*
• *3sipt* tegnidda GLEVES 57,5
signum dare GLEVES

TŌTÊKNIAN (?) *v-I anzeigen* ◊ *to indicate*
• *pcpt* to[teknid] GLGREG 65,1
exprimere, signare GLGREG

BITÊKNIANDILĪK *adj allegorisch* ◊ *allegorical*
• *apnt* bétécniándélicun GLPRUDF1 103,4
mysticus GLPRUDF1

TÊKUR *m(-a) Schwager* ◊ *brother-in-law*
• *ns* zeichur⁺ GLTRSEM IX,104
levir GLTRSEM

GITELD *(nt-a) Zelt* ◊ *tent*
• *ns* gizelt⁺ GLTRSEM XIII,69, gezelt⁺ GLMARF III,721,49
papilio GLMARF GLTRSEM tentorium GLMARF

TELDERI *m-ja Zelter* ◊ *palfrey*
• *ns* zeldari⁺ GLTRSEM III,2 — *np* telderias GLVERGOX 109,6
ambulator GLTRSEM tolutarius/tottolarius GLVERGOX

TELDSTEKKO *m-n Zeltpflock* ◊ *tent peg*
• *ns* zeltstecco⁺ GLTRSEM XIII,65
paxillus GLTRSEM

TELLIAN *v-I sagen, erzählen, berichten, erklären, benennen, (durch)zählen, berechnen,* + *a halten für, rechnen zu* ◊ *to say, tell, relate, report, explain, designate, count (over), calculate,* + *a to regard as, reckon among* — ~ *an* + *d pers gegen jmdn aussagen* ◊ *to give evidence against sb*

tellian

• *inf* tellian GLEVELT 46,19 GLEVES 48,5 H *C*, tellien *M* 3180 (tellean *C*). 4591. 5072. *C* 405. 2540. 2671. 3619. 4280 (tèllian *C*) — *2sips* telis H *CM* 4404 — *3sips* telið H *C*, telit *M* 5103 — *3pips* telliad GLSTR 107,10, telleat GEN 181 — *3sipt* talda H *CM* 1137, talda *C*, talde *M* 4344. 4453, talde GLVERGOX 113,31 H *MS*, telda *C* 492 — *3pipt* taldun H *M* 4468 — *pcpt* gitald H *CM* 94. 2729 (t<d *C*). 2870. 3810 — *pcpt apm/f* gitalda H *C*, getalda *M* 1251. 1267 (getalde *M*) — *pcpt apf* gitalda H *VC*, getalda *M* 1326
numerare GLEVELT GLEVES recensere GLVERGOX tradere GLSTR

ATELLIAN *v-I aufzählen ◊ to enumerate*
• *inf* atellian H *C* 354

FARTELLIAN *v-I verurteilen ◊ to condemn*
• *pcpt apm* fartalda H *C* 5561

GITELLIAN *v-I sagen, erzählen ◊ to say, tell*
— ~ an + *a pers, a rei jmdn einer Sache beschuldigen ◊ to accuse sb of sth*
• *inf* gitellian H *C*, gitellien *M* 2163. 4246. 4308. 5189. *M* 564 (gitellian *S*). 2671. 3619. 4280, gitellean 405, getellean *M*, gitelliean *C* 2076 — *3sipt* gitalda H *C*, getalde *M* 1586 — *3pipt* gitaldun H *C* 4468

UNDARTELLIAN *v-I zu bedenken geben ◊ to put forward for consideration*
• *3pipt* vńdartáldún GLPRUDF1 94,15
suggerere GLPRUDF1

GITEMAN *v-4 angemessen sein ◊ to befit*
• *3pipt* gizámun$^+$ GLEVES 54,3
merito (wel ~) GLEVES

temig$^{#?}$ → TŌMIG

TEMMIAN *v-I zähmen ◊ to tame*
• *1sips* zemmen$^+$ (*abbr*) GLTRSEM VI,122
domare GLTRSEM

TEMPAL *m/n-a Tempel ◊ temple*

teppid

• *ds* temple PSGERN 10,4,10 [14,23. 15,3]
templum (PSGERN)

TEMPARON *v-II auf ein Maß bringen ◊ to bring to a standard*
• *3sips* tempérod (*abbr*) GLPRUDF1 92,2
temperare GLPRUDF1

TÊN *(m-a/i) Stange, Rohr, Pfeilschaft ◊ bar, reed, arrow shaft*
• *ns* tén GLPRUDF1 98,31, zein$^+$ GLSPET 85,25 ‖
arundo GLSPET regula GLPRUDF1

TÊNIL *m-a Flechtkorb ◊ wicker basket*
• *as* thenil$^{#?}$ GLPB1 I,334,10
fiscella, sporta GLPB1

BITENGI *adj-ja/jō (+ d) berührend, reichend bis zu, nahestehend, verbündet ◊ touching, reaching to, close, allied*
• *ns* bitengi H *CM* 4624 GEN 17. 311
— *npm* bitengia H *C*, bitengea *M* 1440

GITENGI *adj-ja/jō + d berührend, reichend bis zu ◊ touching, reaching to*
• GENB *nsm* getenge$^{#}$ 808

TÊNNIA *f-jō/j-n Flechtkorb ◊ wicker basket*
• *ns* zeinna$^+$ GLSPET 73,22 ‖
canistrum GLSPET

teon- → TIONO

TĒORUNG$^{#}$ *f-ō Erschöpfung ◊ exhaustion*
• GLWERDC *ns* tiurung$^{#}$ 359
delassatio GLWERDC

TEPPID *nt-a wollene Decke, Teppich ◊ woollen rug, carpet*
• *ns* teppid GLTRSEM XV,53, teppet GLMARF III,717,11 — *ap* teppeth GLHARD IV,269,1
laneum, sagum GLMARF tapete GLHARD GLMARF GLTRSEM

ter → THAR, THĀR, THE^1, THAT^2, THIU

terian

TERIAN *v-1* verbrauchen ◊ *to consume*
• *1sipt* terida CONFES 16,16

FARTERIAN *v-1* vernichten ◊ *to destroy*
• *3sipt* farterida H C, farteride M 4363. 4373

tesamna, tesamne → TISAMNE
tesaro° → [THESA], THIT, THIUS

TÊTO *m-n* Säugling ◊ *baby*
• *ns* zeizo⁺ GLSPET 82,23
pusio GLSPET

ti° → THÛ

TI *praep + d/instr* zu, bis, nach, auf, in, an, gegen(über), vor, für, als, von, während, bei, gemäß, förderlich zu, um zu; *adv* (all)zu ◊ *to, unto, towards, on, before, at, until, in, as, for, of, against, from, during, with, in accordance with, conducing to, in order to; adv too* — ~ hwi *warum, weshalb, wozu?* ◊ *why, for what?* — ~ thiu *dazu, daraufhin, zu dem Zweck, damit, in dieser Hinsicht, in diesem Fall* ◊ *for this (purpose), so that, after that, regarding this, in this case* → TÔ
o¹³⁹⁸ ti H CS, GEN 43. 226 H M 957. 4240. 4251. 4282 HILD 27. 54 PSLUB 28,6, te ABRK BEDA CONFES 17,24,25 CONFPAL 363,31 GLEVES GLGREG 62,3 GLMERS 70,7. 71,13 GLPRUDF1 102,40 GLSTR 107,22. 108,10 H PLVCM GEN PSGERN REGES REGFREK M, URBWERDA 73,20,21. 74,4,5 / 23,3,6,14,15 URBWERDB 112,20, té GLPRUDF1 95,3. 97,18, te (*stil*) GLGREG 64,2,15. 65,21, té (*neum*) H M 350, te (e<o) C 62. 1662, te (<the) GEN 249, t (*add,* °?) H L 5847, the° C 2233. 5655 CONFPAL 362,16. 363,23 (2), zi⁺ GLSPET 77,27‖. 83,34 PSLUB 32,17,22 PSWIT 84,9. 85,3,4, ci⁺ GLSPET 83,3, ce⁺ GLEPIST I,787,24 GLEVES 53,6,16, ze⁺ GLADM718 77,14 GLEPIST I,761,46 (*bfk*). 782,17. 790,8, e° GLPB2 I,296,49

-tīhan

ad (BEDA) GLEPIST GLEVES GLGREG GLMERS GLSPET PSLUB PSWIT in GLEVES GLGREG

TI-: -BREKAN, -BRESTAN, -BROKITHA, -DÊ-LIAN, -FALLAN, -FARAN, -FORAN, -GAN-GAN, -GEGNES, -GLÎDAN, -KÎNAN, -KLIO-VAN, -QUEBBIAN, -LÂTAN, -LÔSIAN, -SAM-NE, -SETTIAN, -SKRÎDAN, -SLAHAN, -SLÎ-TAN, -SPRENGIAN, -STÔRIAN, -STÔTAN, -SWINGAN, -WERPAN

tian → TEHAN
tianono → TIONO

TÎD *f-i + -(j)ō + cons* Zeit, Zeitalter, Zeitraum, Termin, Fest(tag), Augenblick, Stunde ◊ *time, age, period, date, feast (day), moment, hour*
• *ns* tid H CM 94. 787. 852. 2911. 4280. 4299. 4354. 4492. C 3420. 3981. 5523 — *gs* tid H C 4182 — *ds* tidi CONFES 17,21 H CM 3505, tidiu PSLUB 33,2 — *as* tid H CM 517 (tíd S). 3491. 4215. 4778. 5199. C 3422. 5258 — *np* tidi H CM 89. 2028 (tida C). 2729. 3704. 4458. 4620 — *gp* tideo H CM 4828, tidio M 4182 — *dp* tidiun H M, tidion C 2680. 4364 (tideon C), tiden CONFPAL 363,31 — *ap* tidi H CM 3627. 4202. 4531. 5141

• GENB *as* tíd 369. 803, tid 412
tempus PSLUB

GITÎDI *nt-ja* (GITÎD *f-i?*) Gebetszeit ◊ *canonical hour*
• *gp* gitidio CONFES 16, 12 — *ap* gitidi CONFES 17,9

GITÎDO *adv* zeitig ◊ *early*
• *comp* gizitor⁺ GLSPET 82,9
tempere GLSPET

tieglan → TÊGLA
tigene → TIGEGNES

TÎHAN *v-1 + g* bezichtigen ◊ *to accuse of*
• GENB *3sips* tyhð# 581

AFTÎHAN *v-1 + g rei, d pers* jmdm etw vorenthalten ◊ *to withhold sth from sb*

• *3sopt* aftihe H *CM* 3015

TILIAN *v-I*, **TILON** *v-II* + g etw erzielen ◊ *to gain sth*
• *inf* tilian H *C* 2543

TIMBAR *nt-a* Bau, Material ◊ *construction, material*
• *ns* timbar GLSTR 108,17, zimbar⁺ GLSPET 84,2 ‖
(constructus) GLSTR metallum GLSPET

TIMBARMANN *m-cons* Baumeister ◊ *master builder*
• *ns* zimberman⁺ GLEPIST I,760,22
architector GLEPIST

GITIMBRI *nt-ja* Bauwerk ◊ *construction*
• GENB *ap* getimbro# 276

TIMBRIAN *v-I* bauen ◊ *to build*
• *pcpt* gitimbrid H *C* 1824, getimber[i]d PSGERN 10,6 [14,25]
construere (PSGERN)

TIMBRIO *m-jan* Zimmerer ◊ *carpenter*
• *ns* zimbrio⁺ GLTRSEM X 116
mechanicus GLTRSEM

TIMBRO *m-n* Zimmermann, Bauhandwerker ◊ *carpenter, building worker*
• *ds* timmeron REGFREK *M* 41,17 — *ap* tymbron GLVEG
faber GLVEG

TIMBRON *v-II* bauen ◊ *to build*
• *pcpt* getimbrod H *M* 1824

TIN *(nt-a)* Zinn ◊ *tin*
• *ns* tin GLHARD IV,259,23, cin⁺ GLSPET 81,14, zin⁺ GLMARF IV,178,59
stagnum, stannum GLHARD GLMARF GLSPET

tincstad⁺ → THINGSTAD

TINS *m-i* Steuer, Abgabe ◊ *tax, tribute*
• *as* tins H *CM* 1195, tíns GLEVES 49,17, cins 51,14,16 — *gp* tinseo H *CM* 3207 — *ap* tinsi H *CM* 3190. 3810. 5189

didrachma, vectigalia GLEVES

TIOHAN *v-2* (heraus)ziehen, großziehen, aufziehen ◊ *to pull, haul, rear, bring up*
• *3sips* tiuhid H *M*, tiuhit *C* 2631 — *2simp* tiuh H *C*, teoh *M* 3203 — *3popt* tugin H *C*, tuhin *M* 131 — *pcpt* gitogen H *C* 732

ATIOHAN *v-2* herausziehen, großziehen, aufziehen ◊ *to draw, rear, bring up*
• *3sipt* atoh H *CM* 4872 — *pcpt* atogan H *CM* 1137. *M* 732

AFTIOHAN *v-2* herausnehmen, wegnehmen ◊ *to take out, away*
• *3sips* aftiuhid GLEVES 50,5 — *pcpt* áftógán GLPRUDF1 99,6
eximere GLPRUDF1

GITIOHAN *v-2* herausziehen ◊ *to haul*
• *3sipt* gitoh H *CM* 3211

WITHARTIOHAN *v-2* zurückziehen ◊ *to draw back*
• *3pips* vvíthartiáhád GLPRUDF1 97,14
retrahere GLPRUDF1

TIONO *m-n* Übeltat, Unrecht, Verbrechen, Böses ◊ *evil deed, wrong, crime, harm*
• *gs* tionon H *CM* 1016. 2680 (teonon *M*) — *gp* tionono H *C* 5291, tionuno 2489, tianono GEN 66 — *as/p* tionon H *CM* 732
• GENB *as* teonan 774 — *dp* teonum 581

TĪR *m(-i)* + *-ja* Ehre, Ruhm ◊ *honour, glory*
• *gs* tiras H *M*, tyreas *C* 131 — *as* tír H *C*, tir *M* 2619

TYRI *m-ja* Einwohner von Tyrus ◊ *inhabitand of Tyre*
• *gp* tyrio GLEVES 53,7
(Tyrus) GLEVES

TĪRLĪKO *adv* ruhmvoll ◊ *gloriously*
• tirlico H *CM* 1137 (c *add C*)

GITIUG *m/nt-a* Kostenaufwand ◊ *cost*

-tiug   tōmi

• *ns* gitiuht° (= gitiuhc) GLSPET 74,19 ‖ annona, impensa, stips GLSPET

GITIUGHAFT *adj aufwendig* ◊ *sumptuous*
  • *npnt* gezíukháftún⁺ (i *add*; -haftiun, i *add?*) GLPRUDF1 97,33
sumptuosus GLPRUDF1

GITIUNIAN *v-I Schaden zufügen* ◊ *to do harm*
  • *inf* gitiunean H C, getiunean M 1810

tiurung# → TĒORUNG#
to° → THŌ

TŌ *adv zu, hin(zu), herzu, herbei, hierhin, dorthin, (noch) dazu, daran, (als Antwort) darauf, außerdem, überdies; praep + d zu, in, an, für* ◊ *to, unto, towards, here, there, thereto, close to, in it, in reply, in addition (to it), besides, moreover; praep + d at, in, on, to, for* — hir ~ *hierzu* ◊ *to this* — thar ~ *dazu* ◊ *into the bargain* — aldres/ferahes ahtian ~ + *g attr/d pers jmdm nach dem Leben trachten* ◊ *to be after sb's blood*
  ¹⁹²o *adv* tuo H LC GEN 31. 42. 93 (<thuo). 272, to H M REGFREK K 24,23. M 24,12. 41,32, H C 969 (tuo P), tó S 516. 546, thoº M 820, to (o<h) 3250, tuo (tu<d) C 2311, tuo (> untuo°) 5644, thu CONFPAL 362,12,19
  o *praep* to H C 350. 429. 523. 644. 722. 2021. 3665. 5952 HILD 6 REGFREK KM, tó REGFREK M 34,10, tuo H C 428 (?)
  o⁵⁰ *praep + d abgesehen von* ◊ *apart from* — ~ wæron *wahrhaft* ◊ *truthfully* — *neg* ~ wuhte *keinesfalls* ◊ *not under any circumstances* GENB tó, to
  • *adv (all)zu* ◊ *too* GENB to 340 (?). 529

TŌ-: -BEDON, -DŌN, -FARAN, -GEGNES, -GENGAN#, -HEFTIAN, -HLINON, -HNEIAN, -MIDDES#, -RŪNON, -SPREKAN, -STŌTAN, -TÊKNIAN (?), -WENDIAN

BITŌFRON *v-II bezaubern* ◊ *to bewitch*
  • *3sipt* bizouberata⁺ GLSPET 81,6
fascinare GLSPET

togenes# → TŌGEGNES

TŌGIAN *v-I zeigen, offenbaren* ◊ *to show, reveal*
  • *inf* togian H C, togean M 844. 3114. 5273. C 5444, tuogian C 5291, togean GEN 73 — *inf d* togeanna H M 2163 — *1sips* togiu H C, toiu M 3944 — *3sips* togid H CM 4541 — *3pips* togiat H C, togeat M 4340 — *2pimp* togiat H C, togeat M 1457 — *pcpt* gitogid H C 5680. 5949, gitogit M, gitoigid (o *add*) C 434

GITŌGIAN *v-I zeigen* ◊ *to show*
  • *inf d* gitogianne H C 2163 — *3sipt* gitogda H C, gitogde M 680 (gitagde S). 1206. 2350 (getogda M) — *3sopt* gitogdi H C, getogdi M 2076

TŌGO *m-n Zweig* ◊ *branch*
  • *dp* togun H M, tuogun C 3676

TŌHAMOLERE# (?) *m-ja Haarabschneider* ◊ *head-shaver*
  • GLWERDC *ns* toham(i)[ ]# *fol.* 6r
depilator, ras[or capillorum] GLWERDC

tohnethida° → TŌHNEIAN
toch → THOH

TOL *(m-a) Zoll, Maut* ◊ *customs duty, toll*
  • *as* tol H M 1195 (= toll? → TOLN)

TOLN *(m/nt-a) öffentliche Einnahmen* ◊ *revenue*
  • *as(p?)* toln GLEVES 49,18
lucra publica GLEVES

TOLNA *f-ō Zoll, Maut* ◊ *customs duty, toll*
  • *as* tolna H C 1195

TŌM *adj + g frei von* ◊ *free from*
  • *np* tuom GEN 13 — *gp* túoma° [= túomera/túomano] GEN 252

TŌM *(m-a) Zaum* ◊ *bridle*
  • *ns* tom GLMARF III,716,55
frenum GLMARF

TŌMI *adj-ja/jō + g frei von* ◊ *free from*
  • *asm* tomean H M, tuomian C 2319 (*v-I inf?*)

tōmian

TŌMIAN *v-I (+ g) frei machen von, freilassen* ◊ *to free from, release* → **TŌMI**
- *inf* tuomian H *C* 1717. 5411 — *3sops* tomea H *M*, tuomie *C* 1575. *C* 3744

ATŌMIAN *v-I (+ g) frei, los machen, erretten, erlösen (von)* ◊ *to free, redeem, deliver (from)*
- *inf* atomean H *M* 1717, atuomian *C* 5308 — *2sops* atomies H *CM* 2991, a-tuemeas GEN 66 — *2simp* atuomi H *C* 5569 — *3sipt* atuomda H *C* 5732 — *pcpt* atomid H *CM* 1016. *M* 2489

TŌMIG *adj + g frei von* ◊ *free from*
- *ns* tomig H *M*, tuomig *C* 2616, temig[#?] *C* 2489

tonge → **TANGA**
torhlic → **TORHTLĪK**

TORHT *adj glänzend, leuchtend, strahlend* ◊ *shining, radiant, bright*
- *gsnt* torhtes H *M* 1206 (torohtas *C*). 1586 (torohtes *C*) — *gsf* torohtun H *C* 4182 — *dsnt* torhten H *M* 3627 — *gp* torhtero H *M*, torohtero *C* 852 (torhtaro *M*). 2662. 4828. *C* 5944, toroteon *M* 4182 — *dp* torhtun H *M*, torohtan *C* 428

TORHTLĪK *adv (asnt) glänzend* ◊ *brilliantly*
- torhlic H *M*, torohlic *C* 1212

TORHTLĪKO *adv hell leuchtend* ◊ *brightly*
- torhtlico *M*, torohtlico *C* 89

TORN[1] *adj gramvoll* ◊ *grievous*
- *dpm* tornon H *C* 5523

TORN[2] *nt-a Zorn, Gram* ◊ *anger, grief*
- *ns* tórn PSLUB 29,6 — *as* torn H *CM* 2143
ira PSLUB

torohlic → **TORHTLĪK**
toroht- → **TORHT**
torpliudi → **THORPLIUDI**
tosamane → **TISAMNE**

TŌTI *praep + d (hin) zu* ◊ *unto*

trāgi

- toti PSLUB 29,3, tote PSGERN 4,6. 10,3,16 [12,5. 14,22. 15.11], tuote 10,15 [15,10], zozi[+] PSWIT 85,7
ad (PSGERN) PSLUB PSWIT

tou → **TAU**

TOVAR, ZWIBAR[+] *(nt-a) Zuber* ◊ *tub*
- *ns* zuiuar[+] GLPB3 IV,594,28, zuiber[+] (*abbr*) GLTRSEM XV,97, zuber[+] (*abbr*) GLMARF IV,179,22
tina GLMARF GLPB3 GLTRSEM

TÔVAR *m/nt-a Blendwerk* ◊ *deceit*
- *ns* zuouar[+] GLTRSEM XII,93, zoubar[+] GLSPET 79,8 ||
praestigium GLSPET GLTRSEM

TŌWARD *adj bevorstehend, nahe, zukünftig* ◊ *approaching, impending, future* — towardes *adv nahe* ◊ *near*
- *ns* touuard H *M*, tuouuerd *C* 4182 — *gsnt (adv)* touuardes H *M*, tuouuardes *C* 3704 — *asf* tŏvuarda (*stil*) GLGREG 63,1 — *npnt* touuard H *M*, tuouuard *C* 3520

TŌWARDIG *adj zukünftig* ◊ *future*
- *ns* tuovuardig PSGERN 5,7 [12,6]
futurus (PSGERN)

TRADA *f-ō Tritt* ◊ *step*
- *np* trada H *M*, strada° *C* 2400

tradi°[?] → **THRĀD**
traeniun → **TRAHAN**

TRĀG *adj träge, verlangsamt* ◊ *sluggish, slowed down*
- *apm* traga GLSTR 107,5, trága GLPRUDF1 96,11, tŕagá GLPRUDF44 105,5
(alligare) GLSTR ignavus GLPRUDF1 GLPRUDF44

TRĀGI[1] *adj-ja/jō träge* ◊ *sluggish*
- *ns* trege GLMARF IV,179,21
laxus (torpor, stupor) GLMARF

TRĀGI[2] *f-ī Trägheit* ◊ *laziness*
- *gs* tragi CONFES 16,13

TRÄGON *v-II träge sein* ◊ *to be sluggish*
• *Isips* tragon GLTRSEM VIII,82
hebere GLTRSEM

TRAHAN *m-i Träne* ◊ *tear*
• *np* trahni H *CM* 4072. 4750. 5005 (ni *ras C*) — *dp* trahnion H *C*, trahnun *M* 3499, traeniun PSLUB 114,8, trahnin (r<h) *C* 5922 , trahnon 5523
lacrima PSLUB

TRAHTON *v-II erwägen, abwägen* ◊ *to consider, weigh up*
• *inf* trahten GLMARF IV,178,10 — *Isips* trahton GLTRSEM VII,52
cogitare, deliberare, destinare GLMARF examinare GLTRSEM

GITRAHTON *v-II erwägen* ◊ *to consider*
• *Isips* gethraton GLTRSEM VI,82
deliberare GLTRSEM

trapen° → DRAVER
trásahús → TRESAHŪS

GITRAUWIAN *v-I vertrauen* ◊ *to trust*
• *inf* gitraugian PSLUB 111,7
sperare PSLUB

treaden° → THRIDDI(O), THRIDDIA

TREGAN *v-5* + *Kummer bereiten* ◊ *to grieve*
• *inf* tregan H *CM* 3233. *C* 4730. 5520

trege → TRÄGI¹

TREHTERI *m-ja Trichter* ◊ *funnel*
• *ns* trethert (°?)GLMARF III,718,15, thratari GLTRSEM IX,33
infundibulum GLTRSEM tructarius GLMARF

treiph⁺ → DRĪVAN
treo → TREU
treowe# → TREUWA

TRESAHŪS *nt-a Schatzkammer, Staatskasse* ◊ *treasury, public purse*
• *ns* trásahús GLPRUDF1 100,11/12 — *as* tresuhus H *C* 3766

aerarium GLPRUDF1

TRESAKAMERA *f-ō Schatzkammer* ◊ *treasury*
• *as* tresecamere GLSPET 73,26(‖)
aerarium GLSPET

TRESERI *m-ja Schatzkammer* ◊ *treasury*
• *ns* tresere GLMARF III,717,15
aerarium GLMARF

TRESURHŪS *nt-a Schatzkammer* ◊ *treasury*
• *as* tresurhus H *M* 3766

trethert°? → TREHTERI

TREU *nt-wa (Baum-)Stamm* ◊ *tree (trunk)*
• *as* trio H *C* 1707, treo 5554

TREUHAFT *adj treu, redlich* ◊ *honest, faithful*
• *gp* treuhaftera GEN 240 — *ap* treuhafta H *C*, treuuafte *M* 1251 (treuuafta *M*). 1268. 1272, treuhafte GEN 234

TREULOGO *m-n Treubrecher* ◊ *pledge-breaker*
• *ns* treulogo H *CM* 4620

TREULÔS *adj treubrüchig* ◊ *perfidious*
• *ns* treulos H *CM* 4492 (eu *ras C*). 4828

TREUWA *f-wō Treue, Redlichkeit, sicheres Geleit, Glaubwürdigkeit, Glaube, Bund, Vertrag* ◊ *fidelity, loyalty, safeguard, credibility, faith, association, contract* — treuuono (gi)swican *die Treue brechen* ◊ *to be unfaithful*
• *ns* treuuua GLTRSEM XII,62 — *gs* tréuuua GLPRUDF1 99,36 — *ds* treuuua GEN 73, triuuua^{bfk} GLEPIST I,756,21 (*as?*) — *as* trévva GLPRUDF1 100,22, treuua 93,19, triuuua^{bfk} GLEPIST I,776,13 — *np* treuua H *CM* 2489 — *gp* treuuono H *C* 4689, treuuana *M*, treuuon *C* 4576 — *dp* treuuon H *CM* 291 (treuun *M*). 1016. 3323 — *as/p* treuua H *CM* 131. 902. 1195. 1457. 2473. 2904, triuuua (*1.u add*) GEN 66

- *Huld, Aufrichtigkeit ◊ grace, honesty*
GenB *as* treowe# 541. 714 — *ap* treowa# 653
fides GlEpist GlPrudF1 foedus GlPrudF1 pactum GlTrSem

GITREUWODI *adj-ja/jō verbündet ◊ allied*
- *ns* gitreuuodi GlPb2 I,296,2
foederatus GlPb2

trio → TREU
tristiket → THRĪSTIKKID
trithic → THRĪTIG
tritig° → THRĪTIG
triu⁺ → THRIA, THRIU

TRIUWI *adj-ja/jō treu ◊ loyal* — in truuuin hand *zu treuen Händen ◊ for safe keeping*
- *asf* truuuin UrbWerdB 116,8 — *sup npm* triuuuiston H *M*, triuuistun *C* 3517

GITRIUWI *adj-ja/jō treu ◊ loyal*
- *sup npm* gitriuuistun H *C*, gitriuuiston *M* 4556

TRIUWIAN *v-I verbünden ◊ to federate*
- *pcpt* getriuvuid GlPrudF1 94,8
foederare GlPrudF1

GITRIUWIAN *v-I Glauben schenken ◊ to give credence to*
- GenB *3sips* getrywð# 569

MISSTRIUWIAN *v-I misstrauen ◊ to mistrust*
- *1sips* mistrue GlMarf IV,178,45
suspicari GlMarf

TROG *m-a + -i Trog, Wasserrinne ◊ trough, channel*
- *ns* trog GlAdm508 GlTr40 V,46,8, trohc GlTrSem II,105, troch GlMarf III,718,6 — *np* trőge UrbWerdF 285, 14 — *dp* drogin⁺ GlSpet 73,25 ‖ — *ap* troga UrbWerdB 133,19
- GlWerdC *ns* trog 357
alveus GlAdm508 GlMarf GlTr40 GlWerdC alveolus GlTrSem canalis GlSpet

TROGALĪN *nt-a kleiner Trog ◊ small trough*
- *ns* trogelin GlMarf IV,178,31
alveolus GlMarf

trosla°? → THROSLA

TRÔST *m/nt-a Trost ◊ comfort*
- *ds* trosta (*stil*) GlGreg 64,16
consolatio GlGreg

GITRÔST *(nt)-a Gefolge ◊ retinue*
- *as* gitrost H *C*, getrost *M* 2114

TRÔSTIAN *v-I trösten, Zuversicht geben ◊ to console, give trust*
- *1sips* troston GlTrSem V,129 — *3sips* trostid GlGreg 64,13 — *1sipt* trosta ConfEs 16,27
consolari GlTrSem spem tribuere GlGreg

GITRÔSTIAN *v-I Mut zusprechen ◊ to encourage*
- *1sips* getroston GlTrSem II,61
animare GlTrSem

trosuurz⁺ → THRŌSWURT
truhtin⁺ → DROHTIN

TRŪON *v-II vertrauen ◊ to trust*
- *3pipt* truodun H *CM* 2069 — *3popt* truodin H *C* 2350. 3114. 5680
- GenB *inf* truwian# 649

GITRŪON *v-II (+ g) vertrauen, sich verlassen auf ◊ to trust, rely on*
- *inf* gitruoian H *C* 5944, getruoian *M*, gitroian *C* 2952 — *1sips* gitruon H *CM* 285 — *pcps asm* gitrondine PsWit 85,2 — *3sipt* gitîuoda H *C*, gitrooda *M* 2028 — *3popt* gitruodin H *M* 2350. 3114
- *+ d pers/rei* GenB *2sipt* getruwodest 613 — *3sipt* getruwode 248. 706
sperare PsWit

truuuin → TRIUWI
truwian# → TRŪON

TRYMMAN# *v-I errichten, befestigen* ◊ *to establish, strengthen*
- GenB *3sipt* trýmede# 276

GETRYMMAN# *v-I erschaffen* ◊*to create*
- GenB *3sipt* getrimede# (i>y) 248

-tu → THŪ
tu#, tua → TWÊNE, TWÊ, TWĀ
tuelibio → TWELIF
tuendenden → TWENGIAN

TUGITHON *v-II + g rei einwilligen in* ◊ *to agree to* → TWĪTHON
- *2sips* tugithos H *M* 2752

tugon+ → DUGON

TUHT *f-i Anweisung, Lehre, Unterhalt, Lebensunterhalt* ◊ *instruction, lesson, keep, living*
- *ds* tuhti GlEvEs 60,22, zuhti+ 51,17 — *as* tuh't GlEvEs 50,39 — *ap* tuhti GlEvEs 50,6
disciplina, traditio, usus, victus GlEvEs

TUHTIG *adj selbstbeherrscht* ◊ *self-controlled*
- *dp* zuhtigen+ GlEpist I,789,53
modestus GlEpist

tuile° → MILUK
tuilif → TWELIF

TULGO *adv sehr* ◊ *very (much)*
- tulgo H *S* 353. 398. 542. *CM* 849. 1043. 1217. 1415. 2419. *C* 4727. 5436

tumiga+ → DUMIG

TUNDRA *f-ō Zunder* ◊ *tinder*
- *as* zundra+ GlPrudF1+ 90,21
alimonia [flammae] GlPrudF1+

TUNGA *f-n Zunge, Rede* ◊ *tongue, speech*
- *ns* tunga H *C*, tunge *M* 3063, [t]unga PsGern 11,2 [15,21] — *ds* tungun H *CM* 1071 GlPrudF1 96,42/43, tvngvn 91,15 — *as* tungun H *C*, tungon *M* 3372

lingua GlPrudF1 (PsGern)

TUNGAL *nt-a Gestirn* ◊ *star*
- *ds* tungle H *CM* 3627 — *dp* tunglun H *M*, tunglon *C* 600

TUNIKON *v-II verputzen* ◊ *to plaster*
- *pcpt* gituniohth+ (*l*.h<n) GlPB2 I,297,30
obducere GlPB2

tuo → TŌ, TWÊNE, TWÊ, TWĀ
tuo° → THŌ
tuogian → TŌGIAN
tuogun → TŌGO
tuohehtun → TŌHEFTIAN
tuohrunoda → TŌRŪNON
(-)tuom(-) → (-)TŌM(-)
tuote → TŌTI
tuouuard, tuouuerd → TŌWARD
tuovuardig → TŌWARDIG

TURF *m(-i?) Rasenstück, Erdscholle* ◊ *sod, turf, lump of earth*
- *ns* túrf GlPrudF1 104,17 — *ds* túrua GlPrudF1 99,4
caespes GlPrudF1

TURTILA *f(-n) Turteltaube* ◊ *turtledove*
- *ns* tvrtila (*abbr*) GlTrSem XXI,17
turtur GlTrSem

TURTULO *m-n Turteltaube* ◊ *turtledove*
- *ns* tvrtulo (*abbr*) GlTrSem XV,129
turtur GlTrSem

TUTTILĪN+ *nt-a Brustwarze* ◊ *nipple*
- *np* tuttili+ GlPrudF1(+) 90,28
papilla GlPrudF1(+)

tuulif → TWELIF

TWĀ, TWÊ → TWÊNE, TWÊ, TWĀ

TWÊDI *num zweidrittel* ◊ *twothirds*
- *nsf* tuedi UrbWerdA 54,15, tuédi 43,2 — *npnt* tuedi UrbWerdA 38,9 — *apf* tuédia UrbWerdA 49,22

twegin# → TWÊNE, TWÊ, TWĀ

TWEHO *m-n Zweifel* ◊ *doubt* — ~ *wesan (+ d pers) zweifelhaft sein (für jmdn)* ◊ *to be doubtful (to sb)*
- *ns* tueho H *CM* 2836. 3190. 3520. 4780. *M* 2904, tueo *C* 4681 — *gp* tuehono *C* 2904
- tweo þyncan + *d pers zweifelhalft erscheinen für* ◊ *to seem doubtful to* GENB *ns* tweo 276

TWEHON *v-II zweifeln, schwankend werden* ◊ *to doubt, waver*
- *inf* tuehon H *CM* 1374 (tuuehon *M*). 4171 — *3sipt* tuehoda H *C*, tuehode *M* 2945

GITWEHON *v-II zweifeln* ◊ *to doubt*
- *3sopt* gethuehodi H *M*, gituedodi° *C* 2952
- + *g etw infrage stellen* ◊ *to question sth* GENB *3sopt* getweode# 833

TWELIF *num indecl/-i zwölf* ◊ *twelve*
- *nm* tuelifi H *C* 1272 (tuueliui *M*). 2820 (tueliui *M*) — *g* tuelifio H *C*, tuelibio *M* 1586 (tuuelifio *M*). 4479 (tuelifo *C*). 4576. 4591, *C* 3992 — *am* tuelifi H *C*, tueliui *M* 2869. 2904, tuelifi *C*, tuelibi *M* 3517. 4556, tueliui *C*, tuuelifi *M* 1251, tuulif (*n/a*) REGFREK *M* 43,7, tuuliua (*n/a, m?*) 39,13 — *ant* tueliui H *C*, tuueliui *M* 787 — *n/ant* tue:lif (f *ras*, li<u) REGFREK *M* 29,8, tuilif *K* 32,31. *M* 32,23 (il<u),26, tuulif *K* 24,19,24. 26,23. 32,34. *M* 24,8,13. 26,3, thuulif 29,14

TWÊNE, TWÊ, TWĂ *num zwei, beide* ◊ *two* — an twe *entzwei, auseinander, in zwei Hälften* ◊ *in two (pieces)*
o[231] *nm* tuena H *C*, tuene *M* 1771 (tuena *M*). 3548 (tuenie *M*). 4937. 5072. *C* 5693. 5694. 5842 (tuena *L*). 5956, tuene REGFREK *M* 37,18, tuena (*n/a*) REGES 21,4 — *nnt* tue H *CM* 458 (tuue *M*). 4205 REGES 21,13,14 (*n/a*) REGFREK *KM* (*n/a*), thue *M* 24,10,12,14 (*n/a*) — *nf* tua H *C* 3969. 4013. 4108 (tuo *M*) REGES 21,6,12,15 (*n/a*), zuoi[+] GLTRSEM VI,75

— *g* tueio: (-o: *ras*, r?) *C* 5411 — *d* tuem GEN 96 HILD 3 H *CM* 204 (tuém *M*). 380 (tuém *S*, tuuem *M*). 732. 738. 3212, tuuem *M*, tuen *C* 1264, zuǔn[+] GLTRSEM IX,34 — *am* tuena H *C*, tuuene *M* 1174. 1257. 1263 (tuuena *M*), tuena *C*, tuene *M* 2845. 3109. 3766. *C* 5561, tuene GEN 270 REGFREK *M* (*n/a*), tuena (*n/a*), zuena[+] GLEVES 52,38 — *ant* tue H *C*, tuue *M* 390. 1035, tue *CM* 746. 2836. 3144. 3594. 3900. 4444. *C* 5665 — *af* tua GEN 296 H *CM* 4371. 4458. *C* 3981. 5561
- GENB *nm* twegin# (i>e) 460 — *nm/f(nnt)* twá 765. 840, twa 789, tú# 574, tu# 838. 847 — *d* twam# 562 — *ant* tu# 751, twá 449

biduum (zuena daga) GLEVES duo GLTRSEM

TWENGIAN *v-I kneifen, ausrupfen* ◊ *to pinch, pluck off*
- *pcps dp* tuengenden GLHARD IV, 280,31

vellere GLHARD

TWÊNTIG *num zwanzig* ◊ *twenty*
o[99] *n/a* tuentich REGFREK *KM*, tuentihc, tuenthig, tuenthic *M*, tuentihc (c<t) 29,26, tuentigh *K* 24,27, *M* (g<h) 24,17, tuenteg REGES 21,12,14 — *a* tuentig H *CM* 144

tweo# → **TWEHO**

BETWÊOH# *praep +d zwischen* ◊ *between*
- GENB betuh# 766

TWĪFLI *adj-ja/jō zweifelnd, wankelmütig* ◊ *doubting, inconstant*
- *nsm* tuifli H *CM* 287. 385 (tuuifli *M*). 4871. *C* 5300 — *asm* tuiflian H *C* 2662 (tuiflean *M*). 3704 (tuiflien *M*)

TWĪFLIAN *v-I zweifeln, in Zweifel stürzen* ◊ *to doubt, confuse*
- *inf* tuiflian H *C*, tuiflien *M* 5188 (*asm?*). *C* 4703, tuiflean *C*, tuuiflien *M* 948. *C* 1896, tuiflien *M* 328 — *3sipt* tuiflida H *C* 5241 — *pcpt* gituiflid H *C* 5752, gituiflit *C*, getuiflid *M* 3004

GITWĪFLIAN *v-II irre machen, in Zweifel stürzen* ◊ *to make doubtful, confuse*
• *inf* gituiflian H *C* 3501 (gituiflien *M*). 4662 (getuiflean *M*). 4743 (gituiflean *M*)

TWĪFLIG *adj ungewiss* ◊ *uncertain*
• *as(nt?)* tuiulig GLPRUDBR II,572,34
nutans GLPRUDBR

TWĪFLON *v-II zweifeln* ◊ *to doubt*
• *inf* tuiflon H *M* 1896, tuiflan *C* 328 — *3sipt* tuiflode H *M* 5241

TWĪG *(nt-a) Zweig* ◊ *twig*
• *ns* zuig⁺ GLSPET 84,36
surculus GLSPET

TWIGIWĀGI *adj-ja/jō zweipfündig* ◊ *weighing two pounds*
• *ns* zouuoigeuuegi⁺ (*1.*o<u) GLTRSEM IV,17, zueguwage⁺ GLMARF III,717,38
bilibris GLMARF GLTRSEM

TWIHÔFDIG *adj zweiköpfig* ◊ *two-headed*
• *npm* thuihobdiga GLSTR 106,10
biceps GLSTR

TWILI *adj-ja/jō zweifach* ◊ *double*
• GLWERDC *ns* tuilj 358
biplex, duplex GLWERDC

TWINILING *m-a Zwilling* ◊ *twin*
• *np* zuilinge⁺ GLMARF III,715,48
geminus GLMARF

GITWINILO *m-n Zwilling* ◊ *twin*
• *ns* gizuinelo⁺ GLSPET 75,23 ‖
geminus GLSPET

TWIO (Ī ?) *adv zweimal* ◊ *twice*
• túio GLPRUDF1 96,5
bis GLPRUDF1

TWIRO *adv zweimal* ◊ *twice*
• zuiro⁺ GLSPET 81,26
bis GLSPET

UNDARTWISK *adv untereinander; praep + a zwischen* ◊ *adv reciprocally; praep + a between*

• *adv* undortuisk GEN 125 — *praep* undartuisc H *M*, undertuisc *C* 591

TWISKILI *f-ī Doppelheit* ◊ *doubleness*
• *ns* ziuusgili⁺ GLSPET 81,9
duplicitas GLSPET

GITWISO *m-n Zwilling* ◊ *twin*
• *np* ituisan GLVERGOX 113,27
geminus GLVERGOX

TWĪTHON *v-II (+ g rei) einwilligen (in)* ◊ *to agree (to)* → TUGITHON
• *2sips* tuithos H *C* 2752 — *2simp* tuitho GLEVES 51,34

tyhð# → TĪHAN
tymbron → TIMBRO
tyreas → TĪR

TH, Þ, Ð

tha → THĀHA, THE¹, THAT², THIU, THŌ, THOH
þa# → THE¹, THAT², THIU, THŌ
tha° →THAN, THANNA, THAT¹
thæm, þæm#, thæne → THE¹, THAT², THIU
þær# → THAR, THĀR
þære# → THE¹, THAT², THIU
þæs# → THE¹, THAT², THIU, [THESA], THIT, THIUS
þæt# → THAT¹, THE¹, THAT², THIU
thaf° → THARF

GEÞAFA# *adj-n/m-n ~ weorþan + g einwilligen in, etw unterstützen* ◊ *to consent to, support sth*
• *ns* geþafa# GENB 414

THAGON *v-II schweigen* ◊ *to be silent*
• *pcps* thagiandi H *C* 2575 — *3sipt* thagoda H *CM* 5078, thagode *M*, thagoda *C* 3911. *C* 5280 — *3pipt* thagodun H *CM* 1284 (*V*). 1386. 1583. 3872

THAH *nt-a Dach* ◊ *roof*
• *ap* than° (*abbr,* h *add,* = thah) GLPB2 I,298,26
tectum GLPB2

THĀHA *f(-n) Ton, Lehm* ◊ *clay, loam*
• *ns* tha GLMARF IV,178,17
glis, terra tenax GLMARF

THĀHI *adj-ja/jō tönern* ◊ *made of clay*
• *ns* thái GLPRUDF1 98,14
fictilis GLPRUDF1

THĀHĪN *adj tönern, aus Lehmziegeln bestehend* ◊ *made of clay, of loam bricks*
• *npm* thahine GLSPET 76,22‖, thama° (= thaina) GLPB2 I,296,3 — *apnt* thaine GLLAM 67,19
fictilis GLPB2 GLSPET testaceus GLLAM

thaht → **THE¹, THAT², THIU**

GITHĀHT *f-i Denken, Einsicht, Verständnis* ◊ *thought, insight, judgement*
• *ns* githaht H *C* 5583 — *as* githaht H *CM* 118, githatt GEN 130 — *np* githahti H *CM* 576 (S). 1741 (gethahti *M*). *C* 2686 — *ap* githahti H *CM* 851. 3056. 4604. *C* 4704, githate GEN 118
• *Wahrnehmungsvermögen, Ratschlag, Einflüsterung* ◊ *(faculty of) perception, counsel, insinuation* GENB *f-ō/nt-a ns* geþeaht# 590 — *as* geþeaht# 605

GITHĀHTI *f-ī Denken* ◊ *thought*
• *ns* githahti H *M* 2686

thái → **THĀHI**
thaine → **THĀHĪN**
thairuolon⁺ → **THARVALON** (?)

THAKOLON *v-II tätscheln* ◊ *to pat*
• *pcpt apnt* gíṭhákólóda GLPRUDF1 102,28/29
palpare GLPRUDF1

tham, þam# → **THE¹, THAT², THIU**
thama° → **THĀHĪN**
thamu → **THE¹, THAT², THIU**

THAN, THANNA *adv dann, sodann, damals, zu dieser Zeit, danach, ferner, auch, nun, jedoch, aber; conj wenn, sobald, als, während, bis, neg + comp nicht noch + comp* ◊ *adv then, at that time, afterwards, further, also, now, but, however; conj when, as soon as, while, than, thereupon, until, if, neg + comp not even, yet, any + comp* — *er ~ bevor, bis dass* ◊ *before (that), until* — *~ lang the so lange als* ◊ *as long as* — *~ halt nunmehr* ◊ *henceforth* — *~ hald/mer (the) neg ebensowenig (wie)* ◊ *just as little (as)*
o⁷³³ than CONFES GEN GLEVES GLGREG GLPRUDF1 H *PVCMS,* thann *LC,* thán GLPRUDF1; thann GEN 119. 140. 142 H *V* 1352. *M* 2698, thon#? *C* 3745. 3865, then CONFPAL 363,30 thanna GEN GLEVES 57,24 H *M* 1563. 1728, thanne ABC 8 GEN 19 H *V* 1355. *C* 1728. 1935. 1954. *M* 3404, than (n<r) *M* 2093. *C* 2843, than (n *add*) *C* 1597. 3313, thann (2. n *add*) 2499, thann (*1*.n<t?) *C* 1631, tha° *C* 2615. 2619, dana⁺ HILD 31, denne^{bfk+} GLEPIST I,761,40
o²¹ GENB þonne, þon*ne* (*abbr*) 258
cum GLEVES GLPRUDF1 et, quando GLEVES dum, tum, quam, tunc GLPRUDF1 ceterum (denne houch)⁺ GLEPIST

than, þan# → **THE¹, THAT², THIU**
tha*n*° → **THAH**

THANA *adv weg* ◊ *away*
• thana GLPRUDF1 101,36
de- (detorquere) GLPRUDF1

thana → **THE¹, THAT², THIU**

THANAKÊRUNGA *f-ō Wegscheide* ◊ *road fork*
• *ns* thanakerunga GLSPET 84,25‖
divortium GLSPET

THANAN *adv von daher, von dort, von dieser Stelle, von dannen, daraus, von wo* ◊ *from there, thence, from that place, of/from which*

o¹¹⁶ thanan GEN GLVERGOX 114,5/6 H LCM, thanen M; thonan S 531. 576. 693, thananan C 3878
• GENB þanon# 446. 493
cedere, retrahere (~ faran) GLVERGOX

THANANA adv daher ◊ that is why
• thanana BEDA 14
ex hac (BEDA)

thane → THE¹, THAT², THIU

THANK m-a Gunst, Gnade, Dank, Belohnung, Genugtuung, Gedanke ◊ grace, favour, thanks, reward, satisfaction, thought, idea — an, te thanke angenehm, lobenswert ◊ pleasant(ly), laudable, laudably
• ns thanc H CM 5015, thang GLEPIST I,789,57 — ds thanke H CM 118. 506 (thanca M, thonke S). 1659. 2066. 2767 — as thanc H CM 475. 1541. 1551. 1557. 2156. 2965. 3681 (thank M). C 66. 2528 GLEPIST I,789,58/IV,308¹, thank GEN 6 — np thonkas PSLUB 32,11 — ap thonkas PSLUB 32,10
• GENB ds þance 506 — as þanc 238. 725. 796
cogitatio PSLUB gratia GLEPIST

GITHANK nt-a Plan ◊ plan
• GENB as geþanc 532. 631

GITHANKO m-n Gedanke ◊ thought
• gp githankono CONFES 17,2 — dp githankon CONFES 17,13 PSGERN 4,8 [12,6]
(intendere) (PSGERN)

THANKON v-II danken, sich dankbar erweisen ◊ to thank, show one's gratitude
• inf d thańcónna GLPRUDF1 95,3 — 1sips thancon GLTRSEM VIII,35 — 3sipt thancoda H C, thancode M 4635
• + g rei Dank abstatten für ◊ to give thanks for GENB inf þan:cian# (1.a ras, : = ras) 257
gratificari GLTRSEM

THANNA →THAN, THANNA

thanon → THONA
þanon# → THANAN

THAR, THĀR adv, conj, rel-partcl da, dort, hier, dorthin, dann, damals, darauf, wo, da(hin) wo, daraus, indem, als, wenn, + praep/adv zur Bildung von kontinuierlichen und diskontinuierlichen Pronominaladverbien; conj wenn ◊ there, here, thither, then, thereafter, where, there where, from there, whilst, as, when, if, + praep/adv in order to form continuous and discontinuous pronominal adverbs —
~ (...) after hinterdrein ◊ behind — ~ ... bi wobei ◊ on which — ~ inna (dort) drinnen ◊ inside, indoors — ~ mid außerdem, dabei ◊ into the bargain, there — ~ to dazu ◊ into the bargain — ~ vuithar hingegen ◊ however
o¹¹⁵¹ thar BEDA CONFPAL GEN GLEVES GLGREG GLVERGOX H PLVCMS PSGERN REGFREK K 33,25. M 33,5. 41,32, thar (stil) GLGREG 64,9. 65,19, thár GLPRUDF1 H V 1326 GLEVES 51,5,33, tar (huuattar) GEN 251, thar (<thara) H M 188, thar (r<t) C 3113, ther M 4578 PSGERN 5,3. 6,1,9. 8,1 [12,13,6,18. 14,5] CONFPAL 362,20. 363,26, ter 362,5, der GLEVES 53,27, dar⁺ HILD 51. 57, that° H C 2716. M 4479, tharod° M 228
o¹⁷ GENB þær#
hoc (BEDA) ibi, illic, ubi GLEVES inde GLPRUDF1 in quo (~ ... bi) GLEVES quo GLVERGOX at contra (~ vuitar) (GLGREG)

thar° → THAROD, THAT¹, THE¹, THAT², THIU

THARA adv dorthin ◊ thither
• dara⁺², dar(a)⁺²GLPRUDF1 89,11
quo GLPRUDF1

þara# → THE¹, THAT², THIU
tharabon → THARVON

THARF f-ō Entbehrung, Not ◊ need, hardship — tharf is + d pers (g rei) jmd benötigt (etw) ◊ sb needs (sth)

tharf

- *ns* tharf H *CM* 1187. 1223. 1574. 1583. 1588. 2098. 2298. 2376 (thaf° *C*). 2428. 3002. 3097. 3365. 3370. 3549. 3814. 4376. 4425. 4433. 4919, tharaf GEN 230 — *dp* tharƀon H *C* 4404 (tharabun *M*). 4406 (tharabun *M*), tharaƀon 4677, tharbun *M*, tharbon *C* 2156
- *Mangel, Wunsch ◊ lack, want* GENB *ns* þearf[#] 278. 664, ðearf[#] 503

THARFAG *adj bedürftig ◊ needy*
- *ns* thárfag GLEVES 55,37
(egere, indigere) GLEVES

THARM *m-i Darm, p Innereien ◊ gut(s)*
- *ap* thérmi GLPRUDF1 92,28, therme URBWERDF 285,16
- GLWERDA *m-a gp* dar[ma(na)][#] 345 exta GLPRUDF1 fibra GLWERDA

tharo → **THE**[1], **THAT**[2], **THIU**

THAROD *adv dort(hin) ◊ there, thither*
o[47] tharod H *VLCMS*, tharot *M* 456. 1911, thar° *C* 1235

tharod → **THORRON**
tharod° → **THAR, THĀR**
tharpa → **THORP**

THARVA *f-ō Bedarf, Verlust ◊ need, loss*
- *as* thęrua GLMERS 71,6 — *np* darba[+] HILD 23. 26
opus GLMERS

THARVALON (?) *v-II bedürftig machen, berauben ◊ to make needy, rob* — cf **THURVALON** (?)
- *1sips* thairuolon[+] GLTRSEM VI,13 convasare GLTRSEM

THARVON *v-II + g rei Mangel haben an etw ◊ to lack sth*
- *inf* tharƀon H *C*, tharabon *V*, tharbon *M* 1329 — *3pipt* tharbodun H *CM* 3602

thas → **THE**[1], **THAT**[2], **THIU, THES**
þas[#] → [**THESA**], **THIT, THIUS**
thas° →**THAT**[1]

thasaro°[?] → [**THESA**], **THIT, THIUS**
that° → **THAR, THĀR**

THAT[1] *conj dass, damit, so dass, dadurch dass, weil ◊ that, in order that, so that, in that, because* — huan ~ weil ◊ because → **ANDTHAT**

o[1625] that ABRK BEDA CONFES CONFPAL GEN GLEVELT GLEVES H *PLVCMS* PSGERN, that (*stil*) GLGREG 63,8. 65,8, thát GLEVES 53,32 GLPRUDF1, thatt H *C* 4335, tat 1886, thât (*neum*) *M* 311, that·· GLSMIH 406, that (-t *add*) H *C* 2. 1420, that (-t<r/s?) 3327, tha° 717, thar° 5660, thet GLMERS 70,7, đat (at *ras*) HILD 2, dat[(+)] 17. 31. 35. 43. 47. 48. 64, thaz[+] PSWIT 84,10, [t]haz[+] PSLUB 32,19, thas° CONFPAL 362,19
o[86] GENB þæt[#] 581. 735, þæt[#] (*abbr*) quod, ut GLEVES (PSGERN) PSLUB PSWIT quatenus (BEDA) GLMERS quia GLEVES

THAT[2] → **THE**[1], **THAT**[2], **THIU**

THAU *m-wa Brauch ◊ custom*
- *ns* thau H *CM* 306. 2055. 2731. 2764

thaz[+] →**THAT**[1]

THE[1], **THAT**[2], **THIU** *art, pron (dem, rel) der/dieser, das/dies(es), die/diese, derjenige, diejenige, dasjenige, welcher, welches, welche ◊ the/this, that, the one, who, which* — thes *deswegen, deshalb, darüber, dafür ◊ therefore, because of that, about/of/on/for/from that* — thiu + *comp* umso ◊ *all the (more)* — an thiu the *damit, falls ◊ so that, in case* — hvvan thiv *seitdem ◊ since* — mid thiu *dadurch, deshalb, sobald ◊ thereby, therefore, as soon as* — te thiu *dazu, daraufhin, zu dem Zweck, in dieser Hinsicht, in diesem Fall ◊ for this (purpose), after that, regarding this, in this case* → **THE**[2], **THES, BITHIU**

o[6361] *nsm* the ABC BEDA BENW CONFPAL GLEPIST GLEVES GLGREG GLLECT GLSTR H *CMS* GEN 174. 217 HILD 60 PSGERN PSLUB 111,1,5,7 H *V* 1313, thé GLPRUDF1, the 92,34, thie GEN H *PC*

the¹

PsLub 32,15(2) H *V* 1286. *M* 2475. 4315, thea *M* 465. 969. 4965, thé (*neum*) 312, thie (e *ras*) *C* 3. (i *add*) 2103. 3223 BenW, thio H *C* 357, thia 3881. 5398, thi 923. 4539, thei 2086. 2465, thie (th<đ) Gen 140, thi GlGreg 64,6,19, te Mn, der⁺ Hild 34. 58. 59, se[#] H *C* 772. 2933. 5098. 5297 — *nsnt* that Beda BenTr ConfPal Gen GlEves GlPrudF1 H *PLVCMS* PsGern RegFrek *K* 33,22. *M* 39,31 UrbWerdA 73,21/23,5, thát GlPrudF1, thet H *C* 3727, dat⁺² GlSmih 496 Hild 24, than° 4293 — *nsf* thiu Beda ConfPal 362,12 Gen GlGreg GlPrudF1 GlPrudP 63,18 H *LCMS* PsGern RegFrek *M* UrbWerdA, thîu (*neum*) H *M* 310, thiu (i *add*) *C* 502. 1901. 3842, thui° 3625, the *M* 2485. 3268 (thia *C*). 4182. 4363, th[iu] (*stil*) GlGreg 63,16, thíu GlPrudF1, thív 102,31 — *gsm/nt* thes Beda ConfEs ConfPal Gen GlEpist GlEves GlPrudF1 H *VLCMS* PsGern PsLub 32,12 RegFrek *KM*, thés GlPrudF1, thes (*stil*) GlGreg 63,7, thess H *C* 4975, thies 5540 PsLub 110,10, thas Gen 228 H *S* 720. *V* 1319. 1320. *C* 5427. *L* 5831, thes (e *ras*) *C* 3177, (s<t) 66, ther° 5876, d&° (?) Hild 23 — *gsf* thera, thero H *CM*; theru *C* 360. *M* 1906. 3882, there *M* 5124, thero GlAdm718 77,7 PsGern 6,10/11. 10,11 [13,7/8. 15,4], ther(a) (*stil*) GlGreg 65,21, ther ConfPal 362,2 — *dsm/nt* them Gen H *PLVCMS*, themu *MS*, themo *C*; thêm (*neum*) *M* 312, thiem *C* 419. 445. 4386, thiemo 3790 RegFrek *M* 24,7, thamu PsLub 28,6. 32,22, thamo RegFrek *M* 40,7, thému H *S* 504, themu GlSpet 76,35, themo ABC AbrK 19 BenW Beda Gen 235 GlEves GlGreg GlMers 71,22 GlPrudBr II,573,7(^{bfk}) GlPrudF1 99,17 GlStr 106,12 PsGern RegFrek *KM*, thémo GlPrudF1 GlEves 51,12. 56,11, the*m* (*abbr*) Gen 10(?). 109. 241. 305. 329. 333. 334 H *M* 797. *C* 38. 903. 1432. 1911. 1935. 2257. 2335. 2567. 2762. 2777. 4376. 5641, the° Gen 10 H *M* 1587, thæm *C* 3397, then ConfPal 362, 11 Gen 219 RegFrek *M* 42,20. 43,23 H *C* 1828. 3593, than 644. 5112, tham 3185, them (m<ro?) *M* 1025. (em<iu) *C* 3626, themu (u<o?) *M* 2635, themo (e<o) *C* 5725, (h<t) RegFrek *M* 30,33, themmo 41,18,20, the*mm*o (*abbr*) 29,14. 33,2. 41,21,22, theme ConfPal 363,27, thene 362,7, thenne 362,14,19, thenen 262,2, demo⁺ GlEpist I,782,17 — *dsf* theru BenW 13 ConfEs 17,14/15 GlLam 67,15 PsGern 10,11 [15,4] UrbWerdA 74,1/23,7 UrbWerdB 111,18, théru GlPrudF1, thérv 102,14, thero, thera H *CM*, theru *MS*; theru *C* 2202, théro GlPrudF1 97,19. 104,7, thero Beda 15 Gen 220 GlEves 55,20 GlStr 108,10 GlTrSem XVI,16 H *P* 963. *V* 1296 PsGern 4,10 [12,8] RegFrek *KM*, thera BenW 21 Gen 302, there 298 H *C* 2682, ther 2803 ConfPal 362,8,12, ter 362,11 (2), dero⁺ Hild 6 GlAdm718 77,3,8, dere⁺ 77,2 — *asm* thana Gen H *PVCM*, thena *CM*, thene *M*; thena AbrK 13. 16 BenW 12 Beda 4 ConfEs 16,23 GlEves 61,20 GlLect PsGern 5,4. 11,2 [12,14. 15,21] RegFrek *M*, théna GlPrudF1 98,33, thene ConfPal 362,3, thenne H *M* 4290, thane *S* 514, 554. *M* 990. 1023 (than *C*). 1315. 1356. 5238, thæne (æ<a?) *M* 2668, thiena *C* 228, thenæ RegFrek *M* 35,36, then ConfPal 362,1 GlEves 49,17. 51,16 PsGern 6,8 [13,5] H *CM* 307. *M* 1096. 2788. *C* 5566 RegFrek *K* 31,35. *M* 31,14. 36,1, than 40,7 H *M* 712. *C* 13. 5892 PsLub 32,12, tehn° GlGreg 64,20, the°| H *C* 5772 — *asnt* that AbrK 8 BenW Beda ConfPal Gen GlEves GlGreg GlKbh GlPrudF1 H *PLVCMS* PsGern PsLub 33,4. 115,10 RegEs 21,9,10, thát GlPrudF1, thaht H *V* 1321, that (a<æ?) *M* 3686. (at<e) *C* 3963. (at<ie?) 4180. (2.t *add*) 4550. (2.t<r?) 3461, thet ConfPal 363,30, đat Hild 1, dat⁽⁺⁾ 15. 42, thar° H *M* 2160, than° ConfPal 363,31 — *asf* thia AbrK 17 Beda 15 BenW ConfEs 16,23 Gen 2 GlEves PsGern, thía

the¹

GLPRUDF1, thea GEN H *VCM*, thie, the *MS*, thia *LC*, thie CONFPAL 363,25 REGFREK *M* 40,5, the H *C* 94, thi 5304. 5894, tha 1007 (*?*). 2304, thiu 1898. 5032, (th)e GLMERS 71⁸ — *instr* thiu BEDA 8. 16 CONFES 16,5 GEN GLEVES H *PLCMS*, thio *C* 12. 16, thiu (i *add*) 3221, thiv GLPRUDF1 103,27 GLEVES 61,17, thíu 52,33, thu CONFPAL 363,30
—

npm the, thea, thie H *M*, thea *V*, thia *C*, the *S*; thea H *C* 415. 656. 751. 808 HILD 16 GEN 208. 257, tha H *M* 1176. *C* 676. 677. 917. 2412. 3885. 5802, thia BEDA 5 GEN 183 GLEVES 56,28 H *V* 1300 PSGERN, thia (*stil*) GLGREG 63,6, thía GLEVES 54,4 GLPRUDF1 91,23, thi 99,37, the ABRPAL 12 CONFPAL GEN 181 GLEVES PSGERN 6,14 [13,13] PSWIT 84,9 H *VC* 1311. *C* 539. 1553. 3021. 3790. *V* 1315. 1317 (the, h *add* M). 1321. 1348, the (*stil*) GLGREG 64,9. 65,8, thei H *C* 5228, thea (a<r) *M* 656, thet° *C* 632. 654, theæ GEN 180, thie 253 PSLUB 32,14 REGFREK *M*, thi H *S* 497. 498. 523 PSLUB 32,18 — *npnt* thiu H *CM*; thea *M* 1071, the 1725. 3640. 4332 (thi *C*), thia GLSTR 106,13 H *C* 1425. 1725 (the *M*). 1835. 3640 (the *M*). 4217 (thie *M*). *L* 5840, tha 657, thu 367, thía GLPRUDF1 91,23. 100,5, thé 96,20, thie REGFREK *M* — *npf* thea, the, thie H *M*, thia *C*; thea *C* 101, thie 796, tha 488, the 1673. 1733, thia *M* 744 (tha *C*). 3648 (thiu *C*), thiu *L* 5826, thie REGFREK *KM* — *gp* thero BEDA CONFES GEN GLEVES 58,2 GLSTR 106,11 H *PLVCM* PSGERN PSLUB 28,1 REGES 21,10 REGFREK *M* 42,2,6,10, theru H *M* 4065, tharo 928, thera *C* 1773. 5913 GEN 292, 309. 331, there CONFPAL, ther 363,25 GLTRSEM IX,51, dero⁺ GLEPIST I,796,9 HILD 61 — *dp* thém H *L* 5868 GLPRUDF1, thém (m *add*) 100,13, them ABRPAL 11 GLGREG 63,10 GLPRUDF1 100,17 PSGERN 4,6 [12,5] GEN H *LVCMS*, then GLMERS 70,7 GLPRUDF1 94,16 H *M* 2318. *C* 4600. 5845 REGES PSGERN REGFREK *KM*, the*m* (*abbr*)

GLPRUDF1 94,10. 101,1 GEN 238. 296. 304 GLGREG 64,15 (*stil*) H *C* 5961, thiem 915. 1190. 1235. 1287. 3426. 3939. 4196, thien 4023, than 5950 REGFREK *M* 42,31,33. 43,1, dem⁺ HILD 64, thei° H *C* 4201 — *apm* thea, the H *M*, thia *C*; the *S* 523. *VC* 1296. *C* 2903, thea GEN 210. 258. 271 H *V* 1289, thie *M* 2282. 4539 GEN 242 (i *add*) REGFREK *KM*, thiu H *C* 2913. *M* 4020, thia *L* 5845. (a<u) *C* 3224, thía GLPRUDF1, thia CONFES GLEVES GLPRUDF1 PSGERN URBWERDB 133,18, the 11,6 [15,25], theie PSWIT 84,9, de⁺ HILD 12 — *apnt* thiu, thea, the H *M*, thiu, thia *C*; thiu GEN 328 GLEVELT 46,18 GLEVES 48,4. 57,2 H *S* 358, thea GLVERGOX 109,7 H *C* 1836. *L* 5848, the *C* 1427. 5854 (*L*), thie 2348. 2612. 3864. 4710 REGFREK *M*, thiu (i *add*) H *C* 3927, thie PSLUB 115,12, thia, thía GLPRUDF1, thia GLEVES 60,39 GLGREG 62,16. 64,2 CONFES 16,29,30 URBWERDB 133,18, the 29,30, diu⁺ GLEPIST I,761,31 (*ᵇᶠᵏ*). 764,21 — *apf* thea, the H *M*, thia *C*; thea GEN 51. 289(2, *as?*) H *C* 654. 854 (thie *M*). 1627 (*?*), the 1861 REGFREK *M* 43,4, thia GEN 42 GLGREG 62,16. 64,2, thía GLPRUDF1 97,8. 99,1, thie H *C* 2345, tha *C* 673, thi 3465. 4246, thé (*?*) GLEVES 51,11

o¹⁸⁸ þy læs *damit nicht* ◊ *lest* GENB *nsm* se#, sé# — *n/asnt* þæt# 589. 640, 749, þæt# (*abbr*), þǽt# (*abbr*) 255 — *nsf* seo# — *gsm/nt* þæs#, þǽs# (s<w) 393— *gsf* þǽre# 345. 362 (*d?*) — *dsm/nt* þam#, þan#, þam# (*abbr*) 260, þa:m# (*abbr, ras* m/n) 544 — *dsf* þǽre# 761 — *asm* þone#, þóne# 444— *asf* þa — *instr* þy#, ðy# 846, þe# 429 — *n/ap* þa, þá 322 — *gp* þara# 239 — *dp* þam#, þǽm# 248

is, ea, id; qui, quae, quod GLEPIST GLEVES GLGREG GLLECT GLPRUDBR GLPRUDF1 (PSGERN) PSLUB PSWIT ille, illa, illud GLEVES GLPRUDF1 quis, quid GLPRUDF1 quemadmodum (ti thamu me[te], zi th(amu) gime[z?]e) PSLUB ut (te thiu, BEDA) cum (mid thiu) GLEVES hic, haec, hoc GLEPIST GLGREG GLPRUDF1 quandoquidem (hvvan thiu) GLPRUDF1

THE² *partcl indecl rel, (+ pron), pron (rel) der, die, das, welcher, welche, welches; conj wie, oder, + comp als ◊ partcl indecl rel, (+ pron) who, which, that; conj as, or, + comp than* — *an thiu ~ damit, falls ◊ so that, in case* — *than lang ~ so lange als ◊ as long as* — *than mer ~ neg ebensowenig wie ◊ just as little (as)* — *thar ~ wo ◊ where* — *tho ~ (damals) als ◊ (in the days) when* → **THE¹**

o¹²⁹ the ABRK 19 CONFES GLEVES H VCM CONFPAL 362,20 GEN 86. 181. 232. 333 GLGREG 64,1 GLVERGOX 109,8 PSGERN PSLUB 32,12(2), 15(2) REGFREK KM, thie, thi H C, thie GEN 305, díe PSLUB 32,18, thie (i *add*) H C 421, the: (i *ras*) 3497, thia (?) 3268, de⁺ GLEPIST I,796,11

o³⁴ þeah ...þe *ob* ... *oder ob* ◊ *whether...or* GENB þe, þé 321, ðe 348. 530
qui GLGREG

the → THIOH
the, þe → THŪ
þe# → THE¹, THAT², THIU
the° → TI
thea, theæ → THE¹, THAT², THIU
þeah# → THOH
þearf# → THARF, [THURVAN]
thede → THIOD, THIODA

THEGAN *m-a Knabe, Mann, Gefolgsmann, Krieger, Held, Diener ◊ boy, man, follower, warrior, hero, servant*

o¹²³ *ns* thegan H CM; thegn M 1199, theg[n] GEN 323, degan⁺ GLTRSEM I,31 — *gs* thegnes H CM 576 (S, tegnes° C). 2789. C 3996. 4690. 5583 — *ds* thegne H CM 3248. 4956, thegna GEN 329 — *as* thegan H CM; thegn M 3184 — *np* thegnos H CMS GEN 100. 104. 118, thégnos GLPRUDF1 96,43 — *gp* thegno H CM GEN 214 (h *add*). 220, degano⁺ HILD 19. 26 — *dp* thegnun H M, thegnon C 1764. 3112. 4569 — *ap* thegnos H C 2554. 4735

• GENB *ns* þegn# 597 — *ds* þegne 409, þégne (*l.*e<æ?) 409 — *np* þegnas 641 — *gp* þegna 414
athleta GLTRSEM vir GLPRUDF1

THEGANLĪK *adj mannhaft ◊ manly*
• *asf* theganlica GEN 130

THEGANSKEPI *m-i Gefolgschaftstreue ◊ allegiance*
• *gs* theganscepies H M, theganscipies C 4668 — *as* theganskepi H M, theganscipi C 4574
• *Dienstverhältnis, Untertanenpflicht, Vasallendienst ◊ service, allegiance, vassalage* GENB *gs* þegnscipes# 836 — *ds* þegnscipe# 744 — *as* þégnscipe# 326

thegne° → TÊKAN

THEGNON *v-II dienen ◊ to serve*
• GENB *1sipt* þegnode 585 — *pcpt* geþénod# 506

theh° → THOH

THEHSLA *f-ō/n Dechsel, Querbeil, kurzstielige Axt ◊ adze, axe with short handle*
• *ns* thesla GLTRSEM II,108
ascia GLTRSEM

thei, theie → THE¹, THAT², THIU
thein → TEHAN
theisme⁺? → THÊSMO
thek → THŪ
thekelaken → THEKKILAKAN

THEKINA *f-ō/n Bedachung ◊ roof*
• *ns* thecina GLSTR 108,18
(coopertus) GLSTR

THEKKI (?) *adj-ja/jō geachtet ◊ respected*
• *sup nsm* dechisto⁺ HILD 26

BITHEKKIAN *v-I bedecken ◊ to cover*
• *3pops* bithekkian H C, bithekkien M 4057
• GENB *3pipt* beþeahton# 845

THEKKILAKAN *nt-a Decke, Decklaken, Bettspreite ◊ blanket, covering, bed spread*
• *ns* thekelaken GLMARF III,717,27. IV,178,56
stragula, stragulum, vestis diversi coloris GLMARF

them

them, theme, themmo, themo → THE¹, THAT², THIU

ATHEMPIAN *v-I erwürgen* ◊ *to strangle*
• *1sips* erdempfu⁺ GLSPET 80,12 ‖ sugillare GLSPET

BITHEMPIAN *v-I einnebeln, ersticken* ◊ *to befog, suffocate*
• *inf* bithempan GLPRUDF1 93,17 suffundere (fumo) GLPRUDF1

ATHEMPUNGA *f-ō Würgemal* ◊ *strangulation mark*
• *n/as* erthempunga GLSPET 73,6 suffocatio, sugillatio GLSPET

themu, then → THE¹, THAT², THIU
then →THAN, THANNA
thena, thenæ → THE¹, THAT², THIU

ÞENDEN# *conj so lange wie, während* ◊ *as long as, while*
• GENB ðenden# 245, þenden# 410

thene, thenen → THE¹, THAT², THIU

ATHENGIAN *v-I vollbringen, erlangen* ◊ *to carry out, achieve*
• *inf* athengian H C 1656, athengean CM 1768, M 646. 4574

ANDTHENGIAN *v-I vollbringen, erlangen* ◊ *to carry out, achieve*
• *inf* anthengian H C 4574, anthengean M 1656

thenil#? → TÊNIL

THENKIAN *v-I (+ g) denken (an), erwägen, planen, nachdenken (über)* ◊ *to think (about), consider, contrive* — ~ uuid + *d etw missbilligen* ◊ *to disapprove to sth*
• *inf* thenkian H C 1804, thenkean CM 302. 314. 593. 1730. M 4376 — *2sips* thenkis H CM 4617 — *3sips* thenkid H M, thenkit C 957. 2086 — *2pimp* thenkad (*stil*) GLGREG 63,13 — *1sipt* thahta CONFES 17,14 — *3sipt* thahta H C,

þēote

thahte M 235. 646 — *3pipt* thahtun H CM 1284 (tháhtun V). 1386. 1583. 3872
• *vorhaben* ◊ *to intend* GENB *inf* þencean 408 — *3sips* þenceð# 401 — *3sipt* þohte# 272
ad mentem reducere GLGREG

ATHENKIAN *v-I + g sich erinnern an* ◊ *to recall sth*
• *inf* athenkean H M 1804
• + *a etw ersinnen* ◊ *to contrive sth* GENB *inf* aþencan# 400

BITHENKIAN *v-I zur Einsicht kommen* ◊ *to recognize*
• *3sopt* bithahti GLEVES 52,8/9 se convertere GLEVES

GITHENKIAN *v-I (+ g) denken (an), ausdenken, vorsorgen* ◊ *to think (of), devise, provide*
• *inf* githenkean H C, githenkien M 724. C 646, gethenkean C 4376 — *inf d* githenkeanne H C 2531 — *1sipt* githahta CONFES 16,5
• GENB *inf* geþencan# 561, geþencean 286

UNDARTHENKIAN *v-I erkennen* ◊ *to recognize*
• *inf* undarthenkian H C 2554

thenne → THE¹, THAT², THIU

THENNIAN *v-I spannen* ◊ *to stretch*
• *3pipt* thenidun H CM 1155

theob- → THIOF
theod(a) → THIOD, THIODA
theodan, theoden, theodone → THIODAN
theodisca → THIUDISCUS
theolico → THIOLĪKO
theonan, theonogean, theonon → THIONON
theonost → THIONOST
þeos# → [THESA], THIT, THIUS
theot- → THIOD-

ÞĒOTE# *f-n Röhre* ◊ *pipe, tube*
• GLWERDA *np* theuta°? (= theuta*n*#) 345 tubulus GLWERDA

þēowian

ÞĒOWIAN[#] *v-II dienen* ◊ *to serve* — *cf* THIONON
- GENB *inf* þeowian[#] 264. 268. 488. 744, ðeowian[#] 282

ther → THAR, THĀR, THE[1], THAT[2], THIU
thera → THE[1], THAT[2], THIU
theragela° → QUERKULA
there → THE[1], THAT[2], THIU

THERF *adj ungesäuert* ◊ *unleavened*
- *ns* therp[+] GLSPET 74,10
azymum GLSPET

therna → THIORNA
thero → THE[1], THAT[2], THIU
therro → [THESA], THIT, THIUS
theru → THE[1], THAT[2], THIU
thęrua → THARVA

THERVI[1] *adj-ja/jō ungesäuert* ◊ *unleavened*
- *apnt* therui GLSPET 74,23 ||
laganum [azymum] GLSPET

BITHERVI[2] *adj-ja/jō nützlich* ◊ *useful*
- *ns* biderbi H *M* 5039

THES *conj dafür dass, weil* ◊ *therefore, because*
o[45] thes GEN H *PVCM*, thas GEN 125 H *C* 2156
- *conj, adv wie, so, weswegen* ◊ *just as, so, why* ◊ *just as* GENB þæs[#] 303. 571. 584. 680. 710. 832. 833

thes → THE[1], THAT[2], THIU
þes[#] → [THESA], THIT, THIUS

[THESA,] THIT, THIUS *pron dem dieser, dieses, diese, derartig* ◊ *this, that, such (a)*
o[967] *nsnt* thit GLPRUDF1 104,15, thit GEN 5. 150 GLEVES 52,28. 61,7 PSGERN 9,1 [14,10] REGFREK *KM* H *LCM*; thitt *P* 997. *C* 2609. 4638 — *nsf* thius GEN 36. 193. 337 GLPRUDF1 98,8 H *CM*, thus GLEVES 53,31 H *C* 4894, thesu 1950, [thiu](s) PSGERN 5,8 [12,17] — *gsm/nt* theses H *CM*, thieses *C*; thesas *M* 559 (thesses *S*). 560. *PM*

thesa

998, thesas REGFREK *M* 43,3 — *gsf* thesaro H *CM*; thesero *M* 585. 1358, thesoro 1362. 1390, thesara 4834, thesaro (o<u) 4284, therro GLGREG 63,7 (?) — *dsm/nt* thesumu H *M*, theson *C*; thésamo GLPRUDF1 92,4, thesemo GLEVES 49,1, thesamo 53,8 H *C* 5016, thesum *M* 647. 709. 727. 1040. 1290 (thesun *V*) GEN 14. 76, thesom H *C* 1772. 2593. 2753, theson *M* 1337 (thesun *V*), thesun 561 (2, thessun *S*), 881 (thieson *C*). 1211. *V* 1317. *L* 5824. 5852 GEN 71. 135, thisun GEN 68, thison H *C* 4094, thesan 1404. 3045, thesos° 3807, desemo[+] HILD 48 — *dsf* thesaro GEN 40 H *PVCM*, thesero, thesoro, thesaru *M*, thesseru *S*; thesero GEN 74 H *C* 125. 136, thesara *M* 524, thesaru (a<u) *M* 4404, thesare 4836, thasaro°? *C* 4244, tesaro° GEN 262 — *asm* thesan H *LCM* GEN 7. 133. 194, thessan H *S* 495. 522. 565, thesen *M* 2936 (theson *C*). 3600. thesun 926, theson *C* 1991. 2931. 5389, thesan (n<r) *M* 867 — *asnt* thit GEN 76 H *CMS* REGFREK *M* 41,6, thitt H *C* 2875. 4156. 4645. 4920. 5086 GEN 128, thet H *C* 2148, thit (-t<h) *M* 2597 — *asf* thesa BENW 21 GEN 138 H *VCM*, these *M*; thesa (a<e ?) *C* 4309, (h<e) GEN 61, (the)s(a) PSGERN 7,7 [13,21, *apm/f*?] — *instr* thius GLEVES 61,19 H *CM* 2064. 3894. 4646. 4835. *C* 5318 — *npm* thesa H *CM* 1967. 2582. 3919. *C* 4724, these *M* 1570 — *npnt* thius H *C* 4730, thésa (?) GLPRUDF1 100,9 — *npf* thesa H *LC*, these *M*; thesa *M* 3701. 5184 — *gp* thesaro H *CM*, thesoro *M*; thesaro (th<đ) *C* 2052, desero[+] HILD 62 — *dp* thesun GEN 52 (?). 69 H *VM*, theson *C*; thesum *M* 1286. 1427, thesom 1696, thieson *C* 824, [t](he)son PSGERN 6,14 [13,13] — *apm* thesa H *C*, these *M* 3699. 4496. *C* 5954 — *apnt* thius H *CM* 1825 (thesa *C*). 1894, thesa (?) GLEVES 55,1 — *apf* thesa H *CM*; these *M* 3050. 4836, thessa *C* 1803

o[42] GENB *nsm* þes[#], þǽs[#] (æ>e) 356 — *n/asnt* þis[#], þis[#] 289 (*instr*?), þis[#] (i *add*) 509 — *nsf* þeos[#] 604. 811 — *gsnt* þis-

thesa   **-thīhan**

ses$^#$ — dsm/nt þissum$^#$ 408, þyssum$^#$ 437 — dsf þisse$^#$ 368. 481 — asm þisne$^#$, þysne$^#$ — asf þas$^#$, ðas$^#$ 668 — instr þys$^#$ 370. 553, þis$^#$ 800, þis$^#$ (i>y) 805 — gp þissa$^#$ 380 — dp þissum$^#$ 382, þyssum$^#$ 434 — ap þas$^#$
hic, haec, hoc GLEVES GLPRUDF1 (PSGERN) alius, ille GLEVES iste GLPRUDF1

thesa-, these- → [THESA], THIT, THIUS
thesla → THEHSLA

THÊSMO m-n Sauerteig ◊ leaven
  • ns theisme$^{+?}$ GLMARF III,717,67
fermentum GLMARF

theso- → [THESA], THIT, THIUS
thess → THE^1, THAT^2, THIU
thess- → [THESA], THIT, THIUS
thessalia → THĪHSLA
thesu(-) → [THESA], THIT, THIUS
thet → THAT^1, THE^1, THAT^2, THIU, [THESA], THIT, THIUS
theudisca mlat → THIUDISCUS
theuta$^{o?}$ → ÞEOTE$^#$
theutiscos mlat → THIUDISCUS

FARTHEWIAN v-I verdauen ◊ to digest
  • 1sips fertheuuon GLTRSEM VI,115 — pcpt ferthevid GLEVES 50,16, fi[r]deuuit$^+$ GLSPET 81,16
digerere GLSPET GLTRSEM (in ventrem vadere) GLEVES

thi → THE^1, THAT^2, THIU, THE^2, THIU, THIWI, THÛ
thia → THE^1, THAT^2, THIU, THE^2
thiad(-) → THIOD(-)
thian → THĪHAN
thian- → THION-
thie → THE^1, THAT^2, THIU, THE^2
thie(-) → THIOH(-)
thied(-) → THIOD(-)
thiem, thiemo, thien, thiena → THE^1, THAT^2, THIU
thien(-) → THION(-)
thieobos$^°$ → THIOF
thierlicher$^+$ → DIORLĪK
thiernum$^°$ → THIORNA

thies → THE^1, THAT^2, THIU
thieses, thieson → [THESA], THIT, THIUS
thiestre → THIUSTRIA
thiet- → THIOD-

GITHIGANHÊD m/f-u Ernsthaftigkeit ◊ seriousness
  • as gethegenh& GLPRUDBR II,572,7
honestas, seria GLPRUDBR

THIGGIAN v-I (+ g) bitten, anflehen (um), + a etw schmecken, erfahren ◊ to ask (for), request (sth), + a to taste, endure sth
  • inf thiggian H C, thiggean M 3338. 4486, thiggean CM 99. 499 (thiggian S). 1574. 3535 (thiggien M) — 3pips thiggeat H M 2640 — 3sipt thigida H C 5723 — 3pipt thigidun H C 1225 — 3popt thigidin H M 1225

GITHIGGIAN v-I genießen ◊ to savour
  • 3sopt githigidi H C, gethigedi M 2066

GITHIGNI nt-ja Soldatenschar ◊ band of warriors
  • as/p githicni GLPRUDBR II,573,11
milites, perduelles GLPRUDBR

THĪHAN v-1 gedeihen, aufwachsen, zum Vorteil gereichen, pcpt erwachsen, vortrefflich, ernst, sorgfältig zubereitet ◊ to prosper, thrive, grow up, be an advantage to, pcpt adult, excellent, stern, carefully prepared
  • inf thian GEN 100 — 3sips thihid H C, thiit M 4194. 5154 (thihið C) — 3pipt thigun GEN 104. 118 — pcpt githigan H CM 253 — pcpt dsm githiganámo GLPRUDF1 95,10 — pcpt dp githigenon GLSPET 73,13/14 ‖
pcpt levigatus GLSPET severus GLPRUDF1

BITHĪHAN v-1 + g etw erfolgreich vollführen ◊ to accomplish sth
  • inf bithihan H C 5577, bethihan M, bithian C 5077

GITHĪHAN v-1 gedeihen, sich vorteilhaft entwickeln ◊ to prosper, turn out favou-

rably — ubilo ~ *zum Nachteil gereichen* ◊ *to turn out badly*
• *inf* githihan H *C*, gethihan *M* 1764. 1825. *C* 5458

THĪHSLA *f-ō + f-jō (?) + f-n Deichsel* ◊ *pole*
• *ns* thísla GLPRUDF1 102,32, thisle GLMARF III,719,60 GLVERGW GLVERGOX 109,11, thessalia (?) 111,36 — *gs* thíslun GLPRUDF1 102,30 — *ds* thisle GLVERGOX 114,18
• GLWERDC *ns* dixl[#] 357
armamentum GLWERDC temo GLMARF GLPRUDF1 GLVERGOX GLVERGW

thik, thich[+] → **THŪ**
þicce[#] → **THIKKO**

THIKKI[1] *adj-ja/jō dicht, undurchdringlich* ◊ *thick, impenetrable*
• *ns* thikki H *CM* 3386 — *gp* thickero H *C*, thicchero *M* 2407

THIKKI[2] *f-ī Dicke* ◊ *thickness*
• *ns* thikki GLSPET 75,33, thicki GLPB2 I,296,20
grossitudo GLPB2 GLSPET

THIKKILĪKO *adv unablässig* ◊ *unceasingly*
• GENB þiclice[#] 705

THIKKO *adv dicht* ◊ *densely*
• thicco H *CM* 3035
• *unablässig* ◊ *unceasingly* GENB þicce[#] 684

THIKKON *v-II sich verdichten* ◊ *to thicken*
• *1sips* dickon[+] GLTRSEM VI,85
densere GLTRSEM

þiclice[#] → **THIKKILĪKO**

THILI *(f-)i Dielenbrett* ◊ *plank*
• *ap* thili GLPRUDF1 97,8
pulpitum GLPRUDF1

THIMM *(nt?-a, adj?) Dunkelheit* ◊ *darkness* — *cf* DIMM[#]

• *ns* thimm H *C* 5627

THĪN *pron dein* ◊ *your (thy)*
o[329] *ns* thin GLPRUDF1 95,11 H *CM* GEN 44. 63. 169 PSGERN 10,20 [15,15] PSLUB 32,22. 115,16 PSWIT 84,7, thinn H *C* 4861, thin (t<h) 4694, din[+] HILD 55 — *gsm/nt* thines H *CM* GEN 45. 77. 79 PSWIT 85,4 — *gsf* thinera H *C* 169 (thinaro *M*). 1588 (thinoro *M*). *C* 3814, thinere PSLUB 115,16 — *dsm/nt* thinumu H *M*, thinon *C*; thinum GEN 54. 60. 61. 67. 173, thinum (*abbr*) 172. 193. 205, thinun H *M* 259. 263 3071. *S* 500, thinon (in<m) *C* 5359, thionon° 3283, thinemo 3376, thinemo GLPRUDF1 104,23 PSGERN 10,3/4,13 [14,22/23. 15,8] — *dsf* thinera H *CM* PSPAD 37,2, thinero H *CM*, thinaro *PM*, thinoro, thinaru *M*; thinaro GEN 43. 229, thinero PSGERN 10,3,14 [14,22. 15,9], thiner(u) 10,15 [15,10] — *asm* thinan, thinen H *CM*, thinon *C*; thinna *M* 1067. 1589, thinne GEN 231 PSWIT 82,2, thin(a)n PSGERN 10,19 [15,14] — *asnt* thin H *CM* PSGERN 10,2,16 [14,21. 15,11] PSWIT 85,1— *asf* thina GLEVELT 46,22 H *CM* PSPAD 37,3, thine PSLUB 114,7 PSWIT 84,2 (2) H *M* 3377 (*apf?*) — *instr* thinu H *CM* 3250. 4837. *C* 2109, dinu[+] HILD 40 — *npm* thina H *CM*, thine *M*, thin[e] PSPAD 37,3 — *npnt* thin H *CM* 117 — *npf* thina H *CM* 116. 3067 — *gp* thinero H *C*, thinaro, thinoro *M* — *dp* thinum GEN 44, thinun 192, thinon 78, thinun H *M*, thinon *C*, dinem[+] HILD 40. 46 — *apm* thina H *CM*, thine *M* — *apnt* thin (*asnt?*) H *CM* 2429 (2). 4485, thine PSWIT 85,8 — *apf* thina H *C* 5654

o[24] GENB *ns/asnt* þin — *gsm* þines 567. 644 — *dsm* þinum (*abbr*) 506, þinu° 826 — *dsf* þinre[#] 516 — *asm* þinne 727— *asf* þine — *npnt* þin 503, 564 — *gp* þinra[#] 533 — *dp* þinum
tuus GLEVELT GLPRUDF1 (PSGERN) PSLUB PSPAD PSWIT

thin → **THŪ**

THING *nt-a Gericht, Versammlung, Gerichtsverfahren, Richterspruch, Entscheidung, Übereinkunft, Sache, Lage, Angelegenheit, Ding* ◊ *court, assembly, (legal) proceedings, judgement, decision, agreement, matter, affair, thing* — ~ gileiten verhandeln ◊ to parley
   o^{92} *ns* thing H *VCM* GLEVES 56,1, thinc ADAM IV,21 (*ms* C1.2) GLMARF III,716,5, dinc$^+$ GLTRSEM V,122. XIII, 63 — *gs* thinges H *CMS*, thingas GEN 65 GLEVES 51,37 — *ds* thinge H *CM* 646 (thinga *M*). 4376 — *as* thing GLEVES 58,1. 60,9, dinc$^+$ HILD 32 — *as/p* thing H *VCMS*, thíng *V* 1295 — *gp* thingo GLEVES 58,24 H *CM*, thingke CONFPAL 363,29 — *dp* thingun GLMERS 70,7, thingon GLEVES 49,6 H *C* 4701. 5324 — *ap* t[hing] PSGERN 7,3 [13,16]
  • *Zweck* ◊ *purpose* GENB *ds* þinge 259 concilium, res GLEVES concilium populorum commune ADAM contio, placitum GLMARF GLTRSEM is, ea, id GLMERS

THINGHŪS *nt-a Gerichtsgebäude* ◊ *court house*
  • *ns* thinghus H *CM* 5124 — *ds* thinghuse H *CM* 5131. 5172 — *as* thinghus H *CM* 5137, thinchus GLHARD IV, 305,38 auditorium GLHARD

GITHINGI^1 *nt-ja Versammlung* ◊ *assembly*
  • *ns* gethinge GLMARF IV,177,28 congregatio, contio GLMARF

GITHINGI^2 *nt-ja Fürsprache* ◊ *intercession*
  • *ns* githingi CONFES 17,25 — *as* gethingi BEDA 17
  • GENB *as* geþinge$^\#$ (e>þo *corr*) 475 → GITHINGITHA$^\#$
patrocinium (BEDA)

THINGIAN *v-I* + *g hoffen auf* ◊ *to hope for*
  • *3pips* thingiat H *C* 2640

ATHINGIAN *v-I einhandeln* ◊ *to swap*
  • *inf* (ir)thingian GLVERGOX 113,1 (uer-?)
amittere, pacisci GLVERGOX

GITHINGIAN *v-I hoffen* ◊ *to hope, trust*
  • *3pips* githingiant PSLUB 32,18 — *1pops* githingi (githingi uui) PSLUB 32,21,22
sperare PSLUB

THINGITHI *nt-ja Schutzgeld* ◊ *protection money*
  • *n/a s/p* thingitti URBWERDA 78,14,18
— *as* thingitti URBWERDA 81,1

GITHINGITHA *f-ō Würde* ◊ *dignity*
  • GENB *ap* geþingþo (þo<e *corr*) 475 → GITHINGI^2

THINGLĪK *adj zur öffentlichen Versammlung gehörig* ◊ *belonging to the public assembly*
  • *ns* thinclic GLPRUDF1$^+$ 89,6
forensis GLPRUDF1$^+$

THINGMANN *m-cons/a Versammlungsredner* ◊ *public speaker*
  • *ns* thincman GLTRSEM XIV,17
rabula GLTRSEM

THINGON *v-II eine Abmachung treffen, aushandeln, erörtern, Gericht halten, öffentlich reden* ◊ *to deal, negotiate, argue, hold court, deliver a public speech*
  • *inf* thingon H *C* 5723 — *1sips* thingon GLTRSEM V,141, digon^{o+} GLSPET 80,5 ‖
— *3sips* thíngat GLMAT — *pcpt* githingot H *C*, gethingod *M* 4593
contionare GLSPET contionari GLTRSEM disputare GLMAT

GITHINGON *v-II* + *d sich für jmdn verwenden* ◊ *to intercede for sb*
  • *3popt* githingodin H *C* 5416

THINGSTAD *f-i Versammlungsstätte* ◊ *meeting-place*
  • *ns* tincstad$^+$ GLTRSEM V,139
conciliabulum GLTRSEM

THINGSTEDI *f-i Versammlungsort, Gerichtsstätte* ◊ *place of assembly, court*
  • *ds* thingstedi H *C* 5305. 5340. 5369
— *as* thingstedi H *CM* 3745

THINGSTŌL *m-a Sitz der Gerichts* ◊ *place of jurisdiction*
• *ns* thincstol GLMARF IV,178,1 conciliabulum GLMARF

thinc(-) → **THING**(-)
þinceð# → **THUNKIAN**

THINKIL *(m-a) Dinkel* ◊ *common spelt*
• *gs* thinkeles REGHERF 37 (2)

thinn → **THĪN**

FARTHINSAN *v-3 entziehen* ◊ *to withdraw*
• *3sops* uerthinse GLPRUDF1+ 91,29 subtrahere GLPRUDF1+

thio → **THE¹, THAT², THIU**
thiobos → **THIOF**

THIOD, THIODA *f-ō, -cons + m/nt-a, -i Volk, Menge; p Leute, Menschen* ◊ *(a) people, nation, mass; p people, folks* → **SODOMATHIOD**
o²⁰¹ *ns* thiod H *CM*; theod *C* 5137, thiud 4431, thiad PSLUB 32,12, thioda H *CM*, theoda *C*; thieda *C* 5054, thiudo 5078, thiada *S* 525 — *gs* thioda H *M* 862 (o<e, theodo *C*). 2828 (thiodo *C*). 4128 (thiedo *C*). 4139 (thiedo *C*), thiodo 2764 (thieda *C*), thiade 5124 (thiodo *C*) — *ds* thiodo GEN 220 H *PCM*, thiodu *M*, theodo, thioda, thieda *C*; theodu *M* 1764, thíoda *V* 1314, thioda *L* 5861, thiedo *C* 963, thiado *M* 4451, thiadu *S* 543. *M* 5249, thiedi *C* 4493, thiode *M* 4836, thiod *CM* — *as* thioda GEN 141 H *CM*, theoda *C*, thiod *CM*; thieda *C* 5222 — *np* thioda H *M*, thiodo *C* 2376. 4220. 4914 (thioda *C*), theoda *M*, theodo *C* 2295, thiade PSWIT 85,9 — *gp* thiodo GEN 329 H *CM*, thiedo *C*; theodo *C* 1220. *M* 1875. 2173, thíodo *V* 1284, thede GLABD, thiadono GLEVES 61,12 — *dp* thiodun H *M*, thiadun *S*, thiodon, theodon *C*; theodun *M* 3508 — *ap(as?)* theoda H *C* 4167
• GENB *gp* þeoda 641
gens GLEVES GLABD PSLUB PSWIT

THIODAN *m-a Herrscher, Herr* ◊ *ruler, Lord*
• *ns* thiodan H *CM* 269 (theodan *M*). 3808 (thiodon *C*). 5015 (theoden *M*). *C* 63. 2554, thiedan *C* 4518 (thiadan *M*). 4523 (thiodo° *M*), thiadan GEN 156. 230 — *gs* thiodnes H *C*, theodanes *M* 4956. 4962, thiodanes *M*, thiednes *C* 5045, thiadnes *C* 4693 — *ds* thiodne H *C* 2549. 3283. 3996. 5149 (thiodane *M*). 5369, thiodene *C*, theodone *M* 3056, thiedne *C* 4737 — *as* thiodan H *M*, theodan *C* 4630. 4674. 4870 (thiedan *C*), thiodon *C*, theodan *M* 3242
• GENB *ns* þeoden 597 — *gs* þeodnes 836 — *ds* þéodne 268

THIODANMÊTHOM *m-a fürstliche Kostbarkeit* ◊ *princely treasure*
• GENB *ap* þeodenmadmas#* 409

THIODARVEDI *nt-ja großes Leid* ◊ *great misfortune*
• *gs* thiodaraƀeđes H *C*, thiodarbedies *M* 4919 — *as* thiodaraƀedi H *C*, thiodarbidi *M* 3610 (e *add C*). *C* 3601

THIODGOD *m-a (all)mächtiger Gott* ◊ *(al)mighty god*
• *gs* thiodgodes H *C*, theotgodes *M* 1728, thiedgodes *C* 285 (theotgodes *M*). 3221 (thiodgodes *M*) — *ds* thiodgode H *CM* 789. 1119

THIODGUMO *m-n vortrefflicher Mann* ◊ *excellent man*
• *ns* thiedgumo H *C* 972, thiodgomo 2575 — *gs* thiodgumon H *M*, thiodgumen *C* 2783 — *gp* thiodgumono H *PM* 972

THIODKUNING *m-a König des Volkes, machtvoller König* ◊ *king of the people, mighty king*
• *ns* thiodkuning H *M*, thiedcuning *C* 4799, thiodcuning *C* 5583 — *ds* thiodcuninge H *CM* 2767, thiedcuninge *C* 5280

THIODQUĀLA *f-ō große Qual* ◊ *great pain*
- *as/p* thiodquala H *C* 4463 (thiadquala *M*). 4795 (thiodquale *M*)

thiodon → **THIODAN**

THIODSKATHO *m-n Menschenverderber* ◊ *depraver of people*
- *as* thietscathon H *C*, thiodscadon *M* 1095

THIODWEG *m-a öffentliche Straße* ◊ *public road*
- *ns* dietuneht° (= dietuuehc⁺) DIPL 1060 publica strata DIPL 1060

THIODWELO *m-n größter Schatz* ◊ *greatest treasure*
- *as* thioduuelon H *CM* 1239. 2604

THIOF *m-a Dieb* ◊ *thief*
- *ns* thiof H *CM* 4359, thiofh GLSAKR — *ds* thiobe H *CM* 4911, *C* 5416 — *np* thiobos H *C*, theobas *M* 3745, thieobos° *C* 5694 — *gp* theobo H *C* 5581 latro GLSAKR

THIOH *(nt-a) Oberschenkel* ◊ *thigh*
- *ns* thie GLTRSEM VII,122, the GLMARF III,722,29 — *as* thioth° (i *add*, = thioch) GLPB2 I,296,14 femen GLMARF GLTRSEM femur GLPB2 GLTRSEM

THIOHBRŌK *f-cons Kniehose* ◊ *knee-breeches*
- *ns/p* thiebruoch⁺ GLTRSEM XVIII,8 tribrucna GLTRSEM

THIOLĪKO *adv demütig* ◊ *humbly*
- thiolico H *CM* 1111. 1119. 3221, thiolico *C*, theolico *M* 99 (thiulico, o<u *C*). 1574. 3537. 4207

thionon° → **THĪN**

THIONON *v-II dienen, dienstbar, treu ergeben sein* ◊ *to serve, be devoted, obedient* — *cf* ÞĒOWIAN#

- *inf* thionon H *CM* 108 (theonon *C*). 178 (theonon *C*). 789 (thionun *C*). 1110. 1119. 1472. 1686 (theonon *M*). 2033. 3283. 3537 (theonon *M*). 4442. 4459 (thienon *C*). 4465, thionoian (2. o<i?) *C*, theonogean *M* 1145, thionoian *M*, thienoian (e<o?) *C* 1418, theonan GEN 162, thionun 113 — *1sips* thíanon GLPRUDF1 95,12 — *2pips* thionot H *C*, theonod *M* 1636 — *3pips* thionod H *M*, thienot *C* 1666 — *3sops* thiono H *CM* 3221 — *pcps* thíanónthi GLPRUDF1 103,2 — *3sipt* thionoda H *CM* 516 (thionode *M*, thianade *S*). 862 (thienoda *C*), theonoda *C* 77 ([ ]d[ ] *M*) — *3pipt* thionodun H *CM* 3603 (theonodun *M*). 4207 (thienodun *C*) — *3sopt* thionodi H *CM* 3535, theonodi GEN 246 — *3popt* thionodin H *CM* 2980 — *pcpt* githionod H *M* 506 (githienod *C*, githionad *S*). 2767 (githionot *C*) famulari, servire GLPRUDF1

GITHIONON *v-II dienen, verdienen* ◊ *to serve, deserve*
- *inf* githionon H *M*, githienon *C* 1171 — *inf d* githiononne H *CM* 1188 — *3sops* githiono H *C*, getheono *M* 1659

THIONOST *nt-a + f-i Dienst, Dienstbarkeit* ◊ *(bond) service*
- *ns* thionost H *M*, theonost *C* 118, thianust BEDA 12 — *ds* thienosta REGFREK *M* 29,14, thienoste *K* 33,22. *M* 33,2 — *as* thionost H *CM* 2905, thianust GLEVES 56,20 ministerium GLEVES missarum solemnitas (gŏdlike ~ BEDA)

THIONOSTMANN *m-cons Diener* ◊ *servant*
- *dp* thienestmannon REGFREK *M* 42,37

THIOR *adj kräftig* ◊ *strong*
- *gs* thiores REGES 21,4,14

THIORNA *f-n Mädchen, junge Frau, Jungfrau* ◊ *girl, maiden, young woman, virgin*
- *ns* thiorna H *CM* 253. 436 (thiorno *C*). 502 (thiorne *S*, therna *C*). 802. 806. 1998, thiorna *C*, thiorne *M* 508 (thiorne *S*). 665. 2029. 2764. 2789 — *gs* thior-

thiorna

nun H *M*, thiernum° *C* 360 — *ds* thiornun H *CM* 319. 442. 706 (thiornan *M*, thior[ ] *S*). 713 (thiornon, i *add M*). 777. 2783 — *as* thiornun H *CM* 314 (or<rn? *C*). 2745 — *np* thiornun GEN 104

thioth° → THIOH

GITHIOVON *v-II unterschlagen* ◊ *to embezzle*
• *3sopt* githíauodi GLEVES 52,4
furari GLEVES

thir → THŪ
þis$^#$ → [THESA], THIT, THIUS
thisla → THĪHSLA

THĪSMON *v-II verfinstern* ◊ *to darken*
• *pcpt* githismod H *C* 5627

þisne$^#$, thison, þiss-$^#$ → [THESA], THIT, THIUS

THĪSTIL, THISTIL *(m-a) Distel* ◊ *thistle*
• *ns* thistil GLSPET 76,26 ‖ GLVERGOX 110,20 (thistilcarda *ms*), distil$^+$ GLSPET 77,6 ‖. 84,11 ‖. 87,2 ‖, distel$^+$ GLTRSEM II,622,9 GLMARF III,719,42
carduus GLMARF GLSPET GLTRSEM GLVERGOX paliurus GLSPET

THĪSTILFINKO *m-n Distelfink* ◊ *goldfinch*
• *ns* distiluinco$^+$ GLTRSEM II,93, disteluinke$^+$ GLMARF III,720,64
acanthis GLTRSEM carduelis GLMARF GLTRSEM

thisun → [THESA], THIT, THIUS

THIT, THIU → [THESA], THIT, THIUS

thiu° → THŪ

THIU, THIWI *f-jō Dienerin, Magd* ◊ *maid(-servant)* → THIUWA
• *ns* thiu H *M* 285, thiuu *M*, thiui *C* 4956 — *gs* thi[u]u[u]e PSLUB 115,16, thi H *M* 5027
ancilla PSLUB

BITHIU *adv, conj deswegen, deshalb, wodurch* ◊ *therefore, because of that, for that, through*

thiustri

o^{78} bithiu, bethiu H *CM*, bethiu *S* 575, bethui *C* 3776, bithiu GLEVES 52,31. 60,39, bithiu (*stil*) GLGREG 63,11. 65,8, [b]ethiu PSGERN 10,1 [14,18], bithe (?) GLEVES 58,10
de quo, ideo GLEVES ergo GLGREG

thiud(-) → THIOD, THIODA

THIUDERI *m-ja Erklärer* ◊ *interpreter*
• *ns* thudere GLMARF IV,178,22
interpres GLMARF

THIUDISK *adj deutsch* ◊ *German*
• *nsf* thiudisca GLTRSEM XVI,11 — *npm* thiudisca GLSTR 108,2
Germania (thiudisca liudi) GLSTR teutonicus GLTRSEM

THIUDISCE *mlat adv in der Volkssprache* ◊ *in the vernacular language*
• thiudisce GLVERGOX 111,41

THIUDISCUS *mlat volkssprachig, deutsch* ◊ *vernacular, German*
• *asf* thiudiscam VLIUD III: I,40 *CF* — *ablsf* theudisca H Praef, theodisca VLIUD III: I,22 *CF*, thiudisca II: I,26 — *apm* thiudiscos CALES, theutiscos THANG 772,51 — *apnt* theudisca H Praef

GITHIUDO *adv auf gebührende Weise* ◊ *duly*
• githiudo H *CM* 665. 843. 851

thiulico → THIOLĪKO

THIUS → [THESA], THIT, THIUS

THIUSTARNUSSI(A) *f-ī/jō Finsternis* ◊ *darkness*
• *dp* thiusternusiun PSLUB 111,4
tenebrum PSLUB

THIUSTRI^1 *adj-ja/jō finster, düster* ◊ *dark*
• *ns* thiustri H *CM* 4630. *C* 5287. 5627 — *nsf* thiustrie H *M*, thiustre *C* 4668 — *asf* thiustria H *C*, thiustrea *M* 4359. *C* 5416, thiustrie *M*, thiustra *C* 4911 — *dp* thiustron H *CM* 2140 (iu<ui *C*)
• GENB *nsm* þystre$^#$ 478 — *asnt* þystre$^#$ 737

THIUSTRI² *nt-ja (+ f-ī?)* Finsternis ◊ darkness
- *ns* thiustri H *CM* 2145 — *ds* thiustre H *C* 3601 — *as* thiustri H *CM* 5169. *M* 3386 (thiustria *C*)

THIUSTRIA *f-jō* Finsternis ◊ darkness
- *ds* thiustriu H *M* 3601 — *as* thiustrie H *CM* 3610 (thiestre *C*). 3642 (*ds nt-ja?*), thiustre *CM* 4431
- GENB *ns* (*np?*) þystro# 389 — *as* þystro# (o<e) 326 — *cf* THIUSTRI²

THIUWA *f-jōn* Dienerin, Magd ◊ maid(servant) → THIU, THIWI
- *ns* thiuuua H *C* 285 — *gs* thiuun H *C* 5027

tho → THOH
tho° → TŌ

THŌ *adv, conj* da, darauf, damals, dann, nun, zu der/dieser Zeit, wenn, als, indem, nachdem ◊ *adv, conj* then, thereupon, now, at that/this time, when, while, as, by

o¹³⁷⁴ thó GLLECT GLPRUDF1 92,3. 101,28, tho BEDA BENTR BENW GEN GLEVES GLGREG GLPRUDF1 PSGERN H *M*, thuo GEN H *PLC*, thúo *LV*, tha *S*; thuó *L* 5847, tho *C* 5. 314. 2208. 2781. 2785. 2807. 3409. 3906, thó *V* 1279, thó (*neum*) *M* 295. 301, thŏ (*neum*) 300 (thŏ:, h *ras*). 356. 374 (tho *C*), th:o (i *ras*) *C* 393, thuo (t<h) 2647, to° *M* 1091 (t *ras*), tuo° *C* 1182. 5291, tho (*stil*) GLGREG 64,13, thuo (*stil*) 63,15, tha GLEVES 57,20, do⁺ HILD 6. 33. 63. 65
o³⁶ weil ◊ because GENB þá, þa; ða 704. 821
dum GLPRUDF1

THOH *adv* (je)doch, dennoch, aber, jedenfalls, wenigstens; *conj* obgleich, obwohl ◊ yet, still, however, nevertheless, anyhow, at least; *conj* although — ~ ... ~ obgleich ... (je)doch/dennoch ◊ even though ... yet

o²⁰⁹ thoh GEN 47. 71. 72. 74. 75 H *CM*; thuoh *C* 173. 4681. 5920. 5964, thah *S* 382. 537. 538, tho GLEVELT 46,28

GLEVES 48,13 GLGREG 63,11 (*stil*), [t]ha PSWIT 84,10, theh° H *C* 1576, thuoht° (thuoht thu) GEN 200, toch GLPB2 I,298,35, doh⁺ HILD 55. 58
o¹⁷ selbst wenn ◊ even if — þeah ... þe ob ... oder ob ◊ whether ... or GENB þeah#
autem GLGREG saltem GLPB2 tamen GLEVELT GLEVES verumtamen PSWIT

THOLON *v-II* dulden, zulassen, erdulden, (er)leiden, geduldig sein, + *g* etw entbehren, verlieren ◊ to tolerate, suffer, endure, be patient, + *g* to lose, lack sth
- *inf* tholon H *CM* 2604. 2933. 3382 (tholan *M*). 4032. 4143. 4431. 4569. *C* 3016 (tholean *M*). 5378. 5562. 5608, tholoian GEN 156 H *CM* 1351 (tholian *V*). 5015, tholoian *M*, tholian *C* 3181. 4183. 5216. *C* 4701, thuoloian *C* 3996 — *inf d* tholonne H *CM* 4784 — *1sips* tholon H *CM* 3392 — *3sips* tholod H *CM* 4463 — *1pips* tholod GLEVES 58,18 H *C* 5592 — *3pips* tholod H *M*, tholot *V*, tholond *C* 1321 — *1sops* tholoie H *CM* 4795 — *pcps* thólónthi GLPRUDF1 104,19 — *3sipt* tholoda H *CM* 5078, tholode *M*, tholoda *C* 1077. 3346. 3379. 4833. 5050. 5054. 5119. 5171. *C* 5280. 5492 — *1pipt* tholodun H *C* 3436 — *2pipt* tholodun H *VCM* 1346 — *3pipt* GEN 100. 319 H *CM* 3551. 3590. 3601. 3642. 4522. *C* 5694
- GENB *inf* þolian# 597. 633. 641 — *1pips* þoliað# 737. 755, ðoliaþ# 389 — *3pips* þoliað# 323 — *1pops* þolien# 367 — *1pipt* þoledon# 760

pati GLPRUDF1 recipere GLEVES

GITHOLON *v-II* (er)dulden, erleiden, erleben ◊ to suffer, endure, enjoy
- *inf* githolon H *C* 1890 (getholon *M*). 3527 (githoloian *M*), githolon *C*, gethologean *M* 1895. 2136, githoloian *M*, githolian *C* 4174. 4894, githoloian GEN 230 — *inf d* githolonne H *CM* 502 (githolonna *M*, githolanne *S*). 4919, githolianne *C* 5531 — *2sops* githolos H *M*, githalos *C* 3097 — *1pops* githoloian H *CM* 4139 —

-tholon   thrawa

2pops githoIoian H *C,* gethologian *M* 1534 — *3sipt* githoloda H *C* 5290. 5301 — *3sopt* githolodi H *C* 5504

thómda → DÔMIAN
thon[#?] → THAN, THANNA

THONA *f-n Schlinge, Dohne, Weinranke* ◊ *springe, vine tendril*
• *ns* thona GLSPET 83,26‖ — *gs* thanon H *M* 2489
palmes GLSPET

thonan → THANAN
þone[#] → THE¹, THAT², THIU
thonk- → THANK
þonne → THAN, THANNA

THONRON *v-II donnern* ◊ *to thunder*
• *1sips* thonoron GLTRSEM XV,118
tonare GLTRSEM

THORN *m-a + -u/-i Dorn, Dornstrauch* ◊ *thorn, thorn bush*
• *ns* thorn H *C* 2522 — *np* thornos H *CM* 2412 — *gp* thorno H *CM* 2407. *C* 5499 — *dp* thorniun H *M*, thornon *C* 1741 — *ap* thornos GLPRUDF1 102,41
dumus GLPRUDF1

thoro → THURH

THORP *nt-a Dorf, Ort, Gut(shof)* ◊ *village, place, estate*
o[117] *ds* thorpa REGFREK *M* 25,11. *K*, tharpa *K* 26,29. *M*, tarpa *M* 35,15

THORPLIUDI *m-i p Dorfbewohner* ◊ *villager*
• *np* torpliudi GLPB2 I,297,43
pagi [pagani] GLPB2

THORRON *v-II hinschwinden* ◊ *to waste away*
• *3sips* thorrot H *M*, tharod *C* 4317

THOSTO *m-n Dost* ◊ *origan*
• *ns* thosto GLTR40 V,42,17
origanum GLTR40

THRĀD *m-i Faden* ◊ *thread*
• *np* tradi°[?] GLTRSEM X,59 — *ap* thradi GLPRUDF1[(+)] 90,16
filum GLPRUDF1[(+)] lineolus GLTRSEM

THRĀDO *adv sehr* ◊ *greatly*
• thredo PSLUB 115,10
nimis PSLUB

THRĀHSLARI *m-ja Drechsler* ◊ *woodturner*
• *ns* thraslari GLTRSEM XV,121, thre[s]lfa° (*ms* = threfla[s] = threslare [*abbr*]) GLVERGOX 111,6
tornarius GLTRSEM GLVERGOX

THRĀIAN *v-I drehen, drechseln* ◊ *to cause to rotate, turn (on a wood lathe)*
• *1sips* thrani° (= thrain) GLTRSEM XV,121 — *pcps asm* thráandian GLPRUDF1 94,29 — *3sipt* threide GLHARD IV,280,27
rotare GLPRUDF1 toreuuo (= τορεύω) GLTRSEM tornare GLHARD

THRĀSIAN *v-I schnauben* ◊ *to snort*
• *3sipt* thrasida GLVERGOX 114,21
fremere GLVERGOX

thraslari → THRĀHSLARI

THRĀSUNGA *f-ō Niesen* ◊ *sneezing*
• *ns* dhrasunga[+?] (h<r) GLTRSEM XVII,57
sternutatio GLTRSEM

thratari → TREHTERI

THRAVON *v-II traben* ◊ *to trot*
• *pcps ns* thrauandi (2.a>o) GLVERGOX 109,5
pcps tolutarius/tottonarius GLVERGOX

THRAWA *f-wō Drohung, Rüge* ◊ *rebuke*
• *ns* drauua[+] GLSPET 82,7 — *ap* thrauuua GLPB2 I,297,17
• *Drangsal* ◊ *affliction* GENB as þrea[#] 389
animadversio GLSPET minae GLPB2

THRĀWERK (THRAUWERK ?) *nt-a Qualen, Pein* ◊ *suffering, pain*
• *as* thrauuerk H*M*, thrauuerc *C* 2604. 3392
• GENB *as* þreaweorc#* 737

thre, threa → **THRIA, THRIU**
þrea# → **THRAWA**
þreaweorc# → **THRĀWERK**
thredo → **THRĀDO**

THRÊGA *f-ō/-n Drohung* ◊ *menaces*
• *dp* thrégon GLPRUDF1 99,29
minae GLPRUDF1

THRÊGIAN *v-I + praep* fan *drohen mit* ◊ *to threaten with*
• *inf* thregian H *C* 5369

THREGIL *m-a Kurier* ◊ *courier*
• *ns* tʰregil GLTRSEM III,70
baiulus GLTRSEM

threide → **THRĀIAN**
thre*m*bilos → **DREMBIL**

THREMIL *(m-a) Balken* ◊ *beam*
• *ns* dremil⁺ GLMARF III,722,31
trabea° [trabs] GLMARF

þreo# → **THRIA, THRIU**
threˢlſa° → **THRĀHSLARI**

THRESKAN *v-3 dreschen* ◊ *to thresh*
• *pcps dsm* threskentemo⁺ GLEPIST I,761,8
triturare GLEPIST

THRIA, THRIU *num drei* ◊ *three*
o⁴⁰ *nm* thria H *C* 593 (threa *M*, thríe *S*). 653 (thrie *M*), threa *CM* 543, thre CONFPAL 362,4 — *n/am* thrie REGFREK *M* 34,1. 36,40 — *n/ant* thriu URBWERDA 27,6 REGFREK *K* 24,23. *M* 24,12, thruu *M* 24,10, thru *KM*, thriuu REGES 21,5 — *nf* thria GLGREG 65,15 — *d* thrim H *CM* 3112 REGES 21,5 — *am* thria H *C* 4735, threa (h *add*) GEN 156 — *ant* thriu GEN 329 GLEVES 60,39, triu⁺ GLADM718 77,4 — *af* thria H *C*, threa *M* 1994

• GENB *apf* þreo# 307
tres GLADM718

THRIDDI(O), THRIDDIA *num der, das dritte* ◊ *third*
• *gsm* treaden° (= tredden) CONFPAL 362,14 — *dsm* thriddion H *C*, thriddeon *M* 3533. 4799 (thriddan *C*). *C* 5577. 5861 (thriddion *L*), thriddion *M* thriddien *C* 5077, thriddian *C* 5755, thriddiumu *M*, thriddeon *C* 3092, thri(tten)⁺ ABC 5 — *asm* thriddeon H *C*, thriddean *M* 1095 — *asnt* thriddea H *M*, thridda *C* 3142

THRĪFŌT *m-cons/i Dreifuß* ◊ *tripod*
• *ns* thriuot GLTRSEM XVI,10
tripus GLTRSEM

THRĪHENDIG *adj dreihändig* ◊ *three-handed*
• *npm* thrihendiga GLSTR 106,11
trimanus GLSTR

THRIMM *(m-a/i) Bedrängnis* ◊ *trouble*
• *as* thrim H *CMS* 502

THRIMMAN *v-3 Schmerzen bereiten* ◊ *to pain*
• *3sipt* thramm H *C*, thram *M* 5000

GITHRING *nt-a Gedränge, Volksmenge* ◊ *crush, mass of people*
• *ds* githringe H *C*, gethringe *M* 2379 — *as* githring GLEVES 49,30. 53,9
turba, multitudo populi GLEVES

THRINGAN *v-3 sich drängen, (sich) herandrängen, hineindrängen, bedrängen, anschwellen* ◊ *to throng, crowd, push in, press, swell*
• *inf* thringan H *CM* 2412. 4950. 5137 — *3sips* thringit H *C* 2521 — *3pipt* thrungun H *CM* 181. 2295. 2376 — *3sopt* thrungi H *CM* 2385 — *pcpt* gethrungan GLTRSEM IV,50
pcpt tumidus GLTRSEM

GITHRINGAN *v-3 hindurchdringen* ◊ *to fight one's way*
• *inf* githringan H *C*, gethringan *M* 2304

THRĪO *adv dreimal* ◊ *three times*
• thrio REGFREK *M* 37,16

ATHRIOTAN *v-2 verhasst machen* ◊ *to make hated*
• *pcpt* athrotan GLVERGOX 112,15/16. 113,15 GLVERGW
pcpt odiosus, pertaesus GLVERGOX GLVERGW

þRĪPEL# *m-a Dreifuß* ◊ *tripod*
• GLWERDA *ns* thripil# 344
tripoda GLWERDA

THRISKUFLI *(nt-ja) Schwelle* ◊ *threshold*
• *as* thiscułui° (= thriscuueli) GLPB2 I, 297,11
limen GLPB2

THRĪST *adj kühn, zuversichtlich* ◊ *bold, confident*
• *gp* thristero H *C* 4690 — *apf* thrista H *C* 3056

THRĪSTI *adj-ja/jō kühn, zuversichtlich* ◊ *bold, confident*
• *dp* thristion H *C* 2549. 5324. 5340 — *apf* thristea H *M* 3056

THRĪSTIKKID *adj dreibeinig* ◊ *three-legged*
• *ns* tristiket *(abbr)* GLMARF III,717,8
tripes (~ stol) GLMARF

THRĪSTMŌD *adj tapfergesinnt* ◊ *courageous*
• *ns* thristmod H *M*, thristmuod *C* 4870

THRĪSTMŌDI *adj-ja/jō tapfergesinnt* ◊ *courageous*
• *as* thristmuodian H *C* 4737

THRĪSTWORD *nt-a p beherzte Rede* ◊ *brave speech*
• *dp* thristuuordun H *M* 4674 — *ap* thristuuord H *C* 4674

THRĪTIG *num dreißig* ◊ *thirty*
o³³ *a* thritig GEN 220 H *PCM* 963. *CM* 843. 4489. 5149 (thriti *C*), tritig° GEN 214, thritigh REGFREK *K* 25,29, thrithig *M* 25,11/12, thritich REGFREK *KM*, thrithic *M*, thritihc 34,18, trithic 31,6

thri(tten)⁺ → **THRIDDI(O), THRIDDIA**

THRIU → **THRIA, THRIU**

THRIUHALF *num zweieinhalb* ◊ *two and a half*
• *n/ant* thriuhalf REGFREK *M* 37,16. 39,13

THRIUTEHAN *num dreizehn* ◊ *thirteen*
• thriutein REGFREK *M* 41,19, thrutein 27,19. 34,13

THRĪWO *adv dreimal* ◊ *thrice*
• thriuuo H *C* 4693. *M* 5000 (thriio *C*)

GITHRÔON *v-II bedrohen* ◊ *to threaten*
• *inf* githroon H *C* 5324

THRŌS *f-i Drüse* ◊ *gland*
• *ns* thruos⁺ GLTRSEM VIII,42
glandula GLTRSEM

THROSLA *f-ō/n Drossel* ◊ *thrush*
• *ns* tʰ rosla GLTRSEM X,103, trosla°⁾ GLTR40 V,48²⁸
merulus GLTRSEM turdela GLTR40

þROSM# *m-a dichter Qualm* ◊ *dense smoke*
• *as* þrosm# GENB 326

THRŌSWURT *f-i Knoten-Braunwurz* ◊ *figwort*
• *ns* trosuurz⁺ GLTR40 V,43,33
maura GLTR40

thru → **THRIA, THRIU**
thrufla → **DRŪFLA**

THRŪFLA *(f-n) Weintraube* ◊ *grape*
• *ns* thrufle GLHARD IV,277,8, drufle⁺ GLMARF III,720,9
botrus GLHARD GLMARF

thrúfón → **DRŪVO**

THRŪH *f-i Fessel, Fußfessel* ◊ *shackle for the feet, fetter*
• *ns* thruth° (= thruch) GLSPET 85,33 — *dp* druhin⁺ (h *add*) GLSPET 83,11 compes, triuta GLSPET

thruhtigeno → THURFTIG
thruos⁺ → THRŌS
thrust → THURST
thruth° → THRŪH
thruu → THRIA, THRIU
thu → THE¹, THAT², THIU, TŌ

THŪ *pron du, p euch,* thi, thik *refl* ◊ *you (thou),* thi, thik *refl*
o¹⁵⁶⁴ *ns* thu ABRK BENTR CONFES 17,25 GEN GLEVELT 47,1 GLEVES GLPRUDF1 102,2,31 H *PCMS* PSGERN PSWIT 85,5, thú GLPRUDF1 92,13. 102,30, thv́ 104,3,5, thu^{bfk} GLEVES 60,18, thu (u<uo) GEN 198 H *C* 3850, (u<a?) 2107, (t<h?) 3801, (u<e?) *M* 4061, -tu [gelobistu, forsaichistu] ABRPAL, -hu [mahthu, muosthu, uuilthu] GEN 168. 171. 215. 236 H *C* 1557. 1709, -u [mahtu, scaltu] *M* 704. *C* 773, thiu° *C* 2751, thiv° GLPRUDF1 104,6, du⁺ HILD — *gs* thin H *CM* 4289. *C* 4699 PSLUB 115,19 — *ds* thi H *CM* CONFES 16,4. 17,24 GEN 43. 46. 72 GLEVES 50,27. 60,18 PSLUB 29,3 PSWIT 84,7. 85,3,7,8,9, thí GLPRUDF1 104,3, the H *S* 501. 563 (t[ ]) PSWIT 85,4 PSLUB 114,7, thir 115,17, the (e<i) H *C* 1085 (ti° *M*), dir⁺ HILD — *as* thi H *CM* CONFES 17,25 GEN 77. 173. 174. 177. 201. 226 (2). 228 GLEVES 49,10. 53,8, the H *M* 2953, thic *C* 822. 3951, thik 2121. 3989. 4685. 4689. 5213. 5214. 5346. 5569. 5570. 5588. 5924 PSLUB 29,2. 32,22. PSWIT 85,2,5, thíc GLPRUDF1 98,24, thek PSLUB 114,2, thich⁺ GLTRSEM XIV,14, dih⁺ HILD 59 —
ndu git H *CM* 1159. 1160. *M* 130. 134. 3573 — *np* gi GLEVES H *VLCM*, ge *S*; gí *V* 1342, *L* 5853. 5863, :gi (i *ras*) *M* 4439, ge 1336. 1411. 1432. 1632, g GLMERS 71,24 — *gp* iuuuar H *CM* 1695, iuuuer *C*, iuuuar *M* 1368. 3868. 4576, iuuuer *M*, iu-uuoro *C* 1944, euuar *M* 880 (iuuuera *C*). 884 (iuuuero *C*), iuuuoro *M*, [i]uuaro [giuuaro = gi iuuaro] *C* 1731, iuuar GLEVES 54,24, íuer GLEPIST I,795,15 — *ddu* inc H *C* 5965 — *dp* iu CONFES 16,17 (?) GLEPIST I,789,58 GLEVES 52,9. 53,32 H *LCMS*, eu *M*, iuu *C*; giu *M* 1360. 3619, iuu 4416, eu *V* 1340, éu 1343, iú 1345, íu *C* 1568. 1618 — *ap* iu GLEPIST I,764,28 H *VCM*, eu *M* 882. 889, iuu *C* 4356. 4394, giu GLEVES 57,18
o⁶⁵ GENB *ns* þu — *d/as* þe, þé 496 — *ndu* git 554, gyt^{#} 576 — *np* ge 433 — *gp* eower 427 — *d/adu* inc, ínc 235. 236. 562 tu GLEVES (PSGERN) PSLUB PSWIT te GLTRSEM vos GLEPIST GLEVES vosmet ipsi GLEPIST GLEVES

thudere → THIUDERI
thue → TWÊNE, TWÊ, TWĀ
thuhanne° → THWAHAN

THŪHIAN *v-I drücken* ◊ *to press*
• *3sipt* thúcdá GLPRUDF1 96,13 (-d → HÊ, SIU, IT)
applicare GLPRUDF1

thui° → THE¹, THAT², THIU
thuihobdiga → TWIHÔFDIG
thúcdá → THŪHIAN

GITHULD *f-i Geduld* ◊ *patience*
• *ds* githuldi H *M* 4523 — *dp* githuldiun H *M*, githuldion *C* 4833. 5054 (gethuldiun *M*). 5119. *C* 5492, githuldeon 4523

THŪMO *m-n Daumen* ◊ *thumb*
• *as* thú(mon) GLPRUDF1 96,37
pollex GLPRUDF1

THUNG (*m-a*) *Echter Schierling* ◊ *hemlock*
• *ns* thunc (u<corr) GLMARF III,719,50
luparia GLMARF

GITHUNGAN *pcpt-adj angesehen* ◊ *respected*
• *ns* githungan H *C*, githuungan *M* 319. 506 (githungen *S*, githuungan *C*). *C* 3993, githungin GEN 130

thunkian   **thurkil**

THUNKIAN *v-I dünken, (er)scheinen* ◊ *to seem, appear* — wundar ~ + *d pers jmdn in Erstaunen versetzen, verwundern* ◊ *to amaze, astonish sb*
• *inf* thunkean H *CM* 2496 — *3sips* thunkid H *M*, thunkit *C* 211. 2498. 4150. 4508. 4904, thunkit *CM* 157. 2935. *C* 5348, thúnkíd GLPRUDF1 102,11 — *3pips* thunkiat GEN 62 — *3sops* thunke H *C* 3406 (thunkie *M*). 3812 (thunkea *M*) — *3sipt* thuhta GLEVES 61,2 H *C*, thuhte *MS* 682
• GENB *3sips* þinceð[#] 289 — *3sipt* þúhte 268, þuht:e (r *ras*) 603 — *3sopt* þuhte[#] 276
esse + *d* GLEVES videri GLPRUDF1

THUNKON *v-II färben* ◊ *to dye*
• *pcpt* giduncot[+] GLSPET 81,26/27
tingere GLSPET

THUNNI *adj-ja/jō schmal* ◊ *narrow*
• *apnt* thunni GLVERGOX 109,11
tenuis GLVERGOX

thuo → THŌ
thuoh, thuoht° → THOH
thuoloian → THOLON
thur → THURH

THURFT *f-i Notwendigkeit* ◊ *necessity*
• *np* thurufti H *CM* 2828

THURFTIG *adj bedürftig, arm, notleidend* ◊ *needy, poor*
ns thurhtig PSWIT 85,1 — *nsf* thurftig H *M*, thurhftig *C*, thurtiga *S* 525 — *gsm* thurftiges H *CM* 2304 — *dsm* thurftigumu H *M*, thurftigon *C* 1966 — *dsf* thurftigon H *M*, thurftigan *C* 1541 — *gp* thruhtigeno GLPRUDF1 100,20
inops PSWIT pauper GLPRUDF1

THURH *praep* + *a durch (... hindurch), hindurch, wegen, um ... willen, aus* ◊ *through, throughout, by (means of), because of, for the sake of, thanks to, due to*
o[286] thurh H *M*, thuru *C* GLEVES 53,12 GEN 60. 210. 242, thuruh 6. 144 H *L* 5860.

V 1302. 1310. 1321. 1342, thur *S* 376. 377 BEDA 17 CONFPAL 362,9 GLEVES 58,8 PSLUB 32,16. 115,10, thoro GEN 309, thuru (ru *add*) H *C* 3478, th:r:h (<thero, e>u) *M* 2891, thúru GLPRUDF1 102,15, thuru PSGERN 10,13,16,17 [15,8,11,12], thurug 10,4 [14,23], thuro GLGREG 65,1, t͡huruch GLPB2 I,297,48
o[27] GENB þurh
per GLPB2 GLPRUDF1 PSLUB propter GLEVES (PSGERN) PSLUB

THURHFREMID *pcpt-adj vollkommen* ◊ *perfect*
• *ns* thurhfremid H *M* 3283

thurhftig → THURFTIG

THURHLANGO *adv unablässig* ◊ *incessantly*
• GENB þurhlonge[#*] 307

GITHURHNOHTON *v-II vollenden* ◊ *to make complete*
• *pcps* kedurehnotante[bfk+] GLEPIST I,757,1/2
consummare GLEPIST

THURHSLAHT *f-i* — ti thursleđti *vor allem, ausschlaggebend* ◊ *especially, tipping the scales*
• *ds* thursleđti (đ<t) GLMERS 71,13
praesertim GLMERS

thurhtig → THURFTIG

THURHTHIGAN *pcpt-adj vollkommen* ◊ *perfect*
• *gsnt* [t]hurugthigen(o)[n] PSGERN 7,2/3 [13,15/16]
perfectus (PSGERN)

THURINGES *adv während* ◊ *throughout*
• thuringas REGFREK *M* 40,31

THURIS *m-a Rune* ▶ *(Riese)* ◊ *rune* ▶ *(giant)*
• *ns* thuris ABC 5

THURKIL *adj löcherig* ◊ *full of holes*
• *dsnt* thurcilimo GLSMIH 589
(aquam non tenens) GLSMIH

thuro → **THURH**
thursleđti → **THURHSLAHT**

THURST *m(-u) Durst* ◊ *thirst*
- *ns* thurst H *CM* 4423, thrust GEN 12 — *as* thurst H *M*, thust° *C* 1966 — *instr* thurstu H *CM* 3912. 4398
- GENB *ns* þurst 802

THURSTIAN *v-1 impers + a pers jmd hat Durst* ◊ *sb is thirsty*
- *3sopt* thurstidi H *C* 5642

thurtiga → **THURFTIG**
thuru → **THURH,** THURH-

THURVALON (?) *v-II bedürftig machen, berauben* ◊ *to make needy, rob* — *cf* THARVALON (?)
- *1sips* thuruolon GLTRSEM XVI,31 vasare (= convasare?) GLTRSEM

[**THURVAN**] *vptps brauchen, müssen, Grund, Anlass, Möglichkeit haben zu* ◊ *must, to need, have cause, occasion to*
- *1sips* tharf H *CM* 2329. 5012 — *2sips* tharft H *CM* 169. 1089. 2197 — *3sips* tharf H *CM* 5015. *C* 5520 — *2pips* thurbun H *C*, thurbon *M* 1684, thurbun *M*, đurbun *C* 1897, thurbun *C*, duruun *M* 3933, thurƀun *C*, durbun *M* 5100 — *3pips* thurbun H *M*, thurƀun *C* 1847, thurbun *CM* 1923. 5023 (thurƀun *C*). *C* 4730, thurbun *C*, durbun *M* 3400 — *3pops* thurbin H *C*, durbin *M* 898 — *3sipt* thorfta H *C*, dorfte *M* 3208 — *3pipt* thorftun (f *add*) H *C* 5699 — *1sopt* dorfti H *M*, thorftig *C* 4032, thorofti GEN 39 — *3sopt* thorfti H *CM* 178. 5077 (đorfti *M*). *C* 5577 — *3popt* thortin GLEVES 60,4
- GENB *1sips* þearf[#] 611 — *2sips* þearft[#] 733 — *1sops* þurfe[#] 290 — *2pops* þyrfen[#] 577 — *3pipt* þorfton[#] 640 debere GLEVES

BITHURVAN *vptps (+ g) etw benötigen, einer Sache bedürfen, Nutzen haben von etw* ◊ *to have need of, benefit from sth*

- *inf* bithu(r)f(an) GLMERS 70,15 — *2sips* bitharft H *CM* 1558 — *3sips* bitharf H *C* 2525 — *3pips* bithurbun H *C*, bithurbun *M* 1666 — *3popt* bithorftin H *CM* 2822
indigere GLMERS

thurufti → **THURFT**
thurug(-) → **THURH**(-)
thuruh → **THURH**
thus → [**THESA**], THIT, THIUS

THUS *adv so, derart, auf diese Weise* ◊ *thus, like this, in such a way*
- thus GEN 20 GLEVES 57,5 GLPRUDF1 93,16 H *MS* 555. *CM* 1689. 5019
- GENB þus (u<i) 838

THŪSUNDIG *num tausend* ◊ *thousand*
- thusundig H *CM* 2872

THŪTHĪSTIL *(m-a) Gänsedistel* ◊ *sow-thistle*
- *ns* duthistel GLMARF III,719,43 scoliasmus GLMARF

thuulif → **TWELIF**

THWAHAN *v-6 waschen* ◊ *to wash*
- *inf d* thuahanne H *M*, thuhanne° *C* 4518 — *1sops* tuahe H *CM* 4512 — *2sops* thuahes H *CM* 4509 — *3sipt* thuog H *CM* 4505. *C* 5475

WITHAR**THWAHAN** (?) *v-6 zurückfluten* ◊ *to flow back*
- *3sips* vuíthardvváid (vváid *corr*) GLPRUDF1 97,16 → WITHAR**WĀGIAN**
restagnare GLPRUDF1

THWERHHŪS *nt-a Querhaus* ◊ *transept*
- *ns* thuerehhus GLSPET 76,2‖ absida, exedra, locus ad sedendum GLSPET

THWERHSTŌL *m-a Querbank (Ducht)* ◊ *thwart*
- *dp* thuerstolon (n *add*) GLPRUDF1 94,16/17
transtrum GLPRUDF1

BITHWINDAN (?) v-3 (gerichtlich) belangen ◊ to sue
• inf bithuindan GLEvEs 49,11 (° = bithuingan?)
contendere GLEvEs

GITHWING nt-a Bedrängnis, Not ◊ oppression, distress
• gs githuinges H C 5433 — ds gethuinge H M 2824 (githuinge C). 2950 (githuinga C) — as githuing H C, gethuing M 1275 (gethuuing M). 1890. 2081. 4317. M 2145. 5169. C 945. 1500

THWINGAN v-3 bedrängen, unter Anklage stellen, sich zügeln (?) ◊ to oppress, charge, restrain oneself (?)
• inf thuingen GLEvEs 51,13 — 1sips thuingon GLTrSem II,62 — 3sips thuingit Gen 12
angustari (°?)GLTrSem convenire GLEvEs

BITHWINGAN v-3 bedrängen, einzwängen, bezwingen ◊ to attack, constrict, conquer → BITHWINDAN (?)
• 3pipt bethv́ngvn GLPrudF1 98,5 — pcpt bithuungan H CM 3610 (bithuungen M). 3912. 4398. 4404 (bethuungan:, a ras M). 4406 (bethuungen M) — pcpt apf bithuungana H C 56
strangulare GLPrudF1

GITHWINGAN v-3 gefügig machen ◊ to make obedient to one's will
• 2sops githuinges GLEvEs 51,28
vincere GLEvEs

BITHWUNGANUSSI f-ī/jō Kontrolle ◊ control
• ns béthv́v́nganussi GLPrudF1 101,23
censura GLPrudF1

þy[#] → THE¹, THAT², THIU
þys[#], þysne[#], þyssum[#] → [THESA], THIT, THIUS
þystr-[#] → THIUSTR-

U, V

-u → THŪ
uæg[#] → WĀG
uahtu → WAHTA
ualdenegi[#] → WALDENĪGE[#]
ualctimo → FELGIAN
uar → HWĀR, HWAR, WĀR¹, WĀR³[#]
uarth → WERTHAN
uas → WESAN
uaspe → WAPSA
vat° → FAN
ub- → UPP-
ubar(-)⁺ → OVAR(-)
ubarazzi⁺ → OVARĀTI
v́barzítigiu⁺ → OVARTĪDIG
uber-⁺ → OVAR-
vbermórgene⁺ → OVARMORGANE
ubil(-) → UVIL¹, UVIL², UVILO
ubstanden → UPPSTANDAN
udeon → ŪTHIA

ŪDER nt-a Euter ◊ udder
• ds vdere GLVergOx 109,8
uber GLVergOx

uegniun → FÊKNI
ueir → FI(U)WAR
uecg → WEGG(I)
ven → FAN
uendo⁺? → FĒTHO, FENDO
uendun → WENDIAN
uer- → FAR-
uerald → WEROLD
uerdant⁺ → WERTHAN
uerescaz⁺ → FERISKATT
uerleidid⁺ → FARLÊDIAN
uerscaz⁺ → FERISKATT
uerscunga → FRISKUNG
uersuint → FARSWINDAN
vertigsten → FI(U)WARTIGISTO
uertine → FI(U)WARTEHANI
uerthan → WERTH¹
verthe → FI(U)WARTHO
uestane → WESTANA
uetton⁺ → WEDDON

ŪF⁺-: -WĀRIZZEN⁺

úfan#, ufon# → OVAN²
ufar → OVAR
uffart⁺ → UPPFARD
ufhof⁺ → UPPHEBBIAN¹
ufran⁺ → UPPRINNAN
ufuuanizenti° → ŪFWĀRIZZEN⁺
ugison° → EGISO

ŪHTA *f-wō + f-w-n (Zeit der) Morgendämmerung ◊ (time of) dawn* — ni ~ nicht frühzeitig ◊ not early
• *ns* hufta, buhta° (= huhta) GLTRSEM XVI,78 — *as* uhta GLVERGOX 109,6 H C 3462, uhtan 3418
• GENB *ds* uhtan 315
nondum (ni ~) GLVERGOX vigilia matutina GLTRSEM

ŪHTFUGAL *m-a Vogel der Morgendämmerung (Hahn) ◊ bird of dawn (cock)*
• *ns* uhtfugal GEN 287

ui° → NI
uiarhteg → FIWARTIG
uidarsiuui⁺ → WITHARSIUWIAN
víffóldámo → FĪFFALD
uichon → WĪHAN
uille → WILLIAN
uingardon → WĪNGARDO
uinning → WINDING
uinseli → WĪNSELI
uisu → WĪSA
uit → WIHT
(ui)tah → WĪTAG, WĪTIG (I?)
uitun → WITAN
viueltre → FĪFALDRA
uiuhta° → WINKIAN
uiuntes° → WIND¹
uiuoldaran → FĪFALDRA

ŪKA *f-ō/n Kröte ◊ toad*
• *ns* uche⁺? GLPB1 I,334,11
rubeta GLPB1

ŪLA *f(-n) Käuzchen ◊ little/screech/tawny owl* → ŪWILA
• *ns* ule (hd saec XIV) GLMARF III, 720,58
noctua, ulula GLMARF

uldi → HULDI
uledermust° → FLETHARMŪS
ulitisconi → WLITISKÔNI¹
ulloch⁺ → UNLÔK
um → UMBI
umbenagu⁺ → UMBIGNAGAN
umbette → UNDBÊTIAN
umbi- → UNBI-

UMBI *adv herum; praep + a um (... herum), wegen, um ... willen, in Bezug/Hinsicht auf ◊ adv (a)round; praep + a (a)round, about, concerning, for the sake of, in/with regard to* — ~ thria naht after thiu *drei Tage danach ◊ three days afterwards*
o¹⁶¹ umbi GEN H *VCMS*, vmbi *M* 1896. 2294, unbi *C* 102. 804, umbi (m<b?) 2664, u*m*bi (abbr) GEN 266, um H *C* 2794. 3688, um (stil) GLGREG 65,5
• GENB *adv + d* ymbe# 371. 669; *praep + a* ymb# 354. 388. 408. 508. 607. 759

UMBI-: -BIGEVAN, -BISITTIAN, -FĀHAN, -GNAGAN, -HWERVAN, -KÊRIAN, -LEGGIAN, -LÔKON, -RĪDAN

UMBIFARD *f-i krummer Weg, bogenförmiger Pfad ◊ crooked way, circuitous path*
• *dp* vmbiférdion GLPRUDF1 102,22 — *ap* vímbiférdi GLPRUDF1 102,3
anfractus GLPRUDF1

UMBIGENGIL *(m-a) der Umherziehende, Wandermönch ◊ stroller, wandering monk*
• *ns* umbigengil GLTRSEM V,96
circumcellio GLTRSEM

UMBIHANG *nt-a Überdecke, Vorhang ◊ bedcover, curtain*
• *np* vmbehanc GLHARD IV,253,43, umbehainc (i add) GLTRSEM I,49, ummihank (abbr) GLSPET 74,24 — *dp* úmbihángon GLPRUDF1 99,12 — *ap* umbihang GLVERGOX 109,9
aulaeum GLHARD GLPRUDF1 GLSPET GLTRSEM GLVERGOX cortina GLHARD GLSPET

UMBIHRING *adv ringsum ◊ all around*
• umbihring H *CM* 2945

UMBIHWARF *(m-)i Windung* ◊ *bend*
• *ap* umbiúerbi GLSTR 108,8/9
circuitus GLSTR

UMBIKÔSI *nt-ja Lobrede* ◊ *eulogistic oration*
• *ns* umbicosi GLTRSEM XVII,22
panegyricus GLTRSEM

UMBITREDA *f-ō/n Vogel-Knöterich* ◊ *bird grass*
• *ns* umbitreida GLTR40 V,43,12
sanguinaria GLTR40

 umbiúerbi → **UMBIHWARF**
 umdar° → **UNDAR**
 ummet → **UNMET**
 un[ ] → **UN[FARBRUNNAN], UNREHTO**
 unaholdon → **UNHOLD**
 unat → **WONON**

UNAWĀNIANDILĪK *adj unerwartet* ◊ *unexpected*
• *nsf* unaruuoniandilikę GLPRUDP 63,18
inopinus GLPRUDP

UNAWENDID *adj unangetastet* ◊ *unaffected*
• *ns* uneruuendit$^{+?}$ GLSPET 83,10
inconvulsus GLSPET

UNBARDAHT *adj bartlos* ◊ *beardless*
• *ns* unbardhaht (*ms* -rht, *r del*; d<h *corr*) GLVERGOX 113,7
impubis GLVERGOX

 unbi → **UMBI**

UNBILITHUNGA *f-ō Unförmigkeit* ◊ *shapelessness*
• *ap* vńbílíthúngá GLPRUDF1 98,14/15
(informis) GLPRUDF1

UNBIRADAN *adj unberaten* ◊ *unadviced*
• *ns* unberad^{e}n GLMARF IV,178,21
inconsultus GLMARF

UNBITHERVI *adj-ja/jō unnütz* ◊ *useless* →
BITHERVI
• *ns* umbitheribi H *C* 5039 — *ns/pnt* umbitharbi H *M*, umbitherbi *C* 1728

UND *praep + a, conj bis, solange während* ◊ *until, as soon as, whilst* → ANDTHAT, UNDTI
• und H *C* 2565, unt 3464 GLVERGOX 113,23
dum GLVERGOX

UND-: -BÊTIAN, -GELDAN, -LĀTAN; → AND-

UNDĀD *f-i Missetat* ◊ *misdeed*
• *as* [und]at PSGERN 9,5 [14,14]

UNDAR *adv unten, darunter; praep + d, a, instr unter, zwischen, mitten unter, bei, (mitten) in, hinunter zu* ◊ *adv below, underneath; praep + d, a, instr under, beneath, among, amidst, between, in, with, down to, in the middle of* — ~ *baka rücklings* ◊ *back(wards), behind* — *hebbian barn* ~ *iru ein Kind erwarten* ◊ *to be expecting a child* — ~ *im untereinander* ◊ *among themselves* — ~ *thiu inzwischen* ◊ *meanwhile*
o^{304} undar, under GEN H *CM*, undar *V* 1281. 1314. 1317, under *S* 705 GLTRSEM IX,34, úndar GLPRUDF1 98,17, vńdar 98,35. 102,7, vndar 99,17, under (*abbr*) GEN 235, undor 125, undær H *C* 2624, ûndar (*neum*) *M* 312, uundar° 204, undar (n<m) *C* 1876. (a *add*) 2078, umdar° 2667, untar$^+$ HILD 3
• GENB under 311
inter GLPRUDF1 GLTRSEM subter, subtus GLPRUDF1

UNDAR-: -BADON, -FINDAN, -FĪTHAN, -GANGAN, -GRAVERI, -GRĪPAN, -HUGGIAN, -NIMAN, -RIGGIAN, -SLĪKAN, -SŌKIAN, -TELLIAN, -THENKIAN, -TWISK, -WERPAN, -WESAN, -WITAN

UNDARFARD *f-i Unterbrechung* ◊ *interruption*
• *ns* undarfard GLEVES 56,24
interruptio GLEVES

UNDARKALU *adj-wa/wō noch nicht völlig kahl, mit Stirnglatze versehen* ◊ *not yet bald-headed, bald in front*
• *ns* undercalo GLTRSEM XIII,93
recalvaster GLTRSEM

undor(-) → **UNDAR,** UNDAR-

UNDORN *m(-a/-i) Vormittag ◊ time before noon*
- *as* undorn H *C* 3418, undern 3464

UNDTI *conj solange, während, bis, als ◊ as soon as, whilst, until, when*
- unti (°? miti?) HILD 67

UNDUHTIG *adj nichtsnutzig ◊ useless*
- *nsm* unduhti¹er⁺ GLTRSEM IX,37
insolens GLTRSEM

une° → HĒ, SIU, IT

UNEFNO *adv in ungleicher Weise ◊ unevenly*
- unefnu H *C* 3447

vneholda → **UNHOLD**

UNERIVO *m-n der Enterbte ◊ a disinherited*
- *ns* vneriuo^{b/k} (v *add*) GLPRUDBR II, 572,55
exheres GLPRUDBR

únfæle^# → **UNFÊLI**

UN[FARBRUNNAN] *adj nicht verbrannt ◊ not burned*
- vn GLPRUDF1 92,12
inadustus GLPRUDF1

UNFARTHIONODLĪKO *adv unverdientermaßen ◊ undeservedly*
- unforthianadl(ii)ca (-luca?) GLMERS 71,1
inofficiose GLMERS

UNFÊLI *adj-ja/jō tückisch ◊ treacherous*
- *nsf* unuali H *C* 4957
- GENB *asnt* únfæle^# 723

u*n*felti° → **ANAFELTI**

UNFŌDI *adj-ja/jō unersättlich ◊ insatiable*
- *asm/nt* unfuodi H *C* 2574

UNFRAU *adj-wa/wō unglücklich ◊ unhappy*
- *apm* unfraha CONFES 16,27

vngameliner° → **UNSKAMALĪN**

UNGAR *m(-a) Ungar/Parther ◊ Hungarian/Parthian*
- *ns* ungar GLVERGOX 114,27
Parthus GLVERGOX

UNGĒARA^# *adv unlängst ◊ recently*
- GLWERDA ungeora^# 338
dudum GLWERDA

ungeldan → **UNDGELDAN**

UNGIFŌGITHA *f-ō Unschicklichkeit ◊ unseemliness*
- *ap* ungifogitha GLPRUDF1^{(+)} 89,3
ineptum GLPRUDF1^{(+)}

UNGIFŌRI *nt-ja Mühsal, Gefahr, Schaden ◊ tribulation, danger, damage*
- *ns* ungifuari⁺ GLSPET 80,5‖ — *as/p* ungifuri⁺⁷ GLSPET 80,22/23 — *np* ungifuori GLVERGOX 110,41
dispendium GLVERGOX detrimentum, discrimen GLSPET

UNGIHANDO *adv nicht zur Hand, entfernt ◊ not at hand, far away*
- ungehando GLTRSEM VII,89
eminus GLTRSEM

UNGIHÔRSAM *adj ungehorsam ◊ disobedient*
- *ns* ungihorsam CONFES 17,11

UNGILĪK *adj verschiedenartig ◊ different*
- GENB *ns* ungelíc 612, úngelic 356

UNGILĪKO *adv + d anders als ◊ differently from*
- ungilico H *C*, ungelico *M* 1833

ungilistian° → **GIUNSTILLIAN**

UNGILÔVIG *adj nicht glaubend ◊ unbelieving*
- *np* ungilobiga H *C*, ungilobiga *M* 3006

UNGILÔVO *m-n Unglaube ◊ unbelief* — mid ungilouon *unabsichtlich ◊ unintentionally*
- *ds* ungilouon CONFES 17,19 — *as* ungiloƀon H *C*, ungilobon *M* 2661

UNGIMAK¹ *adj bedrohlich* ◊ *dangerous*
• *ns* ungimak GLPRUDF1 99,22
infestus GLPRUDF1

UNGIMAK² *nt-a Aufdringlichkeit* ◊ *importunateness*
• *as* vngimak GLEVES 55,6/7
importunitas GLEVES

UNGIMAKLĪK *adj sinnlos* ◊ *foolish*
• *apm/f* ungemahlicha^{bfk+} GLEPIST I,776,6
ineptus GLEPIST

UNGIMĀLOD *adj unbemalt* ◊ *unpainted*
• *dsm* ungimelademu GLVERGOX 114, 30/31
purus GLVERGOX

UNGIMĒDON *adv nutzlos* ◊ *uselessly*
• ungimedon GLPRUDF1 94,28
in cassum GLPRUDF1

UNGIMET *adj beschwerlich* ◊ *laborious*
• *gsnt* unimetes GLMERS 71,5
• *unermesslich* ◊ *immeasurably* GENB
úngemet 313
incommodus GLMERS

UNGIŌVID *adj ungepflegt* ◊ *unkempt*
• *npm* vngiofda GLEVES 54,36
incultus GLEVES

UNGIRĀWID *adj unruhig* ◊ *restless*
• *ns* ungerauuet⁺ GLEPIST I,787,29
inquietus GLEPIST

UNGIRĪMENDI *adj immerwährend* ◊ *perpetual*
• *gs* ungirimendes PSGERN 5,7/8 [12,16/17]
(perennitas) (PSGERN)

UNGISLIHTID *adj unbehauen* ◊ *unhewn*
• *ds* ungislihtidemo GLPB2 I,296,46
impolitus GLPB2

UNGISTRĀLID *adj ungekämmt* ◊ *uncombed*
• *ns* ungistralit GLSPET 84,4 ||
impexus GLSPET

UNGISWIKAN *adj nicht abtrünnig* ◊ *not apostate*

• *apm* ungesuichena⁺ GLEPIST IV,308,2
invictus GLEPIST

UNGITUMFT *f-i Zwietracht* ◊ *discord*
• *ns* ungizunt⁺ GLSPET 81,23
dissensio GLSPET

UNGIWAR *adj unaufmerksam* ◊ *inattentive*
• *dp* ungiuuaron GLEVELT 46,10
dormitans, incuriosus GLEVELT

UNGIWIDERI *nt-ja Ungewitter* ◊ *violent tempest*
• *dp* ungiuuidereon H *M*, ungiuuideron *C* 1811

UNGIWITTIG *adj unverständig* ◊ *foolish*
• *ds* ungiuuitgon H *C* 1818 — *dp* ungeuuittigon H *M* 1818

ungizunt⁺ → UNGITUMFT
ungres → **HUNGAR**

UNHIURI *adj-ja/jō schrecklich* ◊ *horrible*
• *ns* unhiuri H *CM* 1076. *C* 5443

UNHIURLĪK *adj unheimlich, schrecklich* ◊ *weird, horrible*
• *np* unhiurli(k)æ (-a?) GLPRUDP 63,5
Eumenis GLPRUDP

UNHLIUMUND *m-i Beschuldigung* ◊ *charge*
• *ap* unliumenti⁺ GLEVES 53,5
testimonium GLEVES

UNHOLD *adj feindselig; subst Unhold, Ungeheuer, Dämon* ◊ *hostile; subst fiend, monster, demon*
• *adj ns* unhold H *C* 2555 — *npm* unholda H *C*, unholde *M* 3720. 3931
• *subst nsf* vnebolda GLADM718 78,16 — *dp* unholdum ABRPAL 11, unaholdon ABRK 1. 3
striga GLADM718

UNHRÊNERI *m-ja Verunreiniger* ◊ *contaminator*
• *ns* unreniri GLTRSEM X,117
moechanicus GLTRSEM

UNHRÊNI *adj-ja/jō unrein* ◊ *unclean*
• *apm* unhrenia CONFES 17,5

UNHULDI *f-ī Feindseligkeit* ◊ *hostility*
• *as* unhuldi H *C* 5498
• *Ungnade* ◊ *disfavour* GENB *f-ō ns* unhyldo[#] 729

unimetes → **UNGIMET**
unc → **IK**

UNKA *pron unser (beider)* ◊ *our(s), of us two*
• *ns* unca H *CM* 154 — *gsm* unkas GEN 6 — *dsnt* uncun H *M*, uncon *C* 150 — *dsf* uncro H *CM* 145. 148. 152 — *npnt* unca H *CM* 155 — *dpf* uncun H *M*, unkon *C* 152 — *apf* unca H *C* 5393 GLEVES 58,21
• GENB *gsm* uncres[#] 658. 796 — *npm* uncre[#] 759

unkaro, unkero → **IK**

UNKRAFT *f-i Unvermögen* ◊ *inability*
• *ds (ap?)* uncrefti GLEVES 51,8 — *as* uncraft GLEVES 55,22
imbecillitas GLEVES

UNKRAFTAG *adj kraftlos* ◊ *feeble*
• *npm* unkrataga GLEVES 55,14
imbecillis GLEVES

UNKUST *f-i Hinterlist, Hinterhältigkeit* ◊ *craftiness, deviousness*
• *ns* unkust GLTRSEM XV,75 — *as* unkust GLEVES 51,30
stropha GLEVES subdolum GLTRSEM

UNQUETHANDI *adj-pcps-ja nicht fähig zu reden* ◊ *not able to speak*
• *gs* unq:uethandes (u *ras*) H *C* 5661

UNLÊSTID *adj unerfüllt* ◊ *unfulfilled*
• *ns* unlestid H *M* 1427 — *gpnt* unlestero H *C* 1427

unliumenti[+] → **UNHLIUMUND**

UNLÔK *(m-a) Zwiebel* ◊ *onion*

• *ns* ulloch[+] GLMARF III,719,6
cepe GLMARF

UNMET *adv über die Maßen, außerordentlich, maßlos, sehr* ◊ *exceedingly, extraordinarily, immeasurably, very*
• unmet H *CM* 3299. 4329 (unm& *M*). *C* 3437, ummet HILD 29, ummett 25

[**AFUNNAN**] *vptps + d pers, g rei jmdm etw missgönnen* ◊ *to begrudge sb sth*
• *3sipt* afonsta H *M*, abonsta *C* 1043

[**GIUNNAN**] *vptps + d pers, g rei jmdm etw gönnen* ◊ *not to begrudge sb sth*
• *3sipt* gionsto H *C* 2556

UNÔTHI *adj-ja/jō nicht leicht, mühevoll* ◊ *not easy, arduous*
• *ns* unothi GLVERGOX 114,22 H *C*, unodi *M* 3298
miser GLVERGOX

UNÔTHO *adv schwer* ◊ *heavily*
• unotho H *C*, unođo *M* 3294

UNRÄD *m-a unbesonnene Tat* ◊ *rash act*
• GENB *ds* únræde[#] 700

UNREHT[1] *adj unrecht, ungerecht, verrucht; subst Unrecht* ◊ *wrong, unjust, depraved; subst iniquity*
• *gsm/nt* unrehtas CONFES 17,14, vnrehtas 17,4(3) — *as/pnt* unreht H *CM* 1697. 5139 — *npm* unreht(e) PSPAD 37,5 — *gp* unrehtaro CONFES 17,1(2), 2(2),2/3,3(2), unrehtoro 17,2,3 — *comp nsm* vnréhtára GLPRUDF1 91,14/15
iniquitas PSPAD nequam GLPRUDF1

UNREHT[2] *nt-a Unrecht, Ungerechtigkeit* ◊ *wrong, injustice* — an ~ *unrechtmäßig* ◊ *illegally*
• *gs* unrehtes H *CM* 1625. 1691 — *as* unreht H *CM* 308. 1638. 1695 (h *add C*). 3747. 3842 PSGERN 7,8/9. 9,2 [14, 3/4,11]
• GENB *as* unriht[#] 589
iniquitas (PSGERN)

UNREHTO *adv auf unrechte Weise, unrechtmäßig* ◊ *wrongly, illegaly* — ~ *niatan missbrauchen* ◊ *to assault*
• unrehto CONFES 17,10, vnrehto 17,10, unrehto GLSMIH 325 un[ ] GLEVES 54,36
immerito GLEVES (?) abuti (~ niatan) GLSMIH

unreniri → **UNHRÊNERI**

UNRETHIHAFT *adj unvernünftig* ◊ *irrational*
• *nsm* unreidi⁺after⁺ (*abbr*) GLTRSEM II,26
absurdus GLTRSEM

UNRĪM (*nt-a*) *Unzahl* ◊ *countless number*
• *ns* unrim H *CM* 410
• GENB *as* únrím 335. 776

uns → **IK**

UNSĀLIG *adj verhängnisvoll* ◊ *ill-fated*
• GENB *nsm* únsælga# 637

unseru → **ŪSA**

UNSIDIG *adj unleidlich* ◊ *unpleasant*
• *dp* unsidigen⁺? GLEPIST IV,308,14
dyscolus, indisciplinatus GLEPIST

UNSIDIGI *f-ī Abfall vom Glauben, übles Verhalten* ◊ *apostasy, misbehaviour*
• *ns* unsidigi GLTRSEM IX,38 — *gs* unsidigi GLEPIST IV,306,10
apostasia GLEPIST insolentia GLTRSEM

unsik → **IK**

UNSKAMALĪN *adj schamlos* ◊ *shameless*
• *nsm* vngameliner° (= vnsgameliner⁺) GLTRSEM II,73
aphronemos, infrunitus GLTRSEM

UNSKÔNI *adj-ja/jō unansehnlich* ◊ *unsightly*
• *ns* unsconi H *CM* 153

UNSKULDIG *adj unschuldig* ◊ *innocent*
• *asm* unsculdigna H *CM* 3086 — *asf* unsculdiga H *C*, unsculdige *M* 752

UNSLIHT (*nt-a*<*nt-ja?*) *Unschlitt, Talg* ◊ *tallow, suet*
• *ns* unslith GLTRSEM XIV,69
sebum GLTRSEM

UNSPANNAN *adj ungespannt* ◊ *unstrung*
• *apm* unspannane GLVERGOX 114,33
laxus GLVERGOX

UNSPŌD *f-i Fehltritt* ◊ *misconduct*
• *as* unspuod H *C* 3454

UNSTARK *adj schwach, schwächend* ◊ *weak, enfeebling*
• *ns* unstark GLEVES 52,17 — *nsnt* unstarka GLPRUDF1 100,14
elumbis GLPRUDF1 infirmus GLEVES

UNSTILLI *f-ī Unruhe* ◊ *restlessness*
• *ns* unstilli GLTRSEM IX,17
inquies GLTRSEM

GIUNSTILLIAN *v-I beunruhigen* ◊ *to trouble*
• *inf* ungilistian° GLPB2 I,297,21
inquietari GLPB2

UNSUNDIG *adj unschuldig* ◊ *innocent*
• *asm* unsundigana H *C*, unsundigane *M* 2722

unsuoti → **UNSWŌTI**

UNSŪVARNUSSI *f-ī/jō Unsauberkeit, Verunreinigung* ◊ *dirtiness, pollution*
• *ns* unsuuarnussi GLEVES 61,2, unsufarnussi GLTRSEM IX,57
contaminatio GLEVES illecebra GLTRSEM

[**UNSŪVRIAN**] *v-I beschmutzen* ◊ *to make dirty*
• [giunsuu]ríd GLPRUDF1 92,17
obsordescere GLPRUDF1

UNSŪVRON *v-II verunreinigen* ◊ *to soil*
• *1sips* unsuuron GLTRSEM XV,18 — *1sipt* unsuuroda CONFES 17,13
sordere GLTRSEM

UNSWŌTI *adj-ja/jō übel schmeckend, riechend* ◊ *foul*

unswōti

• *ns* unsuoti H *CM* 4082 — *asnt* unsuoti (un *add*) H *C* 5645

unt → UND
untar⁺ → UNDAR

UNTELLĪKO *adv auf unaussprechliche Weise* ◊ *ineffably*
• untellica GLMERS 70,1
ineffabiliter GLMERS

unter-⁺ → UNDAR-
unti°ʔ → UNT

UNTĪD *f-i Unzeit, verbotene Zeit* ◊ *prohibited time*
• *dp* untidion CONFES 16,14

UNTĪDIG *adj vor der Zeit eintretend, vorzeitig* ◊ *untimely, premature*
• *ns* untidig GLSOL, unzidich⁺ GLMARF IV,178,20
immaturus GLSOL intempestus, ante galli cantum GLMARF

untkiende → ANDKENNIAN²
untledian → ANDLÊDIAN

UNTREUWA *f-wō Argwohn, Treulosigkeit* ◊ *suspicion, faithlessness*
• *as* untreuua H *CM* 1036. 1526
• GENB *as* úntreowa 773

UNTRIUWITHA *f-ō Betrug* ◊ *fraud*
• GENB *gp* untryowða# 581

unttat, un(t)that → ANDTHAT

UNTUHT *f-i Unbildung* ◊ *lack of education*
• *ns* untzuht⁺ GLHARD IV,278,17
ineruditio GLHARD

UNTUHTIG *adj unbeherrscht* ◊ *lacking self-control*
• *dp* unzuhtigen⁺ GLEPIST IV,308,14
dyscolus, indisciplinatus GLEPIST

unuali → UNFÊLI
u*n*ueliti° → ANAFELTI

unwitandi

UNWAHSAN *adj unmündig, minderjährig* ◊ *minor, under age*
• *asnt* unẃahsan (-ẃahsan *ras*) HILD 21

UNWAMM *adj unbefleckt* ◊ *immaculate*
• *asf* unuuamma H *C* 5619

UNWAND *adj unwandelbar* ◊ *steadfast*
• *npm* unuuanda H *C* 70

UNWANDLONDILĪK *adj unwandelbar* ◊ *unchangeable*
• *ns* [un](u)uandlondelik PSGERN 6,2 [12,19]
immutabilis (PSGERN)

UNWĀNLĪK *adj unbedeutend* ◊ *insignificant*
• *ns* unuuanlic H *M* 4957

UNWERID *adj unbekleidet* ◊ *unclothed*
• *np* unuuerid GEN 21
• GENB *np* unwered 812

únvvérthígo → UNWIRTHIG

UNWERTHLĪKO *adv ehrlos* ◊ *dishonourably*
• GENB únwurðlice# 440

UNWERTHNUSSI *f-ī/jō Unwille* ◊ *indignation*
• *ds* unuuerðnussi PSLUB 29,6
indignatio PSLUB

UNWĪGLĪK *adj unkriegerisch* ◊ *unwarlike*
• *gsm* unvviclicon GLPRUDF1 99,27/28
imbellis GLPRUDF1

UNWIRTHIG *adj unwürdig* ◊ *unworthy*
• *nsm* únvvérthígo GLPRUDF1 102,17
(peccator) GLPRUDF1

UNWILLIO *m-j-n Zorn* ◊ *wrath*
• *as* unuuilleon H *C*, unuuillean *M* 2459

UNWĪS *adj unklug* ◊ *unwise*
• *dsm* unuuison H *CM* 1817

UNWITANDI *adj-ja/jō (pcps) unwissentlich* ◊ *unwitting*
• *ns* unvuitandi CONFES 17,18

unwunni

UNWUNNI → URWUNNI

únwurðlice[#] → UNWERTHLĪKO
unzidich[+] → UNTĪDIG
voƀian → ŌVIAN
vođil → ŌTHIL
˚vcale[+?] → ŌKALU
uonan → FANO
uordon → WORD
uorouuerc, voruuerc → FORAWERK/FORA-
  WERCUM
˚vuerdvre → OVARDURU
up- → UPP-, UPP-
upod- → UPPÔD

UPP, ŪPP *adv auf, hinauf, herauf, in die Höhe* ◊ *up(wards), above*
  o[72] up H *M*, upp *PCS* GEN 16, up H *C* 982. 1489. 2202. 2242, uup 1499, uupp 3211, úpp 2408, vp GLEVES 55,16
  • GENB úp 259. 415. 497. 807, up 446. 544
(culmine sublimatus) GLEVES

UPP-: -HEBBIAN[1], -KAPON, -RINNAN, -SE-
HAN, -SITTIAN, -SLAHAN, -STANDAN, -WE-
GAN, -WENDIAN, -WIUMIAN

UPPA *adv oben* ◊ *above*
  • uppa H *CM* 4382, uppa *M*, uppe *C* 1605. 2421, uppe *CM* 1973. 3123. 3360

UPPAN *adv an + d/a ... ~ (oben) auf, hinauf* ◊ *up(on), up on — praep + d (oben) auf, + a hinauf (auf), auf* ◊ *+ d upon, on, + a (up) on*
  o[79] uppan GEN 297 REGFREK *M* H *PC* URBWERDB 96,17,18, uppan, uppen *M*, uppan (an *add*) *C* 1082, uppian 5533, up:|pan (up<vpl-?) 2895, uppen REGFREK *M* 37,14

UPPFARD *f-i Himmelfahrt* ◊ *Ascension*
  • *as* uffart[+] CONFPAL 362,20

UPPHIMIL *m-a Himmel in der Höhe* ◊ *heaven above*
  • *as* upphimil H *C*, uphimil *M* 2886

UPPÔD *m-a himmlischer Besitz* ◊ *heavenly property*
  • *gs* uppodas H *C*, upodes *M* 947, uppodes *C*, upodas *M* 2798

UPPRENNINGA *f-ō Aufgang* ◊ *rising*
  • *ns* uprennince (*abbr*) GLABD
oriens GLABD

UPPSLAGUNGA *f-ō Verzögerung* ◊ *hold-up*
  • *ns* upslagunga GLSMIH 497
dilatio GLSMIH

UPPSTANDNISSI *f-ī/jō Auferstehung* ◊ *Resurrection*
  • *ds* ubstannisse CONFPAL 362,16 — *as* ubstannisse CONFPAL 362,17

UPPWARDES *adv aufwärts* ◊ *upwards*
  • upuuardas GLEVES 54,13
a radicibus GLEVES

UPPWEG *m-a Weg zum Himmel* ◊ *path to heaven*
  • *instr(?)* uppuuego H *C* 3458 — *ap* uppuuegos H *C*, upuuegos *M* 3595

uprennince → UPPRENNINGA
upuuimo → UPPWIUMIAN

UR[+] *praep + d außerhalb* ◊ *outside — cf* AR[+]
  • ur[+] HILD 50

ŪR *m-u/a Rune* ᚢ, *Auerochse* ◊ *rune* ᚢ, *aurochs*
  • *ns* ur ABC 4 — *mlat np* uri ADAM IV,32

urano → FRÔNO

URDÊLI *nt-ja Gericht, Urteil, Urteilsspruch* ◊ *judgement, trial, sentence*
  • *gs* urdelies H *M*, urdeles *C* 1444 — *ds* urdeli PSLUB 111,5, (o)rtole° GLPB2 I,296,49 (*ms* gotrhūcemortole = gotchu*n*demo[+] ortele[+])
iudicium PSLUB iustitia GLPB2

ure[#] → IK
ures[#] → ŪSA

URFŪR *m(-a/i) Eunuch ◊ eunuch*
• *ns* ύrfūr GLPRUDF1 94,25
spado GLPRUDF1

URHÊTO *m-n Herausforderer ◊ challenger*
• *np* urhettun HILD 2

ŪRHRIND *nt-z Auerochse ◊ aurochs*
• *ns* urrint GLVERGOX 110,8
urus GLVERGOX

uriuel → **WRĪVIL**

URCIL *(m-a) Becher ◊ cup*
• *ns* urcil$^{+?}$ GLSPET 84,18 ‖
scyphus GLSPET

URKUNDIO *m-j-n Zeuge ◊ witness*
• *ns* urkundeo H *P*, urcundeo *CM* 998

URLAGHWĪLA *f-ō Zeit des Sterbens ◊ time of death*
• *ns* orlaghuila H *C*, orlaghuile *M* 3355

URLAGI *nt-i Krieg ◊ war*
• *ns* urlagi H *M*, urlogi *C* 4323 — *gs* orlagies H *C*, orlegas *M* 3697

URLÔF *m/nt-a Erlaubnis ◊ permission*
• *ns* orlof GLTRSEM XII,74 — *as* orlof CONFES 17,6,7 — *instr* orloƀu H *C*, orlobu *M* 4211
permissum GLTRSEM

urnite → **HORNUT**

URSAGÊN^{+} *v-III entschuldigen ◊ to excuse*
• *inf d* ursagenne^{+} GLSPET 77,27 ‖
excusare GLSPET

URSINNIG *adj epileptisch ◊ epileptic*
• *ns* ursinihg GLTRSEM VI,149
epilepticus GLTRSEM

URSLAHT *f-i Krampfader, Ausschlag ◊ varicose vein, rash*
• *ns* urslaht (l<a) GLTRSEM XVI,25
varix GLTRSEM

URSORG *adj sorgenfrei ◊ free from care* (URSURGI *adj-ja/jō?*)
• GENB *np* órsorge$^{\#}$ 804

URTHANKA *f-ō/n Beweisgrund ◊ argument*
• *ns* urthanca GLSPET 85,28
argumentum GLSPET

urv*m*$^{\#}$ → **ŪSA**

URWERP *m/nt-a Frühgeburt ◊ premature baby*
• *ns* uruuerpf^{+} GLSPET 79,15
abortivum GLSPET

URWUNNI (**UNWUNNI** *?*) *f-ī freudlose Stätte ◊ place without joy*
• *ap* uuunni (*ms*, ur- *?*) GLVERGOX 113,17
Avernus, sine verno GLVERGOX

us → **HŪS, IK**

ŪSA *pron unser ◊ our(s)*
• *nsm* usa GEN 42. 152. 267 H *CM* 571 (use *MS*). 1218. 1600. 4185 (use *M*). *M* 1551, use BENW 11, unser PSLUB 32,20. 114,5 — *nsnt* unser PSLUB 32,21 — *nsf* user PSLUB 32,20. PSWIT 84,13 — *gsm/nt* uses BEDA 7 CONFPAL 362,21 H *CM* 186 (e<a *C*). 190 (usas *C*). 223. 264. 988 (usas *P*, usses *C*). 1198. 1229. 3091. 4143. 4193. 4194. *C* 5715. 5720, usas GEN 161. 288 GLGREG 65,20 (*stil*), vsas CONFES 16,24 — *gsf* usero BEDA 7 — *dsm* usumu H *M*, uson *C* 1560. 2423 (huson *C*). 4864 (usan *C*). *C* 3663. 4001. 5333. 5539, usemo BEDA 18, us|ses° H *C* 3996 — *dsf* usaru H *M*, usero *C* 2845, unseru PSWIT 84,10 — *asm* usan H *M* 3584. *C* 83. 2966. 4706. 5510, uusen CONFPAL 362,2 — *asnt* use H *MS* 564 (usa *C*). *C* 3999 — *npm* usa H *C* 4141, usere$^{(+)}$ HILD 15 — *gp* usaro H *CM* 4144, vsáro GLPRUDF1 98,19, usero GLGREG 64,10 REGES 21,6,18 — *dp* usun H *M* 621 (usso° *C*). 4899 (uson *C*), ussan *C* 2568, usen CONFPAL 363,24 — *apm/f* usa H *C* 5485, use CONFPAL 362,9 — *apnt* usa H *C* 5484

ūsa   ūthia

- GenB *nsm* user 536 — *gsnt* ures[#] 360 — *dsm* urv*m*[#] (*abbr*, v*m*<e) 261
noster GlPrudF1 H *C* 1600 PsLub PsWit

user → IK
usrecket[+] → ŪTREKKIAN
usrenn*en*[+] → ŪTRENNIAN
uss- → ŪSA

ŪST *f-i* Sturmwind ◊ *tempest*
- *ns* ust H *C* 2242

ŪT *adv (her)aus, hinaus* ◊ *out*
- ut BenW 20. 21 H *M* 181. 2182. 3740. 3878 (utt *C*). 3931. 4628. *M* 1555°[?]. 5971, ut (*stil*) GlGreg 63,18, út BenW 17. 18 Gen 327, uth ConfPal 362,13

ŪT-: -ALÔSIAN, -ASKÊDAN, -ASKÊTHAN, -AWENDIAN, -BISLŪTAN, -BLEUWAN, -BŌSMIAN, -FLIOTAN, -FLÔTIAN, -GANGAN, -GIHALON, -GILÊDIAN, -INĀTHRIAN, -JEDAN, -LÊDIAN, -LÊTHITION, -REKKIAN, -RENNIAN, -SKRIKKIAN, -SKURPIAN, -SLAHAN, -SNŪTIAN, -SPRŪTAN, -STEKAN, -STREUWIAN, -SWIMMAN, -WRINGAN

ŪTA *adv draußen, ins Ausland* ◊ *out(side), abroad*
- uta H *M*, ute *C* 388. 553 (ute *S*), ute *CM* 3340. 4951. 5137
- *nach draußen* ◊ *(to the) outside* GenB úte 369, ute 415

ŪTAN *adv draußen* ◊ *outside*
- utan Gen 302 H *CM* 104, utan *C*, uten *M* 4022. 4235. *C* 5780
- *(von) außen* ◊ *on the/from outside* GenB útan 461, utan 354, 677

BIŪTAN *conj ausgenommen, außer* ◊ *except, but*
- biutan H *M* 2323. 2774. 2790. 2844. 3264 (botan *C*). 3344. 4364. 4370 (botan *C*), biuten 2188. 3192, butan 185. 536. 653. 861. 1513. 1519. 1856, botan *C* 5596 Gen 92. 129. 296. 327
- *außer dass* ◊ *only that* GenB butan 243, buton 682

YMBŪTAN[#] *praep + a um ... herum* ◊ *around*
- GenB ymbutan[#] 382 (< ymbe, e *ras*, utan *add*). 491

ŪTANA *adv nach, von außen* ◊ *on, from the outside*
- utana GlEvEs 52,3, útana 54,16
de foris GlEvEs

FARŪTAR *praep + a ohne* ◊ *without*
- farutar H *C*, forutar *M* 1058, faruter *C*, f(arutar) *M* 81

ŪTFARD *f-i Außersichsein* ◊ *frenzy*
- *ds* utfardi PsLub 115,11
excessus PsLub

vtfliáta → ŪTFLIOTAN
utgedan → ŪTJEDAN
vtiándíon → ŪTHIAN

ŪTLENDES *adv außer Landes* ◊ *out of the country*
- utlendes GlEvEs 55,5/6
extra patriam GlEvEs

uton[#] → WITA

ŪTON *v-II ausschließen* ◊ *to exclude*
- *pcpt nsf* keuzotiu[bfk+] GlEpist I,756,34
abicere, excludere GlEpist

vtstréidín → ŪTSTREUWIAN

ŪTSUHT *f-i Durchfall* ◊ *diarrhoea*
- *ns* hussuht[+] GlTrSem VI,15
- GlWerda *ns* utsynht° (= utsyht[#]) 337
colon GlTrSem dysenteria GlWerda

utsynht° → ŪTSUHT
utt, uth → ŪT

ŪTHIA *f-j-n Welle, Woge* ◊ *wave, billow*
- *ds* ᚹthívn GlPrudF1 104,13 — *np* uđeon H *M* 1821, uthiun *C*, udeon *M* 2914 (uthion *C*). 2944. *C* 2242 — *dp* uđiun H *M*, uthion *C* 4316 — *ap* udeon H *M* 2907 (uthion *C*). 3211 (uthiun *C*)
fluctus GlPrudF1

ūthian   -wādi

ŪTHIAN *v-I prasseln* ◊ *to crackle*
• *pcps dp* ѵtiándíon GLPRUDF1 98,39
pcps stridulus GLPRUDF1

uthledi → ŪTLÊDIAN
uu- → W-
uvarcophunga⁺ᐟ → OVARKÔPUNGA

UVIL¹ *adj übel, schlecht, böse* ◊ *evil, bad, wicked* — *cf* WIRSO, WIRSISTO
• *nsm* uƀilo H C, ubilo M 1745 — *dsm* uƀilon H C, ubilon M 1755 (ubilan M). 2452. 2456 — *asm* ubilan H C, ubilan M 5185 — *asnt* ubil H CM 1502 (vbil C). 3373 (uƀil C). 4586 — *asf* ubilun H C, ubilon M 3235 — *npm* ubilun H C, ubilon M 4445 — *npnt* uƀilon H C 3485 — *gp* uvellere CONFPAL 363,30 — *dp* uuilon CONFES 17,12(2),13, vuilon 17,13, ubilon H CM 1612 — *apm* ubila GEN 196 H C, ubile M 2631 — *apnt* ubilun H C 5302
• GENB *asnt* yfel# 573

UVIL² *nt-a Böses, Übel(tat)* ◊ *evil, wicked deed*
• *ns* ubil H V, uƀil C, ubil M 1356 — *gs* ubiles H CM 2598. 3897 — *ds* ubile H CM 1525 — *as* ubil H C, ubil M 4448, uƀil C, ubil M 3408 — *instr* uƀilu H C, ubilu M 3494
• GENB *gs* yfles# 480, ýfeles# 465

UVILO *adv böse, schlecht, schlimm* ◊ *badly, poorly, evilly* — ~ githihan *zum Nachteil gereichen* ◊ *to turn out badly* — *cf* WIRS
• uƀilo H C 5458, ubilo GEN 1, úuilo GLPRUDF1 100,7 (UVIL² *gp?*), ubilo⁺ᐟ GLSMIH 589
• GENB yfele# 387. 791
insolescere (~ giwennian) GLPRUDF1 (non) GLSMIH

ŪWILA *(f-n) Eule* ◊ *owl* → ŪLA
• *ns* vuuila GLSPET 74,26‖ noctua GLSPET

ŪWO *m-n Uhu* ◊ *eagle owl*
• *ns* (? *lat as*) uuof (= uuo f[rancisce]?) GLPB1 I,340,17 (x ŪF#/BŪF⁺?)
bubo GLPB1

uz-⁺ → ŪT-
uzgileddes⁺ → ŪTGILÊDIAN
uzswmmen⁺ → ŪTSWIMMAN

UU, VU, W

wá# → WÊ²
ẃabnum → WĀPAN
uuađ° → WERTHAN

WĀD *f-i Decke, Kleidung* ◊ *covering, clothing*
• *ns* uuad GLTRSEM V,56 — *ds* uuadi H C 379
• GENB *f-ō ap* wæda 846
cetramentum (armaro uuihto ~) GLTRSEM

GIWĀD *f-i Gewand* ◊ *garment*
• *ds* giuuadi GEN 21

WADAN *v-6 gehen* ◊ *to walk*
• GENB *inf* wadan 830

vuadender⁺ → WŌDIAN

WĀDI *nt-ja Kleidung, Decke* ◊ *clothing, covering*
• *ns* uuadi GLSTR 107,18 — *instr* uuadiu H M 379
• GENB *ap (?)* wædo 812 (°? wædon *dp?*)
vestis GLSTR

GIWĀDI *nt-ja Gewand, Kleidung, Decke* ◊ *garment, dress, clothing, covering*
• *ns* giuuadi H CM 1645. 3124. 3127 (geuuadi M). C 5809 — *gs* giuuadias GLEVES 56,18, giuuades H C 1855 (geuuadeas M). 4424 (geuuadies M) — *ds* giuuadie H C 1665 (geuuedea M). 4100 (giuuedie M). S 379, geuuede GLPRUDF1 101,33 — *as* giuuadi H C, geuuadi M 4103 — *as/p* giuuadi H C,

-wādi wāgskāla

geuuadi *M* 1672. 1679. 1684. 5099 (giuuadi *M*). *C* 5292. 5496. 5543 — *gp* giuuadio H *C* 1677 (geuuadeo *M*). 5549 — *dp* giuuadion H *C* 3675 (giuuadiun *M*). 5843 (giuuadeom *L*), giuuadeon *C*, geuuadeon *M* 1737 — *ap* gi(vu)a[di] GLGREG 64,2
amictus GLPRUDF1 vestis GLEVES (vestire) GLGREG

WĀDIAN *v-I* bekleiden ◊ *to dress*
• *3sips* uuadit H *CM* 1681

uuadiis *mlat* → WEDDI

WĀDWURT *f-i* Deutsche Schwertlilie ◊ *common iris*
• *ns* uuatuurz$^+$ GLTR40 V,41,23
iris illyricus GLTR40

wærlice$^\#$ → WĀRLĪKO
wæron$^\#$, wærum$^\#$ → WĀR^1
wæstm$^\#$ → WASTOM
uuafan$^+$ → WĀPAN

WĀG *m-a* Woge, Flut ◊ *wave, flood*
• *ns* uuag H *CM* 1810. 2263 — *as* uuag H *CM* 2634. 2944 (uueg *M*). 2946 — *gp* uuago H *C* 1820 (uuagos° *np M*). 2235

WAGA *f-ō/n* Wiege ◊ *cradle*
• *ns* uuaga GLSPET 87,21 ‖
cunabula, cunae GLSPET

WĀGA *f-n* Waage, Gewicht, Waagschale (Gewichtseinheit für Wolle) ◊ *balance, scales, weight, scale pan (weight unit of wool)*
• *ns* uuaga GLSPET 84,23 ‖ GLTRSEM X,131. XII,99. XIV,34 — *ds* uuagon GLADM718 77,8
• *mlat as* uuagam URBWERDF 273,14, wagam 277,6 — *ap* uuagas URBWERDF 285,17, wagas 249,8. 254,16
• Ausgleich ◊ *conciliation* GLWERDC *ns* uaeg$^\#$ 359
conciliatio GLWERDC lanx GLSPET pondus GLADM718 momentana, perpendiculum, statera GLTRSEM

WAGAN *m-a* (Kutsch-)Wagen, (Großer/Kleiner)Wagen (Sternbild) ◊ *wagon, carriage, (Big/Little) Dipper (configuration of stars)*
• *ns* uuagan GLTRSEM IV,87 — *ap* vvagnos GLPRUDF1 95,23
carpentum GLTRSEM septemtriones GLPRUDF1

WAGANLÊSA *f(-n)* Spurrille, Wagenspur ◊ *wheel rut, track*
• *ns* vvágánlíasa GLPRUDF1 102,33/34, uuaganleisa$^+$ GLSPET 87,1 ‖
orbita GLPRUDF1 GLSPET

GIWĀGI *nt-ja* Waage ◊ *scales, balance* — *cf* GIWÊGI
• *ns* gewege GLMARF III,717,40
statera GLMARF

WĀGIAN *v-I* in Bewegung versetzen ◊ *to agitate*
• *pcpt* geuuagit GLSTR 107,39
commovere GLSTR

WITHARWĀGIAN *v-I* zurückfluten ◊ *to flow back* — *cf* WITHARTHWAHAN (?)
• *3sips* uúithárúúaíd GLPRUDF44 105,7
restagnare GLPRUDF44

uuagie → WÊGI

WĀGLĪTHAND *m-nd* Seefahrer ◊ *seafarer*
• *ap* uuaglithand H *C*, uuaglidand *M* 2913

WAGNERI *m-ja* Stellmacher ◊ *cartwright*
• *ap* vvangeros (< vvanneros, 2. n *del*, g *add*) GLVEG
carpentarius GLVEG

NITHARWAGON *v-II* sich neigen ◊ *to tip*
• *3sops* nitheruuaga GLVERGOX 114,25
vergere GLVERGOX

WĀGSKĀLA *f-n* Waagschale ◊ *scale*
• *ns* wascale GLMARF III,717,39
lanx GLMARF

WĀH¹ *adj lügnerisch* ◊ *lying*
- GENB *gp* wóra 446

WĀH² *nt-a Böses, Schlechtes* ◊ *evil, bad*
- *ns* uuah H *C* 5573 — *as* uuah H *CM* 3950, uuoh *C* 3931

WĀHI *nt-ja Böses* ◊ *evil*
- *as/p* uuói (i<*ras*) H *C* 5426

WAHS *nt-a Wachs* ◊ *wax*
- *dp* uuahson GLPRUDF1 94,23
cera GLPRUDF1

WAHSAN *v-6 (+ d refl) wachsen, gedeihen, aufblühen, aufschwellen, zunehmen (Mond)* ◊ *to grow, prosper, flourish, begin to swell, wax (moon)*
- *inf* uuahsan H *CM* 2392, uuahsan *C*, uuahsen *M* 2396. 2402. 2589. *C* 2242. 2519. 2552. 2565. 5960 — *3sips* uuahsid H *M*, uuahsit *C* 3629 — *3pips* uuassad GLSTR 107,8 — *3sipt* uuohs H *CM* 783. 2859 — *3pipt* uuohsun GEN 105. 123 H *C* 2546 — *pcpt* gihuahsan GLEVES 53,28 — *pcpt gsnt* giuuahsanes H *C* 42 — *pcpt npnt* gihuuahsana GLEVES 55,23
fructus producere, nasci GLEVES turgescere GLSTR

AWAHSAN *v-6 aufwachsen, heranwachsen; pcpt erwachsen* ◊ *to grow up; pcpt adult*
- *3sipt* auuohs H *CM* 2293. 2656 — *pcpt* auuahsan H *CM* 860 — *pcpt npm* auuahsana H *C*, auuahsane *M* 3633

GIWAHSAN *v-6 wachsen* ◊ *to grow*
- GENB *v-7 3sipt* geweox# 483

WAHSBLANK *adj wachsweiß, falb, fahlgelb* ◊ *white as wax, dun-coloured, yellowish*
- *ns* uuahsbl(anc) GLVERGOX 109,14, uua[ ] 109⁷ — *as* uuasblanc GLVERGOX 110,8
albus pallori vicinus, aureus, badius(?) GLVERGOX

WAHSDŌM *m/nt-a Zunahme (Mond)* ◊ *increase (moon)*
- *ds* uuasdoma GLSTR 107,7

incrementum GLSTR

uuahshollendar → HWASSHOLONDAR

WAHSIAN *v-I mit Wachs bedecken* ◊ *to cover with wax*
- *3sips* uuahsit GLSPET 84,33 ‖
incerare GLSPET

WAHSMO *m-n Ertrag* ◊ *increase*
- *as* uuasmon PSWIT 84,13
fructus PSWIT

WAHSTINS *m-i Wachszins* ◊ *wax tribute*
- *np* uuastinse URBWERDF 255,26
cerei census URBWERDF

WAHSTINSIG *adj wachszinspflichtig* ◊ *rendering wax tribute*
- *npm* uuahstinsigon URBWERDA 40,17

WAHTA *f-wō + f-w-n Wache, Wacht, Wachtposten* ◊ *guard, watch, sentry*
- *ds* uuahtu GEN 282 H *CM* 389. *C* 5762, uuahtun *C* 5766, uahtu GLPB2 I,296,33 — *as* uuahta GLPB2 I,298,17
statio GLPB2

uuahte → WEKKIAN

WAHTILA *f-ō Wachtel* ◊ *quail*
- *ap* wathtila GLHARD IV,253,25
coturnix, quaquila (*ms*, quiscula) GLHARD

uuahtlondi → WATHLON
wac-# → WÊK(-)
uuakka, uuacco → WOKKO

WAKON *v-II wachen, wachsam sein* ◊ *to watch, be awake*
- *inf* uuacon H *CM* 4778 — *2pimp* uuacot H *CM* 4352 — *pcps* vuakondi CONFES 17,20, uuacoi:ande (: = n *ras*; de *add*) H *C*, uuacogeandi *M*, [ ]andi *S* 384 — *3pipt* uuacodun H *CM* 4808

WALA → WELA², WOLA, WALA

uualachon⁺ → WLAKON

WALD *m-a Wald, Wildnis* ◊ *woods, forest, wilderness*
- *ns* uuald GLVERGOX 114,15 — *gs* uualdes H *CM* 1124. 2410, uualdies PSLUB 28,5 — *as* uuald GLPB2 I,298,20 — *ap* uualdos H *C*, uualdas *M* 603
- *Laubwerk* ◊ *leafage* GENB *as* weald[#] 839. 841 — *instr* wealde[#] 846

Libanus PSLUB plaga pinea GLVERGOX saltus GLPB2

GIWALD *f-i + m Gewalt, Macht, Befehlsgewalt, Verfügungsgewalt, Herrschaft(sgebiet), Reich* ◊ *might, power, command, control, right of disposal, dominion, realm*
o[94] *ns* giuuáld GLPRUDF1 92,18 — *ds* giuueldi H *CM* 3756, giuueldi *C*, geuueldi *M* 2113. 2166. 2889 (*m?* giuualde, 2.u<a *M*), giuuald *C*, geuuald *M* 5264 — *as* giuuald GEN 193. 200 H *CM*, geuuald *M*; geuualt *M* 1840, *f CM* 341. 1078. 1846. 2876. 3253. *C* 5388. 5447. *M* 3075, *m C* 3075
- GENB *nt-a as* gewéald[#] 368. 411, geweald[#] 280. 388. 635. 694

WALDĀD → WELDĀD, WALDĀD

WALDAN *v-7 (+ g/d) über etw gebieten, verfügen über, etw leiten* ◊ *to have command over, possess sth, be in charge of sth*
- *inf* uualdan H *CM* 585. 3317, |uualdan (n<nd) *C* 3073, uualtan[+] HILD 62 — *3popt* uueldin H *VCM* 1321
- GENB *inf* wealdan[#] 253. 258

BIWALDAN *v-7 + g etw beherrschen* ◊ *to rule sth*
- *3sips* beuua(l)[d]id PSGERN 11,2 [15,20] possidere (PSGERN)

GIWALDAN *v-7 + g/d herrschen, Macht haben über, leiten* ◊ *to rule, have power over, run* → GIWALDON
- *inf* giuualdan H *CM* 220. 509 (*S*). 560 (*S*). 767. 2302 (geuualdan *M*). *M* 3073 (-an<-en). *C* 45. 268. 4396. 5345 — *3sips* giuualdid *C* 2211, geuueldid *M*, giuualdit *C* 3502 — *3sipt* giuueld H *CM* 2048 (geuueld *M*). 3344. 5126. *C* 5335 — *3pipt* giuueldun H *M* 344 (giuuieldon *C*). *C* 5890

WALDAND *m-nd + m-a/pcps-ja Herr (Gott, Christus), Herrscher* ◊ *Lord, ruler*
o[399] *ns* uualdand GEN H *PVCMS*; uualdan *C* 1325. 2124. 2790. 2827. 2973. 2993. 3170. 3198. 4212. *S* 522, uualdend *C* 3018, uualdand (2. u *add*) 1551, uuardand° GEN 195, uualdandi (i *ras*) *C* 916, uualdandeo *CM* 4102, uualdandi *C*, uualdandeo *M* 3758. 3780. 3921. *C* 3444. *M* 5978, uualdandeo *M*, uualdandie *C* 4293, uualdandeo *C*, uualdandio *M* 4168, ẁaltant[+] HILD 49 — *gs* uualdandes H *CMS*; uualdandas GEN 8. 121. 161 H *P* 962. 989. *L* 5848. *V* 1294. *M* 469, uualdandes *C* 2030 (des *ras?*). 5684 (2. u *add*), uualdandies 2695 — *ds* uualdand GEN 57 H *CM* 1658. 3831, uualdande *CM*, uualdanda GEN 93 H *M* 117. 453. 462, uualdandi *C* 260 — *as* uualdand GEN H *PVCM*; uualdan *C* 979. 1017. 1231. 5942, uualdan: (*ras*) 1598
o[18] GENB *ns* waldend, wáldend 462, waldend (a>ea) 260 — *gs* waldendes 730. 798. 828 — *ds* waldende 577 — *as* waldend

WALDBERI *nt-ja Heidelbeere, Waldbeere* ◊ *bilberry, whortleberry*
- *ns* waltbire GLMARF III,720,22. IV, 179,24

vaccinium GLMARF

WALDENĪGE[#] *adj-ja/jō glasäugig* ◊ *wall-eyed*
- GLWERDC *ns* ualdenegi[#] 359

caesius, glaucus GLWERDC

GIWALDIG *adj mächtig* ◊ *mighty*
- *ns* giuualdighc PSLUB 111,2

potens PSLUB

GIWALDON *v-ll + a herrschen über etw* ◊ *to rule sth* → GIWALDAN
- *inf* giuualdon H *M* 268, geuualdon 4396

WALHHAVUK *(m-a) Jagdfalke* ◊ *foreign hawk*
• *ns* uualeauuc GLPB1 I,496,34 — *as* uualuchæfuch GLPB1 I,340,21
herodio GLPB1

WALL *m-a Wall(anlage), Felswand* ◊ *rampart(s), wall of rock*
• *ds* uualle H *CM* 2683 — *as* uuall H *C*, uual *M* 2675, uual *C*, uuall *M* 3116, uual *CM* 3685 — *ap* uuallos H *CM* 3699

WALLAN *v-7 lodern, brennen, (auf)wallen, (hervor)quellen, herausströmen* ◊ *to blaze, burn, boil up, well up, pour out, gush*
• *inf* uuallan H *CM* 607. 4752 (uualla° *C*). 5004 — *pcps* vuallandi GEN 78, uuallande 184 — *pcps asnt* uuallandi H *CM* 2602 — *1sips* uuallon (2.1 *del?*) GLTRSEM VII,8 — *3sipt* uuell H *CM* 4880, uuell *C*, uuel *M* 3687. 4867, uuel GEN 319 — *3pipt* uuellun H *C* 5710
• GENB *inf* weallan[#] 590 — *3sipt* weoll[#] 353
effervere GLTRSEM

A**WALLAN** *v-7 hervorströmen* ◊ *to well up*
• *3psipt* auuellun H *M* 4073

AND**WALLAN** *v-7 hervorströmen* ◊ *to well up*
• *3pipt* anuillun H *C* 4073

WALLON *v-II umherziehen* ◊ *to wander*
• *1sipt* ẃallota[+] HILD 50

WALO → **WELO, WALO**

uualtan(-)[+] → **WALDAN(-)**
waltbire → **WALDBERI**

WALTUNGA *f-ō Suhle* ◊ *wallow*
• *ns* vualzunga[+] GLSPET 82,1
volutabrum GLSPET

uualuchæfuc → **WALHHAVUK**

WAMBA *f-ō/n Wamme, Wanst* ◊ *paunch, belly*
• *ns* uuamba (*abbr*) GLTRSEM II,8
aqualiculus GLTRSEM

WAMBO *m-n Wamme* ◊ *paunch*
• *ns* wambo GLMARF III,722,24
omasum GLMARF

WAMM[1] *adj sündhaft* ◊ *sinful*
• *apf* uuammun H *VM*, uuammon *C* 1307

WAMM[2] *nt-a Unrecht, Sünde, Vergehen, Schandtat, Unzucht* ◊ *wrong, sin, offence, shameful deed, fornication*
• *gs* uuammes H *CM* 1535. 1713 (uuammas *M*). 3891. *C* 5594, uuammas GEN 155 — *as* uuam H *CM* 2588. 3841. *C* 5417, uua*m* (*abbr*) GEN 257 — *instr* uuammu H *CM* 1478

WAMMDĀD *f-i Verbrechen, Schandtat, Sünde* ◊ *crime, shameful deed, sin*
• *dp* uuamdadiun GEN 36 — *ap* uuamdadi GEN 184 H *CM* 1622. 1919

WAMMQUIDI *m-i Schmähung* ◊ *reviling*
• GENB *ap* womcwidas[#] 621

WAMMLÔS *adj unbefleckt* ◊ *spotless*
• *apm* uua*m*losa (*abbr*) GEN 215

WAMMSKATHO *m-n Missetäter, Übeltäter, Unheilstifter* ◊ *malefactor, evil-doer, mischief-maker*
• *ns* uuamscatho H *C*, uuamscado *M* 4913 — *as* uuammscađon GEN 146, uuamscathon H *C*, uuamscadon *M* 1050 — *np* uuamscathon H *C*, uuamscadon *M* 742 — *gp* uuamscađono GEN 200, uuamscathono H *C* 5427 — *dp* uuamscathon H *C*, uuamscadun *M* 1871. 2993 (t<sc *C*, uuamscadon *M*). 3033. 5143

WAMMSKEFTI *f-i p Sündhaftigkeit* ◊ *sinfulness*
• *ap* uuamscefti H *M* 5004

uuan → **FAN**
vuan, wan → **HWAND, HWANDA**

WAN *adj fehlend* ◊ *lacking*
• *ns* uuan H *CM* 3282

WĀN (m/f-i, m-a) (+ g) Hoffnung (auf), Zuversicht ◊ hope (for), confidence
• ns uuan H CM 4289. 5048

WĀNAM, WĀNUM adj strahlend, glänzend, schimmernd, glanzvoll ◊ brilliant, shining, gleaming, glorious
• ns uuanum H CM 687, uuanom C, uuanum M 168. 392. 4103 (uuanu° M). C 5775 — asnt uuanum H M, uuanom C 447 — npnt uuanum H CM 649 (nu<m M) — dp uuanamon H C, u[uan]amon L 5843 — apnt uuanamun H S, uuanamon M, uuanamo° C 358

WĀNAMI f-ī Glanz ◊ brilliance
• ns uuanami H C, uuaname L 5846

WĀNAMO adv glänzend ◊ brilliantly
• uuanamo H CM 3127

WANBURDIG adj unehelich ◊ born out of wedlock
• ns wanburtich[+] (wan ras) DIPL 1030 VMEINW 205
spurius DIPL VMEINW

WAND adj wandelbar ◊ changeable
• asf uuanda H C 2516

GIWAND nt-a Wendepunkt, Ende, Einwand, Zweifel, Widerspruch ◊ turning point, end, objection, doubt, contradiction
• ns giuuand H CM 4042. 4083. 4287. 4348. 4355. 4460 (geuuand M). 4548. C 4726. 4730, giuua:d (l ras) 268 — as giuuand H CM 4453. C 2540
• Unterscheidung ◊ distinction GENB as gewand (-nd>-nod corr) 481 cf WANON

uuand(-) → HWAND, HWANDA

WANDALHŪDI adj-ja/jō wechselhaft ◊ fickle
• ns uuandalhuti[+] GLSPET 84,28/29
versipellis GLSPET

uuandauuerpa → WANDWERPA

WANDLON v-II verändern ◊ to change

• 3p(s?)ips uuandlod GLSTR 107,40
mutare GLSTR

BIWANDLON v-II verwandeln ◊ to change
• pcpt beuuandlod PSGERN 5,3 [12,13]
mutare (PSGERN)

WANDLUNGA f-ō Handel ◊ trade
• ds uuantlungo[+?] GLTRSEM VI,67
commercium GLTRSEM

WANDLŪS (f-cons/-i) Wanze ◊ bug
• ns uuantlus GLTRSEM V,69, wantlus (abbr) GLMARF III,721,22
cimex GLMARF GLTRSEM

WANDWERPA f(-n) Maulwurf ◊ mole (animal)
• ns uuandauuerpa GLTRSEM XVI,9
talpa GLTRSEM

WANG m-a Aue, Wiesengrund, Flur ◊ mead, meadow ground, fields
• ns uuang H CM 1323 (V). 3082. 3135. C 4285 — ds uuange H CM 1682. 1686 — as uuang H CM 757 (n add C). 1865. C 3450

WANGA (nt)-n Wange ◊ cheek
• ds uuangun H M, uuangon C 4880 — np uuangun H CM 201. 3124 (uuangan C) — dp vvángon GLPRUDF1 96,6 — ap uuangun H C, uuangon M 5114. C 5496·
follis GLPRUDF1

vvangeros → WAGNERI

WANGKUSSIN (nt-a) Kopfkissen ◊ pillow
• ns uuankussen GLTRSEM V,55 (2), wancussen GLMARF III,717,25
capitale GLTRSEM cervical, plumacium GLMARF

WĀNIAN v-I (+ d refl), (+ g rei) (etw) glauben, erwarten, vermuten, sich vorstellen, hoffen (auf) ◊ to believe, expect, suspect, imagine (sth), hope (for)
• inf uuanian GLEVES 59,10 — 1sips uuaniu H CM 213 (uuani M). 4081, ẃaniu HILD 29, wene GLMARF IV,178,44, uuanon GLTRSEM XI,112 — 3sips uua-

nid H *C*, uuanit *M* 1879 — *2sops* uuanies H *C* 4692 — *3sops* uuanie H *CM* 2628 — *2pimp* uuaniat H *M*, uuaneat *C* 1420 — *3sipt* uuanda H *CM* 799. 1062. *C* 2245. 5927, uuanda *C*, uuande *M* 299 (uuánde, *neum*, -e>a *M*). 1057. 5006, uuande GEN 40 — *3pipt* uuandun H *CM* 904. 2917. 3154. 5273. *C* 3431. 3973. 5801
• GENB *3sipt* wende 712
expectare GLEVES opinari GLMARF GLTRSEM

BIWĀNIAN *v-I a refl, + g rei sich etw zutrauen* ◊ *to think to be capable of*
• *2sips* biuuanis H *C* 4689

WANK *(m-a) Ausweichbewegung* ◊ *evasive action*
• *ds* vuancha⁺ GLPRUDF1⁺ 94,31 sinuamen GLPRUDF1⁺

WANKON *v-II wanken* ◊ *to totter*
• *Isips* uuanco GLSPET 83,17 — *pcps apnt* uuankonda GLVERGOX 113,5
calcare, titubare GLVERGOX vacillare, vagari membris GLSPET

WANKUL *adj schwankend* ◊ *wavering*
• *asm* uuancolna H *M*, uuancalna (*1*.n<l) *C* 2494

uuankussen → WANGKUSSIN

WĀNLĪK *adj ersehnt* ◊ *longed-for*
• *ns* uuanlik H *C*, uuanlic *M* 207

WĀNLĪKO *adv wunschgemäß, hoffnungsvoll* ◊ *as desired, hopefully*
• uuanliko GEN 105, uuanlico H *CM* 2396

WANN *adj finster* ◊ *dark*
• *dpf* uuanom H *C* 5766

WANNA *f-ō Kornschwinge* ◊ *winnowing basket*
• *ns* wan[ne] GLMARF III,717,66 — *ds* uuanna GLVERGOX XIV
mystica (vannus) GLVERGOX vannus GLMARF

uuanne → HWANNA

WANNSKEFTI *f-i p Elend* ◊ *misery*
• *ap* uuanscefti H *VCM* 1352. *C* 5004

uuanom → WĀNAM, WĀNUM

WANON *v-II abnehmen* ◊ *to wane*
• *3sips* uuanod H *M*, uuanot *C* 3639
• *einschränken* ◊ *to restrict* GENB *pcpt* gewanod (-nod< -nd) 481 *cf* GEWAND

uuantlungo⁺⁺ → WANDLUNGA
uuantlus → WANDLŪS

WĀNUM → WĀNAM, WĀNUM

WĀPAN *nt-a Waffe* ◊ *weapon*
• *ns* uuafan⁺ GLSPET 74,19‖ — *gs* uuapnes H *CM* 645. 742. 3530. 5135. 5243 (e<o *C*). *M* 3087. *C* 5506. 5706, uuapnas GEN 146 — *instr* uuapnu (-nu<-unu) GEN 142 — *gp* uuapno H *CM* 4896. *C* 4686 — *dp* uuapnun H *M*, uuapnon *C* 501 (uuapnun *S*). 4863. 5200, ẃabnu*m* (*abbr*) HILD 68
culter GLSPET

WĀPANBERAND *m-nd Waffenträger, Krieger* ◊ *armed man, warrior*
• *as* uuepanberand H *M*, uuapanberan *C* 2779 — *ap* uuapanberand H *CM* 4810

WĀPANTHREKI *m-i Kampfkraft* ◊ *fighting strength*
• *as* uuapanthreki H *C*, uuapantreki *M* 4889

GIWĀPNI *nt-ja Waffenausrüstung* ◊ *armaments*
• *dp* giuuapnion H *C* 5762

GIWĀPNITHI *nt-ja Bewaffnung* ◊ *weapons*
• *ns* geuuapnithi GLTRSEM II,97
armities GLTRSEM

WAPSA *f-ō Wespe* ◊ *wasp* → HWEPSIA
• *ap* uaspe GLVERGOX 112,22
fucus GLVERGOX

uuar°, war° → **WERTHAN, WESAN**

WAR *adj vorsichtig* ◊ *cautious*
- *npm* uuara H *M* 1882

G<small>I</small>**WAR** *adj vorsichtig* ◊ *cautious* — ~ werđan/wesan (+ *g*) *(einer Sache) gewahr werden, (etw) bemerken* ◊ *to become aware (of)*
- *nsm* giuuar H *CM* 850 (giuuaro *C*). 2067 (geuuar *M*), giuuaro *CM* 3198. *C* 5427 — *npm* giuuara *C* 1882 — *npnt* giuuar H *M*, giuuaro *C* 3640

WĀR[1] *adj wahr, wahrhaft(ig); subst nt (+ f?)* uuara *Wahrheit* ◊ *true, real; subst nt (+ f?)* uuara *truth* — (te) waren, waran, waron, warun *in Wahrheit, wahrhaft, wahrlich* ◊ *in truth, truly, truthfully* → B<small>I</small>WĀRON[2]

o[169] *ns* uuar H *CM* 916. 1522. 2970. 3018. 4495, uar C<small>ONF</small>P<small>AL</small> 362,4, war 362,15 (2) — *nsm* uuaro H *CM* 3057. 4061. 5088 — *gsnt* uuares H *CM* 5226 — *dsnt* uuaren H *C*, uuaran *M*; uuaran *L* 5854. *S* 560. 563. 719 — *asnt* uuar H *CM* 3837. 4548, uuara *C*, uuare *M* 1521 — *asf* waren C<small>ONF</small>P<small>AL</small> 362,17 — *instr* uuaru H *CM* 5190 — *npm* uuara H *CM* 1967. 3919 — *gp* uuararo G<small>EN</small> 282 H *C*, uuaroro *M* 907. 1734. 2978. 4243. 4274. 4501 — *dpnt (+ f?)* uuarun, uuaron (*ds?*) H *CM*; uuarum *M* 569, uuarun *S* 569, uuarom *L* 5840 G<small>EN</small> 109 — *comp asnt* vvárára (2.v<a) G<small>L</small>P<small>RUD</small>F1 100,5/6
- G<small>EN</small>B *dp* wærum[#] 681, wæron[#] 475

verus G<small>L</small>P<small>RUD</small>F1

WĀR[2] *nt-a Wahres, Wahrheit* ◊ *truth*
- *gs* uuares H *CM* 1205. 3802 — *ds* uuare H *CM* 5228 — *as* uuar H *CM* 4158. 4163

WĀR[3#] *(nt-a) Seetang* ◊ *sea-weed, ware*
- G<small>L</small>W<small>ERD</small>C *ns* uar[#] 357

alga, herba marina G<small>L</small>W<small>ERD</small>C

WARA *f-ō* ~ *niman Obacht geben auf* ◊ *to pay attention to*
- *as* uuara H *C* 5744

WĀRA *f-ō Schutz, Huld* ◊ *protection, grace*
- *as* uuara H *CM* 2082

uuarag(-) → **WARG**(-)
uuarahta → **WIRKIAN**

WARALĪKO *adv sorgsam, aufmerksam* ◊ *carefully, attentively*
- uuarolico (*1.* o *add*) H *M*, uuarlico *C* 300, uuaralico *C*, uuarlico *M* 4352

uuaram → **WARM**
uuarasun → **HWARASUN**
uuarathe → **WIRKIAN**

WARD *m-a Wächter, Wachposten, Hüter, Beschützer* ◊ *watchman, guard, guardian, protector*
- *ns* uuard G<small>EN</small> 102 H *CM* 626. 984 (*P*). 1052. 1059. 1382. 1608. 1674. 2481 (*2.* u *add C*). 2838. 3155. 3247. 3759. 3786. 4019. 4942. 4951. *C* 5407. 5658, uuarđ G<small>EN</small> 139 — *gs* vvárdas G<small>L</small>P<small>RUD</small>F1 99,28 — *as* H *CM* 1013. 2772. *C* 2246. 5598. *M* 3711 (uueard[#] *C*) — *np* uuardos G<small>EN</small> 306 H *CM* 387. 396 (uuardas *S*). 415. 1088. *C* 5777 (o<e). 5800. 5802. 5874, uuardas G<small>EN</small> 180 — *ap* uuardos H *CM* 392

custos G<small>L</small>P<small>RUD</small>F1

WARDA *f-ō Wachtposten* ◊ *sentinel*
- *ds* uuardu G<small>L</small>V<small>ERG</small>O<small>X</small> 113,8

statio G<small>L</small>V<small>ERG</small>O<small>X</small>

uuardand° → **WALDAND**

WARDIAN *v-I sich hüten* ◊ *to beware* → **WARDON**
- *pcps dp* (uu)ardian(v)n G<small>L</small>M<small>ERS</small> 69, 12/13

cavere G<small>L</small>M<small>ERS</small>

WARDON *v-II (+ g/a) aufpassen, Acht geben auf, sich kümmern um, + (d refl,) a rei/*uuiđ *+ a pers sich in Acht nehmen, sich hüten vor* ◊ *to watch, take care about/for, look after, + (d refl,) a rei/*uuiđ *+ a pers to beware of, guard against*

wardon

- *inf* uuardon GEN 11. 40 H *CM* 321. 814. 1702. 1734. 4355. *C* 5756, uuardun *C*, uuardon *M* 4150. 4163 — *3sipt* uuardoda H *CM* 384 (uu[ ]r[ ] *S*). 3837 (uuardode *M*). *C* 5471 — *pcpt* giuuardod H *M*, giuuardot (*2.u add*) *C* 300

BI**WARDON** *v-II sich vorsehen* ◊ *to take care*
- *inf* biuuardon H *C* 2561

FAR**WARDON** *v-II* + *g Sorge tragen für* ◊ *to attend to*
- *3sips* faruuardot H *M*, foruuarduot *C* 4980

GI**WARDON** *v-II* + *d refl Vorsicht üben* ◊ *to be cautious*
- *inf* giuuardon H *CM* 1516

warf⁺ → **WARP**

WĀRFAST *adj wahrhaftig, verlässlich* ◊ *truthful, reliable*
- *dp* uuarfastun H *M*, uuarfaston *C* 3029. 3253 — *apnt* uuarfastun H *CM* 2378 (uuar:-, d *ras C*)

GI**WĀRFESTIAN** *v-I als wahr erweisen* ◊ *to prove*
- *inf* gu:uuarfestien (ar? *ras*) GLPB2 I, 297,34
probare GLPB2

WARG *m-a Verbrecher* ◊ *criminal*
- *ns* uuarag H 5168 *CM* (*1. a. add C*) — *np* uuaragas GEN 319

GI**WARGIAN** *v-I peinigen* ◊ *to torture*
- *inf* giuuarogian H *C*, gauuaragean *M* 2513

WARGITHA *f-ō Verurteilung* ◊ *condemnation*
- *as/abls (mlat)* uuargida⁺ LEXSAX CS 4 (3)

WARGTREU *nt-wa Baum des Geächteten* ◊ *tree of the outlaw*
- *ds* uuaragthreuue (*4.u add*) H *C* 5563

WĀRHÊD *f(-u) Wahrheit* ◊ *truth*

- *ns* uuerhed PSWIT 84,11,12, vuarhed PSGERN 10,22 [15,19] — *as* uuarhed PSGERN 11,3 [15,22]
veritas (PSGERN) PSWIT

uuar*ht* → **WERTHAN**

GI**WĀRI** *adj-ja wahrheitsliebend* ◊ *truthful*
- *npm* giuuarea H *M*, giuuara *C* 1423

uuarihtio → **WURHTIO**

GI**WARITHA** *f-ō Sorgfalt* ◊ *care*
- *ns* giuu[a]ri[tha] GLTRSEM XV,15
industria, sollertia GLTRSEM

ŪF**WĀRIZZEN**⁺ *v-I erwägen* ◊ *to consider*
- *pcps* ufuuanizenti° (= ufuuarizenti⁺) GLSPET 87,19 ‖
librare GLSPET

uuarcela⁺ → **WARTALA**

WĀRLĪK *adj wahr(haftig)* ◊ *true, truthful*
- *npnt* uuarlic H *CM* 2427. *C* 1428 — *apnt* uuarlic H *CM* 1802

WĀRLĪKO *adv in Wahrheit, wahrhaft, wahrlich* ◊ *in truth, truly, truthfully*
- uuarlico H *CM* 398 (uuárlica *S*). 620. 868 (*2.u add C*). 905. 913. 974 (*P*) 1001 (*P*). 1520. 1668. *C* 417. *M* 1428, [vuarli]k[o] PSGERN 9,8 [14,17]
- *glaubhaft* ◊ *believably* GENB wærlice[#] 652 (**WARALIKO**?)

uuarlico → **WARALĪKO**

WĀRLOGO *m-n Heuchler* ◊ *dissembler*
- *np* uuarlogon H *M*, uuarlogan *C* 3816

WĀRLÔS *adj heimtückisch, falsch* ◊ *perfidious, false*
- *npm* uuarlosa H *C*, uuarlose *M* 5071. 5132 — *dp* uuarlosun H *M*, uuarloson *C* 5063

WARM *adj warm* ◊ *warm*
- *ns* uuarm H *M*, uuaram *C* 4343

WARMMŌS *nt-a warmes Essen* ◊ *hot meal*
• *ns* uuarmuos⁺ GLTRSEM XXI,54
sorbitiuncula GLTRSEM

uuarmien → **WERMIAN**
ẃarne → **WERNIAN**

WARNIUNGA *f-ō, dp adv zum Ausgleich* ◊ *as a compensation*
• *dp* uuarniungor° (= uuarniungon) GLPB2 I,297,39
dp adv pro fenore GLPB2

WARNON *v-II + a refl sich vorsehen* ◊ *to take care*
• GENB *inf* warnian# 527 — *3sips* warnað# 635

uuarod → **HWAROD**
warold- → **WEROLD**(-)
uuarolico → **WARALĪKO**

WARON *v-II (+ a) innehaben, bleiben bei, besitzen, schützen, be(ob)achten, Acht haben auf, feiern* ◊ *(+ a) possess, stay with, hold, protect, watch, take care of, observe*
• *inf* uuaron GLEVES 59,33 H *PC* 1003, uuaran GEN 30. 161. 216 — *2sips* uuaros GEN 76 — *3sips* uuarod H *C* 3481, uuaroð 4687 — *3pops* uuaron H *CM* 4649 — *2pimp* uuaregat LEO — *3sipt* uuaroda H *C*, uuarode *M* 2913. 3764 — *3pipt* uuarodun H *CM* 4216
• *+ a refl (+ a rei) sich hüten vor* ◊ *to guard against* GENB *inf* warian# 801 — *2pimp* wariað# 236
observare GLEVES

AFTARWARON *v-II (+ d refl) beobachten, überwachen* ◊ *to observe, watch*
• *3sipt* afteruuaroda H *C*, aftaruuarode *M* 3760 — *3pipt* aftaruuarodun H *M* 2322

BIWARON *v-II + d pers + a rei etw von jmdm abwenden* ◊ *to ward sth off from sb*
• GENB *inf* bewarigan# 563

BIWĀRON¹ *v-II als wahr erweisen* ◊ *to prove to be true*

• *inf d* bewarende CONFPAL 362,16

GIWĀRON¹ *v-II wahr machen, erfüllen, als rechtsgültig erweisen* ◊ *to carry out, fulfil, prove to be valid*
• *inf* giuuaron H *CM* 4485 — *pcpt* giuuarod H *CM* 374 (giuuárod *neum M*, giuuárod *S*). 597. 4348 — *pcpt nsf* giuuaroda GLSPET 83,20
idoneare GLSPET

BIWĀRON² *adv wahrhaftig* ◊ *truthfully*
• bewaren CONFPAL 362,13

vuarónthíon → **WERON**

WARP *(nt-)a Aufzug (am Webstuhl)* ◊ *warp (of a loom)*
• *ns* warf⁺ GLHARD IV,257,14 — *as* uuarp GLVERGOX 109,22
stamen GLHARD GLVERGOX

WĀRSAGO *m-n Prophet, Verkünder der Wahrheit* ◊ *prophet, announcer of truth*
• *ns* uuarsago H *CM* 2876 (uuarsaga *C*). 3044. 3718 — *as* uuarsagon H *C* 2215. 2727 — *np* uuarsagon H *CM* 622 — *gp* uuarsagono H *CM* 631 (r<s *C*). 3049 (uuarsagano *C*). 4935, uuarsaguno *M*, uuarsagono *C* 924. 3399

WARTA *f-ō/-n Warze, Brustwarze* ◊ *wart, nipple*
• *ns* uuarta GLTR40 V,43,37, uuarte GLVERGOX 111,28
papilla GLVERGOX verruca GLTR40

WARTALA *f-ō/n Warze* ◊ *wart*
• *ns* uuarcela⁺ GLTRSEM XVI,70
verruca GLTRSEM

uuaruhtun → **WIRKIAN**
uuas- → **WAHS**-

WASA *f-n Vatersschwester* ◊ *father's sister*
• *ns* wasa GLHARD IV,257,31, wase GLMARF III,715,39
amita GLHARD GLMARF

wascale → WĀGSKĀLA

WASKAN v-6 *waschen, eintauchen ◊ to wash, plunge*
- *1sips* uuaskon GLTRSEM III,73 — *3sipt* uuuosk GEN 87

baptizare GLTRSEM

AWASKUNGA *f-ō Sühnopfer ◊ expiatory sacrifice*
- *ns* aruaskunga GLPB2 I,297,45

piaculum GLPB2

WASO *m-n Erdklumpen, Scholle, Boden, Reisigbündel (zum Eggen) ◊ clod, lump (of earth), ground, faggot (for harrowing)*
- *ns* vváso GLPRUDF1 93,12, vuáso 104,17, uuaso GLTRSEM XI,92, wase GLMARF III,715,14

caespes GLPRUDF1 gleba GLMARF GLPRUDF1 occa (olca?) GLTRSEM

uuass → WESAN
uuassad → WAHSAN
vvásso → HWASS
uuast° → WESAN

WASTOM *m-a Wachstum, Ertrag, Gedeihen, Pflanze, Frucht ◊ growth, yield, prosperity, plant, fruit* — an is ~ wesan *herangewachsen sein ◊ to be grown up*
- *ns* uuastom H *CM* 1749. 2506 (uuaston *C*) — *gs* uuastmes H *C* 2543 — *ds* uuastme H *C*, uuastma *P* 962 — *as* uuastom GEN 109 H *C* 1746 (uuastum *M*). 2557, uuaston 2410 (uuastom *M*). 2523
- *Körperbau ◊ build* GENB *ns* wæstm[#] 520, wǽstm[#] 466, wǽwtm° 255 — *gs* wæstmes[#] 470 — *ds* wæstme[#] 462 — *as* wæstm[#] 236. 594. 643 — *np* wæstmas[#] 613

WASUNKIND *nt-a Kind der Vatersschwester ◊ child of father's sister*
- *ns* wasenkint GLMARF III,715,40

amitinus GLMARF

uuat → HWĒ, HWAT

WATAR *nt-a Wasser ◊ water*
o[77] *ns* uuatar, uuater H *CM*; uuater (2.u *add*) *C* 2962 — *gs* uuatares, uuateres H *CM*; uuatares GLEVES 59,6 — *ds* uuatare, uuatere H *CM*; uuatǽre (æ<a) *M* 3047, uuatara *M* 882. *P* 979. 1101 GLSTR 106,12, uuatare BENW 9 — *as* uuatar, uuater H *CM* — *instr* uuataru H *CM* 3921 — *ap* uuazer[+] PSLUB 28,3, uuaz(e)r[+] 28,3

aqua GLEVES GLSTR PSLUB

WATARFAT *nt-a Wassergefäß ◊ water-pot*
- *ns* wateruat (*abbr*) GLMARF III,717,6

soriscula GLMARF

WATARGALGO *m-n Ziehbrunnengestell ◊ yoke for drawing up water*
- *ns* vvazergalgo[+] (o<a) GLADM718 78,6

antlia GLADM718

WATARHŌN *nt-z Wasserhuhn ◊ coot*
- *ns* uuazarhuon[+] GLTRSEM XXI,21

onocrotalus GLTRSEM

WATARKALF *nt-z Wassersucht ◊ dropsy*
- *ns* uuazarkalb[+] GLSPET 80,6(‖)

hydrops GLSPET

WATARMINTA *f-n Bachminze ◊ water mint*
- *as* waterminten (*abbr*) GLHARD III, 605,15

mentha aquatica GLHARD

WATARPUELLA *f mlat Quellnymphe ◊ nymph of a spring*
- *ap* uuatar puellas GLPRUDF1 94,24

nympha Cyanea GLPRUDF1

WATARSCAPUM *nt mlat Wasserstelle ◊ watering place*
- *ablp* uuaterscapis CARTWERD 2 (*a.* 793)

WATARSTEDI *f-i Wasserstelle ◊ watering place*
- *np* uuatarstedi GLTRSEM XI,69

nymphaeum GLTRSEM

uuatuurz⁺ → WĀDWURT
uuath° → WERTHAN

WATHLON *v-II umherschweifen* ◊ *to roam about*
• *pcps* uuahtlondi GLTRSEM X,121
pcps multivagus (multiuoma *ms*) GLTRSEM

WATHO *m-w-n Wade* ◊ *calf*
• *ns* uuatho (t<r) GLTRSEM XV,29 — *ap* uuathan GLVERGOX 112,21
sura GLTRSEM GLVERGOX

wathtila → **WAHTILA**
wawan# → **WÊWO**
uuaz⁺ → **HWÊ, HWAT**
uuazer(-)⁺ → **WATAR(-)**
uue → **IK**

WÊ¹ *(nt-a) Weh, Kummer* ◊ *woe, grief*
• *ns* H *CM* uue 3691. 4626 (:uue, h *ras M*). *C* 5466
• GENB *ns* wá# 634

WÊ² *interj* ~ la *oh weh!* ◊ *alas!*
• GENB wá# 368

weald(-)# → **WALD(-)**
weallan# → **WALLAN**
uueard# → **WARD**

WEBBI (?) *nt-ja Gewebe* ◊ *web*
• *gp* u(u)[ebbio?] GLGREG 64,7
(texere) GLGREG

WEBBIA *f-j-ō/j-n Weberin* ◊ *female weaver*
• *ns* uuebpia GLTRSEM XVI,5
textrix GLTRSEM

uuebiˢarn⁺ → **WEFĪSARN**

WÊD *(m-a) Waid* ◊ *woad*
• *ns* uued GLTRSEM XIV,43
sandyx GLTRSEM

WEDAR *nt-a (schlechtes) Wetter, Luftstrom, Sturm, Unwetter* ◊ *(rough) weather, airstream, storm, tempest*

• *ns* uueder H *CM* 2256 (uuedar *M*). 2914. 4343 — *gs* uuedares H *C*, uuederes *M* 2919. *C* 2241. 2247. 2252. *M* 2477 — *as* uuedar GLEVES 60,36 — *np* uueder H *CM* 2259 — *gp* uuedaro GLSTR 107,35
aura GLSTR hiems GLEVES

WEDARWĪS *adj wetterkundig* ◊ *weatherwise*
• *np* uuederuuisa H *C* 2239

WEDDI *nt-ja Pfand, Unterpfand* ◊ *pledge*
• *ns* uueddi GLSPET 73,11, vúeddi 75,2‖, wedde GLHARD IV,251,8 — *ap* vvéddi GLPRUDF1 101,36 — *mlat ablp* uuadiis DIPL 1004/2
arrabo GLHARD GLSPET fenus GLSPET pignus GLHARD GLPRUDF1

WEDDON *v-II verpfänden* ◊ *to pledge*
• *1sips* uetton⁺ GLTRSEM XVII,31
pignerari GLTRSEM

WÊDIN *adj blau* ◊ *blue*
• *apnt* wetina⁺ GLADM718 78,9
glaucus GLADM718

uuedregild- *mlat* → WERGELD, **WEREGILDUM**
wefel → **WEVAL**

WEFĪSARN *nt-a Webewerkzeug* ◊ *weaving tool*
• *ns* uuebiˢarn⁺ GLTRSEM IX,88
lamina GLTRSEM

uueg → **WĀG**

WEG *m-a Weg, Straße* ◊ *way, road*
o⁷¹ *ns* uueg H *CM* 1782, [v]ueg PSGERN 10,21 [15,16] — *ds* uuege H *CM* PSWIT 84,14, uuega H *C* 2402 GEN 68 — *as* uueg H *CMS* GEN 145. 250 PSPAD 36,34, vueg PSGERN 10,14,19 [15,9,14] — *np* uuegos H *CM* 1771. 1930 — *gp* uuigo H *C*, uuege *M* 1088 — *dp* uuegun H *M*, uuegon *C* 1246. 2863 — *ap* uuegos H *C*, uuegas *M* 603
• GENB *as* weg 554. 690 — *np* wegas 381
via (PSGERN) PSPAD PSWIT

WÊG *m-a Hauswand* ◊ *wall*
• *ap* uuegos H *CM* 1809

WEGAN *v-5 abwägen, erwägen* ◊ *to weigh up, ponder*
• *1sips* uuegon GLTRSEM X,15 — *pcpt nsf* vvégana GLPRUDF1 95,20
librare GLTRSEM perpendere GLPRUDF1

GI**WEGAN** *v-5 zur Sprache bringen* ◊ *to bring up*
• *3sopt* giuuegi GLEVES 51,20
suggerere GLEVES

UPP**WEGAN** *v-5 abwiegen, abwägen* ◊ *to weigh out, up*
• *pcpt dsm* upgeuuegenemo GLTRSEM XI,32
pendere GLTRSEM

WITHAR**WEGAN** *v-5 ausgleichen* ◊ *to make good*
• *3sips* vuítharvvígid GLPRUDF1 98,32
compensare GLPRUDF1

WEGARĪH[+] *(m-a) Wegerich* ◊ *plantain*
• *ns* wegirihc[+] GLTR40 V,43,16
arnoglossa, septenerbia GLTR40

WEGBRÊDA *f(-n) Wegerich, Vogel-Knöterich* ◊ *way-bread, plantain, bird knotgrass*
• *ns* uuegbrede GLVERGOX 112,12, wegebrade GLMARF III,719,38, uuegebreida[+] GLTRSEM XII,57, wegebreida[+] GLTR40 V,42,6
arnoglossa GLVERGOX plantago GLTR40 GLTRSEM proserpinata GLMARF

uuege- → **WEG-**

WEGG(I) *m-ja Keil* ◊ *wedge*
• *ns* uueggi GLSPET 86,36‖, vuecke[+?] GLVERGOX 110,33
• GLWERDC *ns* uecg 359
cuneus GLSPET GLVERGOX

WEGGIAN *v-I hin und her bewegen* ◊ *to work to and fro*
• *3sipt* uuegida GLVERGOX 114,13

sollicitare GLVERGOX

WÊGI *nt-ja Schale, Schüssel, Becken* ◊ *bowl, dish, basin*
• *ds* uuagie H *C* 5474 — *as* uuegi H *CM* 2043

GI**WÊGI** *nt-ja Schale* ◊ *dish* — *cf* GIWĀGI
• *ap* geuuaigi GLPRUDBR II,574,45
buccula GLPRUDBR

WÊGIAN *v-I plagen, peinigen* ◊ *to afflict, torture*
• *inf* uuegian H *C*, uuegean *M* 3087 (2.e<i *M*). 3177. 3888. 5066. *C* 5330. 5385 — *inf d* uuegianne H *C*, uuegeanne *M* 4763. 5225 — *3pips* uuegiat H *C*, uuegeat *M* 3530 — *3sipt* uuegde H *M* 4424 — *3pipt* uuegdun H *C* 4424 — *3popt* uuegdin H *CM* 2669 — *pcpt* giuuegid H *M*, giuuegit *C* 2327, giuuegid (e<*ras*) *C* 5639, geuuegid GLMERS 69,5 — *pcpt npm* iuuegde GLMERS 71,9
• GLWERDA *3sipt* saigdę° (= waigdę[#]) 339
afficere, vexare GLMERS eludere GLWERDA

WEGNIST *f-i Wegzehrung* ◊ *provisions for the journey*
• *as* wegenist GLHARD IV,260,19
viaticum GLHARD

WEGSKÊTH *nt-a Wegscheide* ◊ *road fork*
• *np* uuégescéth GLPRUDF1 91,10 — *ap* uuegsceh° GLSTR 106,18/19
compitum GLSTR divortium GLPRUDF1

WEGSKÊTHA *f-ō Wegscheide* ◊ *road fork*
• *ns(p?)* wegeschethe GLMARF III, 716,30
bivium, compitum GLMARF

WEGSPĪSA *(f-ō) Wegzehrung* ◊ *provisions for the road*
• *ns* wegespise GLMARF III,716,29
vieta (victus? viaticum?) GLMARF

WEGWAHTA *f-wō/w-n Wegsperre* ◊ *barrier*
• *ns* uuegeuuahda GLSPET 83,28
lacina GLSPET

WEHSAL *m/nt-a Wechsel, Eintausch, Geldgeschäft, Geld, Geschäft* ◊ *change, exchange, financial transaction, money, deal*
• *ns* uuehsal GLSPET 77,7 uueˢsal GLTRSEM VI,7 — *as (p?)* uuehsal H *C*, uuesl *M* 3738. 3746 (uueh::, l, a?, s *ras M*)
commutatio GLSPET concambium GLTRSEM

WEHSITAFLA *f-n Wachstafel* ◊ *wax tablet*
• *ap* vvéhsitáflun GLPRUDF1 104,25
pugillaris cera GLPRUDF1

WEHSLIAN *v-I* — uuordun/mid uuordum ~ *ein Gespräch führen* ◊ *to have a conversation*
• *inf* uuehslean H *M* 3131, uueslean (2.u<s) GEN 78 — *1sops* uueslea GEN 228

WEHSLON *v-II + g/a (ein)wechseln, eintauschen* ◊ *to (ex)change* — uuordun ~ *ein Gespräch führen* ◊ *to have a conversation*
• *inf* uuehslon H *CM* 4627. *C* 3131, uuehslan *CM* 2104. 4029 (uuehslon *C*) — *3sipt* uuehsloda H *C*, uueslode *M* 2708 — *pcpt* giuuehslod H *M*, giuueshlot *C* 2486

uueinan$^{+?}$ → WÊNA
uueindi$^{o?}$ → WÊNON
uueiz^{+} → WITAN

WÊK *adj verzagt* ◊ *disheartened*
• *dsm* uuekan H *C* 5800 — *asm* uuecan H *M* 262
• *schwach* ◊ *feeble* GENB *comp asm* wacran$^{\#}$ 590

WEKAWERK *nt-a Ersatzgeld für den Wochendienst* ◊ *redemption for the weekwork*
• *ns* uuekevverc URBWERDF 255,25 — *as* wekeuuerk URBWERDF 283,3

WÊKGITHÂHT *m-a Denkschwäche, Leichtgläubigkeit* ◊ *mental weakness, gullibility*
• GENB *as* wacgeþoht$^{\#}$ 649 (wac geþoht?)

WÊKI *adj-ja/jō verzagt* ◊ *disheartened*
• *asm* uuekean H *C* 262

WÊKIAN *v-I aufweichen* ◊ *to make sodden*
• *pcpt nsm* giuuichiter° (= giuueihiter^{+}) GLSPET 80,16 ‖
allentare, mollire GLSPET

ANDWÊKIAN *v-I erweichen* ◊ *to soften*
• GENB *1pops* onwæcen$^{\#}$ 403

vuecke$^{+?}$ → WEGG(I)

WEKKIAN *v-I (auf)wecken* ◊ *to wake up (sb)*
• *3sipt* uuahte H *M*, uuekida *C* 4776 — *3pipt* uuekidun H *C* 2247

AWEKKIAN *v-I auf(er)wecken, erregen* ◊ *to wake up (sb), raise from the dead, arouse*
• *1pops* auuekkian H *C* 4008 — *3sipt* auuekida H *C*, auuekide *M* 4133 — *pcpt* auuekid H *M*, auuekit *C* 2053

WÊKMŌD *adj kleinmütig* ◊ *faint-hearted*
• *ns* uuekmuod H *C* 4692

WEL *adv wohl, gut, richtig, völlig, voll und ganz, ziemlich, sehr* ◊ *well, fully, aright, quite, very much* — ~ huggiandi *wohlwollend* ◊ *benevolent*
o^{82} uuel GEN 104. 112. 118 H *CMS*, uuell *C*; uuél GLEVES 54,3, vuel (*stil*) GLGREG 64,13, vvél GLPRUDF1 102,27. 104,33, vuel 92,26, ẃel HILD 59
• GENB wel 248. 537. 554. 786
bene GLPRUDF1 merito (~ gizeman) GLEVES nonnumquam (~ ohto) GLPRUDF1

WELA¹ *adv wohl, gut, deutlich* ◊ *well, clearly*
• uuela H *C* 1936. 2727, ẃela HILD 46

WELA², WOLA, WALA *interj gut so! wohlan! wahrlich! oh!* ◊ *well done! well now! indeed! oh!*
• uuela GEN 1 H *C*, uuala *M* 1011, uuola *CM* 4432, uuela *M*, uuola *C* 3024, uuolo *C*, vuola *M* 5011, [u]uala PSLUB 114,4, vuola GLEVES 52,35 PSGERN 10,12,14 [15,7,9] GLPRUDF1 89,9, uuola 102,2
euge GLEVES o GLPRUDF1 PSLUB

WELAG *adj wohlhabend* ◊ *wealthy*
• *comp nsm* vvélágára GLPRUDF1 100, 25/26
dis GLPRUDF1

WELAGA *interj wohlan!* ◊ *well now!*
• ẃelaga HILD 49

WELAQUIDI, WOLAQUIDI *(nt-ja/-i) Gruß* ◊ *greeting*
• *as* uuolacueti⁺ GLEPIST IV,307,6
eulogium, salus GLEPIST

WELDĀD, WALDĀD *f-i gute Tat* ◊ *good deed*
• *gp* uueldadio H *C*, uualdadeo *M* 2607

GIWELDIG *adj bevollmächtigt* ◊ *empowered*
• *nsm* giuueldig H *CM* 3185

WELHISK *adj welsch, ausländisch* ◊ *foreign, italian, french*
• *nsnt* welse GLMARF III,717,60
polenta (~ mos) GLMARF

ẃelihhes⁺ → **HWILĪK**

WELK *adj matt* ◊ *weak*
• *nsf* welku⁺ GLSPET 85,24 ‖
marcidus GLSPET

WELLA (WELLIA?) *f-(j?)-ō/n Welle* ◊ *wave*
• *ns* wella GLMARF III,715,10
procella, unda GLMARF

BIWELLAN *v-3 beflecken, verfärben* ◊ *to stain, discolour*
• *3sips* bevuillid GLPRUDF1 97,9 — *pcpt* beuuollan PSGERN 8,3 [14,7]
inficere GLPRUDF1 polluere (PSGERN)

WELLIA (?) → **WELLA, WELLIA** (?)

WELLIAN *v-I aussuchen* ◊ *to choose*
• *pcpt* geuuelid GLSTR 107,15
in offa dare GLSTR

uuellian → **WILLIAN**

WELLĪF *nt-a Leben im Glück* ◊ *life of happiness*
• *gs* uuelliðes H *C* 4730

WELMAHTIG *adj gesund* ◊ *healthy*
• *dp* vuelmehttigon GLEVES 49,32/33
sanus GLEVES

WELO, WALO *m-n Gut, Besitz, Reichtum, kostbarer Gegenstand* ◊ *wealth, estate, riches, precious object*
o⁶⁴ *ns* uuelo H *CM* 1649. *C* 2521. 2523 — *gs* uuelon H *VCM*; uuelan *VM* 1325, uuelen *C* 1742 — *as* uuelon H *CM*; uuelan *M* 1840, uueleon *C* 2137, uuellon (ello<illio) *M* 1553 — *gp* uuelono GEN 262 H *CM*, vuelono GLPRUDF1 100,24, uualana GLPB1 I,429,5
• *Wohlergehen, Wohlstand, Glück* ◊ *wellbeing, prosperity, happiness* GENB *ns* wela 431 — *gs* welan 466 — *ds* welan 420. 668 — *as* welan 643, wélan 422
ops GLPRUDF1 [sculptura] striata GLPB1

uuelordi° → **WEROLD**
welse → **WELHISK**

WELWILLIGHÊD *(f-u/i) Wohlgefälligkeit* ◊ *benignity*
• *as* uueluuillighed PSWIT 84,13
benignitas PSWIT

WEMMIAN *v-I hervorsprudeln* ◊ *to gush forth*
• *pcps* vvémmánthi GLPRUDF1 96,25 — *pcps apf* vuémmánthívn *(abbr)* GLPRUDF1 96,3/4
ebullire, scaturire GLPRUDF1

WÊNA *f-ō/-n Weinen* ◊ *crying*
• *dp* uueinan⁻: ᵇᶠᵏ⁺? GLPRUDBR II,573,65
vagitus GLPRUDBR

WENDIAN *v-I (ab)wenden, hinwenden, umwenden, ändern, wegnehmen, umkehren, (+ d refl) weggehen* ◊ *to turn (over), change, remove, change one's ways, (+ d refl) go away*

wendian

- *inf* uuendian H *C*, uuendien *M* 471 (uuendean *M*). 2779. 3236. 4195. *C* 5555. 5559. 5918, uuendean *CM* 1040, uuendean *M*, uuendan *C* 220. 227. 1368. *C* 2227 — *3sips* vuendid H *M*, uuendit *C* 4417. *C* 3489 — *3sops* uuendie H *M*, uuendigie (gie<ie?) *C* 2149 — *3pops* uuendien H *C* 1233 — *2pimp* uuendeat H *M*, uuendat *C* 882 — *3sipt* uuenda H *C*, uuende *M* 2159. 3293. 4491. 5201 — *3pipt* uuendun H *MS*, uendun *C* 699 — *3popt* uuendin H *M* 1233 — *pcpt* giuuendid H *CM* 330 (giuuend| *C*). 4257. *C* 5469, giuuendit *CM* 692, giuuendid *M*, giuuendit *C* 3303. 4515, gívvéndit GLPRUDF1 103,16 — *pcpt asm* giuuendidan H *C* 5811
- GENB *inf* wendan[#] 717 — *3sipt* wende 547. 476 (*3sopt*?). 493

vertere GLPRUDF1

AWENDIAN *v-I abwenden ◊ to deflect*
- *inf* auuendan H *C* 1882
- *verkehren ◊ to reverse* GENB *3sipt* awénde (a *add*) 259

ANDWENDIAN *v-I wegnehmen ◊ to take away*
- *inf* anuuendean H *M*, anuuendan (*1.* n *add*) *C* 1649
- *verdrehen, übertreten, + d pers + g rei jmdm etw abwendig machen ◊ to pervert, transgress, + d pers + g rei draw sb away from sth* GENB *inf* oðwendan[#*] 403 — *3pips* onwendon[#] 405 — *1pops* onwendan 400[#] (*inf?*) — *pcpt* onwended[#] 431. 770

BIWENDIAN *v-I gestalten, herüberbringen ◊ to form, bring over*
- *2simp* biuuendi GLPRUDF44 105,9, bévvéndi GLPRUDF1 97,7 — *pcpt* biuuendid H *CM* 4212

transferre GLPRUDF1 GLPRUDF44

GIWENDIAN *v-I verändern, sich erholen ◊ to change, recuperate*
- *inf* giuuendian H *C*, giuuendien *M* 2759 — *3pips* giuuendiad GLEVES 55,13
- *möglich machen ◊ to make possible* GENB *inf* gewendan[#] 428

-wennian

resurgere GLEVES

TŌWENDIAN *v-I zur Vorderseite kehren ◊ to turn to the front side*
- *pcpt dp* togivuendun GLMAGD

advertere GLMAGD

UPPWENDIAN *v-I aufwärts wenden ◊ to turn upwards*
- *3sips* vpuuendid GLPRUDF1 97,12, [ ]ndid GLPRUDF44 *fol.* 3r

supinare GLPRUDF1 GLPRUDF44

ŪTAWENDIAN *v-I entwinden ◊ to wrench*
- *3sipt* utauuende GLVERGOX 114,10

extorquere GLVERGOX

WENDILSÊU *m-wa Weltmeer, Mittelmeer ◊ ocean, Mediterranean Sea*
- *as* ẇentilsẹo[+] HILD 43

wene → WĀNIAN

WENERI *m-ja Hausknecht, Dienstmann ◊ domestic servant, liege man*
- *ns* uuenere GLTRSEM XVI,42

verna, vernaculus GLTRSEM

WÊNG *interj wie sehr ich das wünsche! ◊ how I wish that!*
- vuenk GLPRUDF1 89,9

utinam GLPRUDF1

WENKIAN *v-I + g abrücken von ◊ to dissociate oneself from*
- *3sips* uuenkid H *M*, uuenkit *C* 1377 — *2pips* uuenkeat *CM* 4575

WENNIAN *v-I bewirten, (gastlich) aufnehmen, vertraut machen ◊ to feed, entertain, make acquainted*
- *inf* uuennian H *C*, uuennien *M* 2817 — *2pimp* uuenniad H *M*, uuenniat *C* 2831 — *pcpt* giuuenid H *CM* 2369

ANDWENNIAN *v-I entwöhnen ◊ to wean*
- *pcpt nsm* intuueniter[+] GLSPET 80,29 ‖

ablactare GLSPET

-wennian

GI**WENNIAN** *v-I sich verhalten, gewöhnen* ◊ *to behave, become accustomed*
• *3sops* giuuénia GLPRUDF1 100,7/8 — *3sopt* gíuuénídi GLPRUDF1 92,20
assuescere, insolescere (uvilo ~) GLPRUDF1

WÊNON *v-II weinen* ◊ *to cry*
• *1sips* uuenon GLTRSEM XVI,26 — *pcps* uueindi (°*?* = uueinondi⁺ *abbr?*) GLSPET 82,24
vagire GLSPET GLTRSEM

vuensanderu° → **WESAN**
ẁentilsęo⁺ → **WENDILSÊU**
uueod → **WIOD**
weorðan# → **WERTHAN**
weorðian# → **WERTHON**
(-)weorc-# →(-)**WERK**¹
weorcsumne# → **WERKSAM**
uuepanberand → **WĀPANBERAND**
uuepsia → **HWEPSIA**

WER *m-a Mann* ◊ *man*
o¹³⁷ *ns* uuer GLGREG 62,14 — *ds* uuere H *C* 1818 — *np* uueros GEN 125. 152. 180. 184 H *VCMS*, uueros (*2.u add*) *C* 5766 — *gp* uuero GEN 53 H *CM* 1189. 2712. 4145. 5071. 5270 — *dp* uuerun H *M*, uueron *C* 938. *C* 5942. 5960, uueron *M* 1622 (uuerom *C*). 1818 — *ap* uueros GEN 215 H *CM* 554 (*S*). 1001 (*P*). 1150. 1776. 4389. *M* 4168
• GENB *ds* were 713
quis GLGREG

ẁer⁺ → **HWÊ, HWAT**

WÊRA *f(-ō) (Schmuck aus) Golddraht* ◊ *(ornament of) gold wire*
• *ns* uuira GLPB1 I,429,5 — *dp* vuieron GLSPET 75,32
striatus ([mid] vuieron) GLSPET [sculptura] striata GLPB1

uuerad → **WEROD**
uuerald- → **WEROLD**

WERD *m-a Gastgeber* ◊ *host*

wergeld

• *ns* vvérd GLPRUDF1 97,9, vuírd 92,4, uu(e)rd GLVERGOX 113,12 — *ds* uuerde H *M* 2048 — *np* uuerdos H *CM* 2020
hospes GLPRUDF1 GLVERGOX

uuerd → **WERTH**¹
uuerdan, uuerden → **WERTHAN**
werdar⁺ → **HWETHAR**¹
uuerdes° → **WEROD**

A**WERDIAN** *v-I verderben, zerstören, schädigen* ◊ *to corrupt, deprave, spoil, ruin*
• *inf* auuerdian H *CM* 4900. *C* 1907 (auuardean *M*). 2571, auuardien *M* 1882 — *3sips* auuerđit GEN 142 — *2pips* a-uuerdiat *C* 2563 —*3pips* auuerdiat (*i add*) H *C*, auuardiad *M* 1645 — *3sipt* auuerda H *C* 2557 — *pcpt* auuerdit H *C*, auuardid *M* 2276. 2588. *C* 5316

AND**WERDIAN** *v-I verderben* ◊ *to corrupt*
• *pcpt* anuuerđit GEN 125

uuerdlico → **WERTHLĪKO**

WERDON *v-II bewerten, taxieren* ◊ *to rate, value*
• *pcpt nsm* gewérdeter⁺ GLHARD IV, 285,5
appretiare GLHARD

GI**WERDON** *v-II bewerten, taxieren* ◊ *to rate, value*
• *1sips* geuuerdon GLTRSEM II,82
appretiare GLTRSEM

WERDSKEPI *m-i Bewirtung, Gastmahl* ◊ *entertaining, banquet*
• *as* uuerdskepi H *M*, uuirdscipi *C* 2056, uuerdscepi *M*, uuerdscipi *C* 4544

uuered → **WEROD**
uuerek → **WERK**¹

WERGELD *nt-a*, **WEREGILDUM** *mlat Wergeld* ◊ *manbote, wergild*
• *gs* uueregildi *C*, uuedregildi *Sp* LEXSAX 20 — *abls* uueregildo *C*, uuedregildo *Sp* LEXSAX 54

werh   -werkon

uuerh° → **WERTH**[1]
uuerhed → **WĀRHÊD**
uuerht → **WERTH**[1]

WERI *nt-ja Wehr, Stauwerk* ◊ *weir*
- *ns* uuérr URBWERDA 74,4/23,7

WERIAN[1] *v-I Widerstand leisten, (+ d pers, a rei) jmdn hindern an, jmdm etw verwehren, beschützen* ◊ *to put up resistance, (+ d pers, a rei) to prevent sb from sth, hinder in, protect*
- *inf* uuerian H C, uuerean M 1360. 1453. 3567 (uuerien M) — *3pips* uueriat H C 2523 — *2pimp* uueread H M, uuereat C 3236 — *3sipt* uuerida H C, uueride M 2082. C 5933 — *3pipt* uueridun H CM 2410. 3647 (e<a M). 3658. C 5357 — *pcpt* giuuerid GEN 205

BI**WERIAN**[1] *v-I verbieten, + d pers, a rei jmdn abhalten von etw; + d beschützen vor* ◊ *to prohibit, + d pers, a rei to hold sb off from sth; + d to shelter from*
- *inf* biuuerian H C, biuuerien M 3650 — *2simp* biuueri H CM 2993 — *pcpt* biuuerid H CM 3033 — *pcpt np* biuuérida GLEVES 50,10
prohibere GLEVES

WERIAN[2] *v-I ausrüsten* ◊ *to equip*
- *pcpt* giuuerid (r<rr) GEN 267 — *pcpt npm* geuueride GEN 272
- *bedecken, bekleiden* ◊ *to cover, dress* GENB *3pipt* weredon[#] 846 — *pcpt* gewéred[#] 462

WERISTEDI *f-i Dammanlage* ◊ *place of a dam*
- *np* uuerrstadi URBWERDA 74,4/23,14°

WERK[1] *nt-a Werk, Arbeit, Tat, Handlung, Geschehen, Mühsal, Schmerz* ◊ *work, deed, labour, action, events, trouble, pain*
- o[124] *ns* uuerk H CMS 501. M 2628 (uuerc C), uuerc CM 1825 — *gs* uuerkes GLSMIH 400 H M 203. C 3444 — *ds* uuerke H C 3419. 3431. 3440. 3442. 3448, uuirke 3428 — *as* uuerc H C 3417.

3463 — *np* uuerc H CM, uuerk M — *gp* uuerco H CM, uuerko M; uuerko CONFES 17,2 H C 3475, uuerco (c<o?) 2612 — *dp* uuercum ABRPAL 8. 9/10, uuercun, uuerkun H M, uuercon C; uuercun C 5. S 541, uuerkon C 2107 CONFES 17,12, uuercon (c<d) H C 5587, werkon ABRK 3, wercken CONFPAL 363,24 — *ap* uuerc H CM, uuerk M PSLUB 32,15. PSWIT 85,8, uuerek GEN 200, uuerc (r<ras) H C 4119
- GENB *gs* weorces[#] 786 — *as* worc[#] 296

opus GLSMIH PSLUB PSWIT

WERK[2] *(nt-a) Werg* ◊ *tow*
- *ns* werc GLMARF III,716,41
stuppa GLMARF

GI**WERK**[1] *nt-a Tun, Werk, Arbeit, Bauwerk* ◊ *work, act, effort, construction*
- *ns* giuuerc H CM 1397 — *gs* giuuerkes H CM 160 — *as* giuuerc H CM 1365 (giuuerk M). 2196. 4277 (giuuerk M)
- GENB *ns* geweorc[#] 604. 822

GI**WERKI** *nt-ja Bauwerk* ◊ *building*
- *ns* giuuarki URBWERDA 74,5/23,15

uuerkian → **WIRKIAN**

WERKLĪK *adj geschäftig* ◊ *bustling*
- *ns* uuerklic GLMERS 71,9
operosus GLMERS

WERKON *v-II (+ g) handeln, etw verdienen* ◊ *to act, deserve sth*
- *pcpt* giuuercod H C, giuuerkot M 5182, giuuerekot GEN 43

FAR**WERKON** *v-II + d refl sich versündigen; + g etw verwirken* ◊ *+ d refl to do wrong, sin; + g to forfeit sth*
- *pcpt* faruuercod H C 4824 (faruuerkod M). 5012 (foruuerkot M), faruuerkot GEN 152 H M, foruuercot C 4913, foruuerkot GEN 180

GI**WERKON** *v-II handeln, sich verhalten* ◊ *to act, behave*

• *3sips* giuuercod H *M*, giuuerkot *C*, giuuerecot *V* 1333, giuuerkod *M*, giuuercot *C* 3670

WERKSAM *adj schädlich, unheilbringend ◊ harmful, fatal*
• GENB *asm* weorcsumne#* 594

WERMIAN *v-I + a(/d?) refl sich wärmen ◊ to warm oneself*
• *inf* uuermian H *C* 4945 (uuermien *M*). 4967 (uuarmien *M*)

WERMŌTH *m/nt-a Wermut ◊ wormwood*
• *ns* wermuth GLADM508
absinthium GLADM508

WERMŌTHA *f(-n) Wermut ◊ wormwood*
• *ns* uuermoda⁺ GLTR40 V,43,34, wermode⁺? GLHARD IV,276,22
absinthium GLHARD GLTR40 aloxinum (alosantus *ms*) GLTR40

WERN *(f? WERNA f-ō?) Krampfader ◊ varicose vein*
• *ns* uuern GLTRSEM XVI,25
varix GLTRSEM

WERNIAN *v-I + g rei etw verweigern, abschlagen ◊ to refuse, deny sth*
• *inf* uuernian H *C* 5728 — *3sops* uuernie H *CM* 3016, ẁarne HILD 59 — *1pops* uuernian H *C* 3995

FARWERNIAN *v-I + g rei, d pers jmdm etw vorenthalten ◊ to withhold sth from sb*
• *inf* faruuernian H *C*, faruuernien *M* 3503

GIWERNIAN *v-I + g rei etw verweigern ◊ to refuse sth*
• *2pipt* giuuernidun H *CM* 4440

WEROD *nt-a Schar, Heerschar, Anhängerschaft, Menge, Volk, Leute ◊ throng, host, followers, crowd, multitude, people*
o²⁷⁹ *ns* uuerod H *CM*; uuered *S* 527, uuerad GEN 231, uuerod (e *add*, o<e?) H *C* 3546, uuerol° 5560 — *gs* uuerodes H *CM*; uuerodas *C* 767. 1146, uuerodes (<uueros) 5371, uuerdes° 5549 — *ds* uuerode, uueroda H *CM*; uuerode *V* 1281, uuĕroda *neum M* 312, uuerodæ 2656. 3328. *C* 3185. 5542 (æ<a), uuerede *S* 519, uuerodo *C* 1569 — *as* uuerod GEN 142 H *PCM*; uuerod (*1*.u<*ras?*) *C* 4839 — *instr* uuerodu H *CM* 4227. 4858 (uuerodo *M*). *C* 2241. 3714. 4188 (*2*.u *add*). 5114
• GENB *instr* werode# 370 — *gp* weroda 255. 386, wereda 352. 671

uuerod(-)° → WEROLD(-)
uuerol° → WEROD

WEROLD *f-i/cons + m-i Welt, Menschheit, Weltalter, Leben, Lebenszeit ◊ world, humanity, age, life(time)*
o³⁰⁹ *nsf* uuerold GEN 36. 193 H *CM*; uueruld *C* 4314 — *gsf* uueraldi PSLUB 111,3 H *C* 585 (*ds?*), uuealddi PSLUB 110,10, uueroldes H *CM*; uueruldes *C* 4394. 4834. 5012, uuerodes° 2215, vuerold(a)s (*stil*) GLGREG 65,21/22 — *dsf* uueroldi GEN 40. 43 H *PVCM*; uueruldi *C* 4334. 4408. 5597, uueraldi *S* 374. 514. 536, uuerold'e (i *add, corr?*) *C* 1183, uueraldiu PSLUB 110G, uuerolde GEN 74, uuerold H *CM* 136. 1132. 1656. *M* 3733. *C* 4243, uueroldi *C* 1930 (r<ld?). 3377 (*2*.u *add*). 4300 (i<u), uuoroldi GLEVES 60,16, waroldi BEDA 15, uuelordi° GEN 262 — *asm* uuerold H *C* 281. 5622, uueruld 5629 — *asf* uuerold GEN 138 H *VCM*; uuerold (d *add*) *C* 811, uueruld 4309, uueruold (o<d, ld *add?*) 5383, uueruald PSLUB 110,10, uerald PSLUB 111,3 — *apf(?)* uueroldi (i *add*) H *C* 597
o¹³ GENB *ns* woruld 318. 604 — *ds* worulde — *as* woruld
saeculum GLEVES (GLGREG) PSLUB orbis terrarum (BEDA)

WEROLDALDAR *nt-a Weltalter ◊ epoch*
• *np* uueroldaldar H *C* 45

WEROLDHÊRRO *m-n weltlicher Herrscher ◊ wordly ruler*

weroldhêrro

- *gs* uueroldherron H *M*, uueroldherren *C* 3222 — *ds* uueroldherron H *M*, uueroldherren *C* 3217 (ld<d). 3831

WEROLDKÊSUR *m-a Kaiser über die Welt* ◊ *emperor of the world*
- *gs* uueroldkesures H *CM* 3827

WEROLDKUNING *m-a irdischer König, mächtiger König* ◊ *earthly king, powerful king*
- *ns* uueroldcuning H *C* 5284 — *gs* uueroldkuninges H *M*, uueroldcuninges *C* 2893 — *as* uueroldcuning H *CM* 2718 — *dp* uueroldcuningun H *M*, uueroldcuningon *C* 1893

WEROLDLĪK *adj weltlich* ◊ *secular*
- *dp* vuaroldlikon (*stil*) GLGREG 64,2, [vueroldli](k)[on] PSGERN 5,1 [12,10]
carnalis GLGREG mundanus (PSGERN)

WEROLDLUST *f-ō weltliche Lust* ◊ *worldly pleasure*
- *np* uueroldlusta H *CM* 1776 — *dp* uueroldlustun H *M*, uueroldluston *C* 1658

WEROLDRĪKI *nt-ja Welt(reich), Erdkreis, irdisches Königreich* ◊ *world-realm, kingdom of the world, empire, world*
- *ds* uueroldrikea GEN 53 H *CM* 618. 1290 (uueroldríkea *V*). 2623 (uueroldrikie *C*) — *as* uueroldriki H *CM* 2885, uueruldriki *C* 5364 — *ap* uueroldriki H *CM* 1098

WEROLDSAKA *f-ō irdische Angelegenheit* ◊ *wordly affairs*
- *as* uueroldsaca H *C* 3452

WEROLDSKATT *m-a irdischer Besitz* ◊ *wordly possessions*
- *gs* uueroldscattes H *CM* 1641 (l *add C*) — *as* uueroldscatt H *C*, uueroldscat *M* 3303

WEROLDSTŌL *m-a Herrschersitz* ◊ *ruler's seat*
- *as* uueroldstuol H *C* 2881

WEROLDSTUNDA *f-ō Erdenleben, irdischer Augenblick* ◊ *earthly life, earthly moment*

-werpan

- *ds* uueroldstundu GEN 57 H *CM* 2486 (uuerodstundu° *C*). 5220

WEROLDWELO *m-n irdisches Gut* ◊ *wordly property*
- *as* uuerolduuelon H *CM* 1349 (uuerolduuelan *V*). *M* 2881

WERON *v-II währen* ◊ *to last*
- *pcps nsnt* vveronthia GLPRUDF1 104,30/31 — *pcps dp* vuarónthíon GLPRUDF1 97,4
pcps vivax GLPRUDF1

GIWERON *v-II gewähren* ◊ *to grant*
- *2sipt* geuuerotas⁺ GLSMIH 271
explere GLSMIH

WERPAN *v-3 (+ a pers) werfen (nach jmdm), auswerfen, sich verziehen* ◊ *to throw, hurl sb, cast, warp* — engagine ~ entgegenhalten ◊ *to say in objection* — sten an ~ + *a/d pers jmdn mit einem Stein/mit Steinen bewerfen* ◊ *to throw a stone/stones at sb*
- *inf* uuerpan H *C*, uuerpen *M* 2683. 3202 (2. u *add C*). 3877. 3941. 3946 (r<p *C*), ẇerpan HILD 40, vuirpan GLSMIH 534c — *3sips* uuirpit H *CM* 2629 — *3pips* uuerpad H *M*, uuerpat *C* 2602 — *3sops* uuerpe H *CM* 1487 (uuerpa *M*). *M* 3871 — *1pops* uuerpan H *C* 2572 — *pcps* vverpandi^{bfk} GLPRUDBR II,572,25 — *3sipt* uuarp H *CM* 3210. 5161 — *3pipt* uuurpun H *C* 5547 — *3popt* uurpin H *CM* 2674
- GENB *3sipt* wearp^{#} 300. 304. 342. 491
obtendere (engagine ~) GLSMIH *pcps* curtus, inordinate GLPRUDBR

AWERPAN *v-3* — sten/(mid) stenon ~ + *a pers jmdn mit einem Stein/mit Steinen bewerfen, (zu Tode) steinigen* ◊ *to throw a stone/stones at sb, stone (to death)*
- *inf* auuerpan H *C* 3990 — *3sops* a-uuerpe H *C* 3871 — *3popt* auurpin H *M*, auuurpin (3.u *add*) *C* 3853
- *hinauswerfen* ◊ *to cast out* GENB *pcpt np* aworpene 420

ANDWERPAN *v-3 wieder zum Leben erwachen* ◊ *to awake again to life*
• *3sipt* anduuarp H *C*, antuuarp *M* 4100

BIWERPAN *v-3 werfen, umringen, umgeben, sich einhüllen* ◊ *to throw, surround, encircle, cover oneself*
• *inf* biuuerpan H *C* 2521 — *3sipt* biuuarp H *M*, biuuarp (ƀ-?) *C* 2910, biuuarp *C*, beuuarp *M* 3146 — *3pipt* biuurpun H *M*, biuuurpun *C* 1216 (biuurpunn *C*). 4858, beuurpun *CM* 5114 — *pcpt* biuuorpan H *C*, biuuorpen *M* 4227
• GENB *pcpt* beworpen 393

FARWERPAN *v-3 wegtreiben, verstoßen* ◊ *to throw away, expel*
• *3sops* faruuerpe H *C*, faruuerpa *M* 1497 — *pcpt* foruuorpan H *C*, faruuorpen *M* 3600
• *hineintreiben* ◊ *to force into* GENB *inf* forweorpan[#] 691

NITHARWERPAN *v-3 niederwerfen, abwerfen* ◊ *to bring down, unseat*
• *pcpt asm* nithergiuuorpenen GLVERGOX 114,2/3, 10/11
abicere, effundere GLVERGOX

TIWERPAN *v-3 verstreuen, zerstören* ◊ *to scatter, destroy*
• *inf* teuuerpan H *C*, teuuerpen *M* 5074. *C* 5574 — *3sips* teuuirpit GLEVES 50,1 H *CM* 1371 — *pcpt* teuuorpan H *CM* 1822
destruere GLEVES

UNDARWERPAN *v-3 darunter schieben* ◊ *to place underneath*
• *pcpt* undaruuerpandi GLPRUDF44 105, 5/6, ѵndaruuérpánthi GLPRUDF1 97,10/11
subiecere GLPRUDF1 GLPRUDF44

WITHARWERPAN *v-3 ablehnen, verwerfen* ◊ *to discard, rejecet*
• *inf* uuiđeruuerpan H *C*, uuidaruuerpen *M* 1423 — *3pips* uuiđaruuerpat (*4.u add*) H *C*, uuidaruuerpat *M* 1956

uuerr(-) → WERI(-)

GIWERR *nt-a Aufruhr* ◊ *insurrection*
• *as* giuuerr H *C*, giuuer *M* 4844. 5239

WERRA *f(-ō) Unruhe, Gegenrede* ◊ *troubles, contradiction*
• *mlat as* werram CH 1071 — *abls* werra CH 1071

WERRAN *v-3 angreifen, Unruhe stiften, in Aufruhr versetzen* ◊ *to attack, stir up, throw into a turmoil*
• *3sips* uuirriđ H *C* 5364 — *3pipt* uuurrun H *C* 5284 — *pcpt* giuuorran H *C* 5753, geuuorran GLEVES 58,16
commovere GLEVES

ANDWERRAN *v-3 entwirren* ◊ *to disentangle*
• *1sips* entwerre GLMARF IV,178,13
expedire GLMARF

GIWERRAN *v-3 entzweien* ◊ *to divide*
• *inf* giuuerran CONFES 16,29 — *1sipt* giuuar CONFES 16,29

WERSON *v-II verärgern, verleiten* ◊ *to anger, corrupt*
• *3sipt* vvérsóda GLPRUDF1 96,27 — *pcpt npm* giuuersoda GLEVES 50,14
corrumpere GLPRUDF1 scandalizare GLEVES

GIWERSON *v-II verachten* ◊ *to despise*
• *2pops* giuuerson GLEVES 51,23/24
contemnere GLEVES

WERTH[1] *adj wert, würdig, lieb* ◊ *worth(y), dear*
o[53] *ns* uuerth H *C*, uuerd *M* 1560. 4429. 5196. 5242. *M* 3227. 3802. *C* 5735, uuerh° *C* 4686 — *n/asnt* uuerth REGFREK *KM*, uuerht *K* 24,25. 25,22 *M* 24,14, wehrt 25,4, werht 25,7,9 — *dsm* uerthan GLMERS 71,23 — *asm* uuerthan H *C*, uuerden *M* 2726 — *np* uuertha H *C*, uuerde *M* 117. 1234. 1471. 3777 (uuerđa *M*). *M* 1258, uuerđa 1860 — *sup npm* uuerthostun H *C*, uuerđostun *V*, uuerdoston *M* 1299
• *hoch geschätzt* ◊ *esteemed* GENB *comp npm/f* wurđran[#] 422
tremendus (furhtuuerth) GLMERS

WERTH[2] *nt-a Bezahlung, Preis, Kaufpreis* ◊ *payment, (purchase) price*
● *ns* vvérth GLPRUDF1 104,26 — *gs* uuerthes H *C* 3442. 5786 — *as* uuerth H *C* 3444
pretium GLPRUDF1

WERTHAN *v-3 (+ d refl) werden, geschehen, sich ereignen, stattfinden, getan, gemacht, zuteil werden, entstehen, (in einen Zustand) geraten, Anlass/Grund bekommen/geben; + g/d pers jmdm zu Eigen werden; + (d refl,) adv/praep kommen, gelangen* ◊ *to become, happen, occur, take place, be done, made, given, arise, come (to be), get, get/give cause/reason; + g/d pers to become sb's own; + (d refl,) adv/praep to come, reach* — ~ + *pcpt zur analytischen Passivbildung bei transitiven Verben, zur Bildung analytischer Futur- und Vergangenheitsformen bei intransitiven Verben* ◊ *forming a periphrastic passive of transitive verbs, periphrastic future and past tenses of intransitive verbs* — *an sedle ~ untergehen (Sonne)* ◊ *to set (sun)* — *an sithie ~ sich auf den Weg machen* ◊ *to set off*

o[813] *inf* uerthan GLEVELT 46,26,28/29 GLEVES 48,11. 60,4 GLPRUDF1 101,9 H *C*, uuerdan, uuerden *M*; vvérthan GLPRUDF1, vvérthán 95,25, uuérthan GLEVES 48,14, uuerdan GEN 24. 57. 195 GLEPIST I,761,49⁺, ẃerdan HILD 54, uuerđan GEN 143 H *L* 5856. *S* 495. *V* 1319. *M* 1394. 1765. 1787. 1855, uuerđan *C* 748, uuerđen *M* 2177, uuerđon *V* 1309, vuerthan PSGERN 5,3,5 [12,13,15], huuerthan GEN 292, uuerthat° H *C* 3536 — *2sips* uuirđis H *C* 4692, uuirdis *CM* 3693 — *3sips* uuirthit GEN 147 PSLUB 111,2,6,8 H *C*, uuirđit, uuirđit *C*, uuirđid *M*, uuirđit *CM*; uuirđit *S* 501. *V* 1313. 1357, uuirđid H *M* 1645. 1822 PSLUB 32,17, uuirđit GEN 148 PSLUB 32,16(2), uuirthiđ H *C* 5523, uuirđit *V* 1312 GLEPIST I,761,24 (*bfk+*), uuirdit (d<t) H *C* 3459, uuirthid GLEVES 53,20. 60,21, uuírthid 53,1, vuirthid PSGERN 5,5,8. 8,3/4 [12,15,17. 14,7/8],

vvírthíd GLPRUDF1 95,31, uuerthid GLEVES 50,15, vuerthid 51,25, uuerthit GLSPET 77,30 — *2pips* uuerthat H *C*, uuerđad *V*, uuerdat *M* 1336, uuerthath GLLAM 67,22 — *3pips* uuerthat H *C*, uuerdad, uuerdat *M*; uuerthad GLEVES 48,29/30 H *C* 3919, uuerthend 4312, uuerđad *M* 1777. 1798. 1967, uuerđad PSWIT 84,9, vuertha[d] GLPRUDF1 94,24, [vuer]thed PSGERN 4,6/8 [12,5/6], uerdant⁺ GLTRSEM III,17 — *1sops* werthe CONFPAL 363,31 — *2sops* uuerthes H *C*, uuerdes *M* 3366. 3894, uuerdis⁺ GLSPET 78,5 (*2sips?*) — *3sops* uuerthe H *C*, uuerde *M*; uuerđe *M* 4473, uuerda 1604 [u]uerđe PSLUB 32,22, uuertha BEDA 9, uuértha GLEVES 54,16, uuerthe BENW 22, vu(e)[rthe] PSGERN 7,2 [13,15], [ ]uerth[ ] (?) 6,10 [13,7] — *2pops* uuerthan H *C*, uuerdan *M* 878. 885 — *3pops* uuerthan GLMERS 71,9 H *C*, uuerdan *M* 3515, uúerthan GLEVES 52,5, vvérthan GLPRUDF1 98,2, uuerth(e ⁿ) PSGERN 7,1 [13,14], uuerđen GLMERS 71,12, uuerđon⁺ GLSPET 77,34/35 ‖ — *2simp* vvirth GLPRUDF1 95,7, vvírth 98,30, uuerđ PSLUB 114,7, uuird⁺ GLSPET 78,32 —

2sipt uuurdi GEN 45, ẃurti⁺ HILD 48 — *3sipt* uuarth BENTR GLEVELT 46,20 GLEVES 58,19 H *C*, uuarđ *LS* GEN GLPRUDBR II,572,27 (¨), uuard GEN H *M*; uuarđ *C* 192. 243. *P* 968. *M* 348. 535. 1812. 2074. 2192. 3131, uuárđ GLEVES 55,37, vuarđ 48,6, vuarth BEDA 8, vuard H *M* 4527, uuard (d>đ) 371. (u- *ras*) 863, uarth *C* 369. 2733. 5225, uuarth (2.u *add*) 803. 1244, uuard 159 GLEPIST I,756,6, uuart H *C* 172. 907. 1163. 1198. 3127 (r *add*), uuar*h*t GLSTR 107,34, vvárth GLPRUDF1, vuárth 97,25, vvarth 98,15, warth BEDA 14, wart CONFPAL, uuađ° GEN 81, uuath° (h<er *ras*) H *C* 2962, uuar° [uuar thar] 790 — *3pipt* uuurthun, uurthun, uurđun H *C*, uurdun *MS*; uuurđun *C* 5799, uurdun GEN 127 H *C* 17, 1239 (uuurdun *M*). 2224, vurthun 3926 (vurdun *M*), uuurdun 4020, vurthu(n) (*stil*) GLGREG

63,7, uurdun GENB 103. 279 PSLUB 32,9, uurthon GLSTR 106,12/13, uuorthǒn BEDA 5, ẃurtun⁺ HILD 67, uuarduno° H C 393 — *1sopt* vuurti⁺ GLSPET 77,29 ‖ — *3sopt* uuurthi, uurthi, uurđi C, uurdi M; uurđi C 204. 303. 2249. M 2865 (uurdi C), uurdi C 2998. 3010, uuirthi 2625. 3936, uuirđi 835, vurthi GLEVES 55,17, vvŕthi GLPRUDF1 98,29 — *3popt* uuurđin H C, uurdin M 5173, uuurdin C 5439, uurthin GLEVES 59,21 — *pcpt* uuorđan H C 5594

o³³ GENB *inf* weorðan#, wurðan# 414, wurþan# 291, weorðan# 261 (eo>y). 277 (an *add*) — *3sips* wyrð#, weorð# 405, 519, wurðeþ# 430 — *3pips* wurðað# 564 — *3sipt* wearð# — *1/3sopt* wurde# — *3pipt* wurdon 340. 452
esse, fieri PSLUB factus esse GLEPIST

AWERTHAN *v-3 sich abwenden ◊ to turn away*
• *3sips* auuirđit H C, auuirdid M 1368

FARWERTHAN *v-3 verdorren, verwesen ◊ to wither, decay*
• *1sips* fieruuirthon GLTRSEM XV,55 — *3sipt* faruuarth H C, faruuarđ M 2453 tabere GLTRSEM

GIWERTHAN *v-3 werden, geschehen, eintreten, zuteil werden; impers + a pers jmdn dünkt gut ◊ to become, happen, occur, be given; impers + a pers it seems good to sb*
• *inf* giuuerthan H C, giuuerdan M 141. 158. 203, giuuerthan C, giuuerden M 271. 1578 (geuuerdan M). 2322. 2759. 3692 (giuuerđen M). 4046. 4293. 4303. 4332. 4334. 4935. 4978. C 4691. 4696, giuuirthan C 2552 — *3sips* giuuirthit H C 4300 (giuuirdid M). 4378 (geuuirdid M), giuuirđit C 3026 — *3pips* giuuerthat H C, giuuerdad M 4309 — *3sipt* giuuarth H C, giuuard M 582 (giuuard S). 2882, givuart GLEVES 54,20 — *3pipt* giuuerthun GLEVES 52,16/17 — *pcpt* giuuorđan H C 171 (giuuordan M). 374 (a<e C, giuuórden *neum* M, giuuorden S)

• *+ d pers für jmdn enden, impers + a pers es ist annehmbar für ◊ + d pers to turn out for sb, impers + acc pers it is agreeable to* GENB *inf* gewurðan# 387 esse GLEVES

WERTHIRIAN *v-1 vergleichen ◊ to compare*
• *pcpt* giuuerthirid GLEVELT 46,25/26, giuu(er)t(he)rid GLEVES 48,11
comparare GLEVELT GLEVES

WERTHLĪKO *adv ehrerbietig, nach Verdienst ◊ respectfully, worthily*
• uuerthlico H C, uuerdlico M 2419. 4402. M 417, uuerth(lico) GLEVES 58,20 (dignum) GLEVES

WERTHON *v-II achten, ehren ◊ to honour, respect*
• GENB *inf* weorðian# 310. 537, weorþian# 329, wurðian# 353

GIWERTHON *v-II ehren, impers + a pers jmd legt Wert auf ◊ to honour, impers + a pers sb sets great store by*
• *3sips* giuuerthot H C, geuuerdod M 2448, giuuerdot M, giuuirthot C 4039

uueruld(-), uueruold → WEROLD(-)
uuéruon → HWERVO
uues → HWĒ, HWAT
uuesan°ʔ → WĪSIAN

WESAN *v-5 (+ d refl) sein, vorhanden sein, sich befinden, Anlass/Grund/Beistand sein, bedeuten; + g jmdm (an)gehören, zugehörig sein zu; pers es gibt; impers + d pers, + praep umbi + a rei jmd kümmert sich um etw, etw geht jmdn an ◊ to be (situated), exist, happen, be cause/reason/support, mean; + g to be sb's, belong to; pers there is, there are; impers + d pers, + praep umbi + a rei sb takes care for sth, sth is sb's concern — ~ + pcpt zur analytischen Passivbildung bei transitiven Verben, zur Bildung analytischer Vergangenheitsformen bei intransitiven Verben ◊ forming a periphrastic passive of transitive verbs, periphrastic past tenses of intransi-*

tive verbs — ~ *mid* + *d pers jmdm beiwohnen* ◊ *to cohabit with sb* — hel uuis (thu) *Heil dir! Sei gegrüßt!* ◊ *Hail to thee!* — ni si/wari *es sei denn (dass), sofern ... nicht, wenn nicht* ◊ *nor may it be that, except that, unless* — wundar ~ + *d pers jmdn in Erstaunen versetzen, verwundern* ◊ *to amaze, astonish sb*

o[1923] *inf* uuesan GEN 14. 44.74. 138. 223 GLEVES 52,13 H *PVCMS*, uuesen *M*; uuêsan *neum M* 312, vuesan CONFES 17,25, wisen CONFPAL 362,6 — *inf d* uuesanne H *CM* 2698. 3138 — *1sips* bium GEN 64 H *M*, biun GEN 169 H *C*; bium *C* 2104, bion 481, bium/biun (*abbr*) GEN 228, bívn GLPRUDF1 103,19, bim PSLUB 115,10, PSWIT 85,1,2, bin[bfk] GLSPET 87,30 — *2sips* bist ABRK 19 GEN 170 GLPB2 I,298,5 GLEVES 50,28. 51,1 PSGERN 7,5,6 [13, 19,20] H *PCM*, HILD 39, bis (bisthu) *C* 3062, pist[+] HILD 41 — *3sips* uuisit PSLUB 111,2,7, ist HILD 13. 44 PSLUB 32,20 GLPRUDF1[+] 91,28 H *CM*; *S* 399, is CONFPAL GEN GLEVES GLPRUDF1 GLSTR (*Mone*) H *LVCM*; *S* 521. *P* 997 ABC 6 PSGERN PSLUB PSPAD PSWIT REGFREK *M*, is (*stil*) GLGREG 64,5, ís GLPRUDF1 91,15 — *1pips* sind H *CM* 1611. 2422, sind *C*, sint *M* 150. 152, sindun GLPRUDF1 101,11,12 — *2pips* sind H *CMS*, sindun GLEVES 52,9 — *3pips* sind PSPAD GEN 197 H *LVCM*, sint *M*; sinđ *V* 1312, sint *C* 1921. 3218, ABRPAL 12 REGFREK *KM*, sindun H *CM* 489. 1088. 4302. 4411. 4392 (*2p?*). *C* 3483. 4725 GLEVES 56,15 PSGERN 4,11 [12,9], sindvn GLPRUDF1 96,21, sindon REGFREK *M* 41,25, sundon 43,3 — *1sops* si H *CM* — *2sops* sis GEN 71. 74. 202. 238 HILD 11 H *CM* — *3sops* uuese H *CM* 1658 (uuesa *M*). 3220, si GEN 229 GLEVES 59,8 GLPRUDF1 104,13 HILD 58 H *CM* REGFREK *KM*, si: (n *ras?*) H *C* 121, sî GLEVES 54,15 — *2pops* sin H *CM*, siń *S* 561 — *3pops* sin°[?] H *M* 1352 — *2simp* uuis H *CM* 259. 318. 3271. 3273. 3563, uues *C* 5602 GLSTR 107,11, uuiss H *C* 5616 — *2pimp* uuesat H *CM* 1848 (t<n *C*). 1882. 1884. 2491 (uuesad *M*). *C* 5885 — *pcps dsf* vuensanderu° GLPRUDF1 94,7/8 — *pcps dp* vvésánthíon GLPRUDF1 100,11/12 —

1sipt uuas CONFES 17,11 H *CM* 4398. 4426 — *2sipt* uuari H *CM* 4403, vvari GLPRUDF1 104,6 — *3sipt* uuas BEDA 3 GEN GLEVES GLSTR 106,11 GLVERGOX 113,9 H *PLVCM* HILD 7. 24, vuas GLEVES H *M* 1121. 1207. 2743, uuâs *neum* 310, uuass *C* 1997. 5111, uuas 191 (2.u<a), uuás GLEVELT 46,26 GLEVES 53,30, uuas (s *add*) GEN 332 H *C* 2978, uas GLEVES 57,6, was (w<vv) BEDA 12, was CONFPAL HILD 25. 27, ẃas 27. 28 uuast° H *C* 3910, war° CONFPAL 362,7 — *1pipt* uuaron GEN 13 — *2pipt* uuarun H *CM* 4397 — *3pipt* uuarun GLEVES H *LCMS*, uuerun *S* 540, uuárun *neum M* 351. 365, uuarun (2.u *add*) *C* 373 (uuárun *neum M*). 2358, (2.u<a) 2725, uuaron 3440. 4220, vvaron 1, uuarin° 201, uuárun GLEVES 56,12, vuarun 61,11 GLGREG 65,14/15, waren CONFPAL 362,20, ẃarun HILD 16 — *2sopt* uuaris H *CM* 3254. 4031 — *3sopt* uuari ABRK 14 CONFES GEN 296 H *PCM*; uueri *S* 520, uuári GEN 253, uuari (2.u *add*) *C* 603. 5529, uua[ri] PSGERN 10,21 [15,16], vuari GLEVES 61,22, vu(ar)i (*stil*) GLGREG 64,3, uuári GLPRUDF1 92,3, vvári 92,12, vvari 103,14, huuari 92,7, ẃari HILD 9 — *3popt* uuarin H *CM*, uuárin *V*

o[90] GENB *inf* wesan, wésan 470, beon[#] 485 — *1sips* eom[#] — *2sips* bist 538, eart[#] 532 — *3sips* is, ís, ys[#] 812 (= nys), bið[#], byð[#] 809 — *1pips* synd[#] 420 — *3pips* synt[#], synd[#], syndon[#] 389, beoð[#] 429 — *1sops* seo[#] 581 — *3sops* sie[#] 621 — *3sipt* wæs[#], æs[#] 466 (= næs[#]) — *1pipt* wæron[#] 804 — *3pipt* wæron[#] 244. 330 (n *add*). 461 — *3sopt* wære[#] 265, ære[#] (= nære[#]) 718. 832

esse GLEVES GLGREG GLPB2 GLPRUDF1 (PSGERN) PSLUB PSPAD PSWIT cognoscere (~ mid) GLEVELT ave χαῖρε (hel uues), quasi (is) GLSTR

UNDARWESAN *v-5 dazwischenkommen* ◊ *to get in the way*
• *3sopt* underuuari GLSMIH 496
intercedere GLSMIH

uuesl → **WEHSAL**
uueslean → **WEHSLIAN**
uuespa⁺, wespe → **HWEPSIA**
uueˢsal → **WEHSAL**
vvéssi → **HWESSI**

WEST *adv im Westen* ◊ *in the west*
• GENB west 275

WESTAN *adv von Westen* ◊ *from the west*
• uuestan GEN 15 H CMS 717. C 2131
• GENB westan 806

WESTANA *adv von Westen* ◊ *from the west*
• uestane H *M* 2131

WESTAR *adv westwärts, nach Westen* ◊ *westwards*
• uuestar H *M*, uuester *C* 597. 641, uuester *CM* 4501, vvéstar GLPRUDF1 103,11, westar HILD 43
in obitum GLPRUDF1

WESTRONI *adj aus West wehend* ◊ *westerly*
• *ns* uuestroni H *C*, uuestrani *M* 1820

WÊSUND *(m-)nd Luftröhre* ◊ *windpipe*
• *ns* uuiesun⁺⁽ GLTRSEM II,109
arteria GLTRSEM

vuetes → **HWÊTI**
wetel → **WETHIL**

WÊTIAN *v-1 + a pers jmdn wissen lassen, als Zeugen anrufen* ◊ *to make known to sb, call sb as witness*
• *1sips* w(&)tu HILD 30

wetina⁺ → **WÊDÎN**

WETTISKEFFON⁺ *v-II als Pfand setzen* ◊ *to give as a pledge*
• *1sips* uuettisceffon⁺ GLTRSEM XVII,31
pignerari GLTRSEM

WETHAR *m-a Widder, Hammel* ◊ *ram, wether*
• *ns* uuithar GLTRSEM XVI,54 — *gp* uuetharo GLSTR 106,11, [u](et)[h]a[r](a) PSLUB 28,1
aries GLSTR PSLUB vervex GLTRSEM

WETHIL *(m-a) Wedel, Pinsel, Bürste, Handfeger* ◊ *whisk, (paint-)brush, handbrush*
• *ns* wethil GLTRSEM VII,145 (*as?*), wetel GLMARF III,717,42
formeus GLTRSEM peniculus GLMARF

WEVAL *m/nt-a Einschlagfaden (des Gewebes)* ◊ *weft*
• *ns* vueual GLSPET 73,23∥, wefel GLMARF III,718,33, weuel IV,178,48 GLHARD IV,257,27
subtemen GLHARD GLMARF GLSPET trama GLMARF

weuel → **WIVIL**

WÊWO *m-n Leid* ◊ *woe*
• GENB *gs* wawan# 466 (2)

uuhistedi → **WÎHSTEDI**
uuhit → **WIHT**
uui → **IK**
uuib → **WÎF**
uuid → **WITH¹**
uuid⁺ → **WITH²**
uuid° → **WÎF**

WÎD *adj weit, ausgedehnt, fern* ◊ *wide, broad, far*
• *ns* uuid H *CM* 1774 — *gsnt* uuidon H *CM* 268 (uuiden *C*). 560 (uuidan *S*). *M* 4396 — *dsf* uuidun H *CM* 136. 1132 (uuidon *M*) — *asm* uuidana H *CM* 2289, uuidene *M*, uuidan *C* 2881, uuidan *CM* 2634, uuidon *CM* 1349 (uuídana *V*, uuidan *M*). 4923, uuidun *C* 281. 5629 — *asf* uuida H *C* 5449, uuidon *M*, uuidun *C* 349 (uuǐdon *neum M*). 387. *M* 281 — *dp* uuidun H *M*, uuidon *C* 1246. 2863

uuidar, uuider → **WITHAR¹**

widar-

uuidar- → WITHAR-, **WITHAR**-

WIDARI, WIDERI *m-ja Holzfäller, Waldarbeiter, Holzwerker* ◊ *woodcutter, woodsman, woodworker*
- *ns* uuidari GLTRSEM V,59 — *ds* uuidera REGFREK *M* 42,38

caesor GLTRSEM

WĪDBRÊD *adj ausgedehnt* ◊ *extended*
- *asm* uuidbredan H *CM* 1840. 2120 (uuidbredene *M*)
- GENB *asm* widbradne[#*] 643

uuide- → **WIDU-**
uuider → **WITHAR²**
uuider- → WITHAR-, **WITHAR-**

WĪDI *adj-ja/jō weit* ◊ *broad*
- *gsnt* uuidion H *C* 4396

WĪDO *adv weit, umfassend* ◊ *widely, far, thoroughly*
- uuido H *CM* 343. 432. 907. 1247. 1371. 1930. 2071. 2346. 2445. 3170 (vuido *C*). 3587. 3666. 3733. *C* 2530 — *comp* uuidor H *CM*, úuidur *S* 536 — *sup* uuidost H *C* 45
- GENB wíde 600, wide[#] 565. 608. 674

uuido- → **WIDU-**

WIDOWA *f-w-n Witwe* ◊ *widow*
- *ns* uuidouua H *M*, uuiduuua *C* 512 (uuiduuue *S*, uuidua *C*). 2187. 2194. 3764. 3773

widnan° → **WINNAN**

WIDTHIA *f-jōn Strang (Maßeinheit für aufgereihte Hechte)* ◊ *cord (measure of quantity in lined up pikes)* → **WITH²**
- *ap* widthan URBWERDD 180,7/8
- *mlat as* uuitham URBWERDF 285,11 — *ap* vvithas URBWERDB 90,31, uuithas URBWERDF 285,10

WIDUBILL *nt-ja Beil* ◊ *hatchet*
- *ns* uuidubil GLPB1 I,414,17

biduvium GLPB1

WIDUHOPPA *f-ō Wiedehopf* ◊ *hoopoe*
- *ns* uuidohoppa GLSPET 74,32‖, uuidehoppa GLTRSEM VIII,94, uuindehoppa XXI,13, widehoppe GLMARF III,720,63 — *as* uuiduhoppe GLVERGOX 109,20

upupa GLMARF GLSPET GLTRSEM GLVERGOX

WIDUWINDA *f-ō/n Ackerwinde, Geißblatt* ◊ *bindweed, woodbind*
- *ns* withewind[e] GLMARF III,719,41, uuiduuuinia (°?)GLTRSEM XVI,58

caprifolium GLMARF volvula (? wegula *ms*) GLTRSEM

wieda → **WĪHIAN**
vuieron → **WÊRA**
uuiessa → **FISSIA/FISSIO**
uuiesun[+?] → **WÊSUND**
vuiethon → **WĪHITHA**

WĪF *nt-a Frau, Ehefrau* ◊ *woman, wife* — gemene ~ *Dirne* ◊ *harlot*

o[132] *ns* uuif GLEVES 55,27 H *MS*, uuib *C*; uuȋf *neum M* 299, uúif *S* 503, uuib *C* 801, uuif (f<b) 5449, wif GLMARF III, 715,52 — *gs* uuibes, uuibes H *C*, uuibes *M*; uuibes *C* 2718 — *ds* uuiba, uuibe, uuibe H *C*, uuibe *CM*, úuibe *M* 3847, uuiba 330 — *as* uuif H *M*, uuib *C*; uuȋf *neum M* 297, uuib *C* 2708, uuid° 1478 — *np* uuib, uuib H *C*; uuib (b<p?) *C* 5609, uuif *M* 4205. *L* 5829. 5840 GLEVES 58,13 — *gp* uuibo H *C*, uuibo *M*; uuibo *C* 3851, uuiuo *S* 379, vuivo GLGREG 65,4 — *dp* uuibun H *M*, uuibon, uuibon *C*; uuibon *C* 748, uuibon *L* 5868 — *ap* uuif H *L* 5848, uuib GEN 125 H *C*, uuif GEN 328 H *M*, uuib *C*, uuíp[+] GLEPIST I,776,8

- GENB *ns* wif 560. 707. 770 — *gs* wifes[#] 649 — *ds* wife[#] 717 — *as* wif 456, wif 527. 547 — *gp* wifa[#] 627. 701. 822

femina GLGREG mulier GLEVES anus (ald ~) GLEPIST meretrix, scortum (gemene ~) GLMARF

WĪFGIGARWIDI *n-ja Frauenschmuck* ◊ *woman's jewellery*
• *dp* vuipgegaridion⁺ GLPRUDF1⁽⁺⁾ 90,23 monile GLPRUDF1⁽⁺⁾

WĪG *m/nt-a Kampf, Krieg* ◊ *war, battle, combat*
• *ns* uuig H *CM* 4319, wic HILD 43 — *gs* uuiges H *CM* 4889, wiges HILD 59 — *as* uuig H *CM* 4483

WĪGAND *m-nd + m-a Kämpfer, Krieger* ◊ *warrior, fighter*
• *np* uuigand H *CM* 5264, uuigandos *M* 5271. *C* 5543 — *dp* uuigandon H *C* 5271

WĪGG *nt-ja Ross* ◊ *steed*
• *gp* uuiggeo H *CM* 389

GI**WIGGI** *nt-ja Weggabelung* ◊ *road fork*
• *ap* giuuicge GLVERGOX 111,11 trivius, ubi tres viae in unum conveniunt GLVERGOX

WĪGGIGERWI *nt-ja Kampfbereitschaft* ◊ *readiness for battle*
• *ns* vvíggígéri GLPRUDF1 95,5/6 procinctus GLPRUDF1

WĪGHERS *nt-a Streitross* ◊ *war-horse*
• *gs* uuihherses GLVERGOX 114,8 equus bellatoris GLVERGOX

WĪGHŪS *nt-a Bollwerk* ◊ *bulwark*
• *ns* wichus GLMARF III,722,8 — *ap* uuihhus GLSPET 85,24 propugnaculum GLMARF GLSPET

WĪGMANN *m-cons Krieger* ◊ *warrior*
• *ap* vuichman GLPRUDF1 94,7 perduellis GLPRUDF1

uuigo → **WEG**

WĪGSAKA *f-ō Waffengang* ◊ *passage at arms*
• *as* uuigsaca H *CM* 4885

WĪH *m-a + m-ja/i Heiligtum, Tempel* ◊ *sanctuary, temple*

o⁹² *gs* uuihes H *CM* 4150. 4163. 4942, uuihæs (æ<a) *M* 814 — *ds* uuihe H *CMS*, uuiha *M*; uuihæ (h *add*) *C* 171, uuihę 462, uuihie 4247 — *as* uuih H *CMS* — *gp* uuiho 3687

uuih- → **WĪG-**

WĪHAN *v-1 niederkämpfen, zerhauen* ◊ *to overcome, hack*
• *1sips* uichon GLTRSEM VII,23 — *pcpt* giwigan HILD 68 enervare GLTRSEM

WĪHDAG *m-a Feiertag* ◊ *feast day*
• *ds* uuihdage H *CM* 4530. 5200 — *dp* uuihdagun H *M*, uuihdagon *C* 4201. 4477

vuihethon → **WĪHITHA**

WĪHHÊD *m-a (<-u; f?) Heiligkeit* ◊ *holiness*
• *gs* vui(h)hedas (*stil*) GLGREG 65,17 reverentia GLGREG

WĪHIAN *v-I heiligen, heilig halten, segnen, weihen* ◊ *to bless, consecrate, hallow*
• *3sipt* uuihida H *M* 5974, uuihide *M* 2854 (uuihda *C*). 4633 (uuihida *C*), wieda BEDA 6 — *pcpt* giuuihid H *C*, geuuihid *M* 262 (giuuihit, h<g, *M*). 1602. 4394, giuuihid CONFES 16, 15, giuuid PSLUB 111,2 benedicere PSLUB

GI**WĪHIAN** *v-I heiligen, lobpreisen, segnen* ◊ *to bless, praise*
• *1sips* [g]ihuu[ihiu] PSLUB 33,2 — *3sips* giuuihit PSLUB 28,11 — *2pimp* geuuihad H *M*, giuuihat *C* 1938 benedicere PSLUB

uuihiri → **WĪWERI**

WĪHITHA *f-ō Reliquie* ◊ *relic*
• *dp* vuihethon CONFES 16,4, vuiethon 17,7

WĪHRÔK *m(-i) Weihrauch* ◊ *incense*
• *as* uuihroc (h *add*) H *C*, uuihrog *M* 674, uuiroc *M*, uuihrog *C* 106

WĪHRÔKBÔM *m-a Weihrauchbaum* ◊ *incense tree*
• *ns* vvirokboum GLADM718 77,11
styrax GLADM718

WĪHRÔKFAT *nt-a Weihrauchgefäß* ◊ *censer*
• *ns* wirovgsaz° (= wirovgfaz⁺) GLMARF III,716,43
acerra GLMARF

WĪHSTEDI *m-i heilige Stätte* ◊ *holy place*
• *as* uuhistedi GEN 161

uuiht → **WITH**¹

WIHT *m(+ f?)-i, (s: nt?) etwas, neg nichts; p Leute, Wesen, (böse) Geister, Dämonen* ◊ *(some)thing, any(thing), neg nothing; p people, beings, (evil) spirits, demons —* wihti(u), wiht, mid wihti(u) neg *keineswegs, nicht im mindesten, überhaupt nicht* ◊ *not at all, by no means*
o¹³⁷ *ns* uuiht GEN 21. 22. 57 H *CM* — *gs* uuihtes H *CM* 2773. 2885. *C* 4000. 5478 — *ds* uuihti H *CM*; uuihtig *C* 935, uuihti: (2.u<ras) 4429 — *as* uuiht H *VCMS*; uuiht (i<i) *C* 2432, uuhit GEN 171, uit GLEVES 57,26 — *instr* uuihtiu H *M* 1420. 1810 — *np* uuihti H *CM*; uuihtig *C* 1055. 1610 — *gp* uuihteo GEN 257, uuihto GLTRSEM V,56 — *ap* H *CM* 1030
• (mid) wihte *irgendwie* ◊ *in any way* — neg to wuhte *keinesfalls* ◊ *not under any circumstances* GENB *nt-i ns* wiht 813 — *ds* wihte 381, wihte 394. 400, wihtæ 278, wuhte# 681. 839 — *as* wiht 242. 785, wuht# 530. 534. 661. 812

uuihta → **WINKIAN**

GIWIHTI *nt-ja Gewicht* ◊ *weight*
• *ns* giuuihti (2.i<e) GLTRSEM XIII,67
pensum GLTRSEM

WĪK *(m?)-i + cons? Wohnstätte, Dorf, Ort* ◊ *village, dwelling place*
• *dp* uuikeon H *M*, uuiceon *C* 2827, uuikeom GEN 319 — *ap* uuik H *M*, uuiki *C* 3699

• GLWERDA (#*nt-a/f-i*) *ns* uuic 346
vicus (ubi mercatores morantur) GLWERDA

wic(-) → **WĪG**(-)

WĪKAN *v-1 (zurück)weichen* ◊ *to yield, recede*
• *inf* uuikan H *C*, uuican *M* 1814 — *3sipt* uuek H *CM* 2946

GIWĪKAN *v-1 weichen, Platz machen* ◊ *to give way, place (to)*
• *1sipt* geuuichun GLEPIST I,768,6 — *3sipt* giuuek GLPSERIUG
cedere GLEPIST GLPSERIUG

vuichman → **WĪGMANN**

WĪKING *m-a Seeräuber* ◊ *pirate*
• *mlat (?) ap* wichingos⁺? ADAM IV,6
pirata ADAM

WIKK(I)A *f-(j-)n Wicke* ◊ *vetch*
• *ns* uuicca GLSPET 76,17‖, uuicka GLTRSEM XVI,66 — *gs* vuicchun⁺ GLVERGOX 110,29
vicia GLSPET GLTRSEM GLVERGOX

WILD *adj wild(wachsend)* ◊ *wild*
• *nsm* uuildo GLKBH
hermodactilus (uuildo clofloc) GLKBH

WILDBRĀD *(nt-a) Wildbret* ◊ *game, venison*
• *ns* wiltbrat GLMARF III,717,56
tuccetum GLMARF

WILDI *adj-ja/jō wild, wild wachsend* ◊ *wild*
• *nsm* uuildi GLSTR 108,15 GLTRSEM V,144. XII,125. XVIII,22, wildi GLTR40 V,42,30, uuilde 43,40 (2) GLTRSEM XVI,6, wilde GLMARF III,719,52 — *apf* vvildia GLPRUDF1 95,25/26
ferus GLPRUDF1 colocasia (~ minza) GLMARF GLTR40 GLTRSEM raphanus (~ cresso, ~ radich) GLTR40 colocynthida (~ curueiz) GLTRSEM onagrus (~ esil) GLSTR pilax (~ kaza) GLTRSEM taminia [uva] (~ reua) GLTRSEM

WILGIA *f-jō Weide(nbaum)* ◊ *willow*
- *ns* vvílgia GLPRUDF1 96,35, uuilge GLVERGDRSD — *dp* uuilgion GLPRUDF1 94,10/11
salictum GLPRUDF1 salix GLPRUDF1 GLVERGDRSD

vuilik → **HWILĪK**
uuilla° → **HWĪLA**
uuilleo, uuillia → **WILLIO**

WILLIAN *anv wollen, wünschen, vorhaben* ◊ *to want, wish, desire, intend, will* — uuilliandi *willig, freiwillig, von sich aus* ◊ *willing, voluntary, spontaneously* — ~ + *inf zur Bildung analytischer Futurformen, modales Hilfsverb zur Umschreibung von Optativ und Imperativ* ◊ *forming periphrastic future tenses, modal auxiliary in a periphrasis of optative and imperative*
o⁵⁸⁸ *inf* uuillien H *M*, uuellian *C* 3096 — *1sips* uuilliu H *CM*, uuilleo *PCM*, uuelliu *C*; uuilleo (e<i) *M* 998, uuillio *M* 1532. *C* 1977, uueleo *C* 2561, uuellia°ʔ 3829, uuellu 2956, uuilli GEN 72 (uuillik). 177. 182. 209. 221, uille 210 — *2sips* uuili GEN 199 H *CM*; ŵili HILD 40, uuilt H *M* 1102. 4432 (uuilt|thu). *C* 5590 (uuilt thu), uuilt (uuil|thu) *C* 5158 (uuilthu) GEN 168. 171. 215. 236, uuilis 233, uuilld H *C* 4484 — *3sips* uuili H *PVCM* PSLUB 111,1, uuil H *C*; uili *C* 1526, uuil *M* 1319. 1622. 1804, uuill *C* 3506. 4415. 4440, uuilit 1685 — *1pips* uuilliad H *M*, uuelliat *C* 3059 (uuellat *C*). 3949, uuliat *C* 5485 — *2pips* uuilliad H *M*, uuelliat, uuelleat *C*; uuilliat *M* 4574. *C* 5104, uuillead *M* 1689. 4841, uuilleat *CM* 1474. *M* 1621, uuelleant *C* 3619 — *3pips* uuilliad *M*, uuelliat, uuelleat *C*; uuilliat *V* 1353, uuillead *M* 1725 (uuilliat *C*). 1730, uuilleat *V* 1311. *C* 5091 — *1sops* uuillie H *CM* 1421. *C* 4682 — *2sops* uuillies H *M*, uuellies *C* 3077. 3855. 4486, uuilleas GEN 175. 229, vuillias CONFES 17,26, vvíllías GLPRUDF1 102,30, vvillias 102,31 — *3sops* uuillie H *CM*; uuillea *M* 122. 1375 (uuellie *C*), uuellie (*1.*e<i) *C* 2449, uuelle 934, uuillia GLEVES 49,11 — *2pops* uuillian H *C* 4841, uuillean *CM* 1597, uuillean *M*, uuellean *C* 1573. 1630. *M* 888. 1733 — *3pops* uuillia° H *C* 4684 (uuillia[d] *3pips?*) — *2pimp* uuilleat H *M*, uuelleat *C* 1637 — *pcps* uuilleandi H *M*, uuillandi *C* 1965, uuilliendi *M*, uuillendi *C* 3182. 3217 3756 (uuilliandi *C*). *C* 3431. 5597, uillindi GLEVES 53,23 —
1sipt uuelda GEN 66 — *2sipt* uueldes H *M*, uueldas *C* 821 — *3sipt* uuelda GEN 155 H *PVCM*, uuelde *MS*, uuolda *C*; uuellda *C* 5432, uuolda *M* 1123, uualda *C* 714, ualda 301, uuelde (-e>a) *M* 301, uuelde (uueldere *ms*) GEN 331 — *2pipt* uueldun H *CM* 4428. 4905. 4909 — *3pipt* uueldun GEN 121 H *LCMS*, uuoldun *C*; uuoldon *C* 546, uuoldun *M* 1230. 1231 — *1sopt* uueldi H *CM* 4884 — *3sopt* uueldi GEN 218 H *VCM*; uuoldi *C* 132. 4591. *M* 1158 — *1popt* uueldin H *M* 4847 — *3popt* uueldin H *CMS*, uúeldin GEN 305
o²⁴ GENB *1sips* wille — *2sips* wilt 559 — *3sips* wile 396, *neg* nele# 513 — *1/3pips* willað# — *pcps* willende# 560 — *3si/opt* wolde, *neg* nolde# 264 — *3pipt* woldon, *neg* noldon# — *1/3popt* wolden#
velle GLEVES PSLUB (ultro) GLEVES

uuillie → **WILLIO**

WILLIG *adj* (+ *g*) *willig (zu), freudig* ◊ *willing (to), joyful*
- *ns* uuillich GLVERGOX 114,13 — *npm* uuilliga H *C*, uuillige *M* 3399
laetus GLVERGOX

WILLIO *m-j-n Wille, Wunsch, Absicht, Verlangen, Gutdünken, Nutzen, Freude, Wohlgefallen, Huld, Gunst, Gnade* ◊ *will, wish, intention, desire, discretion, benefit, pleasure, satisfaction, joy, grace, favour, mercy* — uuillion *adv bereitwillig, gern, aus freiem Willen* ◊ *willingly, eagerly, voluntarily*
o³⁴¹ *ns* uuillio, uuilleo H *CM*, uuillo *C*; uuilleo *P* 969, uuillia *S* 536, uuillie *C*

2424, [v]uil[l]o PsGern 7,2 [13,15] — gs uuilleon, uuillean H *M*, uuillion, uuillien, uuillen *C*; uuilleon (*d?*) *C* 1962. 3544, uuillean *C* 3768. 4158, uuillion *M*, uuilleon *V*, uuillon *C* 1330, uuillen (<uue|len, *1*.e>i, 1 *add*) *C* 2643 — *ds* uuilleon, uuillion H *CM*, uuillean *M*, uuillien *C*; uuilleon *C* 933 (e<o), uuillean *L* 5861 Gen 193. 205, uuillian 247. 328, uuillion AbrK 3 (*p?*), vuillan GlGreg 64,18 — *as* uuilleon, uuillion H *CM*, uuillean *M*, uuillon *C*; uuilleon *V* 1283. *L* 5868, uuillean *P* 964. 977. *V* 1307, Gen 50 (uuillea *ms*). 121. 231, uuillion ConfEs (*ds?*) 17,19,24, uuillian H *S* 398. 699, uuillien *C* 4796, uilleon 827. 1222, uillon 1172, uûillon 790, u'uilleon 797, uuillieon 2215, uulleon 4188, uuillean (ea<ie) *M* 4784, willen ConfPal 362,13 — *np* uuilleon H *C* 1729 — *gp* uuilliono H *C*, uuilleono *M* 603. 4025. *C* 5925
o¹³ *Erwünschtes* ◊ *desired thing* GenB gs willan# 400 — *ds* willan# 717 — *as* willan# — *gp* wilna# 236
affectus (PsGern) voluntas GlGreg

uuillina → **WULLINA**

GIWILLION¹ *v-II Genüge tun* ◊ *to satisfy*
• *1sips* giuuillion GlTrSem XV,65
satisfacere GlTrSem

WILLION² *v-II impers + d pers Übelkeit empfinden* ◊ *to suffer from nausea* — *cf* **WULLON**
• *3sips* uuillot^(bfk+?) GlSpet 87,31 — *pcps dp* uuilliodion° (= uuilliondion) GlPB2 I,296,5
nauseare GlSpet *pcps* fastidiosus GlPB2

BIWILLITHA *f-ō Angriff* ◊ *attack*
• *ns* biuuillida⁺ GlSpet 79,15 ‖
infestatio GlSpet

uuillo → **WILLIO**

WILLSPELL *nt-a freudige, gute Nachricht, frohe Botschaft* ◊ *good, joyful news, glad tidings*

• *ns* uuillspell H *L*, uuilspell *C* 5829 — *as* uuillspell H *LC* 5836, uuilspel *CM* 519 (uúillspell *S*). 527 (uuilspell *S*), uuillspel (el<ll) *C* 5942, uullspel 5945

uuilon → **HWĪLA**
wiltbrat → **WILDBRĀD**

WIMIL *(m-a) Bohrer* ◊ *drill*
• *ns* wimel GlMarf III,718,47
terebellus GlMarf

WIMPAL *(m-a) Schleier* ◊ *veil*
• *ns* uuimpal GlSpet 73,6
theristrum GlSpet

WĪN *m-a + nt-a Wein* ◊ *wine*
• *gs* uuines H *CM* 127. 2012. 2020. 2048. 2058 (*nt*). 2067, [v]ui[nes] PsGern 4,5 [12,4] — *ds* uuine H *CM* 2043. 2074 — *as* uuin H *CM* 2008 (*m*). 2026, uuin *M*, uúin *C* 2739. 4633 — *instr* uuinu H *CM* 2053. 2747
vinum (PsGern)

WĪNBERI *nt-ja Weintraube* ◊ *grape*
• *ns* uui[n](b)[eri] GlVergDrsd, winbire GlMarf III,720,10 — *np* uuinberi H *CM* 1742
racemus GlVergDrsd uva GlMarf

winbur → **WĪNGIBŪR**

WIND¹ *m-a Wind* ◊ *wind* — uuintes brut *Windsbraut* ◊ *gale*
• *ns* uuind Gen 15 H *CM* 1809. 1820. 2263. 2913. *C* 2244 — *gs* uiuntes° (= uuintes⁺) GlSpet 80,7/8 ‖ — *ds* uuinde H *CM* 1814. 1822. 2256. 2916 — *as* uuind H *C* 2239 — *instr* uuindu H *CM* 2944
• GenB *ns* wind 315. 806
vertigo (uuintes brut) GlSpet

WIND² *(m-a) Windhund* ◊ *greyhound*
• *ns* ⊦ uuind (i<e) GlTrSem XVI,86, wint GlMarf III,718,54
velter GlMarf GlTrSem

winda

WINDA¹ *f-n Ranke* ◊ *vine-shoot*
• *ds* uuinton⁺ GLSPET 86,4‖
palmes GLSPET

WINDA² *f-ō/n Fächer, Blasebalg* ◊ *fan, bellows*
• *ns* uuinda GLSPET 84,12 GLTRSEM VII,106
flabrum GLSPET GLTRSEM

WINDAN *v-3 winden, sich bewegen, zurückkehren, abwickeln; pcpt spiralförmig* ◊ *to wind, move, return, unwind; pcpt spiral*
• *inf* uuindan H *C* 5500 — *3sipt* ẃant HILD 33 — *3pipt* uundun H *CM* 415. 2944 — *pcpt* uundan H *CM*, giuunden *S* 554, gumdlunt° (= giuu*n*dan t[heodisce]) GLPB1 I,429,7 — *pcpt apm* ẃuntane⁺ HILD 33, giuuntena⁺ GLADM718 78,5
• *gleiten* ◊ *to glide* GENB *inf* windan 418 — *3sipt* wand 446. 491
pcpt bratteus GLADM718 plecta GLPB1

ANDWINDAN *v-3 loswickeln* ◊ *to unwrap*
• *3pipt* antuundun H *CM* 4103

BIWINDAN *v-3 (um)wickeln, einhüllen* ◊ *to wrap around, swaddle*
• *3sipt* biuuand H *C* 5734. *MS* 379 (biuand *C*) — *pcpt* biuundan H *CM* 406. 4100 (beuunden, b<*corr M*)
• *umgeben* ◊ *to surround* GENB *pcpt* bewunden 420. 668

EDWINDAN *v-3 herumschleudern* ◊ *to spin around*
• *3sops* eduuinde GLPRUDP 62,2
rotare GLPRUDP

WINDBERGA *f(-ō) Zinne, Brustwehr* ◊ *merlon, breastwork*
• *ns* uuintberga GLSPET 87,6‖ GLTRSEM XII,124 (er *abbr*)
pinna GLSPET pinnaculum GLTRSEM

WINDBRAND *m-a Getreidebrand* ◊ *uredo, smut*
• *ns* vuintbrant GLPRUDSLUD IV, 344,20
rubigo GLPRUDSLUD

WINDBRĀWA *f-wō Augenbraue* ◊ *eyebrow*
• *ns* uuintbraauia° (= uuintbrauua/uuintbrauuia) GLSPET 86,33
supercilium (superbia) GLSPET

uuindehoppa → **WIDUHOPPA**

WINDILA *f-ō/n Binde, Windel, Wendung (?)* ◊ *band, nappy, turn (?)*
• *ns* uuindila GLSPET 86,7‖, wíntela⁺ GLHARD IV,277,13
involumentum GLHARD reversio [= stropha], strophium GLSPET

WINDILSTÊN *m-a Wendeltreppe* ◊ *spiral staircase*
• *ns* windelsten GLMARF III,716,37, uuíndelsteín⁺ GLTR40 V,48,5
cochlea GLMARF GLTR40

WINDING *m-a Binde, Wickelgamasche, Beinling* ◊ *strip of material, puttee, leggings*
• *ns* uuinding GLTRSEM VII,112, winding GLMARF III,722,36, uinning GLVERGOX 111,34 — *ap* uuindingos URBWERDA 38,14
fascia GLMARF GLTRSEM fasciola GLVERGOX

WINDINGGISKŌHI *nt-ja gebundenes Schuhwerk* ◊ *wound footwear*
• *as* uuindingiscoi URBWERDB 100,5

WINDON *v-II im Windzug bewegen, worfeln* ◊ *to expose to a draught, winnow*
• *1sips* uuindon GLTRSEM XVI,51
ventilare GLTRSEM

WINDSKŪFLA *f-n Wurfschaufel* ◊ *winnowing-shovel*
• *ds* vvíndscúflún GLPRUDF1 91,30
ventilabrum GLPRUDF1

WINDWERPON *v-II verjagen* ◊ *to blow off*
• *1pipt* uuineuuerefetemes⁺°⁾ GLSPET 77,5/6
ventilare GLSPET

wīnfard

WĪNFARD *f-i Weinfuhrdienst* ◊ *transport service of wine*
- *ds* uuinuard REGFREK *M* 43,6 — *as* uuinfard REGFREK *M* 40,6

WĪNGARDO *m-n Weingarten, Weinberg* ◊ *vineyard*
- *ds* uuingardon H *C* 3446. 3461. 3511 — *as* uuingardon H *CM* 3492 (uingardon *C*). *C* 3417 — *dp (ds?)* uuingardun H *M* 3511

WĪNGIBŪR *m-a Winzer* ◊ *winegrower*
- *ns* winbur GLMARF III,716,23
caupo GLMARF

WĪNGOD *m-a Gott des Weins* ◊ *god of wine*
- *gs* vvingódas GLPRUDF1 95,7
Liber GLPRUDF1

WINI *m-i Freund, Gefährte* ◊ *friend, companion*
- *as/p* uuini H *CM* 1017 — *np* uuini H *C* 70. 2557
- GENB *ns* wine[#] 824

WINILIOTH *nt-a weltliches Lied* ◊ *secular song*
- *np* uuinilieth GLVERGOX 112,14
psalmus plebeius, psalmus saecularis GLVERGOX

WINILUST *m-a/f-ō Ausschweifung* ◊ *debauchery*
- *np (ns lat)* uuinilusta GLTRSEM X,66
luxus GLTRSEM

WINISKAPON *v-II vereinbaren* ◊ *to agree*
- *pcps nsm* uuiniscaffender[+] GLSPET 87,15/16 ‖
mercari, pacisci GLSPET

WINISTAR *adj link* ◊ *left*
- *asf* uuinistrun H *C*, uuinistron *M* 4389. 4417

WINITREUWA *f-ō Gattentreue* ◊ *conjugal fidelity*
- *as* uuinitreuua H *CM* 321

winnan

WINKIAN *v-I wanken* ◊ *to sway*
- *3sipt* uiuhta°/uuihta GLPRUDF1[+] 89,8
nutare GLPRUDF1[+]

WINKILMĀTA *(f-ō) Winkelmaß* ◊ *protractor*
- *ns* winkelmate GLMARF III,718,44
angulatorium GLMARF

vvinco → **FINKO**

WINKON *v-II schwanken* ◊ *to vary*
- *pcps as(nt?)* uuincondi[bfk] GLPRUDBR II,572,34
nutare GLPRUDBR

WĪNMALT *nt-a Treber* ◊ *marc*
- *gs* winmalthes URBWERDF 262,14 — *as* winmalt URBWERDF 249,12/13. 254,23

WINN *nt-ja Zwietracht* ◊ *strife*
- GENB *as* winn 259

GIWINN *nt-a Krieg, Zwietracht, Streit, Ansturm, Gewinn* ◊ *battle, strife, quarrel, onslaught, profit*
- *ns* giuuinn H *C*, giuuin *M* 4321 — *gs* geuuinnes GLEPIST I,797,37 — *ds* giuuinne H *C*, geuuinne *M* 3927. 4752. 4896 — *as* giuuin H *C*, geuuin *M* 2289. 2919. 2965 (giuinn *C*). 2973. 4265. 4885 (giuuinn *C*). 5121. *C* 2252
- GENB *gs* gewinnes 296. 323
quaestus GLEPIST

WINNAN *v-3 kämpfen, streiten, gewinnen, erlangen, erwerben, erdulden, erleiden* ◊ *to struggle, fight, win, achieve, acquire, suffer, endure*
- *inf* uuinnan H *CM* 1637. 1669. *C* 5609 — *inf d* uuinnanne H *M*, uuinnianne *C* 4920 — *3sipt* uuan H *C* 2244 (uuan:, d ras). 5590, uuann *C* 5426 — *3pipt* uunnun H *CM* 2342. 3602. 4124 (uuunnun *C*) — *pcpt* giuunnan GEN 263 GLEVELT 46,28 H *C*, geuunnen *M* 1677 (geuunnan *M*). 2113. 2841 (geuunnin *M*). 3260. 3293. 3773. 3775 (giuuunnan *C*). *C* 57, giuúnnian GLEVES 48,13, giuunnian 56,30 — *pcpt gsnt* giuunnanes H *C* 1167

winnan

- *sich abmühen* ◊ *to toil* GENB *inf* winnan 278. 298, widnan° 346 (-ð-?) — *3sipt* wann 303. 490 — *pcpt* gewunnen 301 negotiari GLEVES

AWINNAN *v-3 erwerben, sich verschaffen* ◊ *to gain, obtain*
- *inf* auuinnan H *C* 1679 (auunnan *M*). 5786

ANDWINNAN *v-3 auseinanderbringen* ◊ *to separate*
- *1sips* antuuinnon GLTRSEM VI,111 distorquere GLTRSEM

FARWINNAN *v-3 für sich einnehmen* ◊ *to captivate*
- *inf* faruuinnan H *C*, faruuinnen *M* 4176

GIWINNAN *v-3 gewinnen, erreichen, erwerben, erlangen, sich aneignen, zustande bringen* ◊ *to win, gain, acquire, achieve, attain, adopt, bring about*
- *inf* giuuinnan H *CM* 725. 1463 (geuuinnan *M*). 3835 (geuuinnen *M*), giẃinnan HILD 56 — *inf d* giuuinnanne H *CM* 143. 1023. 3407 — *3sips* geuuinnit GLPRUDF1 102,13 — *pcps* giuuinnandi GLPRUDF1 94,37 — *3sipt* gevván GLPRUDF1 99,23 — *3pipt* giuuunun H *C*, geuunnun *M* 4408
- GENB *inf* gewinnan 402. 437 — *inf d* gewinnanne 660
asciscere, impendere, impetratum ferre GLPRUDF1

WĪNREVA *f-ō/n Weinrebe* ◊ *vine*
- *ns* uuinreua GLTRSEM XV,62 taminia [uva] GLTRSEM

WĪNREVUNBLAD *nt-a Weinblatt* ◊ *grape leaf*
- *ns* winreuenblad GLMARF III,720,8 pampinus GLMARF

WĪNSELI *m-i Weinhalle, Festsaal* ◊ *wine hall*
- *ds* uuinseli H *M*, uinseli *C* 229

wiodon

WĪNSKATT *m-a Weinsteuer* ◊ *wine tax*
- *ns* winscat URBWERDF 255,24 — *ds* uuinscatte REGFREK *M* 34,10

WĪNSTEDI *f-i Weingarten* ◊ *wineyard*
- *ap* vuinstedi GLPRUDF1⁺ 94,13 vinetum GLPRUDF1⁺

WĪNSTOKK *m-a Weinstock* ◊ *vine*
- *ns* winstoc GLMARF III,720,6 vitis GLMARF

uuint- → WIND-

WINTAR *m-cons Winter; p (zur Zeitmessung) Jahre* ◊ *winter; p (in computing time) years*
- *ns* uuintar H *CM* 197 — *gp* uuintro H *CM* 145. 146. 465. 514 (uuintró *S*). 964 (*P*). *C* 725, ẃintro HILD 50 — *ap* uuintar H *M*, uuinter *CS* 510

WINTARGITAL *nt-a Zahl der Winter/Jahre* ◊ *number of winters/years*
- *ap* uuintergitalu H *M* 725

WINTARKALD *adj winterkalt* ◊ *wintry cold*
- *dsm* uuintarcaldon H *C* 5809

WINTARSTUNDA *f-ō Winterstunde* ◊ *winter-hour*
- GENB *as* winterstunde 370^(#*)

WĪNTEPPERI *m-ja Schankwirt* ◊ *taverner*
- *ns* winzeppere⁺ GLMARF III,716,22 caupona GLMARF

uuinton⁺ → WINDA¹

WĪNWURM *m-i Weinmotte* ◊ *vine moth*
- *np* uuinuurmi GLSTR 107,32 bibio GLSTR

WIOD *nt-a Unkraut* ◊ *weed*
- *gs* uueodes (*1.*e<i) H *C* 2552 — *as* uuiod H *C* 2571 — *gp* (*instr?*) uueodo (e<i) H *C* 2546

WIODON *v-II ausjäten* ◊ *to weed*
- *2pops* uuiodon H *C* 2561

vuipgegaridion[+] → WĪFGIGARWIDI

WIPPIL *(m?-a) Rebenspitze ◊ top of the vine*
• *as* uuippil GLSMIH 415b
gemma GLSMIH

uuir[#] → IK
wir → WITHAR[2]
uuira → WĒRA

WĪRBRŪN *adj myrtenfarbig ◊ myrtle-coloured*
• *ns* uuirebrun GLVERGOX 109,23
murteus GLVERGOX

vuírd → WERD
uuirdig → WIRTHIG
uuirdscipi → WERDSKEPI
uuirikean → WIRKIAN
uuirke → WERK[1]

GIWIRKI *nt-ja Unternehmen, Geschehen ◊ project, events*
• *gs* giuuirkes H *C* 203 — *ds* giuuirkie H *C* 20

WIRKIAN *v-I (+ d refl) arbeiten, handeln, tun, machen, bereiten, ausführen, erfüllen, vollbringen, (er)schaffen, begehen, hervorbringen, bauen ◊ to work, act, do, make, prepare, carry out, perform, commit, create, build* — *cf* WURKIAN
• *inf* uuirkean H *CM* 790. 811. 855. 1017. 1146. 1290 (uuirikean *V*). 1819. 1986. 3069. 3492. 4530 (uuirkien *M*), uuirkian *C* 5506, uuerkian CONFES 16,6 — *inf d* uuerkeanne H *C* 5471, vuerke(nne) PSGERN 9,1 [14,10] — *3sips* uuirkid H *M*, uuirkit *C* 1809. 4315. *M* 3934 — *3pips* uuirkead H *M*, uuirkeat *C* 1919. 2584 (uuirkiad *M*). 2589 — *2pops* uuerkean H *C* 1533 — *2pimp* uuirkead H *M*, uuirkeat *C* 1638 — *3sipt* uuarhte H *M*, uuarhta *C* 466 (uuarhta *M*). 2043. 2069. 4499. 5166 (uuaratheº *C*). *C* 78. 5424, uuarathe GEN 262 — *2pipt* uuarhtun H *M* 4443 — *3pipt* uuarhtun H *M*, uuarhtun *C* 3721. *C* 5394, uuaruhtun (4.u<a) 81 — *3sopt* uuarhti GEN 247

— *3popt* uuarhtin H *M*, uuarahtin *C* 3726 — *pcpt* giuuarht H *M*, giuuaraht *C* 658. 4284. 4394. 4945 (geuuaraht *M*). *C* 5622. 5660. 5775, giuuaraht GEN 27. 36 — *pcpt gsnt* giuuarahtes H *C* 42 — *pcpt asm* giuuarahtan H *C* 1152 (geuuarhtan *M*). 1959 (tan *add C*, geuuarhten *M*) — *pcpt n/apnt* giuuarta GLEVES 49,18. 55,17 — *pcpt apf* geuuarahta H *M*, giuuarahta *C* 1482
• *erlangen ◊ to gain* GENB *inf* wyrcean[#] 250. 256. 275. 624 — *3sipt* worhte 318. 544. 713. 817 — *pcpt* geworht 365. 418, gewórht 456 — *pcpt asm* geworhtne 252. 254. 395. 507 — *pcpt asf* geworhte 505
facere GLEVES operari (PSGERN)

ANDWIRKIAN *v-I töten ◊ to kill*
• *3sips* antuuirikit GEN 68

FARWIRKIAN *v-I + d refl sich versündigen, schuldig werden, + g/+ a[#] etw verwirken ◊ + d refl to sin, become guilty, + g/+ a[#] to forfeit sth* — *pcpt* farwarht *schuldig, verworfen, verdammt ◊ guilty, reprobate, condemned*
• *inf* faruuirikian GEN 53 — *3pops* faruuirkien H *M*, foruuirkean *C* 3394 — *1sipt* faruuarta GLEVES 56,2, faruúarta 56,3 — *3sopt* faruuarhti H *M*, foruuarahti *C* 3852 — *pcpt asm* faruuarhten H *M*, faruuarahtan *C* 5186 — *pcpt npm* faruuarhton H *M* 3746 (foruuarahtun *C*). 4447 (faruuarahtun *C*) — *pcpt apm* faruuarhton H *M*, faruuarahtun *C* 2602. 4389
• *versperren ◊ to block up* GENB *pcpt asf* forworhte 837 — *pcpt np* forwórhte 381
peccare GLEVES

GIWIRKIAN *v-I handeln, tun, machen, (er)schaffen, errichten, vollbringen, erreichen, + d refl erringen ◊ to act, do, make, erect, accomplish, create, + d refl achieve*
• *inf* giuuirkean H *CM* 163. 692 (giuuirkian *C*). 901, giuuirkean *C*, geuuirkean *M* 230. 1317 (geuuirikean *V*, ge-

-wirkian

uuirken M). 2108. 3222 (giuuirkan C), geuuirkean M, giuuerkean C 1172 (k<*ras ? C*). 1513 — *inf d* giuuirkeanne H C, giuuirkenne M 1589 — *2pips* giuuirkeat H C 1569 (geuuirkead M). 1618 (geuuirkeat M) — *3pips* geuuirkiad H M, giuuirkeat C, geuuirikeat V 1339 — *3sops* geuuirkea H M, giuuirkie C 3140. 3225. C 2519. 2526 — *3sipt* giuuarahta H C, giuuarhte M 1212. 2887. 3594. 3609. C 36. 5417, giuuarahta C, geuuarhte M 1207. 1683. 2166 — *2pipt* giuuarahtun H C 4443
• GENB *inf* gewyrcean[#] 280. 835 — *1sipt* geworhte 727 — *3sopt* geworhte[#] 273

uuiroc(-) → WĪHRÔK(-)
wirovgsaz° → WĪHRÔKFAT
vuirpan → WERPAN

WIRPIO *m-j-n* Werfer ◊ thrower
• *ns* uuirpo GLTRSEM VIII,104 iaculator GLTRSEM

uuirrista → WIRSISTO

WIRS *adv comp* schlimmer ◊ worse — *cf* UVILO
• uuirs H V, vuirs M, uuirss C 1347
• GENB wyrs[#] 825

WIRSISTO *adj sup* der schlimmste ◊ worst — *cf* UVIL[1]
• *nsm* uuirrista GLEVES 52,14 — *dsnt* uuiriston H C 2546 — *asnt* uuirsista H C, uuirsiste M 2058 — *dp* (v)u[irsiston] PSGERN 4,11 [12,9]
pessimus (PSGERN)

WIRSO *adj comp* schlimmer ◊ worse — *cf* UVIL[1]
• *nsm* uuirsa H CM 1516 — *nsf* uuirsa GEN 123 — *asf* uuirsun H C, uuirson M 1776. 2457
• GENB *nsf* wyrse 594[#] — *dsnt* wyrsan[#] 259 — *asnt* wyrse[#] 310

WIRT *(f-i)* Brauwürze ◊ wort (brewing)

wīs

• *ns* uuirz[+] GLSPET 78,7 GLTR40 V,41,8 bracis GLTR40 ptisana, sucus pirorum GLSPET

WIRTHI *adj-ja/jō* würdig ◊ worthy
• GENB *nsm* wyrðe[#] 621

uuirthi → WIRTHIG

ANDWIRTHIAN *v-I* zur Würdigkeit führen ◊ to bring forward worthily
• *2sips* antuuirdist[+] GLEPIST I,796,10 digne deducere GLEPIST

WIRTHIG *adj* würdig, wert, teuer, kostbar ◊ worthy, worth, precious, dear
• *ns* uuirđig GEN 64. 111. 228. 263 H C, uuirdig M 260 (đ<t C). 938 (uuirthig C). 1466. 1853 (uuirthi C). 5237, uuirđig C, uuirdig M 5017. 5106. 5108, uuirdig C, uuirđig M 1862. 2104, uuirdig CM 2879. 2885. C 3227. 4000, vuirthig GLEVES 49,21, uuirdic GEN 74 — *asm* uuirthigan > uuirthigen GLVERGOX 112,30 — *npm* uuirđiga H C 20, uuirdiga C, uuirdige M 1611. 1729 (uuirđiga C). 1933 — *npnt* uuirđig H C, uuirdig M 5092. M 1183
dignus GLEVES merens GLVERGOX

GIWIRTHIG *adj* kostbar ◊ worthy
• *npnt* giuuirđiga H C 1183

wirue → HWERVA
vuiruid → HWERVAN
uuirz[+] → WIRT

WĪS *adj* weise, klug, kundig, erfahren ◊ wise, sage, learned, experienced — ~ werthan + *g pers* (fleischlich) erkennen, (geschlechtlichen) Verkehr haben mit ◊ to know (carnally), have (sexual) intercourse with
• *ns* uuis GEN 131 H CM 229. 273. 2790. 3044, uuís S 570 — *nsm* uuiso H C, uúiso *neum* M 312 — *gsm* uuises H CS, uuisas M 503 — *dsm* uuisumu H M, uuison C 1806 — *asm* uuisan H CM 820. 4889 (uuisen M) — *asf* uuisun H

C, uuison *M* 3038 — *npm* uuisa GEN 117 H *CM* 95. 808 (uuisun *C*). 1281 (uuísa *V*). *C* 1433, uuisa *C*, uuise *M* 201. 1233. 1415. 1830. 3177. 3524. 4858, uuisun *C*, uuison *M* 649. 687. 717 (uuisan *S*), vvísun GLPRUDF1 91,23/24 — *gp* uuisaro H *CM* 209. 816 (uuisera *M*). 832 (uuisara *C*). 2814. 2968 (uuisero *C*). *M* 924, uuisara *C* 5 — *dp* uuisun H *M*, uuison *C* 641. 825 — *apm* uuisa GEN 190 — *comp nsm* uuisaro H *M*, uuisera *C* 2876 — *sup gsm* uuisoston H *M*, uuisosten *C* 2786 — *sup apm* uuisostun H *CM* 4467
sophisticus GLPRUDF1

uuis- → WISS-

WĪSA *f-ō* *+ f-n + f-cons?* Art, Weise, Lebensweise, Brauch, Verhalten, Melodie ◊ *manner, fashion, way (of life), custom, conduct, tune*
 • *ns* uuisa H *CM* 288. 453. 5257 (uuise *M*), wise GLMARF IV,179,20 — *gs* uuisu H *C*, uuisun *M* 239 — *ds* uuisu H *CM* 211, uisu GLEVES 59,22, uuisun H *CM* 4558. 4974 (uuison, o<u *M*), uuis GLSTR 108,10 — *as* uuisa H *CM* 462 (<ras *M*). *C* 2516, vuisa PSGERN 5,3 [12,13]
 • GENB *gp* wisna[#] 534
modus GLEVES instar (te thero uuis) GLSTR tenor GLMARF

WĪSDŌM *m-a* *+ nt-a* Weisheit ◊ *wisdom*
 • *ns* uuisdom H *C(nt)M(m)* 1846 — *gs* uuisdomes PSLUB 110,10 — *as* uuisdom H *CM* 848. 2005 (uuisduom *C*)
sapientia PSLUB

wisen → WESAN
wisent → WISUND

WĪSIAN *v-I* (+ *d pers*) (jmdm) zeigen, (den Weg) weisen, verkünden, verkündigen, verheißen, (jmdn) zurechtweisen, belehren, anweisen ◊ *to show (the way), announce, promise, instruct, teach, preach, rebuke (sb)*
 • *inf* uuisean H *CM* 184 (uuisan *C*) 2439 (uuisien *M*), uuisean *M*, uuesan°[?] *C* 1278. 1771 — *inf d* uuiseanne H *M* 3051 — *2sips* uuisis H *CM* 3279. 3802 — *3sips* uuisit H *CM* 1871 — *2simp* uuisi H *CM* 3227. *C* 5925 — *2pimp* uuisiad H *M*, uuiseat *C* 2463 — *3sipt* uuisda H *CM* 186, uuisda *C*, uuisde *M* 1294 (uuísda *V*). 2773. 3782. 4810 (vuisde *M*). 4832. *C* 2538 — *pcpt* giuuisid H *CM* 427. 469, giuuisid *C*, geuuisid *M* 4844. *C* 4711, geuuisid GEN 155
 • GENB *v-II 1sips* wisie[#] 563

AWĪSIAN *v-I* + *instr/d* etw zurückhalten ◊ *to hold back sth*
 • *inf* auuisian H *C*, auuisien *M* 3689, auuisan *C* 5917

FARWĪSIAN *v-I* überantworten ◊ *to hand over*
 • *inf* faruuisian H *C*, faruuisien *M* 4493

GIWĪSIAN *v-I* (+ *d pers/ d refl?*) (jmdm) zeigen, verkünd(ig)en, (jmdn) anweisen, lehren ◊ *to show, instruct, announce, preach, teach*
 • *inf* giuuisean H *CM* 190. 1360 (geuuisean *M*), geuuisien *M*, giuuisan *C* 3064. *C* 5923 — *3sips* geuuisid H *M*, giuuisit *C* 2457 — *3sipt* geuuisda H *C* 695 (giuuisde *MS*). 3215 (geuuisde *M*). *C* 36 — *3pipt* giuuisdun H *CMS* 530
 • GENB *v-II 3sipt* gewisade[#] 850

WĪSKUNING *m-a* weiser König ◊ *wise king*
 • *ns* uuiscuning H *C*, úuiscuning *M* 582

WĪSLĪK *adj* weise, klug, verständig ◊ *wise, sagacious, prudent*
 • *ns* uuislic H *CM* 1760 — *apnt* uuislic H *CM* 1205. 1740, uuislik *C* 23

WĪSLĪKO *adv* weise, von Weisheit erfüllt, wohlüberlegt ◊ *wisely, filled with wisdom, reasonably*
 • uuislico H *CM* 233. 237. 622. 655. 3764. 4284. *C* 5559
 • GENB wíslice[#] 456

WĪSO *m-n Anführer, Weisel ◊ leader, queen bee*
• *ns* uuiso GLTR40 V,48,36
costrux (bina ~) GLTR40

GIWĪSO *m-n Anführer ◊ leader*
• GLWERDC *ns* giuisa 359
conductor GLWERDC

WĪSON *v-II + g jmdn besuchen, aufsuchen, prüfen ◊ to visit, seek out, test sb*
• *inf* uuison H *CM* 3544 (uuisan *M*). 3683. 4429 (2.u<l *C*) *C* 2214. 3983 — *inf d* uuisonne H *C* 3051 — *3sips* uuisod H *C*, uuisad (d<nd) *M* 3705 — *1sipt* uuisoda CONFES 16, 26 — *2pipt* uuisodun H *CM* 4402

GIWĪSON *v-II besuchen, +* an *+ a pers,* te *+ inf d jmdn veranlassen zu tun ◊ to visit, +* an *+ a pers,* te *+ inf d to induce sb to do*
• *2simp* gívvíso/gívuíso GLPRUDF1 103,21 — *3popt* giuuisodin H *C*, geuuisadin *M* 5063
visere GLPRUDF1

wispe → **HWEPSIA**

WISS *adj verlässlich ◊ reliable*
• *asm* uuissan H *CM* 1938 (n *add C*) — *gp* uuissaro H *C* 924, uuisaro 4689

uuiss → **WESAN**

WISSBODO *m-n bevollmächtigter Bote ◊ authorized messenger*
• *ns* uuisbodo H *CM* 249

uuisses → **WIST**

WISSKUMO *m-n der gewiss Kommende ◊ one certain to come*
• *ns* uuisscumo H *C*, uuiscumo *M* 921. 4352. 4544 (uuiskumo *M*)

GIWISSO *adv nämlich, gewiss, fürwahr ◊ namely, certainly, indeed, yea*
• giuuisso GLGREG 63,4 GLLECT PSLUB 32,10,11,17. 115,10. PSWIT 84,13, geuuisso PSGERN 5,7. 9,5 [12,16. 14,14]
autem PSLUB enim PSWIT quippe GLGREG sane GLLECT

WISSUNGO *adv mit Gewissheit ◊ with certainty*
• uuissungo H *CM* 1063

WIST *(m?-i) Nahrung ◊ nourishment*
• *gs* uuisses H *CM* 2841

WISTLĪK *adj zum Unterhalt dienend ◊ serving for keep*
• *npf* uuistlicæ (t *add*) GLMERS 70,22
stipendiarius GLMERS

WISUND *m-nd Wisent ◊ bison*
• *ns* uuisund GLTRSEM IV,33, wisent GLADM508 — *n/ap* wisent GLHARD IV,260,16
bison (veson *ms*) GLHARD bubalus GLADM508 GLHARD GLTRSEM

uuit → **IK, WITA, WITH¹**
wit- → **WITH-**

WITA *interj lasst uns! ◊ let us!*
• uuita H *CM* 223. 228 (uuit *C*). *C* 3995
• GENB uton[#] 403. 839

WĪTAG, WĪTIG (1?) *adj weise, prophetisch, wissenswert ◊ wise, prophetic, worth knowing*
• *ns* uuitig H *M*, uuitag *C* 3718, (ui)tah GLGREG 64,5
sciendum GLGREG

WITAN *vptps wissen, (er)kennen, verstehen; +* inf *imstande sein zu tun ◊ to know, recognize, understand; +* inf *to be able to do* — uuitandi *wissentlich ◊ intentional* — ne uueiz⁺ *vielleicht ◊ perhaps* — ne uuet uuat *irgendein ◊ some*
o[185] *inf* uuitan GEN 182 H *C*, uuiten *M*; uuitan *M* 2436, uuitun *MC* 2434, uuiton *C* 4063 — *inf d* uuitanne H *CM* 4608, uuitanna GEN 231 — *1sips* uuet H *LCM* GEN 60. 67. 228 HILD 12 GLSMIH

400, uueiz⁺ GLEPIST IV,307,8 — *2sips* uuest H *PCM*; vuest *M* 975 — *3sips* uuet H *CM*; uu& *M* 1719. 1925, uuet (*1.*u<ni) *C* 1576. (*1.*u<l) *M* 4583, uueiz⁺ GLEPIST I,789,58 — *1pips* uuitun H *CM* 2427 (i *add C*, uitun *M*). 2654 — *2pips* uuitun H *CM*; uuiton *M* 1447 — *3pips* uuitun H *CM* — *3sops* uuiti H *C* 2533 — *2pops* uuitin H *CM* 4152. *C* 4344 — *3pops* uuitin H *CM* 4095. 4649 — *pcps* uuitandi CONFES 17,18 — *3sipt* uuissa GEN 85 H *C*, uuisse *M*; uuissa *M* 799. 2039, uuisse *C* 300. *S* 719, uuisa° *C* 4720, uuissa (i<u<a) *C* 5908 — *3pipt* uuissun H *CM*; (*1.*s *add*) *C* 615 — *3sopt* uuissi H *C* 5922, uuisse GEN 56 — *1popt* uuissin H *CM* 604 — *3popt* uuissin GEN 98 H *CM* 620. 2968. 5185. *C* 5388 — *pcpt* giuúitan GLEVES 59,27
• GENB *inf* witan 479 — *1sips* wat[#] 385. 535. 551. 558, *neg* nát[#] 531 — *3sipt* wiste^(#) 445. 489. 494. 695, *neg* nyste[#] 708 — *3pipt* wiston^(#) 786, *neg* nyston[#] 242 — *3sopt* wiste[#] 386
cognoscere GLEVES quidpiam (ne uuet uuat) GLSMIH forte (ne uueiz)⁺ GLEPIST

FARWITAN *vptps* + *d refl* Einsicht haben ◊ to be reasonable
• *2sopt* fårvvístis GLPRUDF1 104,4
sapere GLPRUDF1

UNDARWITAN *vptps* erkennen ◊ to recognize
• *inf* undaruuitan H *CM* 1668 — *3popt* undaruuissin H *CM* 2690

WĪTAN¹ *v-1* vorwerfen, zur Last legen ◊ to blame, reproach, lay to charge
• *1sips* uuítu^{bfk} GLPRUDBR II,573,48 — *2simp* uuit H *CM* 5159
• GENB *inf* wítan 824 — *1sips* wite[#] 621
ignoscere (ni ~) GLPRUDBR

FARWĪTAN¹ *v-1* schmähen ◊ to mock
• *pcps ns* uoruuitandi GLVERGOX *p.* 190
insultare GLVERGOX

GIWĪTAN² *v-1* (+ *d refl*) gehen, den Weg fortsetzen, sich begeben ◊ to go, proceed, betake oneself — te sedle ~ untergehen (Sonne) ◊ to set (sun) — up ~ + *d refl* aufbrechen ◊ to set off
○¹²⁸ *3sips* giuuitit H *C* 3458 — giuuet GEN 247 H *PCM*; giuuét *S* 356, giuet *C* 3182, geuuet *M* 1994 2088. 2167, giuu& 712. 873, giuuět (*neum*) 356, gihúeit⁽⁺⁾ HILD 18 — *3pipt* giuuitun H *CMS*, geuuitun *M*; giuuitun (n<m) *M* 806

witboum → HWĪTBÔM
uuite → HWĪT
uuiten → WITAN

WĪTI *nt-ja* Strafe, Bestrafung, Pein, Qual, Leiden, strafwürdige Tat, Verbrechen ◊ penalty, punishment, pain, torture, suffering, punishable deed, crime
○⁷⁵ *ns* uuiti H *CM* 4568, wize⁺ GLHARD IV,278,38 — *gs* uuities H *CM*; vuities *CM* 5108, uuiteas *M* 1893. 3381 — *ds* uuitie H *CM*, uuitea *M*; uuite *C* 4581. 5361 — *as* uuiti GEN 11 H *CM*; uuíti *V* 1347, uuíte 1339 — *instr* uuitiu H *C*, uuito (uuitoga?) *M* 2513 — *gp* uuiteo H *CM* 4332. *M* 1702
• GENB *ns* wite[#] 355. 431 — *ds* wíte 318, 481 — *as* wíte 329. 801, wite 296. 323. 367. 563 — *gp* wita[#] 335. 393 (a<e/æ)
tortura GLHARD

WĪTIG (1 ?) → WĪTAG, WĪTIG (1 ?)

WĪTNERI *m-ja* Folterknecht ◊ torturor
• *np* vuitnera GLPRUDF1 101,32
tortor GLPRUDF1

WĪTNON *v-II* strafen, tadeln, peinigen, umbringen, hinrichten ◊ to punish, rebuke, torture, kill, execute
• *inf* uuitnon H *CM* 3945. 4224. *C* 3989 — *3sips* úuitnod GLEVES 51,6, vvítnod GLPRUDF1 101,2 — *3pips* uuitnod H *M*, uúitnot *S*, uuitnot *C* 501 — *3sops* uuitnoie H *M*, uuitno *C* 5243 — *3pipt* uuitnodun H *CM* 751 — *3sopt* uuitnodi H *CM* 5135
afficere GLPRUDF1 corripere GLEVES

GIWĪTNON *v-II verurteilen, bestrafen* ◊ *to condemn, punish*
• *inf* giuuitnon H *C*, geuuitnon *M* 3864

GIWITO *m-n Zeuge* ◊ *witness*
• *np* giuuihton GLEVES 52,9
testimonium GLEVES

WITOD *adj/pcpt zugedacht* ◊ *destined*
• *gsm* uuitodes H *M*, uuitodas *C* 1879
• *festgesetzt, sicher* ◊ *appointed, certain*
GENB *ns* witod 730 — *asf* witode 727 — *asnt* witot (-t>-de = witode *apf*) 475

uuiton → WITAN

GIWITSKEPI *nt-i Zeugnis, Zeugenaussage, Beweis* ◊ *witness, evidence, testimony*
• *gs* giuuitscipies H *C*, geuuitscepies *M* 5101 — *ds* giuuitscipie H *C*, geuuitskepie *M* 1949, givuitscipia CONFES 17,9, gihuuitscepia GLEVES 55,35 — *as* giuuitscipi H *C*, geuuitscepi *M* 3270 (geuuitskepi *M*). 5068. 5226 — *instr* geuuitscepi H *M*, giuuitscipiu *C* 5190
testimonium GLEVES

GIWITT *nt-ja Verstand, Weisheit, Einsicht, Klugheit* ◊ *wit, understanding, wisdom, intelligence*
• *ns* giuuit H *C*, geuuit *M* 575 (giuuitt *S*, giuuit *M*). 1846. 2656 — *gs* giuuitties H *M*, giuuitteas *C* 783, giuuitteas *M*, giuuitties *C* 239 — *ds* geuuittea H *M* 1760 (giuuittea *C*). 2429 (giuuittie *C*), giuuizze⁺ GLPRUDF1⁺ 90,4 — *as* giuuitt GEN 131, geuuitt 105. 117, giuuit H *CM* 209. 260. 689 (giuuith *C*). 850. 1278. 1806. 2276 (geuuihtº *M*). 2280 (geuuit *M*). 2607. 2881 (geuuit *M*). *C* 23. 4711, giuuitti GLEVES 54,4/5 — *instr* giuuittiu H *C*, geuuitteu *M* 2990, geuuittio GEN 267. 272 — *gp* giuuitteo H *CM* 848
• GENB *as* gewít 250. 671
mens GLEVES spiritus GLPRUDF1⁺

ANDWITTIAN *v-I töricht abweichen* ◊ *to err foolishly*
• *1sips* intuuizo⁺ GLSPET 81,21

desipiscere GLSPET

WITTIG *adj verständig* ◊ *sagacious*
• *ns* uuittig H *M* 569

GIWITTIG *adj verständig* ◊ *sagacious*
• *ns* giuuittig H *CS* 569

WITTON *v-II mit einer Kopfbinde versehen* ◊ *to provide with a headband*
• *pcpt nsm* uuittoto⁺ GLPRUDF1 101,37
pcpt vittatus GLPRUDF1

uuitun → WITAN

WITH¹ *praep + d, a, instr gegen, vor, (als Gegenleistung) für, zu, gegenüber, angesichts, nach, gemäß, mit, um ... herum* ◊ *against, from, towards, to, (in return) for, in the face of, after, (in accordance) with, around* — thenkian ~ + *d etw missbilligen* ◊ *to disapprove to sth*
o¹⁶³ uuið, uuid H *C*, uuid *M*; uuid GEN 67, uuid H *M* 1626. 1811. 1822. 1885, uuit 4432. 4579, uuith *C* 1468 (?). 2282, vuid 2973, uuid (2. u *add*) 1980, uuiht 3799 GLEVES 60,8, vu(id)/vui(th) PSGERN 8,5 [14,9]
o¹⁵ GENB wið
secundum GLEVES

WITH-: -FĀHAN, -QUETHAN

WITH² *(f-i) Band* ◊ *rope* → WIDTHIA
• *ns* uuid⁺ GLSPET 83,12
retorta GLSPET

uuitha- *mlat* → WIDTHIA
uuithar → WETHAR

WITHAR¹ *praep + d, a, instr gegen, vor, (als Gegenleistung) für, gegenüber, nahe an, mit* ◊ *against, from, towards, to, (in return) for, near, with*
o⁶¹ uuiðar, uuidar H *CM*, uuiðar *C*, uuider *CM* GEN 190. 228; uuithar CONFES 16,8,10. 17,19 GLGREG 62,7 H *C* 1794, uuither 4210, uuiðer 1438. 2210, uuiðer 1814. 5785, vuithar CONFES 16,7 (2),8,9, widar⁺ HILD 38

WITHAR² *adv wieder, zurück* ◊ *again, back*
— thar ~ *hingegen* ◊ *however*
• vuithar GLGREG 65,20, wither BEDA 12, uuider GEN 306, wir CONFPAL 363,28
at contra (thar ~) (GLGREG)

WITHAR-: -BLEUWAN, -FERIAN, -ĪLIAN, -KUMAN, -SEGGIAN, -SIUWIAN, -STANDAN, -THWAHAN (?), -TIOHAN, -WĀGIAN, -WEGAN, -WERPAN

vuíthardvváid → WITHAR**THWAHAN** (?)

WITHARFARD *f-i Wiederkehr* ◊ *return*
• *ds* vvítharvérdi GLPRUDF1 102,10
reditus GLPRUDF1

vuitharico → **WITHRIKO**

WITHARLĀGA *f-ō Vergleichbares* ◊ *comparable (thing)*
• *as/p* uuidarlaga H *M*, uuiderlaga *C* 2640

WITHARMŌD *adj feindlich gesinnt, verhasst* ◊ *hostile, hated*
• *ns* uuidarmuod H *C*, uuidermod *M* 2712, 3789. *C* 4134

WITHARMŌDI *nt-ja/f-i (?) Feindschaft* ◊ *hostility*
• GENB *f-ō ns* wiðermedo# 660

WITHARON *v-II ablehnen* ◊ *to refuse*
• *3sipt* uuidaroda⁺ GLPB2 I,298,11
renuere GLPB2

WITHARSAKA *f-ō Gegengrund* ◊ *reason against*
• *as* uuidersaca H *C*, uuidersac *M* 3873

WITHARSAKO *m-n Widersacher, Gegner* ◊ *adversary, opponent*
• *ns* uuiðersaco H *C*, uuidersaco *M* 4742 — *as* uuidarsacon H *C*, uuidersakon *M* 3792 — *np* uuitharsacon H *C* 5643, uuidarsacon *C*, uuidersakon *M* 2889 (uuidersacon *M*). 3800. 3856. 3948, uuidersacon *C*, uuidersakon *M* 3885. 4227 — *dp* uuidersakun H *M*, uuiðarsacon *C* 4443

vvíthartiáhád → WITHAR**TIOHAN**
uúitháruúaíd → WITHAR**WĀGIAN**

WITHARWARD *adj + g widerstrebend gegen, + d jmdm widerwärtig; adv rücklings* ◊ *+ g reluctant against, + d repulsive to; adv backward*
• *ns* uuidaruuard H *C*, uuideruuard *M* 3100, uuideruuord *M* 4134 — *(asnt) adv* uuiđeruuard H *C* 4853

WITHARWARDES *adv rücklings* ◊ *backwards*
• uuideruuardes H *M* 4853

WITHARWERDIG *adj widerwärtig* ◊ *offensive*
• *nsf* uuitheruuerdiga GLPRUDF1⁺ 89,19
versutus GLPRUDF1⁺

uuithe- → **WIDU-**

WITHILLIO *m-j-n Zwitter* ◊ *hermaphrodite*
• *ns* uuithillo⁺⁷ GLTRSEM II,7
androgynus GLTRSEM

WITHRIKO *m-n Widdermännchen* ◊ *male ram*
• *ns* vuitharico GLLECT
masculus GLLECT

WITHUMLĪK *adj zur Mitgift gehörig* ◊ *forming part of a dowry*
• *apm* uuithumlica GLVERGOX 112,19, uui(th)[umlica] GLVERGW
dotalis GLVERGOX GLVERGW

WIVIL *(m-a) Käfer* ◊ *beetle*
• *ns(p?)* weuel GLHARD *fol.* 63v
crabro, scarabaeus GLHARD

UPP**WIUMIAN** *v-I aufwallen* ◊ *to bubble up*
• *1sips* upuuimo GLTRSEM VII,78
ebullire GLTRSEM

WĪWERI *m-ja Wasserbecken* ◊ *pool*
• *ns* uuihiri GLSPET 79,22 ‖
piscina GLSPET

wize⁺ → **WĪTI**
uuizuurz⁺ → HWĪTWURT

WLAKON *v-II lau sein/werden* ◊ *to be/become tepid*
- *1sips* uualachon⁺ GLTRSEM XV,82
tepere GLTRSEM

WLANK *adj stolz, übermütig* ◊ *proud, arrogant*
- *ns* uulank H *M*, uulanc *C* 5210 — *asm* uulankan H *M*, uulancan *C* 3185 — *npm/f* uulanca H *CM* 3927. 4220 (uulanka *M*), uulanca *C*, uulanke *M* 4942. *M* 5271 — *dp* uulankun H *M*, uulanc|con *C* 4134, uulancan *C* 5271

uulbo- → **WULF**

WLENKIAN *v-I übermütig machen* ◊ *to make arrogant*
- *pcpt* giuulenkid H *CM* 2747

uuliat → **WILLIAN**

WLISP *adj lispelnd* ◊ *lisping*
- *ns* uulisp GLTRSEM IV,8, lisi° GLMARF III,716,1
blaesus GLMARF GLTRSEM

WLISPON *v-II lispeln* ◊ *to lisp*
- *pcps* lispende⁺ GLADM718 78,11
pcps blaesus GLADM718

uulistien → **FULLÊSTIAN**

WLĪTAN *v-1 schauen* ◊ *to look*
- *inf* uulitan H *L* 5846
- GENB *inf* wlitan 608

WLITI *m-i Aussehen, Glanz* ◊ *appearance, brilliance*
- *ns* uuliti H *CM* 3124 — *ds* uulitie H *C* 5811, uulite *LC* 5846 — *as* uuliti H *CM* 3152
- *Schönheit* ◊ *beauty* GENB *ns* wlite# 613

WLITIG *adj schön, strahlend, leuchtend* ◊ *beautiful, beaming, shining*

- *ns* uulitig H *M*, uuliti *C* 1393 — *npf* uulitiga H *C*, uulitige *M* 201 (*1.* i *add M*) — *sup ns* uulitigost H *CM* 271
- GENB *ns* wlitig 467 — *comp nsm* wlitegra 520 — *comp nsf* wlitigre 604 — *sup nsnt* wlitegost 627. 822 — *sup asnt* wlitegost 701

WLITISKÔNI¹ *adj (wunder)schön, herrlich* ◊ *(very) lovely, beautiful*
- *asf* uulitisconia H *C*, uulitisconie *M* 3578 — *npnt* ulitisconi H *C*, uulitisconio *L* 5829
- GENB *asnt* wlitesciene# 527

WLITISKÔNI² *f-ī glanzvolle Schönheit* ◊ *brilliant beauty*
- *ns* uulitisconi H *M*, uulitigsconi *C* 3146

WLITIWAMM *nt-a Gesichtsverletzung* ◊ *facial injury*
- *as* uulitiua*m* (*abbr*) *C*, uultauam° *Sp* LEXSAX 5

uulleon → **WILLIO**
uullspel → **WILLSPELL**

WLÔH *f-cons Wollflocke* ◊ *piece of wool*
- *ap* uuuloo GLVERGOX 111,41
floccus GLVERGOX

vulotad → **FLOTON**
uultauam° → **WLITIWAMM**
uundar° → **UNDAR**
uundur → **WUNDAR**
uunodsamna → **WONODSAM**
uunon → **WONON**
uuodera → **WÔTHI**

WÔDIAN *v-I wüten, wütend, tobsüchtig sein* ◊ *to rage, be furious, raving mad*
- *1sips* uuudon GLTRSEM VI,98 — *pcps* uuodiandi H *C*, uuodienti *M* 2276, uuothdien° (*1.*u *add*, = uuothendi⁺) GLPB2 I,296,15 — *pcps nsm* vuadender⁺ GLSPET 76,20 ‖
dementare GLTRSEM *pcps* furibundus GLPB2 GLSPET

wodiera   **-wonon**

uuodiera → WŌTHI
uuof → ŪWO
uuoh → WĀH²
uuói → WĀHI

WŌKAR m/nt-a Gewinn ◊ gain
• as uuochar⁺ GLPB2 I,298,1
quaestum GLPB2

WOKKO m-n Wocken (Spinnrocken), Docht ◊ distaff, wick
• ns uuocco GLVERGOX 112,7, uuacco GLTR40 V,48,6, uuakka GLVERGOX XIV
cicindela GLTR40 GLVERGOX colus GLVERGOX

WŌKRIAN v-I Einnahmen erzielen ◊ to make profits
• pcpt giuuokrid GLEVES 56,29
negotiari GLEVES

WŌL (m-a) Seuche ◊ plague
• ns uuol H CM 4325

WOLA → WELA², WOLA, WALA

WOLA-: -DŌN, -LĪKIAN

uuolacueti⁺ → WELAQUIDI
uuolanu → WOLNU

WŌLIAN v-I zerstören ◊ to demolish
• 3pips uuoliad GLEVELT 47,9
exterminare, demoliri GLEVELT

WOLKAN nt-a Wolke ◊ cloud
• ns uuolkan H C, uuolcan M 3144 — gs uuolcnes H CM 655 (c add C). 3152 — ds uuolcne H CM 3146 — dp uuolcnun H M 649 — ap uuolcan H CM 3118. C 649, uuolkan C, uuolcan M 392. 415
• GENB ds wolcne 418

WOLKANSKION m-a? (WOLKANSKIO m-w-n?) Wolkenhimmel ◊ cloudy sky
• as uuolcanskion H M, uuolcansceon C 4289

WOLNU interj wohlan! ◊ come! well now!
• vuólnu GLPRUDF1 97,28, vvólnv 92,11, uuolno GLEPIST I,764,45, uuolanu GLTRSEM VII,75
age GLPRUDF1 esto GLEPIST GLTRSEM

uuoluon → HWOLVO
uuoluuassepa → WULVESSÊPA
womcwidas# → WAMMQUIDI

GIWONAHÊD (f-i) Brauch ◊ custom
• ns gewonohed BEDA 14
consuetudo (BEDA)

uuonian → WONON

GIWONO¹ m-n Gewohnheit ◊ habit
• ns giuuono H C 5200

GIWONO² adj-n (+g) gewöhnt (an), gewohnt ◊ wont, used to
• ns giuuono H C, geuuono M 1641, giuuno C 4719 — np giuuono H C, geuuono M 1828

WONODSAM adj genussreich ◊ enjoyable
• asm uuonotsaman H M, uuonodsamna C 1098 — asnt uuonotsam H CM 2137

WONON v-II (+ d refl) sich aufhalten, bleiben, ausharren, wohnen ◊ to stay, remain, endure, dwell
• inf uuonon H C, uunon M 707, uuonon M, uunon C 827, uuonian C 3995. 4796 (uunon M) — 3sips uuonod H M, uuunot C 2086, uunađ PsLUB 32,11, unat 110,10. 111,3 — 2pips uuonod H M, uuonot C 1936 — 3sipt uuonoda H CM 664 (uuonode M). 761 (uuonoda C). 989 (uuonoda P). 4188 (uuonode M), wunede CONFPAL 362,17 — 3pipt uuonodun H C 3959
manere PSLUB

GIWONON v-II zusammenbleiben, gewohnt sein ◊ to stay together, be used to
• 3sipt giuuonoda H C 3960 — 3pipt geuunodun (e<o) H M 3037 — 3popt giuuonodin H C 3037

THURHWONON *v-II beharrlich bleiben* ◊ *to persevere*
• *3pipt* thuruuuonodun H *C* 3463

uuonotsam → **WONODSAM**
uuood° → **WORD**

WŌP *(m-)a Weinen, Wehklage* ◊ *weeping, lamentation*
• *as* uuop H *CM* 2194. *C* 5918 — *instr* uuopu H *CM* 3689. 4073. *C* 5515. 5522

WŌPIAN *v-7 (+ a) (be)weinen, wehklagen (über)* ◊ *to weep, cry (over), lament*
• *3sips* uuopit H *CM* 3499 — *3pips* uuopiat H *CM* 1352 — *3pops* uuópan H *V* 1352 — *pcps npnt* uuopiandi H *C* 5744 — *pcps gp* uuopiandero H *C* 5687 — *3sipt* uuiep H *C*, uueop *M* 5004 — *3pipt* uuiopun H *CM* 736. 744 (uuiepun *C*). *C* 1307 — *3popt* uuiopin H *M*, uuíopin *V* 1307, uuepin *C* 5520

BIWŌPIAN *v-7 + a beweinen* ◊ *to mourn for*
• *3sopt* ƀiuuiepi H *C* 5921

wóra → WĀH[1]

WORD *nt-a Wort, Reden, Sprechen, Gebot* ◊ *word, talking, speaking, commandment* — uuordun/mid uuordum uuehslean, uuordun uuehslon *ein Gespräch führen* ◊ *to have a conversation*
o[721] *ns* uuord H *PCM*; (d *add*) *C* 989 — *ds* uuorde H *CM* PsGERN 6,3 [12,20] — *as* uuord GEN 8 H *CMS*; (2.u *add*) *C* 409. 1205 (*ap?*). 4705 (*ap?*), uuood° *M* 1597 (*ap?*) — *instr* uuordu H *CM*; (-u>-o) *C* 40, uuordo *M* 1602 GEN 250 — *np* uuord H *CM* — *gp* uuordo CONFES 17,2 H *PLCM*; uuorđo *V* 1283, uuordu *C* 1527 GEN 282 (*instr?*), uuorda 225 — *dp* uuordum ABRPAL 10, uuordun GEN 32. 117 H *PLVCMS*, uuordon *C* CONFES 17,12 H *M* 3409 (-on<-un?), uordon *C* 3782, uuordun (2.u *add*) 1433, uuorđon GEN 78, uuorđon H *C* 330. 615, uuordun (n<m) *M* 1694, uuordum GEN 272, uuorduɴ (*abbr*) 109. 228, vu(o)r(do)[n] PsGERN 6,14 [13,13], uuortum[+] HILD 9, ẃortum[+] 40 — *ap* uuord GLEVELT 46,19 H *LCMS* PsLUB 111,5, vuord GLEVES 48,4. 57,2 o[31] GENB *ds* worde — *as* word, wórd 600 — *gp* worda — *dp* wordum, worduм (*abbr*) 649. 713 — *ap* word 245
sermo PsLUB verbum (PsGERN)

WORDGIMERKI *nt-ja Schriftzeichen* ◊ *letter*
• *dp* uuordgimerkiun H *M*, uuordgimerkion *C* 233

WORDHELPA *f-ō Fürsprache* ◊ *intercession*
• *dp* uuordhelpon H *C* 5444

WORDHETI *m-i Aufhetzung* ◊ *incitement*
• *as* uuordheti H *CM* 3898

WORDQUIDI *m-i Rede* ◊ *speech*
• *ds* uuordquidi H *CM* 3873 — *as* uuorquidi GEN 190
• GENB *as* wordcwyde[#] 730

WORDSPĀH *adj wortklug, redegewandt* ◊ *word-wise, eloquent*
• *ns* uuordspah GEN 131 — *npm* uuordspaha H *CM* 563 (uuordspahe *MS*). 2414 — *apm* uuordspaha H *C* 1150

WORDTÊKAN *nt-a vorhergesagtes Zeichen* ◊ *predicted sign*
• *as/p* uuordtecan H *CM* 4548

WORDWĪS *adj kluge Worte sprechend* ◊ *speaking wise words*
• *apm* uuorduuise H *M* 1422

worhtpenninge → **WURTHPENNING**

WŌRIG *adj erschöpft* ◊ *worn out*
• *ns* uuorig GEN 46

worc[#] → WERK[1]
(vu)orkid → **WURKIAN**

WORMO *m-n Purpurfarbe* ◊ *purple*
• *ns* uuormo GLSPET 81,28, uurmo GLTRSEM XVI,53
coccus GLSPET vermiculus GLSPET GLTRSEM

WORMON *v-II mit Purpur schmücken* ◊ *to adorn with purple*
• *pcpt* giuuormot GLSPET 78,15 ‖
pcpt vermiculatus GLSPET

uuoroldi, woruld → **WEROLD**
uuorquidi → **WORDQUIDI**
wortpeninc, wortpenninge → **WURTH-PENNING**
uuortum⁺ → **WORD**

WŌSTI *adj-ja/jō öde, wüst* ◊ *waste, desolate*
• *dsnt* uuostion H *C*, uuosteon *M* 2823, uuostun REGFREK *M* 31,21 — *dsf* uuostun REGFREK *M* 31,19 — *npm* uuostia H *CM* 3701

WŌSTIAN *v-I unbewohnt zurücklassen* ◊ *to leave uninhabited*
• *pcpt* iuuostid GLEVELT 46,21, giuuostid GLEVES 48,6
deserere GLEVELT GLEVES

A**WŌSTIAN** *v-I verwüsten* ◊ *to lay waste*
• *3pips* auuostiad H *M*, auuosteat *C* 3699

WŌSTINN *f-jō Wüste* ◊ *wilderness, desert*
• *ds* uuostinniu H *C* 860. 864, uuostinnia 935 — *as* uuostinnea H *C* 1026, uuostennia 2695, uuostenne PSLUB 28,8
desertum PSLUB

WŌSTUNN *f-jō Wüste* ◊ *wilderness, desert*
• *ds* uuostunni H *CM* 2812. *M* 860. 864. 935. 2803 (uuostunnia *C*) — *as* uuostunnea H *M* 1026, uuostunnie 2695, uuostu(n)n[e] PSLUB 28,8
desertum PSLUB

uuothdien° → **WŌDIAN**

WŌTHI *adj-ja/jō vorteilhaft* ◊ *profitable*
• *comp nsnt* uuodiera H *M* 4583 — *comp asnt* uuothera H *C*, uuodera *M* 1201

uupp → **UPP, ŪPP**
wrað(-)⁺ → **WRÊTH(-)**
uurahta° → **WIRKIAN**

WRĀKA *f-ō Rache, Vergeltung, Totschlag* ◊ *revenge, retribution, homicide*
• *ns* uuraca GEN 79, vvráka GLPRUDF1 92,18 — *as* uuraka GLEVES 58,8, uuraca H *C*, uureka *M* 3246, vvraka GLPRUDF1 91,22
• GENB *as* wrace 393
fulmen GLPRUDF1 homicidium GLEVES

WRAKSĪTH *m-a Weg in die Verbannung, Reise in die Fremde* ◊ *path into exile, journey away from home*
• *as* uuracsid H *C*, uuracsid *M* 554 (a<o? *M*, uúreksid *S*). 2289 — *ap* uuracsithos H *C*, uuracsidos *M* 3602

uurburge → **FORABURGI**
uured(-) → **WRÊTH(-)**
uureka → **WRĀKA**

WREKAN *v-5 vergelten, (sich) rächen* ◊ *to avenge, take revenge*
• *inf* uurekan GLEVES 60,37 H *C* 5365, uurecan (2.u *add*) 5539 — *3sips* uurikit GEN 146 — *2sops* uurekas GLEVELT 47,7 GLEVES 49,8 — *2pops* uurecan H *M* 1533 — *3sopt* uuraki H *C*, uurachi *M* 5080
• GENB *pcpt npm* gewrecene 759
repedere GLEVELT GLEVES defendere GLEVES

WREKKIO *m-j-n fremder Krieger, Fremdling, Verbannter* ◊ *foreign warrior, stranger, exile*
• *ns* reccheo⁺ HILD 48 — *np* uurekkion H *M*, uurekkeon *C* 671 — *dp* uurekkiun H *M*, uurekkean *C* 631

uúreksid → **WRAKSĪTH**

WRENDILO *m-n Zaunkönig* ◊ *wren*
• *ns* uurendilo GLTRSEM XXI,30, uurentol (= uurentlo?) IV,9
bitriscus GLTRSEM

WRÊNIO *m-j-n Deckhengst* ◊ *stallion*
• *ns* uurenio GLVERGOX 112,6 GLTRSEM VII,72 (r<*corr*; uureino?)
burdo GLVERGOX emissarius GLTRSEM

WRÊNISK *adj brünstig, zur Zucht gehalten ◊ rutting, kept for breeding*
• *ns* uurenisc GLVERGOX 112,16, ranis⁺⁷ GLTRSEM VIII,36
gallinaceus GLTRSEM petulans GLVERGOX

WRENO *m-n Muskel ◊ muscle*
• *ap* vvrénon (r<*corr*) GLPRUDF1 98,6
torus GLPRUDF1

uurentol → **WRENDILO**

WRÊT *(m-u) Linie ◊ line*
• *dp* reizen⁺ GLPRUDBR II,572,32
catena figurarum GLPRUDBR

uuret(-) → **WRÊTH**(-)

WRÊTH *adj beunruhigt, aufgeregt, unangenehm, erzürnt, wütend, feindselig, bösartig, böse ◊ worried, excited, unpleasant, angry, enraged, furious, hostile, malicious, evil — subst der Böse (Teufel), böser Geist, Dämon ◊ the Evil One (devil), evil spirit, demon*
• *ns* uuređ GEN 32, uureth H *C*, uured *M* 318. 2916. 4491 (*2*.u *add C*). *C* 3802, uuret *C* 5464 — *nsm* uuretho H *C* 5427 — *nsf* uuretha H *C* 5282 — *gsm* uurethes H *C*, uuredes *M* 1078. 3795. 3898. 5061. *M* 2672 — *asm* uuređan GEN 24. 121 uurethan H *C*, uuredan *M* 1033. 2494. 2663. 3546. *C* 2672 (°*gs?*), uureden *M*, uurethan *C* 1231. 2688, uuredon *M*, uurethan *C* 3816. 3867 — *asnt* uureth H *C*, uured *M* 5068, uuretha *C*, uurede *M* 4904 — *asf* uuretha H *C*, uureda *M* 1132 — *npm/f* uuretha H *C*, uureda *M* 2481. 3792. 3800. 3847. 3948. 4220. *C* 5643, uuretha *C*, uurede *M* 2889. 5121. 5182 — *npm* uurethun H *C*, uuredon *M* 2990 — *npnt* uureth H *C*, uuređ *S*, uured *M* 512 — *gp* uuređaro GEN 257 uuretharo H *C*, uuredaro *M* 2147 (uuredoro *M*). 3935. 4493. 4742. *C* 3456. 3956, uurethero *C*, uuredaro *M* 955. 3246. *C* 5478 — *dp* uurethon H *C*, uuredun *M* 1453. 4443. *C* 5582 — *apm/f* uuretha H *C*, uureda *M* 1533.

1569. 1618. 4810 (vvretha *C*) — *apm* uurethan H *C*, uuredon *M* 3837 — *apnt* uurethun H *C* 5383, uurethan (*2*.u *add*) *C* 5522 — *comp nsm* uuretha° (= uureth[r]a) H *C* 5542
• GENB *nsm* wrað# 405. 745, wráða# 686 — *gsm* wraðan# 631 — *gp* wraþra# 446 (*marg*)

WRÊTHHUGDIG *adj übel gesinnt ◊ ill-disposed*
• *ns* uuredhugdig H *M*, uurethhu|dig *C* 5201

WRETHIAN *v-I Halt geben ◊ to shore up*
• *3sips* uuređid H *M*, uurethit *C* 1814

GI**WRETHIAN** *v-I Halt geben ◊ to shore up*
• *inf* giuurethian H *C*, geuuređien *M* 1822

WRÊTHIAN *v-I + a refl sich erzürnen, in Wut geraten ◊ to get angry, become enraged*
• *inf* uurethian H *C*, uuredean *M* 4896 — *3sipt* uurethida H *C*, uuredida *M* 5099

WRÊTH**LĪK** *adj grausam ◊ cruel*
• GENB *ns* wraðlic# 355

WRÊTHMŌD *adj übel gesinnt ◊ ill-disposed*
• *ns* uuredmod H *M*, uuret|muod *C* 5210
• *erzürnt ◊ angry* GENB *nsm* wráðmód#* 547, wraðmod#* 815

uurht → **WURD**
uurie → **FURHIA**

WRĪHAN *v-1 aufreihen ◊ to string*
• *pcpt apm* chirigenon GLPRUDF1⁺ 90,27
pcpt sutilis GLPRUDF1⁺

GI**WRING** *nt-a körperlicher Schmerz ◊ bodily pain*
• GENB *as* gewrinc 317

Ū**TWRINGAN** *v-3 auspressen ◊ to squeeze out*
• *pcpt asm* utgiuurungana GLPRUDF1 94,29
egerere GLPRUDF1

WRISILĪK *adj riesenhaft ◊ gigantic*
• *ns* uurisilic H *CM* 1397

WRISILĪKO *adv riesenhaft ◊ gigantically*
• uurisilico GEN 123

WRISIO *m-j-n Riese ◊ giant*
• *ns* uurisio PSLUB 32,16
gigas PSLUB

WRISTILA *f-ō/n Armreif ◊ bangle*
• *ns* ristila GLTRSEM I,46
armilla GLTRSEM

uuritan° → **WRĪTHAN**

WRĪTAN *v-1 schreiben, zerfleischen (?) ◊ to write, lacerate (?)* → **WRĪTHAN**, *cf* HRĪTAN
• *inf* uuritan H *CM* 233 — *3sipt* reiz⁺ GLHARD IV,304,14 — *pcpt* uurita(n) ABC 7 — *(?) pcpt asm* uuritan H *C* 5789
scribere GLHARD

GIWRĪTAN *v-1 (auf)schreiben, aufzeichnen ◊ to write (down), record*
• *3sipt* giuuret H *CM* 237 — *pcpt* giuuritan H *CM* 622. 1086 (geuuriten *M*). *C* 5559

WRITOLON *v-II plappern ◊ to prattle*
• *pcps gp* húuritolónthíon GLPRUDF1 96,41/42
pcps garrulus GLPRUDF1

WRITTON *v-II ritzen ◊ to scratch* — *cf* **HRITTIAN**
• *1sips* rizon⁺ GLTRSEM IV,102 — *pcpt* gerizot^{bfk+} GLPRUDBR II,572,27
charaxare GLTRSEM secare GLPRUDBR

WRĪTHAN *v-1 verbinden ◊ to bandage* → **WRĪTAN**
• *(?) inf* uuritan° H *C* 5789

WRĪVAN *v-1 reiben ◊ to rub*
• *1sips* uuriuon GLTRSEM VI,16
confricare GLTRSEM

WRĪVIL *(m-a) Mörserstößel ◊ pestle*
• *ns* uriuel GLHARD IV,476,40
pilum GLHARD

WRIXLAN# *v-I eintauschen ◊ to get in exchange*
• GENB *pcpt* gewrixled# 335

uurmeiz⁺ → **WURMĀT**
uurmo → **WORMO**

WRŌGIAN *v-I anklagen, Klage führen ◊ to accuse, make complaints*
• *3sipt* ruochta^{bfk+?} GLEPIST I,757,6 — *3pipt* uurogdun H *CM* 3885. 5239 (uurugdun *C*). 5245 (uuruogdun *C*), uurougdun *C* 5284
interpellare GLEPIST

WRŌHT *m/f-i Aufruhr ◊ revolt*
• *as* uuroht H *CM* 4477. 4483

WRŌHTIAN *v-I entzweien ◊ to turn against each other*
• *pcpt* givuróhtid GLEVES 54,15, giuurohtid 55,9
dividere GLEVES

uurougdun → **WRŌGIAN**
wrtpenninc → **WURTHPENNING**
uurth → **WURD**
uurubun → **HWERVAN**
uurugdun, uuruogdun → **WRŌGIAN**
uusen → **ŪSA**
uuudon → **WŌDIAN**
wuht# → **WIHT**
uwirtheren° → **FURTHIRO**

WULDOR# *(nt-)a Herrlichkeit ◊ glory*
• GENB *gs* wuldres# 639

WULF *m-a Wolf ◊ wolf*
• *gp* uuluo H *C*, uulbo *M* 5057 — *ap* uuluos H *C*, uulbos *M* 1874

WULLINA *f-ō/n Königskerze ◊ mullein*
• *ns* uuillina GLTR40 V,43,3
blandonia GLTR40

WULLITHA *f-ō Brechreiz ◊ nausea*
• *ns* uuullitha GLTRSEM XI,50 nausea GLTRSEM

WULLON *v-II Brechreiz empfinden ◊ to be inclined to vomit* — *cf* WILL(I)ON²
• *1sips* vuullon (v *add*) GLTRSEM XI,49 nauseare GLTRSEM

uuuloo → **WLŌH**

WULVESSÊPA *f(-n) Wolfsmilch ◊ wolf's-milk*
• *ns* uuoluuassepa GLTR40 V,43,35 italica [herba] GLTR40

WUND *adj verwundet ◊ wounded*
• *ns* uund H *CM* 4877 — *dsm* uundon H *CM* 4900 — *apm* uunda H *C*, uunde *M* 4863

GI**WUND** *adj verwundet ◊ wounded*
• *ns* giuund BENTR

WUNDA *f-n Wunde ◊ wound*
• *ds* uuundun H *C* 5710 — *dp* uuundum H *C* 5706, uundun H *M*, uuundon *C* 4752. 4880. *C* 5753, uuundun 5789 (*ap?*) GEN 46

WUNDAR *nt-a Wunder, Verwunderung, (schlimmes) Vorzeichen ◊ wonder, astonishment, portent* — (te) wundron *wunderbar, über die Maßen, aufs äußerste, furchtbar ◊ wondrously, beyond measure, to the extreme, terribly* — ~ thunkian/wesan + *d pers jmdn in Erstaunen versetzen, verwundern ◊ to amaze, astonish sb*
• *ns* uundar H *CM* 2414, uundar *C*, uunder *M* 4121. 4150 (uuundar *C*), uundar *M*, uundur *C* 157, uunder *CM* 4904 — *gs* uundres H *CM* 2078. 2166 (vundres *C*). 3113. 3935, vunderes GLEVES 53,11 — *ds* uundre H *CM* 2649 — *as* uunder H *C* 2213, uuunder 5444 — *gp* uundro H *CM* 2074 — *dp* uundrun H *M*, uundron *C* 3087. 3177. 3888 (uuundron *C*). 4424. 4763. 5225. *C* 5385 (:uundron, u? *ras*). 5639, uundron *CM* 2327. 2669. 3530, uuundron *C* 5330. 5500. 5666

• GENB *ns* wundor 595 — *gp* wundra 280

WUNDARQUĀLA *f-ō furchtbare Pein, entsetzliche Marter ◊ terrible pain, appalling torture*
• *ns* uuunderquala H *C*, uunderquale *M* 4568. *C* 5687 — *ds* uunderqualu H *CM* 5066. *C* 2249 — *as* uundarquala H *C* 5379, uuunderquala 5590. 5609

WUNDARLĪK *adj wunderbar, wundersam ◊ wonderful, miraculous*
• *ns* uuundarlic H *C* 5622 — *gsnt* uundarlicas H *C* 36 — *npnt* uundarlic H *C*, uunderlic *M* 4309

WUNDARLĪKO *adv auf wunderliche Weise ◊ strangly*
• uundarlico H *C*, uunderlico *M* 2056

WUNDARTÊKAN *nt-a Wunderzeichen ◊ miraculous sign*
• *ns* uundartecan H *C* 5660

uuvndelunga° → **SWINDLUNGA**

WUNDING *m-a Binde ◊ band*
• *ns* uuunding[bfk] GLVERGOX 113,29 vitta GLVERGOX

wundor → **WUNDAR**

WUNDRON *v-II (+ g) sich (ver)wundern (über) ◊ to be astonished (at)*
• *inf* uundron H *CM* 141. 160 (uundran *C*). 1826, uuundroian *C*, uundroian *M* 5024, uundraian *M* 2261 — *3sipt* uundroda H *C*, uundrode *M* 4109. *C* 2261 — *3pipt* uundrodun H *CM* 175. 203, uundrodun *C*, uundradun *M* 816. 2336

wunede → **WONON**

WUNLĪK *adj herrlich, angenehm ◊ marvellous, pleasant*
• GENB *ns* wynlic[#] 255. 467

WUNSAM *adj herrlich, wonnevoll, lieblich, glückselig, wohlgefällig ◊ marvellous, delightful, lovely, blissful, well-pleasing*

wunsam

- *ns* [u]unnisam PsLub 111,5, uunsam H *CM* 1393. 2256 (uunsa*m abbr C*). 3131. 4343 — *gsm* uunsames H *M*, vuunsamas *V* 1325, uunsames *C* 2543 — *npnt* uunsam H *CM* 1763, uunsama *C* 3968 — *sup nsm* uunsamost H *CM* 871. 3143, *C* 1325 — *sup asnt* uunsamost H *C*, uunsamoste *M* 3687. *C* 5549
- GenB *sup nsm* wynsumast[#] 671

iucundus PsLub

uuunni → **URWUNNI**

WUNNIA *f-jō Freude, Wonne, Genuss, Vergnügen, Glückseligkeit* ◊ *joy, delight, pleasure, gladness, bliss*
- *ns* uunnea H *M* 3495 — *gs* uunnia H *C*, uunnea *M* 2187 — *as/p* uuunnia Gen 93, uunnia H *CM* 1349 (*V*), uunnia *C*, uunnea *M* 2189. 3265. 3377, uuunnia *C*, uunnea *M* 4637. *C* 3495 (<*ras*) — *gp* uunneono H *CM* 2356 — *dp* uunneon H *CM* 2739. *C* 1352 (uuunniu *V*, uunnion *M*). 2207, uunnion *C*, uunniun *M* 2012 (uunneun *M*). 2744. 3354, uuunnion Gen 138 H *C*, uunniun *M* 4287. *C* 4726, uuunnon *C* 5939
- GenB *ds* wýnne[#] 367

uuunoda → **WONON**

GI**WUNST** *m-i Ertrag, Tribut* ◊ *profit, tribute*
- *gs* geuunstes H *M* 1167 — *as* giuuunst H *C*, geuunst *M* 3831

WURD *f-i Schicksal* ◊ *fate*
- *ns* uurd H *M*, uurth *C* 761. 2189 (uurht *M*). 3633. *C* 5394, uurd *M*, uuurth *C* 4619. 4778 — *gs* uurdi H *M* 512 (uurđi *C*, uurdie *S*). 197, uurde *M* 3354 (uurdi *C*). 3692 — *as* uuurth *C* 4581 — *ap* uurdi H *M* 4581

wurðan[#] → **WERTHAN**

WURDGISKAPU *nt-a p Schicksalsbestimmung* ◊ *decree of fate*
- *np* uurdgiscapu H *CM* 127 — *ap* uuurđgiscapu H *C* 3692

wurmāt

FAR**WURDI** *f-ī Vernichtung* ◊ *destruction*
- *as* ferv[uu](r)d(i) PsGern 8,5 [14,9] exitium (PsGern)

wurðian[#] → **WERTHON**
wurðran[#] → **WERTH**[1]

WURGARINN *f-jō Würgerin* ◊ *female strangler*
- *ns* vvrgarin GlPrudF1 97,31 strangulatrix GlPrudF1

WURGIAN *v-I erwürgen* ◊ *to strangle*
- *1sips* uurgon GlTrSem XIV,51 strangulare GlTrSem

WURGIL *m-a Schlinge* ◊ *noose*
- *as* uurgil H *M*, uuurigil *C* 5168

FAR**WURHT** *f-i Sünde, Missetat, Verbrechen* ◊ *sin, evil deed, crime*
- *dp* faruuurohtiun Gen 93 — *ap* faruurhti H *M* 2124 (foruurhti *C*). 3233 (foruuruhti *C*)

GI**WURHT** *f-i Tat, Übeltat* ◊ *deed, wicked act*
- *np* geuurhti H *M*, giuurihti *C* 5097 — *gp* giuurhteo H *C*, geuurhteo *M* 2147 — *dp* giuurhtion H *C*, geuurhtiun *M* 5108 — *ap* geuuuruhte Gen 46

WURHTIO *m-j-n Arbeiter* ◊ *labourer*
- *ns* uurhteo H *M*, uuarihtio *C* 1862 — *np* uurhteon H *M*, uuurohtion *C* 3511, uuuruhteon *C* 3461

WURKIAN *v-I begehen* ◊ *to commit* — *cf* **WIRKIAN**
- *3sips* (vu)orkid PsGern 7,8 [14,3] operari (PsGern)

WURM *m-i Wurm, Schlange* ◊ *worm, snake*
- *ns* uurm H *CM* 1877 — *np* uurmi H *CM* 1645
- GenB *as* wyrmes[#] 491. 590

WURMĀT *nt-a Holzwurmbefall, Morschheit* ◊ *infestation with woodworms, rottenness*

wurmāt

• *ns* uurmeiz⁺ GLTRSEM XVII,41
caries GLTRSEM

WURMBÊTID *adj wurmstichig* ◊ *worm-eaten*
• *ns* uuurmbetid GLPRUDF1⁺ 91,14
cariosus GLPRUDF1⁺

WURMMELU *nt-wa Holzwurmmehl, Holzwurmbefall* ◊ *bore meal, infestation with woodworms*
• *ns* uurmelo GLTRSEM IV,109, wrmmele GLMARF III,717,59
caries GLMARF GLTRSEM

uuurohtion → **WURHTIO**

WURPIL *m-a Würfel* ◊ *die*
• *ap* uurpilas GLMAGD
talus GLMAGD

WURRIAN *v-I verwirren* ◊ *to confuse*
• *pcpt* giuuorrid H *C* 296

WURST *(f-i) Wurst* ◊ *sausage*
• *ns* uurst GLTRSEM XXI,53
salsicia GLTRSEM

WURT *f-i Wurzel, Kraut, Blume* ◊ *herb, plant, root* — uurti/uurteo gifahan *einwurzeln* ◊ *to take root* — uuite ~ *Diptam (Pflanze)* ◊ *dittany (plant)*
• *ns* uurt H *CM* 1679, uurz⁺ GLPRUDF1⁺ 89,24 (biniuurz ?) — *as* uurt GLVERGOX 114,14 — *np* uurti H *CM* 1672 — *gp* uurtio H *C*, uurteo *M* 2396 (r<u *M*). *M* 2392 — *dp* uurtion H *C*, uurteon *M* 1749. *C* 2521, uurtiun *M*, uuurtion *C* 3675. *C* 5786 — *ap* uurti H *C* 2392
dictamnum (uuite ~) GLVERGOX thymum GLPRUDF1⁺

WURTH *f-i Boden, Wurt (vor Flut geschützter, erhöhter Wohnplatz)* ◊ *ground, mound (protecting dwellers from flood)*
• *ns* uurđ URBWERDA 41,20. 47,21. 50,4 H *M*, uurth *C* 2477 — *as* uurđ URBWERDTRAD 161,13

uuurth → **WURD**

WURTHPENNING *m-a Grundzins* ◊ *ground-rent*
• *ns* wrtpennin*c* (*abbr*) REGÜBERW 10 wrtpenin*c* (*abbr*) 24 — *np* wrtpenninge REGÜBERW 21 (2) — *ap* wrhtpenninge REGÜBERW 20 (2)

uuuruhteon → **WURHTIO**
wyn-# → **WUNNI-**
wýnne# → **WUNNIA**
wyrđe# → **WIRTHI**
wyrcean# → **WIRKIAN**
wyrmes# → **WURM**
wyrs-# → **WIRSO**

Y → I,J

yfel(-)# → **UVIL¹, UVIL²**
ylda# → **ELDI¹**
yldo# → **ELDI²**
ymb(e)# → **UMBI**
YMBŪTAN# → **-ŪTAN**
yr → **ĪH**
yrias → **ĪRI**
yrre# → **IRRI¹, IRRI²**
ys# → **WESAN**

Z

ZABALON⁺ *v-II zappeln, zucken* ◊ *to wriggle, thrash about*
• *pcps nsnt* zauolunde⁺ GLPRUDF1⁺ 91,32 — *3sipt* zabelota GLSPET 86,18 ‖ palpitare GLPRUDF1⁺ GLSPET

ZAGALĪH⁺ *adj träge* ◊ *lazy*
• *apm* zagilichon⁺ GLPRUDF1 89,13
soporus GLPRUDF1

zahe⁺ → **TĀH**
zála⁺ → **TALA**

zanari⁺ → TANARI
zanga⁺ → **TANGA**
zantsuero⁺ → TANDSWERO
zappo⁺ → TAPPO
zauolunde⁺ → ZABALON⁺
ze⁺ → TI
zeanfalt⁺ → **TEHANFALD**

ZEBELINUS *adj mlat mit Zobelfell besetzt ◊ sable-lined*
• as zebelinum CH 1015-36/25

zeheta⁺ → TEHON
zeichur⁺ → TÊKUR
zeile⁺ → **TÊGLA**
zein⁺ → **TÊN**
zeinna⁺ → TÊNNIA
zeizo⁺ → TÊTO
zeldari⁺ → **TELDERI**
zeltstecco⁺ → TELDSTEKKO
zemet° → **MÊDIAN**
zemm*en*⁺ → TEMMIAN
zesamane⁺ → TI**SAMNE**
zhip → **KIPP**
zi⁺ → TI, TI-

GIZIAREN⁺ *ausschmücken ◊ to decorate*
• *1sips* gezieron⁺ GLTRSEM V,127
condecorare GLTRSEM

ZIARITHA⁺ *f-ō Zierde ◊ ornament*
• *ns* cieretha⁺ GLTRSEM VI,93
decus GLTRSEM

ZIBOLLO⁺ *m-n Zwiebel ◊ onion*
• *ns* cibolle⁺ GLMARF III,719,6
cepe GLMARF

zibrochidon⁺ → TIBROKITHA
zidarpin → **CIDARPINN**
ziegelon⁺ → **TÊGLA**
ziel(a)ra[n] → **KELURO**
zimbar⁺ → **TIMBAR**
zimberman⁺ → TIMBARMANN
zin⁺ → **TIN**

ZIOSAL⁺ *(nt-)a Purpurschnecke ◊ murex shell*
• *ds* zisale⁺ GLADM718 78,5
murex GLADM718

zisamene-⁺, zesamne-⁺ → TISAMNE-
zisazza⁺ → TISETTIAN

ZISPIZZEN⁺ *v-I einen Wink geben ◊ to give a nudge*
• *3sips* zispizit⁺ GLSPET 81,22
terere pede GLSPET

ZITRŌHTI⁺ *adj-ja/jō räudig ◊ mangy*
• *ns* citruuoddi⁺ GLTRSEM XV,109
tiniosus GLTRSEM

ZITRUS⁺ *(m) Ausschlag, Räude ◊ tetter, mange*
• *ns* citirv^(s+) GLTRSEM XII,70, citerv^(s+) IX,61, zitdruas⁺ GLSPET 81,19
impetigo GLSPET GLTRSEM petigo GLTRSEM

ZĪULINTBERI⁺ *nt-ja Seidelbast ◊ daphne*
• *ns* zuilintberi⁺ (t *add*) GLTR40 V,42,28
coccum cnidium (coconidium *ms*) GLTR40

ziuusgili⁺ → TWISKILI
zobaediad^((+)) → TŌ**BEDON**
zoubar⁺ → TÔVAR
zouuoigeuuegi⁺ → TWIGIWĀGI
zozi⁺ → **TŌTI**
zuber⁺ → TOVAR, ZWIBAR⁺
zueguwage⁺ → TWIGIWĀGI
zuena⁺ → **TWÊNE, TWÊ, TWĀ**

ZUHHA⁺ *f-ō Runzel ◊ wrinkle*
• as zucha^(bfk+) GLEPIST I,770,18
ruga GLEPIST

zuht-⁺ → **TUHT**(-)
zuib*er*⁺ → TOVAR, ZWIBAR⁺
zuig⁺ → **TWĪG**
zuilinge⁺ → **TWINILING**
zuilintberi⁺ → ZĪULINTBERI⁺
zuiro⁺ → TWIRO
zuiuar⁺ → TOVAR, ZWIBAR⁺

GIZUMFT⁺ *f-i Übereinkunft ◊ agreement*
• *ns* gezumft^(bfk+) GLEPIST I,764,14
concordia, conventio GLEPIST

zundra⁺ → TUNDRA

zuoi   **zwizeron**

zuoi$^+$ → **TWÊNE, TWÊ, TWĀ**
zuouar$^+$ → TÔVAR
zuůn$^+$ → **TWÊNE, TWÊ, TWĀ**

ZWIBAR$^+$ → tovar, zwibar$^+$

ZWIZIRON$^+$ *v-II zwitschern* ◊ *to twitter*
   • *3pips* zuizeron[t]$^+$ (*inf?*) GLADM718 78,3
pipare GLADM718

NOMINA PROPRIA

Personennamen ◊ Personal Names

ABBI • *n* Abbi REGFREK *M* 44,10
ABBIKO • *n* Abbiko REGFREK *M* 27,19. 28,2,33. 30,15. 36,32. 44,3,8
ABBILIN • *n* Abbilin REGFREK *M* 36,31
ABBO • *n* Abbo REGFREK *K* 31,29. *M* 31,6. 39,32. 40,9. 44,18,23
ABRAHAM • *n* Abraham GEN 189. 211. 224. 243 H *CM* 3365 (Habraham *C*). 3375. 3396 — *g* Abrahames H *M*, Habrahames *C* 2134. 3352, Abrahamas GEN 264 — *d* Abrahame H *CM* 3387 — *a* Abraham H *M*, Habrahame *C* 3360, Abrahama GEN 160
ADAM • *n* Ađam GEN 1 — *g* Adamas GEN 84 — *d* Adama GEN 82 — *a* Adam H *CM* 3595, Adaman *M* 1036 (Adam *C*). 1046 (Adame *C*)
• GENB *n* Ádam 419. 827, Adam 365. 522. 580. 655. 729. 766. 790. 824, Ádám 497 — *d* Adame 568. 617. 626. 704. 715. 756, Adáme 398 — *a* Ádám 454, Adám (> Adáme *corr*) 387
ADBRAHT • *n* Adbraht REGFREK *M* 27,18
ADIKO • *n* Adiko REGFREK *M* 44,14
ALDIKO • *n* Aldiko REGFREK *M* 38,19. 39,8
ALIKIN • *n* Alikin REGFREK *M* 34,13. 35,14. 36,9. 40,18
ALIKO • *n* Aliko REGFREK *M* 39,20,29. 44,22
ALVERIK • *n* Aluerik REGFREK *M* 37,4. 38,5
ALVING • *n* Aluing REGFREK *M* 44,9
ALZO • *n* Alzo REGFREK *M* 26,9, Also *K* 26,27
AMMOKO • *n* Ammoko REGFREK *M* 38,12. 39,1, Amoko *K* 33,35. *M* 33,17
ANDREAS • *n* Andreas H *CM* 1166. 2842 — *a* Andreas H *M* 1153 (n *add M*, Andrease *C*). 1256 (Andriase *C*)
ANNA • *n* Anna H *CMS* 504
ANTIKRIST • *n* Antikrist GEN 141, Anticrist 147
ARCHELAUS • *n* Archelaus H *CM* 764
ATHALBRAHT • *n* Athelbrath REGFREK *M* 38,14

ATHALGER • *n* Adalger d*iaconus* (*abbr*) GLMERS 69,12
ATHALHARD • *n* Athelhard REGFREK *M* 29,36. 32,1
ATHALHRAVAN • *n* E(d)ediram GLMERS 69,7
ATHALWARD • *n* Athelword REGFREK *M* 39,18
ATTIKA • *n* Attika REGFREK *M* 44,4
ATTIKO • *n* Attiko REGFREK *M* 37,20
AZEKIN • *n* Azekin REGFREK *M* 36,27
AZEKO • *n* Azeko REGFREK *K* 26,31. *M* 26,14. 37,22. 38,1,30. 40,22, Atzeko 28,38
AZELIN • *n* Azelin REGFREK *K* 25,30,31. 26,30. *M* 26,13. 30,1,10. 34,10,16,40. 35,7,12,30. 36,10,11. 37,8,24. 38,14,21. 39,4,28, Azilin 25,15, Atcilin 44,24, Atzilin 44,33, Æcelin 25,13. 38,19. 39,8, Acelin 28,21
AZEZIL • *n* Azezil REGFREK *M* 30,34
AZO • *n* Azo REGFREK *M* 36,5. 38,23. 39,7

BAKO • *n* Baca GLMERS 71[9]
BALDINGUS • *n g* Baldingi frater REGFREK *M* 44,27
BARRABAS • *n n* Barrabas (s<n?) H *C* 5402
BARTHOLOMEUS • *a* Bartolomeus H *M*, Bartholomeuse *C* 1270
BAVIKA • *n* Bauika REGFREK *M* 44,2
BENIT • *n* Benit GLMERS *fol*. 118v
BENNIKO • *n* Benniko REGFREK *M* 34,37
BENNO • *n* Benno REGFREK *M* 44,16,19
BERNHARD • *n* Bernhard REGFREK *K* 26,29. *M* 26,11, *abl* de Bernhardo 44,1
BETTIKA • *n* Bettika REGFREK *M* 44,7
BETTIKIN • *n* Bettikin REGFREK *M* 37,26. 38,30/31
BINNO • *n* Binno GLMERS *fol*. 21v
BOIKO • *n* Boiko REGFREK *M* 44,10
BOIO • *n* Boio REGFREK *K* 31,28. *M* 25,19. 27,10. 28,3. 31,4. 37,11. 38,38. 44,13, fforo° *K* 25,34
BOLI • *n* Boli REGFREK *M* 44,18
BONIFATIUS • *n* Bonifacius BEDA 3
BOSO • *n* Boso REGFREK *M* 29,38. 32,11,18. 39,35. 40,10. 44,13
BUNIKIN • *n* Bunikin REGFREK *K* 33,32. *M* 33,14. 34,5,21

Nomina propria

BUNIKO • *n* Buniko REGFREK *M* 44,25
BUNO • *n* Buno REGFREK *M* 39,32
BURGHERI • *n* Burchheri REGFREK *M* 35,24,34 (c *add*)

DAGERAD • *n* Dagerad REGFREK *K* 26,31. *M* 26,14
DAVID • *g* Dauides H *CM* 255. 363. 401. 2991. 3563. 3682
DEIKO • *n* Deiko REGFREK *M* 34,15
DIDDO • *n* Diddo REGFREK *M* 44,7
DUDO • *n* Dudo REGFREK *M* 38,9. 40,27

E(d)ediram → **ATHALHRAVAN**
EILA • *n* Eila REGFREK *M* 44,27 — *g* Eilę REGES 21,21
EILGER • *n* Eilger REGFREK *M* 35,10
EILHARD • *n* Eilhard REGFREK *M* 35,26. 45,3
EILIKIN • *n* Eilikin REGFREK *M* 35,17,33
EILIKO • *n* Eiliko REGFREK *K* 31,34. *M* 27,15. 30,14. 31,11. 36,23. 45,6, Eilico 44,16
EILO • *n* Eilo REGFREK *M* 30,8. 41,29
EILSWITH • *n* :Eilsuith (E *ras*, E<l) REGFREK *M* 27,32
EIZO • *n* Eizo REGFREK *K* 26,26. *M* 26,8. 28,20. 30,5. 44,21
EKBRAHT • *n* Ec(b)ertus MN, Hecbrath REGFREK *M* 44,7
EKKERIK • *n* Eckerik REGFREK *M* 28,16
EKKIKO • *n* Ekkiko REGFREK *M* 39,30. 40,12
EKKO • *n* Ekko REGFREK *M* 35,27
EKKON • *n* Ekgon (E<t?) REGFREK *M* 42,34
ELIAS • *n* Elias H *CM* 920 (Helias *M*). 3043. 3129, Helias GLEVES 49,29 — *d* Eliase H *CM* 3142
ELIKIN • *n* Elikin REGFREK *M* 44,26
ELIKO • *n* Eliko REGFREK *M* 41,28
EMMA • *n* Emma REGFREK *K* 26,28. *M* 26,10. 34,29
ENDI • *n* Endi REGFREK *K* 31,30. Ende *M* 31,6
ENIKO • *n* Eniko REGFREK *M* 32,10
ENOCH • *n* Enoch GEN 132 — *d* Enocha GEN 143
EPPIKA • *n* Eppika REGFREK *M* 32,9
EPPIKO • *n* Eppiko REGFREK *M* 28,14. 35,9

EPPO • *n* Eppo REGFREK *M* 34,6. 36,2
ERODES • *n* Erodes H *C*, Herodes *M* 716. 728. 5251. 5270. *C* 60. 71. 5297. 5320, Herodes *CM* 772. 2705 GLEVES 50,29 — *g* Erodeses H *C*, Herodeses *M* 3794 — *d* Erodase H *C*, Herodesa *M* 606, Erodese *C*, Herodese *M* 5262. *C* 5281 — *a* Erodesan H *C*, Herodesan *M* 548 (Erodes *S*). 685 (Erodosan *C*), Erodase *C*, Herodes *M* 762
ERPGARD • *n* Erpgerd GLMERS 69,3
ESIK • *n* Esik REGFREK *M* 35,27
ETZO • *n* Etzo REGFREK *M* 44,18
EVA • *n* Eua GEN 1 — *d* Euun GEN 82 — *a* Euan H *M* 1036 (Euam, a<u *C*). 3595 (Euun *C*)
• GENB *n* Eue 821, Éue 419. 612. 729. 766. 791 — *g* Euan 648 — *d* Éuan 790 — *a* Éuan 548

FADERIKO • *n* Faderiko REGFREK *M* 35,18. 39,23, Vaderiko 35,33
FADIKO • *n* Fadiko REGFREK *M* 37,35, Vadiko 32,16. 39,22
FANUEL • *g* Fanueles H *CM*, Fanuheles *S* 505
FASTMAR • *n* Fastmar REGFREK *M* 40,17
FIZO • *n* Fizo REGFREK *M* 34,12. 36,8
FOKKILIN • *n* Vockilin REGFREK *M* 36,41
FOKKO • *n* Vocko REGFREK *M* 29,23. 37,10, Vokko 36,40
FRETHEKO • *n* Fretheko REGFREK *M* 34,23
FRETHIGER • *n* Frethiger REGFREK *M* 38,24

GABRIEL • *n* Gabriel H *CM* 120. 250. 444
GATMAR • *n* Gatmar REGFREK *K* 26,34. *M* 26,18
GAZO • *n* Iazo REGFREK *M* 27,4
GEBA • *n* Geba REGFREK *K* 33,34. *M* 33,16
GEBO • *n* Iebo REGFREK *M* 33,14, Iebo° *K* 33,33
GELDERAD • *n* Gelderad REGFREK *M* 39,34
GELDERIK • *n* Gelderik REGFREK *M* 37,31. 38,32
GELI • *n* Geli REGFREK *M* 29,27
GELIKO • *n* Geliko REGFREK *M* 40,2. 44,8, Gheliko 26,7, Gieliko 44,31, Ielikо 28,31, Ieliko° *K* 26,26

Nomina propria

GELO • *n* Ghielo REGFREK *M* 30,22
GERO • *n* Gero REGFREK *M* 43,36
  Geronimus → **HIERONYMUS**
GERRIK • *n* Gerrik REGFREK *M* 37,28
GEZO • *n* Iezo REGFREK *M* 39,39. 43,12,14
GINGO • *n* Gingo REGFREK *M* 30,27
GISLA • *n* Gisla REGFREK *M* 44, 6
GORDIANA • *g* Gordianan (*stil*) GLGREG 65,20/21
GUNIKO • *n* Guniko REGFREK *M* 31[2], Cuniko° *K* 31[11]
GUNZO • *n* Gunzo REGFREK *M* 27,31

HABO • *n* Habo REGFREK *M* 27,8. 44,17
HADDO • *n* Haddo REGFREK *M* 28,26. 31,16
HAGHRAVAN • *n* Hagro*m* (*abbr*) GLMERS 69[8]
HAMEKO • *n* Hameko REGFREK *M* 27,28,29. 29,24,30. 36,11
HARDRAD • *n* Hærdrad GLMERS 71,18
HATHUBRAND • *n* Hađubrant HILD 3, Hadubrant[+] (ra *ras*) 17, Hadubraht[+] 14. 36
HAZIKA • *n* Hacika REGFREK *M* 44,2
HAZIKO • *n* Hatzico REGFREK *M* 44,25, Hazeko 35,26
HEBO • *n* Hebo REGFREK *M* 43,35
  Hecbrath → **EKBRAHT**
HEDI • *n* Hedi REGFREK *M* 44,23
HEINRIKUS *Heinrich V (1106-1125) (?)* • *abl* imperatore ... HeinRiko REGFREK *M* 43,35
HELMBURG • *n* Helmburg REGFREK *M* 44,4
HEMUKO • *n* Hemuko REGFREK *K* 30,41. *M* 30,37, Hemoko *K* 26,24. *M* 26,5. 32,4
HEPPO • *n* Heppo REGFREK *M* 30,30. 34,3
HERIBRAND • *n* Herib[a]rand (2.a *ras*) REGFREK *M* 44,20 — *g* Heribrantes[+] HILD 7. 44, Heribtes[+] 45
HERIMAN • *n* Heriman REGFREK *M* 40,24, Hereman 30,28, Herim[an] GLMERS 69,13
HESIKO • *n* Hesiko REGFREK *M* 44,24
HEZIL • *n* Hezil REGFREK *K* 25,33. *M* 30,31, Hézil 25,18, Hitzel 28,29, Hitzil 28,16. 30,24, Hizel 31,20. 32,13. 36, 14,24. 37,24. 39,19. 40,14. 43,12, Hizil 27,17

HIBBO • *n* Hibbo REGFREK *M* 44,9
HIDDIKIN • *n* Hiddikin REGFREK *M* 30,12. 41,30
HIERONYMUS • *n* Geronimus p*resbiter* (*abbr*) GLMERS 69,5
HIKO • *n* Hiko REGFREK *M* 35,9
HILDIBRAND • *n* Hiltibrant[+] HILD 17. 44. 49. 58, Hiltibraht[+] 3 (2. h<n). 30. 45 — *g* Hiltibrantes[+] 14. 36
HILDIMAR • *n* Hildimar REGFREK *M* 44,32
HILLO • *n* Hillo REGFREK *M* 29,1. 44, 15,28
HOBURG • *n* Hoburg REGFREK *M* 44,5
HODI • *n* Hodi REGFREK *M* 43,36
HOIKO • *n* Hoiko REGFREK *M* 36,18. 44, 11,27, Hoyko 27,30. 28,34. 34,1,33. 35,4
HOIO • *n* Hoio REGFREK *M* 30,4. 36,20. 38,7
HOZO • *n* Hozo REGFREK *M* 36,7
HROTHBRAHT • *n* Hrodbrath REGFREK *M* 35,21
HROTHHARD • *n* Rothhard REGFREK *M* 34,21. 36,14
HROTHING • *n* Rothing REGFREK *M* 36,6
HROTHOLF • *n* Rotholf REGFREK *M* 40,15
HROZIKO • *n* Roziko REGFREK *M* 27,17
HUNIKO • *n* Huniko REGFREK *M* 27,15
HUNO • *n* Huno REGFREK *M* 44,12

JAKOB(US) • *n* Iacob H *CM* 1181 (Iacobus *M*). 1265 — *g* Iacobes H *M*, Iacobas *C* 75 (*ras M*), Iacobes *CM* 2135 — *a* Iacobe H *C*, Iacobus *M* 1175. 1258, Iacobe *C*, Iacob *M* 1263. 3109. *C* 4736
  Iazo → **GAZO**
IBIKIN • *n* Ibikin REGFREK *M* 37,32. 40,26
IBIKO • *n* Ibiko REGFREK *M* 34,39. 35,1. 36,17. 44,17
JESUS • *n* Iesu H *M*, ihs (*abbr*) *C* 326. *C* 5552, Hiesu *M* 3557 (ihū *abbr C*). 3716 (ihs *abbr C*) — *a* Iesu H *M*, ihm̄ (*abbr*) *C* 3257
  Iezo → **GEZO**
IKIKON • *n* Ikicon REGFREK *M* 43,25
IKO • *n* Iko REGFREK *M* 30,18. 32,8
IMIKIN • *n* I:mikin (*ras*) REGFREK *M* 35,5
IMIKO • *n* Imiko REGFREK *M* 44,14
IMIZA • *n* Imiza REGFREK *M* 44,2
IMMA • *n* Imma REGFREK *M* 43,36
IMMO • *n* Immo REGFREK *M* 32,12

Nomina propria

Ingizo • *n* Inggizo RegFrek *M* 34,9
Johannes o[75] *n* Iohannes GlEvEs 49,28 H *CM*; Giohannes *P* 965. 977, Giohann̄s| (*abbr*) 994 — *g* Iohannes H *CM* 2774. 2800 (Iohanneses *C*), Iohanneses *M* 3062 — *d* Iohannese H *C*, Iohannesæ *M* 952, Iohanne *CM* 865 (Iohannæ, e<a? *M*). 4599 — *a* Iohannes H *CM*; Iohannese *C* 1175. 3109. 4736, Iohannesse 1258. 2794 (Iohannen *M*)
Jonas • *n g* Ionases H *C* 3062
Joseph o[30] *n* Ioseph H *CMS*; Iosep *M* 776 — *g* Iosepes H *CM* 295 (I<*corr M*) — *d* Iosepe H *CM* 700 (*S*). 757. 769
Isaak • *g* Isaakes H *M*, Isaaces *C* 2134
Iseko • *n* Iseko RegFrek *M* 32,5, Isiko 45,1
Israhel • *gs* Israheles H *CM* 951. 2126. 3000. 3742. *C* 65 (I<p). 69. 2221, Israeles *C*, Israhelas *M* 491 — *gp* Israhelo H *CM* 3006. 3318
Judas • *n* Iudas H *CM* 4478. 4629. 4810. 4815. 4829. 5160 (Iudas *C*). *C* 4720 — *g* Iudases H *CM* 5145. *C* 5429 — *d* Iudase H *CM* 4615 — *ap* Iudasos H *C*, Iudasas *M* 1263
Jungi • *n* Iunggi (I<i) RegFrek *M* 25,11, Iunggi° *K* 25,28
Iziko • *n* Iziko RegFrek *M* 35,22

Kain • *n* Kain Gen 34. 56. 91 — *d* Kaina Gen 119. 124
Kaiphas • *n* Kaiphas H *M*, Caiphas *C* 4147, Caiphas *M*, Cayphas *C* 4469
Kanko • *n* Kanko RegFrek *K* 26,32. *M* 26,16. 27,12,13, Canco 44,25
Krist o[440] *n* Krist, Crist H *M*, Crist *PVCS*; Xrist *L* 5837, Kristus *M*, Cristus *C* 2089, Crist BenTr — *g* Kristes, Cristes H *M*, Cristes *C*; Xristes *M* 5981, Kristas 499, Cristas *C* 49. 1182, Xras *L* 5832, Cristes *S* 499. (es *add*) *C* 4717 Beda 8, Crist° *C* 5675 — *d* Kriste, Criste H *M*, Criste *C*; Crista *P* 986, Cristæ *C* 12 — *a* Crist AbrPal 16. 17 ConfPal 362,3 PsGern 6,8 [13,5], Krist, Crist H *M*, Crist *C*; Crist *S* 538. *P* 979, Crista *P* 991. *L* 5849, Krista *M* 657, Criste *C* 5082. 5920, Cristan 5508. 5849, Crist (C<K?) 1199, Cristen PsGern 11,4 [15,23]

Lanzikin • *n* Lanzikin RegFrek *M* 40,1, Lancikin 36,33
Lanziko • *n* Lanziko RegFrek *M* 34,6
Lanzo • *n* Lanzo RegFrek *K* 25,32. *M* 25,16. 28,36. 35,6. 44,10
Lazarus • *n* Lazarus H *CM* 3335. 3361. 3380. 4034. 4074. 4104. *C* 3973. 4006 — *g* Lazaruses H *CM* 4019. 4070. *C* 3977 — *d* Lazaruse H *CM* 4096 — *a* Lazarus H *M* 3367 (Lazarusan *C*). 3389 (Lazaruse *C*)
Levi • *g* Leuias H *CM* 74 (*ras M*)
Liefheri • *n* Liefheri RegFrek *M* 39,25
Lievikin • *n* Lieuikin RegFrek *K* 31,26. *M* 27,10. 31,2,23. 44,28
Lieviko • *n* Lieuiko RegFrek *K* 30,38. *M* 28,35. 30,19,33. 37,37, Lieueko 38,36, Lieuico 44,26
Lievold • *n* Lieuold RegFrek *M* 30,9
Lihtger • *n* Lihtger RegFrek *M* 39,37
Liudburga • *n* Liudburga RegFrek *M* 45,3
Liuddag • *n* Liuddag RegFrek *M* 30,23
Liudgard • *n* Liudgerd GlMers 69,6
Liudger • *n* Liudger RegFrek *M* 34,20. 36,16 — (sanctus) *lat n* Liudgerus UrbWerdA 74,3/23,12 — *g* Liudgeri UrbWerdA 74,1,2,4/23,7,9,14
Liudhard • *n* Liuthard*us* (*abbr*) GlMers 69,4
Liudiko • *n* Liudiko RegFrek *M* 38,8
Liudulf • *n* Liudulf RegFrek *M* 40,23
Liuppo • *n* Liuppo RegFrek *M* 29,4. 44,22
Liuza • *n* Liuza RegFrek *M* 34,28
Liuzako • *n* Liuzako RegFrek *M* 44,31
Liuziko • *n* Liudciko RegFrek *M* 44,23 — *g* Liuzikon RegFrek *M* 37,2 — *d* Liuzikon RegFrek *M* 43,7
Liuzo • *n* Liuzo RegFrek *M* 36,28, Liudzo 44,12
Loth • *n* Loth Gen 261. 309 H *CM* 4370 — *g* Lohthas Gen 332 — *d* Loda Gen 290
Lukas • *n* Lucas H *C* 19

Magdalena • *n* Magdalena H *C* 5915
Makko • *n* Makko RegFrek *K* 30,40. *M* 30,36. 31,22. 34,31. 36,19
Malchus • *n* Malchus H *CM* 4875
Manni • *n* Manni RegFrek *M* 35,29. 36,26

Nomina propria

MANNIKIN • *n* Mannikin REGFREK *K* 33,28. *M* 27,26. 29,32. 30,16. 32,20. 33,9. 34,18,19. 35,18,34. 36,13. 38,18
MANNIKO • *n* Manniko REGFREK *K* 27,38. *M* 27,3. 37,22,29. 38,33. 44,21
MARIA o⁴¹ *n* Maria H *CMS* — *g* Mariun H *M*, Marium° *C* 361 — *d* Mariun H *CM* 318. 803, Marien CONFPAL 362,8 — *a* Mariun H *C*, Maríun *neum M* 368, Marian# *C fol.* 11r (*marg C* 250) — *np* Mariun H *C* 5784
  MARIA (SANCTA) • *g* (*lat*) Marie REGFREK *M* 42,22, *g* Marion 42,12. 43,2, Mariun BEDA 7
MARKUS • *n* Marcus H *C* 18
MARTHA • *n* Martha H *CM* 4028. 4107. 4206. 4079 (Marthun° *C, d?*). *C* 3967. 4014
MARTINUS (SANCTUS) • *g* Martini URBWERDA 74,2/23,8
MATTHEUS • *n* Mattheus H *CM* 1192. *C* 18 — *a* Mattheus H *M*, Matheuse *C* 1262
MAZIL • *n* Mazil REGFREK *M* 30,6
MEINHARD • *n* Meinhard REGFREK *M* 39,22, *g* Meinhardes *K* 33,27. *M* 33,8
MEINWARD • *n* Meinuuord REGFREK *M* 44,5
MEINZIKO • *n* Meinziko REGFREK *M* 34,35,38. 36,19, Meinciko 38,3
MEINZO • *n* Meinzo REGFREK *M* 27,7. 40,19. 44,5
MEMO • *n* Memo REGFREK *M* 34,36
MENI • *n* Meni REGFREK *M* 27,6
MODUN • *n* Modu(n) GLMERS *fol.* 67r
MOYSES • *n* Moyses H *CM* 3129. 3850 — *g* Moyseses H *CM* 3398 — *d* Moysese H *CM* 3141

NATHRIK • *n* Natrik REGFREK *M* 43,35
NERIBARN • *n* Neribarn REGFREK *K* 31,32. *M* 31,8/9
NIZO • *n* Nizo REGFREK *M* 29,29. 32,7
NOE • *g* Noees H *C*, Noeas *M* 4364

ODHERI • *n* Odheri REGFREK *M* 44,7
ODO • *n* Odo REGFREK *M* 40,20
ODRAD • Odrad REGFREK *M* 45,5
ODWAKKAR • *g* Otachres⁺ (chres *ras*) HILD 18 — *d* Otachre⁺HILD 25
OKTAVIAN • *g* Octauianes H *C*, Octauianas *M* 340

PAN • *g* Panas GLPRUDF1 101,32
PETRONILLA (SANCTA) *(31. Mai ◊ 31th May)* • *g* Petronellun REGFREK *M* 40,34
PETRUS o⁵⁹ *n* Petrus H *CM* — *d* Petruse H *CM*; Petrusa *L* 5835 — *a* Petrus H *M*, Petruse *C* 1153. 1256. 3108. 3187 (Petrusen *M*). 3201. *C* 4736, Peter *CM* 3069
PHILIPPUS • *n* Philippus H *CM* 2832 — *a* Philippus H *M*, Philippuse *C* 1271
PILATUS • *n* Pilatus H *CM* 5129. 5142. 5179 (-us *abbr C*). 5259. *C* 5304

RADBRAHT • *n* Radbraht REGFREK *K* 27,36, Ratbraht *M* 27,1
RADING • *n* Rading REGFREK *M* 32,6
RADWARD • *n* Raduuard REGFREK *K* 30,39, Ratuuard *M* 30,33
RAZI • *n* Razi REGFREK *M* 36,30
RAZIKO • *n* Raziko REGFREK *K* 26,34, *M* 26,17. 28,5. 29,3
RAZO • *n* Razo REGFREK *M* 36,4. 44,14
REINGER • *n* Reingier REGFREK *M* 28,27
REINZO • *n* Reinzo REGFREK *K* 26,23. *M* 26,4. 35,21,32. 38,16. 40,8
RIKBRAHT • *n* Rikbraht REGFREK *K* 25,27, Ricbraht *M* 25,10, Ricbrath 37,25
RIKHERI • *n* Rikheri REGFREK *M* 27,24
RIKIZO • *n* Rikizo REGFREK *M* 29,26. 44,13
RIKWIN • *n* Ricwin REGFREK *M* 28,10
Roth- → **HROTH-**

SAHSA • *n* Sahsa REGFREK *M* 34,8
SAHSGER • *n* Sahsger REGFREK *M* 35,7. 37,1
SAHSIKO • *n* Sahsiko REGFREK *M* 32,19, Sahssiko 30,16
SAHSNOT • *d* Saxnote ABRPAL 11
SALEKO • *n* Saleko REGFREK *M* 38,6
SALOMON • *n* Salomon H *CM* 1675
SATANAS • *n* Satanas H *CM* 1114. 2586. 4624. 4659. *C* 5428. 5440 — *g* Satanases H *CM* 2273 — *d* Satanase *C* 1042. *C* 5435 — *a* Satanasan H *M*, Satanase *C* 1031. 1108
  • GENB *n* Sátan 345, Sátán 347 — *a* Satan 761
SAULA • *n* Saula GLMERS *fol.* 77r
Seger → **SIGER**

Nomina propria

SELLO • *n* Sello REGFREK *M* 27,26. 29,6
SETH • *g* Seđas GEN 126 — *a* Seđ GEN 108
SIBRAHT • *n* Sibrath REGFREK *M* 36,22
SIGER • *n* Siger REGFREK *M* 38,34, Seger *M* 44,16, Sice*r* (*abbr*) GLMERS 71[9]
SIKKO • *n* Sicco REGFREK *M* 27,22. 44,21, *d* Sickon̄ 45,7
SIMAN • *n* Siman REGFREK *M* 28,6. 44,17
SIMEON • *n* Simeon H *CM* 468
SIMON o[41] *n* Simon H *CM*, Symon *C* — *d* Simon H *M*, Symon *C*; Simon *C* 5835 (Symon *L*) — *a* Simon H *M*, Symon *C* 3108. 3187. 3201 (Simon *C*)
SIRIK • *n* Sirik REGFREK *M* 34,26
SIZO • *n* Sizo REGFREK *K* 31,31. *M* 27,21,33. 28,37 31,7,18. 32,3. 38,37
SWITHIKO • *n* Suithiko REGFREK *M* 29,35, Suitthiko 32,2

Tetiko → **THIEDIKO**
TILO • *n* Tilo REGFREK *M* 44,15

THIEDERIK • *n* Thiederik REGFREK *M* 37,35, Thiedorik 40,13, Tiederik 38,34 — *d* Theotrihhe[+] HILD 19, Deotrichhe[+] 26, Detrihhe[+] 23
THIEDHARD • *n* Thiethard REGFREK *M* 28,19
THIEDHILDA (SANCTA) *(30. Januar ◊ 30th January)* • *g* Thiethilda REGFREK *M* 35,3, Thiedhilđ 42,5 (Thiedhilde/Thiedhildis?)
THIEDIKO • *n* Thiediko REGFREK *M* 30,21, Tidiko 44,19,28, Tiedico *K* 26,32, Tiediko *M* 26,15. 37,2, Tetiko 32,15
THIEZA • *n* Thieza REGFREK *M* 30,10
THIEZEKO • *n* Thiezeko REGFREK *M* 26,17, Thieziko 28,32. 30,21, Tieziko *K* 26,28. *M* 26,11. 45,2, Tiziko 39,30
THIEZELIN • *n* Thiezelin REGFREK *M* 30,7, Tiezelin 32,17
THIEZO • *n* Thiezo REGFREK *M* 28,29. 30,5. 31,1. 39,27, Tiazo 44,10,11,20, Tiezo *K* 26,21. 31,26. *M* 26,1. 34,25. 35,1,15. 36,20,24. 45,4, Tizo 37,26. 39,21, ? Thie (*del*) 31[2]
THOMAS • *n* Thuomas H *C* 3993 — *a* Thomas H *M*, Thomase *C* 1262
THUNAR • *d* Thunaer ABRPAL 10

THURING • *n* Thuring REGFREK *M* 44,1

UBBI • *n* Vbbi REGFREK *M* 44,9
UBBO • *n* Vbbo REGFREK *M* 44,8
UBIK • *n* Vbik REGFREK *M* 27,23

WALDBRAHT • *n* Waltbratd REGFREK *M* 29,22
WALDIKO • *n* Waldiko REGFREK *M* 27,13
WALDMODA • *n abl* (*lat*) UUaldmoda REGFREK *M* 44,1
WALIKO • *n* Waliko REGFREK *M* 41,27
WENNI • *n* VUenni REGFREK *M* 44,12, Wenni 31,24
WENNIKO • *n* VUenniko REGFREK *M* 44,20
WERIN • *n* VUerin REGFREK *M* 43,36
WEZIL • *n* VUecil REGFREK *M* 44,15, Witzil 28,12, Wizel 38,11. 39,1. 40,3, Wizil *K* 31,33. *M* 31,10. 35,14
WIKGER • *n* VUicger REGFREK *M* 44,22
WIKING • *n* VUiking REGFREK *M* 44,6
WIKMUND • *n* Wikmund REGFREK *K* 26,30. *M* 26,13
WILLA • *n* Willa REGFREK *M* 30,25
WILLEZO • *n* Willezo REGFREK *M* 39,3
WILLIKO • *n* Williko REGFREK *K* 26,22. *M* 26,3. 40,15
WINIZO • *n* Winizo REGFREK *M* 33,18, Wuuza° *K* 33,35
WIRINZO • *n* Wirinzo REGFREK *M* 28,18
WIZIKIN • *n* Wizikin REGFREK *M* 32,6, Witzikin 27,35
WIZIKO • *n* Wiziko REGFREK *K* 33,37. *M* 33,19
WIZO • *n* Wizo REGFREK *M* 35,15,18,33. 37,6. 39,17. 40,5, Witzo *K* 26,35. *M* 26,19. 27,1,24. 28,1,15. 29,31. 36,3 (2), Vitzo *K* 27,36
WODAN • *d* UUoden ABRPAL 10

ZACHARIAS • *n* Zacharias H *CM* 76 (*M ras*). 96. 139

Ortsnamen ◊ Place-Names

ADISTHARPA †*Edestorpe (Greven) / Schulte Aastrup* • *d* Adistharpa REGFREK *M* 37,37. 38,36. 40,1

Nomina propria

AHTINESBERGA *Echtberg (Wickede)* • *d* A:htinesberga (: = t/c?) REGES 22,13
AITURNON *Eiteren (IJsselstein/Utrecht)* • *d* Aiturnon URBWERDA 74,4/23,14
ALDONHOTNON *Althoetmar* • *d* Aldonhotnon REGFREK *M* 31,18
ALDONTHARPA *Oldendorpe (Handorf)* • *d* Aldontharpa REGFREK *M* 39,19. 40,14
ALFSTIDE *Alstädde (Billerbeck) (?)* • *d* Alfstide REGFREK *M* 39,7
ALMERI *(Teil der Zuiderzee* ◊ *part of the Zuiderzee)* • *d* Almeri URBWERDA 73,20/23,3
AMONHURST *Ahmenhorst (Oelde)* • *d* Amonhurst REGFREK *M* 30,16, Amorhurst 32,19
AMUTHON *Muiden (Noordholland)* • *d* Amuthon URBWERDA 73,21/23,6
ANGELA *die Angel (Ennigerloh)* • *d* Angela REGFREK *M* 34,35. 36,19,20
ANINGERALO *Ennigerloh (Beckum)* • *d* Aningeralo REGFREK *M* 31,12,14/15. 35,5. 37,4,10. 41,20. 43,10,18, Aningeraló 41,27, Aningerolo 29,7, Enniggeralo 30,21, Aningerola *K* 31,35
ANON *Einen (Warendorf)* • *d* Anon REGFREK *K* 26,26. *M* 26,7. 28,31
ASITHI *Oesede (Osnabrück)* • *d* Asithi REGFREK *M* 39,29
ASKASBERGA *Ascheberg (Münster)* • *d* Asschasberga REGFREK *K* 33,35 *M* 33,18
ASKON *Aschendorf (Dissen)* • *d* Asscon REGFREK *M* 39,37
ASTANFELDA *Ostenfelde (Warendorf)* • *d* Astanuelda REGFREK *M* 32,9, Astonuelda 44,31
ASTERONHUS † *(Freckenhorst)* • Asteronhus REGFREK *K* 24,27. *M* 24,16
ASTERWALDE *Osterwald (Ostenfelde)* • *d* Asteruualde REGFREK *M* 29,4
ASTHLAKBERGON † *(Ladbergen)* • *d* Ásthlacbergon REGFREK *M* 38,18
ASTHOF *Osthof (Freckenhorst)* • *a* Ásthóf REGFREK *M* 28,24
ASTHRAMMASHUVILA *Ost-Ramshövel* • *d* Astrammashuuila REGFREK *M* 34,18
ATHORPA †*Adorpe (Vorhelm)* • *d* Athorpa REGFREK *M* 34,37
AVONHUVILA *Avenhövel (Ahlen)* • *d* Auonhuuila REGFREK *M* 34,13. 36,9

BALEHARNON *Balhorn (Enniger)* • *d* Baleharnon REGFREK *M* 32,22. 43,10, Balehornon 35,35,37, Balohornon 41,21. 43,17, Baleharnen *K* 32,31
BALLEVO *Balve (Arnsberg)* • *d* Balleuo REGFREK *M* 36,41
BEKIHEM *Beckum* • *d* Bekehem REGES 22,12
BEKISETON *Bexten (Ennigerloh)* • *d* Bikieseton REGFREK *M* 30,27
BEKISTERRON *Schulte Beckstedde? (Wiedenbrück)* • *d* Bekisterron REGFREK *M* 32,11, Bikiesterron 29,38, Biresterron° (2.r < *corr*) 36,30
BEKITHARPA *Beckendorf (Werne)* • *d* Bikietharpa REGFREK *M* 34,8
BELON *Beelen (Warendorf)* • *d* Belon REGFREK *M* 27,24. 28,38 — *a* Belon REGFREK *M* 24,3
BERGA *Unterberge (Beckum)* • *d* Berga REGFREK *M* 41,12
BERGHALEHTRUN *Berghaltern (Haltern)* • *d* Berghalehtrun (2. h<*corr*) REGES 22,4
BERGHEM † *(Freckenhorst)* • *d* Berghem REGFREK *M* 27,32
BERGTHARPA *Birgte (Riesenbeck)* • *d* Bergtharpa REGFREK *M* 38,19. 39,8
BERISON *Beessen (Ennigerloh)* • *d* Berison REGFREK *M* 32,1, 45,2, Birison 29,35
BERNIFELDA *Bornefeld (Everswinkel)* • *d* Berniuelda REGFREK *M* 41,10, Berniuelde 28,12
BETHANIA • *d* Bethania H *CM* 951. 4189 (B&hania *M*, Bithaniu *C*), Bethaniu *C* 3965. 3972. 4198, Bithaniu 4012 — *a* Bethania H *M* 4198. 5972
BETHLEEM • *d* Bethleem H *CM* 370 (Bethleém *S*, Bethlehem *C*). 424 (Betleem *C*). 459. 621. 625. 749, B&hleem *M* 359 (Bethleém *S*, Bethlem *C*). 745 (Bethleem *C*) — *a* Bethleem H *C*, B&hleem *M* 731
BETHLEEMBURG • *d* Bethleemburg H *C*, Bethlemaburg *M* 404
BEVARNON *Ostbevern (Münster)* • *d* Be:uarnon (r *del*) REGFREK *M* 40,31
BIERAHURST *Berhorst (Altahlen)* • *d* Bierahurst REGFREK *M* 34,10
Bikie- → BEKI-
Biresterron → BEKISTERRON

Nomina propria

BOGINGTHARPA †*Boyncktorp (West-kirchen)* • *d* Bogingtharpa REGFREK *M* 32,5, Boingtharpa 29,22
BOKHOLTA *Bockholt (Altwarendorf)* • *d* Bocholta REGFREK *K* 26,32. *M* 26,15, Bócholte 37,2
BORHTBEKI *Borbeck (Essen)* • *d* Borthbeki REGES 21,17
BRAHT *Bracht (Sendenhorst)* • *d* Brath REGFREK *M* 34,15
BREHTON *Brechten (Dortmund)* • *d* Brehton REGES 22,6
BROKHUSON *Brockhausen (Unna)* • *d* Brokuson REGES 21,11
BROKSETON *Broxten (Venne)* • *d* Brocsethon REGFREK *M* 28,20
BUNISTHARPA *Bönstrup (Greven)* • *d* Bunistharpa REGFREK *M* 38,1,37. 40,22
BUNNA *Bonn* • *n* Bunna GLLAM 67,18
Verona GLLAM
BURGWIDA *Burgwedde (Venne/Freckenhorst?)* • *d* Burguuida REGFREK *M* 28,4
BURWIDE *? (Bauerschaft Westerwiede, Laer, Osnabrück)* • *d* Buruuide REGFREK *M* 40,8
BUTILINGTHARPA *Büttrup (Westkirchen/ Ostenfelde)* • *d* Butilingtharpa REGFREK *M* 29,30. 32,3

DAGMATHON *Dackmar (Warendorf)* • *d* Dagmathon REGFREK *M* 27,10
DATINGHOVON *Schulte Deitinghof (Beckum)* • *d* Datinghouon REGFREK *M* 31,16
DEDDESKONHUS *? (Sendenhorst)* • *d* Deddessconhus REGFREK *M* 28,8
DRENE *Auf dem Dren (Ahlen)* • *d* Drene REGES 21,18
DRIVERE *Drewer (Marl)* • *d* Driuere REGES 22,7
DUNNINGTHARPA †*Dunnictorpe (Albersloh)* • *d* Dunningtharpa REGFREK *M* 41,8
DUTTINGHUSON *Lütke Dütting (Warendorf)* • *d* Duttinghuson REGFREK *M* 27,22

EFFREM *Ephraim* • *d* Effrem H *CM* 4186 (Effre*m abbr M*)
EKANSKETHA *Eickenscheidt (Essen-Steele)* • *d* Ekanscetha REGES 21,7

EKHOLTA *Eckholt (Melle)* • *d* Ékholta REGFREK *M* 40,13, Hékholta 39,34
EKLAN *Eickel (Vorhelm)* • *d* Éclan REGFREK *M* 34,36, Heclan 36,22
ELBUN *Alpen* ◊ *Alps* • *dp* Elboli° (= Elbon) GLSPET 86,24 ||
Alpes GLSPET
ELISLARE *Geißler (Beckum)* • *d* Elislare REGFREK *M* 41,5
ELMHURST *Elmenhorst (Sendenhorst)* • *d* Elmhurst REGFREK *M* 37,1. 43,17
EMAUS • *d* Emaus (e *add*) H *C* 5958
EMISAHORNON † *Emshorn (Warendorf)* • *d* Emisahornon REGFREK *M* 27,6, Emesaharnon *K* 25,25, (*1.*a<e) *M* 25,8
ERITONON *Erter (Everswinkel)* • *d* Eritonon REGFREK *M* 28,14
EVENGHUSON †*Evinghausen (Oelde)* • *d* Euenghuson REGFREK *M* 30,9

FARETHARPA *Vadrup (Westbevern)* • *d* Faretharpa REGFREK *M* 39,15. 40,29. 43, 12,14, Farethorpa 40,24, Uaretharpa 37,6. 39,9. 40,18, 41,24, 43,21, Uaretharpæ 37,19
FARITI *Verth (Telgte)* • *d* Fariti REGFREK *M* 39,17, 40,5,23, Uariti 37,6, Uarete 43,21
FEHTA *Vecht (Fluss bei Utrecht* ◊ *river near Utrecht)* • *d* Fehtu URBWERDA 71,4/23,7
FEHUS[1] † *Viehof (Essen)* • *d* Uehus REGES 21,3
FEHUS[2] † *Vehus (Haupthof von* ◊ *main farmstead of Freckenhorst)* • *d* Uehusa REGFREK *K* 24,19. *M* 24,7. 28,22. 41, 18, Uehus 43,23
FELIN *Velen (Coesfeld)* • *d* Felin REGFREK *M* 35,32
FELTHSETON *Velsen (Warendorf)* • *d* Ueltseton REGFREK *K* 26,28. *M* 26,11, Ueltzeton 28,32
FIEHTTHARPA[1] *Füchtorf (Warendorf)* • *d* Fiehttharpa REGFREK *M* 26,17, Fiehtthorpa *K* 26,33 ||
FIEHTTHARPA[2] *Vechtrup (Telgte)* • *d* Fiehttharpa REGFREK *K* 25,30. *M* 25,13
FILOMARINGTHARPA *Vintrup (Ostenfelde)* • *d* Uilomaringtharpa REGFREK *M* 30,15
FOHSHEM *Vossmar (Westkirchen)* • *d* Fohshem REGFREK *M* 32, 6, Uohshem 29,29

FORSTHUVILA *Forsthövel (Herbern)* • *d* Forthhuuile REGFREK *M* 36,35, Uorsthuuila 34,5

FORKONBIKIE *Forkenbeck (Lüdinghausen)* • *d* Uorkonbikie REGFREK *K* 33,33/34. *M* 33,16

FORNON *Vohren (Warendorf)* • *d* Uornon REGFREK *M* 27,26. 29,6

FRILINGTHARPA *Flintrup (Freckenhorst)* • *d* Urilingtharpa REGFREK *M* 31,6, VRilingtharpa 31,24, Urilingthorpa *K* 31,29

FUGLASTHARPA *Fuestrup (Greven)* • *d* Vvclastharpa REGFREK *M* 37,29, Vvclestharpa 38,33

GALILEA • *d* Galilea H *CM* 960 (*P*). 2075. 3183. 4958. *C* 5516 (G<*ras*)

GALILEALAND • *d* Galilealande H *M* 3557. 5250. *C* 5240. 5856 — *a* Galilealand H *CM* 250. *C* 1995. 2072. 2234. 2291. 2648. 2664. *M* 780 → **GALILEO, LAND**

GALMERE *Gelmer (St. Mauritz)* • *d* Galmere REGFREK *M* 38,32, Galmeri 37,31

GASGERI *Gescher (Coesfeld)* • *d* Gasgeri REGFREK *M* 35,32

GELITHI *Gittelde* • *g* Ielithis MN

GESTA *Geist (Wadersloh)* • *d* Gesta REGFREK *M* 30,4

GESTHUVILA *Geisthövel (Ahlen)* • *d* Gésthuuila REGFREK *M* 41,1, Gesthuuilæ 34,38, Iesthuuila 36,32

GESTLAN *Geißler (Beckum)* • *d* :Gestlan (g *ras*?) REGFREK *M* 35,1, Gestlan 41,16

GISLAHURST *Isselhorst (Bielefeld)* • *d* Gislahurst REGFREK *M* 28,36

GLANO *Glanemann (Glane-Mündung* ◊ *mouth of the Glane, Greven)* • *d* Glano REGFREK *M* 38,6

GRAFTHARPA *Schulte Grachtrup (Warendorf)* • *d* Graftharpa REGFREK *M* 26,3, Grafthorpa *K* 26,22

GRONHURST *Gronhorst (Freckenhorst)* • *d* Gronhurst REGFREK *K* 30,40. *M* 30,36. 37,10, Ghronhurs 31,22

GRUPILINGA *Gröblingen (Warendorf)* • *d* Grupilinga REGFREK *M* 40,3, Grupilingi *K* 27,36. *M* 27,1

GUMORODINGTHARPA *Guntrup (Greven)* • *d* Gumorodingtharpa REGFREK *M* 40,26, Hgumorodingtharpa 37,32

GUNDEREKINGSILE †*Gunderincsele (Wadersloh)* • *d* Gunderekingsile REGFREK *M* 32,13

HAMERETHI *Hemmerde (Unna)* • *d* Hamerethi REGFREK *M* 36,40

HAMURBIKIE †*Amerbeck (Wadersloh)* • *d* Hamorbikie REGFREK *M* 30,7. 32,17

HAMWINKILE *Hamminkeln* • *d* Hamuuinkile REGES 22,2

HANEWIK *Hennewich (Darfeld)* • *d* Hanevuic REGES 22,9

HANHURST *Hohenhorst (Freckenhorst)* • *d* Hanhurst REGFREK *M* 29,26. 45,1 — *cf* **HOHURST**

HANNINE *Hennen (Schwerte)* • *d* Hannine REGES 22,15

HARINGTHARPA *Heintrup (Hultrop)* • *d* Haringtharpa REGFREK *M* 36,39

HARTH *die Hardt (Sendenhorst)* • *d* Harth REGFREK *M* 34,19. 36,16

HASLERI *Hessler (Vellern)* • *d* Hasleri REGFREK *M* 30,12. 41,30

HASWINKILA *Harsewinkel (Warendorf)* • *d* Haswinkila REGFREK *M* 27,13

HEPPINGTHARPA †*Heppinctorpe (Liesborn)* • *d* Heppingtharpa REGFREK *M* 30,18

HERITHE *Schulte Herte (Warendorf)* • *d* Herithe REGFREK *M* 27,17

HIERICHO • *n* Hiericho H *CM* 3625 — *d* Hiericho H *CM* 3635

HIERICHOBURG • *d* Hierichoburg H *CM* 3655 — *a* Hierichoburg H *CM* 3547

HIERUSALEM o[67] *n* Hierusalem H *CM* 3691, Hierusalem (*abbr*) PSGERN 10,6 [14,25] PSLUB 115, 19 — *d* Hierusalem H *CMS*; (r<s) *M* 3521 (Ierusalem *C*), Ierusalem *C* 788, Hierusalem (*abbr*) 5968 — *a* Hierusalem H *CM*

Ierusalem PSLUB

HLAKBERGON *Ladbergen (Osnabrück)* • *d* Hlacbergon REGFREK *M* 37,8. 39,4, Lacbergon 38,14. 43,19

HLEON *Hallehne? (Neuahlen)* • *d* Hleon REGFREK *M* 36,23

HOHURST *Hoest (Ennigerloh)* • *d* Hohurst REGFREK *M* 32,20 — *cf* **HANHURST**

Nomina propria

HOLLA *Forsthaus Hölle? (Laer, Osnabrück)* • *d* Holla REGFREK *M* 39,39

HOLONSETON *Schulte Hollensedt (Warendorf)* • *d* Holonseton REGFREK *K* 26,30. *M* 26,13

HOLTHUSON[1] *Holthusen (Burgsteinfurt)* • *d* Holthuson REGFREK *M* 38,24

HOLTHUSON[2] *Wellingholzhausen (Melle)* • *d* Holthuson REGFREK *M* 39,30

HOLTHUSON[3] †*Holthusen, Ems* • *d* Holthuson REGFREK *M* 28,19

HOLTTHARPA *Holtrup (Westkirchen)* • *d* Holttharpa REGFREK *M* 29,27

HORLON *Hordel(-Ückendorf, Wattenscheid)* • *d* Horlon REGES 21,13

HOTNON *Hoetmar (Warendorf)* • *d* Hotnon REGFREK *K* 30,38. *M* 30,33. 35,21, 26. 43,18, Hótnon 37,4

HOTHTHARPA *Holtrup (Hoetmar)* • *d* Hoththarpa REGFREK *M* 32,8

HRAMISITHA *Remsede (Laer, Osnabrück)* • *d* Hramisitha (H- *add*) REGFREK *M* 39,27

HRINGIE *Ringe (Telgte)* • *d* Hringie REGFREK *M* 39,18, Ringie 36,36

HRIPONSILE *Riepensell (Drensteinfurt)* • *d* Hriponsile REGFREK *M* 36,10

HROTHMUNDINGTHARPA *Rottendorf (Ennigerloh)* • *d* Hrotmundingtharpa REGFREK *M* 32,21, Rothmundingtharpa 36,26

HUKILLINHEM *Schulte Hoeckelmann? (Enniger)* • *d* Hukillinhem REGFREK *M* 35,6

HUKRETHA *Huckarde (Dortmund)* • *d* Hukretha REGES 21,9

HUMBRAHTINGHUSON *Humbrechting (Ostinghausen)* • *d* Humbrathtinghuson REGFREK *M* 36,28

HUNDESARSE *? (Westbevern)* • *d* Húndesaŕse REGFREK *M* 40,20

HUNINGHOVA *Huninghove (Ascheberg)* • *d* Huninghoua REGFREK *M* 33,19, Hu[ ] *K* 33,37

HUNTINGTHARPA *Höntrup (Herzfeld)* • *d* Huuttingtharpa° REGFREK *M* 34,26

HUPELESWIK † *Upwig (Lippramsdorf, Haltern)* • *d* Hupelesuuik REGES 22,5

HURSTI *Hörste (Milte)* • *d* Hursti REGFREK *K* 26,28. *M* 26,10

HURSTTHARPA *Horstrup (Südkirchen)* • *d* Hursttharpa REGFREK *M* 34,3

HUTTINGTHARPA *Hüttrup (Greven)* • *d* Huttingtharpa REGFREK *M* 38,9. 40,27

JEKMARE *Jochmaring (Greven)* • *d* Iecmare REGFREK *M* 37,33. 39,15, Iecmari 37,13, Iecmere 37,8, Iecmeri 37,18, Iekmare (k<?h) 40,25, Iukmare 38,26. 41,22. 43,12,19

IEZI *? (zum Haupthof Vehus gehörig ◊ belonging to the main farmstead Vehus)* • *d* Iezi REGFREK *M* 28,5. 29,3

ISINGTHARPA *Isendorf (Vorhelm)* • *d* Isingtharpa REGFREK *M* 34,33, 36,18

JORDAN • *n* Iordan H *CM* 873. 1151 — *g* Iordanes H *M* 965. 1127. 1159. *C* 3957, Giordanas GEN 266 — *d* Iordana H *C* 965 (Giordana *P*). 1127. 1159 — *a* Iordan H *C* 3985

JUDINASHUVILA *Jönshövel (Sendenhorst)* • *d* Iudinashuuila REGFREK *M* 36,17

KADES • *a* Cades PSLUB 28, 8
Cades PSLUB

KAPHARNAUM • *d* Kapharnaum H *C*, Capharnaum *M* 2089. 3184 (Cafarnaum *M*)

KATINGTHARPA *Kettrup (Saerbeck)* • *d* Katingtharpa REGFREK *M* 38,8. 39,3

KIEDENINGTHARPA *Köntrup (Ostenfelde)* • *d* Kiedeningtharpa REGFREK *M* 35,17,24, Kiediningtharpa 35,33

KINLESON † *(bei ◊ near Medemblik, Noordholland)* • *d* Kinleson URBWERDA 74,5/23,15

KLEIBOLTON *Kleibolte (Ennigerloh)* • *d* Cleibolton REGFREK *M* 30,19

KLEIKAMPON *Kleekamp (Borgholzhausen)* • *d* Kleikampon REGFREK *M* 40,11

KODINGTHARP *Köntrup (Diestedde)* • Codingtharp REGFREK *M* 44,11

KREIA *Kray (Essen-Kray)* • *d* Creia REGES 21,21

KUKONHEM †*Kukenem (Warendorf)* • *d* Kukonhem REGFREK *M* 27,23

LADTHORPA *Lochtrop (Eslohe)* • *d* Ladthorpa REGES 22,1

LAKSETON *Loxten (Telgte)* • *d* Lacseton REGFREK *K* 25,23. *M* 25,5

LANGONHUVILA *Langenhövel (Drensteinfurt)* • *d* Langonhuuilæ REGFREK *M* 36,27

LEMBIKIE *Hof Lembeck (Altenberge)* • *d* Lembikie REGFREK *M* 38,21

LINDENUN *Linden (Bochum)* • *d* Lindenun REGES 22,3

LINGERIKI *Lengerike (Handorf)* • *d* Lingeriki REGFREK *M* 39,22
LIVEREDINGTHARPA *Lentrup (Herzfeld)* • *d* Liueredingtharpa REGFREK *M* 28,6. 36,24, Liuordingtharpa 31,20, Liuoredingtharpa 30,31. 35,29
LUKKINGTHARPA † *im Lockingtorpe (Sendenhorst/Everswinkel)* • *d* Luckingtharpa REGFREK *M* 28,10
LUKKISKONHUS † *(Sendenhorst)* • *d* Luckissconhus REGFREK *M* 34,23

MAMBRA • *a* Mambra GEN 159
MARASTHARPA *Maestrup (Greven)* • *d* Marastharpa REGFREK *M* 37,35. 38,34
MARKILIGTHARPA *Merkentrup (Ennigerloh)* • *d* Markiligtharpa REGFREK *M* 44,32
MEDEBIKIE *Medebach (Korbach)* • *d* Medebikie REGFREK *M* 36,37
MEINBRAHTINGTHARPA *Mestrup (Hoetmar)* • *d* Meinbrahtingtharpa REGFREK *M* 29,1
MEKLAN *Mecheln (Altahlen)* • *d* Meclan REGFREK *M* 34,12, Meklan 36,8
MERSKBIKIE † *Mersbeke (Ostbevern)* • *d* Merschbikie REGFREK *M* 40,21
MOTTONHEM *Mattenheim (Greffen)* • *d* Mottonhem REGFREK *M* 27,21. 28,37
MUDELARE *Möhler (Oelde)* • *d* Mudelare REGFREK *M* 32,10
MUSKINON *Musche (Laer, Osnabrück)* • *d* Muschinon REGFREK *M* 40,12
MUSNA *Müssingen (Everswinkel)* • *d* Musna REGFREK *K* 25,33. 26,22. *M* 26,2 (<Mussa *corr*), 28,29,30, Mussa 25,18
MUSNAHURST *Müssingen* • *d* Musnahurst REGFREK *M* 28,15

NAIM • *d* Naim H *M*, Naym *C* 2177
NARTHBERGE *Nordberg (Stromberg/Beckum)* • *d* Narthbergi REGFREK *M* 28,18
NARTHLIUNON *Altlünen (Lünen)* • *d* Narthliunon REGFREK *M* 35,30
NARTHTHARPA *Natrup (Hoetmar)* • *d* Narhttharpa REGFREK *M* 32,12
NARUTHI *Naarden (Noordholland)* • *d* Naruthi URBWERDA 73,20/23,3
NAZARETHBURG • *d* Nazarethburg H *CM* 257. 782. 3717 (Nazaretburg *C*). 4848. *C* 5819, Nazarethburh *C* 5552
NILSTROM *Nil* ◊ *Nile* • *n* Nilstrom H *CM* 759

NIUMAGAN *Nijmegen* • *a* Niumagan GLLAM 67,4
Noviomagus GLLAM
NIUWANHUS *Nienhausen (Gelsenkirchen)* • *d* Nianhus REGES 21,16

OLIVETI *Ölberg* ◊ *Mount of Olives* • *a* Oliuueti H *C*, Oliu&i *M* 4237
OLIVETIBERG *Ölberg* ◊ *Mount of Olives* • *a* Oliuetiberg H *C* 4719
ORONBEKI *Arenbeck (Sassenberg)* • *d* Oronbeki REGFREK *K* 26,32. *M* 26,16

PANEWIK *Pannewick (Walstedde)* • *d* Paneuuik REGFREK *M* 34,9
PANTHEON • *a* Pantheon BEDA 5
PEINGTHARPA *Pentrup (Greven)* • *d* Peingtharpa REGFREK *M* 38,38
PERIS *Paris* • Peris GLSPET 80,11 ‖
Parisii GLSPET
PIKANHURST *Peckenhorst (Oelde)* • *d* Pikanhurst REGFREK *M* 44,33, Pikonhurst *K* 31,34. *M* 30,14, 31,11, Pikonhúrst 41,28
POLINGON *Pöling (Enniger)* • *d* Polingon REGFREK *M* 35,7
POPPONBIKIE *Poppenbeck (Havixbeck)* • *d* Popponbikie REGFREK *M* 38,23
PULMERI † *(Umgebung* ◊ *neighbourhood Utrecht? Noordholland?)* • *a* URBWERDA 74,3/23,11

RADISTHARPA *Raestrup (Telgte)* • *d* Radistharpa REGFREK *M* 25,15. 41,14, Radisthorpa *K* 25,31
RAMMASHUVILA *Ramshövel (Sendenhorst/Oelde)* • *d* Rammashuuila REGFREK *M* 34,16, Rammeshuuila (*abbr*) 28,21, Rammeshuuila 36,11
REHEI † *Reghe (Harsewinkel)* • *d* Rehei REGFREK *M* 28,35
REINESBURG *Regensburg* •*n* Reinesburg GLLAM 67,13
Regina GLLAM
RENGERINGTHORPA *Ringeldorf (Essen-Gladbeck)* • *d* Regerengthorpa REGES 21,8
RINHERRE *Rhynern (Unna)* • *d* Rinherre REGES 22,11
RODFELTH • Rorotfeld°? GLMERS 69,7
ROHHUSON *Rotthausen* • *d* Rohhuson REGES 21,23

Nomina propria

Rokkonhulisa *Roggenhülse (Nordkirchen)* • d Rokkonhulisa REGFREK K 33,34. M 33,17
Rugikampon *Rückamp (Enniger)* • d Rugikampon REGFREK K 33,26. M 33,6
Ruma *Rom ◊ Rome* • d Rumu H CM 3809. 4142 (Runu° C). 5253, Roma BEDA 3, Romŏ 4
Rumuburg *Rom ◊ Rome* • d Rumuburg H CM 339. 3828. 5126. 5176. 5203. C 57. 63. 67. 5376
Sahtinhem † *Sechtenem (Warendorf)* • d Sahtinhem REGFREK M 27,28. 28,34
Sandforda *Sandfort (Sendenhorst)* • d Santforda REGFREK M 36,14, Scandforda 34,21
Sarbikie *Saerbeck (Münster)* • d Saŕbikie REGFREK M 38,7
Sendinhurst *Sendenhorst (Münster)* • d Sendinhurst REGFREK M 28,8
Sidonoburg *Sidon* • a Sidonoburg H M, Sydonoburg C 2983
Sigana *Seine* • Sigana GLSPET 81,9
Sequana GLSPET
Sinegan *Sinnigen (Saerbeck)* • d Sinegan REGFREK M 40,17
Skarron † *(Vorhelm)* • d Scarron REGFREK M 36,5
Skiphurst † *Schephorst (Warendorf)* • d Sciphurst REGFREK K 27,38. M 27,3
Slade † *Schlade (Warendorf + Telgte)* • d Slade REGFREK M 28,1,33
Smithehuson *Schmedehausen (Greven)* • d Smithehuson REGFREK K 26,26. M 26,8. 37,22. 38,30
Sodoma • d Sodoma GEN 158. 249, Sodomo 308 — a Sodoma GEN 223
Sodomaburg • n Sodomaburg H C, Sodomoburg M 1952 — a Sodomaburg GEN 252, Sodomburug 290
Sodomaland • a Sodomaland GEN 179. 237 H C 4368 (Sodomoland M)
Sodomariki • ns Sodomariki GEN 322
Spilmeri † *(Umgebung ◊ neighbourhood Utrecht? Noordholland?)* • a URBWERDA 74,2/23,10
Spurko *Spork (Liesborn)* • d Spurko REGFREK M 32,16
Steltingtharpa *Stellentrup (Freckenhorst)* • d Steltingtharpa REGFREK M 29,18. 31,4, Steltingthorpa K 31,28, teltingtharpa° M 37,11
Stenbikie *Stenbeke (Ennigerloh)* • d Stenbikie REGFREK M 30,8. 41,29
Stengravon † *Steingraven* • d Stengrauon REGES 22,14
Stenhurst *Schulte Steinhorst (Ascheberg)* • d Stenhurst REGFREK M 34,1
Sunninghuson *Sünninghausen (Beckum)* • d Sunninghuson REGFREK M 32,18
Sutharetiskon † *Sudersche (Telgte)* • d Suthar=ezzchon REGFREK M 25,10, Scharezzehon° K 25,27
Suthemisahornon *Süd-Emshorn (Warendorf)* • d Suhemisahornon° REGFREK M 27,7
Suththarpa *Suttrup (Meschede)* • d Suththarpa REGFREK M 36,37
Sweksnon *Swezen (= Zuilen/Utrecht)* • a Suecsnon URBWERDA 74,3/23,12
Swihtenhuvile *Schwichtenhövel (Freckenhorst)* • d Suihtenhuuile REGFREK M 35,38, Suihtinhouile K 33,28. M 33,9

Tafalberg † *(bei ◊ near Naarden?)* • dp Tafalbergon URBWERDA 73,20-1/23,3-4
Telgigi *Telgey (Ahlen)* • d Telchigi REGFREK M 36,7, Telgei 41,3
Tisin *Pavia* • Tisin GLSPET ‖ (*Thies* 352)
Ticinum GLSPET
Tul *Toul* • Tul GLSPET 80,20 ‖
Tolosa GLSPET

Thankilingtharpa † *Denkelinctorpe (Greven)* • d Thánkilingtharpa REGFREK M 38,11, Thankilingtharpa 39,1
Tharphurnin *Darphorn (Warendorf)* • d Tharphurnin REGFREK M 27,12
Thatinghovan *Datinghoven (Beckum)* • d Thatinghouan REGFREK M 36,6
Thiedelingtharpa *Dielingdorf (Melle)* • d Thiedelingtharpa REGFREK M 40,9
Thiediningtharpa *Tittingdorf (Buer, Osnabrück)* • d Thiediningtharpa REGFREK M 39,32
Thralingon *Dralingen (Enniger)* • d Thralingon REGFREK M 35,9
Thurnithi *Dörenthe (Ibbenbüren)* • d Thúrnithi REGFREK M 38,16

THURRONBOKHOLTA *Dernebockholt (Warendorf)* • *d* Thurronbokholta REGFREK *M* 43,23

UPGO *Het Gooi (Houten/Utrecht)* • *d* Upgoa URBWERDA 74,4/23,13

UPHUSON † *ton Uphus (Wadersloh)* • *d* Uphuson REGFREK *M* 32,15

UTERMERI *Uitermeer (Naardermeer)* • *a* URBWERDA 74,2/23,9

UTILINGON *Ottelingen (Enniger)* • *d* Utilingon REGFREK *M* 35,14 (li<n). 36,3

WALEGARDON *Walgern (Freckenhorst)* • *d* UUalegardon REGFREK *M* 28,27, Walegardon 28,16,26

WANUMELON *Wabeln (Rhynern) (?)* • *d* Wanumelon REGFREK *M* 36,31

WARANTHARPA *Warendorf* • *d* Warantharpa REGFREK *M* 27,31

WARTERA *Werther (Halle, Westfalen)* • *d* UUartera REGFREK *M* 40,10

WEDISSKARA *Weischer (Nordkirchen)* • *d* UUedisscara REGFREK *K* 33,32. *M* 33,14

WERINON † *(Umgebung ◊ neighbourhood Utrecht? Noordholland?)* • *d* UUerinon URBWERDA 73,21/23,5

WERLON *Werl (Ennigerloh)* • *d* UUerlon REGFREK *M* 30,30

WERNERAHOLTHUSON *Holthusen (Werne)* • *d* UUerneraholthuson REGFREK *M* 34,6, UUernerahotlhuson° 36,33

WERSITHARPA *Wersedrup (an der Werse-Mündung ◊ at the mouth of the Werse)* • *d* UUersitharpa REGFREK *M* 40,15, Wersetharpa 39,21

WERST *Werst (Greven) (?)* • *d* UUerst REGFREK *M* 37,21

WERSTARLAKSETON *West-Loxten* • *d* UUerstarlacseton REGFREK *M* 25,16, UUestarlokseton *K* 25,31/32

WERSTARWIK † *Westerwich (Oelde)* • *d* UUersteruuik REGFREK *M* 30,10

WESTARBIKIE *Westerbeck (Westerkappeln/ Lienen)* • *d* UUestarbikie REGFREK *M* 39,25

WESTJUDINASHUVILA *Westjönshövel (Sendenhorst)* • *d* UUestiudinashuuila REGFREK *M* 34,28

WESTONFELDA *Westenfeld (Altenberge)* • *d* Westonuelda REGFREK *M* 39,6

WETERINGE *Wettringen (Steinfurt)* • *d* UUeteringe REGES 22,8

WIDE *Westerwiede (Laer, Osnabrück) (?)* • *d* Wid:e (e/o *del*) REGFREK *M* 40,2

WINIKINGTHARPA *Wentrup (Greven)* • *d* Winikingtharpa REGFREK *M* 38,3

WINKILA *Haus Winkel (Greven)* • *d* Winkila REGFREK *M* 38,5

WISSITHA *West (Albersloh)* • *d* UUissitha REGFREK *M* 34,25

WUNNINGTHORPA *Wintrup (Münster-Hiltrup)* • *d* VUnnincthorpa REGES 22,10

Index retrogradus

KRĀA	GARNWINDA	²SAGA
QUABBA	NĀDARWINDA (NADAR- *?*)	WAGA
WAMBA	WIDUWINDA	WĀGA
FIMBA	STUNDA	THRÊGA
ARANFIMBA	WEROLDSTUNDA	SEGA
GIBADA	MORGANSTUNDA	HŪSÊGA
KIRIKKEMINĀDA	WINTARSTUNDA	BAKWÊGA
SNADA	WUNDA	SWÊGA
BÊNBRĀDA	HÔVIDWUNDA	GLOGGA
TRADA	BENIWUNDA	FĪGA
STADA	LĪKWUNDA	¹STĪGA
MARKSTADA	GODA	²STĪGA
BEDA	THIODA	GALGA
KNIOBEDA	ELITHIODA	FELGA
METIGÊDA	MEGINTHIODA	BULGA
JEDA	IRMINTHIODA	SAMNANGA
MÊDA	ALOTHIODA	SPANGA
FORMÊDA	SKÔDA (O *?*)	PRANGA
BŪMÊDA	SUMARLODA	TANGA
PÊDA	RŌDA	STANGA
RÊDA	KRODA	WANGA
SKAPARÊDA	JUKRŌDA	SKUDDINGA
WEGBRÊDA	SEGALRŌDA	BIJEHINGA
SKEPPIBRÊDA	METRŌDA	DÊLINGA
BRANDRÊDA	AHTODA	UPPRENNINGA
UMBITREDA	ANDAHTODA	HLŌINGA
STÊDA[#]	HUNDAHTODA	HRINGA
IDA	BARDA	SKIMRINGA
mlat FAIDA	MIDDILGARDA	SPURINGA
SEIDA[+] (*?*)	KARDA	REPSINGA
GIMEHLIDA	WARDA	SWINGA
KLIDA	HERDA	SIUWINGA
ERIDA	HRĪTHHERDA	BĀUNGA
KRĪDA	BORDA	SKÊDUNGA
LAMPRIDA	PALENCEA	SPENDUNGA
SĪDA	FIRINSUNDEA	KLAGUNGA
FOLDA	HÊA	UPPSLAGUNGA
MOLDA	HLEA	TISAMNEGIFŌGUNGA
ANDA	*mlat* FITTEA	EBBIUNGA
MANDA	GEÞAFA[#]	QUELMIUNGA
STANDA	BĀGA	WARNIUNGA
HWANDA	MŌDFAGA	PREKUNGA
PREVENDA	LUNDLAGA[#]	AWASKUNGA
PRŌVENDA	WELAGA	LUNGA
LINDA	KLAGA	TALUNGA
RINDA	WITHARLĀGA	WANDLUNGA
¹WINDA	HŌFSLAGA	SWINDLUNGA
²WINDA	¹SAGA	FLEGILUNGA

499

Index retrogradus

EALLUNGA[#]	MŌDSORGA	FURHIA
SPELLUNGA	HUGISORGA	**RŪHIA**
GITĀMUNGA	**DASGA**	**WIKK(I)A**
AR**BARMUNGA**	*mlat* NONOUGA	**KRUKKIA**
MANUNGA	**SUGA**	**NUSKIA**
ANGEGIN**STĀNUNGA**	**BINISŪGA**	**GAFLIA**
HRÊNUNGA	**AHA**	**PETERCILIA**
ALÊHNUNGA	**KĀHA**	**ELLIA**
FŪHTINUNGA	**RAHA**	**HELLIA**
SŌKNUNGA	**THĀHA**	SKELLIA
SAMNUNGA	**PĀSCHA**	**WELLIA** (?)
SKERNUNGA	**SEHA**	**PANNSTELLIA**
LERNUNGA	ANASEHA (?)	**JIKILLIA**
DŪNUNGA	ZUHHA⁺	**GIVILLIA**
KLAPUNGA	**SĪHA**	**FÊMIA**
ATHEMPUNGA	**MALHA**	**BREMMIA**
OVARKÔPUNGA	**SŌHA**	**GISWEMMIA**
SUNUFADARUNGA	**MARHA**	**FURHNIA**
HRĪDRUNGA	**FORHA**	**LĪN(I)A**
ANDÊRUNGA	**MORHA**	**STEMNIA**
THANAKÊRUNGA	**KRĀIA**	¹**DENNIA**
FŌRUNGA	**BĪA**	²**DENNIA**
ĀSKORUNGA	**WEBBIA**	TÊNNIA
THRĀSUNGA	**KRIBBIA**	**MINNIA**
TUNGA	**SIBBIA**	**MERIMINNIA**
SŪFTUNGA	**SKŌBB(I)A**	**BRUNNIA**
ĀHTUNGA	**MIDDIA**	**SUNNIA**
RIHTUNGA	**HUDDIA**	**WUNNIA**
WALTUNGA	**METIGÊDIA**	**BETTONIA**
HUNDESTUNGA	**SKÊDIA**	**GRIUSNIA**
KOSTUNGA	*mlat* **ALDIA**	HOLTMŌIA
RÔSTUNGA	**MALDIA**	**FRÔIA**
SNŪTUNGA	**ELDIA**	**DRUPPIA**
HRŪTUNGA	HILDIA	**HLÊDRIA**
SKÊTHUNGA	**LINDIA**	**MAPULDRIA**
UNBILITHUNGA	**BLINDIA**	**ALBERIA**
ERTHBIVUNGA	**SUNDIA**	**ALERIA**
FARDRĪVUNGA	**MEGINSUNDIA**	**LŪR(I)A**
STREUWUNGA	**GERDIA**	**AGASTRIA**
HNAFFIZZUNGA⁺	**LÊIA**	**THIUSTRIA**
RŪNIZZUNGA⁺	**AGALEIA**	**THRIA**
ÔGA	**SKARLEIA**	**HŪRIA**
BÔGA	**EGGIA**	**MAHALHŪRIA**
FLIOGA	**LEGGIA**	**SIURIA**
HUNDESFLIOGA	**MIGGIA**	**HERISTIURIA**
LÔGA	**MUGGIA**	**SPUNSIA**
WINDBERGA	**BRUGGIA**	KEPSIA
HERIBERGA	**MENIGIA**	**HWEPSIA**
MANBERGA	**WILGIA**	**FISSIA**
BÊNBERGA	**ĀGENGIA**	GŌDLĬKNISSIA
SORGA	*mlat* **MARCHIA**	**HÊTHINNISSIA**

Index retrogradus

BISPURNNISS(IA)	WEROLDSAKA	STRĀLA
SKEVISSIA	WĪGSAKA	MASALA
FARMULINUSS(IA)	WITHARSAKA	GRUSALA
HÊTHINNUSSIA	SPÊKA	TALA
THIUSTARNUSSIA	TÊKA	GITALA
BLĪTHSIA	HŌDLADIKA	KUNNITALA
HRAMUSIA	HÔFLADIKA	JĀRTALA
FIUHTIA	KIRIKA	OVARTALA
SNOFLITIA	PARTIKA	WARTALA
HILTIA	LATTIKA	SKUTALA
MILTIA	KRŪCIWIKA	FLÊSKGAVALA
SULTIA	HAKKA	WALA
RAKINTIA	DOKKA	QUĀLA
FLÔTIA	SKOKKA	THIODQUĀLA
FITTIA	ANKA	FERHQUĀLA
PUTTIA	HLANKA	FIRINQUĀLA
GRUTTIA	URTHANKA	WUNDARQUĀLA
SNŪTIA	INKA	MORTHQUĀLA
SMIDTHIA	SKINKA	SWALA
WIDTHIA	STINKA	SIMBLA
SKÊTHIA	UNKA	GESEDLA[#]
RETHIA	BŌKA	FORADÊLA
HÔNITHIA	HAGANBŌKA	BIFORANDÊLA
ŪTHIA	HRŌKA	[1]WELA
GŪTHIA	KROKA	[2]WELA
HERIHŪTHIA	HŪSSŌKA	TAFLA
SÊUŪTHIA	MARKA	HANDTAFLA
KEVIA	HOLTMARKA	WEHSITAFLA
SELVIA	LÊWERKA	SKUFLA
LÔVIA	BIRKA	SKŪFLA
HWIRVIA	FURKA	WINDSKŪFLA
MARRUVIA	SKALDFURKA	SKERMSKŪFLA
MILW(I)A	FLASKA	DRŪFLA
LEKZIA	MASKA	THRŪFLA
KERZIA	LESKA (Ê/Ē ?)	TÊGLA
JA	ABDISKA	SWEGLA
JĀ	ĪVISKA	BUDDILA
RÔDLĀKA (?)	NUSKA	FIRSTSKINDILA
FLAKA	ŪKA	WINDILA
SPAKA	KRŪKA	GIBUNDILA
RAKA	LĀ[#]	MUNDILA
MŪRBRĀKA	HUMBALA	SWERDILA
SPRĀKA	PEDALA	FĪLA
INWIDDSPRĀKA	MANDALA	HANDTHWAHILA
MÊNSPRĀKA	SKINDALA	ÊKILA
FIRINSPRĀKA	SWERDALA	SIKILA
BISMERSPRĀKA	NAHTA-/NAHTIGALA	NUSKILA
BALUSPRĀKA	EGALA	SPINILA
MŌDTHRAKA	SKĀLA	SPINNILA
WRĀKA	WĀGSKĀLA	KUNILA
SAKA	SPINALA	FELDKUNILA

Index retrogradus

MISPILA	AMSLA	HLENA
NETILA	KROSLA	WÊNA
ETTARNETILA (ÊTTAR- ?)	THROSLA	QUENA
WAHTILA	NĀTHLA	HÔFNA (O ?)
TURTILA	ŪLA	LOGNA/LÔGNA
NESTILA	BŪLA	FORHNA
WRISTILA	SKINDULA	KUDINA
NUSTILA	SWERDULA	FĪNA
HEVILA	KUGULA	SEGINA
KERVILA	BUKKULA	LUGINA
HWĪLA	QUERKULA	DRUGINA
URLAGHWĪLA	MUSKULA	HINA
ŪWILA	SPINULA	ÊRHINA
SIUWILA	PAPPULA	THEKINA
FAKLA	PERULA	SKINA
QUENKLA (?)	QUATTULA[+]	ELINA
FALLA	SKAMA	BILINA
MÛSFALLA	BRĀMA	WULLINA
GALLA	HRAMA	STULINA
ERTHGALLA	SAMA	HÊMINA
HALLA	KOKMA	ĪSARNĪNA
KELLA	PALMA	PĪNA
FETHARSKELLA	HAMMA	FIRINA
BIVINELLA	GÔMA	KURSINA
mlat BERGPUELLA	MÔMA	KESTINA
mlat WATARPUELLA	*mlat* SÔMA	EVINA
WELLA	JUKTÔMA	TOLNA
QUELLA	BRAHSMA	STEMNA
STIGILLA	BROSMA (Ô ?)	DANNA
HANGILLA	FLIOTMA	KANNA
HRINGILLA	PLUMA	LANNA
PILLA	FRUMA	PANNA
PAPPILLA	PETHUMA	GLÔDPANNA
POLLA	BANA	FIURPANNA
BULLA	ALDANA	FLÊSKSKRANNA
KIULLA	MANA	THANNA
AMPULLA	THANANA	WANNA
SIMLA	HWANANA	HWANNA
BUMLA	HINANA	NOHHWANNA
LEVINDOLA	GRANA	NÊTHWANNA
SÊOLA	FORANA	INNA
HÔLA	FERRANA	LINNA
SKOLA	SĀNA	RINNA
SOLA	WESTANA	FUNNA
WOLA	ÔSTANA	SUNNA
SPASLA (?)	ŪTANA	BÔNA
GÊSLA	THANA	FĪGBÔNA
AHSLA	NITHANA	*mlat* SCREONA
THEHSLA	OVANA	SKRIONA
THĪHSLA	FÆRBÊNA[#]	NÔNA
FETISLA	FENA	SINGRÔNA

Index retrogradus

SŌNA	[1]SKARA	KLĀFRA
THONA	[2]SKARA	SWEGRA (?)
ĪSARNA	[3]SKARA	FĪRA
QUADERNA	SKĀRA	SLENGIRA
MATERNA	HARMSKARA	STAFSLENGIRA
TAVERNA	GISWÄSSKARA	KUPIRA
WERNA (?)	HOLTSKARA	ÔRA
QUERNA	HERTKARA	FORA
ĀCWEORNA[#]	BRIOSTKARA	FŌRA
HORNA	MARA	HNORA
THIORNA	LĪFNARA	SNORA
ASNA	SPARA	HRŌRA
DĪSNA	BETARA	AMPRA
SEGISNA	STARA	SPARRA
RIODSEGISNA	THARA	HROSSSKERRA
ALAMŌSNA	FETHARA	WERRA
FERSNA	SKRĪFFETHARA	MIRRA
RŪNA	SKERDIFETHARA	KLĀFTRA
HNŌA	NITHARA	HALFTRA
APA	WARA	AGISTRA
SLÊPA	WĀRA	MULSTRA
GRÊPA	SKILDWARA	RIOSTRA
SÊPA	FRITHUWĀRA	HAMUSTRA
WULVESSÊPA	GAMBRA	HERTĀTHRA
PĪPA	SISUMBRA	LŪTHRA
HOLONDARPĪPA	BLĀDRA	HIGURA[#]
HELPA	MADRA	HERISTIURA
WORDHELPA	NĀDRA (A ?)	MŪRA
GECLEOPA[#]	SENĀDRA	SŪRA
KŌPA	MERINĀDRA (A ?)	KUKKESSŪRA
HINDHLÔPA	HRĪDRA	GÔKESSŪRA
KAPPA	FĪFALDRA	LEVRA
SNEPPA	SPÊKALDRA	FRŌVRA
WIDUHOPPA	SKULDRA	ŌHASA
GISOP(P)A	APULDRA	ALASA
UPPA	MAZULDRA[+]	BLĀSA
DUPPA	TUNDRA	WASA
HARPA	ÊRA	ÊSA
SKERPA	FÊRA	FESA
WANDWERPA	GEFÊRA[#]	WAGANLÊSA
ASPA	KÊRA	MÊSA
mlat STAUPA	KEKERA	SNÊSA
RŪPA	LÊRA	FRÊSA (?)
BĀRA	KAMERA	[THESA]
SUNDARA	TRESAKAMERA	AHSA
GÊARA[#]/GEĀRA[#]	BŌKKAMERA	EGITHEHSA
UNGÊARA[#]	FISKKAMERA	SPĪSA
FĀRA	HEMERA	WEGSPĪSA
HĀRA	PIPERA	WĪSA
KARA	KEVERA	LANDWĪSA
MŌDKARA	WÊRA	KUNINGWĪSA

Index retrogradus

BÔSA	HERTA	BIWILLITHA
HOSA	PORTA	WULLITHA
FARLIOSA	HELLIPORTA	FŪLITHA
SOTHMÔSA	HIMILPORTA	GINUHTSAMITHA
KNOSA	FASTA	SKEMITHA
WAPSA	RASTA	SMITHA
BEKKERSA (?)	SWEFRESTA	GIMÊNITHA
BURSA	KISTA	GIRUNNITHA
MISSA	LĪSTA	HÔNITHA
LIOHTMISSA	HARSTA	SLAPITHA
HAGATISSA	GERSTA	GIBĀRITHA
ŪSA	BURSTA	GIFAGARITHA
SIUSA (?)	KATTA	ZIARITHA[+]
KLATA	MATTA	MĀRITHA
WINKILMĀTA	RATTA	GIMĀRITHA
SPĪKERMĀTA	ŪTA	GIWARITHA
HORNATA	SKATHA	HÊRITHA
HRĀTA	NĀTHA	GIMERITHA
STRĀTA	GINĀTHA	GIRITHA
ĀMÊTA	LADTHA	SKATTGIRITHA
AFRETA	FĪGKLADTHA	GIHÔRITHA
KRUFTA	KLEDTHA	GIBŪRITHA
ANDFAHTA	HÊTHA	DIUR(I)THA
MANSLAHTA	WEGSKÊTHA	INSPURITHA
WAHTA	DAGWÊTHA	HALSITHA
WEGWAHTA	DIORWÊTHA	GISETITHA
FEHTA	EFTHA	SELFFŪHTITHA
PLEHTA	ELILENDITHA	FESTITHA
FORHTA	OVARMÔDITHA	AGRAVITHA
ŪHTA	EGITHA	GIHEVITHA
mlat LITA	ENGITHA	BRĒVITHA
GELLITA	BIGENGITHA	GIDRŌVITHA
MUNITA	GIHENGITHA	ARSTEWITHA
MERIGRĪTA	GITHINGITHA	UNTRIUWITHA
GEVITA	GIFŌGITHA	SĀLTHA
WITA	UNGIFŌGITHA	GIMÊNTHA
HELTA	WARGITHA	WERMŌTHA
SPELTA	ARBORGITHA	SŌTHA (?)
MINTA	DRUGITHA	ERTHA
SIMINTA (SIGI- ?)	SPĀHITHA	GĀVA
WATARMINTA	FÊHITHA	HANDHAVA
HROSSMINTA	GISIHITHA	LAVA
NIGUNTA	WĪHITHA	NAVA
ANDSIVUNTA	HÔHITHA	GUNDRAVA
BŌTA	SKATTFRĪITHA	GRAVA
GOTA	BISPRĀKITHA	GEVA
FLOTA[#]	TIBROKITHA	HANDGEVA
MŌTA	GIMARKITHA	LÊVA
NOTA	KŪSKITHA	NEVA
STROTA	SELITHA	REVA
WARTA	NAHTSELITHA	WĪNREVA

Index retrogradus

SKĪVA	FLOZZA⁺	INWIDD
KLĪVA	STANDWEBB	ÊD
HALVA	GODOWEBB	GIBED
NORTHHALVA	RIBB	GÊD
SALVA	KAMB	HÊD
mlat MERIBELUA (?)	HROSSKAMB	GIWONAHÊD
HŌVA	LAMB	DUMBHÊD
SELIHŌVA	DUMB	GODHÊD
SNŌVA	KRUMB	LÊFHÊD
RŌVA	HETESPRǢC#	SELFHÊD
GRŌVA	BROCC#	WELWILLIGHÊD
GOLDGRŌVA	FLŌC#	SPĀHHÊD
ERTHGRŌVA	SŪRMILSC#	WĪHHÊD
GARVA	DĀD	GERNIHÊD
THARVA	GIDĀD	QUIKHÊD
HAVANSKERVA	WALDĀD	MENNISKHÊD
HWERVA	WELDĀD	TALHÊD
KURVA	WAMMDĀD	GITHIGANHÊD
DŪVA	ELLIANDĀD	ĀBOLGANHÊD
HRINGILDŪVA	MÊNDĀD	KRISTINHÊD
MENIESDŪVA	FIRINDĀD	WĀRHÊD
HOLTDŪVA	UNDĀD	GISWĀSHÊD
HŪVA	MISSDĀD	MAGATHHÊD
LUVA	BALUDĀD	JUGUTHHÊD
STRŪVA	BLAD	SKÊD
BRĀWA	WĪNREVUNBLAD	GISKÊD
WINDBRĀWA	SAMAD	FALED
SLEGIBRĀWA	RĀD	GIMÊD
SPRĀWA	WILDBRĀD	BRED
THRAWA	INWIDDRĀD	BRÊD
¹ÊWA	HANAKRĀD	WĪDBRÊD
²ÊWA	UNRĀD	MOLDBRED
HLÊWA	THRĀD	SKEVEBRED
HĪWA	SAD	BEDDIBRED
KLĪWA	SĀD	ARVED
SWALWA	SMALSĀD	FIRINARVED
WIDOWA	HOFSTAD	WÊD
GARWA	THINGSTAD	GIHUGD
FRATWA	KAMPSTAD	OVARHUGD
HAUWA	WĀD	UNAWENDID
GITAUWA	GIWĀD	EKID
HREUWA	LĪNWĀD	THRĪSTIKKID
TREUWA	BEDD	UNGISTRĀLID
WINITREUWA	DRAGABEDD	HLID
UNTREUWA	BRŪDBEDD	GEHLID
IUWA	GODOBEDD	ÔGHLID
THIUWA	NĪOBEDD#	OVARHLID
JŪWA	LEGARBEDD	MID
SINUWA	FETHARBEDD	THURHFREMID
RUNZA⁺	SUHTBEDD	NIMID
KNELLIZZA⁺	HRÊUBEDD	GISNID

Index retrogradus

INSNID	EGISGRĪMOLD	BIND
TEPPID	WEROLD	KIND
UNWERID	BULD	JAKIND
PERIFRID	SKULD	WASUNKIND
FELDPERIFRID	LANDSKULD	BLIND
STRĪD	HOFSKULD	REGINBLIND
SĪD	HERISKULD	SPIND
TĪD	MAHALSKULD	ŪRHRIND
WURMBÊTID	MÊNSKULD	GABULRIND
UNGISLIHTID	GITHULD	[1]WIND
GITĪD (?)	AND	[2]WIND
HÔHGITĪD	BAND	FĪOND
MORGANTĪD	HOVIDBAND	UND
UNTĪD	KŌPONBAND	GIBUND
UNLÊSTID	RĀDAND	GUND
GIHĀVID	WALDAND	[1]HUND
HÔVID	SAKWALDAND	[2]HUND
UNGIŌVID	ALOWALDAND	GÊRFIUND
WĪD	WĪGAND	FRIUND
UNGIRĀWID	HAND	GODKUND
ALD	HÊLIAND	ALUND
BALD	LÊRIAND	SLUND
KURTIBALD	NERIAND	MUND
FĪFFALD	HETTIAND	FORAMUND
MANAGFALD	LAND	UNHLIUMUND
TEHANFALD	ALAND	PUND
ÊNFALD	SELILAND	GRUND
HALD	KIRIKLAND	HELLIGRUND
KALD	HŪRLAND	GIKRUND
WINTARKALD	KOTLAND	WÊSUND
OVARALD	ROTHLAND	GISUND
HAGASTALD	BŪLAND	WISUND
WALD	PAND	WUND
GIWALD	RAND	GIWUND
ÊLD	BRAND	ÔD
FELD	WINDBRAND	BIBOD
SUNNUNFELD	HELMBERANDI/-BERAND	GIBOD
GELD	WĀPANBERAND	INBOD
DIUVALGELD	SAND	DÔD
LÔNGELD	TAND	GOD
WERGELD	KINNITAND	[1]GŌD
GITELD	KINDESTAND	[2]GŌD
(HILDI/HILDIA ?) HILD	WĀGLĪTHAND	THIODGOD
SKILD	ĀVAND	AFGOD
HEVILD	WAND	HELLIGOD
WILD	HWAND	HÊMGOD
GOLD	BIHWAND	IRMINGOD
ÔRGOLD	GIWAND	WĪNGOD
HALSGOLD	UNWAND	HÔD
HOLD	GIBEND	DARNHÔD
UNHOLD	KĀLEND	BIOD

Index retrogradus

GIÔD	FRÔD	FORTHWARD
FLIOD	SKRÔD	WERD
THIOD	BRŪNRÔD	OVARWERD
SODOMATHIOD	METOD	SWERD
IRMINTHIOD	WITOD	STAFSWERD
WIOD	^{1}STÔD	FORTHWERD
GILOKKOD	^{2}STÔD	ORD
JESKÔD	AHĀVOD	BORD
GIGAMALOD	BEUWOD	STÊMBORD
UNGIMĀLOD	ARD	FORD
BLÔD	DARD	HORD
SWINDLÔD	MIDDANGEARD$^\#$	MÊTHOMHORD
FLÔD	DORWEARD$^\#$ (?)	BRORD
FUGLÔD	FARD	WORD
SÊGILÔD	ANAFARD	LOFWORD
MÔD	UMBIFARD	SORGWORD
GLADMÔD	MEGINFARD	SPĀHWORD
HARDMÔD	HINFARD	HOSKWORD
SÊRAGMÔD	WĪNFARD	LUGINWORD
HRIUWIGMÔD	UPPFARD	FIRINWORD
LÊTHWENDIMÔD	UNDARFARD	GORNWORD
WÊKMÔD	WITHARFARD	GNORNWORD
STARKMÔD	ŪTFARD	GELPWORD
GÊLMÔD	^{1}GARD	LÔSWORD
DOLMÔD	^{2}GARD	BIHÊTWORD
ANMÔD	SEGALGARD	THRĪSTWORD
JĀMARMÔD	MIDDILGARD	SPOTTWORD
WITHARMÔD	BÔMGARD	ÊTHWORD
^{1}OVARMÔD	FIURGARD	SÔTHWORD
^{2}OVARMÔD	HARD	RĀDBURD
THRĪSTMÔD	GRAMHARD	MUNDBURD
WRÊTHMÔD	ÊNHARD	GIBURD
SLĪTHMÔD	ĪSARNHARD	ETHILIGIBURD
FRAUMÔD	SLĪTHHARD	KUNIBURD
NÔD	SKARD	WURD
SNÔD$^\#$	WARD	HŪD
UPPÔD	FORAWARD	LIUD
SPÔD	HOVAWARD	ÊNHLÔPILIUD
UNSPÔD	ANDWARD	ÔSTARLIUD
RÔD	HOFWARD	NIUD
HUNDAROD	BURGWARD	RAKUD
THAROD	ERVIWARD	LUD
HWAROD	HEVANWARD	HLŪD
BRÔD	OVANWARD	ANUD
BĪBRÔD	GEGINWARD	BANUD
HINDROD	LĪNWARD	BRŪD
HEROD	TÔWARD	DRŪD
GIHÊROD	SKAPWARD	KRŪD
WEROD	WITHARWARD	FUGALUNKRŪD
LIUDWEROD	OVARWARD	MAGONHÔVUD
MANWEROD	GRIOTWARD	PLÔGISHÔVUD

Index retrogradus

ÊCE#	¹EF	RÔF
THIUDISCE	²EF	NÔDRÔF
CWELDERÆDE#	LÊF	ELLIANRÔF
FĪFALDE#	SMERUHLÊF	THARF
LÊOFWENDE#	KLÊF	HWARF
WALDENĪGE#	BRÊF	UMBIHWARF
HÊ	FĪF	SKERF (?)
BÊTHIE	LĪF	THERF
mlat BANCALE	TWELIF	KORF
KLÊ	KLIF	KĀSIKORF
HÊME	HENGIKLIF	TURF
OVARMORGANE	HOLMKLIF	HARLUF
TWÊNE	WELLĪF	STRŪF
CĪNE#	SINLĪF	BĀG
TISAMNE	INHRIF	DAG
ATSAMNE	GIRĪF	PĀSCHADAG
ÆFDȲNE#	SIF	GRĀDAG
GESWǢPE#	WĪF	LÔFDAG
SÆPPE# (?)	KAMERWĪF	WĪHDAG
TŌHAMOLERE# (?)	ALF	DŌMDAG
EAHTERE#	HALF	ÊWANDAG
ÆFRE#	ELLIFTAHALF	HINDAG
GĪFRE#	FĪFTOHALF	SUNNUNDAG
mlat BANNIRE	SEHSTOHALF	ÔDAG
mlat MANNIRE	SIVŌTHOHALF	BLŌDAG
BYRDESTRE#	FI(U)WARTHOHALF	MŌDAG
NUSE	ŌTHARHALF	JĀRESDAG
SNĪTE#	THRIUHALF	THARFAG
SANCTE	KALF	RÔKAG
ÞÊOTE#	HINDKALF	HÊLAG
¹THE	RÊHKALF	WELAG
²THE	KŌKALF	GILAG
OFTHE	WATARKALF	SOLAG
¹WÊ	SELF	FÛSTSLAG
²WÊ	WULF	MĀG
HWÊ	RÊOF#	LANDMĀG
GIHWÊ	HOF	GADULINGMĀG
IOGIHWÊ	HŌF	GRIMMAG
IOWIHTESHWÊ	FRĪDHOF	HRŌMAG
GEARWE#	GRASHOF	MŌDARMĀG
AF	¹LIOF	MANAG
HĀF	²LIOF	ÊNAG
GINÔZSKAF+	HRIOF	HONAG
GRAF	THIOF	MŌDKARAG
STÊNGRAF	MEGINTHIOF	ETTARAG (Ê ?)
ERTHGRAF	REGINTHIOF	GERAG
STAF	SKÔF	SÊRAG
BŌKSTAF	LOF	HUNGRAG
RIGILSTAF	LÔF	DRÔRAG
STIORSTAF	BRĀMLÔF	HERUDRÔRAG
ÊTHSTAF	URLÔF	DRÔRWŌRAG

Index retrogradus

TRĀG	THŪSUNDIG	MAHTIG
GLASAG	ELITHIODIG	WELMAHTIG
KRAFTAG	HARDMŌDIG	ALOMAHTIG
UNKRAFTAG	GĒLMŌDIG	MÊRMAHTIG
WĪTAG (I ?)	OVARMŌDIG	BITIHTIG
HROTTAG	SLĪTHMŌDIG	ANDOHTIG (?)
ERTHAG	AHTODIG	UNDUHTIG
WĀG	TŌWARDIG	FLUHTIG
DÊG	WITHARWERDIG	TUHTIG
LĪEG#	BARWIRDIG	UNTUHTIG
WEG	ATHALBURDIG	MISSTUHTIG
WÊG	WANBURDIG	WLITIG
THIODWEG	INBURDIG	THRĪTIG
STÊNWEG	SAMWURDIG	WĪTIG (I ?)
UPPWEG	ÊNWURDIG	TWÊNTIG
ÔSTARWEG	HINDARSKRENKIG	SIVUNTIG
FERRWEG	SĀLIG	FI(U)WARTIG
FORTHWEG	LOFSĀLIG	HÊSTIG
SEGG	GISĀLIG	MÊSTIG
ĀRUNDSEGG	UNSĀLIG	SEHSTIG
AMBAHTSEGG	TWĪFLIG	KLÊNLISTIG
WEGG	MĀNUTHHWĪLIG	NĀHKUMSTIG
WIGG	NITHARFELLIG	AVUNSTIG
MÊNDĀDIG	WILLIG	BRŪSTIG
TWIHÔFDIG	GŌDWILLIG	WITTIG
GRAMHUGDIG	NĪTHSWILLIG	GIWITTIG
ARMHUGDIG	MÊNFULLIG	UNGIWITTIG
WRÊTHHUGDIG	FESLIG	FIRIWITTIG
NĪTHHUGDIG	ÊNBÔMIG	FI(U)WARSKUTIG
BALUHUGDIG	HATHDÔMIG	GINĀTHIG
STRĪDIG	TŌMIG	FRÊTHIG
ÊNSTRĪDIG	DUMIG	GIVITHIG
SIDIG	ÊNIG	WIRTHIG
UNSIDIG	NÊNIG	GIWIRTHIG
UNTĪDIG	URSINNIG	UNWIRTHIG
OVARTĪDIG	AFTRUNNIG	BARWIRTHIG (?)
ALDIG	AFSTURNIG	HEVIG
GIWALDIG	JĀRIG	UNGILÔVIG
ALOWALDIG	ÊNJĀRIG	LIUVIG
GIWELDIG	GIRIG	LUVIG
EVANWELDIG	GIHÔRIG	WĪG
SKULDIG	HALFDIORIG	ÊWIG
UNSKULDIG	WŌRIG	SNÊWIG
MŌDSKANDIG	SĪTHWŌRIG	TWĪG
ELILANDIG	HIURIG	HRIUWIG
MISSHLIUMANDIG	WAHSTINSIG	BALG
THRĪHENDIG	INHŪSIG	GIBELG
MĀNUTHWENDIG	EVANSĀTIG	SWOLG
LEVINDIG	KRAFTIG	ANAFANG
SUNDIG	FĪFTIG	BIFANG
UNSUNDIG	THURFTIG	GANG

Index retrogradus

FELDGANG	ÔSTARLING	FRISKUNG
INGANG	SPIRLING	ALUNG
FARGANG	SNÔRLING	HÊMBRUNG
UMBIHANG	FRITLING	MALSCRUNG[#]
FRISKANG	GADULING	TÊORUNG[#]
LANG	PENNING	THUNG
ANDLANG	RÔIAPENNING	BÔG
FURHLANG	SKULDPENNING	BÔG
BILANG	LÎNPENNING	RANDBÔG
GILANG	HÔNPENNING	ARMBÔG
ALDARLANG	FIURPENNING	PLÔG
SUMARLANG	HOLTPENNING	GINÔG
GIMANG	WURTHPENNING	GIDROG
GISPANG	SKERNING	KRÔG
SPRANG	HLIUNING	TROG
STRANG	KUNING	ARG
SANG	WEROLDKUNING	BARG
GARDSANG	THIODKUNING	MARG
LOFSANG	FOLKKUNING	WARG
SALMSANG	ATHALKUNING	BERG
SKIPSANG	HIMILKUNING	GIBERG
WANG	HEVANKUNING	ARMBERG
HEVANWANG	WÎSKUNING	GIDWERG
WÊNG	HĀRING (?)	BORG
WINDING	HERING	LORG[#]
WUNDING	HRING	URSORG
WÎKING	HEGHRING	BURG
FRISKING	UMBIHRING	GITIUG
HERIFRISKING	ÔRHRING	HERIGITIUG
GIMUNDLING	HALSHRING	HERITIUG (?)
STEVELING	AHASPRING	HEMITHTIUG (?)
HALFLING	GISPRING	BARUG
HELFLING	GITHRING	AH
JUNGLING	KÊSURING	ALAH
SNIDILING	GIWRING	ELAH
HENDILING	BASING	SMĀH
HRINGILING	GRENSING	[1]NĀH
RŪHILING	MESSING	[2]NĀH
NĀHKUMILING	GOLDMESSING	SPĀH
TWINILING	DRUHTING	MÔDSPĀH
FRÎLING	THING	WORDSPĀH
BÔSILING	DRUGITHING	BÔKSPĀH
ETHILING	GREVING	HÊLAGFERAH
BUTHILING	GIDWING	HRĀH
NIUWILING	GITHWING	TĀH
STELLING	HELLIGITHWING	THAH
SKILLING	DUNG	[1]WĀH
HERISKILLING	JUNG	[2]WĀH
KORNSKILLING	KINDJUNG	HARZAH[+]
KÔPSKILLING	ALOJUNG	FÊH
FARKÔPLING	MAGUJUNG	MERGEH

510

Index retrogradus

HREH (?)	MUDDI	HERUBENDI
SEH[+]	STEDI	LITHUBENDI
ÎH	HÔVIDSTEDI	FORAHENDI
ZAGALĬH[+]	HOFSTEDI	ÊNHENDI
FLĬH	THINGSTEDI	GILENDI
WEGARĬH[+]	WĬHSTEDI	[1]**ELILENDI**
WĬH	WERISTEDI	[2]**ELILENDI**
FRITHUWĬH	WĬNSTEDI	NIUWILENDI
SELH	KÔPSTEDI	OVARLENDI
BETWÊOH[#]	WATARSTEDI	UNGIRĬMENDI
FÔH	ROTHIRSTEDI	PRAVENDI
HÔH	HÛSSTEDI	BLINDI
HÔH[#]	ARVEDI	ANDKUNDI
THIOH	THIODARVEDI	GODKUNDI
SKÔH	FIRINARVEDI	GIMUNDI
SKRIDSKÔH	TWÊDI	MĀTHMUNDI
HANDSKÔH	FĬFTOTWÊDI	ĀRUNDI
SOKKSKÔH	INGISNIDI	AFGRUNDI
HOLTSKÔH	GISTRĬDI	UNFÔDI
LÔH	GITĬDI	GÔDI
FLÔH	WĬDI	HRINGODI
WLÔH	QUIDI	OVARSKÔDI
[1]**NOH**	WELAQUIDI	HÔLODI
[2]**NOH**	WOLAQUIDI	GLADMÔDI
THOH	WORDQUIDI	[1]**ÔDMÔDI**
SĬKFARH	WAMMQUIDI	[2]**ÔDMÔDI**
SNARH	HARMQUIDI	GIMÔDI
ERH	FIRINQUIDI	ARMÔDI
FERH	GELPQUIDI	WITHARMÔDI
THURH	WĬFGIGARWIDI	[1]**OVARMÔDI**
THRŪH	[1]**ELDI**	[2]**OVARMÔDI**
HANDTHRŪH	[2]**ELDI**	THRĬSTMÔDI
HALSTHRŪH	SINWELDI	[1]**ÔTHMÔDI**
FÔTTHRŪH	GIFILDI	[2]**ÔTHMÔDI**
AVUH	(HILD/HILDIA?) HILDI	ÊNÔDI
BI	MILDI	KOPPODI
WEBBI (?)	SPILDI	HOVARODI
SIBBI	WILDI	HÊRODI
LUBBI	OVARGULDI	SPRŪTODI
UMBI	HULDI	GITREUWODI
KRUMBI	UNHULDI	GEGINWARDI
KRŪCI	HÊMSITTIANDI	ÊNHERDI
SPĀDI	UNWITANDI	HIRDI
GIRĀDI	UNQUETHANDI	OHSINHIRDI
WĀDI	LAGULĬTHANDI	SWĬNHIRDI
BEDDIWĀDI	ERTHBŪANDI	GÊTHIRDI
GIWĀDI	[1]**ENDI**	HRĬTHHIRDI
BEDDIGIWĀDI	[2]**ENDI**	ANDWORDI
HRÊUGIWĀDI	BENDI	SAMWURDI
WEDDI	ĪSARNBENDI	ÊNWURDI
MIDDI	KLŪSTARBENDI	FARWURDI

Index retrogradus

SLĪTHWURDI	EBAHI[+]	KŪSKI
WANDALHŪDI	SPĀHI	BRUKI
SODOMALIUDI	SAHARAHI	STÊGALI
LANDLIUDI	THĀHI	ANAMĀLI
BURGLIUDI	SEMITHAHI	HANDMĀLI
RŌMANOLIUDI	STŪTHAHI	ATHALI
THORPLIUDI	WĀHI	[1]BLĪ
SŪTHARLIUDI	SEHI	[2]BLĪ
EI	HÔHI	GISIDLI
OVELEI	OVARHÔHI	GIDÊLI
URLAGI	GISKÔHI	URDÊLI
GIFRĀGI	WINDINGGISKÔHI	UNFÊLI
[1]TRĀGI	MIDFIRHI	HÊLI
[2]TRĀGI	RŪHI	KAKELI
SELFWĀGI	MĀKI	SELI
GIWĀGI	GIBRĀKI	WĪNSELI
TWIGIWĀGI	GŌDSPRĀKI	HORNSELI
FÊGI	BISPRĀKI	GASTSELI
SLEGI	GISPRĀKI	TWĪFLI
HÔFSLEGI	BEKI	THRISKUFLI
WÊGI	BLÊKI	INSIGLI
BAK(K)WÊGI	WĀPANTHREKI	SWIGLI
GIWÊGI	WÊKI	STEHLI
WEGGI	GŌDLĪKI	THILI
GIWIGGI	MIKILLĪKI	ETHILI
LUGGI	[1]RĪKI	MIKILI
ÊNSTRĪDIGI	[2]RĪKI	TWISKILI
UNSIDIGI	[3]RĪKI	TWILI
MENIGI	WEROLDRĪKI	ARSBELLI
SUNDRIGI	KUNINGRĪKI	FURIKELLI
ENGI	HIMILRĪKI	SKELLI
GIGENGI	[1]HEVANRĪKI	AFSKELLI
HENGI	[2]HEVANRĪKI	MŪDSPELLI (U ?)
HANDHENGI	ERTHRĪKI	FORASTELLI
MEGINSTRENGI	STIKI	DILLI
BITENGI	GIBAKKI (?)	LILLI
GITENGI	THEKKI (?)	MILLI
DAGTHINGI	[1]THIKKI	STILLI
[1]GITHINGI	[2]THIKKI	UNSTILLI
[2]GITHINGI	STUKKI	HOLI
GINŌGI	GILENKI	KŌLI
SŪRÔGI	WORDGIMERKI	KÔLI
GIBIRGI	GIWERKI	(ROSALĪN ?) ROSOLI
FORABURGI	MIRKI	RĀDISLI
FORABUGI	GIWIRKI	HERDISLI
HUGI	KINDISKI	GURDISLI
STRĪDHUGI	GUMISKI	DÔPISLI
BRIOSTHUGI	MENNISKI	RUSLI
NĪTHHUGI	HĪWISKI	TANDSTUTHLI
MORTHHUGI	LOSKI	STIKULI
FLUGI	LIUSKI	WĀNAMI

Index retrogradus

ÊNNAMI	URWUNNI (UN- ?)	DÔPI
HIOPBRĀMI	SIDONI	ÊNHLÔPI
LEMI	GISUSTRUHONI	GIPAPPI
GREMI	KÔNI	SKERPI
GRIMMI	¹SKÔNI	HUPI
GASTLÔMI	²SKÔNI	DIUPI
SÔMI	¹WLITISKÔNI	ANDBĀRI
TÔMI	²WLITISKÔNI	ATHALANDBĀRI
SMALTHERMI	SINSKÔNI	GIBĀRI
SNIUMI	UNSKÔNI	BEDARI
GIRIUMI	GRÔNI	PARAFRIDARI
KUMI	WESTRONI	WIDARI
NI	ÔSTRONI	OVARHALDARI
FI(U)WARTEHANI	ÔSTSŪTHRONI	SKELDARI
¹ANAWĀNI	GIWĀPNI	MELDARI
²ANAWĀNI	DERNI	LAVANDARI
BRUSTBÊNI	MIDGERNI	STÔDARI
¹FENI	FIRIWITTGERNI	GARDARI
²FENI	HRÊNKURNI	GERDARI
¹KLÊNI	GISTRIUNI	DRAGARI
²KLÊNI	GISIUNI	BULGARI
GIMÊNI	ANSIUNI	BIFELHARI
HALSMENI	GIRŪNI	BISPRĀKARI
HRÊNI	HÔI	SPĪKARI
UNHRÊNI	HARDENDHÔI	BISWĬKARI
EFNI	BEDSKEPI	BRÔDBAKKARI
ALOEFNI	LANDSKEPI	BÔKARI
GITHIGNI	FĪONDSKEPI	KARKARI
LÊHNI	FRIUNDSKEPI	FISKARI
WINI	BODSKEPI	DŪKARI
MĀGWINI	GIBODSKEPI	LĀRI
BÔGWINI	WERDSKEPI	KETILARI
FRĀKNI	LIUDSKEPI	MEZZILARI[+]
GISPRĀKNI	MĀGSKEPI	BUTTICLARI
FÊKNI	HERISKEPI	GÔKLARI
FRÔKNI	FOLKSKEPI	AFULLARI
SAMNI	GÊLSKEPI	REVOLARI
GISAMNI	SELSKEPI	THRĀHSLARI
LIUDSTEMNI	ERLSKEPI	MĀRI
DENNI	GUMSKEPI	SÔMARI
ANAGINNI	THEGANSKEPI	DŪMARI
ANABIGINNI	MÊNSKEPI	TANARI
KUNNI	JUNGARSKEPI	LUGINARI
LIUDKUNNI	BRÔTHARSKEPI	DRUGINARI
ANUDKUNNI	HÊRSKEPI	MŪKINARI
ATHALKUNNI	AMBAHTSKEPI	ELLINARI
ENGILKUNNI	DRUHTSKEPI	PERGAMINARI
GUMKUNNI	GIWITSKEPI	IZZINĀRI[+]
MANKUNNI	NĪTHSKEPI	GRÊPARI
HELITHKUNNI	GISĪTHSKEPI	SKEPPARI
THUNNI	RĪPI	KOSTARARI

Index retrogradus

KAMERARI	ETTARJERI (ÊTTAR- ?)	STELTERI
PETERARI	LETHARMAKERI	KANTERI
HŌRARI	BIKERI	KOTERI
IRRARI	SPĪKERI	EVANHLÔTERI
MORSARI	HERETIKERI	SESTERI
HŪSARI	BAKKERI	BATHERI
MŪSARI	SAKKERI	GINĀTHERI
SIGITARI	BEKKERI	EGITHERI
ALTARI	STÊNBIKKERI	UNDARGRAVERI
EGITHARI	DŪKERI	BRÊVERI
BILITHARI	MAHALERI	RÔVERI
LÊMBILITHARI	MALERI	WERI
NITHARI	ELERI	SKILDWERI
ŌTHARI	HÊLERI	HŌKWERI
GIWĀRI	TAFLERI	WĪWERI
MANDWĀRI	FUGLERI	FRĪ
SPARWARI	PĪLERI	ĪRI
FRĀZARI[+]	KÔKLERI	FEHUGIRI
RŪNIZARI[+]	KELLERI	SKĪRI
BRĪ	SOLERI	KOLLIRI
GITIMBRI	SADULERI	PRESSIRI
HÔHGITIMBRI	BUKKULERI	TYRI
OVARTIMBRI	MERI	SWIRI
SIGINDRI	FREMMERI	GIFŌRI
BERI	BISKERMERI	UNGIFŌRI
HANABERI	FANERI	HRŌRI
WALDBERI	FURIFANERI	LEKTORI
HINDBERI	UNHRÊNERI	STŌRI
DŪFBERI	WENERI	FERRI
KIRSIĶBERI	WAGNERI	[1]IRRI
KORNILBERI	MULINERI	[2]IRRI
BRĀMBERI	OHSINERI	KOVARTRI
WĪNBERI	SŌKNERI	FINSTRI
ZĪULINTBERI[+]	HÔNERI	[1]THIUSTRI
ERTHBERI	WĪTNERI	[2]THIUSTRI
RĀDERI	HELPERI	INĀTHRI
WIDERI	STAMPERI	HARDBURI
UNGIWIDERI	DÔPERI	MISSBURI
TELDERI	WĪNTEPPERI	FURI
LAVANDERI	TRESERI	DIURI
SLINDERI	HULDISERI	UNHIURI
HŌDERI	BÔSERI	SELFKURI
DURUWARDERI	PASSERI	GRURI
THIUDERI	LIUDHATERI	SŪVRI
SLEGERI	ANDHÊTERI	KĀSI
ĀMADREGERI	LANDREHTERI	SWÊĢKĀSI
SWÊGERI	TREHTERI	AVUHNASI
FLÊSKMANGERI	[1]FITERI	HREGRESI[#]
DRIOGERI	[2]FITERI	GULSI (?)
HERI	MUNITERI	LINSI
HÊRI	MALTERI	[1]GIBÔSI

Index retrogradus

²GIBÔSI	GILIUHTI	GISUSTRITHI
UMBIKÔSI	BITI	¹GISĪTHI
GEDILÔSI	MŪTHBITI	²GISĪTHI
SUNDILÔSI	WLITI	MELTITHI
METILÔSI	SIUNWLITI	STIORWITHI (?)
KOKMÔSI	WĪTI	SWĪTHI
HIRSI	HELLIWĪTI	ÔTHI
ANDLĪKNESSI	BALUWĪTI	¹BLÔTHI
GILĪKNESSI	ANABELTI	²BLÔTHI
FARLEGARNESSI	ANAFELTI	MÔTHI
FRAUNESSI	SPURIHELTI	SMÔTHI
HWESSI	GISMELTI	UNÔTHI
UPPSTANDNISSI	HÔTI	WÔTHI
EFNISSI	OVARSKÔTI	WIRTHI
HÊTHINISSI	TÔTI	GIMŪTHI
GÔDLĪKNISSI	SWÔTI	KÊRMŪTHI
FARHWĀTNISSI	UNSWÔTI	SINLĪVI
BITHWUNGANUSSI	EGYPTI	SIVI
ĪDALNUSSI	ARMHERTI	HĀRSIVI
DÔGALNUSSI	FESTI	HELVI
GRIMMNUSSI	HANDFESTI	GIHWELVI
ASTANDANNUSSI	GILÊSTI	DRÔVI
THIUSTARNUSSI	FULLÊSTI	GIRÔVI
UNSŪVARNUSSI	THRĪSTI	ERVI
UNWERTHNUSSI	FURISTI	DERVI
INHŪSI	FURIWRISTI	HUGIDERVI
ATUSI	WÔSTI	¹THERVI
TI	HIMILITTI	²BITHERVI
OVARĀTI	NUTTI	UNBITHERVI
UNDTI	FLUTI	LIUVI
HETI	ANFLUTI	HRIUVI
HÊTI	FĀTHI	KLUVI
ANDHÊTI	BANETHI	¹BODANBRĀWI
WORDHETI	RETHI	²BODANBRĀWI
GÊRHETI	PÊDITHI	EWI
METI	HOLTGIWELDITHI	BIHWĪ
HWÊTI	SKULDITHI	THIWI
SKEFTI	THINGITHI	GELWI
HUGISKEFTI	KOKITHI	PULWI
WAMMSKEFTI	LĪTHI	HÔVIDPULWI
WANNSKEFTI	BLĪTHI	FARWI
SÊFTI	BILITHI	GARWI
LOKAHTI	SLĪTHI	GIGARWI
SEGALAHTI	NUHTSAMITHI	GIGERWI
SINNAHTI	HEMITHI	WĪGGIGERWI
TISAMNEBRĀHTI	FREMITHI	GLAUWI
GITHĀHTI	GISMĪTHI	BEDDIGISTRAUWI
RIHTI	KORÔNITHI	NIUWI
GIWIHTI	GIWĀPNITHI	IDNIUWI
ASTALOHTI	GIPAPITHI	HRIUWI
ZITRÔHTI⁺	KELGIRITHI	TRIUWI

Index retrogradus

GITRIUWI	MAHTIGLĪK	SKERNLĪK
MILZI⁺	METHERTIGLĪK	WUNLĪK
KNELLIZZI⁺	UNWĪGLĪK	GILUMPLĪK
GREMIZZI⁺	STRANGLĪK	KÔPLĪK
FORMIZZI⁺	THINGLĪK	WUNDARLĪK
AK	HERIBERGLĪK	KARKARLĪK
BAK	BURGLĪK	MĀRLĪK
JUKFAK	SPĀHLĪK	JĀMARLĪK
JAK	HÔHLĪK	WĀRLĪK
LĀK	BIGANGANDILĪK	HÊRLĪK
BLAK	GIBÔGIANDILĪK	DIORLĪK
SLAK	UNAWĀNIANDILĪK	DIURLĪK
KEIMAK (?)	BITÊKNIANDILĪK	UNHIURLĪK
¹UNGIMAK	SPANANDILĪK	KÊSURLĪK
²UNGIMAK	UNWANDLONDILĪK	SWĀSLĪK
SPAK	GILĪK	EGISLĪK
GIBRAK	UNGILĪK	WĪSLĪK
FETHRAK	HÔHILĪK	MISSLĪK
ÊK	FENILĪK	MARKATLĪK
LÊK	MUNILĪK	METLĪK
BLEK	FRĪLĪK	LĪHTLĪK
BLÊK	HÊRRILĪK	BERHTLĪK
SLÊK	GIBURILĪK	FORHTLĪK
ÔRSLÊK	WRISILĪK	TORHTLĪK
NEK	HETILĪK	GÊSTLĪK
FREK	HWILĪK	ÊRISTLĪK
GRÊK	DAGHWĪLIK	WISTLĪK
WÊK	GIHWILĪK	LUSTLĪK
SWEK	ÊNHWILĪK	LÊTHLĪK
IK	UNGIMAKLĪK	WRÊTHLĪK
DĪK	RĪKLĪK	BLĪTHLĪK
ADIK	QUIKLĪK	SÔTHLĪK
RADIK	BRŌKLĪK	ERTHLĪK
MERIREDIK	WERKLĪK	MĀNUTHLĪK
LĪK	FLÊSKLĪK	SIDULĪK
GLADLĪK	FISKLĪK	HRÊULĪK
GIMÊDLĪK	FÊLLĪK	SÊULĪK
SELDLĪK	MIKILLĪK	FEHULĪK
HOLDLĪK	HIMILLĪK	SULĪK
WEROLDLĪK	(GAMAN- ?) GAMLĪK	PENIK
FRIUNDLĪK	ARMLĪK	PIK
GŌDLĪK	HARMLĪK	STRIK
KELIK	KŪMLĪK	ESTRIK
IOGIHWELĪK	WITHUMLĪK	SIK
HANDTAFLĪK	THEGANLĪK	FORAPORTIK
ÔFLĪK	MANLĪK	LUTTIK
LIOFLĪK	GAMANLĪK	WĪK
HÊLAGLĪK	WĀNLĪK	QUIK
SĀLIGLĪK	UNWĀNLĪK	SĀMQUIK
GISĀLIGLĪK	LUGINLĪK	SAKK
GODKUNNIGLĪK	HÔNLĪK	SPEK(K)

Index retrogradus

RIKK	SAMBŌK	LÔSWERK
STRIKK	BILITHBŌK	LÊTHWERK
FŌTSTRIKK	DŌK	MORTHWERK
RÊHBOKK	HANDDŌK	THRAUWERK (?)
SKOKK	HULLIDŌK	BALUWERK
LOKK	FŌTDŌK	ORK
ROKK	GÔK	STORK
HROKK	HŌK	ASK
SARROKK	SIOK	FLÊSK
BRUSTROKK	KOK	DISK
SOKK	LOK	KINDISK
STOKK	HÔVIDLOK	THIUDISK
WĪNSTOKK	KLUFLÔK	JUDEISK
STÊNBUKK	ASKLÔK	GALILEISK
PLUKK	HOLLÔK	FISK
KALK	UNLÔK	HALFFISK
SKALK	HÔVIDESLOK	SKÔFFISK
MARHSKALK	BIOSLÔK	WELHISK
HILDISKALK	HŪSLÔK	HIMILISK
KÔPSKALK	NÔK	AFRIKANISK
EHUSKALK	RÔK	RŌMANISK
KELK	¹BRŌK	WRÊNISK
WELK	²BRŌK	MENNISK
FOLK	THIOHBRŌK	FRÔNISK
EHURIDFOLK	HRŌK	UNDARTWISK
LIUDFOLK	HRÔK	MALSK
ETHILIFOLK	WĪHRÔK	HOSK
MEGINFOLK	LIVISTOK	LÔFFROSK
KRISTINFOLK	MARK	MERSK
DRUHTFOLK	SARK	HORSK
NĪTHFOLK	STARK	BRĀMALBUSK
BANK	MŌDSTARK	KŪSK
WAHSBLANK	UNSTARK	SAMBŪK
WLANK	¹WERK	ADUK
DRANK	²WERK	HŪK
APPULDRANK	WEKAWERK	JUK
HLUTTARDRANK	FORAWERK	MILUK
OVARDRANK	THRĀWERK	SLŪK
SKRANK	ARVEDWERK	IDRUK
STANK	HANDWERK	KARRUK
THANK	DAGWERK	KLĪVASTRŪK
GITHANK	¹GIWERK	HAVUK
WANK	HANDGIWERK	WALHHAVUK
SWANK (?)	MÊNGIWERK	ĀL
RINK	GRIMMWERK	SKIMBAL
HERIRINK	HARMWERK	HUMBAL
KRINK# (?)	MANWERK	LUMBAL
SINK	MÊNWERK	SUMBAL
STUNK	STÊNWERK	DAL
ÔK	FIRINWERK	SEDAL
BŌK	GISWERK	ĪDAL

Index retrogradus

BODAL	AVAL	FLEGIL
RODAL	LAVAL	SNEGIL
GĀGAL	FRAVAL	HREGIL
HAGAL	GEVAL	THREGIL
NAGAL	NEVAL	IGIL
SNEGAL	WEVAL	STRIGIL
SPÊGAL	SWEVAL	ENGIL
SEGAL	DIUVAL	UMBIGENGIL
SWEGAL	HOLTDIUVAL	STENGIL
TUNGAL	SUVAL	MERGIL
HIMILTUNGAL	HWAL	WURGIL
HEVANTUNGAL	KUMBL	ANAGIRAKIL
FUGAL	BÆL[#]	MIKIL
DÔPFUGAL	DÊL	SEKKIL
GÊTFUGAL	[1]GÊL	STÊNBIKKIL
ŪHTFUGAL	[2]GÊL	ENKIL
HĀHAL	[1]HÊL	THINKIL
MAHAL	[2]HÊL	CIRCIL
HANDMAHAL	ALOHÊL	URCIL
STAHAL	FŌTSKAMEL	THURKIL
STEKAL	ÞRĪPEL[#]	NUSKIL
FERKAL	SÊL	KNUKIL
ASKAL	BŪKSÊL	STÊNBRUKIL
FENUKAL	SEGALSÊL	HŪSBRUKIL
SKAMAL	HERUSÊL	SKEMIL
HÔVIDMĀL	ĀTEL	REMIL
SMAL	BREZZITEL	THREMIL
KANAL	KASTEL	HIMIL
PĀL	MÆÞEL[#]	UPPHIMIL
STAPAL	KOVEL	WIMIL
TEMPAL	WEL	DŬMIL
WIMPAL	BĬL	HORUDUMIL
ŌRAL	DREMBIL	MENIL
SPASAL	RÔRDUMBIL	TÊNIL
PÊSAL	HORUDUBIL	HNŌIL
WEHSAL	[1]MIDDIL	PĪL
GURDISAL	[2]MIDDIL	SKEPIL
GĪSAL	KĀMBRIDDIL	LEPIL
LUSTBRENNISAL	DŌMSEDIL	BRUSTLEPIL
ZIOSAL[+]	BRĪDIL	GRÊPIL
KNŌSAL	BENDIL	WIPPIL
ATHALKNŌSAL	GRENDIL	WURPIL
JUSSAL	KĀMMINDIL	SPIL
[1]GITAL	GRINDIL	GISPIL
[2]GITAL	GIBUNDIL	DRUPIL
WINTARGITAL	GURDIL	KRUPIL
JĀRTAL	BIGURDIL	BIRIL
STAL	BUDIL	SPERRIL
ATHAL	BŪDIL	ÊUGITURIL
STATHAL	KUDIL	ESIL
SETHAL	GRIFIL	FELDESIL

Index retrogradus

RĪSIL	SINWELL	KĀM
HRĪSIL	BILL	LAM
SMERUKRÔSIL	WIDUBILL	WĀNAM
KETIL	¹FULL	FRAM
NÔTIL	²FULL	SUNDARFRAM
STÔTIL	³FULL[#]	GRAM
STIL	HANDFULL	ARVEDSAM
MISTIL	MÊNFULL	WONODSAM
THISTIL/THĪSTIL	ÊGRÔHTFULL	NIUDSAM
THŪTHĪSTIL	MŪTHFULL	LOFSAM
PANNUNSTIL	DOL	GILÔFSAM
NUSTIL	¹HOL	LANGSAM
LUTTIL	²HOL	WERKSAM
FLUTIL	KIOL	WUNSAM
SLUTIL	KÔL	UNGIHÔRSAM
WETHIL	PELLOL	LUSTSAM
KĀMMĪTHIL	MOL	TAM
FRITHIL	SÔL	STAM
ÔTHIL	TOL	FORÞǢM[#]
FADARÔTHIL	STÔL	HÊM
FRIUTHIL	WEROLDSTÔL	KLÊM
STORKESSNAVIL	KUNINGSTÔL	SÊM
KNEVIL	THINGSTÔL	LĪM
WRĪVIL	HÔHSTÔL	ERTHLĪM
WIVIL	THWERHSTÔL	HRĪM
GOLDWIVIL	FALDISTÔL	UNRĪM
¹UVIL	RADURSTÔL	GALM
²UVIL	WÔL	HALM
SKUVIL	HONAGAPPL	DWALM
HWĪL	KARL	QUALM
QUĪL	ERL	HATHUWALM
SWIL	MIDDUL	ELM
KRAUWIL	NAGUL	HELM
KREUWIL	QUĀGUL	HELITHHELM
ALL	ANGUL	MELM
BALL	NIHUL	HOLM
FALL	HAKUL	STÊNHOLM
NITHARFALL	STIKUL	KLAMM
MARHSTALL	WANKUL	HELLIKLAMM
RESTISTALL	FILLUL	¹WAMM
EVANSTALL (?)	STAMUL	²WAMM
HRĪTHASSTALL	APPUL	WLITIWAMM
WALL	HASPUL	UNWAMM
FELL	BIRUL	SWAMM
HELL	SPURUL	DIMM[#]
SNELL	SŪL	GRIMM
SPELL	IRMINSŪL	HETIGRIMM
GODSPELL	HATUL	HERUGRIMM
SORGSPELL	GIVUL	THRIMM
WILLSPELL	NIWUL	THIMM
SÔTHSPELL	KRAUWUL	HERUTHRUMM

Index retrogradus

STUMM	DAGAWÔM	ANDHLADAN[#]
BÔM	[1]ARM	RĀDAN
KIRSEBÔM	[2]ARM	BRĀDAN
SELFBÔM	BARM	GIBRĀDAN
PERSIKBÔM	FARM	ANDDRĀDAN
KIRSIKBÔM	[1]HARM	BIRĀDAN
QUIKBÔM	[2]HARM	UNBIRADAN
WĪHRÔKBÔM	KARM	GIRĀDAN
MIDDILBÔM	THARM	WADAN
KURNILBÔM	GRÔTTHARM	JEDAN
MISPILBÔM	WARM	ŪTJEDAN
MŪLBÔM	SWARM	SKÊDAN
PRŪMBÔM	SKERM	ŪTASKÊDAN
KUDINBÔM	STORM	AFSKÊDAN
SEVINBÔM	SPŌLWORM[+?]	KNEDAN
CEDERBÔM	WURM	BREGDAN
MŌRBÔM	LINDWURM	BĪDAN
BUHSBÔM	WĪNWURM	GIBĪDAN
HWĪTBÔM	HORNWURM	AFSKĪDAN (?)
MASTBÔM	ÞROSM[#]	GLĪDAN
DÔTHBÔM	*mlat* MARCUM	TIGLĪDAN
BIRUBÔM	*mlat* FORAWERCUM	AHLĪDAN
DŌM	*mlat* FREDUM	ANDHLĪDAN
KINDDŌM	*mlat* SCULDIDUM	BIHLĪDAN
HÊLAGDŌM	*mlat* WEREGILDUM	RĪDAN
KUNINGDŌM	*mlat* FEODUM	UMBIRĪDAN
RĪKIDŌM	*mlat* MUNDEBURDUM	SKRĪDAN
HERIDŌM	*mlat* LOBIUM	TISKRĪDAN
JUNGARDŌM	*mlat* MALCIUM	STRĪDAN
HÊRDŌM	*mlat* ALLODIUM	ANG[IFALDAN]
KÊSURDŌM	*mlat* MUNDIBURDIUM	HALDAN
SWĀSDŌM	ĒVANGELIUM	BIHALDAN
WAHSDŌM	*mlat* BICARIUM	GIHALDAN
KEVISDŌM	*mlat* MALDARIUM	SKALDAN
WĪSDŌM	WĀNUM	SPALDAN
DRÔM	*mlat* WATARSCAPUM	WALDAN
HRÔM	[1]RŪM	BIWALDAN
STRÔM	[2]RŪM	GIWALDAN
AHASTRÔM	*mlat* MALDRUM	GELDAN
MERISTRÔM	SUM	AGELDAN
SÊUSTRÔM	OFTUM	ANDGELDAN
LAGUSTRÔM	BRAHTUM	UNDGELDAN
[1]SÔM	*mlat* FORESTUM	FARGELDAN
[2]SÔM	ĀTHUM	SKELDAN
BŌSOM	FATHUM	SELDAN
TÔM	AN	BLANDAN
TŌM	ANDKNĀAN	STANDAN
WASTOM	BIKNĀAN	ASTANDAN
MÊTHOM	SABAN[+]	ANDSTANDAN
THIODANMÊTHOM	ŌLECCAN[#]	AFSTANDAN
BOTHOM	HLADAN	BISTANDAN

Index retrogradus

GI**STANDAN**	GI**WEGAN**	GEBYRGAN[#]
AN**STANDAN**	UPP**WEGAN**	**BŪGAN**
UPP**STANDAN**	WITHAR**WEGAN**	[DUGAN]
FAR**STANDAN**	BI**GĀN**	[MUGAN]
WITHAR**STANDAN**	**HNĪGAN**	**SŪGAN**
BINDAN	GI**HNĪGAN**	**FĀHAN**
AND**BINDAN**	**SĪGAN**	AND**FĀHAN**
GI**BINDAN**	**STĪGAN**	BI**FĀHAN**
FINDAN	GI**STĪGAN**	UMBI**FĀHAN**
AND**FINDAN**	**THURHTHIGAN**	GI**FĀHAN**
BI**FINDAN**	**BELGAN**	FAR**FĀHAN**
UNDAR**FINDAN**	A**BELGAN**	OVAR**FĀHAN**
BI**HINDAN**	FULL**GĀN**	WITH**FĀHAN**
FAR**SLINDAN**	FYLGAN[#]	BI**HĀHAN**
WINDAN	**GANGAN**	**LAHAN**
ED**WINDAN**	A**GANGAN**	**HLAHAN** (?)
AND**WINDAN**	THURH**GANGAN**	BI**HLAHAN** (?)
BI**WINDAN**	BI**GANGAN**	**SLAHAN**
FAR**SWINDAN**	GI**GANGAN**	A**SLAHAN**
BI**THWINDAN** (?)	THURHGI**GANGAN**	GI**SLAHAN**
ÔDAN	TI**GANGAN**	TI**SLAHAN**
BIODAN	FULL**GANGAN**	UPP**SLAHAN**
AND**BIODAN**	AN**GANGAN**	ŪT**SLAHAN**
BI**BIODAN**	UNDAR**GANGAN**	**TRAHAN**
GI**BIODAN**	FAR**GANGAN**	**THWAHAN**
FAR**BIODAN**	OVAR**GANGAN**	WITHAR**THWAHAN** (?)
LIODAN	ŪT**GANGAN**	**JEHAN**
THIODAN	GENGAN[#]	BI**JEHAN**
SKRÔDAN	TŌGENGAN[#]	**SKEHAN**
KRŪDAN	**HRINGAN**	**LÊHAN**
FAN	**SPRINGAN**	ERVI**LÊHAN**
GĀN	AND**SPRINGAN**	**SEHAN**
FAGAN	**THRINGAN**	BI**SEHAN**
HAGAN	GI**THRINGAN**	GI**SEHAN**
HANDMAGAN	ŪT**WRINGAN**	UPP**SEHAN**
UMBI**GNAGAN**	**SINGAN**	FAR**SEHAN**
KNAGAN	**SWINGAN**	OVAR**SEHAN**
DRAGAN	TI**SWINGAN**	FORTH**SEHAN**
GI**DRAGAN**	**THWINGAN**	**TEHAN**
FAR**DRAGAN**	BI**THWINGAN**	**FĪFTEHAN**
WAGAN	GI**THWINGAN**	**NIGUNTEHAN**
RÊDI**WAGAN**	GI**THUNGAN**	**SIVUNTEHAN**
¹**ÊGAN**	**ÊRTHUNGAN**	**AHTOTEHAN**
²**ÊGAN**	**LIOGAN**	**FI(U)WARTEHAN**
³**ÊGAN**	FLIOGAN	**SEHSTEHAN**
PLEGAN	**DRIOGAN**	**THRIUTEHAN**
REGAN	BI**DRIOGAN**	**LĪHAN**
TREGAN	**SWŌGAN**	AND**LĪHAN**
THEGAN	GI**BERGAN**	GI**FLĪHAN**
SWERDTHEGAN	**MORGAN**	FAR**LĪHAN**
WEGAN	BYRGAN[#]	**WRĪHAN**

Index retrogradus

S**ĪHAN**	ŪT**LÊDIAN**	AH**LŪDIAN**
T**ĪHAN**	**MÊDIAN**	GISTRUDIAN
AFT**ĪHAN**	GI**MÊDIAN**	**TŌHNEIAN**
TH**ĪHAN**	**BRÊDIAN**	AND**SEFFIAN**
BITH**ĪHAN**	GI**BRÊDIAN**	AF**SEFFIAN**
GITH**ĪHAN**	ST**RĪDIAN**	BI**SEFFIAN**
W**ĪHAN**	**BELDIAN**	**WĀGIAN**
BI**FELHAN**	GI**BELDIAN**	WITHAR**WĀGIAN**
FLIOHAN	AND**GELDIAN**	**GIHNÊGIAN**
GI**FLIOHAN**	AF**HELDIAN**	**THRÊGIAN**
TIOHAN	**SPILDIAN**	**SÊGIAN**
A**TIOHAN**	FAR**SPILDIAN**	**WÊGIAN**
AF**TIOHAN**	**SKULDIAN**	GI**EGGIAN**
GI**TIOHAN**	GI**SKULDIAN**	**LEGGIAN**
WITHAR**TIOHAN**	FAR**SKULDIAN**	BI**LEGGIAN**
KRĀIAN	BISKENDIAN	UMBI**LEGGIAN**
OPPRAIAN	GISKENDIAN	NITHAR**LEGGIAN**
THRĀIAN	**MENDIAN**	**SEGGIAN**
SĀIAN	**SENDIAN**	BI**SEGGIAN**
OVAR**SĀIAN**	AND**SENDIAN**	GI**SEGGIAN**
¹**HEBBIAN**	**WENDIAN**	WITHAR**SEGGIAN**
²**HEBBIAN**	A**WENDIAN**	**WEGGIAN**
¹A**HEBBIAN**	ŪTA**WENDIAN**	**LIGGIAN**
²AND**HEBBIAN**	AND**WENDIAN**	GI**LIGGIAN**
¹AF**HEBBIAN**	BI**WENDIAN**	**THIGGIAN**
²BI**HEBBIAN**	GI**WENDIAN**	GI**THIGGIAN**
¹GI**HEBBIAN**	TŌ**WENDIAN**	**BUGGIAN**
¹UPP**HEBBIAN**	UPP**WENDIAN**	**HUGGIAN**
FAREBBIAN	FAR**SWENDIAN**	GI**HUGGIAN**
TIQUEBBIAN	BI**SKINDIAN**	UNDAR**HUGGIAN**
AND**SWEBBIAN**	**SKUNDIAN**	FAR**HUGGIAN**
LIBBIAN	FAR**SKUNDIAN**	UNDAR**RIGIAN**
LUBBIAN	Ā**RUNDIAN**	AR**BELGIAN**
KEMBIAN	**GRUNDIAN**	**FELGIAN**
STĀDIAN (?)	GI**GRUNDIAN**	AFTAR**FULGIAN**
WĀDIAN	BI**DÔDIAN**	AN**FANGIAN**
AHREDDIAN	**FŌDIAN**	**MENGIAN**
QUEDDIAN	A**FŌDIAN**	**BRENGIAN**
BIDDIAN	**HŌDIAN**	BI**BRENGIAN**
A**BIDDIAN**	FAR**MŌDIAN**	GI**BRENGIAN**
GI**BIDDIAN**	**NÔDIAN**	AN**BRENGIAN**
SKUDDIAN	GI**NÔDIAN**	ANGEGIN**BRENGIAN**
GI**SKUDDIAN**	**SPŌDIAN**	FORTH**BRENGIAN**
BÊDIAN	**WŌDIAN**	TIS**PRENGIAN**
LÊDIAN	**WARDIAN**	A**STRENGIAN**
A**LÊDIAN**	**HERDIAN**	BISENGIAN
AND**LÊDIAN**	A**WERDIAN**	A**THENGIAN**
BI**GLÊDIAN**	AND**WERDIAN**	AND**THENGIAN**
GI**LÊDIAN**	AND**WORDIAN**	**TWENGIAN**
ŪTGI**LÊDIAN**	**BURDIAN**	**THINGIAN**
FAR**LÊDIAN**	GURDIAN	A**THINGIAN**

Index retrogradus

GITHINGIAN	ATHENKIAN	HELLIAN
ANSTUNGIAN	BITHENKIAN	BIHELLIAN
ÔGIAN	GITHENKIAN	SELLIAN
BÔGIAN	UNDARTHENKIAN	GISELLIAN
ADÔGIAN	WENKIAN	FARSELLIAN
ANDÔGIAN	WINKIAN	TELLIAN
FŌGIAN	THUNKIAN	ATELLIAN
GIÔGIAN	ÔKIAN	GITELLIAN
WRŌGIAN	RÔKIAN	UNDARTELLIAN
SÔGIAN	SŌKIAN	FARTELLIAN
TÔGIAN	ASŌKIAN	STELLIAN
GITÔGIAN	GISŌKIAN	WELLIAN
GIWARGIAN	UNDARSŌKIAN	BIDWELLIAN
BORGIAN	MERKIAN	QUELLIAN
ARBORGIAN	STERKIAN	AQUELLIAN
SKURGIAN	WIRKIAN	FILLIAN
FARSKURGIAN	ANDWIRKIAN	BIFILLIAN
WURGIAN	GIWIRKIAN	MIKILLIAN
NĀHIAN	FARWIRKIAN	STILLIAN
RA(H)IAN	WURKIAN	GISTILLIAN
AFÊHIAN	ÊSKIAN	GIUNSTILLIAN
HLAHHIAN	BIÊSKIAN	WILLIAN
BIHLAHHIAN	LESKIAN	SWILLIAN
WĪHIAN	ALESKIAN	FULLIAN
GIWĪHIAN	MELSKIAN	AFULLIAN
THŪHIAN	BIDUMBLIAN	GIFULLIAN
WÊKIAN	DÊLIAN	BIHULLIAN
ANDWÊKIAN	ADÊLIAN	GIFŌLIAN
WOLALĪKIAN	BIDÊLIAN	WŌLIAN
SLEKKIAN	GIDÊLIAN	WEHSLIAN
REKKIAN	TIDÊLIAN	QUELMIAN
AREKKIAN	AGÊLIAN	BILEMMIAN
ŪTREKKIAN	HÊLIAN	ANDKLEMMIAN
BITHEKKIAN	GIHÊLIAN	BIKLEMMIAN
WEKKIAN	SÊLIAN	FREMMIAN
AWEKKIAN	ANDSÊLIAN	AFREMMIAN
SWEKKIAN	MAÞELIAN[#]	GIFREMMIAN
ANBIKKIAN	TWĪFLIAN	GREMMIAN
ŪTSKRIKKIAN	GITWĪFLIAN	TEMMIAN
STRIKKIAN	NEGLIAN	WEMMIAN
JUKKIAN	BINEGLIAN	FRUMMIAN
FORARUKKIAN	SIGLIAN	GIFRUMMIAN
STUKKIAN	MAHLIAN	DÔMIAN
SKALKIAN	GIMAHLIAN	DŌMIAN
KELKIAN	ĪLIAN	ADÔMIAN
SKENKIAN	WITHARĪLIAN	GIDŌMIAN
WLENKIAN	TILIAN	FARDŌMIAN
URDRENKIAN	ELLIAN	GÔMIAN
SENKIAN	FELLIAN	GIGÔMIAN
BISENKIAN	BIFELLIAN	RŌMIAN
THENKIAN	ARFELLIAN	DRÔMIAN

Index retrogradus

HRŌMIAN	KRÔNIAN	WITHARFERIAN
ANDSÔMIAN	SŌNIAN	KERIAN
TŌMIAN	GISŌNIAN	KÊRIAN
ATŌMIAN	DERNIAN	BIKÊRIAN
ANDBERMIAN	BIDERNIAN	UMBIKÊRIAN
HERMIAN	WERNIAN	SKERIAN
SKERMIAN	GIWERNIAN	BISKERIAN
BISKERMIAN	FARWERNIAN	GISKERIAN
WERMIAN	GIRNIAN	LÊRIAN
STURMIAN	GIGIRNIAN	FARLÊRIAN
ŪTBŌSMIAN	AKIRNIAN	NERIAN
FARGŪMIAN	MURNIAN	GINERIAN
UPPWIUMIAN	BIMURNIAN	SÊRIAN
KŪMIAN	STRIUNIAN	FARSERIAN
RŪMIAN	GITIUNIAN	TERIAN
GAGANIAN	DÔIAN	FARTERIAN
WANIAN	BLŌIAN	[1]WERIAN
BIWANIAN	GLŌIAN	[2]WERIAN
MÊNIAN	GIFRŌIAN	[1]BIWERIAN
BIMÊNIAN	GRÔIAN	SWERIAN
GIMÊNIAN	STRÔIAN	BISWERIAN
HRÊNIAN	ATHEMPIAN	GISWERIAN
LÔGNIAN	BITHEMPIAN	FARSWERIAN
FARLÔGNIAN	DÔPIAN	GIHUNGRIAN
BIRAHNIAN	GIDÔPIAN	WERTHIRIAN
ANDGEGINIAN	KÔPIAN	WŌKRIAN
TÊKNIAN	FARKÔPIAN	SKRĬAN
TŌTÊKNIAN (?)	SLÔPIAN	BORIAN[#]
BÔKNIAN	THURHSLÔPIAN	FŌRIAN
GIBÔKNIAN	BIRÔPIAN	ANDFŌRIAN
ANBÔKNIAN	STŌPIAN	GIFŌRIAN
FARDERKNIAN	WŌPIAN	FARFŌRIAN
DRUKNIAN	BIWŌPIAN	HŌRIAN
NEMNIAN	[1]SKEPPIAN	HÔRIAN
BINEMNIAN	[2]SKEPPIAN	GIHÔRIAN
[1]KENNIAN	[1]GISKEPPIAN	OVARHÔRIAN
[2]ANDKENNIAN	[1]FARSKEPPIAN	HRŌRIAN
MENNIAN	STEPPIAN	GIHRŌRIAN
SPENNIAN	AFSTEPPIAN	TISTÔRIAN
RENNIAN	SKERPIAN	MERRIAN
BRENNIAN	GISKERPIAN	AMERRIAN
TISAMNEGIRENNIAN	SKURPIAN	FARMERRIAN
ŪTRENNIAN	ŪTSKURPIAN	BISPERRIAN
THENNIAN	GIBĀRIAN	IRRIAN
WENNIAN	AFTARFĀRIAN	FIRRIAN
ANDWENNIAN	ALĀRIAN	AFIRRIAN
GIWENNIAN	MĀRIAN	WURRIAN
DUNNIAN	TIMBRIAN	FŌSTRIAN (?)
FARMUNNIAN	DERIAN	GIBITTRIAN
HÔNIAN	FERIAN	ŪTINĀTHRIAN
GIHÔNIAN	GIFERIAN	GIFURTHRIAN

524

Index retrogradus

GI**BURIAN**	AND**FORHTIAN**	UPP**SITTIAN**
OVARBURIAN	**FŪHTIAN**	ANDWITTIAN
FŪRIAN	**LIUHTIAN**	NUTTIAN
A**FŪRIAN**	GI**LIUHTIAN**	FI(U)WARSKUTIAN
DIURIAN	**MELTIAN**	SNŪTIAN
GISTIURIAN	GI**MELTIAN**	ŪTSNŪTIAN
FAR**STURIAN**	SMELTIAN	**NĀTHIAN**
FRŌVRIAN	**BŌTIAN**	**STATHIAN**
GI**FRŌVRIAN**	GI**BŌTIAN**	**ALÊTHIAN**
[UNSŪVRIAN]	THURH**FLŌTIAN**	**WRETHIAN**
THRĀSIAN	ŪT**FLŌTIAN**	**WRÊTHIAN**
WAHSIAN	**MŌTIAN**	GI**WRETHIAN**
WĪSIAN	**GRŌTIAN**	**QUĪTHIAN**
A**WĪSIAN**	GI**GRŌTIAN**	**BLÔTHIAN**
GI**WĪSIAN**	**FESTIAN**	ANDWIRTHIAN
FAR**WĪSIAN**	GI**FESTIAN**	**ŪTHIAN**
HELSIAN	GI**WĀRFESTIAN**	**KŪTHIAN**
LÔSIAN	**LÊSTIAN**	GI**KŪTHIAN**
ALÔSIAN	GI**LÊSTIAN**	**LÊVIAN**
ŪTA**LÔSIAN**	**FULLÊSTIAN**	FAR**LÊVIAN**
BI**LÔSIAN**	GI**FULLÊSTIAN**	**BRÊVIAN**
TI**LÔSIAN**	**RESTIAN**	BI**HWELVIAN**
REPSIAN	**TRÔSTIAN**	**ÔVIAN**
HRISSIAN	GI**TRÔSTIAN**	GI**LÔVIAN**
KUSSIAN	**WŌSTIAN**	**DRŌVIAN**
MUSSIAN	A**WŌSTIAN**	**STŌVIAN**
BLĪTHSIAN	**HERSTIAN**	**HWERVIAN**
FŪSIAN	**THURSTIAN**	GI**HWERVIAN**
A**FŪSIAN**	**LUSTIAN**	FAR**HWERVIAN**
NIUSIAN	GI**LUSTIAN**	**FURVIAN**
BÊTIAN	ARUSTIAN	GI**LIUVIAN**
UND**BÊTIAN**	**BRUSTIAN**	**STRŪVIAN**
HÊTIAN	**LETTIAN**	FAR**THEWIAN**
WÊTIAN	A**LETTIAN**	GI**HĪWIAN**
SWÊTIAN	GI**LETTIAN**	**SULWIAN**
HEFTIAN	BINETTIAN	ÞÊOWIAN[#]
AND**HEFTIAN**	**SETTIAN**	GEARWIAN[#]
BI**HEFTIAN**	A**SETTIAN**	GEGEARWIAN[#]
GI**HEFTIAN**	GI**SETTIAN**	**GARWIAN**
TŌ**HEFTIAN**	TISETTIAN	GI**GARWIAN**
GI**STIFTIAN**	FARSETTIAN	**GERWIAN**
AHTIAN	NITHAR**SETTIAN**	**FRAUWIAN**
ĀHTIAN	AHWETTIAN	GI**TRAUWIAN**
AMBAHTIAN	**HRITTIAN**	**SKADUWIAN**
SLIHTIAN	**SITTIAN**	**STREUWIAN**
RIHTIAN	A**SITTIAN**	ŪT**STREUWIAN**
ARIHTIAN	ANDSITTIAN	**NIUWIAN**
GI**RIHTIAN**	AF**SITTIAN**	FAR**NIUWIAN**
WRŌHTIAN	BI**SITTIAN**	**TRIUWIAN**
FORHTIAN	UMBIBI**SITTIAN**	GI**TRIUWIAN**
A**FORHTIAN**	GI**SITTIAN**	MIS**TRIUWIAN**

Index retrogradus

SIUWIAN	BAKKAN	**NIMAN**
WITHARSIUWIAN	**MELKAN**	**BINIMAN**
BAKAN	**WOLKAN**	**GINIMAN**
SKAKAN	**HIMILWOLKAN**	**ANGINIMAN**
LAKAN	**DRINKAN**	UNDARNIMAN
SKULDLAKAN	GI**DRINKAN**	FAR**NIMAN**
FÊHLAKAN	**SINKAN**	**GRIMMAN**
HRUGGILAKAN	BI**SINKAN**	**KRIMMAN**
THEKKILAKAN	¹**ÔKAN**	**THRIMMAN**
BANKLAKAN	²**ÔKAN**	ŪTSWIMMAN
SEGALLAKAN	**BÔKAN**	TRYMMAN[#]
STŌLLAKAN	**HERIBÔKAN**	GETRYMMAN[#]
LĪNLAKAN	**FLŌKAN**	**NIOMAN**
SWÊTLAKAN	FAR**FLŌKAN**	**KUMAN**
AMBAHTLAKAN	**SWERKAN**	**AKUMAN**
BATHLAKAN	GI**SWERKAN**	**BIKUMAN**
HEMITHLAKAN	**WASKAN**	**ANKUMAN**
SAKAN	**LESKAN**	FAR**KUMAN**
AND**SAKAN**	THRESKAN	WITHAR**KUMAN**
FAR**SAKAN**	AND**LŪKAN**	**SPANAN**
FÊKAN	BI**LŪKAN**	GI**SPANAN**
LÊKAN	**BRŪKAN**	FAR**SPANAN**
FAR**LÊKAN**	**MALAN**	**THANAN**
BREKAN	GESTÆLAN[#]	**HWANAN**
ABREKAN	**HELAN**	**BIKLENAN**
AF**BREKAN**	BI**HELAN**	**FREGNAN**
BI**BREKAN**	FAR**HELAN**	GI**FREGNAN**
TI**BREKAN**	**STELAN**	**HINAN**
FAR**BREKAN**	FAR**STELAN**	**KĪNAN**
SPREKAN	FAR**DWELAN**	TI**KĪNAN**
FORA**SPREKAN**	**QUELAN**	**SKĪNAN**
BI**SPREKAN**	**FALLAN**	GI**SKĪNAN**
GI**SPREKAN**	A**FALLAN**	**HRĪNAN**
TŌ**SPREKAN**	AND**FALLAN**	AND**HRĪNAN**
FAR**SPREKAN**	BI**FALLAN**	BI**HRĪNAN**
WREKAN	TI**FALLAN**	**BANNAN**
TÊKAN	NITHAR**FALLAN**	SPANNAN
WORDTÊKAN	**WALLAN**	**UNSPANNAN**
WUNDARTÊKAN	A**WALLAN**	**INNAN**
STEKAN	AND**WALLAN**	ANDGINNAN[#]
THURH**STEKAN**	**GELLAN**	**BIGINNAN**
ŪT**STEKAN**	**HELLAN**	**RINNAN**
BLĪKAN	BI**WELLAN**	**BRINNAN**
SLĪKAN	**QUELLAN**	**GIRINNAN**
UNDAR**SLĪKAN**	**SWELLAN**	TISAMNEGI**RINNAN**
WĪKAN	MÆÞLAN[#]	UPP**RINNAN**
GI**WĪKAN**	[**SKULAN**]	OVAR**RINNAN**
SWĪKAN	WRIXLAN[#]	FAR**SINNAN**
BI**SWĪKAN**	**GAMAN**	**WINNAN**
GI**SWĪKAN**	**SAMAN**	A**WINNAN**
UNGISWIKAN	GITEMAN	AND**WINNAN**

Index retrogradus

GIWINNAN	GIBERAN	ETAN
FARWINNAN	BISKERAN	ANDGETAN
[AFUNNAN]	KRAN	BIGETAN
[GIUNNAN]	ANAGIBORAN	FARGETAN
[KUNNAN]	ATHALBORAN	HÊTAN
[BIKUNNAN]	ÊNBORAN	ANDHÊTAN
UN[FARBRUNNAN]	FORAN	BIHÊTAN
MURNAN#	BIFORAN	GIHÊTAN
SPURNAN	TIFORAN	FARHÉTAN
BISPURNAN	FERRAN	METAN
[MUNAN]	KERRAN	FRETAN
[FARMUNAN]	AFSKERRAN	AFTAN
ARMSKAPAN	WERRAN	FEHTAN
SLĀPAN	ANDWERRAN	ANFEHTAN
ASLĀPAN	GIWERRAN	FLEHTAN
WĀPAN	[DURRAN]	BĪTAN
OVARDREPAN	[GIDURRAN]	ABĪTAN
FARSWÊPAN	SĀN	ANDBĪTAN
SLĪPAN	GIBLĀSAN	ANDFLĪTAN
GRĪPAN	LESAN	GLĪTAN
UNDARGRĪPAN	ALESAN	SLĪTAN
FARGRĪPAN	GILESAN	TISLĪTAN
HELPAN	GINESAN	FARSLĪTAN
GIHELPAN	WESAN	WLĪTAN
OPAN	UNDARWESAN	BISMĪTAN
DRIOPAN	WAHSAN	AFHNĪTAN
AHLÔPAN	AWAHSAN	HRĪTAN
HRÔPAN	GIWAHSAN	WRĪTAN
ANHRÔPAN	UNWAHSAN	GIWRĪTAN
STAPPAN	RĪSAN	WITAN
AFSTAPPAN	ARĪSAN	[1]WĪTAN
UPPAN	GIRĪSAN	[2]GIWĪTAN
WERPAN	FARTHINSAN	UNDARWITAN
AWERPAN	DOSAN	FARWITAN
ANDWERPAN	KIOSAN	[1]FARWĪTAN
BIWERPAN	AKIOSAN	SMELTAN
TIWERPAN	GIKIOSAN	SWELTAN
UNDARWERPAN	FARKIOSAN	GIOTAN
FARWERPAN	FARLIOSAN	BIGIOTAN
NITHARWERPAN	DRIOSAN	FARGIOTAN
WITHARWERPAN	BIDRIOSAN	NITHARGIOTAN
GISPAN	ANABUSAN (Ū ?)	SKIOTAN
SŪPAN	LĀTAN	FLIOTAN
FARAN	ALĀTAN	ŪTFLIOTAN
GIFARAN	ANDLĀTAN	HLIOTAN
TIFARAN	UNDLĀTAN	NIOTAN
TÔFARAN	TILĀTAN	BINIOTAN
FARFARAN	FARLĀTAN	GRIOTAN
NITHARFARAN	NITHARLĀTAN	ATHRIOTAN
DRĀN	GRĀTAN	[MŌTAN]
BERAN	FARHWĀTAN	STŌTAN

527

Index retrogradus

BISTŌTAN	GIWERTHAN	SWERVAN
TISTŌTAN	FARWERTHAN	[THURVAN]
ANSTŌTAN	NORTHAN	BITHURVAN
TŌSTŌTAN	SIÞÞAN[#]	DŪVAN
FARSTŌTAN	SŪTHAN	WAN
STĀN	BŪAN	WĀN
ASTĀN	ANBŪAN	ÊWAN
KINDESTAN	HAVAN	HWAN
BRESTAN	SKAVAN	NOHHWAN
TIBRESTAN	GRAVAN	SPĪWAN
FARBRESTAN	BIGRAVAN	QUĀN
WESTAN	NAHTHRAVAN	SWAN
AFSTĀN	EVAN (?)	HAUWAN
BISTĀN	[1]GEVAN	BIHAUWAN
GISTĀN	[2]GEVAN	GIHAUWAN
FRAMSTĀN	AGEVAN	FARHAUWAN
ÔSTAN	AFGEVAN	KEUWAN
FARSTĀN	UMBIBIGEVAN	WITHARBLEUWAN
ŪTAN	FULLGEVAN	ŪTBLEUWAN
YMBŪTAN[#]	FARGEVAN	GIBREUWAN
BIŪTAN	HEVAN	HREUWAN
ŪTBISLŪTAN	NEVAN	ÊN
HRŪTAN	ANEVAN	BÊN
ŪTSPRŪTAN	SWEVAN	HABÊN[+]
THAN	ANDLĪVAN	HRUGGIBÊN
SKÊTHAN	BILIVAN	SKENKILBÊN
ŪTASKÊTHAN	BILĪVAN	BISKILBEN[+]
AFSKÊTHAN	BIKLĪVAN	HUPBÊN
HRETHAN	ELLIVAN	ĪSBÊN
QUETHAN	DRĪVAN	ÞENDEN[#]
AQUETHAN	BIDRĪVAN	FRĀGÊN[+]
ANDQUETHAN	FARDRĪVAN	ANDSAGÊN[+]
GIQUETHAN	SKRĪVAN	GISAGÊN[+]
WITHQUETHAN	BISKRĪVAN	FARSAGÊN[+]
FĪTHAN	GISKRĪVAN	URSAGÊN[+]
ANDFĪTHAN	WRĪVAN	BÊGEN[#]
BIFĪTHAN	BIDELVAN	ÆRNÞEGEN[#]
UNDARFĪTHAN	[1]OVAN	NIGÊN
AFSKĪTHAN (?)	[2]OVAN	GIEN[#]
LĪTHAN	[2]BIOVAN	KÊN
FARLĪTHAN	HIOVAN	MOLKEN
MĪTHAN	KLIOVAN	MÊN
BIMĪTHAN	TIKLIOVAN	NÊN
GIMĪTHAN	FARKERVAN	GRUONÊN[+]
FARMĪTHAN	STERVAN	GIZIAREN[+]
NITHAN	ASTERVAN	IRSŪRÊN[+]
SNĪTHAN	GISTERVAN	BȲSEN[#]
SKRĪTHAN	HWERVAN	TÊN
WRĪTHAN	BIHWERVAN	ALTÊN[+]
WERTHAN	UMBIHWERVAN	STÊN
AWERTHAN	GIHWERVAN	SKILDSTÊN

Index retrogradus

DUFSTÊN	**NESSINGLÎN**	**KORDUWISIN**
HWETTISTÊN	**BUNDILÎN**	**KUSSIN**
MARKSTÊN	GIBUNDILÎN	HÔVIDKUSSIN
WINDILSTÊN	BRUKKILÎN	**WANGKUSSIN**
MULINSTÊN	**STUKKILÎN**	JÛSIN[+]
QUIRNSTÊN	**KÂSIKÔKILÎN**	**TIN**
SKORSTÊN	**DISKILÎN**	**DROHTIN**
SWÊN	**NUSKILÎN**	**SIGIDROHTIN**
REIZEN[+]	KENNILÎN (?)	**MANDROHTIN**
GRÔZEN[+]	**SKIPILÎN**	**KRISTÎN**
KAHHAZZEN[+]	STÔPILÎN	**GIRSTÎN**
GILINDIZZEN[+]	**HNEPPILÎN**	**BINUTÎN**
HNAFFIZZEN[+]	**DORILÎN**	**THÎN**
GOUHIZZEN[+]	**HESILÎN**	**HÊTHÎN**
HEILIZZEN[+]	**KAPSILÎN**	**NÎTHÎN**
GREMIZZEN[+]	**PLETSILÎN (?)**	HRÎTHÎN
EINIZZEN[+]	**PÛSILÎN**	**KÛVIN**
ZISPIZZEN[+]	KETILÎN	**WÎN**
ÜFWÂRIZZEN[+]	**KISTILÎN**	**ÊWÎN**
NARRIZZEN[+]	**FÛSTILÎN**	**HURWÎN (?)**
SWIZZEN[+]	**NETTILÎN**	**SWÎN**
IN	TUTTILÎN[+]	**MERISWÎN**
GRÂBLÂIN	**HATHILÎN**	**SPEKSWÎN**
WÊDÎN	**KORVILÎN**	**KÔSWÎN**
STRÎDÎN	**KURVILÎN**	**BÊRSWÎN**
GULDÎN	MELKKUVILÎN	**KLEUWÎN**
LENDIN	**STAVIKLÎN**	**TOLN**
BRÔDÎN	**PANNAKÔKLÎN**	**STAMN**
GERDÎN	**FULÎN**	**LIUDSTAMN**
BUDIN	**HATULÎN**	**BANN**
SIMIZSTEIN[+]	**MÎN**	**BURGBANN**
FAGIN	**PERGAMIN**	METIBANN
AN**GEGIN**	LÊMÎN	**LUNGANN**
MEGIN	**BÔMÎN**	**MANN**
HANDMEGIN	**IRMIN**	**RÂDMANN**
SEGIN	**KUMIN**	HÔVIDMANN
RUGGIN	**LÎNÎN**	**MUNDMANN**
HWERGIN	**EVINÎN**	**WÎGMANN**
THÂHÎN	**ÎSARNÎN**	**THINGMANN**
FARHÎN (?)	**HNEPPÎN**	**RÎDIMANN**
MOLDIKÎN	**AHARÎN**	**SPRÂKMANN**
SKELLIKÎN	SUMARÎN	**ASKMANN**
SKIPIKÎN	**LITHARÎN**	**MAHALMANN**
BEKKÎN	**MAPULDRÎN**	**STALLMANN**
KREUWILKÎN	**ÊRÎN**	**LÊHANMANN**
[1]**SKÎN**	**PETERÎN**	**IRMINMANN**
[2]**SKÎN**	**HRÎTHERÎN**	TIMBARMANN
ESKÎN	**FÔRÎN (?)**	**OFFARMANN**
LÎN	**SILUVRÎN**	**MARKATMANN**
TROGALÎN	**SÎN**	**AMBAHTMANN**
UNSKAMALÎN	**GLESÎN**	**THIONOSTMANN**

Index retrogradus

GISPANN	GIWALDON	SEGON
WANN	MELDON	KRŪCIGON
INN	ANDON	GIHUGDIGON
ANAGINN	ANDŌN	GISUNDIGON
HENGINN	FANDON	ÔTHMŌDIGON
KINN	SPENDON	RIGON
BREKKINN	PRŌVENDON	KESTIGON
MINN	OVARGILINDON	HEVIGON
PINN	WINDON	SWĪGON
EPINN	FUNDON	FOLGON
CIDARPINN	MUNDON	FARFOLGON
SPINN	ĀRUNDON	HANGON
WURGARINN	GINIODON	LANGON
SWIMMARINN	WIODON	MANGON
MAKERINN	MŌDON	SKIPSANGON
HĪMAKERINN	FARMŌDON	RENGON
WŌSTINN	FRŌDON	THINGON
BURTHINN	TŌDŌN	GITHINGON
WINN	ARDON	FERGON
LANGWINN	BARDON	BORGON
GIWINN	FARDŌN	ARBORGON
GIHLUNN	FARHARDON	SORGON
FASTUNN	WARDON	BISORGON
WŌSTUNN	BIWARDON	DUGON
DUMBON	GIWARDON	HŌN
KLŪBON[+]	FARWARDON	FELDHŌN
DŌN	WERDON	FEHON
UNDARBADON	GIWERDON	FÊHON
WOLADŌN	BRORDON	FARFEHON
ANDSTADON	GISAMWORDON	FLEHON
BISTADON	HLŪDON	TEHON
WEDDON	HRÊON	TWEHON
ANDDŌN	WETTISKEFFON[+]	GITWEHON
BEDON	GIFAGON	LOHON
BÊDON	BIHAGON	REPHŌN
TŌBEDON	JAGON	WATARHŌN
MÊDON	HÊLAGON	DŪHON (U ?)
UNGIMÊDON	GIHÊLAGON	ENDION
FARMÊDON	KLAGON	GIENDION
ARVEDON	HANDSLAGON	SUNDION
HÔFDON	HALSSLAGON	GISUNDION
BĪDON	FRĀGON	SKION
BIDŌN	RĀDFRĀGON	WOLKANSKION
GIDŌN	ANDFRĀGON (?)	[2]WILLION
ANGIDŌN	BIDRÔRAGON	[1]GIWILLION
GISIDON	TRĀGON	MINNION
FALDON	FARSAGON	GIBĀRION
MANAGFALDON	THAGON	HERION
FI(U)WARFALDON	NITHARWAGON	FARHERION
KALDON	FEGON	FRĪON
AKALDON	PLEGON	FIRION

Index retrogradus

ŪTLÊTHITION	TALON	RŌMON
RETHION	THARVALON (?)	ARMON
GIRETHION	THURVALON (?)	GIARMON (?)
KÔN	DWĀLON (A ?)	FORMON
WLAKON	SIMBLON	GIFORMON
MAKON	BISTUMBLON	WORMON
GIMAKON	ARVEDLŌN	THĪSMON
BANAKON	HANDLON	GIFATHMON
BRAKON	WANDLON	FARGŪMON
GIBRĀKON	BIWANDLON	PLŪMON
ANDSAKON	TWĬFLON	NŌN
WAKON	MAHLON	FAGANON
REKON	GIMAHLON	MANON
GIREKON	SKRUDILON	GIMANON
LĪKON	FĪLON	OPANON
TUNIKON	KRAKILON	AOPANON
SKRĬKON	HEKILON	GIOPANON
QUIKON	SPILON	WANON
AQUIKON	TILON	ÊNON
SWĬKON	KITILON	GIÊNON
LIKKON	NESTILON	HRÊNON
THIKKON	GISWILON	WÊNON
LOKKON	GÔKLON	SEGNON
SKRANKON	BIGÔKLON	THEGNON
THANKON	KALLON	LETHIGNON
WANKON	WALLON	LÔGNON
BISINKON	GELLON	LÊHNON
WINKON	STILLON	ANDLÊHNON
THUNKON	GISTILLON	GINON
BŌKON	FULLON	LĪNON
LÔKON	GIFULLON	HLINON
UMBILŌKON	WULLON	TŌHLINON
KROKON	AHOLON	RETHINON
MARKON	KŌLON	LĂKNON
GIMARKON	THAKOLON	GIÊKNON
WERKON	WRITOLON	SAMNON
GIWERKON	THOLON	GISAMNON
FARWERKON	GITHOLON	GRENNON
ÊSKON	REVOLON	SINNON
JESKON	WEHSLON	GIKUNNON
RESKON	SPARTLON	THIONON
RĀDISKON	KITTLON (?)	GITHIONON
FISKON	WATHLON	LÔNON
LÔN	ANDSADULON	GILÔNON
ZABALON[+]	AFŪLON	IDUGILÔNON
OVARFANGALON	HLAMON	WONON
HALON	BILAMON	THURHWONON
GIHALON	NAMON	GIWONON
ŪTGIHALON	GI[FR]AMON	ARNON
BIDUNKALON	GIFŌRSAMON	WARNON
MĀLON	ASWĀMON	GORNON

Index retrogradus

MORNON	**GIÊRON**	**FORHTON**
BI**MORNON**	**MALTERON**	INBĪTON
GNORNON	**WERON**	**RASKITON**
GRORNON	GI**WERON**	**MUNITON**
BI**GRORNON**	BITÔFRON	**HWĪTON**
DRUSNON	**MARTIRON**	**HALTON**
WĪTNON	ZWIZIRON[+]	**SKOTON**
GI**WĪTNON**	**THONRON**	**FLOTON**
FASTNON	BORON	**ROTON**
GI**FASTNON**	**SIKORON**	**STROTON**
RŪNON	**STARRON**	**KOSTON**
TŌ**RŪNON**	**IRRON**	GI**KOSTON**
GITHRÔON	**THORRON**	**PINKOSTON**
KAPON	**LASTRON**	AROSTON
UPP**KAPON**	**FÔSTRON**	SKATTON
WINISKAPON	**BITTRON**	WITTON
MEDALSKAPON	GIHLŪTRON	WRITTON
RĪPON	**DIURON**	BI**SPOTTON**
GALPON	FAR**KOVRON**	ŪTON
KÔPON	**SŪVRON**	**SKATHON**
FAR**KÔPON**	UN**SŪVRON**	**LATHON**
STEPPON	**HLŪDASON**	GI**NĀTHON**
BI**STOPPON**	**GRASON**	**LÊTHON**
WINDWERPON	**FRÊSON**	**TUGITHON**
WLISPON	GI**FRÊSON**	**LITHON**
BARON	HRAKISON	**BLĪTHON**
GI**BARON**	HÊLISON	**BILITHON**
FĀRON	**WĪSON**	**SMITHON**
KARON	GI**WĪSON**	ANSMITHON
STAMARON	**MINSON**	**FRITHON**
TEMPARON	**KÔSON**	**SĪTHON**
SPARON	LOSON	**TWĪTHON**
BETARON	**LÔSON**	DULTHON (?)
WITHARON	FAR**GÔMALÔSON**	WERTHON
WARON	**REPSON**	GI**WERTHON**
BI**WARON**	**WERSON**	FORÞON[#]
[1]BI**WĀRON**	GI**WERSON**	AN**BŪON**
[2]BI**WĀRON**	**RĀDISSON**	**TRŪON**
[1]GI**WĀRON**	**KRATSON** (?)	GI**TRŪON**
AFTAR**WARON**	**NIUSON**	**HAVON**
ANDSWARON	**HATON**	GIHAVON
BLEUWARON	METON	**LAVON**
TIMBRON	BRETON[+] (?)	GI**LAVON**
HEDRON	**HAFTON**	**THRAVON**
HRIDRON	AHAFTON	**GEVON**
ALDRON	**BLĪTHHAFTON**	**LÊVON**
SUNDRON	**AHTON**	**LÊVON**
WUNDRON	GI**AHTON**	**ANKLEVON**
ÊRON	**TRAHTON**	SWEVON
AN**DÊRON**	GI**TRAHTON**	**BIVON**
GERON	GITHURHNOHTON	**KLIVON**

Index retrogradus

BI**KLIVON**	FIRIWITTGERN	**BRĀDO**
SALVON	ELLE(R)N[#]	**LENDIBRĀDO**
DOVON	**WERN**	**QUIKBRĀDO**
GI**THIOVON**	**QUIRN**	SLÔPBRĀDO
LOVON	**UNDORN**	SPITBRĀDO
²**LÔVON**	**HORN**	SKRADO
¹GILÔVON	**AHORN**	KNIORADO
RÔVON	SKRĪFHORN	THRĀDO
BI**RÔVON**	HLŪDIHORN	MEDO
THARVON	HERIHORN	SLIDO
HWARVON	BLAKHORN	HRIDO
DRŪVON	ÊKHORN	GITĬDO
GRĀWON	ÊNHORN	HUNDHÔVIDO
HĪWON	**KORN**	WĪDO
GI**HĪWON**	JUKKORN	*mlat* FALDO
FRATWON	AMARKORN	ALOWALDO
SKAUWON	¹**TORN**	BIERGELDO
AN**SKAUWON**	²**TORN**	MILDO
FAR**SKAUWON**	**THORN**	ANDO
HEUWON	SLÊHTHORN	TEHANDO
KEUWON	AGALTHORN	UNGIHANDO
HNEUWON	HAGANTHORN	FENDO
HREUWON	HAGUTHORN	SLINDO
RUNZON[+]	**FURN**	NIGUNDO
GIRUNZON[+]	LYBESN[#]	SIVUNDO
MEZZON[+]	**DŪN**	BODO
SNEFLIZZON[+]	**NIGUN**	FORABODO
ĀWIZZON[+]	STALINGUN	WISSBODO
BARN	**HŪN**	GINÔDO
ELDIBARN	**GĀHUN**	AHTODO
LIUDIBARN	**SIUN**	**GARDO**
FRITHUBARN	GISIUN	BÔMGARDO
FARN	**LUN**	WĪNGARDO
STÊNFARN	SIMLUN	HARDO
EKKARN	WĪRBRŪN	GITHIUDO
BILARN	HWARASUN	HLŪDO
ĪSARN	FEDIRONSUN	OVARHÔVDO
JEDĪSARN	SWESTARSUN	JUDEO
SKRÔDĪSARN	BRŌTHARSUN	GALILEO
SKAFĪSARN	KEVISSUN	KANANEO
GRAFĪSARN	SKRANKTŪN	EBREO
WEFĪSARN	SIVUN	PONTEO
BAK(K)ĪSARN	SINHĪWUN	BOFO
RÔSTĪSARN	**O**	GÔ
HEUWĪSARN	QUABBO	GIDAGO
HORDERN[#]	AMBO	ÊNDAGO
¹**FERN**	WAMBO	NÔDAGO
²**FERN**	GI**GADO**	MANSLAGO
INFERN	SKURSKADO	SWERDDRAGO
GERN	SPADO	SÊRAGO
GANGERN[#]	**RADO**	FORASAGO

Index retrogradus

ÊWISAGO	SKIO	STAKO
WĀRSAGO	WOLKANSKIO	REKO
ÊUSAGO	ÊNSEDLIO	LUVISTEKO
ROGGO	GISELLIO	WARALĬKO
OVARMŌDIGO	HERIGISELLIO	BRÊDLĬKO
ÊSTIGO	JIKILLIO (?)	ARVEDLĬKO
GALGO	WITHILLIO	GIHĀVIDLĬKO
WATARGALGO	WILLIO	BALDLĬKO
TULGO	UNWILLIO	HOLDLĬKO
ANGO	HŎRWILLIO	ANSTANDANDLĬKO
LANGO	SLĬO	UNFARTHIONODLĬKO
THURHLANGO	HIOPBRĀMIO	HARDLĬKO
SLANGO	NIO	NIUDLĬKO
GEGNUNGO	SPĀNIO	BELIKO
DARNUNGO	WRÊNIO	LIOFLĬKO
PUNGO	KNIO	HÊLAGLĬKO
FĀRUNGO	SKERNIO	SĀLIGLĬKO
WISSUNGO	ÊNHURNIO	KRAFTIGLĬKO
SWIBOGO	FRÔIO	GISIHTIGLĬKO
SADULBOGO	KEMPIO	HRIUWIGLĬKO
WĀRLOGO	WIRPIO	GĀHLĬKO
TREULOGO	TIMBRIO	SPĀHLĬKO
KRŌGO	FERIO	MILDILĬKO
TŌGO	LÊRIO	GILĬKO
HERITOGO	THRIO	UNGILĬKO
FOLKTOGO	SURIO	ALLOGILĬKO
MAGUTOGO	STURIO	THIKKILĬKO
MĀHO	WRISIO	SILIKO
RÊHO	FISSIO	WRISILĬKO
SEHO	KRISSIO	RĬKLĬKO
TWEHO	SIUSIO	FRAVALLĬKO
ELHO	LANDSĀTIO	UNTELLĬKO
HÔHO	DRUHTSĀT(I)O	HIMILLĬKO
IO	SKULDHÊTIO	DOLLĬKO
SIBBIO	AMBAHTIO	FULLĬKO
GIBEDDIO	MANSLEHTIO	GRIMMLĬKO
THRIDDI(O)	WURHTIO	HARMLĬKO
ANDERVIDIO	FURIWURHTIO	FÊKANLĬKO
mlat ALDIO	HELMGITRÔSTIO	OPANLĬKO
mlat GASTALDIO	RUDTHIO	WĀNLĬKO
SÊULĬTHANDIO	GRĀVIO	HÔNLĬKO
URKUNDIO	PALANCGRĀVIO	GERNLĬKO
OLVUNDIO	PULWIO	GRIOLĬKO
FORAFERDIO	TWIO (Ĭ ?)	THIOLĬKO
OVARHÔVDIO	KŌ	SKOPLĬKO
BURGIO	BAKO	BARLĬKO
mlat MARCHIO	HAKO	WUNDARLĬKO
KIO	GIMAKO	MĀRLĬKO
WREKKIO	NAKO	HLUTTARLĬKO
GIBENKIO	ANDSAKO	WĀRLĬKO
SKENKIO	WITHARSAKO	TĬRLĬKO

Index retrogradus

DIURLĪKO	THĪSTILFINKO	GŪTHHAMO
SWĀSLĪKO	KŌKO	LAMO
BLINDSLĪKO	PANKŌKO	NAMO
WĪSLĪKO	ASKO	WĀNAMO
BÔSLĪKO	MASKO	BRĀMO
MISSLĪKO	ÊSKO	SĀMO
AGALÊTLĪKO	LESKO	LANGSAMO
KRAFTLĪKO	MENNISKO	BISAMO
BERHTLĪKO	FRÔNISKO	DISAMO
FERHTLĪKO	HORSKO	HÊLSAMO
TORHTLĪKO	KŪSKO	FRITHUSAMO
FLĪTLĪKO	HUMBALO	MŪKHÊMO
OVASTLĪKO	WALO	LÊMO
GÊSTLĪKO	SISUSPELO	KLEMO
ERNUSTLĪKO	WELO	BREMO
FIRIWITTLĪKO	GOLDWELO	DEGMO
LÊTHLĪKO	WEROLDWELO	SKIMO
SWĪTHLĪKO	ÔDWELO	SKĪMO
ÔTHLĪKO	THIODWELO	DAGSKĪMO
SÕTHLĪKO	WRENDILO	GLĪMO
WERTHLĪKO	HRINGILO	GRĪMO
UNWERTHLĪKO	MENIKILO	SĪMO
KŪTHLĪKO	KŌKILO	SWĪMO
HRIULĪKO	ARMILO	SALMO
FRAULĪKO	GITWINILO	SELMO
GARULĪKO	LUTTILO	OLMO
OVARANIKO	UVILO	GRIMMO
MERIKÔ	RUNZILO[+]	GRISTGRIMMO
WITHRIKO	BISTALLO	BRŪDIGOMO
BŪSIKO	FOLKGISTALLO	FRITHUGOMO
KLEDERSTIKO	PILLO	SISUGOMO
HAKKO[+] (Ā ?)	STILLO	LIOMO
HNAKKO	[1]BOLLO	RIOMO
BRAKKO	[2]BOLLO	SKŌHRIOMO
STEKKO	ZIBOLLO[+]	BLÕMO
TELDSTEKKO	FOLLO	GOLTHBLÕMO
STRIKKO	POLLO	ARMO
STIKKO	STOLLO	[1]HARMO
THIKKO	ÊGRÕHTFULLO	[2]HARMO
ROKKO	FOLO	FORMO
BROKKO	SKOLO	WORMO
SPROKKO	SPÕLO	BESMO
WOKKO	RĀDISLO	THÊSMO
BALKO	MENDISLO	WAHSMO
FALKO	HERDISLO	BREHSMO
BÔMFALKO	KINISLO	BLIKSMO
ANKO	IRRISLO	GUMO
BLANKO	HRUMPUSLO	THIODGUMO
GITHANKO	TURTULO	SLIUMO
SKENKO	LĪKHAMO	SNIUMO
FINKO	FETHARHAMO	KUMO

Index retrogradus

ĀKUMO	HIOPO	SPARRO
WISSKUMO	STŌPO	NITHARRO
RŪMO	KAPPO	OVARRO
ATHALORDFRUMO	LAPPO	HÊRRO
GIRŪMO	BRUSTLAPPO	WEROLDHÊRRO
THŪMO	KRAPPO	STERRO
ĀNO	TAPPO	ĀVANDSTERRO
BANO	HOPPO	DAGSTERRO
HANDBANO	FELDHOPPO	KUNINGSTERRO
ALDANO	STOPPO	PORRO
FANO	NASADRUPPO	BITTRO
HANDFANO	HŪPO	HLUTTRO
RÊNIFANO	BARO	FORTHRO
OPPARFANO	OVARFARO	INGIBŪRO
HALSFANO	FAGARO	KELURO
SWÊTFANO	LĪKNARO	SŪVRO
GŪTHFANO	SPARO	SŌ
HANO	KATARO	HASO
MĀNO	AVARO	WASO
DRĀNO	HAVARO	FRÊSO
KRANO	OVARO	*mlat* LAHSO
INBORANO	SWĀRO	EGISO
KLENO	TIMBRO	BEDDIRISO
KLÊNO	ĀDRO	WĪSO
DRENO	HÊDRO	GIWĪSO
WRENO	ŌFALDRO	GITWISO
EFNO	JENDRO	BALUWĪSO
UNEFNO	HINDRO	ÊKSO
SÊGNO	DODRO	ALSO
SKEPINO	ODOBERO	SŌSŌ
KĪVINO	HORNOBERO	DREPSO
DROKNO	LÊRO	WIRSO
FRŌKNO	MÊRO	SKORSO
HUNNO	SÊRO	NESSO
BRUNNO	TANDSWERO	[1]KRESSO
SUNNO	FRÔ	[2]KRESSO
TIONO	HÊGRO	GIWISSO
FRÔNO	HRÊGRO	SIUSO
[1]GIWONO	JUNGRO	TŌ
[2]GIWONO	LUNGRO	HÊTO
DARNO	FEDIRO	SKULDHÊTO
GERNO	ALDIRO	URHÊTO
KERNO	FURTHIRO	AGALÊTO
SKIRNO	KUPIRO	ANGSETO
APO	TWIRO	TÊTO
SKAPO	BORO	SĀFTO
GISLĀPO	MUNDBORO	FĪFTO
HRĪPO	ODOBORO	ELLIFTO
KRAMPO	ÊNKORO	OFTO
GRIMPO	SPORO	AHTO
DIOPO	KARRO	REHTO

Index retrogradus

UNREHTO	HRŪTHO	SKIP
BIJIHTO	SKAVO	NEGLIDSKIP
LĪHTO	RĀVO	HURNIDSKIP
LIOHTO	GRAVO	FLÔTSKIP
BITO	RĀDGEVO	GRĬP
mlat LITO	MÊDGEVO	GELP
GIWITO	BÔGGEVO	HWELP
MÊNGIWITO	MÊTHOMGEVO	KAMP
BOLTO	NEVO	STAMP
SMULTO	SEVO	DOP
BÔTO	MŎDSEVO	HÔP
FASTO	OVARLIVO	DIOP
LÊSTO (?)	UNERIVO	KÔP
SEHSTO	SKRĬVO	FISKKÔP
FI(U)WARTIGISTO	KOLVO	KETILKÔP
SIGIRISTO	BLĬKOLVO	SKOP
FURISTO	HWOLVO	METISAHSKÔP
WIRSISTO	LANDÔVO	BISKOP
HŌSTO	GRIOVO	HÔVIDSLOP
THOSTO	BRIOSTKOVO	DROP
SLETTO	GILÔVO	STÔP
KOTTO	UNGILÔVO	WŌP
KNOTTO	KLOVO	HNAPP
THŌ	FUGALKLOVO	KIPP
TEGĀTHO	ERVO	STIPP
STEKATHO	MAHALERVO	GROPP
SKATHO	MANSTERVO	KROPP
LANDSKATHO	HWERVO	KLATAKROPP
THIODSKATHO	DRŬVO	UPP/ŬPP
LIUDSKATHO	WÊWO	SKARP
HELLISKATHO	HWŌ	WARP
WAMMSKATHO	SLĬWO	LĪNWARP
MÊNSKATHO	THRĪWO	ĀWERP
REGINSKATHO	GARWO	MOLWERP
FLATHO	NARWO	URWERP
MATHO	ŪWO	THORP
SKAVATHO	HŪWO	WLISP
WATHO	LAZO⁺ (?)	HANUP
KLEDTHO	STEINMEIZO⁺	AR⁺
FÊTHO	MEZZO⁺	BAR
DRÔMSKÊTHO	SKAP	ZWIBAR⁺
EFTHO	SKĀP	ÊMBAR
JUKKITHO	SLAP	TIMBAR
SWĪTHO	SLĀP	BRŪNLOCCAR# (?)
GIMÊNTHO	HANAP	FADAR
ÔTHO	SENAP	ALDFADAR
LOTHO	SAP	HIMILFADAR
SLÔTHO	RÊP	GISUNFADAR (Ū ?)
UNÔTHO	HOVIDRÊP	STIOPFADAR
FI(U)WARTHO	STIGRÊP	EDAR
NIGŪTHO	SPANNRÊP	HÊDAR

Index retrogradus

WEDAR	KOPAR	OVAR
ALDAR	OPPAR	HOVAR
WEROLDALDAR	WATAR	JENOVAR
MALDAR	AFTAR	TOVAR
HERIMALDAR	HLAHTAR	TÔVAR
BRANDAR (?)	LEHTAR	SILUVAR
SINDAR	DOHTAR	QUIKSILUVAR
HOLONDAR	STIOPDOHTAR	SÛVAR
HWASSHOLONDAR	WINTAR	WAR
UNDAR	LASTAR	[1]WĂR
KULLUNDAR	PLASTAR	[2]WĂR
SUNDAR	MÊSTAR	[3]WĂR[#]
WUNDAR	PRÊSTAR	HWAR
IODAR	WESTAR	HWĂR
MŌDAR	SWESTAR	FI(U)WAR
BĪMŌDAR	GISWESTAR	GIWAR
STIOPMŌDAR	WINISTAR	UNGIWAR
FŌSTARMŌDAR	ÔSTAR	SWĂR
FĂR	BIOSTAR (?)	ANDSWAR
OFFAR	KNOSTAR	[1]ÊR
GUTOFFAR	KLÛSTAR	[2]ÊR
FAGAR	ETTAR (Ê ?)	[3]ÊR
LEGAR	BITTAR	BÊR
[1]ANGAR	OTTAR	KOBBER
[2]ANGAR	HLUTTAR/HLÛTAR	NOVEMBER
FINGAR	FARÛTAR	HIDER[#]
UNGAR	THAR	KASSALDER
HUNGAR	THĂR	MAPULDER
LUNGAR	WETHAR	ÛDER
HĂR	[1]HWETHAR	GÊR
AHAR	[2]HWETHAR	HEGER
SAHAR	ÊNDIHWETHAR	NAVUGÊR
JĂR	IOGIHWETHAR	HÊR
SKINAKAR	NIHWETHAR	HÊR
BĪKAR	IOHWETHAR	EVANHÊR
KĂSIKAR	ŌTHARHWETHAR	MEIER
AKKAR	NITHAR	KÊR[+] (?)
ÊRWAKKAR	[1]WITHAR	INKER
DUNKAR	[2]WITHAR	MÊR
WŌKAR	ŌTHAR	IOMÊR
BÊSKAR	FŌTHAR	NIOMÊR
SULTKAR	LÔTHAR	PANER
BLĂR	BRŌTHAR	SPER
GLAR	GIBRŌTHAR	[1]SÊR
GLĂR	SPUNNIBRŌTHAR	[2]SÊR
[1]AMAR	STIURRŌTHAR	FETER
[2]AMAR	QUERTHAR	REFTER
JĂMAR	SÛTHAR	DRAVER
STAMAR	FÊVAR	ŌVER
SUMAR	BIVAR	WER
SLIPAR	SKALVAR	BRUSTWER

Index retrogradus

GĪR	URFŪR	SAHS
EHIR	FIUR	SKARASAHS
SKĪR	NÔDFIUR	METISAHS
SPĪR	HELLIFIUR	SKRĪFMETISAHS
TĪR	TÊKUR	MORTHMETISAHS
MARTIR	¹SKŪR	SKERSAHS
DOR	²SKŪR	WAHS
HELLDOR	KELUR	MEHS
WULDOR#	MŪR	SEHS
ANDOR	AMUR	LOHS
FOR	HAMUR	ĪS
FÔR	SWANUR	PARADĪS
FELOFOR#	PAPUR	IDIS
GOR	SLIPUR	*mlat* LIUDIS
OVARHÔR	MASUR	OFLIGIS
BIOR	KÊSUR	ELIS
AFTARBIOR	WEROLDKÊSUR	FELIS
MERIDIOR	ATHALKÊSUR	HULIS
FIOR	*mlat* MARTUR	KEMIS
THIOR	PFISTUR⁺	LUNIS
HLIOR	AVUR	GRĪS
ELLIOR	EVUR	HRĪS
STIOR	BLAS	GAGULHRĪS
ÔTHARLĪKOR	GLAS	THURIS
SIKOR	ANGULĀS	*mlat* FORESTIS
EKKOR	GRAS	*mlat* COTTIS
ELKOR	HRIODGRAS	KEVIS
FARLOR	MERIGRAS	KORVIS
MÔR	SPURIGRAS	WĪS
MÔR	SWĀS	WORDWĪS
SNÔR	GISWĀS	UNWĪS
HĀRSNÔR	TŌMIDDES#	WEDARWĪS
DRÔR	ŪTLENDES	FILUWĪS
HRÔR	HERODWARDES	HALS
LEKTOR	INWARDES	FÊDELS#
SĪTHOR	UPPWARDES	TINS
MORÞOR#	WITHARWARDES	ÊNHLÔPITINS
FURTHOR	FORTHWARDES	WAHSTINS
ANDSWŌR (?)	FORTHWERDES	ŌS
¹FERR	THURINGES	FORNDAGOS
²FERR	¹LÊS	ÊRDAGOS
GIWERR	²LÊS	FIRIHOS
UR⁺	NALLES#	LÔS
ŪR	ELLES#	SKAMALÔS
BŪR	ÊCNES#	FRIUNDLÔS
NĀHBŪR	TIGEGNES	GRUNDLÔS
GIBŪR	TŌGEGNES	KAFLOS
WĪNGIBŪR	THES	LĪFLÔS
RADUR	FAHS	ENDILÔS
PUNDUR	LAHS	SUNDILÔS
FUR	FLAHS	SIGILÔS

Index retrogradus

WAMMLÔS	KELTERHŪS	WATARFAT
WĀRLÔS	HÔRHŪS	LIOHTFAT
SIDULÔS	TRESURHŪS	SALTFAT
TREULÔS	FLUHTHŪS	ALUFAT
MÔS	GASTHŪS	GAT
FOLMOS	BRAUHŪS	AGAT
WARMMŌS	mlat ALDIUS	FOGAT
LITHUWASTMOS	mlat BURGWARDIUS	MARKAT
MELUMÔS	mlat BICARIUS	JĀRMARKAT
LITHUKOSPOS	AKUS	LAT
LIUDWEROS	SŪLAKUS	LĀT
FOLKWEROS	NIKKUS	AFLĀT
THRÔS	MANKUS	ŌLAT
HEGITHRÔS	WANDLŪS	MAT
PAVOS	PLATLŪS	WURMĀT
KAPS	mlat MUNDIBULUS	OVARĀT
BARS	MŪS	FRĀT
HERS	HRÔTHAMŪS	MÔRAT
WĪGHERS	FLETHARMŪS	HOVASTAT[+]
WIRS	mlat ZEBELINUS	[1]THAT
HWASS	mlat MARTHRINUS	ANDTHAT
WISS	mlat BANNUS	OVAT
HROSS	mlat HERIBANNUS	HWAT
SADULHROSS	mlat FORBANNUS	MÊNHWAT
KUSS	mlat MALDRUS	NĪTHHWAT
PLETS (?)	ZITRUS[+]	GÊT
mlat SALICUS	mlat FILTRUS	[1]HÊT
mlat FRANCUS	SUS	[2]HÊT
mlat THIUDISCUS	mlat FAIDOSUS	BIHÊT
mlat MEDUS	mlat HOSUS	[3]GIHÊT
mlat FREDUS	mlat LATUS	MET
mlat BERGILDUS	mlat CURSINATUS	GIMET
mlat ALODUS	mlat METIBANNATUS	UNGIMET
mlat BURGWARDUS	mlat LITUS	UNMET
mlat MUNDIBURDUS	mlat FORESTUS	WRÊT
FŪS	mlat COTTUS	SWÊT
HŪS	THUS	HAFT
BEDAHŪS	HĀZUS[+]	PLEGHAFT
TRESAHŪS	AT	GITIUGHAFT
WĪGHŪS	ĀT	STEDIHAFT
THINGHŪS	BAT	UNRETHIHAFT
THWERHHŪS	HUNDĀT	ÊUHAFT
SELIHŪS	FAT	TREUHAFT
SPRĀKHŪS	SKINAFAT	SKAFT
RÔKHŪS	GOLDFAT	SELFSKAFT
STATHALHŪS	HANDFAT	GISKAFT
SNEGILHŪS	SKENKIFAT	HANDGISKAFT
SPILHŪS	KĀSIFAT	METODIGISKAFT
KORNHŪS	RÔKFAT	SUNDARSKAFT
AFGODOHŪS	WIHRÔKFAT	BIGRAFT
ALTARHŪS	STÊNFAT	KRAFT

Index retrogradus

HANDKRAFT	UNSLIHT	ANAFALT
BŌKKRAFT	GISIHT	HALT
HIMILKRAFT	BITIHT	SPURIHALT
MANKRAFT	WIHT	[1]MALT
MEGINKRAFT	IOWIHT	[2]MALT
UNKRAFT	NIOWIHT	WĬNMALT
EFT	ĀBULHT	SMALT
SUNDARGIFT	[1]LIOHT	SALT
GISKRIFT (?)	[2]LIOHT	FILT
HULFT	BLEKKOHT	SÔMFILT
FARNUMFT	WRŌHT	BOLT
UNGITUMFT	HARMGIWRŌHT	ANABOLT
MISSTUMFT	SKAVOHT	HOLT
GIZUMFT[+]	BERHT	ATRAMENT
OFT	FERHT	LENEMENT
BRŪDHLÔFT	STĪTHFERHT	LINT
GRŌFT	HĪWBEORHT[#]	FŌT
THURFT	FORHT	BLĀFŌT
NÔDTHURFT	GODFORHT	HANAFŌT
LUFT	TORHT	SKÊFFŌT
AMBAHT	GIWURHT	BIFŌT
UNBARDAHT	HARMGIWURHT	THRĪFŌT
HÔLAHT	FARWURHT	FITILFŌT
SLAHT	FŪHT	SŪLFŌT
THURHSLAHT	FRUHT	EOFOT[#]
URSLAHT	SUHT	GIGÔT (O?)
MAHT	HÔVIDSUHT	EVURSPIOT
GIMAHT	KELSUHT	GRIOT
NAHT	STÊNSUHT	MERIGRIOT
BRAHT	FŌTSUHT	SKÔT (?)
GITHĀHT	HERTSUHT	SELFSKOT
MŌDGITHĀHT	ŪTSUHT	SÊLSKOT
WÊKGITHĀHT	BALUSUHT	HLÔT
MÊNGITHĀHT	GELUSUHT	SLOT/SLÔT
DIOPGITHĀHT	TUHT	NŌT
BRIOSTGITHĀHT	SOLAGTUHT	ERTHHNOT
SKĪVAHT	ĀTHUMTUHT	GINÔT
ÊHT	UNTUHT	SPILGINÔT
HRUTTALEHT	BIT[+]	HŪSGINÔT
KNEHT	FLĪT	[1]GRÔT
INKNEHT	GELLIT	[2]GRÔT
SPEHT	BULIT	HROT
GRŌNSPEHT	SPIT	HRŌT
[1]REHT	FÊTIT	GISPROT
[2]REHT	KREVIT	STÔT
LANDREHT	ELVIT	ANSTÔT (?)
GIREHT	KURVIT	HART
[1]UNREHT	BILEWIT[#]	KART
[2]UNREHT	HWĪT	[1]SWART
LĪHT	ALOHWĪT	[2]SWART
SLIHT	ERWIT	ALOSWART

Index retrogradus

GÊLHERT	ENDOST	GIWITT
GRAMHERT	BIOST	**FIRIWITT**
PLÕGSTERT	BRIOST	KOTT
WIRT	KOST	SPOTT
WURT	THIONOST	HROTT (?)
WĀDWURT	POST	ŪT
GRINDWURT	ROST	LUT
LODWURT	RÔST	LŪT
BRÔDWURT	FROST	HNUT
STAFWURT	HRÔST	BINUT
SKORFWURT	TRÔST	HORNUT
SPRINGWURT	GITRÔST	ARUT
SKELLIWURT	HARST	HIRUT
BINIWURT	FIRST	STRŪT
HASALWURT	FORST	BATH
FRIUTHILWURT	THURST	ERTHBATH
HÊMWURT	WURST	MAGATH
KŌWURT	BETST	ÊKMAGATH
ETTARWURT (Ê ?)	ŪST	RATH
HNIOSWURT	FŪST	STATH
THRŌSWURT	KUST	ÊTH
HWĪTWURT	KŪST	JÊTH
AST	GIKUST	SKÊTH
BAST	GUMKUST	WEGSKÊTH
HYGELÊAST[#]	UNKUST	GISKÊTH
FAST	LUST	[1]LÊTH
LEGARFAST	WEROLDLUST	[2]LÊTH
WĀRFAST	HLUST	MÊNÊTH
SŌTHFAST	GILUST	WRÊTH
GAST	WINILUST	KĪTH
MAST	FULLUST	LITH
GÊST	FIRINLUST	LĪTH
LÊST	FARLUST	HELITH
MÊST	ERNUST	GIHLĪTH
ANDPREST	RŪST	SEMITH
WEST	BRUST	SMITH
QUEST	ERTHBRUST	GOLDSMITH
HENGIST	HRUST	ĪSARNSMITH
LIST	SKATT	SILUVARSMITH
[1]MIST	HÔVIDSKATT	NĪTH
[2]MIST	WEROLDSKATT	INWIDDNĪTH
WEGNIST	MUNDSKATT	HRĪTH
GINIST	FERISKATT	STRĪTH (?)
ÊRIST	WĪNSKATT	[1]SĪTH
THRĪST	FRÔNOSKATT	[2]SĪTH
WIST	SILUVARSKATT	GISĪTH
ANST	FEHUSKATT	WRAKSĪTH
GISPANST	FLETT	HELLSĪTH
AVUNST	NETT	HINSĪTH
GIWUNST	FLIUGNETT	[1]WITH
ÔST	FISKNETT	[2]WITH

Index retrogradus

SWĪTH	NAHTSKADU	SUNU
HAKTH	SIDU	STIOPSUNU
HALSBERGGOLTH	**ALDSIDU**	GISKAPU
SMELTGOLTH	**LANDSIDU**	WURDGISKAPU
OÞ[#]	HIUDU	ERTHLĪFGISKAPU
DÔTH	ÊU	METOD(O)GISKAPU
MORTHDÔTH	BEU	REGIN(O)GISKAPU
FLIOTH(?)	HLEU	ARU
WINILIOTH	HLÊU	GOLDFARU
BLÔTH	SLÊ(U)	BRŪNFARU
WERMÔTH	MÊ(U)[#]	GLASFARU
ROTH	SNÊ(U)	MISSFARU
BROTH	HRÊ(U)	GELUFARU
SOTH	TREU	GARU
[1]**SŌTH**	WARGTREU	GIGARU (?)
[2]**SŌTH**	LÊTHTREU	NARU
MARTH	SÊ(U)	SARU
HERTH	WENDILSÊU	ANDSWARU[#]
[1]**WERTH**	DÔTHSÊU	SMERU
[2]**WERTH**	LAGU	NETTISMERU
FORTH	ALDARGILAGU	FADARERU (?)
HORTH	ALDARLAGU	HORU
MORTH	MAGU	DURU
NORTH	HÔDIGU	OVARDURU
DURTH	FAHU	SŪ
HURTH	FEHU	DÔTHSISU
WURTH	BLĪ(U)	BURGGISETU
JUGUTH	SPRIU	HÔHGISETU
KŪTH	HIRSISPRIU	THŪ
MŪTH	THIU	FRITHU
BANUTH	BITHIU	ŌTHARSĪTHU
MĀNUTH	JU	LAZ[+]
HÊLAGMĀNUTH	BIJU	ARAWEIZ[+]
BLŌTMĀNUTH	BALU	KNELLIZ[+]
STRŪTH	FERNDALU	**PELLIZ**
SŪTH	FALU	SIMIZ[+]
MILIDAU	FAHSFALU	**PALINZ**
BLĀ(U)	KALU	ERINGROZ[+]
GLAU	ŌKALU	SITERWURZ[+]
FRAU	UNDARKALU	GINUZ
UNFRAU	ELU	PRŪZ
GRĀU	GELU	
APPULGRĀ(U)	SKELU	
HRAU	MELU	
BEDDISTRAU	WURMMELU	
SAU	OFFARMELU	
TAU	FILU	
BUDINGITAU	[1]NŪ	
THAU	[2]NŪ	
BŪ	SINU	
SKADU	WOLNU	

Nomina personarum

GEBA	ATHALWARD	FANUEL
THIEDHILDA	MEINWARD	MAZIL
WALDMODA	NOE	HEZIL
LIUDBURGA	HROTHOLF	WEZIL
MARTHA	LIUDULF	ADAM
MARIA	LIUDDAG	ABRAHAM
EPPIKA	RADING	EFFREM
ATTIKA	WIKING	WODAN
BETTIKA	THURING	OKTAVIAN
BAVIKA	HROTHING	HERIMAN
HAZIKA	ALVING	SIMAN
EILA	HELMBURG	PAN
PETRONILLA	HOBURG	HAGHRAVAN
WILLA	ENOCH	ATHALHRAVAN
GISLA	JOSEPH	KAIN
SAULA	SETH	AZEKIN
EMMA	LOTH	IBIKIN
IMMA	EILSWITH	HIDDIKIN
GORDIANA	ABBI	ALIKIN
MAGDALENA	UBBI	ELIKIN
ANNA	HEDI	EILIKIN
SAHSA	ENDI	IMIKIN
EVA	HODI	MANNIKIN
THIEZA	JUNGI	BUNIKIN
IMIZA	GELI	BETTIKIN
LIUZA	BOLI	LIEVIKIN
JAKOB	MENI	WIZIKIN
ODRAD	MANNI	LANZIKIN
HARDRAD	WENNI	AZELIN
GELDERAD	ODHERI	THIEZELIN
DAGERAD	LIEFHERI	ABBILIN
DAVID	BURGHERI	FOKKILIN
LIEVOLD	RIKHERI	WERIN
HILDIBRAND	LEVI	RIKWIN
HERIBRAND	RAZI	SIMEON
HATHUBRAND	ISAAK	IKIKON
WIKMUND	UBIK	EKKON
LIUDGARD	THIEDERIK	SIMON
ERPGARD	GELDERIK	SALOMON
THIEDHARD	EKKERIK	NERIBARN
LIUDHARD	ALVERIK	MODUN
ATHALHARD	SIRIK	HABO
EILHARD	GERRIK	ABBO
MEINHARD	NATHRIK	HIBBO
BERNHARD	ESIK	UBBO
HROTHHARD	ISRAHEL	GEBO
RADWARD	GABRIEL	HEBO

Index retrogradus

HADDO	RAZIKO	ETZO
DIDDO	IZIKO	LIUZO
ODO	WIZIKO	ODWAKKAR
DUDO	LANZIKO	HILDIMAR
GINGO	MEINZIKO	GATMAR
BOIO	HROZIKO	FASTMAR
HOIO	LIUZIKO	THUNAR
BAKO	MAKKO	LIUDGER
LIUZAKO	EKKO	SIGER
SALEKO	SIKKO	FRETHIGER
HAMEKO	FOKKO	WIKGER
ISEKO	KANKO	ATHALGER
FRETHEKO	AMMOKO	EILGER
AZEKO	HEMUKO	REINGER
THIEZEKO	GELO	SAHSGER
IKO	EILO	LIHTGER
ABBIKO	TILO	BARRABAS
IBIKO	SELLO	JUDAS
ADIKO	HILLO	ANDREAS
FADIKO	MEMO	KAIPHAS
THIEDIKO	IMMO	ELIAS
ALDIKO	BENNO	ZACHARIAS
WALDIKO	BINNO	LUKAS
LIUDIKO	BUNO	THOMAS
DEIKO	HUNO	SATANAS
HIKO	EPPO	JONAS
EKKIKO	HEPPO	ERODES
ALIKO	LIUPPO	JOHANNES
WALIKO	GERO	MOYSES
ELIKO	BOSO	ARCHELAUS
GELIKO	AZO	JAKOBUS
EILIKO	GAZO	MATTHEUS
WILLIKO	RAZO	BARTHOLOMEUS
IMIKO	GEZO	BALDINGUS
ENIKO	THIEZO	MALCHUS
MANNIKO	WILLEZO	BONIFATIUS
BENNIKO	EIZO	HEINRIKUS
WENNIKO	FIZO	MARKUS
BUNIKO	INGIZO	HIERONYMUS
GUNIKO	RIKIZO	MARTINUS
HUNIKO	NIZO	PHILIPPUS
BOIKO	WINIZO	LAZARUS
HOIKO	SIZO	PETRUS
EPPIKO	WIZO	JESUS
FADERIKO	ALZO	PILATUS
HESIKO	LANZO	ADBRAHT
SAHSIKO	MEINZO	RADBRAHT
ATTIKO	REINZO	WALDBRAHT
SWITHIKO	WIRINZO	SIBRAHT
LIEVIKO	GUNZO	EKBRAHT
HAZIKO	HOZO	RIKBRAHT

Index retrogradus

| ATHALBRAHT | BENIT | KRIST |
| HROTHBRAHT | SAHSNOT | ANTIKRIST |

Nomina locorum

BURGWIDA	THIEDININGTHARPA	WISSITHA
BERNIFELDA	DUNNINGTHARPA	HUNINGHOVA
ASTANFELDA	HEPPINGTHARPA	GALIEALAND
WESTONFELDA	HARINGTHARPA	SODOMALAND
SANDFORDA	FILOMARINGTHARPA	SLADE
GALILEA	ISINGTHARPA	ALFSTIDE
GRUPILINGA	KATINGTHARPA	WIDE
BERGA	MEINBRAHTINGTHARPA	BURWIDE
ASKASBERGA	STELTINGTHARPA	ASTERWALDE
AHTINESBERGA	HUNTINGTHARPA	WETERINGE
KREIA	HUTTINGTHARPA	NARTHBERGE
BETHANIA	BERGTHARPA	HRINGIE
ANGELA	BEKITHARPA	MEDEBIKIE
WINKILA	WERSITHARPA	MERSKBIKIE
HASWINKILA	WARANTHARPA	LEMBIKIE
LANGONHUVILA	ALDONTHARPA	STENBIKIE
AVONHUVILA	FUGLASTHARPA	FORKONBIKIE
RAMMASHUVILA	MARASTHARPA	POPPONBIKIE
ASTHRAMMASHUVILA	ADISTHARPA	SARBIKIE
JUDINASHUVILA	RADISTHARPA	WESTARBIKIE
WESTJUDINESHUVILA	BUNISTHARPA	HAMURBIKIE
GESTHUVILA	[1]FIEHTTHARPA	HAMWINKILE
FORSTHUVILA	[2]FIEHTTHARPA	GUNDEREKINGSILE
HOLLA	HOLTTHARPA	HRIPONSILE
SODOMA	HURSTTHARPA	SWIHTENHUVILE
RUMA	HOTHTHARPA	DRENE
SIGANA	NARTHTHARPA	HANNINE
BUNNA	SUTHTHARPA	MUDELARE
MUSNA	ATHORPA	ELISLARE
FARETHARPA	LADTHORPA	JEKMARE
GRAFTHARPA	WUNNINGTHORPA	GALMERE
MARKILIGTHARPA	RENGERINGTHORPA	DRIVERE
LIVEREDINGTHARPA	WEDISSKARA	RINHERRE
HROTHMUNDINGTHARPA	MAMBRA	HUDESARSE
GUMORODINGTHARPA	WARTERA	HERITHE
PEINGTHARPA	ROKKONHULISA	ASTHOF
BOGINGTHARPA	FEHTA	OLIVETIBERG
LUCKINGTHARPA	EKHOLTA	TAFALBERG
WINIKINGTHARPA	BOKHOLTA	SODOMABURG
THIEDELINGTHARPA	THURRONBOKHOLTA	NAZARETHBURG
THAKILINGTHARPA	GESTA	BETHLEEMBURG
FRILINGTHARPA	EKANSKETHA	HIERICHOBURG
BUTINLINGTHARPA	HUKRETHA	SIDONOBURG
KIEDENINGTHARPA	HRAMISITHA	REINESBURG

Index retrogradus

Rumuburg	Tisin	Lakseton
Rehei	Walegardon	Werstarlakseton
Telgigi	Pantheon	Brokseton
Oronbeki	Hleon	Holonseton
Borhtbeki	Tralingon	Felthseton
Sodomariki	Utilingon	Brehton
Lingeriki	Polingon	Kleibolton
Gasgeri	Hlakbergon	Dagmathon
Hasleri	Asthlakbergon	Amuthon
Almeri	Askon	Stengravon
Spilmeri	Sutharetiskon	Datinghovon
Pulmeri	Belon	Elbun
Utermeri	Wanumelon	Lindenun
Oliveti	Werlon	Berghalehtrun
Fariti	Horlon	Upgo
Hursti	Anon	Hiericho
Hamerethi	Muskinon	Spurko
Gelithi	Werinon	Aningeralo
Thurnithi	Eritonon	Glano
Asithi	Baleharnon	Ballevo
Naruthi	Bevarnon	Kodingtharp
Iezi	Fornon	Kades
Hanewik	Emisahornon	Peris
Panewik	Suthemisahornon	Emaus
Werstarwik	Aiturnon	¹Fehus
Hupeleswik	Sweksnon	²Fehus
Tul	Hotnon	Niuwanhus
Bethleem	Aldonhotnon	Deddeskonhus
Berghem	Narthliunon	Luckiskonhus
Bekihem	Kleikampon	Asteronhus
Hukillinhem	Rugikampon	Braht
Sahtinhem	Skarron	Werst
Kukonhem	Bekisterron	Gislahurst
Mottonhem	Kinleson	Musnahurst
Fohshem	Berison	Bierahurst
Hierusalem	Smithehuson	Elmhurst
Naim	Evenghuson	Hanhurst
Nilstrom	Sunninghuson	Pikanhurst
Kapharnaum	Humbrahtinghuson	Stenhurst
Jordan	Duttinghuson	Sendinhurst
Niumagan	Rohhuson	Amonhurst
Sinegan	Brokhuson	Gronhurst
Eklan	Uphuson	Hohurst
Meklan	¹Holthuson	Skiphurst
Gestlan	²Holthuson	Rodfelth
Thatinghovan	³Holthuson	Harth
Felin	Werneraholthuson	
Tharphurnin	Bekiseton	

Index latinus

a(b) → AN, FAN, FRAM
abbas → villicus abbatis
abdicere → WITHQUETHAN
abdomen → AMBO
abicere → NITHARWERPAN, ŪTON
abiectus → SMĀH
abies → DANNA, DENNIA², SÆPPE# (?)
ablactare → ANDWENNIAN
ablegare → ANDSAGÊN⁺, FARSPREKAN
abligurrire → FARSPREKAN
abnuere → FARSAGON
abominari → ŪTLÊTHITION
abortivum → URWERP
abradere → AFSKERRAN
abrogare → FARSAGÊN⁺
abrotanum → AFRETA
abruptus → STEKAL
absida → THWERHHŪS
absinthium → WERMŌTH
absis → KAPS
absonus → AFSKELLI
absurdus → AFSKELLI, UNRETHIHAFT
abundantia → NUHTSAMITHI
abuti → NIOTAN, UNREHTO
acalanthis → NAHTAGALA, NAHTIGALA
acanthis → THĪSTILFINKO
acceia → SNĪTE#
accendere → BŌTIAN, FIUR
accipere → ÊSKON, ANDFĀHAN, NIMAN
 → mutuo accipere
 → satis [accipere]
accipiter → HAVUK
accitulium → KUKKESSŪRA
accomodatus → ager accomodatus
acedari → BITTRON
acer → GUNDRAVA, MAPULDER, MAPULDRIA, MAZULDRA⁺
acerbitas mortis → ANGO
acernus → MAPULDER, MAPULDRIA, MAPULDRĪN
acero → GUNDRAVA
acerra → RÔKFAT, WĪHRÔKFAT
acervus → ARANFIMBA, HŪPO
 acervus feni → HRÔK
achillea → ptarmica [achillea]
acidula → AMPRA, GÔKESSŪRA, HRAMUSIA
acinum → HINDBERI, LŪR(I)A

acinus → ĀKUMO
acogia → SNĪTE#
acorus → SWERDILA, SWERDALA, SWERDULA
acredula → NAHTAGALA, NAHTIGALA
acroama, acroma → HOSK, SPOTT
acte, actix → HOLONDAR
actor → SŌKNERI
actus → DĀD
aculeus → ANGO
acuminare → SKERPIAN
acus → NĀTHLA, SPRIU
 acus crinalis → SPINULA, SPINALA
 → pingere acu
ad → ANGEGIN, BI, IN, TI, TŌTI
adaperire → ANDDŌN
addere → TŌDŌN
addicere → DŌMIAN, FARSTANDAN
adeo → FORTH, SŌ
adeps → SMERU
adfatimire → GIFATHMON
adhinnire → TŌHNEIAN
adhuc → NOHHWAN
adimere → BINIMAN
adire ad auxilium → TŌFARAN
adiungere → TŌDŌN
adiutor → HELPERI, RĀDMANN
adiutrix pariendi → FŌSTARMŌDAR
adminiculari → GIFULLÊSTIAN
administrare → potum administrare
admiscere → MENGIAN
admissarius → STÊDA#
admovere → TŌDŌN
ador → OFFARMELU, SPELTA
adorare → BEDON, ÊRON
adoreus → BRÔDĪN
adulari → FLEHON
adulator → HULDISERI
adulter → FRIUTHIL
adulterium → OVARHŌR
aduncus → KRUMB
aduri → BRENNIAN
advertere → TŌWENDIAN
advocatus → FOGAT
aedes → INHŪSI
 → magister aedis
aedicula → SARK

Index latinus

aedilis → HÊRLĪK, MANN
aedituus → DURUWARDERI, HŪSARI
   aedituus templi → ÆRNÞEGEN[#]
aegyptius →avis aegyptia
aemulator → ELLINARI
aemulus → avena aemula
aeneus → laminis aeneis [statua]
aenigma → RĀDISLO
aenum → ÊR^2
aequalis → EFNI
   aequalis plano schemate → ALOEFNI
aequare → GRUNDIAN, GIGRUNDIAN
aequimanus → BILEWIT[#]
aerarium → TRESAHŪS, TRESAKAMERA, TRESERI
aerugo → MILIDAU, SKIMBAL
aes → ÊR^2, KOPAR
   aere → ÊRĪN
   → rudus aeris
aesculus → ASK, BŌKA, ÊK
aestimatio → RĀDISLI
aestivalis → diaeta, zeta aestivalis
aestuarium → FLŌD
aestus → EBBIUNGA
aeternum → ÊWA^2
   → non in aeternum
aeternus → ÊWIG
affectuosus → LĒOFWENDE[#]
affectus → WILLIO
affere → BRENGIAN
afficere → WÊGIAN, WĪTNON
affigere → TŌHLINON
africanus → malum africanum
age → WOLNU
agellus in horto → BEDD
ager accomodatus → HŪRLAND
agere → poenitentiam agere
agger → DĪK
aggredi → ANGANGAN
agna → EWI
agnus → LAMB
agra → HANAP, HANUP
agrestis → pisa agrestis, uva agrestis
Agrigentinus (sal) → SKĪRI
aio → ANDWORDIAN
alabros → STURIO
alacer → TAFLERI
alapa → ÔRSLÊK
alauda → LÊWERKA
alausa → ALASA
albescere → GRĀWON, HWĪTON

albugo → FLĪH
albus
   alba spina → HAGANTHORN, HAGUTHORN
   albus pallori vicinus → WAHSBLANK
   → equus vestigia alba pedis ostendans
   → helleborus albus
alces → ELHO
alea → TAFLA
aleator → TAFLERI
alere → FŌDIAN
alga → HRIODGRAS, LIUSKI, MERIGRAS, SEHI, SEMITH, WĀR$^{3\#}$
alienatio → FARHWĀTAN
alienus → FREMITHI
alimonia [flammae] → TUNDRA
aliquid → HWÊ, HWAT
alium → KLUFLÔK
alius → [THESA], MANN, ŌTHAR
   → rivalis (qui habet cum alio uxorem)
allecum → HĀRING (?)
allegare → FASTO, GISAGÊN[+]
allentare → WÊKIAN
allicere → LOKKON
alligamen → BŪKSÈL
alligare → TRĀG
alligatura → HANGILLA
allobros → STURIO
alnus → ALERIA, ELIS
alosantus → WERMŌTH
aloxinum → WERMŌTH
altar → ALTARI
   → quod circa altare est
alter → ALL, SULĪK
althaea, altee radix → ĪVISKA
altile → FÊDELS[#]
altus → HÔH
alumen → KASSALDER, SKILDSTÊN
alvearium → BĪKAR
alveolus → TÊGLA, TROG, TROGALĪN
alveus → TROG
amabilis → LĒOFWENDE[#]
amaracus → LEVINDOLA
amaricare → GIBITTRIAN
amasio → FRITHIL, FRIUTHIL
amator → FRIUTHIL
ambire → BIFĀHAN
ambitio → SKATTGIRITHA
ambitus → RĪKIDŌM

Index latinus

ambo → LEKTOR
ambrosia → HINDHLÔPA
ambrosius → GODKUNNIGLĪK
ambulare → GANGAN
ambulator → TELDERI
amellus → GOLTHBLŌMO
amentum → LAZ[+], LAZO[+] (?)
ames → REFTER
amictus → QUEST, GIWĀDI
amicus → FRIUNDLĪK
amita → WASA
amites → KLEDERSTIKO
amitinus → WASUNKIND
amittere → ATHINGIAN
amor → MINNIA
amphora → ÊMBAR, KRŌG
amplior → MÊRO
    amplius → MÊR
    → eo amplius
amputatio → FITTIA, FITTEA
amygdala → MANDALA
amygdalinus → HESILĪN
anaboladium → SABAN[+]
analogium → LEKTOR, LEKTORI
anas → ANUD
anate → KLEDERSTIKO
anathema → FARHWĀTAN, FARHWĀT-NISSI
anchusa → HRINGILLA
ancilla → THIU, THIWI
anctua → KUPIRA, KUPIRO
andela → BRANDRÊDA
andena → BRANDRÊDA
androgynus → WITHILLIO
aneta → KLEDERSTIKO
anethum → DILLI
anfractus → UMBIFARD
angina → KELSUHT
anguilla → ĀL
anguinus → sucus anguinus
angulatorium → WINKILMĀTA
angulus → ORD
    angulus auris, angulus pallii → LAPPO
angustari → THWINGAN
angustia → ENGITHA
anilis → ALDIG
anima → SÊOLA
animadversio → GIBELG, THRAWA
animal
    animal marinum → SELH
    → posterior pars omnis animalis

animalis → FEHULĪK
animare → GIBELDIAN, GITRÔSTIAN
animus → MŌD
anities → ELDI[2]
anniculus → ÊNJĀRIG
annona → BILIVAN, GITIUG
annonare → PRŌVENDON
annosus → ALD, LANG
annotare → BRÊVIAN
annotinus → HIURIG, JĀRIG
ansa → BRORD, HANDHENGI, HENGI
ante → ENDI[1], FOR(A)
    ante galli cantum → UNTĪDIG
antecenium → JŪSIN[+]
antela → FORABUGI
antelucanus → ÊRWAKKAR
antemna → SEGALGARD, SEGALRŌDA
antemurale → FORABURGI
antesignarius → FURIFANERI
antiquitas → ELDI[2]
antiquus
    ab antiquis → HWĪL, HWĪLA
antlia → WATARGALGO
anus → ALD, QUENA, WĪF
aper → BÊR
aperire os → RENGON
aperte → BARLĪKO
apex → STRIKKO
aphronemos → UNSKAMALĪN
apiastrum → BINIWURT, RADO
apius silvaticus → HINDHLÔPA
aporia → SWĪMO, SWINDLUNGA
apostasia → UNSIDIGI
apostata → AFTRUNNIG
apostatare → NARRIZZEN[+]
apostaticus → AFTRUNNIG
apparere → ÔGIAN
apparitor → INKNEHT, SLEGERI
appetitor → DRUHTING
appetitus → GIRITHA
applicare → THŪHIAN
appretiare → WERDON, GIWERDON
apricus → SUMARĪN
aqua → WATAR
    → non tenens aquam
    → sinapio (qui in aqua crescit)
aquaeductus → GRŌVA
aqualiculus → WAMBA
aquaticus → ment(h)a aquatica
aquila → FANO, GŪTHFANO
aquileia → STORKESSNAVIL

Index latinus

aquilus → BRŪNLOCCAR[#] (?)
aratrum → ERIDA, PLŌG
   → robur (aratri)
arbitrari → ADÊLIAN
arbitrium → SELFKURI
arbor (morus) → MŪLBÔM
arbusta → STŪTHAHI
arbuteus → cratis (arbutea, viminea)
arbutus → APULDRA
arca turis → RÔKFAT
architector → TIMBARMANN
arcuatum → GIHWELVI
arcula → KISTA
   arcula turaria → RÔKFAT
arcus
   arcus triumphalis → SWIBOGO
   arcuum carmen (quod mulieres circuiendo in modum arcus solent celebrare) → GARDSANG
ardea → HÊGRO, HRÊGRO
ardere → non ardere
ardescere → GERON
area → DENNI, DENNIA[1], FELD, HOFSTEDI, HOFSTAD, HOVASTAT[+]
arena → GRIOT
arens → GIHĀVID
areola aromatum → SKÔF
argentarius → SILUVARSMITH
argentum → SILUVAR
Argo → SKIPIKĪN
arguere → KLAGON
argumentosus → KLÊNLISTIG
argumentum → KLÊNI[2], URTHANKA
aridus → LAM
aries → MŪRBRĀKA, PETERARI, WETHAR
arietare → STÔTAN
arista → EHIR
arma → densitas armorum
armamentarium → BÔKKAMERA
armamentum → THĪHSLA
armarium → BÔKKAMERA
armentarium → SWÊGA
armentarius → SWÊGERI
armentum → HRĪTHHERDA
armiger → SWERDDRAGO
armilla → ARMBÔG, BÔGA, WRISTILA
armities → GIWĀPNITHI
armus → BÔG
arnoglossa → WEGARIH[+], WEGBRÊDA
aromatum → areola aromatum
arpentum → MANWERK

arrabo → KÔPSKILLING, **PAND, WEDDI**
ars → LIST
artaba → KRŌG
artemisia → BIFŌT
artemo → SEGAL
arteria → SENĀDRA, WÊSUND
arthrisis → KRAMPO
articulus → LITH, STUNDA
   → dolor articulorum
artus → ENGI, NARU
arula → FIURPANNA, GLÔDPANNA, HERTH
arundo → RŌDA, TÊN
arvina → MIDGERNI, RUSLI, SMERU, SPIND
as → HELFLING
asara [asaron] → HASALWURT
ascalonia → ASKLÔK
ascella → FETHRAK, ŌHASA
ascia → AKUS, SŪLAKUS, THEHSLA
asciscere → GIWINNAN
ascopa → FLASKA, KIULLA
asilus → BREMO
asinarius → mola asinaria
aspectus → GISIHT
asper → STIKUL
aspergi → KUMAN
asperiolus → ĀCWEORNA[#], ÊKHORN
aspis → NĀDRA (A ?)
assare → BRĀDAN
assatura → BRĀDO, FLÊSK, HRĪTHĪN, SPITBRĀDO
assella → SKINDALA, SKINDULA
assentio → GIHENGITHA
asser → FIRSTSKINDILA, LADTHA, RĀVO, SKINDALA, SKINDULA
assuescere → GIWENNIAN
assumentum → SIUWINGA
assumere → BINIMAN
asylum → FLUHTHŪS
at contra → THAR, THĀR, WITHAR[2]
atamum → FLIOTMA
atavus → OVARANIKO
athleta → THEGAN
atque → ENDI[2]
atramentarium → BLAKHORN
atramentum → ATRAMENT, BLAK
atriplex → MALDIA
atrium → FRĪDHOF
attacus → HUMBAL, HUMBALA, HUMBALO
atterere → FARHERION

Index latinus

attollere → GIHEBBIAN[1]
attrahere → LOKKON
auceps → FUGLERI
aucipula → FUGALKLOVO
auctoratus → KEMPIO
auctoritas → praerogativa auctoritate
aucupium → FUGLŌD
audere → [DURRAN]
audire → HÔRIAN, GIHÔRIAN, FARNIMAN
auditorium → THINGHŪS
augurari → HÊLISON
augurium → HÊL[2]
augustus → KÊSURLĪK
aula → PALINZ
aulaeum → UMBIHANG
aura → KÔLI, WEDAR
aureus → MANKUS, WAHSBLANK
    → torques aureus
aurichalcum → GOLDMESSING, MESSING
auricolor → GELUFARU, GOLDFARU
aurifex → GOLDSMITH
aurifodina → GOLDGRŌVA
auris → ÔRA, RIOSTRA
    → angulus auris
    → loqui in aurem
aurora → HANAKRĀD
  aurorae principium → SKIMRINGA
aurugo → GELU, GELUFARU, GELWI
aurum → obryzum [aurum]
auspicato → HÊLSAMO
auspicium → HÊL[2]
autem → EFT, THOH, GIWISSO
autumnalis → SPĀDI
auxiliator → HELPAN
auxilium → adire ad auxilium
ave → HÊL[1], WESAN
avena → EVINA
  avena aemula → DURTH
Avernus → URWUNNI (UNWUNNI ?)
avia → ANKA
avis aegyptia → SISUGOMO
avus → ANKO
axedo → LUNIS
axis → AHSA, NAVA, RATH
  axis caeli → HALVA
axungia → SMERU, SMERUHLÊF
azymum → THERF
  → laganum azymum
baca → HALSTHRŪH, RAKINTIA
baccara → HASALWURT
bacillus → STAVIKLĪN

baculum, baculus → STAF
badius → FALU, WAHSBLANK
baiulus → THREGIL
balafium → BILITHI
balbulus → STAMUL
balbus → STAMAR
balbutire → STAMARON
ballaena → HWAL
ballista → SÊLSKOT, SLENGIRA, STAF-SLENGIRA
balsamita → SISUMBRA
balus → FETER
bannus urbalis → BURGBANN
baptizare → WASKAN
barba Iovis → HŪSLÔK
barbita → SWEGLA
basis → SKINKA, STOLLO, SŪLFŌT
basterna → SAMBŌK, SAMBŪK
bastum → BAST
battulus → STAM
baucalis → HAVAN
beatus → SĀLIG
bellator → equus bellatoris
belua → MERIBELUA (?)
bene → GĀHLĪKO, WEL
  bene moratus → KŪSK
benedicere → GIWĪHIAN, WĪHIAN
benedictio → OVELEI
benefacere → WOLADŌN
beneficium → LÊHAN
  hereditarium beneficium → ERVI-LÊHAN
benignitas → WELWILLIGHÊD
berna → HIGURA[#]
bibio → WĪNWURM
biblos → PAPUR
biceps → TWIHÔFDIG
biduum → DAG, TWÊNE
biduvium → GERDARI, WIDUBILL
bilibris → TWIGIWĀGI
bilis → GALLA
bipennis → AKUS
biplex → TWILI
birrus → KOTTO
bis → TWIO (Ī ?), TWIRO
bison → WISUND
bithalassum → FLŌD
bitriscus → WRENDILO
bitumen → ERTHLĪM, HART
bivium → WEGSKÊTHA
blaesus → WLISP, WLISPON

Index latinus

blandiri → FLEHON
blandonia → WULLINA
blanx → KŪSK
blasphemans → LASTAR
blasphemia → LASTAR
blatta → FLETHARMŪS
blattiarius → BYRDESTRE[#]
boia → HALSTHRŪH
boletus → BULIT
bonus → GŌD[1]
bos → custos boum, mugitus boum, statio boum
bostar → HRĪTHASSTALL
botholicula → STÔP, STOPPO
botrus → DRŪVO, THRŪFLA
botyron → DRŪVO
bovellium → FALED
brabeum → MĒDA
braca → BRŌK[1]
brachus → BRAKKO
bracinarium → BRAUHŪS
bracis → WIRT
bracium → MALT[1]
    bracii galio → FELDHOPPO
bradigabo → FELDHOPPO
branchia → KIO
brandeum → ŌRAL
brasina → BRAHSMA, BREHSMO
brassica → KÔLI
brattea → BLEK, LANNA
brattealis → GELU
bratteus → WINDAN
brinna → HUNDĀT
bronchidus, brongidus → HRUTTALEHT
bruchus → KEVERA
bubalus → WISUND
bubo → HŪK, HŪWO, ŪWO
bubulcus → HRĪTHHIRDI, OHSINHIRDI
bubulus → HRĪTH, HRĪTHERĪN
buccula → LAVAL, RANDBÔG, GIWÊGI
bucerna → HRĪTHHERDA
bucula → KŌ, SWÊGA
bucularius → OHSINERI
budina → LĀK
bugilon → SINGRŌNA
Bulgar → BULGARI
bulla → BUMLA, INSIGLI
bultio → BOLTO
burdo → PRŪZ, WRÊNIO
buris → PLŌGISHÔVUD, PLŌGSTERT, SKARA[1]

bursa → SKRÔDĪSARN
bustum → BǢL[#]
buxus → BUHSBÔM, DOP
caballus → HROSS
cabus → GROPP
caccabus → HAVAN, KETIL, KOKMA
cachinnare → KAHHAZZEN[+]
cadere → FALLAN
caducus → FALLAN
cadus → ÊMBAR
caecitas → BLINDI
caeculus → BLINDSLĪKO
caelare → HEUWON
caelatura → AGRAVITHA
caelestis → HIMILLĪK
caelitus → HIMILLĪKO
caelum (= coelum) → HIMIL
    → axis caeli
caelum → GRAFĪSARN, HEUWĪSARN, JEDĪSARN
caementarius → STÊNBIKKIL, STEINMEIZO[+]
caementum → KALK, PLASTAR
caerefolium → KERVILA
caerimonia → GELD, GOD
caerulus → GRĀBLĀIN, SWART[1]
caesar → KÊSUR
caesius → WALDENĪGE[#]
caesor → WIDERI
caespes → TURF, WASO
caestus → BLĪKOLVO, KOLVO
calamaucus (quia celat calvitium) → DARNHŌD
calametum → MERSK
calamus → ANGUL, MERSK
calathus → KĀSIFAT, SKENKIFAT, SKINAFAT
calcaneus → FERSNA
calcar → SPORO
calcare → WANKON
calcatrippa → KARDA
calceamentum → RŪHILING
calceus → SKŌH
calciculium → KUKKESSŪRA
calcitrosus → SPURUL
calculus → MERIGRIOT, PERULA, STÊNSUHT
caldarius → KETIL
caldriolum → KETILĪN
caliga → SKŌH
    caligae → GISKŌHI

Index latinus

→ corrigia caligae
caligula → SOKK
calix → KELIK
callere → SWILLIAN
callidus → DUMIG
callum, callus → SWIL
calmetum → MERSK
calopes → HOLTSKÔH
calopodia, calopodium → LÊST
calt(h)a → BINISŪGA, KLÊ
calumniari → HERMIAN, SKATHON
calus → LÊST
calvaria → BLĀR, GEVAL, GIVILLIA, KALU
calvus, calva → BLĀR, KALU
calx[1] → FERSNA, HŌF
calx[2] → KALK
calyptra → KUGULA
cambortus → EDAR
cambuta → KRUKKIA
camera → LOK
caminus → SMIDTHIA, SMITHA
camis → FELGA
camisale, camisile → HEMITHLAKAN
camisia → HEMITHI
campana → GLOGGA
campester locus, campestria → GIFILDI
campiductor → KEMPIO
camur(us) → KÊRMŪTHI
camus → BRĪDIL, KĀM
canalis → GOTA, NÔK, TROG
Canaparius (Iohannes) → SADULERI
cancellus → MANBERGA, PĪLERI
candela → summitas combustae candelae
candere → GLÔIAN
candidus → BLAS
candor → KALK
cānēre → GRĀWON, HWĪTON
caninus → musca canina
canis → HOVAWARD, SIUSIO
    canis ponticus → BIVAR
canistrum → KORF, SKINAFAT, TÊNNIA
canna → SKERNING
cannabis → HANAP, HANUP
cantabrum → KLĪWA
cantharus → BEKKĪN, HNAPP, KANNA
canthus → FELGA
cantus → ante galli cantum
canus → GRĪS
caper → RÊHBOKK
caper(r)are → MŌDON, GIRUNZON[+]

capere → BIGINNAN
capillus
    → ra[sor capillorum]
    → sparsis capillis
capisterium → MOLDA, MOLDIKĪN
capistrum → HALFTRA
capita → GEVITA
capitale → WANGKUSSIN
capitaneus → HÔVIDMANN
capitellum → SIMIZSTEIN[+]
capitium → HALSITHA, HÔVID(ES)LOK
capito → ALUND, QUABBA, QUABBO
capra → GÊT
caprarius → GÊTHIRDI
caprea, capreolus → RÊHO
capreus → RÊHKALF
caprifolium → WIDUWINDA
capsa → KAPS, KEPSIA, KISTA
capsella → KAPSILĪN
captio → FALLA
captivitas → ELILENDITHA
captivus → ELILENDI[2], SKALKIAN
capulare → FARHAUWAN
capulus → HELTA, HILTIA
capus → FALKO
caput → HÔVID
    → in capite
    → inclinare caput
    → super caput
carbaseus → SEGALAHTI
carbasus → SEGAL, SEGALLAKAN
carbo → glis[4] (lignum quod in tenebris uiui carbonis speciem tenet)
carceralis → KARKARLĪK
    → stipes carceralis
cardia → HERTSUHT
cardo → HWERVO
    → convertere (cardinem)
carduelis → THĪSTILFINKO
carduus → KARDA, THĪSTIL, THISTIL
carectum → BINUT, LIUSKI, MERSK, SAHAR, SEMITHAHI
carex → HRIODGRAS, SAHAR, SAHARAHI
carica [ficus] → FĪGA
    caricarum massa → FĪGKLADTHA
caries → WURMĀT, WURMMELU
carina → SKIP
cariosus → WURMBÊTID
cariscus → QUIKBÔM
carmen → arcuum carmen
carnalis → FLÊSKLĪK, WEROLDLĪK

caro → FLÊSK
   caro indurata → SWIL
   → explere necessitatem humanae carnis
carpella → SADULBOGO
carpentarius → WAGNERI
carpentum → WAGAN
carpere → AFHNĪTAN
carpinus → HAGANBŌKA
carruca → KARRUK
carrum → KARRO
   → solvere carrum
carta → BRÊF
cartallum → PANER, SKINAKAR
cartallus → KĀSIKORF
cartilago → BRUSTBÊNI, BRUSTLAPPO, BRUSTLEPIL, KNOSTAR, KROSLA
caseus → SWÊGKĀSI
   → formella casei
cassari → GAGANIAN
cassidile → BURSA, DASGA, KIULLA
cassis → HELM
cassum → in cassum
castanea → KESTINA
castor → BIVAR
castrare → AFŪRIAN
castrensis → HERIBERGLĪK
castus → FURVIAN
casula → HAKUL
catachresis → ŌTHARI
Catamitus → GISLĀPO
cataplasma → PLASTAR
catapulta → SPER, STRĀLA
catarrhus → GIBRĀKI
catasta → HARPA, HARSTA, HRAMA
catena figurarum → WRÊT
cathechizare → LÊRIAN
catinum → SALTFAT
catinus → GEVITA
catta → MARTH
cattia → KELLA
cattus → KATARO
caulicus → PANNUNSTIL
caulis → KÔL, KÔLI, STIL, STOKK
cauma → HÊA
caupo → WĪNGIBŪR
caupona → WĪNTEPPERI
causa → EOFOT[#], RÊOF[#]
causari → LASTRON, GIRETHION
causidicus → FOGAT
cauter → BOLT[1]

cauteriolum → KANTERI
cavea → HOLI, KEVIA
cavere → WARDIAN
cavillum → HOSK
cavus → HOL[1]
cedere → FARAN, RŪMIAN, THANAN, GIWĪKAN
cedrus → CEDERBÔM
celeber → BIGANGANDILĪK
celere → HORSKO
celeuma → SKIPSANG
celeumare → SKIPSANGON
celidonia → GRINDWURT
cella → HORDERN[#], LOK
cella lignaria → FĪNA
celox → KIOL
cenare → GÔMIAN
censor → EAHTERE[#]
censura → BITHWUNGANUSSI
census → MAHAL, TALA
   census cerei → WAHSTINS
   census dominicus → FRÔNOSKATT
centauria → ERTHGALLA
centrum → DODRO
centurio → SKULDHÊTIO, SKULDHÊTO
cepe → HOLLÔK, SŪRA, SURIO, UNLÔK, ZIBOLLO[+]
cephalargia → HÔVIDSUHT
cera → WAHS
   → pugillaris cera
cerasium → KIRSIKBERI
cerasius → KIRSEBÔM
cerastes → HORNWURM
cerasus → KIRSIKBÔM
cereus → KERZIA
   → census cerei
cervical → HÔVIDPULWI, KUSSIN, WANGKUSSIN
cervis → HNAKKO
cervisia → AFTARBIOR, BIOR
cervus → HIRUT
ceterum → FURTHOR, ÔK, THAN, THANNA
cetramentum → WĀD
chalybs → ĪSARN, STAHAL, STEHLI
chamaeactis → ADIK, ADUK
charadrius → LÊWERKA
charaxare → KRATSON (?), WRITTON
charisma → GEVA
Charon → FERIO
chelidonium → SKELLIWURT
chelydrus → LINDWURM

Index latinus

chirotheca → HANDSKŌH
chlamys → HEMITHI
chorus → SPIL
chytropus → KRŪKA
cibus → BILIVAN
   cibus rufus lentis → SUVAL
   → liquidum ciborum
cicatrix → ANAMĀLI, LĪKNARO
cicendula, cicindela → GOLDWIVIL, KLENO, KLEMO, WOKKO
cicer → KEKERA
ciconia → ODOBERO, ODOBORO, STORK
cicuta → SKERNING
cidaris → HŌD, HŪVA
ciere → ŪTGIHALON
cimex → WANDLŪS
cinctus Gabinus → GURDISAL, GURDISLI
cingulum → GURDIL
cippus → STOKK
circinus → CIRCIL, GABULRIND, PASSERI
circuitus → UMBIHWARF
circulator → MAHALERI
circulatus → HRINGODI
circulus gubernaculi → STIORWITHI (?)
circumcellio → UMBIGENGIL
circumdare → UMBIBIGEVAN, UMBIBISITTIAN
circumsedere → BISITTIAN
circumvenire → BISWĪKAN
cirex → KEKERA
cista → KISTA
cistella → KISTILĪN
cisterna → ERTHGRŌVA
citerior → JENDRO
cito → SĀN
citus → SNIUMI
civicus → GIBŪR
civilis → SWĀSLĪK
civitas → BURG
clamare → HRŌPAN, SKRĪAN
classis → FLOTA[#]
claudicare → HALTON
claustrum → SKRANK
   claustris sacrorum praeesse → KOSTARARI, SIGIRISTO
clava → KOLVO, SWINGA
clavare → BURDIAN
clavis → SLUTIL
clavus → HELTA, ĪSARNĪN, KOLVO, NAGAL, NAGUL
clementia → GINĀTHA

clerus → GIPAPITHI, GIPAPPI
cleta → in cleta (levare)
clientela → HĪWISKI
clipeus → BUKKULA, SKILD
clitella → KORF, SAMBŌK, SAMBŪK
cloaca → GRŌVA, LANGWINN
clunis → ARSBELLI, HUPBÊN, HUPI, ĪSBÊN
cnasona → SPINULA, SPINALA
cnidius → coccum cnidium
coacescere → IRSŪRÊN[+]
coagulum → GIRUNNITHA, QUĀGUL, RINNAN
coccinum → GODOWEBB
coccinus → GELU, KRŌGO
coccum cnidium → ZĪULINTBERI[+]
coccus → KRŌGO, WORMO
cochlea → SNEGILHŪS, WINDILSTÊN
cochlear → LEPIL
coconidium → ZĪULINTBERI[+]
coctana → KUDINA
cogere → NŌDIAN
cogi → [SKULAN]
cogitare → TRAHTON
cogitatio → THANK
cognitus → KŪTH
cognoscere → FELGIAN, WESAN, WITAN
coire → GIRINNAN
col- → SAMAD, TISAMNE; cf con-
collactaneus → SPUNNIBRŌTHAR
collare → KOLLIRI
collatio → TISAMNEBRĀHTI
collectarius → BUDIL
collidere → SPARTLON
colligere → LESAN
   colligere (zizania) → ŪTJEDAN
   → naves collectae
collis → BERG
colluctari → HRINGAN
colludium → GISPIL
collum → posteria colli
collusor → SPILGINŌT
collyrida → BREZZITEL, KŌKO
colobium → GODOWEBB
colocasia → HROSSMINTA, MINTA, WILDI
colocynthida → KURVIT, KORVIS, WILDI
colon → ŪTSUHT
color → BLĪ[2]
   → croceus color
   → vestis diversi coloris
colostrum → BIOST, BIOSTAR (?)

coluber → SLANGO
colum → KOVEL, SĪHA
columba → DŪVA, MENIESDŪVA
columbar → KNEVIL
columna → IRMINSŪL
colus → LORG[#], ROKKO, WOKKO
colymbus → GISWEMMIA
coma → KROKA
comans → torus [comans]
comatus → GILOKKOD
combustus → summitas combustae candelae
comedere → FRETAN
commater → GODA
commeatus → HERIGITIUG (HERITIUG ?)
commeminisse → GIHUGGIAN
commendare → GILIUVIAN
commentari → RĀDISKON
commentum → LUGINA
 → qui commentum fecit
commercium → WANDLUNGA
 commercium gutturis → ĀTHUMTUHT
commilito → HERIGISELLIO
comminuere → GINÔDIAN
commissura → PLETSILĪN (?)
commodare → GIFÕRSAMON, ANDLÊHNON
commonitorium → INBOD
commorsus → BÊTIAN
commovere → HRÕRIAN, GIHRÕRIAN, WĀGIAN, WERRAN
communis → concilium populorum commune
commutatio → KÔP, WEHSAL
compaginatio → GIFÕGITHA
compago → TISAMNEGIFÕGUNGA
comparare → KÔPIAN, WERTHIRIAN
compassio → ARBARMUNGA
compater → PETERĪN
compensare → WITHARWEGAN
compes → FÔTTHRŪH, THRŪH
compitum → WEGSKÊTH, WEGSKÊTHA
complanare → GIEGGIAN
complere → FULLIAN
compluvium → DROP, DRUPPIA
compositus → STĀN
compunctio → MANUNGA
computationis actus → GITALA
con- → SAMAN, TISAMNE; cf col-
concambium → WEHSAL
concedere → FARGEVAN

concha → LAVAL, MUSKULA, SKĀLA
conchylium → MUSKULA
concidere → SNĪTHAN
conciliabulum → MÆÞEL[#], THINGSTAD, THINGSTÕL
conciliatio → WĀGA
concilium → THING
 concilium populorum commune → THING
concinnus → GILUMPLĪK
concisura → CĪNE[#], SPRANG
conclave → KAMERA
conclavium → GANGERN[#]
conclavus → HOL[1]
concordia → HÊMWURT, KÔWURT, GIZUMFT[+]
concremare → BRENNIAN
concretum → GIRUNNITHA
concubinatus → KEVISDÕM
concutere → GISKUDDIAN
condecorare → GIZIAREN[+]
condere → GISTIFTIAN
condictio → GIKUST
conditus → insidias conditas habere
conducere → MÊDIAN, MÊDON
conducticius → MÊDIAN, SKALK
conductor → GIWĪSO
conferre → ANGEGINBRENGIAN
confessio → BIJEHINGA
confirmare → FASTNON
confiteri → BIJEHAN
conflare → GIBLĀSAN
conflictus → BĀGA
confragosus → STIKUL
confricare → WRĪVAN
confringere → TIBREKAN
confundere → GISKENDIAN
confusibilis → HÔNLĪK
confusio → HÔNITH(I)A
congelare → TISAMNEGIRENNIAN, TISAMNEGIRINNAN
conger → SLĪO, SLĪWO
congeries → HŪPO
congius → BIRUL
congredi → FEHTAN
congregatio → GITHINGI[1]
conicere → RĀDISSON
coniector → ANDPREST, DRÔMSKÊTHO, RĀDERI
coniectura → KLÊNI[2], RĀDISLI
coniugium → GISĪTHSKEPI

Index latinus

coniungere → MERKIAN
coniungere ex funibus → FLEHTAN
coniunx → KARL, QUENA, GIMEHLIDA
coniventia → HNAFFIZZUNGA[+]
conivere → HNAFFIZZEN[+]
conopeum → FLIUGNETT
conprecari → BEDON
conprobare → GIFASTNON
conqueri → KLAGON
conquiniscere → HNĪGAN
consagnuineus → SIBBIO
conscius → SKULDIG
conscribere → BRÊVIAN
consecrari → HEILIZZEN[+]
consentire → SAMWURDIG
consessor → GESEDLA[#]
considerare → SEHAN
consiliator → RADMANN
consilium → RĀD
consistorium → STATHALHŪS, GISWĀS-HÊD
consobrinus → SWESTARSUN
consolatio → TRÔST
consolida → LODWURT
consors → EVANHLÔTERI
conspectus → GEGINWARDI, GISIHT
conspergere → KNEDAN
conspicari → STARRON
conspirare → ÊNON, GISAMWORDON
consternatus → mente consternatus
constipare → BISTOPPON
constipatio → FORASTELLI
constituere → BIODAN, BIMÊNIAN, BISEFFIAN
constringere → BISTOPPON
constructus → TIMBAR
construere → MAKON, TIMBRIAN
consuetudo → GIWONAHÊD
consul → RĀDMANN
consulere → BIRĀDAN, RĀDFRĀGON
consummare → FARFARAN, GITHURHNOHTON
consummatio → ENDI[1]
consummator → AFULLARI
contaminatio → UNSŪVARNUSSI
contectalis → HŪSGINÔT
contemnere → GIWERSON
contemptor → OVARHÔHI
contendere → BITHWINDAN (?)
contentio → EOFOT[#], RÊOF[#]
contignatio → OVARTIMBRI

contio → GISAMNI, GITHINGI[1], THING
contionare, contionari → THINGON
contra → at contra
contractio membrorum → KRAMPO
contractus → KRUPIL
contrahere → KRIMMAN
contrarium → pilis in contrarium versis
contrarius → AFSKELLI, ANGEGIN
controversia → STRĪD, STRĬTH (?)
contubernium → GINÔZSKAF[+]
contumax → FRAVAL, FRĀZARI[+]
contumeliosus → HÔNERI
contus → FURKA, PRANGA, STANGA
convasare → THARVALON (?), THURVALON (?)
convenire → KUMAN, GIMANON, NÔDIAN, THWINGAN
→ ubi tres viae in unum conveniunt
conventio → GITĀMUNGA, GIZUMFT[+]
convertere → DŌN, BIKÊRIAN
convertere (cardinem) → TŌDŌN
se convertere → BITHENKIAN
conyza → SKERNING
cooperculum → HLID
coopertus → THEKINA
copadium → BRĀDO
cophinus → KORF
copiosus → MANAG
cor → HERTA
coram → FOR(A), BIFORAN
corbis → KORF, MANDA
cordovesus → KORDUWISĪN
coriandrum → KULLUNDAR
coriarius → LETHARMAKERI
cornicula, cornix → KRĀA, KRĀIA
cornum → KORNILBERI, KURNILBÔM, MISPILA
cornus → KURNILBÔM, MISPILBÔM
corollarium → KORŌNITHI
corona → SAMNI
corporalis → GRÊPIL
corpus → LĪKHAMO
corrigere → GIBŌTIAN, GIREKON
corrigia caligae → SKŌHRIOMO
corripere → REPSIAN, WĪTNON
corrugare → KROKON, RUNZON[+]
corrugo → RUNZA[+]
corrumpere → MĒDIAN, WERSON
cortex → HŪD
cortina → FÊHLAKAN, UMBIHANG
corymbus → DRŪVO

cos → HWETTISTÊN
costa → RIBB
costrux → BĪMŌDAR, BĪA, WĪSO
costum → KOST
cothurnus → HOSA, KRINK[#?]
cottidie → DAGHWĪLIK
cottus → KOTTO
coturnix → FELDHŌN, QUATTULA[+], SNEPPA, WAHTILA
couti → GIMÊNTHO
coxa → HUPI
crabro → HORNATA, HORNOBERO, HORNUT, WIVIL
crapula [luxuriae] → OVARĀTI
cras → secundo cras
crasona → SPINULA, SPINALA
crater → BIKERI
cratera → SKĂLA
craticula → HURTH, RÔST
cratis → GARD[1], HARST, HURTH, KLIDA
   cratis (arbutea, viminea) → EGITHA
cratus → BOLLO[2], BULLA
crauie → KRAUWIL, KRAUWUL
creagra → KRAUWIL, KRAUWUL
creare → SKEPPIAN[1]
crecopulus → HWEPSIA
credere → GILÔVIAN
cremacula → HĀHAL
cremium → GRIOVO, STEVELING
crepare → BRESTAN
crepida → HOLTSKŌH
crepido → ŌVER, STÊGALI
crepundia → LŪTHRA
crepusculum → SKIMRINGA
crescens → luna crescens
crescere → SKOTON
   → sinapio (qui in aqua crescit)
creta → GRIOT, KRĪDA, LĪM
cribellum → SIF, SIVI
cribrare → HRETHAN, HRĪDRON, UNDARSŌKIAN
cribrum → HRĪDRA, SIF, SIVI
   → percussura cribri
crimen → MÊN, SKULD
   → dimitte crimen diluens
criminari → LASTRON
criminosus → MÊNFULLIG
crinalis → acus crinalis
crines → PLUKK
crinitus → polypus crinitus
cris → BÊN

crista → KAMB, STRĂLA
cristatus → KOPPODI
croceus color → GELWI
crocodilus, crocodillus → NIKKUS, RÔRDUMBIL
crocus → GELU, KRŌGO
crucibulum → SMERUKRÔSIL
crudeliter → GRIMMLĪKO
crudus → HARD, HRAU
crumina → BŪDIL, SEKKIL
cruor → BLŌD
crux → QUELMIUNGA
crypta → KRUFTA
cubitum → KLĂFTRA
cubitus → ELINA
cuculla → OPAN
cuculus → GÔK
cucuma → KOKMA
cucumis → KURVIT, KORVIS, PETHUMA
cucurbita → KURVIT, KORVIS
cudina → SMIDTHIA, SMITHA
cuiusmodi → HWILĪK
culcit(r)a → BEDD, FETHARBEDD
culcitrum → BEDDIGIWĂDI
culex → MUGGIA
   → rete quo culices excluduntur
culigna → KŌPA
culleum → KIULLA
culmen → FIRST, HÊRDŌM
   culmine sublimatus → UPP, ŪPP
culmus → HALM
culta → GILENDI
cultellus → SAHS
culter → METISAHS, SAHS, WĂPAN
cultus → ŌFLĪK
cum → MID, SŌ, THAN, THANNA, THE[1]
cuminum → KUMIN
cumque, -cumque → SŌ
cuna → LŪTHRA
cunabula → WAGA
cunae → WAGA
cunctus → ALL
cuncula → QUENKLA (?)
cuneus → WEGG(I)
cupa → BUDIN, KŌPA
cupella → STANDA
cupellulus → BŪLA
cupidus → GERAG
curculio → ANGAR[1], HAMUSTRA
curia → SPRĂKHŪS
curialis → SPRĂKMANN

Index latinus

curialis a curia → SPRĀKHŪS
curiositas → FIRIWITTGERNI
curiosius → NIUDLĪKO
curiosus → FIRIWITTIG
currere → RINNAN
   → trama (filum est quod intra stamen currit)
currus → RÊDIWAGAN
cursus → paganus cursus
curtis → FRĪDHOF
curtus → KÊRIAN, WERPAN
curulis → FALDISTŌL, SPRĀKHŪS
curve → BŪGAN, GIHĀVIDLĪKO
cuspis → SKAFT, SPIT
custodia ... inscripta ... decem verba legis → BLEK
custodire → BIHALDAN, GIHALDAN
custos → WARD
  custos boum → SWÊGERI
cutis indurata → SWIL
cyaneum → GLAS
cyaneus → GLASFARU, GRŌNI
Cyaneus → nympha Cyanea
cyathus → HNAPP, HNEPPILĬN, SKENKIFAT, STÔP
cycnus, cygnus → ELVIT, SWAN
cydeum → KUDINA
cydeus → KUDINBÔM
cydonia → KUDINA
Cydonius → malum cydonium
cymba → FLÔTSKIP
cymbalum → SKELLIKĬN
cyminum → SMALSĀD
cynocephalus → HUNDHÔVIDO
cynoglossum → HUNDESTUNGA
cynomiyia → HUNDESFLIOGA
Cyprianus → Thascius Cyprianus
daemon → DIUVAL, EGISGRĪMOLD
damnabilis → SKULDIG
damnare → FARMUNNIAN
dapifer → DRUHTSĀT(I)O
dare → GEVAN², LÊVIAN
  dare in offa → WELLIAN
  → potum dare
  → signum dare
  → spatium dare
datio → GĀVA
de → FAN, FRAM
  de foris → ŪTANA
  de quo → BITHIU
de- (detorquere) → THANA

dealbare → KELKIAN
deatra → DRUHTSĀT(I)O
debere → GISKULDIAN, SKULDIG, [THURVAN]
debilitare → BILEMMIAN
debriare → URDRENKIAN
decapitare → HÔFDON
decem → custodia ... inscripta ... decem verba legis
deceptus → manu deceptus
decernere → GIMARKON
deciduus → NITHARFELLIG
decimum vestimentum → LOTHO
decipere → BISWĪKAN
decipula → FALLA
declinare → FARMĪTHAN
declivium → ÆFDȲNE[#]
decoquere → GIBRĀDAN
decor → SKÔNI²
decoratus → SLIHT
decorticare → BISKINDIAN
decrepitus → OVARALD
decumbere → GILIGGIAN
decuplus → TEHANFALD
decus → ZIARITHA[+]
  decus turpe → HÔNITH(I)A
dedecus → HÔNITH(I)A
deducere → ŪTLÊDIAN
  deducere digne → ANDWIRTHIAN, BRENGIAN
defendere → WREKAN
defervere → FAREBBIAN
deficiens → luna deficiens
defluere → ŪTFLIOTAN
defuga → FLUHTIG, FRÊTHIG
defunctus → sacrilegium super defunctos
defungi → NUTTIAN
dehonestare → ANDÊRON
delassatio → TÊORUNG[#]
delectare → GIBRÊDIAN
delectus → LUVA
delegare → FARSELLIAN
delenire → GILINDIZZEN[+]
deliberare → GITRAHTON, TRAHTON
delictum → MISSBURI
deliramentum → DŪNUNGA
delirare → ĀWIZZON[+], DOVON
delphin → MERISWĪN
dementare → WŌDIAN
demoliri → WŌLIAN

Index latinus

denarius → HÔNPENNING, LÎNPENNING
dens
   dens genuinus → KINDESTAND, KINDESTAN
   → pecten dentium
densere → THIKKON
densitas armorum → SKILDWERI
dentale → MOLDBRED, PLÔG
denuo → SĀN
deorsum in terra → NITHARA
depeculari → HERION
depellere → ALĀTAN, SPENNIAN
depilator → TÔHAMOLERE[#] (?)
deprecatio → GIBED
deprehendere → BIFĪTHAN, BIFINDAN
derogare → BISPREKAN, SKELDAN
descendere → NITHARFARAN
deserere → WÔSTIAN
desertum → WÔSTINN, WÔSTUNN
desiderare → GERAG, NĀTHIAN
desilire → UNDBÊTIAN
desipere → DUMBON
desipiscere → ANDWITTIAN
desolare → TISTÔRIAN
despicere → FARSKAUWON
despoliare → RÔVON
despondere → BIMÊNIAN
desternere → ANDSADULON, ANDSÔMIAN
destinare → MARKON, TRAHTON
destituere → GIMARKON, TISETTIAN
destructio → GISTRUDIAN
destruere → FARBREKAN, TIBREKAN, TIWERPAN
detondere → BISKERAN
detorquere → KÊRIAN
detractor → BISPRĀKARI, RŪNIZARI[+]
detrimentum → UNGIFÔRI
deturbare → STÔVIAN
deus → DAG, GOD, GODKUND
   dei genetrix → FRÔIA
   → simulacrum dei
devexum → ÆFDȲNE[#]
devorare → FRETAN
devorator → FRĀT
devoratrix → GULSI (?), HAGATISSA
devotare → FARSWENDIAN
devotio → GERNIHÊD
devovere → ANDHÊTAN, BIFELHAN, BIHÊTAN
dextrale → ARMBÔG, BRÊD
dextraliolum → ARMILO

dextralis → FORAHENDI
dextrocherium → FURIWRISTI
diaeta → DAGWÊTHA
   diaeta aestivalis → LÔVIA
   diaeta hiemalis → PÊSAL
dicare → BIMÊNIAN
dicere → ANDWORDIAN, QUETHAN, BIMÊNIAN, MÊNIAN, RĀDAN, SPREKAN
   → invalescere dicens
   → latum dicere
   → qui dicitur
dici → HÊTAN
dictamnum → HWĪT, STAFWURT, WURT
dictamnus → HWĪTWURT
didrachma → TINS
dies → DAG
   → procedere in diebus
diffamare → BISPREKAN, MĀRIAN
differe → SPARON
digerere → FARTHEWIAN
digne →deducere digne
dignitas → HÊRITHA
dignum → WERTHLĪKO
dignus → WIRTHIG
dilatare → GIBRÊDIAN
dilatio → UPPSLAGUNGA
dilatura → LYBESN[#]
dilectio → LIUVI
dilectus → LIOF[1], LUVA
diligentius → GINÔDO
diluere → dimitti crimen diluens
diluvium → FLŌD
dimidiare → MEDALSKAPON
dimissus →porcus dimissus
dimittere → NITHARLĀTAN
dimitti crimen diluens → ANDSAKON
dirigere → GIREKON
dirumpere → TIBREKAN
dis → RĪKLĪK, WELAG
discaricare → ANDHLADAN[#]
disceptatio → STRĪD, STRĪTH (?)
discidium → FARDRĪVUNGA
disciplina → LÊRA, TUHT
discolor → vestis discolor
discretio → GISKÊD, GISKÊTH
discrimen → SKÊD, SKÊTH, UNGIFÔRI
discurrere → TIFARAN
disparere → FARSWINDAN
dispendium → ARVEDI, FRÊSO, FRÊSA (?), UNGIFÔRI
dispensatio → GIMARKITHA

Index latinus

displodere → TISTÔTAN
disputare → AHTON, RETHINON, THINGON
dissensio → UNGITUMFT
disserere → REKKIAN, RETHINON
dissertare → KLÊNO, RETHINON
dissipare → TISPRENGIAN
distare → FRAMSTĀN
distorquere → ANDWINNAN
distrahere → FARSELLIAN
disulcus → FARKERVAN
diu → ÊR¹
diurnalis → JUK, MORGAN
divaricare → SKRANKON
diversorium → GASTHŪS
diversus → MISSLĪK
  → vestis diversi coloris
dives [esse] → STADA
dividere → TIDÊLIAN, WRÔHTIAN
divinus → DROHTIN, GODKUNNIGLĪK
divisibilis → GINON
divisio → DÊLINGA
divitiae → ÔD
divortium → KÊRA, KÊR⁺ (?), THANAKÊRUNGA, WEGSKÊTH
docere → LÊRIAN
dolabra → BARDA
dolare → AHOLON, BARDON, MEZZON⁺, SNĪTHAN
dolatorium → AKUS
dolium → BUDIN
dolor → LÊTH²
  dolor articulorum → KRAMPO
  dolor laterum → STEKATHO
dolosus → FÊKNI
domare → TEMMIAN
domesticus → mora domestica
domigena → INGIBŪRO
dominicatus → mansus dominicatus
dominicus → census dominicus
dominus → DROHTIN, GOD, HÊRRO
  → mensa domini
domo → HÊMINA
domus → HŪS
donare → GEVAN²
donec → ANDTHAT, JU
Doricus → GRĒK
dormire → SLĀPAN
dormitans → UNGIWAR
dorsale → HRUGGILAKAN
dos → ÊGAN³

dotalis → WITHUMLĪK
dravoca → KLĪVASTRŪK
dryas → ÊKMAGATH
ducadetum → SŪRMILSC#
ducicolus → TAPPO
ductilis → GIOTAN, SLAHAN
dudum → UNGÊARA#
dulcacidum → SŪRMILSC#
dum → IO, THAN, THANNA, THŌ, UND
dumus → THORN
duo → TWÊNE
duplex → TWILI
duplicitas → TWISKILI
durco → KIOL
dyscolus → MISSTUHTIG, UNSIDIG, UNTUHTIG
dysenteria → ŪTSUHT
ebenus → EVAN (?)
ebullire → UPPWIUMIAN, WEMMIAN
ebulum, ebulus → ADIK, ADUK
ecclesia → KIRIKA, MŌDAR, SAMNUNGA
echinus → BARS
echo → GALM
edax → FRĀT
educere → ŪTGILÊDIAN
edulium → SMALSĀD
efferatus esse → GRIMMAN
effervere → WALLAN
efficaciter → ERNUSTLĪKO
efficax → SNIUMI
  efficax orator → FREMMERI
effractabilis → HŪSBRUKIL
effractor → MŪKINARI
effundere → NITHARWERPAN
  → mercede effundere
effusio sordis → JESKŌD
egere → THARFAG
egerere → ŪTWRINGAN
ego → IK
eicere → ŪTSTEKAN
eius → SĪN
electrum → GISMELTI, QUIKSILUVAR
elidere → ARFELLIAN
eligere → AKIOSAN
eloqui → RETHINON
eludere → WÊGIAN
elumbis → UNSTARK
Elysium → SUNNUNFELD
emanare → ŪTRENNIAN
emere → KÔPIAN
emergere → ŪTSWIMMAN

eminere → OVARDREPAN, UPPKAPON
eminus → UNGIHANDO
emissarius → WRÊNIO
emolumentum → MULSTRA
empticius → KÔPIAN, KÔPSKALK, SKALK
emunctorium → SNŪTIA, SNŪTUNGA, TANGA
emungere → SNŪTIAN
emungi → ŪTSNŪTIAN
enervare → WĪHAN
enim → GIWISSO, HWAND, HWANDA
enucleare → AKIRNIAN
eo amplius → LUTTIK
eous → ÔSTARLING
ependytes → OVARSKÔTI, OVARSKÔDI
ephebus → JUNGLING
ephphatha → ANDDŌN
epibates → FÆRBÊNA[#]
epilepticus → URSINNIG
epiphonema → EOFOT[#], RÊOF[#]
epistylium → SIMIZ[+]
epitogium → KOVARTRI
equa → FELDPERIFRID
→ grex (equarum)
equaricia → STŌD[2]
eques → RĪDIMANN
equitatus → BĀRA
equus → HERS, PERIFRID
  equus bellatoris → WĪGHERS
  equus vestigia alba pedis ostendans → FITILFŌT
  → lustrare in equis
ergo → BITHIU
ericius → IGIL
erigere → STRŪVIAN
erilis → HÊRRILĪK
erinacius → IGIL
eripere → AHREDDIAN
erodere → KNAGAN
erogare → SPENDON
erpica → EGITHA
erpicarius → EGITHARI, EGITHERI
eruca → RŪPA
eruere → AHREDDIAN, ALÔSIAN, ŪTALÔSIAN
eruginare → AROSTON/ARUSTIAN
erugos → ROST
ervum → ERH
esox → LAHS[1], SALMO
esse → GIBURIAN, GIWERTHAN, THUNKIAN, WERTHAN, WESAN

est → id est
esto → NŪSE, WOLNU
essedo, essedum → SAMBŌK, SAMBŪK
esus → ĀT
et → ENDI[2], ÔK, SŌ, THAN, THANA
etiam → ALSO
euge → WELA[2], WOLA, WALA
eulogium → OVELEI, WELAQUIDI, WOLAQUIDI
Eumenis → UNHIURLĪK
eunuchizare → FŪRIAN
eurous → ÔSTSŪTHRONI
evadere → OVARRINNAN
evanescere → FARSWINDAN
eviscerare → ŪTINĀTHRIAN, ŪTSKURPIAN
ex
  ex hac → THANANA
  ex hoc → FORTH, HINAN
  ex multo tempore → DAG, MANAG
exacerbare → GRŌTIAN
exacerbatio → GREMI
exactor → SKULDHÊTO, SŌKIAN, SŌKNERI
exaltare → AHEBBIAN[1]
examen → SWARM
examinare → TRAHTON
exarare → HRITTIAN
exasperare → GISKERPIAN
exaudire → GIHÔRIAN
excellere → FORARUKKIAN
excessus → ŪTFARD
excipere → ŪTASKÊDAN, ŪTASKÊTHAN
excludere → FARDRĪVAN, ŪTON
  → rete quo culices excluduntur
excolare → ŪTFLŌTIAN
excoriare → BIFILLIAN
excorticare → BISKINDIAN
excudere → ŪTBLEUWAN
excusare → URSAGÊN[+]
excussus → SKUDDINGA
excutere → ŪTSLAHAN
exedere → FRETAN
exedra → THWERHHŪS
exemplarium → BILITHBŌK
exenterare → SKURPIAN
exheres → ANDERVIDIO, UNERIVO
exigere → ÊSKIAN, FARDRĪVAN, SŌKIAN, STEKAN
eximere → AFTIOHAN
exitium → FARWURDI

Index latinus

exoriri → UPPRINNAN
exoticus → pulvis exoticus
expectare → WĀNIAN
expedire → ANDWERRAN, ŪTREKKIAN
expeditio → HERISTIURA
expendere → FARLIOSAN, UNDGELDAN
expertus → ANDKUNDI
explere → AFULLIAN, GIWERON
   explere necessitatem humanae carnis → GILAVON
expresse → AREKKIAN
exprimere → AREKKIAN, TŌTÊKNIAN (?)
exquirere → ASŌKIAN, ÊSKON
exquisitor → SŌKNERI
exsecrabilis → HÔNLĪK
exsecutor → SŌKNERI
exsinuare → ŪTBŌSMIAN
exsolvere → FARGELDAN
exsul → HAGASTALD
exta → THARM
extalis → GRÔTTHARM
exterior → intra exteriorum murum
exterminare → FARDERKNIAN, WŌLIAN
extorquere → ŪTAWENDIAN
extra patriam → ŪTLENDES
extremus → LAT
extricare → ALÔSIAN
faba → BÔNA
faber → TIMBRO
   faber ferrarius → ĪSARNSMITH
fabulatio → SPELLUNGA
facere → DŌN, GILÊSTIAN, LÊSTIAN, WIRKIAN
   se facere → METAN
   → hebetes facere
   → qui commentum fecit
-facere → GIDŌN
facies → FARWI, GISIUNI
   facies esse → ÊNON
   → firmare faciem
facinorosus → HÊSTIG
factio → MÊNDĀD
factus esse → WERTHAN
faenus → ALÊHNUNGA
fagus → BÔKA
falarica → STAFSLENGIRA
falcastrum → RIODSEGISNA
falcicula → SIKILA
fallax → LUGINLĪK
fallere → DRIOGAN
falsarius → IRRARI, LUGINARI

falx → SEGISNA, SIKILA
fama → GIMĀRITHA
famelicus → HUNGRAG
familia → HĪWISKI
familiaris → HUNGARAG
familiaritas → SIBBIA
famosus → MĀRI
famulari → THIONON
far → AMAR[1], AMUR, HAVARO, MELU, SPELTA
fari → SPREKAN
farina → POLLA, POLLO
farrago → BRORD, SKAVATHO
fascia → WINDING
fasciculus → BUNDILĪN, GIBUNDILĪN
fascinare → BITÔFRON
fascinatio → MALSCRUNG[#]
fasciola → BENDIL, WINDING
fastidiosus → WILLION[2]
fatiscere → STILLIAN, TIFARAN
fatuus → vanus fatuus
faunus → SLETTO
faustus → GINĀTHIG
favus → BĪBRÔD, HRĀTA
fax → FAKLA
febrifuga → MATERNA
febris → FÊVAR, HRIDO
felis → MARTH
femen → THIOH
femina → WĪF
   → monile feminarum
feminalia → BRŌK[1]
femorale → BRŌK[1]
femur → THIOH
fenerator → BIFELHARI
fenicium → HRÔK
fenum → HÔI
   → acervus feni
fenus → WEDDI
   → pro fenore
fera → latibulum ferarum
feralis → EGISLĪK, HRÊULĪK
ferculum → SKUTALA
feriae → FĪRA
   feriae scholarum → SPIL
feriari → DULTHON (?), FIRION, LETHIGNON
ferire → FIRION
fermentum → THÊSMO
ferox → GRIMM
ferramentum → AKUS

Index latinus

ferramenti genus → GRAFĪSARN
ferrarius → SMITH
   → faber ferrarius
ferreus → manus ferrea
ferrum
   ferro → ĪSARNĪN
   → vicium ferri
ferruminare → SWÊTIAN
ferus → DIORLĪK, WILDI
fervens → FAST
festuca → HALM
festus → MŌDSKANDIG
fetosus → FESLIG
fiber → BIVAR
fibra → HERTĀTHRA, THARM
fibula → HRINGA, NUSKA, NUSKIA, NUSTILA, SPASAL, SPASLA (?),SPINULA, SPINALA
ficedula → SNEPPA
fico → SOKKSKŌH
fictilis → THĀHI, THĀHĬN
ficus → carica [ficus]
fidelis → GILÔFSAM
fides[1] → TREUWA
fides[2] → SNARH
fidicula → SNARH
fieri → WERTHAN
figulus → LÊMBILITHARI
figura → catena figurarum
filiaster → PILLO
filiastra → PILLA
filius → KIND, SUNU
filix → FARN
filum → FATHUM, THRĀD
   → trama (filum est quod intra stamen currit)
fimarius → FALED
fimbria → FETERI[2]
fimus → GOR, MIST[1]
findere → SPALDAN
se fingere → GIÊKNON
finis → ENDI[1]
firmare faciem → GIÊNON
fiscalis → FISKLĪK
fiscella → KORVILĪN, TÊNIL
fiscina → KĀSIKORF, KURVILĪN
fiscus → BIGURDIL, BULGA, FISKKAMERA, MALHA, SAKK
[fiss]ura → CĪNE[#], SPRANG
fistula → KANAL, PĪPA
fixus → FESTI, GIGARU (?)

flabrum → WINDA[2]
flaccere → KRIMMAN
flagitare → FLEHON
flagitiosus → PLEGHAFT
flamma → LÔGNA/LOGNA
   → alimonia [flammae]
flammeolum → KAPPA, RĪSIL
flammeum → RĪSIL
flasco → FLASKA
flatus → ĀTHUMTUHT, BALG
flavus → FALU
flebotamum, flebotomus → FLIOTMA
flexura → FELGA
floccus → WLŌH
florere → GRUONÊN[+]
fluctus → ŪTHIA
flumen → lapillus fluminum
foedare → GIHÔNIAN
foederare → TRIUWIAN
foederatus → GITREUWODI
foedus (-a, -um) → HÔNLĪK
foedus → TREUWA
foeniculum → FENUKAL
folium
   → lignum foliis spinosum
   → stipes cum foliis
folliculus → BALG, BULIT, KNOTTO
follis → ALF, BALG, WANGA
fomes → BANUD/BANUTH
fons → GISPRING
foras → mittere foras
foratus → LOKAHTI
forceps → KLUVI, TANGA
forensis → THINGLĪK
fores → OVARDURU
forfex → SKĀRA
foris → BARLĪKO
   → de foris
formare → BILITHON
formatica → KĀSIKŌKILĪN
formella → KĀSIKAR, KĀSIKŌKILĪN
   formella casei → FORMIZZI[+]
formeus → WETHIL
formica → ĀMÊTA
formidulosus → BLÔTH, BLÔTHI[1]
formula → LÊST
fornesis → MARKATLĪK
fornix → SWIBOGO
forpex → SKĀRA
forte → NI, WITAN
fortis → BALD

Index latinus

fortuna → MISSBURI
forum → ANGAR², MAHAL, MARKAT
fossa → GRAVO
fossorium → GRAVA, SPADO
fotus → BĀUNGA
fovere → FULLÊSTIAN
frabrateria → SMIDTHIA, SMITHA
fractus → pellis fracta
fragmentum → TIBREKAN
   fragmenta membrorum → LEMI
fragosus → HLŪDON, STIKUL
fragrantia miri odoris → STANK
fragum → ERTHBERI
framea → STAFSWERD
frater → BRŌTHAR
fratruelis → BRŌTHARSUN
fraudis meditans → FÊKANLĪKO
fraxineus → ESKĪN
fraxinus → ASK
fremere → THRĀSIAN
frenum → TÔM
   [frenum] lupatum → KĀMBRIDDIL, KĀMMĪTHIL, KĀMMINDIL
fretum → SÊ(U)
fricatus → ignis fricatus de ligno
frigere → HERSTIAN
frigidarium → SULTIA
frigilarium → HARSTA, RÔSTĪSARN
fringillus → FINKO
frivolum → BÔSA
frivolus → GIBÔSI¹
frixorium → HARSTA, RÔSTĪSARN
frixura → RÔSTUNGA
frondescere → LÔVON²
frondosus → ASTALOHTI
frontispicium → LÔVIA
fructus → WAHSMO
   → producere fructus
frumentum → HWÊTI
   → iugi frumentum
frustillum → STUKKILĪN
frustrare → BIDRIOGAN
frustrari → BIDRIOGAN, BISKERIAN
frustum → STUKKI
fucarium → SKRĪFHORN
fucus → DRĀN, DRĀNO, DRENO, WAPSA
fugere → FLIOHAN, SĪTHON
fulgor → SKĪMO
   → sicut fulgor
fulica → ANUDKUNNI, BELIKO, MERIDIOR
fuliginosus → RÔKAG

fuligo → HRŌT
fullo → LAVANDARI, LAVANDERI
fulmen → WRĀKA
fulvus → BRŪNRÔD, ELU, FALU
fumus → suffundere (fumo)
funale → QUERTHAR
funalis → HRÊULĪK
funda → SLENGIRA
fundere → BIFAHAN, FARGIOTAN
fundibulum → SLENGIRA
fundus → ÊGAN³, GILENDI
   fundus imus → DIUPI
funeralis → HRÊULĪK
funerare → HRÊON
fungi → NUTTIAN
fungus → SWAMM
funiculus → LĪN(I)A
funis → HLÊDRIA
   → coniungere ex funibus
furari → GITHIOVON, STELAN
furca → FIURGARD, FLÊSKGAVALA
furcilla → FURKA, GAFLIA
furfur → GRÔT², KLĪWA
furibundus → GREMIZZEN⁺, WŌDIAN
furnus → OVAN¹, PÊSAL
furor → ĀBULHT
furtim → STALINGUN
furuncula → ANGSETO
furunculus → MARTH
furvus → BRŪNLOCCAR[#] (?), DŪN, RÔD
fuscina → KREUWIL
fuscinula → KRAUWIL, KRAUWUL, KREUWILKĪN
fustis → STAKO, STANGA
fusus → SPINNILA
futurus → TŌWARDIG
gabalus → GALGO
Gabinus → cinctus Gabinus
gabulum → GALGA
galbanum → MOLKEN
galea → HELM, HŪVA
galeola → GELLIT, GELLITA
galio → bracii galio
gallicinium → HANAKRĀD
gallicus → vehiculum gallicum
gallinaceus → KAPPO, WRÊNISK
gallus → HANO
   → ante galli cantum
galmum → MOLKEN
gamba → SKENKILBÊN
ganea → GULSI (?), HAGATISSA, SLINDERI

Index latinus

ganeo → SLINDO
gannire → KRAKILON
gargara → SIURIA
garrire → KALLON, KERRAN, KRÔNIAN
garrula → HRÔKA
garrulus → SKRĪKON, STROTON, WRITOLON
garum → GRUSALA
gaudere → FARLĀTAN, FRAU
gaudium → FRAUNESSI, MENDISLO
   cum gaudio → BLĪTHI, FRAU
gausape → AMBAHTLAKAN
gaza → KELLA
gelare → AKALDON, KALDON, KŌLON
gemere → KLŪBON⁺
geminus → GITWISO, TWINILING
gemma → WIPPIL
genealogia → KUNNITALA
generatio → KUNNI
generosus → ATHAL
genetrix → dei genetrix
genitalis → MAHT
gens → LIUD, THIOD
gentiana → HEMERA
genuinus → KINDESTAND, KINDESTAN
genuinus → gens genuinus
genus → SLAHT
   → ferramenti genus
   → gladii genus
   → vasorum genus
gergenna → HANDHAVA
Germania → LIUD, THIUDISK
gestatorium → DRAGAN
gesticulatus → KŪMLĪK
gibbus → HOVAR, HOVARODI
gigarte → DRAVER
gigas → WRISIO
gillo → HAVAN
gilvus → FAHSFALU, FALU
gingiva → BILARN
git(h) → BRÔDWURT, SMALSĀD
gladiola, gladiolae radix, gladiolum, gladiolus, gladione radix → SWERDILA, SWERDALA, SWERDULA
gladius
   gladii genus → STAFSLENGIRA
   → percutere in gladio
glandula → THRŌS
glans → ÊKILA, EKKARN
glarea → GRIOT
glaucus → BLĀ(U), BLĀFŌT, FALU, GLASAG, WALDENĪGE#, WÊDĪN

gleba → SKORSO, WASO
glis¹ → RATTA
glis² (= glus) → KLEDTHA, KLEDTHO
glis³ [glisomarga] → THĀHA
glis⁴ (lignum quod in tenebris uiui carbonis speciem tenet) → OLMO
gloria → DIUR(I)THA, GŌDLĪKI
gloriosus → GŌDLĪK
glus → KLEDTHO
gluten → KLÊF, LĪM
glutinare → RENNIAN
glutinum → LĪM
glutto → FRĀT
gobio → GRIMPO, KRESSO²
gongrus → SLĪO, SLĪWO
grabatus → DRAGABEDD
gracilis → KLÊNI¹
graculus → HEGER, HRŌK
gradatim → STILLO
gradus → HÊD
granarium → SPĪKARI, SPĪKERI
graphium → GRIFIL
gratia → HULDI, LIUVI, THANK
gratificari → THANKON
gratis → ĀNO, ÊSTIGO, LÔN
gravare → HEVIGON
gravis → HEVIG
greganicus → urtica greganica
gressus → GANG
grex (equarum) → STŌD¹, STŌD²
grossitudo → THIKKI²
grossus → FĪGA
grus → KRAN, KRANO
gryllus → MŪKHEMO
gryps → GRĪP
gubernaculum → STIURRŌTHAR
   → circulus gubernaculi
gula → KELGIRITHI
gummi → DRUPIL, GLĀR, GLAR
gurgulio → KELUR, QUERKULA
gurgustium → KELUR, KUDIL
guttatus → SPRŪTODI
guttur → STROTA
   → commercium gutturis
   → vesicula gutturis
gynaeceum → GINUZ
gyrare → UMBIKÊRIAN
habere → ÊGAN¹, HEBBIAN²
habitaculum → SELITHA
habitare → ANBŪAN, ANBŪON
habitator solitudinis → ÊNSEDLIO

Index latinus

habitus → SKĬMO
hac → ex hac
haeresis → IRRISLO
haereticus → HERETIKERI
haliaetus → ERINGROZ⁺
hamus → ANGUL
hara → STĪGA
hariolari → GÔKLON
harpago → HASPUL, KRAUWIL, KRAUWUL
hasta → EVURSPIOT
haustus → SLUND
hebere → TRĂGON
hebes → DUMB
hebetare, hebetes facere → BIDUN-KALON
hedera → EBAHI⁺
helleborus albus → HNIOSWURT
helleborus niger → SITERWURZ⁺
hemicranium → TANDSWERO
henole radix → ALAND
herba → HWÊTI
   herba marina → MERIGRAS, SEHI, SEMITH, WĂR³#
   → italica [herba]
   → sabina [herba]
herbarium → GRASHOF
hereditarius → beneficium hereditarium
hereditas → ÊGAN³, ERVI
hermodactilus → KLUFLÔK, WILD
hernia → HÔLA
herniosus → HÔLAHT, HÔLODI
herodio → SPARWARI, WALHHAVUK
herodion → KĪVINO
herodius → BÔMFALKO, FALKO
hesperus → ĀVANDSTERRO
Hiberus → SPĀNIO
hic → [THESA], HÊ, SULĬK, THE¹
hiemalis
   → diaeta hiemalis, zeta hiemalis
hiems → WEDAR
hinnulus → HINDKALF
hippodomus → MARHSTALL
hircocervus → ELHO
hirudo → EGALA
hirundo → SWALA, SWALWA
hispidus → HWASS
histrio → DŪMARI, SKIRNO
hiulcus → GINON
hoc → SAKA, THAR, THĂR
   → ex hoc

holerare, holerari → GRASON
homicida → MANSLAGO
homicidium → WRĂKA
homo → MANN
honestas → GITHIGANHÊD
honor → ÊRA
   honore sublimare → GIÊRON
honorare → BISORGON
hordeum → GERSTA
hornus → HIURIG
horreum → BARG, KORNHŪS, SPĪKARI, SPĪKERI
horripilare → STRŪVIAN
hortari → SKUNDIAN
hortus
   hortum ponere → GRASON
   → agellus in horto
hospes → GAST, WERD
hospitalis → GASTLŌMI
hostia → OPPAR
hulcia, hulcitum → HULFT
hulserida → HWASSHOLONDAR
humanus → MENNISK
   → explere necessitatem humanae carnis
humerulus → LUN, LUNIS
humicus → FŪHTINUNGA
humiliare → HÔNIAN, ÔTHMŌDIGON
humilis → SMĂH
humor salsus → SULTIA
humulus → HOPPO
hyacinthinus → pellis hycinthina
hyacinthus → JAKIND
hyaena → FISSIA/FISSIO
hyalus → GLAS
hyblaeus → ADIK, ADUK
hydria → KRŪKA
hydrops → WATARKALF
hymen → INHRIF
hypericum → HARDENDHÔI
hystrix → IGIL
iacere → LIGGIAN
iactare → HRÔMIAN
iaculator → WIRPIO
iaculus → LINDWURM
iam → JU
ibex → STÊNBUKK
ibi → INNA, THAR, THĂR
ictus → STIKI
id est → MÊNIAN
ideo → BITHIU

idiota → INBORANO
idoleum → AFGODOHŪS
idolum → AFGOD
idoneare → GIWĀRON¹
iecur → LEVRA
　→ reticulum iecoris
Ierusalem secunda → FORABURGI
ignavus → TRĀG
ignis → FIUR
　ignis fricatus de ligno → NÔDFIUR
ignitabulum → HERTH, SKORSTÊN
ignoratia → per ignorantiam minus plene peragere
ignoscere → GINĀTHON, NI, WĪTAN¹
ile → HLANKA, LENDIBRĀDO
ilia → GILENKI, SMALTHERMI
ille → ÊN, HÊ, SUM, THE¹, [THESA]
illecebra → UNSŪVARNUSSI
illex → BISWĪKARI
illic → STEDI, THAR, THĀR
illinere → LUBBIAN
illustrare → GIOPANON
illustris → MĀRI
illyricus → iris illyricus
imbecillis → BEDDIRISO, UNKRAFTAG
imbecillitas → UNKRAFT
imbellis → UNWĪGLĪK
imbibere → FARSLINDAN
imbrex → HWOLVO, SKINDALA, SKINDULA
immaturus → UNTĪDIG
immerito → UNREHTO
immittere [frena] → UNDLĀTAN
immo → AVUR
immolatitium → OPPAR
immunitas → HANDFESTI
immutabilis → UNWANDLONDILĪK
impedire → FALDON
impellere → ANSTÔTAN, STEKAN
impendere → GIWINNAN
impensa → GITIUG, KLÊM, LĪM, SPENDUNGA
imperans → HÊRRO
imperator → KÊSUR
impertiri → ANGIDŌN
impetere → ANBIKKIAN
impetigo → PLATLŪS, ZITRUS⁺
impetratum ferre → GIWINNAN
impexus → UNGISTRĀLID
impingere → ANSTÔTAN, FARSTÔTAN
implere → LÊSTIAN

implicare → ANG[IFALDAN]
implicatus → SKULDIG
impluvium → RÔKHŪS
impolitus → UNGISLIHTID
imponere → BIDRIOGAN, TŌHEFTIAN
　→ silentium imponere
importunitas → UNGIMAK²
impostor → DRUGINARI
impostura → DRUGINA
impubis → UNBARDAHT
impudens → SKAMALÔS
imus (infimus) → fundus imus
in → IN, MID, TI
　in capite → ANSTANDAN
　in cassum → UNGIMÊDON
　in cleta (levare) → BISKILBEN⁺
　in obitum → WESTAR
　in ortum → ÔSTAR
　in palam → BAR
　in proximo → NĀH²
　in quo → THAR, THĀR
　in se → INWARDES
in- → FILU, INN
inadustus → UN[FARBRUNNAN]
inauditus → SELDAN
inauris → ÔRGOLD, ÔRHRING
incantare → BIGÔKLON
incastratura → GIFŌGITHA, INHŪSIG
incendere → SKUNDIAN
incentivum → LUSTBRENNISAL
incerare → WAHSIAN
incessus → ANAFARD
incile → SÔHA
incitare → GIFŌRIAN
incitega → SKAPARÊDA
inclinare → GIHNÊGIAN
　inclinare caput → HNĪGAN
inclinatus → KRUMB
inclutus → STŌRI
incola → LANDŌVO
incommodus → UNGIMET
inconsultus → UNBIRADAN
inconvulsus → UNAWENDID
incrementum → ANFLUTI, WAHSDŌM
increpare → ANBIKKIAN, REPSON
increpatio → ARSTEWITHA, REPSINGA
increscere → GIRĀDAN
incuba → MARA
incudere → ANSMITHON
incultus → UNGIŌVID
incuriosus → UNGIWAR

Index latinus

incus → ANABELTI, ANABOLT, ANAFALT, ANAFELTI
incusatio → EOFOT[#], RÊOF[#]
incutere → ANSMITHON
indago → INSPURITHA, SPURINGA
inde → THAR, THĀR
indere → ANDŌN
indicere → GIBIODAN
indigenus → INBURDIG
indigere → BITHURVAN, THARFAG
indignatio → UNWERTHNUSSI
indisciplinatus → MISSTUHTIG, UNSIDIG, UNTUHTIG
indoctus → MISSTUHTIG
indoles → ANAWĀNI[2]
inducere → ANBRENGIAN, DRĪVAN
inductilis → SLÔPBRĀDO
indumentum → LAKAN
   indumentum laneum → FALDO
induratus
   → caro indurata
   → cutis indurata
industria → GIWARITHA, LIST
industrius → MĀRI
indutiae → DAGTHINGI
ineffabiliter → UNTELLĪKO
ineptia → DUMBHÊD
ineptum → UNGIFŌGITHA
ineptus → DUMB, UNGIMAKLĪK
ineruditio → UNTUHT
infamis → MISSHLIUMANDIG
infans nondum nominatus → PŪSILĪN
infantia → KINDDŌM
infatuare → BIDUMBLIAN
infatuari → GOUHIZZEN[+]
infernus → HELL, HELLIA
infestatio → BIWILLITHA
infestus → UNGIMAK[1]
inficere → BIWELLAN, LOHON
infigere → STEKAN
infirmus → UNSTARK
   → semina infirmiora
inflectere → BÔGIAN
infligere → ANFEHTAN, BIHEFTIAN
influere → ostium, Ostia (ubi Tibris mare influit)
informis → UNBILITHUNGA
infrunitus → SKEMIL, UNSKAMALĪN
infundibulum → TREHTERI
ingeniosus → GLAU
ingenitus → ANAGIBORAN

ingenuilis → FRĪLING
ingredi → GĀN, GANGAN
inguen → HREGRESI[#], LESKO
inguinae → SMALTHERMI
inhabitare → ANBŪAN, ANBŪON
inhorrescere → STRŪVIAN
inimicus → FĪOND
iniquitas → UNREHT[1], UNREHT[2]
inire → ANGANGAN
initiari → GIHÊLAGON, HEILIZZEN[+]
initium → ANAGINN, ENDI[1]
   initium noctis → SKIMRINGA
iniuria → MISSDĀD
inlinere → BIKLENAN
inofficiose → UNFARTHIONODLĪKO
inopinus → UNAWĀNIANDILĪK
inops → THURFTIG
inordinate → BŪGAN, KÊRIAN, WERPAN
inquies → UNSTILLI
inquietari → GIUNSTILLIAN
inquietus → UNGIRĀWID
inquilinus → INKNEHT
inscribere → custodia ... inscripta ... decem verba legis
insidias conditas habere → RĀDAN
insimulare → BILITHON
insinuare → MÊNIAN
insolens → UNDUHTIG
insolentia → UNSIDIGI
insolescere → AGÊLIAN, GIWENNIAN, OVARMŌDIGO, UVILO
instantissime → ANSTANDANDLĪKO
instar → WĪSA
instigare → GISPANAN, SKUNDIAN, STÔVIAN
instita → NESTILA, SNŌR
institutio → LERNUNGA
insultare → FARWĪTAN[1]
intellectus → FARNUMFT
intellegere → FARNIMAN, FARSTĀN
intempestus → UNTĪDIG
intendere → ANSKAUWON, GITHANKO
inter → UNDAR
intercedere → UNDARGANGAN, UNDARWESAN
intercidere → NITHARLEGGIAN
intercilium → ÔGHLID
interere → ANSTUNGIAN
interimere → ASLAHAN
intermittere → UNDARNIMAN
internecare → ASLAHAN

Index latinus

interpellare → WRŌGIAN
interpres → ANDPREST, THIUDERI
interrasilis → GRAVAN
interrogare → SPREKAN
interrumpere → UNDARNIMAN
interruptio → UNDARFARD
intertiare → ANFANGIAN
intervallum → per intervalla
intestabilis → FARSWERIAN
intestina → INĀTHRI
intestinum → INHRIF
intibum → STINKA
intonare → HLŪDASON
intra exteriorem murum → FORABURGI
introire → GANGAN
introitus → GIMŪTHI
inula → ALAND
inutilis → DUMB
invalescere dicens → HRŌPAN
invectio → ARSTEWITHA
invenire → FĪTHAN, FINDAN
invertere → BIKÊRIAN, HINDROD, KÊRIAN
se invicem → ÊN, ŌTHAR
invictus → UNGISWIKAN
invidia → AVUNSTIG, NĪTH
invitare → BIDDIAN
invitatorius → SPANANDILĪK
invocare → ANHRŌPAN
involumentum → WINDILA
iocus → HLAHTAR
ipse → HÊ, SELF
ira → ANDA, GREMI, GREMIZZI[+], TORN[2]
iracundia → GALLA
iris illyricus → WĀDWURT
irretire → BINETTIAN
irritare → ARBELGIAN, REIZEN[+]
is → HÊ, THE[1], THING
isdem → ÊN, SELF
iste → SUM, [THESA]
italica [herba] → WULVESSÊPA
itaque → JĀ
iturus → [GIDURRAN]
iuba → MANA
iubilare → HLŪDON
iucundus → WUNSAM
iudicalis → sententiam iudicalem proferre
iudicare → FARDŌMIAN, [MUNAN]
iudicium → DŌM, SŌNA, URDÊLI
iugalis
 → saepes iugalis
 → virga iugalis
iugis scabies [habens iugem scabiem]
iugiter → LANGO
iugulare → SLAHAN
iugulum → BRIOST
iugum → MORGAN
 iugi frumentum → JUKKORN
iumenta → MERGEH
iumentum → FELDPERIFRID
iuncus → BINUT, SWERDILA, SWERDALA, SWERDULA
Iuppiter → barba Iovis
iuramenta reddere → SWERIAN
iurare → SWERIAN
iuridicus → ÊWISAGO
iurisperitus → ÊUSAGO, LANDREHTERI
iurnalis → JUK
ius → BROTH, SOTH
iuscellum → JUSSAL
iusquianum → BILINA
iustitia → GŌD[2], REHT[2], URDÊLI
iustus → GOD[1], REHT[1]
kalendae → KĀLEND
labefacere → BIGLÊDIAN
labi → GLĪDAN, NITHARLEGGIAN, SLĪPAN
labrum → BEKKĪN
labrusca → uva labrusca
lac → MILUK
lacerta → EGITHEHSA
lacertus → EGITHEHSA, QUIKBRADO
lacessere → STUKKIAN
lacina → WEGWAHTA
lacinia → NUSKILA
lacrima → TRAHAN
lactantia → BIOST
lacteridia → SPRINGWURT
lactuca → LATTIKA
lacunar → HIMILITTI
lacus → ERTHGRŌVA, GRŌVA
ladanum → LATTIKA
laena → HÔVIDKUSSIN, LAKAN, LOTHO
laetari → BLĪTHON, FRAUWIAN
laetificare → BLĪTHHAFTON
laetus → WILLIG
laganum [azymum] → THERVI[1]
lagoena → KRŌG
laguncula → KRŌG
lahmalice → GISMELTI, OVARGULDI
lamia → ĀGENGIA, HOLTMŌIA
lamina → BLAD, BLEK, LAPPO, SKINA, WEFĪSARN

Index latinus

lamina obryza → GISMELTI, **OVARGULDI**
laminis aeneis [statua] → **BLEKKOHT**
lana in superficie lanae → ĀSKORUNGA
lancea → **EVURSPIOT**
lanceola → **STRĀLA**
laneum → **TEPPID**
laneus → indumentum laneum
lanio → MEZZILARI[+]
lanista → TANARI
lanna → **LAPPO**
lanugo → ĀSKORUNGA, HWASS, RŪHI
lanx → **BAK(K)WÊGI**, BAKWÊGA, SKUTALA, WĀGA, WĀGSKĀLA
lapas → **BROKKO**
lapathium → **LATTIKA**
lapicida → STÊNBIKKERI
lapillus fluminum → **GRIOT**
lapis → **STÊN**
 lapis nigellus → **AGAT**
lappa → **KLEDTHA, KLEDTHO, KLĪVA**
lapsus → **FALL**
laquear → **HIMIL**, HIMILITTI
laquearius → **ŌFALDRO**
laqueus → **STRIKK**
Lar → **FIUR**
lardum → **SPEK(K)**
largiter → BRÊDLĪKO
larus → MÊU[#], MŪSARI
larva → **EGISGRĪMOLD**, SKRADO, SLÔTHO
later → **TÊGLA**
latercula, laterculus → **SKINDALA, SKINDULA**
lathyris → SPRINGWURT
latibulum ferarum → **LEGAR**
latomus → HAUWAN, MEZZO[+], STÊNBIKKERI, STÊNBIKKIL
latrina → **FELDGANG, GRŌVA, SWĀSDŌM**
latro → **THIOF**
latum dicere → ANBÔKNIAN
latus → **MANBERGA**
latus → dolor laterum
laudari → **LOVON**
laudatio → **LOF**
laus → **IRMIN, LOF**
 laus stulta → MALSCRUNG[#]
laxus → SLAP, **TRĀGI**[1], **UNSPANNAN**
lectio → **LEKZIA**
 → una lectio
lectisternium → **BEDDIWĀDI**
lectus → **BEDDIBRED**

lecythus → **AMPULLA, STÔP**
legere → **LESAN**
legio → **SKARA**[2]
legislator → **ÊUSAGO**
legisperitus → SKEPINO
legitimus → **ÊUHAFT**
lelex → **ÊUSAGO**
lembulus → **SKIP**
leniter → **LĪHTO**
leno → **HĪMAKERINN**
lens → **LINSI**
 → cibus rufus lentis
lentum → **HORU**
lepus → **HASO**
leridus → **ASKAL**
Lerna → NĀDRA (A ?)
levare → **FURVIAN**, UPPHEBBIAN[1]
 → in cleta (levare)
levigare → SLIHTIAN
levigatus → THĪHAN
levir → TÊKUR
levisticum → LUVISTEKO
lex → custodia ... inscripta ... decem verba legis
libamen → GUTOFFAR
Libanus → **WALD**
liber → **BŌK, RINDA**
Līber → **WĪNGOD**
liberare → ALÔSIAN
libertus → **LĀT, LATUS, LITUS**
-libet → **SŌ**
librare → ŪFWĀRIZZEN[+], **WEGAN**
librarium → **BŌKKAMERA**
libum → **DISK**, KŌKO
liciatorium → **MIDDIL**[2], **MIDDILBÔM, MIDDUL**
licium → FITTIA, **FITTEA, HARLUF, HEVILD**
lictor → **BUDIL, MANSLEHTIO, SLEGERI**
lidilis → **LÊHANMANN**
lien → MILTIA/MILZI[+]
ligatura → **GIBUNDILA/GIBUNDIL, KLOVO, SNŌR**
 ligatura uvae passae → **FĪGKLADTHA**
lignarius → cella lignaria
ligneus → patena lignea
lignum → **HOLT**
 lignum foliis spinosum → **HULIS**
 → glis[4] (lignum quod in tenebris uiui carbonis speciem tenet)
 → ignis fricatus de ligno
ligo → **HAUWA**, SEH[+], **SKARA**[1], **SPADO**
ligula → **GURDIL, HRINGA**

Index latinus

lilifagus → SELVIA
lima → FĪLA
limare → FĪLON
limax → SNEGIL, SNEGAL
limbus → LĪSTA
limen → THRISKUFLI
   limen portus → RESTISTALL
limes → MARKSTÊN
limus → LÊMO, TĒGLA
linea → HEMITHI, LINNA
lineolus → THRĀD
lineus → ELU
lingua → TUNGA
linimentum → KART
linistipulum → BÔTO
linostemus
   linostema vestis → LĪNWARP
   linostimum [vestimentum] → PÊDITHI
linteamen → FANO, LĪNLAKAN, LĪNWĀD
linteolum → KART, LENEMENT, SABAN⁺
linteum → LĪNLAKAN
linum → FLAHS
   → purgare linum
lippitudo → BODANBRĀWI²
lippus → BODANBRĀWI¹, SŪRÔGI
liquamen → SMALT
liquere → OPAN
liquescere → FARSWINDAN, MALAN
liqui → SMELTAN
liquidum ciborum → BRĪ
liquor → FLUTI, HLUTTARDRANK
litigare → STRĪDAN
litura → KLÊM, LĪM
litus¹ → STATH
litus² → LĀT, LATUS, LITUS
lituus → HERIHORN, HLŪDIHORN
lividus → BLĀ(U)
lixa → LAVANDARI, LAVANDERI
lixivia → LÔGA
loaficus → GRŌNSPEHT
locare → BISTADON, FARMĒDON, GIMĒDIAN
locari → STANDAN
locatus esse → SITTIAN
loculus → SEKKIL
locus
   locus ad sedendum → THWERHHŪS
   locus in quo ostium vertitur → ANGO
   locus paluster → BINUT
   locus ubi vendenda ponuntur in mercato → HUDDIA
   → campester locus
   → per loca
lodium → LATTIKA
lodix → LOTHO
lolium → DREPSO, RADO
lomentum → LÔTHAR
longatim → SÊGNO
longum → LANGSAMO
longus → nux longa
loqui → RETHINON, SPREKAN
   loqui in aurem → RŪNON
lora → LŪR(I)A
loreus → LITHARĪN
loricula → ANDFAHTA
loripes → STELTERI
lubisticum → LIVISTOK, LUVISTEKO
lucanica → MARHA
lucere → LIUHTIAN
lucidus → GLESĪN
lucifer → DAGSTERRO
lucius → HAKTH
lucra publica → TOLN
lucrari → BETARON, SKATTON
luctari → HRINGAN
ludaris → STIOR
ludens → SPILON
ludere → SMITHON
ludibundus → SPILON
ludicrum → SPIL, SPOTT, SPOTTWORD
luere → ANDGELDAN
lumbulus → LENDIBRĀDO
lumbus → HLANKA, LENDIBRĀDO
lumen → FIUR, LIOHT²
luna crecens, deficiens → GILIUHTI
   lunae in modum factus → SINWELL
lunaticus → MĀNUTHHWĪLIG
lunatus → SINWELL
lunula → NUSKILĪN
luparia → THUNG
lupatus → [frenum] lupatum
Lupercus → BISKOP, PRĒSTAR
lupinus → FĪGBÔNA
   → uva lupina
luridus → ASKAL, HRIOF
luscinia → NAHTAGALA, NAHTIGALA
lustrare in equis → UMBIRĪDAN
lustrum → DIORWÊTHA, LEGAR
luter¹ → LAVAL
luter² (= lutra) → OTTAR
luteus → GELWI
lux → LIOHT²

Index latinus

luxuria → GEDILÔSI
   → crapula [luxuriae]
luxus → GEDILÔSI, **WINILUST**
lychnus → KART, **LENEMENT, QUERTHAR**
lycisca → **BREKKINN**
lynx → LOHS
macedonium → **KERVILA**
macellarius → **FLÊSKMANGERI**
macellum → **FLÊSKSKRANNA, MARKAT, MARKSTADA**
maceria → **LEHTAR, SKRANKTŪN**
machaera → **KOLVO**
macula → BLĪ², **MASKA, MASKO**
maculentus → **HROTTAG**
madere → FŪHTIAN
maestus → **KLAGUNGA**
magis → quanto magis
magister aedis → ÆRNÞEGEN[#]
magistratus → **PALANCGRĀVIO**
magnificare → **MIKILLIAN**
magnificentia → **MIKILLĪKI**
magnus → **MIKIL**
   → navis magna
magudaris → **KÔL**
magus → **GÔKLARI, KÔKLERI**
maialis → **BARUG**
maiestas → **HÊRI, MEGINKRAFT**
maior → **ALD, FURISTO, FURTHIRO**
   → mecurialis maior
malagma → **PLASTAR**
maledicus → **SKELDARI**
malignus → suggestio maligna
malitia → **MÊN**
malleus → **HAMUR**
mallus → **MAHAL**
malluvium → HANDFAT
malum → **BÔSA**
mālum
   malum africanum → APPUL
   malum cydonium → **KUDINA, PETHUMA**
   malum matianum → **KUDINA**
   malum punicum → APPUL
mālus¹ → **APULDRA**
mālus² → **MAST, MASTBÔM**
malva → **PAPPILLA, PAPPULA**
mamma → **IODAR**
mancipare → **BIMÊNIAN**
   mancipatus → **SKALKIAN**
mancus → **AHĀVOD, ÊNHENDI, GIHĀVID, GIHĀVIDLĪKO, LAM**
mandare → GIBIODAN

mandatum → GI**BOD**
mandragora → FRIUTHILWURT
mane → **MORGANSTUNDA**
manere → **NAHTSELITHA, WONON**
manes → **HELLIGOD**
manica → **ARMBERG, ARMO, HANDSKÔH, HANDTHRŪH, MENIKILO**
manicare → GIFRÔIAN
manifestare → GI**BARON, MĀRIAN**
manifestatio → **BARO**
manifestum facere → GI**BARON**
mannire → **BANNAN, MENNIAN, MANNIRE**
mannus → **FI(U)WARSKUTIG, FULĪN**
mansionarius → DORWEARD[#] (?), SIGI-RISTO
mansuetus → **SMÔTHI**
mansus → **HÔVA**
   mansus dominicatus → **SELIHÔVA, SELILAND**
mantica → **BULGA, DASGA**
manubrium → **HELVI**
manula → **HANDFANO**
manumissio → **SKATTFRĪITHA**
manus → **HAND**
   manu deceptus → **LAM**
   manus ferrea → **SKALDFURKA**
manutergium → **HANDTHWAHILA**
mappa → **HANDFANO**
mappula → **HANDDÔK, HANDFANO**
maratrum → **FENUKAL**
marcidus → WELK
mare → ostium, Ostia (ubi Tibris mare influit)
marinus
   → animal marinum
   → herba marina
maritimus → SÊULĪK
maritus → **KARL**
marrubium → **ANDOR, MARRUVIA**
marsupium → **SEKKIL**
martyr → **MARTIR**
masculus → **WITHRIKO**
mascus → **GRĪMO**
massa → **ARUT, GIGÔT (O ?), RIKK**
   → caricarum massa
masticare → **KEUWAN, KEUWON**
mastruca → **KOTT**
materfamilias → HŪSÊGA
matertera → **MÔMA**
matianus → malum matianum
matricula → **BRÊVITHA**

Index latinus

matrix → LEHTAR
matrona → IDIS, MADRA
matutinus → vigilia matutina
maura → THRŌSWURT
maurus → ALOSWART, MÔR
maxime → BETST
maximus → MÊST
me → IK
meactix → ADIK, ADUK
mechanicus → TIMBRIO
mederi → LĀKNON
medicare → LUBBIAN
meditari → BANAKON
    → fraudis meditans
meditullium → DODRO
medium → GEGINWARDI, MIDDI
meles → GREVING
melisphyllum → BINIWURT
mellitus → MELSKIAN
melo → PETHUMA
membrana → PERGAMIN
membranum → FELL
membrum
    → contractio membrorum
    → fragmenta membrorum
    → vagari membris
memoria → GIHUGD
  (in memoria) habere → BIGANGAN
  memoria habere → BIGĀN
menda → LUGINA
mendacium → LUGINA
mendax → LUGINLĪK
mens → GIWITT, MŌD
  mente consternatus → SÊRAG
  → reducere ad mentem
mensa domini → ALTARI
mensis → MĀNUTH
menstruus → MĀNUTHLĪK
mensula → DISKILĪN
ment(h)a → MINTA
  mentha aquatica → WATARMINTA
mentastrum → HROSSMINTA
Mentor → BILITHARI
mentum → KINN
mercari → WINISKAPON
mercatio → KÔP
mercator → vicus (ubi mercatores morantur)
mercatus → ANGAR[2]
  → locus ubi vendenda ponuntur in mercato

merces → KÔP, LÔN
  mercede effundere → MÊDIAN
mercimonia → JĀRMARKAT
mercimonium → KÔP
mercurialis maior → HÊMWURT, KŌWURT
merenda → JŪSIN[+]
merens → WIRTHIG
meretrix → GIMÊNI, WĪF
mergae → GAFLIA
merges → AHAR, GARVA
mergulus → DÔPFUGAL, DŪKERI, DŪKARI
mergus → DŪKERI, DŪKARI, SKALVAR
merito → GITEMAN, WEL
merops → GRŌNSPEHT
merula → AMSLA, GÊTFUGAL
merulus → THROSLA
merx → KÔP, MĒDA
-met → SELF
metallum → GISMĪTHI, TIMBAR
metere → ARNON
metuere → FORHTIAN
meus → MĪN
mica → BROSMA (BRÔSMA ?), GRIUSNIA
mihi → IK
milites → GITHIGNI
milium → HIRSI, MILLI
millefolium → GARWA
mimicus → SKERNLĪK
  mimicum sollemne → SKERNUNGA
mimus → SKERNIO
mina[1] → ARUT
mina[2] → PUND
minae → THRAWA, THRÊGA
minare → DRĪVAN, JAGON, MENNIAN, MANNIRE
ministerium → THIONOST
minor → MINN
  → olla minor
minus → per ignorantiam minus plene peragere
minutal → INGISNIDI, INSNID
minutatim → KLÊNO
mirmillo → SKERNIO
mirus → fragrantia miri odoris
miscere [vinum] → SKENKIAN
miser → UNÔTHI
miserator → GINĀTHERI
misereri → GINĀTHON
misericordia → GINĀTHA
misericors → ARMHERTI, GINĀTHIG

missarum solemnitas → GŌDLĬK, THIO-
NOST
mitis → SMŌTHI
mitra → HŌD
mittere → LEGGIAN, SENDIAN, UMBI-
LEGGIAN
 mittere foras → AFSKÊDAN, AFSKÊ-
THAN (I?)
moderari → METON
modestus → METHERTIGLĬK, SIDIG, TUH-
TIG
modiolus → NAVA
modulari → SKEPPIAN[1]
modulatorium → SKEPPIBRÊDA, SKEVE-
BRED
modulus → LÊK
modus → WĪSA
 a modo → FORTH, HINAN, NOHHWAN-
NA, NŪ[1]
 → lunae in modum factus
 → plumae in modum
moechanicus → UNHRÊNERI
mola → QUIRN, QUIRNSTÊN
 mola asinaria → MULINSTÊN
molaris → KINNITAND
moles → DĪK
mollire → WÊKIAN
mollis → os molle
molossus → BRAKKO, RUDTHIO, SIUSO,
SIUSA (?)
momentana → WĀGA
momentum → HWĬL, HWĬLA
monedula → KĀHA
moneta → MUNITA
monile → WĪFGIGARWIDI
 monile feminarum → HALSGOLD
monogamus → ÊN, GIHĪWIAN
monomachus → KEMPIO
monoxylus → ÊNBÔMIG
 monoxyla [navis] → SKIP
mons → BERG
mora → DŪFBERI
 mora domestica → MŌRBÔM
 mora silvatica → BRĀMBERI
moracia [nux] → HNUT
moralis → SIDULĬK
morari → DWĀLON (A?)
 → vicus (ubi mercatores morantur)
moratus → bene moratus
morbus → SUHT
morbus regius → GELUSUHT

moretum → MŌRAT
mori → TIKĪNAN
mors → DÔTH
mortariolum → MORSARI
morus → arbor (morus)
motio → SELFWĀGI
motus → GILUST, GIRITHA, SELFWĀGI
movere → SKUDDIAN
mox → SĀN
mucro → HWESSI
muculentus → HROTTAG
mucus → HROT (HROTT?), QUĬL
mugitus boum → HLŌINGA
mui → IK
mulcere → LOKKON
mulctra → MELKKUVILĪN
mulgere → MELKAN
mulier → WĪF
mulio → STŌDARI
mullus → STURIO
multa → GELD
multiplicare → MANAGFALDON
multitudo → MENIGI, MENIGIA, MIKILI
 multitudo populi → GITHRING
multivagus (multiuoma) → WATHLON
multum → MÊST
multus → FILU, MANAG, MIKIL
 → (tempus) ex multo tempore
 → ex multo tempore
mundanus → WEROLDLĬK
mundus → HRÊNI
mungus → HROT (HROTT?)
municeps → MUNDBORO
munificare → GEVON
munus → FULLÊSTI
 munus victoriae → MÊDA
murena → GIRIG, LAMPRIDA, ÔRGOLD,
SNŌVA
murex → DŪVAN, SNEGIL, SNEGAL, STÊN,
ZIOSAL[+]
murica → GISPANN, SNEGIL, SNEGAL
murteus → WĪRBRŪN
murus → intra exteriorum murum
mus → MŪS
musca → FLIOGA
 musca canina → HUNDESFLIOGA
 musca venenosa → FĪFALDE[#]
muscipulum → MŪSFALLA
muscus → BISAMO, DISAMO, GLAS, MUS-
SIAN
mustacium → GRANA

mustricula → LÊSTO (?)
mutare → BIWANDLON, WANDLON
mutilare → BISTUMBLON
muttire → GELLAN, GELLON, GRENNON
mutuari → ANDLĪHAN, LÊHNON
mutulus → MARKSTÊN
mutuo accipere → ANDLĪHAN
mygale → HARMO², NIKKUS
myrica → BIRKA, HÊTHA
myrteus → DOSAN
myrtus → GAGULHRĪS
mysterium → MEGIN
mysticus → BITÊKNIANDILĪK
   mystica (vannus) → WANNA
nanus → GIDWERG
Napaea → BERGPUELLA
nasci → WAHSAN
nasturcium → KRISSIO
natare → SWEVON
natatus → FLUTI, GISWEMMIA
nates → ARSBELLI
natio → HÊTHĪN
natrix → SWIMMARINN
naturalis → ANAGIBORAN
naulum → FERISKATT
nausea → WULLITHA
nauseare → WILLION², WULLON
navis → FLÔTSKIP
   naves collectae → FLOTA[#]
   navis magna → KIOL
   → monoxyla [navis]
ne → NI
-ne → OFTHE
nec → NI
necessitas → explere necessitatem humanae carnis
nectar → SÊM
nefas → HÔNITH(I)A
neglegere → NIMAN
negotiari → WINNAN, WŌKRIAN
negotiatio → KÔP
nemo → NIGÊN
nemus → BÔMGARD, FORST
nenia → SISUSPELO
nepeta → MINTA, SIGIMINTA (?), SIMINTA
nepos → NEVO
nequam → UNREHT[1]
nequiter → BÔSLIKO
nere → BRORDON
nervus → SEIDA[+?], SINUWA

neuter → NIHWETHAR
nexus → BENDI
ni → NI
niger → helleborus niger
nimbosus → BIDUNKALON
nimis → FILU, THRĀDO
ninguidus → SNÊWIG
nitere → GLĪTAN, SKĪNAN
niti → ANDFLĪTAN
nitide → BLANKO
nitor → SKĪMO
nitudulus → SIDULÔS
nobilis → ETHILING
nocere → DERIAN
noctua → NAHTHRAVAN, ŪLA, ŪWILA
nodulus → KNUKIL
nomen → NAMO
nominare → BINEMNIAN
nominatus → infans nondum nominatus
nomisma → MUNITA
non → NI, NIOWIHT, UVILO
   non ardere → LESKAN
   non in aeternum → NIOMÊR
   non tenens aquam → THURKIL
   non vi → ĀNO, ÊSTIGO, LÔN
nondum → NI, ŪHTA
nonnumquam → OFTO, WEL
norma → RIGILSTAF, RIHTUNGA
nos → IK
noster → ŪSA
nota → BITIHT, NOTA
notare → STEPPON
notarius → BRÊVERI
novacula → SKARASAHS, SKERSAHS
novale → ROTHLAND
novella → NIUWILENDI
november → NOVEMBER
noverca → STIOPMŌDAR
nox → initium noctis
noxa → BITIHT
nubilarium → SKOP
nucleus → KERNO
nudare → BARON, GIARMON (?)
nugae → BÔSA, GIBÔSI²
nugator → BÔSERI
nugax → BÔSILING
nullus → NIGÊN
numerare → TELLIAN
nummularius → MUNITERI
nunc → NŪ[1]

Index latinus

nundina → JĀRMARKAT
nundinare → MĒDA
nuptiae → BRŪDHLÔFT
nurus → SNORA
nutans → TWĪFLIG
nutare → WINKIAN, WINKON
nutrimentum → BĀUNGA
nutrire → FÔSTRON, FÔSTRIAN (?), NERIAN, SÔGIAN
nutrix → FÔSTARMÔDAR
nux
   nux longa → MANDALA
   → moracia [nux]
nycticorax → NAHTHRAVAN
nympha Cyanea → WATARPUELLA
nymphaeum → WATARSTEDI
o → WELA², WOLA, WALA
ob- → ANGEGIN
obducere → TUNIKON
obedere → UMBIGNAGAN
obelus → SPIT
obicere → DÔN
obiex → GRINDIL
obire → GĀN, SETHAL, SEDAL, STERVAN
obitus → DÔTH
   → in obitum
obiurgare → KESTIGON
oblinere → BIKLENAN
obnoxius → SKULDIG
obolus → HALFLING
obryza → lamina obryza
obryzum [aurum] → SMELTIAN, OVARGULDI, SMELTGOLTH
observare → HÔDIAN, WARON
obses → GĪSAL
obsonium → BILIVAN, SMALSĀD
obsordescere → [UNSŪVRIAN]
obstaculum → ANGEGINSTĀNUNGA, SLÔT/SLOT
obstetrix → FÔSTARMÔDAR, HEVILA
obstinate → FRAVALLĪKO
obstinatio → ÊNSTRĪDIGI
obstinatus → AFSTURNIG, ÊNSTRĪDIG
obstruere → BIDÔN
obtendere → WERPAN
obtrectatio → BISPRĀKITHA
obturgescere → SWELLAN
obustus → BRĀDAN
obviam offere → AFORHTIAN
obviare → ANDGEGINIAN
occa → WASO

occallescere → GISWILON
occasio → ANSTÔT (?)
occidere → GISLAHAN
occipitium → HÔVID(ES)LOK, HÔVIDSLOP
occiput → HNAKKO
occisio → SLÊK
occupare → GIFĀHAN, SLAHAN
ocimum → BUTHILING
ocrea → BÊNBERGA
oculus → ÔGA
   → speculum [oculorum]
odiosus → ATHRIOTAN
odisse → HATON
odium → HATULĪN, LÊTH¹
odor peregrinus → BISAMO
   → fragrantia miri odoris
oestrus → BREMMIA
ofella → BRĀDO
offa → BITO, KLEUWĪN, MŪTHBITI, MŪTHFULL
   → dare in offa
offendiculum → BISPURNNISS(IA)
offensio → GREMI
offere → obviam offere
olca → WASO
olere → BRENNIAN, SWEKKIAN
olfactoriolum → BISAMO, DISAMO
olfactus → STUNK
olim → NOHHWAN
olla → KRŪKA
   olla minor → BROKKO
olor → ELVIT
omasum → WAMBO
omen → HÊL²
omnis → ALL, GIHWILĪK
   → posterior pars omnis animalis
onager → ESIL, FELDESIL
onagrus → WILDI
onerosus → LÊTH¹
onocrotalus → HORUDUBIL, HORUDUMIL, WATARHÔN
onomatophoros → ANAGIRAKIL
onus → BURTHINN
operari → GI[FR]AMON, WIRKIAN, WURKIAN
operarius → STÊNBRUKIL
operculum → HLID, OVARHLID
operosus → WERKLĪK
opertorium → KOVARTRI
ophiomachus → MERINĀDRA (A ?), NĀDARWINDA (NADAR- ?)

Index latinus

opinari → WĀNIAN
opipare → RĪKLĪKO
opitergium → KOVARTRI
oppignerare → FARSETTIAN
oppilare → BISPERRIAN
opportunitas → GIBURILĪK
oppositus → NIHUL/NIWUL
ops → WELO, WALO
opus → THARVA, WERK[1]
ora → SÔM[1]
oraculum → GISPRĀKNI
orale → OPPARFANO
orarium → OPPARFANO
oratio → GIBED, RETHI
orator → BEDARI
→ efficax orator
orbis → HEGHRING
orbis terrarum → WEROLD
orbita → WAGANLÊSA
ordinatus → STĀN
ordiri → RA(H)IAN
ordo → IDA
oriens → UPPRENNINGA
oriente → ÔSTANA
origanum → THOSTO
originalis → ÊRISTLĪK
oriolum → OPPARFANO
ornamenta → LŪTHRA
ornare → SMITHON
ornatus vestimentorum → BORDA
ornus → MISTIL
ortus → in ortum
ortygometra → FELDHŌN, QUATTULA[+]
os, ossis → BÊN
os molle → BRUSTBÊNI
ōs → MŪTH
→ aperire os
→ sonus parvissimus oris
oscillum → DOKKA, SKOKKA
oscitare → JESKON, RENGON
osculari → KUSSIAN
ostendere → GIÔGIAN
→ equus vestigia alba pedis ostendans
ostentare → GIBARON, HRŌMIAN
ostiolum → GIDWING
ostium → GIMŪTHI
ostium, Ostia (ubi Tibris mare influit)
→ GIMUNDI
→ locus in quo ostium vertitur
ostrum → PELLOL
otiari → FIRION

otiosus torpere → FIRION
otium → FĪRA, MŌTA
ovis → SKĀP
ovum → EI
pacificare → GISŌNIAN
pacisci → ATHINGIAN, WINISKAPON
pacisci (thalamos) → GIMAHLIAN
pactum → TREUWA
paedagogus → MAGUTOGO
paenitudo → HREUWA
paganismus → HÊTHINISSI
paganus → HÊTHĪN, THORPLIUDI
paganus cursus → ĪRI
pagus → GŌ, HÊTHINNISSIA, THORPLIUDI
pala → SKUFLA, SKŪFLA, SKULDRA
palam → in palam
palatum → GĀGAL
paleae → TÊGLA
palear → KELURO
paliurus → HAGAN, HAGANTHORN, THĪS-
TIL, THISTIL
palla → HROKK, LAKAN
pallium → LAKAN, PELLOL
→ angulus pallii
pallor → albus pallori vicinus
palma → spatula palmarum
palmes → SUMARLODA, THONA, WINDA[1]
palmus → MUND
palpare → THAKOLON
palpebra → SLEGIBRĀWA
palpebralis → SLEGIBRĀWA
palpitare → HANDSLAGON, ZABALON[+]
palpo → GRÊPARI
paludamentum → SARROKK
palumbes → HOLTDŪVA, HRINGILDŪVA,
MENIESDŪVA
palūs → BRŌK[2], FENI[1], MŌR
pālus → HŌK
palus parvus → BĪL, PĀL, PINN
paluster, palustris → BRŌKLĪK, FENILĪK
→ locus paluster
pampinus → BLAD, WĪNREVUNBLAD
panacea → RÊNIFANO
pandocium → MARKAT
pandox → MARKATMANN
panegyricus → UMBIKŌSI
pangere → ANSTÔTAN
paniculus → KŌKO
panifica → BEKKERSA (?)
panis → BRÔD
panis tortus → HRINGILING

Index latinus

Pannonius → HŪN
pannus → HATHILĪN, LŪTHRA
pansa → SKÊFFŌT
panula → SPŌLO
panus → SPŌLO
papaver → MAGONHÔVUD, MĀHO
papilio → FĪFALDRA, GITELD
papilla → BRUST, TUTTILĪN⁺, WARTA
papula → BLĀDRA
papyrio → SAHAR
papyrus → BINUT, LESKA (Ē/Ê ?), SWERDILA, SWERDALA, SWERDULA
paranymphus → DRUHTING
parapsis → SULTKAR
parare → GARWIAN, GERWIAN
parasitus → EVANSĀTIG
paratus → GARU
parcere → ANDLĪVAN, BORGIAN/BORGON
parcus → FREK
pardus → LOHS
parere
   parens → FORTHRO
   partus → GARU
   → adiutrix pariendi
parix → MÊSA
parma → SKILD
paropsis → GEVITA, IZZINĀRI⁺
parpossessor → EVANSĀTIG
pars
   → per partes
   → posterior pars omnis animalis
parta → PARTIKA
Parthicus → pellis Parthica
Parthus → UNGAR
particulatim → EINIZZĒN⁺
particulum → BRUKKILĪN
parum → LUTTIK
parvulus → KNEHT, LUTTIL
parvus
   → palus parvus
   → sonus parvissimus oris
pascualis → FÊTIT
passer → HLIUNING
passus → ligatura uvae passae
pasta → DÊG
pastillus → HONAGAPPL, KŌKILO
pastinaca → MORHA
pastoforium, pastorium → KIRIKKEMINĀDA
patella → PANNA
patena lignea → SKUTALA
pater → FADAR, FORTHRO

patera → KENNILĪN (?), STÔPILĪN
pati → FARDRAGAN, THOLON
   → scandalum pati
patibulum → GALGA
patria → LAND
   → extra patriam
patrocinium → GITHINGI²
patronus → HELPAN
patruelis → FEDIRONSUN
patruus → FEDIRO
pauper → ARM², THURFTIG
pausatio → RASTA
pavimentum → ESTRIK
pax → FRITHU
paxillus → BĪL, NAGAL, NAGUL, PĀL, PINN, TELDSTEKKO
peccare → FARWIRKIAN
peccator → SUNDIG, UNWIRTHIG
peccatum → SUNDIA
pecten → HRĪSIL
   pecten dentium → TANDSTUTHLI
pectere → KEMBIAN
peculiaris → scriptum peculiare
pecunia → ALÊHNUNGA
pecus → NŌTIL
pedester → FĒTHO, FENDO
pedica → FŌTSTRIKK, KLOVO, STRIKK
pedile → SOKK
pedisequus → AFTARFULGIAN, FĒTHO, FENDO
pedissequa → KAMERWĪF
pedulis → FŌTDŌK
pelex → ELLIA, KEVIS
pelicare → FARSPANAN
pelicatus → KEVISDŌM
pelignus → KEVISSUN
pellere → FARDRĪVAN
pellicanus → NAHTHRAVAN, SISUGOMO
pellis → KOTT
   pellis fracta → ERH
   pellis hyacinthina → KEIMAK (?)
   pellis Parthica → LOSKI
   pellis rubricata → LOSKI, RÔD
pelvis → LAVAL
penates → HÊMGOD
pendere → SWEVON, UPPWEGAN
penicillum → DŌK
peniculus → WETHIL
penis → GIMAHT
pensilis → HANGON
pensum → DĪSNA, GIWIHTI, SPINNILA

Index latinus

peplum → ÔRAL
pepo → PETHUMA
per → AFTAR, AN, THURH
   per ignorantiam minus plene peragere → FARGÔMALÔSON
   per intervalla → EFTHA, EFTHO
   per loca → HWĀR, HWAR
   per partes → EINIZZĒN[+]
pera → SKERPA
peragere → DŌN
   → per ignorantiam minus plene peragere
perciere → AHEBBIAN[1]
percipere → ANDFAHAN
percolare → GIHLŪTRON
percontari → ANDFRĀGON (?)
percussor → BUDIL
percussura cribri → HRĪDRUNGA
percutere in gladio → FEHTAN
perdere → FARLIOSAN, FARSKULDIAN
perditio → FARHWĀTAN, FARHWĀTNISSI
perdix → FELDHŌN, REPHŌN
perdrix → FARLIOSA
perduellis → WĪGMANN
   perduelles → GITHIGNI
peregrinus → HAGASTALD
   → odor peregrinus
   → pulvis peregrinus
perennitas → UNGIRĪMENDI
perfectus → THURHTHIGAN
perficere → BIBRENGIAN, DŌN, GIFREMMIAN
perfodere → THURHSTEKAN
perfungi → AMBAHTIAN
periculum → FRÊSO, FRÊSA (?), SŌKNUNGA
peripsema → GESWǢPE[#], SKEVISSIA, SMĀH
periscelis → HOSA
periurare → HARDO, SWERIAN
periurus → FARSWERIAN
perizoma → GURDIL, QUEST
perluere → THURHFLÔTIAN
permissum → URLÔF
permittere → LĀTAN
perna → FARHĪN (?), FÊRA, FŌRĪN (?)
pernicitas → TALHÊD
pernicula → BORDA
pero → SNŌRLING
perorare → RETHINON
perpendere → WEGAN

perpendiculum → PUNDUR, SÊGILÔD, WĀGA
perpetuus → ÊWIG
persequi → BĪTAN
persicus → PERSIKBÔM
persolvere → LÊSTIAN
persona → SELFHÊD
   personae → HĒRODI
personacia → KLATA, KLATAKROPP, KLĪVA
personata → HŌDLADIKA
pertaesus → ATHRIOTAN
pertica → METRŌDA, RŌDA
pertinaca → MORHA
pertinax → ÊNSTRĪDIG
pertundere → BISTÔTAN, TŌSTÔTAN
pervenire → BIKUMAN
perverse → KLÊNO
pervicax → ÊNSTRĪDIG
pes → FŌT
   → equus vestigia alba pedis ostendans
   → terere pede
pessimus → WIRSISTO
pessulus → GRINDIL, SKUVIL
pestilens → BIFELLIAN
petere → KNAGAN, STEKAN
petigo → ZITRUS[+]
petilus → FITILFŌT
petroselinon, petroselinum, petrosilinum → FETHARSKELLA, PETERCILIA
petulans → WRÊNISK
petulum → PEDALA
phalanx → SKARA[2]
phanlangium → SPŌLWORM[+?]
phantasia → DRUGITHA
phaselus → KIOL, SKIPILĪN
phiala → SKĀLA, STÔPILĪN
philomela, philomena → NAHTAGALA, NAHTIGALA
phlegmon → MASALA
phoca → MERIKŌ, SELH
phylacterium → BLEK, HOVIDBAND
   phylacteria → LYBESN[#]
piaculum → AWASKUNGA, HRÊNUNGA
pica → AGASTRIA, AGISTRA
picea → FIUHTIA, FORHA, FURHIA
Picens → LIUD
pictus → FÊH
picus → SPEHT
pignerari → WEDDON, WETTISKEFFON[+]

Index latinus

pignus → KÔPSKILLING, **WEDDI**
pila → **BALL, STOKK,** STÔTIL
pilax → KATTA, **WILDI**
pilentum → **SAMBÔK, SAMBŬK**
pileum → **HŪVA**
pilleus (sacerdotalis) → **HÔD**
pilosus → **HOLTDIUVAL**
pīlum[1] → **STAMP,** STAMPERI, **STOKK,** WRĪVIL
pīlum[2] → PĪL
pilus → **LOKK**
    pilis in contrarium versis → **STRŪF**
pīlus → **STAMP,** STAMPERI
pimpinella → **BIVINELLA**
pincerna → **BUTTICLARI, SKENKO**
pineus → plaga pinea
pingere → **ANSTÔTAN**
    pingere acu → **BRORDON**
pinguedo → **SMERU**
pinna → **FLUTIL, WINDBERGA**
pinnaculum → **WINDBERGA**
pinnula → FLOZZA[+]
pinsere → **KNEDAN**
pipare → ZWIZIRON[+]
pirata → **ASKMANN, WĪKING**
pirum → sucus pirorum
pirus → **BIRUBÔM**
pisa → ARAWEIZ[+], **ERWIT**
    pisa agrestis → **BÔNA, FUGAL**
piscatio → **HÔKWERI**
piscina → **WĪWERI**
pistor → **BAKKERI, BEKKERI, BRÔDBAKKARI,** PFISTUR[+]
pituita → **GIBRĂKI, NASADRUPPO**
placenta → **FLATHO**
placere → **WOLALĪKIAN**
placitum → **ÊNWURDIG, THING**
plaga → **MASKA**
    plaga pinea → **WALD**
plāga → **HARMSKARA**
plagula → PLETS (?)
plana → **SKAVO**
planta → **SOLA**
plantago → **WEGBRÊDA**
planus → aequalis plano schemate
platanus → **AHORN, HWĪTBÔM**
platessa → FLÔC[#], **HALFFISK**
plebeius → psalmus plebeius
plebs → **FOLK**
plecta → **WINDAN**
plectere → **FLEHTAN**

plectilis → **FLEHTAN,** GIBÔGIANDILĬK
plectrum → **CIDARPINN, HWERVA, HWIRVIA**
plene → per ignorantiam minus plene peragere
plerumque → **MÊSTIG**
pleuritis → **STEKATHO**
plumacium → **BEDDIGIWĀDI, PULWI, PULWIO, WANGKUSSIN**
plumae in modum → **BŌKON**
plumarius → **BŌKON**
plumbum → **BLĬ(U)**
plumeus → **PLŬMON**
plus → **MÊR**
pocularis → vas poculare
podagra → **FŌTSUHT**
poenitentiam agere → **HREUWON, SUNDIA**
poetice → **SKOPLĬKO**
poledrus → **FOLO**
polenta → **BRĪ, MŌS, WELHISK**
polire → **GRAVAN,** MEZZON[+]
pollex → **THŪMO**
poluere → **BIWELLAN**
polymitus → **MĀLON**
polypodion → **STÊNFARN**
polypus crinitus → **GRANA**
pomerium → **BÔMGARD**
pomum → sucus pomorum
ponderosus → HÔLAHT
pondus → **WĀGA**
ponere → **SETTIAN**
    → hortum ponere
pons → **BRUGGIA, KLIDA**
ponticus → canis ponticus
poples → **HAMMA, KNIORADO**
populus → **LAND, LIUD**
    populus → concilium populorum commune, multitudo populi
pōpulus → **ALBERIA, BIRKA**
porca → **SUGA**
porcarius → **SWĪNHIRDI**
porcus
    porcus dimissus → **BÊR**
    porcus saginatus → **SPEKSWĪN**
    → stabulum porcorum
porisma → **MÊDA**
porphyrio → FELOFOR[#], **HURWĬN** (?)
porro → **STURIO**
porrum → **PORRO**
portitor → **DRAGARI**

portulaca → PARTIKA
portus → limen portus
posse → [MŌTAN], [MUGAN], [SKULAN]
possidere → BIWALDAN, HEBBIAN²
post → AFTAR, OVAR
posterus → HINDRO
   posteria colli → HNAKKO
   posterior pars omnis animalis → ARSBELLI, ĪSBÊN
   postremo → BIJU
postica → DORILĪN
postis → POST
potens → GIWALDIG
potius → AVUR
potum administrare/dare → SKENKIAN
praeceps → SKURGIAN
praecessor → FORAFERDIO
praecipuus → BETST
praeclarus → MĀRI
praeclavium → GANGERN[#]
praeco → FORABODO
praedestinare → GIMÊNIAN
praeditus → GIÔD
praedium → BIFORANDÊLA, ÊGAN³, FORADÊLA
praedo → RÔVERI
praeesse → claustris sacrorum praeesse
praegnans → HAFT
praemittere → LĀTAN
praenicularius → BYRDESTRE[#]
praepes → SNIUMI
praerogativa auctoritate → SUNDARFRAM
praeruptum → STIKULI
praeruptus → HENGIKLIF
praes → ERVO, ÊSKO
praescribere → BIMÊNIAN
praesertim → THURHSLAHT
praesidium → FESTITHA
praestigiator → GÔKLARI, KÔKLERI
praestigium → MALSCRUNG[#], TÔVAR
se praesumere → GIBELDIAN
praetor → SPRĀKMANN
praetorium → PALINZ, SPRĀKHŪS
praevalidus → STARK
praevaricator → OVARFARO
praevenire → FORASPREKAN
prandere → INBĪTON
prasinus → GRŌNI
pravus → AVUH

preces → BIDDIAN
prelum → PRESSIRI, STAMP
pressicium → MALSCRUNG[#]
pretiator → EAHTERE[#]
pretiosus → DIURI
pretium → HERIHŪTHIA, WERTH²
primiscrinius → KAMERARI
primus → FURISTO
princeps → FURISTO
principale → FURISTI
principatus → HÊRSKEPI
principium → ANAGINN
   → aurorae principium
prinicula → BORDA
privigna → STIOPDOHTAR
privignus → STIOPSUNU
privilegium → GISWĀSSKARA, MUNDBURD, SUNDARGIFT, SUNDARSKAFT, SUNDRIGI
pro → AH, FOR(A)
   pro fenore → WARNIUNGA
   pro pudor → AH, LÊS¹
proava → ALDANA
proavus → ALDANO, OVARANIKO
probare → BIFĪTHAN, BIFINDAN, GIWĀRFESTIAN
probaticus → FEHULĪK
probatio → BRUKKILĪN, GIHEVITHA
probatus → HLUTTAR, HLŪTAR
problema → RĀDISLI
procedere in diebus → ALDRON
procella → IRRARI, WELLA, WELLIA (?)
procinctus → WĪGGIGERWI
procreatio → GISKAFT
procudere → GISKERPIAN
procurator → MEIER
procus → DRUHTING
prodere → FORTHBRENGIAN
prodiga → FARLIOSA
prodigus → SPILDI
producere fructus → WAHSAN
productilis → ASTRENGIAN
profectio → FŌRA
profecto → LUTTILO
proferre → BERAN
   → sententiam iudicalem proferre
profluus → SLIPUR, SLIPAR
profundere → BIGIOTAN
profundum → trahere in profundum
prohibere → BIWERIAN¹
proles → KUNNI

Index latinus

proluere → BIGIOTAN
proluvies → JESKŌD
proma → HORDERN#
promocundus → SKENKO
promotorium → HŌH#
promovere → GIFURTIIRIAN
promptuaria → HORDERN#
promptuarium → KELLERI
promunturium → ARMO, HORN/HORNA
pronepos → STIOPSUNU
pronuba → MAKERINN
prope → NĀH[1]
prophetizare → RĀDAN
propinare → SKENKIAN
propinquus → NĀH[1]
propitiare → GINĀTHIG
propitiatorium → HLID
propola → HUDDIA
propositum → GIMÊNITHA
proprisum → BIFANG
proprium → ÊGAN[3]
proprius → ÊGAN[2]
propter → THURH
propugnaculum → BRUSTWER, WĪGHŪS
prora → PLEHTA
proscaenium → FORAPORTIK, FURIKELLI
proscindere → GIBRĀKON
proselytus → HAGASTALD
proserpinata → WEGBRÊDA
prosilire → ŪTSKRIKKIAN
prospicere → FORTHSEHAN
protector → BISKERMERI
provenire → BIKUMAN
proventus → LAVA
provinciales → LANDLIUDI
provocare → GREMMIAN
proximus → NĀH[1]
 → in proximo
prudens → GLAU
pruina → HRĪM, HRĪPO
prunella → SPINILA
prunum → PLŪMA
prunus → PRŪMBÔM
prurigo → BLÊKI, JUKKITHO
prurire → JUKKIAN, KITILON, KITTLON (?)
pruritus → HRŪTHO
psallere → SINGAN
psalmodia → SALMSANG
psalmus plebeius, saecularis → WINI-
 LIOTH
psiathium → MATTA

psilothrum → SLÊPA
psittacus → KĀHA
ptarmica [achillea] → HNIOSWURT
ptisana → HIRSISPRIU, SPRIU, WIRT
ptisanarium → SPĪKARI, SPĪKERI
pubes → MIDDIL[1]
publicare → GIBARON
publicus → FRÔNO
 → lucra publica, strata publica
pudor → KŪSKITHA
 → pro pudor
pugil → KEMPIO
pugillar → HANDTAFLA
pugillari → KAMP
pugillaris → HANDTAFLĪK
 pugillaris cera → WEHSITAFLA
pugillus → FŪSTILĪN, HANDFULL, PUNGO
pugnum → FŪSTSLAG
pugnus → FŪST
pulcher → SWĀR
puleium → MINTA
pulex → FLÔH
pullicinus → JUNG
pullus → FOLO, FULĪN, HÔN
pulmentum → KOKMŌSI, SPĪSA, SUVAL
pulmo → LUNGA, LUNGANN
pulpa → SOTHMŌSA
pulpamentum → SOTHMŌSA
pulpedo → HANAFŌT
pulpitum → LEKTORI, THILI
puls → BRĪ, MELUMŌS
pultio → BOLTO
pulvillus → PULWI, PULWIO
pulvinar → PULWI, PULWIO, RASTA
pulvinarium → GODOBEDD
pulvis → KALK
 pulvis exoticus, pulvis peregrinus →
 BISAMO
pumilio → GIDWERG
punctum → NOTA, STIKI
punctus → STIPP
pungere → ANSTÔTAN
punicus → AFRIKANISK
 → malum punicum
punire → ANDGELDIAN
pupa → SEHO
pupeta → DOKKA
pupilla → APPUL, SEHA, SEHO, STIPP
pupitum → LEKTOR
puppis → STIORSTAF
pupula → SEHA, SEHO

585

Index latinus

pupus → KNEHT
purgamenta → GESWÆPE#
purgamentum → ĀWERP, GISOP(P)A
purgare linum → HEKILON
purpura → PELLOL
purpureus → DŪN
purulentus → ETTARAG (ê ?)
purus → UNGIMĀLOD
pus → GUND
pusillus → LUTTIK
pusio → BŪSIKO, PŪSILĪN, TÊTO
pustula → ANGSETO, BLĀDRA
putare → AHTIAN, AHTON
putredo → FŪLITHA
putrescere → AFŪLON
pyra → ÊD
pyrgus → SWIBOGO
pyropus → SKORSTÊN
pyxis → DOP
quadrare → FI(U)WARSKUTIAN
quadruplare → FI(U)WARFALDON
quaerere → SŌKIAN
quaerimonia → KLAGA
quaestum → WŌKAR
quaestus → GIWINN
qualis → HWŌ
qualus → KORF
quam → FILU, HWÊ, HWAT, THAN, THANNA
quando → HWANNA, THAN, THANNA
quandoque → NOHHWAN, NOHHWANNA
quandoquidem → HWAN, THE[1]
quanto magis → ALSO, MIKIL
quaquila → WAHTILA
quasi → SAMA, SŌ, WESAN
quasillus, quassus → KORF
quatenus → THAT[1]
quater → ter quaterque et septies
quaterna → QUADERNA
quattuor → FI(U)WAR
-que → ENDI[2]
quemadmodum → GIMET, MET, THE[1]
queri → KLAGON
querulosus → SKELDARI
qui → HWÊ, HWAT, HWILĪK, THE[1], THE[2]
   qui commentum fecit → BILITHARI
   qui dicitur → ENDI[2]
quia → HWAND, HWANDA, THAT[1]
   quia tunc → HWŌ, SĀN
quicquid → HWÊ, HWAT, SŌ
quid → HWAT
quidpiam → HWÊ, HWAT, NI, WITAN

quies → RASTA
quilibet → HWILĪK
quin → NEVA, NEVAN
quinus → FĪFFALD
quippe → GIWISSO
quirinalis → RŌMANISK
quis → HWÊ, HWAT, HWILĪK, THE[1], WER
quiscula → QUATTULA[+], WAHTILA
quispiam → IOWIHTESHWÊ
quisque → GIHWILĪK
quisquis → ÊNIG
quo → HINA, HWAROD, SŌSŌ, THAR, THĀR, THARA
   → de quo
   → in quo
quod → ALSO, SŌ, THAT[1]
   quod circa altare (est) → KAPS
quomodo → HWÊ, HWAT, MID
quoniam → HWAND, HWANDA
quoque → ÔK
quorsum → HWARASUN
quot → ALL, SŌ
rabula → THINGMANN
racemus → WĪNBERI
radius → GERDIA, RAHA, SPAKA, SPÊKA
radix
   a radicibus → UPPWARDES
   radix filicis → FARN
   → althaea, altee radix
   → gladiolae radix, gladione radix
   → henole radix
raeda → BĀRA
ramus → AST, GIMAHT, HRĪS
rapere → DRĪVAN
raphanus → KRESSO[1], MERIREDIK, PIPERA, RADIK, WILDI
ra[sor capillorum] → TŌHAMOLERE# (?)
rasorium → SKRĪFMETISAHS
rastrum → EGITHA, HAKKA, REKO, SPADO
re- (removere) → HINAN
recalvaster → ŌKALU, UNDARKALU
recensere → TELLIAN
recessus → DÔGALNUSSI
recipere → ANDGELDAN, FARSINNAN, THOLON
reclinatorium → HLENA
recolere → GIHUGDIGON
recreare → GILAVON
recrementum → SPRIU
recte → GIREHT
rectus → REHT[1]

recurrere → WITHARĪLIAN
reddere → ANDGELDAN, GELDAN
　→ iuramenta reddere
redditio → LÔN
redditus → MAHALSKULD
redemptio → FORMĒDA
redimicula → HĀRSNŌR
redimiculum → GIFAGARITHA
redire → HWERVAN, WITHARKUMAN
reditus → HÊMBRUNG, WITHARFARD
reducere ad mentem → THENKIAN
reficere → LAVON
refocilari → AKUMAN
refrigescere → AKALDON
refugere → GIFLIOHAN
regalis → RĪKLĪK
regere → RIHTIAN
regio → RĪKI³
regius → morbus regius
regnum → RĪKI³
regula → HRINGA, RIHTI, RIHTUNGA, TÊN
remeare → GIHWERVAN
remittere → ANDLĀTAN
removere → DŌN
ren → LENDIN
renitens → LAT
reno → KURSINA
renuere → WITHARON
renunculus → LUMBAL, LUNDLAGA[#]
renuntiare → FARSAKAN
repagulum → FARSERIAN, SLÔT/SLOT, SPERRIL
repandere → ŪTGANGAN
repectere → KEMBIAN
repedare → FARAN
rependere → WREKAN
repere → SLĪKAN
reponere → NITHARSETTIAN
reprobare → FARKIOSAN
reptare → SLĪKAN
repudium → FARDRĪVUNGA
requies → RASTA
requiescere → RESTIAN
reri → AHTON
res → THING
　ab re → ĀTEL
resarcire → WITHARSIUWIAN
resecare → SEGON
reservare → LĀTAN
resina → FLIOD (FLIOTH ?), HART, HARZAH[+], SÊPA

resistere → ANDSTADON, GISTILLON
resolvere → TILÔSIAN
respicere → FARSEHAN, GISEHAN, SKAU-WON
restagnare → WITHARTHWAHAN (?), WITHARWĀGIAN
restis → RÊP
resudare → SWIZZEN[+]
resurgere → GIWENDIAN
rete quo culices excluduntur → FLIUG-NETT
retiaculum → NŌT
reticulum → NETT, NETTILĪN
　reticulum iecoris → NETTISMERU
retinaculum → GIMERITHA, NŌT
retorta → WITH²
retrahere → FARAN, THANAN, WITHAR-TIOHAN
retribuere → FARGEVAN
retributio → KÔP
retro → BIFORAN
retundere → WITHARBLEUWAN
revehere → WITHARFERIAN
revelare → AOPANON
reverentia → ANDÊRUNGA, SKAMA, WĪH-HÊD
revereri → ANDÊRON
reversio → WINDILA
rex → KUNING
rhamnus → AGALEIA, AGALTHORN
rhamus → SLÊHTHORN
rhetoricare → RETHINON
rheuma → GIBRĀKI
rhinoceros → ÊNHURNIO
rhombus → STURIO
rictus → BITI
ridiculus → GAMANLĪK, HŌHILĪK
rigare → FŪHTIAN
rima → HNŌA, KINISLO
rimari → SKRUDILON, SŌKIAN
rimator → EAHTERE[#]
rimula → RUNZILO[+]
ringi → RENGON
ripa → STATH
rite → ALL
ritudulus → SIDULÔS
ritus → sine ritu
rivalis → ELLIA
　rivalis (qui habet cum alio uxorem) → ÊGITURIL
rivus → BEKI

Index latinus

robur (aratri) → GRENDIL
   robur sectum → RINDA
rogare → BIDDIAN
rogus → HÔP, SAKKERI
roseus → ROSOLI (ROSALĪN ?)
rota → vertigo (rotarum)
rotare → EDWINDAN, HWERVIAN, THRĀIAN
rotta → HARPA
rubellio → KREVIT
rubeta → BOFO, KRODA, LÔFFROSK, ŪKA
rubicundus → GELWI
rubigo → ROST, RŪST, WINDBRAND
rubricatus → pellis rubricata
rubus → BRĀMALBUSK
ructare → FORTHBRENGIAN
rudens → HÔVIDRÊP, SEGALSÊL, STIORWITHI (?)
rudus → ARUT, MIST[1]
   rudus aeris → ARUT
rufus → cibus rufus lentis
ruga → HRUMPUSLO, RUNZA[+], ZUHHA[+]
rumen → IDRUK
rumicedo → BRĀMLÔF
runcina → HNÔIL, JEDA
runco → JEDA
ruscus → HULIS
russeolus → ROSOLI (ROSALĪN ?)
sabanum → BATHLAKAN, SABAN[+]
sabina [herba] → SEVINBÔM
sabulum → SAND
saccellus → BURSA
sacciperium → KIULLA
sacculus → SEKKIL
saccus → HĀRA
sacer → claustris sacrorum praeesse
sacrarium → SIGITARI
sacrificare → OPPRAIAN
sacrilegium super defunctos → DÔTHSISU
sacrum silvarum → NIMID
saecularis → ERTHLĪK
   → psalmus saecularis
saeculum → WEROLD
saepes iugalis → JUKFAK
saeta → BURSTA, HĀR, HĀRA
   saeta torta → FUNNA, MASKA
saetacium → HĀRSIVI
sagax → KLÊNI[1]
sagellum → KOTT
sagena → NETT, SEGIN

saginatum → FÊDELS[#]
saginatus → porcus saginatus
sagitta → BOLLO[1], SKEFTI
sagma → SÔM[2]
sagmarius → SÔMARI
sagum → FILT, LAKAN, TEPPID
sal → SALT
   → agrigentinus (sal)
salictum → WILGIA
salina → SULTIA
saliva → SPÊKALDRA
salix → WILGIA
salsamentum → SULTIA
salsicia → WURST
salsilago → SULTIA
salsugo → SULTIA
salsus → humor salsus
saltem → THOH
saltus → ROTHIRSTEDI, WALD
salus → HÊLI, WELAQUIDI, WOLAQUIDI
salutare → HÊLI
salutatio → HÊLI
salvare → GIHALDAN, HALDAN
salvator → HÊLERI, NERIAND
salvus → HALDAN
   salvus esse → GINESAN
sambuca → HOLONDAR, HOLONDARPĪPA
sambucus → ELLE(R)N[#], HOLONDAR
samia [terra] → ARUT
Samnis → LIUD
sampsuchus → LEVINDOLA
sanare → GIHÊLIAN
sanctificare → HÊLAG
sanctitas → HÊLAGDÔM
sanctuarium → ALTARHŪS
sanctus → HÊLAG
sandalium → GIRIUMI
sandyx → WÊD
sane → GIWISSO
sanguinaria → SPURIGRAS, UMBITREDA
sanguis → BLŌD
   → vena sanguinis
sanguisuga → EGALA
sanitas → HÊLI
sanus → WELMAHTIG
sapere → FARWITAN
sapientia → WĪSDŌM
sapo, sapona → SÊPA
sarabara → HŌD
sarcilis → PÊDITHI
sarcire → REVOLON

Index latinus

sarcophagus → KORF, SARK
sarculare → JEDAN
sarculum → GRAVA, HAKKA, JEDA, JED-ĪSARN, SPADO
sardina → HERING
sarmentum → SKRÔD, SNIDILING, SPAK, SPROKKO
sarminia → KERVILA
sarrochium → SARROKK
[s]arta → ROTH
sartago → PANNA, SKAPO, TÊGLA
sartor → REVOLARI
sartus → TISLĪTAN
satis → FILU
   satis [accipere] → MŌDFAGA
satisfacere → GIFAGON, GIWILLION[1]
satum → GIMET
satureia → BIOSLÔK, KUNILA
scaber → HRŪTHO, LOKAHTI, PERGAMINARI, SKARP
scabies → HRŪTHO, SKAVATHO
   [habens iugem scab]iem → SKAVOHT
scaena → LÔVIA
scaenopegia → LÔFDAG
scalae → KLIDA
scalpellum → GRAFĪSARN, SKRÔDĪSARN
scalpere → SKAVAN, SKRÔDAN
scalprum → SKAFĪSARN, SKRÔDĪSARN
scamma → KAMPSTAD
scamnale → BANKLAKAN
scandalizare → ARFELLIAN, WERSON
scandalizari → GISWĪKAN
scandalum → IRRARI
   scandalum pati → GISWĪKAN
scapula → SKULDRA
scarabaeus → HORNOBERO, WIVIL
scarabeia → SKARLEIA
scaraleia → SKARLEIA
scatebra → QUELLA
scaturire → KRŪDAN, QUELLAN, WEMMIAN
scaurus → SKARP, SKERF (?)
sceleratus → SUNDIG
scelestus → SUNDIG
schema → aequalis plano schemate
schisma → SKÊDUNGA, SKÊTHUNGA
schola → feriae scholarum
sciendum → WĪTAG, WĪTIG (I ?)
scindere → SLĪTAN
scinifes → KNELLIZ[+], KNELLIZZA[+], KNELLIZZI[+], KNOSA, MUGGIA

scirpeus → BINUTĪN
scirpus → BINUT
scissura → BRUKI
scitillare → RASKITON
scitum → GISETITHA
sciurus → ĀCWEORNA[#]
sclarea → SKARLEIA
scobis → SKAVAN
scogilum → MAHAL
scoliasmus → THŪTHĪSTIL
scopa → BESMO
scopulus → FELIS
scorellus → AMAR[2]
scoria → SINDAR
scortari → HŌRIAN
scortator → HŌRARI
scortum → GIMÊNI, HAGATISSA, HÔRHŪS, WĪF
Scotus → LIUD
screare → HRAKISON, RESKON
scriba → BŌKARI
scribere → HRĪTAN, HRITTIAN, WRĪTAN
scriptum peculiare → GISWĀSSKARA
scriptura → GISKRIFT (?)
scripula → SKRĪFFETHARA
scrofa → SŪ
scrutinium → HŪSSŌKA
sculdacia → SKULDITHI
sculptura → striata [sculptura]
scumaria → HOPPO
scutica → GÊSLA
scutra → BAKWÊGA
scutulatus → APPULGRĀ(U), SKĪVAHT
scutum → BUKKULERI
scyphus → HNAPP, STAUPA, URCIL
Scythi → LIUD
se → in se
sebum → UNSLIHT
secale → ROGGO
secare → THURHSTEKAN, WRITTON
secludere → ŪTBISLŪTAN
secretarius → DRŪD, SIGINDRI
secta → BIGENGITHA, IRRISLO
sectari → NIMAN
sectus → robur sectum
secundo cras → OVARMORGANE
secundum → AFTAR, ANGEGIN, WITH[1]
secundus → Ierusalem secunda
securus → SKATHA
sed → NEVAN
sedare → GISTILLIAN

sedere → SITTIAN, UPPSITTIAN
   → locus ad sedendum
seditio → ĀHTUNGA, FĀRA, STRĬD, STRĪTH (?)
seducere → FARLÊDIAN
sedulus → KLÊNLISTIG
segmentum → STRIK
sellarius → SADULHROSS
semen → KUNNI, SĀMO
   semina infirmiora → SMALSĀD
semifer → HALFDIORIG
semispata → SAHS
semper → IOMÊR, SIMLUN, SIMBLON, SINNON
senator → GUMO
senatus → GUMISKI
senecio → RÔDLĀKA (?), SKORFWURT
sententiam iudicalem proferre → DŌMIAN
sentina → MŌR, PUTTIA
sentire → FARNIMAN
separatio → FARDRĪVUNGA
septenerbia → WEGARIH⁺
septentrio → NORTHHALVA
   septemtriones → WAGAN
septies → ter quaterque et septies
sepultura → BIGRAFT
sequester → GRIOTWARD
sequi → ÊSKON, FOLGON
   → (telum) telo sequi
serenitas → HÊDAR
seria → GITHIGANHÊD
sericum → GODOWEBB, PELLOL
serio → SKIRNO
serium → ERNUST
serius → NUTTI
sermo → WORD
sermonicari → KÔSON
serpyllum → KUNILA
serra → SAGA[1], SEGA
serrare → SEGON
serratus → HWASS, SKARP
servare → GÔMA, HALDAN
servilis → LĀT
servire → THIONON
servus → SKALK
severitas → GRIMMNUSSI
severum → GRIMMLĬKO
severus → THĪHAN
sextarius → DÊL, FI(U)WARTHO
si → AF, OFTHE, SĪTHOR, SŌ

sibi → HÊ
sic → SIDU, SŌ
sica → MORTHMETISAHS
sicera → APPULDRANK
sicut → ALSO, SAMA, SŌ, SULĪK
   sicut fulgor → SNIUMO, SLIUMO
sigillum → AFGOD
signare → SIGLIAN, TŌTÊKNIAN (?)
signifer → FANERI
significare → ANBÔKNIAN, MÊNIAN
signum → GŪTHFANO, HERIBÔKAN, TÊKAN
   signum dare → TÊKNIAN
   signum terrae → ERTHBIVUNGA
silentium imponere → STILLIAN
siligo → ROGGO, SPELTA
siliqua → BULIT, ÊKILA, FESA, SKÔDA (O ?)
silurus → SPIRLING
silva → sacrum silvarum
silvaticus
   → apius silvaticus
   → mora silvatica
simia → APA, APO, EPINN
similago → MELU
similia → HRÊNI, MELU
similis → GILĪK
simius → APO, AVUHNASI
simulacrum dei → AFGOD
sinapi → SENAP
sinapio (qui in aqua crescit) → KRESSO[1]
sindon → SABAN⁺
sine
   sine ritu → SIDULÔS
   sine verno → URWUNNI (UNWUNNI ?)
sinere → LĀTAN
singularis → EVUR
singultare → SNEFLIZZON⁺
singultus → SNOFLITIA
sinuamen → WANK
sirena → MERIMINNIA
sistrum → HERIBÔKAN, HLŪDIHORN
sitarcia → DASGA, FETISLA, MALHA
situla → ÊMBAR
sive → AF
smegma → SALVA, SÊPA
socius → GISWĀS
socrus → SWEGRA (?)
sodalis → GISELLIO
sodalitas → SELSKEPI
sol → SUNNA
solacium → FULLUST

Index latinus

solarium → SOLERI
solatrum → NAHTSKADU
solea → SOLA
solemnitas → missarum solemnitas
solidago → LODWURT
solitudo → habitator solitudinis
sollemnis → mimicum sollemne
sollertia → GIWARITHA
sollertissimus → KLÊNLISTIG
sollicitare → BIÊSKIAN, WEGGIAN
sollicite → NIUDLĪKO
sollicitudo → KLEDERSTIKO
solsequium → HRINGILLA
solum¹ → FLAKA
solum² → EKKOR
solus → ÊN
solutus → LÔS
solvere → ANDSÊLIAN, BREKAN, GELDAN, GIFULLON, UNDGELDAN, UNDLĀTAN
    solvere carrum → ANDHLADAN#
somnolentia → SLAPITHA
sonare → HELLAN
sonestis → HRŌRA, STŌD², SWANUR
sonus parvissimus oris → RŪNIZUNGA+
sophisticus → WĪS
soporus → ZAGALĪH+
sorbilare → SŪPAN
sorbitio → SLUND
sorbitiuncula → FRITLING, PANKŌKO, PANNAKŌKLĪN, WARMMŌS
sordere → UNSŪVRON
sordes → RŪST
    → effusio sordis
sorex → MŪS
soriscula → WATARFAT
spadix → DŪN
spado → HENGIST, URFŪR
spalangium → SPŌLWORM+?
spalangius → FLIOGA
spalangus → FĪFALDE#
spargere → OVARSĀIAN
sparsus capillis → BIRÔPIAN
sparta → BREKKINN
sparteus → GERDĪN
spartum → BINUT
spassare → GINESAN
spat(h)a → SWERD
spatharius → SWERDDRAGO
spat(h)ula, spatula palmarum → SWERDILA, SWERDALA, SWERDULA

spatium dare → RŪMIAN
species → BILITHI
    → glis⁴ (lignum quod in tenebris uiui carbonis speciem tenet)
specimen → BILITHI
spectabilis → LUSTLĪK
speculator → SLEGERI
speculum → SPÊGAL
    speculum [oculorum] → SEHA
specus → HOL²
sperare → GITHINGIAN, GITRAUWIAN, GITRŪON
sphaera → HRINGA, SKĪVA
sphaerula → SKĪVA
sphinx → SPINULA, SPINALA
sphragitis → PREKUNGA
spica → vellere (spicas)
spicarius → HRIUVI
spiceus → AHARĪN
spiculum → DARD, HWESSI, SKERPI
spina → HRUGGIBÊN
    → alba spina
spinosus → lignum foliis spinosum
spinter → NUSKIL
spiriolus → ÊKHORN
spiritus → GÊST, GIWITT
sponda → BEDDIBRED
spondere → GIHÊTAN
sponsio → ARBORGITHA
sponsor → ANDHÊTERI
sporonus → SPORO
sporta → TÊNIL
sprintilla → HNIOSWURT
spurius → WANBURDIG
squama → HŪD, SKŌBB(I)A, SLŪK
squameus, squamosus → SKELLI
squilla → FORHNA
stabularius → MARHSKALK
stabulum porcorum → STĪGA
stagnare → STATHIAN (STĀDIAN ?)
stagnum → TIN
stamen → STANDWEBB, WARP
    → trama (filum est quod intra stamen currit)
stannum → TIN
stantinus → GRÔTTHARM
statera → GIWĀGI, WĀGA
statio → HERIBERGA, WAHTA, WARDA
    statio boum → HRĪTHASSTALL
statua → MANLĪK
    → laminis aeneis [statua]

staupus → STÔP
stel(l)io → MOL
stercus → MEHS
sternax → SPURNAN
sternens → SPURNAN
sternere → ŪTSTREUWIAN
sternutatio → HNORA, HRŪTUNGA, THRĀ-SUNGA
stertere → HRŪTAN
stibium → BRŪNFARU
stigma → HANDMĀLI
stilio → CWELDERÆDE#
stillare → DRIOPAN
stimulus → GARD², MENIL
stipendiarius → WISTLĪK
stipendium → BILIVAN, HERIGITIUG, HERITIUG (?), HERISTIURIA
stipes → POST, SELFBÔM, STEKKO, STOKK, SŪL
   stipes carceralis → KIPP
   stipes cum foliis → STIL
stips → BILIVAN, GITIUG, PRŌVENDA
stipula → HALM
stiria → JIKILLIA, JIKILLIO (?), KAKELI
stirps → STOKK
stiva → PLŌGSTERT
stolidus → DUMB
storacinus → HESILĪN
strabo, strabus → SKELU
stragula → PLŪMON, THEKKILAKAN
stragulum → THEKKILAKAN
stramentum → BEDDISTRAU, BEDDI-WĀDI, STREUWUNGA
strangulare → BITHWINGAN, WURGIAN
strangulatrix → WURGARINN
strangulum → GALGA
strata publica → THIODWEG
strator → MARHSKALK
stratorium → BEDDIGISTRAUWI, BEDDI-WĀDI
strenue → HORSKO
strepere → KRĀIAN
striata [sculptura] → WELO, WALO, WĒRA
striatus → WĒRA
stribarium → STIGRÊP
stridor → KLAPUNGA
stridulus → ŪTHIAN
striga → HATHDŌMIG, HĀZUS⁺, UNHOLD
strigia → HATHDŌMIG
strigilis → HROSSKAMB, HROSSSKERRA, STRIGIL

strio → SKIRNO
stropha → UNKUST, WINDILA
strophium → HALSFANO, WINDILA
structor → DRUHTSĀT(I)O
strudis → GISTRUDIAN
struere → MAKON
strues → HÔP, HŪPO
struma → BŪLA, KELK
strutio → STRŪT/STRŪTH
strychnos → NAHTSKADU
stultus → laus stulta
stupor → SLAP, TRĀGI¹
stuppa → TAU, WERK²
sturio → STURIO
sturnus → SPRĀWA
styrax → WĪHRÔKBÔM
suadere → RĀDAN, SKUNDIAN
suavis → SWŌTI
subditus → SKALKIAN
subdolum → UNKUST
subdolus → FÊKAN, FÊKNI
suber → SAP
subiecere → UNDARWERPAN
subintroire → UNDARSLĪKAN
subito → GĀHLĪKO
subiugalis → TAM
sublimare → honore sublimare
sublimatus → culmine sublimatus
subsistere → OVARGILINDON
subtacitus → FÊKNI
subtela → SKRADO
subtemen → WEVAL
subter → NITHAR, UNDAR
subterior → NITHARI
subtilis → HLUTTAR, HLŪTAR, ROGGO
subtrahere → FARTHINSAN
subtus → UNDAR
subula → SIUWILA
subulcus → SWÊN, SWĪNHIRDI
subvertere → FARSTURIAN
succuba → ELLIA
succurrere → HELPAN
sucus → SALVA, SAU
   sucus anguinus → LUBBI
   sucus pirorum → WIRT
   sucus pomorum → APPULDRANK
sudarium → SWÊTFANO, SWÊTLAKAN
sudis → STEKKO
suere → SIUWIAN
suffigere → UPPSLAHAN
sufflatorium → ÊSA

Index latinus

suffocatio → ATHEMPUNGA
suffundere → NITHARFALLAN
　suffundere (fumo) → BITHEMPIAN
sugere → SŪGAN
suggerere → GIWEGAN, SKUNDIAN, UN-DARTELLIAN
suggestio maligna → GISPANSTrong
sugillare → ATHEMPIAN, SŪGAN
sugillatio → ATHEMPUNGA
sulcatorium → HNŌIL
sulsago → SULTIA
summitas combustae candelae → SWAMM
summopere → ALL, MÊST
summula → TALA
summum → FURISTI
sumptuosus → GITIUGHAFT
sumptus → BŌTA, SPĪSA
supellex → GITAUWA
　→ virgea (supellex)
super → OVAR
　super caput → OVANA
superadultus → OVARTĪDIG
superbia → WINDBRĀWA
superbus → GŌDLĪK
supercilium → WINDBRĀWA
superexaltare → OVARBURIAN
superficies → lana in superficie lanae
supergredi → OVARFANGALON, OVARGANGAN
superliminare → OVARDURU
superponere → BILEGGIAN
superstes → OVARLIVO
superstitiosus, superstitus → OVARHALDARI
supinare → UPPWENDIAN
supinus → KAPON
suppa → MÊRO
supparum → KURTIBALD
supparus → KEMIS
suppellex → ATUSI
suppetere → GIFULLÊSTIAN
supplantator → UNDARGRAVERI
supplicare → BEDON
supputatio → TALA
supra → MÊRO
sura → BÊNBRĀDA, HAMMA, WATHO
surculus → GISPROT, TWĪG
surella → SŪRA
surgere → FARAN
sus → SWĪN

suscipere → ANDFAHAN, ANGINIMAN, NIMAN
suspectus → ANAWĀNI¹
suspendere → ANDHEBBIAN², SPARON
suspicari → MISSTRIUWIAN
suspicere → ANDFORHTIAN, UPPSEHAN
suspiciens, suspiciosus → FIRIWITTGERN
suspirium → SŪFTUNGA
sustinere → AFŌDIAN, BÊDON
susurratio → RŪNIZUNGA⁺
susurro → RŪNIZARI⁺
susurrus → ÔSTSŪTHRONI
sutilis → RIGON, WRĪHAN
suus → ÊGAN², HÊ, HŪS, SĪN
symmysta → DRŪD
symphoniaca → BILINA
synanche → KELSUHT
tabanus → BREMO
tabens → ETTARAG (ê ?)
tabere → FARWERTHAN
taberna → KOBBER, TAVERNA
tabernaculum → HUDDIA
tabidus → BISKENDIAN
tabula → SKINDALA, SKINDULA
taeda → FAKLA, KÊN
taenia → NESTILA
talaria → SKŌH, SKRIDSKŌH
tale → GISPRĀKI
talis → SULĪK
talpa → MOLWERP, WANDWERPA
talus → ENKIL, WURPIL
tam → SŌ
tamariscus → QUIKBÔM
tamen → ÔK, THOH
taminia [uva] → REVA, WILDI, WĪNREVA
tamquam → SŌSŌ
tanacetum → RÊNIFANO
tantus → SULĪK
tapete → STŌLLAKAN, TEPPID
tapetum → BRED
tardigradus → LAT
tardus → LAT
tarmes → MATHO
taxus → BROCC#, ĪH
te → THŪ
tectum → THAH
tegula → LADTHA
tela → SPINN
telum
　telo sequi → SKIOTAN

Index latinus

temo → THĪHSLA
temperare → TEMPARON
tempere → GITĪDO
templor → MERGIL
templum → BEDAHŪS, HŪS, TEMPAL
 → aedituus templi
tempus → TĪD
 → ex multo tempore
temulentus → DRINKAN
tenax → TĀH
 → terra tenax
tenebrum → THIUSTARNUSSI(A)
 → glis[4] (lignum quod in tenebris uiui carbonis speciem tenet)
tener esse → ŪTSPRŪTAN
tenere → BINETTIAN, GIHAVON
 → non tenens aquam
tenon → SINUWA
tenor → WĪSA
tentorium → GITELD
tenuis → THUNNI
tenus → OÞ[#]
tepere → WLAKON
ter quaterque et septies → LANGO
terebellum → NAVUGÊR
terebellus → WIMIL
terebra → NAVUGÊR
terebrare → BORON, BORIAN[#]
terebrum → BORO, NAVUGÊR
teredo → MATHO
terere pede → ZISPIZZEN[+]
teretrum → NAVUGÊR
tergere → FEGON
tergum → HŪD
terminus → MARKA
terra → ERTHA
 terra tenax → THĀHA
 → deorsum in terra
 → orbis terrarum
 → samia [terra]
 → signum terrae
terraneum → ERTHBRUST
terrenus → ERTHLĪK
terreri → FORHTA
territorium → GIBŪRITHA
terrulentus → ERTHAG
testa → GIVILLIA, HAVANSKERVA
testaceus → THĀHĪN
testadulus → GARNWINDA
testimonium → GIWITO, GIWITSKEPI, UNHLIUMUND

testudo → SKERDIFETHARA, SKILDWARA, SKILDWERI, SNEGIL, SNEGAL
testula → HAVANSKERVA
teutonicus → THIUDISK
texere → WEBBI (?)
textrina, textrinum → DUNG
textrix → WEBBIA
thalamus → BRŪDBEDD
 → pacisci (thalamos)
Thascius Cyprianus → GÔKLARI, KÔKLERI
theatrum → SPILHŪS
theca → GIBERG
thenesa → SINUWA
theristrum → FANO, HULLIDŌK, LINT, WIMPAL
thermae → BATH, ERTHBATH
tholus → RÔKHŪS
thorax → BRUNNIA, BRUSTROKK
thymallus → ASKO
thymum → BINISŪGA, WURT
thymus → FELDKUNILA, HÊTHA
thyrsus → STENGIL, STIL
tiara → HŌD, HŪVA
Tiberis → ostium, Ostia (ubi Tibris mare influit)
tibia → SKENKILBÊN, SKINKA
tigillum → LADTHA
tignum → BALKO, LADTHA, REFTER, SPARA, SPARO, SPARRA, SPARRO
tilia → LINDA, LINDIA
timere → ANDFORHTIAN
timor → FORHTA
tina → TOVAR, ZWIBAR[+]
tinea → MILW(I)A
tingere → TEHON, THUNKON
tiniosus → ZITRŌHTI[+]
tiro → NIUWILING
tithymalus → MILUK
titillare → KITILON, KITTLON (?)
titio → BRAND
titubare → WANKON
titulus → HÔP
tofus → DUFSTÊN
toga → DREMBIL, SILIKO
tolutarius → TELDERI, THRAVON
tomentum → TÊKA
tomus → RODAL
tonare → THONRON
tonsus → LĪHT
toreuma → SKAPARÊDA

Index latinus

toreuuo → THRĀIAN
tormentum → SELFSKOT, SLENGIRA
tornare → THRĀIAN
tornarius → THRĀHSLARI
tornatura → LEGGIA
torpere → otiosus torpere
torpor → SLAP, TRĀGI¹
torquere → BÔGIAN
torques → HALSBERGGOLTH
    torques aureus → HALSGOLD
    torques virorum → HALSHRING
torrens → FLŌD
torrere → BAK(K)AN
torreri → HERSTIAN
torris → BRAND
tortellus → KÔKO
tortitudo → KRUMBI
tortor → WĪTNERI
tortuosus → STRŪF
tortura → WĪTI
tortus
    → panis tortus
    → saeta torta
torus → WRENO
    torus [comans] → KROKA
tot → ALSO, MANAG
tottolarius → TELDERI
tottonarius → THRAVON
totus → ALL
toxica → ETTARWURT (Ê ?)
trabea → GIGARWI, GIGERWI, THREMIL
trabs → THREMIL
tractabilis → GRÊPIL
tractare → HANDLON
tractim → SÊGNO
tradere → FARSELLIAN, TELLIAN
traditio → GISETITHA, TUHT
tragelaphus → ELHO
tragoedia → SPELLUNGA
traha → EGITHA, SLIDO
trahere in profundum → SENKIAN
trama → WEVAL
    trama (filum est quod intra stamen currit) → SNADA
transcurrere → RINNAN
transferre → BIWENDIAN, FARFŌRIAN
transgressor → SKULDIG
transnare → FLOTON
transtrum → THWERHSTŌL
trapezita → MUNITERI
traucus → STIGILLA

tremefacere → BIVON, GIDŌN
tremendus → FORHTA, WERTH¹
tremulus → ASPA
tres → THRIA
    → ubi tres viae in unum conveniunt
tribrucna → THIOHBRŌK
tribula → FLEGIL
tribulare → ARVEDON
tribulatio → ARVEDI
tribulus → HIOPBRĀMI
tribunal → DŌMSEDIL, HÔHSTŌL, LEKTOR
tridens → GRÊPA, HAUWA
trieris → KIOL
trifolium → KLĀFRA
trimanus → THRĪHENDIG
tripedica → STŌL
tripes → STŌL, THRĪSTIKKID
triphinas → MUGGIA
tripoda → ÞRĪPEL#
tripus → THRĪFŌT
triste → LÊTH²
tristigium → SOLERI
triticum → HRÊNKURNI, HWÊTI
tritura → FARMULINUSS(IA), FLEGILUNGA
triturare → HRĪDRON, THRESKAN
triumphalis → arcus triumphalis
triuta → THRŪH
trivius → GIWIGGI
trochlea → FURKA, HLÊDRIA, KURVA
trochus → STÔT
tropaeum → HERIHŪTHIA
tructa → FORHNA, FURHNIA
tructarius → TREHTERI
trudis → FURKA
trulla → DIOP, DRŪFLA, PANNA
tu → THŪ
tuba → HERIHORN, STROTA
tuber → ERTHHNOT, MASUR
tubulus → LÊMĪN, ÞEOTE#
tuccetum → WILDBRĀD
tueri → BISKERMIAN, SKERMIAN
tugurium → HUDDIA, KORF
tum → THAN, THANNA
tumba → SARK
tumidus → THRINGAN, TIQUEBBIAN
tumulare → BIGRAVAN
tumultari → STURMIAN
tumulus → HLÊWA
tunc → THAN, THANNA
    → quia tunc

Index latinus

tunna → **BUDIN, KŌPA**
turarius → arcula turaria
turba → **GITHRING**
turbido venti → **GIDRŌVITHA**
turbo → **DOP, DUPPA, STORM**
turbulentius → **SWERKAN**
turdela → **THROSLA**
turdus → **STARA**
turgescere → **WAHSAN**
turgidus → TIQUEBBIAN
turibulum → **RÔKFAT**
turpe → decus turpe
turris → **SWIBOGO**
turtur → **TURTILA, TURTULO**
tus
  → arca turis
  → vas turis
tussis → HŌSTO
tut..rus → DORWEARD[#] (?)
tuus → **THĪN**
tympanum → **DŪMIL**
tyrannis → **GRIMMNUSSI**
tyrannus → **LIUDHATERI, MÊRMAHTIG**
Tyrus → **TYRI**
uber → **ŪDER**
ubi → **THAR, THĀR**
  ubi tres viae in unum conveniunt → **GIWIGGI**
udo → **SOKK**
ulcus → **ANAMĀLI, ANGSETO**
uligo → **SELFFŪHTITHA**
ulmus → **ELM**
ultro → **WILLIAN**
ulula → **ŪLA**
ulva → **HRIODGRAS, SWERDILA, SWERDALA, SWERDULA**
umbo → **RAND, RANDBÔG**
umbra → **SKIMO**
umbracula → **HUDDIA**
umbraculum → **LÔVIA**
umbrella → **STAL**
umectus → **FŪHTINUNGA**
umerulus → **SKAMAL**
umor → **BLŌD**
una lectio → **FITTIA, FITTEA**
unanimus → **ÊNHERDI**
uncinus → HAKKO[+] (Ā ?), **KRAPPO**
uncus → **ANGUL, HAKO, KRAMPO, KRAPPO, NAGAL, NAGUL**
unda → **WELLA, WELLIA** (?)
unde → **HWANANA**

unguen → **SALVA**
unguentum → SMALT
unguis → **KRAUWIL, KRAUWUL, NAGAL, NAGUL**
ungula → **HŌFLADIKA, KRAMPO, NAGAL, NAGUL**
unicornis → **ÊNHORN**
universalis → **IRMINSŪL**
universus → **ALL**
univocus → **ÊNNAMI**
unus → **ÊN**
  → ubi tres viae in unum conveniunt
unusquisque → **GIHWILĪK**
upupa → **WIDUHOPPA**
urbalis → bannus urbalis
urbane → **FRÔNISKO**
urbanus → **BURGLĪK**
uredo → **BRANDAR** (?)
urina → **MIGGIA**
urna → **BIRUL, ÊMBAR**
urtica → **NETILA**
  urtica greganica → ETTARNETILA (ÊTTAR- ?)
urus → **ŪRHRIND**
ustrina → BǢL[#]
usus → **GIRĪF, TUHT**
ut → **ALSO, FORTH, SAMA, SŌ, SŌSŌ, THAT[1], THE[1]**
uterque → **IOGIHWETHAR**
uti → **NIOTAN**
utinam → **WÊNG**
uva → **WĪNBERI**
  uva agrestis, uva labrusca → **HANABERI**
  uva lupina → **NAHTSKADU**
  → ligatura uvae passae
  → taminia [uva]
uvidus → **FŪHT**
uxor → **QUENA**
  → rivalis (qui habet cum alio uxorem)
vacare → **FIRION**
vaccaria → **SWÊGA**
vaccinium → **ERTHBERI, WALDBERI**
vaccula → KŌKALF
vacillare → **WANKON**
vadari → ARBORGIAN/ARBORGON
vadere in ventrem → FAR**THEWIAN**
vadimonium → **BORG**
vadum → **FORD**
vagari → **IRRON**
  vagari membris → **WANKON**

Index latinus

vagire → WÊNON
vagitus → WÊNA
valde → FILU
valentina → BIFŌT
vallare → UMBIFĀHAN
vallum → GRAVO
vallus → PĀL
valvae → DURU, FALLAN, OVARDURU
vanga → HAUWA
vanitas → ĪDALNUSSI
vannus → WANNA
 → mystica (vannus)
vanus → ĪDAL
 vanus fatuus → BÔSILING
vaporare → DÔMIAN
variare → DUGON, DUHON (?)/DŪHON (?)
varix → URSLAHT, WERN, WERNA (?)
vas → GĪSAL
vās → BAK(K)WÊGI, FAT
 vas poculare → KENNILĪN (?)
 vas turis → RÔKFAT
 vasorum genus → LAVAL
vasare → THURVALON (?)
Vasco → LIUD, SPĀNIO
vasculum → FAT
vatillum → KELLA, SKELLIA, SKERM-SKŪFLA
vectigalia → TINS
vectis → GRINDIL
vegetamen → FŌRUNGA
vehiculum gallicum → SAMBŌK, SAMBŪK
velare → HELLIAN
velle → WILLIAN
vellere → LÔSIAN, TWENGIAN
 vellere (spicas) → AFBREKAN
velter → WIND²
velum → SEGAL
vena → IDA
 vena sanguinis → IDA
venabulum → EVURSPIOT, STAF
venalis → FARKÔPLING, FÊLLĪK, KÔPLĪK
vendere → FARKÔPIAN
 → locus ubi vendenda ponuntur in mercato
venditor esse → FARSELLIAN
veneficium → ETTARJERI (ÊTTAR- ?)
venenosus → musca venenosa
venenum → ETTARWURT (Ê ?)
venerari → ÊRON
Venerius → HÊRLĪK

venire → KUMAN
vēnire → FARKÔPIAN
venter → vadere in ventrem
ventilabrum → WINDSKŪFLA
ventilare → WINDON, WINDWERPON
ventus → turbido venti
venustas → KŪSKI
venustus → FRÔNISK
vepres → BRĀMA, HIOPBRĀMIO
verbena → HANAP, HANUP, ĪSARNA, ĪSARNHARD, ĪSARNĪNA
verberatrum → FLÔTIA
verbum → HRŌM, SPRĀKA, WORD
 → custodia ... inscripta ... decem verba legis
verecundia → SKEMITHA
veredarius → PARAFRIDARI
veredus → PERIFRID
verenda → HEGITHRÔS
vergere → GIHNÊGIAN, NITHARWAGON
veritas → WĀRHÊD
vermiculatus → WORMON
vermiculus → WORMO
vermis → MATHO, NESSO
verna → WENERI
vernaculus → INGIBŪRO, INKNEHT, WENERI
vernare → GRUONÊN[+]
vernus → sine verno
verrere → KERIAN
verres → BÊR
verriculum → BESMO
verruca → WARTA, WARTALA
versatilis → QUIKLĪK
versicolor → MISSFARU
versipellis → WANDALHŪDI
versus → pilis in contrarium versis
versutia → GLAUWI
versutus → HINDARSKRENKIG, WITHARWERDIG
vertere → WENDIAN
 → locus in quo ostium vertitur
vertex → GIVILLIA
vertigo → BRŪD, SWĪMO, SWINDLÔD, SWINDLUNGA, WIND¹
 vertigo (rotarum) → FELGA
veru → SPIT
verumtamen → THOH
verus → WĀR¹
vervex → SKĀP, WETHAR
vesica → BLĀDRA, BLĀSA

vesicula → **BLĀDRA, BLĀSA, KROPP**
   vesicula gutturis → **KROPP**
veson → **WISUND**
vespa → **HWEPSIA**
vesper → **ĀVANDSTERRO**
vespertilio → **FLETHARMŪS**, HRÔTHAMŪS, CWELDERÆDE[#]
vestibulum → **FORAPORTIK, FURIKELLI**
vestigium → equus vestigia alba pedis ostendans
vestimentum
   → decimum vestimentum
   → linostimum [vestimentum]
   → ornatus vestimentorum
vestire → **GIWĀDI**
vestis → **GIGARWI, GIGERWI, GIWĀDI, WĀDI**
   vestis discolor → **PLŪMON**
   vestis diversi coloris → **THEKKILAKAN**
   → linostema vestis
vetare → FAR**BIODAN**
vetonica → **BETTONIA**
vetula → **QUENA**
vexare → **WÊGIAN**
via → **WEG**
   → ubi tres viae in unum conveniunt
viaticum → **WEGNIST, WEGSPĪSA**
vibrabilis → **QUIKLĪK**
vibrare → **STEKAN**
vicarius → BISTALLO, **FOGAT, FURIWURHTIO**
vicedominus → **FOGAT**
vicia → **BÔNA, FUGAL,** FUGALUNKRŪD, **WIKK(I)A**
vicissim → EINIZZĒN[+], **HERDA**
vicium ferri → **MILIDAU**
victima → **FRISKING**
victoria → munus victoriae
victus → **BILIVAN, TUHT, WEGSPĪSA**
vicus (ubi mercatores morantur) → **WĪK**
videre → GISEHAN, GÔMA, [KUNNAN], NIMAN, SEHAN
videri → **THUNKIAN**
vieta → **WEGSPĪSA**
vigilia matutina → **ŪHTA**
villa (villus) → **LĪNĪN, RŪHIA**
villicus → **MEIER**
   villicus abbatis → **SKULDHÊTO**
villosa → **RŪHIA**
vimen → **GERDIA**

vimineus → cratis (arbutea, viminea)
vincere → **GITHWINGAN**
vinctus → **HAFT**
vinculum → **GIBEND**
vinetum → **WĪNSTEDI**
vinum → **WĪN**
   → miscere [vinum]
violens → **FAST**
vir → **MANN, THEGAN**
   → torques virorum
virere → **GRŌIAN**
virga iugalis → **JUKRŌDA**
virgea (supellex) → **GARD**[2]
virgosus → **GERDĪN**
virgultum → **SUMARLODA**
viridis → **GRŌNI**
virtus → **GŌDI, KRAFT**
virus → **ETTAR** (Ê ?)
vis → **KRAFTAG**
   → non vi
visarium → **ANGULĀS**
viscum → **HULIS, LĪM, MISTIL**
viscus → **INĀTHRI, LĪM, MISTIL**
visere → **GIWĪSON**
visibiliter → **GISIHTIGLĪKO**
vita → **LĪF**
vitare → **MĪTHAN**
viticella → **BÔM, FARAN**
vitis → **WĪNSTOKK**
vitreus → **GLESĪN**
vitricus → STIOPFADAR
vitrum → **GLAS**
vitta → SNÔD[#], **WUNDING**
vittatus → **NESTILON,** WITTON
vitula → **KŌKALF**
vitulus → **KALF**
vituperatio → **IRMIN**
vivacitas → **QUIKHÊD**
vivax → **LANGO, WERON**
vivere → **QUIKON, NIOTAN**
vivus → **LEVINDIG, LIBBIAN**
   → glis[4] (lignum quod in tenebris uiui carbonis speciem tenet)
vocare → **SEGGIAN**
vocari → **HÊTAN**
vola → **FŪST**
volatus → **FLUGI**
volumen → **BŌK**
voluntas → **WILLIO**
volutabrum → **SOLAG,** WALTUNGA
volvula → **WIDUWINDA**

Index latinus

vomer → SKARA¹
vomex → HROT (HROTT ?)
vortex → SWOLG
vos, vosmet ipsi → THŪ
votum → BIHÊT
vox → STEMNA
vulgago → HASALWURT
vulgaris → GIMÊNI
vultur → GĪR
vultus → GIBĀRITHA, GREMIZZI⁺
wantus → HANDSKŌH
wegula → WIDUWINDA
zaberna → MALHA
zelare → ANDON
zelotes → BÊSKAR
zelotypia → FIRIWITTGERN
zelotypus → ANDOHTIG (?), BITIHTIG, BRŪSTIG, NĪTHSWILLIG
zeta
    zeta aestivalis → LÔVIA
    zeta hiemalis → PÊSAL
zizania → DREPSO, DURTH, RADO
    → colligere (zizania)

ἄγχουσα → HRINGILLA
ἀκτῆ < ἀκτέα → HOLONDAR
βλάξ → KŪSK
βραχύς → BRAKKO
γίγαρτον → DRAVER
δοῦναι → DŌN
θεατής → DRUHTSĀT(I)O
θυρουρός → DORWEARD# (?)
κάνναβις ἀγρία → HANAP, HANUP
μάραθρον → FENUKAL
μοι → IK
μυστάκιον → GRANA
πταρμική → HNIOSWURT
συμφωνιακή → BILINA
τορεύω → THRĀIAN
τρίχινος → MUGGIA
ὑπερικόν → HARDENDHÔI
φλεβοτόμον → FLIOTMA
χαῖρε → HÊL¹, WESAN
χαμαιάκτη → ADIK, ADUK
χυτρόπους → KRŪKA